《人民文库》第二批书目

马克思主义

马克思传	［德］弗·梅林著　樊集译
恩格斯传	［德］海因里希·格姆科夫等著　易廷镇／侯焕良译
中国共产党思想理论发展史	张启华／张树军主编
社会主义通史（八卷本）	王伟光主编
马克思主义哲学的当代论域	陶德麟／汪信砚主编
资本论注释	［苏］卢森贝著　李延栋等译
唯物史观与中共党史学	张静如著
当代视域中的马克思主义哲学	汪信砚著
马克思主义哲学史教程	何萍著
辩证法与实践理性	贺来著
生态马克思主义经济学原理（修订版）	刘思华著
物与无：物化逻辑与虚无主义	刘森林著
市民社会论	王新生著
现代性论域及其中国话语	张曙光著
东方的崛起：关于中国式现代化的哲学反思	杨耕著

哲　学

境界与文化	张世英著
中西文化与自我	张世英著
新仁学构想	牟钟鉴著
逻辑经验主义	洪谦著
存在论——实际性的解释学	［德］海德格尔著　何卫平译
思的经验	［德］海德格尔著　陈春文译
智慧说三篇（简本）	冯契著／陈卫平缩编
维也纳学派哲学	洪谦著
克尔凯郭尔：审美对象的建构	［德］T.W. 阿多诺著　李理译
中庸洞见	杜维明著　段德智译
西方美学史教程	李醒尘著

历　史

中国古代社会	何兹全著
中国通史简本	蔡美彪主编
中国民俗史（六卷本）	钟敬文主编　萧放副主编
灾荒与饥馑：1840—1919	李文海／周源著
魏晋南北朝隋唐史三论	唐长孺著
中国史学思想史	吴怀祺著
中国近代海关史	陈诗启著
匈奴通史	林幹著
拉丁美洲史	林被甸著
东南亚史	梁英明著

人民文库 第二辑

外国经济史

（近代现代）

第一册

樊亢　宋则行｜主编

人民出版社

出 版 前 言

1921 年 9 月,刚刚成立的中国共产党就创办了第一家自己的出版机构——人民出版社。一百年来,在党的领导下,人民出版社大力传播马克思主义及其中国化的最新理论成果,为弘扬真理、繁荣学术、传承文明、普及文化出版了一批又一批影响深远的精品力作,引领着时代思潮与学术方向。

2009 年,在庆祝新中国成立 60 周年之际,我社从历年出版精品中,选取了一百余种图书作为《人民文库》第一辑。文库出版后,广受好评,其中不少图书一印再印。为庆祝中国共产党建党一百周年,反映当代中国学术文化大发展大繁荣的巨大成就,在建社一百周年之际,我社决定推出《人民文库》第二辑。

《人民文库》第二辑继续坚持思想性、学术性、原创性与可读性标准,重点选取 20 世纪 90 年代以来出版的哲学社会科学研究著作,按学科分为马克思主义、哲学、政治、法律、经济、历史、文化七类,陆续出版。

习近平总书记指出："人民群众多读书，我们的民族精神就会厚重起来、深邃起来。""为人民提供更多优秀精神文化产品，善莫大焉。"这既是对广大读者的殷切期望，也是对出版工作者提出的价值要求。

文化自信是一个国家、一个民族发展中更基本、更深沉、更持久的力量，没有文化的繁荣兴盛，就没有中华民族的伟大复兴。我们要始终坚持"为人民出好书"的宗旨，不断推出更多、更好的精品力作，筑牢中华民族文化自信的根基。

人民出版社
2021 年 1 月 2 日

前　言

国民经济史是一门历史科学,同时也是一门经济科学。它阐明各国经济发展的历史过程,揭示其规律性和各自的特点。这部近代现代外国经济史,包括英、法、美、德、俄、日本、印度七个国家和非洲、拉丁美洲两个地区。它要阐明世界主要资本主义国家的资本主义经济发生、发展和衰落的历史过程、规律性和具体特点;阐明亚洲、非洲和拉丁美洲经济在欧美先进资本主义国家侵略、掠夺和奴役下演变为殖民地半殖民地经济的历史过程和各自的特点,以及它们反对外国资本压迫、剥削和争取政治独立、经济自主的斗争;阐明苏联在列宁、斯大林领导下,在社会主义革命和社会主义建设中所取得的伟大胜利及其基本经验教训。

资本主义的历史,是资产阶级剥削国内外劳动人民的血腥历史,也是劳动人民反对资本主义制度的斗争史。随着资本主义的发展,资本统治了整个世界,"资本主义已成为极少数'先进'国对世界上大多数居民施行殖民压迫和金融扼制的世界体系"[①]。在这个体系中,一方面是少数"先进"的资本主义国家,另一方面是被这些资本主义国家剥削和掠夺的广大的殖民地半殖民地。因此,要反映资本主义世界经济发展的全

[①]　《列宁选集》第二卷,人民出版社 1972 年版,第 733 页。

貌,既要阐述主要资本主义国家的经济史,也必须阐述亚洲、非洲、拉丁美洲国家沦为殖民地半殖民地经济及其以后社会经济发展变化的历史。资产阶级历史学者从反动的"西方中心论"出发,一味颂扬西方资本主义国家的历史,为资本—帝国主义和殖民主义的罪恶统治辩护,亚洲、非洲、拉丁美洲国家的历史,在他们的笔下不仅没有地位可言,并且遭到了粗暴的歪曲和丑化。我们认为,占世界广大地区拥有众多人口的殖民地半殖民地国家,在世界近代现代历史发展中具有重要意义。外国近代现代经济史必须对它们的经济发展历史给以正确的阐述,指出它们对世界经济发展的贡献,揭露资本—帝国主义国家对它们的剥削和掠夺,展示殖民地半殖民地人民为反对资本—帝国主义和殖民主义而进行的长期的英勇不屈的斗争。

我们编写的这部近代现代外国经济史,包括从资本主义关系在各主要国家产生到 1945 年第二次世界大战结束为止这一历史时期。由于各国资本主义关系产生的时间先后不同,书中各国经济史的上限,根据各国的具体情况也有所不同,不是整齐划一的。我们把下限定在1945 年,只是从各门课程的分工和相互配合考虑的。目前,各高等学校经济系都有《世界经济》课程,讲授自第二次世界大战结束以来的世界经济状况。本书共分四册:第一册为资本主义确立和上升发展时期;第二册为帝国主义形成时期;第三册为资本主义总危机时期;第四册为社会主义制度在苏联的建立和发展。前两册属近代部分,后两册属现代部分。

本书由樊亢、宋则行主编,池元吉和郭吴新协助主编。参加编写的有(按姓氏笔画排序):朱克炟、刘淑兰、孙执中、杨庆发、张士元、张耀煊、郑伟民、聂希斌、徐璇、曾捷、解学诗、戴伦彰等。此外,钟成勋、吴景超和屈真等同志参加过草拟提纲或帮助提供资料。

本书曾于 1965 年由人民出版社出版,现在经编写者进行了一些修改和补充,重新出版。由于编写者水平的限制,书中难免有缺点和错误,恳切希望同志们批评指正。

经教育部委托,滕维藻同志、吴纪先同志、彭迪先同志对本书进行了认真的审阅,并提出了宝贵的修改意见,项冲同志曾参加1965年版的书稿的审阅工作,特此向他们致谢。

1980 年 4 月

目　　录

第一册　资本主义确立和上升发展时期

第一章　概述 ……………………………………………………… 3

第一节　14—15 世纪资本主义关系在西欧的萌芽 ……………… 3
11—15 世纪西欧城市手工业和商业的发展（4）　14—
15 世纪西欧若干城市中资本主义关系的出现（6）　在
商品货币关系发展的影响下西欧封建土地关系的演变
（8）

第二节　16—18 世纪从封建主义向资本主义过渡 ……………… 9
地理大发现及其经济后果（9）　16—18 世纪西欧各国
的资本原始积累过程（13）　16—18 世纪西欧各国经
济兴衰的更替和资本主义关系的发展（18）

第三节　18 世纪后半期到 19 世纪 70 年代初资本主义制度的
确立和发展 ………………………………………………… 23
资产阶级革命和工业革命（23）　农业中资本主义发展
的不同道路（26）　资本主义制度的确立及其内在矛盾
的加深（28）

第四节　亚洲、非洲、拉丁美洲殖民地和半殖民地经济的形成 …… 31
作为原始积累掠夺对象时期的殖民地经济（32）　作为
工业资本剥削对象时期的殖民地经济（34）

第二章　英国资本主义的发生、发展和英国成为世界上的
　　　　工业强国 ································· 38

　　第一节　资本主义关系的发生、发展和英国资产阶级革命 ·········· 38
　　　　　　14—15 世纪农奴制的瓦解和资本主义关系的萌芽
　　　　　　(38)　圈地运动的发生和发展及其后果(42)　对外
　　　　　　贸易、海盗掠夺和殖民扩张(44)　资本主义工场手工
　　　　　　业的发展(46)　阶级矛盾的发展和资产阶级革命
　　　　　　(48)

　　第二节　资产阶级革命后资本原始积累的加强和工场手工业的
　　　　　　大发展 ································· 51
　　　　　　圈地运动的加剧和农业中资本主义的发展(51)　争夺
　　　　　　殖民地霸权与资本原始积累(53)　资本主义工场手工
　　　　　　业的进一步发展(56)

　　第三节　工业革命和资本主义制度在英国的完全胜利　英国
　　　　　　成为"世界工厂" ······················· 57
　　　　　　英国工业革命的历史前提和发展过程(57)　工厂制度
　　　　　　的确立和资本主义在英国的完全胜利(62)　英国成为
　　　　　　"世界工厂"和过渡到自由贸易政策(64)　工业革命
　　　　　　后资本主义矛盾的加深和阶级斗争的尖锐化(65)

　　第四节　19 世纪 50—60 年代的工业高涨与英国成为最大的
　　　　　　殖民帝国 ······························ 71
　　　　　　19 世纪 50—60 年代的工业高涨(71)　19 世纪 50—
　　　　　　60 年代的英国农业(74)　英国成为最大的殖民帝国
　　　　　　(76)

第三章　法国资本主义的确立和发展 ··························· 79

　　第一节　16—18 世纪法国的社会经济概况 ·················· 79
　　　　　　封建土地制度和封建剥削(79)　工场手工业的发展
　　　　　　(82)　对外扩张和资本原始积累(85)

第二节　1789—1794 年的资产阶级革命及其反封建的经济
　　　　立法 …………………………………………………… 87
　　　封建制度对经济发展的严重束缚和资产阶级革命的爆
　　　发(87)　大资产阶级专政时期的经济立法(89)　雅
　　　各宾专政时期的反封建立法(91)

第三节　革命后农村经济关系的变化和农业生产的发展 ………… 93
　　　小农经济普遍建立和农业中资本主义的发展(93)　农
　　　业生产的发展(97)

第四节　法国的工业革命和资本主义制度的确立 ………… 98
　　　法国工业革命的进程和工业生产的发展(98)　高利贷
　　　资本的发展(104)　法国资本主义的对外扩张(106)
　　　工人阶级反对资本主义的斗争(108)

第四章　德国资本主义的确立和发展 …………………………… 112

第一节　16—17 世纪德国经济的衰落和 18 世纪资本主义
　　　　关系的缓慢发展 ………………………………………… 112
　　　德国经济的衰落和农奴制的重新加强(112)　资本主
　　　义关系的缓慢发展(116)

第二节　19 世纪前半期资本主义关系的发展和 1848 年的
　　　　资产阶级革命 ……………………………………………… 118
　　　农奴制改革和行会制度的削弱(118)　关税同盟的建
　　　立(122)　19 世纪上半期工业的发展　30 年代开始的
　　　工业革命(123)　1848 年的资产阶级革命(125)

第三节　19 世纪 50—60 年代资本主义工农业的发展和资本
　　　　主义矛盾的加深 ………………………………………… 127
　　　农业中资本主义发展的"普鲁士道路"(127)　19 世纪
　　　50—60 年代工业革命的迅速开展和工业高涨(131)
　　　工人阶级的斗争　德国成为马克思主义的故乡(135)

第五章　美国资本主义的发生和发展 …………………………… 138

第一节　英属北美殖民地时期的经济 …………………………… 138

北美沦为英国的殖民地(138)　北美殖民地的农业和
土地关系(139)　殖民地时期的工业(143)　殖民地
时期的内外贸易(144)　北美殖民地和英国在经济上
的矛盾与独立战争(146)

第二节　向西领土扩张和农民私有制的普遍建立　农业开始
　　　　走上资本主义发展的"美国式道路" ……………… 150
向西领土扩张和对印第安人的掠夺(150)　农业开始
走上资本主义发展的"美国式道路"(152)　农业的地
区专业化与农业生产的发展(154)

第三节　工业革命和资本主义生产方式的确立 ……………… 157
政府为促进资本主义工业发展所采取的政策(157)
工业革命发展的过程(159)　资本家对工人阶级的残
酷剥削和工人运动(165)　美国资本主义的对外扩张
(167)

第四节　南部奴隶制经济的发展和南部与北部之间的经济
　　　　矛盾 ……………………………………………… 168
南部奴隶制经济的发展(168)　南北部的经济矛盾和
南北战争(171)

第六章　印度殖民地经济的形成 ………………………………… 174

第一节　英国征服前的印度社会经济概况 …………………… 174
莫卧儿帝国的封建土地关系(174)　印度封建经济中
的种姓制度和村社制度(176)　商品经济的发展和莫
卧儿封建帝国的解体(180)

第二节　英国对印度的残酷掠夺和对印度封建土地关系的
　　　　利用 ……………………………………………… 183
东印度公司对印度的武力征服和残酷掠夺(183)　英
国殖民者对印度封建土地关系的保存和利用(187)

第三节　印度开始沦为英国的商品销售市场和农业原料附庸 …… 192
东印度公司对印度贸易垄断的撤销　英国工业资本剥

削印度的开始(192)　印度沦为英国工业品的销售市场　手工业与旧社会经济结构被破坏(193)　印度开始成为英国的农业原料附庸(195)　英国资本剥削和控制印度经济的若干重要经济工具(198)　"印度失掉了他的旧世界而没有获得一个新世界"(201)

第七章　拉丁美洲殖民地经济的形成和独立革命后向半殖民地
　　　　社会的转变 ………………………………………… 203

　　第一节　西班牙、葡萄牙殖民者对拉丁美洲的征服和掠夺
　　　　　　奴隶制和农奴制经济的建立和发展 ………… 203
　　　　殖民者入侵前拉丁美洲的社会经济概况(203)　征服时期拉美经济的破坏和衰退(205)　农奴制和奴隶制经济的建立和发展(207)　西班牙和葡萄牙对拉美贸易的垄断(210)

　　第二节　西班牙、葡萄牙殖民势力的衰落　拉丁美洲经济的
　　　　　　发展及其与宗主国矛盾的尖锐化 …………… 212
　　　　西、葡殖民势力的衰落及其对拉美经济控制的削弱(212)　17—18世纪拉丁美洲经济的发展(214)
　　　　1810—1826年独立革命的社会经济基础(216)

　　第三节　独立革命后拉丁美洲经济的演变 …………… 218
　　　　封建大庄园制的加强和外国资本的侵入(218)
　　　　1826—1870年拉美各国的经济状况(221)

第一册
资本主义确立和上升发展时期

第 一 章
概　述

第一节　14—15世纪资本主义关系
在西欧的萌芽

资本主义生产关系是在封建社会内部产生的。马克思写道:"资本主义社会的经济结构是从封建社会的经济结构中产生的。后者的解体使前者的要素得到解放。"①

从世界历史看,封建主义解体和资本主义关系产生最早的地区是西欧。西欧封建社会的形成和发展经历了三个时期:从5世纪到11世纪初是封建主义形成的时期;从11世纪到15世纪是封建主义鼎盛的时期;从16世纪到18世纪是封建主义瓦解的时期,即从封建主义向资本主义过渡的时期。在11—15世纪西欧封建主义的鼎盛时期中,城市的兴起和手工业、商业的发展,是封建主义经济发展史上的一个重大转折。正是在商品经济有了较大发展的条件下,在14—15世纪西欧若干城市中才出现了资本主义关系的最初萌芽。

---

① 《马克思恩格斯全集》第23卷,人民出版社1972年版,第783页。

| 11—15世纪西欧城市手工业和商业的发展 |

中世纪城市是手工业和商业的中心。手工业生产是中世纪城市经济的物质基础,手工业者占城市居民的大多数,他们都有自己的行会组织。行会组织在经济方面的主要职能,是限制内外竞争,以求行会成员在经营上的稳定。行会为了限制内外竞争,制定了各种规章制度,从产品的数量、质量、价格到销售,从劳动时间到从业人数,都有具体规定;并且形成一套严密的检查、监督、管制和奖惩制度。在行会中还存在着严格的等级制度,把手工业者划分为行东(匠师)、帮工和学徒,对等级提升的条件有十分严格的规定。行会在其发展的前期,是幼弱的城市手工业的保护者和手工技艺的传播者,对手工业的发展和城市经济的繁荣起了促进作用。

13—15世纪是西欧行会手工业的发达时期。在西欧的城市手工业中,毛织业和冶铁业具有特别重要的意义。意大利北部城市和佛兰德尔(即尼德兰南部地区)是毛织业最早发展,同时也是中世纪毛织业最繁盛的地区。13世纪时,在毛织业中出现了手摇纺车;15世纪时,出现了自动纺车,在织布和印染技术方面也有了很大改进。冶铁业是为封建骑士制造武器、为农民制造农具的重要行业。中世纪的冶铁业在德意志和中欧一些城市中最为发达。在13世纪,出现了高达3.5公尺的熔炉;14世纪末,开始利用水车带动风箱吹风,带动重锤粉碎矿石,并产生了铸铁业,开始用生铁铸造大炮和炮弹;15世纪中叶,出现了对欧洲冶金业发展有重大意义的鼓风炉。此外,在13—15世纪,城市手工业的行业越来越多,分门越来越细,在生产技术上也都有不同程度的改进。所有这些在生产力发展方面的成就,为以后行会制度的解体和资本主义关系的出现创造了前提。

11—15世纪商业的发展,对西欧封建经济的逐步瓦解具有深远的影响。在中世纪的城市居民中,商人的比重虽不大,但他们拥有大量的资本。起初,商人在地方市场上的活动不仅受到封建主和行会的种种限制,而且因为行会手工业者往往自兼商人,在地方市场上直接出售自己的产品,并直接从农民那里买进自己所需的原料,使商人的活动领域很狭窄。当时商人的主要活动是贩运东方商品和经营地区间的贸易。后来随着手工业生产的扩大,需要从更远的地区运入原料,向更远的市场推销商品,商人的地位就日渐重要起来。

西欧和近东之间的贸易,对11—15世纪西欧经济的发展起了很大的推动作用。地中海沿岸意大利北部城市就是在与近东贸易的基础上发展起来的。这些城市的商人为欧洲封建主从近东输入奢侈品(香料、宝石、绸缎等),从欧洲输出呢绒、金属制品等。但西欧从东方输入的物产比输出品多,必须主要用金银来偿付,这就激起了封建君主、贵族、大商人对金银货币的贪欲。

城际之间、国际之间的集市贸易在中世纪西欧商业活动中也具有重要地位。为了突破城市行会手工业对地方市场的种种限制,为了突破封建贵族割据对贸易活动所造成的威胁,商人往往设法取得某个有权势的封建大领主的特殊庇护,在他的领地上定期举行集市贸易。在12—13世纪,具有全欧意义的香槟集市①是当时最大的国际集市。东方的香料和奢侈品,佛兰德尔的呢绒,法国的葡萄酒和家畜,德国的金属制品,英国的羊毛和锡、铅,北欧的皮毛等,都在集市上出售。在西北欧,佛兰德尔诸城市既是毛织业的繁盛地区,也是重要的商业中心,这些城市通过河道同香槟集市相联系,通过海道与英国和意大利北部城市相往来。进入13世纪以后,在德意志北部沿波罗的海和北海的一些城市(律伯克、汉堡、不来梅等),形成了另一个重要的商业中心。这些城市的商人把北欧的粮食、原料(毛皮、林产品)贩运到佛兰德尔、香槟集市和德意志南部,又把这些地区的手工业产品和贩自意大利北部城市的东方奢侈品运到北欧去。14世纪中叶,以德意志北部各城市为主,联合近一百个北欧城市(包括尼德兰北部的许多城市)形成了一个庞大的带有政治性的商人联合组织——汉萨同盟。汉萨同盟在佛兰德尔的布鲁日、英国的伦敦、俄国的诺甫哥罗德等地都有自己的商馆。

所有上述的商业活动,对13—15世纪西欧市场的扩大、城市手工业

---

① 指在香槟伯爵辖区的四个城市中每年进行6次为期48天的集市。香槟伯爵的领地同德意志、佛兰德尔和法兰西王国相毗邻。

生产的发展以及农产品的商品化,都起了巨大的促进作用。

14—15世纪西欧若干城市中资本主义关系的出现

随着市场的扩大和城市手工业本身的发展,行会制度日益成为商品经济进一步增长的障碍。行会手工业毕竟是一种商品生产。行会限制内外竞争和维持成员间经济均势的种种措施,只有当手工业主要为狭小的地方市场进行生产时才是有效的。到了14—15世纪,随着生产和市场的扩大,在价值规律的作用下,不可避免地要出现行会手工业者之间的分化现象,并为商人资本渗入手工业生产创造了条件。少数富裕的行东逐渐成了行会中的特权阶级。一方面,他们不顾行会的规章,采用新的技术,使用更多的帮工,生产超过行会规定数量的产品,通过商人把自己的商品远销到规定的市场之外;另一方面,他们把持行会,使会规成为压迫的工具。他们为了消除帮工这个潜在的竞争者,使帮工沦为自己的雇工,千方百计地阻挠帮工升为行东(匠师),极力延长学徒年限。这就激起了帮工反抗行东的斗争。此后,一部分贫困的帮工就逐渐沦为行东的雇佣工人;另一部分则离开城市,脱离行会的羁绊,回到农村接受商人的订货,用商人供给的原料进行加工,在实际上变成了商人控制下的工资劳动者。原来的一部分农村手工业者也渐被商人控制。另外,也有一些贫困的小行东,不得不接受大行东或商人供给的原料进行加工,而逐步成了他们实际上的雇佣工人。这样,资本主义关系就通过两条途径在手工业生产中逐渐发生:一条是在行会内部小生产者的分化过程中产生了资本家与雇佣工人,少数手工作坊转化为资本主义手工工场;另一条是商人资本侵入手工业,控制和剥削小生产者,一些商人、包买主转化为资本主义手工工场主。

西欧资本主义关系的发生,是一个极其缓慢的过程,在14—15世纪更不是普遍现象。但是,它毕竟在若干手工业和商业发达的城市中出现了。马克思指出:在14世纪和15世纪,在地中海沿岸的某些城市已经稀疏地出现了资本主义生产的最初萌芽。[①] 这些城市就是意大利北部的威尼斯、热那亚、比萨、佛罗伦萨和米兰等。这些城市都是在11世纪后直接

---

① 《马克思恩格斯全集》第23卷,人民出版社1972年版,第784页。

或间接靠近东贸易兴盛起来的。威尼斯在 12—14 世纪一直是西欧最大的商业中心和海上强国。威尼斯除垄断近东贸易外,也有发达的手工业,特别是造船业和丝织业。热那亚和比萨是威尼斯在近东贸易上的竞争对手。在意大利北部城市中,手工业最发达的是佛罗伦萨,它利用近东贸易发展的有利形势,建立了自己的毛织业和丝织业。到 13 世纪,佛罗伦萨已是西欧最发达的毛织业中心之一。它从西班牙和英国运进羊毛织造呢绒,以后还从英国购进本色呢绒,进行染色加工。佛罗伦萨的手工业者都有行会组织,行会对成员的生产经营有着种种限制性的规定。但是佛罗伦萨发达的对外商业联系和大量手工业产品的输出,削弱了行会限制性规定的实际意义。到 14—15 世纪,在佛罗伦萨的毛织业中出现了资本主义手工工场。这些手工工场一般控制在商人手中,兼有集中和分散的两重性质。商人从外地运来原料,分发给小行东和其他不属于行会的手工业者进行加工,然后集中起来在自设的工场中进行染色加工,运销外地。此外,在许多呢绒作坊里的帮工,实际上也处于雇佣工人的地位。1378 年在佛罗伦萨爆发的"褴褛汉"起义,即沦为雇佣工人的帮工和为富裕呢绒商工作的非行会手工业者的联合起义,反映了当时资本主义手工工场发展中产生的深刻的阶级矛盾。14—15 世纪,在威尼斯、热那亚、米兰等城市的毛织、丝织和造船业中,也都出现了资本主义手工工场。

在西欧手工业中最早出现资本主义关系的另一个地区是佛兰德尔各城市。佛兰德尔的布鲁日、根特、伊普尔、亚拉斯是很早就驰名全欧的毛织业中心。这些城市早在 11—12 世纪就从英国进口优质羊毛。在 13 世纪时,佛兰德尔的呢绒在香槟集市上是所向无敌的。14 世纪初香槟集市衰落后,布鲁日成了西欧的一个重要商业中心,同英国、法国、德意志、意大利、北欧等许多城市有着广泛的经常的商业联系。汉萨同盟建立后,布鲁日又成了汉萨同盟南北路商业的集散地。繁盛的对外商业更加促进了佛兰德尔毛织业的蓬勃发展。佛兰德尔的呢绒不仅通过各国商人行销全欧,而且还远销近东。佛兰德尔各城市的毛织业都有严密的行会组织,这些城市的行会甚至对城郊的毛织业都有周密的检查监督制度。但是如同佛罗伦萨一样,佛兰德尔发达的对外商业联系,往往使行会的种种限制措施归于无效。呢绒商人把行会制度变成了自己攫取剩余产品的工具。商人供给行会手工业者原料,收购他们的产品,在自己的工场里进行染色加工,使行会手工业者同市场隔绝,实际上把他们变成了从属自己的雇佣工人。呢绒商人还把原料分发给在行会控制以外的农村手工业者进行加工。这样在14—15世纪,在布鲁日、伊普尔、根特都出现了由商人控制的资本主义手工工场。15世纪下半期,佛兰德尔的商业中心从布鲁日转移到安特卫普,在那里行会对毛织业的限制性规定比较薄弱,呢绒商人有较大的活动余地。这样,以城乡家庭手工业为基础的资本主义手工工场就在安特卫普建立和发展起来。

此外,15世纪时,在法国、德意志的个别比较发达的城市(如巴黎、科伦等)中,也出现了一些资本主义手工工场,这主要是在毛织业、丝织业、采矿业、冶铁业、造船业等一些部门中出现得较早。在英国,在包买主支配下的农村家庭手工业,从15世纪中叶起已逐渐重要起来。不过,总地说来,这些国家的城市手工业此时依然处在行会组织的控制之下。行会制度是束缚资本主义关系发生、发展的一个重要因素。

> **在商品货币关系发展的影响下西欧封建土地关系的演变**

13—15世纪西欧城市手工业和商业的发展,使西欧的封建领地经济日益卷入商品货币关系中去,这就不能不引起西欧封建土地关系发生某些变化。

12—13世纪是西欧封建领地经济最兴盛的时期,农奴制统治着西欧的农村。这时实物地租虽已部分代替劳役地租,但劳役地租仍是封建主剥削农奴的主要形式,农奴对封建主有着人身依附关系。自然经济依然是封建领地经济的基本特色。随着城市经济的发展,农产品的贸易日益扩大,在城市较早发达的意大利北部,早在13世纪的下半期,许多城市就先后颁布法令强力"解放"本区的农奴,以削弱封建大贵族的统治,接着世袭的分成制租佃关系代替劳役制在意大利北部盛行起来。在英国,粮食贸易在13世纪时就已逐渐重要起来,而羊毛贸易对英国封建领地经济的影响更为巨大。在12—13世纪时英国羊毛已大量输往欧洲大陆,到了14—15世纪,由于佛兰德尔毛织业的繁盛和本国毛织业的兴起,羊毛贸易成了英王国库的重要收入来源。在法国,除了粮食贸易和羊毛贸易外,葡萄酒的输出具有特别重要的意义。农产品的商品化,使封建领地的自然经济遭到破坏。同时,封建主的奢侈靡费日益增长,他们对货币的需要日益增加;农奴为反抗封建主压榨而不断进行起义斗争;战争、饥荒、瘟疫等又造成了封建领地上劳动力和牲畜的减少。所有这些因素,促成了14—15世纪西欧封建土地关系的重大变化:封建主纷纷放弃或缩减自领地(庄田)的经营;农奴摆脱了对封建主的人身依附关系;劳役制剥削为代役租(实物地租、货币地租)所代替。

　　14—15世纪西欧封建土地关系的变化,促进了农业生产力的提高和农民经济的发展,加速了农产品的商品化,引起了农民的分化,从而为资本主义关系的发展准备了条件。但是农民的分化毕竟是极其缓慢的;资本主义关系在农业中的发生发展,要比在工业中晚得多,这在西欧各国都经历了漫长的孕育过程。同时,这个时期的土地关系的变化,也决不意味着西欧农村中封建制度的崩溃。所谓农奴"解放",代役租代替劳役制,以至货币地租代替实物地租,都不过是在商品经济得到一定发展的新条件下,封建剥削形式发生了改变,封建主依旧统治着西欧的农村,享有各种特权;农民对封建主的土地依附关系依然存在。除了少数富裕农民外,在14—15世纪,一般农民所遭受的剥削,在改变了的形式下不是减轻而是更加重了。正是在这个时期里,在西欧爆发了多次大规模的农民起义。

第二节　16—18世纪从封建主义向资本主义过渡

地 理 大 发 现
及 其 经 济 后 果

　　虽然资本主义关系的萌芽在14—15世纪西欧的若干城市中已经出现,但正如马克思所指出的,资本主义时代是从16世纪才开始的①。16—

---

① 《马克思恩格斯全集》第23卷,人民出版社1972年版,第784页。

18 世纪,是封建制度瓦解的时期,是资本原始积累和资本主义手工工场大发展的时期,也就是从封建主义向资本主义过渡的时期。在推进这一过渡上,15 世纪末 16 世纪初的地理大发现是一个重要因素。马克思和恩格斯写道:"美洲的发现、绕过非洲的航行,给新兴的资产阶级开辟了新的活动场所。东印度和中国的市场、美洲的殖民化、对殖民地的贸易、交换手段和一般的商品的增加,使商业、航海业和工业空前高涨,因而使正在崩溃的封建社会内部的革命因素迅速发展。"①

地理大发现不是历史发展中的偶然事件,而是西欧社会生产力发展和由此加深的西欧社会经济的矛盾所促成的。

首先,15 世纪末西欧的近东贸易危机是促成地理大发现的一个重要因素。如前所述,从 11 世纪末起,西欧和近东的贸易就日益繁盛起来。近东贸易对西欧城市手工业和商业的发展起了很大的促进作用。但是,之后的情况发生了变化。1453 年,土耳其人征服近东,占领了欧洲通往东方的重要商业据点——君士坦丁堡,开始在海上进行抢劫活动,东部地中海的贸易受到阻碍;同时,由埃及、红海通往印度的道路又完全为阿拉伯人所独占,这样,西欧商人就不得不探寻一条通达东方的新航路。当时最关心寻找新航路的并不是意大利商人,因为他们早就垄断了东西方之间的贸易,他们可以用不断提高东方商品价格的办法来弥补因土耳其人的勒索和抢劫所带来的损失。探寻新航路最积极的是葡萄牙和西班牙商人,他们具有航海的便利条件,并力图建立与东方的直接贸易,借以摧毁威尼斯和热那亚的商业垄断地位。

其次,封建阶级和商人渴求黄金,也是驱使欧洲人海外探险的重要动机。西欧各国的封建主为了换取东方奢侈品,满足挥霍的贪欲,狂热地追求黄金和白银。同时,日益增长的商品经济也要求更多的金银投入流通;而西欧与近东的贸易却又经常存在巨额的逆差,致使西欧有限的金银不断外流,造成通货的严重不足。因此,促成冒险航行的黄金狂热,实际上反映了当时西欧商品货币关系进一步发展的要求。

---

① 《马克思恩格斯选集》第 1 卷,人民出版社 1972 年版,第 252 页。

再次,15世纪末期西欧封建制度内在矛盾的加深,也是一个重要的推动力。一方面,封建领地经济日趋衰败,不少封建贵族在经济上陷于破产;另一方面,这一时期建立起来的专制王权,为了巩固统治,维持宫廷挥霍、贵族俸禄和庞大的官僚机构,也需要开辟新的财源。这样,向海外扩张领土和探寻产金地,便成了封建主阶级挽救封建制度危机的一条出路。因此,西欧冒险家组织的大规模海上远征,都得到了封建专制政权的积极支持,而不少封建贵族则成了第一批的殖民地征服者。

最后,这一时期欧洲科学技术的发展,特别是造船和航海方面的成就,为远洋航行,从而为地理大发现提供了必要的条件。西欧的海外探险活动在15世纪初就已开始,但地理大发现过程中的重大事件则发生在15世纪末16世纪初:1486—1487年葡萄牙人迪亚士发现好望角(非洲最南端);1497—1498年葡萄牙贵族瓦斯科·达·伽马绕过非洲发现通往印度的新航路;1492—1493年意大利人哥伦布在西班牙专制王权的支持下横渡大西洋发现美洲西印度群岛;1519—1522年葡萄牙贵族斐南多·麦哲伦率领的舰队在西班牙国王的支持下,穿过大西洋,沿南美洲东岸绕过美洲大陆最南端转入太平洋到达菲律宾群岛,然后经印度洋绕过好望角返航,第一次完成了环球航行。从此,开始了西欧殖民者掠夺亚洲、非洲、美洲的血腥历史。

地理大发现对西欧经济发展的影响是深远的。首先它引起了西欧商业的革命性变化。由于地理大发现的结果,世界市场的领域骤然扩大,进入世界贸易的商品种类和商品总量急剧增加。海外商业不再只是少数传奇式的冒险商人专为封建主阶级提供奢侈品的工具,而是开始贩运大宗商品,面向广大居民的需要了。殖民地商品甚至出现了买空卖空、大规模投机的对象,产生了商品和证券交易所(16世纪首先在安特卫普建立)。垄断海外贸易(特别是殖民地贸易)的大商业公司纷纷建立,它们从专制王权那里取得特权和补助,成了进行海外殖民掠夺和资本原始积累的重要工具。所有这些商业上的巨大变化,为西欧资本主义手工工场的发展创造了有利条件,加速了封建主义向资本主义的过渡。马克思指出:在16世纪和17世纪,由于地理上的发现而在商业上发生的并迅速促进了商人资本发展的大革命,是促使封建生产方式向资本主义生产方式过渡的一个主要因素。[①]

在 16 世纪开始的西欧经济中心的转移是地理大发现的一项重要后果。地理大发现后,世界商路不再经地中海,而是取道大洋。因此,意大利各城市由于远离世界商路,失去了独占东方贸易和欧洲商业中心的地位,从此陷入长期衰落的境地。同意大利有密切商业联系的德意志南部城市遭遇到同样的命运。汉萨同盟也衰落了。16 世纪,世界航路中心转移到葡萄牙、西班牙和尼德兰南部各港口,特别是里斯本、赛维尔、安特卫普。17 世纪,荷兰的阿姆斯特丹成了世界商业中心,伦敦的商业地位也日益增长。世界航路的转移和商业中心的变化,使葡萄牙、西班牙、荷兰和英国的经济相继兴盛起来。

地理大发现还引起了 16 世纪欧洲的“价格革命”。西班牙殖民者在中南美洲抢劫来的和稍后驱使当地土著以奴隶劳动采掘出来的金银,在 16 世纪中叶大量流入欧洲。葡萄牙殖民者在东方和西非也以欺诈和强力的手段掠取了巨额黄金。价格低廉的金银的大量流入,引起了欧洲物价的飞涨。在 16 世纪内,西班牙的物价上涨了 3 倍多,法国、英国、德国的物价也平均上涨了 1 — 1.5 倍。而上涨幅度最大的是农产品。取得“价格革命”巨大利益的是资产阶级以及与市场有密切联系的经营地主、富裕农民;受到损害的是雇佣工人、被夺去了所有剩余产品的贫苦农民,以及收取固定货币地租的封建贵族地主。工业品价格的上涨虽然小于农产品价格的上涨,但是由于实际工资下降[②]、剥削加重以及产品销路扩大,手工工场主和商人都获得了巨额利润。在农村中,富裕农民也因农产品价格上涨而发财致富。到 16 世纪末,在英国已经形成了一批富有的大租佃农场主。因此,“价格革命”加速了西欧封建主义的解体和资本主义关系的产生。

此外,地理大发现后,西欧的一些专制王权(如西班牙的哈布斯堡王

---

① 《马克思恩格斯全集》第 25 卷,人民出版社 1974 年版,第 371—372 页。
② 例如在 16 世纪内,英国的商品价格平均提高了 155%,而工资只提高了 30%;法国的商品价格提高了 120%,而工资只提高了 24%。

朝、法国的波旁王朝、英国的都铎王朝等），从增加国库的财源、巩固自己的专制统治出发，采取了一系列鼓励商业、工业、航运业和殖民扩张事业的重商主义政策。这对资产阶级的兴起和发展，起了一定的保护和促进作用。

至于地理大发现所直接引起的残酷的海外殖民掠夺，则更是西欧国家资本原始积累的重要来源。马克思写道："美洲金银产地的发现，土著居民的被剿灭、被奴役和被埋葬于矿井，对东印度开始进行的征服和掠夺，非洲变成商业性地猎获黑人的场所：这一切标志着资本主义生产时代的曙光。这些田园诗式的过程是原始积累的主要因素。"[①]地理大发现揭开了一部用血和火写成的美洲、亚洲、非洲各族人民遭受西欧殖民者虐杀、欺诈、掠夺、征服和长期奴役的灾难史。

16—18 世纪西欧各国的资本原始积累过程　资本原始积累是资本主义生产方式产生的前提和出发点。资产阶级学者经常别有用心地把资产阶级的成长说成是他们具有"勤劳节俭"的美德的结果。这是对历史的捏造。事实上，资本主义从它诞生时起，就是和欺诈、掠夺等种种暴力和罪恶活动联系着的。资本主义的生产，除了以发展到一定高度的生产力为基础外，还必须具备两个基本前提，这就是要有大批丧失生产资料的自由劳动者和巨额的货币资本。而这两个基本前提是在原始积累过程中形成的。所谓资本原始积累，就是用暴力使直接生产者和生产资料分离，从而一方面使直接生产者转化为工资劳动者，另一方面把货币转化为资本的过程。这个过程在西欧大体上是从 16 世纪初开始的。它由以下要素构成：剥夺农民的土地，进行殖民掠夺和奴隶贸易，推行国债制度和近代赋税制度，实行保护政策，等等。

对农民的土地剥夺是原始积累全部过程的基础，这在英国进行得最彻底、最典型。在那里，对农民的土地剥夺采取了圈地运动的形式，即地主强行圈占农民的公共地和份地，变为大牧场、大农场。这样圈占的土地，大多用来出租给大租佃农场主经营。经过 15 世纪末至 18 世纪连续 3

---

① 《马克思恩格斯全集》第 23 卷，人民出版社 1972 年版，第 783 页。

个多世纪的土地剥夺,独立的小农阶层基本上被消灭了。彻底剥夺农民的结果,为英国资本主义的发展创造了大批雇佣劳动者,同时也扩大了国内市场。在剥夺农民的同一过程中,资产阶级化的新贵族和大租佃农场主阶级形成和壮大起来,资本主义关系在英国农业中得到了长足的发展。

在西欧其他国家中,对农民的土地剥夺虽然都没有像英国那样彻底,但都在不同程度上发生了这个过程。例如,尼德兰南部和北部经济发达的省份,贫农赖以勉强过活的村社公共地,到16世纪中叶时,已到处被贵族、教会和乡绅所夺占。这些土地往往被租给由富裕佃农转化的大农场主经营。在佛兰德尔约有1/3的农民或是完全没有土地,或是只租有极小一块不能养家糊口的土地。16世纪末期尼德兰北部资产阶级取得革命胜利后,被没收的修道院和教会地产,大批转到城市资产阶级、大农场主和乡绅手中。在这些土地上的农民或者遭到了剥夺,或者变成了随时可以被剥夺的短期租佃人。至于法国,16—18世纪时,封建制度还牢固地统治着农村,与英国不同,在那里没有发生大规模的圈地运动。农民的被剥夺是通过加强剥削迫使农民出卖份地的方式实现的。这个过程进行得十分缓慢。在德国,从16世纪初开始,农奴制又重新恢复和加强起来。17—18世纪,德国东部的封建地主掀起了掠夺农民份地的狂潮,但是由于农奴制依然存在,失地农民继续被束缚在土地上,变成了农奴式的雇农。法国和德国的农民在封建土地关系的牢固统治下,不能大批地从农村游离出来,正是这一时期两国资本主义关系发展缓慢的重要原因。

利用国家权力以最残酷的暴力手段进行殖民掠夺是资本原始积累的另一重要因素。16—18世纪西欧国家的殖民掠夺在人类历史上写下了最黑暗、最可耻的一页。

地理大发现后,葡萄牙人和西班牙人是第一批殖民者。葡萄牙殖民掠夺的主要对象是亚洲和非洲。印度航路发现后,在16世纪上半期,葡萄牙先后在马来半岛,巽他群岛、摩鹿加群岛以及中国、印度、锡兰、日本等沿海岸强占了一系列的据点,并确立了对红海、波斯湾出口以及整个印度洋沿岸的控制权。在非洲,除早在15世纪下半期就已在西非的几内亚、黄金海岸等处占有据点外,16世纪初又在南非和东非沿海岸建立了若干据点（好望角、莫三鼻给、桑给巴尔等）。在美洲，则占领了巴西。葡萄牙殖民掠夺的主要方式是通过殖民据点（要塞和商站）进行海盗式的掠夺和贸易垄断。在东方，他们一方面对占领区的王公和一般居民进行抢劫和租税勒索，另一方面用强制手段以低得难以置信的价格收买东方出产的香料、糖、大米、茶叶、蓝靛、丝绸、宝石、手工艺品等。他们把从东方掠取的珍贵产品运到欧洲市场后，以6—7倍的高价出售。葡萄牙殖民者还从印度和中东贩运鸦片到中国出售，获取暴利。在非洲，葡萄牙殖民者主要通过劫掠或以不值钱的欧洲商品换取黄金、象牙和奴隶。葡萄牙从海盗掠夺、香料垄断和稍后的奴隶贸易中，攫取了巨额财富。16世纪时，里斯本成了欧洲最大的商港之一。

西班牙的殖民掠夺对象是美洲。从15世纪末到16世纪上半期，西班牙先后占领了海地、古巴、墨西哥、秘鲁、智利，以后扩展到除巴西之外的整个中南美洲。西班牙殖民者在征服中南美洲时所犯下的滔天罪行是任何中世纪的野蛮暴君都不能比拟的。他们以马队和枪炮成批地虐杀印第安人，使用一切罪恶手段勒索、抢劫金银财宝，迫使印第安人从事奴隶劳动，为他们开垦土地，种植甘蔗，开采金银矿。印第安人在惨无人道的苦役下大批死亡；稍有反抗，殖民征服者便把他们全村人杀光，或用火刑示众。在海地、古巴各岛上的印第安人在几十年间即被消灭殆尽。印第安人的迅速减少，造成了种植园和矿山中劳动人手的不足，于是欧洲殖民者便开始从非洲猎捕黑人贩运到美洲来充当奴隶。西班牙残酷掠夺中南美洲的结果，使它成了16世纪时欧洲最大的殖民帝国。据估计，在1545—1560年，每年从美洲运往西班牙的黄金达5500公斤，白银达246000公斤。此外，还从美洲运回大批的糖、可可、烟草、棉花、蓝靛、珠宝等。而运到美洲的却是些不值钱的或对土著居民没有用处的商品，往往通过当地统治者按极昂贵的价格强迫分配给土著居民，利润率经常高达400%—500%。

在17世纪，荷兰、英国、法国也走上了殖民掠夺的道路。它们对亚洲、非洲和美洲的残酷掠夺比西班牙、葡萄牙殖民者有过之无不及。荷兰（尼德兰北部诸省）在16世纪末期挣脱西班牙的封建专制统治获得独立后，不久就开始了殖民扩张事业。1602 年和 1621 年荷兰大商人集团先后设立东印度公司和西印度公司。这两个公司都是由政府授予特权，拥有自铸货币和武装力量的殖民侵略机构。荷兰东印度公司在 17 世纪上半期先后侵占了印度尼西亚的一系列岛屿；夺取了葡萄牙在摩鹿加群岛、马来半岛和印度的许多据点，取代葡萄牙垄断了东方香料贸易；在非洲则夺取了好望角。西印度公司在北美也建立了自己的殖民据点。荷兰殖民者在印度尼西亚迫使当地封建主订约把香料等产品卖给东印度公司；强令以当地物产向公司纳贡；迫使农民种植咖啡、甘蔗。当这些产品销路不佳时，又强行就地销毁。他们还实行"盗人"制度，在各岛之间从事奴隶贩卖。马克思提到荷兰在印度尼西亚犯下的血腥罪行时，写道：荷兰"经营殖民地的历史，'展示出一幅背信弃义、贿赂、残杀和卑鄙行为的绝妙图画'。最有代表性的是，荷兰人为了使爪哇岛得到奴隶而在苏拉威西岛实行盗人制度……他们走到哪里，那里就变得一片荒芜，人烟稀少"[①]。殖民掠夺为荷兰的商人、手工工场主提供了大量的资本原始积累，为 17 世纪荷兰的经济繁荣奠定了基础。

英国在 16 世纪末 17 世纪初，法国在 17 世纪中，都先后在北美、西印度和印度建立了第一批殖民地。17 世纪中叶，英国在资产阶级革命胜利后加紧了海外殖民扩张。经过三次英荷战争，到 17 世纪末英国已替代荷兰取得了海上贸易和殖民侵略的优势。进入 18 世纪后，英国开始同法国争夺殖民地霸权。经过 1756—1763 年的 7 年战争，英国在北美和印度最终逐出了法国势力，确立了自己的霸权地位。随后，虽然由于美国的独立，英国在北美丧失了 13 个殖民地，但是东印度公司对印度人民的残酷掠夺和奴役，为英国资产阶级提供了巨量的资本原始积累。从印度源源流入英国的财富，为 18 世纪 60 年代开始的英国工业革命创造了有利条件。法国的殖民扩张事业在 18 世纪内虽然遭到挫折，但仍然不失为法国资本原始积累的手段之一，在一定程度上促进了资本主义关系在封建制度内部的发展。

---

① 《马克思恩格斯全集》第 23 卷，人民出版社 1972 年版，第 820 页。

　　与殖民掠夺紧密联系的奴隶贸易是西欧资本原始积累的重要源泉。在18世纪末期以前,猎捕和贩卖黑人是西欧在非洲全部殖民活动的基础。西欧殖民者在美洲、西印度大批消灭印第安人的结果,造成矿山、种植园中奴隶劳动力的严重不足,从非洲贩卖黑奴到美洲,成了最有利可图的勾当。早期(16世纪)的奴隶贩子是葡萄牙殖民者,17世纪以后,荷兰、英国、法国都先后参加了这项令人发指的罪恶活动。猎捕黑人的场所从西非扩展到东非。许多黑人部落在殖民者猎捕队的追击下被消灭,或被击散而困死在丛林中。从16世纪到19世纪运到美洲的黑人估计达1500万人。因奴隶贸易使非洲总共牺牲和失掉的人口,估计达1亿人。血腥的奴隶贸易为西欧国家特别是英国带来巨额财富。英国的利物浦、布里斯特尔等城市的繁荣就是用黑人的白骨换来的。

　　国债制度也是原始积累的重要源泉。资产阶级不仅靠国债获得高额利息,而且往往借此从国家取得种种特权,如包税权、铸币权等。由于国债盛行而引起的证券投机事业和近代银行的兴起,更为资产阶级增添了一项致富的源泉。国债在荷兰、英国,特别是法国的原始积累过程中,都起着重要作用。在资本原始积累过程中,近代赋税制度是国债制度的必要补充。大量国债利息在这些国家都往往是靠开征和不断增加间接税来支付的。这是通过政府掠夺广大劳动人民的收入来增裕资产阶级钱袋的办法。在法国,还盛行包税制度,这是资本原始积累的一项特殊来源。

　　保护制度(包括保护关税、出口补贴等)也是西欧国家原始积累的重要杠杆。16世纪以后,特别是在17—18世纪,西欧各国都在重商主义政策下对国内的资本主义手工工场实行保护制度。这种制度实际上就是用剥夺国内、国外的小生产者和本国广大消费者的办法,人为地助长资本主义手工工场的发展。在法国,手工工场的原始资本甚至一部分是直接由国库供给的。

　　所有上述种种原始积累的方法,正如马克思所指出的,"都利用国家权力,也就是利用集中的有组织的社会暴力,来大力促进从封建生产方式向资本主义生产方式的转变过程,缩短过渡时间"①。

16—18世纪西欧各国经济兴衰的更替和资本主义关系的发展

总地说来,16—18世纪西欧各国都处在封建制度逐步解体、资本主义关系逐步发展的蜕变过程中。但是各国原始积累的程度、封建统治和行会束缚的强弱、原有的工商业基础,以及世界商路转移所给予的影响等,都很不一致,因而各国资本主义关系的发展程度也是不平衡的。而且在它们之间经历了一个经济兴衰更替的过程。

如前所述,意大利北部是资本主义关系发生最早的地区,但是由于地理大发现后商路的改变和意大利各城市在政治上的不统一,因而在16世纪便衰落了。葡萄牙和西班牙是16世纪利用地理大发现的有利后果,在殖民掠夺的基础上最先兴盛起来的国家。葡萄牙在16世纪曾经是在东方和非洲的东西沿海岸拥有一系列殖民据点,垄断着东方贸易,控制着印度洋的殖民帝国。但是海外掠夺所得的财富,尽为封建君主贵族的奢靡生活所耗费,并未在本国转化为资本。加以在封建统治下,葡萄牙原有的工商业基础薄弱,到达里斯本的东方商品,也主要由尼德兰商人运到安特卫普后转销全欧。这样,葡萄牙从海外掠夺来的财富最终流进外国商人和手工工场主的钱袋,成了别国的原始积累,而资本主义关系在葡萄牙并没有得到很大发展。葡萄牙本土人口稀少(不到100万人),经济、军事力量弱小,这也使它无法长久维持四处分散的庞大的殖民体系。1580年葡萄牙被西班牙并吞后,从此就衰颓下去。1640年葡萄牙虽然摆脱了西班牙的统治,但也未能重建自己在东方的殖民势力,这时荷兰和英国已经巩固地确立了在东方的地位。从18世纪初起,葡萄牙实际上变成了英国资本的附庸国。

西班牙靠它对美洲的残酷掠夺,在整个16世纪成为西欧经济最繁荣的强国。殖民掠夺带来的巨大财富,在开始时曾经加速了西班牙商品生产的发展。16世纪(特别是上半叶)西班牙的毛织业迅速发展起来。西班牙自产的优质羊毛、西班牙专制政权的保护、地理大发现后出现的广阔

---

① 《马克思恩格斯全集》第23卷,人民出版社1972年版,第819页。

的销售市场,都为西班牙的毛织业提供了有利的发展条件。塞维尔是毛织业的中心,拥有将近16000家纺织工场,工人数达130000名。此外,丝绸业、陶器业、皮革业都有很大发展。在16世纪,西班牙独占了美洲产品的供应,还输出本国生产的大量羊毛以及呢绒、丝绸。经济繁荣提高了西班牙在西欧的政治地位,巩固了西班牙的君主专制制度,确立了它在海上的无上霸权。但是殖民掠夺也加深了西班牙内部的腐朽性。从16世纪末以后,西班牙开始衰落了。衰落的原因是复杂的。首先,在地理大发现时,封建生产方式在西班牙还占着稳固的统治地位。西班牙的殖民扩张在很大程度上是由封建主阶级的利益决定的。从海外流入的大量财富,主要被用在封建贵族寄生性的奢靡消费、专制政权庞大的官僚机构,以及为争夺欧洲霸权和扶持反动天主教势力而进行的无休止的战争上面。西班牙封建专制政权不仅耗尽了从殖民掠夺得来的收入,而且从16世纪中叶起经常处于负债状态,不得不加紧租税搜刮。专制政权所实行的交易税,对国内工商业起了特别有害的作用。到16世纪末期,课税率达到商品价值的30%左右,有的工业品达到40%—60%。其次,西班牙原有的工业基础薄弱,16世纪时,西班牙的若干手工业部门虽有所发展,但是仍然不能充分利用地理大发现给予的有利条件。同时,16世纪的"价格革命"在西班牙境内所引起的物价上涨比其他各国猛烈得多,因此,把价廉质优的荷兰、英国、法国商品贩运到西班牙市场和殖民地市场,对商人来说比贩运本国产品更为有利。这样,从美洲流入西班牙的黄金就源源转入外国手工工场主的腰包,而对西班牙工业发展所起的原始积累作用很小。最后,在农村中西班牙农民依然处在教会什一税、代役租、高额王国租税的沉重剥削下,无力改进自己的生产。这一时期比较发达的是养羊业,但它掌握在贵族手里。贵族牧羊主集团享有沿着大路游牧的特权。游牧羊群到处践踏和毁坏路边的庄稼和草地,农民的生产遭到破坏。这些都导致了西班牙农业的衰败。此外,反动的天主教会活动,特别是宗教裁判所的活动对西班牙人民造成无穷的灾难,这也加剧了西班牙经济和政治的衰落。1588年西班牙的"无敌舰队",在英国和荷兰舰队的夹击下覆灭,从此宣告了它在海上和西欧霸权的陨落。

17 世纪荷兰成了西欧的经济中心。荷兰是由尼德兰北部诸省建立的国家。尼德兰南部的佛兰德尔和安特卫普所在的勃拉奔省,以及北部的荷兰省和西兰省,早在 13—15 世纪就是西欧经济比较先进的地区。地理大发现后世界航路的改变,进一步促进了这一地区的发展,安特卫普成了世界贸易中心,葡萄牙和西班牙殖民地商品都由葡、西各港口集中到这里再转销全欧。同时,在南部和北部都出现了不少新的工商业中心,在那里分散的和集中的资本主义手工工场迅速发展起来。特别是在北部诸省中,无论是农村中的封建关系还是城市中的行会特权,都没有南部那样较深的传统。因此,16 世纪时,北部先进省份(如荷兰、西兰)的手工工场生产、商业、自由农民的土地所有制以及资本主义农场经营,都较南方各省发达。北部除一般的手工业外,还有发达的捕鱼业、航海业、造船业以及与造船有关的生产部门,并且拥有一支庞大且优良的海上船队。到 16 世纪上半期,北部已经形成了一个经济力量比较雄厚的资产阶级,其中占首要地位的是大商人阶级。但当时统治着尼德兰的西班牙哈布斯堡王朝,对尼德兰人民课征苛重的租税;自 16 世纪中叶起,又施行了一系列打击尼德兰工商业的措施,并进行宗教迫害。这就激起了从 1566 年起的一连串的尼德兰人民起义和反西班牙的独立战争。1572 年以荷兰省为首的北部诸省在资产阶级领导下宣布独立,并在 1579 年建立了联省共和国。这是西欧历史上最早的一次资产阶级革命。革命胜利以后,特别是自 17 世纪初起,荷兰开始了海外殖民掠夺,为资本主义的进一步发展积累了巨额资本,对外贸易和工场手工业都得到了巨大发展。所以,马克思把荷兰称为 17 世纪标准的资本主义国家①。17 世纪的荷兰虽然有着发达的毛织业、丝绸业、麻布业、造船业、捕鱼业等,但是荷兰资本主义发展的特点在于它的对外贸易远较工业占优势。它拥有强大的商船队,被称为“全世界海上马车夫”。它不但垄断了东印度贸易,而且独占了西南欧与东北欧之间的贸易。阿姆斯特丹是当时的世界商业中心,也是国际信贷中心。因此,17 世纪荷兰的威力主要建立在商业霸权上。这一时期荷兰工

---

① 《马克思恩格斯全集》第 23 卷,人民出版社 1972 年版,第 820 页。

场手工业的发展在很大程度上也是依恃其商业霸权取得的。马克思写道:"现在,工业上的霸权带来商业上的霸权。在真正的工场手工业时期,却是商业上的霸权造成了工业上的优势。"①荷兰资本主义的这一特点,后来就成了它在经济发展中的主要弱点。到 17 世纪末,荷兰在西欧的经济地位被拥有强大工场手工业的英国所代替,沦为第二流国家。也正如马克思所指出的:"荷兰作为一个占统治地位的商业国家走向衰落的历史,就是一部商业资本从属于工业资本的历史。"②

14—15 世纪时,英国在经济上还落后于尼德兰。英国出产的羊毛还主要供应佛兰德尔的毛织业。但这时英国也开始发展自己的毛织业。15 世纪,在毛织业中还出现了大批在包买商控制下的家庭手工业,即分散的工场手工业。在农村中,农奴制已经消灭,固定的货币地租占据着优势地位。进入 16 世纪后,英国的工场手工业得到了迅速的发展。16—17 世纪的大规模圈地运动,使大批被剥夺的农民转化为工资劳动者,并扩大了国内市场;地理大发现和英国从 16 世纪末开始的海外殖民掠夺,开拓了国外市场,增加了原始资本的积累;英国的专制王权从 16 世纪起施行的重商主义政策,鼓励了工商业的发展;所有这些都为英国工场手工业的发展创造了有利条件。16 世纪中叶以后,毛织业已成为遍及城乡的"全民性"工业,集中的手工工场也逐渐增多,呢绒输出量不断增长。资本主义手工工场在采矿、制盐、冶金、玻璃、造纸、啤酒等许多部门中也发展起来。在农村中出现了富裕的大租佃农场主阶级。贵族地主阶级中的一部分向资产阶级转化,形成了一个资产阶级化的新贵族阶层。到 17 世纪上半期,资产阶级和新贵族的经济力量日益壮大,他们和封建专制王权的利益冲突日益尖锐;农民和封建主阶级的矛盾也日益加深;这样,终于在 1642—1648 年爆发了英国资产阶级革命。资产阶级政权确立后,对外殖民扩张、圈地运动、保护制度等都进一步加强起来,这就促进了资本主义工场手工业的更大发展。由上看来,英国的兴起和资本主义的迅速发展,

---

① 《马克思恩格斯全集》第 23 卷,人民出版社 1972 年版,第 822 页。
② 《马克思恩格斯全集》第 25 卷,人民出版社 1974 年版,第 372 页。

是同农奴制的较早消灭、对农民的彻底剥夺、殖民掠夺所得财富转化为资本，以及资产阶级革命的较早胜利分不开的。正是在这个基础上，英国在17世纪下半期从荷兰手中夺取了海上霸权，接着在18世纪中又挤掉法国，确立了在印度、北美的殖民霸权，成为18世纪首屈一指的工业、商业强国和最大的殖民帝国。也正是在这样的条件下，英国从18世纪60年代起首先开始了工业革命。

16—18世纪法国的资本主义关系在封建制度内部也有一定的发展。当时法国存在着一些有利于资本主义发展的条件，如在农村中货币代役租的逐渐盛行，地理大发现给法国带来的有利影响，法国统一的君主专制政权长期施行的重商主义政策，从17世纪中期大力加强的对外殖民掠夺，等等。这些都促进了法国资本主义工场手工业的发展，但是法国封建制度的牢固统治始终是资本主义关系发展的严重障碍。一直到18世纪，农民依然处在封建地租、国税、教会什一税的重重压迫下；君主专制政权对资本主义工场手工业的扶植只是为了自己财政上的需要；为了便于监督工业和进行财政勒索，还广泛推行了中世纪的行会制度；森严的封建等级制度、专横的专制政体和封建贵族的特权，都使新兴的资产阶级处于被歧视和无权的地位，他们力图侧身贵族行列，从而发生了资产阶级贵族化的现象。这一切都对法国资本主义工商业的发展起着阻抑作用，使它在18世纪时相对落后于英国。

至于德国，在16—17世纪时尚处于经济衰落的境地，资本主义关系的发展远远落后于荷兰、英国和法国。地理大发现后世界商路的改变、德国农民战争（1624—1625年）后农奴制的恢复和加强、内部政治上的四分五裂和长期的战争蹂躏等，都是使德国经济衰落的重要原因。直到17世纪末，德国经济才重又逐渐活跃起来。18世纪时，在普鲁士境内，在专制王权的重商主义政权的扶植下，资本主义工场手工业得到了一定的发展。到18世纪下半期，在德国西南部的莱茵区和萨克森，资本主义手工工场在各个工业部门中也有了较广泛的发展。但是，由于封建统治和国家不统一的严重障碍，这时德国经济仍然远远落后于英国和法国。

从以上西欧各国经济兴衰更替和资本主义关系的发展过程看，尽管各国的具体情况有差异，但就整个西欧说来，16—18世纪，封建关系已逐步解体，分散的以至集中的资本主义手工工场得到了巨大发展。这是资本主义发展的工场手工业时期，是资本原始积累时期。

第三节　18世纪后半期到19世纪70年代初资本主义制度的确立和发展

到18世纪后半期，西欧资本主义关系的发展到达了一个新的转折点，即进入了资本主义制度确立的时期。60年代首先在英国发生的工业革命是这一时期开始的主要标志。这个时期一直持续到1871年巴黎公社起义和1873年世界经济危机爆发，资本主义开始向帝国主义过渡为止，包括了约一百年的历史。这个时期是资本主义制度在欧美先进国家中取得普遍胜利、资本主义上升发展的时期。在这一时期里，在欧美各先进国家中，先后发生了资产阶级革命和工业革命，资产阶级专政在这些国家建立起来，资本主义生产方式取得了统治地位，社会生产力获得了空前迅速的发展。欧美先进国家在国内取得资本主义胜利的同时，加紧了对亚洲、非洲和拉丁美洲的殖民扩张和殖民掠夺，使这些地区的许多国家变成它们的工业品销售市场和农业原料附庸。

> **资产阶级革命和工业革命**

16—18世纪资本主义关系的发展，遇到了封建制度的种种束缚。封建的生产关系已成为阻碍生产力向前发展的桎梏。新兴的资产阶级与封建统治阶级的矛盾日益尖锐。同时，贯穿在整个封建社会的农民反对封建主的斗争，随着封建社会末期封建剥削的加重，也更加激烈起来。农民不断发动起义，给封建制度以严重的打击。但是，农民不是新生产方式的承担者，它不能完成消灭封建统治的任务。代表新制度的资产阶级，利用广大农民的力量通过革命推翻封建统治，取得了政权。资产阶级革命最早发生在荷兰，但第一个具有世界历史意义的资产阶级革命，是1642—

1648 年的英国资产阶级革命。英国资产阶级革命和资产阶级政权的建立，标志着人类社会从封建主义时代进入新的资本主义历史时期。继英国革命之后，美国和法国先后于 18 世纪下半叶和末叶取得了资产阶级革命的胜利。德国在 1848 年革命失败后，资产阶级与封建主相妥协，进行了资产阶级改革，建立了资产阶级与地主贵族联盟的政权。19 世纪 60 年代，俄国通过废除农奴制，日本通过"明治维新"也都进行了资产阶级改革。

资产阶级革命的胜利，为资本主义生产的发展创造了有利的条件。作为上层建筑的资产阶级国家，积极巩固自己的基础，大力扶植资本主义的发展。各国在资产阶级革命或资产阶级改革后，都发生了工业革命。工业革命是资本主义国家工业化的起始阶段。

工业革命是以机器为主体的工厂制度代替以手工技术为基础的手工工场的革命。它既是技术的革命，又是生产关系的重大变革。以机器为主体的工厂制度的出现，给独立手工业者以毁灭性的打击，资本主义的雇佣劳动制度最终确立起来，形成两个彻底分裂的对立阶级——资本家阶级和工人阶级。列宁指出："从手工工场向工厂过渡，标志着技术的根本变革，这一变革推翻了几百年积累起来的工匠手艺，随着这个技术变革而来的必然是：社会生产关系的最剧烈的破坏，参加生产者的各种集团之间的彻底分裂，与传统的完全决裂，资本主义一切黑暗面的加剧和扩大，以及资本主义的使劳动大量社会化。"[1]有些资产阶级学者只把工业革命看作技术革命，并把它说成是历史的偶然事件和少数天才发明家发明创造的结果。这是历史唯心主义和抹杀劳动人民创造历史的谬论。工业革命是资本主义经济发展的客观要求。随着世界市场的日益扩大，工场手工业生产已不能满足对工业品日益增长的需求，这才产生了在生产上革新技术的必要性；同时，一些发明家和革新家在工业革命中建树的历史功绩固然不容忽视，但技术发明和技术革新并非仅仅是他们个人辛勤劳动的产物，而是劳动人民长时期劳动经验与创造发明的积累的结果，是劳动人

---

① 《列宁全集》第三卷，人民出版社 1959 年版，第 411 页。

民的集体创造。

工业革命是在具备了以下一些政治经济的前提条件时发生的:首先,资产阶级革命废除了封建土地所有制,取消了封建割据和等级制度等不利于资本主义发展的种种束缚,这为工业革命创造了政治前提;在资产阶级革命未取得胜利的国家,一般也通过资产阶级改革,建立了资产阶级与地主联盟的政权,在不同程度上扫除了封建制度的种种障碍,为工业革命铺平了道路。其次,16—18世纪进行的资本原始积累过程,为建立资本主义大工业提供了所必需的大批自由劳动者和巨额的货币资本。最后,资本主义工场手工业长期的发展,使分工日益发达、劳动工具不断改进和专门化,并培养了一批有熟练技巧的工人,这就为向大机器生产过渡准备了物质技术的条件。

英国由于较早具备了上述工业革命的前提条件,所以,在18世纪60年代首先开始了工业革命。英国作为工业革命的先驱国,在技术上出现了一系列的重大发明和革新。到19世纪30年代末40年代初,在英国的基本工业部门中以机器为主体的工厂制度占据了显著的优势,工业革命基本完成,这经历了七八十年的时间。美国和法国在19世纪初叶、德国和俄国在19世纪30年代以后,也都先后进入了工业革命时期。它们利用了英国的技术成就和经验,因而工业革命进展比较迅速。大体上美国在19世纪50年代末、法国在60年代末、德国在70年代末、俄国在80年代末,都先后基本上完成了工业革命。日本发展最晚,其在19世纪60年代末才进入工业革命时期。但是,国家的大力扶植和对外侵略战争的掠夺,加速了它的工业革命进程,到20世纪初,日本也基本完成了工业革命。

美国和德国的工业革命,进展特别迅速,还由于它们本身具有种种有利的条件。在美国,向西部殖民开发所形成的广大的国内市场,比较雄厚的国内农业基础、大量外国移民提供的自由劳动力、英国资本和技术的输入、拥有富饶的自然资源等,都是加速工业革命进程的重要因素。在德国,农奴赎金的资本化、国家对机器大工业的扶植、从事长期投资活动的信贷系统的建立、在军事工业带动下较早地把工业发展的重心转到重工业部门等,对德国工业革命的急剧发展都起了加速的作用。法国的工业革命虽然同美国差不多时候开始，但到19世纪60年代末，它的工业力量还大大落后于英国甚至被美国超过。这和19世纪上半期法国资本主义发展的某些特点是分不开的。法国大革命废除了封建土地所有制，建立了农民土地所有制，这固然有利于资本主义发展；但是革命后小农经济长期占着优势，法国农民没有遭到英国农民那样大规模地被强力剥夺的过程，分化比较缓慢，这就限制了大工业发展所必需的劳动力和国内市场的扩大。同时，法国从中世纪以来形成的工业部门结构的传统特点，即高级的奢侈品和精美的服饰品生产在工业中占有特别重要地位，也阻碍了机器的广泛使用和生产规模的扩大。因此，除了少数采矿、冶金、军事工业外，小企业在法国工业中占着很大的比重，这就造成了法国工业发展的相对缓慢。

由上看来，各国工业革命开始的时间、进展的速度和深度等，由于各国历史条件的不同而有差异。但是，它们的基本过程和后果都是一致的。同在英国所表现出的典型形态一样，各国的工业革命大体上都从纺织工业开始，进而扩展到其他轻工业，然后再发展到重工业。在工业革命的后期，大规模的铁路建筑对各国工业的发展起着巨大作用，特别是加速了冶金、采煤以及其他重工业部门的发展；但在这个时期里，重工业都还不同程度地落后于轻工业的发展，轻工业还居优势。工业革命的结果，使资本主义制度在各国最终确立起来，社会生产力得到了巨大发展，同时资本主义所固有的一切矛盾也加深了。

农业中资本主义发展的不同道路　　在工业革命过程中，资本主义关系在各国的农业中也有了不同程度的发展。机器大工业的发展，增加了对粮食、原料、市场和劳动力的需求，进一步促进了农业生产的商品化和农民经济的分化，同时也为建立和发展资本主义大农场、革新农业生产方法提供了物质技术条件。而农业中资本主义关系的发展和由此引起的农业生产力的提高，反过来又加快了机器大工业的发展。

在英国，农业中的资本主义关系是在16—18世纪通过圈地运动对农民进行长期的彻底的土地剥夺过程中发展起来的。到18世纪末，英国的小农经济基本消灭，资本主义的大租佃农场经营已占统治地位。19世纪上半期,英国的资本主义大农场和农业生产力在工业革命的影响下有了进一步的发展。

在一些后进的资本主义国家中,资本主义在农业中发展,存在两条基本道路,即列宁所指出的"美国式道路"和"普鲁士式道路"。前一道路的主要特点是:资产阶级革命彻底摧毁了封建土地关系,普遍建立了农民土地所有制,在小农经济自发分化的过程中,资本主义农场产生和发展起来。这一道路在美国农业发展中最为典型。美国在独立革命后,彻底扫除了原来较薄弱的封建因素,取消了向西部移住的禁令,大量移民涌向西部"自由"土地进行垦殖,这样小农经济在北部和中西部普遍建立起来,只是在南部还继续保持和发展着奴隶制种植园经济。南北战争后,由于颁布了宅地法,取消了奴隶制,向西部移殖的洪流更加壮阔,小农经济在广大的西部更加迅速地发展起来。而这一时期,美国的农业生产已逐步形成地区分工和专业化,商品化程度相当高;在工业革命过程中,改良农具和农业机器不断出现;同时,西部广大的"自由"土地又为大农场经营提供了极为有利的条件。这些都促使了普遍建立起来的小农经济不断发生分化,资本主义农场迅速发展起来。法国农业中的资本主义发展基本上也是依循着这条道路。大革命彻底摧毁了法国的封建土地制度,也普遍地建立了农民土地所有制,这为农民经济的分化和资本主义农场的产生和发展提供了条件。只是法国的小农经济是在封建时代农民所耕种的小块土地上建立起来的。革命后法国农民负担着沉重的国税,受到高利贷的苛酷盘剥。高利贷者为了继续奴役破产农民,宁愿把他们束缚在小块土地上。同时,法国又缺乏上述美国农业所具有的其他方面的有利条件。这样,法国的小农经济,在与当时法国工业革命进展速度、深度相对落后情况的相互影响下,分化就比较缓慢,资本主义农场虽有所发展,但受到了一定限制。

农业中资本主义发展的"普鲁士式道路",在德国东部地区的农业发展中最为典型。它的主要特点是:资产阶级革命没有彻底消灭封建土地关系;通过农奴制改革,农民只是用赎买或割地方式部分地摆脱了封建义务,而封建地主经营的土地不但被保存下来而且扩大了;在资本主义商品经济不断发展的推动下，封建地主经济缓慢地转化为雇佣半农奴式雇农的资本主义经营，并从农民经济中缓慢地分化出少数富农；广大破产农民遭受着地主和富农的资本主义的和封建主义的双重剥削。因此，"普鲁士式道路"是一条保留着封建残余的资本主义农业发展道路。之后在东欧、俄国等一些国家中，资本主义农业发展所依循的，基本上也是这条道路。

资 本 主 义 制 度
的 确 立 及 其 内
在 矛 盾 的 加 深

随着工业革命的完成和农业中资本主义关系的发展，资本主义制度在许多国家中确立起来。资本主义制度空前地提高了社会生产力。马克思恩格斯在 1848 年写道："资产阶级在它的不到一百年的阶级统治中所创造的生产力，比过去一切世代创造的全部生产力还要多，还要大。自然力的征服，机器的采用，化学在工业和农业中的应用，轮船的行驶，铁路的通行，电报的使用，整个整个大陆的开垦，河川的通航，仿佛用法术从地下呼唤出来的大量人口，——过去哪一个世纪能够料想到有这样的生产力潜伏在社会劳动里呢？"[1]这些都显示了资本主义生产方式的历史进步性。但是在另一方面，随着工业革命的完成和资本主义制度的确立，资本主义所固有的内在矛盾也进一步尖锐起来。

资本主义经济的基本矛盾是生产社会化和资本家私人占有之间的矛盾，这个矛盾在资本主义关系产生时就已存在，它在机器大生产发展起来后，充分暴露出来，并使资本主义周期性的生产过剩危机成为不可避免。在资本主义历史上第一次周期性的生产过剩危机发生在 1825 年的英国，因为当时工业革命在英国首先取得了显著成就。以后在 1836 年、1847 年、1857 年、1866 年和 1873 年又爆发了生产过剩的经济危机。其中除 1857 年和 1873 年危机首先在美国爆发外，其余各次危机也都首先发生在英国。尽管各次危机波及的国家以及各次危机的深刻程度都因当时具体条件的差异而不尽相同，但是这一时期危机发展的基本趋势是：随着各主要资本主义国家机器大工业的发展，危机愈来愈深刻，愈来愈具有世界

---

① 《马克思恩格斯选集》第 1 卷，人民出版社 1972 年版，第 256 页。

性。经济危机使社会生产力遭到巨大的破坏和浪费,为劳动人民带来大量失业、工资下降等灾难性的痛苦。经济危机使资本主义生产的发展,总是处于上升与下降、增长与停滞的交替状态中,从而阻滞了它的发展速度。经济危机集中地暴露了资本主义制度的尖锐矛盾,说明随着各国工业革命的蓬勃发展,社会生产力已经增长到为资本主义生产关系所不能容纳的地步,资本主义生产关系开始阻碍生产力的发展。

随着机器大生产的发展,形成了现代无产阶级。作为基本生产资料的机器是昂贵的设备,它只能为拥有大量资本的资本家阶级所占有;同时,机器使一切手工技术在工厂生产中成为不必要了,过去具有高超手艺的小生产者也失去了原来在生产中的地位而沦为普通工人。这样,丧失一切生产资料的生产者只能受雇于资本家,忍受其剥削,别的出路是没有的。恩格斯指出,"当师傅本人也被厂主排挤的时候,当开办独立的企业必须有大量资本的时候,工人阶级才第一次真正成为居民中的一个稳定的阶级",现在,谁要是生而为工人,那么他除了一辈子做工人,就再没有别的前途了。①

资本主义是雇佣奴隶制。"生产剩余价值或赚钱,是这个生产方式的绝对规律。"②资本家为了榨取最大量的剩余价值,对工人的剥削是无所不用其极的。机器在资本家手里成了残酷奴役工人的工具。机器大工业的发展,不仅使现代无产阶级最终形成起来,并且把他们推向了贫困的深渊。它一方面使大量的手工业者破产,加入无产阶级队伍;另一方面大量采用廉价的女工和童工,把成年男工排除于工厂之外,形成一个庞大的产业后备军。女工和童工在各个资本主义国家中都遭到惨无人道的摧残。大量失业人口的存在又使在业工人工资降低、劳动时间延长。机器生产还使工人的劳动强度空前提高,工伤事故层出不穷。恶劣的劳动环境,繁重的劳动负担,片面的劳动分工,粗劣的衣食,以及拥挤、肮脏的居住条件,都严重地损害着工人的身心健康,缩短着他们的寿命。无产阶级

---

① 《马克思恩格斯全集》第2卷,人民出版社1957年版,第297页。
② 《马克思恩格斯全集》第23卷,人民出版社1972年版,第679页。

状况的恶化,是各个资本主义国家机器大工业发展过程中绝无例外的共同现象。无产阶级队伍的壮大和贫困的加深,推动着他们不断掀起反抗资本主义剥削的斗争。在工业革命的初期,无产阶级还不了解自己贫困的根源是资本主义制度,斗争的主要目标是反对使用机器,破坏机器的运动成了这种自发斗争的最初形式。到19世纪20年代,无产阶级才开始走上为争取改善生活状况和民主权利的斗争,出现了工会的组织。同时,在法国以圣西门、傅立叶为代表,在英国以欧文为代表的空想社会主义思潮得到了广泛传播。空想社会主义思潮对揭露和批判资本主义雇佣奴隶制的种种罪恶,对启发和提高无产阶级的觉悟,起了一定的作用。但是,当时资本主义机器大生产的发展还比较薄弱,资本主义内在的尖锐矛盾刚刚暴露,无产阶级的力量还未充分显示出来,无产阶级反对资本主义的斗争还不成熟。在这种情况下,空想社会主义者还不能了解无产阶级的历史使命,不认识什么是消灭资本主义的社会力量。因此,他们所提出和进行试验的各种改造社会的方案,只能是空想,不可能实现。

到19世纪30—40年代,英、法、德诸国的无产阶级已逐步壮大,成为一股巨大的政治力量,并开始从日常的经济斗争转向大规模的政治斗争。英国工人阶级从1835年开始掀起的宪章运动、1831年和1834年法国里昂工人的两次起义、1844年德国西里西亚的织工起义等,都显示了无产阶级的巨大力量,标志着无产阶级已经登上政治舞台,开始以自己有组织的力量冲击资本主义制度。

在19世纪40年代,科学社会主义的创始人马克思和恩格斯开始了他们的革命实践和理论的活动。他们亲自参加了当时的革命运动;他们总结工人革命运动的经验,批判地研究和吸收英国古典政治经济学、德国古典哲学和法国空想社会主义的思想,通过对资本主义历史的深刻研究,科学地阐明了资本主义雇佣奴隶制的剥削实质,揭示了资本主义发展的客观规律,论证了无产阶级作为资本主义掘墓人的历史使命,从而建立了严整的无产阶级的科学世界观和革命理论——马克思主义。1848年马克思和恩格斯起草和发表了著名的《共产党宣言》。科学的社会主义思想开始在工人运动中广泛传播。马克思主义是在同一切与无产阶级根本敌对的思想和理论的反复斗争中建立和发展起来的。他们在发表《共产党宣言》的前后,同形形色色的封建的、资产阶级的、小资产阶级的社会主义理论和派别进行了斗争。特别是对在工人运动中有很大影响的法国蒲鲁东改良主义和德国拉萨尔机会主义进行了尖锐的批判与不调和的斗争。正是在这些斗争中逐步清除了各种冒牌社会主义思潮在工人运动中的影响,确立了马克思主义思想在国际工人运动中的领导地位,从而使这一时期的工人运动以西欧为中心获得了巨大发展。1864年,在马克思和恩格斯领导下成立了第一国际,这使各国无产阶级的斗争第一次有了一个国际性领导组织。19世纪60年代,西欧的工人运动普遍高涨起来。

第四节　亚洲、非洲、拉丁美洲殖民地和半殖民地经济的形成

资本主义制度的产生和发展一开始就是和西欧国家的对外殖民扩张和掠夺活动分不开的。16—18世纪西欧殖民者在亚洲、非洲和美洲侵占的广大领土以及对这一地区人民的掠夺和奴役,为西欧国家提供了巨额的资本原始积累,开辟了广大市场,从而大大地加速了在这些国家封建制度内部孕育起来的资本主义关系的发展,并为之后的工业革命创造了有利条件。在工业革命、资本主义制度确立和发展过程中,资本主义国家又进一步扩大了自己的殖民地和势力范围,加紧掠夺和奴役所有殖民地和附属国的人民,把亚洲、非洲、美洲的广大地区变成了它们的产品销售市场和农业原料附庸。

亚洲、非洲和美洲的殖民地经济在西欧资本主义兴起和发展时期,大体上经历了两个演变阶段:主要作为西欧国家的原始积累掠夺对象的阶段和主要作为外国工业资本剥削对象的阶段。

作为原始积累掠夺对象时期的殖民地经济 | 16—18世纪是西欧进行资本原始积累的时期。这一时期的殖民地大致可以分为两种类型。一种类型是:当地土著居民被大批消灭或被驱逐,在被侵占的土地上建立了以西欧移民及其后裔为主的殖民地经济,如拉丁美洲和北美洲。南非也大体上属于这个类型,只是保留的被奴役的土著居民较多。另一种类型是:西欧殖民者在某些地区的沿海一带从建立据点进行劫掠式的贸易开始,逐渐向内地伸展,进行武力征服和残酷掠夺;当地土著居民虽也遭到大规模屠杀,但西欧国家对这些地区未进行大量移民,而是通过少数殖民者进行殖民统治,并利用了当地的前资本主义经济结构来奴役土著居民。属于这一类型的有印度、印度尼西亚及其他亚洲殖民地。这时期葡萄牙、荷兰、英国和法国先后在西非、东非沿海建立的殖民据点,大体上也属于这一类型,但其主要掠夺对象是黄金、象牙,特别是猎捕和贩卖黑人。

属于前一种类型的拉丁美洲(包括墨西哥、中南美、西印度群岛)和北美洲(包括今日的美国和加拿大),原来都是印第安人的世界。在西欧殖民者入侵前,印第安人还处在原始公社阶段,刚刚出现阶级分化的现象。欧洲殖民者入侵后,他们原来的社会发展进程被切断,他们遭到惨无人道的烧杀、劫掠和驱逐。从此,欧洲的大量移民蜂拥而来,逐步建立了以欧洲移民及其后裔为主体的殖民地经济。

来到英属北美殖民地的欧洲移民(主要是英国人)大多是为了摆脱贫困、封建暴政和宗教迫害的劳动者。他们到达后大多成了农民、手工业者。他们在北美建立的殖民地经济与拉美不同,所受到的前资本主义经济结构的束缚较少,除了南部奴隶制种植园经济,由于残酷剥削贩自非洲的大量黑人奴隶而得到很大发展外,在其他地区占优势的是自耕农的小农场经济。这一特点为北美殖民地的资本主义关系的发展提供了有利条件。这样,经过一百多年的发展,到18世纪上半叶,北美殖民地的农业、手工业和商业都已相当发达,资本主义关系也在迅速成长。随着殖民地资产阶级的经济力量的逐渐壮大,殖民地人民和英国殖民统治者之间的矛盾便日益尖锐化,结果爆发了1775—1783年北美殖民地人民在资产阶级领导下的独立革命。独立战争胜利后,美国走上了资本主义独立发展的道路。

拉丁美洲殖民地经济的发展,又是另一种情况。西班牙、葡萄牙殖民者在拉丁美洲建立统治后,在夺得的大片土地上,先是建立奴隶制矿场和种植园,奴役残存的印第安人;当印第安人在残酷压榨下大批死亡后,西班牙、葡萄牙殖民者就代之以贩自非洲的黑人奴隶。后来在被侵占的印第安人的广大领土上,建立了"托管制"形式的封建大庄园制度,在托管区内的印第安人就沦为白种人领主的农奴。以白种人为领主的封建大土地占有制的形成,与宗主国(西班牙、葡萄牙)在这一时期还是封建专制国家以及拉美的早期殖民者大多具有大小贵族身份有关。以后随着拉美和西欧之间贸易的发展,随着欧洲移民及其后裔人口的增长,土生白人的经济逐渐发展起来。到 18 世纪末期,拉丁美洲的对外贸易和商业城市的规模甚至高于北美英属殖民地的发展水平,并产生了资本主义关系。但是,拉丁美洲各国土生白人中的资产阶级形成比北美迟,本身比较软弱,他们都是从地主阶级中转变来的,和地主阶级有千丝万缕的联系。因此,当他们在 19 世纪初期领导殖民地人民进行摆脱西班牙、葡萄牙殖民统治的独立战争时,表现了很大的妥协性。政治上独立后,拉丁美洲各国的封建大庄园制度不仅没有削弱,反而加强了,这就阻碍了资本主义关系的独立发展。当时,各独立国家由于政治上还比较软弱,英国资本势力便乘机渗入。于是刚从西班牙和葡萄牙殖民统治中摆脱出来的拉丁美洲各国,就陷入英国殖民主义的罗网,成了外国资本的农业—原料附庸,处于半殖民地地位。

这一时期第二种类型的殖民地,可以印度为例。在 16—17 世纪西欧殖民者入侵时,印度是一个封建专制国家,有着发达的手工棉织业和丝织业。1757 年,英国东印度公司乘印度莫卧儿王朝衰微和大封建主内讧之机,用武力占领孟加拉地区,并摧毁了法国在印度的势力,开始建立对印度的殖民统治。英国殖民者在征服印度的过程中,对印度各个公国和土邦的宫廷、国库和人民进行了暴力掠夺。在整个 18 世纪,由印度流入英国的财富,属于直接掠夺攫得的,要比通过贸易获取的多得多。在英国殖民者对印度农民进行田赋搜刮时,在不同地区以不同形式,保存和利用了当地的封建土地关系。东印度公司成了印度的土地最高所有者,它基本上保留了印度原有的封建地主,同时又培植了一批新的封建地主,作为它统治和奴役印度人民的社会支柱。印度农民在苛重的田赋和地租的压榨下日益贫困破产,这又使他们不可避免地陷入高利贷盘剥的罗网。英国殖民者为了搜刮农产品出口,还广泛利用了印度农村中商业—高利贷资本。印度农民在殖民者、封建地主、商人—高利贷者的几重压榨下,逐步失去了世代相承的土地,陷入了骇人听闻的赤贫境地。在英国殖民者的长期漠视下,对印度农业至关重要的公共灌溉系统,日趋败坏。广大的土地荒芜了,农业衰落了。频仍的饥荒夺去了印度千百万人的生命。

印度的手工业,在英国机器工业品大量涌入以前,靠着它的高超的手工技艺而得以幸存。但是在东印度公司的殖民统治和对印度贸易的垄断下,印度手工业者同样没有逃脱被奴役被摧残的厄运。东印度公司为了垄断印度精美的棉、丝织品的对外输出,迫使印度织工在公司规定的条件下为公司的订货工作。他们除了遭受公司的不等价交换的剥削外,还受尽公司及其印度代理人的欺诈、刁难和凌辱。

在英国殖民者的残酷剥削和奴役下,印度变成一个贫困、落后、在饥馑线上挣扎的国家。印度的被征服虽然较晚,却提供了一个18世纪时期被作为原始积累掠夺对象的殖民地的典型。

作为工业资本剥削对象时期的殖民地经济　　随着工业革命的发展,各个先进的资本主义国家从19世纪初叶起加紧了对外殖民扩张。到70年代前,英国和法国又攫得了不少新的殖民地和势力范围。在这个时期,英国在亚洲除了完全占领了印度外,还并吞了马来亚,并把殖民势力伸展到了中国、缅甸、伊朗、阿富汗;在拉丁美洲,则取代西班牙、葡萄牙殖民者,把刚刚获得独立的各国变为半殖民地;此外,它还攫得了澳洲,扩大了在西非、南非的殖民据点。法国在亚洲占领了印度支那、叙利亚,并在中国取得了势力范围;在北非,侵占了阿尔及利亚,并开始染指埃及、突尼斯和摩洛哥,同时扩大了在西非的殖民势力。美国发展较晚,但也开始走上了殖民扩张的道路。它除了向西部攫取印第安人的大量土地外,还发动侵略战争,侵吞了墨西哥一半以上的领土,并提出"门罗主义",显露了对整个拉丁美洲扩张的野心。同时,紧随英法之后,在中国取得了各种特权。

但是这一时期西方资本主义国家殖民掠夺的特点,不仅在于它们的殖民地和势力范围比以前扩大了,更在于殖民地的性质和作用有了新的变化,这就使殖民地主要成了资本主义国家的机器工业品的销售市场和农业—原料附庸,即主要成了工业资本的剥削对象。诚然,在这之前,殖民地已经为宗主国的工场手工业产品提供了广大市场;同时,宗主国也已开始攫取殖民地的各种产品和原料。但这些殖民地事业在那时主要掌握在以特许公司为形式的大商业垄断资本手中。工业资本还不处于主导地位。而自西欧国家的工业革命取得巨大进展后,情况就有了显著的改变,不仅工业品以空前的规模涌入殖民地、半殖民地,资本主义国家还按照自己的需要,积极采取措施把殖民地、半殖民地变成自己的食品和原料供应地。在这些事业中,宗主国的工业资本占了主导地位。当然,这一时期宗主国并没有放弃对殖民地进行原始积累的直接掠夺,甚至变本加厉起来。但作为这一时期的主要特征,则在于殖民地已经成了宗主国工业资本的剥削对象。在这方面,又是印度提供了一个典型形式。

19世纪初,英国的工业革命已经取得巨大进展,迫切地要为大量工业品寻求出路。东印度公司对东方贸易的垄断,就成了英国工业资本为自己开辟广大市场的障碍。1813年英国政府在新兴工业资产阶级的压力下,取消了东印度公司对印度贸易的垄断权。从此,靠着机器生产的优越条件,靠着宗主国的统治地位和对印度推行的片面的"自由贸易",英国工业品,特别是棉纺织品,立即大量地打入印度市场。到19世纪中期,几百年来向全世界输出棉织品的印度,竟输入了英国全部出口棉织品总值的1/4多。英国大量机器工业品的涌入,使印度城乡手工业,特别是棉纺织业遭到了毁灭性打击,千百万手工业者失去了生活来源,以致大批地因贫困、饥饿而死亡。以家庭手工业与农业牢固结合为基础的自给自足的农村公社,也在英国工业品的冲击下瓦解了。19世纪上半期,英国竭力把印度变成自己的原料产地,除了迫使印度农民种植鸦片用来毒害中国人民和冲破中国紧闭的大门之外，还扩大了印度的棉花、羊毛、黄麻等工业原料的生产和输出。印度农民甚至被迫忍受饥饿，把大批粮食送往英国。就是这样，幅员广阔的印度变成了英国的商品销售市场和农业—原料附庸。印度广大的苦难农民和贫困破产的手工业者，在英国殖民者、封建地主、商人—高利贷者的苛酷的压榨下，终日像牛马一般地劳动都无法生存下去，终于在1857年掀起了民族大起义。

拉丁美洲是这一时期半殖民地的典型。该洲各国在独立战争后，除古巴外，都获得了政治上的独立。但这些国家并没有完成反封建反殖民主义的任务。阻碍经济发展的封建大庄园制，不是削弱而是加强了。英国资本接替西班牙、葡萄牙殖民者渗入拉丁美洲，接着法国也把自己的触角伸了进去。后起的美国也逐步展开了对拉丁美洲各国的侵略活动。外国殖民主义者采取了各种手段使拉丁美洲在经济上政治上依附于自己，例如利用各国财政上的困难提供奴役性贷款，煽动拉美各国的内乱，挑起拉美各国之间的战争，乃至直接进行武装侵略等。这样，在独立战争以后的几十年中，拉丁美洲就逐步沦为以英国为首的资本主义列强的半殖民地。适应资本主义列强的需要，拉美各国的农业发展了单一种植制；而在工矿业中，只有外国资本操纵的贵金属开采、纺织工业、食品工业得到一定的发展。至于民族资本的近代工业这一时期还处于萌芽状态。

对于非洲大陆，这一时期资本主义列强还没有来得及腾出手来着意经营。截至19世纪70年代以前，资本主义各国侵占的非洲大陆领土，仅占总面积的10%。但就已被占领的地区的经济演变来看，殖民地化的过程已经开始。在北非，阿尔及利亚已开始逐步沦为法国的产品销售市场和农业—原料附庸；英法殖民势力开始渗入埃及、突尼斯、摩洛哥，使它们实际上处于半殖民地的地位。至于撒哈拉以南非洲，一直到19世纪中叶，殖民者在东西沿海的主要活动，还是掠夺和贩运黑人。但在南非，把占领地区作为宗主国的产品销售市场和原料产地来经营的活动已经开始。70年代以后，随着资本主义列强向帝国主义过渡，这块富饶的尚未被瓜分完毕的大陆，就成了它们激烈争夺和瓜分的对象。

对外进行殖民扩张是资本主义剥削制度发展的必然趋势。对殖民地、半殖民地人民的掠夺和奴役,是资本主义借以生存的重要条件。资本主义国家为了追逐高额利润、摆脱经济危机、缓和国内阶级矛盾,总是力图从殖民地掠夺中寻找出路。随着帝国主义时期的到来,各资本主义列强争夺殖民地、瓜分和重新瓜分世界的斗争更加激烈起来。殖民主义为殖民地、半殖民地广大人民带来的是残酷的压迫和剥削,空前的贫困和饥饿,以及经济上和文化上的极端落后。但是,历史的发展是不以殖民主义者的意志为转移的。西方殖民主义者,在侵略和掠夺殖民地和半殖民地的过程中,不可避免地把资本主义生产方式带到那里,不可避免地使那里的传统生产方式遭到破坏和逐渐解体,从而生长起与殖民主义相对抗的经济制度和社会力量,这就是民族资本主义的发展和无产阶级的形成。在这个历史时期,亚洲和美洲的民族资本主义的发展,总地说还是微弱的,但在个别地区,比如在北美,已经成为摧毁和摆脱殖民统治的强大力量。

第 二 章

英国资本主义的发生、发展和
英国成为世界上的工业强国

第一节　资本主义关系的发生、发展和
英国资产阶级革命

英国是资本主义的先驱,是资本原始积累和工业革命的典型国家。它在世界贸易和世界工业中曾长期处于垄断地位,对欧美其他资本主义国家以及亚洲、非洲的一些殖民地、半殖民地国家的经济发展有着重大的影响,所以对英国资本主义发展史的研究具有特别重要的意义。

> 14—15世纪农奴制的瓦解和资本主义关系的萌芽

英国的资本主义关系发生发展较早,首先是与它的农奴制瓦解较早分不开的。

英国的农奴制度从 14 世纪起开始逐步瓦解。促使其瓦解的因素,首先是农村中商品货币关系的发展。11 世纪初,诺曼人①征服英国后,使英国与欧洲大陆的商业联系日益繁盛起来。毛织

---

① 诺曼人原住北欧,10 世纪初在法国北部建立诺曼底公园。1066 年诺曼底公爵威廉率军渡海征服英国,史称"诺曼征服"。

业较发达的佛兰德尔①开始从英国大量输入羊毛,引起了英国养羊业的发展。12世纪在潘恩宁山干燥的东部坡地上首先出现了巨大的牧羊场。到13世纪,约克郡、考茨乌德山区、契尔脱恩山区、希尔福德、林肯郡的高地,都成了重要的羊毛产地。养羊业和羊毛出口的发展,使英国农业生产比当时的任何国家都具有更大的商品经济性质。商品经济的发展日益瓦解着农奴制的自然经济,农民与市场的联系逐渐密切起来。因此,在13世纪的英国农村中,就开始流行"折算制度",即领主逐渐用货币地租代替劳役地租和实物地租。折算制的流行,引起了农民的分化。一部分领主把庄田(领主自用地)出租给富裕的自由农民耕种,或者由雇工自行经营。到14世纪,折算制度迅速发展起来。有的领主为了从养羊业中获取巨利、增加货币收入,还开始圈占公共地(领主与农民共同使用的牧场、荒地、林地等),建立牧羊场。

　　1348—1350年,蔓延于英国的黑死病,更加促进了农奴制的瓦解和养羊业的发展。这次可怕的传染病使英国丧失了1/3的人口,造成劳动力空前缺乏,田地无人耕种,物价飞涨,使农业生产陷于瓦解的地步。这不仅使农奴制度面临严重危机,就是雇工生产也因工资上涨而日益困难。在这种情况下,一部分领主不得不又将庄田出租给富裕的农民耕种,或将庄田改为既省人工又能获利的牧羊场。当然,封建主阶级是不会轻易放弃农奴制度的,他们总是千方百计地加强对农奴的劳役剥削,极力挽救农奴制的危机。但是,这又加深了农奴与领主的矛盾,激起了农奴起义。14世纪后半期,英国农奴的起义斗争此起彼伏,其中规模最大的是1381年窝特·泰勒领导的农奴起义。起义者要求废除农奴制、取消劳役地租和一切封建义务,甚至要求剥夺教会土地分给农民。农奴起义从根本上动摇了封建统治的基础,迫使封建主阶级不得不通过"折算制度"逐渐废除农奴制度。这样,在英国,农奴制实际上在14世纪末期已经不存在了。②

　　农奴制废除后,封建领主仍然保有土地垄断权,农奴并未得到土地,

---

　　①　尼德兰南部,今比利时沿海一带。
　　②　《马克思恩格斯全集》第23卷,人民出版社1972年版,第784页。

只是赎买了一部分封建义务,获得了人身自由。15世纪时,在英国农村中,大体上有以下几种农民:一是公簿持有农(copyholder)。这类农民原先都是农奴,他们获得了人身自由,但没有获得土地。他们耕种的土地仍归领主所有,只是在庄园法庭文件中记载着他们租种领主土地的权利、年限(是世袭的、终身的,还是定期的),以及在继承份地、改变或延长租期时向领主缴纳许可税的义务。公簿持有农一般向领主缴纳固定的货币地租,并履行其他若干义务。根据传统习惯,只要履行了封建义务,封建主就无权加租夺佃,驱逐农民。二是自由持有农(freeholder)。这类农民在农奴制时代就有人身自由,他们对领主的封建义务原来就比较轻,一般不为庄园提供劳役,只缴纳一些实物或货币地租,他们可以自由支配自己的世袭份地。15世纪时,他们只向领主缴纳少量的地租。富裕的自由持有农有的还同时租种别人的土地。三是茅屋农(cotter)。他们在农奴制时代一般只有3—4英亩份地(宅旁园地)和一间茅屋,不得不靠在公共地上放牧牲畜和兼营家庭手工业维持生活,有的还必须为地主和富裕农民做零工。农奴制废除后,他们获得了人身自由,但经济状况毫无改善。四是租种领主庄田的租佃持有农(leaseholder)。他们一般都是比较富裕的自由农民,按照一定的租期把领主不再自营的庄田租过来耕种,有的还使用一部分雇佣劳动。总的来说,农奴制废除后,15世纪的英国成为小农经济占优势的国家,在农业中形成了一个广泛的独立小农①阶层,其中占最大多数的是公簿持有农。

15世纪时,英国农村居民普遍从事家庭手工业生产。早在农奴制统治的时代,随着养羊业的发展,英国的城市和乡村中就流行着呢绒的手工业生产。到14世纪,毛织业已经取得了很大成就,呢绒出口不断增加。据估计,1354年出口的呢绒已达到5000匹。农奴制瓦解后,农民开始了分化,贫困破产的农民,为了生计不得不更多地从事家庭手工业生产。15

---

① 独立小农(yeoman)的含义,在英国历史材料中,有时泛指包括自由持有农、公簿持有农、租佃持有农在内的耕种小块土地的农民;有时仅指自由持有农;有时指比较富裕的农民。但无论在哪种含义下,都不包括茅屋农、雇农、不定期小佃户。他们和雇工经营的大租佃农场主不同,是小块土地的经营者。

世纪英国农村中已经出现大批这种半工半农的家庭手工业者,他们夏天主要从事农田劳动,到了冬天便利用自己生产或购买的羊毛进行呢绒生产。

没有行会束缚的农村家庭手工业的发展,给商人打开了广阔的活动天地。起初,家庭手工业者只在产品销售上与商人发生联系,经济上还是独立的。但是,在呢绒销路日益扩大之后,从小生产者手中收购得来的毛织品,往往不能满足市场的需要。于是商人便开始把农村中收购的羊毛,分配给许多贫困的手工业者进行加工,商人付给他们工资。这样,家庭手工业者虽然还保持着形式上的独立地位,还是生产工具的所有者,但已失去了产品的所有权和支配权,变成了为商人进行原料加工的雇佣劳动者;商人也随之从羊毛或呢绒的简单贩卖者,变成了资本家。商人对家庭手工业者的支配范围日益扩大,逐渐把毛织业整个生产过程——纺织、整染等都控制起来,把分散的各执一业的家庭手工业者组织起来,形成了在其支配下的分散的工场手工业。

15世纪,英国城市手工业还处于行会统治之下,但是,随着工商业的发展,行会内部已经发生了分化,出现了富裕的行东,他们把持着行会领导权,对贫困的行东进行剥削。与此同时,帮工上升为行东也日益困难,帮工和学徒日益沦为行东的雇佣工人。随着行会内部的分化,商人和高利贷资本也插足进来,开始对城市的贫困手工业者进行控制,并把农村的工人引进城市,建立手工工场。这样,在城市中也逐渐出现了资本主义雇佣关系。

在15世纪英国的农业中,小农经济占着统治地位,但已发生阶级分化。在商品经济的影响下,一部分农民逐渐贫困破产沦为农业雇工;一部分则上升为富农。富农租进领主的庄田,购买破产农民的土地租佃权,使用雇佣劳动,进行带有资本主义性质的经营,逐渐成为大租佃农场主。与此同时,原有的封建领主阶级,也开始逐渐地分成了两个部分:一部分是大封建贵族,他们出租全部土地(包括原来自营的庄田),收取货币地租,他们的经济地位,日趋没落;另一部分是中小领主(所谓乡绅),他们适应市场对农产品日益增长的需要,将自己的领地变为带有资本主义性质的农场,有的还兼营工商业活动。后者后来形成为一个新贵族阶层,即资产阶级化的贵族。

上述经济上的变化也反映到政治上来。旧的大封建贵族由于领地经济的衰落,力图以政治军事力量夺取王室权力,作为刮取收入的源泉。这样,在大封建贵族之间为争夺王室政权展开了长期的斗争。这场斗争,在1455—1485年的红白玫瑰战争期间达到了最高潮。大封建贵族自相残杀的结果,削弱了自己的力量,建立了得到新贵族和商人阶级支持的中央集权的君主专制政体,即16世纪的都铎王朝。专制政体的建立,特别是这个王朝所一贯推行的鼓励工商业和殖民扩张的重商主义政策,在很大程度上促进了英国16—17世纪资本主义的发展。新贵族和资产阶级的社会政治作用日益增长。

圈地运动的发生和发展及其后果　16—17世纪是英国历史上从封建制度开始急剧地向资本主义制度转变的时期,是开始大规模地进行原始积累的时期,是剥夺农民土地、进行海外殖民扩张和工场手工业开始大发展的时期。促成这种转变的因素,除了上述14—15世纪经济政治的发展以外,15世纪末和16世纪初的地理大发现也起了很大的推动作用。地理大发现后,英国所处的有利的地理位置,促进了英国商业和航海业的发展,使英国从一个偏僻的岛国,跃居世界航运和贸易的中心地位,从而加速了它的资本原始积累过程。

对农民土地的剥夺是原始积累全部过程的基础。在英国历史上,对农民的土地剥夺采取圈地运动的形式。早在13—14世纪,随着养羊业的发展就已经出现了圈地现象,有一部分领主开始强占农民的公共地(林地、牧场、荒地、沼地),用栅栏、篱笆、濠沟等围起来,变成他私有的牧羊场。圈占公共地对农民,特别是对茅屋农的生计是一个重大打击,因为放牧牲畜是他们的一个重要的生活来源。到15世纪,特别是末期,随着羊毛出口的增长和毛织业的发展,这种圈地活动已相当流行。地理大发现后,一方面,世界市场突然扩大,引起了佛兰德尔和英国的毛织业的蓬勃发展,羊毛价格随之不断上涨,养羊成了特别有利可图的事业。另一方面,美洲的廉价金银大量流入欧洲,引起物价上涨,造成16世纪的所谓

"价格革命"。英国的物价在 16 世纪里上涨了 1.5 倍,这使按习惯征收固定货币地租的英国领主的实际收入顿减。在这种情况下,英国的贵族领主,为了攫取养羊业的巨大利益,免受"价格革命"所造成的损失,一方面,以各种借口对出租的土地不断缩短租期,提高地租额;另一方面,不顾农民反抗,掀起大规模的圈地运动,特别是圈占农民赖以生存的公共地,变为私有牧场,或者自营或者高价出租给大租佃农场经营。以后贵族领主更进一步千方百计地破坏公簿规定,大规模地剥夺公簿持有农的份地①,或者把原来租给其他小佃户的土地收回,圈围起来,变小耕地为大农场,出租给大租佃农场主或自营。结果,许多村庄被消灭,大批农民被剥夺了生产资料和生活资料,离乡背井,成为流浪者和乞丐。

这种暴力剥夺的过程,不仅在世俗领地上进行,就是在教会寺院领地上的农民也未能幸免。天主教会是英国的大封建土地所有者,占有全国 1/3 的土地。在经济上日益依赖新贵族和资产阶级的亨利八世,为了增加王室的收入,满足资产阶级的要求,在 16 世纪 30 年代,以摆脱对罗马教皇的依赖地位为名,实行宗教改革,封闭了数以千计的天主教修道院,没收了它们的土地。这些土地,一部分被国王赠给了宠臣亲信,一部分以极低廉的价格卖给了乡绅、土地投机者、商人和企业主。这些土地的新主人变成了新贵族,他们把土地上的世袭佃农赶走,租给大租佃农场主。这样,又造成了一批失去生产资料的贫困流浪者。

圈地运动引起了 16 世纪上半期大规模的农民反圈地的起义。为了巩固社会秩序,缓和农民的不满情绪,保持必要的兵力和财源,国王不得不在 50—60 年代颁布一系列反圈地条例。反圈地法令虽然未产生什么效果,但圈地运动却在农民起义的打击下,暂时地停顿下来。到了 16 世纪末和 17 世纪初,由于国内资本主义关系的发展,工业人口的增加,除了需要更多的羊毛外,对粮食、蔬菜、肉蛋的需要也大为增加,圈地运动又重新加强起来。

---

①　如公簿持有农在继承份地时,或者在份地领有期满要求延期时,领主就向他勒索无力负担的许可税,把他从份地上逼走。

以暴力的方法强制使生产资料与劳动者分离的圈地运动,一方面,促进了资本主义关系在农村中的迅速发展,扩大了资产阶级化的新贵族阶级,并形成了一批由富裕农民、商人、企业主转化的资本主义大租佃农场主,农业生产也有了显著的发展①;另一方面,造成了大量丧失生产资料的无业游民。他们到处流浪,整批地变成了乞丐、浪人和盗贼。流浪者人数很多,分布很广,骚乱不断发生,严重危及社会安宁,并威胁到都铎王朝的统治。于是,国王颁行了一系列"血腥立法",帮助资产阶级"驯服"这些流浪者,把他们驱入资本主义手工工场,变为雇佣工人。1530 年法律规定,只允许老弱和丧失劳动能力的人行乞,"健壮的乞丐"要受鞭打和监禁。1536 年法律规定:有劳动力的游民一经捕获,要在最近的集市游街,并鞭打出血;如再被捕,除鞭打外,还要割下半个耳朵;三度被捕,则处极刑。1547 年更进一步规定,拒绝劳动的人,如被告发为游惰者,就判为奴隶。逃跑的奴隶要用烧红的铁器在胸膛上烙印,并在颈上、腕上或腿上套上铁环。资产阶级就是通过这些"血腥立法",将被剥夺生产资料的农民变成了产业雇佣大军,迫使他们接受资本主义的劳动纪律和残酷剥削。除了采取血腥的镇压手段外,资产阶级还运用"安抚"的办法驯服被剥夺的农民。16 世纪下半叶,英王开征济贫税,用以救济贫民,并在 1601 年正式公布"济贫法",企图以点滴的救济费来缓和被剥夺农民的反抗情绪,防止骚乱的发生。而现代资产阶级经济学家竟然荒谬地把这项欺骗立法,称之为"福利国家"的开始。

> **对外贸易、海盗掠夺和殖民扩张**

圈地运动为英国资本主义发展创造了大批的雇佣劳动者和国内市场。对外掠夺和殖民扩张,给英国资本主义发展创造了国外市场和巨额的货币资本。

16 世纪英国的对外贸易有了很大发展。地理大发现使英国在海外联系方面处于有利的地位。专制王朝推行的重商主义政策,推动着商人

---

① 16 世纪,由于土地经营面积的扩大和农业技术的改进,单位面积产量有了很大提高。例如在 1466—1612 年,每英亩的平均小麦产量从 8—8.5 蒲式耳增至 11 蒲式耳,最高产量从 14.6 蒲式耳增至 35.4 蒲式耳。

和贵族阶级把越来越多的资本投向海外商业和殖民掠夺事业。到 1548 年,英国已拥有排水量在 100 吨以上的船只 35 只,1588 年增至 183 只,而到 1629 年已增至 350 只。英国的船只贩运着欧、亚、非、美各洲的物产,其中尤以呢绒、羊毛、铅、锡、粮食、皮张、酒类及东印度的物产为大宗。呢绒出口在输出商品中占着首位。1354 年呢绒的出口只有 5000 匹,1509 年增至 8 万匹,1547 年更增至 12 万匹,一直占所有出口商品总值的 2/3 以上。当时英国人自夸地说,至少有半个欧洲穿着英国的衣料。呢绒出口商人组织的公司,受到都铎王朝特别的保护。对外贸易虽给英国带来了巨大收入,但是大量贩运东方物产也引起了金银的外流。在 16 世纪,英国能够输往东方各国的商品还很有限,因而,为了贩运东方物产,不得不以现金购买。16 世纪每年输出的金银价值达 6 万英镑,到 17 世纪初增至 10 万英镑以上。大量的金银外溢,显然是与资产阶级积累货币资本的贪欲相矛盾的。

对货币资本的无限贪欲,促使英国商人和冒险家去从事海盗掠夺事业。16 世纪和 17 世纪初,欧洲各国的海外贸易多半带有海盗掠夺的性质,英国是主要国家之一,以致被称为"海盗国家"。16 世纪 60 年代以前,英国海盗活动的主要地区在英吉利海峡,60 年代以后转移到大西洋。在这些地区,英国人抢劫葡萄牙装载着东方国家香料的船只,抢劫西班牙装载着美洲金银的"白银舰队";以后又把非洲变为猎捕黑人的场所,从事黑奴买卖。这些海盗行径,都被视为合法的事业,并受到英王的积极鼓励。英国海外贸易和海盗掠夺,都是由王室发给特许状的特许公司进行的。1554 年建立的莫斯科公司、1579 年建立的东方公司、1581 年建立的近东公司、1588 年建立的非洲公司,以及 1600 年建立的东印度公司等,都是由商人、贵族以及王室合资建立的。它们分别经营一个特定地区的殖民贸易事业,同时从事海盗劫掠活动。海盗掠夺给英国带来的财富是十分惊人的。例如 1578—1580 年,在劫掠智利、秘鲁沿海地区的海盗掠夺中,获得了价值 40 万英镑的白银、5 箱黄金(每箱一英尺半长)和大量的珍珠。伊丽沙白女王作为组织这次海盗掠夺的股份公司的股东之一,获得了 263790 英镑的红利。

英国的海外贸易和海盗掠夺,是紧紧地和殖民扩张联系在一起的。新航线和新大陆发现后,葡萄牙控制了东印度,西班牙控制了西印度群岛,使英国无地插足。起初,英国只能通过贸易和海盗的手段从经济上打击葡萄牙和西班牙。到 16 世纪中叶以后,英国的经济力量和海上力量日益强大起来,因而开始对西班牙和葡萄牙进行公开的殖民地争夺战。1588 年英国政府在伦敦商人的大力支持下,击溃了西班牙"无敌舰队",消除了英国海上活动和夺取西班牙殖民地的最大障碍。从此,英国进入了侵占殖民地的阶段。1600 年英国成立了掠夺印度的东印度公司,1620 年在马德拉斯设立商馆,1633 年又在加尔各答设立商馆,建立了侵入印度的据点。16 世纪末 17 世纪初,英国的殖民势力进入了北美和西印度群岛,并在那里建立了第一批殖民地。同时,在非洲的冈比亚,也建立了英国的商站。

英国在对海外进行殖民扩张的同时,还对毗邻的爱尔兰进行了残暴的侵略。早在 12 世纪,英国就开始侵略爱尔兰,到 1491 年爱尔兰变成了英国总督统治的殖民地。在 16 世纪以后,英国殖民者开始大规模地掠夺爱尔兰农民的土地,将当地居民变为自己的雇农和佃农来进行剥削。除经济掠夺和剥削外,英国还对爱尔兰人民进行宗教压迫、政治压迫和民族压迫。爱尔兰人民反抗英国的斗争,一直十分激烈。

资 本 主 义 工 场 手 工 业 的 发 展

如前所述,15 世纪在英国农村和城市已经出现了分散的资本主义工场手工业。但是,直到 15 世纪末和 16 世纪初,英国仍然是个比较落后的国家。当时英国只有 300 万—350 万人口,远少于西班牙、法国和德国;在经济上英国也落后于尼德兰。英国生产的羊毛,主要供应佛兰德尔的毛织业;出口的呢绒也多是半成品,要在佛兰德尔进行最后加工(剪绒、染色)。但是,进入 16 世纪以后,英国工场手工业得到了长足的发展,并出现了集中的手工工场。刺激这种发展的因素是多方面的。地理大发现和英国对外扩张为工业发展开辟了广阔的国外市场;海盗掠夺和殖民掠夺,为工业发展提供了巨额货币资本;大规模的圈地运动,为工业发展创造了大量的廉价劳动力和国内市场;都铎王朝实行的鼓励工商业的政策,为资本主义经济发展创造了一定的政治条件。同时,16 世纪中叶西班牙对尼德兰经济采取的摧残政策和对尼德兰革命的镇压,16 世纪下半叶法国的胡格诺战争,德国对新教徒的迫害,使这些国家的手工业工人和富有的商人大量移居英国,给英国带来了新的工艺技术和货币资本。

在英国手工业发展中,占首位的仍然是毛织业,它靠本国充足而优良的羊毛进行生产,并有广大的国内外市场。呢绒的出口,16 世纪中叶为 12 万匹,17 世纪上半叶达到 25 万匹,毛织业成为普及城乡的"全民性"工业。不仅生产规模无比地扩大了,而且在技术上也有了很大的进步,在生产中采用了脚蹬式纺车、起毛机和威廉·李发明的针织机,英国已经能够生产各种规格的细呢和针织品。随着生产和技术的发展,从 16 世纪以后,毛纺织业加速地向资本主义手工工场过渡。

16 世纪以前,在英国农村中存在大批半工半农的家庭手工业者,他们当中有些已经被包买商所控制。在 16 世纪以后,随着大批农民生产资料被剥夺,包买商对家庭手工业者的控制进一步加强了,他们不仅供应手工业者原料——羊毛,而且供应工具——织机,使手工业者彻底地从属于他们而变成了一无所有的雇佣劳动者。在这种分散的家庭手工业生产形式下,包买商往往要把原料和工具分配到分布在几十英里内的上百户家庭手工业者手中;在农忙时,家庭手工业者往往停下工业生产而去从事农田工作,使包买商的生意清淡起来;同时,这种无法监视的生产,往往使包买商的原料和工具遭到损失,并在产品规格上难以保证。因此,在 16 世纪中叶以后,随着丧失土地的农民的增多,由包买商创办的大型作坊,即集中的手工工场,便产生和逐渐发展起来。有的毛织手工工场甚至达到了雇佣千名以上工人的规模。例如,一个叫斯添普的工场主,他于 1564 年租用奥斯尼修道院作为工场,雇佣了 2000 名工人。同时期内,约翰·温契康伯建立的手工工场,雇佣了 200 个织工、200 个纺工、100 个整梳工、150 个拣毛童工、50 个修剪工、80 个加浆工、40 个染工和 20 个漂洗工。到 17 世纪,雇佣几百人的手工工场已经相当普遍。

16 世纪至 17 世纪中叶,资本主义手工工场在采矿、冶金、制盐等部门,也都发展起来。在 16 世纪以后,英国煤矿中出现了穿过岩层的轨道,有了抽水机和通风设备,煤产量增长很快。如 16 世纪中叶煤炭年产量约 20 万吨,而到 17 世纪中叶已增至 300 万吨,一个煤矿的年产量普通都在 2 万吨以上。这样大规模的生产,只有使用几百个工人的大型工场才能进行。冶金业也不亚于采矿业。当时,英国冶金业中已使用 30 英尺高的炼铁炉,年产 100—500 吨铁。金属加工业的中心城市伯明翰,在 16 世纪以后已经兴起。在制盐业方面,1539 年就出现了一个投资 4 万英镑和雇佣 300 工人的大企业。另外,在玻璃、造纸、制硝、啤酒、铜器等工业中,也都成立了很大的手工工场。

随着资本主义手工工场的发展,行会制度日趋瓦解,许多行业的行会组织成了手工工场主统治帮工、学徒等手工业工人的工具,或者合并起来,归商人同业公会控制,成为大商人控制小手工业者的工具。

阶级矛盾的发展和资产阶级革命 16 世纪以来,随着资本主义生产关系的发展,英国的社会阶级结构发生了重大变化,兴起了一个日益强大的新的剥削集团:新贵族和资产阶级。新贵族,即资产阶级化的贵族,多半出身于原来的中小贵族。但在 16—17 世纪,也有不少富裕农民、城市富商购置地产,侧身于新贵族行列,有的还获得了国王赐予的骑士称号。新贵族是圈地运动最积极的支持者和参加者,他们日益成为一个人数很多、经济势力很大的阶级。例如,1561—1640 年,王室的土地减少了 75%,大封建贵族的土地减少了 50% 以上,而新贵族的土地却增加了 20%。他们把圈占的土地,或者作为牧场和农场,从事资本主义的经营;或者租给大租佃农场主,收取资本主义地租。新贵族中还有兼作工场主和商人的。因此,这种新贵族,虽然还是"带剑的骑士",但实际上已经成为"财富的骑士",对他们来说,"货币是一切权力的权力"[1]。他们"不但不反对工业生产的发展,反而力图间接地从中取得利益"[2]。因此,他们在经济利益上和资产阶级基本一致;同

---

[1] 《马克思恩格斯全集》第 23 卷,人民出版社 1972 年版,第 786 页。
[2] 《马克思恩格斯选集》第 3 卷,人民出版社 1972 年版,第 393 页。

时,他们要求取消国王对土地的最高所有权和骑士领有制①,以摆脱对国王捐献的封建义务。可是,在17世纪初接替都铎王朝的斯图亚特王朝,为了加强专制王权,应付日益增加的开支,对内采取增加租税,实行日用消费品专卖等阻碍工商业发展的措施,甚至卖官鬻爵,大肆搜刮;对外则与实行专制统治的西班牙王室妥协联姻,而西班牙当时正是英国海外贸易的主要敌人,这就引起了资产阶级和新贵族的强烈不满。资产阶级包括特许公司的大商人、金融家、包买商、工场主、船主以及农村中的大租佃农场主,其中,除了取得国王的特许状、垄断许多日用品生产和销售的最大商人站在封建王朝一边外,一般都要求取消封建制度,建立资产阶级民主制度,保障工商业自由发展。因此,斯图亚特王朝力图加强君主专制制度的各项政策,与经济力量日益增长的资产阶级的利益发生了越来越尖锐的矛盾。资产阶级在政治上和经济上都不如新贵族强大,他们在反封建斗争中与新贵族结成了联盟。

　　革命前英国的基本人口还是农民。圈地运动和资本主义势力深入农村,使农民遭受到深刻的打击,农民的分化加剧。农民中最广泛的阶层是独立小农。圈地运动直接危害了他们,使他们丧失了土地,大批地变成了茅屋农(贫农)、雇农和乞丐,只有极少数上升为富农、大租佃农场主。独立小农强烈地反对圈地和封建剥削,要求取消公簿持有制,保障对土地的所有权;而贫农和雇工,不但反对圈地和封建剥削,而且要求归还被圈的公共地和分配土地。为了实现这些要求,从16世纪上半期到革命前的一百多年中,各阶层的农民掀起了连绵不断的起义,严重地打击了封建制度。他们后来在英国资产阶级革命中成为主力。关于英国革命恩格斯曾这样写道:“发动者是城市中等阶级,而完成者是农村地区的自耕农。”②

---

　　①　英国封建贵族的领地,一般视为从国王手中领有的,不能自由支配,国王对土地有最高所有权,贵族领主有向国王捐献的义务。这就是所谓骑士领有制。16世纪以后,一部分大封建贵族的土地落入新贵族手中;但新地主仍须负担捐献的义务。之后又规定,凡地产收入每年达40英镑以上的地主,都可以取得骑士称号,但须向国王财库捐献款项。1630年,英王还下令对那些未到伦敦接受骑士称号的地主,处以罚金,这就更激起了他们的不满。

　　②　《马克思恩格斯选集》第3卷,人民出版社1972年版,第391—392页。

随着资本主义的发展,大批小手工业者和小商人不断遭到破产,变成了手工工场工人、水手、搬运夫、码头工人或无业游民。工场手工业中的工人生活也是极端贫困的,他们每天只能得到几便士工资,并且往往被折合为高过市场价格一两倍的实物来支付;工人的劳动时间普遍达14小时,有的达16小时。因此,贫困的城市下层居民的反抗斗争也不断加剧,有时甚至爆发为大规模的起义。例如1549年和1607年的起义,参加的就是贫穷的工匠、帮工、工场工人、码头工人、水手及乞丐等。这些城市居民,不仅痛恨封建贵族,并且痛恨直接剥削他们的资产阶级。

此外,斯图亚特王朝竭力加强国教会中的天主教残余,庇护天主教徒,迫害有民主色彩的清教徒,这也引起了各阶层人民的不满。

以上这些不断成长的革命力量,终于在1642年汇合成为强大的反封建的革命巨流,爆发了以新贵族和资产阶级为领导、以农民和城市贫民为主力军的资产阶级革命;但是反动统治阶级是不肯轻易退出历史舞台的。这个革命经历了一个反复、曲折和长期的过程。经过1642—1646年和1646—1648年两次规模巨大的内战,封建王朝被推翻,国王查理一世被送上断头台,在1649—1652年,英国成为没有国王和上院的共和国。1653年起代表新贵族和资产阶级利益的克伦威尔实行独裁统治。接着1660年又恢复了封建王朝的统治,出现了王朝复辟时期。直到1688年资产阶级政党以政变的方式实现了"光荣革命",才使资产阶级革命的成果巩固下来,建立了由资产阶级统治的君主立宪制政权。

英国资产阶级革命的胜利,具有划时代的意义。它在英国消灭了封建专制制度,确立了资产阶级的统治,宣告了一个新的社会政治制度的诞生,它标志着世界近代史的开端。在革命中议会颁布法令,废除了"骑士领有制",废除了贵族领地对国王所负的封建义务,把封建土地所有制变成了近代资本主义私有制。1646—1652年,国会又颁布了一系列没收和出卖国王、保皇党人及教会的土地的法令,从而摧毁了封建制度的基础,为资本主义生产方式的发展扫除了障碍。革命后,资产阶级与新贵族的联合政权,还采取了一系列有利于资本主义发展的重商主义政策和对外扩张政策。英国资产阶级革命的意义,并不限于本国,它对全欧洲乃至全世界发生了巨大的影响。它是以后 1789 年法国革命的前驱。

但是,英国资产阶级革命,具有很大保守性。作为革命主要领导阶级的新贵族,本身是大土地所有者,在政治上与封建主阶级有千丝万缕的联系。因此,革命后在政权形式上,保留了落后的君主制度的外壳,没有建立资产阶级共和国;在经济上,没有解决农民的土地问题,相反地巩固和扩大了地主土地所有制,农民对地主的义务,被保留了下来;在出卖被没收的国王、教会和保皇党的土地时,地价定得很高(为土地年收入的 10 倍),并且整块出售,这实际上就剥夺了劳动农民购买土地的可能,使绝大部分的国有土地落到了大资产阶级和新贵族手里。大地主土地所有制的保留和发展,给英国农业的发展带来了不利的影响。

第二节　资产阶级革命后资本原始积累的加强和工场手工业的大发展

圈地运动的加剧和农业中资本主义的发展　　资产阶级在革命胜利和取得政权后,便利用其政权为资本主义经济的进一步发展开辟道路,使资本主义生产方式最后战胜封建主义生产方式。它首先是加速了对农民的剥夺。革命以前,圈地行为被看作私人的暴行,而从 18 世纪开始则变成在政府法令批准下的"合法"行动了。虽然按照法令规定,申请圈地者在得到本区土地持有者的 4/5 同意之后,才能向国会提出。但是所谓 4/5 的当事人,实际上并不是按实际户数计算的,而以同意者的土地占该区土地面积或地价的 4/5 为标准。因此,圈地经常只凭一两个大农户或大地主的意志来决定,持有小块土地的小农只能是被害者。取得圈地许可后,被圈土地即在土地持有者之间进行重新分配,把彼此交错间杂的土地集中起来。但所谓重新分配,实际上等于没收,一般独立小农分到的土地是最坏的,而且往往被迫廉价出卖。暴力和欺诈仍然是这种"合法"圈地的特色。通过国会批准的圈地运动,到18世纪中叶以后特别加强起来。据估计,根据国会批准的圈地法案,在1700—1760年被圈的土地约有34万英亩,而在1760—1790年竟达298万英亩。这些土地大部分集中到大地主手中,租给大租佃农场主经营。这样,大批的独立小农丧失了赖以生存的耕地和公共地。马克思写道:英国在17世纪最后几十年,自耕农即独立农民还比租地农民阶级的人数多。……甚至农业雇佣工人也仍然是公有地的共有者。大约在1750年,自耕农消灭了,而在18世纪最后几十年,农民公有地的最后痕迹也消灭了。[①] 就是残存的小农,也在大农场的竞争和排挤下纷纷破产。被剥夺了土地的农民,有的死于饥饿与贫困,有的迁居到殖民地,有的沦为不定期小佃户,有的成了农场主的雇工,而最大的一部分流入城市成了雇佣工人和产业后备军。这一时期的圈地运动,与16世纪不同的一个重要特点,就是圈占的土地主要不是作为牧羊场,而是为了建立大农场进行有利的谷物生产,以供应日益增长的城市人口和出口的需要。

英国的农业生产,随着小农经济的没落和资本主义关系的发展而发展起来。人口的迅速增加,工场手工业的巨大发展,使对粮食和原料的需求日益增大,农产品价格不断上涨。18世纪40—50年代,每夸特小麦价格在29—37先令,70—80年代涨到50先令上下。在粮价不断上涨和大农场经营的有利条件下,英国的农业有了相当的进步。用12头牛拉的双轮重型犁已经被只用两匹马拉的无轮轻型犁所代替,牛已不再作为畜力,耕作效率提高了,耕地面积扩大了。1688—1795年耕地增加了400万英亩。在耕作制度上也开始放弃休耕制,实行四圃轮作制(芜菁—大麦—三叶草—小麦)。同时,大面积地种植三叶草和芜菁饲料作物,使畜牧业有了新的变化。过去,由于缺乏饲料,每年到了秋天,大量牲口要被屠宰,留下来的在整个冬天也处于半饥饿状态。现在牲畜不仅可以得到充分的饲料,而且可以在栅栏中大批饲养,这又大大增加了肥料的供应。在18世纪里,还对羊和牛的品种进行了几次改良,使羊和牛的体重不断增加。

---

① 《马克思恩格斯全集》第23卷,人民出版社1972年版,第790—791页。

圈地运动空前地加速了土地所有权的集中,而农业技术的改善和产量的提高,进一步加强了对小土地所有者和小佃户的淘汰,资本主义大农场迅速增长。17世纪中叶以后,面积在100英亩以下的农场不断减少,而300英亩以上的大农场则有显著的增加。

争夺殖民地霸权与资本原始积累　英国资产阶级取得政权后,进入了大规模地扩张和掠夺殖民地的新阶段。当时,英国虽然在东西方已建立了许多殖民据点,但其海上势力还落在荷兰的后面。葡萄牙和西班牙虽已趋向衰落,但是它们仍拥有广大的殖民地。法国也正在竭力扩张它的殖民势力。英国为了争夺海上霸权和殖民地,同葡、西、荷、法展开了激烈的斗争。

1650年,英国首先向已趋衰落的葡萄牙发动战争,取得胜利,并获得了对葡属殖民地进行贸易权和特惠关税权。1655年,英国又派遣远征队强占西班牙在西印度的殖民地,夺取牙买加,以后在那里发展了种植园奴隶制。

与此同时,英国开始集中力量打击荷兰。当时荷兰处于极盛时期,被称为"全世界的海上马车夫",垄断着海上运输。为了削弱荷兰的转运贸易,打击其海上力量,独占殖民地市场,英国政府先后在1650年、1651年、1660年和1663年颁布了一系列的航海条例,规定非经英国政府许可,外国商人不得与英国殖民地通商;英国殖民地向英国输出商品时,必须用英国船只运载;欧洲货物必须用英国船只或原商品出产国的船只方准运入英国港口和殖民地;外国向英国殖民地输出条例中所列举的商品,必须先运到英国纳税后,方可转销到各殖民地去;殖民地输出"列举品",也必须经过英国再转销到欧洲市场。英国对荷兰的斗争,从经济打击逐渐发展到武装冲突。两国在1652年、1665—1667年及1672—1674年进行了三次战争。在这三次战争中,英国都取得了胜利,严重地打击了荷兰的海上势力。英国迫使荷兰承认了航海条例,从荷兰手中夺取了北美的新尼德兰殖民地,以后又把荷兰的势力排挤出印度。

从17世纪晚期起,英国开始同法国争夺殖民地霸权。法国的海外殖民地分布在印度、北美和西印度三个地区,与英国殖民地形成犬牙交错的状态,使英国的殖民地扩张受到阻碍。特别是在北美,加拿大完全控制在法国手里,英国极为嫉恨。另外,英法两国在争夺对印度的控制权、争夺猎取非洲黑人的垄断权以及掠取西非洲的黄金上,也存在着尖锐的矛盾。这些矛盾经常引起两国间的武装冲突,并终于在1757—1763年爆发了七年战争。英国依靠革命后建立的强大政权、优势的海上力量和发达的国内工商业,取得了战争的胜利,从法国手中夺取了加拿大及其附近的全部领土、小安得列斯群岛和非洲的塞内加尔的一部分。法国在印度的势力也被英国排挤出去,仅剩下孤立的5个城市。七年战争的胜利,对于英国夺取印度具有重大的意义。马克思指出:"七年战争使东印度公司由一个商业强权变成了一个军事的和拥有领土的强权。正是那个时候,才奠定了现时的这个东方不列颠帝国的基础。"①到18世纪最后30年间,英国已成为世界上第一商业和殖民强国。它拥有最强大的商船队和海军,拥有最广大的殖民地市场。英国的对外贸易在整个18世纪增加了近6倍,即从1698年的1.19亿英镑增加到1802年的7.28亿英镑,伦敦成了世界贸易中心。英国对殖民地的贸易具有极大的掠夺性质。例如,东印度公司在印度以低价收买和高价卖出的手段,经常获得相当于商品价值20倍的暴利。东印度公司于1600年成立时,股本只有6.3万镑,1708年已增加到316.3万镑,即增加了50倍。1757—1815年,英国从印度搜刮的财富约达10亿英镑。

英国在征服北美的过程中,对当地的印第安人进行了大规模的屠杀。后来,北美经营烟草、蓝靛、棉花的种植园经济获得发展,深感劳动力不足。西属拉丁美洲国家大规模开采金银矿,也需要大量劳动力。从17世纪中叶起,英国商人、贵族和资产阶级继葡萄牙人之后在非洲猎取黑人,运到美洲贩卖,大获厚利。到18世纪中叶,英国从事奴隶贸易的规模已占世界第一位。1771年,英国贩卖奴隶占用的海船达190艘,一次可运载4.7万个奴隶。1686—1780年,英国向美洲共贩运了230万个非洲黑人。在猎捕和贩运过程中死亡的非洲黑人更高于此数几倍。利物浦是奴

---

① 《马克思恩格斯全集》第9卷,人民出版社1961年版,第168页。

隶贸易的中心。1771 年在 190 艘英国贩奴船中,利物浦就占 107 艘。18 世纪 80 年代,利物浦每年从奴隶贸易中获得的纯利达 30 万英镑之巨。

英国在资产阶级革命过程中,就完成了对爱尔兰的征服。对爱尔兰人民进行的血腥镇压,使爱尔兰的人口从 1641 年的 150 万人,减至 1652 年的 85 万人,而且其中还有 15 万名的英国移民。1652 年英国颁布"爱尔兰处理法案",把反抗侵略的爱尔兰人的财产没收,归英国所有。根据这个法案,英国掠夺了爱尔兰人 700 万英亩以上的耕地和牧场,并占领了土地肥沃的乌尔斯特省、曼斯特省和林斯特省,把这里的 5 万名爱尔兰人驱逐到土壤贫瘠的省份。1653 年,英国把掠夺来的土地出售或用来抵偿政府对军队的欠饷(约为 150 万英镑以上),结果绝大部分土地转到了英国大商人、地主和高级军官手里,爱尔兰人变成了英国地主贵族的佃农和雇农,造成了爱尔兰民族的长期苦难。以后,英国又实行了一系列压制爱尔兰养羊业、毛纺织业和航运业的措施,把爱尔兰变成了英国的商品销售市场和原料产地。

对外商业战争、殖民掠夺和奴隶贸易,使外国的财富源源流入英国,成为英国原始资本的重要来源。

为了进行对外争夺和侵略殖民地的战争,资产阶级政府在国内不断增加捐税和发行公债,这就为资产阶级提供了原始积累的又一来源。1688—1755 年,英国捐税额由 181 万英镑增为 668 万英镑,其中消费税由 62 万英镑增为 350 万英镑。居民不仅消费各种商品要纳税,就是结婚、丧葬和生育也要纳税,甚至住房的窗户也要纳窗税。据统计,在 18 世纪 30 年代,英国劳动人民收入的一半,以消费税的形式被资产阶级政府搜刮去,政府又以支付公债利息的形式把它转入了资产阶级的腰包。英国政权通过公债制度,扩大了资产阶级资本原始积累的源泉。1697 年英国的国债为 2100 万英镑,而到 1749 年增加到 8100 万英镑。1694 年成立的英格兰银行,在公债发行中起了重要作用,它是政府的主要债主。国债的增加,不仅使债主——金融资产阶级每年可以获得巨额的国债利息(18 世纪 60 年代每年债息支出 500 万英镑),而且使他们从公债投机买卖中大发横财。

<table>
<tr><td>资本主义工场
手 工 业 的
进 一 步 发 展</td></tr>
</table>

资产阶级革命后,随着国内圈地运动和农业生产的发展,国外市场的扩大和殖民掠夺,英国的工场手工业得到了巨大的发展。和以前一样,这一时期,毛纺织业在英国工业乃至整个国民经济中占着中心地位。17—18 世纪,英国至少有 1/5 人口靠毛纺织业过活。毛织品的产值,17 世纪末为 700 万英镑,到 1774 年增至 1300 万英镑,1769—1771 年,毛织品占了英国出口额的 1/3。由于毛织品生产的迅速扩大,到 18 世纪,英国这个一向大量出口羊毛的国家已经感到羊毛不足,不得不从国外进口羊毛。在 18 世纪 60—70 年代,每年进口羊毛达 200 万英镑。

17—18 世纪,英国的毛纺织业已有了固定的中心,并在各地区间形成了分工。例如北部各郡(约克郡和兰开夏郡)生产各种粗呢绒;西部各郡(威尔特郡、索美塞得郡、格洛斯特郡、牛津郡等)生产质地较薄的细呢绒;东部各郡(诺福克郡、苏福克郡、厄色克斯郡、肯特郡等)则生产各种精梳毛织品。这些地区的毛纺织业,甚至在社会经济关系上也各有特点。在北部地区,主要是使用帮工和外购羊毛的小手工业,呢绒生产往往与小块土地的经营结合在一起。西部地区进了一步,小手工业者已经丧失了独立地位,由包买商控制的分散的手工工场十分普遍,但也建立了集中的手工工场,进行呢绒的加工、染色或织成细呢。东部地区最为先进,在那里集中的大型的资本主义手工工场最为发达。1736 年,一个大呢绒工场竟拥有 600 台织布机。

工场手工业在制盐、啤酒、丝绸、棉织、冶金等工业中,也有进一步的发展,并在技术上达到了很高的水平。就金属加工业来说,18 世纪时已经有 500 种以上不同形状的锤。手工工场的内部分工有了很大发展,如制针的劳动约分为 18 种不同的作业。

工场手工业内部分工的发展,不仅使劳动生产率大为提高,同时也为机器大工业的出现创造了必要的技术条件。在 18 世纪 60—70 年代以后,各主要工业部门开始出现了从手工生产过渡到机器生产的趋势,英国资本主义的发展进入了工业革命时期。

第三节　工业革命和资本主义制度在英国的
　　　完全胜利　英国成为"世界工厂"

英国工业革命
的 历 史 前 提
和 发 展 过 程

　　从 15 世纪末到 18 世纪 60 年代的将近 300 年中,英国的社会经济经历了深刻的变化。在英国国内,通过圈地运动实现了对农民的彻底剥夺,从而基本上消除了农业中的封建制度和小农经济,为资本主义大工业的发展提供了充分的劳动力和国内市场;大力发展了以毛纺织业为主的工场手工业,为过渡到机器大生产准备了必要的物质技术条件;完成了资产阶级革命,建立了资产阶级专政,为资本主义的迅速发展提供了有利的政治前提。在英国国外,先后战胜了西班牙、葡萄牙、荷兰和法国,消除了竞争者,取得了海上霸权和世界贸易中心的地位;进行了残酷的殖民掠夺和奴隶贸易,掠取了巨额财富,积累了发展资本主义大工业所必需的货币资本。所有这些,就为英国首先发生工业革命提供了必要的准备。同时,随着国内外市场的扩大,手工工场的生产也已经不能满足市场的需要和资产阶级追求利润的贪欲了。手工工场是以手工劳动为基础的资本主义企业,既不能进行大规模的生产,又不能把小生产者完全排挤出去。此外,由于手工技巧的熟练程度在手工业生产中起决定作用,手工工场不能大量利用工资低廉的童工和女工来代替具有高度技巧的熟练劳动力。这种形势推动着资产阶级追求生产技术的改革,以机器生产代替手工生产。

　　当时,英国最迫切需要革新技术的是棉纺织业。毛纺织业虽然是英国最主要的工业部门,但由于它有雄厚的基础和充足的原料,并在世界市场上处于垄断地位,对改革技术的需要并不迫切。而英国的棉纺织业生产,是约在 1685 年由尼德兰的安特卫普移民传入的新兴的幼弱的工业部门。它在国内被毛纺织业看作最危险的竞争者,受到种种限制和打击;同时又受到品质优良的印度棉布的强烈竞争。为了解除印度纺织品的压力,1720 年英国曾对在英国市场上销售的印度绸缎和印花布课以重税。但是,在国外市场上,特别是在印度的市场上,英国却无法做到这一点。因此,棉纺织业迫切要求革新技术。同时,棉纺织业是后起的工业部门,没有旧传统的束缚,也较易于进行技术革新。

棉纺织业分为纺纱与织布两个主要部门。1733 年兰开夏的钟表匠约翰·开伊发明了飞梭,用飞梭的自动往返代替了手工投递,使织布效率提高了一倍,并使布面加宽。飞梭使用以后,造成纺与织之间的严重不平衡,长期发生"纱荒"。为了消除"纱荒",政府曾大力兴办纺纱学校,在监狱、孤儿院中发动纺纱,对乡村纺纱生产进行奖励。这个矛盾直到 1764 年织工兼木匠哈格利夫斯发明珍妮机①才得到解决。珍妮机是一架同时带动 8 根、后来增加到几十根纱锭的手摇纺车,它是由手工工具变为机器的典型。它的结构简单,体积不大,可以分散在手工业者家庭中操作。恩格斯指出,"珍妮纺纱机降低了棉纱的生产费用从而扩大了市场,给工业以最初的推动力"②。

以后,珍妮机带动的纱锭日益增多,以人力作为动力就感到越来越难以胜任。1769 年理发师阿克莱特发明了水力纺纱机(实际上是木匠海斯的设计,为阿克莱特所窃取)。水力纺纱机的应用,具有重大的社会经济意义。一方面,因为它用水力做动力,使纺纱成本大大降低,开始大量地排挤个体纺工;另一方面,水力机体积大,又须在有水力的地方才能使用,因而它不能安置在一般家庭中,必须另建厂房集中大量工人工作,这就奠定了工厂制度的基础。阿克莱特靠专利权的收入,1771 年在克隆福特创办了第一个棉纱工厂。水力纺纱厂出现后,进一步推动了纺纱技术的改革。不久在 1774—1779 年,童工出身的克隆普敦兼采珍妮机和水力机的优点,制造了一种"骡机"(即混合机之意),可以带动 300—400 个纱锭,能纺出格外精细的纱线。经过这一系列的发明,纺纱不再分散在农村和

---

① 哈格利夫斯为纪念他的妻子珍妮,故取此名(有的文献说珍妮是他女儿的名字,发明年代也有说是 1765 年或 1767 年的)。

② 《马克思恩格斯全集》第 1 卷,人民出版社 1956 年版,第 668 页。

家庭内进行了,集中生产的工厂开始迅速地增加。

棉纺机械有了上述一系列发明和改进以后,织布业相对地落后了。于是又要求相应地发明优良的织布机,来利用多余的棉纱。1785年牧师卡德莱特发明了用水力推动的动力织布机,使劳动生产率比手工劳动提高10倍。后来经过贺洛克斯等的改进,卡德莱特的织布机已经可以织造相当于40个手织工人所织的布匹。1791年建立了第一个使用卡德莱特织布机的工厂,但一直到19世纪初,经过长时间的试用改进后,运用这种动力织布机的工厂才逐渐普遍起来。

纺织机最初由水力发动。工厂必须建筑在远离城市和交通大道的河边,同时,地主还趁机抬高地租,大大影响了工厂的发展和工业资产阶级利润的增长。因此,急需发明一种在任何地方都能装置并克服水力不匀稳缺点的动力机。这个问题,终于由苏格兰格拉斯哥大学的教具制造员瓦特在理论上和实践中加以解决了。1776年,瓦特在18世纪初纽康门制成的、运用于矿井的蒸汽抽水机的基础上加以改进,制成了单动式蒸汽机。以后在1782年又制成复动式蒸汽机。1785年蒸汽机开始应用于棉纺工厂。1789年棉织工业也开始采用蒸汽机做动力。1800年英国有50台蒸汽机,到1835年达到1953台。随着蒸汽机应用范围的扩大,人口逐渐集中于工业城市,工厂制度完全确立起来。恩格斯说:"分工、水力、特别是蒸汽力的利用,机器的应用,这就是从18世纪中叶起工业用来摇撼旧世界基础的三个伟大的杠杆。"[1]

随着棉纺和棉织生产的机械化以及蒸汽机的大量使用,净棉机、梳棉机、漂白机、染整机等,也陆续出现在纺织系统的工厂中,组成了有复杂分工的机器体系,工厂的规模随之不断扩大,棉纺织工业生产得到了迅速的发展。1780年,英国的棉花消费量仅为550万磅,1800年增加为5200万磅,到1835年已达到3.18亿磅。同年棉纺织厂拥有的纱锭达900万枚,织机11万台,工人达23.7万人。到19世纪30年代末,机器棉织业替代手工棉织业的过程也基本完成。

---

[1] 《马克思恩格斯全集》第2卷,人民出版社1957年版,第300页。

在棉纺织业的带动和刺激下,毛纺织业、麻纺织业、丝织业也从工场手工业逐步向机器大工业过渡。到1835年,英国毛纺织厂已达1300个,工人达7.13万人。同年麻纺织厂也有了347个。由于纺织业技术改革的推动,其他轻工业部门如造纸业、印刷业等,也纷纷采用机器,实行技术改革。

棉纺织业和其他轻工业部门机器的发明和广泛使用,特别是蒸汽机的发明和广泛利用,也推动了重工业和交通运输业中技术装备的革新。

冶铁业曾是英国古老的工业部门之一。在18世纪中叶以前,冶铁用的燃料是木炭。而后由于森林砍伐殆尽,造成燃料的缺乏和昂贵,冶铁业的发展受到了严重的阻碍。18世纪初,英国消费的生铁,2/3是从瑞典、俄国、德国、西班牙和北美殖民地输入的。经过亚伯罕·德尔比父子两代的多次试验改进,于1735年找到了采用焦煤混合生石灰熔炼铁矿石的较好方法;1760年加设强有力的鼓风设备,吹掉硫黄和其他杂质,这样终于发现了一项远比木炭冶铁经济的冶铁技术。1790年第一次使用蒸汽压力鼓风,又大大降低了燃料消耗。在铁的精锻技术方面,1783—1784年工程师科特发明了搅炼和辗压法。搅炼是将生铁在熔炉里用焦煤化成半流体时加以搅动,烧掉生铁中含有的炭素,炼出熟铁和钢;辗压是用辗压机代替从前的打铁锤,锻铁效率提高了15倍。这些新发明解决了燃料不足的困难,降低了成本,提高了冶炼量,缩短了冶炼时间,铁产量开始显著增长。在冶铁业方面的技术革命虽然同纺织业机器和蒸汽机的发明几乎是同一时期出现的,但正是这些机器的广泛使用,推动了冶铁业新技术的普遍推广和冶铁业的迅速发展。1740年英国只生产生铁17350吨,到1788年增为68300吨,1791年更上升到125079吨。到18世纪末,英国从生铁输入国一跃成为生铁输出国,并开始从瑞典和西班牙输入高质矿石,在本国用煤熔炼。南威尔斯日益成为冶铁业中心。到1835年,英国的生铁产量达到102万吨。

冶铁业的发展,蒸汽机的普遍使用,使煤炭的重要性加强。英国是煤炭蕴藏量丰富的国家,采掘也十分容易。但在封建制度统治时代,统治者都以污染空气为名,严禁开采。木材燃料的缺乏,特别是工业革命的推动,使采煤业迅速发展起来。1700 年煤产量仅为 260 万吨,1790 年便达到了 760 万吨。进入 19 世纪以后,蒸汽抽水机在矿井中早已普遍使用,并陆续出现和采用了一些新的发明,如 1813 年采用了蒸汽凿井机;1815 年发明了安全灯,1820 年又用曳运机代替了人工背运。这样,煤产量迅速增加起来,到 1835 年已达 3000 万吨。英国成为欧洲第一产煤国。

冶铁和煤炭工业的发展,为机器制造业的发展创造了物质条件。在工业革命初期,机器是用手工制造的,而且大多数机器是木质的。这种机器,产量少,成本高,效率低,往往由使用机器的厂家自己制造,不能适应工业发展的需要。18 世纪末,英国开始运用蒸汽锤和简单的车床制造金属部件,代替机器上的一部分木质部件。19 世纪初,陆续发明了各种锻压设备和金属加工车床,开始逐渐用机器制造机器。30 年代开始,又陆续发明了压延机、切削机、机锤、铣床、钻床等,从而机器制造业建立了起来,并有了一定的规模。当时,英国生产的纺织工业方面的各种机器,不仅已经能够满足本国的需要,并在 1825 年解除机器出口禁令,开始出口机器。

工业革命所引起的生产的增长,以及国内外市场的扩大,对交通运输业提出了新的要求。18 世纪初,英国国内交通仍然处于原始状态,帆船和马车是主要交通工具。18 世纪中叶虽然整修开筑了一些公路,但不能适应商品运输特别是煤炭运输的需要。1759 年从华斯莱煤矿到曼彻斯特之间开凿了第一条长达 11 英里的运河,使煤价降低一半。于是,很快就出现了开凿运河的热潮。1760 年以后,全国成立了许多专门开凿运河的公司,到 1830 年,英格兰境内的运河长度达 3000 英里,苏格兰有 817 英里,爱尔兰有 848 英里,形成了全国性的水路运输网。1807 年美国人富尔顿制造了世界上第一艘轮船以后,英国在 1811 年就仿造成功,并在内河和沿海贸易上开始广泛使用。1838 年,英国轮船"南阿斯"号和"大西洋"号横渡大西洋成功,几年间英国就成立了几个大航运公司,经营世界的海洋航运,使英国的海运业进入了一个新的时代。1814 年,矿工的儿子斯蒂芬逊发明了机车,后来经过改进,于 1829 年制成较完善的机车,这就使陆路运输进入了铁路时代。从 1825 年建成斯托克顿至达林顿的

第一条铁路起,到 19 世纪 40 年代,英国的主要铁路干线已大部分建成。

工厂制度的确立和资本主义在英国的完全胜利

从 18 世纪 60 年代开始的英国工业革命,到 19 世纪 30 年代末 40 年代初,基本完成。工业革命的完成,标志着英国成为第一个从工场手工业占统治地位转变为机器大工业占优势的国家,资本主义制度在英国取得了完全的胜利。英国的工业革命经历了 70—80 年的时间,在这期间,英国的社会政治经济面貌发生了根本的变化。

社会生产力有了巨大发展,机器大生产占了显著的优势。英国已建立了强大的纺织工业、冶金工业、煤炭工业。到 19 世纪 40 年代,机器制造业已具有相当规模,能够为工业各部门提供所需要的技术装备。铁路干线大部分完成。英国成了世界上资本主义工业最先进的国家。机器大工业生产,空前地提高了劳动生产率。1770—1840 年的 70 年中,英国工人的每一工作日的生产率平均提高了 20 倍。工业生产力的分布也发生了显著的变化。从中世纪初一直到工业革命以前,英国的工业主要集中在以伦敦为中心的东南部地区。工业革命过程中,伦敦地区作为全国政治经济中心的地位进一步提高了,但工业的重心越来越向北部地区推移,兰开夏成了棉织工业的主要中心,苏格兰也出现了以格拉斯哥为首的新工业区。曼彻斯特、利物浦、伯明翰、波尔顿、普累斯顿等新兴工业城市蓬勃地成长起来。城市及其郊区,是工厂工业集中的地区,农村人口大量向城市迁移。1770 年,曼彻斯特只有 1 万居民,1821 年达到 18.7 万人,而到 1841 年竟达 35.3 万人。其他工业城市,也出现了同样的现象。英国全国人口在 1750 年约为 700 万人,到 1850 年,猛增为 2750 万人,其中城市人口占了 1/2。

工业革命不仅是生产技术和生产力的革命,同时也是整个生产方式的革命。马克思指出,"机器只是一种生产力。以应用机器为基础的现代工厂才是生产上的社会关系"①。工业革命使工厂制度在英国工业中占了统治地位。作为英国当时最主要工业部门的纺织工业,虽然是手工

① 《马克思恩格斯全集》第 4 卷,人民出版社 1958 年版,第 163—164 页。

劳动长期占统治地位的部门,到 19 世纪 40 年代基本上实现了机械化,工厂制度占据了优势。根据 1841 年的材料,工厂工人在棉纺织业中占 68.7%,在毛纺织业中占 50%,在丝织业中占 40%。如果考虑到使用机器生产的工厂工人的劳动生产率几倍甚至几十倍于手工工场的工人,那么工厂生产的优势地位就更加明显了。工厂制度完全改变了工人的地位。在工场手工业时期,手工工场工人大都还同农村保有密切联系,还有可能占有一些简单工具而成为小生产者,甚至上升为小业主。但是,机器生产的工厂制度完全割断了工人同农村的联系,他们在城市中变成了只能依靠出卖劳动力的雇佣劳动者。同时,机器使在工场手工业时期靠高超手艺而在生产中占据较高地位的熟练工人和一般工人一样成为机器附属物。因此,工厂制度的确立,使资本主义雇佣奴隶制度在工业中得到了巩固和发展。

工业革命也推动了农业中资本主义的进一步发展,使农业中的大地主土地所有制和资本主义大农场的经营进一步结合起来。工业革命开始后,城市人口迅速增长,对粮食的需求大大增加。英国开始从粮食输出国变为粮食输入国,谷物价格不断上升。1793—1815 年英法战争期间,正是英国工业革命迅速开展的时期,粮食需求量日增,但由于拿破仑对英国实行大陆封锁,粮食进口困难,加上国会颁布的谷物条例的保护,遂使粮价更形上涨。在战争前,英国每夸特小麦价格一般不超过 50 先令,而在英法战争期间最高时达到 130 先令左右。在这种情况下,尽管在最贫瘠的土地上种植粮食,也变得有利可图了。因此,在 18 世纪末和 19 世纪初,英国又出现了一次圈占公共地的高潮。1798—1820 年,被圈的土地达 331 万英亩。这次圈地运动被称为"清扫领地"运动,也就是把残存的独立小农、茅屋农、小租户等最后地从土地上清洗出去。这样,就再一次地扩大了大地主土地所有制和大租佃农场的经营面积,资本主义在农业中取得了完全胜利。这时,在英国农业中,已明显地划分为三个基本阶级:大地主、大租佃农场主和农业工人。大部分的地主出租土地给大租佃农场主收取高额租金,大租佃农场主经营土地,剥削雇佣工人,赚取利润。据 1831 年的普查,仅英格兰的农业雇佣工人已达 74 万人。

英国成为"世界工厂"和过渡到自由贸易政策

工业革命的巨大成就,不仅使英国确立了工厂制度,取得了资本主义在国内的完全胜利,而且使英国成了"世界工厂",在世界工业生产和世界贸易中取得了垄断地位。1820年英国占了世界工业总产额的一半,此后,它的比重虽然由于其他资本主义国家工业的发展而有所降低,但到1850年仍然占到39%。1801—1850年,英国的出口额增加了6倍。1820年英国在世界贸易总额中所占的比重为18%,1850年上升为21%。这时,英国成了世界各国工业品的主要供应者,许多国家则在不同程度上成为英国的原料供应地。

经过工业革命,英国工业生产的发展,已远远超过了国内市场的容量。到19世纪中叶,一半以上的工业品要靠在国外市场上销售,而国内消费的大部分原料又要靠外国来供应。这种情况在棉纺织业中表现得最为突出。当时英国所产的棉织品,80%输出国外,而消费的棉花则全部依靠外国供应。1841—1850年,英国输入的棉花平均年达7.9亿磅,其中3/4来自美国,其余来自印度、巴西、埃及和西印度等地。英国不仅是世界各国工业消费品的主要供应者,而且也是生产资料的主要供应者。19世纪上半期,煤、铁、机器的输出不断增加。在这一时期先后开始的美国和欧洲大陆各国的工业革命,都在不同程度上是靠从英国输入技术装备来进行的。

英国作为"世界工厂"的地位确立后,使保护关税政策非但失去了意义,并且成了英国经济发展和对外扩张的障碍。对外国工业品进口征收高额关税,引起其他国家的关税报复,严重地影响英国工业品销售市场的扩大;对外国原料和粮食征收高关税,使原料和粮食价格上涨,损害英国工业资产阶级的利益。继续实行保护关税政策,只对地主阶级、大商人有利。因此,从19世纪初起,英国工业资产阶级为了争取取消保护关税政策,代之以自由贸易政策,同土地贵族、金融贵族、大垄断商人展开了尖锐的斗争,并逐步取得了胜利。

英国在1813年废除了东印度公司对印度贸易的垄断权。19世纪20年代,英国与各主要国家订立了互惠关税协定,把工业品的进口税率降低到平均 30% 的水平,取消了丝织品进口的禁令,降低了原料(特别是生丝、羊毛、煤等)的进口税率,废止了所有对输出品的限制(包括机器)。1841—1846 年,又取消了 605 种商品的进口税,降低了 1035 种商品的进口税。具有特别重要意义的是在 1846 年废除了直接损害劳动人民利益和工业资产阶级利益的谷物条例①。接着在 1849 年废止了从 17 世纪 60 年代保持下来的航海条例。到 1853—1860 年,最后消除了保护关税的残余,英国成了实行自由贸易政策的国家。自由贸易政策的确立,对英国 19 世纪 50 年代以后工业的新高涨,起了很大的推动作用。

英国资产阶级经济学家,曾虚伪地把自由贸易政策吹嘘为促进世界各国经济共同繁荣的手段。自由贸易政策,虽然在英国资本主义的上升时期具有一定的进步作用,但其实质是:在国内承认经济上最强有力的大资本吞并中小企业的权力和自由;在国外承认英国奴役和掠夺落后国家的权力和自由。正如马克思所指出的,"在现代的社会条件下,到底什么是自由贸易呢? 这就是资本的自由。排除一些仍然阻碍着资本前进的民族障碍,只不过是让资本能充分地自由活动罢了"②。自由贸易政策,是英国在工业和贸易方面已取得世界垄断地位时对外进行经济侵略和扩张的政策。

工业革命后资本主义矛盾的加深和阶级斗争的尖锐化 ┊ 随着资本主义大工业的发展,周期性的生产过剩危机发生了。资本主义制度所固有的基本矛盾是生产的社会性和资本家私人占有的矛盾。机器大工业的建立和发展,迅速地扩大了生产和市场,但也大大地加深了资

---

① 谷物条例是英国大地主阶级为了提高自己的土地收入,防止外国农产品的竞争,通过政府实行的农业保护政策。早在 1773 年,英国国会就通过一次谷物条例,规定只有当每夸特小麦价格超过 48 先令时方准小麦进口。1791 年颁布的谷物条例规定每夸特小麦价格低于 50 先令时,如进口小麦即应课以寓禁性的高额关税。在 18 世纪末 19 世纪初英法战争期间,随着小麦价格的上涨,又几次将准许小麦进口的价格界限提高。英法战争结束后,欧洲大陆粮食大量涌进英国市场。地主阶级又在 1815 年通过国会颁布谷物条例,规定只有在小麦价格超过每夸特 80 先令时,方准进口谷物。这个条例人为地抬高粮价,使工厂企业主难以压低工资;同时,也直接损害劳动人民的利益。在 19 世纪上半期,为争取废除谷物条例,工业资产阶级和其他阶层人民同地主贵族阶级进行了长期的斗争。

② 《马克思恩格斯选集》第 1 卷,人民出版社 1972 年版,第 207 页。

本主义的矛盾,使经济危机成为不可避免。同时,在机器大工业中,固定资本在生产中占有重要地位,固定资本的更新为经济危机的周期性提供了物质基础。在英国工业革命时期,就曾发生过 1810 年、1815 年和 1819 年的三次经济危机。不过这三次危机,主要是受 19 世纪初英法战争影响的结果,还不是周期性的生产过剩的经济危机。英国第一次周期性的生产过剩危机,发生在 1825 年。这次危机,是工业革命所引起的盲目扩大生产和劳动人民贫困化的结果。这次危机打击了所有的经济领域。在危机中,物价暴跌,大批银行和工业企业倒闭。1825 年倒闭的企业有 1489 家,1826 年增至 3301 家。这次危机过去之后,英国大约每隔 10 年就发生一次危机,而且一次比一次深刻。例如在 1837 年危机期间,铁的价格下降 44%,棉花价格下跌 40%,仅曼彻斯特一地在 1837 年中就有 5 万名失业者,大多数企业只开工一半时间。以后在 1847 年开始的危机中,兰开夏棉织业工人中完全失业者或部分失业者达 70%,英国全国工业产量下降了 25%。1847—1849 年,有 6000 多家企业破产。每次危机都加深了工人阶级的贫困化。因此,工业革命的完成不仅使资本主义经济的发展进入了凯歌前进的时期,而且也使它的内部矛盾进入了一个更加尖锐的阶段。

工业革命使英国的社会阶级结构发生了重大变化,工业资产阶级在政治和经济生活中的统治地位确立起来,工业无产阶级形成和壮大起来。无产阶级同资产阶级的矛盾成为主要矛盾。

随着资本主义大工业的发展,工业资产阶级的人数和经济势力不断增长,他们不仅在整个国民经济中占据了统治地位,而且对政权的控制也随之而加强。在 19 世纪 30 年代以前,英国的议会和政府,基本上控制在金融贵族、大地主和大商人的手里,他们经常利用政权为自己谋利,损害工业资产阶级的利益,如实行保护关税政策,坚持执行谷物条例和航海条例,限制和禁止外国工业原料和农产品进口等。工业资产阶级依仗其强大的经济力量,利用工人和手工业者要求政治权利的斗争,1831 年在议会中通过了一项《选举改革法案》(1832 年颁布),使自己在议会中占据了大多数席位,取得了对整个国家和社会的统治权。恩格斯指出:"1831

年的议会改革是整个资本家阶级对土地贵族的胜利。"①议会改革后,英国政府根据工业资产阶级的意旨,改变了一系列对内对外经济政策(如1846年废除谷物条例,1849年废除航海条例等),进一步促进了工业资本的发展。

英国工人阶级的历史是从18世纪后半期,从蒸汽机和棉花加工机的发明开始的。② 机器大工业生产,不仅使工场手工业时期的手工工人进一步隶属于资本,并使大量的独立手工业者破产,加入到工人阶级队伍中。蒸汽织布机在英国采用后,大批手工织工遭到失业和破产,在贫困中挣扎。马克思说:"世界历史上再没有比英国手工织布工人缓慢的毁灭过程更为可怕的景象了,这个过程拖延了几十年之久,直到1838年才结束。在这些织布工人中,许多人饿死了,许多人长期地每天靠 $2\frac{1}{2}$ 便士维持一家人的生活。"③手工业者一旦破产,就再也没有别的出路,只有成为资本家的雇佣奴隶或者加入产业后备军。机器是昂贵的工具,它只能为拥有大量资本的资本家所占有。这样,便在资本家和工人之间形成了一条不可逾越的鸿沟,在社会上形成了两个利益根本对立的集团——资本家阶级和工人阶级。到19世纪20年代,英国工业和运输业中的工人已达200万人。

资本主义机器大生产,不仅创造了工人阶级,而且把他们的生活推入了日益贫困的深渊。关于英国工人阶级在19世纪前半期的悲惨状况和斗争,马克思在《资本论》和恩格斯在《英国工人阶级状况》等书中,进行了非常深刻的揭露和分析。

机器生产使筋肉力对生产的作用日益削弱,从而使大量的体力较弱的妇女和身体未发育成熟的儿童卷入了劳动力市场。在1839年英国的419560个工厂工人中,妇女有242296人,18岁以下的青、童工有192817人。当时伦敦的每星期一、二的早晨,就有专雇九岁左右儿童的市集。在

---

① 《马克思恩格斯选集》第4卷,人民出版社1972年版,第278页。
② 《马克思恩格斯全集》第2卷,人民出版社1957年版,第281页。
③ 《马克思恩格斯全集》第23卷,人民出版社1972年版,第472页。

资本主义制度下,工厂制度给妇女和儿童带来可怕的灾难。在英国,母亲们为了不因上工迟到、请假而被克扣工资,为了不被厂主解雇,不得不进行堕胎,使用鸦片、安眠药毒害婴儿。因无人照管使婴儿死亡的事件层出不穷。至于童工参加繁重体力劳动的严重后果,那就更加令人发指了。身体发育畸形、智力衰退、道德堕落成了童工的特征。

资本家阶级为了使自己在机器上的投资更快地收回,避免机器的无形损耗,千方百计地提高工人的劳动强度和延长工作时间。恩格斯在英国的实际调查表明,19世纪前半叶,工人每天劳动16—18小时是极为普遍的,甚至6—7岁的童工,每天也要劳动14—16小时。1844年亚胥勒勋爵在下院中揭露:由于机器运转速度加快,在1815年照管两架纺40支纱的骡机,在每天12小时内的劳动,相当于走8英里路程;而1832年,同样照管两架纺纱机的人,也在12小时内,就等于走20英里或40英里以上的路程。沉重的劳动,使工人能够劳动的年限大大缩短,到40岁就丧失了劳动能力。据1844年的调查,在英国合帕尔和拉纳克几个工厂的1600个工人中,超过45岁的工人只有10人。

大量失业工人的存在和廉价女工和童工的使用,使工人的工资不断下降。1810年,英国纺织工人的每周平均工资为42先令6便士,1821年下降为32先令,而到1825年危机期间更降为25先令6便士。英国工人阶级生活的贫困状况,可从牧师格·奥尔斯顿在1844年对伦敦最大工业区怀特柴泊和拜特纳—格林的真实描述中可见一斑。他说:"这里有1400幢房子,里面住着2795个家庭,共约12000人。安插了这么多人口的空间,总共只有不到400码(1200英尺)见方的一片地方,由于这样拥挤,往往是丈夫、妻子、四五个孩子,有时还有祖母和祖父,住在仅有的一间10—12英尺见方的屋子里,在这里工作、吃饭、睡觉。……只要亲眼看一下这些不幸的人们的苦难,看一看他们吃得多么坏,他们被疾病和失业折磨成什么样子,我们面前就会显现出这样一个无助和贫穷的深渊……。在拜特纳—格林……全区在十个当家人当中,很难找到一个除了工作服外还有其他衣服的人,而且工作服也是破破烂烂的;他们中有许多人,除了这些破烂衣服,晚上就没有什么可以盖的,他们的床铺也只是装着麦秸或刨花的麻袋。"①

机器的大量采用,把大量小生产者驱入无产阶级的队伍中,但工厂吸收的劳动力却在相对地减少,结果造成了经常的失业大军。大量失业工人的存在为资本家阶级残酷剥削在业工人创造了十分有利的条件。同时,为了使这些失业人口不致威胁资产阶级的统治,并使他们随时可以成为榨取的对象,1834 年议会通过了一项"新济贫法"。"新济贫法"与1661 年实行的旧"济贫法"不同,它取消了对无业的贫困居民的金钱或实物的救济,而是把他们收容到"习艺所"中。这种"习艺所",当时被人们称为"穷人的巴士底狱"。所内的伙食极坏,并要做沉重的苦工。入所的人触犯一点规章,就要被剥光衣服关到又黑又脏的"禁闭室"里。为了不使穷人生育孩子,入所的夫妇不能同居,只能在规定的时间内见面。

英国资产阶级,是在血腥地剥削和摧残工人阶级的过程中,建立起自己的统治的。但是,英国工人阶级并没有消极地忍受这些苦难,他们用不断的反抗斗争打击资本主义制度。工业革命创造了工人阶级,同时也是工人运动的真正开端。恩格斯说:"工人阶级第一次反抗资产阶级是在产业革命初期,即工人用暴力来反对使用机器的时候。"②哈格利夫斯发明"珍妮机"后,布莱克本的工人,马上把它捣毁,并迫使发明者逃亡到诺丁翰。1779 年在兰加斯特侯爵领地内参加捣毁机器的工人有 8 万人之众。19 世纪最初 15 年间,在英国各工业区,到处蔓延着被称为"卢德运动"③的大规模的反对使用机器的工人斗争。这种斗争表明,当时工人阶级还未正确地认识到自己苦难的根源。资产阶级为了镇压工人的反抗斗争,甚至调动军队屠杀工人,颁布破坏机器者一律处死的法令。英国议会还先后在 1799 年和 1800 年通过了禁止罢工、禁止组织工会和禁止工会活动的反动法令。

随着工人阶级队伍的壮大和觉悟的提高,英国工人在 19 世纪 20 年

①　《马克思恩格斯全集》第 2 卷,人民出版社 1957 年版,第 309 页。

②　《马克思恩格斯全集》第 2 卷,人民出版社 1957 年版,第 502 页。

③　传说卢德在 1779 年,因与厂方发生争执,警察动武,他就夺取铁锤捣毁机器,实行报复。但"卢德运动"形成高潮,则在 19 世纪初。

代后开始了争取民主权利和团结队伍的斗争。在工人斗争的压力下,1824 年,英国政府不得不废除禁止工人组织工会的法令。工会组织迅速地发展起来,并出色地领导了在 1825 年危机中的罢工斗争。1829 年,全国纺织工会成立。1833 年建筑工会成立。1834 年在伦敦成立了总工会,它包括了 80 万名有组织的工人。组织这个工会的领导人是空想社会主义者罗伯特·欧文(1771—1858 年)。

1835 年,在有觉悟的工人中产生了宪章主义者,展开了争取政治权利的斗争,工人运动大大前进了一步。1836 年以木工威廉·洛维特为首的工人和手工业者的团体,成立伦敦工人协会,草拟人民宪章,要求:一切成年男子都有选举权;议会每年改选一次;选举采用秘密投票方式;设立平等的选区,以保证平等的代表权;取消议会议员候选人的财产资格限制;议员支薪,使没有财产的人也能当议员。宪章提出后,受到了资产阶级的强烈反对,工人阶级和手工业者,不得不以群众性的斗争来争取实现自己的要求,在 1838—1839 年、1842 年和 1848 年掀起了有几百万人参加的三次斗争高潮。宪章运动虽然在资产阶级的血腥镇压下失败了,但它给工人斗争树立了榜样。列宁认为,英国宪章运动是"第一次广泛的、真正群众性的、政治性的无产阶级革命运动"[①]。同时,在强大的工人阶级斗争面前,英国资产阶级不得不作出某些让步,先后颁布了一系列的工厂法。1833 年的工厂法,禁止纺织工厂雇佣九岁以下的儿童(丝织业除外),限定 13—18 岁青少年工人劳动时间不超过 12 小时,不满 13 岁的童工劳动时间不超过 9 小时(丝织厂为 10 小时),并设置工厂调查员,监督工厂法的执行;1842 年工厂法禁止矿井使用女工和童工。1844 年的工厂法限定童工劳动时间不超过 6 个半小时。1847 年又颁布了 10 小时工作制的法案,以后这个法案的规定又推广到纺织以外的其他部门。这些都是英国工人阶级经过几十年的反抗斗争,利用土地贵族与工厂主之间的矛盾,取得的结果。

以上就是 18 世纪 60 年代到 19 世纪 40 年代的英国社会政治经济的

---

① 《列宁全集》第二十九卷,人民出版社 1956 年版,第 276 页。

基本情况。这些情况表明:英国已经从一个工场手工业占统治地位的国家变成了一个机器大工业占优势的国家,工业革命基本完成了,资本主义制度最终地战胜了封建主义的生产方式,以残酷剥削工人阶级为基础的资本主义雇佣奴隶制度确立起来;经济危机成了资本主义社会无法摆脱的痼疾;工人阶级和资产阶级的矛盾和斗争日益尖锐起来。

第四节　19 世纪 50—60 年代的工业高涨与英国成为最大的殖民帝国

> 19世纪50—60
> 年代的工业高涨

工业革命的完成,以及工业革命所造成的一系列的巨大社会经济变化,为 19 世纪 50—60 年代英国工业的高涨奠定了基础。恩格斯曾指出:"所有过去应用蒸汽和机器获得的惊人成果,和 1850—1870 这 20 年间的巨大飞跃比起来,和输出与输入的巨大数字、和积聚在资本家手中的财富以及集中在大城市里的人的劳动力的巨大数字比起来,就微不足道了。"[1]

促成这种高涨的最重要因素,是工业革命的完成和机器的普遍使用,使商品价值不断降低,从而大大增强了英国的对外竞争能力。例如,一磅棉纱在 1788 年值 35 先令,而 1833 年只值 3 先令了。廉价的英国商品,在世界市场上顺利地排挤着其他国家的商品,扩大了英国的销售市场。19 世纪 40 年代起,英国全面推行自由贸易政策,也对 50 年代后对外贸易的进一步发展和工业生产的新高涨起了巨大的推动作用。

对外贸易的发展,特别促进了纺织工业的高涨。1850—1870 年 20 年间,英国的棉纺织工厂的数量从 1932 家增加到 2483 家,纺织工人从 33 万人增加到 45 万人;纱锭从 2100 万枚增加到 3770 万枚;织机从 24.9 万

---

[1] 《马克思恩格斯选集》第 4 卷,人民出版社 1972 年版,第 280 页。

台增为 44.07 万台。生产量的增长,更为迅速,1850—1870 年,英国棉花消费量由 5.88 亿磅增为 10.75 亿磅;棉纱产量由 5.29 亿磅增为 10.07 亿磅。棉纺织品的出口价值,从 2826 万英镑增为 7142 万英镑,增加了 1.5 倍。毛纺织业也得到了急剧的发展。1850—1870 年毛纺织厂从 1998 家增为 2579 家;工人数从 15.4 万人增为 23.8 万人;纺锭数从 350 万枚增为 500 万枚;织机从 4.2 万台增为 11.55 万台。在此期间,英国毛织品的出口价值由 1000 万英镑增为 2670 万英镑,也增加了 1.5 倍。

促进英国 19 世纪 50 年代后工业急剧发展的另一重要因素,是国内外铁路建设的大发展。40 年代后,铁路建设成了工业资产阶级狂热投资的对象,铁路公司纷纷建立。到 1848 年,全英国通车的铁路线已长达 4646 英里。50 年代开始,铁路建设更是加速进行。到 1870 年,英国铁路的长度已达 13562 英里,比 1848 年增加了将近 2 倍。至此英国已经建成一个密布全国的铁路运输网。这一时期,英国还向外国铁路事业进行了大量投资。仅在 1861—1863 年,英国为在印度建设铁路就投下了约 6000 万英镑的资本。此外,英国包工公司和企业,还在加拿大、澳大利亚、意大利、波兰、法国和巴尔干国家等,进行了铁路建设。英国成了世界各国铁路建设的承包者和设备供应者。

国内外铁路建设事业的发展,加速了冶金和煤炭等工业的发展。1850—1870 年,英国的煤产量由 5000 万吨增为 1.12 亿吨,生铁产量由 229 万吨增至 597 万吨。1870 年左右,已出现了不少高达 80 英尺、日产 450—550 吨生铁的熔矿炉。这一时期,钢的产量还很有限,一般金属加工业主要采用由"搅拌法"炼出的熟铁。不过,在炼钢技术方面已有重要发明:1856 年出现了贝塞麦法(转炉炼钢),1867 年出现了西门子—马丁法(平炉炼钢),只是尚未普遍采用。1870 年钢产量为 22 万吨。

1850—1870 年,英国的造船业有了迅速的发展。19 世纪中叶后对外贸易,特别是远洋贸易的急剧增长,推动了海运事业的进一步发展,加速了轮船制造业排挤帆船制造业的过程。1870 年,尽管英国的机轮吨位还只及帆船吨位的 1/4,但机轮制造已渐占优势。这一时期,机器制造业也有迅速的发展。

随着 19 世纪中叶以后欧洲大陆各国工业革命的开展,英国钢、铁、煤炭、铁轨、机车和车厢以及各种机器的出口迅速增加起来。1850—1870年,英国的铁和钢的出口价值从 540 万英镑增加到 2350 万英镑;煤和焦炭的出口价值从 130 万英镑增加到 560 万英镑;各种机器的出口价值从 100 万英镑增加到 530 万英镑。

工业的高涨,促进了企业组织形式的进一步发展。规模日益巨大的企业投资,已非独家资本所能适应,从而产生了股份公司形式的企业。1856 年英国有 227 家股份公司,1865 年增为 1014 家。随着工业、商业、交通运输业的发展,银行业也有了迅速发展。1841 年,英格兰和威尔斯共有 321 家私人银行和 115 家股份银行,到 1865 年仅股份银行就达到了250 家,而且出现了从事不同业务的专业银行、投资行号、贴现行号和票据经纪商等。英格兰银行根据 1844 年的银行特许条例,获得了中央银行的地位,掌握了全国的货币发行和信用调节。股份公司和股份银行的发展以及中央银行制度的确立,标志着生产和资本集中趋势的增长。

1850—1870 年英国工业高涨时期,也正是美国、法国、德国的工业迅猛发展的时期。但是一直到 19 世纪 70 年代,英国在世界工业生产和世界贸易中仍然占据第一位。1870 年,英国在世界工业生产中所占的比重为 32%,比以前有所降低(1850 年为 39%),但在几项主要工业产品生产方面,还保持着垄断地位。1870 年,英国的采煤量占世界采煤量的51.5%,生铁产量占 50%,棉花消费量占 49.2%。同年,英国在世界贸易总额中的比重上升为 25%,几乎相当于法国、德国和美国的总和。与它在世界贸易中的垄断地位相适应,1870 年英国拥有的商船吨位也占世界第一位,超过荷、法、美、德、俄等国的商船吨位的总和。英国靠强大的海运业,从各国获得廉价的原料,控制着其他国家的贸易往来,并取得了巨额的"无形收入"。英国在世界工业和贸易中的垄断地位,也使伦敦成了国际金融中心。世界各国的公债和公司证券,送到这里来推销。英国还向欧美各国和殖民地直接输出大量资本。1850 年,英国的海外投资已达2 亿英镑,到 1870 年增至 14 亿英镑。大量的海外投资和贷款所获得的巨额寄生性收入,成为英国弥补贸易逆差的重要来源。

但是英国工业和对外贸易的发展,有很大的片面性,轻工业特别是其中的纺织工业,长期地占据优势地位。直到 1881 年,在全部工业产值中,纺织工业仍占 23.3%,而采掘工业占 12.9%,钢铁及机器制造业仅占 12.4%。在英国的出口商品中,纺织品一直占 1/2—2/3。在 50—60 年代的工业高涨时期,英国工业的发展,远不是直线上升的,而是周期地被经济危机所打断。继 1825 年、1836 年、1849 年危机之后,1857 年和 1866 年又相继发生了危机。在 1857 年危机期间,工会会员的失业率达 12%,在 1866 年开始的危机中,工会会员的失业率达 8%,大多数的工业部门的工资削减了 10%—20%。

恩格斯在论述 1850—1870 年的英国工人阶级状况时写道:虽然"有时也有改善,……但是,由于大量的失业后备军汹涌而来,由于工人不断被新机器排挤,由于现在同样日益受机器排挤的农业工人的移来,这种改善每次都又化为乌有"①。

19世纪50—60年代的英国农业 如前所述,在 18 世纪末和 19 世纪的最初 20 年间,由于工业革命所激起的对谷物需求的日益增长以及在英法战争影响下粮食价格的不断上涨,在英国再一次出现了圈占公共地的高潮。通过这次圈地运动,与大地主土地所有制相结合的租佃农场经营制度最终地占据了统治地位,资本主义在英国农业中取得了完全胜利。到 19 世纪中叶,根据 1851 年的调查,英格兰和威尔士农场总面积为 2470 万英亩,其中经营面积在 100—500 英亩以及 500 英亩以上的大农场约占 78.2%,经营面积在 50—100 英亩的中等农场约占 13%,经营面积在 5—50 英亩的小农场仅占 8.6%。② 同年,在英国(包括苏格兰)28.6 万个农场中雇佣农业工人的农场占了 55% 以上,雇佣的农业工人达 144.2 万人。

资本主义大农场的发展,为农业技术的改进和农业产量的提高创造了条件。英国在农业中使用机器最早。在 19 世纪的上半期,各种以畜

① 《马克思恩格斯选集》第4卷,人民出版社 1972 年版,第 280 页。
② 5 英亩以下的,一般是宅旁园地,故不列入农场数中。

力、水力或蒸汽为动力的农业机器陆续出现,并开始使用化学肥料,在推广优良畜种、增加种植品种、改进排水方法等方面也都有进展。1846 年废除谷物条例后,外国农产品大量涌入英国市场,使英国农场主受到外国廉价粮食竞争的严重威胁,这就迫使英国农场主进一步改进农业技术。因此,1850—1870 年,英国农业在生产技术方面有了新的进展。马克思写道:"谷物法的废除大大推动了英格兰的农业。修建巨大规模的排水工程,采用圈养牲畜和人工种植饲料的新方法,应用施肥机,采用处理黏土的新方法,更多地使用矿物质肥料,采用蒸汽机以及其他各种新式工作机等等,总之,耕作更加集约化就是这一时期的特点。皇家农业学会主席皮由兹先生断言,由于采用新机器,(相对的)经营费用几乎减了一半。另一方面,从土地上得到的实际收益也迅速增加了。每英亩土地投资的增加,因而租地农场的加速积聚,这是采用新方法的基本条件。"[①]1855 年英国每公顷的小麦产量达 1840 公斤,比法国高一倍,1870 年增至 2020 公斤。

尽管这一时期英国的农业技术和单位面积产量有着长足的进步,但是,在高额的地租负担下(即使在谷物条例废除后,地租仍在不断增加,1857—1878 年上升了 20%),在外国农产品竞争日益加剧的情况下,英国的农业生产量开始呈现停滞不前的状态。以小麦生产为例,1855 年英国小麦播种面积为 165 万公顷,到 1870 年下降为 147 万公顷;小麦总产量,1855 年为 302 万吨,1870 年为 307 万吨,15 年中增长极为有限。这样,随着工业生产和全国人口的迅速增加,英国消费的粮食、肉类和农业原料越来越靠外国来满足。1852—1859 年,国内小麦消费量的 26.5% 是靠进口供应的。1868—1875 年,进口供应的比重增至 48% 以上。英国以前是大量出口羊毛的国家,而到 1850—1854 年平均每年进口的羊毛达 9520 万磅,到 1870—1874 年,更增至 30700 万磅(其中部分用于再出口)。这时,国内工业消费的羊毛,近半数靠进口供应。至于棉花,一直是全部依靠进口的。这种情况表明,英国作为"世界工厂"的地位确立后,资

----

① 《马克思恩格斯全集》第 23 卷,人民出版社 1972 年版,第 742—743 页。

产阶级为了开辟工业品市场,执行着变其他国家为英国农业—原料附庸的政策,把农业基地移向外国,特别是英国的殖民地。这里暴露了英国经济发展的片面性和英国依恃其强大的资本主义工业对落后农业国家的掠夺。

由于工业人口不断增长,外国农产品大量输入以及在资本主义大农场制度下先进技术对手工劳动的排挤,英国的农业人口在总人口中的比重不断下降:1821 年为 32%,1851 年降为 16%,1871 年更降至 12%。农业中的雇佣工人数在绝对下降。1851 年英格兰和威尔士的农业工人(包括牧羊工)约有 125 万人,1871 年降至 92 万人。农业工人的生活状况日益恶化。连当时的资产阶级教授罗杰斯也不得不承认:今天的英格兰农业工人,不要说同他们 14 世纪下半叶和 15 世纪的先人相比,就是同他们 1770 年到 1780 年时期的先人相比,他们的状况也是极端恶化了,"他们又成了农奴",而且是食宿都很坏的农奴。①

英国成为最大的殖民帝国

为了扩大海外的商品销售市场,攫取国外的原料产地,以适应资本主义大工业强大发展的要求,英国自 19 世纪开始后,又大大加强了对外侵略和对殖民地的掠夺。英国的殖民地,1800 年为 1130 万平方公里,1850 年增为 2000 万平方公里,到 1876 年达 2250 万平方公里,殖民地人口达 25190 万人。英国成了世界上最大的殖民帝国。

自 1813 年英国撤销东印度公司对印度贸易的垄断权后,英国对印度的殖民剥削进入了一个新的阶段,即主要是工业资本剥削印度的阶段,开始把印度这个拥有两亿人口的大国,逐步变成英国最大的商品推销市场和原料产地。1814—1836 年,英国输往印度的棉织品增长 50 倍,棉纱增长了 5000 倍。到 19 世纪中叶,英国全部纺织品的 1/4 是输往印度的。英国的机制棉布像重炮一样摧毁了在中世纪就驰名世界的印度手工棉纺织业。英国殖民者的魔爪也伸进了印度的广大农村,向农民强征田赋达农民总收成的 50%—70%,强使农民生产棉花、黄麻、茶叶等原料和食品,

---

① 《马克思恩格斯全集》第 23 卷,人民出版社 1972 年版,第 743—744 页。

把印度沦为农业附庸。由于英国的残酷剥削,绝大部分的印度农民陷于赤贫化,饥馑和灾荒成为经常的现象。1843—1849 年,英国用武力兼并了印度的最后一块领土,即西北边境的信德和旁遮普。从 1857 年起,印度改由英国政府直接统治,成了资本主义国家的殖民地的典型。

19 世纪上半期,英国以印度为基地,对亚洲其他地区如缅甸、阿富汗、伊朗发动了一系列的侵略战争,占领了亚丁、新加坡、下缅甸等许多地方。同时,英国殖民者用强迫印度农民种植的鸦片向中国大量输出,以毒害中国人民,并用以换取和掠夺中国的白银、生丝和茶。当中国人民起来进行抵制的时候,英国便在 1840—1842 年对中国发动了侵略战争,迫使中国签订不平等条约,赔款 2100 万银元,割让香港并开放五口通商。继而在 1856 年又伙同法国发动了第二次鸦片战争,侵入北京大肆掠夺,迫使中国赔款白银 850 万两,割让九龙,开辟了 13 处商埠,并获得了任何商品只须缴纳 5%的特惠关税就能输入中国的特权。从此,中国开始沦为西方列强的半殖民地。

此外,英国还对非洲、拉丁美洲国家进行了军事的经济的侵略,并进一步加强了对爱尔兰、澳大利亚和加拿大的掠夺。

因此,英国 19 世纪以来的工商业的繁荣,不仅是压榨本国人民的结果,同时也是剥削和掠夺广大的亚、非、拉美和大洋洲人民取得的。英国对殖民地的侵略和掠夺,使它比任何国家都更早地具有了帝国主义的一些特征。列宁指出:英国从 19 世纪中叶起至少就具备了帝国主义的两大特征:(1)拥有极广大的殖民地;(2)拥有垄断利润(因为它在世界市场上占垄断地位)。[①] 也正因为如此,英国比其他国家都更早地表现出资本主义的寄生性和腐朽性。

随着英国在世界工业和世界贸易中垄断地位的确立,以及对殖民地的剥削和掠夺的扩大,资产阶级攫得的利润有了巨大增长。为了遏止工人阶级日益加强的反剥削斗争,英国资产阶级在 50 年代后开始执行收买工人上层的政策,使一部分最熟练的工人蜕化为"工人贵族",成为工人

---

① 《列宁选集》第二卷,人民出版社 1972 年版,第 889 页。

运动中的资产阶级代理人。列宁说:"19 世纪中叶英国几乎完全垄断了世界市场。这种垄断使英国资本获得难以置信的巨额利润。因此有可能从这些利润中拿出一点点给工人贵族——熟练的工厂工人。"①当时,这种工人约占整个工人阶级的 15%,他们的工资比一般工人高一倍。

工人贵族出现后,便开始控制职工会的活动。他们对当时极为分散的 1600 个职工会,逐步加以合并,如 1851 年 7 个机器工会合并成混合机器制造工人协会,1863 年成立了全国矿工会,1869 年成立了纺织工人协会等。他们通过这种合并,把持了工会的上层领导权;规定只有缴得起高额会费的工人才能加入工会,这就把普通工人排斥到工会大门之外,工会变成了只有熟练工人参加的组织。为工人贵族把持的工会执行着机会主义路线,因而失去了战斗力。工人贵族在工人阶级中散布各种改良主义的幻想,使英国工人阶级蒙受极大的危害。

但是,在宪章运动中表现出来的英国工人阶级的革命传统,在 19 世纪 50 年代以后并没有消失。1859—1860 年伦敦工人进行的争取 9 小时工作制的长期罢工斗争,1860 年后英国工人阶级反对英国政府干涉美国内战,支持美国北方政府的斗争等,都体现了这种传统。1864 年,在马克思的直接领导下,在伦敦成立了国际工人联合会——第一国际。英国许多工会及其分会都参加了这个国际工人组织,成为它的主要支柱之一。

---

① 《列宁全集》第十九卷,人民出版社 1959 年版,第 370 页。

第 三 章

法国资本主义的确立和发展

第一节 16—18世纪法国的社会经济概况

法国是当代资本主义世界的主要国家之一。法国资本主义的发展比较早,它和英国一样,都属于老牌资本主义国家。

封建土地制度
和封建剥削

中世纪的法国,是欧洲封建专制国家的典型,也是欧洲最大和经济最发达的国家之一。在16—18世纪时,欧洲正处于封建制度瓦解和资本主义产生的时期,法国同样也进入了这一发展阶段,社会经济发生了深刻的变化。但是,与英国相比,法国资本主义的发展却要缓慢得多。封建制度的牢固统治,是法国经济发展相对缓慢和落后的根本原因。

法国的农奴制自12世纪后就已开始瓦解。到17世纪时,绝大部分农民都已通过赎买获得了人身自由。但是,封建土地所有制仍是法国封建社会的经济基础。直到1789年资产阶级革命前夕,法国的绝大部分土地都属于封建主(包括国王、贵族和教会)所有。广大农民由于缺乏主要的生产资料,不得不依附于封建主的领地,忍受沉重的封建奴役和剥削。

16—18世纪法国封建土地制度的特点是领主一般都不亲自经营土

地,而将土地交给农民耕种。当时存在着两种形式:一种是纳赋地(份地),另一种是租地。纳赋地具有永佃性质,归农民(即所谓年贡缴纳者)世袭使用。农民可以把纳赋地传给后代,甚至可以抵押、出租或出售。但是这并不意味着农民拥有土地所有权,因为无论纳赋地转让到谁手里,领主都永远有权收取贡赋,承受者则必须继续承担缴纳年贡的义务。租地是领主以租佃的形式出租给农民耕种的土地,领主按照租约的规定收取地租。租期长短不等,有一年或几年的,也有一代或两代的。租地的农民(佃农)到期即须将土地交还领主。17世纪以后,租地农民的数量在逐渐地增加。

地租是农民对封建主负担的主要义务。纳赋地的地租叫作年贡,一般占农业收获的1/3左右;租地的地租叫作租金,通常采取对分制的形式,租地农民要把收成的一半交给领主。17世纪时,地租的三种形式(劳役的、实物的、货币的)在法国农村中都有所采用。但随着商品经济的发展,货币地租已逐渐成为主要的形式。

农民除向地主缴纳地租外,还必须承担其他种种封建义务。农民虽然已经获得了人身自由。但是,领主裁判权、名目繁多的封建义务和陈规陋习仍然严重地束缚和奴役着他们,农民实际上处于半农奴的地位。地租以外的封建义务大约可以分为以下三类:一是捐税和劳役,如遗产税、买卖税、司法捐和修道路、造营房等劳役;二是地主因垄断各种生产设备和建筑物而加到农民身上的种种勒索,如农民利用领主的磨坊、烤面包炉、酿酒坊必须付出磨坊捐、酿酒捐和烤面包捐,农民通过城门和道路必须缴纳城门捐和道路捐等;三是农奴时代残留下来的个人服务和贡奉,如夏夜到池塘边拍水制止蛙叫以免惊醒地主、节日送礼等。此外,地主还保有在领地范围内狩猎、养鸽、养兔等特权。农民的作物虽被糟践,也不得加以阻止。

法国农民还必须向国家缴纳苛重的赋税。国税分为两种:一种是直接税,如财产税、人头税、军役税等。另一种是间接税,如盐税、酒税、烟草税等。在18世纪,国税有很大增加。直接税在1715—1789年的74年间增加了69%,间接税在18世纪增加了2倍。国税之高有时竟至夺去农民收入的一半。

除了封建领主和国家对农民的剥削外,教会还向农民勒索1/10的收获物,即征收所谓的"什一税"。有的地方,农民还必须缴纳供奉主教的特别捐,每逢宗教节日,要向神甫送礼。

沉重的赋税负担,使农民不得不将份地抵押出去以举借债款,遭受高利贷者的重利盘剥。而当农民负债累累无法清偿时,高利贷者便夺去农民的份地用来抵债。这样,农民就只有在苛刻的条件下,向高利贷者租种原来属于自己使用的土地。

重重的封建剥削,使得农民生活极端困苦,无力改善农业技术。大多数农民缺乏耕畜,使用着自制的简陋农具。陈旧的三圃制在许多地区仍占统治地位。甚至在南部还保存着非常落后的二圃制耕作方法。这种情况使农业生产率极为低下,有些作物的收获量只有所播种子的3—6倍。

17—18世纪,封建剥削的加强,使得农村中阶级分化和农民失去土地的过程也日益加剧了。在法国,没有发生像英国那样大规模的圈地运动,不是用强制的办法把农民从土地上赶走。农民的被剥夺,是通过加强剥削迫使农民出售份地的方式实现的。在残酷的剥削下,农民被夺去他们的劳动产品,超过了一定的限度,就不得不离开自己的土地。在17世纪,农民与土地分离的情况已不少见,但这一过程进行得还比较缓慢。到18世纪,领主为了攫取更多的地租,根据所谓"三分制"①原则,大量侵占公社土地,并以极苛刻的条件出租,农民被剥夺的过程加速了。法国在革命前总人口为2500万人,其中农业人口约2200万人。据估计赤贫的农民共有150万—200万人。大部分赤贫破产的农民不是变为雇农,就是沦为流浪者或乞丐,只有很少的人能在城市里找到工作。

17—18世纪,资本主义关系愈益渗入农村,农村中出现了资本主义性质的分散的手工工场。农民为了挣钱去缴纳封建贡赋,在家里为包买主从事各种手工生产。另外,富裕农民雇佣农业劳动者的现象也出现了。

---

① 1669年,路易十四颁布敕令,将名义上属于公社的农地分为三部分:一部分给领主,一部分给农民,一部分留给公社,此即所谓"三分制"。这种分配带有明显的掠夺性质,使封建领主侵占土地的行为合法化了。

但总地说来,18 世纪时资本主义农场还为数无几,只不过刚刚开始发展。封建制度下的小农经营在法国农村仍然居于绝对统治地位。

苟重的封建剥削,激起了广大农民的强烈反抗。在 17 世纪后半期,农民起义一直没有间断过。尽管这时农民的斗争带有自发性质,也缺乏经验,最后不免被统治阶级镇压下去,但它已在一定程度上动摇了封建制度的基础。到 18 世纪时,由于农民对封建统治的不满已达到极点,全国各个地区的起义更加频繁爆发,规模也益趋扩大,反封建的斗争如火如荼地开展起来。

工 场 手 工 业 的 发 展　　16—18 世纪,法国的农村经济虽然比较落后,但是,在国家的重商主义政策扶植下,在封建统治阶级的奢华生活及国外市场需求的刺激下,城市和郊区的工场手工业却有着相当高的发展。

早在 15 世纪后期,法国就已建立了中央集权的专制主义政权。这个政权虽然是封建贵族专政的政权,但统治者为了增加国库收入,采取了一系列促进商业发展的措施。同时,地理大发现后航路的转移,对法国西部海港(波尔多、拉罗舍尔、第厄普等)的商业发展也起了巨大的推动作用。因此,法国的对外贸易比较发达,在整个国民经济中占有相当重要的地位。马赛和里昂很早就成为欧洲著名的商业城市。

商业的发展推动了手工业的进步。在 16 世纪,由于商品经济的发展,行会组织已不能完全阻止手工业者的分化,资本主义的工场手工业逐渐发展起来。这时,在丝织、麻织、毛织、地毯、花边、玻璃、冶金、金属加工等行业中,都已出现了手工工场。

但是,在封建桎梏的束缚下,法国的资本主义关系一直受到专制政权的阻滞,不能获得顺利的发展。这种情况直到 16 世纪末 17 世纪初才稍有一些转变。当时,由于法国在欧洲的地位已日益下降,封建王朝为了对外进行掠夺和扩张,并与英、荷势力作斗争,必须壮大本国的经济实力。另外,国内财政状况的恶化以及阶级矛盾的加深,也迫使专制政权不得不采取一些对资产阶级让步的政策。从亨利四世时代(1594—1610 年)起,国家开始执行重商主义政策,鼓励和扶植工商业的发展。例如,大力帮助各地种植桑树,以保证丝织业生产的发展;实行保护关税政策,拨给工场主奖金,以加强其对外竞争力量;创办大型官办手工工场;解除行会限制;等等。继位的路易十三(1610—1660年)及其大臣黎舍留,继续推行重商主义政策,通过发给补助金、授与特权和免除租税等办法,积极扶植手工工场的发展。到路易十四时代(1661—1715年),法国重商主义政策更达到了顶点,执行这一政策最有力的是财政大臣科尔贝。他不仅利用国家的财力,创办了上百个"王家手工工场",并且还采取了扶助工商业发展的种种措施。例如,拨给手工工场主大量津贴和贷款,废除内地某些关卡,免除工场主和工匠的捐税和兵役,优聘外国工匠,拨出巨款修建道路和开凿运河,竭力实行保护关税以阻止外国商品的侵入,在国外创设特权公司(东印度公司、西印度公司、近东公司、北方公司等)以开辟市场,扩大本国商品的出口,等等。为了从国外掠夺财富,科尔贝还公开鼓吹殖民侵略,在美洲和非洲占领了广大的殖民地。

重商主义政策积极推行的结果,使得法国的工场手工业很快发展起来。当时,手工工场的主要形式是分散的手工工场,生产者散在各处为工场做工。有时,为一个手工工场做工的分散的手工生产者,竟达好几千人。例如阿贝维尔细呢手工工场,在它周围方圆80公里以内的乡村和城镇里,就有6000多人为它干活。至于集中的手工工场,一般只拥有工人十几名或几十名,也有在百人以上的,但为数极少。最大的集中的手工工场,是由国家创办的或并不属于国家但由国王给予特权的"王家手工工场",例如生产地毯和装饰品的戈比林和萨望里的王家手工工场,就拥有工人800多名。在17世纪末期,法国已有手工工场将近200家,其中在科尔贝当政时期建立的有45家。这时的手工业产品,主要是丝织、毛织、麻织等纺织品,花边、绦带等服饰品、首饰、器皿、地毯、瓷器、精美家具等奢侈品。此外,印刷、造纸、制糖也很发达。

到18世纪时,法国的工场手工业又获得进一步的发展,达到了很高的水平。除了在市郊遍布着许多分散的手工工场外,城市里集中的手工工场也十分发达。当时,雇佣50—100名工人的大型手工工场已不少见。在阿贝维尔著名的洛贝制呢工场中,拥有的工人竟达1700名之多。革命前夕,全法国已有手工工场514家。工场手工业的发展,推动了技术的革新。在冶金和采煤等部门中,首先建立起使用蒸汽动力的规模很大的工场。例如昂赞煤矿公司(创设于1757年)在1789年就已拥有4000名工人和12台蒸汽机。在1787年建立的著名冶金企业——克鲁佐公司,技术设备更为完善。它不仅使用了蒸汽动力,并且建有用马做动力的铁轨道,拥有4个大熔炉和两个大铸铁厂。它在当时欧洲同类企业中,算是首屈一指的。此外,在纺织工业中,也开始采用了简单的机器。据估计,革命前夕法国的棉织业中,约有900台英国制造的机器。法国整个工业的水平算是西欧大陆国家中最高的,法国工匠的精湛技艺在欧洲享有盛誉。不过,到法国革命前,法国的工业整个说来仍是分散的手工工场占优势,工业产品主要是供贵族享受和对外输出的高级奢侈品。

　　法国的专制制度对于工商业的发展,虽曾起过一定的扶植作用。但是,归根结底它仍然是资本主义生产发展的极大障碍。封建统治阶级把工商业当作国库收入的一个重要来源。只是当工商业的发展有助于增加贵族收入的情况下,统治阶级才采取鼓励和扶助工商业的政策。当封建主的利益和资产阶级的利益发生冲突时,贵族们便不愿顾及工商业发展的利益了。例如,在17世纪末法国对荷兰的战争结束后,国内民穷财尽,为了增加贵族的收入,扩大法国农产品和葡萄酒的输出,专制王朝便取消了寓禁关税。这对于贵族虽然有利,但却使价格便宜的英国和荷兰商品大量涌进法国,使国内工商业受到严重的损害。此外,封建统治阶级为了使资本主义关系适合自己的需要,还采取了其他种种不利于工业发展的措施,如扶植行会制度、国家对生产实行严格的监督等。因此直到革命前,行会制度在法国仍然盛行。1789年,巴黎的行会尚有44个,行会的章程禁止采用新技术,对于商品的质量、大小、颜色和形状都有一定的要求,连操作方法和生产的数量也作了严格的规定。行会制度绝不容许企业自由活动,违者受罚。因此,任何技术上的改进都非常困难。这自然严重地束缚了工业的发展。

　　封建制度的统治,对于国内商业的发展也起着阻碍作用。封建剥削造成了农民的极端贫困,使国内市场十分狭窄。同时,各地区间相互隔绝,各自为政,国内关卡林立,捐税繁多,度量衡制又极不统一,交通也很不方便,这一切都给进行贸易造成了困难,使商品的价格高昂,限制了商品的流通。所以,法国国内市场的形成极为缓慢,国内贸易不很发达。

对外扩张和
资本原始积累

重商主义经济政策的主要目的,在于扩大商品输出,减少商品输入,以增加本国的财富。因此,法国专制政权非常关注海外贸易的发展和殖民掠夺,特别是在地理大发现之后,荷兰和英国海上力量的兴起,更加刺激了法国扩大海外贸易和加紧殖民掠夺的要求。

自地理大发现后,法国就开始向北美探险,积极寻求财源。到 17 世纪初期,路易十三大力发展造船业,极力进行海外扩张。1599—1649 年,法国共建立了 22 个"商业公司",对加拿大、西印度、非洲西岸和马达加斯加进行贸易,并通过这些公司在中美、南美、安得列斯群岛和西印度建立了殖民地据点,从而奠定了法国殖民制度的基础。路易十三在 1635 年还直接地参加了欧洲的"三十年战争",获得了阿尔萨斯和洛林,将领土扩展到莱茵河西岸。

到路易十四时代,随着重商主义更彻底的推行,海外扩张也更加疯狂。为了加强海上力量,法国大力发展舰队。1663—1677 年,军用帆船由 20 只增加到 270 只,同时还建立了许多贸易公司。法国与荷兰为争夺海上霸权和殖民地展开了激烈的斗争。1667—1697 年,法国曾进行了三次战争,先后侵占了北美的加拿大、路易斯安那、西印度的富裕群岛、非洲的马达加斯加以及印度的部分地区。17 世纪末,法国的殖民活动达到了极盛时期。自 18 世纪开始,法国在与英国的斗争中屡遭失败,特别是在"七年战争"(1757—1763 年)中遭到重创,它在加拿大、印度的许多重要殖民地都被英国夺去,殖民势力大为削弱。

法国的对外贸易,在重商主义政策的支持下,有很大的发展,一直是国民经济中最为发达的部门之一。还在 17 世纪时,大量的商业资本就已集中在波尔多、南特、拉罗舍尔、马赛等港口。路易十四曾通过发展纺织工业和商船队,加强了法国对外贸易的竞争力量。18 世纪,在工场手工业发展的基础上,法国的对外贸易又有了进一步的扩大。从 1716 年到

1789年贸易总额增加了4倍,1787年为11.5亿法郎,居世界第二。这时,蒙彼利埃、爱克斯、亚眠、卢昂、里尔等城市,也都成为出口贸易的中心。与法国有贸易往来的,除了欧洲大陆国家,还有美洲、印度和近东等地区。对殖民地的贸易,在法国对外贸易中占有相当比重,1789年达2.86亿法郎,约为外贸总额的1/4。法国输出的主要是精致纺织品、各种奢侈品和葡萄酒,输入的主要是农产品(茶叶、烟草、棉花、甘蔗),英国的钢铁和加拿大的木材、皮毛等。法国的奢侈品在国外市场上居于绝对垄断地位,没有任何对手可以与之竞争。除了商品贸易之外,法国商人还经常进行奴隶贩卖和从事海盗劫掠而大发横财。

海外贸易和殖民掠夺,是法国资本原始积累的重要手段,它们为法国积累了一大批货币资本,刺激了资本主义工商业的发展。

在法国的资本原始积累中,具有最重要意义的是包税和国债。君主专制政权由于频繁的对外战争耗费了巨额军费,由于供给封建统治阶级奢靡生活的挥霍,经常感到财政困难,国库空虚,于是,不断地提高捐税,举借国债。法国资产阶级便通过大量贷款给国家和承包税收的办法来赚取巨额钱财。国债的利息极高,一般达20%左右,而在英国只有4%。国家债款不断增加,资产阶级获得的利息收入愈来愈多。1715年国债总额为25亿法郎。1789年增加到45亿法郎,这一年国家用于债务的利息支出占预算总收入的62%。包税对于金融资本家也是有大利可图的。据统计,1726—1776年,组成"包税总会"的40个股东及其代理人(共800人左右)共获得利润17.2亿法郎。

通过以上各种手段,法国资产阶级在16—18世纪已经积累了相当数量的货币资本,为资本主义大工业的发展准备了条件。但是,法国农民与土地分离的过程进展缓慢,自由劳动力的形成不像在英国那样顺利;而且在封建统治下,工商业活动一直被视为"贱业",并横遭干涉;加之,当时战争频繁,社会经济动荡不安;这些因素,都阻碍着资本投向生产企业。而广大小农的贫困以及国家财政的经常匮乏,却为借贷资本提供了十分有利的活动机会。于是,积累起来的资本很大部分都转化为高利贷资本。高利贷资本比较发展,金融资产阶级有着较大的实力,这对以后法国资本主义和帝国主义的发展及其特点的形成,都有很大的影响。另外,还应该看到,由于法国在对外战争、宫廷和贵族的挥霍,以及维持庞大的官僚机构上面,也耗费了无数的钱财,所以,法国的资本原始积累显得不够充分。

第二节 1789—1794 年的资产阶级革命及其反封建的经济立法

封建制度对经济发展的严重束缚和资产阶级革命的爆发　　法国的工商业在重商主义政策下得到一定程度的发展。但是,由专制制度在温室中培植起来的工场手工业和海外贸易公司,不可能使法国经济走上繁荣。封建制度(封建土地制度、等级制度、君主专制制度)的牢固统治限制了经济的发展。18 世纪,工商业虽仍有进一步发展,但已越来越严重地受到旧制度的束缚,开始出现衰落的趋势。新兴的资本主义关系与陈腐的封建制度发生了极其尖锐的矛盾,封建制度的危机日益加深起来。

法国的封建土地制度直到 18 世纪仍然根深蒂固。农民依附于领主的土地,遭受种种苛重的剥削,造成农业经济的极端落后,并使工商业的发展得不到农村社会经济发展的支持。贫困的小农被束缚在封建领地上苟延残喘,使发展工业所必需的自由劳动力和商品市场问题长期不能得到解决。以上这种情况是和 17—18 世纪的英国完全不同的。在英国,对农民土地的剥夺曾为工业的发展提供了大量的自由劳动力,农业的发展(养羊业)和工业的发展(呢绒业)密切结合,互相促进。而在法国,落后的农业不可能支持和适应工商业的发展,所以就产生了不同的结果。

牢固森严的等级制度和贵族的特权也是工商业发展的严重障碍。中世纪的法国是典型的封建专制国家,在那里形成了最完备的封建制的统治形式。直到资产阶级革命前,法国还牢固地保持着严格的等级制度。

全国人民分为三个等级:僧侣属于第一等级,贵族属于第二等级,农民、手工业者和资产阶级等都属于第三等级。僧侣和贵族是法国封建社会的统治阶级,他们仅占全国人口的1%,却垄断了绝大部分土地,享有一切的特权和荣誉,而且在国家政治生活中起着决定性作用。国家的一切重要官职都由贵族担任,他们享受着高额的爵禄薪俸和王家的赏赐,过着荒淫无度的奢靡生活。第三等级是受歧视、受压迫、政治上无权的被统治阶级,国家的赋税负担完全落在他们身上。僧侣和贵族却享有不纳税的特权。所谓的"僧侣以祷告为国王服务,贵族以剑为国王服务,第三等级以财产为国王服务",这就是法国专制王朝视为天经地义的神圣原则。第三等级中新兴的资产阶级,虽然在经济上是强大的,但政治上却处于无权的地位。工商业活动被视为社会的"贱业",得不到任何保障。工商业者不仅被课以重税,并且常常横遭干涉,动辄得祸,有时甚至连财产也会被剥夺。这使得资产阶级不能放手从事工商业经营,而是力图买官鬻爵,购置田产,企求取得贵族称号,侧身于贵族的行列。所以,在法国发生了与英国相反的情况,不是贵族资产阶级化,而是资产阶级贵族化。这对于资本主义工商业的发展,显然起着滞缓的作用。

强大的君主专制制度,也阻碍了法国资本主义经济的发展。法国在15世纪下半期就建立了统一的君主专制政权。它虽然曾经在一定限度内促进了工商业的发展,但其基本的作用是:许多世纪以来一直捍卫着封建统治阶级的利益,镇压人民群众的起义,维护封建关系的统治,束缚资本主义的发展。同时,专制政权的官僚机构庞大,挥霍无度,又连年进行战争,不断加强对人民的财政勒索。结果是民穷国困,在1789年以前的整个18世纪内,法国的财政经常处于崩溃的边缘。

整个说来,封建制度的牢固统治,造成了18世纪法国农业的落后,工商业的发展也受到严重的障碍,直接生产者极端贫困,国家财政连绵不断地发生危机。所有这一切表明,旧制度已日益成为束缚生产力发展的严重桎梏。同时,阶级矛盾也日趋尖锐。于是,封建制度发生了深刻的危机,资产阶级革命的形势已经孕育成熟。

法国资产阶级革命是一场反封建的激烈斗争。革命的力量是处于无权地位的第三等级。第三等级的阶级力量,在革命前夕已日渐增强。其中人数最多的农民阶级,在苛重的封建剥削下,不断地爆发起义,并在斗争中受到锻炼。他们是反封建的主力,坚决要求废除封建制度,彻底解决土地问题。另外,随着工场手工业的发展,手工业劳动者的力量也逐渐成长起来。他们是法国无产阶级的前身,是反封建斗争的积极参加者。18世纪中期以后,声势浩大的农民起义和逐渐开展起来的工人罢工斗争,动摇了封建统治的基础。法国的新兴资产阶级,除了少数包税人、银行家和大商人之外,也是不满于封建统治的。他们反对专制制度对工商业发展的重重束缚,不甘心于政治上的无权地位。18世纪时,资产阶级虽然人数很少,但已是最强大最富有的阶级。它在思想上和组织能力上也最为成熟,因而在革命中起了领导作用。为了摧毁旧制度的统治,广大的农民、手工业者在资产阶级的领导下,于1789年7月发动了反对封建专制制度的资产阶级革命。这次革命经历了反复曲折的过程,它大致可以分为三个阶段:第一个阶段是1789年7月到1792年2月的君主立宪派统治时期;第二个阶段是1792年8月到1793年5月的资产阶级共和派吉伦特党人统治时期;第三个阶段是1793年6月到1794年7月的雅各宾党人的革命民主专政时期。前面两个阶段实质上都是大资产阶级专政,和第三阶段相比,在性质上有很大的不同。

> **大资产阶级专政时期的经济立法**

　　革命前期的大资产阶级专政是法国金融资本家和自由派贵族的专政。它与封建势力有着密切的联系,根本不愿意实行彻底的变革,只是在人民起义蓬勃开展的革命形势压力之下,才采取一些进步措施。

　　1789年8月4—11日,制宪会议在一片喧闹声中首先是通过了著名的"8月4日法令",宣告"将封建制度全部废除"。但是,在接着通过的几个决议中,对于各项具体封建义务的废除办法,却作了不同的规定。实行无偿废除的只是一些次要的封建义务,如贵族领主"在农民田里养鸽的特权""狩猎特权及无栅兔林特权"和"税收方面的经济特权"等。专横的领主法庭虽也被废除了,但却规定在新的诉讼程序建立以前,"仍应继续执行其职务"。什一税被废除了,但又提出要用"其他方式来供给宗教的支出、牧师的生活……"至于最主要的封建义务,即"一切永久地租"和"各种实物贡赋",却规定必须通过赎偿才能废除。可见,这些决议并不能使农民完全摆脱封建剥削,也不可能真正解决农民的主要问题——土地问题。

制宪会议还颁布了一系列对工商业资产阶级十分有利的法令,如取消国内税卡和行会、宣布从事工商业活动的自由、实行统一的度量衡制和币制。

1789年8月26日,通过了"人权宣言"。宣言声明取消等级划分,规定了资产阶级的自由平等原则,确定了资产阶级的私有财产权。这个宣言是反映资产阶级革命时代特点的一个重要文献。它虽然表现出资产阶级的局限性,却具有很大的进步意义。

在劳工问题方面,大资产阶级一直执行着反动的劳工政策。1791年6月14日颁布的勒·霞白立法就是这种政策的典型表现。这个法令禁止工人结社和罢工,违者严惩不贷。

大资产阶级对于解决农民的土地问题毫不热心,只是在农民起义的压力下,才陆续采取了一些措施。1790年3月15日颁布法令,废除贵族根据"三分制"原则强占公社土地的权利(但关于归还封建主以前按"三分制"占用的公社土地问题,法令只字未提)。1792年8月14日又宣布将公社土地分配给农民私有。至于农民对领主的土地义务,自宣布赎买后,到1790年的5月才规定了赎金率,条件十分苛刻:赎金等于20年的年贡,而且须一次付清。所以,事实上农民是很难进行赎买的。关于教会大地产的处理,因为这对大资产阶级是有利可图的事,所以执行得比较坚决。1789年11月2日的法令宣布教会财产为国家所有之后,随即将此项财产加以拍卖。1790年5月15日又决定将土地分成小块出售,付款期限延长为12年。这就使富裕的农民也有了购买土地的可能。但是为时不久,同年6月的法令又重新规定土地必须连片出售,付款期限缩短为4年,从而激起了广大农民的强烈不满和反对,直到1792年8月10日的革命风暴发生后,被吓坏了的吉伦特党人才在9月2日的法令里准许将土地分成小块出售,但须以现钱支付。以上法令执行的结果,使教会的大地产几乎全都落到资产阶级和富农手中,他们成了新的大土地所有者。可见,大资产阶级并不考虑农民的利益,他们只是在土地能转归城乡资产阶级掌握的时候,才主张废除贵族对土地的垄断权。

大资产阶级专政时期的各种经济立法,反映了这个政权的阶级本质。

> **雅各宾专政时期的反封建立法**

1793 年 5 月 31 日至 6 月 2 日的革命事变,结束了大资产阶级吉伦特党人的统治,代表城乡贫民利益的雅各宾派执掌了政权。在雅各宾专政时期,制定与颁布了一系列反封建的革命立法。

在这一时期,农民的土地问题得到了比较彻底的解决。关于公社公有土地的处理,在大资产阶级专政时期(1792 年 8 月 25 日)曾颁布法令,规定由农村全体公民分配。但是因为农村居民中有原有居民和外来移民的区分,结果引起了激烈的争执。另外,地主强占的公社土地,按照法令的规定,如果地主能证明他在最近 40 年内一直占有该土地,则仍归其所有。所以,公社土地的分配始终被搁置着。雅各宾派执政后,1793 年 6 月 10 日的法令对此重作规定,凡公社内的一切闲置土地以及在最近 200 年内从公社夺去的一切公有地,都应分给农民,土地按人口进行分配。这样,大量公社土地都被分掉,几十万无地农民变成了小土地所有者。1793 年 9 月 13 日又颁布法令,规定在没有公社土地可分的地区,无地或少地的农户可以购买逃亡者的土地,地价为每阿尔邦(等于 0.3 公顷)500 利维尔,分 20 年交付,不计利息。这就使得那些居住在没有公社土地可分的地区的贫苦农民,也有了取得土地的可能。为了彻底废除封建剥削和领主特权,1793 年 7 月 17 日颁布法令,无偿地取消一切封建贡赋和义务,并要求封建文据的持有者在三个月内将文据交出焚毁。1794 年 5 月 18 日的命令进而宣布,违反上述规定者,处以 5 年徒刑,并重申取消一切封建性的租佃关系。

雅各宾派的土地法令,基本上解决了农民的土地问题。结果在法国形成了一个广泛的小农阶层,农村中的社会经济条件发生了重大的变化。这就是列宁所指出的,"用真正革命的手段摧毁过时的封建制度,使全国过渡到更高的生产方式,过渡到自由的农民土地占有制,并且以真正革命民主主义的速度、果断手段、毅力和忘我的精神来实现这种过渡"[①]。在法国,消灭封建制度的光荣,是属于雅各宾党人的。

雅各宾专政时期,还实行了其他一系列有利于城市贫民的经济政策。1793 年 6 月 24 日提出广泛实行社会保障的纲领。1793 年 7 月 26 日宣布投机分子和粮食囤积居奇者为刑事罪犯的命令。接着在 8 月 9 日又决定设立仓库,储备人民的生活必需品。9 月 11 日规定粮食的最高限价,并禁止粮食的黑市交易。9 月 29 日发布了包括多种商品的全面最高限价命令。10 月 29 日成立了粮食和供应委员会。11 月 15 日通过了只准烘制一种面包,即所谓"平等面包"的决议。1794 年春天,还规定了肉类的配给制。雅各宾派在改善经济状况和发展生产方面也作了很大的努力。农业生产在 1793——1794 年有了明显的好转。

雅各宾政权的上述经济立法,表明了它的革命民主主义性质。其中有许多法令非常激进,具有很大的进步意义。但是必须指出,雅各宾党人毕竟只是当时资产阶级最民主部分的代表,他们的纲领和活动不可能不带有资产阶级的局限性。这从 1793 年 6 月 24 日制定的宪法里就可以看出。该宪法明文规定:"私有财产制是神圣不可侵犯的。"在土地政策方面,雅各宾专政虽然摧毁了封建土地制度,在很大程度上满足了农民的土地要求,但它仍然没有超越资产阶级利益所容许的范围,例如它并没有宣布彻底废除地主土地占有制,而且只规定没收逃亡贵族的土地,没有没收所有贵族的土地,因而并未彻底摧毁大土地所有制。另外,土地的分配也不是无代价的,尽管售价较低,但一贫如洗的农民依然无力购买,结果,大量的土地转到富有的资产阶级和富裕农民手里。雅各宾党人的阶级局限性还反映在其他一些具体问题上:例如,1794 年 7 月通过了规定工资最高限额的法令;为了对付工人组织罢工活动,继续实行反动的勒·霞白立法;等等。不过总地说来,雅各宾党人在法国资产阶级革命时期的历史功绩是不可磨灭的。

1794 年 7 月 27 日的反革命政变,造成了雅各宾专政的覆灭。至此,

---

① 《列宁选集》第三卷,人民出版社 1972 年版,第 166 页。

法国资产阶级革命宣告结束。

　　法国资产阶级革命具有伟大的历史意义。它推翻了封建制度在法国的牢固统治，为资本主义的迅速发展创造了有利的条件。同时，它还推动了欧洲各国的反封建斗争，促进了拉丁美洲的民族独立运动，使整个欧洲的封建制度遭受到沉重的打击。所以，法国资产阶级革命的意义决不限于法国一国范围内，它具有深远的世界意义。列宁曾经指出：整个 19 世纪，即给予全人类以文明和文化的世纪，都是在法国革命的标志下度过的。19 世纪在世界各个角落里只是做了一件事情，就是实行了、分别地实现了、做到了伟大的法国资产阶级革命家们所创始的事情。①

第三节　革命后农村经济关系的变化和农业生产的发展

小农经济普遍建立和农业中资本主义的发展

　　法国革命废除了封建土地所有制，使农民获得了一定数量的土地，农民的小土地所有制普遍建立起来。革命后，"拿破仑巩固和调整了某些条件，保证农民能够自由无阻地利用他们刚得到的法国土地并满足其强烈的私有欲"②，使自由的农民土地所有制获得了很大的发展。后来，在波旁王朝复辟时期（1815—1830 年），虽然曾将尚未被拍卖掉的贵族土地归还给了原主，使大贵族土地所有制得到局部的恢复，但它也始终不敢再从农民手中夺回土地。革命的经济成果在生活中已深深地扎下了根，腐朽的领主制度已经彻底破产，在农村复辟封建制度已经成为不可能的事了。

　　但是，在资本主义条件下，小农并不能摆脱被剥削和贫困的命运。农民经济必不可避免地要发生分化。一方面，随着商品性农业的发展，农民

① 《列宁选集》第三卷，人民出版社 1972 年版，第 851 页。
② 《马克思恩格斯选集》第 1 卷，人民出版社 1972 年版，第 695 页。

日益遭受工商业资产阶级的剥削;另一方面,农民必须向国家缴纳苛重的土地税和许多繁重的间接税。在资本主义工商业的剥削和赋税的重压下,许多农民越来越陷于贫困破产的境地。这些农民为了拼命抓住自己的一小块土地,保持形式上独立的小所有者的地位,不得不四处告贷,忍受更为残酷的高利贷剥削。农民在借款时,一般都必须以自己的土地作为抵押。在19世纪20—40年代,广大农民已陷入高利贷债务的罗网。到40年代末期,农民单是以土地作抵押的债务即已高达80亿法郎。据统计,当时抵押债务的利息为6%—8%。

马克思在研究革命后法国的农民问题时,曾举出1840年的统计材料来说明法国农民遭受重重剥削的情况。1840年,农业生产总额为52.37亿法郎,扣除耕作成本和农民消费以后,纯收入是16.65亿法郎。其中用来支付押地借款的利息为5.5亿法郎,纳税3.5亿法郎,公证费、印花税和典当税等1.07亿法郎,还要付给法官1亿法郎。最后,剩下来的只有纯收入的1/3,即5.58亿法郎。每人平均所得不到25法郎。这里还没有把非土地抵押贷款的利息和律师费等估计在内。农民的贫困状况由此可以想见。所以马克思说:"法国农民现在贫困的原因,正是他们的小块土地、地产的分散,即被拿破仑在法国固定下来的所有制形式。"①

关于小农经济的悲惨命运,恩格斯也曾指出,"他们的处境在资本主义还统治着的时候是绝对没有希望的,要保全他们那样的小块土地所有制是绝对不可能的"②。贫困的法国农民不可避免地要走上分化破产的道路。在19世纪中期以前,几乎每年都有数以万计的小农户沦为无产者。但是,法国农村中极其发达的高利贷资本的活动,对于农民和土地分离的过程,却起着延缓和掩盖的作用。破产的法国农民,为了继续经营自己的土地,以土地作抵押举借高利贷款。他们在高利贷的重压下,"不仅把地租,不仅把营业利润,总之,不仅把**全部纯收入**交给资本家,而且甚至把**自己工资的一部分**也交给资本家"③。因之,高利贷者宁愿把已经破产

① 《马克思恩格斯选集》第1卷,人民出版社1972年版,第695页。
② 《马克思恩格斯选集》第4卷,人民出版社1972年版,第312页。
③ 《马克思恩格斯选集》第1卷,人民出版社1972年版,第473页。

而不能清偿债务的农民仍然保留在他们的小块土地上,以便对他们世世代代地进行高利贷剥削。这样,法国的小块土地所有制便得以长期保留下来。而且,随着人口的增长,农民的土地日益分成更小的地块。所以,这一时期的小农经营在数量上仍然不断增长,并在整个农业经营中占据绝对优势。据 1862 年的不完全的统计材料,在占地 1 公顷以上的 320 万农户中,占有土地 1—10 公顷的小农户有 244 万个。1882 年,全国有 567 万农户,其中土地在 10 公顷以下的小农户有 480 万个,占总数的 80%以上;土地不到 1 公顷的最小农户为 220 万个,约占总数的 40%。小农经济的长期广泛存在,与高利贷资本的发达紧密相连。小农的极端贫困为高利贷活动开辟了广阔的场所,使高利贷者能靠吮吸他们的膏血而不断发展;破产的小农则紧紧依附于高利贷资本,虚假地保持着自己的小所有者的可怜的地位。马克思指出,在 19 世纪内,封建领主已由城市高利贷者所代替;土地上的封建义务已由抵押制所代替;贵族的地产已由资产阶级的资本所代替。农民的小块土地现在只是使资本家从土地上榨取利润、利息和地租,而让土地耕作者自己随便怎样去挣自己的工资的一个借口。① 所以,实际上,法国的小土地所有制,只是使农民遭受资本的残酷榨取和使农民的生活不能摆脱悲惨境地的一块沉重的赘石而已。

小土地占有制的长期保存,对法国经济生活的各个方面有着强烈的影响。它是法国经济发展缓慢的一个重要原因。首先,小农经济把广大农民束缚在小块土地上,限制了自由劳动力的形成。特别是小农由于生活贫困,养活不了较多的人口,一般农民家庭只限于养育两个子女,因此法国人口的增殖非常缓慢,从 19 世纪 30 年代起几乎处于停滞状态。1789 年法国人口为 2500 万,1810 年为 2800 万,1833 年为 3350 万,1868 年为 3833 万。在大革命时期,法国原是欧洲人口最多的国家,到 19 世纪 60 年代已被德国超过。人口增长的缓慢,造成工农业生产中劳动力缺乏,限制了经济发展的速度。其次,小农经济极端贫困,而且每一单个农户差不多都是自给自足的,都是直接生产着自己消费品中的大部分,这就

---

① 《马克思恩格斯选集》第 1 卷,人民出版社 1972 年版,第 696 页。

造成国内市场极度狭窄,阻碍了资本主义工业的发展。最后,小农经济对于农业生产发展所起的不良影响尤其显著。小农的经济力量极为薄弱,根本不可能购买价格昂贵的机器,即使有了农业机器,在小块土地上也不适宜使用。至于采用其他新技术和大规模的土壤改良措施也都有着同样的困难。正如马克思所指出的那样,"……小块土地,不容许在耕作时进行任何分工,应用任何科学,因而也就没有任何多种多样的发展"[①]。农业生产的分散和技术的落后,不仅使农业本身发展缓慢,而且使得工业的发展缺乏必需的巩固的前提条件。

从资产阶级革命以后到19世纪中期,虽然在法国广泛地存在着小土地私有制,但是,这一时期农村发展的基本趋向仍然是农业资本主义关系的成长。除了当时极为盛行的土地抵押制本身就是一种资本主义的土地关系之外,资本主义农场经营通过以下几个途径也有着很大发展。首先,在小农分化的过程中,有一批农民完全丧失和脱离土地而成为农村无产者;而少数农民富裕起来,购进土地,组织起资本主义大农场。其次,在革命年代里掠夺了大量土地的富有的资产阶级,初期虽大多把土地分散出租,后来也逐渐组织了资本主义农场经营;还有革命后部分保留下来的贵族领地也逐渐转化成了资本主义农场。农业中资本主义关系日渐发展,土地集中的过程也日益显著。据1862年对全国1公顷以上的农业经营的统计,1—10公顷土地的小农户有244万户,10—40公顷土地的中等农户有64万户,占地40—100公顷的大农场有15万户。最后一类仅占总数5%的大农户,却占据了全国40%以上的耕地。农业中雇佣劳动的采用也已达到相当规模,19世纪60年代农业雇佣工人达90万人。资本主义农场使用机器和化学肥料,采用新的耕作方法,在一定程度上促进了农业生产力的提高。

总地说来,法国和其他资本主义国家一样,在资产阶级革命以后,农村中也在沿着资本主义道路发展着。不过,由于法国的特殊条件,小土地制长期占着极大优势,因而农业中资本主义的发展相对说来比较缓慢。

---

① 《马克思恩格斯选集》第1卷,人民出版社1972年版,第693页。

<table>
<tr><td>农 业 生 产
的　发　展</td></tr>
</table>

小农经济造成法国的农村经济落后,阻碍了农业生产的迅速发展。但是,由于大革命摧毁了封建关系,农民从封建地租的剥削下解放出来,毕竟提高了劳动积极性。同时,资本主义农场的建立也促进了生产力的发展。所以,法国的农业生产在革命后的时期内,比以前有着较大的增长。这一增长主要是通过农艺方法和农作技术的改进造成的。它表现在如下几个方面:休耕地大大减少了;开始采用优良的新品种和扩大种植新作物(如马铃薯和甜菜);农业机械的使用逐渐增多(1862 年法国已有播种机 10853 架、打谷机 100733 架、收割机 8907 架、干草收割机 9442 架);人造肥料的施用日益广泛;等等。这一时期耕地面积也略有增加,1815 年为 2300 万公顷,1852 年是 2600 万公顷。

粮食作物的增长相当显著。粮食总收获量 1790 — 1812 年增加了 10%,而在 1815 — 1852 年又增加了 50%。其中,作为法国最重要谷物的小麦,在 1815 — 1885 年增加了 1 倍以上,小麦产量在 19 世纪 60 年代末已达 7420 万公担。马铃薯的种植,开始于 19 世纪初,经过 1811 — 1812 年的饥馑年代后,大大地发展起来,逐渐成为人们的主要食物。

由于休耕地的减少,牧场面积扩大很多,畜牧业、特别是养羊业发展得很快。拿破仑战争时期,法国曾从西班牙抢掠了大批美利奴羊。此后,这种优良品种的羊便在国内迅速增殖起来,1815 年时只有 150 万只,1850 年竟达到 1100 万只。

葡萄酒和丝织品原是许多世纪以来法国重要的出口商品,葡萄种植业和养蚕业也一向是法国农业中的重要部门。革命后,葡萄种植面积有所扩大,到 19 世纪 30 年代中期共占地 200 万公顷,每年的产量能够酿造 4000 — 4500 万公升的葡萄酒。以后大致都稳定在这个水平上。养蚕业也发展了,蚕茧产量由 1815 年的 600 万公斤增加到 1850 年的 2500 万公斤。

甜菜的生产也在急剧增长。在拿破仑战争期间,法国的制糖业曾因难以获得国外原料而陷于困境,致使政府采取措施大力扶助甜菜的生产。甜菜的种植只不过几十年的历史,到 1825 年,种植面积已达 11 万公顷,产量达 3200 万公担。

整个说来,这一时期农业生产的增长是较大的。1812 年农业生产总值只有 30 亿法郎,1850 年增加到 50 亿法郎,1870 年更达 75 亿法郎。应该指出,在此期间农产品的价格有着显著的下跌,所以若按实物量计算,农业生产的增长幅度实际上要更大一些。当然,若与同时期的工业比较,农业的发展还是显得缓慢和落后得多。这从下列材料中可以看出:1812年,法国农业生产总值超过工业生产总值50%,19 世纪 40 年代末仅超过 25%,到 60 年代末,却只有工业总产值的 62.5% 了。但在 19 世纪 60 年代末期,农业人口还占总人口 2/3 以上。

第四节　法国的工业革命和资本主义制度的确立

法国工业革命的进程和工业生产的发展

早在革命前和革命年代里,法国工业已经出现了个别采用机器的现象。资产阶级革命的胜利,扫除了封建障碍,为资本主义大工业的发展和向工厂制度的过渡创造了有利的条件。首先,封建领主土地制的废除便利了农民的自由移动。革命后农民经济的分化使部分破产农民流入城市,为大工厂工业形成了劳动力市场。其次,革命后富裕农民经济的发展,增加了对工业品的需求,扩大了工业品的销售市场。最后,资产阶级政权推行鼓励资本主义工业发展的种种政策,同时,旧的行会制度等已在革命中被摧毁。这些都是有利于大工业发展的积极因素。

从 1795 年到 1870 年的 75 年间,法国的政局动荡,政权多变,大体上经历了三个时期:(1)1795—1815 年,即革命后的执政府和拿破仑第一帝国专政的时期;(2)1815—1848 年的波旁王朝和"七月王朝"统治时期;(3)1848—1870 年的"第二帝国"时期。在这三个时期里,法国工业革命大体上经历了从初步奠定基础、大规模展开到最后完成的三个发展阶段。

革命后的拿破仑政权,代表的是金融资产阶级和工商业资产阶级的利益。它的主要任务就在于巩固资产阶级在革命中所取得的成果,发展资本主义经济,使法国在欧洲甚至在全世界获得霸权。拿破仑政权为了满足资产阶级的这一愿望,积极采取措施,大力推行了扶助国内工商业和扩大国外市场的经济政策,甚至为此不断地发动侵略战争。拿破仑政府对工商业的鼓励措施包括实行保护关税、国家订货、津贴补助、奖励竞赛、实行发明专利、举办博览会等各种办法。为了进一步帮助和指导工商业的发展,1800 年还创办了"法兰西银行",1801 年成立了"奖励民族工业协会",1810 年建立"工厂和作坊管理委员会",1811 年设立工商部。这些都收到了实际效果。不仅如此,拿破仑还通过国家立法,从法律上来确保资产阶级的利益。1804 年颁布的"拿破仑法典",就是为了适应这一要求而产生的第一部资产阶级民法典。这部法典的中心目的在于保护资产阶级的私人占有制。直到今天它还在法国继续生效,只不过在形式上略有一些改动而已。几乎所有资本主义国家的民法典,也都是以它为蓝本的。这部法典曾被恩格斯称为"典型的资产阶级社会的法典"[1]。为了同一目的,拿破仑政府在 1808 年还通过了"商务法典"来调整工商业关系。1811 年又制定"刑事法典"来对付私有制的破坏者。

积极进行军事扩张是拿破仑政府的对外政策,拿破仑利用他所向无敌的军队发动了大规模的战争,先后战败了荷兰、意大利和德意志诸国,占领了欧洲一半的土地,使法国的资产阶级获得了广大的市场,并且通过课税和公开掠夺等手段,从战败国搜刮了大量的财富。例如,1804 年从欧洲各国强征的"特别收入"就有 1.23 亿法郎,相当于国家总收入的 1/6。1807—1809 年,又从普鲁士及其盟国勒索了约 10 亿法郎。随着军事上的胜利,法国的商品也源源流入被占领国,1801—1811 年,输向意大利的法国商品增加了 6 倍。为了打击当时的工业劲敌英国,刺激法国工业生产的发展以求独霸欧洲的市场,法国还实行了"大陆封锁政策"。

---

① 《马克思恩格斯选集》第 4 卷,人民出版社 1972 年版,第 248 页。

1806 年 11 月 21 日,拿破仑在柏林签署了封锁大不列颠群岛的命令,禁止与英国通商,甚至不准有任何来往。

拿破仑统治时期所实行的国内外政策,促进了法国经济的繁荣,推动了工业生产的发展。从革命后到 1815 年,很多工业品的产量都有成倍的增长。其中生铁增产 1 倍多,毛织品增产 3 倍。在此期间,机器的使用也增加了。在纺织部门中,1805 年贾克尔织机的发明,促进了丝织业的发展。1812 年,在里昂一地即有 1.2 万架这种新织机。1810 年吉拉尔发明的纺麻机,大大加强了法国麻织业与英国竞争的实力。在棉纺织业中,革命前原只有 900 架机械纺车,1805 年增为 1.25 万架。纺织工业部门使用机器生产的新工厂日益增多,1811 年机械纺纱厂已达 200 多个。冶金业因战争的需要,发展也较快,使用焦炭炼铁逐渐增多。化学工业由于对英国的封锁也开始发展起来。工业的发展增强了资产阶级的力量,出现了许多新的大企业主,如纺织工业中的利夏—勒诺亚,在 1810 年雇佣的工人达 12822 名,除纺织厂外,同时还拥有自己的棉花种植场。

拿破仑的政策使得资产阶级大发横财,正像拿破仑自己所供认的,"现代的财富是偷窃和掠夺的果实"。但是,广大劳动人民却遭受着严重的苦难。拿破仑所进行的战争,虽然扩大了国外市场,促进了工商业的发展,同时却也使法国国民经济遭受了巨大的破坏。战争时期,大量的财富被消耗在军费上;上百万个劳动力死于战场;特别是大陆封锁政策的实行,更使法国自食其恶果,造成工业原料极端缺乏,一些依靠国外原料的工业,生产都大大缩减,物价普遍上涨;战败后又付出了 8 亿法郎的赔偿,殖民地也丧失了。这些都加深了国家的财政困难,限制了资本主义经济的进一步发展,并延缓了工业革命的进程。所以总的来说,在拿破仑统治时期,法国工业生产的发展还是比较微弱的,许多工业部门的发展速度都不如英国,以致法国的工业水平比之英国更加落后了。例如,1790 年英国的生铁产量超过法国 70%,而在 1810 年已超过法国 2 倍。当时,法国整个工业生产基本上还处于工场手工业阶段。然而,拿破仑毕竟在国内为资本主义工商业的发展创造了种种有利条件,又通过扩大对外贸易和直接军事掠夺使资产阶级手中积累了大量财富。资本主义大工业发展的条件比以前更加成熟了。可以说,在拿破仑时期奠定了法国工业革命的基础。

1815 年拿破仑第一帝国倾覆,波旁王朝复辟,这个政权以及 1830 年代替它的"七月王朝"政权,更多地反映着金融资产阶级和旧贵族的利益。但是,由于革命后工商业资产阶级的力量已不断壮大,它也不能不给工商业的发展创造有利的环境。法国在波旁王朝复辟后,国内外政治局势得到暂时的安定。至 19 世纪 20 年代中期,战争的创伤已经逐渐恢复,国民经济重新开始活跃。在此期间,法国资产阶级为了迅速发展工业生产,特别重视新技术的引进和采用。他们注意到实行"大陆封锁政策"对于法国社会经济所造成的严重影响,还吸取了 17 世纪时数十万新教徒因受迫害外逃,造成法国手工业中技术力量薄弱的历史教训,用优厚报酬从国外招聘了许多有专门技术的熟练技工,充实和提高了国内各个工业部门的技术水平。与此同时,还通过各种途径,大力从外国引进新的机器和先进的工艺。特别是利用了 1825 年英国解除机器输出的禁令以后的有利时机,从英国输入大量的机器来推动本国工业生产的发展。因此,从 19 世纪 20 年代中叶起,法国的工业革命便大规模地开展起来。

机器的采用首先在纺织业中最为广泛。到 1848 年革命以前,工厂制度在纺织业各部门都普遍得到推广。19 世纪 40 年代末,法国已有棉纺织厂 566 个,1847 年在棉纺织业中共有 11.6 万台纺纱机和 350 万个机器纱锭。使用机器使劳动生产率大为提高,产品成本和价格急剧降低。1815 年,每磅棉纱的价格为 14 法郎 60 生丁,1850 年降低到 3 法郎。丝织业的缫丝和纺丝在 19 世纪 20 年代也都开始使用机器,在这方面法国的机器甚至比英国的还要精良。自 1835 年后,丝织业中还开始建立较大型的工厂。1847 年,丝织工业中共有纺丝机器 9 万台,其中 2/3 集中于法国的丝织业中心——里昂。法国一直是世界精美丝织品的供应者,它的丝织业产品将近一半输出国外。毛织业由于在 19 世纪 20 年代发明了较完善的剪毛机(一台机器可以代替 60 个人的工作)和毛纺机等,毛织品生产得到迅速发展。此后,法国便开始向外大量输出毛织品,并在世界市场上与英国展开竞争。整个说来,纺织工业是法国最主要的一个工业部门,它在法国输出的工业品中占据首位。法国的纺织工业生产,仅次于英国而占世界第二位。

在冶金业方面,从19世纪20年代中期起,也开始更换设备,搅拌炼铁法得到迅速推广,煤和焦炭的使用逐渐增多,1846年,有半数以上的铁都是用矿物燃料炼出的。生铁的产量增长很快,1818年只有11万吨,1830年增为25万吨,1848年更达到47万吨。煤的采掘量也随之增加,由1815年的88万吨增为1848年的400万吨。但是,法国的煤还不能自给自足,每年要从国外输入200万吨左右。

在金属加工业中,19世纪20年代起制造铁钉和铁丝开始使用机器,30年代后,刨床、切削机床等机器的使用日益增多。机器制造业在20—30年代也奠定了基础,开始为纺织业制造机器和蒸汽机。

19世纪20年代还出现了印刷机,并迅速得到广泛使用。造纸也用了机器。此外,化学工业、玻璃制造业、制镜业和陶瓷业等在技术上和生产上也都有很大发展。

工业中使用的蒸汽机迅速增加,是这一时期工业革命大规模展开的重要标志。1820年法国只有39台蒸汽机(其中27台是在纺织业中)。1826年蒸汽动力总功率数也不过6300马力。到了30—40年代,蒸汽机的使用迅速发展。1848年蒸汽机达5212台,总功率为6.5万马力。1841年工业中开始使用汽锤。

铁路建筑也开始了。1831年建成第一条长39公里的铁路。1848年,铁路总长度已达1931公里。

到19世纪中叶,法国的工业较前已有很大发展,它在世界上仅次于英国而居第二位。但是,法国仍然落后于英国很多。以煤铁为例,1840年,英国生产了3600万吨煤和142万吨铁,而法国在同一年只开采了300多万吨煤和炼出了35万吨铁。30—40年代,小手工业依旧占统治地位,远远超过机器生产。金融贵族依然主要"不靠生产而靠巧骗他人财产"来发财致富,有时甚至直接损害工业资产阶级的利益;对工商业的投资相对不足;煤铁资源也甚为缺乏;小农经济和小手工业生产在法国又长期占据优势;这些都阻碍着工业生产的顺利发展,是法国工业发展速度相对缓慢的原因。

1848 年的革命使欧洲大陆发生了一次巨大的社会变革。在法国,这次革命结束了七月王朝的统治。革命失败后,路易·拿破仑建立了第二帝国。在第二帝国统治下的 50—60 年代,法国内部的暂时安定为新的工业高涨创造了极其有利的条件,正如马克思所指出的,"资产阶级社会免除了各种政治牵挂,得到了甚至它自己也梦想不到的高度发展。工商业扩展到极大的规模;金融诈骗庆祝了自己纵横世界的欢乐"[①]。这是法国国民经济蓬勃发展的重要时期,工业革命进入了它的完成阶段。

50—60 年代,法国工业的显著特点是重工业生产的发展极快。煤和生铁的产量都增加了 2 倍。1869 年,煤产量为 1346 万吨,生铁产量达到138 万吨,其中有 3/4 都是用焦炭冶炼的。钢产量在 1851 年只有 1 万吨,60 年代开始采用贝氏炼钢法后,1869 年增为 10 万吨。化学工业获得巨大成就。这个时期发现了苯胺染料,代替价格昂贵的天然染料,从而在染料工业中引起了巨大变革。

轻工业的发展仍然保持着较高的速度,并且进一步用新技术装备起来。在棉纺织业中,普遍采用了自动纺纱机,自动织机也在顺利地排挤着手工织机。1850—1870 年,棉花消费量增加了 1 倍,达到 937 万公担。在丝织业中,机器织机也逐渐在生产上占据优势。

交通运输部门的发展也很快。到 1870 年时,已有铁路 17924 公里,航海商船达 1578 艘。

这一时期,在各个工业部门中都出现了许多新发明的机器,如锯木和木材加工机器、针织机、缝纫机等。蒸汽机的使用也更加普遍了,1869 年共有 32789 台,总功率为 32 万匹马力。

总之,在 50—60 年代法国经济的发展是非常迅速的。整个国民收入增加了 1 倍,工业总产值增加了 2 倍,达到 120 亿法郎。60 年代末,农业生产总值为 75 亿法郎。至此,机器大生产成为工业生产的主要形式,工

---

① 《马克思恩格斯选集》第 2 卷,人民出版社 1972 年版,第 374 页。

业革命基本完成,资本主义制度最终确立。

法国的工业生产具有显著的特点。第一,轻工业特别是那些生产精美服饰品和高级奢侈品的轻工业部门,在工业中占有特别重要的地位。例如,在 19 世纪 60 年代末期,服饰和奢侈品的年生产总值为 15 亿法郎,而全部采矿和金属加工业却只有 5.65 亿法郎。第二,小企业在法国工业中占很大比重。这是由上述工业部门结构的特点决定的。法国工业企业中 75% 是只有 10 个以下工人的小企业。这些小企业拥有全国 60% 的工人。拥有几千个工人的大企业却寥寥无几。在许多工业部门中,不仅企业规模小,而且手工工场还占相当大数量。60 年代末期,法国每一手工工场平均只有 1.7 个工人。

19 世纪 60 年代以前法国的工业生产居世界第二位。但是法国的工业产量却比居首位的英国要落后很多。此后,由于在发展速度上赶不上新兴的美国和德国,因而到 60 年代即被美国和德国所超过,退居世界第四位了。法国工业发展较其他国家相对缓慢,一则是因为受到小农经济的严重影响;再则特别发达的高利贷资本吸走了大量可以用来经营工业的资金,也是阻碍工业发展的一个重要原因。

高 利 贷 资 本
的 发 展

法国的高利贷资本,早在资产阶级革命以前就比较发达。资产阶级革命后,国内外的形势使得高利贷资本得到更快的发展,成为法国资本主义的一个显著特点。

法国高利贷资本的活动范围,包括如下几个方面:对广大小生产者的债务奴役;投资于国债;贷款给国内外的企业;以及进行各种投机活动。

在资产阶级革命以后,法国的社会经济形势为高利贷资本的上述活动创造了十分有利的条件:首先,革命后,农民小土地所有制的普遍建立,中小企业的广泛存在,都是有助于高利贷资本发展的。特别是贫困的小农经济更是使它加速繁殖的肥沃土壤。其次,在几十年间,法国的政局历经变动,国家财政经常处于困难状态,常常出现巨大的财政赤字。这使金融资产阶级从中捞到不少好处。马克思指出:"**国家负债**倒是**直接符合于资产阶级中通过议会来统治和立法的那个集团的利益**的。**国家赤字**,

正是他们投机的对象和他们致富的主要泉源。"①最后,这一时期正当各国的资本主义迅速发展时期,法国也正在进行工业革命,这就使得金融资本家得以通过投资、证券交易及商业投机等活动而大发其财。国家兴办的建筑工程(筑造港埠、要塞,造船,修建铁路等),也给金融资本家带来巨大的财富。所以,这一时期货币信贷事业极其发达,大银行和交易所纷纷设立。它们都与政府有着密切的联系,除了一般的信贷活动之外,更主要的是从事各种具有高利贷性质的投机活动。

资产阶级革命以后,法国高利贷资本的发展,经历了如下几个阶段。在拿破仑专政时期,由于连年不断的战争破坏了经济活动的正常状态,国内局势很不安定,生产企业的利润较低,所以货币持有者都积极投资于信贷事业。他们利用国家始终无法摆脱的财政困难,从事债务投机,致使19世纪初期,法国借贷资本的发展大大超过了工业资本。在这方面,1800年成立的法兰西银行和由拿破仑政府健全起来的信用制度起了推动的作用。1815年法国的有价证券已达15亿法郎之巨。此后在复辟时期,借贷资本续有发展,在外省的波尔多等地也新建了好几家银行,成立了许多空头的股份公司。这时,证券交易所的投机活动非常活跃,有价证券迅速增加,由1816年的7种增至1830年的50种,总额达48.5亿法郎。

在1830年开始的"七月王朝"时期,由于掌握统治权的只是资产阶级中的一个集团——金融贵族,信贷事业获得了空前未有的发展。当时,国家每年都有新的财政赤字,每隔四五年就要发行新的公债。到1848年,国债已高达55亿法郎。银行家总是以最有利的条件借款给国家,国债成为金融贵族投机的对象和发财致富的主要泉源。这一时期,法国的大工业虽然处于发展阶段,但是借贷资本发展之快,却是工业资本望尘莫及的。银行交易额在1826年为60亿法郎,1847年激增为440亿法郎,有价证券总额在1850年达到89.8亿法郎。应该指出,银行和交易所主要是法国金融家玩弄各种诡计的投机场所,至于正常的工商业信贷活动却是很有限的。

---

① 《马克思恩格斯选集》第1卷,人民出版社1972年版,第395页。

50—60年代,法国整个国民经济都非常活跃,工业革命正在加速进行。但信贷资本仍然居于领先地位。在此期间,最为显著的特点是新的银行和交易所相继设立,而且它们在国民经济中的作用也日益增大。其中最著名的有"动产信贷银行"(创立于1852年),它是法国银行从事投机活动牟取暴利的一个典型。这家银行开始创立时资本额只有1200万法郎,1855年竟增长到6000万法郎,而利润则达2600万法郎。它所发行的股票面值很快就提高了3倍。虽然它的资本额只有6000万法郎,竟签发了6250万法郎的内债,放出11280万法郎的贷款,而且还占有着法国各个铁路公司的股票等。这家银行后来由于投机失败,终于在1867年宣告破产。此外,还有1852年创立的"土地信贷银行",1848年成立、1854年改组的"法国工商业发展公司",1863年创立的"里昂信贷银行",1864年创立的"马赛工业信贷储金公司",等等。在60年代,法国的金融资本家实际上已经控制着国家的经济命脉。它们拥有雄厚的实力,与工业的联系也日益加强。1869年,仅巴黎的交易所就拥有307种有价证券,总数达330亿法郎,几乎超过当时工业总产值的2倍。法国的银行和交易所不仅在国内从事各种投机活动,而且还大量贷款给国外,成为各国的债权人。

法国资本主义在其发展过程中,高利贷资本一直比较发达,因此可以说,它是从小规模的高利贷资本开始的。在资本主义的确立时期,高利贷资本仍然特别发达。进入帝国主义阶段,这种情况又有进一步的发展,以致成为法国帝国主义的突出特证。

法国资本主义的对外扩张

在16—18世纪时,法国的对外贸易原是比较发达的。资产阶级革命以后,在拿破仑统治时期,法国的工业水平还比较落后,商品种类不多,价格又较昂贵,而当时欧洲各国由于历经战乱,购买力也不高。因此,尽管拿破仑政府力图扩大国外市场,奖励出口,但是未能收到预期的效果,对外贸易额的增长幅度并不大。甚至在第一帝国末期,还呈现着下降的趋势。1815年法国的进出口总值只有6.21亿法郎。在复辟时期,由于战争创伤逐渐恢复,工业生产有了初步发展,对外贸易才有较大增加,到1825年已达 12. 01 亿法郎,10 年间约增长了 1 倍。此后的几年,法国的对外贸易因受经济危机的影响,陷于停滞状态,1830 年总额为 12. 11 亿法郎。

随着工业革命的进展,从 19 世纪 30 年代起,法国的对外贸易获得了迅速的发展。1850 年对外贸易总额达到 18. 59 亿法郎。同时,在商品构成方面也发生了变化,输入品中的原料提高到 78%,工业制造品仅占5%。出口中的制造品占 70%,原料只占 30%。但对外贸易政策没有改变,还是建立在保护关税的原则上。在第二帝国时期,随着法国国内工业的发展和对外竞争能力的加强,拿破仑三世改行自由贸易政策,以利于商业资产阶级和一部分需要廉价进口原料的工业家。1860 年 1 月法国和英国签订了具有重要意义的通商条约后,又相继与比利时、德国、意大利、瑞典、挪威、荷兰、奥地利和葡萄牙等国签订了通商条约。贸易政策的改变使法国对外贸易额激增,1870 年时竟高达 59. 69 亿法郎。不过,自由贸易的实行也给法国工商业带来一定程度的损害,许多中小企业都因抵挡不住英国的竞争势力而宣告破产。因此在普法战争失败后,法国又重新走上了关税壁垒的道路。

除了积极扩大商品输出之外,加强资本的输出也是法国资本主义的重要扩张手段。金融资本家不只在国内广泛从事信贷和各种投机活动,还大量借款给国外,成为许多国家的债权人。1869 年,法国的资本输出额仅次于英国,总数达 100 亿法郎,是当时重要的资本输出国家。

在资本主义经济发展的过程中,法国还大力加强了殖民地扩张活动。法国的殖民事业早在 16 世纪即已开始,17—18 世纪,它曾是最强大的殖民国家之一。自 18 世纪中期在与英国的斗争中失败后,法属殖民地大部分丧失,殖民扩张一度陷于停顿。19 世纪初,拿破仑企图重新夺取欧洲霸权,多次发动侵略战争,大大地扩充了法国的版图。但后来在欧洲各国反法联盟的抗击下,拿破仑政权终于遭到失败。随着第一帝国的倾覆,领土又回缩到 1790 年的疆界。在此后的十余年间,法国的资产阶级主要是集中力量发展国内经济。直到 19 世纪 30 年代,殖民掠夺才重新加强。1830 年开始侵占阿尔及利亚(1847 年最后完成),随后相继兼并了非洲的鲁西贝(1841 年)、马特约(1843 年)、象牙海岸(1843 年)和几内亚

（1843年）。不过,总地说来,在"七月王朝"时期,法国的殖民势力还比较微弱,尚不能与英、俄等国展开激烈的竞争。

随着工业革命的进展,法国的经济力量大为增强,而国内阶级矛盾也日益尖锐。为了掠夺殖民地和扩大销售市场,并转移国内人民群众的斗争视线,法国资产阶级政府从19世纪50年代起,进一步展开了殖民扩张活动,在亚洲、非洲和美洲进行了一连串的侵略战争。1854—1860年,法国几次侵略中国,掠夺了巨量财富,强迫中国签订了不平等条约。1860年法国与英国一起派遣军队,镇压太平天国起义运动。英法殖民者打到北京,烧毁了世界著名建筑圆明园。1856年起,又在印度支那发动战争。1859—1861年占领了西贡。1862年完成对安南的征服。1863年将柬埔寨变为保护国。1860年远征叙利亚。1862—1867年武装干涉墨西哥。1869年凿通苏伊士运河,将侵略势力伸入埃及。经过这一系列的扩张活动,法国的殖民地范围大大扩充了。1820年法国拥有的殖民地面积只不过2万平方公里,人口仅40万人,1860年增长为20万平方公里和340万人,到1876年则达90万平方公里和600万人。法国成为仅次于英国的殖民强国。

> **工人阶级反对资本主义的斗争**

随着资本主义经济的蓬勃发展,在资产阶级发财致富的同时,无产阶级的状况日益恶化,阶级斗争也更加尖锐起来。

在资产阶级革命时期,法国的工人阶级曾经积极地参加过反封建的斗争。但是革命后他们并未能摆脱被奴役受剥削的悲惨命运,而是陷入了更加深重的苦难之中。革命后,拿破仑政府一方面大力扶助资产阶级,另一方面则采取了各种反动措施来对付劳动者。例如,1803年4月12日的法令规定恢复霞白立法,禁止工人结社和罢工,违者严惩。同年12月1日又规定每个工人必须领有工作手册。这种手册由雇主填写评语,并交给雇主保管,工人寻求新工作时要以此为凭。工人阶级的被压迫地位,还明显地反映在1804年颁布的民法典中。按照该法典第1781条的规定,凡是有关工资定额和工资支付方面的争执,完全以资本家的陈述为根据。此外,政府还设立了"劳动就业局"来垄断工人就业的事务,成立了"劳资调处委员会"以帮助雇主处理纠纷。甚至连警察局也直接听命于企业主。为了镇压工人运动，它们雇佣特务，奖励告密，并且经常进行所谓的"预防性逮捕"。在此时期，虽然由于工业的发展扩大了对劳动力的需求，工人的工资稍有提高（1810年比1800年提高约15%）但是，劳动者生活状况并没有什么改善。过长的工作时间和恶劣的劳动条件使工人们陷于极端痛苦的境地。至于失业者的情况就更加难忍了。当时，法国的工人阶级曾经不顾反动法律的压制，进行了一些争取经济利益的罢工斗争，并且开始致力于组织自己的团体。例如，1803年在格勒诺尔出现的手套工人团体，1804年在巴黎出现的梳麻工人团体和皮鞋匠团体等。在帝国时期，法国共成立了100多个这样的组织。这些团体都是以互助会的形式出现的。它们虽然还很稚弱，但它标志着工人群众团结互助精神的增长，显示劳动者阶级意识的萌芽。

在复辟时期，法国资本主义的发展较前迅速，但对工人阶级的剥削也愈益加强。在此期间，工人的工作时间平均长达14—16小时，劳动强度较前大大增加，生活费用也不断上涨，但工资却降低了很多。例如诺尔省工人的工资额就跌为原来的一半，一般的日工资只有1.5—3法郎。一个普通工人每天辛勤所得，大约只能购买到2公斤面包，以致他们不得不将妻子儿女都送进工厂做工。工人群众的饮食非常恶劣，居住条件极坏。工人们常为疾病所苦扰，死亡率很高。特别是在经济危机期间，工人阶级的困苦状况更加严重。因此，在整个复辟时期，法国的工人运动一直没有停歇过，互助团体的数量和罢工事件都日益增加。不过，由于当时法国的工业生产还处于初步发展阶段，工人阶级正在形成过程中，他们在政治上还不够成熟，所以斗争的目的通常还只是为了经济上的利益，诸如要求提高工资、降低粮价、缩短工作时间等。

在法国劳动群众深受苦难而探索斗争出路的条件下，产生了以圣西门（1760—1825年）和傅立叶（1772—1837年）为代表的空想社会主义思想。空想社会主义者揭露和批判了资本主义的罪恶，宣传建立一个公正合理的新社会，给工人阶级以很大的启发和教育。但是，他们还没有科学地认识到社会发展的规律性，也不了解无产阶级的历史地位和作用，他们把自己的理想建立在阶级调和与资产阶级的自觉上。显然,这种不成熟的空想社会主义理论,是与当时的历史条件相适应的。

进入 19 世纪 30 年代以后,法国工人阶级的状况继续恶化。在路易·菲力浦统治的 18 年内,由于生活费用提高,工人的实际工资降低了 15%—20%。据统计,巴黎每个工人家庭一年维持最低生活水平的费用,1840 年时需要 950 法郎,1850 年时则需要 1060 法郎。按照这个标准,每个工人至少要工作 300 天,而且日工资必须在 3.5 法郎以上才能使家人免于饥寒。但根据 1847 年法国统计公报的记载,在巴黎 32 个行业里,只有珠宝、首饰等 10 个行业的平均日工资在 3.5 法郎以上,其他大多数工人的工资都低于最低生活费水平。在这种情况下,女工和童工的数量大大增长起来。不过,他们的收入更为微薄,工人家庭的生活状况并未因此而有多大改善。

随着工业革命的发展,法国的工人阶级逐渐成熟,开始走上政治舞台,1831 年里昂丝织工人的起义,标志着工人运动进入了新的阶段。从此,"无产阶级和资产阶级间的阶级斗争……,在欧洲最发达的国家的历史中升到了首要地位"[1]。这次起义被镇压下去后不久,又爆发了 1832 年的巴黎起义以及 1834 年的里昂第二次起义等大规模的斗争。到 19 世纪 40 年代,罢工运动更是此起彼伏,特别是在"七月王朝"的最后几年,由于社会经济已呈现不稳定的迹象,再经过 1845 和 1847 年的荒歉以及 1847 年的经济危机,国内阶级矛盾更加尖锐,以致引起了 1848 年的革命。在革命中,法国的无产者首次作为一个阶级来反对资本的统治,充分显示它的巨大力量。

50—60 年代是法国资本主义空前发展的时期,资产阶级的发财致富与劳动人民的日益贫困形成鲜明的对比。交易所和商人的疯狂投机活动,造成消费品价格的飞涨。当时食品和房租约上涨了 50%,而工资的提高却不到 10%。工人的劳动条件也继续恶化。政府为了保障资本家的利益,又陆续颁布法令,变本加厉地迫害工人和工会组织。这些都激起

---

① 《马克思恩格斯选集》第 3 卷,人民出版社 1972 年版,第 65 页。

了工人阶级的强烈反抗。1857 年法国又爆发了经济危机,使工业生产平均倒退了 3—4 年,引起失业人数激增。1858 年,全法国竟有 300 万个乞丐,约 600 万人难以维持最低生活水平。于是,工人运动更加普遍地开展起来。在进入 60 年代以后,法国工人阶级逐渐摆脱了小资产阶级普鲁东主义的影响,马克思主义的传播日益深入,无产阶级的国际联系也大大加强了。1864 年 9 月,法国工人加入了国际工人协会的组织——第一国际,随即在各个工业中心都建立起第一国际的支部。工人运动的浩大声势,迫使拿破仑第三不得不作出一些让步,例如在 1864 年废除了勒·霞白立法。但是,阶级矛盾并不能因此而缓和。60 年代末,在第一国际法国支部领导下的罢工斗争日益加强,工人运动又有了新的发展。1871年,在国内外矛盾极其尖锐的形势下,巴黎的工人终于用英勇的革命起义摧垮了资产阶级的统治,建立起无产阶级自己的政权——巴黎公社。

巴黎工人的起义和巴黎公社的建立,是一次具有世界意义的划时代的伟大革命事件,它以无可辩驳的革命实践宣布了资本主义必然灭亡的历史命运。

第 四 章

德国资本主义的确立和发展

第一节 16—17世纪德国经济的衰落和18世纪资本主义关系的缓慢发展

德国是个后起的资本主义国家,在地理大发

德 国 经 济 的
衰落和农奴制
的 重 新 加 强

现以前,德国作为欧洲大陆的中心地带,经济是相
当繁荣的。14—15世纪,是德国经济有较大发展
的时期。当时,德国的手工业已有显著的进步,城市行会手工业逐渐取代
农村手工业而日益占据重要地位。它所生产的商品,供应广大地区,甚至
遥远的国外市场。有些行会手工业,如纺织、采矿、武器制造、雕刻和印刷
等,曾驰名全欧。在贸易方面,德国北部城市的汉萨同盟①在14—15世
纪内几乎掌握了半个欧洲大陆的贸易,并控制了北海和波罗的海的商路。
德国南部各城市起着欧洲北部和南部地区间的中介人作用,进行着十分

---

① 汉萨同盟是中世纪北德意志各城市进出口贸易商的联盟,在13世纪时,加入的城市
约90个,14世纪最多时达到160个,盟主为律伯克城。同盟拥有武装和金库,有宣战、媾和及
缔约之权。1370年战胜丹麦和挪威后,达到了极盛时期。

活跃的贸易。南部的奥格斯堡和纽伦堡,是意大利丝织品和东方国家的香料及其他物产的集散地。工商业的兴盛推动了农业的进步。耕地面积逐步扩大,农村中普遍推广了代役租制,劳役制已不再占统治地位。

德国在 14—15 世纪的社会经济发展水平虽然还赶不上英国、尼德兰和意大利等其他先进的欧洲国家,但确是处于兴盛发展时期。

从 16 世纪初开始,正当西欧先进国家从封建制度向资本主义制度过渡、资本主义工场手工业开始大发展的时候,德国的经济却逐渐衰落了,业已趋向瓦解的农奴制度,又重新加强起来。

德国经济的衰落是由于下列内部和外部的种种原因造成的。

首先,15 世纪末地理大发现所引起的世界商路的改变,是造成德国经济衰落的一个重要原因。地理大发现后,西方世界的商路由地中海转到大西洋,荷兰和英国变成了新商路的中心。贸易中心也相应地由意大利的威尼斯、热那亚和德国南部诸城市及北部的汉堡,移往荷兰的阿姆斯特丹和英国的伦敦。商路的转移,英国和荷兰的崛起,引起了汉萨同盟的没落和德国工商业的普遍衰落。三十年战争(1618—1648 年)后,德国在波罗的海和北海的出海口又落到了瑞典和荷兰手中,这更使德国处于四面被封闭的内陆国的不利地位,被隔绝于西方世界的贸易中心之外,到 17 世纪,汉萨同盟完全瓦解了,德国商业更急剧衰落下去。

其次,牢固的行会制度也束缚了德国工业的发展。到 16—17 世纪,在英国,资本主义工场手工业的发展已克服了行会的传统势力。在法国,专制政府扶植手工工场和在财政上利用行会制度的政策,也使行会的垄断和森严法规受到抑制。而在德国,行会的势力仍然极为强大,而且,随着经济的衰落,行会的关门倾向有增无减,加紧对在其组织之外的手工业者进行排挤和迫害。再加上当时德国的工商业者备受世俗和教会领主的压迫,经济利益常常遭到侵害,企业活动受到很大限制。这些情况严重地影响了城市工商业的发展。

再次,从中世纪沿袭下来的德国的政治割据局面也是德国经济发展的障碍。在中世纪晚期,英国和法国已经完成了国家的统一和建立了巩固的中央集权制度。而德国由于各个地区的经济发展很不平衡,各个地区之间又缺乏经济联系,在政治上一直保持着封建割据局面。1524—1525 年的农民战争失败后,各邦诸侯和上层贵族的政治经济权力也随之扩大。经过三十年战争,各邦诸侯成了完全独立的势力。17 世纪末,在德国领土上,存在着约 300 个各自为政的小邦国,它们的统治者是:9 个选帝侯(即有选举皇帝权利的诸侯),62 个世俗诸侯,36 个教会诸侯,约 100 个帝国骑士,50 个帝国城市,以及其他政治特殊地区的领主。

政治割据的局面,对德国经济的发展起了极其不利的影响。第一,各区间缺少经济上的联系,使国内市场无法形成。在小邦众多而又各自为政的条件下,德国境内关卡林立。例如在 1730 年,仅在从皮尔纳到来比锡的不长的易北河水路上,就设有 32 道收税的关卡。货币流通状况更是极度混乱。在 17 世纪末,各邦使用的货币竟然多达 6000 种左右。商业法规和度量衡制度也是处处不同。这种情况阻碍了商品经济的发展,延缓了自然经济的分解。第二,伴随着政治割据而来的诸侯的专横行为和骑士的劫掠活动,特别是由各邦诸侯纷争以及外国干涉而引起的频繁的战争,更给德国经济带来了严重的破坏,许多城镇化为废墟。从 1618 年三十年战争爆发起,到 1721 年北方战争结束的 103 年中,德国各邦诸侯共参加了 11 次战争,这些战争前后达 95 年左右。其中尤以三十年战争的破坏最大,它给德国经济造成的损失超过了中世纪所有战争损失的总和。第三,政治割据使德国不能像英、法和西班牙等国那样在中央集权政府的支持下进行海外贸易和殖民掠夺活动,因而失去了资本原始积累的一个重要的外部来源。第四,因为德国没有统一的强大的国家机构和财政基础,不可能有效地实行重商主义的经济政策。德国在国际市场的斗争中是软弱无力的,它的工商业一直没有受到关税政策的保护,所以无力与英法等国廉价的工场手工业制品竞争。

最后,使整个德国经济衰落和显著落后于英、法等国的决定性原因,是封建农奴制的恢复和加强。德国的农奴制之所以在中世纪晚期重新恢复和加强起来,是由国内外两方面的条件造成的。第一,它是 1524—1525 年德国农民战争被镇压的直接后果。席卷德国大部地区的农民革命被镇压后,诸侯的统治加强了,被击败的农民已无力反抗农奴制剥削,地主对农民的专横行为几乎变得毫无限制。同时,在镇压农民革命的过程中,以及在以后迭起的封建诸侯间的纷争中,封建主乘机对农民进行肆无忌惮的掠夺,强占农民的土地,使许多地区的农民加速破产,给封建统治阶级恢复农奴制度提供了有利的条件。第二,自地理大发现以后,英国和荷兰的工商业迅速发展起来,对粮食和农业原料的需求大增,而"价格革命"又使农产品价格急剧上涨。这种客观形势,极大地刺激了德国封建贵族阶级对农奴剥削的加强,并力求扩大农奴制度,以便把更多的农产品出售给英、荷等国,增加货币收入。这样,从16世纪初开始,德国便发生了农奴制重新加强的过程。到三十年战争以后,农奴制再一次得到了广泛的发展。到17世纪中叶,已如恩格斯所指出的那样:"农奴制度现在成了普遍的制度。自由农民正如白色的乌鸦那样少见。"[①]

由于各个地区的具体历史条件不同,农奴制的恢复和加强在形式上也有着差别。在西部地区,代役租制从13世纪起已得到普遍的推广。那里的农民保留有小块份地,农民对地主的封建义务主要表现为向地主缴纳实物或货币代役租。由于农民战争严重地打击了那里的地主势力,同时,那里的农产品很少输往国外,这一地区没有出现农奴制恢复和加强的情况。在17世纪和18世纪,代役租仍是这个地区封建地租的基本形式,但农民的生活状况和法律地位却大为恶化了。地主除了不断增加代役租的数量以外,还任意限制农民的财产和人身自由。如在巴登邦,农民在出卖、交换和继承产业时,必须付给地主一大笔"转手费",它一般相当于该产业价值的1/5—1/3。农民在一年中须为地主服2—4个星期的劳役。此外,农民结婚须经地主同意,并须向地主献出自己最珍贵的物品。

在易北河以东的东北部地区,劳役制原来就比较普遍。地主势力没有受到农民战争的打击。同时,那里以劳役制为基础的地主庄园生产的农产品,主要运销于国外市场。从16世纪起,由于西欧各国对德国的粮食和农业原料的需求不断增加,劳役制在这一地区迅速扩大起来,成为占统治地位的剥削形式。随着16世纪的"价格革命"和世界市场上粮价上

---

① 《马克思恩格斯全集》第19卷,人民出版社1963年版,第366页。

涨,地主们一方面加紧夺占农民的土地,扩大自营的庄园;另一方面强制农民为他们服更多更重的劳役,来扩大粮食和农业原料的生产和出口。大批农民变成了只领有一间茅屋和一小块菜园的农奴式的雇农。

东北部地区地主对农民的专横权力比西部地区更要广泛得多,农民对地主的依附程度也要严重得多。例如,东北部的地主从诸侯那里获得了"领地裁判权",它是地主限制和剥夺农民财产及人身自由的有力工具。地主还强迫农民每星期服劳役 3—4 天,甚至把劳役义务扩展到农民的妻子儿女身上。在梅格林堡,法律竟规定地主有权不连带土地一起而单独出卖农奴等。

农奴制的普遍恢复,使农民的处境恶化,降低了农民的生产积极性,阻碍了农业生产力的提高,也严重地影响了工业的发展。恩格斯指出:农奴制的普遍恢复是妨碍 17 世纪和 18 世纪德国工业发展的一个原因。……在英国这里,工业向没有行会组织的农村迁移。在德国,这种做法因为农民和从事农业的小市镇居民变为农奴而受到阻碍。①

上述种种不利的条件,使德国的工商业在 16 世纪以后迅速衰落下去。例如奥格斯堡在 16 世纪时,有手工业织工 6000 名,到 17 世纪只剩下了 500 人。德国的采矿和冶金业也都一蹶不振。商业逐渐失去了独立地位和繁荣景象,大批德国商人变成荷兰、英国和法国资本家的代办。他们把工业原料输往外国,而把外国工场手工业的制品运入本国。

资本主义关系的缓慢发展

16—17 世纪德国经济的衰落,到 17 世纪末才有所扭转。在 18 世纪,德国的工场手工业有了较大的发展,资本主义关系初步成长起来。

在 15 世纪末和 16 世纪初,德国的纺织业和采矿业中,已经出现了资本主义关系的萌芽。但进入 16 世纪以后,随着封建制度的再度加强和经济的普遍衰落,这种资本主义因素受到了摧残。从 17 世纪末期开始,农村家庭手工业才有了较广泛的发展,城市手工业也慢慢地活跃起来,出现了为数不多的资本主义手工工场。进入 18 世纪之后,德国的工场手工业

① 《马克思恩格斯全集》第 35 卷,人民出版社 1971 年版,第 123 页。

得到更加迅速的发展。

从 17 世纪末开始的德国工场手工业的发展,起初主要是发生在农村中。这是因为:一方面,德国在 16、17 世纪时,城市工商业普遍衰落,但行会制度却在加强,使得城市手工业的发展受到了限制;另一方面,自农奴制恢复之后,由于封建地主压榨的加深,农奴农民在其统治下,既不能免除不断提高的捐税和地租,又不可能自由流入城市,他们只好被迫从家庭手工副业中寻求补充收入。于是包买商人便趁机利用农奴农民的这种困苦处境,起初是以贱价收购农民的产品,后来便通过分发原料和付给微薄的工资,迫使农民为他们做工。这样,农民的"家庭工业"便成了商业资本的附属物。农村手工业的产品,主要是纱线、花边、毛织物和麻织物。至于染色和加工,一般都在由包买商建立的中心手工工场里进行。到 18 世纪时,受包买商控制的分散的工场手工业,在德国农村中,特别是在符腾堡、屠林根、威斯特发里亚和西里西亚的山区中都迅速地推广开来。同时,包买商也越来越多地迫使行会手工业者为他们干活,使许多城市手工业者依附于自己。

随着农村中工场手工业的普遍发展,到 18 世纪,在德国一些经济较为发达的地区,已兴建了一批资本主义手工工场,并且出现了一些新的工业部门。例如莱茵区的冶金、金属加工、纺织、玻璃和陶瓷业,以及萨克森的银矿及铜矿开采、金属加工和纺织业,都有较显著的发展。18 世纪末,机器在德国也偶有采用。1783 年,在爱北斐特城安装了第一台水力纺纱机。1785 年在德国安装了第一台蒸汽机。1786 年,全德国资本主义工场手工业产值约为 91 亿马克。工人达 16.5 万人,但其中 90%以上是在分散的纺麻、制呢和生产丝绸的手工工场中工作。

在 17 世纪末到 18 世纪德国工场手工业的发展中,大量的外国移民起了不可忽视的作用。17 世纪末和 18 世纪初,法国、荷兰、瑞士、捷克等国的胡格诺派新教徒在本国受到迫害,大量向外逃亡。1685 年勃兰登堡选帝侯腓特烈·威廉一世从重商主义政策出发,颁布了一项收容新教徒的法令。到 1703 年,约有 3.3 万名流亡的新教徒,移居到德国东部的一些小城市。绝大部分移入的新教徒是熟练的手工业者和商人,他们随身带来了资金、技术经验和组织手工工场的方法。移民定居下来以后,很快就建立了毛织和棉织手工工场,经营丝的加工,传播印染麻织品的技艺,进行天鹅绒、绢带、墙纸、蜡烛等的生产。他们还改善了玻璃、皮革和金属制品的生产,发展了钟表、化妆品、衣服、手套、帽子、兵器和枪炮的生产。

普鲁士的兴起,对于德国工商业的发展,也起了很大的推进作用。普鲁士王国建立于1701年。它依靠掠夺和侵略,使自己的实力日益强大起来。18世纪后半期,普鲁士国王腓特烈二世从加强军事侵略力量的经济财政基础出发,大力推行了扶植工商业的政策。政府以发给补助金、给予减税待遇和实行保护关税政策等办法来帮助新办的工商企业。甚至为了解决在农奴制统治下自由劳动者异常缺乏的困难,政府还采取措施强制流浪者、乞丐、刑事犯和孤儿院里的儿童到新办的手工工场中做工。这些都在一定程度上促进了工商业的发展。到80年代中期,柏林已有1万名手工工人,年产值达1800万马克,其中有1/4以上运销国外。

应当指出,在这一时期中,德国工场手工业虽然有了一定的发展,但资本主义关系的扩大,还受到封建制度和国家不统一的严重障碍。手工工场的工人本身大多仍是农奴农民或行会手工业者,他们尚未变成纯粹的雇佣工人。包买商还保留着若干封建的剥削方法,他们是商人兼雇主,并没有成为工业资本家。手工业工场主要还是以剥削广大“家庭手工业者”为基础的分散的手工工场。到18世纪末期,和正在进行工业革命的英国相比,德国资本主义关系的发展是非常微弱和缓慢的,它还处在资本主义工场手工业的初期阶段。

第二节　19世纪前半期资本主义关系的发展和1848年的资产阶级革命

农奴制改革和行会制度的削弱

封建制度在农村和城市中的统治,是阻碍德国资本主义发展的最根本的原因。德国社会经济发展的历史进程,都要求废除封建制度。1789年的法国资产阶级革命和以后的拿破仑侵略战争,加速了德国这种内在趋势的发展,促进了德国封建制度的逐步瓦解。

法国革命和拿破仑战争,使德国的封建农奴制度受到沉重的打击。在法国资产阶级革命的影响下,德国许多地区的农民掀起了反封建的起义。1789—1793 年,农民起义从亚尔萨斯开始,迅速蔓延到莱茵河两岸广大地区、萨克森和西里西亚。这些起义虽然没有成功,但却震撼了德国封建制度的基础。

德国统治阶级为了防止法国革命的蔓延和影响,对法国革命进行了武装干涉。但适得其反,反对法国资产阶级革命的普奥联军接连遭受失败,先是法国国民军,以后是拿破仑侵略军乘胜占领和吞并了莱茵河左岸地区。法国占领者为了便于统治和掠夺,在这个地区推行了资产阶级改革:废除了贵族的封建特权;解除了农民对地主的捐税和地租等各种封建义务(占领者则任意对农民进行征敛);没收和拍卖了教会和流亡者的土地;在城市宣布"工业自由"和废除行会法规;推行了否定封建制度的新的民法。同时,这个地区被合并为法国的领土,原有的诸侯国家都被取消了。拿破仑还利用自己在军事上的胜利,在德国莱茵河右岸一些地区建立了一批属国,推行了类似上述的资产阶级改革。

法国资产阶级革命的影响和拿破仑侵略战争的打击,农民的骚动和资产阶级的不满,使德国各邦诸侯和封建地主的统治摇摇欲坠。德国各邦政府为了稳定国内局势和利用农民去与拿破仑作战,以防止国家覆灭,挽救大土地占有制,也不得不实行一些自上而下的资产阶级性质的改革,首先是农奴制改革。

在普鲁士,推行改革的代表人物是先后担任首相的斯太因和哈登堡。1807 年,斯太因颁布了"十月敕令"。法令规定:从 1810 年圣马丁节(11月 11 日)起,废除农民对地主的人身依附关系,允许农民有支配自己的财产和自由选择职业和决定婚事的权利。但是,这次改革很不彻底,地主的领地裁判权没有取消,与土地占有相关联的一切封建义务仍被保留下来。这次改革极力维护地主的利益。例如根据法令规定,允许地主把拿破仑战争时期"无主"的那些农民土地攫为己有;同时,不管农民的意见如何,如果地主给农民一定的代价,或者在别的地方换给农民同样大小的土地,地主便可占有农民原来的份地,把小块土地联合成大地产。这实际上是给地主侵占农民土地大开方便之门。

1811 年,哈登堡颁布了"调整法令",对调整土地关系作出了规定。法令允许农民赎买关于土地的封建义务,可是赎买的条件极为苛刻。农民必须向地主缴付相当常年地租 25 倍的赎金,才能摆脱封建义务成为自己份地的所有者。法令还规定,赎买也可以用出让部分土地给地主的方式进行,即有世袭土地使用权的农民,出让其土地的 1/3,仅有一代土地使用权的农民,出让其土地的 1/2,然后才可以成为余下的土地的所有者。

就是上述极为有限的改革,也遭到了封建阶级的强烈反抗,而且由于战争正在进行,法令实际上未得到实行。1815 年拿破仑被赶出德国以后,德国各邦诸侯力图利用拿破仑失败的机会来继续维护他们的封建统治,限制正在进行的农奴制改革。在大地主的策动下,普鲁士政府于 1816 年颁布了一项"皇家宣言",对可以用金钱和土地赎免封建义务的农民的范围大加限制。宣言规定,只有至少拥有一辆双套马车而且是两三代以来一直占有份地的农户,才能按 1811 年颁布的"调整法令"赎免封建义务。而且,森林、沼泽和牧场,悉归领主所有,农民丧失了利用它们的权利。到 1821 年,普鲁士政府又颁布了"义务解除法"和"公有地分割法"。前者重申只有富裕农民才能赎免封建义务;后者规定将农村公社的公有土地分割,变为私人所有。

但是,法国 1830 年 7 月革命的影响和德国农民斗争的威势,迫使德国许多邦国的封建统治阶级不得不进一步采取措施,允许农民赎买封建义务。例如,萨克森的统治者颁布法令:只要地主或农民一方愿意,就可实行赎买封建义务。1832 年还建立了特别的土地银行来办理农民向地主缴款的事宜。

农奴制改革也普及到普鲁士以外的德国其他许多公国。在巴伐利亚(1808 年)、拿骚(1812 年)、符腾堡(1817 年)、赫森—达姆施塔特和巴登(1820 年)、库尔格辛(1821 年)都先后废除了农奴关系。然而,无论是在普鲁士还是在其他公国,农奴制的废除都不彻底,都或重或轻地保存了封建剥削形式的残余。只有在 1848 年革命以后颁布的 1850 年的法令,才给予封建制度以最终的打击。

农奴制改革,给资本主义关系在农业中的发展创造了比较有利的条件。从 1816 年到 1848 年,在普鲁士有 35 万农户赎回了封建义务,变成了自己份地的所有者。地主在农民赎买封建义务的过程中,得到了约 150 万摩根的土地和 1850 万塔勒的现金。赎买了封建义务而成为小生产者的农民急剧分化,少数上升为富农,大多数破产变为雇佣劳动者。同时,地主则利用攫取来的大量土地和赎金,逐渐地将其庄园改变为资本主义经营。

农业中资本主义关系的发展,促进了生产技术的进步。在 19 世纪初期,中世纪的三圃制已被"改良的三圃制"(即在原来休耕的土地上种植三叶草、萝卜、马铃薯等)甚至被轮种制所代替,这样就扩大了耕地面积,增加了饲料来源。人造肥料(骨粉、钾盐、硝石、过磷酸钙等)的使用增多,使土质得到改良。这一时期,各种农产品的收获量和牲畜头数,都有显著的增长。由于纺织工业的发展和对英国的羊毛输出量成倍增加,养羊业得到了迅速的发展。1816—1849 年德国羊的头数由 830 多万头骤增至近 1700 万头。德国取代西班牙成为当时世界上最大的优质羊毛生产国。

拿破仑战争还严重地打击了德国的行会制度。在拿破仑的军队进入莱茵河左岸以后,这个地区的行会被彻底清除了,法国入侵者宣布了"工业自由"。这对德国的其他各邦也产生了一定的影响。在普鲁士,行会制度的取消是通过改革逐步实现的。1806 年,政府允许在若干工业部门中自由营业,不受行会规章的限制。1808 年颁布了"业务规程",否定了行会制度的种种规定。1810 年发布的"财政敕令"规定,只要缴纳一定的工业税,任何人都有营业自由。此后,行会名义上虽保存下来,但实际上已变成自由参加的同业公会。只是在少数手工业行业中,仍保留了必须获得技艺合格证件才能开业的制度。

行会制度的削弱和废除,在各地区是极不平衡的。在德国大部分地区,行会制度虽有某些削弱,但仍保存下来。自 1815 年以后,在许多地方还出现了企图恢复行会制度的现象。行会制度在 1848 年革命后又有所削弱,直到 1869 年才被完全废除。

关 税 同 盟
的 建 立 在封建制度削弱的同时,德国的政治割据局面也有一定的改变。18 世纪以后,德国境内的邦国数目逐渐减少了。拿破仑战争加速了大邦吞并小邦的进程。1815 年,在战胜拿破仑侵略军之后,新建的"德意志联邦"是由 38 个邦国(其中十个是独立的帝国城市)组成的。但是诸侯国家数目的锐减,并未改变国家的分裂和割据状态。直到 1834 年,德国境内仍然关卡林立,存在着多种多样的商业法规、度量衡制和数百种地方性货币。这种状况,严重地影响了国内市场的形成,并阻碍了工商业的发展。

在政治上无法实现统一的情况下,关税的统一问题被提上了日程。1818 年普鲁士在新兴的资产阶级推动下,首先废除了内地关税。普鲁士境内实现商品流转自由具有的重大意义,因为普鲁士是一个拥有 1050 万名居民的大国。继而北德六个邦于 1826 年成立了关税同盟,参加关税同盟的各邦之间的关税取消了。在这个关税同盟的影响下,南德关税同盟、中德关税同盟先后于 1828 年和 1829 年成立。起初,这些关税同盟是互相对立的,到 1834 年合并成为德意志关税同盟。德意志关税同盟在成立时就联合了有 2300 万人口和相当德国总面积的 2/3 领土的 18 个主要邦国。自 1834 年 1 月 1 日起,这些国家之间的所有关卡都废除了。1835 年,又有巴登公国、拿骚公国和法兰克福城加入这个同盟,只剩下部分北方国家尚留在关税同盟之外。但在它们内部也已取消了内地关税。在关税同盟建立和扩大的过程中,普鲁士起了特别重要的作用。普鲁士政府所统治的地区(例如莱茵·威斯特发里亚)工业最为发达,因而首先要求取消关税的限制。同时,普鲁士政府力图借助这种关税政策和贸易政策来排挤奥地利的影响,控制其他中小邦国,以便在全德范围内夺取优势地位。

关税同盟的主要内容是:废除内地关税,同盟各邦之间的贸易免税;统一货币和度量衡制度;对国外贸易统一关税制度和税率。德意志关税同盟的建立,是德国走向经济和政治统一的重要一步,它促进了19世纪上半期德国工业的发展。

19世纪上半期工业的发展 30年代开始的工业革命

进入19世纪以后,封建制度的逐步解体,为资本主义工业的发展创造了较为有利的条件。农奴制改革为创立工业企业提供了货币资本和自由劳动者;行会制度的削弱使得资本主义企业可以较为自由地发展。另外,拿破仑战争时期法国的大陆封锁政策,战后和平时期普鲁士工业资本家迫使政府实行的保护关税政策,也刺激了德国工业的增长。1825年英国宣布取消机器出口禁令以后,德国陆续从英国输入机器,招聘技工,大力发展机器工业。这一切,使德国工业发展的进程加速了。

从19世纪初到20年代末,德国的工场手工业广泛地发展起来。在萨克森和西里西亚兴起了发达的棉纺织业和麻纺织业。采矿、冶金和金属加工工业,则主要集中在莱茵河左岸地区。虽然这时工场手工业甚至零散的小手工业仍占据主要地位,可是机器工业也开始发展起来了。德国在创建工厂工业时,广泛利用了英国的机器和外国的新技术。棉纺织业最早采用机器。1783年德国安装了第一台水力纺纱机,到1814年仅在萨克森已有机械纺锭28万枚。1831年,德国已有1000台以上的机械棉织机。1802年建立了第一家毛纺工厂。1810年纺麻业也开始采用机器。不过,在19世纪30年代以前,德国机器工业的发展还是相当缓慢和微弱的,还只是工业革命的准备阶段。

德意志关税同盟的建立,推动了德国工业的进一步发展,引起了工业中的真正革命。从30年代起,德国进入了工业革命阶段。

德国工业革命也是从纺织工业开始的。到1846年,关税同盟各邦中已有313家纺纱厂和75万枚机器纺锭,但棉布生产仍以家庭手工业者为主。萨克森的开姆尼兹是棉纺织业的中心,当时有"德国的曼彻斯特"之称。毛纺织业稍后也较快地采用了机器。到1846年,普鲁士的毛纺织业已有机械纱锭45万枚。由于适应生产更精美呢绒的需要,毛纺织业工厂和作坊的发展很快,家庭制造业已失去地位,1846年德国只有12.6%的毛织机属于以织布为副业的人了。然而在毛纺织工厂和作坊中,手工织机大大超过机器的数量。麻纺织工业的技术革新直到 19 世纪中叶还很少有所进展,1846 年德国只有麻纺工厂 14 家,纺锭 4.5 万枚;当时麻织机的 86% 尚在以织布为副业的人手里。丝织工业的古老中心是克累斐尔,1846 年这里有丝织机 8000 台,其中绝大部分是手摇织机。到 1846 年,普鲁士各种纺织工业部门共有 16 万台织机,其中属于工厂所有的为 8.3 万台,其中 4600 台是机械化的织机,整个纺织业中手工生产仍占统治地位。

采煤和冶金业也由于采用新的技术设备而有较大发展。莱茵河左岸的鲁尔区和萨尔区已成了德国采煤业和冶金业的中心。1847 年,在普鲁士的 227 个熔铁炉中有 32 个已使用煤炭进行冶铁。同年在鲁尔建立第一座使用焦煤的高炉。1825 年,德国冶金工厂中开始采用搅拌法炼铁新技术。1850 年,德国的煤产量已达 670 万吨,生铁产量增至 21 万吨。

蒸汽机的采用也增加了。1837 年,普鲁士的蒸汽机数目达到 419 台(7500 匹马力),1846 年增至 1139 台(2.17 万匹马力)。在 19 世纪 40 年代,德国建立了几家制造纺纱机和蒸汽机以及轧制铁轨的工厂。

铁路建设和汽船航运也发展起来。1835 年修成了纽伦堡至费耳特的第一条铁路(全长 12 公里)。接着开始修筑连接全国各主要城市的几条干线。到 1848 年,德国铁路线达 2500 公里。1824 年,第一艘汽船开始在莱茵河上航行,1825 年普鲁士莱茵汽船公司创立。在海运方面,先后创立了汉萨汽船公司(1839 年)和汉堡—美洲汽船公司(1847 年)。汉堡成为海运业的中心。

到 1848 年革命时,德国工业革命虽已有相当进展,但尚未越出初期阶段:德国还没有建立起自己的机器制造业,工业中工厂生产的比重还不大,工场手工业和零散的小手工业还占主要地位。1843 年前后,德国工厂工人数目不超过 70 万人。同一时期,仅在普鲁士一邦就有手工业者 84 万人,手工工场工人 55 万人。德国依然是一个农业国,1849 年,参加关税同盟各邦的农业人口占总人口的 70% 以上。同年,德国出口的商品主要是原料和食品,而进口的商品则主要是半制品和制成品。

到 19 世纪中期,德国仍然是一个比英、法远为落后的国家。从使用蒸汽动力、炼铁和纺织工业产量以及对外贸易周转额等来看,法国超过德国 25%—35%。德国只在采煤和铁路长度方面超过了法国。德国更落后于英国,英国在采煤方面超过德国 10 倍,炼铁超过德国 4.6 倍,棉花消费量超过 19 倍,蒸汽动力超过 4 倍。

1848 年 的 资
产 阶 级 革 命

随着 19 世纪上半叶资本主义关系的发展,德国资产阶级的经济力量有了一定增长。但是,国家政权掌握在地主贵族手中,德国在政治上还保持着分裂割据的局面。关税同盟也没有包括整个德国,特别是没有包括北海港口和沿海地区。参加关税同盟各邦继续采用着不同的商业法规、币制和度量衡制度,这些方面的统一,直到 19 世纪 60 年代末才逐步达成协定。同时,德国农村中普遍地存在着封建制度的残余。在普鲁士,赎买了封建义务的主要只是一些大农户,3/4 以上的小农户都没有能够进行赎买。在纽伦堡、巴伐利亚等地区也只有很少农户进行了赎买。特别是在东部地区,半封建的大土地占有制还强固地保存着。德国资本主义关系的发展,受到封建制度以及国家不统一的阻碍。农民要求摆脱封建义务和封建压迫,不断掀起反抗斗争,举行暴动。城市工人要求改善自己被压榨得困苦不堪的生活。年轻的德国资产阶级,迫切要求实现国家统一和分享国家政权,要求废除封建制度。知识分子阶层和各种类型的小资产阶级分子也被吸收到"民族统一"口号下的斗争中来。国内阶级矛盾日益尖锐。1845 年至 1846 年的农业歉收和 1847 年的经济危机,严重地影响了人民群众的生活,工农群众的反抗情绪增长了。与此同时,上层的危机也加深了。1847 年普鲁士国王腓特烈·威廉四世为解决财政困难召开了联邦议会,可是议会提出只有在制定宪法的条件下才给国王拨款。国王拒绝制定宪法并决定解散议会。这更加强了资产阶级的不满情绪。

1848 年法国二月革命的胜利鼓舞了德国人民,推动了德国资产阶级革命的到来。首先是德国南部各邦爆发了革命。在维也纳(3 月 13 日)和柏林(3 月 18 日)革命胜利以后,几乎所有的德国邦国都爆发了反对封建专制制度的人民起义。在强大的人民革命面前,封建贵族阶级被迫让步,资产阶级取得了政权。但是,德国资产阶级因惧怕革命的无产阶级而与封建贵族勾结起来,背叛了人民的利益。他们把自己的活动局限于实行一些不彻底的资产阶级改革上。

1848 年 3 月 20 日,在普鲁士成立的以资产阶级自由主义分子康普豪森和汉塞曼为首的政府,与贵族地主妥协,原封不动地保留了君主专制政体的官僚国家机关。1848 年 5 月 22 日召开的普鲁士国民会议,对农民在革命中迫使地主取消强制劳役的既成事实,也不从法律上加以确认,而且否决了立即废止强制劳役的提案。会议只取消了农民对地主的一些次要的封建义务(地主狩猎权和土地转移金),而一切主要的封建义务必须由农民向地主赎买。

1848 年 5 月 18 日,在法兰克福召开了全德国民议会,来解决德国的统一问题。法兰克福议会没有采取任何革命措施来巩固三月革命的成果,而只选出了由联邦议会授予全权的奥地利大公约翰作为临时的帝国政府的首脑。国民议会曾经通过了一个经济草案,规定要实行经济的统一、取消国内关税、统一货币和度量衡制度等。但这些计划根本未准备去实现。由约翰大公组织的帝国政府,和法兰克福议会一样,没有任何实权。可是,法兰克福议会的自由资产阶级多数派却满足于这个德国统一的假象,开始制定全德宪法。宪法条文的讨论拖延了数月之久,直到 1849 年 3 月 18 日才被通过。宪法规定把德国变成一个统一的君主立宪政体的国家。但是,由于当时封建势力已在德国大部分地区复辟,在德国各邦中重新占据政府职位的贵族和官僚,都拒绝接受这个宪法。同年 7 月 18 日法兰克福议会被符腾堡的封建武装解散,这次资产阶级革命便全部结束了。

德国 1848 年的革命,是不彻底的资产阶级革命的典型。它半途而废,既没有解决国家统一的基本任务,也没有摧毁封建制度。政权仍旧掌握在贵族地主手中。封建义务只是通过农民向地主赎买的办法部分地废除了。革命失败的最主要原因是:德国封建贵族和地主拥有的政治、经济势力,还能顽抗革命力量;同时,德国资产阶级的大多数,是经营进出口贸易的商业资产阶级,他们在经济上与封建地主和贵族有着密切的联系;另外,19 世纪 30—40 年代,在英、法两国,工人运动高涨,社会主义思想广泛传播,资产阶级的统治已经受到无产阶级的有力的冲击。在这个时期成长起来的德国无产阶级,对于德国资产阶级说来,已经成为一个可怕的力量,资产阶级对工人革命运动十分恐惧。因此,德国资产阶级在革命的紧要关头,背叛人民,走上了与封建势力妥协的道路。这次革命虽然失败了,但在工农运动的压力下,统治阶级不得不实行一些社会改革,从而进一步破坏了封建制度,在一定程度上为德国资本主义的发展扫清了道路。

第三节　19 世纪 50—60 年代资本主义工农业的发展和资本主义矛盾的加深

农业中资本
主义发展的
"普鲁士道路"
　　1848 年革命失败以后,土地和政权继续保持在地主手中。然而革命也吓得地主阶级胆战心惊,他们为了缓和农民的斗争,开始自上而下地改革农奴制度。1850 年 3 月 2 日普鲁士政府颁布了"调整法",确定了地主和农民之间的关系。该项法令规定,在地主土地占有制的基础上,无偿地取消农民一些次要的封建义务,而同土地占有直接有关的主要的封建义务(各种强制劳役和地租),农民必须向地主赎买。农民的赎买办法有两种:或者是缴纳赎金,即向地主缴纳相当于由重要的封建义务折算成的货币地租额的 18 倍的款项;或者是出让土地,即以价格相当于赎金的土地让给地主。由于 1848 年革命的结果,赎买封建义务的农民已不限于富裕农户,而扩展到大多数的农户了。1850—1865 年,在普鲁士有 1.3 万户大农和 101.4 万户小农办完了赎买封建义务的手续。当时曾设立土地银行,专门办理缴纳赎金的业务。易北河以东的农民为了赎免封建义务,在 50 年中缴纳给地主的现金达 1970 万塔勒,此外还割让给地主 11.3 万摩根的土地。成千上万的农民由于这一立法而陷于破产。但通过上述改革,普鲁士的农奴制毕竟最终被废除了。

　　在其他邦国,农民对地主的封建义务也以类似的方式进行赎买。巴伐利亚和纽伦堡在 1848 年革命以后公布了赎买法令。在巴登、慕尼黑和鄂尔登堡等地区,1848 年革命前分别颁布的赎买法令,在革命以后得到比较彻底的执行。在德国西部和其他一些地区,绝大多数农奴通过赎买封建义务,变成了农民。和普鲁士不同,在这些地区没有发生地主大规模地掠夺农民土地的情形。

与此同时,各邦政府还通过法律,强力破坏农村公社,使公有土地的面积大为削减。在普鲁士,农村公社的荒地和牧场面积,从 1849 年的 800 万公顷缩减为 1858 年的 440 万公顷。荒地和牧场被地主和富农所侵占,严重地影响了农民的家畜饲养和积肥。

赎买封建义务的苛刻条件,使广大农民丧失了大部分土地,陷入了高利贷剥削的罗网。同时,地主庄园和富农农场对新技术的采用和机器大工业的发展,又逐渐排挤和摧毁小农经济及其家庭手工副业。结果,农民分化的过程加速了,许多人破产以后沦为雇农,被迫到地主的庄园和富农的农场中做工。19 世纪 60 年代初,仅在普鲁士的雇农数量已达 350 万人。另有一部分破产农民,则流亡到城市谋生,补充了工业无产者的队伍。只有少数农民上升为富农。

德国农村阶级分化的程度,可从土地集中的情况中看出来。到 19 世纪 60 年代末,占全国农户总数 71.4% 的小农户,仅拥有耕地总面积的 9%;而占农户总数 28.6% 的地主和大中农户,却拥有耕地总面积的 91%。

小农的分化,使农业中资本主义关系得到发展。但是,由于德国农民只得到有限度的"解放",由于在农奴制改革后地主土地所有制大量保存下来,德国农业中资本主义的发展,在大部分地区主要是通过地主经济向资本主义经济的转化而实现的。这就是列宁所说的农业中资本主义发展的"普鲁士式道路"。

19 世纪 50 年代以来,城市工业和城市人口的迅速增长,粮价的高涨,以及马铃薯酒在国外市场的畅销,都使地主阶级感到实行资本主义经营对他们更为有利。同时,在农民赎买封建义务的过程中,以及在 50 年代以后国内外粮价上涨的条件下,地主们又积累了大量的货币财富,有了进行资本主义经营所必需的资本。普鲁士地主庄园向资本主义经营转变的过程大大加速了。在剥削和奴役数百万雇农的基础上,地主们在生产中日益更多地使用各种农业机器和化学肥料。雇农虽然是被雇佣的农业工人,但仍未摆脱半农奴的地位。一般说来,他们和地主订有长年的雇佣合同,在地主庄园中劳动,并从地主那里得到一间茅屋、一块不大的土地和一定数量的粮食。在农忙季节,不仅他们本人,连他们的家属也要到地主庄园去做工。同时,由于政权掌握在地主阶级手中,地主可以通过警察机关随时把雇农关入监狱。普鲁士政府还于 1854 年颁布所谓"雇农法规"严格禁止雇农结社和罢耕,违者监禁三年。

德国农业中资本主义发展的"普鲁士式道路",是封建地主经济逐渐过渡到资产阶级—地主经济的改良道路。由于封建残余长期保存,农业中资本主义关系的发展比较缓慢。对广大农村劳动者说来,这条道路使他们长期受到资本主义和封建的双重的压榨与奴役。关于"普鲁士式道路"的特点,列宁写道:"中世纪的土地占有关系不是一下子被消灭掉,而是慢慢地适应资本主义,因此资本主义长时期保存着半封建的特征。"①沿着这条道路,"农奴制地主经济缓慢地转化为资产阶级的容克②式的经济,同时分化出少数'大农',使农民在几十年内受着最痛苦的剥夺和盘剥"③。

"普鲁士式道路"流行于德国的大部分农村,并在易北河以东的普鲁士各省(梅格林堡、勃兰登堡、东普鲁士和波麦拉尼亚)中占据统治地位。但是"普鲁士式道路"并不是德国农业中资本主义发展的唯一道路。在西北地区(什列斯威希—霍尔斯太因、汉诺威和威斯特发里亚)和南部的巴伐利亚,小农分化较快,富农经济的发展相当广泛。在西南地区(莱茵河、梅因河和尼卡河流域)则小农经营占支配地位。

经过 50 和 60 年代的缓慢发展,到 70 年代初,"普鲁士式道路"在德国大部分农村中取得了决定性的胜利。农村中资本主义统治地位的确立,进一步促进了德国工业的发展。但是,以保留封建残余为特征的"普

---

① 《列宁全集》第十五卷,人民出版社 1959 年版,第 114 页。
② 普鲁士自营庄园的封建地主称为"容克"。
③ 《列宁全集》第十三卷,人民出版社 1959 年版,第 219 页。

鲁士式道路"的胜利,又给德国经济发展和政治生活带来了很不利的影响。这些影响主要表现在:首先,大量处于半农奴地位的雇农的存在,阻碍了农业中机器的广泛采用和实行精耕细作,影响了农业生产的迅速提高;其次,广大农民身受资本主义和封建主义的双重剥削,生活极端贫困,影响了国内工业品市场的扩大和整个经济的发展;最后,封建残余的保留,巩固了容克地主的统治地位,而国内市场的狭小和扩大地产的贪欲,又使资产阶级和地主拼命加紧夺取国外市场和领土的活动。在这种条件下,容克地主和资产阶级的利益日趋一致,并在政治经济上密切勾结起来,把德国变成为特别富有侵略性的军国主义国家。

但是,农奴制的废除和资本主义关系的发展,本国和西欧国家工业化的进展所引起的对农产品需求的增加,毕竟推动了50—60年代德国农业经营的进步和农业生产的发展。强制执行的三圃制最后被废除了,采行了合理的轮种制。新耕作技术的普遍推行,不仅使耕作面积扩大,而且改善了耕地的土质。

德国钾盐蕴藏丰富,而铁矿石又富含磷质,因之,德国的化肥工业发展很快。从19世纪50年代起,化学肥料已被广泛地采用,这对提高农业产量起了重大的作用。随着德国工业的发展,为农业提供的化肥越来越多。1861—1870年,德国钾盐的产量从2400吨增加到37.5万吨。此外,德国还从智利输入了大量硝石。

在50和60年代,德国还没有建立起农业机器制造业,但农业机器输入数量很大。在地主庄园和富农农场中已开始使用中耕机、条播机、收割机、打谷机,甚至还出现了蒸汽犁。排水的机器设备,亦被广泛应用。小农由于无力购买机器,仍然主要靠手工劳动。

德国从19世纪50年代起,广泛地种植了技术作物(亚麻、大麻、甜菜、马铃薯等)。农业的区域专业化也得到了进一步发展:普鲁士栽培马铃薯,西里西亚种植甜菜,西南地区栽种葡萄,等等。

在大量使用雇佣劳动以及采用农业机器和化学肥料的条件下,容克地主庄园的劳动生产率得到提高,种植业和畜牧业都进一步发展了。在19世纪中期,德国的马铃薯和甜菜的收获量,居世界第一。从1849

年到 1860 年,德国马的数量从 150 万匹增至 319 万匹,牛从 530 万头增至 1499 万头,绵羊从 1620 万只增至 2801 万只,猪从 240 万头增至 646 万头。

农产品加工业也在各个地区发展起来。地主利用农民缴纳的赎金建立了酿酒厂、制糖厂、面粉厂和锯木厂。马铃薯酿酒业在普鲁士经济中占着极重要的地位。用马铃薯造酒比用粮食造酒价钱要便宜 2/3 — 3/4,普鲁士的马铃薯酒在国际市场上有着广大销路。恩格斯曾指出,马铃薯酒成为世界市场上普鲁士的代表,它对德国具有如同铁和棉布对英国所具有的同等重要意义。经营马铃薯酿酒业,使容克地主大发其财,促使他们逐渐地转变为工业企业家,增强了他们自己以至整个普鲁士在德国政治经济中的地位。

| 19世纪50—60年代工业革命的迅速开展和工业高涨 |

在 19 世纪 30 年代,德国已经进入了工业革命时期。1848 年革命以后,农奴制进一步被废除,农业中资本主义关系逐步扩大,城市中的行会制度进一步被削弱,并最终在 1869 年被废除。这使城乡封建残余势力大为削弱,给工业革命的开展和工业高涨创造了有利条件。1852 年,关税同盟已经扩大到德国全境。1863 年,参加关税同盟的各邦国又统一了贸易法、票据法和度量衡制度。这些措施大大地缩小了国家分裂状态的不利影响,便利了国内市场的统一和资本主义大工业的发展。

50—60 年代,是德国工业革命具有决定意义的时期,轻工业和重工业都有很大的发展。恩格斯在 1870 年写道:1848 年革命后的德国"在二十年中带来的成果比以前整整一个世纪还要多"①。

纺织工业是最早采用机器的部门。这个部门,在 50—60 年代又有了巨大发展。就棉纺织业而言,仅在莱茵·威斯特发里亚一地,1843—1861 年,纺锭数量就从 11.1 万个增加到 29.9 万个。德国的棉花工业消费量,在 1850—1870 年 20 年间,增加了 3 倍以上,即从 1.8 万吨增加到 8.1 万吨。1852 年时,德国生产的棉纱,只能满足本国需要的一半,到 1871 年

---

① 《马克思恩格斯全集》第 16 卷,人民出版社 1964 年版,第 450 页。

自给量已达80%。织布业虽然较纺纱落后些,但也取得了很大进展。1843—1861年,德国的机器织布机由5018台增加到15258台;手摇织布机则由79992台减少到28012台。工厂制度在棉纺织业中已获得统治地位。在丝织业中,分散的家内作业制仍占主要地位,1861年,在3万多台织机中,只有1千多台是机械织机。但是,在缲丝方面,工厂制度已占优势,1861年缲丝生产基本上集中在215个大工厂中。在麻纺织和毛纺织工业方面也都有很大进展,不过手工业仍保有优势。德国的纺织工业,虽然比英国落后,但在这一时期,由于德国首先发明和使用了矿物质染料,成本低廉,因而德国的纺织品在国际市场上有很大的竞争能力。

重工业的迅猛发展,是这一时期德国工业高涨的一个突出表现。重工业紧跟着轻工业迅速发展起来,是德国工业革命的一个重要特点。

19世纪前半期,德国的煤产量还很小,工业用燃料主要还是木炭。从50年代起,蒸汽机的普遍应用和铁路的普及,急剧地扩大了煤炭的消费量。同时,蒸汽机在矿坑中开始大量采用,也大大提高了采煤工作的劳动生产率,使德国的煤产量,在1850—1870年从670万吨增加到3400万吨。

19世纪前半期,炼铁业基本上还是农村的副业,采用手工方法,以木炭为燃料,产量很有限。19世纪50年代以后,由于铁路的广泛修筑,需要大量钢铁,更由于技术的进步,特别是焦煤的广泛利用以及贝塞麦炼钢法(1861年)和托马斯炼铁法(1868年)的输入,黑色冶金工业的发展加速起来。1850—1870年,德国生铁产量从21万吨增加到139万吨。

在这一时期,德国已建立起自己的机器制造业。仅在1846—1861年,机器制造厂就由130家增加到300家,1861年机器制造业中的工人已达9.8万人。有些工厂的规模不下于英国同类工厂,并且有从英国购买的全部机器装备。例如1837年在柏林创立的波尔锡希蒸汽机工厂,到1866年已有1600工人,被认为是当时世界上最大的工厂之一。德国蒸汽机的动力,在1850—1870年由26万匹马力增加到248万匹马力。

德国重工业的发展,是直接与军火工业的发展相联系的。在德国处于统治地位的普鲁士统治阶级,执行用"铁和血"统一德国和对外侵略的政策,狂热地进行扩军备战。普鲁士的军火工业,在对丹麦(1864 年)、奥地利(1866 年)、法国(1870—1871 年)的三次战争中,得到显著的发展。例如,以发战争财出名的克虏伯公司,自 1850 年至 1870 年,雇佣工人数由 237 人增加到 7000 人。斯汀纳斯的企业、波尔锡希的企业,尤其是克虏伯的企业,已成为德国军国主义的主要工业基础。

大规模的铁路建设,在推动重工业迅速发展和加速德国的工业革命方面,起了重要的作用。德国铁路建设开始于 19 世纪 30 年代,几乎是与其他先进国家同时开始的。从 50 年代起铁路建设迅速开展起来。这一方面是由于铁路投资的利润最高,一般达 15%—20%,资本家竞相把资本投于铁路事业;另一方面是国家为了军事目的,积极从国库中拨出巨款修筑铁路。1850 年德国铁路长度为 5822 公里,到 1870 年增加到 21471 公里,其中私人铁路为 11569 公里,国有铁路为 9902 公里。铁路建设和铁路运输的发展,在政治和经济上都有重大影响。它带动和刺激了采矿、冶金和机器制造业的发展,为德国同欧洲各国开展贸易提供了条件,并促进了德国政治和经济上的统一。

随着工业和交通运输业的发展,商业和信贷事业也发展起来。在国内商业方面,零售商业网日益扩大和专业化,出现了大型百货商店。在对外贸易方面,1846—1870 年,德国的对外贸易周转额,由 11 亿马克上升到 42 亿马克,增加了 2.8 倍。对外贸易结构也发生了重大变化。19 世纪前半期,德国的出口商品主要是粮食和原料(谷物、羊毛和木材等),进口商品大部分是制成品(棉纱、机器、金属和金属制品等)。到 19 世纪后半期,在出口中占主要地位的已经是工业品(甜菜糖、棉织品、毛织品、皮革制品、机器、金属制品、化学产品、煤炭等),而在进口中则主要是工业原料和农产品(棉花、羊毛、小麦、大麦、生皮革和矿石)。

德国的资本原始积累不足,所以银行在动员资金方面的作用显得格外重要。早在 19 世纪前半期,独资私人银行就已发展起来。但是,由于各邦分裂割据,货币制度极不统一,加以资本主义经济还很微弱,德国银行业在 1848 年革命前是不发达的。到 50—60 年代,随着工业的高涨,银行业相应地发展起来,并出现了一个发展高潮。1875 年,德国有证券发

行权的 33 家银行中,有 27 家都是在 1848 年以后创设起来的。贴现公司
(1851 年)、达姆斯塔特银行(1853 年)、中德信贷银行(1856 年)、柏林商
业公司(1856 年)、德意志银行(1870 年)和商业贴现银行(1870 年)等闻
名世界的大银行,都是在这一时期建立的。在银行的直接参与和协助下,
股份公司如雨后春笋般地建立起来。在普鲁士,1850 年只有 123 个股份
公司,资本总额为 6.8 亿马克,而 1850—1870 年新设了 295 个股份公司,
资本总额达 24 亿马克。股份公司的发展,促进了大型企业的出现,加强
了生产和资本的集中的趋势。

　　总的来说,19 世纪 50—60 年代,德国工业的发展是异常迅速的。在
50 年代,工业生产增长了 1 倍以上,60 年代又增加了 27%。特别是重工
业的发展更为迅速。1860—1870 年,生产资料的生产增长了 33%,消费
资料的生产增长了 20%。德国在工业革命的进程中,在轻工业发展的基
础上较早地注意发展生产资料生产,改组了工业结构。这成为德国后来
经济发展比较迅速的一个原因,只有美国在这一点上能与之相比。在法
国与英国,工业结构的改组都异常缓慢。在此期间,德国纺织、采煤和冶
金等工业的发展速度,都快于英国和法国,而在煤铁产量、铁路长度和蒸
汽动力的使用等方面,德国已经超过了法国。到 1870 年,德国在世界工
业总产量中所占的比重,已达到 13.2%,超过了法国,加入到先进资本主
义国家的行列之中。

　　到 19 世纪 60 年代末,德国的工业革命在先进地区已经基本完成。
不过,直到 1870 年的普法战争时,德国尚未实现国家的统一,境内仍然存
在着处于割据状态的几十个小邦国。各个地区的经济发展极不平衡,除
了普鲁士、萨克森、巴伐利亚、巴登、纽伦堡和库尔格辛等这些工业比较发
达的地区外,还存在着许多落后的地区。在 1871 年德国完成了统一,帝
国形成以后,资本主义工厂工业才在德国全境普遍发展并取得统治地位。

　　德国的工业革命开始较晚。唯其如此,它的工业革命是在比英、法、
美诸国都更为有利的条件下进行的。它广泛利用了外国新技术,加快了
工厂工业的发展。在工业革命进程中,加紧大规模的铁路建设,较早地把
工业发展的重心转向重工业,培植国家资本主义,这些对德国以后经济的

发展都有深远的影响。

| 工人阶级的斗争 |
| 德国成为马克 |
| 思主义的故乡 |

随着资本主义的发展,工人阶级逐渐形成起来。1832年德国工矿企业的工人约有32.5万人,1848年增至70万人。到1860年前后,在普鲁士、萨克森以及4个二等邦国中,产业工人已达150万人。

德国的工业在很大程度上是靠加强对工人的剥削来增强其在世界市场上的竞争能力的,因此,德国工人阶级的处境比英法等许多国家的工人更为困苦。德国产业工人的劳动日平均达14小时,有些工人甚至每天工作达18小时。德国工人的工资特别低,例如,1865年,德国工人平均工资比美国工人低77%,比英国工人低39%,比法国工人低20%。工人的劳动条件很坏,连最起码的劳动立法和劳动保护都没有。至于分散的家庭手工业者(这是当时工人中的多数),由于过去对容克地主的隶属关系,不仅要受包买商人的剥削,而且还要受地主的压榨。他们为了取得从事手工业的权利,不得不向地主缴纳一定的捐税和贡品,身受资本主义和封建主义的双重压迫。

沉重的压迫和剥削激起了工人阶级的强烈反抗。早在19世纪30年代,德国工人就开始建立自己的组织,例如,1836年德国手工业工人在巴黎成立了"正义者同盟"。1844年,西里西亚纺织工人发动了起义。在起义中,工人们高唱"血的裁判"的战歌,捣毁厂主住宅,毁坏商人的账簿,向资本家展开斗争。这次起义虽然失败了,但它具有伟大的意义。这次起义明显地表明,工人已开始意识到自己的阶级利益了。在1848年的资产阶级革命中,柏林工人英勇地参加了斗争。这次革命虽因资产阶级卑鄙的叛卖而失败了,但它空前地提高了工人阶级的觉悟。工人阶级更加认识到组织起来的重要性,开始在全国建立工会组织。

19世纪40年代,德国是一个有着多种社会矛盾的国家。在经济上,落后的封建生产关系还未彻底革除;在政治上,贵族地主仍掌握着统治,国家还没有实现统一。与此同时,资产阶级的经济势力已经增长起来,无产阶级也正在形成;而且德国工人由于身受沉重的剥削,他们的觉悟已有相当发展。还有小手工者在资本主义发展条件下大批破产引起的矛盾,农民与地主之间的尖锐矛盾。这一切结合在一起,使德国在 19 世纪 40 年代的社会矛盾极为复杂和尖锐。德国集中了当时社会的一切矛盾。欧洲的革命中心转移到德国,德国成了马克思主义的故乡。

马克思主义的产生是人类社会历史发展的必然结果。19 世纪 30—40 年代,资本主义矛盾在英、法、德等国已明确暴露。经济危机的发生,产业后备军的形成,使阶级矛盾日益激化。英国的宪章运动、法国里昂工人的两次起义、德国西里西亚的织工起义,标志着工人阶级已作为强大的政治力量走上了历史舞台。社会的发展提出了解决工人阶级革命斗争的理论和策略的任务。马克思和恩格斯,在对资本主义社会进行深刻的科学剖析的基础上,解决了这一任务。

马克思和恩格斯密切地注视和参加了德国和世界的工人运动。他们进行了巨大的革命宣传和组织工作,在 1846 年组织了"共产主义通讯委员会",向工人宣传共产主义思想,团结各国共产主义者。1847 年马克思和恩格斯又在改组"正义者同盟"的基础上,在伦敦创立了"共产主义者同盟"。与此同时,马克思和恩格斯对以蒲鲁东为代表的主张对资本主义进行和平改造的小资产阶级改良主义思想,进行了坚决的斗争。他们在革命实践中、在与形形色色的机会主义思想斗争中,系统地总结了无产阶级斗争的经验,批判地吸收了德国古典哲学、英国古典政治经济学和法国空想社会主义的有益内容,革命地创造性地建立了马克思主义哲学、政治经济学和科学社会主义的理论体系。1847 年,马克思和恩格斯受"共产主义者同盟"的委托,起草了同盟纲领——《共产党宣言》。在这个奠基性的马克思主义文献里,全面系统地阐明了科学社会主义的基本原理。宣言科学地剖析了资本主义雇佣奴隶制的本质,揭示了资本主义必然为社会主义社会所代替的客观规律,指出了无产阶级用革命手段推翻资本主义制度的伟大历史使命。

马克思和恩格斯无论居住在德国还是流亡于国外,都一直和德国工人运动保持着密切的联系,指导着德国工人的斗争。在 1848 年革命失败以后,德国进入了一个反动时期。反动的地主资产阶级政权加紧镇压革命,并颁布法律严惩学徒和雇佣工人组织社团的活动。工会不得不转入地下。但是,在 1857 年经济危机爆发以后,德国工人运动重新进入了高潮。在 19 世纪 60 年代,德国各地发生了无数次大小罢工斗争,工会组织也逐渐公开和壮大起来。这时,德国先进工人力图摆脱资产阶级的影响,建立独立的工人政党。1863 年,在莱比锡会议上成立了"全德工人联合会",机会主义者斐迪南·拉萨尔被选为这个组织的主席。马克思和恩格斯对拉萨尔派进行了坚决的斗争,支持奥古斯特·倍倍尔和威廉·李卜克内西领导的德国工人运动的左翼。1869 年,在埃森纳赫会议上建立了德国社会民主工党(通称为"埃森纳赫派")。倍倍尔和李卜克内西是这个政党的领袖。德国社会民主工党是真正独立的革命的工人政党,它参加了第一国际,并在主要问题上站在马克思主义的立场上。

第　五　章

美国资本主义的发生和发展

第一节　英属北美殖民地时期的经济

美国是在 18 世纪 70 年代才建立的一个新兴的国家。在它建国后的 200 多年中，经济发展较快，在 19 世纪 80 年代，它已先后赶过了德国、法国和英国，成为世界上头号的资本主义强国，并长期保持了这个地位。第一次世界大战后，美国成为最大的国际剥削者。

北　美　沦　为　英
国　的　殖　民　地

美国在建国以前，曾是英国统治下的殖民地。美国资本主义发展的历史，是从它的殖民地时期开始的。

美洲大陆的主人原是印第安人。15 世纪末，美洲印第安人的社会处在原始公社末期的阶段。1492 年哥伦布发现美洲后，这个"新大陆"就成为正在进行资本原始积累的西欧各国竞相争夺的场所。西班牙人、荷兰人、法国人和英国人接踵来到北美，进行殖民掠夺和开发。欧洲殖民者在北美殖民过程中彼此间发生了激烈的斗争。17 世纪以后，英国在经济发展上超过其他各国，它先后战胜了西、荷、法等国，成为在北美的最大殖民者。1607—1733 年，英国在北美东起大西洋沿岸西至阿巴拉契安山之间的狭长地带内,建立了 13 个殖民地。①　这就是美国独立时的版图。
到 1775 年北美独立革命前夕,在这 13 个英属殖民地上,除印第安人外,
大约有 250 万名居民,其中主要是来自英格兰、爱尔兰和苏格兰的移民,
也有德国人、荷兰人、法国人和瑞士人。他们大都是为了摆脱贫困、封建
暴政和宗教迫害而从本国逃来的劳动者。其中英国移民最多,因为英国
圈地运动和资本主义关系的迅速发展,使大批农民和手工业者破产,贫苦
的劳动者为寻求生活出路,纷纷移居北美。但是,殖民事业却主要是由资
产阶级商人组成的股份公司和大贵族组织进行的。他们抱着发财的目
的,出资供应移民们开垦北美殖民地。所以,广大移民来到北美后,并未
找到"自由的乐土",他们遭受着殖民地资产阶级和大土地所有者的
剥削。

殖民者最初所追求的是金银。但是北美大陆的金银蕴藏不如中南美
洲丰富。他们转而与印第安人进行掠夺性的皮毛贸易,赚取财富。以后
随着开辟固定的殖民地,把北美变成农业原料附庸。欧洲殖民主义者为
了榨取殖民地的资源,用极其残暴的手段屠杀和驱逐印第安人,侵占了他
们的土地,在这里培植了资本主义的和前资本主义的(封建的、奴隶制
的)种种剥削制度。

> **北美殖民地的农业和土地关系**

在整个殖民地时期,农业是北美殖民地经济
生活的中心。甚至在工业最发达的新英格兰,从
事农业的人口也达到 90%。英属北美殖民地是英
国的农业附庸。它向英国供应各种原料和粮食。

北美可耕的土地很多,劳动力缺乏,加以移民远渡大洋而来,缺乏应
有的农具和耕畜,他们就放弃了原来欧洲已有的精耕细作的方法,而采用
印第安人的粗放经营。农具都是极为原始的:木制的笨重的锄、耙、锹和
包以铁头的木犁;打谷的方法,不是用马踏,就是用棒打。

由于各殖民地建立的情况不同和自然条件的差异,在各个地区形成

---

① 　这 13 个殖民地是:马萨诸塞、罗得岛、新罕布什尔、康涅狄克(以上称作"新英格兰殖
民地"或"北部殖民地");宾夕法尼亚、纽约、新泽西、德拉瓦尔(以上称作"中部殖民地");弗吉
尼亚、马里兰、北卡罗来那、南卡罗来那、乔治亚(以上称作"南部殖民地")。

了不同的土地制度和发展了不同的农作物经营。

北部新英格兰殖民地,是由经营贸易和手工业的清教徒以及在经济上陷入困境的农民和工匠建立的。他们同舟共济地来到北美,共同开辟了殖民地,实行公平分配土地的办法。移民们在某个地区定居下来后,便成立市镇。他们仿照欧洲的庄园制度,把市镇所有的土地分为两部分:一部分是靠近市镇中心的土地,作为宅地、耕地和牧场在移民间进行分配,并赋予世袭所有权;另一部分是外围的草场、林地和荒地,划作大家共同使用的共有地。在分配土地时,每人都得到同样大小的一块宅地;至于耕地和牧场的分配,则根据耕种土地的能力(家庭人口和生产工具的多少)以及原先在开发殖民地事业上投资的数目的不同,而多少有些区别。后来,因为人口不断增加,公共土地也逐渐转化为个人所有了。实行这种土地分配办法的结果,在新英格兰普遍建立了自耕农的土地私有制。农场规模较小,一般在 10 — 50 英亩。自耕农的经营一般都以自给自足为目的。

北部殖民地土壤贫瘠,且冬季较长,耕作条件较差。农作物为谷类、牧草、马铃薯等,其中以玉米为主。自 17 世纪下半期起,畜牧业也逐渐发展起来。

南部殖民地是由英国国王特许贵族地主或富商组织的公司经营的。贵族地主在他们得到的土地上,曾试图建立封建领地制度。但是,移民反抗已过时的封建制度,而且在北美有广大的空闲土地,他们往往移居他处,摆脱封建的压迫和剥削。这样,封建主义的经济制度在这里没有能够建立起来。但是,代役租、长子继承权和限嗣继承法①等封建关系的因素,却从欧洲流传过来,并存在于整个殖民地时期。

由于培植封建制度的企图未能成功,南部殖民地的大地主转而采用强迫性的奴隶劳动。一些十分贫困的欧洲移民,因为没有移居北美的路费②,

① "限嗣继承法"是封建制度下对长子继承权的一种补充,即只有法定继承人及其嗣子能继承土地。它曾在美国南部和中部流行。

② 到美洲的旅费需要 6 英镑到 10 英镑,这个数字等于当时工资低得可怜的英国工人3—4 年的收入。

被迫与运送他们的船主或移民经纪人签订契约,在到达北美后用 5 年的无偿劳动抵偿旅费。还有一部分罪犯、流浪者和无力偿还债务的人,被英国政府运到殖民地卖作契约奴。也有被职业性的"人贩子"诱骗来卖作契约奴的。大地主就是这样利用白人契约奴来建立他们的大庄园。南部平原广阔,土地肥沃,气候温暖,适宜于进行粗放的大种植园经营。这样,采用奴隶劳动的种植园奴隶制就成了南部殖民地的主要经济形式。这里主要种植向英国出售的烟草,以及大米和蓝靛。

白人契约奴在早期是奴隶的主要来源。在殖民地时期移入美洲的白人当中,大约有一半是以契约奴的身份来到这里的。

奴隶的另一个来源是从非洲运来的黑奴。1619 年荷兰商人运到北美第一批黑奴 20 人。但直到 17 世纪中叶,黑奴尚为数不多。自 60 年代英国和北美殖民地商人开始从事非洲的奴隶贩运以后,黑奴制度逐渐发达起来,契约奴为黑奴所代替。到独立革命前,在 250 万名殖民地人口(印第安人除外)中,大约有 50 万黑人,其中 9/10 是奴隶。在南部殖民地,黑奴占全部居民的 50% 左右。

种植园主对契约奴和黑奴的压迫和剥削十分残酷。契约奴的工作时数和条件,完全由主人决定。主人可以随意加以惩罚。契约奴往往因不堪受压榨而逃跑。逃跑后如被抓回,不仅要遭到毒打,而且服役期要被延长 2 倍或 3 倍。黑奴所受的待遇尤其恶劣。契约奴在期满以后可以得到人身自由,通常还可以得到一套工具和一小片土地(但须缴纳一定数量的代役租)。黑奴则不仅终身为奴隶主劳动,而且他们的子女也是奴隶主的财产。黑奴在政治上和经济上毫无权利。他们每天在监工皮鞭的监督下劳动达 18—19 小时。他们经常遭受拷打,并且可以由奴隶主任意杀害。生活条件极坏。过度的劳动和非人的生活条件很快地摧残了奴隶的健康。他们在种植园里一般只有不到十年的寿命。奴隶们不断用逃亡和密谋起义反抗奴隶主的压迫。据统计,在殖民地时期,奴隶的密谋和起义斗争达 40 次以上。

南部殖民地虽然盛行种植园奴隶制,但在南部的边区(即靠近西部印第安人的边疆地带)里,仍有自由的农民经济发展。从海外和老移民区来的移民移居到南部的内地,在自给自足的小农场上生产小麦、玉米、大麦、黑麦,饲养牲畜。

在中部殖民地,原先荷兰人在哈得孙河流域建立的大地产制度被保留下来了。英王把这些土地赏赐给英国的贵族地主。贵族地主们把土地分成小块租给农民,收取代役租。由于殖民地有很多空地,随处可以开垦,而且大土地所有者之间争夺移民,所以代役租一般不高。然而,来北美谋求新生活的移民,极为憎恨这种剥削,不断进行斗争。他们常常抵制交租,或另行移居到新的地区。在地主的大地产之外,中部也有大量自耕农的小农场。中部殖民地的自然条件很好。农作物以小麦、大麦、玉米为主。果木业和畜牧业也很繁盛。谷物除自给外,还供给其他殖民地,因而中部殖民地有"面包殖民地"之称。

综观上述农业中的经济关系,有奴隶制,有农民的私有制,也有封建关系的因素。在南部殖民地确立的是种植园奴隶制;北部和中部主要是自耕农的农场经济。封建关系的因素在除新英格兰以外的各殖民地都可以见到。

在北美殖民地的农业中,小农经济在某些地区在数量上曾占着优势。然而,小农经济不是稳固不变的,它在不断地进行着分化。根据17世纪70和80年代对马萨诸塞和纽约两个殖民地的调查统计,在468个农民的农场中,土地面积为1—20英亩的有329个,土地面积为21—40英亩的有113个,41—60英亩的有13个,61—100英亩的有8个,还有5个农场拥有100英亩以上的土地。显然,农民在财产上分化的情形已经发生。随着农民的分化,农业中雇佣劳动也出现了。所以,还在北美殖民地时期,从小农的分化中已经产生了资本主义关系。

奴隶制除在南部盛行外,在北部和中部也都存在有契约奴,例如在纽约和新泽西,奴隶在居民中的比重为8%—10%。奴隶制是英国殖民主义的产物,它在北美殖民地得到广泛发展,以后又为美国资产阶级所继承和利用,直至南北战争中才废除。奴隶制是美国经济发展和美国资产阶级发财致富的一个起点。奴隶制的血腥历史,无情地驳斥了"美国自由是天赋的"欺骗宣传。

<table>
<tr><td>殖 民 地 时 期
的 　 工 　 业</td></tr>
</table>

在整个殖民地时期工业都没有脱离手工业的范围。工业的发展受到了殖民主义的压制。

17世纪，殖民地的工业主要是自给自足的家庭副业。差不多每一个家庭的妇女都纺纱织布。织物为粗劣的亚麻布和毛麻混织的麻毛布。男子在农耕之余，也大都自己制造农具、蜡烛、皮革等。在沿海商业较发达的地区，则有手工业者的小作坊。据记载，1685年，在费城住着木工、砖瓦匠、铁匠、玻璃工、鞋匠、造船工、制革工、酿酒工人等20多种有技术的手工业者。1695年，费城有51家独立的手工业作坊。此外，在各殖民地都有流动的手工业者。他们带着工具在农村四处流动，用农民供给的原料为农民进行加工。

后来，对商品的需求增加，出卖商品可以获得厚利，于是引起分散的手工工场的发展。这就是，出现了中间商人，他们供给农民和手工业者原料，收买他们的生产品，使生产者实际上成为工资劳动者。到18世纪50—70年代时，这种分散的手工工场在北部殖民地极为流行，其发展程度约相当于英国16世纪末期的情况。

到18世纪前半叶，集中的手工工场也出现了。随着商品需要量日益增加，个体手工业者靠个人的劳动已不能满足市场的需要，便开始扩大自己的作坊，使用雇佣工人。雇佣工人较多、比较发达的手工业部门主要有造船业、酿酒业、面粉业、木桶制造业、皮革业、马具制造和铁器制造业等。在北部新英格兰和中部殖民地，每一个冶铁炉除用几个砍柴的、砸煤的、推车的或别的普通工人以外，总要雇佣八九个技术工人。造船业的手工工场规模也比较大，如波士顿在1720年有14个造船厂，每年造船约200艘。不过，总的来说，革命前的手工作坊的规模不大，一般仅有两三个雇工和几个学徒，作坊主仍同雇工在一起劳动。

在各殖民地的手工业作坊中，也有使用契约奴和按年或按月雇佣黑奴的。

北部新英格兰殖民地海岸曲折，多良港，森林和矿藏资源丰富，工业最为发达。中部殖民地次之。南部殖民地工业极少，主要依靠输入取得工业品。

　　就各工业部门说,纺织工业发展最早。麻毛纺织业通常都作为家庭副业,满足各自家庭的需要。独立革命前,粗劣的纺织品基本上可自给,只有精制的纺织品靠从英国输入。酿酒业的发展非常普遍。这种工业在新英格兰沿海城市特别繁盛,在那里用来自西印度群岛的糖蜜制成甜酒,供去非洲换取奴隶的奴隶贸易和捕鱼船队需用。冶铁业也有相当大的发展。1775年,13个殖民地的冶铁炉数目比英格兰和威尔士所有的冶铁炉的总和还要多,生铁的产量在革命前夕每年达到将近3万吨。由于英国禁止殖民地制造与之相竞争的铁器,殖民地只能把生产的生铁大量输往英国。金属加工业因受到英国的限制,发展不大。最发达的工业部门还是造船业和木材加工业,殖民地有发展这些工业的优越条件,而且这些部门与英国经济的发展没有冲突,未遭受英国的限制,因而得以自由发展。北美富有造船用的原料(木材、柏油、大麻、松脂等),船舶的建造费一般要比欧洲便宜1/3—1/2。在独立革命前夕,北美殖民地平均每年建造船只300—400艘。75%的殖民地商业运输,是由殖民地自己制造的船只承担的。1774年,英国所有的海运商船中,有30%的船只是由北美建造的。新英格兰是造船业的中心,它在1772年建造的船只,占各殖民地造船总数的68%。

　　殖民地时期的内外贸易　　在殖民地初期,各殖民地大都构成自给自足的经济单位,彼此间没有什么经济联系。各殖民地主要是和英国宗主国进行着频繁的商业联系。国内商业仅限于和印第安人进行的欺诈性的毛皮贸易。后来,随着殖民地农业和工业的发展,国内商业也发展起来。因为内陆交通不便,各殖民地之间的贸易起初主要是通过海运。殖民地贸易掌握在有发达的造船业的新英格兰的商人手中。内陆的河流,如哈得孙河、德拉瓦河和波托马克河等,也逐渐成为进行贸易的主要水道。到18世纪初,殖民地间的贸易更加发展。1718年,北部诸殖民地间进行的贸易,几乎可以与它们和英国宗主国间的贸易相比。

　　对外贸易在殖民地生活中具有重要意义。它是殖民地财富增长的一个主要来源。北部殖民地的资产阶级从广泛的对外贸易活动中赚取了巨额利润,积累起大量资金。在 17 世纪就已出现许多资本雄厚的大商人。据估计,仅在马萨诸塞,1680 年拥有资金 5 万至 10 万美元的商人不下30 个。

与北美进行贸易的,主要是英国和西印度群岛,还有荷兰、南欧诸国。主要的出口品有北部的鱼类、木材、船舶用品、皮货;中部的谷物;南部的烟草。输入品主要是英国和荷兰的羊毛、铁器及其他工业制品;西印度群岛的砂糖、糖蜜、银等。

最为盛行和获利最厚的是所谓"三角贸易"。这就是,从西印度群岛把糖蜜运到北美殖民地制成甜酒,然后将甜酒运到非洲换取黑奴,再将黑奴运到西印度群岛贩卖,换回糖及糖蜜,作为下次制酒购买奴隶之用。奴隶买卖的惨无人道的情况是骇人听闻的。贩奴商人把从非洲部落首领或当地经纪人手中换取来的黑人,像牲畜一样用链条绑在一起,一个挨一个地并排放置在船舱里。船里的拥挤程度和卫生条件都是不堪言状的。奴隶们在航程中备遭苦难和折磨,疾病流行。据统计,每贩运一个黑人到美洲,至少有五个黑人在非洲大陆被猎获时或在大海航程中死亡。殖民地资产阶级从这种奴隶贸易中赚得巨额利润。利润率通常高达 100%。有时,甚至在一次航行中就能获得 10 倍的利润。贩卖黑奴是殖民地资本原始积累的一个重要来源,也是美国历史上最黑暗、最可耻的一页。

在对英国的贸易中,北部殖民地一直是输入超过输出,因而从奴隶贸易中得来的资金又大量流入英国。南部殖民地供应英国大量烟草和大米,就输出入的商品总值说是出超的,但由于运费、佣金、租栈等支出,最终仍出现收支逆差,成为英国商人的债务人。

随着工商业的发展,出现了较大的城市,如费城(费拉德尔菲亚)、纽约、波士顿等。波士顿在 18 世纪初叶是殖民地的经济中心,纽约及费城在商业上都要依附于它。但在独立革命前夕,费城成为殖民地最大的城市,有居民 4 万人左右,纽约次之,约有 2.5 万居民,波士顿约有 2 万居民。

总起来说,北美殖民地的经济是以农业为主。对外贸易和航运业也远比工业发达,它们是殖民地财富赖以增长的主要事业。工业主要还是小手工业,但分散的和集中的资本主义手工工场在北部和中部殖民地已有了一定的发展。北美殖民地在独立革命前夕已处在资本主义工场手工业的发展阶段。

北美殖民地和英国在经济上的矛盾与独立战争　　北美殖民地的经济发展,受到英国的种种限制和阻碍。英国殖民主义者力图垄断殖民地的贸易,限制殖民地工业的发展,使它成为英国的工业品销售市场和原料供应地。英国利用它对殖民地在政治上的统治权力制定了种种条例,束缚殖民地经济的发展。

英国统治殖民地的经济,在初期主要是控制和垄断殖民地的贸易。1650年和1651年,英国议会先后通过航海条例,规定从殖民地运往外国或者从一个殖民地运往另一个殖民地的一切产品,都必须用英国的船只(包括殖民地船只)装运;同时,欧洲商品运进英国或英国殖民地,也必须用英国船只或最初输出商品的国家的船只运送。制定这两个条例的目的,主要是打击荷兰海上贸易的势力,遏止荷兰和北美殖民地之间的经济联系。1660年颁布新的航海条例,除进一步规定殖民地输出或输入的一切货物都必须由英国船只装运外,还规定殖民地的烟草、糖、棉花、蓝靛等一些列举的商品,只能向英国或英国属地输出,若运往欧洲其他国家,必须先在英国卸货,再由英国商人转运。以后被列举的商品种类逐步扩大,几乎包括了殖民地的全部输出品。1663年颁布主要物产条例,规定欧洲各国商品运销美洲,都必须先运到英国,然后再由英国船只转运到各殖民地。

英国通过这些法令,剥夺了北美殖民地独立的对外经济联系,垄断了殖民地贸易。英国对殖民地贸易的限制,阻碍了殖民地生产的发展。殖民地的生产还因英国压价收买其产品遭受更大的打击。例如,烟草的价格在1660年以前每磅可以卖3便士,航海条例颁布后,烟草只能运往英国,价格降落到每磅半便士。南部殖民地经济受到严重的打击。

随着殖民地工业的发展,英国开始制定限制工业的条例,以保护英国工场主的利益。1699年,英国颁布"羊毛条例",禁止把羊毛、毛绒和毛织品从一个殖民地运往另一个殖民地。1732年实施"制帽条例",禁止殖民地制造的帽子出口，并限制制帽作坊不得雇佣两个以上的徒工。1750 年议会又通过"制铁条例"，禁止殖民地设立轧铁厂、切铁厂和炼钢炉，同时以免征出口税的办法，"鼓励"殖民地把生铁和铁条输往英国。

不过，直到 18 世纪前半叶为止，英国为了利用北美殖民地去打击法国在北美的殖民势力，并未严格执行上述各项条例。北美的走私贸易十分盛行，特别是北美殖民地与非英属西印度群岛之间的走私贸易甚为活跃。英法七年战争（1756—1763 年）后，法国势力被英国逐出北美；同时，英国在战争中开支浩大，产生了巨额国债。于是，英国政府加紧了对北美的控制和榨取。一方面，严格执行以前颁布的各项法令；另一方面，又继续颁布了一系列新的条例。

1764 年制定了食糖条例，严格征收对外国糖蜜、食糖的进口税，打击了北美商人进行"三角贸易"的利益。同年颁布了"通货条例"，禁止所有北美殖民地发行纸币，以防止殖民地通货贬值，保护英国债权人的利益。

1765 年颁布"印花税条例"，规定对一切执照、契约、商业票据、证书、遗嘱、历书、广告、大幅印刷品、小册子、报纸以及一切诸如此类的文件，殖民地人民必须纳印花税。这项条例不仅在经济上加重了殖民地人民的负担，而且在政治上是对殖民地的严重打击。它使北美的议会不再是决定征税的唯一合法机关。印花税条例引起殖民地人民的激烈反对。英国国会被迫于 1766 年宣布废除。

以后，英国又颁布了其他一些压榨殖民地的条例。

英国对殖民地工商业的限制和殖民地独立发展经济的要求之间的尖锐矛盾，是引起北美人民进行独立革命的一个重要原因。

土地问题是殖民地和英国宗主国之间另一个尖锐矛盾。英王在北美殖民过程中培植了大土地占有制。大土地占有制度下的农民为了反抗代役租的剥削，纷纷向西部移居，自行垦种。英王于 1763 年颁布了禁止向阿勒亘尼山以西移居的公告。这一措施有双重目的：一是阻止殖民地的农民离开大地主的土地，以免大地主的地位遭到削弱；二是为了保证英王对这些土地的垄断权，并保证英国商人独占与西部印第安人进行毛皮贸易的厚利。这一禁令，主要打击了农民反封建压迫的向西"强行移居"运动;同时,它与要求在西部扩展种植园耕地的南部种植园主以及计划从事土地投机的资产阶级商人,也发生了利害冲突。"公告"引起殖民地人民的普遍不满。在独立革命前夕(1774年),英王又颁布"魁北克法令",把宾夕法尼亚以西俄亥俄河和五大湖之间的广大土地,划归魁北克直辖殖民地,并对旧殖民地和西部地区未处理的土地加以管制。这就进一步激起了殖民地人民的反抗。殖民地为争夺西部"自由"土地而与维护殖民地贵族地主利益的英国宗主国发生的冲突,具有反封建的性质。

从18世纪60年代起,殖民地人民不断掀起反英斗争。1774年9月5日,各殖民地派代表召开了第一届大陆会议,决定联合起来,反对英国殖民主义者。1775年4月,北美人民拿起武器,奋起抗击宗主国军队的镇压。5月召开第二次大陆会议,决定正式对英宣战,推举乔治·华盛顿为总司令。1776年7月4日,大陆会议通过"独立宣言",宣布解除对英王的隶属关系,建立独立的国家——美利坚合众国。拿起武器的殖民地人民英勇打击英国军队和站在英军方面的亲英派大土地贵族、大奴隶主、大商人和殖民地官吏。战争打了七年之久,北美人民终于取得了革命战争的胜利。1783年,英国被迫签订巴黎条约,承认美国独立。人口不足300万而且军火武器极差的北美殖民地,打败了拥有3000万人口的世界上第一个工业大国大英帝国。美国独立战争的历史,也充分证明了毛泽东同志关于弱小国家争取解放斗争的科学论断:"小国人民只要敢于斗争,敢于拿起武器,掌握自己国家的命运,就一定能够战胜大国的侵略。这是一条历史的规律。"[①]

北美的革命是反对殖民主义的大起义,也是一次国内的阶级斗争。殖民地的农民、手工业者和中等阶级下层的人们,愤怒地反对贵族的特权,反对代役租、长子继承权和限嗣继承法,反对其他压迫他们的社会经济制度。所以,北美独立战争是一次民族解放战争,同时也是一次反封建的资产阶级民主革命。它推翻了英国的统治,使北美在政治上获得独立,

---

① 《毛泽东年谱(一九四九——一九七六)》第六卷,中央文献出版社2013年版,第299—300页。

建立了独立的资产阶级共和国。在战争期间和战后，没收了亲英派大地主的土地，废除了代役租、长子继承权和限嗣继承法等封建残余。废除了契约奴。在北部和中部，黑奴制度或被废止或被加以限制。限制向西部移居的禁令被取消。这一切就为资本主义的发展开辟了道路。从此，资本主义在美国迅速发展起来。独立战争开辟了美国历史发展的新纪元。列宁曾经指出，"现代的文明的美国的历史，是由一次伟大的、真正解放的、真正革命的战争开始的"[①]。独立战争还具有重大的世界意义。美国人民以其争取独立和自由的革命斗争，激励了欧洲反封建的革命运动，正如马克思所说：18 世纪美国独立战争给欧洲中等阶级敲起了警钟。[②]

美国资产阶级革命的胜利，主要是靠农民、工人、小手工业者、小商人、资产阶级下层和黑人的力量赢得的。但是，大资产阶级和大种植园主利用他们掌握的领导权，窃取了胜利的果实。革命胜利后建立了大资产阶级和大种植园主的联合专政。限制向西移居的禁令虽然被取消了，但广大农民要求最迫切的土地问题没有完全解决。罪恶的奴隶制度在北部和中部虽然被废止或加以限制，在南方却被保留下来，而且由 1787 年宪法加以合法化。由于宪法规定了选民资格条件的限制，劳动人民在政治上实际处于无权的地位。黑人和印第安人依然被剥夺了作为合众国公民的资格。

劳动人民群众对革命的结果感到失望。在战后的日子里，沉重的债务和赋税重担又压得他们喘不过气来，于是在 1786—1787 年谢司领导下举行了起义。起义者明确地反映了贫苦农民的利益，要求宣布土地为公有财产，要求取消债务和废除所有的土地税。声势浩大的群众起义吓坏了资产阶级。以维护"天赋人权"的名义而宣告独立的美国政府，残酷地把起义镇压了下去。

---

① 《列宁全集》第二十八卷，人民出版社 1959 年版，第 43 页。
② 《马克思恩格斯全集》第 23 卷，人民出版社 1972 年版，第 11 页。

第二节　向西领土扩张和农民私有制的普遍建立　农业开始走上资本主义发展的"美国式道路"

向西领土扩张和对印第安人的掠夺

美国刚刚摆脱殖民主义枷锁,自己便走上殖民扩张的道路,开始大举向西扩张领土。到 19 世纪中叶,它已经把国境线扩张到太平洋沿岸,国土面积从 1776 年宣布独立时的 36.9 万平方英里扩大到 1853 年的 302.7 万平方英里,即增加了 7 倍多。这片土地资源丰富,为美国提供了比其他资本主义国家都要优越的发展条件。

美国向西部的领土扩张,一向为资产阶级学者歪曲地描写为一种和平的西进运动。实际上,美国向西部的领土扩张,是一个不断地驱逐和杀戮印第安人、侵占印第安人土地的残酷的侵略过程。美国政府为了侵占印第安人的土地,不仅采用威胁利诱、强迫订约的手段把他们赶走,而且常常发动灭绝人性的战争。

1784 年,美国政府强迫印第安人签订条约,把包括今天的俄亥俄、印第安那、伊利诺伊等州的土地割让给美国。后来,这些地区的印第安人反对这个无理的条约,各部落联合起来反抗移民。美国政府于 1811 年派遣军队把他们镇压下去。此后继续对印第安人进行一系列的诱骗和武力进攻,夺占了他们的大片土地。1830 年 5 月,杰克逊总统通过"印第安人迁移法",决定把他们赶到密西西比河以西去,并于 1838 年派兵 7000 人押送。在这以后,美国人继续向西驱逐印第安人,对他们进行了上千次的"讨伐"。当时的口号是:"野蛮人必须滚蛋!""只有死的印第安人才是好印第安人。"

除了直接掠夺和吞并印第安人的土地以外,美国还通过强行购买和战争手段兼并了英、西、法在北美的殖民地和墨西哥的大片领土。1803年，美国乘拿破仑忙于应付欧洲战争之际，以1500万美元从法国手中购买了路易斯安那①。这片土地比当时美国国土面积大2倍。每英亩土地只花了4美分。1810年美国强占西班牙所属的佛罗里达的西部，1819年又从西班牙手中强行购买佛罗里达的东部。1846年，用条约强行把英国人从俄勒冈挤走。同一年，对墨西哥挑起战争，夺取了墨西哥整个领土的一半，即包括今天的得克萨斯、加利福尼亚、亚利桑那、内华达、犹他、新墨西哥、科罗拉多各州及怀俄明州的一部分。1853年又威逼墨西哥出卖给它一大块土地。总计美国夺自墨西哥的土地共约95万平方英里，约等于今天美国全国总面积的1/3。

在这些被兼并来的土地上的土著印第安人，大部分被杀戮，余下的被驱赶到在荒僻山区为印第安人特别划出的"特居地"。例如，在1849年加利福尼亚发现金矿后的淘金狂热的年代里，印第安人被整村整村地歼灭掉。1850年，加利福尼亚约有10万印第安人，而10年之后，他们的数目已减至3万人左右。对印第安人进行的血腥讨伐和土地掠夺，19世纪下半期后仍在继续。这是美国资本原始积累的重要源泉。

领土的扩大对美国的经济发展起了重要的作用。西部的广大领土吸引来移民的洪流。外国移民蜂拥来到美国，从1790年到1860年，外国移民达500多万人。同时，由于国土辽阔，劳动力缺乏，国内人口的自然增殖也很快。结果，美国人口急剧增加，据美国官方材料，1790年为392.9万人，1860年增加到3144.3万人，每十年的增长率都在30%以上。西部地区人口的增长尤为迅速。阿勒亘尼山以西的人口，1790年时只占全国总人口的3%，到1860年已经增长到占49%，和东部平分秋色了。迅速增加的人口，特别是国外来的大量移民，是美国生产力发展的重要因素。

这一时期美国的外国移民中，也有来自中国的劳动者。他们对于美

---

① 这片领土不等于1812年建立的美国路易斯安那州，而是密西西比河以西直到落基山脉，北邻加拿大、南至墨西哥湾的广大地区，面积约为83万平方英里，后分建为十几个州。

国西部特别是加利福尼亚的开发,起了相当大的作用。中国人到美国做工,开始于 19 世纪中叶。1848 年加利福尼亚发现金矿以后,美国资本家为了利用中国的廉价劳动力,以香港为据点,使用各种卑劣手段,诱骗华南沿海地区的中国劳动者去做苦力。1850—1852 年,被"招募"到美国的华工共计 2.3 万多人,到 1868 年,华工总数已达 9 万余人。华工初期大部分是做采矿和筑路工人。1862 年加利福尼亚的矿工中,华工占半数以上。1869 年中太平洋铁路公司共雇有 1 万名工人,其中 90% 是华工。还有一些华工从事农业、建筑和捕鱼等工作。尽管他们终日辛勤劳动,却遭受着歧视和欺凌。当时,华工的工资还不到白人的 1/2,却要被课以各种重税(执照税、人头税、公安税等)。华工的生活和劳动条件都极其恶劣,许多人被折磨致死。华工受不到任何法律上的保护,经常遭到白人的虐待、劫掠甚至杀害。以上情况表明,在美国资本主义的发展过程中,所谓的"西部开发"工作,完全是通过侵占印第安人领土,屠杀土著居民,以及奴役本国和其他国家人民的残酷手段来实现的。

美国向西部的殖民扩张,具有以下显著的特点:一是殖民地在地理上与美国本土毗连,便于经济开发;二是有大量外国移民劳动力,可以用来迅速开发西部土地;三是极为迅速的殖民开发,使殖民地和美国本土各州在经济上迅速趋于一致,成为一个经济整体。这种情况,大大加速了美国资本主义的发展。

> 农业开始走上资本主义发展的"美国式道路"

美国利用从许多国家移入的劳动力,加紧开发西部。美国政府把新攫取来的西部土地,一律宣布为国家所有,由政府出售给移民去开垦。1785 年,颁布了第一个土地法令,规定西部土地最低按 640 英亩的地段出售,每英亩售价 1 美元。1796 年,每英亩土地价格增长为 2 美元,但可以在 4 年内分期付款。土地大块出售的政策,完全符合土地投机者和种植园主的利益。普通农民没有力量购买这样大的地段。土地法颁布后,在西北地区,很快就出现了由富人组成的一些专门公司,从事土地投机活动。例如,由新英格兰人组成的俄亥俄公司(其中有 285 人是独立战争时的军官),用独立战争时发行的贬值的大陆币 1 万元买了 150 万英亩土地。另外一个西阿托公司(其中有许多人是议会代表),买了350万英亩土地。迈阿密公司买了200万英亩土地。这些投机公司把攫取到手的土地,分成小块按高价卖给农民,从土地买卖中谋取巨利。在西南地区(初期是在肯塔基、田纳西、亚拉巴马、密西西比和密苏里等州),则是种植园主带了他们的奴隶一同前去,在那里建立了大种植园。

为生活所迫到西部来谋求出路的贫苦移民,无力购买大块土地,他们往往不顾政府的土地法令,自行占地进行垦种。这时的"强行移居"比在殖民地时期更具有群众性。议会在1783年曾通过决议制止"强行移居者",并派军队驱赶他们。然而,军队也无力对付分散在辽阔土地上的自行占地的农民。

农民占地的斗争迫使政府后来不断改变土地法令,把出售土地的最低限额降低。1800年,出售的地段改为320英亩。1804年降为160英亩。1820年再降为80英亩,同时每英亩土地的价格由2美元降为1.25美元。随后在1832年,出售的最小地段更降为40英亩。农民还迫使政府于1841年颁布了垦地权条例,正式承认自行占地进行开垦的农民有购买其占用土地的优先权。

在这样的条件下,一般农民已有可能获得西部的土地。小农场主的农业经营制度在西部得到了普遍的发展。

然而,以个体劳动为基础的农民经济是不稳定的。小商品生产本身具有资本主义倾向。资本主义工业和交通运输的发展,城市人口的增长,对农产品提出了日益增长的需求,把农民的生产很快卷入资本主义市场,加速了农民的阶级分化。所以,在西部土地上,一方面是小农经济在普遍建立,同时它又在不断发生分化,从富裕农民中成长起资本主义农场主。在没有封建束缚的条件下,由小农经济的分化而自由发展为资本主义农场,这是农业中资本主义发展的一种典型。列宁把这种道路称之为"美国式道路"。列宁指出,农业中资本主义的发展,存在着两种客观上可能的道路:普鲁士式的道路和美国式的道路。"在前一种情况下,农奴制地主经济缓慢地转化为资产阶级的容克式的经济,同时分化出少数'大农',使农民在几十年内受着最痛苦的剥夺和盘剥。在后一种情况下,地主经济已不再存在,或者已被没收和粉碎封建领地的革命捣毁了。农民在这种情况下占着优势,成为农业中独一无二的代表,逐渐转化为资本主义的农场主。"[①]

美国不仅西部农业的发展是"循着自由农民分化的'美国式道路'演进的",北部在独立革命后废除了封建制度的残余,农业也同样是循着自由农民分化的道路发展的。不过,在19世纪前半期,无论是西部还是北部农业中资本主义的发展,都处于开始的阶段。在南部是另一种情形,奴隶制在独立革命后得到巩固和迅速发展。

"美国式道路"对于资本主义经济的发展具有较为有利的影响。在没有封建束缚的条件下,农业中资本主义关系的成长和生产力的发展都比较迅速。

此外,美国由于大量垦殖西部"自由"的土地,农业生产的发展还具有一些特殊有利的条件:(1)到19世纪末西部"自由"土地被占用完以前,那里没有土地私有的垄断,农业可以免除绝对地租的负担。同时,级差地租也有完全不同的作用。在这里,土地所有者和农场经营者一般是同一个人,所以,级差地租不是像在西欧那样成为地主的收入,落入寄生阶级之手,而是以一般额外利润的形式留在农场主手里。土地关系方面的这种情况,使美国农产品价格低廉,农业的积累速度较快。(2)欧洲国家的土地价格较高,而且经常涨价,因而往往有大量资金被从农业经营中抽出来,用于土地买卖。在美国,大量"空闲"土地使土地价格低廉,人们可以把较多的资金投入农业生产。(3)美国新开垦的处女地非常肥沃,"这些肥沃的处女地使生产费用降低到最低限度"[②]。

这一切使美国农业具有十分有利的发展条件,农业生产得到迅速发展。美国的发达的农业,成为促进工业和整个国民经济发展的重要因素。

农业的地区专业化与农业生产的发展

西部的开拓,不仅给美国增加了耕地面积,而且使农业的地区专业化和分工进一步发展。以前,美国的农业是按南部和北部两个地区分工的。

---

① 《列宁全集》第十三卷,人民出版社1959年版,第219页。

② 《列宁全集》第四卷,人民出版社1958年版,第138页。

南部生产供输出的烟草、蓝靛等作物;北部和中部生产主要供应国内消费的谷物和牲畜。西部开拓后,农业生产的中心向西部转移。农业生产大体形成了以下的地区专业化。

旧西北部(包括俄亥俄河与五大湖之间向西进入艾奥华与堪萨斯的草原地带,即今日美国的中北部),这里有辽阔而肥沃的土地,适宜的气候,宜于种植小麦、玉米、燕麦、大麦等谷物;有丰富的森林资源和天然牧场,供饲养猪和牛。因而,西北部成为全国的粮食和牲畜的供应基地。初期,西北部的农产品大部分供应南部,沿密西西比河直运新奥尔良,有一部分从这里输出国外。从 1825 年修通伊利运河和 1830 年开始兴建铁路后,向东部的运输便利起来,大量农产品主要运至东部大西洋沿岸的城市,一部分从那里运销欧洲。

大西洋沿岸北部和中部各州的农业,在西北部便宜的农产品(其成本往往只为东部的一个零头)的竞争下逐渐失去重要性。它们为了适应东部大工业城市的需要,改变为经营集约的养畜业、蔬菜业和果园业。养畜业主要供应城市人口需要的牛奶和奶制品。牛肉和猪肉的产量甚至比独立战争前减少了,粮食和肉的需要靠西部供应。

南部(包括原来的大西洋沿岸南部各州和以后并入的西南各州)成为第三个农业区。由于英国以及美国本国棉纺织工业的发展和 1793 年轧棉机的发明,南部自 18 世纪末起逐渐转为以生产棉花为主。随着西南部地区的开拓,棉花生产急剧增长。1860 年时西南部的密西西比、亚拉巴马和路易斯安那生产了美国棉花总产量的一半。此外,在路易斯安那还大量种植甘蔗;在南卡罗来那和乔治亚种植稻谷。殖民地时期南部的主要农作物烟草仍然保留下来,不过由于种植烟草使地力耗竭和外国实行高进口关税,以及棉业兴起等原因,它已失去了原来的重要性。

美国耕地面积扩大后,严重地感到劳动力不足。随着农业生产发展的迫切需要,陆续发明了改良的农具和机器。1797 年,第一个铁犁试制成功,以后屡经改良,自 19 世纪 30 年代起,铁犁迅速代替木犁被普遍采用。1820 年,发明马拉的耘田机。1831 年,发明刈草机。农业机器中最重要的发明是收割机。1833 年和 1834 年胡瑟和麦克·考尔密克二人分别试制成马拉收割机。1855 年已有 1 万台收割机在田间工作。美国的收割机在当时世界上是最先进的,在 1855 年巴黎国际博览会的比赛中曾获得第一名。在这次比赛中,美国的收割机割 1 英亩燕麦用了 21 分钟,英国的机器比美国的多花了 2 倍的时间。1836 年发明的打谷机是另一项重要发明。一台打谷机能抵 120 个人的工作能力。它在 1855 年的国际赛会上同样超过了英、法等国的而获得优胜。此外,还有其他一些农具的改良和发明,如小麦播种机、玉米栽种机等。在 19 世纪 50 年代里,农业机器的使用迅速增加。不过,这时的美国农业大部分仍靠人力,改良农具和马拉农业机器还在创制和初步使用阶段。

这一时期,美国还实行了其他一些农业的改进。进口良种羊、牛、马、骡,繁殖优良牲畜品种;改进作物品种和耕作方法。并因在农业的科学化和技术进步方面,采取的措施是极其广泛的,例如组织农业学会（1785 年开始）、举办农业展览会（1804 年首办）、出版农业期刊和文献资料（1819 年创办《美国农民报》）、开设农业学校（1822 年开办第一个专门教授农业学的机构,1857 年创办第一所农业学院）。联邦政府和州政府十分重视农业科学技术的研究和推广。政府的组织工作和资助,起了很大的推动作用。

美国的农业生产在独立革命到 1860 年有很大增长。1800—1860 年美国农业生产总值增加了 5 倍以上（从 1800 年的 2.36 亿美元增至 1860 年的 15.76 亿美元）。1860 年美国的粮食产量为 3096 万吨,[①]当时美国人口为 3144 万人。每人平均拥有的粮食产量几近 1 吨。1860 年棉花产量达 38.41 亿磅。由于有广阔的草原和牧场,畜牧业很发达。据美国官方每十年一次的调查统计资料,1800—1860 年,畜牧业在农业总产值中的比重都占 60% 上下。随着农业生产的增长,农产品的出口也不断增加。1822—1833 年谷物出口的年平均价值为 6700 万美元,1853—1863 年增加到年平均 5.12 亿美元。1802 年,棉花的出口量为 2800 万磅,1860

---

① 粮食产量包括玉米、小麦、大米、大麦、荞麦、燕麦、稞麦 7 种谷物和薯类。薯类按 4 吨折 1 吨计算。

年增至 19.68 亿磅。棉花成为美国最主要的输出品,1860 年占美国输出总值的 60%。

资本主义制度使美国的农业生产力得到很大的发展。但是,这些成就是在残杀和剥夺印第安人、扩张殖民领土、残酷剥削黑人奴隶和雇农的条件下获得的。此外,资本主义农业的发展,还伴随着对自然资源的掠夺式的破坏和浪费。

第三节　工业革命和资本主义生产方式的确立

政府为促进资本主义工业发展所采取的政策　　　　独立革命后建立的美国资产阶级共和国,积极采取措施发展本国工业。它通过立法的形式,加速资本原始积累;同时实行一系列鼓励工业发展的政策。

殖民制度、国债制度、近代赋税制度与保护制度,这些资本主义各国进行资本原始积累的主要手段,美国都采用了。

向西扩张侵占印第安人的土地,是美国从开国以来就大规模进行的殖民掠夺活动。资产阶级从掠夺西部土地和土地投机买卖中获得了巨额财富。一些资产阶级学者说美国的资本主义是和平地建立起来的,没有采用过殖民掠夺的暴力手段。这完全是骗人的谎言。实际上,美国的殖民掠夺活动是大规模的,非常残暴的。它和西欧国家的殖民掠夺所不同的,不过是它进行掠夺的对象,是与本土相毗邻的地区,而不是海外殖民地罢了。掠夺国内殖民地,是美国资本原始积累的极重要的泉源。

国债是美国进行资本原始积累的重要手段之一。独立战争时期,联邦政府发行了大量公债,加上未付的利息,共计为 5200 万美元。战后,资产阶级乘劳动人民为生活所迫的时机,贱价收买他们手中的公债券。收买公债的价格甚至低到仅及票面额的 1/10。等到他们搜刮得差不多的时候,联邦政府就通过一项兑换条例(1790 年),宣布按票面额承受旧债,并发行新公债来兑换旧债。这样,就使在战后抢购了几乎不值钱的战时债券的资产阶级在转手之间发了大财。同时,政府还承受了大部分在北部大商人手中的战时各州发行的公债 2500 万美元。而另一方面,对流通在广大人民中间的战时由国会和各州发行的 4 亿多美元的"大陆币",联邦政府仅用新公债按 100∶1 的价格收回了 600 万美元,其余一律作废。得到兑换的主要是一些投机商人,广大人民因"大陆币"作废而蒙受重大的牺牲。所以,兑换条例剥夺了劳动人民,使资产阶级获得了暴利;而新公债还本付息的沉重负担,最终又是落在劳动人民的头上。1771—1826年,政府每年偿付公债的利息总额占预算支出的 20% 以上,最高时竟达 56%。

赋税制度是国债制度的必要补充。联邦政府征收高额国产税,进行财政搜刮,才能解决承受旧公债和发行新公债的经济来源。美国政府征课的国产税,主要是苛重的酒税。有些地方酒税高达酒价的 1/3。酒税在整个联邦税收总额中约占 1/3。高额酒税主要是对酿酒农民的榨取,因为农民要出售他生产的谷物,体积庞大,不便运输,大多制成威士忌酒运到市场上去卖。农民为反对政府课征酒税,曾于 1794 年发动了"威士忌起义"。

保护关税是美国政府实行的一项重要经济政策。1789 年规定关税率为 5%—15%。以后又接连提高,1816 年增为 7.5%—30%,1824 年的关税法案,把平均税率提高到 40%,1828 年再提高为 45%。保护关税给资产阶级政府带来巨额的财政收入。同时,采取高额保护关税,一方面,可以防止外国的竞争,给本国工业以有利的发展条件;另一方面,资产阶级趁此机会抬高国内工业品价格,剥削广大消费者。

1791 年,建立具有中央银行性质的银行——合众国银行。其资本为1000 万美元,政府投资 1/5,余为私人资本。它独占货币的发行,为政府发行公债,并代理国库。这个以私人资本为主而由私人银行家和政府共同控制的银行,实际上左右着联邦政府的财政政策,它为私人资本垄断财政大开了方便之门。合众国银行规定营业年限 20 年期满,于 1811 年撤销。1816 年又建立第二合众国银行,仍为营业 20 年。

以上关于关税、国债、国产税、中央银行的措施,是独立革命后政府采取的重要财政政策,由财政大臣汉密尔顿于 1789 年至 1790 年提出。与此同时,汉密尔顿于 1791 年还提出了著名的关于提倡制造业增产的报告。这些建议和法令,其目的不仅是要结束独立战争后财政的紊乱状况,也是为了增强联邦政府的力量,发展新兴资产阶级的实力。

吸收和利用外国资本,在美国建立和发展资本主义工业过程中曾起了重要的作用。据 1854 年的统计,在美国的有价证券总额中,外国资本(即在外国发行的)占到 18%。美国是个新兴的资本主义国家,有广大资源待开发,因而吸引来大量外国资本。

此外,政府还采取鼓励外国技术工人移入、实行发明专利权、资助公路、运河和铁路建设等措施,对工业发展起了促进作用。

> **工 业 革 命
> 发 展 的 过 程**

独立革命使美国在政治上获得了独立,但是在经济上,美国仍处于对英国的依赖地位。美国的近代工业,是在 1812—1814 年美英第二次战争美国再次取得胜利后,才得以真正发展起来的。

在独立战争时期,对战争物资的需要和国外贸易的受阻,曾使国内工业一度繁荣发展,特别是冶铁业、纺织业及其他制造日用品的工业都得到相当发展。但是,在革命以后,美国与英国的贸易联系很快得到恢复。战时发展起来的幼弱的工业,抵挡不住英国商品的竞争,许多企业破产了。1789 年通过的第一个关税法案,大多数货物的税率只有 5%,最高的也不过 15%,还不足以保护国内工业。而土地投机和商业中则有厚利可图,所以,革命后的初期,资本大都流向这些方面。特别是 1793 年开始的英法战争和随后席卷欧洲的拿破仑战争,使美国得以中立国的资格大做买卖,更促进了航运业和对外贸易的发展。1805 年,美国把世界贸易的大约 1/3 掌握在自己手里。它拥有的商船吨位在 1789—1810 年从 20.2 万吨增至 142.5 万吨。美国成为仅次于英国的世界第二位商船拥有国。美国资产阶级利用战争发了大财。

英国本来就不甘心美国脱离英国而独立;美国海运业的兴旺,更为英国所忌妒和敌视。英国力图打击美国的海上势力。于是,英国借拿破仑宣布大陆封锁英法两国在海上斗争激烈的时机,同时袭击和掠夺美国的海运船只,捕获扣留达500多艘。美国政府为着保障本国船只的安全,于1807年通过禁运法案,禁止美船离开国境驶往外国港口从事国外贸易。美国断绝与英法的贸易,英国则加强对美国的打击。英美关系异常紧张,终于在1812—1814年发生了英美战争。这次战争一般被称为"美国的第二次独立战争"。英国当时忙于应付紧张的在欧洲的战争,加以国内人民反对同美国打仗,结果被迫于1814年与美国签订和约,再次确认美国的独立。

1807年的禁运法案和1812—1814年的英美战争,是美国工业发展的转折点。1807年以前,美国在工业品方面依靠欧洲,实行禁运法案后,许多以前全靠输入的商品,必须自己制造了。于是,制造棉毛纺织品、铁器、玻璃、五金器具及其他日用品的工厂,像雨后春笋一样在全国各地建立起来。同时,海外贸易受到限制,资金也就大部分转到工业上来了。1812—1814年的战争,使美国最终走上独立发展资本主义工业的道路。一般认为美国从这时开始了工业革命。不过,工业革命的个别现象(使用近代机器的工厂),在18世纪末就已经出现了。摆脱殖民地地位而独立的新兴的美国,仅次于英国而早于法、德、俄等欧洲国家开始工业革命,这是因为它在殖民地时期已有相当发展的资本主义工场手工业,并且它在这些国家之前实现了资产阶级革命。

美国建立近代机器工业也是从棉纺织业开始的。第一个工厂是1789年在罗得岛建立的纺纱厂。这是迁居美国的英国人史莱特按照英国阿克莱特水力纺纱机工厂的样式建立起来的。到1800年,美国又建立了7个棉纺厂。这8个棉纺厂拥有的纱锭不足2万个。自禁运法案后,机器棉纺业迅速发展。1805年棉纺工厂有纱锭4.5万个,1815年增加到13万个,1825年达到80万个,1830年又增加到125万个。工厂制度首先在棉纺方面建立。1814年以前,工厂纺出的棉纱还是分散到各个家庭中去用手工织布。1814年发明了动力织布机,开始把纺与织结合在一个工厂中。以后印染业很快也采用机器,并和纺、织一起联合在一个工厂里。美国没有行会的传统势力,最初建立的工厂,就把各个生产过程统一起来,集中管理。在英国,由于古老手工业和行会的传统习惯,这一联合纺、织、印染于同一个企业内的过程,经过了很长一个时期。

工厂制度使劳动生产率有极大的提高。例如,一个用手纺纱的工人每天只能纺 4 绞纱。1825 年,工厂的每个纺纱工人可以看管 200 个锭子,生产 1000 绞棉纱。机器棉纺织业胜利地排挤着手工纺织业。1860 年,工厂制度已代替了手工生产。最早的纺纱机是用手或用马力推动的,后来广泛地使用了水力,然后才使用蒸汽动力。棉纺织工业集中于新英格兰。1860 年新英格兰的工厂生产了全国将近 70% 的机器棉纺织品。南部虽然盛产棉花,棉纺织工业却不发达,1860 年,它拥有的纱锭占全国工厂纱锭总数的 1/20 多一点。

毛纺织业继棉纺织业之后也建立起工厂制度。1793 年从英国输入使用水力的梳毛机。1810 年已建立 24 个毛纺织厂。19 世纪 30 年代开始建立大规模的毛纺织厂,40 年代工厂里制出的产品占了上风,家庭工业渐渐衰退。1840—1860 年毛纺织业的工厂数从 1420 个增加到 1909 个;工人数从 23342 人增至 48900 人;年产值从 260 万美元增加到 6880 万美元。

制铁业也逐步采用了新技术,有很大发展。1810 年,美国有 153 个熔铁炉,每年生产 53908 吨铁,每个炉子的年平均产量只有 352 吨。1812—1814 年战争对枪炮和铁制品的需要,促进了制铁业的发展。1816 年开始建立近代类型的企业。1834 年热风炉介绍到美国,用无烟煤代替木炭作燃料,使炼铁技术起了一次革命。1840 年用蒸汽发动机代替水力发动机。1850 年开始采用焦炭。经过这些技术革新,炼铁炉的生产能力大大提高,1860 年每座炉一天能生产 50 吨。自 1844 年英国的搅拌炼铁法传到美国后,美国可以大量生产精炼的铁,供应铁路建设中铁轨的需要。而这个时期具有代表性的铁制品是铁钉、铁管和铸铁密封火炉。美国的生铁产量在 1860 年是 84 万吨。而这时英国的生铁产量已达到 389 万吨。美国从英国输入生铁、原钢和钢铁制品,其价值达本国制品的 2 倍。钢的生产只是刚刚开始,1860 年美国生产钢 1.2 万吨。

冶金业和铁路上的需要,促进了煤炭工业的发展。1820年煤产量还不过30万吨,到1860年已增长到1820万吨。煤矿中使用蒸汽机最早,18世纪80年代在矿井中已开始用蒸汽机排水。

19世纪初,机器制造工业在美国开始建立。1817年已经有一批制造蒸汽机的工厂。到19世纪中叶,制造农业机器、缝纫机、制鞋机等机器的工厂也有相当发展。

在面粉业、食品加工业、木材加工业、制鞋业、服装加工业等主要部门中,也普遍建立使用机器的工厂。

美国在动力的技术革命方面进展比较缓慢。蒸汽机虽然早在18世纪80年代已开始用于矿井排水,但在19世纪最初30年内工业中采用蒸汽机并不普遍。这是因为美国水力资源丰富,水力动力机很容易采用,价格低廉。从19世纪40年代起蒸汽动力增加很快,但迟至1860年时,水力仍然是动力的一个主要源泉。

交通运输业方面也有重大革新和发展。殖民地时期,主要靠利用河流与海洋运输。革命之初,甚至在比较发达的地区,如新英格兰,陆路交通也很不便。1784年,在新英格兰能够行驶马车的道路还很少。河川上没有建筑必要的桥梁,过河时不是用船渡,就是骑马涉水。随着人口的不断向西部移动和西部地区的开拓,运输事业成为美国人民与政府所面临的一个重大问题。革命后交通的改进首先是建筑公路。第一条公路由费城通向兰卡斯特,长62英里,于1794年完成。这条公路是由私人公司修筑的。公司在公路上设立关卡,征收通路费。第一条公路的成功,使筑路公司闻风兴起,成立了几百家公司,纷纷修筑公路。1811年政府出资开始修筑最长的一条公路——坎布兰大道。这条公路以马里兰的坎布兰为起点,1818年修至俄亥俄的惠林,之后一直延伸到伊利诺伊的凡大利亚,全长834英里,于1852年全线筑成,成为东西的交通要道。

水路交通的重大革新开始于1807年。这一年,富尔顿制成汽船,在哈得孙河上从纽约到阿尔巴尼试航了150英里。自19世纪20年代起,汽船在各大河流上定期开航。1840年,在密西西比河流域的交通中,汽船所占的比重达到4/5。西部河流轮船运输的发展,刺激了那个地区的殖民事业,加速了西部的开发。直到50年代铁路大规模兴建以前,汽船是全国主要的交通工具。

运河的开凿在19世纪上半叶对交通运输的发展有着巨大意义。1817—1825年连接哈得孙河和伊利湖的伊利运河凿成(从布法罗到阿尔巴尼,长达363英里)。这样,五大湖地区就有了通向大西洋的航道。西北部的大量农产品经由这条运河运往东部沿海口岸。纽约因为有直达航线与大湖地区联系,重要性大大提高,成为最大的海港都市。1826—1834年开凿了连接费城和匹兹堡的费拉得尔菲亚运河(长390英里)。此后又修筑了把俄亥俄河与伊利湖连接起来的运河,这样就有了可以从纽约一直通到新奥尔良的内陆水道。在20和30年代,各州与各城之间相互竞争,形成了修筑运河的热潮,先后修筑了勾通南北、连接东西水路交通的大小几十条运河。到1850年美国修筑的运河总长度达3000多英里。

铁路建筑在交通运输业的发展上更有划时代的意义。美国的第一条铁路(从巴尔的摩到俄亥俄)于1828年开始修建,1830年有长达13英里的一段路线开始通车。铁路修筑的头20年进展很慢(因为路轨和机车的许多技术问题没有得到解决),1840年美国铁路总里程不过2818英里。1850年延长到9021英里。19世纪50年代铁路建筑开始迅速发展,到1860年铁路线长度达到30626英里,已由东部地区延伸到密西西比河东岸。1860年,铁路负担了全国货运量的2/3。对铁路的投资,在1830年到1860年间达12.5亿美元。其中一大部分是来自国外。在私人资本不足的地方,联邦政府和州、县地方政府都给以大量资助,认购股票,捐赠土地。大规模的铁路建筑,对东部工业特别是重工业(冶金、采煤、机器制造)的发展,对西部的开发和西部农业生产的急剧增长,以及对加强地区间经济联系和促进地区分工的形成,都起了很大的推动作用。

美国的工业革命发生于英国之后,它在开始时首先采用了英国发明的机器和新技术。然而,在吸收英国技术的同时,特别是当使用机器的制造业巩固地建立起来以后,美国人就把欧洲的方法加以改进,或者自己创制新的机器。这一时期美国的重要发明有轧棉机、收割机、缝纫机、磁石电报等。发明轧棉机的惠特尼,还应用了零件标准化的原理,使一些机械的基本零件能够通用互换,特别是在武器、钟、锁和工作母机方面。零件的标准化和通用化被认为是美国机器制造方面的特征。劳动力的缺乏和政府的鼓励,刺激了各种新发明大量涌现。据统计,1790—1811年,平均每年有77项发明;1830年的发明有544项。1841—1850年十年中,发出了6460件专利证,1851—1860年十年中发出的专利证达到25250件。

纵观工业革命的进展,到19世纪50年代,资本主义的工厂制度在美国已得到广泛的发展。工厂制度在棉毛纺织、制面粉、肉食罐头、农业机器制造、缝纫机制造、军火制造、钟表及音乐器材等部门中已占据优势。现代冶金业已经建立。蒸汽机得到了普遍采用。小手工业在东部失去了重要意义。随着资本主义生产的发展,美国于1837年、1847年、1857年发生了周期性的经济危机。在美国社会中资产阶级和无产阶级已形成为两个基本的阶级。这一切表明,南北战争以前,资本主义生产方式在美国已基本确立。不过,美国的工业革命在各地区发展得极不平衡。当大工业在东北部纷纷建立时,在新移垦的西部地区内家庭小手工业还在广泛发展;同时,南部盛行种植园奴隶制,资本主义工业发展十分落后。工业革命在全国范围内(包括南部)取得完全胜利,是在南北战争以后。

随着工业革命的进展,工业生产迅速增长。从1810年到1860年,工业总产值增长了将近9倍。美国工业生产在世界的工业总产量中所占的比重,1820年为10%,1860年增至17%,仅次于英国而居世界第二位。就煤产量和棉纺织业生产来说,美国也仅次于英国而居第二位。1850年,工业总产值已超过了农业总产值。然而,按工农业的净产值说,1859年在工农业生产的总额中,农业的比重占62.5%,工业只占37.5%。1860年,美国全国人口3144万人,绝大多数人口居住在乡村,城市人口在总人口中只占16.1%。这时美国仍然是一个农业国。对外贸易中输出入商品的结构也反映出农业国的性质。输出的主要是农产品。1860年,棉花、烟草、小麦、面粉、畜产品、木材及其他谷类合计共占输出总额的80.5%,只棉花一项就占输出总额的60.7%。工业制品在输出总额中只占15.3%。而在输入的总额中工业品则占一半以上。

美国在独立革命后经济虽有很大发展,但从它和英国的关系看,美国是英国的资本投放地、移民场所、原料（特别是棉花）和粮食的供应者。所以，马克思在 19 世纪 60 年代说："目前（1866 年）的美国，仍然应当看作是欧洲的殖民地。"①

资本家对工人阶级的残酷剥削和工人运动

随着资本主义工厂制度的建立和发展，无产阶级的人数日益增加。1800 年，工业（包括加工工业、采掘工业和建筑工业）中的职工人数还不足 50 万人。到 1840 年，只加工工业中的工人数量就增加到 80 万人，1860 年达到 130 万人。

美国资本主义是靠残酷剥削工人阶级的血汗而发展起来的。在 18 世纪，美国工人的工作日一般是从日出到日没，在夏天大约是 14 小时，冬天是 10 小时。一年的平均工作日为 12 小时，去掉中间吃饭休息的时间约为 10 小时。工厂制建立后，工作日延长了。在 19 世纪 40 年代以前，平均工作日（包括中间休息时间）达到 12 — 14 小时和 14 小时以上。1830 年，在美国最大的城市之一费城，14 小时半的工作日是平常的事。女工和童工的工作日一般比成年男工还要长些。自 40 年代末起，特别是从 50 年代起，因工人反对过长工作时间的斗争日益增长，工作日有所缩减。1840 年平均工作日（包括两小时的休息时间）约为 13.5 小时，1860 年减至 13 小时。然而，在此期间，工人的劳动强度却加强了。

美国工人的工资收入和生活状况，也呈现恶化的趋势。若只从工资指数看，1791 年到 19 世纪 40 年代平均工资是上升的，但它没有把女工和童工在全体工人中的比重考虑进去。在这个时期里，女工和童工的数量和在全体工人中的比重都大大增加。在这方面美国超过欧洲任何国家。1832 年，北部新英格兰的工厂工人中，有 2/5 是不足 16 岁的童工。1831 年在棉纺织工业中，女工差不多占全部工人的 3/5。而女工和童工的工资一般比成年男工工资要少一半或一半以上。若把女工和童工增加这个因素考虑进去，那么，按全体工人来计算，每个工人所得的平均工资数额是降低的。这一时期总地说来，除在 19 世纪 40 年代里工资有所增加外，

---

① 《马克思恩格斯全集》第 23 卷，人民出版社 1972 年版，第 495 页。

美国工人的实际收入降低了。

由于美国劳动力缺乏,美国工人的工资一般比欧洲国家工人工资高些,但同样往往不能保证最低的生活水平。据 1851 年的估计,一个五口之家的最低生活费用一周需要 10.37 美元,而当时只有建筑业部门工人的工资可以达到这个水平,其他工业部门的周工资都达不到,有的要差 1/4,甚至一半。威廉·福斯特在谈到这个时期工人的工资时写道:"关于当时工人的工资问题,纽贝利波特一个纺织工人德尼斯·利尔的情况可以作为代表。利尔全家八口人,包括六个孩子在内,都去做工。但是他们每周所得的工资,不过 15 元 1 角 6 分。"[①]显然,如果不是工人的工资微薄得不足以果腹,做父母的是不会把六个孩子都交给资本家去剥削的。在经济危机期间,所谓"美国天堂"就成了工人的真正的地狱。1857 年的经济危机期间,冶金业和纺织业生产缩减了 20%—30%,铁路建设削减一半,造船业生产缩减 3/4。危机使大量工人失业,生活无着。

工人为反对资产阶级的无情剥削和改善经济条件展开了斗争。美国工人反对资产阶级的最早一次斗争,是 1786 年费城印刷业手工工场工人的罢工。工厂工人的罢工是在 19 世纪 20 年代开始的。进入 30 年代以后,罢工斗争蓬勃开展。在 20 和 30 年代,职工会组织在各地纷纷建立。1834 年成立了"全国职工联盟"。这是工人组织全国性总工会的第一次尝试。1836 年职工联盟会员曾达到 30 多万人。但在 1837 年经济危机中,"联盟"被资产阶级的进攻所击垮。

资本主义矛盾和灾难的加剧,使工人阶级中的先进分子开始考虑如何消除资本主义制度产生的不合理现象。社会主义思想在工人中得到传播。19 世纪 20—40 年代,空想社会主义者进行了广泛的宣传和实验,建立过几十个乌托邦新村。这些乌托邦计划不久都归破产。1848 年欧洲革命失败后,一些欧洲革命者移居美国,在工人中宣传科学社会主义思想。其中的代表人物是马克思的朋友魏德迈耶。1852 年,在他领导下,在纽约成立了美国第一个马克思主义团体——无产者同盟。魏德迈耶在

---

① 福斯特:《美洲政治史纲》,人民出版社 1956 年版,第 433—434 页。

工人运动中进行了不屈不挠的斗争,反对种种小资产阶级的幻想,引导美国工人运动沿着阶级斗争的正确道路发展。1857年在佐尔格领导下成立了全国性的组织"共产主义者俱乐部",这个组织后来加入了第一国际。马克思和恩格斯与魏德迈耶、佐尔格等美国的马克思主义者保持着经常的联系,密切地注视着美国工人运动的发展。马克思本人还是指导废奴运动的《纽约每日论坛报》的通讯员。

美国资本主义的对外扩张

资本的信条是尽可能地榨取更多的利润。为了追求这一目的,它把触角伸向世界各地。美国资本主义也决不以仅仅剥削本国劳动人民为满足,早在它发展的初期,就开始野心勃勃地向外扩张侵略了。

美国资本主义进行扩张侵略的第一个对象是拉丁美洲。1823年,美国借口反对欧洲殖民者侵略拉丁美洲,提出"门罗宣言",宣布"美洲是美洲人的美洲"。这一政策表面上是维护拉丁美洲的利益,它的真实目的则是阻止欧洲人插足美洲,以便美国将来能够独占统治。1823年美国国务卿约翰·昆西·亚当士的话暴露了这一真实企图。他说古巴和波多黎各是北美大陆的"天然附属品,而且……把古巴并入我们联邦的版图对于联邦本身的延续和完整是有必要的"①。事实证明,美国在19世纪下半期实力强大以后,就先从古巴下手,逐步在美洲进行侵略活动。

远东,特别是中国,是美国侵略的另一个主要对象。美国把中国看作"美国企业的一个广大领域,美国商业的无涯市场"(19世纪40年代美驻华专使马德利语)。早在1840年以前,美国就从土耳其贩运大量鸦片到中国来卖,从毒害中国人民的鸦片贸易中牟取暴利。1844年和1855年,美国乘中国两次对英鸦片战争失败之机,效法英国,迫使清政府订立"望厦条约"和"天津条约"。美国通过这些不平等条约,取得了在中国的最惠国待遇、领事裁判权和内河航行权,迫使中国放弃关税自主权,以及开放八个港口与美国通商。美国利用攫取到的这些特权,迅速扩大了对中

---

①　司图亚特:《拉丁美洲与美国》,载福斯特:《美洲政治史纲》,人民出版社1956年版,第336页。

国的商品输出。1816—1844 年,美国输出到中国的商品额平均每年为 880 万美元,1860 年增为 2250 万美元。与此同时,美国向中国派出许多传教士,作为对中国进行渗透和侵略的工具。太平天国革命运动期间,美国曾组织臭名昭著的"洋枪队",帮助清政府进行残酷的军事镇压。

美国把侵略的血手也伸向日本。1853 年美国用兵舰"打开了日本的大门",1854 年强迫日本政府签订了"神奈川条约",允许美国在日本设立领事馆,享受治外法权,允许美国船只驶进日本海港进行贸易或补充粮食。

历史表明,美国资本主义是在残酷剥削国内劳动人民和对外扩张的基础上发展起来的。美国资本主义发展的"特殊道路论"和美国资本主义"例外论",都是骗人的谎言。美国资本主义在其发展过程中决不是和平的,不是没有阶级冲突的。而且,它还采用了像大规模残杀印第安人和惨无人道地奴役黑奴这样一些极为野蛮残暴的手段。马克思曾指出,在美国,资本主义是在比任何其他国家更为无耻的条件下发展起来的。

第四节　南部奴隶制经济的发展和南部与 北部之间的经济矛盾

南部奴隶制
经济的发展

与资本主义工业和农业在北部和西北部发展的同时,在南部,奴隶制种植园经济巩固和扩大起来。19 世纪上半期美国奴隶制的发展,是和美国的整个社会政治条件相联系的。首先,独立革命没有废除奴隶制,南部的奴隶制原封不动地被保留下来。其次,向西部的殖民扩张,使种植园奴隶制在西南部获得广大的新地盘,摆脱了它在 18 世纪末因地力衰竭而发生的危机,奴隶制得以重新巩固和扩大起来。

种植棉花对奴隶制的发展也起了重要的作用。独立战争前夕,由于地力耗竭和国际市场上的竞争,种植烟草已无利可图。18 世纪 60 年代在英国开始的工业革命,使棉纺织业迅速发展,对棉花的需要量急剧增加,棉花价格不断上涨,植棉业成为极其有利可图的事业。1793 年惠特尼发明轧棉机,把清除棉籽的效率提高 100 倍(改进后效能更高),这也大大促进了植棉业的发展。1790 年美国棉花产量只有 30 万磅,1815 年增长为 2.09 亿磅,1840 年增长到 13.48 亿磅,1860 年更增加到 38.41 亿磅。早在 1803 年,棉花的输出额已超过烟草输出额,棉花成为南部最主要的农作物。1800 年时棉花生产额约占南部工农业生产总额的 36.5%,而到 1850 年,这一比重更增至 77.6%,可见棉花在南部经济中的重要地位。

棉花种植给了奴隶制以新的生命。尽管在 1807 年颁布了禁止输入奴隶的法令,非法的奴隶贩运依然非常盛行。南部诸州的奴隶数目不断地迅速增加。1790 年美国有奴隶 69.7 万人,到 1860 年增长到近 400 万人,其中有 3/4 在种植园里劳动。当时南部诸州有 800 多万名白人,其中 38.4 万多人为奴隶主。拥有 100 个以上奴隶的大奴隶主有 1773 人。拥有 10 个以上奴隶的奴隶主有 10 万多个,其余将近 3/4 的奴隶主是拥有 10 个以下奴隶的小奴隶主。奴隶种植园的规模一般为 700—800 英亩土地。在路易斯安那甚至存在拥有 2 万—4 万英亩土地的大种植园。

用奴隶劳动种植棉花给奴隶主带来巨额利润,加以奴隶的来源逐渐减少,因而奴隶价格不断上涨。19 世纪初一个奴隶只值 150 美元,到 19 世纪中叶已涨到 800 美元,有时甚至高达 2000 美元。从奴隶身上获取巨利的贪欲,竟使"文明"的美国资产阶级发展起繁殖奴隶的事业,南部地力枯竭的马里兰、弗吉尼亚和肯塔基诸州成为"蓄奴州"。这里的资产阶级专门繁殖奴隶,卖给西南部的得克萨斯、密西西比和阿尔巴马的种植园。

在种植园里,奴隶们遭到奴隶主最残酷的剥削和非人的待遇。有的大种植园实行把头制度,使奴隶们终日在工头和监工的皮鞭下做最大限度的劳动。工头一般也是黑奴。工头之上是监工,由白人充当。监工的工薪,由他管理下的生产量大小而定。因此,监工千方百计迫使奴隶拼命劳动,动辄鞭打。有的种植园采取"包工"制度,根据奴隶的性别、年龄和体力,给奴隶规定每天的工作量,限额完成。奴隶的劳动通常是从日出到日落,有时长达16—18小时。奴隶主给奴隶的是极粗劣的衣食。维持一个奴隶的费用,通常比监狱里犯人的生活费用还要低得多,还不及北部贫民院里被收容者生活费的一半。过度的劳动和非人的生活条件,使黑奴受到极大的折磨和摧残。无可计数的黑人为了种植园主发财致富而流尽了血汗,往往劳动不到十年,就结束了生命。

奴隶被剥夺了一切人权和政治权利。他们像牲畜一样,只是奴隶主的财产。他们没有成家的权利,结婚离婚完全听凭主人的意旨,主人出卖奴隶,他们就妻离子散。黑奴被禁止读书写字,不得擅离种植场,不许七个以上黑人结伙行进。对于奴隶主的鞭打和其他暴行,奴隶只能顺从地忍受,稍有反抗,就要受到残酷的惩罚。逃亡的奴隶,任何一个白人抓到后都可以杀死,或送回原主。南部每个州都有严酷惩罚黑奴的法典,包括割耳、剁手、面颊上打烙印、绞死等刑罚。

奴隶们不堪忍受奴隶主的摧残和压迫,不断进行反抗斗争。在美国黑奴制的历史上,有记载的黑人谋反和起义至少有250起。1859年约翰·布朗领导的黑人起义是黑人斗争史上光辉的一页。起义者曾占领军火库,擒获了几个奴隶主,并解放了一些奴隶。在奴隶主军队的包围下,布朗等坚贞不屈,战斗到最后牺牲。

关于美国奴隶制种植园的经济性质,马克思曾作了深刻的分析。他指出:"在一开始就以贸易为目的、为世界市场而从事生产的种植园里,这是资本主义的生产,虽然仅仅是形式上的,因为在那里,有黑奴制排斥自由工资劳动,从而排除资本主义生产的基础。"[1]这就是说,美国的奴隶制种植园是奴隶制经济,只是在形式上是资本主义生产,因为它排斥了资本主义生产的基础——自由雇佣劳动。美国的奴隶制种植园具有奴隶占有制生产方式的基本特征:直接生产者奴隶,像其他生产资料一样,是奴隶主的财产,为奴隶主所有;奴隶在棍棒和皮鞭等直接的暴力驱使下从事

---

[1]　马克思:《剩余价值学说史》第2卷,生活·读书·新知三联书店1957年版,第402页。

强制的劳动;奴隶主不仅剥夺奴隶的剩余劳动,而且剥夺了他们相当大部分必要劳动,奴隶从奴隶主所得到的只是为维持生命所必需的最起码的粗劣的衣食。

然而,美国的奴隶制与古代奴隶制经济不同,它是由资本主义产生,并且为资本家所利用。奴隶制种植园是为资本主义世界市场进行商品生产,以获取利润为目的。所以,它又具有资本主义的某些特性。

奴隶制对于世界资本主义的成长起了重要的作用。马克思指出:"直接奴隶制是资产阶级工业的基础。没有奴隶制就没有棉花;没有棉花现代工业就不可设想。奴隶制使殖民地具有价值,殖民地产生了世界贸易,世界贸易是大工业的必备条件。可见,奴隶制是一个极重要的经济范畴。"①英国和美国的资本主义都曾借助奴隶买卖和奴隶制度而兴盛起来。没有美国奴隶制种植园提供的棉花,英国的机器棉纺织业,以至它的工业革命,就不能得到那样迅速的发展。美国北部的航运业和纺织工业也是直接建筑在南部奴隶制度的基础之上的。

奴隶制所以能够在资本主义制度下复活,是因为它们在本质上都是属于人剥削人的经济制度。建立在"自由的"雇佣劳动基础上的资本主义生产方式,在一切可能的和有利可图的地方,它都会采用或鼓励资本主义以前的剥削和压迫形式,使它们适合于资本主义经济的需要。

> **南北部的经济矛盾和南北战争**

然而,南部种植园奴隶制和北部资本主义经济毕竟是两种不同的经济结构,它们在政治上和经济上存在着利益冲突。北部资本主义经济要求有广大的国内商品销售市场、自由劳动力、保护关税制和更加集中的国家政权。而南部奴隶制种植园经济限制了自由劳动力的供给和国内市场的扩大;南部片面发展棉花种植业的结果,使南部经济严重依赖国外市场,它要求把棉花直接输往英国,同时不受保护关税的限制,廉价地输入英国工业品。因之南部要求自由贸易和南北分立。这样,南北部经济利益的冲突,首先就表现在关税问题的争执上。南部对 1824 年、1828 年、1832

---

① 《马克思恩格斯全集》第 4 卷,人民出版社 1958 年版,第 145 页。

年几次保护关税条例,一直是反对的。1833年后南部曾逼使联邦政府陆续降低了进口税率。但是,南部对北部的不满,不仅在保护关税政策上,而且还因为北部操纵了南北部之间以及南部与欧洲之间的贸易往来。南部购买北部的制成品,要用北部的船只运往南部,并由北部的批发商或经纪人经销。大部分南部的棉花要先运到纽约再转运欧洲;从欧洲载回的货物,也要通过北部港口,然后再到南部出售。南部在这样的贸易周转中,要支付许多额外的运费和佣金,因而迫切要求南北分治,发展南部与欧洲的直接贸易。

南北部利益的冲突,更重要的表现在对西部广大地区建立统治权的问题上。这实质上也就是资产阶级和奴隶主之间争夺整个国家统治权的问题。南部奴隶制种植园主种植棉花,采取掠夺地力的办法。当他们占用的土地地力耗竭之后,就向西迁到新的富饶土地上进行种植。以后随着棉花价格的跌落和奴隶价格的不断上涨,南部种植园主就更加迫切地要求开辟西部的新土地,建立新的奴隶制种植园。而北部资产阶级则希望把西部的大量土地交给土地投机商,由自由农民来垦殖。这样,南部和北部在对西部土地的统治权和土地政策上,发生了更尖锐的冲突。在这个斗争中,北部资产阶级向南部奴隶主作了妥协,于1820年签订了"密苏里协定"。协定规定以纬度36°30′为分界线,把西部土地划分为两个垦殖区,分界线以北是资本主义自由农场的垦殖区,以南是奴隶制种植园的垦殖区。协定又规定,联邦政府在西部每接受一个"自由州"(禁止奴隶的州)加入联邦,就必须同时接受一个"奴隶制州"(允许奴隶制存在的州)。密苏里协定是一个暂时的极不稳定的协定。1850年,这个协定由于南部奴隶主的破坏而被撕毁。1854年,在联邦政府决定接受位于纬度36°30′以北的堪萨斯和内布拉斯加两个新州时,奴隶主便在堪萨斯以武力强制推行奴隶制。1857年,代表南方奴隶主利益的美国最高法院通过判例,认可奴隶主将奴隶带往任何一州,而仍保持对奴隶的所有权,并且宣布"密苏里协定"违宪,国会无权在美国任何地区禁止奴隶制。这实际上就是确认奴隶制可以推广到所有各州。

南北部的矛盾到19世纪中叶已达到极其尖锐的程度。一方面,北部资本主义经济日益发展,日益感到奴隶制对它的限制;另一方面,南部的经济矛盾和阶级矛盾日益增长,奴隶主阶级力图把奴隶制扩大到西部各州,以挽救腐朽的奴隶制的衰落的命运。南北部的尖锐矛盾,终于在1861年代表北部资产阶级利益的林肯就任总统时,由于南部奴隶主的发动而爆发为南北战争。南北战争是两种社会经济制度——奴隶制和自由雇佣劳动制之间的斗争。在这次战争中,北部资产阶级代表着进步的力量,受到广大人民特别是北部与西北部广大小农的支持。在经济实力方面北部也远较南部雄厚。北部有23州,2200万人口;南部是11州,900万人口。北部工业发达,又有丰富的粮食;南部的粮食和日用品都不能自给,主要依靠输入。政治和经济的优势都在北部。1865年,内战以北部的胜利而告终。

1861—1865年的美国内战,是一次资产阶级民主革命。在战争过程中,北部的联邦政府于1862年颁布"宅地法",规定无代价地分配给农民土地。1863年颁布"奴隶解放令",废除了奴隶制。战后,资产阶级排除了奴隶主,独占了全国的政权。这一切为美国资本主义在全国范围内的迅速发展创造了条件。不过,这次革命也具有一切资产阶级革命所具有的不彻底性和民主的虚伪性。奴隶制虽被废除,但奴隶并没有得到土地。奴隶在政治上和经济上都没有得到真正的解放。对黑人的种族歧视依然盛行,直至今日,还没有彻底改变这种状况。

对黑人的歧视和暴行,揭穿了美国的所谓民主和自由的本质。美国黑人不断地展开反对种族歧视、争取自由和平等权利的斗争。毛泽东同志对美国黑人的斗争给以极大的重视。他指出:"在全世界百分之九十以上的人民的支持下,美国黑人的正义斗争是一定要胜利的。万恶的殖民主义、帝国主义制度是随着奴役和贩卖黑人而兴盛起来的,它也必将随着黑色人种的彻底解放而告终。"①

---

① 毛泽东:《呼吁世界人民联合起来反对美帝国主义的种族歧视、支持美国黑人反对种族歧视的斗争的声明》,《红旗》1963年第16期。

第 六 章

印度殖民地经济的形成

第一节　英国征服前的印度社会经济概况

印度是世界东方一个具有悠久历史和高度文明的古国。它的封建社会历经两千多年,经济发展十分缓慢。16、17 世纪时,西欧先进国家已进入封建解体和资本原始积累的时期,而印度依旧保留着它固有的封建社会的特征:封建土地所有制;森严的社会等级;按种姓划分的世袭的社会劳动分工;农村中村社的农业和手工业牢固结合;自给自足的自然经济。印度封建社会由于这些特点而特别具有稳固性和保守性。

从 16 世纪开始,西欧葡、荷、英、法等国的殖民者在向海外掠夺的过程中,相继入侵印度。经过百余年的角逐,到 18 世纪中叶,英国先后击败葡、荷、法,并以武力征服了印度。这时印度次大陆的统治者是莫卧儿封建帝国(1526—1761 年)。

莫卧儿帝国的封建土地关系

莫卧儿帝国是一个封建专制国家。在莫卧儿王朝统治下,印度的土地关系是一种以剥削农村公社农民为基础的封建国家土地所有制。所有被征服的土地都被认为是国家的土地,莫卧儿帝王作为帝国的掌权者,是全国土地的最高所有者。土地由组织在古老的农村公社中的农民耕种,莫卧儿帝王及其臣属向村社农民征收苛重的地租与赋税合一的田赋,但同时也负有兴办和维护公共灌溉系统的传统职责。在印度,灌溉系统的兴废,直接影响农业的收成,从而也直接关系到封建统治阶级的剥削收入。印度的封建国家土地所有制是和这种公共灌溉系统需要统一管理的条件相适应的。

莫卧儿帝王虽然是全国土地的最高所有者,但归其直接占有、指派官吏直接征收田赋的土地,只占全国土地的一小部分。大部分土地是以"扎吉尔"(军事采邑)的形式赏赐给他的臣属——多数是阿富汗和波斯迁入的家族,少数是印度教和伊斯兰教的贵族。领有扎吉尔的封臣,称为"扎吉达尔",享有对村社农民征收田赋的权利,但以供养一定数量的军队和战象、上缴一定数量的军粮为条件。扎吉尔不能世袭,也不能终身占有,而由莫卧儿国王直接统辖封赐。国王分封的扎吉尔大小不一,彼此间没有隶属关系。扎吉尔土地上的纳税形式、税率、税额等,早期都是由中央政府确定的,扎吉达尔不能擅自决定。亚格伯大帝统治时期(1556—1605年),曾下令丈量土地,按土地等级分别确定平均收获量,并规定田赋率为总收获量的1/3,然后按十年的农产品的平均价格折算成货币缴纳。但是扎吉达尔往往除了征收国家规定的田赋外,还恣意向农民勒索各种苛捐杂税,强制村社农民无偿地维修灌溉系统,修筑道路、寺院、堡垒以及供帝王和他们自己享用的宫殿、陵墓和花园等。

"扎吉尔"是莫卧儿帝国土地占有制的基本形式。但在帝国的边疆和群山梗阻的地区,还保留着印度教王公对土地的世袭占有权。他们可以在自己的领地上规定征税的方式和确定税率,但是作为莫卧儿帝国的藩属,他们每年必须向帝国政府缴纳一定的贡赋。这种拥有世袭领地的王公,称为"柴明达尔"。此外,伊斯兰教和印度教的寺院也占有一部分世袭土地。

18世纪初,莫卧儿帝国由鼎盛走向衰落。扎吉尔和柴明达尔这两种土地占有制的区别也逐渐消失,许多扎吉尔逐渐成为世袭领地,以田赋收入的一部分,上缴莫卧儿帝王国库。由于莫卧儿帝王南征北讨,频繁地进行战争,由于封建贵族挥霍无度,他们对村社农民的田赋压榨愈来愈苛酷。亚格伯大帝规定的总收获量 1/3 的最高税率变成了最低税率。在奥朗则布统治时期(1658 — 1707 年),征收总收获量的 1/2,成了正常的税率。同时,包税制度日渐流行起来。封建主为了维持奢华生活,往往不得不向高利贷者举债。许多高利贷者借此获得了封建主领地上的包税权利。以后包税人把这种包税权变成为世袭的权利。世袭的包税人,在孟加拉僭称为"柴明达尔"(其含义已与亚格伯时代的"柴明达尔"有所不同)。[①] 他们除从包税总额中抽取 10% 的佣金外,还在包税区的 1/20 土地上拥有征收田赋供自己享用的权利。这部分土地以后事实上成了这种柴明达尔的世袭领地。他们可以随意向农民勒索附加的苛捐杂税;他们拥有武装力量,可以审判和惩办农民,并蚕食包税区邻近封建主的土地,以扩大自己的领地。这种世袭包税人,在不同地区有不同的名称。到莫卧儿帝国末期,他们实际上已经成为介于莫卧儿帝王、总督、王公与村社农民之间一个新的封建地主阶层。

印度封建经济中的种姓制度和村社制度 印度的封建经济与西欧的封建经济相比,特别具有保守性和稳固性。历经千年而长期保存下来的种姓制度和村社制度是形成这一特点的两个重要因素。

种姓制度是印度许多世纪相沿下来的一种独特的社会等级制度。早在从原始社会向奴隶社会过渡的过程中,印度社会形成了四个等级,即四个瓦尔那:婆罗门(僧侣)、刹蒂利(军事贵族)、吠舍(农村公社成员、手工业者、商人)、首陀罗(被征服者、因破产而失去公社成员身份的人)。属于前两个等级的,是奴隶主阶级。吠舍是被剥削的小生产者和商人(其中有的沦为奴隶)。首陀罗没有生产资料,不能独立进行生产,或为雇工,或为奴隶。这四个瓦尔那在职业上是世代相承,永远不变;在婚姻上只能在同一瓦尔那内通婚,互不混杂;在宗教和社会生活方面,也有严格

---

① 马克思在《印度史编年稿》中曾提到孟加拉省区的总督穆尔施德·库利汗在 1702 年把全省分为若干"查克拉",每个"查克拉"委派一个税收主任,把税收包给他。后来这种税吏把这差事世传下去,僭称"拉贾·柴明达尔"。见中译本人民出版社 1957 年版,第 51 页。

的区别。印度的统治阶级为了巩固其反动统治地位，利用宗教教义把这种等级划分加以神化，并以法律形式固定下来，形成壁垒森严的社会等级制度。

随着社会分工的发展和经济制度的变迁，在首陀罗和吠舍等级中间产生了许多从事不同职业的集团。它们脱离原来的等级，各自形成世袭职业、只能在同行内通婚的独立集团。这些集团，后称为迦蒂（或译阇提），即现在通称的卡斯特。[①] 卡斯特是瓦尔那制的一个发展。原来属于婆罗门和刹帝利两个等级的家族，各成一个卡斯特，他们是统治阶级，是高等种姓。由吠舍和首陀罗等级衍生的许多卡斯特是被统治阶级，是低等种姓。不同种姓之间不能通婚，但是高等种姓的男子却可以娶低等种姓的女子为妾。在封建时期，属于吠舍等级的许多种姓，一般都是商人、高利贷者和富裕手工业者；属于首陀罗等级的许多种姓一般都是处于依附地位的村社农民、雇工和雇农。在种姓制度中最低下、最受歧视的种姓是旃陀罗，被称为"不可接触者"或"贱民"。他们生活在社会的最底层，只能从事最污秽的劳动，诸如运死尸、清道夫和屠夫等。他们只能居住在城市的郊区、村庄的四野和单独的低等种姓居住区里。他们不能与高等种姓的人同席而坐，同井而饮；不能参加宗教仪式，不能学习文化知识。

印度历代统治阶级都极力保存这种落后的种姓制度，作为它压迫和剥削低等种姓的工具。等级森严的种姓制度和社会分工的固定不变，阻碍了印度社会经济的发展，使印度的封建社会经济制度特别具有稳固性。马克思说过：种姓制度"是印度进步和强盛道路上的基本障碍"[②]。

古老的农村公社（以下简称"村社"）的长期存在，更是使印度封建经济特别具有稳定性的重要因素。在印度的封建土地关系中，农民对土地没有所有权，他们结合在世代相传下来的村社里，耕种着封建王公的土

---

① 16世纪葡萄牙人侵入印度时，把印度的"迦蒂"（拉丁拼音为 Játi）译为卡斯塔（Casta），现在世界通用的卡斯特（Caste）一词，即由此而来。在中国文献中，把瓦尔那（拉丁拼音为 Varna）、迦蒂、卡斯特、都译作"种姓"。卡斯特在《摩奴法典》（编成于公元前2世纪至公元2世纪）中载有50余种。自中世纪后，卡斯特的数量愈衍愈多。根据1931年人口普查材料，印度共四大语言地区，每一语言地区大约有200个种姓和2000个亚种姓。

② 《马克思恩格斯全集》第9卷，人民出版社1961年版，第250页。

地。印度村社的基本特征是：土地的共同占有，农业和手工业的牢固结合和村社成员之间世袭的固定分工。在印度，由于维持公共水利灌溉系统的必要，也由于村社本身具有的这些基本特征，村社制度得以历经千年而长期保存下来。

村社在向土地的最高所有主——国家缴纳田赋（地租与租税的结合）的条件下，对其所耕种的土地具有永久的占有权。村社占有的土地一般按人口平均的原则分配给社员耕种。在有的地区，村社分给农民的份地定期重新进行分配；在有的地区，则把土地分给农民后，归其永久使用。村社农民向国家缴纳的田赋，有的地区只对全村社统一规定一个总额，由村社农民共同负担，有的地区则根据农民占用土地的情况，分别对农民规定税额。但无论税额是统一还是分别确定的，村社成员都须以联保形式保证按期如数缴纳。因此，村社成为封建国家向农民勒索田赋的方便的工具，国家统治者也极力保存村社的组织。

马克思曾对印度村社有一段比较详尽的描述，他写道：印度村社"就是建立在土地公有、农业和手工业直接结合以及固定分工之上的，这种分工在组成新公社时成为现成的计划和略图。这种公社都是一个自给自足的生产整体，它们的生产面积从一百英亩至几千英亩不等。产品的主要部分是为了满足公社本身的直接需要，而不是当作商品来生产的，因此，生产本身与整个印度社会以商品交换为媒介的分工毫无关系。变成商品的只是剩余的产品，而且有一部分到了国家手中才变成商品，从远古以来就有一定量的产品作为实物地租流入国家手中。在印度的不同地区存在着不同的公社形式。形式最简单的公社共同耕种土地，把土地的产品分配给公社成员，而每个家庭则从事纺纱织布等，作为家庭副业。除了这些从事同类劳动的群众以外，我们还可以看到一个'首领'，他兼任法官、警官和税吏；一个记账员，登记农业账目，登记和记录与此有关的一切事项；一个官吏，捕缉罪犯，保护外来旅客并把他们从一个村庄护送到另一个村庄；一个边防人员，守卫公社边界防止邻近公社入侵；一个管水员，从公共蓄水池中分配灌溉用水；一个婆罗门，司理宗教仪式；一个教员，在沙土上教公社儿童写字读书；一个专管历法的婆罗门，以占星家的资格确定播种、收割的时间以及对各种农活有利和不利的时间；一个铁匠和一个木匠，制造和修理全部农具；一个陶工，为全村制造器皿；一个理发师，一个洗衣匠，一个银匠，有时还可以看到一个诗人，他在有些公社里代替银匠，在另外一些公社里代替教员。这十几个人的生活由全公社负担。如果人口增长了，就在未开垦的土地上按照旧公社的样子建立一个新的公社"①。

这是马克思对印度公社内部的结构、分工和分配情形的叙述。公社内还有一部分外来农民，即非村社社员农民，他们处于无权地位，耕种最差的土地，他们除缴纳通常的田赋外，还须向村社公职人员缴纳各种实物或货币税。

这样我们看到，在村社内，长期保留着农家中农业和家庭手工业的牢固结合；同时，也存在着与市场没有联系的农业与手工业的传统分工。每个村社成为一个自给自足的经济单位。

村社内的公职和劳动分工都是世袭的，村社成员世世代代都固定地从事某一种职业。这种世袭的固定的劳动分工是和上述的种姓制度密切结合的。村社中具有特权的上层分子（如村长、司书等）属于高级种姓，一般村社农民、手工业者属于较低级的种姓；也有一些手工业者和外来农民、仆役等则属于最卑贱的"不可接触者"，他们在村社中实际上处于奴隶或农奴的地位。

长期以来村社基本上保持了原有的结构。各个村社一般过着与外面很少联系的闭关自守的生活。对此马克思在《资本论》中曾引用欧洲人著作中的一段论述："从远古以来国内居民就在这种简单形式下……生活。各个村庄的边界很少变动；虽然村庄有时由于战争、饥荒和瘟疫而受到侵害，甚至被弄得荒无人烟，但是同一名称，同一边界，同一利益，甚至同一家族，会维持几百年之久。居民对王国的崩溃或分裂毫不在意；只要村庄保持完整，他们就不问村庄隶属于什么权力，或受哪一个君主统治。村庄内部经济保持不变。"②

---

① 《马克思恩格斯全集》第23卷，人民出版社1972年版，第395—396页。
② 《马克思恩格斯全集》第23卷，人民出版社1972年版，第397页。

村社中农业与家庭手工业的牢固结合,村社自给自足的自然经济性质,以及按种姓划分的世袭的社会劳动分工,使印度封建社会和村社本身具有特别浓厚的保守性和稳固性。这种村社的存在束缚着生产技术的改良,阻碍着商品经济的发展和生产者的分化。到莫卧儿帝国结束为止,农业生产仍然处于十分落后的状态,生产技术墨守成规,劳动生产率低下,收获量只相当于播种量的4—5倍。在扣除田赋和苛捐杂税以后,村社成员所获无几。

商 品 经 济 的
发 展 和 莫 卧 儿
封建帝国的解体

尽管这样,在莫卧儿帝国统治时期,印度的商品货币关系,毕竟有了一定的发展。印度到了封建社会晚期,由于一些地区耕作方法和农具的改进,有了较多的剩余生产品,从而为城市和商业的发展提供了条件。在村社内部,由于复杂的继承规则和随着交换关系的发展,出现了贫富不均、份地不等和买卖份地的现象。加以村社管理人员等上层人物利用职权借以自肥和非法侵吞社员土地或共有地,更促进了农村公社内财富不均和两极分化的现象。这一时期帝国各地的城市手工业和商业主要是为封建统治阶级服务的。特别是在作为莫卧儿帝国军事、行政中心的一些大城市里,手工业者的生产主要是为了完成宫廷、军需、行政机关、大小封建主的订货。商人则为他们从外地、甚至海外运来奢侈品、稀奇精巧之物和大量军需物资。总之,封建统治阶级的奢华生活,村社中的两极分化,以及连年不断的战争,都推动了城市手工业和城乡商品经济的发展。16世纪末,亚格伯大帝下令把田赋由实物折算成货币征收的措施,这是商品货币关系发展的一个重要反映和必然结果。

随着莫卧儿帝国疆域的扩大和宫廷、军队的寄生性消费的增长,随着城市的发展和沿海地区手工业和商业的发展,帝国内部各地区间的贸易也逐步发达起来。尽管受到原始运输方法和关卡林立的重重阻碍,这种区域间的市场联系,毕竟较前频繁了。例如孟加拉的蔗糖,沿恒河上运北印度,循海则下输科罗曼德沿海地区。比哈尔的小麦沿着恒河,上运阿格拉,下达孟加拉。德干高原、马尔瓦和拉吉普坦纳的谷物行销古甲拉特。沙沃的大米则在德里、阿格拉出售。古甲拉特和阿格拉出产的蓝靛,除出口外,也行销各地。孟加拉的织工不仅制造出口的棉、丝织品,还接受北印度、南印度远地市场的订货。

促使这一时期商品货币关系增长的另一个重要因素是对外贸易的发展。当时,中国的瓷器,日本的铜,法国的呢绒,中东和非洲的马匹,非洲和南洋的香料,缅甸的象牙,锡兰的珍珠,中亚等地的葡萄干、枣子、杏仁等许多物品,相当大量地输入印度。印度的精美的棉织品和丝织品,很早以来就已驰名世界,行销印度尼西亚、菲律宾、非洲东南岸、近东、俄国以及西欧各国。16、17世纪西欧商人(葡萄牙人、英国人、荷兰人、法国人)相继来到印度沿海建立商业据点,逐步把印度商人从海上贸易中排挤出去,垄断了印度商品(棉织品、丝织品、蓝靛、香料、珠宝等)的输出。但是,西欧商人的到来也促进了印度出口商品(特别是棉织品、丝织品)生产的进一步扩大。到17、18世纪,由于城市手工业已经不能满足这种需求,商人便开始向农村手工业者订货。17世纪中叶,在孟加拉、古甲拉特、旁遮普的一部分地区,已经不是几万而是几十万农户在从事出口棉织品的生产了。在这些地区,许多农村手工业已不仅为自己村社中的农民生产,而且开始为市场生产,从而使农村公社的自给自足的自然经济不能不受到商品货币关系的冲击。

随着城乡交换关系的增长,到18世纪,在一些先进地区如孟加拉、比哈尔、迈索尔,还逐渐形成了地区性的统一市场。这些地区的城市手工业者,不仅为宫廷、贵族、军队以及海外市场生产精美的制品,同时也生产一般农民消费的廉价制品。例如孟加拉著名的织布业中心达卡城和其他一些手工业城市生产的棉织品中,就包括相当数量的一般农民穿着用的粗布。孟加拉的另一手工业中心巴特那,是大众用的毛毯的著名产地。迈索尔的一些手工业城市(如瓦洛尔、西尔甲普尔)的织工,也生产粗布、毯子等廉价品,在当地集市上或运往邻近地区出售。这样,到18世纪,在一些先进地区,已出现了不少发达的手工业城市,其产品大量行销国内外。繁荣的棉织业中心达卡城,在英国占领孟加拉前,人口达到15万人。1753年由该城输出的棉布总值(包括国内外),达265万—285万卢比。

随着商品经济的发展,商业资本和高利贷资本开始渗入城市手工业中奴役小生产者。商业资本奴役小手工业者的一个重要方式就是预付货款。这种预付款,实际上具有高利贷性质。印度商人通过这种方式使织工陷于长期负债状态。织工只能为这个债权人的订货生产,而且不得不按低价交售自己的产品。商人以预付款向织工订货,通常是为了供应远地市场。在没有这种订货时,贫困的织工便不得不向高利贷者借款进行生产,而且仍然只能低价出售给本地商人,以清偿债务。所以,奴役印度织工和其他小手工业者的印度商业资本具有与高利贷资本相结合的特征。印度手工业者尽管以卓越的技艺驰名,但在商业—高利贷资本的剥削下却大多数过着极端贫困的生活。此外,在农村中的织工、蔗糖小生产者、蓝靛小生产者,也同样逃脱不了被收购商、经销商和高利贷者盘剥奴役的命运。

17—18世纪,印度商业—高利贷资本渗入手工业奴役城乡小手工业者的情况表明,一部分贫困的小手工业者实际已开始逐步沦为商人—高利贷者的雇佣工人的地位,而商人—高利贷者控制小手工业生产的活动,也初步具有分散的手工工场因素。此外,在17世纪后期,戈尔孔达已有商人向封建王公租地开矿,雇工达6000人,劳动组织也具有较高水平。18世纪中期,孟加拉有些地方的商人雇佣工人经营缫丝工场,雇工达十余人。这些都说明在印度沦为殖民地的前夕,在印度封建经济的内部,在个别地区,已出现了资本主义关系的萌芽。

17世纪以后商品经济的发展,使受到商品货币关系冲击的农村公社内部发生分化,许多贫困的村社农民陷入高利贷罗网,一部分土地转入村社上层和商人—高利贷者手中,村社制度在一些地区开始出现解体的征象。与此同时,随着商品经济的发展,封建贵族对货币的需要不断增加,为了更直接更凶狠地压榨农民,他们逐渐把扎吉尔变成自己的世袭领地。封建贵族的挥霍无度(蓄养雇佣兵、鹰师、舞女,贿买官爵等),也使他们不得不向高利贷者举债。一些高利贷者借此取得了在封建贵族领地上包税的权利。扎吉尔制度遭到破坏,动摇了莫卧儿帝国统治的经济基础。同时,这一时期对农民田赋剥削和高利贷盘剥的加强,以及莫卧儿帝王进行无休止的战争所带来的破坏,使广大农民日益贫困,饥荒频仍,国内阶级矛盾日益尖锐。17世纪后半期,持续数十年的旁遮普的锡克教徒起义和阿格拉—德里地区的阇特人起义,都具有农民反封建斗争的性质,这更是严重地打击了莫卧儿帝国。所有这些,表明到莫卧儿帝国后期,印度社会已处于封建制度渐趋解体的阶段。

到18世纪初,莫卧儿帝国陷于四分五裂状态。实力强大的省区总督事实上已成为独立的君主,许多藩邦也恢复了过去的独立。大封建主之间的内讧,马拉特人势力的扩张,阿富汗人的入侵,使帝国空前虚弱。当印度国内统治阶级正在互相厮杀的时候,英国殖民者乘机侵入并对印度进行军事征服。从18世纪中叶起,印度逐步沦为英国的殖民地。

第二节　英国对印度的残酷掠夺和对
印度封建土地关系的利用

东印度公司对印度的武力征服和残酷掠夺

16世纪在西欧开始了资本原始积累时期。对印度和其他东方国家的殖民掠夺,在西欧,特别在英国资本原始积累的过程中,占有十分重要的地位。

在地理大发现过程中,1497—1498年葡萄牙人瓦斯科·达·伽马率帆船队绕过非洲南端的好望角,到达印度的马拉巴尔海岸,从此发现了到达印度的新航路,开始了欧洲殖民者掠夺印度的血腥历史。16、17世纪葡、荷、英、法等国的殖民者相继来到印度东、西海岸占夺据点,进行海上劫掠和掠夺性贸易。为了对印度进行掠夺,于1600年、1664年英、法分别成立了"东印度公司",1602年荷兰成立了"尼德兰联合东印度公司"。这些公司拥有政府授予的垄断东方贸易和军事侵略的全权。到17世纪末,西欧殖民者在印度沿海一带已各拥有一批牢固的设防据点。① 这时,

---

① 英国人占有孟买、马德拉斯、加尔各答和马苏利帕塔姆等地;法国人占有本地治里、亚纳昂和卡里卡尔等;荷兰人占有柯钦和科泽科德等;葡萄牙人占有果阿、第乌、达曼等。

西欧殖民者几乎完全垄断了印度的海外贸易。他们不但有采购印度商品运往欧洲的独占权利,而且还把印度商品运往邻近的亚洲各地,从事居间贸易,获取厚利。

到18世纪中叶,英国东印度公司已在印度设立了150处商站和15家大代理店。它们通过印度商人和高利贷者,以预付货款的方式,迫使成千累万的印度织工和其他手工业者生产公司的订货。仅在加尔各答一地,为东印度公司订货工作的,就有8000名织工。但是,这时西欧殖民者已不再满足于控制沿海据点和进行商业掠夺,而力图以暴力征服印度。18世纪20年代,葡、荷势力已经衰落,荷属殖民地只有锡兰岛诸港,而葡属殖民地只剩下西海岸的果阿、达曼和第乌。这时英、法殖民者是争夺印度的主要对手。从18世纪40年代起,英、法两国的东印度公司为争夺东海岸的一些地盘和争夺德干地方的卡尔纳蒂克土邦,发生了连续的、激烈的斗争。1744年英、法因奥地利王位继承问题曾发生了战争,英、法在海外的殖民地也卷入战争的旋涡中去。

1757年,英国东印度公司乘印度大封建主内讧和内部虚弱的时机,发动普拉西战役,用武力占领了孟加拉。在英法七年战争(1756—1763年)的后期,英国最终摧毁了法国在印度的势力,独霸了对印度的统治。从此,英国"东印度公司由一个商业强权变成了一个军事的和拥有领土的强权"①。以后又通过发动多次侵略战争和各种讹诈的方式进行侵占,到19世纪初,除西北边境的旁遮普和信德外,印度境内各个公国和土邦都先后变成了公司的领地或藩邦。

从1757年征服孟加拉起到1813年英国国会撤销东印度公司对印度的贸易垄断权为止,是公司统治印度的主要时期,也是英国依靠占领者的地位,通过公开的暴力掠夺,在印度进行资本原始积累的时期。

东印度公司每当以武力攻占一个公国或土邦时,首先是洗劫宫廷国库。例如,在公司的军队攻陷孟加拉首府摩歇达巴德时,仅盗劫宫廷库藏一项,就为公司及其职员带来了约计6000万英镑的财富。1799年英军

---

① 《马克思恩格斯全集》第9卷,人民出版社1961年版,第168页。

攻占迈索尔首府塞林伽巴丹时,从王宫掳获到的珍宝价值也在1.2亿卢比以上。

田赋是东印度公司暴力掠夺印度人民的最大的一项收入。公司占领孟加拉后,起初还是借手印度傀儡政权攫取租税的。而后为了加紧搜刮,自1765年起,由公司直接管理孟加拉(包括比哈尔、奥里萨)的民政财政大权,田赋收入就迅速增加起来。在孟加拉印度傀儡当政的最后一年,即1764/1765年度,田赋实收额为82万英镑,而公司接管的第一年(1765/1766年度)就激增至147万英镑。残酷的田赋搜刮,造成了连年的饥荒。仅1770年的一次孟加拉大饥荒,就饿死了1000万人,约占孟加拉人口的1/3。但是,即使在饥荒期间,田赋掠夺也未见减少。1772年孟加拉总督海斯丁斯还得意地向公司董事会报道:"尽管该省居民至少死去了1/3,并由此造成了耕地的减缩,然而1771年的田赋净收额甚至还超过了1768年……。"[①]不仅如此,东印度公司的职员及其印度帮办,还乘机囤积居奇,从饥民身上榨取暴利。以后在1784年、1787年、1788年又连续发生了几次饥荒;但田赋搜刮却日益苛重,到1792/1793年度,已达300万英镑以上,几乎占公司在孟加拉的总收入的2/3。

东印度公司从孟加拉封建政权继承下来的另一项重要的苛税,就是内地税。而公司对这项税收征敛的严酷,较之封建王公有过之无不及。它为公司每年带来几十万英镑的收入(一直到1836年大量英国商品涌入印度销售时才撤销)。可是,这项内地税对于当时特许公司职员私人经营的内地贸易来说,却是豁免的。这样,这批豺狼不仅利用这个特权来挤垮印度商人,从内地贸易中获取暴利,而且还把出卖免税执照也变成了他们中饱私囊的好买卖。

东印度公司除了继续垄断英国的进出口贸易外,还独占了食盐和鸦片贸易。食盐的售价几倍于成本。这与其说是一种贸易,毋宁说是加之于印度人民的另一项苛税。1793年公司的食盐专利收入已达80万英镑。至于鸦片,在1767年以前,从印度输入中国的鸦片总数不超过200

---

① 罗麦西·杜德:《不列颠早期统治下的印度经济史》,1956年英文版,第53页。

箱,约 2.66 万磅,作为医药使用。可是自从英国政府于 1773 年给予东印度公司贩卖鸦片的专利权以来,不顾中国政府的禁令,利用贿赂、走私等非法行径,向中国大量输入鸦片。到 1838 年,输入中国的鸦片,激增至 4 万箱,其中绝大部分是由英国东印度公司偷运的。这使它获得了惊人的暴利。

此外,东印度公司还强迫臣属于它的印度土邦签订奴役性的"军费资助条约",向它们勒索贡赋。当土邦王公不能如期缴付这种不断提高的贡赋时,就用各种威逼欺诈的手段,把土邦向农民征税的权益攫取过来。土邦卡尔纳蒂克就是一个典型例子。这个土邦的王公,自 1763 年起,被迫把土邦 4 个州的税收交出,以供养英国的驻军,此外还向公司缴纳巨额贡赋。在无力缴纳时,公司职员就迫使该土邦王公具结巨额借据,成为公司职员的债务人。这项"私人债务"以后像滚雪球一样地增大起来,到 1769 年已积达 88 万英镑;到 1785 年,竟变成了一笔骇人听闻的高达 4800 万英镑的长期债款。债务的本息都要用农民的税款来清偿。卡尔纳蒂克的农民,就此落入了这批比土邦王公更为凶狠残暴的英国债权人手里。他们催逼税款时,常常拷打、监禁农民,甚至迫使农民卖儿鬻女。

东印度公司通过以上各种方式进行直接掠夺所得的总收入是逐年增长的。在 1757—1815 年的 58 年内,英国从印度搜刮到的财富约达 10 亿英镑。以后东印度公司总收入中每年以"国内费用"(即公司收入用在英国本土的支出)①名义汇回英国的数额,不断增长,1813—1828 年平均每年 169 万英镑,1837/1838 年度增为 230 万英镑,到东印度公司撤销前(1857/1858 年度)激增至 616 万英镑,其他方面的直接搜刮还未计在内。马克思写道:"在整个 18 世纪期间,由印度流入英国的财富,主要不是通过比较次要的贸易弄到手的,而是通过对印度的直接搜刮,通过掠夺巨额财富然后转运英国的办法弄到手的。"②

即使就"比较次要的贸易"而言,在这一期间也给英国带来了巨额利

---

① 包括公司股东的红利,在英债务的利息,公司机构在英的各项开支,在印服役军政人员返英休假金、退休金以及在印服役英军在国内的开支等。东印度公司撤销后,印度殖民政府汇回英国的英债利息、在英的各项开支、在印官员的各种年金等,仍沿用"国内费用"这个名称。

② 《马克思恩格斯全集》第 9 卷,人民出版社 1961 年版,第 173—174 页。

润。东印度公司搜刮来的收入,除了用作军事、行政开支以及汇回英国外,还有一部分被称作"投资"的,用来采购印度商品输往欧洲和行销其他各地。这笔货款,似乎是花在印度境内的,但这不过是用从印度人民手上抢来的钱来买印度人民的货,实际上英国殖民者什么也没有花费,却由此白手赚了大量利润。甚至就这一项贸易本身来说,也很难看出与掠夺有什么区别。18 世纪 70 年代,一位英国商人威廉·波尔茨曾坦率地描绘过东印度公司向孟加拉手工业者进行奴役性订货的情景:

"……英国人带着他们的印度经纪人和凶恶的哥马斯他(英国人的印度狗腿子。——编者)武断地决定每个手工业者所应交付的货物数量和他所能获得的价格……至于这些可怜的织工是否同意,一般认为是无须考虑的,因为公司雇来的哥马斯他往往可以随心所欲地叫他们签字;而在织工们拒绝接受他的出价时,如所周知,他们就要被用腰带捆绑起来,用鞭子把他们押走。……许多这样的织工还统统被登记在公司的哥马斯他的簿子上,不准替别人工作。他们像奴隶一样地从一个哥马斯他转给另一个哥马斯他……。在这个部门里所行的骗局是难以想象的。但一切都可归结为欺诈可怜的织工,因为公司的哥马斯他和跟他狼狈为奸的布料鉴定员所定的货价,到处都比在公开市场自由出售的同样货色至少要低 15%,有的甚至低 40%。"①

正是英国殖民者靠残酷劫掠印度人民而进行的原始积累,推动和加速了英国的工业革命,使英国成了世界上第一个资本主义工业强国。而东印度公司在印度无情搜刮的结果,却把印度变成了一个贫困、落后和在饥饿线上挣扎的国家。连英国的印度总督在 1789 年也不得不供认:"本公司在印度领土的 1/3,现在已是一片只有野兽居住的蛮荒之地。"②

英国殖民者对
印度封建土地关
系的保存和利用

东印度公司的血腥统治和贪婪掠夺,不能不引起贫苦农民的反抗。早在 18 世纪 70—80 年代,在孟加拉就发生过两次反叛英国压迫者的农

---

① 罗麦西·杜德:《维多利亚时代印度经济史》,1956 年英文版,第 26—27 页。
② 罗麦西·杜德:《维多利亚时代印度经济史》,1956 年英文版,第 90 页。

民起义,一次是 1772—1789 年著名的法克尔与山尼亚西起义,另一次是 1783 年伦格浦尔与提那杰浦尔地区的农民起义。在这种形势下,英国掠夺者为了巩固自己的殖民统治,确保对农民的田赋搜刮,先后在各个管区建立了在新的形式下保持和利用印度封建土地关系的制度。

在孟加拉实行固定柴明达尔制(即永久租佃制)。1793 年,英国总督康华礼颁布"土地经常整理法",根据这项法律,东印度公司首先在其支配下的孟加拉、比哈尔、奥里萨地区建立固定柴明达尔制;后来推广到马德拉斯北部和贝纳勒斯等地区。18 世纪初,旧柴明达尔是孟加拉的世袭包税人,是总督之下最大的封建主阶层。1765 年东印度公司直接掌握孟加拉的财政管理权后,经常以"公开拍卖"的方式把原来的包税区包给承诺最高税额的人。这样,相当一部分旧柴明达尔封建主就被更为有钱有势的公司的印度"经纪人"和高利贷者所代替,形成了一批对公司更为"忠诚"、在征敛税款时更加凶狠的新柴明达尔。实行固定的柴明达尔制,就是要把这批新老柴明达尔封建主变成巩固英国殖民统治和加紧田赋掠夺的阶级支柱。根据这个制度的规定,包税区的土地确认为柴明达尔的私有财产,柴明达尔向公司缴纳的田赋额确定为 1793 年当年柴明达尔实际地租收入的 10/11,剩下的 1/11 归柴明达尔自己所得。由此确定下来田赋额以后固定不变。由于这个制度的推行,农民在一夜之间失去了从很古以来就保有的对土地的世袭占有权,而变成了毫无权利的佃农。柴明达尔作为土地的私有主,不但可以自由买卖或转让土地,而且可以任意增加地租和其他种种封建剥削。柴明达尔要把高额的田赋如期如数地解缴公司并为自己留下较大的份额,就只有拧紧螺丝对农民加紧压榨。许多旧柴明达尔由于搜刮"不力",欠缴税款,他们的土地因而被拍卖。到 1815 年,孟加拉有一半的土地就这样转入了更为奸诈的高利贷者、投机商人之手。这批搜刮农民"有术"的新地主,通过增加地租、招集无地农民租垦荒地等办法,在缴纳固定不变的田赋后,为自己留下了更多的份额。另外,他们却从不关心维修农田水利等一类柴明达尔的传统职责。以后,土地出租、转租的现象也逐渐普遍起来,出现了一连串的二地主,压在农民头上的层层剥削更加深重。而英国殖民者却一箭双雕,他们通过这个制度既为自己培植了一批更忠顺的帮凶，作为巩固殖民统治的阶级支柱；又把印度有产者的大批资金吸引到购置地产上来，阻滞了印度民族工商业的发展。

　　在马德拉斯和孟买实行莱特瓦里制（即农民租佃制）。19世纪初，在马德拉斯北部较早并入东印度公司的地区也推行了固定柴明达尔制。但是，英国殖民者不久就发现固定不变的货币田赋额是对己不利的。19世纪初以后，随着印度农产品出口的激增，农产品价格日渐上升，由此而来的利益尽入柴明达尔地主和其他中介人之手，公司在农民缴纳的地租中所占的份额日趋缩小。同时在英国人侵入之前，南印度已经存在土地私有制，英国人在这里推行的固定柴明达制遭到了农民激烈的反抗。这样，英国殖民者于1820年在南印度一些新并入公司版图的地区实行莱特瓦里制。如在马德拉斯南部，根据这个制度的规定，村社农民直接置于公司控制之下，每个农户应缴的田赋额分别由公司直接确定。确认村社农民在按期缴纳田赋的条件下，对其耕地具有占有权，他可以出卖、转让或出租。原来如柴明达尔一类的封建主的领地和包税权取消了，但是由村社上层分子转化的中、小封建主所攫得的村社土地则没有触动。印度教与伊斯兰教的寺院也保住了它们的土地。原属村社公共占有的荒地和牧场，全部转归公司管辖，农民要垦殖它们，就得向公司增缴田赋。在这种制度下的农民，比在柴明达尔制下似乎保留了较多的权利，但他们的田赋负担却比柴明达尔制下的农民更为苛重，而且不是永久固定不变的。田赋率曾高达田产额的45%—50%。[①]　因此，实际上他们不过是拥有土地最高所有权的殖民国家的"佃农"而已。至于把这一地区的柴明达尔一类的封建主取消，也只是因为他们曾敌视英国侵略者，同时也是为了公司可以更直接、更有效地榨取农民，把所有地租尽归公司而已。马克思曾把这个制度称为对"法国的农民占有制的拙劣摹仿"，只是"为了从土地上征税的政府的利益"。[②]

---

①　以后虽然逐步减到田产额的1/3，但仍然刮尽了农民所有的剩余产品。
②　《马克思恩格斯全集》第9卷，人民出版社1961年版，第242—243页。

19 世纪 20 年代,莱特瓦里制也在孟买省区各地推行起来,田赋率规定为按每年净产值的 55%。公司为了最大限度地榨取农民的血汗,在确定田赋额时尽量从高估计产量。结果,公司税吏虽然用尽一切残暴的方法来逼榨农民,也无法完成预定课征的税额。许多农民抛离家园,逃往邻近的土邦谋生。大块大块的土地荒废了。在有些地区,继续耕种的土地甚至不到原有耕地的 1/3。公司不得已,从 1835 年起开始估定土壤等级,以此为基础确定田赋额,同时规定田赋额确定后 30 年不变。但是,每块土地的等级和每个地区的田赋总额,都是由公司税吏武断估定的,而且,30 年期满后任意增加税额的绝对权力仍然操在贪婪的公司税吏手中。所以,孟买地区的农民在莱特瓦尔制下并未能稍稍喘口气。正如马克思指出的:"无论是在孟加拉的**柴明达尔制度**下,或者是在马德拉斯和孟买的**莱特瓦尔制度**下,占印度居民十二分之十一的莱特农民都遭到了可怕的赤贫化。"①

在莱特瓦里制下的农民,虽然对耕地保有了继承、转让、出卖等权利,但是苛酷的田赋压迫,却使他们愈来愈深地陷入了高利贷者的罗网。他们的土地逐步落到城乡有产者的手里,变成了后者的佃户。在这些地区一个新的封建地主阶层逐渐形成和扩大起来。

在北印度实行马哈尔瓦里制(即不固定柴明达制)②。1822 年在北印度地区(包括阿拉哈巴德、康波尔、德里、阿格拉和奥德地区等),英国殖民者推行了马哈尔瓦里制。按照这个制度,无论是农村公社还是地主的土地的继承权并没有被剥夺。凡属柴明达尔③的地产,向柴明达尔课征田赋;在耕地归农民占有而由村社统一纳税的地方,则通过村社头人课征,但公司税吏有权决定村社里农民之间税额分配的比例。在向柴明达尔课征时,田赋率为地租额的 83% 以上;在向村社农民课征时为净产值的 95%。而且这个税率每隔 25—30 年由东印度公司和包税人重新商

---

① 《马克思恩格斯全集》第 9 卷,人民出版社 1961 年版,第 244 页。
② 马哈尔——地产之意。
③ 北印度地区的柴明达尔主要是中小封建主,与孟加拉作为世袭包税人的柴明达尔有所不同。

定一次。这种制度既有柴明达尔制的因素,也有莱特瓦里制的因素。但是这个制度由于税率过重,很快就行不通了。于是公司不得不逐步重新估定各个地区每块地产(无论是柴明达尔的或是村社农民的)的田赋额及其缴纳者,并确认田赋缴纳者为地产的占有人。重新确定的税率减为地租额(或净产值)的2/3。但是,税率仍然是苛重的,在实际执行时,预定的税额往往不能如数地征敛到手。以后不得已,在1855年再降为地租额(或净产值)的50%。但这个规定在实际上从未认真地被执行过。北印度的农民和其他地区的印度农民一样,在英国殖民者专横的压榨下,过着不得温饱的牛马生活,他们的土地也逐渐转入高利贷者、商人和投机者手中。

在旁遮普实行农村租佃制。1843—1849年,英国殖民者先后用武力兼并了西北边境的信德和旁遮普。英国殖民者在旁遮普征收田赋是通过所谓农村租佃制进行的。旁遮普农民一般聚居在各具共同血缘的农村公社中。英国殖民者慑于当地人民的反抗,不得不保留村社作为缴税单位,并确认村社农民对耕地的占有权。荒地和牧场仍归村社共有。每个村社的税额确定后,由经收税款的村社头人在各个村社农民之间摊派,并实行联保制度。田赋率开始时规定为总产额的1/3,折合货币缴纳。但推行不久,因怕激起农民新的反抗,不得不减为总产额的1/4,之后再减为1/6。

至于在受东印度公司控制的各个土邦中,英国殖民者则保留了封建王公的统治,因为这批封建王公正如马克思所指出的,已经成为"英国专制制度最驯服的工具"[①]。从各个土邦勒索来的贡赋,是东印度公司收入的重要来源之一。

综上所述,英国在征服印度的过程中,不但没有消灭印度的封建剥削关系,相反地,它在新的形式下扶植和利用了它,加强了封建制度和封建剥削。在东印度公司推行的各种田赋征收制度下,印度农民所遭受的剥削,比印度历史上任何一个封建王朝都更为苛重。公司所搜刮的田赋总

---

① 《马克思恩格斯全集》第9卷,人民出版社1961年版,第226页。

额(包括各个管区),在 1800/1801 年度达 480 万英镑。以后随着领土的
扩大,到 1856/1857 年度增加到 1772 万英镑。推行这些制度的恶果,
不仅在于加重了对农民的田赋掠夺,而且为以后印度整个经济的发展设置
了严重的障碍。英国殖民者通过这些制度,实际上变成了最高的土地所
有者和最大的封建主,同时还培植了一个新的更为广泛的封建地主阶层。
维持和修建公共灌溉系统,在印度自古以来是统治阶级的职责,但是在这
些制度下,因殖民者和封建主长期漠视,灌溉系统败坏了,广大的土地荒
芜了,农业日益衰落了。频繁的饥荒夺去了千百万人的生命。这些就是
英国殖民者在新形式下保持和利用封建关系给印度人民带来的无尽的
灾难。

第三节　印度开始沦为英国的商品销售市场和农业原料附庸

> 东印度公司对印度贸易垄断的撤销
> 英国工业资本剥削印度的开始

东印度公司对印度的残酷掠夺,为英国本土提供了巨额的原始积累,从而加速了英国的工业革命进程。但当 18 世纪末 19 世纪初英国工业革命已经取得巨大成就,迫切地为大量工业品寻求出路时,东印度公司对东方贸易的垄断,就成了英国工业资本发展的障碍。

东印度公司作为商业资本的垄断公司,在开始时主要还不是为英国
的工业品觅取市场,而是要垄断东方物产(特别是香料、棉织品、丝织品)
对英国和欧洲大陆市场的供应,从中获取厚利。18 世纪初,英国兴起了
自己的棉织业和丝织业,但显然不能同品质优异的印度棉、丝织品相竞
争。1720 年英国工场主通过议会取得了完全禁止印度丝织品和印花布
进口的保护,之后又取得了对一切印度棉织品课以越来越重的进口税的
保护。因此,在 18 世纪的大部分时期内,东印度公司在印度工业品方面

的贸易主要作为转运贸易来经营,通过英国口岸输往欧洲;而英国市场本身对印度的工业品都是关着大门的。等到18世纪末叶,英国的制造业靠着掠夺印度等处得来的原始积累,靠着保护关税的庇护,靠着机器的使用,不但在国内市场站住了脚,而且要求觅取广大的国外市场时,就向东印度公司展开了攻击。他们尽管对公司在印度进行的肆无忌惮的直接掠夺,衷心默许,但对公司的继续垄断贸易,则再也不能忍受。而19世纪初拿破仑的大陆封锁政策,更加强了英国工业资产阶级夺取对印度自由贸易权的迫切性。这样,在新兴的工业资产阶级(包括工厂主和同他们有联系的商界)的压力下,1813年,英国议会取消了东印度公司对印度贸易的垄断权,但仍保留着对中国贸易的垄断。到1833年,东印度公司的全部贸易业务被取消,变成了纯粹是英国在印度进行殖民统治的军事、行政机构;公司股东则每年从公司的直接掠夺收入里坐收10.5%的红利。这样,从1813年起,英国工业品对印度的输出迅速增长,英国对印度的殖民剥削,开始转入一个新阶段,即工业资本剥削印度的阶段。尽管在整个19世纪上半期,东印度公司残暴的直接掠夺仍然是印度财富流入英国的重要源泉,但从此开始,印度逐步沦为英国工业资本的商品销售市场和原料产地,自给自足的村社制度遭到了决定性的摧毁。

> 印度沦为英国工业品的销售市场手工业与旧社会经济结构被破坏

英国工业品打入印度市场,首先依靠机器生产的优越条件。机器工业品成本低廉,这是使印度手工业遭到沉重打击的决定性因素。同时,英国还依靠其宗主国的地位对印度推行片面的自由贸易,这就是,对英国货物输入印度给以免税或实际上免税进口的特惠,而对印度货物输入英国则课以高额关税,其至干脆禁止入口。在航海条例未废止前,还禁止印度与欧洲或其他国家直接贸易。表6-1是19世纪初叶英国对印度主要制造品课征的进口税率。①

① 罗麦西·杜德:《维多利亚时代印度经济史》,1956年英文版,第294页。

表6-1 19世纪初叶英国对印度主要制造品课征的进口税率（单位:%）

制造品种类	1812 年	1824 年	1832 年
花标布	71.7	67.5	10
其他棉织品	27.3	50	20
羊毛围巾	71	67.5	30
丝织品	禁止进口	禁止进口	20

这个时期英国制造品输入印度,则仅课以2.5%的进口税。加之,印度棉织品在制造过程中要层层缴纳内地税:原料缴税5%,纺成纱后缴7.5%,织成布后再缴2.5%,白坯布在出售前如要染色的话,就须再缴2.5%。这样,印度棉织品在印度出售,总共要付17.5%的税,自然就更加无法同英国棉制品竞争了。结果,印度工业品的出口迅速减缩,而英国工业品的对印度输出迅速增加。1814年,印度输往英国的棉布为127万码,到1835年骤减为31万码。同期,英国输入印度的棉织品,从818万码骤增至5177万码。英国不仅从本国市场,而且从欧洲市场上逐出了印度棉织品。到1850年,数百年来向全世界输出棉织品的印度,竟输入了英国全部输出棉织品总值的1/4。1780年时,英国对印度的输出额在英国对外输出总额中仅占1/32,而到1850年,向印度的输出,仅棉织品一项就占了英国出口总值的1/8。印度手纺棉纱遭到的排挤比印度手工织布业更为迅速、严重。从1818年到1836年,由英国输入印度的棉纱增加了5200倍。就毛织品来说,印度毛织品(主要是山羊毛围巾)输往英国的价值,在1828—1838年,已减到平均每年不超过2.8万英镑;而毛织品的进口却日益增长,在1849年已达11.2万英镑,1858年更增为26.2万英镑。印度的丝织品也受到英国丝织业的排挤,它的出口总值,在1849年为30.2万英镑,到1858年,降为15.8万英镑,从此一蹶不振。

此外,英国的铁器、陶器、玻璃、纸张等工业品也大量涌入印度。

英国的大量机器工业品输入印度,沉重地打击了印度的手工业,特别是棉纺织业。正如马克思所描绘的:"不列颠侵略者打碎了印度的手织机,毁掉了它的手纺车。英国起先是把印度的棉织品挤出了欧洲市场,然后是向印度斯坦输入棉纱,最后就使这个棉织品的祖国充满了英国的棉织品。"①这个手工业遭到破坏的过程,在孟加拉进行得最为迅速,以后随着铁路的修筑而日渐扩大到其他地区。

印度手工业所遭到的毁灭性打击,使千百万手工业者失去了生活来源,以致大批地因饥饿而死亡。旧时人烟稠密的手工业城市,如达卡、摩歇达巴德、苏拉特等,也都荒芜了。号称"印度的曼彻斯特"的达卡城的人口,曾达15万人,而到1840年,只剩下三四万人。马克思曾引用1834—1835年东印度总督的话说:"这种灾难在商业史上几乎是绝无仅有的。织布工人的尸骨把印度的平原漂白了。"②

英国的工业品不仅摧毁了印度的城市手工业,而且也打击了农村手工业,从而破坏了古老的自给自足的农村公社的经济基础——家庭手工业与农业的特殊结合。正如马克思所指出的,印度农村公社之遭到破坏,"这与其说是由于不列颠的收税官和不列颠的兵士粗暴干涉,还不如说是英国的蒸汽和英国的自由贸易造成的结果"③。

> 印度开始成为英国的农业原料附庸

城乡手工业的衰落,逼使众多的印度人口挤在农村里,把农业作为生活的唯一指靠。但是,殖民者苛重的田赋掠夺,封建地主、高利贷者和商人的压榨,使他们又只能挣扎在饥饿线上。连英国的工厂主也愈来愈意识到,当他们把印度的手工业摧残之后,如果不设法使印度用别的物产来偿付英国工业品,那么,如此贫困的印度,作为英国商品销售市场的前景,也将是黯淡的。1841年一个英国议员在议会中表达了这种忧虑,提出印度生产原料来购买工业品的"精明"打算。他说:"当我们的殖民地(指印度之外的英国属地——编者)平均每人消费的不列颠商品的价值为1镑10先令的同时,印度的居民却只消费6便士或7便士。我们是否应当向印度人购买原料,以便鼓励他们购买我们的工业品呢?"1848年曼彻斯特商

---

① 《马克思恩格斯全集》第9卷,人民出版社1961年版,第146—147页。
② 《马克思恩格斯全集》第23卷,人民出版社1972年版,第472页。
③ 《马克思恩格斯全集》第9卷,人民出版社1961年版,第148页。

会会长在回答议会质询时,说得更直截了当:"印度有着面积广大的土地,它的人口足可以消纳英国工业品到最大的程度。有关我们对印贸易的整个问题在于:他们是否能用他们的土地的产物来偿付我们准备输出的工业品。"[1]

正是这样,英国在19世纪上半期,在把印度变成自己的商品销售市场的同时,还力图把它变成自己的原料产地。印度农民被迫饿着肚子用粮食去偿付英国输入印度的工业品,被迫为英国生产棉花、羊毛、大麻、黄麻、蓝靛等。

表6-2是1849—1858年印度几项主要出口货物总值的相对变化情况:[2]

表6-2　1849—1858年印度主要出口货物总值的相对变化情况

(单位:万英镑)

出口货物种类	1849年	1858年
原棉	177.5	430.2
棉制品(纱、线、布)	69.1	80.9
生丝	71.4	76.7
丝织品	30.2	15.8
羊毛	5.6	38.7
谷物	85.9	379.0
糖	181.4	117.6
鸦片	577.3	910.7
蓝靛	209.3	173.4
黄麻	6.9	30.3

从表6-2很清楚地看到,除了英国殖民者继续用来毒害中国人民的鸦片贸易仍占首位,并续有大量增加之外,在这十年中有着显著增加的是棉花、羊毛、黄麻等几种工业原料的输出。谷物输出的激增,也是十分突出的。在制造品方面,印度棉制品在当时由于尚能保持某些亚洲市场而

[1]　罗麦西·杜德:《维多利亚时代印度经济史》,1956年英文版,第131—132页。
[2]　罗麦西·杜德:《维多利亚时代印度经济史》,1956年英文版,第162页。

略有增加,但是丝织品的输出则继续显著下降。这种相对变化,表明了印度正在转变为英国的农业附庸。

英国棉纺业的工厂主从19世纪30年代起就力图在印度扩展棉花生产,希望逐步从依赖美棉转到靠自己的殖民地来供应。印度黄麻的出口,在克里木战争以后,由于俄国亚麻对英输出中断而特别迅速地增长起来。以后,黄麻及其制品发展成为印度的一项出口大宗,黄麻加工成了印度重要工业部门之一。

特别令人触目惊心的是,在饥荒频仍的印度,粮食的输出竟有如此惊人的增长,成为仅次于鸦片、棉花的一项出口大宗。这是因为在英国殖民者的残酷掠夺下,印度农民为了缴付苛重的田赋、地租和高利贷债息,必须出售自己田地的大部分收成,而只为自己留下不足维持全年消费的少量粮食。正是这些农民勒紧腰带被迫出售的粮食,被出口商派到全国各地的代理人收购来转运到沿海港口,作为印度每年对英国的贡赋输出了。由此看来,连年的饥荒和大量的粮食输出,不过是殖民掠夺所派生的一个过程的两面。

英国殖民者经营的种植园经济,在使印度变为原料产地的过程中,具有一定的作用。早在19世纪初,英国殖民者就在孟加拉经营蓝靛种植加工。他们运用非法手段强迫农民种植蓝靛,并在孟加拉设有300—400个加工厂,招骗远处的"山地苦力"进行蓝靛制造。在19世纪30年代,每年运往英国出售的蓝靛总值达360万英镑之巨。在19世纪上半期,蓝靛一直是印度的一项重要输出品。

1839年英国殖民者投资50万英镑在印度建立第一家茶叶公司,开始在阿萨姆经营茶树种植。他们诱骗远地的男女工签订"合同"到茶园做苦力(即所谓契约工),并制定惩罚条例强迫他们进行奴隶般的劳动;工人不堪压迫而逃跑时,种植园主有权把他们抓回严加惩处。正是在这种半奴隶制种植园经济的基础上,印度茶叶很快发展成为一项重要的出口品,廉价地供应英国绅士消费。此外,咖啡、橡胶等种植园也在同样的半奴隶制经营方式下先后发展起来。

英国资本剥削和控
制印度经济的若干
重要经济工具

为了便于进行军事控制,为了更快更便宜地把英国工业品送到印度内地,并把内地的原料、粮食运往口岸,19世纪40年代英国殖民者开始筹划在印度兴筑铁路。在英国议会和东印度公司的大力支持下,1845年在伦敦成立了两家私营铁路公司——东印度铁路公司和大印度半岛铁路公司。东印度公司保证了它们投资的最低股息,这就是,当铁路的净收入少于投资额的5%时,其差额由殖民当局(东印度公司)的收入来补足;如超过5%,其超过部分的半数归殖民当局。铁路占用的土地,免税租给铁路公司使用99年,殖民当局则取得了在25年(另一家为50年)后向铁路公司收购铁路的权利。英国殖民者为了满足国内工业资产阶级的要求,对铁路建筑的扶持是不遗余力的。

对铁路公司保证收入的措施,造成了惊人的贪污和浪费建设资金的现象。结果,平均每英里铁路的建筑费用,不是预定的8000英镑,而是1.8万英镑。这些铁路建筑费用,实际上都是用从印度人民身上搜刮来的血汗支付的。

从1853年大印度半岛铁路线的最初20英里铁路(从孟买到塔那)开始使用起,到1857年为止,总共建成了288英里铁路。但这仅仅是印度铁路建设的开始。到1857—1859年印度人民大起义后,为了更迅捷地镇压人民的反抗,为了更充分地保证销售市场和原料掠夺,英国殖民者才大规模地加紧全印铁路的敷设。

英国商行是19世纪上半期英国工业资本把印度变为商品销售市场和原料产地的一个重要工具。早在18世纪末,在印度的重要口岸出现了一些从事进出口贸易代理业务的英国商行。1813年东印度公司对印度贸易的垄断权撤销后,许多伦敦大商行更纷纷在印度设立分行,并成立了许多和它们有联系的新公司。这些商行的主要活动就是在输入英国商品和输出印度商品方面作为英国厂商的代理人,进行中介业务。因此,通常被称为"代理行"。这批主要为英国工业资产阶级服务的代理行,在19世纪上半期内大大地促进了英国工业品渗入印度和印度原料品的输出。但是这些代理行的活动并不限于进出口贸易的中介业务。它们还广泛地利用其他方法攫取巨额利润。例如,进行包买(印度产品)包销(英国产品)业务,排挤当地印度商人;向土邦王公放高利贷;从事银行业务(吸收东印度公司文武官员的"储蓄",代他们把掠夺来的财产汇回英国,向英国种植园主放款等);从事对其他东方国家的中介贸易;等等。有的代理行除了在各地设立贸易办事处外,还另外建立银行,吸收大量资金以开拓其他方面的业务。有的还拥有巨大的种植园(特别是蓝靛种植园)。代理行从事的业务的复杂性还可以从它的分支机构中看出来。例如,马德拉斯一家大代理行"阿布特诺公司"有如下七个分公司:(1)银行分公司;(2)从事一般性中介业务的分公司;(3)进出口分公司;(4)皮革和兽皮分公司;(5)蓝靛、棉花和建筑木材分公司;(6)普通航运分公司;(7)管理西海岸地产和代办处的分公司。

英国工业资本正是利用这种性质的代理行作为自己的经济工具之一,逐步把印度变成英国的商品销售市场和农业原料附庸。

这些为工业资本服务的代理行,并不是靠从英国带来的资本创办的,而是主要靠英国在印度的一些高级文武官员直接掠夺印度人民得来的资产建立的。此外,它们还相当广泛地吸收了当地最大的高利贷者、商人和地主的资金。不仅如此,这些代理行在进行各项业务活动(特别是包买包销、高利贷业务)时,往往与当地商人、高利贷者和地主相互勾结,并把他们变成自己的代理人。因此,当它们为英国工业资本的利益而加紧剥削印度时,总是力图保存和利用这些前资本主义结构的残余为自己服务。

在印度设立的英国银行,是英国工业资本把印度变成自己的商品销售市场和农业原料附庸的另一个重要的经济工具。

在东印度公司垄断印度贸易的时期,它拥有为自己的贸易业务提供资金的来源。这就是它可以用田赋等直接掠夺所得的收入来收购运往欧洲的印度物产。此外,许多大商行建立了自己的银行机构。1770年,"亚历山大公司"创立了"印度斯坦银行","柏尔默公司"创立了"加尔各答银行"等。他们广泛地利用了当地的商业—高利贷资本与印度的边远地区发生联系。这些商业—高利贷资本早在英国征服印度前就有很大发展,他们不仅向农民、手工业者以及小封建主放债,从事国内贸易,并且还进行大规模的国外贸易,资助封建王公进行战争,等等。他们中间的有财有势者,还在印度各地遍设行号。英国殖民者很早就利用这些遍布印度各个角落的商业—高利贷资本为自己服务。许多印度商人—高利贷者成了英国殖民者的贸易代理人、包税人、包销商、包购商等。

1813 年东印度公司对印度贸易的垄断取消后,英国工业品对印度的输出急速扩大。同时,对印度的原料和贡赋掠夺也日益增加。无论是东印度公司本身的银行业务或是代理行设立的银行,都已不能适应这个新形势。加以 1829—1832 年,代理行因大搞投机业务发生破产浪潮,它的贷款能力大大地削弱了,这就更加迫切地需要建立新的银行系统。

为了便利英国商人和印度买办把英国商品渗入全国各地,并从各地攫取出口原料,英国资本在殖民当局的支持下,设立了管区银行。最先成立的是孟加拉管区银行(1809 年)。以后在 1840 年成立了孟买管区银行,1843 年成立了马德拉斯管区银行。这些管区银行与东印度公司有密切联系。它们除了为较大规模的国内贸易提供信贷并勾结和利用当地商业—高利贷资本为英国工业资本服务外,还经理殖民当局的收支款项,有权发行钞票。因此,它们具有殖民政府的半官方银行的性质。

随着英印之间贸易结算业务的增长,出现了主要从事对外贸易信贷的汇兑银行。1842 年第一家汇兑银行——东方银公司成立。接着在 1853 年又成立了两家新的汇兑银行——麦加利银行和亚洲特许银行。这些银行都与伦敦的大银行有密切联系。在把印度变为英国工业品的销售市场和原料产地的过程中,英国汇兑银行起着重要的作用。

英国殖民当局为了便于对印度人民进行经济剥削,1818 年开始统一印度的货币制度,确立银本位制,规定银卢比为唯一合法的支付手段(先在印度南部和马德拉斯管区施行,1835 年扩大到孟买和孟加拉管区)。[①]1823 年还把卢比的对外汇率稳定在 1 卢比折合 2 先令的比率上。

这样,英国工业资本在印度开始有了为自己利益服务的较完善的银

---

① 1841 年起,改为复本位制,黄金兑换白银的比率为 1:15。

行系统和货币制度,加速了印度经济的殖民地化。

"印度失掉了他的旧世界而没有获得一个新世界"

综上所述,英国殖民者以武力征服印度后,对印度人民进行了肆无忌惮的掠夺和剥削,一方面,它在新的形式下扶植和利用了原有的封建剥削关系,把自己变成印度最高的土地所有主,对农民进行残酷的田赋搜刮,而对农民生计有决定影响的公共灌溉系统的维修则漠不关心,以致土地荒芜,农业衰落,饥荒频仍,广大农民陷于骇人听闻的赤贫境地。另一方面,英国工业资产阶级凭借它作为印度征服者所控制的军事政治权力,凭借它的机器工业品重炮和掠夺性的自由贸易政策,凭借它一系列为其服务的经济工具——铁路、种植园、英国商行、英国银行,以及与它们相勾结的当地商业—高利贷资本,终于摧毁了印度的城乡手工业,粉碎了农业和手工业的家内结合,破坏了自给自足的农村公社,开始把幅员广阔的印度变成为自己的商品销售市场和农业原料附庸。印度原来的社会经济结构被破坏了,开始形成殖民地经济。马克思指出:"内战、外侮、政变、被征服、闹饥荒——所有这一切接连不断的灾难,不管它们对印度斯坦的影响显得多么复杂、猛烈和带有毁灭性,只不过触动它的表面,而英国则破坏了印度社会的整个结构……印度失掉了他的旧世界而没有获得一个新世界。"[①]尽管英国殖民者在破坏印度旧社会结构的进程中,"充当了历史的不自觉的工具",不可免地为以后印度资本主义的发展提供了一定的物质前提;[②]但是,这些原都是为殖民者利益服务的,不仅不能改善印度的社会经济状况,而且还阻挠着印度民族经济独立的健全的发展。正如马克思指出的:"在印度人自己还没有强大到能够完全摆脱英国的枷锁以前,印度人民是不会收到不列颠资产阶级在他们中间播下的新的社会因素所结的果实的。"[③]

---

① 《马克思恩格斯全集》第9卷,人民出版社1961年版,第145页。

② 19世纪50年代,英国在印度兴筑了马克思称之为"印度近代工业前驱"的第一批铁路;1851年,印度买办商人在孟买开办了第一家棉纺织工厂;1854年,加尔各答郊外第一家黄麻工厂开工生产。

③ 《马克思恩格斯全集》第9卷,人民出版社1961年版,第250—251页。

在手工业遭到毁灭性打击后,印度广大的苦难的农民和贫困破产的手工业者,只剩下了落后的农业一条生计。然而英国殖民者愈来愈苛重的田赋掠夺,封建地主和商人—高利贷者的重重压榨,又使他们即使像奴隶一般地在土地上劳动,也都无法生存下去。于是他们揭竿而起,开始为摆脱英国的殖民枷锁而斗争。1857 年席卷恒河流域的印度民族大起义爆发了。持续两年之久的民族起义,虽然最终被淹没在血泊之中,但对英国的殖民统治却是一次沉重的打击。它标志着印度民族觉醒的开始。

第 七 章

拉丁美洲殖民地经济的形成和
独立革命后向半殖民地社会的转变

第一节　西班牙、葡萄牙殖民者对拉丁美洲的
　　　　征服和掠夺　奴隶制和农奴制经济的
　　　　建立和发展

> 殖民者入侵前
> 拉 丁 美 洲 的
> 社 会 经 济 概 况

　　拉丁美洲包括美洲美国国境以南的全部领域,即墨西哥、中美洲、西印度群岛、南美洲及南美附近的岛屿,北起格兰德,南到合恩角,东临大西洋,西濒太平洋。面积 2070 多万平方公里,约占世界陆地面积的 13.8%。这个地区从 15 世纪末以后的 300 多年间主要是西班牙、葡萄牙等拉丁语系国家的殖民地,因此被称为拉丁美洲。

　　在欧洲殖民者到来之前,拉丁美洲的居民只有印第安人。印第安人大约是在末次冰川时期(约 25000 年以前)从亚洲迁移过来的,他们的祖先属于蒙古人种。印第安人在美洲新大陆上形成了许多部族。其中最著名的是墨西哥中部的阿兹蒂克人,墨西哥南部和中美洲的玛雅人,以及秘鲁的印加人。他们在长期与自然界的斗争中创造了相当高

度的美洲古代文明。

印第安人长期过着原始公社的生活。他们最早是一些游牧部落，靠采集、狩猎和捕鱼为生。后来，在印第安人的先进部落中农业也开始发展起来。在欧洲人入侵前，印第安人已经会种植玉米、番茄、可可、南瓜、豆子、马铃薯、辣椒、香兰草、烟草、棉花等作物，培植了果树。他们也已经知道饲养火鸡和狗。在采矿、冶金、陶器制造和纺织等方面，印第安人也取得了一定的成就。他们已经会冶炼铜、锡、金、银和铅；得到了铜和锡的合金——青铜，用以制造工具和武器；但还不知道冶铁技术。在印加部族中，则已能制造各种陶器和地毯等织物。

整个说来，在西方殖民者入侵前夕，拉美印第安人社会的生产力已有了一定的发展。他们的社会虽处在原始公社阶段，但在某些地区，如墨西哥和秘鲁，原始公社制度已开始瓦解，奴隶制的因素业已出现。

印第安人的生产资料，首先是土地，属于集体所有。归个人所有的只是一些简单的工具。各部落的土地由部落最高会议分给各个氏族，再由后者转分给各个家族使用。在印第安人的村落里，按照年龄和性别的自然分工，进行集体劳动。如玛雅人播种玉米时，一般由 20 个男子结成一个小组进行。印第安人的村长或老年人，是农事的组织者和监督者。而酋长和僧侣的土地，则由部落成员共同耕种。

印第安人的劳动产品归集体所有，进行平均分配。在分配时，对劳动中出力较多者和年老体弱的人，加以特殊照顾。在各原始公社之间，已经存在着不发达的交换关系。例如，印加人的商品，具有简单的或扩大的价值形态；阿兹蒂克人的商品已具有一般的价值形态，通常以可可、锡和金砂作为一般等价物。

以上情况说明，在欧洲殖民者到来之前，拉丁美洲印第安人生产关系的主要特点是：生产资料公有，集体进行劳动，平均分配产品和不发达的交换关系。这种生产关系，是和当时的生产力水平相适应的。

但是，随着生产力的发展，农业与手工业的分离和剩余生产物的出现，拉美各印第安人部族在沦为殖民地的前夕，已在不同程度上出现了阶级分化现象。部落公社制开始瓦解，产生了奴隶制的萌芽。例如，比较先进的阿兹蒂克人氏族,在"西班牙人到来的时候,……基本的土地公有制正在破坏中,酋长和僧侣阶级的人们,生活得很奢侈(野蛮时代的奢侈),已经或多或少夺得了更多的土地加以长期的控制,他们拥有这些土地当作自己的产业。但是对于这些土地公有制的侵犯,曾有过很激烈的氏族反抗倾向。劳动者尽管对土地理应有很大的权力,但他们是被束缚于土地之上的。此外还有许多无地的劳动者,他们被雇佣去耕种统治者所私有或半私有的土地。也有不少奴隶——战俘、罪犯以及'自愿'卖身为奴的人们"①。

然而,即使发展水平较高的阿兹蒂克人和印加人的社会,基本上仍是部落公社制度,还没有形成完全的奴隶制。在一般资产阶级历史文献里通称的所谓"印加帝国",实际上还不具备国家的性质,而只是建立在氏族制基础上的社会组织。在当时各印第安人部族中,奴隶劳动的使用比较有限,它在经济上只具有次要的意义。

总地说来,在沦为殖民地的前夕,拉美印第安人的生产方式落后于当时的欧洲和亚洲。但是,必须指出,印第安人在经济和文化上所取得的成就,仍然是巨大的。他们首先培植的玉米、马铃薯等几十种农作物,后来传到世界其他地区,丰富了人类的物质生活;他们创造了精确的历法和象形文字,在动植物和矿物分类学上有相当高的水平;他们修筑了闻名世界的道路和金字塔,建立了一些大的城市,其中有着宏伟的建筑物和精美的雕刻;印第安人使用"0"作数学计算,比欧洲人要早八百年。这些情况说明:和帝国主义者的诬蔑及歪曲相反,印第安人并不是具有什么"天生落后性"的"低劣民族",他们是勤劳和富有智慧的人民,他们对人类经济和文化的发展,也作出了自己的不可磨灭的贡献。

<blockquote>
征 服 时 期
拉 美 经 济 的
破 坏 和 衰 退
</blockquote>

15 世纪末,在西欧各国,商业资本迅速发展,封建制度正在迅速解体,在一些国家已出现了资本主义的萌芽。商品货币关系的发展,对货币的急速增长的需求,刺激了对黄金的追求,推动西欧的商人向海外探险以掠

---

① 福斯特:《美洲政治史纲》,人民出版社 1956 年版,第 25 页。

取金银财宝,进行资本原始积累。1492 年 10 月 12 日,哥伦布的探险队第一次踏上了美洲的土地,"发现"了新大陆。从此,西班牙人和随后的葡萄牙人,对印第安人进行了残暴的征服战争,拉丁美洲人民的"血与泪"的历史也就从此开始了。

最初被侵占的是西印度群岛——圣多明各、古巴、波多黎各、牙买加等岛屿。1518—1521 年,西班牙贵族科尔特斯率领着一小撮冒险家,打败阿兹蒂克人,侵占了墨西哥。1531—1533 年以法兰西斯科·皮萨罗为首的远征队战胜印加人,征服了秘鲁。1534 年西班牙军队侵入拉普拉塔地区(阿根廷、乌拉圭、巴拉圭),但直到 1580 年才控制了这个地区。欧洲殖民者遇到了印第安人的猛烈反抗,残酷的掠夺和征服战争延续了整整一个世纪。最后,西班牙人占领了除巴西和圭亚那之外的全部拉丁美洲领土;葡萄牙人则占领了占拉丁美洲全部领土 3/7 的巴西。

在征服战争中,殖民者对印第安人进行了惨无人道的烧杀,直接地破坏了社会生产力最重要的因素——生产者本身。在 15 世纪末西班牙殖民者入侵时,美洲印第安人总数约 4000 万人,其中拉丁美洲有 2500 万人。1511 年一支以维拉斯格斯为首的由 300 人组成的探险队开始向古巴移民。当时,古巴的土著印第安人有 30 万人,即平均每平方公里有 3 人,这在当时是世界上人口密度比较高的地区。在征服过程中,土著居民被屠杀殆尽,只有 1500 人幸存而被俘虏奴役。以后,他们中间的大多数人又被殖民者折磨致死,在 1537 年仅仅剩下了 500 人。在波多黎各和牙买加两岛,在 1509 年西班牙人到来之前,计有 60 万名印第安人,到 1542 年,只剩下 400 人。在海地岛原先也居住着几十万名印第安人,到 1542 年,幸存的只有 200 人。

殖民者对印第安人的社会财富肆无忌惮地进行了抢劫。单只征服阿兹蒂克人的西班牙贵族科尔特斯和征服印加人的首领皮萨罗,在墨西哥(1521 年)与秘鲁(1532 年)就劫取了相当于 128 吨黄金的金银财宝。葡萄牙人为了在巴西夺取金银,常去俘虏土著居民,然后强迫当地土人用金银来赎取他们。更为无耻的是,西班牙、葡萄牙殖民者还常常在收足了所谓"赎金"以后,又背信弃义地把俘虏杀死。例如,皮萨罗征服印加时,曾俘获印加人的首领阿塔华尔巴,并向印加人勒索体积等于他们住的牢房大小(22 英尺长,17 英尺宽,高则相当于俘虏身体所能伸达的高度)的黄金。当印加人为阿塔华尔巴交出了"赎金"——价值相当于 2000 万美元的金银以后,皮萨罗却焚死了阿塔华尔巴。

西班牙人和葡萄牙人最初来到拉丁美洲的主要目的是追求黄金。当时西班牙、葡萄牙殖民者对于被侵占地区的基本生产部门是根本不感兴趣的。因此,殖民者铁蹄所到之处,城市变成了废墟,田园变成了荒野,劳动工具遭到毁坏,生产陷于停顿和倒退。

农奴制和奴隶制经济的建立和发展　西葡殖民者用火与剑摧毁了印第安人原有的经济和文化,以暴力手段结束了原有的社会制度,把所有的财物洗劫一空。此后,殖民者为了长期霸占拉丁美洲,掠夺其丰富的资源,从尚存的印第安人身上榨取更多的收入,就建立起森严的殖民统治机构。西班牙、葡萄牙王室在国内建立了专管美洲殖民地事务的"西印度院"。西班牙先后在拉丁美洲设立了 4 个总督区:新西班牙(1535 年建立,包括墨西哥、中美洲和西印度群岛);秘鲁(1542 年建立,包括秘鲁和智利);新格兰纳达(1718 年建立,1723 年废除,1739 年再建,包括哥伦比亚、委内瑞拉和厄瓜多尔)和拉普拉塔(1776 年建立,包括阿根廷、玻利维亚、巴拉圭和乌拉圭)。此外,还分设了几个都督府。1549 年,葡萄牙殖民者在巴西设置总督,实行统一治理。各总督形式上虽接受西、葡国内的西印度院管辖,但实际上却日益成为独断独行的专制统治者。

西葡殖民者在拉丁美洲建立了殖民统治后,便掠取印第安人的土地,开设种植园和矿场。西班牙国王把夺得的印第安人的土地作为授地分给殖民者。科尔特斯分得了 2.5 万平方英里土地,22 个城镇和 11.5 万名印第安人;皮萨罗分得了 2.5 万平方英里土地和 10 万名印第安人。其他殖民者首领,也各分得了 5000—10000 平方英里的土地和一定数量的土著居民。

殖民者为了更彻底地奴役印第安人,在他们所建立的矿场和种植园中,相当广泛地实行了奴隶制度。由于在这里不仅有着奴隶主对奴隶的阶级压迫,还有殖民者对殖民地人民的种族压迫,因而印第安人所受的奴役和剥削就更加惨重,其残酷程度远超过古代的奴隶制度。

奴隶们由于生活条件恶劣,劳动强度过高,平均只能工作五六年便因劳累过度而死亡。而对殖民者来说,用新的奴隶来替换旧的,要比维持奴隶的劳动力便宜得多。

从16世纪初期起,开始输入黑人奴隶。后来,当印第安人大批死亡,劳动力日益缺乏的时候,黑奴贸易便空前盛行起来。马克思说,这时的非洲已变成了"黑人猎夺场所"。葡萄牙商人和后来的荷兰、英国、法国商人,把大批黑奴贩卖到西葡殖民地。虽然在旅途的折磨和奴役性劳动中,黑奴迅速地大批死亡,但黑奴在拉丁美洲人口中的比重,仍然急剧增大。到18世纪末期,拉丁美洲的黑人人数已达266.3万人(其中西班牙殖民地有77.6万人,巴西有188.7万人),占全部人口的将近1/7。

在使用奴隶的矿场和种植园中,劳动生产率极低。采矿业的技术非常原始,甚至到18世纪末,秘鲁的矿场还未曾利用绞车;矿石是由黑人奴隶用袋子从矿井里背运上来的。开采时连起码的技术规程也不遵守,矿产资源被随意糟蹋。据曾任秘鲁矿务局局长的奥地利工程师海尔姆斯说,假如采用欧洲的方法,至少会将产量提高1倍。以奴隶制为基础的种植园经济也是极其落后的。休耕制度占着优势;土地是用最原始的工具耕种,甚至连耙都没有。当一个地段的肥力枯竭后,种植园主就转移到新的地段上去,因此许多土地被荒废了。

残酷的奴役和剥削,引起了奴隶们的强烈反抗,暴动此起彼伏地发生。西班牙和葡萄牙国王为了自己的殖民地不致变成渺无人烟的荒野,从16世纪中到17世纪下半期,曾不得不几次颁布"取缔"印第安人奴隶制的法令。但这些法令都是一纸空文,殖民地当局从未付诸实施过,奴隶制仍然以公开或隐蔽的方式保存下来。至于黑人奴隶制的废除问题,在当时根本无人过问。

殖民当局正式建立的奴役印第安人的制度,在西班牙殖民地,主要是一种变相的农奴制:监护征赋制,又称大授地制,托管制,或"恩康米恩达"制(ENCOMIENDA)。在矿区则实行强迫劳役制,即米达制(MITA)。在巴西,葡萄牙殖民者推行种植园奴隶制,在圣保罗还建立了"捕奴队",

专门捕捉逃入内地的印第安人,卖给种植园做奴隶。

"监护征赋制"从1503年开始实行,到16世纪中叶以后,成为土地所有制的主要形式。在这种制度下,土地的所有权归西班牙王室。印第安人名义上是"自由人",不能将他们出卖。还"承认"他们的公社占有土地的权利。但是,这些印第安人被划入一定的托管区后,必须在托管区的范围内永久居住,并受殖民当局任命的白种"监护人"的监视;印第安人必须无偿地为白种人耕种领地,并缴纳代役租。"监护人"则须在被托管的印第安人中间传布基督教,监督印第安人履行教规。

对印第安人的"监护权",最初只是终身的,后来逐渐成了世袭的特权。"托管区"被监护人代代传继下去。实质上,托管区不过是变相的封建领地;"监护人"是封建领主,而印第安人则是他们的农奴。

"监护征赋制"于1720年被正式废除。"监护人"在各种借口下剥夺了公社占有的土地,把印第安人变成"佃农",由此便产生了大庄园制。在这种制度下,佃户们要使用土地就必须付出无偿劳动和缴纳地租。他们依靠小块土地不能维持生计,不得不经常向地主借债,依附于地主。佃户到债台高筑、无力偿还时,就成了地主的债奴——"佩昂"。债奴是一个新的被剥削阶层,主要由印第安人和一部分印欧混血种人构成。债奴们完全处于被奴役的地位,他们的劳动只能换到微不足道的工资;而且由于不断的借贷,便越来越无法偿清债务。马克思曾就墨西哥的情况阐明了债奴制的特征:"在有些国家,特别是墨西哥……,奴隶制采取债役这种隐蔽的形式。由于债务要以劳役偿还,而且要世代相传,所以不仅劳动者个人,而且连他的家族实际上都成为别人及其家族的财产。"①

除世俗地主外,天主教僧侣也对拉丁美洲人民进行残酷的压榨。天主教在殖民者征服和掠夺印第安人的血腥过程中,一方面,给殖民者提供了精神上的和宗教上的帷幕,掩盖殖民征服的野蛮行为,用宗教来麻痹和征服印第安人的心灵,软化他们的反抗;另一方面,作为对这种卑鄙行为的"报酬",教会从殖民者手中分得了大量的土地,并从印第安人身上强

———————

① 《马克思恩格斯全集》第23卷,人民出版社1972年版,第191页。

收"什一税"和"自愿"捐款。到 1810 年,教会竟占有拉丁美洲全部可耕地的 1/3,而在墨西哥、秘鲁、哥伦比亚、厄瓜多尔等地区,教会甚至占有全部耕地的一半,成为最大的地主。在 18 世纪末,墨西哥大主教单是从自己的地产得到的经常收入,每年就达 13 万美元。

西班牙和葡萄牙
对拉美贸易的垄断　这个时期,商业资本在西班牙和葡萄牙经济中已有很大发展。西班牙、葡萄牙统治者力图完全垄断拉丁美洲的贸易。为了彻底实现这种垄断,西班牙政府禁止各总督辖区互相之间进行贸易;西属殖民地与葡属巴西之间更少经济往来。后来,在 18 世纪 70 年代,虽然撤销了禁令,但直到拉丁美洲独立战争前夕,殖民地各港口之间的货物交易量仍然不大。例如,在 1796 年,从哈瓦那、利马和瓜亚基尔运到布宜诺斯艾利斯的货物,仅为 18.3 万皮亚斯特(当时西班牙的一种货币单位);而从宗主国运到这些地区的则为 280 万皮亚斯特。19 世纪初,在西属美洲最重要的港口维拉克鲁斯(在墨西哥)的贸易额中,自西属美洲的输入额只占它的总输入额的 1/14—1/10,向西属美洲的输出约占输出总额的 1/8 或 1/7。可见拉丁美洲各地区之间的经济联系是极其微弱的。

西班牙各殖民地,被严禁与外国进行直接的贸易;而同宗主国的贸易,又为西班牙的殖民地官吏和大富商所专营。这种"贸易",实际上是一种变相的掠夺。他们常把一些既不值钱、用处又不大的东西运到拉丁美洲,在殖民政府官员的帮助下,按极昂贵的价格强迫配售给土著居民。土著居民被强迫购买他们所不需要的纽扣、花边、刮脸刀以及他们看不懂的宗教书籍。有时地方长官竟然强迫所辖的土著居民一律戴眼镜,以便把商人廉价得到的这种商品配售出去。这种"交易"的利润达到 100%—300%,甚至达到 400%—500%。

西班牙和各殖民地之间的贸易,从 16 世纪中叶起,建立了所谓"双船队制",这种制度继续了两个世纪之久。每个船队编入一定数目的商船。第一个船队在四五月从西班牙开往维拉克鲁斯(墨西哥),运送货物给西印度和新西班牙。第二个船队在八九月从西班牙开往波多白罗(巴拿马),它载到的货物,以后由陆路运往巴拿马地峡的太平洋沿岸地区,再从这里运往秘鲁、智利等地。两个船队在卸下它们的货物,装载上金银和殖民地其他物产以后,在哈瓦那合并到一起,返航宗主国。船队在去美洲和回西班牙的途中,都由军舰护送。在 1765 年以前,西班牙和殖民地的贸易限定只经由一个西班牙港口进行(1717 年以前经由塞维尔,以后经由加的斯)。在葡属巴西,最初是由葡萄牙商人驾驶自己的船只到那里去,到了 16 世纪末叶,也成立一个由军舰护送的商船队。这一制度一直维持到 1765 年恢复个别航行时为止。巴西的一切对外贸易必须经由里斯本进行。

拉丁美洲出口的主要是贵金属和宗主国不生产的农产品。西葡殖民者使用奴隶劳动开设的矿场,生产巨量金银。西班牙以掠夺金银为主。在 1748—1753 年,西班牙殖民地每年出口的金钱为农产品的 3.5 倍,1784 年为 3 倍,1802 年为 2 倍。美洲每年平均的金银出口额,1500—1545 年为 300 万皮亚斯特;1545—1600 年为 1100 万皮亚斯特;1600—1700 年为 1600 万皮亚斯特;1700—1750 年为 2250 万皮亚斯特;1750—1803 年为 3530 万皮亚斯特,300 年间增长近 11 倍。从 16 世纪初到 19 世纪的整个殖民时期,西班牙从美洲殖民地榨取了 250 万公斤黄金和 1 亿公斤白银。同一时期,葡萄牙也至少从巴西搜刮了价值 6 亿美元的黄金和 3 亿美元的金刚钻。在葡属巴西的出口中,蔗糖占着更重要的地位。殖民者从糖产所得的利润,比开采金矿和金刚钻矿所得的利润要大 10 倍。

西班牙、葡萄牙殖民者对拉丁美洲金银财富的掠夺,是造成 16 世纪欧洲价格革命的重要因素之一。大量廉价金银的流入造成了物价的上涨。仅在 16 世纪的 100 年中,西班牙的物价就猛涨了 3 倍多。

西班牙和葡萄牙的商人、矿场主、种植园主从拉丁美洲吮吸了大量的膏血;宗主国殖民地政府又以政府收入的形式搜刮了许多财富。在 1784—1789 年,西属美洲每年平均的政府收入为 1390 万皮亚斯特,其中汇到马德里国库的是 600 万皮亚斯特。西葡殖民者对美洲殖民地榨取之苛酷达到了惊人的程度。这个时期,西属美洲殖民地每年送到西班牙国库的收入,比英属印度送到英国国库的收入多 1 倍,虽然印度的人口比西属美洲全部人口要多 4 倍。

殖民地政府收入的来源之一是征收关税。西班牙的产品,在西属美洲进口税为其价格的 9.5%;外国生产的但在西班牙最后加工的货物为 12.5%;外国生产的成品为 29%。葡萄牙的产品,在巴西进口税为其价格的 16%,而外国产品则为其价格的 24%。殖民地政府收入的另一来源是名目繁多的苛捐杂税。除西班牙、葡萄牙王室的一切领地所共同的捐税外,在拉美殖民地还征收各种特种税,如人头税、海军税等。殖民地政府收入的第三个来源是对许多商品(如酒、烟草、纸牌等)实行国家专卖,以及收取印花税。第四个来源则是承租金银矿场的私人企业家缴纳的提成。拉丁美洲的金银产地被认为是王室的财产,但可以出租给宗主国的私人企业家。例如,葡萄牙政府规定,私人开采的黄金,1/5 要交给殖民地政府。至于金刚钻矿的开发,则是政府的特权。

拉丁美洲的无数财富,就这样通过各种孔道,不断地涌向宗主国。

第二节　西班牙、葡萄牙殖民势力的衰落　拉丁美洲经济的发展及其与宗主国矛盾的尖锐化

西、葡殖民势力的衰落及其对拉美经济控制的削弱

17 世纪以前,西班牙和葡萄牙国内的封建生产关系还处于统治地位,资本主义全面发展的前提条件尚未具备。因此,它们从殖民地掠夺来的财富,不仅没有转化为产业资本,反而助长了封建主阶级奢靡与寄生的生活,助长了高利贷的剥削,并对城市手工业与农业起着腐蚀的作用,变成了资本主义发展的障碍。马克思在《西班牙的革命》一文中写道,"……在查理一世统治以后,西班牙政治和社会的衰落表现出可耻的长期的腐化所具有的一切征兆(这些征兆使人联想起土耳其帝国的最坏时期)"[1]。

---

[1] 《马克思恩格斯全集》第 10 卷,人民出版社 1962 年版,第 461 页。

西班牙、葡萄牙两国社会经济和政治上的腐败,导致了它们国力的衰落和殖民霸权的丧失,终致不得不让位于荷、英、法等工业资本发达的国家。

葡萄牙的衰落很早就开始了。1580 年,葡萄牙被迫与西班牙合并,到 1640 年才从这种依赖关系中解脱出来,接着又相继陷于荷兰和英国的控制之下。西班牙在 1588 年“无敌舰队”覆没后,国力也是每况愈下。荷兰、英国、法国乘虚侵入拉丁美洲。荷兰人在 16 世纪末占领圭亚那,1634 年占领库拉索岛。英国人在 1625 年占领巴巴多斯岛,1655 年占领牙买加岛,从而掌握了西印度的一些最重要的战略阵地。以后,他们又占领了莫斯基托(即蚊虫海岸,在中美洲)和尤卡坦的东南部(英属洪都拉斯)。在 1697 年,西班牙被迫把海地的西半部让给法国。18 世纪,西班牙又失掉了它的一些美洲领地。法国根据 1795 年巴塞尔和约取得了海地的东半部。1797 年英国人侵占了特立尼达岛。尽管这样,西班牙还是把大部分领地保持到了 1810 年,即拉丁美洲独立战争开始以前。这是因为英、法、荷三国之间存在着尖锐的矛盾,互相牵制,使它们共同瓜分或某一国更多地侵占拉丁美洲都不可能实现。

但是,西班牙和葡萄牙对拉丁美洲的经济控制却大大地削弱了。从 17 世纪中叶起,西、葡由于经济和政治的衰落,它们在拉丁美洲的贸易垄断权已开始动摇。船队常常因遭到袭击而不能到达拉丁美洲。“无敌舰队”的覆没,使西班牙的海上威力一蹶不振。在 17—18 世纪,大批满载金银的西班牙和葡萄牙船只,经常被英、法、荷三国的海盗掠获或击沉。只是在 1623—1636 年,荷兰的海盗就抢劫了 550 艘西班牙船只。并且,即使在西、葡船队按时到达拉丁美洲的条件下,它们运来的货物也远远不能满足殖民地的需要。在 17 世纪末,落后的西班牙工业只能满足殖民地居民全部需要的 5%。西班牙人和葡萄牙人为了统治殖民地经济,不得不用殖民地财富去换取别国的、首先是英国的商品。结果,西班牙和葡萄牙变成了“双管漏斗”,它们一方面把殖民地财富输送到英国,为英国发展资本主义提供了资本;另一方面又把英国的商品运进殖民地,为英国开辟了商品推销市场。在 1748—1753 年,西班牙商人向美洲殖民地输出的本国货平均每年为 400 万皮亚斯特,而转口的外国货则为 710

万皮亚斯特。

这时,荷兰、英国和法国的资本主义工商业正在迅速成长,而且正在大规模进行殖民扩张。它们千方百计要打破西班牙和葡萄牙对拉丁美洲的贸易垄断权,逃避其苛重的进口税。于是,走私贸易越来越盛行。英、法、荷在西印度的领地成了同拉丁美洲进行非法贸易的据点。走私商甚至大胆地用武力在巴西沿岸建立基地和贸易站。1624年,在西班牙殖民地中,每有1000吨货物合法地入口,就有7000吨货物非法地入口。

在英国经济和军事压力下,葡萄牙于1703年同英国缔结了"美杜恩条约"。这项条约使葡萄牙及其殖民地巴西,在经济上依附于英国。1713年,通过签订"攸特雷克特和约",英国又获得了向西属美洲输出黑奴和工业品的权利。

从18世纪中叶起,西班牙对美洲殖民地贸易的控制,被迫一步步放松,"双船队制"也不得不取消。1765年,西班牙王查理三世准许西班牙商人不仅可以经由加的斯,而且可以经由9个别的西班牙港口同西印度进行贸易。1774年,允许各殖民地互通贸易;1778年,又准许各殖民地和宗主国自由地进行商品交换。到18世纪末叶,开进西班牙殖民地港口的外国船只竟达西班牙船只的10倍之多,西班牙的贸易垄断权已被粉碎。

17—18世纪拉丁美洲经济的发展　　西班牙和葡萄牙的衰落,便利了拉丁美洲经济的发展;而荷、英、法走私贸易的猖獗,又加强了各殖民地间的经济联系,刺激了拉丁美洲商品货币关系的发展。走私贸易逃避了殖民地政府的苛重关税,因而走私商品的价格特别便宜。这种非法贸易的发展,促使殖民地的土地占有者,在加强剥削农奴和奴隶劳务的基础上,不断提高农产品的商品率。在走私贸易广泛发展的殖民地,例如在委内瑞拉和拉普拉塔的某些地区,农产品的商品率在迅速地增长。

西属殖民地出口的农产品总值,1748—1753年每年平均为500万皮亚斯特,1785年达1940万皮亚斯特;1802年更达到2710万皮亚斯特,半世纪中增长了4倍以上。1778年,从布宜诺斯艾利斯输出了15万张兽皮,1780年增加到80万张,1783年达140万张。

在工业生产方面，就整个拉美说来，技术还相当落后，生产规模也比较小。不过，在 17 — 18 世纪，各国工业也有了不同程度的发展。在秘鲁和墨西哥境内有了纺织工业；在 18 世纪的墨西哥、秘鲁和智利，人们为市场生产着木器、铁器、鞋、鞍、器皿和玻璃；所有殖民地几乎都为市场生产肥皂和火药。墨西哥的银矿开采业特别发达。19 世纪初，墨西哥的工矿业的产值已经超过了农业。当农产品的年产值为 3000 万比索时，采矿工业的年产值已达 2500 万比索，手工业的年产值为 700 万—800 万比索，后二者合计为 3200 万—3300 万比索。

古巴直到 1760 年，即英国人占领哈瓦那以前不久，只是在哈瓦那近郊有将近 80 个小制糖企业，在圣地亚哥近郊有 50 个小制糖企业。但是，与英属殖民地的广泛贸易，刺激了古巴生产的发展。到 1779 年，古巴使用畜力的制糖企业就有 600 个，产品达 5600 吨。在 1779 — 1789 年的 10 年中，糖产量又增加了 1 倍。

巴西的手工业和工业，一直极不发达。以后随着市场的扩大，到 18 世纪末叶，纺织业和炼铁业都发展成为独立的生产部门。

随着生产力的增长和商品经济的发展，在 18 世纪末期，拉丁美洲已经有了资本主义生产关系的萌芽，某些地区已经出现了资本主义的手工工场。1793 年，墨西哥的克雷塔罗城有 20 家制造呢绒的手工工场，共雇佣 215 名工匠和 1500 名工人；另外还有 300 家以上的小型作坊。在华里亚多利德城有 34 家制造呢绒织物的手工工场。19 世纪初，在瓜达拉哈拉城已有近百家企业，包括棉织、呢绒、皮革等部门，这些企业的总产值达 300 万比索。18 世纪末，在古巴制糖业中出现了使用雇佣工人的工场，并开始使用蒸汽机。在巴西，自 1795 年葡萄牙政府取消禁止开采和加工铁矿的禁令以后，在米纳斯吉拉斯等地区出现的铁工场，以及在里约热内卢等地出现的纺织工场，都是建立在雇佣劳动基础上的。

到 18 世纪末期为止，拉丁美洲各国在生产量和贸易额以及在城市的建立上，都超过了英属的北美殖民地。英属 13 个北美殖民地，在独立时的全部输出品价值，不超过 500 万美元；同一时期，单是巴西的出口值就 3 倍或 4 倍于它，而整个拉丁美洲的出口贸易总值则超过它 27 倍。当拉丁美洲已经建立了很多城市时,北美 13 个殖民地还只有分散在各处的不大的居民点。古巴的圣地亚哥城建立于 1519 年,哈瓦那——1515 年,阿根廷的布宜诺斯艾利斯——1536 年;巴西的圣保罗——1554 年,巴西利亚——1549 年,里约热内卢——1567 年。英国在北美殖民地的第一个城市,即弗吉尼亚的詹姆士顿,是 1607 年才建立的。到 1776 年,哈瓦那已有 7.6 万人口,墨西哥城已有 9 万人口,当时在北美的最大城市为费城(费拉德尔菲亚),只有人口 4 万人,纽约城还只有 2.5 万人口。拉丁美洲在这些方面高于北美,主要是因为西、葡属殖民地的建立比北美殖民地早一百多年,采矿业和种植园经济都有较长的历史。

但是,到 18 世纪末,就整个经济发展水平说,拉丁美洲则较北美落后,它没有像英属北美殖民地那样发展的工业。到处盛行的大庄园制和雇农制、奴隶制的剥削,以及天主教教会在拉丁美洲经济、政治和社会生活各方面所起的窒息性的影响,是拉丁美洲工业发展的基本障碍。而这又是与拉丁美洲的宗主国西班牙和葡萄牙本国的情况有密切关系的。西班牙和葡萄牙当时都还是封建国家,不能不给殖民地经济打上深深的烙印。

1810 — 1826 年独立革命的社会经济基础

如前所述,18 世纪末,拉丁美洲的经济已经有一定发展,并且在一些地区和部门中出现了资本主义生产关系的萌芽。但是,在殖民制度下,拉丁美洲的经济发展遇到了严重的阻碍。首先,宗主国和殖民地政府对殖民地的生产规定了许多限制。在工业方面,禁止殖民地矿场采用新式的改良的操作方法,或禁止殖民地从事与宗主国利益相矛盾的工矿业生产。例如,采铁在西属殖民地是明令禁止的,私人采铁被当作刑事犯罪行为。又如,当拉普拉他地区出现了用土产驼马毛制造帽子的作坊时,政府便在 18 世纪 70 年代末期下令,以后应将全部驼马毛输出到宗主国去。在农业方面,禁止殖民地栽种宗主国能生产的某些农作物。例如,殖民地政府曾下令禁止在墨西哥培植橄榄树,禁止在阿根廷开辟葡萄园等。其次,殖民地政府限制拉丁美洲的对外贸易,也妨碍了生产的发展。此外,在殖民统治下,奴隶制度广泛流行,不能给资本主义提供大量的自由劳动力。所有这一切,都使殖民制度与拉丁美洲的经济发展之间的矛盾越来越尖锐。

殖民地的阶级矛盾也非常尖锐。在当时的拉丁美洲,阶级的区分和种族的差别有极为密切的关系。居于统治地位的是出生于宗主国伊比利亚半岛的白种人——伽秋平(半岛人,指西班牙人和葡萄牙人),他们占人口的极少数(据1800年估计,西属殖民地共有1600万人口,伽秋平约有30万人),掌握了殖民地的经济政治大权。他们是殖民地的特权阶层。殖民地当局(总督、督军和行政长官等)、军队和教会的高级负责人,都是由他们担任的。伽秋平之下是克里奥尔(土生白人),即在美洲出生的西班牙移民的后裔。他们的人数逐渐增多,到19世纪初,克里奥尔已达300万人。他们一般都拥有大量田产,也有些人拥有企业(手工工场、商店等)。但在殖民统治下,这些人的经济活动受到许多限制,政治方面也受到伽秋平的压制和宗主国的歧视,很少人能够担任重要的政治、军事或教会职务。在1813年以前的160个总督中,只有4个是在美洲出生的;在602个都督中,出生于殖民地的也只有14人。比克里奥尔又低一级的是梅斯蒂索(欧印混血种人)和穆拉托(黑白混血种人)。19世纪初,梅斯蒂索人数为500余万人,穆拉托则不足100万人。他们大部分是工匠、店员、零售商、小业主和自由农民。他们之中只有少数人在殖民地政府各机关中担任小职员,充当大领地的管理人和矿井内的监工;也有些人破产了,成了无产者。其余占拉丁美洲60%以上的人口是印第安人、黑人和萨姆博人(印黑混血种)。他们是拉丁美洲社会的最底层,大多数是无地的佃农、债务奴隶和种植场的奴隶,过着牛马不如的生活。一部分"自由"的印第安人,则加入了无产者的行列中。

阶级矛盾与种族压迫相互交织,使拉丁美洲殖民地的社会矛盾极为尖锐。由印第安人、黑人和混血种人构成的农民、奴隶、手工业工人和其他劳动者受压迫最深,革命性也高。他们迫切要求推翻西、葡的殖民统治,是反殖民主义斗争的主力军。他们与克里奥尔地主、商人、工场主之间也存在着矛盾,但民族矛盾是当时殖民地社会的主要矛盾。拉丁美洲人民革命斗争的矛头主要指向殖民统治者。克里奥尔也参加了人民大众反对殖民统治的斗争。当时殖民地社会还没有形成真正的工人阶级,农民又不可能充当革命的领导者,独立运动的领导权,在大多数情况下都由克里奥尔地主资产阶级所掌握。

18 世纪下半期北美和法国的资产阶级革命对拉丁美洲人民的民族觉醒起了很大的影响,推动了他们进行反对殖民统治的斗争。1790 年,海地首先爆发革命,于 1803 年摆脱法国的殖民统治而取得独立。在海地革命的影响下,拉丁美洲的独立运动如火如荼地展开。在 1810 — 1826 年,武装革命遍及拉美各地。到 1826 年绝大部分拉丁美洲地区,除古巴、波多黎各、圭亚那等地外,都陆续挣脱殖民主义的枷锁,建立了独立国家。

拉丁美洲的独立战争完成了反殖民主义的民族革命的任务,同时也部分地完成了反封建的任务。殖民制度被铲除了;共和制普遍建立(除巴西外)起来;教会权力受到限制,取消了宗教裁判所;贵族称号被废除;农民摆脱了服徭役的义务;阻碍生产力发展的各种商业专卖权、禁令和法规都被取消。特别是,经过这次革命,许多国家先后废除了黑人奴隶制。① 这一切为拉丁美洲的进一步发展创造了条件。但是,由于克里奥尔掌握着革命领导权,胜利后他们又掌握了国家政权,封建的大土地占有制丝毫没有受到触动。这成为拉丁美洲各国以后经济发展的严重障碍之一。

第三节　独立革命后拉丁美洲经济的演变

封建大庄园制的加强和外国资本的侵入

拉丁美洲的独立革命,没有从根本上变革旧的社会经济基础,特别是没有改变土地制度,成为拉丁美洲社会经济发展迟滞和继续遭受外国资本

---

① 各国废除黑人奴隶制的时间:智利在 1811 年,阿根廷在 1813 年,危地马拉、洪都拉斯、尼加拉瓜、哥斯达黎加和萨尔瓦多在 1824 年,玻利维亚在 1825 年,墨西哥在 1828 年,乌拉圭在 1842 年,巴拉圭在 1844 年,哥伦比亚在 1851 年,厄瓜多尔在 1852 年,秘鲁在 1856 年,委内瑞拉在 1858 年,巴西则直到 1888 年 5 月国会才通过了完全解放黑奴的法令。

奴役的根本原因。福斯特说:拉丁美洲革命不能解决土地问题的失败,乃是它最根本的弱点。结果,大庄园仍像一个重负似的套在拉丁美洲各民族的脖子上,而构成了他们国家的经济和政治进步最基本的障碍之一。①革命以后,大地主和天主教会所拥有的土地,仍然原封不动地保留着;保证大地产不被分散的限嗣继承和长子继承的封建法律,也继续保持着效力;并且,地主的数量还增多了,有些地主甚至扩充了自己的大庄园和大种植园。例如,墨西哥的土地,曾被分配给在独立战争中有功的将军、军官、省长和其他高级官员们,大庄园所有者的数量,1810 年有 4944 个,1854 年增加到 6092 个。大庄园制的扩展,主要是依靠剥夺印第安人公社的土地。到 19 世纪中叶,在墨西哥的普韦布拉州、瓜那华托州和墨西哥州,印第安人的土地几乎被剥夺殆尽,印第安人大都被赶到了山区和人烟稀少的北部诸州。在阿根廷,1829 年罗萨斯上台,建立了反动的地主专政,使土地进一步集中。1830 年,布宜诺斯艾利斯省每个地主平均占有土地 1.6 万公顷;而到 1840 年,一个地主平均占有土地 2.9 万公顷。在罗萨斯当政的 23 年中,共侵占了印第安人 50 万公顷土地,并对印第安人进行了大规模的野蛮屠杀。

在拉丁美洲独立战争时期,虽然一系列国家颁布了法令,限制奴隶制和农奴制的剥削,但是,这种限制在实际上只是一纸空文。另外,在各国法令中虽然曾宣布取消宗教裁判所,但实际上政教分离的问题并未解决。革命以后,天主教仍被定为国教,天主教会仍是大庄园所有者,并且是高利贷者和银行家,在城市中拥有许多不动产。19 世纪 30 年代初期,墨西哥教会的财产达 3 亿比索之巨。

就其与外国殖民者的关系而言,拉丁美洲人民从西班牙、葡萄牙殖民统治中解脱出来后,很快就陷入了英国殖民主义的罗网。早在拉丁美洲人民革命时期,英国就企图接管西班牙、葡萄牙全部殖民体系。1825 年英国首相坎宁说:"事业已经完成,钉子已经钉下,西班牙美洲解放了;倘

---

① 福斯特:《美洲政治史纲》,人民出版社 1956 年版,第 211 页。

若我们处理我们的事业不糟糕,它是属于英国的。"①英国直接霸占拉丁美洲的计谋虽然失败了,但终于在经济上和政治上实现了对拉丁美洲的控制。

英国殖民主义者打着"援助"的招牌,通过财政援助和经济渗透的手段侵入拉丁美洲,并竭力去操纵各国政府的政策。

还在拉丁美洲独立革命期间,英国就不断以购买拉丁美洲各国国家债券的形式,来逐步对它们进行财政和经济上的控制。这种购买国家债券的活动在 1822 年进行了 4 次,所购债券面值为 365 万英镑;1824 — 1825 年又进行了 10 次,债券面值达 1747 万英镑。在拉丁美洲独立革命以后,英国利用各国财政上的困难,继续向拉丁美洲进行贷款。以英国对巴西的贷款为例:1852 年以前总计为 250 万英镑,1858 — 1871 年,贷款达 1575 万英镑。

英国的贷款,附加了许多奴役性条件。例如,1824 — 1825 年,英国给墨西哥的两次贷款名义上共 3200 万美元,但墨西哥实际上只得到了 1100 万美元,其余的 2100 万美元则作为利息等直接回到了英国资本家的腰包。墨西哥政府因此不得不举借新债。结果,墨西哥的全部国库收入,甚至不足以偿付外债的利息。在这种情况下,墨西哥政府为了增加国家的收入,不得不在 1828 年通过允许外国人对墨西哥矿山投资的法令,给英国的直接投资开放了门户。从此,英国资本在墨西哥的活动领域空前扩大了,英国的直接投资也迅速增加起来。早在 19 世纪 20 年代中叶,英国人就在墨西哥创立了 3 个公司:特尔蒙德矿业公司,英国—墨西哥公司,墨西哥联合公司。到 19 世纪 40 年代,在墨西哥采矿工业中已经有 65 家英国公司,共有资本 1000 万英镑。19 世纪中叶,英国资本掌握了几乎全部的墨西哥贵金属开采业、大部分纺织企业以及许多钱庄,它还控制了墨西哥的海关。

拉丁美洲的其他国家,也同样逐步地向英国敞开了财政经济的大门。英国在向拉美加紧资本输出的同时,其商品输出量也在迅速增长。

---

① 凯奥·普腊多·儒利奥:《巴西经济史》,1949 年俄译本,第 187 页。

1807—1814年,英国输往西属美洲的商品平均每年为40万英镑,1822—1824年平均每年为590万英镑,而在1825—1827年平均每年达660万英镑。

法国也通过政府贷款和私人投资等形式,把自己的触角伸进了拉丁美洲。

觊觎拉丁美洲的还有后起的德国和美国。1823年,美国发表了"门罗宣言",充分暴露了它企图独霸拉丁美洲的阴谋。从此以后,美国便逐步展开了对拉美各国的侵略和掠夺活动。然而,直到20世纪前夕,英国在拉美的势力远超过其他各国,成为拉丁美洲的无敌的霸主。以后经济实力强大的美国崛起才逐步取代了英国。

|1826—1870年拉美各国的经济状况|　独立革命后到19世纪70年代,拉丁美洲处于激烈的社会动荡和连绵不断的战争之中,经济发展受到严重的阻碍和破坏。造成这种状况的罪魁祸首便是外国殖民主义者。

外国殖民主义者为了破坏拉丁美洲的独立,采取的手段之一,便是在拉丁美洲国家间进行挑拨离间,煽动一国的统治阶级去发动对另一国的战争,从中坐收渔人之利。例如,1825—1828年的巴西—阿根廷—乌拉圭战争,1836—1838年的智利—秘鲁—玻利维亚战争,1839—1851年的第二次乌拉圭战争,1865—1870年的巴拉圭战争,每次战争都给交战国的经济带来了重大的损害,其中尤以巴拉圭所受的损害最为惨重。这次战争是英国挑拨起来的,先后进行了5年之久。134万人口的巴拉圭,英勇地抗击着有英国支持的两个南美大国巴西、阿根廷和乌拉圭的联合进犯。到战争结束时,巴拉圭只剩下22万人,其中男子已不足3万人。土地荒芜了,生产停顿了,国民经济受到彻底的破坏。英国则借战争的机会,获得了巴拉那河和乌拉圭河的自由航行权;使南美变为自己的农业基地;并趁巴西和阿根廷在战争中的需要,大量贷款给它们,把它们置于自己的控制之下。例如,巴西从英国得到的贷款,1852年以前只有250万英镑,1853—1865年共得到629万英镑,当巴拉圭战争开始后,仅在第一年(1865年),便从英国贷款636万英镑。

殖民主义者的另一手段,便是在拉美各国制造内乱,以便伺机渗入进行控制。阿根廷独立后不久,即出现了中央集权派和联邦派之争。英国则施用惯技,时而支持这一派,时而支持那一派,以扩大自己的影响。长期的内战使阿根廷国库耗费一空。1829 年阿根廷政府的预算赤字达1500 万比索,这一年国家收入仅 130 万比索。大批农民被征调入伍,他们的农田生产几乎陷于停顿。农民纷纷破产,甚至连中、小地主都不能自保。只有英国人和大地主的私囊日益膨胀。例如,大地主、布宜诺斯艾利斯省省长和全省武装力量总司令罗萨斯的私人财产达到了 400 万银比索之巨,他拥有令人难以置信的巨大地产,单是在布宜诺斯艾利斯郊区的一个领地,面积便达 30 万公顷。同时,英国资本在阿根廷的地位也大大加强。

殖民主义者的又一手段是直接进行武装侵略。墨西哥在这方面受害最深。1838 年,法国军舰炮轰维拉克鲁斯港的要塞,把要塞占领后,向墨西哥勒索了 60 万比索"赔偿费"。1846 年,美国明目张胆地发动了侵略墨西哥的战争。墨西哥战败以后,于 1848 年 5 月 30 日签订了和约,承认得克萨斯为美国所有(美国早于 1836 年已侵入得克萨斯),并将加利福尼亚、亚利桑那一部分、新墨西哥及其他广大领土转让给美国,这些领土超过当时德国和法国领土的总和。从此,墨西哥丧失了大半领土。

1861—1867 年,法国、英国、西班牙联合向墨西哥进行了武装侵略。屈从于侵略者的马克西米利安政府与外国列强订立了许多不平等条约。例如,1864 年 4 月 10 日,马克西米利安继帝位的当天,就与拿破仑第三签订了条约。条约规定:(1)付给法国政府 2700 万法郎作为进行武装侵略的赔偿费;(2)承担 4 万法国军队每人一年 1000 法郎的军饷;(3)负责赔偿法国侨民的损失;(4)承认过去的一切外债。马克西米利安共承认了 2.72 亿比索的外债(其中绝大部分是英、法贷款),并负责每年付出利息 1290 万比索。在外国侵略者及其走狗拼命的压榨下,墨西哥人民困苦不堪,国家元气损伤极大。

以上事实说明,在独立革命以后的几十年中,以英、法为代表的殖民主义势力迅速伸入拉丁美洲;而且由它们的挑动所点燃的战火,严重地破坏了拉美各国经济。但是,为外国资本的掠夺目的所需要的某些经济部门,也得到一定的发展。

在墨西哥,得到发展的是被外资操纵的贵金属开采业和纺织业。1821—1840 年,墨西哥每年平均开采 29.8 万公斤白银和 1417 公斤黄金;1841—1860 年,白银和黄金的年平均开采量分别上升到 43.9 万公斤和 1890 公斤。从 19 世纪 40 年代起,英国资本还在墨西哥兴建了一些现代化的纺织工厂。在 40 年代中期,墨西哥共有 59 家纺织工厂,它们配备了 10.7 万个纱锭和 2609 台织布机。在这些工厂中工作的工人,共有 1.1 万名。但是,手工生产仍在纺织业中占有重要地位。当时,墨西哥共有 5000 台手工织布机和 3 万名手工织布工人。

在巴西,自 1822 年德国人在圣保罗和米纳斯吉拉斯创建两所冶金企业后,直到 19 世纪 40 年代末,工业毫无进展。以后,英国趁乌拉圭战争和巴拉圭战争之机,大举渗入巴西,于是以英国资本为主的外国资本,便纷纷在巴西兴建各种企业。仅仅在 50 年代的十年中,巴西便新建了以外资为主的 62 家工业企业、8 家采矿公司、2 家煤气公司、8 家铁路公司、20 家轮船公司、3 家城市交通公司、14 家银行,以及 23 家保险公司。

农业中单一作物制的加强,是这个时期拉美经济发展的一个特点。在巴西咖啡成了主要作物,逐渐在农业生产和对外贸易中排挤了其他农产品。巴西咖啡的出口,从 19 世纪 20 年代到 70 年代,增加了将近 9 倍(1821—1830 年为 19.1 万吨,1861—1870 年为 175 万吨)。在古巴,西班牙的殖民统治日益削弱,美国资本加紧渗入。从 19 世纪 20 年代起,农业中的片面发展倾向显著加强,甘蔗种植业逐渐排挤了咖啡和粮食的生产。1834 年以前,古巴的主要出口作物为咖啡,粮食也基本上能够自给。随后,由于美国对古巴糖的需要激增,甘蔗种植园迅速增加和扩大;结果,到 1862 年,全国只剩下 782 个咖啡种植园了。又过了几年,古巴的粮食和咖啡产量甚至不能保证本国的需要。和农业中甘蔗种植业的扩大相联系,工业中主要发展了制糖业,以及为制糖业服务的部门。1827 年,古巴拥有近千家制糖工场。从 1837 年起,随着制糖的发达,糖业资本家修筑了第一批铁路,以降低运费。这促进了制糖业新的发展,出现了年产量超过 15 万吨的大企业。到 1860 年,古巴的制糖厂达到了 2000 家以上。

这一时期,在阿根廷得到迅速发展的是养羊业。由于克里木战争和美国内战,在 19 世纪 50—60 年代,从俄国和美国输往欧洲的农产品和原料减少了,特别是毛织业的原料来源成了尖锐的问题,英国急需进口肉类、皮革、谷物和羊毛。阿根廷的大庄园主看到世界市场羊毛供不应求的情况,开始大力发展养羊业。养羊业很快成了阿根廷畜牧业的主导部门,不仅羊的数量增多,品种也有所改良,羊毛的产量急剧增加。在 1850—1870 年,养羊头数从 700 万只增至 4100 万只,羊毛产量由 2000 万磅增至 13700 万磅。羊毛出口量也逐年增长。1850 年阿根廷输出 7681 吨羊毛,1858 年增长到 18850 吨。

随着欧洲人向阿根廷的移民增加,谷物种植业也有所发展。但到 19 世纪 70 年代为止,耕地面积扩大得很慢,移民的几个主要省份圣大非、恩特雷里奥斯、丘布特和布宜诺斯艾利斯等,到 1865 年还只播种了一万公顷小麦。当时种小麦不如从事畜牧业合算,如一个拥有 2700 公顷土地的庄园,只需雇工 3 人,即可养羊 5000 头;而种小麦则需 350 个雇工。

从独立革命到 19 世纪 50 年代以前,阿根廷的工业发展极其缓慢。在 50—60 年代,近代工业和手工业有一定的发展。据 1853 年调查,在布宜诺斯艾利斯省有 743 家手工工场、106 家工厂。在 743 家手工工场中,有 110 家木工场、108 家制鞋作坊、74 家铁工场、61 家面包坊、51 家缝纫工场,以及一些首饰、钟表、马具等作坊。在 106 家工厂中,有 49 家制粉厂、10 家通心粉加工厂、8 家蜡烛厂、7 家制皂厂、两家铸造厂,以及一些烧砖、纺织等工厂。据 1869 年的调查,阿根廷的手工工场和工厂中已拥有 28 万工人。

总地说来,拉丁美洲工农业生产在 19 世纪 50 年代以前,一般呈现停滞状态,50 年代以后则表现为畸形的发展。拉美各国在这一时期还完全没有自己的黑色冶金业,其他工业部门也处于萌芽时期。农业走上单一作物片面发展的道路。如果和在同一时期迅速发展起来的美国相比较,则拉丁美洲经济的落后性更是特别明显。

　　经过独立战争，拉丁美洲各国虽然在不同程度上取得了政治上的独立，但经济并没有摆脱殖民主义的桎梏。独立战争后，拉丁美洲各国实际上成了半殖民地性质的附属国。

责任编辑：郑海燕　李甜甜

装帧设计：肖　辉　王欢欢

图书在版编目（CIP）数据

外国经济史．近代现代/樊亢，宋则行 主编．—北京：人民出版社，2022.5

（人民文库．第二辑）

ISBN 978－7－01－024406－8

Ⅰ.①外…　Ⅱ.①樊…②宋…　Ⅲ.①经济史-国外-近现代　Ⅳ.①F119

中国版本图书馆 CIP 数据核字（2022）第 008001 号

外国经济史（近代现代）

WAIGUO JINGJISHI JINDAI XIANDAI

樊　亢　宋则行　主编

人民出版社 出版发行

（100706　北京市东城区隆福寺街 99 号）

北京新华印刷有限公司印刷　新华书店经销

2022 年 5 月第 1 版　2022 年 5 月北京第 1 次印刷

开本：710 毫米×1000 毫米 1/16　印张：74.25

字数：1064 千字

ISBN 978－7－01－024406－8　定价：268.00 元（全四册）

邮购地址 100706　北京市东城区隆福寺街 99 号

人民东方图书销售中心　电话（010）65250042　65289539

人民文库 第二辑

外国经济史

（近代现代）

第 二 册

樊 亢 宋则行 | 主编

人民出版社

目　　录

第二册　帝国主义形成时期

第一章　概述 ……………………………………………………… 3

第一节　帝国主义形成时期资本主义生产的发展 ……………… 3
19 世纪最后 30 年和 20 世纪初资本主义生产的发展
（4）　资本主义经济发展不平衡的加剧和腐朽趋势的
出现（5）

第二节　帝国主义的形成及其矛盾重重 ………………………… 7
生产的集中和垄断组织的形成（7）　银行业的集中和垄
断及金融资本和金融寡头统治的确立（9）　资本输出
和国际垄断组织的发展（10）　世界领土被瓜分完毕与
帝国主义殖民体系的形成（12）　帝国主义是腐朽寄生
的资本主义（13）　帝国主义时期工人运动中产生机会
主义的社会经济根源（14）　帝国主义的矛盾重重,帝
国主义是垂死的资本主义和无产阶级革命的前夜（15）

第三节　帝国主义形成时期的殖民地半殖民地经济 …………… 16
外国资本对殖民地半殖民地国家的财政经济命脉的控
制和资源掠夺（16）　殖民地半殖民地国家沦为帝国主
义的农业附庸和工业品的倾销市场（18）　殖民地半殖

民地国家中民族资本主义的发展和民族解放斗争(19)

第四节 帝国主义重新分割世界的第一次世界大战及其后果 ……… 21
战时国家垄断资本主义的发展与劳动人民生活的进一
步恶化(21) 战争使资本主义各种矛盾加剧,资本主
义进入总危机阶段(23)

第二章 美国成为垄断资本主义的典型国家……………………… 25

第一节 农业中资本主义的发展和农业生产的迅速增长 ………… 25
"美国式道路"的胜利(25) 南部奴隶制的残余(28)
农业的半机械化(29) 农业的地区专业化(30)
农业生产的发展和危机(31)

第二节 美国成为世界上头号工业强国和垄断资本主义的
典型国家 ……………………………………………… 34
工业和铁路运输迅速发展,美国成为世界上头号工业
强国(34) 工业迅速发展的原因(37) 周期性经济
危机(39) 工业生产的集中和垄断组织的发展(40)
银行业的集中和金融资本统治的确立(44)

第三节 垄断资本对工人阶级的剥削和对外经济扩张与殖民
侵略 …………………………………………………… 49
工人阶级的贫困化和反对垄断资本的斗争(49) 对外
经济扩张和殖民侵略(52)

第四节 美国借第一次世界大战大发横财和加紧对外扩张 ……… 57
战时经济的"繁荣"和国家垄断资本主义的发展(57)
战时加紧对外扩张(60)

第三章 英国世界工业垄断地位的丧失与垄断资本主义的形成………… 63

第一节 19世纪70年代后经济发展相对缓慢和"世界工厂"
地位的丧失 …………………………………………… 63
工业发展相对缓慢和经济危机频繁(63) "世界工
厂"地位的丧失和世界贸易垄断地位的动摇(65) 农

业的急剧衰落和对外依赖的加强(68)

第二节　垄断资本主义的形成和发展 ……………………… 70
　　　　工业垄断资本的形成及其特点(70)　银行垄断资本的
　　　　发展(74)　大量的资本输出(77)　英国加紧殖民扩
　　　　张和成为最大的殖民帝国(78)　工人阶级的贫困化和
　　　　工人运动中两条路线的斗争(81)

第三节　第一次世界大战中英国垄断统治的加强和经济实力的
　　　　削弱 ………………………………………………… 85
　　　　英国参战的目的和战时国家垄断资本主义的发展(85)
　　　　战时的工农业状况和劳动人民的贫困化(87)　战争的
　　　　胜利和经济的严重削弱(88)

第四章　德国垄断资本主义的形成 ………………………… 90

第一节　普法战争后德国工农业的发展 …………………… 90
　　　　工业生产的迅速发展及其原因(90)　农业发展的相对
　　　　落后(95)

第二节　德国垄断资本主义的形成及其特点 ……………… 98
　　　　德国垄断资本的高度发展(98)　德国帝国主义的对外
　　　　扩张活动及其特别富于侵略性的根源(103)　工人阶
　　　　级状况和工人运动,社会民主党内修正主义的滋长
　　　　(106)

第三节　第一次世界大战期间德国国家垄断资本主义的发展
　　　　和阶级斗争的空前尖锐化 ……………………… 109
　　　　战时国民经济的严重破坏和国家对经济的"调节"
　　　　(109)　劳动人民生活状况的恶化,阶级斗争的加强和
　　　　1918年的革命(112)

第五章　法国垄断资本主义的形成 ………………………… 114

第一节　19世纪末20世纪初法国经济的缓慢发展 ……… 114
　　　　普法战争对法国经济的影响(114)　巴黎公社的社会

经济措施(115) 19世纪末工业生产的缓慢发展及其原因(118) 20世纪初法国工业的发展和经济危机(121) 农业中经济关系的演变(123) 农业生产的缓慢发展和农业危机(124) 对外贸易状况的恶化(127)

第二节 法国垄断资本主义的形成及其特点 …………………… 128
生产集中和工业垄断资本发展得相对缓慢(128) 金融资本统治的建立和法国帝国主义的高利贷性质(130) 殖民地扩张的加强(135)

第三节 第一次世界大战期间法国国民经济所遭受的破坏和生产的衰退 ……………………………………………… 137
工业遭受破坏和政府的战时措施(137) 战时农业的衰退(141) 对外贸易的入超和财政上的困难(142) 阶级矛盾和阶级斗争的尖锐化(142)

第六章 俄国资本主义的发展和帝国主义的形成及崩溃 ………… 145

第一节 19世纪上半叶俄国的社会经济状况与1861年农奴制改革 ……………………………………………… 145
改革前的农奴制经济(145) 改革前的工业和商业(147) 农奴制的废除(150)

第二节 农奴制废除后资本主义的发展 …………………… 152
农业中资本主义的发展(152) 19世纪60—80年代资本主义工业的发展和工业革命基本完成(157) 19世纪90年代的工业高涨(159) 工人阶级状况和工人运动(161)

第三节 俄国垄断资本主义的形成及其特点 …………… 163
20世纪初沙皇制度的危机(163) 斯托雷平的土地政策(164) 农业生产状况(166) 20世纪初工业生产的发展和垄断资本主义的形成(168) 俄国帝国主义的特点(171) 俄国帝国主义的殖民扩张(174) 俄国成为列宁主义的故乡(176)

第四节　第一次世界大战中俄国经济的混乱　俄国帝国主义的
　　　　崩溃 ……………………………………………………… 176
　　　　战时经济混乱和调整措施(176)　临时政府的反动经
　　　　济政策和俄国帝国主义的崩溃(180)

第七章　日本资本主义的发展和垄断资本主义的形成 …………… 182

第一节　日本封建制度的解体和"明治维新" ………………… 182
　　　　日本封建制度晚期的土地关系和剥削制度(182)　城乡商
　　　　品经济的发展和商人阶级的壮大(185)　资本主义关系的
　　　　成长和封建制度的危机(186)　西方列强的入侵和幕府统
　　　　治的崩溃(188)　明治维新和资本原始积累(190)

第二节　日本的工业革命和资本主义的确立 ………………… 197
　　　　明治维新后工业革命的开始和 19 世纪 80 年代后大规
　　　　模的开展(197)　1894—1895 年侵华战争和工业革命
　　　　的基本完成(200)　日本资本主义工业发展的特点
　　　　(203)　农业中半封建关系的统治和农业生产发展的
　　　　缓慢落后(205)

第三节　日本垄断资本主义的形成及其特点 ………………… 208
　　　　日俄战争与战后日本工业生产的大幅度增长(208)　日本
　　　　垄断资本主义的形成和特点(212)　日本特别富于军事侵
　　　　略性的根源及其对中国与朝鲜的殖民掠夺(216)

第四节　第一次世界大战中日本经济进一步急剧膨胀 …………… 220
　　　　大战期间日本海外市场空前扩大和工业飞速发展
　　　　(220)　战时对中国的掠夺和控制(222)　财阀统治
　　　　的加强和劳动人民的贫困化(224)

第八章　印度经济的进一步殖民地化与印度资本主义的初步
　　　　发展 …………………………………………………… 227

第一节　英帝国主义对印度财政经济命脉的控制与印度经济的
　　　　进一步殖民地化 …………………………………… 227

资本输出成为英国进一步剥削印度人民和控制印度财政经济命脉的重要手段(227)　英国对印度若干重要生产部门的控制(231)　英国银行系统在印度的进一步发展及其作用的加强(234)　经理行是英国金融资本在殖民地印度建立垄断组织的特殊形式(235)　印度经济进一步殖民地化在印度进出口贸易中的反映(237)

第二节　在田赋、地租、高利贷三重压榨下的印度农村经济 ……… 238
田赋、地租压迫的加重(239)　在高利贷盘剥下农民失地的增多与农村阶级的分化(241)　大量可耕地的荒芜与农业生产力的衰退(243)

第三节　印度民族资本主义工业的初步发展 ……………………… 245
印度民族资本主义工业发生和发展的前提条件(245)印度棉纺织工业的发展过程(246)　塔塔家族与印度钢铁工业的产生(249)　印度近代工业的殖民地性质(251)印度经理行与印度股份银行的产生和发展(251)　印度资产阶级在人民反英运动中的政治态度及其根源(253)　印度工人阶级的状况和印度工人运动(254)

第九章　非洲经济的殖民地化 ……………………………………… 256

第一节　英国占领前后埃及经济的逐步殖民地化 ……………… 257
19世纪上半期阿里的经济改革(258)　外国资本势力的侵入和埃及经济的半殖民地化(261)　英国占领埃及后埃及殖民地经济的形成(264)

第二节　北非诸国沦为法国殖民地与法国侵略者的残酷掠夺 ……… 270
法国侵略者对阿尔及利亚的残酷掠夺与阿尔及利亚经济的殖民地化(271)　突尼斯和摩洛哥先后沦为法国的农业—原料附庸(274)

第三节　西欧殖民主义者对撒哈拉以南非洲的入侵、分割和奴役　撒哈拉以南非洲经济的殖民地化 …………… 275

西欧殖民者入侵前撒哈拉以南非洲各族人民的社会经
济结构(275)　欧洲殖民者的入侵和残酷的奴隶贸易
(278)　19世纪末帝国主义各国对撒哈拉以南非洲的
分割(280)　帝国主义者对土著居民土地的掠夺与撒
哈拉以南非洲农业生产的单一化(282)　帝国主义者
对地下资源的掠夺(288)　在外国商品的排挤下土著
手工业的衰落(291)　各族人民反对殖民统治的斗争
(291)

第十章　拉丁美洲经济的畸形发展 …………………………… 293

　第一节　外国资本对拉丁美洲的剥削和奴役 ……………… 293
　　　　　帝国主义列强对拉美的资本输出和扩张(293)　帝国
　　　　　主义对拉美对外贸易的控制和掠夺(299)

　第二节　大庄园制度的加强和农业的畸形发展 …………… 301
　　　　　大庄园制度的加强(301)　农业生产的畸形发展(305)

　第三节　工业的畸形发展和无产阶级贫困化 ……………… 308
　　　　　工业的畸形发展(308)　无产阶级的贫困和阶级斗争
　　　　　的尖锐化(311)

　第四节　第一次世界大战期间拉丁美洲国家的经济 ……… 313
　　　　　美国向拉丁美洲的全面扩张(313)　战时拉丁美洲的
　　　　　经济状况(315)　战时阶级斗争的新高涨(317)

第二册
帝国主义形成时期

第 一 章
概 述

第一节 帝国主义形成时期资本主义生产的发展

　　帝国主义,即垄断资本主义,是资本主义发展的最高阶段,它是在资本主义生产关系和生产力的矛盾进一步发展的基础上形成的。19世纪上半叶,特别是50—60年代资本主义大工业、农业、交通运输业、对外贸易和对外殖民扩张的迅速发展,使资本主义所固有的一切矛盾激化起来。1871年的巴黎公社起义和1873年空前深刻的世界经济危机,是这一时期资本主义政治和经济矛盾的集中表现,也是资本主义发展史上的重大转折点。

　　1871年的巴黎公社起义是一个划时代的伟大革命,是无产阶级企图推翻资本主义制度的具有世界意义的一次演习。马克思指出,巴黎公社"英勇的三月十八日运动是把人类从阶级社会中永远解放出来的伟大的社会革命的曙光"①。它标志着资产阶级的统治地位开始动摇,资本主义

_____

① 《马克思恩格斯全集》第18卷,人民出版社1964年版,第61页。

制度开始由鼎盛走向没落,社会主义革命已被提上日程。公社的历史经验表明:无产阶级应当采取革命手段夺取政权,粉碎资产阶级的军事官僚机器,建立无产阶级专政以代替资产阶级专政。这个经验对全世界无产阶级说来,是具有普遍意义的。

1873 年的世界经济危机是一次空前深刻的世界性危机。它席卷了德、美、奥、匈、英、法、荷和西班牙等资本主义国家;危机和危机过后的萧条阶段持续五年以上;工业危机和农业危机交织在一起;危机对工农业生产的破坏程度、危机中企业破产和工人失业的严重程度以及金融贸易的萎缩,都超过了历次危机。严重的危机和萧条使企业之间的竞争加剧,促进了生产和资本的集中,引起了垄断组织的广泛发展。因此,1873 年的世界经济危机标志着资本主义开始由自由竞争阶段向垄断阶段过渡。

> **19世纪最后30年和20世纪初资本主义生产的发展**

19 世纪最后 30 年中的技术进步,为过渡到垄断资本主义创造了物质基础。在 70 年代以前,除英国外,各主要资本主义国家仍然是农业占优势的国家;而在整个世界的工业中,轻工业还占据着主要地位,重工业基础比较薄弱。但是,这时世界工业革命的巨大成就已为生产技术的进一步发展准备了条件。特别是 70 年代后危机频仍,企业之间、部门之间、资本主义国家之间的竞争越来越激烈,更推动了一系列新技术的发明和采用,汤姆士炼钢法、蒸汽涡轮、内燃发动机、气钻、裁截机、发电机、电动机、远距离输电、电灯、电车、电话、无线电以及从炼焦煤中提取氨、苯和人造染料等新技术相继出现。这些新技术发明的利用,使原有的重工业部门(冶金、采煤、机器制造业等)迅速发展起来,并推动一系列新的重工业部门(电力、电器、化学、石油、汽车和飞机制造等)的先后建立和发展。这样,就使世界工业生产有了比以前更为迅速的增长。世界工业生产量,在 1850—1870 年的 20 年中增长了 1 倍,而在 1870—1900 年的 30 年中增长了 2.2 倍,到 20 世纪初的 13 年中又增长了 66%。

在整个工业的发展中,重工业增长特别迅速。19 世纪末,重工业在世界工业中开始占主要地位。美、英、德等先进国家成了以重工业为主导的工业国。

工业的发展和资本主义经济体系向全世界的扩张,促进了交通运输和国际贸易的发展。铁制汽船代替了木制帆船,世界船舶总吨位在1870—1910年增加了1倍多,其中汽船吨位所占的比重从16%增至76%。铁路建筑的进展更为迅速,1870—1913年,世界铁路线长度增长了4倍。1870年时,94%以上铁路线分布在欧美两洲,而到20世纪初,随着资本输出的增加以及资本主义列强对亚洲、非洲、拉丁美洲掠夺的加强,在这些地区也兴筑了相当大规模的铁路网。国际贸易的规模也有了进一步的扩大,1870—1913年,世界贸易总额增长了3倍以上。

资本主义工业、交通运输业和国际贸易的发展以及城市人口的迅速增长,也推动了农业生产的发展。在若干新开垦的地区如美国西部、加拿大、阿根廷、澳大利亚等地,农业生产量有了显著的提高。同时,各资本主义国家的农业耕作技术也有了进一步的发展。

资本主义经济发展不平衡的加剧和腐朽趋势的出现

这一时期资本主义经济虽有上述的迅速发展,但这种发展的不平衡性比前一历史时期加剧了,并且开始呈现出资本主义腐朽的总趋势。

这一时期资本主义经济发展的不平衡性,首先表现在农业相对落后于工业。70年代后,资本主义世界的农业生产虽曾有进一步的增长,但它主要依靠耕地面积的扩大,而单位面积产量的提高却比较有限。少数国家如美国、英国的农业虽已开始机械化,但是在19世纪末以前,农业机械还多用畜力曳引,虽曾试用蒸汽机,也因过于笨重而不能推广。同时,19世纪末叶的长期农业生产过剩危机,也推迟了农业机械的革新和创造。因此,19世纪末以前,少数资本主义国家的农业机械化仅限于大农场,而且只是革新农机具的半机械化。至于大多数国家的农业还基本上以手工劳动和畜力为基础,采用农业机械还只是少量的现象。

资本主义经济发展不平衡性的加剧,还表现在轻工业部门的发展大大落后于重工业部门的发展,"旧"工业部门(如纺织、采煤等)的发展大大落后于新兴工业部门(如电气、化学工业等)的发展。

各个资本主义国家的工业发展也是极端不平衡的,一些国家在短时期内跳跃地赶上和超过了另一些国家。发展最快的主要是新兴的美国、德国和以后的日本,而英国和法国相对地落后了。1870—1913 年,英国和法国的工业生产分别增长了 1.3 倍和 1.9 倍,而德国增长了 4.6 倍,美国增长了 8.1 倍。资本主义国家发展不平衡的加剧,引起了各主要资本主义国家在世界经济中的地位的急剧变化。1870 年,英国在世界工业生产中居第一位,约占总生产量的 1/3。19 世纪 80 年代,美国赶上了英国而居世界第一位,占有世界工业总产量的 30% 以上。1900—1910 年,德国又超过英国居世界第二位。法国和英国一样,它在世界工业生产中的比重一直在不断下降。俄国和日本的地位却有着显著的提高,虽然它们所占的比重仍然很小。

这一时期资本主义生产的迅猛发展是在向垄断资本主义过渡的条件下发生的,因而在技术进步的同时,出现了阻滞技术进步的腐朽现象。这一时期已经形成起来的垄断组织,为了维持垄断价格、防止竞争,为了避免原有技术装备发生无形损耗使资本贬损,往往采取各种办法阻碍技术改进和新机器的利用,把很多科学技术发明的专利权收买过来,束之高阁。

在垄断组织广泛发展的条件下,资本主义的基本矛盾以及由此造成的生产与消费的矛盾愈益尖锐,因而这一时期发生的经济危机比以前更为频繁、深刻和持久。70 年代后,资本主义世界陆续于 1873 年、1882 年、1890 年、1900 年、1907 年爆发了五次危机。1913 年,新的危机又逼近了主要资本主义国家,只是由于世界大战扰乱了再生产周期的正常过程,危机才没有爆发。但危机的周期比以前缩短了。70 年代以前,危机的间隔时间平均在 10 年左右,而这一时期,已缩短到 7 年左右。20 世纪初帝国主义形成后发生的第一次危机——1907 年的危机,其深刻严重的程度超过了历次危机。危机的频繁发生和对经济打击程度的加深,不能不使资本主义国家的工业增长速度减慢下来。1870—1890 年,资本主义国家的工业生产增长率平均每年为 6.3%,而 1890—1913 年下降至 5.8%。这正是资本主义腐朽趋势的一个重要表现。

在 19 世纪的最后 30 年中,与工业危机相交织,发生了长期的世界农业危机。这一时期美洲新开垦地区的农业生产,由于自然条件的优越,有了显著的增长,欧洲国家的农产量也有一定的提高。加之这一时期世界交通运输特别是海洋航运的迅速发展,使运费变得特别低廉。这就引起了资本主义世界农业生产的长期的相对过剩和世界农产品价格的持续下跌。大量廉价的美洲农产品涌向欧洲市场倾销,严重地打击了欧洲国家的农业生产。整个资本主义世界的农业长期处于慢性危机之中,一直到19世纪末才得到克服。长期的农业危机是资本主义生产呈现腐朽趋势的又一征象。

第二节　帝国主义的形成及其矛盾重重

生产的集中和垄断组织的形成　　19世纪最后30年生产技术的巨大进步、工业生产的迅速发展,特别是重工业的发展,使企业规模越来越大,股份公司得到了广泛的发展。随着股份公司的发展,资本与生产迅速集中。到20世纪初,各资本主义国家的生产集中已达到了相当的高度。新兴的美国和德国工业发展较快,生产的集中程度也较高。英国和法国在进入70年代后生产增长速度相对缓慢,技术装备陈旧,新工业部门比较薄弱,因而它们的工业生产集中的速度和程度要落后于美国和德国;特别是法国,工业中小生产的比重依然相当大。但是,这两个国家工业生产集中的趋势,也在明显地加强。资本主义工业发展水平远较落后的俄国,由于在工业革命过程中引用了外国技术和大资本企业的组织形式,并有外国资本的支持,它的重工业的主要部门又是大量为国家订货而生产的,因此生产的集中程度特别高。日本近代工业的发展,一开始就是在国家的大力扶植下进行的,很快就出现了与国家政权密切勾结的少数特权资本,因而生产集中的程度也很高。

生产集中引起垄断组织的产生。垄断组织虽在19世纪60年代和70年代初就已出现,但这时正是资本主义自由竞争发展的顶点,垄断组织还只是个别现象。1873年的经济危机使许多中小企业破产,危机后长期的萧条激化了企业之间的竞争和新技术的采用,从而推动了生产的集中,于是垄断组织广泛发展起来。但这时的垄断组织,一般还不稳固,也尚未在国民经济中占统治地位。一直到19世纪末的经济高涨和1900—1903年的危机期间,垄断组织才在发达的资本主义国家中普遍发展起来,成为全部经济生活的基础。这时,垄断资本主义最终形成,资本主义进入了帝国主义阶段。垄断资本的统治是帝国主义的基本经济特征。

由于各国的社会经济和历史条件不同,垄断组织发展的程度和组织形式也有差异。美国工业生产的集中程度最高,重工业最发达,一开始就靠采用新技术建立起来的大企业在许多部门中迅速地取得优势地位,因而垄断组织多采取在生产上进行联合的托拉斯形式。美国是垄断资本主义高度发展的典型国家,被称为"托拉斯之国"。德国垄断组织发展的程度仅次于美国。由于德国国内存在封建残余,国内市场相对狭小,加以德国资本主义兴起较晚,在扩大国外市场方面也面临着激烈的竞争,因而解决销售市场的问题特别尖锐。同时,在德国还存在比较大量的中小企业。所有这些条件,使在产品销售上进行垄断联合的卡特尔,成为德国垄断组织最普遍的形式。在英国,由于占优势的纺织等旧工业部门的生产集中程度较低,加之受广大殖民地带来的高额利润以及自由贸易政策等因素的影响,垄断化进程比较缓慢,垄断组织发展程度也比美、德两国低。它的垄断组织大多是由原有的大企业经过长期的激烈竞争,合并改组为大股份公司,并进行了一系列的兼并活动后组成的,其中垄断殖民地原料生产的垄断组织最为发达。法国向垄断阶段过渡时,工业生产发展相对缓慢,中小企业比重很大,工业生产集中程度较低,因而在垄断组织的发展速度和程度上也都比不上美国和德国。同时,它也没有形成某种比较突出的垄断组织形式,卡特尔、辛迪加、托拉斯在法国都有所发展。俄国按其生产集中的程度来说,有可能采取高级的垄断组织形式,但是由于重要工业企业一般都分别掌握在不同国别的外国资本手中,难以在生产上联合起来。同时,政府的大批订货和保护关税政策,使资本家争夺订货和国内市场的斗争异常激烈,因而在商业上联合起来的辛迪加成了俄国垄断组织的主要形式。日本的经济发展水平和工业生产集中程度都较欧美先进国家落后,但日本的近代工业一开始就操纵在得到国家特殊保护和扶植的少数带有封建性的特权资本手中。这类特权资本原来就广泛从事商业、金融、运输、工业生产等各个经济部门的活动,以后它们又在对外侵略战争和对外殖民掠夺中迅速壮大起来,因而由这种少数特权资本形成的垄断资本,大多一开始就采取垄断范围较广的康采恩形式,它们由于具有浓厚的封建性而被称为财阀。

尽管各国垄断组织形成的过程和采取的主要形式有所不同,但它们的实质是相同的,都是掌握某种或某几种商品的大部分生产或销售的资本家之间的联合。它们通过限制生产规模、瓜分市场、控制原材料、制定垄断价格等一切手段,剥削本国大多数居民,掠夺殖民地、附属国人民,并吞中小企业,夺取垄断组织以外的企业的一部分利润,从而实现对整个社会经济生活的统治,攫取超过平均利润的高额垄断利润。随着生产和资本进一步的集中,各国的垄断组织都逐渐向持股公司、康采恩等形式发展,各国在垄断组织形式上的差异也逐渐消失。

<u>银行业的集中和垄断及金融资本和金融寡头统治的确立</u> 工业生产的集中和垄断促进了银行业的集中和垄断。到20世纪初,主要资本主义国家银行业的集中和垄断,已达到非常高的程度。随着银行业集中和垄断的发展,银行的角色发生了变化,即由过去简单的资金借贷中介人变成了万能的垄断者。它支配着全社会的货币资本,控制了全社会工商业的经营活动。在这种情况下,银行资本与工业资本就逐渐融合起来,形成金融资本,并出现了一小撮既掌握银行又掌握工业的金融寡头。垄断的银行资本与工业资本的融合,是通过多种途径实现的:如银行和工业企业相互购买对方的股票;双方的代表互兼董事会董事;银行为工业企业发行股票、公司债券,发放长期贷款;银行建立自己的工业企业或工业企业建立自己的银行和金融公司等。这样形成起来的金融资本和金融寡头,以美国和德国最为典型。法国的银行垄断资本对工业的控制也比较紧密。日本的特权资本在国家扶植下一开始就有很广的垄断领域,由此形成的大财阀也具有垄断的银行资本和工业资本混合生长的金融资本的特征。在英国,也逐渐形成了金融资本和金融寡头,只是由于这一时

期的大银行主要从事世界贸易、世界金融和殖民地投资等方面的业务,对国内工业限于传统的短期信贷的融通,因而垄断的银行资本与工业资本的融合过程比较缓慢,并且采取比较隐蔽的形式。英国的金融资本和这一时期大量的资本输出以及对广大殖民地和附属国的剥削,有着特别密切的联系。

金融资本和金融寡头的形成及其对国家的经济政治生活的统治,是帝国主义的一个基本经济特征。在各个帝国主义国家中,金融寡头通过所谓"参与制"和其他种种方式,控制着国民经济的各个重要部门。他们还通过自己的代理人,运用强大的经济势力,直接或间接地控制着国家政权。资产阶级学者所一贯吹嘘的资本主义国家的"民主政治",在帝国主义时代实际上是少数金融寡头的专政。一小撮金融寡头为了追逐最大限度的利润,维持自己的统治,总是采取各种手段镇压工人运动,扼杀民族解放斗争,鼓动侵略战争,加强殖民压迫。正如列宁所指出的:"帝国主义是金融资本和垄断的时代,金融资本和垄断到处都带有统治的趋向而不是自由的趋向。这种统治趋势的结果,就是在一切政治制度下都发生全面的反动,这方面的矛盾也极端尖锐化。民族压迫、兼并的趋向即破坏民族独立的趋向(因为兼并就是破坏民族自决)也变本加厉了。"①

资本输出和国际垄断组织的发展 资本输出是帝国主义国家进行对外扩张的重要手段,是金融资本对全世界进行剥削和统治的重要基础。资本输出在资本主义进入垄断阶段以前就存在了,但只有到了垄断阶段,它才具有特别重要的意义,并成为帝国主义的一个基本经济特征。这时,少数最富有的资本主义国家"已经'成熟过度了','有利可图的'投资场所已经不够了"②,从而形成了大量的"过剩"资本。同时,资本主义的发展已经把许多落后国家都卷入了资本主义世界市场范围,在那里具备了进行投资的条件。帝国主义国家为攫取高额利润,夺取原料产地和商品销售市场,扩大对落后国家的掠夺,

---

① 《列宁选集》第二卷,人民出版社1972年版,第839页。
② 《列宁选集》第二卷,人民出版社1972年版,第783页。

建立金融资本统治的世界体系,把"过剩资本"输向国外。在第一次世界大战前,英国和法国是两个主要资本输出国。英国是最早也是最大的资本输出国。英法两国资本输出的地区和方式有所不同。英国资本绝大部分输往殖民地和半殖民地,并且很大一部分采取生产资本即直接投资的形式。而法国资本绝大部分投放在欧洲(主要是俄国),并且主要采取借贷资本即间接投资的形式。法国借贷资本输出额与其经济实力相比显得特别突出,所以列宁把法国叫作"高利贷帝国主义"。德国对外投资开始时间比较晚,但增长很快。它所输出的资本半数投放在欧洲,其余分布在拉美、亚洲、非洲等殖民地半殖民地国家,并且主要是直接投资。美国在这一时期正向西部扩张领土,拥有广大的国内投资场所,资本输出数量还不大。至于俄国和日本,20世纪开始后也有少量资本输出(其中主要是对中国的投资),但基本上还是资本输入国。

帝国主义国家的资本输出,在客观上不能不引起作为资本输入国的殖民地半殖民地的资本主义经济的某些发展,但其目的决不是要发展这些落后国家的经济,而是使它们变成农业—原料附庸,成为帝国主义剥削和奴役的对象,印度、非洲和拉丁美洲国家被掠夺的情况证实了这一点。帝国主义通过资本输出对旧中国财政经济命脉的控制,也正是旧中国贫困落后的重要原因。没有政治上的独立自主,以及政府对利用外资的正确的政策措施,外国资本对落后国家的经济发展就不可能起积极作用。

随着资本输出的增加和垄断组织国外联系的扩大,各国最大的垄断组织之间争夺势力范围的斗争加剧了。为了防止竞争,减少由此带来的损失和破坏,它们往往改变斗争形式,求得暂时妥协,订立国际协定,形成国际垄断同盟,从经济上瓜分世界。当时国际垄断组织的主要形式是国际卡特尔。第一次世界大战前,世界上大约存在过114个国际卡特尔。这些国际垄断组织,大部分是划分销售区域的协定,有的还规定了销售价格和生产限额,也有一些是关于互相交换专利权和生产技术的协定。通过这些协定,国际垄断组织保持了世界市场上商品的垄断价格,阻挠着重要技术发明的运用,或把它们控制在自己手里,攫取高额垄断利润。

国际垄断组织的协定,是各国大垄断资本在世界市场上进行激烈竞争中产生的,因而是不稳固的。随着彼此力量对比的变化,各国垄断组织之间经常进行着争取更大份额的斗争。因此,国际垄断组织的出现,不但不能消除各国垄断资本之间的斗争,反而使这种斗争更加激烈起来。

世界领土被瓜分完毕与帝国主义殖民体系的形成

各国垄断资本为了保证在激烈的国际竞争中取胜,获取高额垄断利润,总是力图夺取和独占原料来源地、商品销售市场和资本输出场所。在帝国主义时期,殖民地作为宗主国的原料产地、商品市场和投资场所的作用更加重要起来。同时,帝国主义还力图通过掠夺殖民地以缓和日益尖锐的国内阶级矛盾,夺取进行侵略战争的战略要地。这样,自19世纪80年代以来,帝国主义国家在从经济上瓜分世界的同时,展开了激烈的争夺殖民地的活动,展开了瓜分和重新瓜分世界领土的激烈斗争。当时,列强角逐的主要地区是非洲,其次是西亚和东亚。到1910年,非洲土地面积的90.4%、亚洲的56.6%、美洲的27.2%、澳洲的100%,已沦为列强的殖民地。此外,亚洲、拉丁美洲许多国家变成了帝国主义的半殖民地或附属国。英国占有的殖民地最多,1914年它的殖民地领土等于它本国领土面积的110倍,殖民地人口为它本国人口的8倍多。法国的殖民地也相当广大,几乎等于德、日两国殖民地领土总和的3倍。经济发展水平并不高的俄国和日本,靠侵占与其毗邻的落后国家也拥有了广大的殖民地领土。美国直接占有的殖民地不多,它主要是采取了新殖民主义的侵略形式,从政治、经济上控制名义上的独立国,使之实际上成为附属国。

到20世纪初,世界领土已被瓜分完毕,资本主义囊括了全世界,形成了世界资本主义经济体系。这个体系包括对立的两个部分:一部分是剥削和压迫殖民地附属国的少数帝国主义国家,另一部分是占世界人口大多数的殖民地、附属国和半殖民地国家,它们是帝国主义赖以生存的重要基础。

世界领土被瓜分完毕和帝国主义殖民体系的形成,并不意味着帝国主义争夺殖民地斗争的结束,而恰恰是它们为重新瓜分世界而斗争的开始。随着帝国主义国家的实力对比发生变化,这个斗争就不可避免地导致帝国主义国家之间的战争。

帝国主义是腐朽
寄生的资本主义

垄断是帝国主义的经济实质，也是帝国主义寄生性、腐朽性的经济基础。随着垄断资本统治的确立以及对殖民地半殖民地人民剥削和奴役的扩大和加深，帝国主义所固有的腐朽性、寄生性日益明显地暴露出来。列宁写道："垄断制，寡头制，代替了自由趋向的统治趋向，极少数最富强的国家剥削愈来愈多的弱小国家，——这一切便产生了帝国主义的一些特点，使人必须说帝国主义是寄生的或腐朽的资本主义。"[①]

各国垄断组织在生产和销售中占据统治地位后，为了维持高昂的垄断价格，攫取高额垄断利润，往往不惜限制生产规模，销毁"过剩"产品[②]，收买足以使其原有资本贬损的新技术发明而不加利用，因而造成物质财富的巨大浪费，在生产和技术的发展上出现了某种停滞趋势。诚然，如19世纪末20世纪初一些资本主义国家生产技术发展情况所表明的，由于垄断不能完全排除国内外市场的激烈竞争，个别企业、个别部门、个别国家的生产和技术在一定时期会有迅速的发展，但是这种发展总是落后于当时科学技术所提供的可能性，而且常常与帝国主义国家之间的军备竞赛相联系，因而带有片面发展的性质。

在帝国主义时期，随着股份公司和垄断组织的广泛发展，资本所有权和资本使用权分离的现象更加普遍，完全不参加企业经营而专靠"剪息票"过游惰生活的食利者阶层的人数空前增加，专门为寄生阶级游乐服务的行业和从业人员也随之增长。大量的资本输出，对广大殖民地的残酷剥削，更使少数金融资本发达的国家变成了吮吸落后国家人民膏血的食利国。英国、法国是这一时期典型的食利国。这些都充分表明了帝国主义的腐朽寄生性质。

---

① 《列宁选集》第二卷，人民出版社1972年版，第842页。
② 在经济危机期间，物价暴跌，有些大宗产品特别是农产品的价格，跌到甚至不足以抵偿它的保管、仓储、运输费用，有的垄断组织就将一部分产品加以销毁，或由政府收买后加以销毁，以减少市场供应，阻止价格继续下跌，或使价格回升，弥补亏损。

帝国主义时期工人运动中产生机会主义的社会经济根源

帝国主义的腐朽寄生性也在工人运动中得到反映。垄断资产阶级为了消除工人阶级反对垄断资本的斗争，一方面加强对国家机器的控制，残酷镇压工人运动；另一方面用从殖民地、附属国剥削得来的庞大利润的一小部分，以高工资收买工人阶级的上层分子，培养工人贵族，破坏工人运动。工人贵族夺取一部分工人组织的领导权，叛卖工人阶级的利益，效忠资产阶级。他们是工人运动中出现机会主义的社会基础。

英国较早拥有极广大的殖民地，并长期在世界市场上占有垄断地位，因而从19世纪中叶起，在英国就出现了工人贵族。也正是在这个基础上，19世纪下半叶机会主义在英国工人运动中的势力最盛、影响最深。到19世纪末和20世纪初，随着垄断资本统治的确立和世界领土被瓜分完毕，帝国主义列强从垄断统治和对殖民地、附属国的剥削中获得了巨额利润，从而工人贵族在各个帝国主义国家中普遍形成。这也正是19世纪末20世纪初在第二国际中出现伯恩施坦修正主义的社会经济根源。此外，修正主义的出现和在工人运动中的泛滥，也和当时资产阶级有时在策略上改用某些"改良主义"政策，即与暴力手段交替使用或结合使用的某些麻痹、分化工人阶级的手法有关。因此，第二国际修正主义，是帝国主义政策的产物，是为帝国主义效劳的。

以伯恩施坦和稍后的考茨基为代表的老修正主义者，披着马克思主义的外衣，阉割马克思主义的革命灵魂，篡改马克思主义的一系列重要学说，特别是马克思主义关于无产阶级革命和无产阶级专政的学说，宣扬阶级合作和资本主义和平改革的思想。在第一次世界大战期间，第二国际修正主义者又堕落为社会沙文主义者，他们在"保卫祖国"的口号下积极支持本国资产阶级政府的帝国主义战争。以列宁为首的革命的马克思主义者，与第二国际修正主义进行了坚决的斗争，彻底揭露了它的叛卖实质，使他们遭到破产。

帝国主义的矛盾重重,帝国主义是垂死的资本主义和无产阶级革命的前夜

帝国主义国家的垄断统治,不仅使资本主义具有愈来愈明显的腐朽性和寄生性,而且扩大和加深了资本主义所固有的一切矛盾,使帝国主义成为外强中干、坐在火山口上的"纸老虎"。

首先,进入帝国主义时期后,无产阶级与资产阶级的矛盾更加尖锐起来。在垄断资本统治下,工人所遭受的剥削更加残酷。垄断资产阶级不仅剥削和压迫工人,而且通过垄断价格、资产阶级国家的税收和兼并与吞并活动,剥削和掠夺其他阶层的人民,把广大的小资产阶级推入无产阶级的队伍。他们用低价收购农产品,高价出售工业品,并通过信贷系统掠夺农民,使广大农民日益贫困破产。垄断资本统治集团还在政治上竭力加强国家军事官僚机构,缩小人民的民主权利。在垄断条件下,生产的社会性和资本主义私人占有之间矛盾的加剧,以及垄断统治在政治上的日趋反动,使国内经济矛盾和阶级矛盾日益尖锐,无产阶级反对垄断资本的斗争不断加强。

其次,进入帝国主义时期后,殖民地半殖民地人民同帝国主义之间的矛盾加深了。帝国主义国家通过向殖民地半殖民地输出的大量资本和在那里攫得的各种政治经济特权,直接或间接地控制了它们的财政经济命脉,操纵着这些国家的对内对外政策。同时,帝国主义在殖民地半殖民地的投资,不可避免地使当地的现代交通和工业有所发展,促进殖民地工人阶级和资产阶级的产生和成长,加深殖民地半殖民地人民同帝国主义之间的矛盾,激发殖民地半殖民地人民反抗帝国主义侵略和殖民统治、争取民族解放的斗争。进入 20 世纪以后,这个斗争尤其在亚洲逐步高涨起来。列宁在 1913 年写道,"极大的世界风暴的新泉源已在亚洲涌现出来了","我们现在正处在这些风暴盛行及其'反转来影响'欧洲的时代"。①列宁一向十分重视民族解放运动,一再强调资本主义国家的无产阶级同被压迫民族联合起来的伟大意义。他指出:"如果欧美工人的反资本斗争不把被资本压迫的千百万'殖民地'奴隶最紧密地全部团结起来,那末

① 《列宁全集》第十八卷,人民出版社 1959 年版,第 583 页。

先进国家的革命运动事实上只不过是一场骗局。"①

最后，随着资本主义国家发展不平衡的加剧和世界领土被瓜分完毕，帝国主义国家之间的矛盾也日益尖锐起来。这个矛盾集中地表现为帝国主义列强为重新瓜分世界、夺取世界霸权而进行的斗争。这个斗争终于导致了第一次世界大战的爆发。老修正主义头目考茨基，为了掩饰帝国主义之间的深刻矛盾，胡诌出一套"超帝国主义论"，认为各国金融资本将会实行一种以国际联合代替相互斗争的"超帝国主义"政策，从而可以实现永久的国际和平。列宁对考茨基的"超帝国主义论"给予了有力的驳斥，一针见血地指出：其目的就在于散布一种似乎在"资本主义制度下可能达到永久和平的希望"②，以欺骗群众。第一次世界大战的发生，彻底地粉碎了考茨基的无耻谰言。

由上可见，进入帝国主义阶段后，资本主义各种矛盾空前尖锐起来，这就使帝国主义国家中推翻垄断资本统治的无产阶级社会主义革命不可避免，使殖民地半殖民地国家中消除殖民主义及其代理人的民族革命不可避免，使帝国主义国家之间的战争不可避免。而帝国主义之间的战争，又必然使帝国主义受到削弱。这一切表明：帝国主义是腐朽的垂死的资本主义，是无产阶级社会主义革命的前夜；帝国主义时代是无产阶级革命的时代，同时也是殖民地半殖民地民族革命的时代。

第三节 帝国主义形成时期的
殖民地半殖民地经济

外国资本对殖民地半殖民地国家的财政经济命脉的控制和资源掠夺

在欧美发达的资本主义国家向帝国主义过渡和帝国主义最终形成的时期里，亚洲、非洲、拉丁美洲的殖民地半殖民地国家，在外国资本势力的侵略下，变成了帝国主义的农业—原料附庸。这

---

① 《列宁全集》第三十一卷，人民出版社 1958 年版，第 238 页。
② 《列宁选集》第二卷，人民出版社 1972 年版，第 836 页。

一时期的殖民地半殖民地,不仅作为发达的资本主义国家的原料产地和商品销售市场的作用比以前更加重要了,而且进一步成了它们的最有利的投资场所。

如前所述,这一时期英国、法国以及稍后的德国、美国等,向亚、非、拉美地区输出了大量资本。帝国主义者在殖民地半殖民地进行投资,决不是为了发展这些国家的独立经济,而是为了控制它们的财政经济命脉和加强殖民统治,以服务于它们剥削和掠夺的目的。这种投资,一般分为间接投资和直接投资两种形式。间接投资主要是承购殖民政府发行的公债,或向半殖民地国家的政府或银行提供附有奴役性条件的贷款。帝国主义国家通过间接投资不仅榨取了高额的利息,而且往往从接受贷款的国家攫得了种种经济政治特权,控制了这些国家的财政金融,为进行直接投资、掠夺资源、开辟市场打开了方便之门。直接投资主要是外国资本在这些地区直接举办各种企业,如铁路、海港、航运、银行、保险、公用事业、贸易公司、种植园、矿山、工厂等。对加工工业的投资则主要限于供出口用的农产品初步加工。其目的除便于军事、政治控制外,还为了控制这些国家的主要经济部门,以便把它们彻底变成自己的农业—原料附庸。这一时期帝国主义在殖民地半殖民地投资的总趋势是,间接投资和直接投资的绝对量都在不断增加的同时,直接投资的比重有着显著的提高。这表明外国资本对殖民地半殖民地经济控制的加强和剥削的加深。

掠夺当地农民的土地,是外国资本在殖民地半殖民地进行农业资源掠夺的一种重要方式。这在非洲进行得特别残酷。殖民者用武力、欺诈等各种手段,从土著居民手里夺取大批优良土地后,就分配给欧洲移民和土地公司,或宣布为皇家地产,作为殖民的土地后备。被剥夺了土地的土著居民,则被强制集中到"特居地"内。"特居地"的土地通常是最贫瘠的土地,不足以养活聚居在那里的土著居民。被夺占的土地,除一部分用来建立大种植园,经营宗主国鼓励生产的出口农产品外,大部分则被荒废着。在印度,在拉美各国,也有大量土地落入外国资本手中,变成种植园、大农场、油田,或者用来开掘矿藏、修筑铁路。在一些拉美国家中,外国公司占有的广阔土地,实际上成了"国中之国"。在外国资本控制下的矿山或种植园里,被雇佣的当地居民都处于半奴隶的地位,遭受着最残酷的剥削。

在殖民地国家未被外国资本夺取的土地上,帝国主义者竭力保持原有的前资本主义的剥削形式。这一方面是为了阻碍这些国家的经济发展,便于对它们进行剥削和奴役;另一方面也是为了扶持封建地主势力,作为自己殖民统治的支柱。因此,在农村中封建土地关系的长期保留,是殖民地经济的一个重要特点。

殖民地半殖民地国家沦为帝国主义的农业附庸和工业品的倾销市场　大量抢夺土著居民的土地,在农村保持封建土地关系,便利了外国资本势力的渗入和对这些国家农业资源的掠夺。在亚洲、非洲和拉丁美洲,许多国家的农业在外国资本的控制和奴役下,服从于帝国主义的利益,片面地发展一种或几种出口作物,成为帝国主义的农业附庸。这是殖民地半殖民地经济的又一个重要特点。拉丁美洲农业中发展单一种植制的趋向,从 19 世纪初期以后就已开始,而在 19 世纪下半期得到了进一步加强。例如,在古巴,甘蔗园占据全国大部分的耕地,19 世纪中叶以后,糖就占了古巴出口总值的 80%。巴西在 19 世纪末是世界上最大的咖啡生产地,咖啡在巴西出口总值中占 70% 以上。阿根廷除继续发展养羊业、出口羊毛羊肉外,从 80 年代以后还大量种植玉米和小麦出口。其他一些拉美国家都主要从事一种或几种特种作物的生产(如甘蔗、咖啡、可可、香蕉等),而本国需要的粮食则靠从国外进口。在非洲,自 19 世纪末 20 世纪初以后,帝国主义国家也迫使所属殖民地发展单一出口作物,如在西非的不同地区,分别种植可可、棕榈、咖啡、花生、烟草、棉花等作物。在北非,埃及主要发展棉花,阿尔及利亚、突尼斯主要发展葡萄、橄榄、果树、蔬菜等。在东非的不同地区分别种植棉花、西沙尔麻、烟草、咖啡等。殖民地半殖民地国家片面发展出口作物的结果,使它们在经济上和政治上更加依附于帝国主义国家。当地农民不得不遭受外国垄断组织的双重剥削,即一方面以极低的价格出售农产原料,而另一方面以高昂的价格买进粮食和工业品。

帝国主义国家在殖民地半殖民地进行投资,掠夺矿产资源,片面发展出口农作物的结果,不仅使这些国家成了它们的原料供应地,而且也扩大了这些国家作为商品销售市场的作用,从而使这一时期殖民地半殖民地国家的对外贸易额迅速增长起来。在殖民地国家的对外贸易中,宗主国总是占显著优势;而半殖民地国家的市场,则一般都为几个资本势力最大的帝国主义国家所分割。例如,英国在印度的进口贸易中的比重,在19世纪70年代时达80%以上,20世纪初虽因德国、美国、日本开始挤进印度市场而有所下降,但仍高达60%以上。英国在印度出口贸易中的比重,70年代时达40%以上,20世纪初虽因印度农产品日益卷入世界市场,对英输出的比重逐渐下降,但仍占25%左右。在半殖民地的拉丁美洲,1910年美、英、德、法四个帝国主义国家占了拉美20个国家进口贸易额的70.5%、出口贸易额的73.6%,仅美英两国就占了进出口贸易额的半数上下。因此,从对外贸易关系中,也可以看到殖民地半殖民地国家在经济上对帝国主义国家的严重依赖性。

> **殖民地半殖民地国家中民族资本主义的发展和民族解放斗争**

　　外国资本的侵入,在客观上给殖民地半殖民地的资本主义发展创造了某些条件,刺激了民族资本的近代工业的生长,但是它受到帝国主义种种的阻挠和压制,发展是微弱的、畸形的。例如在印度,19世纪下半期一部分大买办商人—高利贷者开始集资创办棉纺织工业,但它一开始就受到英国对印度所实行的片面"自由贸易"的打击和其他种种钳制,以后,只是靠着利用当地的廉价原料,加强对工人的剥削,生产与外货竞争较少的粗纺织品,才获得一定的发展。第一次世界大战前夕,印度资本(塔塔家族)创办了钢铁企业,但在筹办过程中,同样遭到英帝国主义的重重阻挠,以后靠着与殖民当局的勾结,才得以建立起来,并在大战开始后,为英帝国主义的军需效劳。由于英国的限制和阻挠,印度完全没有自己的机器制造业,一切装备都须仰赖英国。在亚洲其他地区和拉丁美洲的一些半殖民地国家中,发展微弱的民族工业也大都限于棉纺织业、食品加工业等一些轻工业,冶金业、机器制造业等重工业都没有建立起来。在非洲,除埃及外,当时一般都还没有民族资本的近代工业。因此,在帝国主义的束缚下,殖民地半殖民地国家的工业发展是极其落后和片面的。

可是,随着帝国主义在殖民地半殖民地投资的增长和当地民族工业的初步发展,无产阶级和资产阶级逐渐成长起来。殖民地半殖民地国家的阶级结构发生了深刻的变化。其中,封建地主阶级和官僚买办资产阶级,是反动的阶级。无产阶级受压迫最深,它是反对帝国主义及其走狗的最坚决的革命力量。占殖民地半殖民地人口绝大部分的农民是无产阶级的可靠同盟军,是民族解放斗争中的主力军;手工业者、小商人、知识分子(除少数被帝国主义和买办官僚资产阶级收买去的之外),也都受着帝国主义、封建地主、大资产阶级的压迫,是反帝反封建的革命力量。民族资产阶级因受帝国主义、封建主义、官僚买办资产阶级的压迫,在一定时期和一定程度上有反帝反封建的革命性的一面,但是由于它在经济上和政治上异常软弱,同帝国主义、封建主义有着千丝万缕的联系,在反帝反封建的斗争中又有妥协性的一面。

随着帝国主义对殖民地半殖民地国家侵略和剥削的加深,到 20 世纪初,殖民地半殖民地国家的人民同帝国主义之间的矛盾日益尖锐起来,反对帝国主义的民族运动逐渐高涨。20 世纪初,印度人民掀起了抗英的民族运动高潮。当时无产阶级由于缺乏先进的工人阶级政党的领导,还未成为民族运动的领导力量。民族运动的领导权落在软弱的资产阶级和地主阶级“自由派”手中,因而这一时期的民族运动,还未能给英帝国主义的统治以重大打击。但是,亚洲民族革命的风暴已汹涌来临了。在拉丁美洲,反对依附于帝国主义的本国反动政权的民族民主斗争也有所发展。最突出的是 1910—1917 年在墨西哥掀起的以工人、农民和小资产阶级为主力军的资产阶级民族民主革命。在非洲,埃及的新兴的民族资产阶级和知识分子阶层,展开了争取民族独立的运动。20 世纪初,埃及工人也开始组织起来,逐渐成为争取民族独立斗争的一支重要力量。阿尔及利亚人民反抗法国殖民统治的斗争,从被侵占时起就此起彼伏,没有停息过。至于在撒哈拉以南非洲,各族人民反抗殖民统治的斗争,在 20 世纪初一般都还处在自发斗争的阶段,只有在南非,反对殖民掠夺的斗争开始有了一定的组织,工人运动也有了一定的发展。

总之,到 20 世纪初,由于亚、非、拉美的各族人民日益觉醒,争取民族解放的斗争广泛展开,帝国主义想安安稳稳统治和奴役殖民地半殖民地人民的日子已经过去了。

第四节　帝国主义重新分割世界的
第一次世界大战及其后果

1914—1918 年的第一次世界大战,是资本主义制度的政治、经济危机激化的结果,特别是资本主义国家发展不平衡性加剧、帝国主义国家之间的矛盾空前激化的结果。在帝国主义时期,资本主义国家经济发展不平衡性的加剧,使资本主义列强之间的经济实力对比发生了急剧变化。到 19 世纪末和 20 世纪初,英、法帝国主义的经济发展越来越相对落后,而新兴的美、德帝国主义的经济得到了跳跃式的发展,在经济实力上先后超过了英法。然而,这种实力对比的变化同各帝国主义国家在这一时期对殖民地和势力范围的分割情况,是极不相称的。经济实力相对落后的英国和法国,拥有世界殖民地和落后国家市场的绝大部分,而经济实力日益增强的美国和德国所得到的只是英法饱餐后的残羹。于是,帝国主义国家之间重新分割世界的斗争日益尖锐起来。在 19 世纪末 20 世纪初,德国和英国为争夺欧洲和世界霸权,以它们为盟主形成了两个对立的帝国主义军事集团,进行激烈的争夺,终于导致了第一次世界大战。

战时国家垄断资本主义的发展与劳动人民生活的进一步恶化

战争开始后,各交战国都把全国经济转上战时轨道,加强国民经济军事化,从而使军事工业畸形膨胀,民用生产急剧缩减。为了动员人力、物力、财力供应战争需要,为了保证垄断组织攫取最大限度的战时利润,各交战国的国家政权都逐步加强了对经济的干预,促进了国家垄断资本主义的发展。

战时各国国家垄断资本主义的发展,采取了多种形式。建立由垄断组织操纵的各种国家经济管制机构是最普遍采用的一种形式。这些经济管制机构有着广泛的权力:负责组织和分配国家的军需订货;征集和调配军需原料,特别是稀缺原料;管制生活必需品的供应和分配;调配各部门的劳动力;规定物价、工资;等等。而所有这些干预措施,无论是国家订货的分配,或是原料和劳动力的调配,取得优先或特殊地位的,都是属于垄断资本的大企业,而大部分的中小企业则受到排挤,以致被迫停工。战时国家垄断资本主义的另一重要形式,就是由国家预算拨款兴办与军需有关的企业,或实行某些部门(如铁道、航运)的国有化。国家兴办的企业,战时一般都交由垄断组织经营,战后则按低价甚至无代价地转到私人垄断公司手中。至于战时被收归国营的企业,都保证对原企业主给予高于战前水平的利润。由国家(如在德国)颁布强制卡特尔化法令,把一些没有卡特尔化的部门和企业置于垄断组织控制之下,是国家垄断资本主义的又一种形式。此外,政府还用给予大垄断组织巨额补助金和贷款的办法,把大量国库资金装入垄断资本家的腰包。

所有这些国家垄断资本主义的措施,其实质不外乎是使国家机构进一步从属于垄断组织,其结果都进一步加强了各交战国的生产和资本的集中,进一步扩大了垄断组织的势力,使垄断资产阶级大发横财,利润剧增。而劳动人民的处境则进一步恶化。垄断资本家以"国防"和"民族利益"为借口,加强了对工人的剥削,如延长工作日、提高劳动强度、在企业中实行军事劳役制等。政府还宣布"冻结"工资,禁止工人罢工,实行普遍的义务劳动。政府通过增加租税、发行公债和通货膨胀所筹集的庞大战费,其负担最终也都落在劳动人民身上。战时物价的飞涨,使工人的实际工资大大下降。战时实行的食物、衣着等定量配售制,更使广大群众的生活被压低到最低水平以下。因此,战时帝国主义国家所实行的对经济生活的"调节",其结果正如列宁所指出的,"给工人(和一部分农民)造成**军事苦役营**,给银行家和资本家建立起**天堂**"①。

战争期间,帝国主义各国加紧了对殖民地半殖民地国家的原料和粮食的

---

① 《列宁选集》第三卷,人民出版社1972年版,第140页。

掠夺。帝国主义国家在殖民地半殖民地搜刮物资的结果,造成物价飞涨,使当地广大劳动人民的生活更趋恶化。帝国主义者还强征大批殖民地人民入伍,送往前线充当炮灰。战时殖民地人民所受的灾难是无比深重的。

> 战争使资本主义各种矛盾加剧,资本主义进入总危机阶段

帝国主义战争给人类带来了空前的灾难。到1918年战争结束时为止,参战的国家达30个,各国应征入伍的人员共计7000万人。在战争中死亡的人口达1000万人,受伤和残废的人超过2000万人。在整个战争期间,交战强国的直接军费达2080亿美元,许多国家的国民经济遭到了巨大破坏。

战争的结果,使各主要资本主义国家经济力量的对比发生了新的巨大变化。主要参战国英国、德国和法国,在战争中消耗了大量财富,直接受到战争的严重破坏;各部门大量的设备在战时也没有得到更新;军事工业和其他直接为战争服务的一些工业,虽然获得很大发展,但是整个工业生产水平,经过4年战争,较战前低落了。以1913年的工业生产指数为100,1918年:英国为80.8,德国为57,法国在1919年也降低到57。法国和德国的农业生产在战时严重萎缩,英国的农业虽然得到较大发展,但战争一结束,随即重新陷入衰退状态。同时,它们在世界市场上的地位,在美国和日本的排挤下也大大衰落了。因此,英国和法国虽然取得了战争的胜利,掠得了大量新的殖民地,但主要后果是它们的实力进一步削弱了。至于战败的德国,除了战时受到严重损耗外,在战后又丧失了全部殖民地,割让了一部分富产煤铁的领土,承担了巨额战争赔款和实物赔偿。而美国却利用战争的有利时机,极大地扩张了自己的经济势力。它参战晚,又远离战场,未遭战争破坏。它在参战前,同交战双方都大做军火买卖,因而大战期间工业生产有很大发展。同时,美国在战时还向各国供应了大量军需物资,提供了大量贷款,增加了资本输出,因而从债务国一跃而为债权国,并取代英国成了世界金融资本剥削的中心。美国在拉丁美洲和远东的殖民势力也大大增强。东方的日本,乘欧洲各国无暇东顾之际,扩大了对中国的侵略,加强了在远东和世界市场上的扩张,它的经济实力也有很大增长。

所以，战争使资本主义国家发展的不平衡性进一步加剧了。帝国主义战争不仅没有解决帝国主义之间的矛盾，反而孕育了更深刻的矛盾和冲突。

大战的结果，加深了殖民地半殖民地国家和帝国主义之间的矛盾。在大战期间，帝国主义国家因受到战争的牵制，对殖民地半殖民地国家的控制不得不暂时有所放松，对这些国家的商品输出也减少了。这就使殖民地半殖民地国家的民族工业得到了发展机会。在战争期间，亚洲、拉丁美洲许多国家的民族工业都有了不同程度的发展，民族资产阶级和工人阶级的力量进一步成长起来。同时，帝国主义战争也使殖民地半殖民地国家的人民的民族觉悟进一步提高。这都推动了战后亚、非、拉美地区民族解放运动的发展，使帝国主义殖民体系陷入危机。

大战也加深了帝国主义国家内部的阶级矛盾和革命危机。列宁指出："英德两个金融强盗集团争夺赃物的战争留下的几千万尸体和残废者，以及后来的这两个'和约'，空前迅速地唤醒了千百万受资产阶级压抑、蹂躏、欺骗、愚弄的民众。于是，在战争造成的全世界的经济破坏的基础上，世界革命危机日益成熟，这个危机不管会经过多么长久而艰苦的周折，其结局只能是无产阶级革命爆发并且获得胜利。"①4 年的帝国主义大战，大大地削弱了世界资本主义体系，从而为无产阶级革命创造了十分有利的条件，使他们有可能在帝国主义阵线最薄弱的环节上突破，首先在一个国家内推翻资本主义的统治，取得社会主义革命的胜利。1917 年俄国的十月社会主义革命就是在这种条件下取得成功的。

十月社会主义革命开辟了人类历史的新纪元，它对全世界的革命运动的发展，产生了深刻的巨大的影响。它不仅鼓舞了各个资本主义国家中无产阶级的革命斗志，开辟了一个无产阶级革命的时代，而且激发了殖民地半殖民地人民争取民族解放的斗争浪潮，为世界各个被压迫民族开辟了一个在无产阶级领导下进行民族革命的新道路。从此，世界资本主义体系进入了它的总危机阶段。

---

① 《列宁选集》第二卷，人民出版社 1972 年版，第 734 页。

第 二 章

美国成为垄断资本主义的典型国家

第一节　农业中资本主义的发展和农业生产的迅速增长

"美国式道路"
的 胜 利

南北战争是美国资本主义发展史上的一个重要转折点。而南北战争的最大历史功绩是废除了奴隶制,使资本主义性质的农业迅速发展起来。

南北战争期间,联邦政府为了动员群众参加反对南部奴隶主的战争,在 1862 年颁布了土地分配法,即宅地法。宅地法规定,移民只要交纳 10 美元手续费,便可占用不超过 160 英亩的荒地,耕种 5 年以后,这块土地就成为移民的财产。在宅地法的吸引下,大批移民涌向西部。横贯美洲大陆铁路的修筑更推动了这股向西垦殖的洪流。在西进的过程中,美国政府对西部的各印第安人部落,进行了长期的血腥"讨伐",整批整批的印第安人被残杀或被赶入指定的"特居地"内。印第安人的广大的肥沃的西部土地被白人夺占后,1870—1890 年,密西西比河以西地区的总人口(印第安人在外),从 688 万人增加到 1678 万人。来自国外的移民急剧增加。从独立战争到南北战争期间,到美国来的外国移民总共为 500 多万人。而在 1861—1880 年的 20 年间，外国移民就有 500 多万人，1881—1900 年有 860 多万人，1900—1914 年更高达 1350 万人以上。自 1861 年至 1914 年，到美国定居的移民共达 2700 余万人之多。源源而来的移民，为农业提供了大量劳动力，成为美国农业发展的一个十分有利的因素。马克思和恩格斯对此曾给以充分的估价——"正是欧洲移民，使北美能够进行大规模的农业生产"[①]。

移民们开垦了大量土地。在 1860—1913 年间，美国耕地面积从 4.07 亿英亩增加到 9.02 亿英亩，增加了 1 倍以上。同时期内，农场数目由 204.4 万个增加到 643.7 万个。

实施宅地法，并没有像某些资产阶级学者所说的那样，使美国成为"自由劳动小农"的"天堂"，相反，资本主义在美国农业中迅速发展起来，成为统治的形式。首先，虽然颁布了宅地法，但是劳动人民由于缺乏到西部去的经费和安家经营农地的费用，实际上只有很少数领得宅地。大部分土地通过各种渠道到了投机商和大公司手中。政府继续把大批国有土地赠送给私人铁路公司。据统计，在 1863—1890 年，只有 40 万人领到宅地（同时期内美国增加的人口约 3200 万人），而政府赠予铁路公司的土地，等于真正移垦户得到的土地数量的 4 倍。铁路公司和投机组织，把攫取的大量土地用来进行投机买卖，或组织资本主义大农场。其次，根据宅地法领得土地的农民，很快就发生了分化。一方面有众多的农民贫困破产，另一方面少数农民富裕起来，建立起大的资本主义农场。大农场的竞争、工农业产品价格的"剪刀差"、工商业资本家在农产品收购和加工方面的盘剥、银行家的贷款利息剥削、铁路公司的高额运费，是促使农民急剧分化的主要原因。自 19 世纪 80 年代起，在旧有各州和西部，农民阶级分化过程都极为显著。佃农农户和土地抵押借债农户数量的增加、农业中雇佣劳动制的发展，以及资本主义大农场在农业中的统治地位，明显地反映出农民分化破产的情况和美国农业的资本主义性质。

美国农民的阶级分化和农业中资本主义土地关系的发展，首先表现

---

① 《马克思恩格斯选集》第 1 卷，人民出版社 1972 年版，第 230 页。

在一部分农民破产和丧失土地而沦为佃农上面。据美国官方统计材料，1880年，在美国全部农户中已有25.6%的农户是佃农，而到1910年，佃农农户进一步增加到37.1%。按各地区分别考察，在南部，由于废除奴隶制不彻底，盛行着半奴隶制性质的分成租佃制。佃农农户的比重，1910年在南部总农户中约占一半（49.6%）。就是在北部（包括东北部和中北部）和新垦殖的西部（一般称为远西部），农民的分化已经使资本主义租佃制有相当发展，1910年，佃农农户比重在这两个地区分别达到26.5%和14%。

抵押制是资本主义土地关系的另一种形式。在抵押制下，贫困破产的农民在名义上仍是土地所有者。但是，他们为了继续经营土地，不得不把土地作抵押向银行借款，以利息的形式向银行家支付地租。据美国政府普查材料，在1910年，美国陷入抵押债务的农户占全部农户的1/3。因之，列宁曾说："谁掌握着银行，谁就直接掌握着美国1/3的农户，也就间接统治着这些农户的全体群众。"①

雇佣劳动是农业中资本主义关系的主要特征和标志。1910年，美国农业中全部劳动者人数为1355万人，其中雇佣工人为338万人。使用雇佣工人的农户在全部农户当中占45.9%，在北部占55.1%，在新垦殖的西部占52.5%，在南部占36.6%。雇佣劳动的发展，在全国各个区域中，在农业各个部门中，都普遍可以见到。而且雇佣工人人数的增长，超过了农业人口和全国人口的增长。

与农民土地日益被剥夺的同时，资本主义大农场在农业中日益占据重要地位。1910年，占全部农户1/6左右（17.2%）的资本主义大农场（年产值在1000美元以上的），生产了全国农产品总产值的一半以上（52.3%）；而占全部农户58.8%的非资本主义小农户（年产值在500美元以下的）所占的生产额，还不到农业总产值的1/4（22.1%）。农业中的资本主义增长，明显地表现在自然经济向商业性农业的过渡上。美国在1910年已是商业性农业高度发展的国家，商品农产品在农产品总值（不

---

① 《列宁全集》第二十二卷，人民出版社1958年版，第89页。

包括自产饲料和种子)中占的比重,已经高达71.4%。

农业中的资本主义关系循着农民分化的道路十分迅速地发展起来,并且成为统治的形式。

南部奴隶制的残余

但是,在南部,奴隶制的残余仍然普遍存在。南北战争后,奴隶制虽被废除了,但种植园主仍然保有大地产,"被解放了"的黑人没有得到土地,不得不向种植园主租种土地。种植园主按分成制办法向佃户收取地租。自己置备工具、牲畜和种子的分成制佃户,须交纳收成的1/3或1/4;佃户如果除了劳动力以外一无所有,则须将收成的一半交纳地租。黑人佃户一般不仅没有任何生产资料,而且往往连食物和生活必需品都要靠向种植园主预借。赤贫的分成制黑人佃农,被迫紧紧地依附于大种植园主。他们的生活条件极苦,一般仅能维持全家半饥饿的贫困生活。在多数情况下,佃农往往都欠有地主的债务,不得不用劳动去清偿。除了地主的债务奴役外,在南部还盛行一种商人高利信贷制度。生活在饥饿线上的劳动者,向商人借款或赊购商品,必须以自己的收成作抵押;有时还必须立约把收获的作物委托商人代销。这样,放贷的商人除进行高利剥削外,又在赊售商品时索取高价,从代销中抽取佣金,多方盘剥农民。这种制度使农民经常处于负债的状态,许多佃农因不能清偿债务,最终变成一种特殊的债役制雇农。

半奴隶制度的残存,使南部成为一座"解放了"的黑人的监狱。黑人在经济上遭受苛重的剥削,在政治上被剥夺了基本公民权利,在文化上极端落后。还有种族歧视和三K党的私刑迫害。黑人处于最受屈辱最受压迫的地位。列宁曾说:"美国资产阶级在'解放了'黑人之后,就竭力在'自由的'、民主共和的资本主义基础上恢复一切可能恢复的东西,做一切可能做到和不可能做到的事情,来达到它最可耻最卑鄙地压迫黑人的目的。"[1]

---

① 《列宁全集》第二十二卷,人民出版社1958年版,第11页。

在保存着奴隶制残余的南部,大地主基本上仍然沿用落后的生产技术,靠残酷剥削分成制佃农发展棉花种植业。在北部和新垦殖的西部,随着工业和资本主义农场的发展,农业中采用机器日益增多。美国耕地面积很大,劳动力经常感到不足,推动了它在农业生产中尽量采用机器和其他新技术。南北战争中,联邦政府动员了数量庞大的青壮农民加入军队,农场劳力异常缺乏,更加速了农业采用节省劳动力的机器。南北战争以后,从翻耕、播种、施肥、收割、打谷到装袋这一系列的劳动过程,都陆续发明了机器。其中重要的有 1878 年的捆禾机和 1885 年的联合收割机。据估计,1865 年美国使用的收割机不下 25 万台,每台平均在 12 小时工作日内能收割 9 亩小麦。在西部辽阔的小麦农场上,出现了用二十几匹马拉的联合收割机。新机器的采用使美国的粮食,特别是小麦生产迅速增长。美国在采用机器和其他农业科学技术成就方面,在当时世界上是最先进的。它的农业机器制造业和化学肥料工业是两个重要的工业部门。

从 1860 年到 1910 年,是美国农业的半机械化时期。这时,美国农业中使用的机器主要是改良农具和马拉农业机器,普遍地使用畜力代替人力作为农业中的动力。供作畜力用的马和骡的数量有巨大增长。1910年,美国有 2400 万匹马和骡子。农业中最早使用蒸汽动力的拖拉机是在 1905 年。到 1910 年,美国不过有拖拉机 1000 台,在农业动力中只占微不足道的比重。马和骡的数量在 1910 年后仍继续增长,到 1919 年曾达到美国历史上的最高峰,计 2679 万匹。自 1920 年起,马和骡的数量才开始逐年减少,汽油发动的拖拉机逐渐代替了畜力。可见,美国的农业机械化经过了一段很长的时期。农业机械化发展的过程,是与工业的发展状况相适应的。用蒸汽作动力的机器太笨重,不便推广,内燃机的发明较晚,到 20 世纪初才逐渐推广使用;加之美国的重工业基础还比较薄弱,所以这一时期工业向农业提供的主要是改良农具和马拉农具。农业的技术改造还只能达到半机械化水平。列宁在谈到 20 世纪初美国农业时说:"农业中资本主义现在所处的阶段比较接近的是工场手工业,而不是大机器工业。在农业中手工劳动还占着优势,比较起来机器的使用是很不广泛的。"①

机器的采用,提高了农业的劳动生产率。从1860年到1900年的40年间,每一农业劳动者在谷物生产上的生产能力增加约50%。因之,农业劳动力在全国劳动者总数中的比重大大降低。1790年,全国有80%的劳动力在农业中生产粮食和原料。1860年,农业劳动力的比重降到58.9%。而到1910年,农业中的劳动力已不足全国劳动者总数的1/3(31%)了。不过,农业劳动者的绝对数量在这一时期里仍是不断增加的。1860年,农业劳动者为620万人,1910年为1220万人。美国每十年一次的官方普查材料表明,1910年农业劳动者人数达到最高峰,此后便逐渐减少。

农业的地区专业化　　美国农业在1860年以前已经有了相当发展的地区分工。随着工业和交通的发达,商品农业的发展,农业的地区专业化在内战后更加发展了。

东北部(包括新英格兰和大西洋沿岸的中部各州)以及五大湖区,进一步发展乳用养畜业,供应东北部各大城市乳及乳制品的需要。美国全国将近一半的牛奶场集中在这一地区。此外,蔬菜及水果的园艺生产也有所发展。

南部(北纬35°以南地区)仍继续发展棉花种植业。

中北部和中西部的广大平原,是种植玉米、小麦和经营畜牧业的地区。这一地区的偏西部分雨量较少,是小麦主要产区,中部五大湖以南,雨量丰沛,夏季高温,土地肥沃,是所谓的"玉米地带"。小麦在美国经济中占有重要地位。美国的小麦生产量远远超过任何其他国家。美国是世界上主要的小麦出产国和最大的小麦供应国。玉米在美国农业中具有特殊重要的意义,它在美国谷物总产值中占一半左右。玉米主要用来饲养牲畜,约80%的玉米用作饲料,所以,玉米产区也就是养牛和养猪业发达的地区。中北部的12个州生产了全国3/4的玉米,同时也生产了2/3

① 《列宁全集》第二十二卷,人民出版社1958年版,第89页。

的猪。

西经 100°以西(落基山山地及其以西),一般称为远西部。它在农业生产上又分为两个地区,靠近中西部的沙漠和山地地带是大草原,形成天然的牧场,主要发展畜牧业,饲养肉用牛。那里繁养的牛,利用天然牧场养大以后,赶运到产玉米的地带去催肥。太平洋沿岸雨量较少,大部分靠灌溉,一般农业不发达。这里有重要意义的是加利福尼亚州。它盛产水果、蔬菜,是供应全国干鲜果的一个亚热带果木区。

总的说来,这一时期农业在地理分布上的趋势是,农业区域继续向西移动。无论是小麦、玉米产区,生猪生产和屠宰业的中心,还是南部的棉花产地,都是如此。

农场经营日趋专业化。1900 年,美国官方有按农场主要收入来源分类的统计,把农场按主要经营的作物产品划分为 14 类,如干草和谷物、畜产品、棉花、蔬菜、水果、乳制品、烟草、大米等。东北部的乳用养畜业和园艺业,加利福尼亚州的果树种植业,按其占有的土地面积来看是规模较小的农场,但是专业化程度高,同时也是集约化程度高、资本主义最发达的农场。

农业生产的发展和危机 广阔耕地的开垦,优越的自然条件,大量移民的流入,农业机械化的发展,根据各地区自然条件和经济条件实行的农业专业化,以及直到 20 世纪初西部地区被开垦完以前农业得以摆脱绝对地租的负担等,这一切使美国农业具有特别优越的发展条件。

美国政府为发展农业进行了多方面的工作。政府的帮助主要有以下三种形式:鼓励并资助开展农业研究和教育工作;制定保护农业的法令;协助垦荒和灌溉。在政府的鼓励下,各州普遍建立起教授农业的学院,以及专门研究该地区农业有关问题的农业试验站。到 1916 年,教授农业科学的高等学校有 68 所,发行的农业报刊近 500 种。美国对农业进行的科学研究和试验工作,胜过了其他国家。

1860—1900 年,美国农业生产增长很快。小麦产量增长近 3 倍,1900 年达 5.99 亿蒲式耳(1632 万吨);玉米增长约 2.5 倍,达 26.6 亿蒲式耳

(6858万吨);棉花增长约4倍,达1000万包(217万吨)。这一时期农业生产的增加,主要靠耕地面积的扩大和提高单位劳动的生产量,单位面积产量的提高并不很显著。根据对四种主要谷物(小麦、玉米、燕麦、黑麦)的统计,在1866—1875年到1896—1905年,单位面积产量只增长约10%。19世纪末20世纪初,美国的农业,无论是就资本主义的发展速度来说,还是就已经达到的资本主义发展的高度来说,抑或是就使用最新科学技术的土地面积来说,都是举世无匹的。然而,在单位面积产量方面,美国还不能与西欧相比。美国小麦每亩的平均年产量只有英国、德国和荷兰的一半。

美国有发达的畜牧业,这是它的农业和整个国民经济的一个重要特点。美国不仅有广大的天然牧场,而且可以在大面积耕地上种植牧草和玉米作为饲料,所以,畜牧业非常发达。据美国官方统计,在1800—1900年的100年间,畜牧业的产值一直都略超过种植业而占一半以上。发达的畜牧业在美国经济生活中具有重要意义。它供给人们乳与肉食品,为农业提供耕畜和肥料,为工业提供毛、皮等原料。由于畜牧业的发展,屠宰和肉类罐头工业非常发达,1900年在美国工业中占第二位。

发达的农业所提供的农产品,不仅可以满足本国对粮食和工业原料的需要,还大量出口。农产品和农产加工品出口额在美国出口总额中占很大比重,1860年占81%,1900年占62%,1910年仍占一半以上。大宗出口的农产品是棉花、小麦和面粉。在我们所考察的期间,棉花出口一般占其全部产量的60%以上,小麦出口约占其全部产量的1/4到1/3。美国是世界上最大的小麦出口国,满足了小麦进口国家一半的需要。南北战争以前出口不多的肉类和肉类产品,很快成为重要的出口商品。玉米主要供国内消费,出口约占其产量的5%,1900年美国出口玉米1亿多吨。西欧人口的迅速增加,为美国农业提供了推销过剩农产品的市场农产品的对外贸易,是促进南北战争以后半个世纪里美国农业发展的一个重要因素。同时,农产品出口为工业积累了大量资金,并从国外换回了必要的工业设备和国内缺乏的某些原料。

19世纪80年代以前,农业是国民收入的主要来源。它在1869—

1879 年间占工业（包括加工工业和采矿业）和农业所创造的净产值总额的 56.6%。从 1884 年起,工业所创造的净产值超过了农业。但是,直到 1918 年,农业在工农业净产值总额中仍占 40% 左右。

可见,在美国工业化时期,农业在国民经济中占有重要的地位,它对工业的发展起了很大的促进作用。

发达的资本主义农业,只是给大农场主和控制、剥削农业的大资本家带来丰厚的利润,广大的中小农户贫困和破产的情况则日益严重。特别是自 19 世纪 70 年代以来,农产品"生产过剩",农产品价格日益跌落,农民的状况就更加恶化了。1870—1873 年,小麦的平均市场价格是每蒲式耳 1.07 美元,玉米每蒲式耳 0.43 美元,棉花每磅 0.15 美元。以后差不多逐年降低,到 1894—1897 年,这三种产品的价格分别跌到 0.63 美元、0.30 美元和 0.06 美元。西部诸州的农产品价格尤其低廉。1889 年,堪萨斯的玉米每蒲式耳售价只 0.10 美元。不仅农产品价格极低,而且常常卖不出去,大批农民因而破产。农民失掉土地,沦为佃农或陷于土地抵押债务的,在 1910 年分别达到了全国农户的 37% 和 1/3。有些地区的情况更为严重。1890 年,堪萨斯州的土地有 60% 是典押的,在内布拉斯加州为 55%,在艾奥华州为 47%。美国历史学家在描写这个时期农民贫困的情况时写道:一些地区的农民贫困之极,竟用平时装粮食的麻袋当衣服穿,他们没有鞋子,双脚就用破布缠裹着。在 19 世纪的最后 40 年里,因农业生产过剩而处于困境的农民,为反对政府紧缩通货使物价跌落的政策,为反对铁路的舞弊行为和过高的运费,以及垄断资本保持工业产品的垄断高价,一直进行着不懈的斗争。

美国农业生产的"过剩",大量低廉的农产品向世界市场的倾销,曾在 19 世纪 70 年代引起欧洲的农业危机。美国东部各州,由于受到地租的压迫,以及土地不如西部肥沃,农产品成本较西部高,也遭到农业危机的严重打击。东部诸州成千上万个农场被委弃而荒芜了,农场财产的价值减少了。1880—1890 年,新英格兰农场数量减少 26.6 万个,农场财产价值减少 12.9%。大西洋中部地区农场数量减少 20300 个,农场财产价值减少 5.5%。在危机期间,大资本家为了维持农产品的价格,竟不惜采用焚烧谷物和把谷物倾入大海的罪恶手段。资本主义制度虽然使美国农业生产得到很大发展,但其严重的不合理性和对生产力发展的阻碍已明显暴露。

第二节　美国成为世界上头号工业强国和垄断资本主义的典型国家

工业和铁路运输迅速发展,美国成为世界上头号工业强国

南北战争后,美国扫除了资本主义发展的障碍,工业进入迅猛发展的新时期。据美国官方统计,美国加工工业发展的情况见表2-1。[①]

表 2-1　美国加工工业发展情况

年份	企业数 (千家)	工人数 (千人)	资本总额 (百万美元)	产品价值 (百万美元)
1859	140	1311	1010	1880
1899	512	5317	9835	13014
1899	208	4713	8975	11407
1909	268	6615	18428	20676

表2-1统计数据表明,从1859年至1909年,美国加工工业的工人数量增加约4倍以上,资本总额增加约17倍,工业产值增加约10倍。如果考虑到1859年和1909年的统计标准的不同,那么,这些增长速度的数字还要大些。

东北部各州仍是工业最发达的地区。但是在这一时期,中部和西部的工业有了较快的发展,全国工业的中心逐渐西移了。1850年,约有

---

①　参见《美国历史统计(1789—1945年)》,华盛顿1949年版,第179页。表中1859年和1899年的统计,包括工厂制工业和手工业;1899年和1909年的统计只包括工厂制工业。

80%的工业品是在大西洋沿岸各州生产的,到1890年只占到58%了。远西部的工业发展还比较薄弱。南部因有奴隶制的残余,加以内战时期遭到严重破坏,它的工业发展远不及北部和西部迅速。美国工业的发展在地区上仍表现出极大的不平衡性。

1860年以前,轻工业在工业中占统治地位。此后是重工业迅速发展的年代。生铁的产量在1860年时只有84万吨,1900年达到1401万吨,1913年增加到3146万吨。钢的生产在1860年时还微不足道(只有12000吨),1900年达1035万吨,1913年又增加为3180万吨。煤的开采量由1860年的1820万吨增加到1913年的5亿多吨。机器制造业(特别是农业机器制造业)也有极大发展。

在19世纪最后30年里,一系列新工业部门开始先后迅速发展起来。自1859年在宾夕法尼亚西部发现第一个油田后,又陆续在俄亥俄、印第安纳、西弗吉尼亚、堪萨斯、加利福尼亚、田纳西、得克萨斯、俄克拉荷马等州发现了新的油田。石油工业的巨大发展是在1900年以后。汽车工业的发展促进了石油业的发展。1860年石油开采量只有50万桶(每桶原油42加仑),1900年达6362万桶,到1910年增至20960万桶。随着70年代起各种电器(电话机、电灯泡、电车、发电机、电动机等)的发明,电气被广泛地应用到工业、交通和公用事业上,电气工业得到飞跃发展。1880年,第一个发电厂建立。90年代,电动机在工业中已得到普遍的应用。电气器材产值,在1879年时不过265万美元,到1914年已增至35943万美元。汽车工业也是19世纪末的一个新兴工业部门。汽车制造成为正规的工业生产,是从1895年左右开始的。进入20世纪后,汽车生产迅速发展。1900年时,汽车产量不过4000辆,到1914年增至568781辆。此外,在19世纪末20世纪初,制酸、碱、氯等化学工业和炼铝工业等新工业部门也开始迅速发展起来。

南北战争后,轻工业的生产虽也有很大增长,但其增长速度远不如重工业部门高。以纺织业为例,棉花消费量在1860—1913年增长约近6倍。而同期钢、铁和煤的生产量,则是几十倍地增长。1880—1914年,重工业产值增加5倍左右,轻工业产值增加3倍左右。结果,工业的部门结构发生了巨大变化。美国工业部门按其产值大小的次序排列,1860 年名列前茅的是面粉、棉纺织、木材加工、制鞋等轻工业部门,铸造和机器制造业合占第五位。1900 年则是钢铁业、屠宰和肉类罐头业、铸造和机器制造业、木材加工业、面粉业。钢铁业和机器制造业已分别跃升为第一位和第三位,重工业在工业中已起着主导作用,为国民经济各部门提供技术装备。总的说来,这一时期轻重工业发展的情况是:重工业发展特别迅速,同时轻工业仍保持一定的发展速度。轻重工业的比重,1860 年为2.4∶1,1880 年为 1.8∶1,1900 年为 1.2∶1。直到 1925 年以前,轻工业的产值一直高于重工业,在全部工业中的比重占一半以上。

铁路建筑大规模展开。开拓西部土地和在政治上、经济上把东部同西部各州联结起来的需要,促使铁路建筑迅速发展。政府为鼓励铁路建筑,规定每修筑一英里铁路,拨给铁路公司路线两旁各 10 英里(有时甚至是 30 英里)的土地,并发给大量补助金(每英里约为 1.6 万—4.8 万美元)。因此,铁路迅速修筑起来。1865 年美国有铁路线 3.5 万英里,1880年延长到 9.3 万英里,1900 年达 25.9 万英里,1913 年又增加到 37.9 万英里,占全世界铁路线总长度的一半。横贯大陆的第一条铁路于 1869 年建成。19 世纪最后 30 年又建成了 4 条横贯大陆的铁路干线。

大规模的铁路修建,促进了西部的垦殖和工农业的发展,特别是直接带动了钢铁、煤炭、机器制造等重工业部门的发展。可以说,铁路是 19 世纪最后 40 年美国经济发展的中心。

美国的铁路建筑是资本主义企业经营的贪污浪费和欺诈盗窃的典型。铁路建筑公司为了获得更多的国家补助金和土地,都极力把铁路建筑得尽可能的长,以致使铁路线有许多不必要的弯曲。据统计,五条横贯大陆铁路的建筑,应该只花费 2.86 亿美元,但实际竟花了 6.34 亿美元。联邦政府和地方政府拨给铁路公司的土地总计在 2.15 亿英亩以上,超过法、德两国领土的总面积。资产阶级从铁路股票和土地的投机活动中大发横财。

美国工业的发展速度自 19 世纪下半叶起大大超过了农业。从 1850 年到 1900 年,农业生产约增加了 3 倍,而工业生产却增加了 15 倍。

1900—1914 年，农业增长了 31%，工业增长了 70%。从 80 年代中叶起，工业代替农业成为国民财富的最主要来源。1889 年，工业所创造的净产值为 45.1 亿美元，占工农业所创造的净产值总额的 58.3%；农业创造的净产值为 32.4 亿美元，占 41.7%。如果按生产总值计算，1889 年，工业超过农业约 2 倍。

在 19 世纪与 20 世纪之交，美国的工业已远远超过农业，成为国民经济中最主要的部门；而且工业中的重工业有相当大的发展，它已在工业中起主导作用，基本上能够满足国民经济各部门技术装备的需要。至此，美国的工业化基本完成，美国从农业国变为以重工业为主导的工农业国家。如果自 1812—1814 年美英战争后工业革命开始算起，美国实现工业化历时 80 多年。

美国工业发展迅速，使它在短期内便赶上并超过了一切其他资本主义国家。在 80 年代初期，美国工业生产量已跃居世界首位。到 1913 年，美国工业生产量占到世界工业生产量的 38%，相当于英、德、法、日四国工业生产量的总和。美国的钢铁、煤炭、机器制造、电气等重要工业部门的生产，在 19 世纪 80—90 年代也都超过其他国家而占世界首位。到 1913 年，美国的钢铁和煤产量分别接近于英、德、法三国钢铁和煤炭产量的总和。按人口平均的钢铁产量，美国也超过其他国家，只有煤炭按人口平均产量低于英国。美国经济的迅速发展，反映了帝国主义时代资本主义国家政治经济发展不平衡的加剧。

工业迅速发展的原因　美国工业为什么会得到这样迅速的发展？决不是像某些资产阶级学者所宣扬的那样，是因为美国资本主义制度有什么"例外"或"优越"之处。美国与所有资本主义国家一样，是在对内实行残酷剥削和对外进行掠夺的基础上发展起来的。它之所以比其他资本主义国家发展得快些，是由美国社会历史的、经济的和有利的自然条件促成的。

第一，美国在历史上没有根深蒂固的封建制度，资产阶级对封建关系的清除又比较彻底，资本主义的发展很少受到封建制度的阻力。在经济上，农业中的封建关系被彻底废除了，工业中没有行会传统和保守的生产方法等旧包袱的拖累和束缚;在政治上,经过独立战争和内战两次资产阶级革命,彻底排除了限制资本主义发展的政治势力,独掌政权的资产阶级广泛采取了扶植资本主义发展的政策。例如,在内战以后的 19 世纪下半期里,一直实行关税率高达 40%—50% 的保护关税政策。

第二,广大的国内市场,是美国资本主义迅速发展的一个重要因素。南北战争后,奴隶制的废除和南北部的统一,西部广大地区的开拓,欧洲大批移民的流入,大规模的铁路修建把各个地区联系起来,农业中商品经济的发展,这一切使美国形成了任何其他资本主义国家所不可比拟的广阔而统一的国内市场。

第三,按照"美国式道路"在优越的自然条件下得到迅速发展的资本主义农业,成为工业和整个国民经济发展的坚实基础。这一点,也是英、法、德等国都不能相比的。英国盛行大地主土地占有制,法国保留有大量小农经济,德国长期受容克地主经济残余的影响,因而它们的农业基础都比较薄弱。特别是英国,粮食和农业原料主要依靠从国外输入。美国农业生产的迅速增长,为美国提供了大量剩余农产品供应国外,成为对外贸易增长的一个重要支柱。自 1876 年起,美国由入超国变为经常获得顺差。

第四,在这一时期的美国经济发展过程中,各个经济部门自发地形成比较协调、相互促进的关系。农业和工业两大部门间,工业中轻重工业之间,农业中种植业和畜牧业之间,以及农业、轻工业和重工业的关系上,发展比较平衡,相互促进,推动了整个经济的发展。交通运输,特别是铁路的发展,适应了经济巨大增长的需要,对工农业的发展起了带动的作用。

第五,美国占据着优越的地理位置和拥有丰富的自然资源。美国远离欧洲大陆,其邻国都是弱国,又有两大洋环绕着,这对新兴的美国是一个十分有利的地理条件。这使美国没有外患之忧,长期处于和平环境之中。同时,美国地大物博,富有煤、铁、铜、铅、石油、金、银等各种重要矿藏,有辽阔而肥沃的土地,有丰富的水力和森林资源。美国可以说是得天独厚,具有发展经济极优越的自然条件。

第六,美国在发展工业中,广泛地有效地利用了外国的技术成就、资金和劳动力资源。美国工业革命开始时间比英国晚,在初期大量采用了英国的技术成就和生产经验,从而加快了它的工业革命的进程。美国吸收外国资本的数额是相当可观的,1880 年外资(主要是英国资本)有 20 亿美元,1890 年为 35 亿美元,1914 年达到 67 亿美元。外国移民在美国资本主义发展中具有特殊重要的作用。据统计,只是在1820—1859 年移入美国的技术工人就有 100 万以上。内战后吸引了更大数量的技术工人和专业人员。美国的官方统计表明,在 1914 年,移民工人在美国工人总数中占一半以上,在钢铁业中占 58%,在采煤和纺织业中都占 62%。马克思和恩格斯在 1882 年为《共产党宣言》写的序言中说:"移民还使美国能够以巨大的力量和规模开发其丰富的工业资源,以至于很快就会摧毁西欧特别是英国迄今为止的工业垄断地位。"①

最后还应当指出,美国资本主义的发展,依靠了广泛进行对外扩张的手段。先是对西部印第安人部落的掠夺,19 世纪末起又开始向西印度群岛、菲律宾、远东、中南美洲等地进行侵略和扩张。斯大林在谈到美国工业化道路的特点时写道:"资本主义国家中最强大的美国,在内战以后也不得不费了整整三四十年的工夫,靠着外国的借款和长期信用贷款以及对邻近国家和岛屿的掠夺,才把自己的工业建立起来。"②

周期性经济危机　美国资产阶级在它建立统治的 100 年间,急剧地发展了资本主义生产,把生产力发展到前所未有的高度。结果,生产"过剩"的危机在美国也表现得特别严重和深刻。从内战后到第一次世界大战前,美国发生了六次经济危机(1866 年、1873 年、1882 年、1893 年、1903 年和 1907 年)。危机中断了工业发展的进程,使生产急剧下降。从主要工业部门(钢铁、煤炭)的生产看,各次危机使美国工业生产倒退 1—4 年。

1873 年危机是美国经历的空前严重的一次危机。这次危机使工业

---

① 《马克思恩格斯选集》第 1 卷,人民出版社 1972 年版,第 230 页。
② 《斯大林全集》第九卷,人民出版社 1954 年版,第 158 页。

连续下降达两年之久。危机发生的第一年,铁路建设就削减了一半,造船业下降了60%。危机期间,生铁产量下降27%,石油产量下降16%,煤产量和棉花的工业消费量都减少9%。危机使47000家企业倒闭,300万工人失业。这次危机延续的时间很长,萧条时期一直到1878年。有些重要工业部门(如生铁)直到1879年才恢复到危机前的水平。

1893年的危机也是19世纪一次严重的危机。就危机所引起的生产下降幅度和人民贫困的深刻程度来说,它超过了历次危机。80年代后半期和90年代初的投机狂热,农业中因慢性危机而发生的严重困难,是使这次危机特别尖锐的原因。1893年,美国有642家银行倒闭,38000家企业破产。占全国铁路网3/4以上的156条铁路宣告破产。危机使钢的生产下降18%,生铁下降27%,煤下降6%,棉纺织业的棉花消费量下降20%,机车制造业缩减了2/3。在危机和萧条时期内,失业工人达450万人。加工工业工人的年平均工资在1893年和1894年共降低了13%。一直到1899年,年平均工资才逐渐提高,到1901年才达到1892年的水平。

1907年危机是在进入垄断资本主义阶段后发生的。这次危机使生产下降的程度超过了历次危机。工业的核心部门——钢和铁的生产遭到空前严重的打击,分别下降了40%和38.2%。

1914年第一次世界大战前夕,美国经济又临近了另一次危机,钢铁工业的开工率只有50%,钢和铁的产量都从3000多万吨降落到2300万吨,其他的工业也相应地萎靡不振。由于战争对经济所起的刺激作用,美国经济才得以摆脱了这场危机。

工业生产的集中和垄断组织的发展　　生产集中于愈来愈大的企业,是资本主义的最典型特点之一。南北战争以前,美国工业中已出现了生产规模扩大的趋势。南北战争期间和战后,资产阶级从巨额国债、土地投机和欺诈贸易中获取暴利,产生了一批发内战财的金融巨头,有了迅速的资本积聚。1873年的经济危机使大批中小企业破产,资本和生产的集中更加发展了。恩格斯在1882年专门写过一篇文章《论美国资本的积聚》,指出"美国的**资本积聚是以多么惊人**

的速度在进行"①,大富豪万德比尔特,"这位铁路、土地、工厂等等的大王的财产约有 3 亿美元(1 美元等于 4 马克 25 分尼)。按美国人的说法,他'值'3 亿"②。恩格斯还列举了另外 21 个拥有 500 万美元至 1 亿美元财产的大富豪的名字,说明美国资本大规模积聚的情况。再经过 19 世纪末工业的迅猛发展和激烈竞争,到 20 世纪初,资本和生产集中的情况就更为突出了。1904 年,产值在 100 万美元以上的大企业(约 1900 家),占企业总数的 0.9%,而它们拥有的工人占工人总数的 1/4 还多(25.6%),它们的产值占总产值的 1/3 以上(38%)。5 年之后,集中程度又有发展,这类大企业(3060 家)占企业总数的 1.1%,它们的产值达到总产值的43.8%。列宁在论述垄断资本主义发展过程时曾指出:"在另一个现代资本主义先进国家北美合众国,生产集中发展得更加猛烈。"③"美国所有企业的全部产值,差不多有一半掌握在仅占企业总数**百分之一**的企业手里!而这三千个大型企业,包括了二百五十八个工业部门。"④

　　美国工业生产集中的程度很高,原因在于:(1)美国工业是在采用当时最新技术基础上建立起来的,许多企业从一开始建立就是规模巨大的企业。建立大规模企业需要大量资金,股份公司得到了广泛发展。这些大企业在竞争中具有优势,它们迅速吞并了中小企业,把生产集中在自己手里。(2)这一时期,美国的工业特别是重工业发展非常迅速,工业分布比较集中,使企业间的竞争短兵相接,异常激烈。(3)19 世纪最后 30 年内,美国的经济危机特别深刻严重,危机吞食掉大批中小企业,加速了"大鱼吃小鱼"的过程。

　　在生产集中的基础上产生了垄断组织。60 年代,在美国出现了垄断联合的最初的形式,即普尔。普尔是在企业间订立短期协定,规定共同的价格,并在成员间分配营业额或划分销售市场,以保证参加者的垄断利润。美国最早具有较大意义的普尔,出现于 1868 年密歇根州的制盐业

① 《马克思恩格斯全集》第 19 卷,人民出版社 1963 年版,第 337 页。
② 《马克思恩格斯全集》第 19 卷,人民出版社 1963 年版,第 337 页。
③ 《列宁选集》第二卷,人民出版社 1972 年版,第 740 页。
④ 《列宁选集》第二卷,人民出版社 1972 年版,第 740 页。

中。在铁道业中较大的有1870年成立的芝加哥铁道公司普尔。1873年危机后,普尔在工矿业各部门得到广泛发展,特别是在铁道业中大量发展起来。不过,这种协定是暂时的、不稳定的,当企业力量对比或市场条件改变时便瓦解了。

1879年,美国出现第一个托拉斯——洛克菲勒的美孚石油公司。接着,1884年在棉籽榨油业中,1885年在亚麻仁榨油业中,1887年在制威士忌酒、制糖、制绳和炼铅业中,都出现了托拉斯。火柴、烟草、屠宰、采煤等部门在80年代也都有了托拉斯的组织。这些托拉斯很快就成为强大的独占组织。1888年,七个采煤托拉斯差不多掌握了美国全部无烟煤的生产。威士忌酒托拉斯控制了全国酒精生产的80%以上。但是,最大的垄断组织要算是美孚石油公司托拉斯,它在1879年建立时,就掌握了全国石油产量的90%。

这些托拉斯为了达到赚取高额垄断利润的目的,经常采用损害同业者和人民生活利益的种种卑鄙手段。托拉斯的非法活动,以及它们对工人和农民日益加重的剥削,引起了人民的反垄断运动。那些还未被托拉斯兼并的公司和南部的农业资本家,也都支持这一运动。在社会舆论的压力下,1890年政府不得不颁布取缔托拉斯的法案,即所谓"谢尔曼反托拉斯法"。该法案规定,托拉斯或其他类似形式的契约和联合,如果企图限制或垄断洲际贸易或对外贸易者,都是不合法的行为。但是,谢尔曼反托拉斯法实际上并无害于垄断组织。一方面,法院总是包庇托拉斯,把谢尔曼反托拉斯法作有利于它们的解释;另一方面,大资本家往往用改变了的形式和名称——持股公司来组织托拉斯。持股公司收买名义上独立的各公司的必要数量的股票,取得了对它们的控制权。结果,谢尔曼反托拉斯法颁布后,垄断组织继续发展。在1890年以前,美国所组织的工业联合组织总共为24个,名义资本为4.4亿美元,而在1890年颁布谢尔曼反托拉斯法后十年间成立的工业联合组织竟达157个,拥有资本31.5亿美元。19世纪90年代,托拉斯已遍及工矿、运输以及城市公用事业各个领域。

1898年的美西战争以及战后侵占殖民地,给美国经济的发展以极大的刺激,企业合并和垄断化的发展空前加速了。从 1898 年到 20 世纪最初几年,是垄断组织发展过程中具有决定意义的年代。到 1904 年,美国共有 318 个工业托拉斯,其中 236 个(它们共拥有工业托拉斯 5/6 的资本)是在 1898 年以后建立的。这 318 个工业托拉斯吞并了 5300 家工业企业,拥有全部加工工业资本额的 40%。在这些托拉斯中,有 26 个托拉斯控制各自部门生产的 80% 以上,有 57 个控制各自部门 60% 以上的生产,有 78 个控制各自部门 50% 以上的生产。美国钢铁公司,国际收割机公司,杜邦火药公司,福特、通用、克莱斯勒三家汽车公司等世界闻名的大托拉斯,都于 20 世纪初组成。较早出现的托拉斯也大大巩固了。美国各重要工业部门一般都已为一两个或少数几个大托拉斯所垄断,形成各部门的所谓"大王"。

铁路业的垄断化也达到了很高的程度。1906 年,美国的 22.4 万英里的营业铁路中,有 17.6 万英里控制在 17 家公司手中。

1899 年,托拉斯已生产了占全国工业制造品总值 2/3 的产品。1904 年,美国各经济部门的大托拉斯共有 440 个,资金达 204 亿美元,其中 1/3 的资金掌握在七家大托拉斯的手里。所以,在 19 世纪末 20 世纪初,托拉斯已经成为美国经济生活中的统治力量。美国钢铁公司和美孚石油公司是工业中最大的托拉斯的典型。

美孚石油公司是 1870 年由洛克菲勒创办的美国最早的一家大公司。这家公司创立时有资本 100 万美元。后于 1879 年合并了其他 14 家大石油公司,组成托拉斯。美孚石油托拉斯还控制了另外 26 家石油公司的多数股票,掌握了产油区的各大铁路,建筑了四通八达的输油管,拥有自己的仓库、码头和上百艘的海洋轮船。美孚石油托拉斯把美国 90% 的石油生产集中在自己手里。它有名义资本 7000 万美元,其中 4600 万美元掌握在以洛克菲勒为首的 9 个人手中。"美孚"在石油工业方面取得的垄断地位,使它获得了高额垄断利润。1882—1898 年,它的股息由 5.25% 增至 30%。

美国钢铁公司是由摩根在 1901 年组织的托拉斯。19 世纪末,钢铁工业生产集中的结果,只剩下了四个最有势力的集团。这四个集团相互间展开了激烈的竞争。最后,摩根家族凭借它巨大的财势,同这些大企业取得协议,于 1901 年合并组成美国钢铁公司。美国钢铁公司是美国最大的、最完备的托拉斯。它是一个巨大的联合企业,有自己的铁矿和煤矿,拥有 1000 英里以上的铁路和 100 艘以上的海洋和内河轮船。1907 年,这家钢铁托拉斯所有企业的职工达 21 万人以上。它在成立初期,就控制了 60% 的铁矿,生产了约 66% 的原钢和将近 50% 的钢铁预制品。1910 年,它的原钢和钢铁预制品产量分别达 1400 万吨和 1200 万吨。美国钢铁公司获得了庞大的利润,1901—1910 年,平均每年纯收入为 1.12 亿美元。

托拉斯是美国垄断组织最普遍的形式。生产的高度集中,一开始就采用新技术而建立的少数几个大企业在各个工业部门中迅速取得支配地位,是垄断组织的高级形式托拉斯发展的基础。美国是托拉斯之国。托拉斯在美国具有巨大的经济和政治势力。列宁说:"美国托拉斯是帝国主义经济或垄断资本主义经济的最高表现。"[①]

银行业的集中和金融资本统治的确立

在工业迅速集中和垄断化的同时,银行业也同样地迅速向集中和垄断发展。

美国在建国以后长期没有建立起稳固的中央银行制度。1791 年建立的第一合众国银行和 1816 年建立的第二合众国银行,都是营业 20 年满期就撤销了。1863 年以前,在美国进行银行业务活动的主要是根据各州政府法令建立的州银行,1862 年有 1600 家,它们发行了金额大小不一的 7000 多种钞票。1863 年,联邦政府通过法令,建立国民银行制度。这是一种根据联邦政府权力而不是根据州政府权力建立的银行制度。根据该法令,有 5 个人以上集资,想开办银行,只要向联邦政府交存等于银行资本 1/3 的联邦公债,他们就可以发行相当于这项公债当时市价 90% 以下的国民银行钞票,领取执照营业。国民银行建立后,1865 年,政府对州银行发行钞票课以 10% 的税款,从而使州银行发行钞票的权力受到了排斥。国民银行制度清除了紊乱的纸币,为全国提供了标准化的纸币;为美国政府的公债开辟了市场;把财政利益与联邦的利

---

① 《列宁全集》第二十三卷,人民出版社 1958 年版,第 35 页。

益更紧密地联系起来。然而,国民银行像州银行一样是私人股份银行,而且为数众多,1913 年国民银行的数量有 7000 多个。

数量众多,在形式上比较分散,这是美国银行的特点。各州法律都禁止其他州的银行在本州设立分行。允许本州的银行在州内广泛设立分行的,在 48 个州中也只有 9 个州。所以,欧洲国家的银行集中的主要形式——广泛设立分支机构,在美国没有通行。美国银行业的集中主要是通过以下的方式进行的:扩大银行的资本和存款;加强银行的合并;组织银行连锁(即形式上独立的各银行在同一人或少数人控制之下的联合)和银行集团(即为某一持股公司所操纵的一些形式上独立的银行);同各个中小银行建立代理关系,使它们从属于大银行;等等。这样,虽然美国的实际情况有些特殊,银行业仍然迅速完成了集中的过程。1900 年,20家最大的银行占有全部银行存款的 15%。由于大银行还控制着一些形式上独立的银行,所以银行垄断组织的实际作用还要大得多。

1913 年,美国建立联邦储备银行制度,使银行业更加集中。按照联邦银行制度,把全国划分为 12 个区,每区设立一个联邦储备银行,成为各该区的"银行的银行",控制各该区的货币发行和信用调节;规定各区的国民银行为各该区的联邦储备银行的"会员银行";同时鼓励州银行成为"会员银行"。联邦储备银行的资本由各"会员银行"承担。在 12 个联邦储备银行之上,在华盛顿设立联邦储备局,负责银行业务政策的指导和控制。美国政府建立这样一个中央银行制度,目的在于使美国的货币发行和信用的调节更趋集中,以适应垄断资本扩张通货信用的需要,从而便于大银行以联邦储备银行为后盾来控制中小银行。因此,联邦储备银行制度的建立,实际上是在保持美国银行的分散的外貌下进一步便利和加强了银行的集中和垄断。1913 年,美国约有 26000 家银行,以摩根和洛克菲勒的两大银行集团为首的亿万富豪银行家,统治着整个银行界,为数众多的小银行则完全处于从属地位。通过联邦储备银行,美国政府和金融资本更加密切结合起来。

银行资本的集中,使它的活动范围大大地扩大了。它开始发挥新的作用,从普通居间人一变而为万能的垄断家。银行给予工业企业长期贷款,并开始把越来越多的资金通过各种途径投入生产中去。这样,银行资本便与工业资本结合起来,形成了金融资本和金融寡头。二者的融合,也往往通过另一途径实现,即工业垄断组织控制银行股票,或直接创办银行。

银行资本与工业资本融合为金融资本,这在 1893 年危机和危机后的萧条时期,以及在 1898 年美西战争后的繁荣时期,已成为美国经济生活的显著特点。

1901 年,银行巨头摩根组织美国钢铁公司,石油大王洛克菲勒在 19世纪 90 年代掌握花旗银行,是工业资本与银行资本融合的两个典型例子。摩根集团和洛克菲勒集团也是美国两个最大的金融资本集团。

摩根集团是从杰·普·摩根设立的一家票据承兑行起家的。这家承兑行开办于 19 世纪 60 年代。美国内战后经济迅速发展,大量英国资本流向美国,大都是通过摩根的承兑行而投入铁路和其他企业。摩根家族由于控制了这些资金而迅速发展起来,成为发行铁路证券和政府债券最有势力的金融家。此后,摩根和另外 11 个合伙人组成摩根公司,逐步把许多大银行和保险公司控制在手中,成为全国最大的银行家。继而,摩根又把它的势力伸向工业和铁路方面,攫取这方面的控制权。1901 年创办美国钢铁公司托拉斯,是摩根由银行资本家变为金融工业资本家的最具典型意义的活动。此外,摩根本人还是 21 条铁路、通用电气公司、西方联合公司、普尔曼车厢公司和 3 个保险公司等大公司的董事。他的合伙人也是各种企业的董事。国际收割机公司和美国电话电报公司等大托拉斯,也都是受摩根集团控制的。

洛克菲勒是从工业资本家变为金融资本家的典型。洛克菲勒于 19世纪 70 年代创办美孚石油公司掌握了石油业以后,进而控制了煤气、电气、制锌、制铅、炼铜、炼钢等企业。19 世纪 90 年代,他把工业资本转向银行业,与斯蒂尔曼共同掌握了花旗银行,通过这个银行把千百万美元的利润再行投资,组成其他工业和铁路垄断公司,或收买企业股票,攫取对它们的控制权。

据 1912 年美国众议院公布的材料,摩根和洛克菲勒两大集团,总共在 112 家大公司里占据了 341 个董事席位,从而也就在实际上控制了资本总额达 222.5 亿美元的这一百多家大公司。

20 世纪初,在美国已经确立了金融资本的统治。它们的代表者是八大财团(摩根、洛克菲勒、库恩—罗比、梅隆、杜邦、芝加哥、克利夫兰、波士顿)①和 60 个家族。它们不仅支配着整个国民经济,而且操纵政府,控制着国家全部政治生活,决定国家的对内对外政策。垄断资本凭借着它在经济上和政治上的巨大势力,控制了社会生活的各个方面。

资产阶级学者穆迪在 1904 年写的《托拉斯真相》中有一段描述,反映了美国金融资本的统治情况。他写道:"托拉斯中的支配势力是由大小资本家集团的交错网所构成的。……这些都是更大的集团的附属物或一部分,而这些更大的集团自身又依附于两个庞然大物,洛克菲勒集团和摩根集团,并与他们结成联盟。这两个其大无比的集团在一起……构成了美国的企业和商业生活的心脏,其他的全是以千百种方式遍布于我们国民生活的动脉,使得每家每户都受到他们的影响,然而一切都与这个伟大的中心源泉相联系,并依存于它,它的势力和政策支配着一切。"

垄断资本家不仅控制着整个国民经济,而且操纵政府,控制着国家的政治生活,左右国家的对内对外政策。自垄断经济形成后的历届政府,都是由垄断资本家的代理人组成,或者他们亲自出马占据国家的领导地位。以 1900 年麦金莱任总统时的内阁为例,国务卿舍尔曼是洛克菲勒的代言人,内务部长布利斯是摩根集团公平人寿保险公司的董事长,陆军部长陆

---

① 库恩—罗比财团主要控制着美国最大的铁路运输系统。杜邦财团以火药制造起家,以后它的杜邦公司成为美国最大的化学公司,第一次世界大战后它又控制了美国最大的汽车公司之一——通用汽车公司。梅隆财团通过它的银行控制着制铝工业、匹兹堡的一部分钢铁企业、煤矿和其他重工业。芝加哥财团是由芝加哥的银行巨头组成的,它所控制的企业,包括钢铁、石油、农业机械、铁路等各方面。克利夫兰财团由克利夫兰(匹兹堡以西的一个工商业中心)的金融巨头所领导的三个集团组成,它控制着美国北部的铁矿、冶金业及各种机器制造业等。波士顿财团是美国最老的财团,由波士顿几个早期的美国移民后裔的家族组成,它是马萨诸塞州和新英格兰北部工业的金融中心,控制的企业主要属于轻工业,如纺织业、制鞋业等,以后设立联合果品公司,转向控制拉丁美洲的果品生产。

特是摩根的法律顾问,海军部长诺克斯历任梅隆所属各银行的董事长,驻英大使乔阿特是洛克菲勒最得力的法律顾问。麦金莱任内的内阁各部人选,明显地反映了各金融集团的联合。所谓人民的代议机关议会,正像美国人民所称呼的那样,不过是"百万富翁的俱乐部"。1919年,列宁对于一般被认为具有高度资产阶级民主的美国的议会曾特别加以评论:"在瑞士和美国都是资本统治一切……在任何一国的议会里,资本的势力都不如这两个国家那样强大。资本的势力就是一切,交易所就是一切,而议会、选举则不过是傀儡、木偶……"

美国垄断资本特别发达,它的寄生腐朽性也特别明显。

垄断组织为了维持垄断价格和获得高额垄断利润,竟不惜限制生产规模,毁灭"过剩"商品,对于那些可能破坏它们垄断地位的新技术发明常常弃而不用,因而造成物质财富的巨大浪费,阻碍生产力的发展。随着过渡到帝国主义阶段,美国工业生产增长速度呈现降低的趋势。美国工业生产的年平均增长率,在1874—1890年为5.2%,1901—1914年降至3.5%。过渡到帝国主义阶段后,美国资本输出和食利阶层日益增加,也表现出美国垄断资本主义的寄生腐朽性。

美国帝国主义的腐朽性,更集中地表现于资产阶级在政治上的全面反动:少数亿万富翁在国内蛮横地统治一切;国家机关贪污公行,大贿骗案层出不穷;对人民的政治权利横加种种限制;残酷镇压工人运动;收买工人贵族;执行对黑人的种族歧视政策;加紧对经济不发达国家的侵略和掠夺;等等。列宁在1919年说:"北美合众国是世界上最民主的共和国之一,可是也没有一个国家的资本权力和一小撮百万富翁对全社会的统治表现得像美国那样横蛮,没有一个国家像美国那样贿赂风行(凡是在1905年以后到过那里的人大概都知道这一点)。"①

———————————

① 《列宁全集》第二十九卷,人民出版社1956年版,第442页。

第三节　垄断资本对工人阶级的剥削和对外经济扩张与殖民侵略

　　在美国,工人阶级和劳动群众创造了高度发达的物质生产,然而,工人阶级的劳动条件和生活状况不仅没有得到改善,反而恶化了。他们所受的剥削越来越重。

　　垄断资本家为了追求高额利润,推行了被列宁称之为"血汗制度"的"福特制""泰罗制"以及其他"赶快制度",使工人的劳动强度达到无以复加的程度。资本家从工人劳动中剥削的剩余价值部分日益增大。据美国官方的制造业情况调查报告中关于工资和利润(扣除租金、利息和赋税后)的材料计算,加工工业的剩余价值率 1889 年为 71%,1899 年为 85%,1909 年为 91%。工人受剥削的程度越来越重了。工人从劳动生产率的提高中所得到的,只是失业的增长。1897—1914 年,工人失业率平均每年为 10%,半失业的数字大得惊人,几乎有一半工人得不到全日工作。1909 年美国工业关系委员会的报告说,工人中有 1/2—2/3 的家庭生活在一般水准以下,约有 1/3 的家庭简直处于赤贫状态。危机期间工人的生活状况更是悲惨。美国报纸关于 1873 年的危机报道说,在各大工业中心,每天都有人全家饿死。在冬季,各警察局每夜都挤满了寻找安身处所的工人和他们的家属,乞求把他们判决监禁在"工人感化院"里。移民工人在工人总数中占一半以上,他们人地两生,有的甚至不通英语,受工厂主的剥削更重。黑人是工人中的最低层。1910 年,工人中有 55 万黑人,他们大多数从事沉重的劳动,工资比同类工作的白人要低1/3—1/2。

　　工人的劳动条件极差。工矿企业中缺乏最必要的安全设备和劳动保护设施,职业病和工人伤亡事故都很严重。20 世纪初期,因工业事故而死亡的工人每年平均达 75000 人,其中有 35000 人在不幸事故中当场死亡。这就是说,在美国每 16 分钟就有一个工人死在机器旁边。

美国工人阶级缺乏最基本的劳动立法和社会保险方面的保障。在第一次世界大战前,美国还没有关于劳动时间的立法(对童工除外),大部分产业工人每天工作 10 小时,有些部门工作日甚至长达 12 小时,只有少数几个部门实行 8 小时工作制。只有 13 个州有最低工资的规定。直到 1908 年,才第一次规定工人因工作而受到的损害由厂主负责。关于疾病、失业、年老等保险制度,在欧洲各国早已实行了,在美国却没有任何立法规定。

垄断资本家残酷剥削工农群众,不断排挤中小资本家,使美国成为贫富极为悬殊的国家。据 1914 年的统计,占美国全部人口 2% 的一小撮富豪,拥有全国 60% 的财产;而占人口 65% 的劳动群众在国家财富总额中仅仅占有 5%。

工人阶级遭受残酷剥削,生活极端困苦;少数富翁则过着奢靡腐化的生活。美国资产阶级史学家俾尔德夫妇在 19 世纪末描写富豪们的奢华堕落生活时指出:他们在骑马时用花和香槟喂马,用价值 1500 美元的项圈装饰一条狗(当时一个五口之家的工人家庭每年所需要的生活费仅为 700 美元),并且为狗举行宴会,等等。一方面是少数剥削者的穷奢极欲,游手好闲;另一方面是城乡劳动群众的繁重劳动、贫困和失业。这就是所谓的"美国生活方式"。列宁在 1914 年谴责美国的这种状况时写道:"这个国家现在就已经非常富有,它还能马上使自己的财富增加两倍,使社会劳动生产率提高两倍,从而可以保证所有的工人家庭得到象样的、每个有理性的人所应当有的收入,实行不太长的工作制——一天工作六小时。"[①]

"可是,由于资本主义社会制度,我们看到的是:一方面,在美国大城市里以及乡村里,存在着可怕的失业和贫困的现象,人的劳动白白地被掠

---

① 《列宁全集》第二十卷,人民出版社 1958 年版,第 55 页。

夺;另一方面,亿万富翁即拥有亿万家产的有钱人却过着空前未有的豪华生活。"①

随着阶级矛盾的尖锐化,工人阶级反对垄断资本的斗争日益激烈。罢工斗争此伏彼起,发生了一些著名的大罢工。例如,1874—1875年煤矿工人的罢工以"长期罢工"著名而载入史册。1877年铁路工人为反对降低工资而举行的大罢工,是美国历史上第一次全国性罢工,从东海岸到西海岸的主要铁路中心都卷入了这次罢工斗争。1886年5月1日,举行了为争取8小时工作制的全国总罢工,这次罢工包括了全国各重要工业中心,参加罢工的工人达34万人。"五一国际劳动节"就是由此产生的。此后,1886—1914年,美国每年都发生1000次以上的罢工,参加罢工者达数十万人。罢工还常常发展为武装冲突。

自1869年建立了全国性工会组织——"劳动骑士会"后,1881年又建立了美国劳工联合会。它们在建立初期都领导工人进行过反对资产阶级的积极的斗争。但是,这两个工会组织的领导人被资产阶级收买后,它们就在工人贵族的领导下蜕变成了为资产阶级服务的工具。19世纪末劳动骑士会由衰败而瓦解。"劳联"则不断发展,1914年,它拥有会员200万人,在工人中的影响很大。美国工人运动长期处在"劳联"的叛卖政策和机会主义统治之下,不能得到健全发展。

1905年建立的产业工人联盟,原是一个执行阶级斗争政策的全国性工会组织。但在1908年以后,无政府工团主义思想在"产联"领导中占了上风,它完全放弃了政治活动,认为怠工和总罢工是推翻资本主义的唯一方法。在组织上,"产联"执行错误的宗派主义的政策,因而未能形成一个群众性的组织(在最盛时期也只有会员13万人),它在各大企业中的阵地极为薄弱。

工会运动在组织上和思想上的不健全,使其在数量上的发展也很微弱。第一次世界大战前夕,美国有产业工人3000万人以上,而组织在职工会内的只有270万人,尚未达到10%。

———————————

① 《列宁全集》第二十卷,人民出版社1958年版,第55页。

社会主义运动在内战后进一步开展,社会主义者在罢工斗争、工会运动和进步的政治运动中都积极地站在最前列。1867 年在美国成立了国际工人协会支部。1876 年国际工人协会解散后,在美国先后又建立了社会主义工党和欧洲社会民主党类型的社会党。社会主义工党和社会党在宣传社会主义思想、提高工人阶级觉悟方面都起了一定的作用,但它们都不善于和群众性的工人运动建立联系,否认革命的斗争方法,把自己的活动基本上局限于国会斗争方面。

总的说来,在这个时期里,美国罢工斗争的高涨和激烈程度不亚于欧洲国家。美国工人阶级在长期的斗争中,表现出了不屈不挠的战斗精神。但是,美国工人阶级在组织方面和思想方面是不成熟的。没有组织起比较健全的工会;马克思主义的群众性的工人阶级政党也没有建立;机会主义思想在工人运动中有着很大影响。机会主义思想在美国工人中的传播,是有其经济根源和社会基础的。美国是经济最发达、最富有的帝国主义国家,并且在世界上进行着广泛的经济扩张和掠夺。美国的垄断资产阶级,从他们攫取到手的巨额利润中拿出一小部分,用来收买和豢养工人贵族,利用他们在工人中间散播机会主义思想,从工人阶级内部来败坏工人运动。

资产阶级有系统地收买工人贵族;无产阶级中移民工人多,民族成分复杂;可供移居的西部"自由"土地对无产阶级队伍起了瓦解作用。这些因素暂时阻碍了美国工人运动的发展。

对外经济扩张和殖民侵略 垄断资本一方面在国内残酷地剥削广大人民群众;另一方面用尽一切手段对外进行经济扩张和殖民侵略,贪婪地榨取和掠夺其他国家的财富,奴役经济不发达国家的人民。

商品输出是资本主义的重炮,是对外经济扩张的重要手段。美国从 19 世纪 70 年代起大大增加了商品出口。从表 2-2 可以看出美国对外贸易增长的情况。①

---

① 参见《美国历史统计(从殖民地时期到 1957 年)》,华盛顿 1960 年版,第 337—338 页。

表 2-2　美国对外贸易增长情况　　　　（单位:百万美元）

年份	输出总额	输入总额	出超(+)或入超(-)
1860	334	354	-20
1870	393	436	-43
1880	836	668	+168
1890	858	789	+69
1900	1394	850	+544
1910	1745	1557	+188
1913	2466	1813	+653

　　1900 年,美国的出口比 1860 年增加了 3 倍,美国在世界对外贸易中所占的比重,也由第三位上升为第二位。20 世纪初商品出口增长更快。到第一次世界大战前的 1913 年,美国的出口比 1860 年增加了 6 倍以上。从 1876 年起,美国由入超国变为出超国。在输出贸易中,工业品输出的比重迅速增长。1865—1870 年,工业制成品和半制品(不包括食物制品)在输出总额中所占的比重还不到 20%,到 1900 年已增至 35.3%,1913 年更增至 48.8%。可见,这一时期美国除了继续大量输出棉花、小麦等农产品以外,工业品输出已成为它对外扩张的重要手段。美国的商品主要输出到西欧和北美。自 19 世纪末起,美国对拉丁美洲和亚洲的输出开始急剧增加。到 1913 年,它在中美和加勒比地区的市场上,已排挤了英国和德国的势力而占首位。19 世纪末,美国在中国对外贸易总额中所占的比重,仅次于英国。

　　为了争夺世界商品市场,美国垄断组织一方面采用倾销政策;另一方面广泛参加国际卡特尔,与他国垄断组织达成分割世界市场的国际协定。20 世纪初期,在钢铁业、电气业、航运业、石油业、烟草业、制锌业等方面成立的国际卡特尔组织,都有美国垄断组织积极参加。

　　美国自 20 世纪初起资本输出迅速增加。不过,直到第一次世界大战前夕,美国在资本输出方面比英、法、德等国都要落后。1899 年,美国在国外的投资为 5 亿美元,1914 年达到 35 亿美元,而外国在美国的投资则约有 67 亿美元。美国还是一个债务国。这是因为美国在几十年间一直在开发西部,它是一个拥有广大国内投资市场的国家。

美国的国外投资主要投放在墨西哥和加拿大。其次是对欧洲、远东和拉丁美洲国家的投资。美国帝国主义通过输出资本,不仅从落后的殖民地半殖民地国家获得超额利润,而且企图借以确立美国垄断资本对这些国家经济和政治的统治。例如,美国垄断资本通过对墨西哥的投资,在 1912—1913 年把墨西哥的主要经济命脉掌握在自己手中,墨西哥国内 78% 的矿井、72% 的冶金企业、58% 的石油开采企业以及 68% 的橡胶企业,都归美国垄断资本家所有。差不多在墨西哥的每一个州内都有美国的大地产。当时墨西哥总统迪亚斯则是由美国垄断资本一手扶植的傀儡。

随着过渡到帝国主义阶段,美国加紧了争夺世界殖民地的活动。拉丁美洲和远东是拥有广大市场和丰富资源的地区,美国殖民扩张的矛头首先指向这里。

美帝国主义觊觎中国的台湾已有很长的历史。1873 年和 1874 年,美国殖民主义就曾对台湾连续进行过多次武装袭击。由于台湾居民的坚决抵抗,美国侵略者的图谋未能得逞。美国殖民主义者也热衷于侵入朝鲜,1866 年和 1871 年曾派军舰袭击朝鲜海岸。1882 年后强迫朝鲜签订一系列不平等条约,攫得了在朝鲜开伐森林、开矿设厂以及利用朝鲜港口和沿海航行等权利。

美国力图在太平洋上取得重要的据点。1875 年,美国强迫夏威夷与其订约,把夏威夷置于实际上依附于美国的地位,并于 1887 年取得在夏威夷的珍珠港海军基地设防的特权。1878 年,美国与萨摩亚群岛酋长订约,在帕果帕果设立军港。1889 年,美国同英、德一起,完全漠视萨摩亚人民的权利与愿望,建立三国对萨摩亚的共同保护制度。

1889 年,美国国务卿布来恩召开泛美会议,组成泛美联盟,是美国攫取美洲霸权的一个重要步骤。泛美会议为美国在拉丁美洲扩张贸易和进行干涉创造了方便的条件,从此,美国把拉丁美洲看成自己的囊中物。美国扩张主义者曾进行蛊惑的宣传,说美洲一切国家的利益是一致的,泛美主义所追求的目的是巩固南北美洲经济、社会及文化的联系。但是,连美国资产阶级学者贝米斯也承认:"这个会议的主要动机是美国商业的扩张。布来恩用什么友谊、仲裁、和平以及推动新世界美洲各国一般幸福等雄辩的话语,把主要的目的隐藏起来。"①

到1898年,美国虽然已进行了一系列侵略扩张活动,但它在国外取得的殖民地领土,还只有1867年从帝俄手里廉价购买来的阿拉斯加、太平洋上的珍珠港和帕果帕果军港。美国在分割世界殖民地方面来迟了一步。19世纪末,当美国开拓完了西部土地,转向海外殖民扩张时,世界落后地区已被欧洲各主要资本主义国家瓜分完了。美帝国主义不能忍受它在殖民掠夺方面所处的劣势地位。它依仗着强大的经济实力,抱着称霸世界的野心,加紧向外扩张,展开重新瓜分世界的斗争。

美国首先向老殖民帝国中最弱的西班牙下手,于1898年发动了美西战争。美国对西班牙作战的目的,在于夺取西班牙的殖民地古巴和菲律宾。古巴对于美国资本家有巨大的经济意义。1896年,美国人在古巴种植的甘蔗,占古巴甘蔗产量的10%。美国资本家控制了古巴的制糖业和采矿业。1890年,美国输出到古巴的货物占对拉丁美洲总输出额的20%,美国自古巴的输入占美国自拉丁美洲总输入额的31%。古巴的食糖几乎全部运销美国。至于菲律宾,除了经济意义外,还有政治和战略意义。美国把菲律宾看作在太平洋上进一步扩张的军事基地。

在美西战争中,西班牙遭到失败。根据1898年美西签订的巴黎和约,美国从西班牙手中夺取了菲律宾、波多黎各和关岛,古巴脱离西班牙而独立。美国承认古巴独立是虚伪的。紧接着在1901年,美国便通过普拉特修正案,把古巴实际上变成它监督下的保护国。

1898年,美国还完成了对夏威夷的兼并,次年,又占领了太平洋上的威克岛和萨摩亚群岛的土土伊拉岛。

美西战争只是美帝国主义进行大规模侵略的开端。列宁在关于帝国主义的笔记中曾引用霍布森的话说:"古巴、菲律宾和夏威夷,这些不过

---

① 贝米斯:《美国外交史》,1938年英文版,第738页。

是盛餐之前激起食欲的'小吃'。"①

美国竭力加紧侵入中国。但当时英、法、德、俄等帝国主义早已在中国划分了势力范围。于是美国在1899年提出"门户开放"政策，要求把各国势力范围向美国开放，首先获得跟其他列强平等的机会和权利，以期进一步用自己的经济优势排挤他国，把幅员广大的中国攫为己有。

进入20世纪后，美国又提出了"金元外交"政策。所谓"金元外交"，就是金融资本与政府公开结合，用金元开路，以军事和政治手段相配合，从政治上、经济上去奴役经济不发达国家，建立美国在世界上的霸权。美帝国主义以"金元"和"巨棒"相配合，进一步在拉丁美洲和中国进行经济扩张和政治军事侵略。

在拉丁美洲方面的主要扩张侵略活动有：1903年煽动巴拿马脱离哥伦比亚独立，强买巴拿马运河地带，于1914年凿成对美国具有战略意义的巴拿马运河；1904年，借口圣多明各不能偿还债款，接管了圣多明各的海关，确立了美国在财政上的控制；1910年武装干涉洪都拉斯内政，扶植美国代理人波尼雅上台，然后通过贷款控制洪都拉斯的经济；1911年，以花旗银行为首的美国银行承购了海地国家银行2000股股票，从而控制了这个国家银行；等等。美国通过武装干涉、扶植傀儡、收买股票、给予贷款等手段，控制了拉丁美洲一些国家的财政经济命脉。这样，在中美洲和加勒比地区，美国资本占了优势。

1900年，美国参加八国联军，用武力干涉和镇压中国人民的义和团运动，向清政府强行取得许多在华权益；同时，展开金元攻势，20世纪初在中国开设银行，建立托拉斯的分支机构，1910年又联络英、法、德组成四国银行团，贷款给清政府，获得在中国修筑铁路的权利，并力图通过币制贷款控制中国的财政。

同英法老牌殖民国家相比，美国的殖民主义政策具有显著的特点。它直接占领的殖民地领土较少，而更多地采用了较为隐蔽的殖民侵略形式，这就是在政治上、经济上控制名义上独立的国家，使它们实际上成为

---

① 《列宁全集》第三十九卷，人民出版社1963年版，第460页。

美国的附庸国。美国之所以采取这种不同于老牌殖民国家的殖民主义形式，是由它进行殖民侵略时所处的具体历史条件决定的。美国是一个后起的资本主义国家，它要掠取的殖民地，有的已为别国所占领，有的则是各国正在互相争夺的对象。它采取较隐蔽的侵略手法，可以欺骗这些国家的人民，并利用他们去反对老牌殖民主义国家，为自己开拓侵略的机会。再者，和老牌殖民主义者当年在亚洲、非洲掠夺的殖民地相比，美国进行殖民侵略的对象是在政治经济上已有一定发展的国家，而且在 19 世纪末 20 世纪初，殖民地人民的民族解放斗争已经开展起来，美国采用旧的殖民主义形式来建立自己的殖民帝国是很难达到目的的。采用较为隐蔽的殖民侵略形式对它更为有利。

美国在进行殖民扩张时，更多地使用了经济扩张和渗透的手段。但这决不像美帝国主义的代言人所宣扬的那样，美国是一个不进行军事侵略和战争的"和平"国家。世界上第一次重分殖民地的帝国主义战争——1898 年美西战争，就是美国发动的。"美元"和"大棒"结合，有时以"和平"的姿态出现提供"援助"，有时进行军事威胁诉之以战争。这就是美国侵略扩张惯用的反革命两手策略。

第四节　美国借第一次世界大战大发横财和加紧对外扩张

战时经济的"繁荣"和国家垄断资本主义的发展　　帝国主义国家间为争夺殖民地和世界霸权而爆发的第一次世界大战，是人类历史上的一次浩劫，但它却成了美国帝国主义发展的黄金时机。战争开始后，美国就盘算着从战争中大捞一把，乘机扩张自己的势力。它狡猾地采取了坐山观虎斗的"中立政策"，充作交战双方的"兵工厂"，大做军火买卖。直到 1917 年 4 月，为了击败它未来发展中最危险的竞争者德国和分享战胜国的利益，美国才参加了战争。

欧洲交战国对军需物资的大量需求,它们在世界市场上竞争力量的减弱,给美国扩大工农业生产和商品输出以绝好的机会。

1914—1918 年大战期间,美国工业生产有极大增长。4 年间加工工业生产约增长了 32%。但是,战时工业生产的发展具有极大的片面性。军火、汽车、造船、化学、冶金等与军需有关的部门飞速增长。1914—1918 年,生铁产量增长约 70%(从 2333 万吨增加到 3900 万吨),钢产量增长几近 90%(从 2351 万吨增加到 4446 万吨),汽车产量增加 1 倍(从 57 万辆增至 117 万辆)。而日用品生产(纺织、造纸、皮革等)和建筑业却大大缩减了。

农业生产,特别是小麦生产得到空前发展。1915 年,小麦产量达到第二次世界大战以前美国历史上的最高纪录(10 亿蒲式耳,合 2722 万吨),比 1913 年产量增加 1/3。战争的 4 年里,小麦年平均输出量(375 万吨)比战前 4 年年平均输出量增加了 1.5 倍以上。

随着战时生产的高涨,生产的集中和垄断化的程度都有很大发展。加工工业中年产值在 100 万美元以上的企业,在 1914 年有 3819 家,到 1919 年增长到 10413 家,这些企业集中了全部工人的 57%,全部加工工业总产值的 68%。大公司、大托拉斯的势力迅速增长。

战争推动一般垄断资本主义发展为国家垄断资本主义。垄断资本集团利用战时的有利时机,直接利用国家政权来赚取更多的垄断利润。主要采用以下几种方式:一是国家以调整经济的名义建立一系列国家经济机关,如战时工业局、协约国采购委员会和战时金融公司等等。这些机构都由大垄断组织的代表所把持,成为它们加强垄断的便利的工具。例如,1917 年 7 月成立的战时工业局,是统制全国工业的中央机关。它通过各种机构,把调拨原料、燃料和劳动力,分配国家订货,采购军需品,制定价格等全部事务掌握起来。该局由摩根系统的经纪人和交易所投机家巴鲁克任主席。局中的其他负责职务也都由华尔街的老板和他们的代理人担任。他们通过操纵战时工业局极力扩大垄断组织的收入。二是实行一部分企业国有化,或者国家投资兴建工厂交给垄断组织经营。例如,1917 年实行铁道国营。在铁道国营期间,政府保证给各铁道公司 1917 年 6 月以前的年度平均收入。到 1920 年把铁道归还私人时，政府花费了 8.6 亿美元经营费用（更换设备所费的钱还不算在内），各铁道资本家坐享大量利润收入。战争期间，国家投资兴建了 150 套炼焦装置，共用资金 3750 万美元，其中 1670 万美元是给垄断组织的无须归还的拨款。同时，这些炼焦工厂的副产品全部为垄断组织所占有。三是政府采取国家订货、给予补助金和贷款等帮助垄断组织的措施。通过军事订货，国库资金源源流入垄断资本家的腰包；同时还使垄断资本家能够以"国防"和"民族利益"为借口，加强对工人阶级的剥削。

大垄断资本家在政府帮助下大发横财，利润激增。战时，各大企业的利润一般都在 25% 以上，有的甚至高达 500% 或更多。

工人阶级在战时的处境则进一步恶化了。垄断资本家经常借口军事需要延长工作日，"冻结"工资，在企业中实行军事劳役制。工人的劳动强度大大提高，罢工权利被取消。战时支出的庞大军费是由垄断资产阶级政府用增加赋税和大量发行公债的办法，向广大劳动人民搜刮得来的。据统计，美国在 1917 年和 1918 年两个年头的战争中花费的直接军费即达 270 亿美元左右，大体上等于联邦政府从 1791 年到 1914 年的全部支出。美国政府为了维持巨额军费支出和筹措给协约国的贷款，便急剧增加赋税和发行公债。1914 年美国平均每人负担税额为 3.84 美元，1920 年增加到 51 美元。战时共发行五次公债，总计为 214 亿美元。沉重的赋税和公债的负担，最终都落在工农大众身上。战时名义工资虽有增加，但远赶不上物价的上涨，工人的实际工资降低了 1/4 以上。列宁在评论战时资本主义国家"调整"经济时写道："无论美国或德国，'调节经济生活'的结果是给工人（和一部分农民）造成军事苦役营，给银行家和资本家建立起天堂。这些国家的调节办法就是把工人'勒紧'，紧到挨饿的地步，另一方面保证（用秘密手段、反动官僚手段）资本家获得比战前更高的利润。"[①]

---

① 《列宁全集》第二十五卷，人民出版社 1958 年版，第 324 页。

战　时　加　紧
对　外　扩　张

有利的国际市场使美国商品输出急剧增加。战争结束时,整个世界的国际贸易(进出口总值)缩减到战前的60%,而美国的对外贸易却大为增加,出口总值增加了2倍,进口增加80%,战争时期出超额累计达116亿美元。美国不仅进一步巩固了在加勒比海地区市场上的优势,攫取了南美和加拿大的市场,加强了它在中国和中近东市场上的地位,而且以大批军需物资供应欧洲交战国,使原先的欧洲竞争者(包括英国在内)也不得不在经济上依赖于它。

美国为发展对外贸易而急剧扩大了商船队。1914—1919年,美国商船总吨数增加了10倍。同时,舰队和海军力量也大大增强。这为美国谋取世界霸权打下了军事实力基础。

英、法等主要交战国,由于有大量货物进口和巨大的军费开支,不得不把大量黄金支付给美国,转让给美国一部分国外有价证券,并向美国举借债款。战时,美国收回外国在美国的有价证券达20亿美元以上,同时,资本输出也迅速增加。到1919年,美国的国外投资总额达70亿美元,借给协约国的战债约100亿美元。全世界有20个国家欠美国债务,连最富有的英国也欠下了美国41亿美元的债款。美国从债务国变成债权国。美国把世界黄金储备的40%(近45亿美元)掌握到自己手里,因而加强了它对资本主义世界金融控制的地位。美国战时的资本输出,多为通过政府进行的国家贷款。这种资本输出的形式能适应垄断资本家的要求,尽量多榨油水,如列宁所说的"从一条牛身上剥下两张皮来"[①]:一是贷款的利息,二是用这笔贷款来购买美国工厂的产品时所取得的利润。国家贷款的形式还便利了美国对贷款国进行政治经济上的控制。

经过第一次世界大战,美国的殖民势力有很大扩张。战前美国在加勒比海地区已占据优势,战后它完全确立了在加勒比海地区的统治;在南美洲,美国的势力大为增强,把英国排挤到次要地位。在战争开始的时

---

① 《列宁选集》第二卷,人民出版社1972年版,第835页。

候,美国在南美洲连一家银行也没有,到1921年年初,美国在南美洲已开设了约50家银行分行。美国对拉丁美洲的贸易迅速增长。1917年,美国在拉丁美洲20个国家的进出口贸易中的比重都在一半以上,分别占54.8%和51.7%。美国对拉丁美洲的资本输出总额虽然还少于英国,但有了很大增长,从1913年的13亿美元增加到1919年的24亿美元。美国不仅对南美洲的经济控制日益加强,而且也加强了它在这些国家的政治支配权。战争的结果,美国成为整个拉丁美洲最有势力的统治者和最大的剥削者。

战时,美国资本的势力进一步侵入中国。1913—1919年,美国对中国的出口贸易增长了2倍以上(从3500万海关两增加到10800万海关两)。美国对华投资也显著增加。大战期间美国借给中国政府几次贷款,共计1300万美元,年利率高达5%—7%。其中有铁路借款和运河借款。美国借此攫取了在华修建1500里铁路的权利和其他权益。美国向中国加紧渗透,受到日本的拼命竞争和阻挠,于是美国和日本妥协,签订合作契约,规定运河借款(600万美元)的债票发行,由美、日按七、五比例分担。1918年7月,美国垄断资本集团又联络英、法、日组织"新银行团",来争夺对华借款的领导权。

战争育肥了美帝国主义。它在世界上的实力地位增强了,攫取世界霸权的野心也随之增长。1918年,美国总统威尔逊在国会发表"十四点计划",提出扼杀苏俄和世界革命运动、建立美国世界霸权的纲领。战后,美国成为国际金融资本剥削的一个主要中心和世界反动势力的核心一员。

在第一次世界大战中暴发致富,这是美国资本主义发展过程中又一段极可耻的血腥历史。列宁曾一针见血地指出,"四年战争的结果表明,在强盗分赃战争方面,资本主义一般规律是:谁最富最强,谁就发财最多,掠夺最多;谁最弱,谁就被掠夺、蹂躏、压榨和扼杀","美国的亿万富翁们几乎是最富的,并且在地理条件上处于最安全的地位。他们发财最多。他们把所有的国家,甚至最富有的国家,都变成了向自己进贡的国家。他们掠夺了数千亿美元。……每一块美元都有污迹,都有使每个国家的富人发财、穷人破产的'有利可得的'军事定货的污迹。每一块美元都有血迹,都有 1000 万死者和 2000 万伤者……所洒下的鲜血"。①

---

① 《列宁全集》第二十八卷,人民出版社 1956 年版,第 44—45 页。

第三章

英国世界工业垄断地位的丧失与
垄断资本主义的形成

第一节　19世纪70年代后经济发展相对
缓慢和"世界工厂"地位的丧失

工业发展相对缓慢
和经济危机频繁

　　在19世纪70年代以前,英国是世界上最强大的工业国家和殖民帝国,在世界工业、贸易、海运和金融方面,都居于垄断地位,号称"世界工厂"和"日不落帝国"。但是,也正是这种地位,使英国走向落后和腐朽。

　　英国的工业力量主要建立在纺织、煤炭和冶铁等几个旧工业部门上。这些部门的技术装备到19世纪70年代后都已陈旧。同时,这些部门,特别是纺织业,在世界各资本主义国家中都已普遍发展起来。在这种情况下,市场扩展的余地逐渐缩小,增加利润日益困难。但革新技术装备,对这些部门的资本家来说,又意味着大量固定资本的贬值或报废,加以对国外投资又远比国内投资的利润大,这就阻碍了这些部门的生产设备和生产方法的革新。因此,这三个部门的生产,在1870—1913年的43年中,虽然都有不同程度的增长(棉花消费量增长了76.6%,生铁增长了

71.5%,煤炭增长了1.6倍),但它们的基本特点是发展缓慢和技术停滞。例如,英国的棉花消费量和煤产量每20年的增长率都是不断下降的。英国的纺织机器大部分都是工业革命时代的产品。直到1913年,绝大部分煤的采掘依靠手工劳动,机械采煤量只占总产量的8%。在冶铁方面,1907年共有369座熔铁高炉,每座平均年产量仅为27000吨。至于炼焦炉,2/3是老式的。使用"搅拌法"冶炼熟铁,曾使英国冶铁业在世界上长期占据优势,但它一直还是使用手工操作的。

19世纪70年代以后,在英国各主要工业部门中得到较快发展的是炼钢业、机器制造业和造船业。钢产量从1870年的22万吨增至1913年的778万吨;同时,机器出口价值从530万英镑增至3700万英镑;船舶建成量从34万登记净吨增至120万登记净吨。1870年时,英国木制帆船的吨位等于钢制机轮的4倍,而到1913年,英国的造船厂几乎完全制造轮船,帆船的吨位在船舶总吨位中只占1/10弱了。

19世纪70年代后,在整个资本主义世界的技术革新浪潮推进下,英国也开始建立了一些新的工业部门。1877年英国发明了四冲程发动机,1895年制造了第一辆汽车,到1913年汽车产量已达34000辆。在动力方面,80年代后出现了利用硬煤生产煤气的瓦斯工业和电力工业,1912年全国电站安装容量达9亿瓦。1900年英国开始试制人造纤维,到1913年生产了700万磅人造丝。但是,由于国内资本的大量输出,特别是美国和德国的激烈竞争,英国新工业部门的发展很慢,规模很小,其产值在1907年只占工业总产值的6.5%,国内需用的大部分电气设备和化学产品,要靠德国供应。因此,新工业部门生产的增长抵补不了旧工业部门发展的滞缓,整个工业的发展速度下降了。1850—1870年,英国工业每年平均增长3.12%,而1870—1913年,每年平均只增长1.9%。

不过,在19世纪最后30年和20世纪初,英国工业中的生产资料生产的发展,相对说来,快于消费品生产。1855—1913年,生产资料每年平均增长2.5%,消费资料每年平均增长1.6%。因此,生产资料工业在整个工业生产中所占的比重,从1851年的40%,上升为1881年的47%和1907年的58%。

英国工业发展的缓慢,也和这一时期英国发生的经济危机和萧条比其他资本主义国家更为深刻而持久,是分不开的。英国自从 1825 年发生第一次经济危机到 1866 年的 41 年中,共发生了 5 次危机,危机的间隔时间,一般是 10—11 年。而在 1878—1907 年的 29 年中,也发生了 5 次危机,危机的间隔时间最长不过 10 年,一般为 7—8 年,最短只有 4 年。同时,70 年代以后的危机,比 70 年代以前的危机,其深刻性大大加强了。这不仅表现在危机对生产和贸易的打击越来越深重上,也表现在危机和萧条的时间拖长上。1873 年,资本主义国家发生了一次空前深刻的世界性经济危机。这次世界危机虽然未使英国经济马上发生全面的动荡,但出口贸易和物价已在逐年下降,工业生产,除个别部门而外,也进入了长期停滞状态,失业人数逐年增加,拖到 1878 年终于爆发了危机。这次危机就其时间、规模和强烈程度来说,是英国从来也没有过的最严重的一次。危机过去之后,只经过一个短暂的微弱高涨以后,就爆发了 1882 年的危机,其后又是长期的萧条。主要工业部门的生产下降,一直持续到 1886 年。1874—1886 年,在英国历史上被称为大萧条时期。直到 1888 年,英国工业才开始高涨。这次高涨又只继续了三年,1890 年再次陷入危机。这次危机一直延续到 1893 年,然后接连两年多的萧条,到 1896 年才进入高涨。1900 年危机对英国的打击虽不重,但是萧条持续到 1904 年,才被最后克服,而且不久就发生了 1907 年的严重经济危机。

总之,频繁而深刻的危机,短暂而微弱的高涨,慢性的长期萧条,使社会生产力遭到比其他主要资本主义国家更大的破坏,从而使这一时期的生产发展速度减慢下来。

> "世界工厂"地位的丧失和世界贸易垄断地位的动摇

　　就整个资本主义世界而言,19 世纪最后 30 年,是生产技术大革新和工业生产飞跃发展的时期。特别是美国、德国这两个年轻的资本主义国家,在工业上出现了跳跃式的发展,相形之下,英国显得更加落后了。1870—1913 年,美国工业生产增长了 8.1 倍,德国增长了 4.6 倍,法国增长了 1.9 倍,而英国只增长了 1.3 倍。结果,英国在世界工业总产量中所占的比重,从 1870 年的 31.8% 下降到 1913 年的 14.0%。同一时期,美国从 23.3%上升到 35.8%,德国从 13.2%上升到 15.7%。英国工业总产量在 19 世纪 80 年代被美国所超过,随后在 1900—1910 年又被德国所超过,沦为世界第三位。在重工业部门的发展上,英国落后的情况更为显著。

1870 年,英国在煤、铁、钢三项重要产品生产中,都保持着首位并占绝对优势。但自 1879 年托马斯炼钢法发明后,可以从含磷较多的铁矿石中炼出优质钢来,这样,富有含磷铁矿资源的美国和德国的炼钢工业迅速发展起来。同时,炼钢业兴起后,曾使英国冶铁业长期称霸的"搅拌法"熟铁冶炼陷入长期衰退状态。19 世纪 80 年代末,英国钢铁工业的优势地位即已告终。到 1900 年,煤、铁、钢三项全被美国所超过。1893 年,德国的钢产量也追上了英国。到 1913 年,英国的生铁生产只及美国的 1/3,德国的一半多一点;钢的产量只及美国的 1/4,不到德国的半数。对英国"世界工厂"地位具有决定意义的机器制造业和纺织工业的垄断地位也丧失了。1913 年,美国机器产量占世界机器总产量的 51.8%,德国占 21.3%,英国只占 12.2%。美国棉织品占世界棉织品的 27.5%,英国只占 18.5%。所有这些表明,英国的"世界工厂"地位到 19 世纪末完全丧失了。

英国经济具有极大的对外依赖性,对外贸易在英国经济生活中具有决定意义。因此,长时期以来,英国非常关注对外贸易和海运业的发展,力图保持自己在世界市场的垄断地位。但是,这一时期英国工业生产上的相对落后,不能不影响到它在世界市场上的地位;反过来,英国对外贸易状况的恶化,又不能不直接打击其工业生产的发展。

从 19 世纪 70 年代起,英国商品在世界市场上,遇到了德国和美国商品愈来愈激烈的竞争。在欧洲市场上,德国的电气工业、化学工业和机器制造业等方面的产品,处于压倒优势地位,迫使英国步步退却。在美国市场上,美国自制的产品成为英国最大的竞争者。过去,美国一向是英国机器和纺织品的重要市场。而现在,随着美国工业的迅速发展,在 90 年代以后,美国成为机器输出国。这不仅使英国丧失了美国市场,而且在拉丁美洲和亚洲等市场上也遇到了美国日益强烈的竞争。所有这些,使英国对外贸易的增长落后于其他国家。1870—1913 年,英国对外贸易额只增加 89%,美国增加了 1.6 倍,德国和日本分别增加了 1.8 倍。这就不能不引起英国在世界贸易中的比重下降。1870 年,英国在世界贸易总额中占的比重为 22%,1900 年降到 19%,1913 年又降到 15%。

英国在世界贸易中的比重不断下降,它的垄断地位开始动摇。不过,在第一次世界大战前,英国依然在世界贸易中保持着首位。在工业垄断地位已经丧失的情况下,英国之所以还能暂时保持贸易方面的优势,是因为英国的进口贸易比任何国家都庞大,海运业极为发达,这一时期它又加强了殖民扩张和资本输出,它的世界金融中心地位仍然巩固。英国为了维持和扩大其殖民体系,增加海外收入,弥补巨额贸易逆差,加强对外竞争能力,非常重视海运业的发展。1890 年,英国保有世界商船吨数的 48%,以后虽有下降,但到 1913 年仍占 40%,超过美、德、法三国商船吨位的总和。

英国贸易地位的下降,特别是德美等国不断加强的保护关税政策,使英国资产阶级对传统的自由贸易政策发生了动摇。早在 19 世纪 80 年代初,一部分资产阶级人士组成"公平贸易"联盟,要求对国外工业品征收较高的关税,借以抵制德国和美国的关税壁垒,求得各国在工业品进口上的互相让步。但是由于英国严重依赖国外市场,害怕别的国家进行关税报复,英国政府未敢贸然改变自由贸易政策,转向保护政策。90 年代中,建立"帝国关税同盟"的口号代替了"公平贸易"的口号,并在 1894 年起,迭次召开英帝国会议,企图建立帝国特惠制,以加强英国商品在殖民地市场上的竞争力量,但是,由于自治领资产阶级的反对,并未取得显著的成效。

总的说来,英国作为"世界工厂"地位的丧失和世界贸易垄断地位的动摇,是各主要资本主义国家向垄断资本主义过渡的时期中,发展不平衡加剧的必然结果和表现。一方面,新兴的资本主义国家,特别是美国和德国的工业有了跳跃式的发展;另一方面,种种复杂因素交互作用的结果,使英国工业的发展滞缓下来。早期的工业化和旧投资的牵制,在世界市场上的长期垄断地位和对广大殖民地的剥削,以及国外投资比国内投资可以取得更高的利润等,所有这一切都阻碍了国内固定资本的及时更新和扩大,造成了英国工业技术装备和部门结构的相对落后,并较其他国家更早地呈现出资本主义的寄生性和腐朽性。英国经济对国外市场的严重依赖,又使它不能迅速地由自由贸易政策转向保护政策。所有这些,都使英国在国际市场上的竞争能力越来越弱,主要依靠国外市场的工业所遭到的困难越来越大,工业周期变动呈现出慢性长期萧条的征象。另外,从70年代初到90年代中,发生了世界性的农业危机。在这期间,英国的农业受到的打击特别沉重,这对英国工业的发展也产生了极为不利的影响。

农业的急剧衰落和对外依赖的加强 19世纪70年代后,英国工业和对外贸易的发展处于相对落后的局面,而农业生产则是绝对地急剧地衰落了。19世纪中叶,英国确立了"世界工厂"地位以后,逐渐把自己的农业基地移向国外,特别是国外的殖民地。1846年,英国废除谷物条例后,廉价的外国农产品的输入迅速增加起来。到1870年左右,英国农业已呈现停滞状态。19世纪最后25年,整个资本主义世界发生了长期的农业危机,拥有大量肥沃"处女地"的美洲国家——美国、加拿大和阿根廷等,农产品过剩的情况尤为严重。由于海运业和铁路的发展,远途运费日益低廉,美洲谷物便大量涌入欧洲,首先是涌入实行自由贸易政策的英国。另外,靠沉重租税无情压榨农民的俄国和印度的地主阶级,也不顾农民的死活,把大批粮食投入国际市场,实行"饥饿输出"。在复杂多角的竞争中,英国农业受到的打击最为沉重,英国市场上的农产品价格一落再落。例如,小麦价格指数以1871—1875年平均为100,1881—1885年下降到73,1891—1895年下降到51。与此同时,澳大利亚、新西兰和拉丁美洲的肉类,也大量涌进英国,牛肉价格在1871—1875年到1894—1898年下跌了29%。

英国是个大地主土地占有制的国家。农业用地将近70%为地主所有。1873年,英国400个世袭贵族就占有了英格兰与威尔士土地总面积的1/6。占地1000英亩以上的不到4000个大地主占有了土地总面积的4/7。大多数地主将土地出租给农业资本家经营。1895年,在英国全部耕地面积中,土地所有者自己经营的只有464万英亩,租佃出去的则达

2794 万英亩。在自己土地上经营的农场主有 61014 户,而在租地上经营的达 495092 户。因此,绝大多数的农业经营者处于地租压迫之下。高额地租使英国农产品价格高于其他国家,经不起美洲廉价农产品的竞争。据统计,在 1879 年到 1894—1895 年期间,英国的地租虽然平均跌落了 30%,但同期小麦价格却跌落了 50%。1875—1905 年,英国农业由于外国竞争而遭受的损失达 16 亿英镑。在这种情况下,大批中小农场破产,农场数从 1880 年的 553000 个减到 1913 年的 513000 个,播种面积和农产品产量每况愈下。从 1870 年到 1910 年,英国小麦的播种面积和产量都减少了近一半。

在长期农业危机打击下,英国在 19 世纪 90 年代初,曾提出了"用牛羊代替粮食"的口号,力图寻找农业的出路。但是,由于外国廉价畜产品的竞争,特别是 20 世纪初冷藏业的发明,远洋冷藏肉类大量涌进英国,使英国畜牧业也未得到发展的机会,而处于停滞状态。

英国的农业衰落,使粮食自给率日益降低。19 世纪 70 年代初期,英国(包括爱尔兰)本土农业生产尚能保证 79% 人口的粮食需要;到 1914 年就只能养活 35.6% 人口了。国内消费的大部分农产品,不得不靠外国进口来满足。1870—1910 年的 40 年中,英国小麦进口量增长近 3.5 倍,其他农产品进口量也增加很大。英国为了从国外取得廉价粮食,不断加强殖民地和自治领经济的农业附庸性质,把它们变成自己的谷仓和畜产品供应地。1913 年从殖民地和自治领输入的小麦,占英国进口小麦的 46.5%。其中加拿大占 22.5%,印度占 13.3%,澳大利亚占 8.7%。

国内消费的食品和农业原料越来越依赖国外输入的结果,使贸易逆差不断扩大。1870 年,英国的贸易逆差为 5920 万英镑,到 1900 年增长到 16870 万英镑。20 世纪初以后,英国出口贸易虽有显著的增长,但进出口相抵,1913 年的逆差仍高达 13370 英镑,因而,除用海运费、保险费等收入来抵冲外,越来越要靠国外投资的利润、利息、佣金等剥削收入去弥补。这也正是这一时期英国资本主义的寄生性、腐朽性增强的一个表现。

农业生产的缩减,以及大农场中机器使用的日益增加,使英国的农业人口在这一时期中不断下降。1881 年,农业人口在就业人口中的比重为

12%,到 1911 年降至 8%。1871 年,英格兰和威尔士的农业工人(包括牧羊工)有 922054 名,到 1907 年减到 609105 名,30 年中减少了 1/3。大批从土地上被排挤出来的农业工人,或者流入城市加入了产业后备军,或者大批地移居国外。农业工人的生活境况十分困苦。第一次世界大战前夕,农业工人的工资每周一般在 17—20 先令,不足以维持最低生活。他们住的是茅舍,穿的是最坏的衣服,吃的是最坏的食物。因此,农业衰落的另一后果,就是造成国内工业消费品市场的相对缩小,这也是使这一时期英国工业发展滞缓的一个重要原因。

英国资产阶级往往把本国农业的衰落和农业基地移向殖民地,归因于英国地少人多,即所谓狭小岛国造成的"人口过剩"。这种论调,与英国大量耕地沦为荒地和供寄生阶级享乐的狩猎场、赛马场的事实,是完全相违背的。列宁在 1913 年写道,英国"近 10 年来,农业人口从 200 多万减少到 150 万,但是猎场看守人员却从 9000 人增加到 23000 人。世界上没有一个国家有这么多荒地,没有一个国家的农场主遭到野禽野兽这么多的危害,这些野禽野兽是富人为了自己的消遣而豢养的"①。1871—1914 年,英国(包括苏格兰)的耕地总面积,从 1840 万英亩降至 1430 万英亩,而永久性的草地从 1240 万英亩增加到 1760 万英亩。可见,土地利用率是越来越低的。

第二节　垄断资本主义的形成和发展

工业垄断资本的形成及其特点

　　19 世纪末 20 世纪初,英国工业生产发展的缓慢及其世界经济地位的下降,使英国垄断资本的形成和发展受到深刻的影响。

19 世纪五六十年代后,随着资本主义大工业的发展和竞争的加剧,

---

① 《列宁全集》第十九卷,人民出版社 1959 年版,第 438 页。

生产和资本集中的趋势,在英国逐渐显著起来。股份公司不断增加。在政府备案的股份公司数,从 1862 年的 165 个增至 1873 年的 1234 个,其资本由 5700 万英镑增至 15200 万英镑。1874 年开始的大萧条,使英国进入了一个长期不景气和价格跌落的时期。这种情况,使企业间的竞争加剧,推动了企业兼并活动。同时,不少原来是独资或合伙经营的企业,开始改组成为股份公司;新建的企业,一般也采取了组织股份公司的形式。但是到大萧条时期末(1886—1887 年),在英国制造工业中,绝大多数的工业企业还是家族企业(独资或合伙的),生产和资本的集中程度还不高。但在大萧条后和 1890 年危机后各出现了一次工业高涨和股份公司的创设狂热。一次是在 1889—1890 年,两年中新创的股份公司近 8000 家。1890—1893 年危机期间,公司创设有所收敛,但以后又逐渐形成了另一次公司创设高潮。新成立的公司从 1893 年的 2515 家增至 1897 年的 5184 家。股份公司的发展不仅便利了大资本企业的建立,而且也为原有的大企业扩大资本和吞并竞争对手,提供了有效手段。进入 19 世纪90 年代,许多工业部门中较大的独资或合伙企业,纷纷改组成为股份公司,并在股份公司的形式下进行联合和吞并活动,从而加速了生产和资本的集中。

　　但是,英国工业生产集中的速度和程度,远远落后于美国和德国。这特别明显地表现在煤炭和冶铁工业中。19 世纪 90 年代中期,在美国、德国乃至法国的煤炭工业中,为数有限的几家大公司已经起着决定作用。而英国直到 1913 年尚有 3334 个煤矿,每个矿的工人平均不到 300 人,而且多数是一矿一主。1913 年,德国的 313 座高炉炼铁 1670 万吨,而英国的 338 座高炉,只炼铁 1020 万吨。其他部门也存在类似的情况。这主要是因为英国的大部分工业是在工业革命时期建立的,技术装备陈旧,企业规模较小。同时,对殖民地市场的独占,使保持旧装备的落后企业和中小企业,也可以维持生存,甚至能获得高额利润。在向帝国主义过渡时期,大量资本投向国外,国内固定资本的更新和扩大不足,这又使许多部门的技术装备基本上处于原来的状态。另外,英国工业生产主要是面向国外市场,国外市场需要的多样性,也阻碍着生产标准产品的大型企业的建立。

英国工业生产集中的进程较慢和程度较低,势必影响工业中垄断组织的发展。在美国和德国,1873 年危机之后,特别是 19 世纪 80 年代都出现了垄断组织大发展的高潮。而这种高潮在英国是在大萧条以后,特别是到 90 年代才出现,比美、德两国要晚 10—15 年。

英国垄断组织在与军事生产直接相关的军火工业、重型机器制造业、造船业、冶金业中发展较快,垄断程度也较高。在这些部门中出现的垄断组织,一般都是由原有的少数大企业通过改组为股份公司的形式扩大资本,与在生产程序上先后衔接或关联的企业进行合并,或陆续加以吞并后,而形成纵向跨部门的垄断联合企业。但就这些工业部门本身来说,横向垄断联合程度不高,有的甚至尚未建立。这种纵向跨部门的垄断联合企业,大多是在 19 世纪 90 年代和 20 世纪初陆续形成的。例如,这一时期,在军火工业和造船工业中,出现了著名的阿姆斯特朗—惠特沃斯公司(1897 年由两家同名的军火企业合并而成)和维克斯—马克西姆公司(1897 年由炼钢起家到生产军火的维克斯父子公司在吞并了几家军火、军舰建造公司后改组成立的)。这两家军火生产的垄断组织,在改组成立前后都进行了一系列吞并有关企业的活动。它们不仅生产军火,建造军舰,并且拥有自己的钢铁冶炼工厂以及其他有关的金属加工、机器制造工厂等。在冶金工业中,则出现了鲍尔考·汪干公司、约翰·布朗公司、贝尔兄弟公司、纳德福特公司、鲍尔温公司等著名的大冶金联合企业。它们有的早在 19 世纪六七十年代就改组成为股份公司,有的是在 20 世纪初合并成立的。在 19 世纪 90 年代和 20 世纪初经过一连串的吞并和合并,它们都扩展成为完整的大冶金联合企业,拥有煤矿、铁矿、石灰石矿、炼焦、冶铁、炼钢、各种钢材轧制、金属加工、造船等一系列的工厂。

在生产比较集中的新兴的化学工业中,垄断组织发展较快。早在 19 世纪 80 年代建立的诺贝尔炸药公司(利用英国资本建立的国际公司)控制了英国的炸药生产。1888 年出现了盐业联合公司,它合并了 65 家企业,控制了 91% 的食盐生产。1890 年出现了由 49 家企业合并组成的碱业联合公司,它控制了全部漂白粉生产。1895 年,布鲁诺·蒙得公司(著名的帝国化学公司的前身之一）在进行了一系列的吞并活动后，控制了大部分的苏打生产。1901 年，利华兄弟公司（1890 年成立，用植物油制造肥皂，在国外设有几处分公司）扩大资本，改组为股份公司，与其他五家大制皂公司联合组成卡特尔，控制了英国近 2/3 的肥皂生产。1907 年后，利华公司转向兼并，到 1913 年已成为拥有 3000 万英镑资本的国际性大垄断组织。

英国的棉纺织业，到 19 世纪末，装备已经陈旧，技术落后，企业规模一般也比较小。因此，在棉纺和棉织这两个主要部门中尚未形成垄断组织。但在生产比较集中的棉线和染整业（包括印花、染色、漂白）中也出现了垄断组织。例如 1895—1896 年由 5 家大企业和 20 家小企业合并而成的棉线垄断组织——考茨公司，是驰名世界的大垄断公司；1898 年出现了由 40 家企业组成的细纱业联合组织；同年，出现了由 22 家企业组成的布赖福特染布业联合组织；1899 年出现了由 59 家企业合并而成的印花业联合组织，控制了印花布生产的 85%；1900 年出现了由 46 家企业合并起来的染纱业联合组织和由 53 家企业合并起来的漂白业联合组织。这些联合组织都采取了股份公司的形式。

在英国其他的工业部门中，较大的垄断组织，还有 1900 年由 27 家企业合并组成的普特兰水泥联合制造公司，控制了 80% 的英国水泥生产。为了抵制美国烟草公司的倾销，英国的制烟大企业于 1900 年合并组成帝国烟草公司。它与美国烟草公司达成协定，各自分别垄断英美市场，并于 1902 年合组英美烟草公司，垄断英美以外的外国市场。

英国的铁路业从 19 世纪中叶就开始逐步合并，走向了垄断。这与铁路事业一开始就是大规模经营有关。到 1914 年，英国 1000 多条铁路，已分属于为数不过 11 家的大公司所有，而且相互之间缔结了经营协定，完成了铁路垄断化。

总的来说，19 世纪末和 20 世纪初，在英国国内各主要工业部门中，都产生了不同形式的垄断组织。但与美国、德国相比，英国垄断组织的数量还较少，垄断统治的程度也较低。例如，1902 年时，英国共有 57 家各种形式的垄断组织，而美国在 1904 年已有 318 家托拉斯，德国在 1905 年已有 385 家卡特尔。这种情况,首先是由于这一时期英国工业发展滞缓、生产与资本的集中程度较低造成的。此外,英国实行的自由贸易政策,对垄断资本形成的速度和发展形式有着一定的影响。列宁曾指出:"英国和那些用保护关税促进卡特尔化的国家不同,在这里,企业家的垄断同盟,如卡特尔、托拉斯,多半是在互相竞争的主要企业的数目缩减到'一两打'的时候才产生的。"①自由贸易政策,特别阻碍了企业在销售方面的联合,因而在英国控制商品销售条件的辛迪加和卡特尔比较少。英国的垄断组织,一般都是经过激烈的竞争,由若干家大企业合并改组为大股份公司,并进行一系列兼并活动后形成的生产上的联合。这是它的一个特点。正如列宁所指出的,"在自由贸易的国家英国,集中**同样**引起垄断,不过时间稍晚,形式也许有所不同"②。

这一时期英国垄断资本发展的另一个特点,是垄断殖民地原料生产的垄断组织特别活跃。这是与英国拥有大量殖民地和进行巨额资本输出相联系的。英国在南非创立了开采金矿和金刚石的垄断公司,其中最大的是德·比埃尔金刚石开采公司。在远东和中近东,1907 年英国资本和荷兰资本共同创立了英荷壳牌石油公司,1909 年又成立了英伊(朗)石油公司。这些公司大都是具有国际性的垄断组织。此外,英国在印度创设了许多控制印度工矿业和种植园投资的特殊形式的垄断组织——"经理行"。

银行垄断资本的发展 与工业中的情况相反,英国在走向帝国主义时期,银行业发展的规模和垄断程度,超过了德国和美国。

随着世界贸易中心和世界金融中心地位的确立,英国银行业从 19 世纪中叶开始有了进一步发展,建立了大批的股份银行,原来的独资银行,纷纷改组为股份银行。不过,70 年代后,英国银行业的发展,已经不表现为银行的数量增多,而表现为中小银行被大银行所吞并。在银行数量日

① 《列宁选集》第二卷,人民出版社 1972 年版,第 742 页。
② 《列宁选集》第二卷,人民出版社 1972 年版,第 742 页。

益减少的情况下,大银行的分支行和存款额迅速增大。英国股份银行在
1865 年为 250 家,1875 年合并为 120 家,到 1900 年只剩下 98 家。之后银
行数量继续减少,存款更加集中(见表 3-1)。

表 3-1　英国股份银行数量和存款分配

年份	资本在 50 万英镑以下者		资本在 50 万—100 万英镑者		资本在 100 万英镑以上者		合计	
	银行数(家)	占存款比例(%)	银行数(家)	占存款比例(%)	银行数(家)	占存款比例(%)	银行数(家)	占存款比例(%)
1900	57	16.5	17	15.3	24	68.2	98	100.0
1908	29	6.8	16	13.9	26	79.3	71	100.0
1913	20	5.0	14	9.3	27	85.7	61	100.0

　　表 3-1 表明,英国银行总数在日益减少;但减少的只是中小银行,而
拥有 100 万英镑以上资本的大银行却有增加。在股份银行数量减少的情
况下,它们的存款额和支行数却迅速增加。1880—1909 年,英国所有银
行的存款从 5 亿英镑增至 9.1 亿英镑,增长了 80% 以上。1872—1910 年,
所有银行的支行,从 2924 个增至 7151 个;其中 11 家银行各有 100 多家
支行,4 家银行各有 200 多家支行,另外 4 家银行各有 447—689 家支行。

　　在银行业高度集中的基础上形成了高度的垄断。19 世纪末 20 世纪
初,英国已经形成了银行“五巨头”,即密德兰银行、威斯敏斯特银行、劳
埃德银行、巴克莱银行和国民地方银行。1900 年,这 5 家银行掌握了全
国银行存款的 27%,到 1913 年增至 39.7%。它们在国内通过星罗棋布的
分行和支行网,垄断着金融事业,并将自己的经理和董事派到作为国家中
央银行的英格兰银行兼任董事,参与国家财政金融活动的最高决策,从而
影响全国政治经济生活。

　　英国银行资本发展的规模和垄断的程度虽然很高,但与工业资本的
融合,却不如美、德两国显著,这与英国银行资本和工业资本本身的历史
发展特点有关。在英国银行系统中,大部分是商业银行(或称存款银
行)。商业银行在国内的主要业务是吸收存款,为工商业提供短期信贷。

因此,英国商业银行和工业企业之间的直接关系,长期以来主要限于流动资本的融通。19世纪中叶以后,英国商业银行的巨大发展,主要不是依靠它与国内工业企业之间的信贷联系,而主要依靠伦敦作为世界贸易中心和国际金融中心的地位和作用,它主要与进出口商行、办理对外贸易信贷与外汇业务的票据承兑行、经理国外投资业务的投资公司、设在殖民地和外国的英国银行以及设在英国的外国银行等,进行广泛的信贷联系。通过这些机构,英国商业银行把在国内吸收到的巨额货币投向对外贸易、殖民地和其他国家,攫取巨额利润。因此,商业银行的巨大发展是与这一时期英国对外贸易的进一步发展、资本输出的增长和殖民地的扩张分不开的。也正因为这样,英国商业银行一般不愿对国内工业进行长期投资,怕受到工业波动的风险而影响其对外业务的周转。于是就形成了英国商业银行不参与对国内工业进行长期投资的历史传统。同时,就英国工业来说,当股份公司组织在工业中尚未得到广泛发展以前,固定资本的扩大,主要靠企业自己的积累。英国在世界工业中的长期垄断地位,也使英国工业资产阶级有可能主要依靠自己手中积累的巨额货币资本来扩大生产。19世纪60年代以后,特别是80年代末,股份公司组织在英国工业中得到广泛发展,同时资本输出激增。这就引起了一批专门从事代理发行、推销和承购国内外公司股票、公司债券业务的投资经纪人、投资公司、发行公司的产生。这类新银行业务的产生和发展,标志着银行资本与工业资本的初步结合。只是,当时从事长期投资的银行(大都采用公司名义)为数不多,规模不大,不能与庞大的商业银行相比拟。

到19世纪末20世纪初,随着大银行垄断地位的确立和工业中垄断组织的发展,银行资本与工业资本的联系和结合开始逐步加强。例如,商业银行以允许企业透支连续延期的方式进行变相的长期贷款,扩大以公司股票和债券为担保的抵押贷款,加强对投资经纪人、投资公司的资助与控制等。这些结合方式虽然比较间接和隐蔽,但使国内工业有条件更多地利用大银行的资金来扩展长期投资,也促使大银行更多地关注国内工业的长期投资活动。此外,银行巨头与工业垄断资本巨头之间的个人结合也有所发展。例如,在第一次世界大战前,至少在26家重要的钢铁公司的董事会中有大银行的董事参加。

英国银行资本与工业资本的结合还表现在殖民地英国银行和设在国外的英国海外银行的资本输出活动中。英国大商业银行正是通过这些殖民地银行和国际性银行的资本输出活动,间接控制了殖民地的铁路、工矿业、对外贸易,并渗入其他国家的工业、铁路、贸易中去,攫取着巨额利润。

就是这样,通过以上种种方式,在英国也开始形成金融资本,并出现了一些最富有的金融寡头。

大 量 的 资 本 输 出

早在19世纪上半期,英国就开始输出资本。1850年国外投资为2亿英镑,1870年已达14亿英镑。在向帝国主义过渡时期,英国资产阶级为了加紧对殖民地的剥削和控制,并在金融方面加强自己在世界上的地位,又进一步扩大了资本输出。

到1913年,英国的国外投资总额已达40亿英镑。这个数量为英国国民财富的1/4,等于各帝国主义国家对外投资总和的一半。英国在资本输出方面居世界第一位,是最大的国际剥削者。在1910年的35亿英镑国外投资中,欧洲占2亿英镑,美洲占18.5亿英镑,亚洲、非洲和澳洲共占14.5亿英镑,即绝大部分投放在殖民地、半殖民地国家。适应于这种分布情况,英国的银行剥削网也密布世界各个角落。19世纪末,在英帝国境外营业的银行共达25家,它们在欧洲有60余处分行,在中近东有200多处分行,在拉丁美洲和远东分别有100处和70多处分行。而在各殖民地,英国银行网分布更加稠密。1904年,英国共有50个殖民地银行和2279个分行;到1910年,殖民地银行增至72个,分行达到5449个。英国的国外投资收入,不仅超过了对外贸易收入,而且超过了工业的收入。1899年,国外投资收入为9000万至1亿英镑,而对外贸易收入为1800万英镑;1911年,国外投资收入达1.94亿英镑,而工业的收入为5000万英镑。可见,英国已经从一个典型的工业国,变成了典型的食利国。

巨额的资本输出,加深了英国的寄生性和腐朽性。据统计,为外国发行的资本额占英国资本发行总额的比重,1880—1889年平均为48.9%,

1890—1899 年为 41.8%,而在 1900—1913 年高达 61.5%,这不能不严重地影响国内投资和本国工农业的发展。到 20 世纪初,英国的食利阶层估计有 100 万人之多。越来越多的人力、物力和财力被用在寄生性消费上。如前所述,英国有很大一部分土地变成了供剥削者享乐的猎场。英国每年单是花在赛马和猎狐上面的金钱,就达 1400 万英镑。此外,还把大量劳动力浪费在非生产性劳动上。1851—1901 年,主要工业部门的工人,占工人总数的比重,从 23%下降到 15%,而从事商业、金融业、家庭仆役、饭店侍役等人员的比例,则不断增加。

> 英国加紧殖民扩张和成为最大的殖民帝国

殖民地对英国资本主义的发展具有决定性的意义。从 17 世纪初起到 19 世纪中叶,英国就逐步建立了庞大的殖民体系。但是,英国最大规模的殖民地掠夺还是从 19 世纪 60 年代开始的。列宁指出:英国特别加紧夺取殖民地是在 1860—1880 年这个时期,而且在 19 世纪最后的 20 年间还在大量地夺取。[①] 英国在这个时期进行疯狂的殖民扩张,不是偶然的。首先,在世界工业和贸易中的垄断地位日趋丧失的情况下,严重依赖国外市场的英国经济逐渐陷入困境,因而企图用殖民扩张的手段开辟新的财源和市场。其次,由于垄断资本的形成和经济危机更加频繁,劳动人民的境遇日益恶化,工人阶级的斗争日益加强。英国资产阶级打算通过殖民侵略来转移人民斗争的视线,并借殖民掠夺的巨利收买和分化工人阶级。英国大资本家和疯狂的非洲殖民者谢西尔·罗得斯在 1895 年叫嚷:"我昨天在伦敦东头(工人区)参加了一个失业工人的集会。我在那里听到了充满'面包,面包!'的呼声的粗野的发言。……为了使联合王国四千万居民避免残酷的内战,我们这些殖民主义政治家应当占领新的领土,来安置过剩的人口,为工厂和矿山出产的商品找到新的销售地区。我常常说,帝国就是吃饱肚子的问题。要是你不希望发生内战,你就应当成为帝国主义者。"[②]

---

① 参见《列宁选集》第二卷,人民出版社 1972 年版,第 798 页。
② 《列宁选集》第二卷,人民出版社 1972 年版,第 799 页。

英国依仗其海上霸权地位和强大的军事力量,以已有的殖民地为基地,在 1860 年以后发动了一系列殖民战争,侵吞了亚洲、非洲和澳洲的大片土地,扩大了"势力范围"。在亚洲,以印度为据点,先后吞并了马来亚、上缅甸、北婆罗洲,并再次入侵阿富汗,还把伊朗变成了保护国。与此同时,英国积极参加了列强对中国的瓜分和掠夺,控制了长江流域,把整个华中地区列入了自己的"势力范围",1898 年又侵占了威海卫。1900年,英国和其他帝国主义国家一起发动了对中国大规模的侵略,迫使中国签订了丧权辱国的辛丑条约。英国还以印度为据点,于 1904 年武装侵入我国的西藏。1914 年,举行西姆拉会议时,还趁机在会外制造了非法的"麦克马洪线"。

英帝国主义是 19 世纪最后 25 年列强瓜分非洲最积极的参加者。1875 年,英国以 400 万英镑从埃及总督手里买进了苏伊士运河股票的44%,取得了运河控制权。1882 年对埃及实行军事占领,从此埃及实际上变成了英国的殖民地。1867 年南非钻石矿的发现和 1884 年南非金矿的发现,更加刺激了英国殖民者的贪欲,加速把侵略魔爪伸向撒哈拉以南非洲。到 19 世纪末,英国夺得了从北非尼罗河流域经东非高原到南非高原以及西非几内亚海湾的大片殖民地。

在这个时期,英国在澳洲又先后占领了斐济岛和所罗门群岛。

经过上述一系列殖民侵略活动,英国的殖民地领土和人口有了空前的增加(见表 3-2)。

表 3-2 英国的殖民地面积和人口①

年份	面积(百万平方英里)	人口(百万人)
1860	2.5	145.1
1880	7.7	267.9
1899	9.3	309.0
1914	12.9	393.5

---

① 参见《列宁选集》第二卷,人民出版社 1972 年版,第 797、800 页。1914 年面积数字系由平方公里换算。

在 1860—1914 年 50 余年中,英国殖民地面积增加近 4 倍,殖民地人口增加近 1.7 倍。英国是帝国主义列强在瓜分世界中获得最多的一个。1914 年,英国所拥有的殖民地占全球面积的 1/4,占列强侵占的殖民地领土总和的 1/2 以上、人口的 75% 以上。这时,英国本土(120953 平方英里)还不及英帝国总面积的 1%,本国人口(4500 万人)仅为英帝国总人口的 1/9。

英国在加紧扩张殖民地的同时,进一步加强了对殖民地人民的剥削和奴役。资本输出已经成为英国掠夺殖民地的主要形式。列宁指出:"英国资本的大量输出,同大量的殖民地有最密切的联系。"[①]根据各方面的材料估计,到 1914 年,英国在澳大利亚和新西兰的投资达 4 亿英镑以上,在印度为 5 亿英镑左右,在南非为 3.7 亿英镑,在拉丁美洲为 9 亿英镑以上,合计在 21 亿英镑以上,占英国当年对外投资总额的一半多。

英国对殖民地和半殖民地的投资,成为控制、奴役和掠夺殖民地半殖民地国家的重要手段。英国的投资采取间接投资和直接投资两种形式。间接投资主要是对半殖民地国家的贷款。这种贷款不仅榨取高额的利息,而且是控制借款国家政治经济的工具。例如,英国对旧中国的间接投资主要是财政借款和铁路借款。这两项借款从 1865 年到 1914 年,累计达 6600 多万英镑。中国对这些借款要付出年利 5% 的利息,同时还须以关税、盐税、厘金和铁路收益作为担保,甚至把海关、铁路经营权交给了英国。英国在殖民地的直接投资主要是用在修筑铁路和公路、开办矿山和种植园上,这是为了从经济上使殖民地沦为英国的商品销售市场和原料产地。例如,印度和埃及成了英国的棉花产地,加拿大成了英国的谷仓,澳大利亚成了英国的畜牧场,而撒哈拉以南非洲则成了英国重要矿产原料和贵金属的产地。

伴随着资本输出的增加,殖民地作为英国商品销售市场的作用也大为增强了。1870—1874 年,英国对殖民地的出口占出口总额的 25.6%,1885—1895 年上升到 35%,1913 年更上升到 37%。1913 年,英国出口棉

---

① 《列宁选集》第二卷,人民出版社 1972 年版,第 785 页。

织品的 1/3 是输往印度的。

在大力推行殖民制度的过程中,英国对外移民不断增加,殖民地成了英国输出"过剩人口"的重要场所。1871—1900 年,英国每年移往外国的侨民平均为 39900 人,1901—1910 年平均达 75500 人。他们大都移居到加拿大、澳大利亚、新西兰和南非。在殖民侵略过程中,英国人大量地驱逐和屠杀了加拿大的印第安人、澳大利亚和新西兰的土著居民。在南非,黑人都被驱逐到偏僻的"特居地"中,英国人占据了最肥沃的土地。在这些地区,随着资本主义生产关系的产生和发展,形成了与宗主国资产阶级有着矛盾的本地资产阶级。他们不堪忍受英国殖民制度的暴政和政治上的无权地位,要求取消殖民压迫。英国为了缓和与殖民地人民的矛盾,不得不采取一些让步措施,1867 年将加拿大从殖民地改为自治领,后来,澳大利亚(1901 年)、新西兰(1907 年)和南非联邦(1910 年),也先后取得了自治领地位。

自治领有自己的政府,有一定的自治权。但是,从政治上说,自治领仍是英国殖民体系中的一员,受着英国的间接控制;而有限的自治权力,又仅限于白人(包括土生白人)才能享有,土著居民则遭受着种族主义的残酷压迫。从经济上说,自治领的经济命脉完全被操纵在英国垄断资本之手,民族经济得不到正常发展,处于英国的农业—原料附庸地位。因此,自治领只不过是英国推行殖民制度的一种新形式而已。

工人阶级的贫困化和工人运动中两条路线的斗争　英国是资本主义大工业和资本主义大农业占统治的国家,工人阶级占人口的绝大多数。19 世纪末,有 800 万工人在大企业中做工,雇佣劳动者总数达 1500 万左右,占全国自立人口的 3/4。在英国工人阶级中,大体上可分为三部分。第一部分是约占全部工人 15% 的"工人贵族"。他们是待遇很高并鼓吹阶级合作的一部分熟练工人,是资产阶级在工人队伍中的代理人。这种工人在钢铁工业、机器制造和锅炉制造业以及各种金属工业中所占的比重最大(占这些部门工人的 20% 或更多一些),在棉纺织业、针织业和印刷业中所占比重也较大。他们靠着熟练的技术和较高的文化,控制着普通工人和工会,并往往靠较高的收入在企业中进行投资,分占企业利润。第二部分是占工人总数 40%左右的普通熟练工人,即工人阶级中的中间阶层。他们的地位是不稳定的。第三部分是约占工人总数 40%的"非熟练工人",即所谓"卖气力活的工人",包括码头工人、煤气工人、农业工人、铁路工人、造船工人、大部分的矿工和其他部门的普通工人。他们是英国工人阶级中最贫困和最富有斗争性的部分。

随着英国世界工业垄断地位的丧失和世界贸易垄断地位的动摇,特别是经济危机的频繁爆发,资产阶级利润的增长受到了威胁。从 19 世纪 70 年代起,资产阶级开始对工人阶级进行新的进攻,首先是向广大的非熟练工人进攻。1878 年,兰开夏纺织厂主把 25 万纺织工人的工资削减了 10%。进入 80 年代的"大萧条"以后,工人阶级的状况更加恶化了,大批工人被解雇,失业工人经常占全体工人的 10%以上,而伦敦某些地区的失业者达 20%以上。在 80 年代末 90 年代初,伦敦约有 1/3 的人口在艰难与贫困线上挣扎。1895 年以后,由于长期的世界农业危机的终止,在非洲发现新的金矿,英国对南非布尔人战争中军费增加,以及垄断资本操纵物价等原因,物价开始猛涨。英镑的购买力如以 1895 年为 100,到 1900 年就跌到 89.5,1914 年又跌到 64.5。由于生活费用不断上涨,仅在 1900—1910 年的 10 年中,实际工资就下降约 10%。20 世纪初,英国工人每周维持最低生活水准的费用至少要 30 先令,但当时只有 37.5%的男工工资达到这个水准,一般女工的周工资只有 8 先令。

日益贫困的现实生活,使"工人贵族"把持的工会的欺骗作用逐渐降低,广大的非熟练工人掀起了改组旧工会和建立新工会的斗争。在 19 世纪 50—80 年代中,参加工会的大都是熟练技工,非熟练工人尚未组织起来。1888 年第一个非熟练工人的工会——煤气工人工会成立,并领导煤气工人取得了缩短工作时间、增加工资斗争的胜利。在这以后,非熟练工人开始大批参加各个工会,并且出现了许多以非熟练工人为主的新工会,如矿工联合会、码头工人工会、杂工工会等。新工会很快显示出它的力量,1890 年,在利物浦召开的职工大会上,在新工会的倡议下,不顾旧工会的反对,通过了要求实施 8 小时工作制的决议。各类工会的新会员,从 1901 年的 337 万人增加到 1914 年的 392 万人,而属于新工会的会员从

150万人增至250万人。随着工会成分的改变和工会会员的扩大，工人阶级的斗争也就更加具有组织性和群众性，并经常取得斗争的胜利。例如1889年，伦敦码头工人坚持四星期之久的大罢工，1906—1910年先后发生的南威尔士煤矿工人、克莱德的造船工人、铁路工人的大罢工，特别是1910—1914年先后发生的运输工人（码头工人、海员、铁路工人）和矿工的全国性大罢工，都取得了很大的胜利。列宁在评论1911年英国矿工坚持六个月的大罢工时写道，"如果说1911年铁路工人的罢工已经显示了英国工人的'新精神'的话，那末煤矿工人的罢工简直可以说构成了一个时代"，"在煤矿工人罢工之后，英国的无产阶级与过去大不相同了。工人们学会了斗争。他们看到了引导他们走向胜利的道路。他们感觉到了自己的力量。他们不再是那种长期以来使一切雇佣奴隶制的维护者和歌颂者称心如意的唯命是听的小绵羊了"。①

　　尽管英国工人阶级的组织性和斗争性有很大的加强，但工人运动中的机会主义倾向远未消除。英国虽然失去了世界工业中的垄断地位，但是资产阶级由于在国内建立了垄断统治，资本输出急剧增加，以及获得了大批新殖民地，他们仍然可以获得巨额的超额利润，从中拿出一点零头，付给一些熟练工人较高的工资，分化工人阶级，培植工人贵族。英国资产阶级是最具有狡猾政治手腕的。他们为了缓和工人的不满情绪和反抗，采取了一系列改良主义的措施。1880年和1893年法律规定企业主对工人的工伤事故给予补偿，并在1900—1906年把这项法律先后推广适用于农业工人、码头工人、职员和仆役等。1908年规定不领取济贫救济金（以后取消这项限制）和每年收入不超过31英镑的工人，70岁以后可以领取养老金。1908年通过矿工8小时工作制的法令。1909年成立劳动介绍所。1911年通过全国保险法，举办强制失业保险和强制疾病保险（都由企业主、工人和国家三方面出资），受保险的工人失业一年内可以连续领15个星期的补助金（每星期7先令）。1912年又规定了最低工资标准。这些以巩固和维护资本主义剥削制度为目的的改良主义措施，对工人运

---

① 《列宁全集》第十八卷，人民出版社1959年版，第459、460页。

动产生了不良影响。

19世纪末20世纪初,工人运动中的机会主义倾向仍在增长。工人贵族还把持着大部分工会的领导权,他们的斗争口号是"防卫而不是反抗","作公平的工作,得公平的工资"。他们鼓吹阶级合作,满足于资产阶级的改良措施,而不是引导工人反对垄断资产阶级的统治和剥削制度。在这种情况下,先后成立的一些社会主义团体也具有机会主义的性质。早在1881年,在海德曼领导下成立的民主联盟(1884年改名为社会民主联盟),一开始就拒绝在工会里工作,成为宗派小集团。以后从中分裂出以摩里斯为首的社会主义联盟,但这个联盟却陷于无政府主义的泥坑,不久即告瓦解。1884年以韦伯夫妇、萧伯纳等为首的费边社成立,恩格斯指出:"这是一个由形形色色的资产阶级'社会主义者'——从钻营之徒到感情上的社会主义者和慈善家——拼凑的集团,他们只是由于害怕工人要取得统治而联合起来。"[1]在工会运动高涨声中,1893年成立了以凯尔·哈第为首的独立工党,这个党自称拥护社会主义,但却反对阶级斗争。列宁指出:"'独立工党'也就是执行自由派工人政策的党。说公道话,这个党只对社会主义'独立',对自由主义则非常依赖。"[2]1900年,由职工大会、独立工党和费边社等联合组成工人代表委员会,1906年改称"工党"。这个党根本不是代表工人阶级利益的政党。事实证明,在第一次世界大战爆发后,工党公开地站到了资产阶级一边,号召工人支持帝国主义侵略战争,实现"国内和平",暴露了自己作为垄断资产阶级代理人的面貌。

英国工人运动中的机会主义,是英国资产阶级自由主义政策的产物,是被资产阶级用剥削广大殖民地人民得来的超额利润的一点零头所收买的英国工人贵族的意识形态。机会主义在英国具有深刻的社会经济根源。

---

[1] 《马克思恩格斯全集》第38卷,人民出版社1972年版,第443页。
[2] 《列宁全集》第十八卷,人民出版社1959年版,第354页。

第三节　第一次世界大战中英国垄断统治的加强和经济实力的削弱

英国参战的目的和战时国家垄断资本主义的发展

　　第一次世界大战,是帝国主义国家发展不平衡加剧和矛盾尖锐化的结果,是帝国主义重新瓜分世界的战争。19 世纪末 20 世纪初,帝国主义之间的主要矛盾是英国和德国的矛盾。这两个国家,是第一次世界大战的主角。德国的迅速成长和疯狂的对外扩张,严重地威胁着英国。特别是德国修筑巴格达铁路的计划,直接地触犯了英国在中东和印度的殖民利益。德国在非洲的侵略计划和在南美的倾销政策,也同英国发生了尖锐的矛盾。德国还积极加强海军,力图与英国争夺海上霸权。1904 年和 1907 年,英国分别与法国和俄国就瓜分摩洛哥、埃及、伊朗和波兰方面达成了妥协,调整了三国之间的关系,结成了反对德国的协约国集团,企图通过战争消除德国的军事威胁和经济威胁,巩固既得的殖民利益,进而掠取更多的殖民地,特别是掠取有着丰富石油资源和重要战略意义的阿拉伯国家,以挽回世界霸权地位。

　　1914 年夏,帝国主义国家借口巴尔干问题挑起了世界大战。英国虽然对战争进行了长期准备,但战争开始不久,经济上就呈现出捉襟见肘之势,发生了一系列的困难。英国落后的经济结构、陈旧的工业设备和薄弱的重工业,不足以与新兴的德国相抗衡。战争开始后,德奥集团加紧破坏英国的海上运输,并在战争头五个月就使英国丧失了 252788 吨商船,造成英国国内工业原料和军需物资缺乏,粮食不足。

　　为了应付战争,保证垄断资本的利润,战争一开始,英国政府就加强了对国民经济的管制,实行了一系列国家垄断资本主义措施。首先在 1914 年 8 月将铁路暂时收归国营。继之,在 1915 年 3 月国会通过了国防法案,授予政府管制国民经济的全权,成立军需部、军事局、农业局和商业局,分别管理军事工业、纺织工业、粮食和日用品等部门。政府对所有工业原料的生产、价格、分配和进出口进行全面管制。同时,根据国防法案颁布特别法令,宣布冻结工人工资,禁止工人罢工,限制工人离业和转业的自由,并强制妇女和儿童按照政府规定的低额工资参加劳动。国家对经济管制的一切措施,都是从垄断资本的利益出发的。战时被收归国营和被政府直接管制的企业,法律规定保证获得高于战前平均利润20%的利润(即以1912—1914年的平均利润为各公司的基本赢利额,再加1/5);如果企业在战前经常处于亏赔状态,政府也至少保证发给6%—7%的利润。政府对军火垄断企业,在原料、运输、劳动力和贷款等一切方面,都给予特殊的方便与优待。同时,政府出资建立的几百个军事企业,除个别的最大企业外,都交给垄断公司经营,实际上成了它们的分厂。

所有这些措施,使英国垄断资产阶级在战争中共获得了40亿英镑的利润。有的大公司的利润几倍、几十倍地增长着。例如英伊石油公司的纯利,在1914年不到26700英镑,而1916年增至近85800英镑,1918年更增至1090000英镑,短短四年中竟增长了30多倍。垄断组织靠侵吞国家的财产、兼并中小企业,规模空前地扩大了。例如,英国军火康采恩—维克斯公司的资产,1914—1919年,从1800万英镑增长到4250万英镑;它对所属公司的投资从550万英镑增至1725万英镑。国家强制企业合并,使具有垄断性的企业大大增加。据英国托拉斯调查委员会于1919年公布的材料,在英国已经有了500个垄断性企业,它们在各个重要部门都具有极大的控制力量。同时,作为英国垄断组织中心和工业界司令部的英国工业联合会,在1916年诞生了。它把资本总额达50亿英镑的18000家公司联合起来,并通过自己的活动左右着英国政府的政策,被称为"无形政府"。在战争中,得到最大发展的是银行"五巨头",它们的股本和准备金以及存款,都增加了3—4倍。如果将其分支行计算在内,到1920年,五大银行的存款额已占银行存款总额的83%,在英国金融业中处于绝对的统治地位。

战时的工农业
状况和劳动人
民的贫困化

战时英国经济发展的基本特点,是在国家的严密管制下,实行全面的军事化。国家预算支出1913—1918 年,从 19750 万英镑增至 257930 万英镑,5 年之中增长了 12 倍,其中主要是军事支出。国家把大量支出用于军事订货,并对以维克斯为首的军火垄断公司、冶金企业和机器制造部门给予大量津贴。同时,为了扩大军事物资生产,将一般企业改建为军事企业;不能独立制造军需品的企业,也要为军事企业生产半制品或零件。到1918 年,全部按国家军事订货单工作的企业达两万多家。另外,在战争中,国家还直接出资兴建了 389 个国营军事企业。

在政府的大力扶植下,直接为战争服务的冶金工业、化学工业和汽车工业,得到了相当大的发展。例如,钢产量从 1914 年的 797 万吨增至1918 年的 969 万吨。但是,由于原料缺乏,出口萎缩和民用工业衰落,在战争期间,整个工业生产是不断下降的。英国工业生产指数,以 1913 年为 100,1915 年为 94.7,1916 年为 89.5,1917 年为 82.5,1918 年为 80.8。1913—1918 年,生产资料生产下降了 14.3%,消费品生产下降了 23.9%。

战争中,英国粮食问题十分尖锐。不仅进口减少,而且运费上涨10—20 倍。1916 年农业歉收,更加深了粮食危机。为此,国会在 1916 年12 月通过粮食生产法案,号召地主和租地农场主把草地和牧场改为耕地,政府廉价供给农业机器,并于六年内保证小麦和马铃薯的最低价格。

在政府的大力资助和扶持下,在 1916 年后,英国农业生产得到了较大的发展,暂时阻止了从 19 世纪 70 年代以来的农业衰落。1916—1918年,英国小麦播种面积由 831000 公顷增至 1131000 公顷。1918 年,小麦产量比战前 10 年平均产量增加 60%,大麦增加 50%,马铃薯增加 40%;英国粮食自给率从战前的 1/3 左右增加到 1/2 左右。但是,粮食生产的增长,在很大程度上是靠牺牲畜牧业达到的。1914—1918 年,绵羊和猪的头数都有所缩减。战争结束以后,英国农业又立即重新陷入衰落境地。

帝国主义战争带给工人阶级的是深重的灾难和贫困。军事工业的大发展和大量工人被征入伍,使失业工人得到了就业机会,战争还迫使 230万妇女和儿童投进了劳动大军,但这并未给工人阶级带来什么好处。战时,劳动者忍受着军事苦役,从事着沉重的劳动。由于物价上涨,战争期间工人的实际工资降低了24%。同时,由于国家的支出增加,每个居民负担的税额从1913年的5.4英镑增至1918年的19英镑,增加了近3倍。另外,从1916年年初起,国家对所有食物实行定量配给制后,劳动人民都处于半饥饿状态中。

尽管战争一开始政府就与工会达成了"劳资协调"的"协议",工党也不断号召工人停止罢工,实现"国内和平",但工人阶级争取改善经济生活和民主权利的斗争始终没有停止,而且规模越来越大。1914年参加罢工的人数为448000人,使资本家损失10476000个工作日。1917年参加罢工的人数达872000人,损失的工作日达56470000个。两年相比,罢工人数增加近1倍,工作日损失增加了4倍。俄国十月革命的胜利,大大鼓舞和推动了英国工人阶级的革命斗争。

战争的胜利和经济的严重削弱　在第一次世界大战中,以英法为首的协约国战胜了以德奥为首的同盟国。德国的战败,使英国暂时地巩固了在欧洲的领导地位,摆脱了德国在国际市场上的威胁。同时,根据《凡尔赛和约》,下列德国殖民地归入了英帝国的统治范围:非洲的坦噶尼喀、多哥和喀麦隆的一部分直接成了英国委任统治地;西南非洲成了南非联邦委任统治地;新几内亚的东南部分、俾斯麦群岛和所罗门群岛的一部分归新西兰托管;英国还把以前属于土耳其的领地伊拉克、巴勒斯坦和外约旦作为委任统治地而置于自己的控制之下。结果,英帝国扩大了388万平方公里的土地和3500万人口,把世界石油资源的75%垄断到自己手里。英国从第一次世界大战中所得到的好处,仅次于美国和日本。

然而,战争给英国带来的损失,比它所获得的却要大得多。第一次世界大战和俄国十月革命的胜利,是对整个资本主义世界的严重打击,而对英国的打击尤为深重和持久。首先,在德国的袭击下,英国丧失了原有的70%的船只。战时虽然努力加强造船能力,但产量仍然大大低于战前水平。到1919年,英国商船队的吨位比战前降低了14%;而在大战期间,世界商船产量却增加了两倍,主要是美国和日本造船业有了巨大的增长。

结果,英国盘踞了 250 年的海运垄断地位丧失了,海军力量也大大削弱了。

其次,对外贸易状况恶化了。德国的封锁,商船的减少,民用工业生产的下降,使英国对外贸易受到严重打击。1913—1918 年,按实物量计算,英国出口贸易减少了一半,进口贸易基本停滞;按货币量计算,出口贸易(不包括再出口)由 52530 万英镑减至 50140 万英镑,进口净值由 65920 万英镑增至 128520 万英镑,结果贸易逆差由 1913 年的 13390 万英镑增至 1918 年的 78380 万英镑。为了弥补巨额的逆差,不得不变卖 10 亿英镑的国外投资,并欠下美国 9 亿英镑的债务。英国不仅把世界金融主要中心的地位让给了美国,并且变成了美国的债务国。同时,美国趁英国被困锁之际,占据了欧洲和拉丁美洲的广大市场,日本商品也大量涌进了印度和东南亚等英国统治的市场。英国在世界贸易中的优势地位终被美国所夺占。

最后,更为重要的是,在第一次世界大战中,英国的殖民地和自治领,乘英国忙于战争的时机,都发展了民族资本主义工业,对英国的经济依赖有所削弱,民族资产阶级和工人阶级有所成长。而俄国十月革命的胜利,又大大鼓舞了殖民地人民的解放斗争。因此,经过第一次世界大战,英国殖民统治的基础开始动摇。在风起云涌的殖民地民族解放运动打击下,英国安然统治和压榨殖民地人民的时代一去不复返,百年来称霸全球的"大英帝国"开始衰落了。

第 四 章

德国垄断资本主义的形成

第一节　普法战争后德国工农业的发展

工业生产的迅速发展及其原因

继 19 世纪 50—60 年代的工业高涨之后，从 70 年代初起，德国工业生产又出现了跳跃式的发展，其速度大大超过了英国和法国。进入 20 世纪时，德国已经成为欧洲的头号工业强国。

促成德国工业迅速发展的原因是多方面的。首先，国家的统一为资本主义大工业的发展扫除了政治障碍。1870—1871 年的普法战争完成了自上而下统一德国的过程。1871 年 1 月 18 日，普鲁士国王威廉第一宣告成立德意志帝国，并宣布自己为德意志皇帝。从此德国便成为由容克地主和资产阶级联合专政的统一的国家。① 国家的统一，改变了长期以来的分裂割据局面，加强了德国在中欧的地位，为经济发展创造了一个安定的环境。并且，按帝国宪法规定，加入帝国的各邦，应将过去属于本

---

① 德意志帝国是联邦国家，参加联邦的有 22 个君主国、3 个自由市（汉堡、不来梅和律贝克）和 1 个帝国直属区（阿尔萨斯—洛林）。

邦的许多职权,如军事、外交、海关立法、银行立法、征收间接税、颁订民法和刑法等,都交给帝国政府。中央集权制的建立,便利了资产阶级利用强有力的国家政权来推行有利于自己的对内对外政策。1871 年,帝国政府实行了以金马克为基础的币制,1875 年又将普鲁士银行改为唯一握有发行纸币权的帝国银行,从而统一了全国的货币制度。与此同时,帝国政府还统一了全国的商业法规、度量衡制度和交通运输事业。所有这些措施,都有助于消除经济上的分裂状态,促进国内统一市场的形成,为资本主义进一步发展扫除了障碍。

其次,普法战争的胜利为德国工业化的加速发展提供了新的矿产资源、工业基地和资金来源。根据 1871 年 5 月 10 日签订的《法兰克福条约》,德国从法国夺得了阿尔萨斯全省和洛林的一部分。这里拥有 150 万人口,有发达的棉纺织业、丰富的钾盐矿藏和铁矿资源。德国在合并了阿尔萨斯的棉纺织业后,纺锭数增加了 56%,织布机增加了 88%,印染厂设备增加了一倍。特别是洛林的铁矿和鲁尔的煤田靠得很近,在托马斯法(铁砂除磷方法)普遍推广之后,洛林的铁矿与鲁尔煤田一起成了德国发展重工业的一个重要基地。

根据《法兰克福条约》,德国向法国勒索了 50 亿法郎的赔款。德国利用这笔赔款的一部分巩固了金本位制和偿付了国家的负债,赔款的大部分被用于工业建设和加强军备。数十亿法郎流入德国,使德国证券市场突然活跃起来,形成了一个企业创设热潮。仅在 1871—1874 年的 4 年间,德国新创立的股份公司和银行企业即达 857 个,共拥有资本 33 亿马克。在 4 年中修建的铁路、工厂、矿场等,比过去 25 年中修建的还要多。

斯大林在论述德国工业化道路的特点时写道:德国由于 19 世纪 70 年代对法战争的胜利而加速了自己的工业化。当时德国向法国人索取了 50 亿法郎的赔款,把这笔赔款投入自己的工业。[1] 所以德国工业化道路的特点是"一个国家对另一个国家实行军事破坏和索取赔款的道路"[2]。

---

[1]　参见《斯大林全集》第八卷,人民出版社 1954 年版,第 114—115 页。

[2]　《斯大林全集》第七卷,人民出版社 1958 年版,第 163 页。

再次，德国帝国主义者为争夺世界霸权而疯狂地扩充军备，加速了与军火生产有关的重工业部门的发展。德国在普鲁士容克地主阶级领导下的统一，使反动的普鲁士军国主义势力加强，德意志帝国成为普鲁士占统治地位的军事专制国家。随着向帝国主义过渡，德国年复一年地扩大军事支出。从法国赔款中直接拨充修筑要塞和扩大陆海军的款项，即达4亿马克以上。德国的军费支出在1879年为4.3亿马克，到1899年上升到9.3亿马克，而到1913年则为21亿马克。这引起了克虏伯、施图姆等军火企业的飞速扩充。1870—1913年，克虏伯工厂的职工人数，竟由7000人猛增到8万人。军火工业的膨胀，直接带动了一系列重工业部门的发展。

19世纪末20世纪初，德国的交通运输业的巨大发展，在很大程度上也与军事有关。德国加紧增修铁路以便利军运。它又为了与英国争夺海上霸权而大力制造船舰。1871—1914年，德国的铁路线长度从2.1万公里增加到6.2万公里，轮船吨位由8.2万吨增加到510万吨。这给德国一系列工业部门尤其是重工业部门，带来了巨量的订货，推动了它们的发展。

最后，迅速推广采用国内外的最新科学技术成就以及极力压低本国工人的工资水平，对于这个时期德国工业的发展继续起着重要作用。实行保护关税政策(1879年开始)也为德国工业的发展提供了有利的条件。

在上述种种有利的条件下，从普法战争结束到第一次世界大战爆发期间，德国工业得到了飞速的发展。德国工业生产年平均增长率，1860—1870年仅为2.7%；1870—1880年上升至4.1%；1880—1890年更升至6.4%；1890—1900年为6.1%；1900—1913年仍达4.2%。1870年以后，德国工业生产的增长速度远远超过英法两国，仅次于美国。

在这一时期，德国重工业生产发展最为迅速，轻工业的重要地位已为重工业所代替。从19世纪60年代末到第一次世界大战前夕，德国的生产资料生产增加了8倍，消费品生产仅增加了3倍。采煤和冶金业产量的迅速增长，对整个工业发展起了巨大的作用。1870—1913年，德国煤的开采量从3400万吨增至27730万吨，钢产量从17万吨增至1832万吨,铁产量从 139 万吨增至 1931 万吨。1913 年德国的钢铁产量,比英法两国的总和还要多。美国这时钢铁的产量都达到了 3000 万吨,德国次于美国而居世界第二位。

从 19 世纪 90 年代起,德国机器制造业的发展特别迅速,其中电机制造和造船业的发展尤其突出。1895—1910 年,电机产值由 7800 万马克增至 36800 万马克。在 1896 年以前,德国还没有大规模的造船业,而 1899—1913 年,平均每年造船约为 30.5 万吨。同时,工具机床、缝纫机等较精密的机械生产也得到了发展。

化学和电气等新兴工业部门的建立,在促进整个工业的发展和使德国工业发展水平很快超过老牌资本主义国家方面,具有十分重要的意义。从煤焦油中提取苯、氨和人造染料的发明(1856 年),大量生产硫酸和苏打方法的发现(1861 年),为化学工业的建立奠定了基础。在 19 世纪末 20 世纪初,德国酸、碱等基本化学品的产量均占世界首位;染料、医药、照相用化学品也都驰名于世。1900 年世界所用染料的 4/5 是由德国制造的。1861—1907 年,德国化学工业部门的工人数,由 26600 人增至 172000 人,可见其发展之迅速。

列宁指出:"电力工业是最能代表最新的技术成就和十九世纪末、二十世纪初的资本主义的一个工业部门。它在美国和德国这两个最先进的新兴资本主义国家里最发达。"①涡轮机的发明(1883—1885 年)并被用于带动发电设备,促进了发电机、电动机和变压器的生产。电气工业迅速发展起来。到 1910 年,德国已有 195 家电气公司,资本总额达 12 亿马克。德国电气工业总产值,在 1891—1913 年的 22 年间,增加了 28 倍。随着电气企业的纷纷设立以及电力站的增多和电力网的扩大,德国在照明、车辆、电讯和工厂生产等领域内都采用了电力。1894 年电站的装机容量仅为 3900 万瓦,1913 年增至 36 亿瓦。从 19 世纪 90 年代开始的德国工业的电气化,大大推动了生产技术的发展。

轻工业的发展虽然落后于重工业,但其绝对产量的增长还是相当快

---

① 《列宁选集》第二卷,人民出版社 1972 年版,第 788 页。

的。1870—1913 年,德国的棉花消费量从 8.1 万吨增加到 48.6 万吨;糖的产量从 20.7 万吨增加到 261.8 万吨。除了纺织、食品工业之外,缝纫、造纸、制革、木材等工业也都有不同程度的发展。

19 世纪 70 年代末 80 年代初,德国完成了工业革命。1895 年,德国的工人及其家属已达 3500 万人,即占全国总人口的 67%。1895—1913 年,在全国工人总数中,重工业部门工人的比重已由 35.1% 提高到 54.5%。随着重工业各部门的全面发展和旧工业部门技术改造的实现,到第一次世界大战前夕,德国已在最新技术基础上建立起较完整的工业体系,重工业已在整个工业中占据优势地位。

工业的迅速发展,大大地提高了德国在资本主义世界中的地位。1870—1913 年,德国在世界工业总产量中的比重由 13.2% 上升到 15.7%。德国工业在 1870—1900 年占据世界第三位,到 1910 年已跃居第二位,仅次于美国。德国的跳跃式的发展和迅速超过英国和法国,充分地表明了帝国主义时期资本主义国家经济发展不平衡性的加剧。

德国工业的发展决不是直线上升的,而是迭次遭到周期性经济危机的破坏。普法战争及其后果,推动了大规模的工业建设和投机买卖,使 1873 年的危机猛烈地袭击了德国经济。以危机前的最高点与危机的最低点相比,工业生产总指数降低了 6.1%。危机后的萧条延续时间很长,工业生产总指数到 1876 年才达到危机前的水平。1882 年和 1890 年的两次危机都与农业危机交织在一起,因而工业危机的表现更为深刻和持久。到 20 世纪初,在垄断资本主义条件下,危机越来越频繁和严重了。继 1900 年的危机之后,爆发了 1907 年的危机。这次危机比上述各次危机更为剧烈,工业生产总指数(以 1913 年为 100)从 1906 年的 84.3 下降到 1908 年的 78.8,到 1909 年虽上升到 81.3,但仍低于前一高涨时期的最高水平。在 1913 年又出现了另一次危机的征兆,由于第一次世界大战的爆发,这次危机的进程被中断了。危机表明,资本主义生产关系越来越成为生产力进一步发展的桎梏。

农 业 发 展 的
相 对 落 后

德国一跃而为先进的工业国以后,农业失去了在国民经济中的优势,农业人口在总人口中的比重大大下降。但与英国相比,德国工业的急速发展,并未使农业在国民经济中的地位急剧下降。在帝国主义时期,随着工业的迅速发展,容克地主和富农在剥削广大雇农的基础上,扩大了对农业机器和化学肥料的使用,改善了耕作和经营方法,扩大了耕地面积。科学的农业技术被日益广泛地采用,使农业的劳动生产率显著提高,种植业和畜牧业得到进一步发展。

随着本国农业机器制造业的扩大和从英、美等国输入的蒸汽犁和刈割机的增多,德国农业中使用的机器,特别是畜力牵引农具迅速增加了。1879—1897年,仅在普鲁士的农村中,蒸汽机即由2731架(2.4万马力)增加到1.3万架(13.3万马力)。在全德国,1882—1907年,各种农业机器增加的情况是:播种机由6.4万架增加到20.7万架,刈割机由2万架增加到30.1万架,打谷机由26.8万架增加到94.7万架,蒸汽打谷机由7.6万架增加到48.9万架,蒸汽犁由836架增加到2995架。这些机器的绝大部分是属于容克地主和富农的。例如1907年,占地在5公顷以下的440万小农户,只有农业机器20万架;占地5—10公顷的60万中农户,共有机器40万架;而占地10公顷以上的70万大农户,即地主和富农,却拥有各种机器120万架。

化学工业的发展为农业提供了逐年增多的矿物肥料。19世纪末20世纪初,德国农业生产中已大量使用磷酸盐、钾盐、硫酸铵等肥料。德国钾盐的产量在1890—1910年由127万吨增至831万吨。在同期内,每英亩农田使用的钾盐数量,在普鲁士由100磅增加到1000磅,在巴伐利亚由20磅增至300磅。由于家畜增多,农业中使用的粪肥也显著地增加了。

土地的利用也逐步改善,从三圃制向合理轮种制的过渡在加速进行。1883—1913年,德国粮食作物的播种面积由1572万公顷增加到1625万公顷,饲料作物的播种面积由241万公顷增加到266万公顷;而休耕地面积从334万公顷下降到138万公顷,牧地从344万公顷下降到259万公

顷。某些技术作物的种植面积增加得特别快,如甜菜的种植面积,在
1873—1911 年,即由 8.8 万公顷增加到 49.6 万公顷。栽培方法也有明显
的改进。容克地主还新开设了许多酿酒厂和制糖厂。

上述各种有利条件促进了农业劳动生产率的提高和农产品产量的增
加。1885—1910 年,德国稞麦和马铃薯的单位面积产量提高了 1/2,其他
作物的单位面积产量提高了 1/3。谷物收获量也都大幅度增长,1878—
1913 年,小麦产量从 2610 万公担增加到 4660 万公担,稞麦从 6920 万公
担增加到 12220 万公担,大麦从 2330 万公担增加到 3670 万公担,燕麦从
5040 万公担增加到 9710 万公担。

随着饲料作物(紫苜蓿、马铃薯等)播种面积的扩大和产量的增加,
畜牧业也有了进一步的发展。牲畜品种不断得到改良。1873—1912 年,
牲畜头数增加的情况如下:马——由 330 万匹到 450 万匹,牛——由 1580
万头到 2020 万头,养猪业发展得尤其迅速,猪的头数在这一时期增加了
2 倍,由 710 万头上升到 2190 万头。

但是,19 世纪 70—90 年代的世界慢性农业危机,曾给德国农业生产
带来严重的影响。在这期间,大量廉价的农产品从美洲涌入欧洲市场,引
起农产品价格急落。从 1871—1875 年到 1891—1895 年,德国的小麦价
格降低了 28.5%。这种情况沉重地打击了中小农户,使他们陷入了困难
的境地,其中一部分人则完全破产。在危机期间出现了大麦和小麦播种
面积缩减、绵羊头数减少、技术退步和生产停滞的现象。然而,容克地主
却千方百计地把危机负担转嫁出去,使自己避免损失。他们的办法是:增
加地租剥削(如 1879—1891 年在东普鲁士 763 个田庄中,平均每公顷土
地的地租额由 37.8 马克升至 41.1 马克);通过政府提高农产品的进口税
率(1879—1887 年稞麦和小麦的进口税率提高了 4 倍),减少外国农产品
的进口;加强集约经营,降低生产成本,以加强其产品的竞争能力;部分减
少粮食作物生产,扩大获利较多的畜牧业和蔬菜及水果种植业等。到 90
年代中期,世界农业危机已经过去,农产品的价格开始回升,德国的农业
生产才又得到有利的发展机会。

总的说来,德国农业生产力的提高,相对于工业说来是不算很快的。

阻碍德国农业迅速发展的原因,是大量封建残余的保留。在德国统一以后,容克地主的势力进一步加强了。他们利用小农在危机打击下大量破产的时机,继续扩大了自己的地产。在易北河以东的普鲁士各省中,容克地主集中了全部耕地的一半左右,对广大的雇农进行着资本主义和封建主义的双重剥削,同时还残酷地奴役和榨取着各达数十万人的家仆[①]和外国临时工人。在易北河以西地区,占优势的富农经济是建立在对雇农进行资本主义剥削的基础上的。在这一时期,随着地主和富农经济力量的增强,土地更加集中到他们的手中,租地农户的数目不断增多。仅在1882—1895年,租地农户就从232万户增加到261万户(约占该年农户总数的46%)。同时,随着信用制度的迅速发展,抵押制加强的趋势比租佃制的扩大更为突出。到第一次世界大战前夕,德国农村土地的半数以上都负担有抵押债务。许多农业经营者仅在名义上拥有土地,他们被迫以利息的形式向实际的土地所有者——抵押债权人缴纳地租。

农村中半封建剥削制度的存在,阻碍了资本主义的充分发展和生产力的迅速提高。而在土地所有权日益集中的同时,土地经营反而越来越零碎化。1895年,德国有556万个农业经营单位。其中2公顷以下的农户有324万个,占农户总数的58.2%;2—5公顷的农户有102万个,占农户总数的18.3%。两者合计共占农户总数的76.5%(19世纪60年代初占71.4%)。广大的小农和佃农由于受城乡资产阶级和地主的盘剥,负债累累,穷困不堪,无力改善自己的经营。而容克地主既把大批资金转投于工业,又把大量可耕土地用于修建豪华的别墅、广阔的围猎场和风景林区,更阻碍了农业中资本的迅速积累和土地的合理利用。因此,尽管德国农业生产有着相当大的发展,但它远远不能满足工业和城市对原料和粮食日益增长的需要。在第一次世界大战前夕,德国所需要的小麦的1/3、

---

① 家仆是指地主庄园里的家庭女仆、饲养牲畜的婢女、马夫以及没有自己的房屋和土地完全依附于地主的雇农。1895年德国家仆人数有36万人。1918年以前,家仆与主人的关系,在德国各邦都有专门法律(家仆规约)加以规定。根据这些法律,家仆除担负家务劳动之外,还必须在地主庄园里做工;家仆不得地主许可,不能擅自离开工作,而地主却可以随时赶走家仆;家仆遭受地主的侮辱和殴打,也无权申诉。在普鲁士,法律还规定,地主可以任意拷打家仆,以及将家仆关入监狱。家仆的地位明显地反映出浓厚的封建残余仍然存在。

植物和动物油脂的 1/2、大部分的肉和鱼、全部的棉花及许多其他原料，都不得不依靠进口解决。与工业发展的情况相比较,德国农业相对地愈来愈落后了。

第二节　德国垄断资本主义的形成及其特点

德国垄断资本的高度发展

德国工业的迅速发展,特别是重工业和新兴工业部门的迅速发展,使德国在工业发展水平以及生产集中和垄断资本发展方面都超过了英法两国而与美国并驾齐驱。

德国某些新兴工业部门(电气、化学工业)的企业,从一开始就是采用股份公司形式在最新技术基础上建立起来的。从 1873 年起,历次经济危机的影响,国家的保护关税政策以及政府直接参与企业集中的活动,又都加速了生产集中的过程。据统计,雇佣 50 个工人以上的大企业,在 1907 年占企业总数的 0.9%,占工人总数的 39.4%。某些重工业部门工人的集中情况尤为显著。1907 年雇佣 50 个工人以上的企业所拥有的工人,在该工业部门工人总数中占的比重,在采矿和冶金工业中为 97.5%,在机器制造业中为 84.7%。由于大企业的资本有机构成较高,因此生产集中的情况要比工人集中的情况为高。到 1907 年,占企业总数 0.9% 的 30588 个大企业(雇佣 50 个工人以上的企业)已占有 3/4 以上的蒸汽动力与电力,其中拥有 1000 个工人以上的 586 个最大企业,几乎占有了蒸汽动力和电力总数的 1/3(32%);而占企业总数 91% 的 297 万个小企业(雇佣 5 个工人以下的企业)却只占有 7% 的蒸汽动力与电力。正如列宁所指出,在德国,"几万个最大的企业拥有一切,数百万个小企业无足轻重"[①]。这时,德国生产集中的程度,远远超过英国和法国,而略低于美国

---

① 《列宁选集》第二卷,人民出版社 1972 年版,第 739 页。

和俄国。

生产的高度集中,是垄断组织高度发展的基础。同时,德国工业的蓬勃发展与国内市场相对狭小之间存在着尖锐的矛盾。大资本家急需利用垄断组织作为控制国内市场和夺取国外市场的手段。大银行为了增加收入和保障投资安全,往往也对接受其长期贷款的企业施加压力,强迫它们组成垄断同盟,以免因相互竞争而破产。另外,国家还通过各种直接和间接的方式,来促进垄断组织的形成。在这些条件下,德国的垄断组织便迅速地发展起来。

1857 年,德国出现了第一个卡特尔,到 1870 年增加到 6 个。这时垄断组织还很少,而且不稳固。1873 年危机爆发后,卡特尔开始迅速增加,1879 年已有 14 个,1890 年猛增到 210 个。但是,垄断组织也还并不稳固。例如,到 1897 年虽曾产生过 345 个卡特尔,但其中将近 1/3 在组成后不久就解散了,继续维持下来的约有 250 个。在 19 世纪末期的高涨和1900—1903 年的危机时期,垄断组织有了急剧的增长。1905 年卡特尔已达 385 个,1911 年更增至 550—600 个,垄断组织已遍及采煤、冶金、电气、化学、纺织、皮革、玻璃、砖瓦、陶器、食品等工业部门。这时卡特尔的基础日益稳固,而且已向高级形式发展。在 20 世纪初,垄断组织已成了德国全部经济生活的基础。

19 世纪末德国垄断组织最普遍的形式是瓜分商品销售市场和统一规定售价的卡特尔。这是由德国的社会经济条件决定的。德国由于存在着浓厚的封建残余和工资低廉,因而国内市场十分狭小,而国外市场上的竞争又极为激烈,所以销售市场问题对于德国显得特别尖锐。工业企业面临的最迫切的问题是:在国家实施保护关税和补助输出政策的条件下,通过缔结划分市场和规定售价的协定,来共同在国内流通领域中追求高额利润和联合对外进行扩张。因此,卡特尔便成了最普遍的垄断组织形式。卡特尔不仅在煤炭、铁矿、钾盐等生产集中程度较高的部门得到广泛发展,而且也在生产集中程度较低和企业较为分散的部门中,如在制造日历、刷子、小灯等行业内也发展起来。卡特尔这种比较灵活的垄断组织形式,经常把为数众多而规模和技术悬殊的企业组织在一起,例如,1900 年成立的糖业卡特尔,包括的企业就不下 450 个。

卡特尔成为普遍形式,并不意味着德国的垄断资本不发达。主要部门的卡特尔大部分已经转变为拥有统一销售组织的辛迪加。特别是在 1900 年以后,卡特尔已逐渐普遍地发展成为辛迪加。例如,在 1905 年的 385 个工业卡特尔中,约 200 个已具有辛迪加性质。与此同时,在一些主要工业部门中还出现了为数不多的巨大的托拉斯和康采恩。由于参与制度在垄断组织的参加者中间广泛地发展起来,各企业间也建立了十分紧密的互相交错的关系,这样便巩固了垄断组织对全国经济生活的统治。垄断组织的统治在重工业和运输业中最为强固。在重工业中,许多部门往往被一两个垄断组织所支配。例如,莱茵—威斯特发里亚煤业辛迪加在 1893 年成立时,就集中了该区产煤总额的 86.7%,1910 年更达到 95.4%。它在第一次世界大战前夕,仍控制了全国煤产量一半以上。德国钢业联盟(1904 年成立)和铁业联盟(1910 年成立)垄断了全国钢铁产量的 98%。化学工业和电气工业则分别为两大集团所操纵。在化学工业中,一个集团是霍斯达城的"美斯特尔"工厂和法兰克福城的"加贝尔"工厂,另一个是威斯哈云城的安尼林苏打工厂和爱北斐特城的旧"拜尔"工厂,这两个集团是在 1908 年形成的。电气工业中的两个集团(1908—1912 年间形成)是电气总公司、西门子—加尔斯克—叔克特公司。在航运业中,大部分汽船集中于汉堡—美洲邮船公司和北德—罗伊特汽船公司手里。在军火工业中,克虏伯公司占着统治地位,它是一个把采煤、冶金、机器和军火生产结合在一起的巨大康采恩。

工业的迅速集中,引起了银行业的急剧集中。德国的新兴工业主要是大企业,因而相应地也产生了大银行。这是因为:一方面大企业需要大量信贷,只有大银行才能满足它们对于信贷的要求;另一方面,巨大的工商企业的出现,引起了闲置的货币资金的增多,并使大量闲置的货币资金集中于银行。各大银行间进行剧烈竞争的结果,使德国银行业达到高度的集中。

德国银行业的集中,主要是通过合并及参与两种途径实现的。以德意志银行为例:在 1873—1879 年的危机和萧条年代里,德意志银行吞并了 6 家银行,以后在 1901—1906 年,又吞并了 26 家银行;第一次世界大战前夕,德意志银行共参与了 87 家银行,其中属第一级的有 30 家,第二级有 48 家,第三级有 9 家。结果,它直接和间接、局部和全部控制的资本共达 20 亿—30 亿马克,从而成为欧洲资本最为雄厚的银行集团之一。

德国银行业集中的发展,可从下述情况得到说明:如柏林 6 大银行(德意志银行、贴现公司、达姆斯塔特银行、德累斯登银行、沙夫豪森联合银行、柏林商业公司)的分行、存款部和兑换所及其参与的股份银行等机构在 1895 年仅有 42 个,1900 年就有 80 个,1911 年增至 450 个。又如1909 年柏林 9 大银行(上述 6 大银行,加上商业贴现银行、中德信贷银行、德国国民银行)及其附属银行,共有资本 113 亿马克,约占德国银行资本总额的 83%。大银行通过其分支机构,集中了全国绝大部分的存款。1913 年,柏林 9 大银行的存款为 51 亿马克,占全部银行存款的 49%。这些大银行成为银行业的绝对统治者。

德国工业垄断资本和银行业垄断资本同时高度发展,使二者特别密切地结合起来。这种结合,还与下列情况有关:首先,德国银行主要采取综合性银行形式,即既经营贴现、贷款,又兼营投资等业务。大银行通过公司透支、长期贷款、发行股票以及股份参与,对工业起着决定性的影响。其次,德国工业企业资金比较缺乏,工业企业特别是大企业的创立,尤赖于大银行的积极参与。例如在 1896 年,电气工业中的 39 个股份公司,就是在大银行的直接协助下建立的。银行在代企业发行股票和债券的活动中,往往购买一定数量的股票,逐步参与到企业中,以便对企业进行监督和控制。此外,工业企业也通过购买银行的股票、设立自己的银行等方式控制银行,以便利用银行的作用扩大自己的势力,击败竞争对手。

德国银行垄断资本与工业垄断资本的结合,还明显地表现在银行与企业之间的个人联合方面。1903 年,柏林 6 大银行的经理和董事,代表这些银行参加了 751 个工业、交通、保险及商业公司。1910 年,在这 6 大银行的监事会中,则有 51 个最大的工业家,其中包括克虏伯军火公司和哈帕格轮船公司的经理等。金融寡头既然控制了巨额资本,并占据了大银行与各主要工业部门中大企业的指挥职位,也就支配了全国的经济。

在第一次世界大战前夕,统治着德国的实际上是与容克地主结成联盟的300个金融资本巨头。

金融寡头为了使国家政权进一步从属于自己,以保证获得最大限度的利润,一方面把银行与企业中的高薪职位让给国家官员;另一方面,金融寡头或其亲信直接在政府担任要职。

国家政权与垄断资本直接结合的国家垄断资本主义的发展是一切帝国主义国家共有的现象,但在德国表现得最为突出。国家干预经济的历史传统和企业国有化早有较大发展,这是德国国家垄断资本主义特别发展的历史根源。在帝国主义时期,由于垄断组织和金融资本的高度发展,它们拥有雄厚的实力,能够使国家政权从属于自己,加以国内外矛盾日益加深,垄断资本家极力利用国家政权争夺国外市场和原料来源。军国主义者为了夺取世界霸权而疯狂地进行扩军备战活动,于是,国家垄断资本主义便迅速发展起来。

在第一次世界大战前夕,德国国家垄断资本主义的发展,首先表现在国家分配给垄断组织以利润极高的军事订货,国家规定高额关税和给予出口津贴,帮助垄断组织对外倾销商品,以及政府用专门的法律来加强垄断组织的势力等方面。例如,德国的法律禁止企业在协议到期前退出垄断组织;法律还规定企业对垄断组织所承担的义务,在企业出卖或继承时应连同企业一起转让。其次,德国国家垄断资本主义的发展,特别表现在俾斯麦所实行的国有化政策上。第一次世界大战前夕,德国44个最大的矿山和12个大钢铁企业,以及24%的发电设备和20%的制盐生产,都属于国家所有,80%以上的铁路线也由国家经营。国有企业是国家机关和垄断组织互相接近和融通的孔道。它们的董事会常为最大的托拉斯和康采恩的代表所把持。另外,在一些部门中还出现了国家与私人合营企业的形式,如莱茵—威斯特发里亚电力公司就是这样的企业。

卡特尔和辛迪加的普遍发展,少数巨大的托拉斯和康采恩通过参与制度控制了许多卡特尔和辛迪加,银行业与工业的结合非常紧密,国家垄断资本主义比较发展,这一切都说明德国是垄断资本主义高度发展的国家。列宁曾写道:德国"在财政资本主义的组织性方面,在垄断资本主义变为国家垄断资本主义方面,它高于美国"①。

德国帝国主义的
对 外 扩 张 活 动
及 其 特 别 富 于
侵 略 性 的 根 源

随着垄断资本的发展和金融资本统治的确立,德国帝国主义进行经济扩张的活动空前加强起来。

首先,德国极力扩大其商品输出。德国垄断资产阶级一方面,实行严格的关税保护政策,防止外国商品进入本国市场;另一方面,靠先进技术和压低工资而生产价格较低廉的商品,冲破其他国家的关税壁垒,实行商品倾销。从 1872 年到 1913 年,德国出口贸易额由 23 亿马克增加到 101 亿马克。在第一次世界大战前夕,德国全部工业产品的 20%—25% 是在国外市场销售的。同一时期,德国进口贸易额由 33 亿马克增加到 108 亿马克。德国在世界贸易总额中所占的比重,从 1870 年的 9.7% 上升到 1913 年的 12.6%,从世界第三位跃居第二位,仅次于英国。

到第一次世界大战为止,德国的国外市场主要在欧洲。1913 年,对欧洲国家的贸易在德国出口总额中占 75.2%,在进口总额中占 54.1%。德国商品在欧洲市场上顺利地排挤着英国。同时,德国极力扩大对拉丁美洲、亚洲和非洲的商品输出,为它的殖民侵略和掠夺开辟道路。

20 世纪初期,德国输出的商品以制成品为主。德国的机器、电气和化学产品在世界市场上占据重要的地位。1912 年,德国的机器输出量,已和老牌机器出口国英国不相上下。输入品则仍以原料和粮食为大宗。德国是一个工业高度发达的国家,同时又是一个原料和粮食不能自给的国家。在德国的对外贸易总额中,原料和粮食的进口额比制成品的出口额大,因此对外贸易经常处于入超状态。

在扩大商品输出的同时,资本输出也迅速成为德国帝国主义对外进行经济扩张的重要手段。德国大规模输出资本是 20 世纪初的事情。德国的国外投资总额,1883 年为 50 亿马克,1913 年升至 220 亿—240 亿马克。国外投资总额的增长速度远比商品输出额的增长快。不过,在第一

---

① 《列宁全集》第二十九卷,人民出版社 1956 年版,第 144 页。

次世界大战以前,德国的国外投资还远不如英法两国多,因为德国没有它们拥有的那样大量的过剩资本和广阔的殖民地。

德国国外投资主要是在欧、美两洲。在 1910 年前后,德国国外投资的 51% 投放在欧洲,29% 投放在美洲,投放在亚、非、澳三洲的只占 20%。在甲午中日战争(1894 年)以后,德国即陆续投资于中国的银行、铁路和矿山。此外,德国还贷款给清政府。贷款都附有种种奴役性的政治和经济条件,如强迫清政府以关税、厘金、烟酒税作为担保等。通过向中国输出资本,德国帝国主义不仅从中国掠夺了大量财富,而且同其他帝国主义国家一起共同控制中国的国民经济命脉。

为了对外进行经济扩张,德国垄断资本积极地参加了各种国际垄断组织。据统计,德国所参加的国际卡特尔在 1897 年有 40 个,在 1910 年增加到 100 个左右。这些国际卡特尔包括了采掘、制造和交通运输业。1884 年,德国、英国、比利时三国的铁轨制造厂成立的国际铁轨卡特尔,是世界上最早出现的一个国际垄断组织。1907 年,德国电气总公司和美国通用电气公司所缔结的分割世界市场的协定,是最大的垄断同盟从经济上瓜分世界的最典型的国际协定。德国垄断组织的高度发展水平及其在生产技术上的先进性,使德国垄断资本在一系列国际垄断组织中取得了非常有利的地位,甚至常常起着主导作用。

在进行经济扩张的同时,德国帝国主义为了获得"稳固"的原料产地、商品市场和投资场所,疯狂地对外进行扩张领土的侵略活动。

19 世纪 80 年代初,德国开始走上了掠夺殖民地的道路。1884 年,德国宣布非洲西南海岸、多哥和喀麦隆为自己的保护地。1885 年,德国占领东非的怯尼亚地区(以后延伸至坦噶尼喀),将其置于帝国的保护之下。同时,德国的势力也侵入了太平洋区域。1884 年,德国获得了新几内亚的北部和一些邻近的小岛屿。

随着经济实力的急剧增强,国际经济地位的迅速提高,进入 90 年代,德国帝国主义力图建立殖民帝国,夺取世界霸权。1897 年,德国占领了中国山东省的胶州湾,继而又在那里取得了修筑铁路和开采矿山的特权,把整个山东省变成了自己的势力范围。1899 年，德国取得了太平洋上萨摩亚群岛的大部分岛屿，并从西班牙手里收买了马利亚纳和加罗林群岛。1900 年，德国和其他帝国主义列强一起，镇压中国的义和团运动，并勒索了巨额赔款。

19 世纪末 20 世纪初，德国更力图向近东扩张，于 1903 年强迫土耳其缔结了修筑巴格达铁路的条约。此外，在 1911 年，德国还取得了法属刚果的大部分地区，并在摩洛哥获得了许多经济权益。

1914 年，德国殖民地的面积达到了 290 万平方公里，人口 1230 万人。但是，德国殖民地的面积远比英法为少，它还不及当时英国殖民地的 1/11、法国殖民地的 1/3。而且，德国的殖民地多在非洲和太平洋上，人口稀少，资源尚未开发，殖民地所能容纳的对外贸易额和资本输出额也极为有限。在第一次世界大战前夕，德国自殖民地输入的商品仅占德国进口总额的 10%，而对殖民地输出的商品也只占德国出口总额的 5%。同一时期，德国在殖民地的投资不过占德国国外投资总额的 7%—8%。帝国主义列强分割殖民地的这种情况，显然和德国迅速发展起来的经济政治实力不相适应。在世界已被瓜分完毕的条件下，为了改变上述不相称的局面，后来居上的德国帝国主义，便积极准备以武力来重新瓜分世界，夺取世界霸权。

德国国内的社会政治和经济条件也使它加紧向外进行扩张和侵略。首先，国内还存在着较强的封建残余势力，直到垄断资本主义时期，德国仍然是一个由容克地主和垄断资产阶级联合专政的国家。正如列宁所指出的：德帝国主义是"**容克资产阶级帝国主义**"①。一小撮金融寡头与具有军国主义传统的容克地主阶级的代表人物紧密地勾结在一起，他们保留了半封建的君主政体和根深蒂固的军阀制度，在国内实行专横的统治，残酷地压迫和剥削广大人民，使德国的阶级矛盾日趋尖锐。代表金融寡头和容克地主利益的德国政府，力图发动侵略战争来摆脱国内日益严重的社会危机，并满足金融寡头和容克地主的掠夺欲。其次，德国社

---

① 《列宁选集》第三卷，人民出版社 1972 年版，第 544 页。

会经济中浓厚的封建残余的存在,一方面使广大农民和工人购买力低下,造成国内市场狭小;另一方面使农业日益落后于工业,国内粮食问题和工业原料问题异常尖锐。垄断资产阶级急切要求对外扩张,以弥补国内市场的狭小和粮食与原料的不足。最后,德国是在普鲁士容克地主阶级领导下实现统一的,普鲁士军国主义者在德国拥有强大的势力。国家的军事预算不断增加,使军火工业得到了突出的发展。德国军国主义者和军火工业家都热衷于发动侵略战争。发达的军火工业又为进行侵略战争提供了物质条件。德国帝国主义者在疯狂地扩充军备的同时,还捏造德意志民族"优越"的谬论,竭力鼓吹军国主义思想,毒化德国人民的意识,为发动侵略战争作思想准备。所有这一切,就使德国帝国主义特别富于侵略性。

工人阶级状况和工人运动,社会民主党内修正主义的滋长 随着德国工业的迅速发展,德国工人阶级的队伍急剧扩大。1895年德国有产业工人1000万人,1914年增至2000万人。在进入帝国主义时期以后,德国工人阶级的生活状况更加恶化了。由于垄断组织高抬物价以及国家征自日用品的间接税和进口税不断提高,居民的生活费用日益高昂。自1885年至1914年,居民的生活费用至少上涨了40%,而同一时期工人的平均工资只增加了25%。根据德国帝国统计局的计算,1894—1902年,一个五口之家的每周生活费用需24马克40分尼,可是当时工人的平均周工资只有21马克10分尼。此外,扩军备战的沉重负担又全部落在工农群众身上,1913年,德国每人平均负担的军费即达21马克90分尼。垄断资本家不仅经常采用同盟歇业和解雇工人等办法压制工人,而且还公开利用军队、警察和司法机关残酷地镇压罢工工人。

从19世纪70年代起,德国工人阶级反对垄断资产阶级的斗争大大加强。1873年经济危机期间,全国的罢工斗争风起云涌。1875年,工人运动中的两个派别(拉萨尔派和埃森纳赫派)在哥达召开了合并大会,建立了德国社会主义工党(1890年改称德国社会民主党)。但是,这次大会所制定的《哥达纲领》,却包含了许多拉萨尔派的错误观点。马克思和恩格斯对这个纲领进行了尖锐的批判。德国社会民主党成立之后,全国工人运动迅速地发展起来。在 1877 年的国会选举中,社会民主党获得了 12 个席位。工人阶级的这些成就震惊了统治阶级。1878 年,德国国会通过了反动的"非常法令",取缔社会民主党的活动,禁止宣传社会主义。在统治阶级的突然袭击下,社会民主党的领导人惊慌失措,竟宣布党自动解散。后来奥古斯特·倍倍尔和威廉·李卜克内西在马克思和恩格斯的帮助下,摆脱了机会主义的影响,领导德国工人阶级展开了反对"非常法令"的斗争。

在统治阶级的残暴镇压下,社会民主党被迫转入地下,并逐步把合法活动和非法活动结合起来。1889 年,社会民主党领导了鲁尔区 9 万矿工罢工,使工人运动进入了高潮。1890 年,德国罢工次数达 200 次之多。在 1884 年的国会选举中,社会民主党获选议员多达 24 人,1890 年增至 35 人。在工人阶级的反击下,德国国会被迫于 1890 年废除了"非常法令"。社会民主党得到了合法重建组织和广泛开展工作的有利条件。1891 年,社会民主党在爱尔福特召开了代表大会。大会通过了《爱尔福特纲领》。这个纲领比《哥达纲领》前进了一大步,清除了拉萨尔的错误观点。但这个纲领对机会主义作了较大的让步。恩格斯对这个纲领中的缺点,作了严肃的批判。社会民主党还积极在劳动群众中进行工作。在 1893 年的国会选举中,社会民主党获选议员增至 44 人,1897 年更达 56 人。

但是,在工人阶级取得了反对"非常法令"的胜利以后,特别是在马克思和恩格斯先后逝世以后,工人阶级运动中的机会主义势力又显著地增长起来。在这个时期,德国垄断资本已经形成,并正在向前迅速发展。垄断资产阶级使用收买和分化工人阶级的手段,以其所攫取的大量垄断利润中的一小部分,豢养一批从事破坏与反对工人革命斗争的工人贵族。这些工人贵族是机会主义的社会基础。同时,社会民主党的合法化和它在议会选举中连连取得的成就,使党的领导集团中的大部分人,对资产阶级议会抱着越来越大的幻想,成了资产阶级议会迷,放弃无产阶级的革命斗争。这一时期德国机会主义思想的主要代表,就是爱德华·伯恩施坦

(1850—1932年)。他在1899年发表了《社会主义的前提和社会民主党的任务》一书,公然宣称马克思主义已经"陈旧了""过时了",提出要"修正"马克思主义的基本原理。伯恩施坦妄图证明,生产和资本集中的现象,在农业中不会发生,在工商业中也进行得十分缓慢;他竭力鼓吹"进化的社会主义"谬论,认为资本主义随着"股份资本民主化"的发展,就可以"进化"到社会主义去;他更疯狂地反对阶级斗争和无产阶级专政,宣扬卡特尔和托拉斯能够消除生产的无政府状态和经济危机,资本主义的社会经济矛盾缓和了,无产阶级不该革命,工人阶级政党应该成为改良主义的政党,只要把"现代社会所有的自由派典章制度……向前发展",就可以达到社会主义等。归根到底,伯恩施坦修正主义的中心点就是不要阶级斗争,不要社会主义革命,不要无产阶级专政。在德国社会民主党内,中派的卡尔·考茨基等始而对伯恩施坦修正主义采取调和态度,后来则同流合污,一起变成了无产阶级的叛徒;左派的罗莎·卢森堡等,对伯恩施坦修正主义进行过尖锐的斗争,但批判也不彻底,因而机会主义在德国工人运动中的增长,影响未能消除。而列宁则对伯恩施坦修正主义进行了彻底的批判。

20世纪初,德国工人群众不断地掀起大规模的罢工运动,直至同军警发生武装冲突。但是,这些罢工运动都因职工会机会主义首领的叛卖行为而归于失败。1905年的俄国革命,对德国工人运动发生了巨大的影响。同年,德国社会民主党在耶拿召开了代表大会,在工人群众的压力下,这次代表大会通过了一项采取群众罢工作为革命斗争手段的决议。可是,窃据社会民主党领导地位的修正主义集团并不执行这一决议,并在次年的曼海姆代表大会上完全推翻了这项决议。到第一次世界大战前夕,德国社会民主党已完全蜕化为机会主义的沙文主义的党,它公开支持德帝国主义分子的侵略政策。只有以卡尔·李卜克内西为首的左派,继续站在马克思主义的立场上,对德国垄断资产阶级的战争政策进行了斗争。

第三节　第一次世界大战期间德国国家垄断资本主义的发展和阶级斗争的空前尖锐化

战时国民经济的严重破坏和国家对经济的"调节"

19 世纪末 20 世纪初,德帝国主义者为重新瓜分世界和争夺世界霸权而进行的扩张活动,加深了它和其他帝国主义国家,特别是与英、法两国的矛盾。到第一次世界大战前夕,以德国和奥匈帝国为一方,英、法、俄三国为另一方,两大对垒的帝国主义集团最终形成。1914 年 8 月 1 日,德国以奥国皇太子被刺事件为借口,首先向俄、法两国宣战,挑起了第一次世界大战。

大战爆发以后,在协约国对德进行严密封锁下,德国首先遇到的问题是物资进口的严重困难。战前,德国绝大部分粮食和原料都依靠进口,而且进口原料中很多都是重要的战略物资。这些进口物资的 80% 来自交战国、殖民地和大西洋彼岸国家。大战爆发以后,这些物资的来源几乎完全断绝了。战时,德国虽然从与中立国进行的贸易中取得一部分物资,其中甚至还包括从美、英、法等国转运来的一些战略物资,但总的说来,这些贸易的数额是极有限的。而且,德国的黄金、外汇和出口物资日益减少,也严重地影响了它与中立国的现款交易和换货交易。因此,大战期间,德国的对外贸易额迅速下降,1913—1918 年,德国的进口额缩减了 3/5,出口额缩减了 3/4。

此外,海上交通工具遭受的严重损失,更加剧了物资供应的困难。军运频繁和大批职工被征入伍,使国内运输也日益紧张起来。因此,整个德国经济都陷入了极端混乱和困难的境地。

针对上述各种困难情况,在战争开始以后,德国政府大力加强了国家对经济的"调节",以便坚持侵略战争和保证垄断资产阶级攫取高额利润。因此,德国国家垄断资本主义在战时得到了迅速的发展。

1914 年 8 月 8 日,在政府的指示下,成立了"德国战时工业委员会",负责分配政府订货和管理军需生产。同时,在"德国战时工业委员会"之下,还成立了几家信贷银行,筹募战时公债,并供给各军火工厂以贷款。"德国战时工业委员会"从成立之日起,即处于垄断资本家的直接控制之下。

1914 年 8 月底,政府又委派电气总公司经理毕尔特·拉铁诺主持成立了"战时原料管理处",负责调查和控制原料,以维持对军需生产的供应。在"战时原料管理处"之下,设有 59 个"军需公司",专管征集和分配金属、矿石、石油、棉花、皮革和油脂等各种原料。军需公司采取股份公司的形式,由私人投资,政府则派代表参加管理,不过实权仍掌握在垄断资本家手里。按其性质来说,这种公司是由国家与私人资本家合办的军事经济机关,它的地位介于国家"调节"机构与垄断组织之间。最先成立的军需公司是五金业公司,它负责分配由国内征集来的以及从占领区搜刮来的五金原料。在所有军需公司中最重要的一个是化学品公司,专门从事炸药原料的制造。

在分配稀有或奇缺的原料方面,垄断资本家总是处于特权的地位。例如,1916 年 7 月 21 日,政府曾颁布了这样的法令:在肥皂业中,只将油脂供给所谓"生产效率高的企业",停工的企业只能向开工的企业按一定折扣买进成品,加以包装转卖出去。这样一来,在当时的 2000 多家肥皂企业中,绝大部分中小企业被迫停工,能够继续开工的只是属于垄断资本的少数大企业。

在战争进入僵持阶段以后,德国政府由于在战场上接连失利,便在1916 年 12 月发布了《兴登堡纲领》。这是一个加强动员的法令。根据这个纲领的规定:凡是 17 岁到 60 岁的男子,都要被征调入伍;留在工厂中工作的劳动者,不得随便移动;一切工厂生产都必须服从军事需要,生产军需用品;关闭不能生产军需用品的工厂,工人另调工厂或开赴前线。《兴登堡纲领》的施行,不仅给德国劳动人民带来了更深重的灾难,而且也进一步扼杀了中小企业家,只有利于增强大资本家的势力。仅在纲领颁布的这一年,在全国 2000 家织布工厂中,即有 1900 家被封闭。

德国政府在战时特别关心垄断组织的巩固和发展。1915 年 7 月颁布了强制卡特尔化法律,规定各邦当局有权强迫各企业加入垄断组织。根据这一法律,德国政府不仅在没有组织卡特尔的部门(如制鞋业)都成立了卡特尔,并且还把已有卡特尔的部门(如冶金、化学、造船业)中的局外企业,都囊括到卡特尔里,大大加强了垄断组织的势力。

在战时,德国政府对食品、服装、燃料等生活必需品的供应和分配也实行严格的管制。1916 年 6 月,政府设立了"帝国谷物局"和"帝国服装局",分别负责征集和配售谷物和衣服。居民必须凭证按限额购买生活必需品。劳动人民生活必需品的供应被压缩到极低的水平。但国家的限制并不影响大富翁的消费,因为奢侈品和珍肴美味照例是不作定额分配的。

战争的延长和巨大消耗,使德国的财政日益困难。大战期间,德国直接军费支出约 800 亿马克(按 1914 年不变价格计算),这相当于同期国民收入的 40%以上。在国内经济凋敝而又无法举借外债的情况下,德国政府便采取了放弃金本位制、滥发纸币、摊派公债、增加税收,以及对占领区居民横征暴敛等办法来筹募战费。1914 年 8 月 4 日,政府批准帝国银行停止兑现,并放松各大银行发行纸币的限制,从此德国走上了通货膨胀的道路。1918 年的物价较 1913 年上涨了 4 倍。通货膨胀使少数大资本家和投机者发财致富,而多数中小企业特别是广大劳动人民则陷于破产和贫困的境地。

战时,德国政府强制发行公债,并且多半不负偿还的责任。显然,这是对劳动人民的公开掠夺。从 1914 年 9 月到 1918 年 11 月,共发行了 9 次公债,按 1914 年价格计算,共达 620 亿马克左右,即相当于全部战费的五分之四。在掠夺本国人民的同时,德国对占领区(比利时、法国北部、波兰和罗马尼亚等)进行了肆无忌惮的残酷掠夺,仅物资一项就达 60 亿马克。

整个国民经济转上战时轨道和战争的旷日持久,使工农业生产遭到了巨大破坏。在工业生产方面,继续维持生产的,主要是直接同供应军需有关的部门。由于资本和劳动力都转移到军事工业部门,军事工业生产上升了;与此相反,建筑工业及其有关部门的生产急剧缩减,民用消费品工业的生产也显著下降了。从 1913 年到 1918 年,军事工业生产上升了10%,民用工业生产下降了 59%,整个工业生产下降了 43%。

战时农业生产也由于劳动力不足以及畜力、机器、肥料和饲料缺乏而严重衰落。1914—1918 年与 1909—1913 年比较,年平均播种面积缩减了14.8%,总收获量缩减了 26.7%。在畜牧业方面,1913—1918 年,猪的头数减少了 3/5,牛减少了 1/5。

劳动人民生活状况的恶化,阶级斗争的加强和1918年的革命 战争时期国民经济的恶化,并未使垄断资本家遭到损失。相反地,在国家对经济"调节"政策的扶植下,在战争年代里,垄断组织都获得了巨额利润。如军火大王克虏伯康采恩的利润,1913—1914 年是 7500 万马克,而到 1916—1917 年竟增至 17500 万马克,这个数字相当于其股份资本额的 95%。

但是,在大战期间,德国劳动人民的生活状况却急剧地恶化了。在战争中,工人和农民被大量送往前线,充作帝国主义战争的炮灰,留在工厂或农村的也被迫从事军事苦役。战前制定的限制剥削女工和童工的劳动法被取消了,成年男子的工作日普遍达 12 小时。

战时国家"调节"经济的重担,完全压在劳动人民身上。在工农业生产萎缩和进口商品锐减的情况下,德国政府从 1915 年 2 月起,对食品和日用品实行了日益严格的配售制度。起初还只是规定面包供应的最高量,后来配售的范围扩大到多种食品(土豆、肉类、油脂、乳酪)、衣服和燃料(煤炭、煤油);而且配售的条件也越来越严格。配售制度的推行,使正常的商业活动遭到破坏。居民凭证所能买到的商品数量很少,不足以维持最低生活需要,因而他们不得不到黑市去购买价格异常昂贵的商品。在大战期间,物价上涨了 4 倍,黑市买卖遍于全国,商业投机十分猖獗。

由于物价上涨,大战末期工人的实际工资较战前降低了一半。到1917 年冬季,劳动人民生活的恶化达到了最严重的程度,这时居民的食物较战前缩减了 2/3。自 1914 年至 1918 年,因饥饿、贫困、瘟疫、战争而死亡的人数高达 630 多万人,这是侵略成性的帝国主义分子对德国人民欠下的一笔血债。

在战时经济衰竭和人民生活极端困苦的条件下,劳动人民的革命情绪与日俱增,德国国内的阶级矛盾日趋尖锐。1918 年秋,德国国内的政治危机已经成熟。俄国十月社会主义革命的胜利,德国在东、西方战线上的溃败,更加速了革命的爆发。1918 年 11 月 3 日,基尔城的水兵和工人首先举行武装起义,建立了苏维埃。继之,各大城市也纷纷举行武装起义,建立了苏维埃。11 月 9 日,在斯巴达克同盟(从德国社会民主党中分离出来的独立社会民主党的左翼)的号召下,革命的工人、士兵群众在柏林举行武装起义成功,推翻了君主专制政体,宣告了"自由社会主义共和国"的成立。

但是,右派社会主义者(德国社会民主党的领导人)篡夺了苏维埃的领导权,出卖了这一次革命。在 1918 年 11 月 11 日德军与协约国签订停战协定以后,由右派社会主义者组成的临时政府,竟集中力量镇压革命运动。1918 年 12 月 30 日,斯巴达克同盟同其他左派团体在柏林召开了德国共产党第一次代表大会,宣告了德国共产党的成立。1919 年 1 月,在共产党人参加下,柏林工人发动武装起义。但这次起义最后被反动派残酷地镇压下去。之后,资产阶级及其走狗右派社会主义者于 1919 年 2 月在魏玛召开了立宪会议,7 月通过了德意志共和国宪法(即魏玛宪法)。这部宪法保障了垄断资产阶级和容克地主的统治。

1918 年革命失败后,魏玛共和国的政权,虽然仍是垄断资产阶级和容克地主的联合专政,但和革命前不同的是,起主导作用的已不是容克地主,而是垄断资产阶级了。无产阶级在这次革命中虽然未能完成社会主义革命的历史任务,但德国人民在革命中推翻了君主专制政体,争得了若干资产阶级民主权利。革命锻炼了德国无产阶级,推进了德国和欧洲的工人运动。在革命中还诞生了德国共产党,这是德国工人运动史上具有重大意义的事件。

第 五 章

法国垄断资本主义的形成

第一节　19 世纪末 20 世纪初
法国经济的缓慢发展

　　从 19 世纪 70 年代起,法国资本主义的发展进入一个新的历史阶段。1870 年爆发的普法战争,对于这一时期法国社会经济的演变产生了十分重大的影响。

　　普 法 战 争 对 法国经济的影响自 19 世纪中期以来,法国资本主义经济已有较大的发展,社会阶级矛盾也日趋尖锐。特别是在法兰西第二帝国末期,拿破仑第三进一步执行对内加强剥削和镇压、对外不断发动军事侵略的政策,更加激起了人民群众的强烈不满和反抗,全国各地都显示出革命已经迫近的迹象。面临着帝国日益严重的政治和经济危机,拿破仑第三为了挽救宫廷的垂死命运,为了夺取欧洲大陆的霸权和劫掠国外财富,于 1870 年 7 月 19 日发动了这场蓄意已久的普法战争。

　　但是,战争并未收到预期的效果,相反地却使法国政府的腐败更加明显地暴露出来。战争一开始,整个法国就陷入了混乱状态,军需供应严重缺乏,法军在普鲁士强敌的攻击下连续溃退,还不到两个月的时间,就决出了胜负。1870年9月2日,拿破仑第三在色当率全军投降,法兰西第二帝国遂告瓦解。9月2日,败讯传至巴黎后,民众爆发了起义,建立起共和国。在革命中,资产阶级乘机篡夺了政权,组成所谓的"国防政府"。1871年5月10日,"国防政府"与德国签订了屈辱的《法兰克福和约》。

普法战争是法国资本主义发展过程中的转折点,对法国社会经济的影响极大。它中断了法国在1867年危机之后出现的暂时繁荣局面,使工业生产急剧缩减,进出口贸易猛烈下降,同时还耗竭了国家财富,加重了人民的债务负担。战争期间,许多工厂都停工歇业,消费品极度缺乏,财政金融一片混乱,纸币停止兑现,物价纷纷上涨。整个国民经济都遭受到严重的打击。法国在这次战争里,除了战时的经济损失之外,还根据和约付出了50亿法郎的赔款,并将重要的工矿地区阿尔萨斯和洛林割让给德国。总之,普法战争使得法国的元气大伤,造成了战后经济发展的许多困难。

巴黎公社的
社会经济措施

普法战争结束后,在资产阶级的"国防政府"统治下,国内阶级矛盾日趋尖锐。反动政府由于畏惧工人阶级革命情绪的高涨,在1871年1月28日与德国签订了停战协定后,立即着手解除巴黎工人的武装。但是这一企图未能实现,3月18日,巴黎的工人阶级举行了武装起义,推翻了资产阶级的统治,把政权掌握在自己手里。这就是历史上著名的巴黎公社革命。

革命的新政权,最初是由巴黎工人选出的国民自卫军中央委员会掌握的。这个政权受到了巴黎劳动人民的热烈拥护。中央委员会领导巴黎的无产阶级在短短的时间内,摧毁了资产阶级的国家机器,还积极采取了一系列改善劳动人民状况的经济措施。在这方面连续颁布的法令有:禁止拍卖典当物品,一切典押物凡价值在15法郎以下者均归还原主;延期交付房租,禁止强迫搬家;拨款100万法郎补助最贫困的家庭;等等。3月26日,根据中央委员会的决定,巴黎人民进行了公社选举,新选出的公社委员虽然政治派别相当复杂,但正如马克思所指出的,"公社是由巴黎各区普选选出的城市代表组成的。这些代表……其中大多数自然都是工人,或者是公认的工人阶级的代表"①。所以,"它实质上是工人阶级的政府"②。3 月 28 日,巴黎几十万群众集会,在热烈的欢庆声中举行了公社委员会的宣誓就职典礼。于是,人类历史上第一个无产阶级专政的国家宣告诞生。

公社是以大规模的节约、政治改造以及经济改革来开始其工作的。尽管当时的条件极为困难,公社必须与凡尔赛分子进行残酷的斗争,但它仍然不失时机地根据崭新的原则,建立起为无产阶级服务的国家机关,采取了各种有利于劳动人民的社会制度和经济措施。在短短的时间内,公社连续颁布了一系列著名的决议和法令。为了摧毁旧的资产阶级国家机器,3 月 29 日颁布了"撤销常备军改由国民自卫军代替的法令",决定"除国民自卫军外,不得在巴黎成立或调入任何武装部队"。同日,议决成立了执行、军事、粮食、财政、司法、治安、劳动工业与交换、社会服务、对外联络、教育等 10 个委员会,来"执行以前各部的权力",并庄严地宣布"公社是唯一的政权","凡尔赛政府的命令和指示无效"。公社在粉碎了旧的国家机器后,对于教会的统治势力也给予了致命的打击。4 月 2 日的决议指出:"僧侣实际上是君主制度反自由的罪行的从犯。为此决定:……政教分离;……废除宗教预算;……宣布被认为不能动用的属于宗教团体的动产和不动产为国家财产……"③为了保卫革命的胜利果实,镇压反动分子的破坏和击退凡尔赛方面的进攻,公社于 4 月 2 日还颁布了将五名凡尔赛政府首脑人物交付法庭审判并接管其财产的法令。4 月 5 日又作出决定:"将与凡尔赛政府有勾结者交由法庭审讯,把所有犯罪者作为公社人质押在监狱,每一公社社员被杀,即以处决三倍的人质作答。"这就是著名的"人质法令"。不幸的是,这个法令并未得到执行。此外,公社还成立了军事法庭,封闭了一批资产阶级的报纸。但是,总的说来,巴黎

① 《马克思恩格斯选集》第 2 卷,人民出版社 1972 年版,第 375 页。
② 《马克思恩格斯选集》第 2 卷,人民出版社 1972 年版,第 378 页。
③ 关于公社的决议和法令引文,参见《巴黎公社会议记录》,商务印书馆 1961 年版;《巴黎公社史料辑要》,商务印书馆 1962 年版。

公社对反革命分子的镇压还是不够坚决,以致后来的失败。

为了进行社会改革,改善劳动人民的生活状况,巴黎公社采取了许多重大的社会经济措施:

(1)实行比较合理的工资制度。公社根据"在新的社会制度下,既不应该有高薪的闲职,也不应该有过高的薪津"这一原则,在 3 月 31 日的决议里规定,"公社委员每天的薪金为 15 法郎"。4 月 1 日规定,"市政机关的职员最高年薪为 6000 法郎",即只相当于熟练工人的工资。4 月 12 日又决定了各级军官的待遇,最高的总司令每月也不过 500 法郎。同时,公社提高了工人和教师的工资,并在 4 月 27 日颁布了"禁止任何机构收取罚款或任意克扣职工工资"的法令。

(2)废除对劳动者的中间剥削。公社在 4 月 20 日颁布法令,将由前帝国警察局设立的"职业介绍所"予以封闭,另在各区成立登记处负责劳动就业。

(3)致力于工人劳动条件的改善。根据工人的要求,不管场主如何反对,连续在 4 月 20 日、28 日和 5 月 3 日下令禁止面包作坊夜间做工。关于八小时工作制问题,也由劳工委员会提了出来。

(4)对一部分资本家的生产资料曾采用了监督和剥夺的手段。在 4 月 16 日的法令里规定,凡厂主已经逃亡或停工的企业,均交给工人合作社经营,并且拟订出将工人合作社并为一个总社的计划。公社还成立了专门的委员会,来实行对铁路事业和军需生产的监督。

(5)通过了一系列关于处理债务、房租和典押品的法令。这些法令规定,取消过去作为高利贷剥削的工具的"借贷处";一切债务自 1871 年 7 月 15 日起,在三年内分期偿还,不计利息;凡抵押在当铺里的物品暂停出售;价值在 20 法郎以下的典当品均无偿退回原主;从 1870 年 10 月至 1871 年 6 月的房租免予缴纳;征用房主已经逃亡的空屋交居民使用。

(6)帮助解决城市贫民和其他劳动者的困难,制定抚恤、济贫的政策。对于被俘在德国的近卫军家属、前线作战负伤的公社社员,以及阵亡军人的家属,定出了抚恤的办法。设立了救济贫民的机构,并决定要安置乞丐和妓女,使其有所归宿。

（7）公社对于粮食和食品的供应,也采取了许多重要措施,所以尽管公社时期巴黎一直处于被包围之中,但食物的供应始终正常,价格也较稳定。

（8）公社注意到农民的根本利益,宣布"把土地交给农民",并且对于争取广大农民参加革命作过一定的努力。

此外,在文化教育方面,公社也进行了重大的改革。它宣布实行强制的、非宗教的和免费的教育原则;成立了艺术家协会;制订了成立托儿所和幼儿园的计划。

巴黎公社的社会经济政策,充分说明"它实质上是工人阶级的政府,是生产者阶级同占有者阶级斗争的结果,是终于发现的、可以使劳动在经济上获得解放的政治形式"[①]。虽然公社只存在了短短的 72 天,就被国内外反动势力的联合力量摧毁了。上述这些措施实行的时间并不长,有的甚至还没有来得及实行。但是,它们伟大而深远的意义永远不会磨灭。巴黎公社是 19 世纪无产阶级革命运动的光辉典范,它的出现有力地证明了资本主义已经趋于衰落,资产阶级的统治必将为无产阶级的统治所代替。公社的光辉榜样鼓舞了法国和全世界的无产者向资产阶级展开坚决的斗争。从伟大的巴黎公社开始,无产阶级革命进入了新的发展阶段。

19 世纪末工业生产的缓慢发展及其原因

普法战争对法国国民经济产生了深刻的影响。从 70 年代起,工业发展的速度便开始缓慢下来。虽然,总的说来,在 19 世纪最后 30 年内,法国生产增长的情况较之英国稍好一些,但是与美、德等新兴资本主义国家相比,则显然要落后得多。1870—1900 年,世界各国工业生产总指数由 100 增加到 316,即增长了约 2.2 倍,其中美国增长了将近 4 倍(增加到 491%),德国也增长了 2 倍多(330%),而法国却还不到 1 倍(194%)。

法国工业发展的相对缓慢,使它在世界工业中所占的地位大为下降。1870 年,法国工业生产在世界工业生产总额中占 10%,1900 年降至 7%。同一时期,美国由 23%升至 36%,德国由 13%升至 16%。1900 年,法国的

---

① 《马克思恩格斯选集》第 2 卷,人民出版社 1972 年版,第 378 页。

生铁产量,只相当于德国的 1/2,煤产量还不到德国的 1/4。

造成这一时期法国工业发展缓慢的主要原因,首先是普法战争的影响。法国在战争中国民经济曾遭受到严重破坏,损失约达 130 亿法郎。战败后,又付出了 50 亿法郎的赔款,并且将煤铁资源丰富的重要工矿地区阿尔萨斯和洛林割让给德国,致使法国丧失了 14.5 万平方公里土地和 150 万人口,约占全国 1/4 的纱锭以及其他多种工矿企业,经济力量大为削弱。法国政府为了清偿赔款,除了提高税收之外,还几次发行巨额公债,1870—1873 年,总计发行公债高达 92.88 亿法郎。法兰西银行的贵重金属储备也由 11.31 亿法郎减少到 7.63 亿法郎。再加上恶性的通货膨胀,致使国家发生了严重的财政困难。其次,在 19 世纪末,正是各资本主义国家的重工业飞跃发展的时期,冶金和采煤工业起着特别重要的作用,而法国却恰恰缺乏重工业所必需的煤铁资源。法国的铁矿藏虽然在西欧各国中还算比较丰富,但铁矿的含磷量过高,不宜利用。而煤的蕴藏量却非常少。所以,燃料和原料都必须仰赖进口,从而限制了重工业的发展,并影响到整个工业生产增长的速度。再次,随着这一时期资本主义之向帝国主义过渡,法国金融资本有了很大发展,金融寡头通过对外掠夺得到巨额利润;而国内工业生产却由于成本较高,无力与外国商品竞争。因此,大量资金外流,对国内企业的投资相对缩小,生产部门深感资金不足之苦,陈旧的机器设备无力更新。这自然阻碍了工业生产的迅速发展。复次,法国农业中的小农经营仍占优势,因而国内商品市场狭窄,自由劳动力非常有限。农业的分散和落后,又造成了农业生产的停滞。这些都限制了工业的发展。最后,在法国工业中,纺织、服饰和高级奢侈品的生产占有很大比重,这种从前一时期继承下来的工业部门结构,对于整个工业的迅速发展,也起了很大的阻碍作用。

上述几种因素决定了 19 世纪最后 30 年法国工业发展的基本进程。普法战争结束后,由于国家的大力扶持和物价上涨的刺激,法国的工业在极端困难的条件下,从 1871 年起逐步得到恢复。可是,正当工业的重建工作刚刚开始时,就遭到 1873 年经济危机的侵袭。这次危机对法国国民经济的打击,虽然不如对其他国家那样严重,却也造成工业生产的萎缩,特别是纺织工业受到的打击很重,从而延缓了战争创伤的恢复。几年后,工业品价格回升,许多企业重新开工,政府又以低息自人民的储蓄中取得贷款,再利用信贷事业来帮助工商业发展,经济活动才逐渐活跃起来。到19世纪80年代初,法国终于出现了"繁荣"的局面,新的银行和股份公司纷纷设立,形成一片投机狂热。在国民经济得到基本恢复的基础上,法国政府又进而采取各种促进经济发展的措施,其中特别重要的是对公共工程进行了巨大的投资。法国自70年代末通过并实行了著名的"富列辛埃计划"以来,就积极致力于交通运输事业的发展,1879—1904年,政府用于公共工程的拨款,大约相当于付给德国的战争赔款。在此期间,法国新修筑了近20万公里的大小道路、200公里运河、约3万公里铁路,敦刻尔克、迪埃普、鲁昂、南特和波尔多的海港都重加浚深,并且还在勒哈佛尔和圣纳泽尔建筑了新的港口。这些都刺激和推动了整个工业生产的发展。

19世纪末,法国工业生产中重工业部门有了较快的发展,特别是钢铁产量,由于铁路建设的大量需要,增长得最为显著。1870—1900年,生铁产量由118万吨增加到424万吨,钢产量由8万吨增加到157万吨,煤产量由1318万吨增加到3340万吨。北部诸省和加莱地区的一些巨大冶金中心都是在19世纪末期建立起来的。这时,水力发电也有了初步的发展,在塞纳河及罗亚尔河地区,都出现了一批利用水电作动力的工厂。这对于煤炭比较缺乏而水力资源却很丰富的法国来说,是具有重要意义的事。此外,制铝、橡胶、有色金属等新的工业部门,在法国也有一定程度的发展。

轻工业的发展速度较慢一些,但仍有显著增长。作为法国主要工业部门的纺织工业,在国民经济和出口事业中继续起着重要作用。1869年棉花消费量只有94万公担,1900年增至159万公担。羊毛消费量则大约增加了1倍。

19世纪末,法国工业中的机械化程度也有了相当大的提高。以里昂的丝织业为例,在1873年时,机械化的纺织机只有6000台,1903年达到2.8万台;而手工纺织机则由3.5万台减至4000台。1871年,法国工业中共拥有蒸汽机2.6万台,计31.5万匹马力,1897年增加到6.8万台,共

133 万匹马力。

但应指出,这一时期法国工业的发展,除了在速度上落后于美、德等新兴资本主义国家之外,工业中的中小企业仍占很大比重,轻工业也还居于重要地位。19 世纪末,法国共有 330 万工人,在 100 人以上的大企业里做工的有 111 万人,在 10—100 人的中等企业里做工的有 90 万人,在 1—10 人的小企业里做工的有 130 万人。若按部门区分,则集中在食品、纺织、服装、皮革和家具五种轻工业行业中的工人占总数的 49.9%,而集中在冶金和化学工业中的工人只占 18.1%。

在上述时期内,法国曾于 1873 年、1882 年和 1891 年爆发过三次经济危机。危机对法国经济产生了很大的破坏作用。1873 年危机爆发后,法国的棉花消费量就减少了 44%。1874 年,煤产量和消费量都有所下降,对外贸易额缩减,物价急剧跌落,信贷紧缩,票据数额大为减少。1882 年的危机,是由公共工程的延缓和停顿以及国家的财政困难所引起的。危机首先发生在交易所和银行,迅即引起了工业资本投资的减少和企业的破产。1881—1884 年,工业中的资本发行额从 192900 万法郎降至 9190 万法郎。1882 年企业倒闭 7061 家,1884 年倒闭 7719 家。这次危机造成了冶金、采矿、铁路、建筑、纺织等各个工业部门生产的下降,使法国资本主义的发展平均大约倒退了五年。1891 年危机,是以巴拿马运河公司和金属公司以及国家贴现银行的倒闭为起点而爆发的。加以在法国发行的俄国和阿根廷的证券严重贬值,使无数的证券持有者遭受破产,因而迅速引起工商业衰退,物价跌落。这次危机一直持续到 1894 年才逐渐恢复。

> **20世纪初法国工业的发展和经济危机**

进入 20 世纪之后,到第一次世界大战爆发为止,法国工业的发展较之 19 世纪末更快了一些。虽然在发展速度上仍然慢于美国和德国,但速度的差距已经缩小。1900—1913 年,世界各国工业生产总指数增加了 66%,其中美国增加了 85%,德国增加了 66%,法国增加了 51%,而英国只增加了 26%。

20 世纪初,法国重工业部门的发展在整个工业中仍然居于领先地位。其中如冶金、电力、汽车等部门生产的增长更为明显。尤其是冶金工业,由于这一时期俄国军事订货的激增,以及阿尔及利亚、印度支那和象牙海岸等地区修建铁路的大量需要,在发展的速度上甚至超过了美国和德国,只是在产量和生产规模方面还远不及美、德。到 1913 年,法国生铁产量已达 520.7 万吨,钢产量增加到 469 万吨,煤产量则为 4080 万吨。不过,煤的消费仍然不能自给,1913 年进口达 2200 万吨。这一时期,一些新的工业部门,如汽车制造业、化学工业、制铝工业、机器和电机制造业、人造丝生产等,也都取得了很大的成就。1913 年,法国汽车产量达45000 辆,铝产量达 13500 吨,都仅次于美国,居世界第二位;化学产品和人造丝产量则次于德国和美国,居世界第三位。

由于重工业的迅速发展,纺织业在法国国民经济中所起的主要作用,已逐渐被冶金业所代替。但是,整个轻工业所占的重要地位,并未丧失。1913 年,法国的棉花消费量高达 271 万公担。时装、化妆品、丝织品和葡萄酒的生产仍然独步世界,占法国输出品之大宗。

随着工业生产的增长,法国的交通运输事业又有了进一步的发展。1901 年,铁路长度为 42826 公里,海运商船吨位为 103.8 万吨。1914 年,分别增加到 50900 公里和 162.6 万吨。

但应指出,这一时期法国的工业虽然发展较快,却并未能完全改变它的相对落后状态。特别是在一些供输出的奢侈品生产部门,企业还是非常分散,规模不大,技术水平也很落后。20 世纪初,丝织业中手摇机的使用仍很普遍,而刀器、成衣和花边的生产甚至还处于手工作坊阶段。法国的工业基础还是比较薄弱的。

伴随着工业的迅速发展,经济危机也就具有更大的破坏性。20 世纪初,法国在不到 10 年的时间内,接连爆发了两次危机。第一次在 1900年,第二次在 1907 年。1900 年的经济危机是在 19 世纪末法国工业生产特别是重工业生产迅速增长的情况下发生的,它对于冶金业和采矿业的影响也最大。生铁及煤的产量分别倒退到 5 年和 6 年前的水平,直到1905 年,国民经济才开始新的"繁荣"。1907 年的危机发生时,虽然冶金业的生产尚未达到最高点,还不能完成它的全部订货,所以重工业产量没有显著的缩减,但是出口工业因为受到国外市场的影响,生产大大降低,其中最严重的是出口的纺织业。另外,生产奢侈品的其他一些工业部门,也受到较大的影响。

农业中经济关系的演变

19 世纪末到 20 世纪初,农业生产在法国的国民经济中还占有很大比重,农村人口也多于城市人口。不过随着工业的进一步发展,农业人口的比重和绝对数都逐渐下降了。1876 年,法国农村人口占总人口的67.6%,1906 年降至 57.9%;同期农村人口总数由 2492 万降至 2271 万。

这一时期,法国的小农经济在农户总数中仍占绝大比重。根据调查,1882 年,法国共有 5672007 户农业经营者,其中拥有土地不到 1 公顷者 2167667 户,占农户总数的 38.2%;1—10 公顷者 2635030 户,占 46.5%;二者合计,在 10 公顷以下的农户占 84.7%;10—40 公顷者 727222 户,占农户总数的 12.8%;40 公顷以上者 142088 户,占 2.5%。直到 1908 年,占有土地在 10 公顷以下的农户,仍占总农户数的 83.8%,其中占地不到 1 公顷的农户,占总数的 38%。在帝国主义形成时期,小农经济的广泛存在,仍然是法国农业的重要特点。

在这个时期,小农的境遇更加困难了。他们在赋税重压特别是在高利贷的盘剥下,愈益陷于风雨飘摇之中。这一时期的抵押债务迅速增加,达到了巨大的数额。19 世纪末,法国小农的抵押借款达 140 亿法郎,1914 年增加到 200 亿法郎,利息率为 8%—10%。20 世纪初,只有 4% 的土地所有者完全没有高利贷债务。小农的生活本来就极为困苦,在陷入债务罗网后,尽管他们竭力降低消费水平,千方百计地企图保持自己的小块土地,最终依然难以免除破产的厄运。因此,在 19 世纪末 20 世纪初,法国农业经济中出现了自耕农户数逐渐减少和佃农户数日益增加的趋势。据 1892 年的统计,纯粹的佃农已有 81 万户,其中有 22 万户是对分制佃农;另外,有半自耕半佃农 60 万户,其中实行对分制者为 12 万户。

随着小农的分化破产,法国农业中的土地集中现象在此时期更加显著了。法国的小农虽然在数量上一直居优势地位,但他们所占有的土地却是极少的。全国绝大部分土地都掌握在为数不多的富农和大土地所有者手里,大农场在经济上拥有雄厚的实力,小农完全无力与之抗衡。

表 5-1　1908 年法国农业中土地占有情况①

经营类别	农业经营者数		土地占有数	
	农户(户)	占比(%)	面积(公顷)	占比(%)
1 公顷以下	2087851	38.0	1228597	2.8
1—10 公顷	2523713	45.8	11559342	26.3
10—40 公顷	745862	13.5	14825298	33.8
40—100 公顷	118497	2.2	16270556	37.1
100 公顷以上	29541	0.5		
总数	5505464	100.0	43883793	100.0

　　表 5-1 显示了法国农业中土地集中在少数大农场的情况。但是,与其他资本主义国家比较,法国的农业经营还是较为分散的。在这一时期,各国农场的平均规模:美国为 138 英亩,英国为 63 英亩,德国为 33.5 英亩,法国则不足 25 英亩。至于为数众多的小农经营,就更加细小而零散了。

　　土地集中的同时,资本主义农场发展了。1911 年,农业中的雇佣工人已达 200 万。生产的机械化也有了较大的进展。1862—1892 年,播种机由 10853 架增加到 52327 架,收割机由 8907 架增加到 23432 架,刈草机由 9442 架增加到 38753 架,脱谷机由 100733 架增加到 234380 架。化学肥料的使用,1889 年为 42.5 万吨,1913 年增加到 200 万吨。农业生产的专业化也显著地加强起来。在地中海沿岸,主要生产早熟的蔬菜和鲜花;西北部多经营畜牧业和种植甜菜;北部则以种植小麦和甜菜为主。

　　农业生产的缓慢发展和农业危机　　19 世纪末和 20 世纪初的法国农业在耕作技术上虽有一定进步,但因土地的极端分散,阻碍了农业机械、化学肥料和其他新技术的采用。19 世纪末,法国每一农业劳动者的生产率比英国低 49%,比荷兰低 39%,比比利时低 38%。每人所生产的农产品只可以供应 4.3 人的消费,而美国一

　　① 参见什聂尔松:《法国金融资本》,1948 年列宁格勒俄文版,第 11 页。百分比系根据所引数字计算。

个农业劳动力能供应 7.4 人。在此期间,整个农业生产虽有一定程度的增长,但幅度也是不大的,而且产量很不稳定。例如,法国的主要农作物小麦的产量,从 1870 年到 1913 年仅由 7420 万公担增加到 8690 万公担,而在 1879 年只有 5990 万公担,1891 年只有 5850 万公担,产量最高的 1907 年也不过 10380 万公担。值得注意的是,法国的一些特种技术作物如葡萄、蔬菜、鲜花等,从 19 世纪 70 年代初起,也开始呈现衰退状态。尤其是葡萄种植业,由于葡萄害虫——葡萄根瘤蚜的蔓延,种植面积和产量都大为减少。1862 年,法国原有葡萄园 232.1 万公顷,1882 年减至 219.7 万公顷,1892 年再减至 180 万公顷,到 1913 年只有 161.7 万公顷了。19 世纪末,法国的葡萄产量只及从前的一半。关于法国的几种主要农作物的生产情况如表 5-2 所示。

表 5-2 法国几种主要农作物的播种面积和总产量①

品种	指标	1872 年	1900 年	1913 年
小麦	播种面积(千公顷)	6938	6864	6542
	总产量(百万公担)	90.6	88.6	86.9
马铃薯	播种面积(千公顷)	1151	1510	1548
	总产量(百万公担)	83.8	122.5	135.9
工业用甜菜	播种面积(千公顷)	253*	330	301
	总产量(百万公担)	77*	85.9	79.9

注:* 为 1873 年的数据。

法国农业生产基本停滞,除了上述原因之外,还由于受到了 19 世纪末世界农业危机的影响。这次农业危机使世界市场的粮食价格大大跌落。而法国的农业由于经营分散、技术落后、成本较高,与外国的竞争力量较弱,所以当世界农业危机发生后,所受的打击更加严重。从 1882 年起,农产品价格连续下降,产量几度减少。与此同时,输入的粮食却大大

---

① 参见中国科学院经济研究所世界经济研究室:《主要资本主义国家经济统计集(1848—1960)》,世界知识出版社 1962 年版,第 319、320、323、325、326 页。

增加。直到90年代中期,农产品价格逐渐回升,粮食的输入量才相应地减少。

另外,普法战争后阿尔萨斯和洛林被割让给德国,对于农业的影响也非常不利。它使法国丧失了67.4万公顷可耕地、44.3万公顷森林和3.2万公顷葡萄园。

农业状况的恶化,给整个国民经济带来极大损害。在大地主不断施加的压力下,法国政府大力加强了农业保护政策。一方面,用减低农业税和加征外国粮食进口税的办法来刺激农业生产;另一方面,采取了许多帮助农业发展的措施。例如在1881年特设农业部;1879年拨款资助葡萄种植者,并连续设立农业奖励金;1884年准许成立农民组织合作社;1894年设立农业信贷银行和保险公司;等等。同时,还由国家资助开办了许多农业学校。这些都取得了一定的成效,不过始终未能使农业完全摆脱困境。直到1897年以后,情况才逐渐好转:粮价略见回升,产量基本稳定,进口粮食也逐步减少了。当时,整个世界农业危机已大致过去,法国的粮食需要由于所属殖民地阿尔及利亚和突尼斯的小麦产量日渐增加而得到部分的供应,本国农业生产也有所发展,工农业经济危机交织所引起的各种困难暂时缓和下来。

19世纪末20世纪初,法国工业发展的相对缓慢和农业生产的长期停滞,加深了劳动人民生活状况的恶化,工农群众都陷于极端困苦境地。20世纪初期,法国工人的工资只相当于英国工人的75%,有的甚至比德国工人还要低,至于广大小农的收入更是少得可怜。因之,在这一时期内,法国人口的增殖极为缓慢。1870—1913年,仅由3687万人增加到3979万人;而同一时期,美国由3990万人增至9723万人(虽然这一时期美国有大量移民迁入,1861—1914年移入3700多万人,但仅就人口的自然增殖率而言,也是很高的);英国由2580万人增至4130万人。可见,法国的人口增殖率大大低于其他主要资本主义国家。法国的总人口自从19世纪60年代被德国超过后,到20世纪初,又被英国超过。与此同时,法国的农业人口也在不断减少。固然,在这一时期内农村人口减少和城市人口增加乃是各国的普遍现象,但法国所不同的是,造成这种情况的主要原因,并非由于农业机械的广泛采用代替了劳动者,而是因为农业生产的衰落和小农的破产迫使农民流入城市。所以,法国的农业中出现了劳动力不足的困难。这种情况转而又对整个国民经济发展起着延缓作用。

<table>
<tr><td>对 外 贸 易
状 况 的 恶 化</td></tr>
</table>

　　19 世纪末到 20 世纪初,法国的对外贸易总的来说也呈现着颓势。法国在世界贸易总额中所占比重由第二位降到第四位,长期延续的贸易逆差显著扩大。

　　在 19 世纪最后 30 年,法国对外贸易的增长是很有限的。对外贸易总额 1869 年为 62 亿法郎,1900 年为 88 亿法郎。这一时期,其他资本主义国家进出口额都在急速地扩大,而法国由于工业发展相对缓慢,农业生产又长期处于停滞状态,技术落后,工农业产品成本较高,它的出口商品无力与外国竞争,在国际市场上经常受到德、美等新兴国家的排挤,因而输出额只增加了 1/3,输入额的增长则较多一些。结果,贸易逆差更加扩大了。1869 年贸易逆差为 7800 万法郎,1900 年增至 58900 万法郎。

　　进入 20 世纪以后,随着法国工业发展的加速,特别是一些新工业部门的兴起,对外贸易才有了较大的发展。在短短的 14 年间,输出和输入总额都增加了 2/3 以上。同时,出口中的制成品和进口中的原料及粮食所占比重显著增加。1913 年,纺织品占法国出口总额的 32%,机器和金属制品占 12%,化学工业品(不包括化妆品和药品)占 3.9%,三项共占47.9%。但是,由于法国许多工业部门很落后,它仍不得不从美、英、德等国进口机器、设备和制成品。因此,机器和制成品的输入还是超过其出口。另外,法国的对外贸易逆差也继续逐年增大。20 世纪初期,只有 1905 年的出口总值才略微超过了进口。1913 年,法国贸易逆差达 154100 万法郎。

　　在第一次世界大战以前,法国对外贸易的逆差主要是依靠对外投资的收入得到补偿的。由于法国是一个典型的高利贷国家,它在支付巨额的贸易逆差方面,还不至于感到拮据。1910—1913 年,法国对外投资的纯收入为 80.4 亿法郎,超过贸易差额的 1.3%。

　　在向帝国主义过渡的时期,随着垄断组织的产生和发展,以及外国工农业产品竞争的加强,法国的对外贸易政策又重新恢复到保护关税制度。从1881年起,法国政府不断地通过新的法案来提高税率,致使法国成为这一时期资本主义世界税率最高的国家之一。法国的保护关税包括的范围很广,它已不只是为了使本国落后部门的生产得到保护。例如法国的汽车工业,是很发达的新兴部门,在1910年,汽车的进口税也提高了1.5倍。可见,新的高关税无非是为了巩固和加强垄断资本的统治地位。

第二节　法国垄断资本主义的形成及其特点

生产集中和工业垄断资本发展得相对缓慢

19世纪末20世纪初,在法国也和其他资本主义国家一样,发生了由于生产集中而形成垄断组织的过程。法国过渡到了帝国主义阶段。

法国生产的集中和垄断组织的出现,首先发生在重工业部门,特别是冶金工业以及与冶金工业密切相关的部门。这是因为在这些部门里,生产的发展最为迅速。如前所述,法国政府自普法战争之后,为了尽快地恢复和发展国民经济,对于采矿、冶金和机器制造等部门一直加以大力的扶持,因之这些部门和铁路建筑以及新兴的电气和化学工业都获得很大的增长。其中冶金工业由于托马斯法的发明和广泛采用,发展最为迅速。生产的发展,引起了集中。在东部、南部和北部都建立起新的工业中心。例如布里埃流域(在麦尔特和摩塞尔区)到1914年已集中了全国矿产的80%,而其中1/3的产量又出自4个矿山(总数为39个)。又如法国冶金工业中,1872年有高炉224座,年产生铁122万吨,到1900年,产量增加到424万吨,高炉数却减至121座。1906年,在冶金工业中拥有100名工人以上的大企业,集中了该部门工人总数的97.2%,煤炭工业98.5%,化学工业57.1%,金属加工工业50%。随着生产的集中,垄断组织也就首先在这些生产发展最快、集中程度最高的部门中产生。例如冶金工业中的郎格维康多阿辛迪加于1876年即已成立,它后来竟包括了14家最大的铸铁企业。又如西克列达辛迪加,在 1887 年即已掌握了全世界铜的 30%销售量。20 世纪初,法国重工业中最著名的垄断组织有:万德尔、什尼德尔、马林·奥木古尔、德恩·安琴等公司。化学工业中则以久尔曼和圣·戈丙托拉斯实力最为雄厚。这些垄断组织虽然都出现于帝国主义形成时期,但是作为企业来说,它们多半都有着较长的历史。例如久尔曼托拉斯就是由 1825 年成立的久尔曼公司发展而成的。垄断组织的发展,使得法国的煤炭、冶金、化工和制造业的生产以及铁路和航运事业都被掌握在少数几个垄断寡头手里。

　　轻工业部门生产集中的程度不如重工业,但在 19 世纪末期也发生了集中化的过程,其中尤以纺织工业最为显著。在鲁巴、理姆斯、艾利别尔和里昂等地都已形成了纺织业中心。它们的生产日益增长,但企业数量却不断减少。例如艾利别尔省,1882 年原有呢绒工厂 157 个,到 1902 年时,产量有所增加,而工厂数却减至 43 个。1906 年,纺织工业中拥有 100 名工人以上的大企业,集中了该部门工人总数的 52%,在造纸和橡胶工业中则占 55.7%。在这种生产集中的情况下,垄断组织也随之产生了。轻工业中最著名的垄断组织是亚麻辛迪加。它控制了全国约 90%的麻织品生产。另外,1883 年成立的制糖卡特尔,在该部门的生产中也居于绝对垄断地位。

　　法国垄断组织最普遍的形式是"康多阿",即辛迪加。它们首先分割了国内市场,在不同程度上把本国的生产完全控制在自己手里之后,随即又将其"势力范围"向国外扩张,与各国垄断组织在相互竞争中结为垄断同盟,达成瓜分世界市场的国际协定。法国垄断组织先后参加了 1901 年成立的国际锌业辛迪加、1904 年重新恢复的国际钢轨卡特尔、1908 年建立的国际玻璃瓶辛迪加等一系列国际垄断组织。

　　20 世纪初,垄断组织统治地位的确立,标志着法国资本主义已经发展到新的阶段,进入了帝国主义时期。

　　法国垄断资本发展的过程,就其基本趋势来看,是与整个资本主义世界相一致的。但是,它具有自己的特点。首先,由于法国是比较老牌的资本主义国家,本身又存在着一些特殊的条件,在向帝国主义过渡的时期,它的工业发展相对缓慢,因之生产和资本集中的程度远远不如美、德等新兴资本主义国家。直到 20 世纪初,法国的中小企业仍占绝大比重。1906年,法国共有 230 万个工业企业,其中资本主义类型的企业为 7.7 万个,在这些资本主义工业企业中,拥有 6—50 名工人的小企业达 6.8 万个;拥有 50 名以上工人的大、中型企业只有 9100 个,仅占企业总数的 0.38%,占工人总数的 30.6%。至于雇佣工人在 1000 人以上的大企业,则只占企业总数的 0.008%,占工人总数的 8.1%。而美国在 1909 年,雇佣 50 人以上的企业,占企业总数的 13%,占工人总数的 75.7%;德国在 1907 年,同类企业占企业总数的 0.9%,占工人总数的 39.4%。其次,集中和垄断的发展,在工业生产各部门中极不平衡。除了轻工业落后于重工业、旧部门落后于新部门的现象较之其他资本主义国家更为严重之外,甚至在同一个工业部门内部,集中化程度也迥然不同。例如纺织工业,在 20 世纪初,棉和麻纺织业的垄断组织都已控制了全国绝大部分的生产,但丝织业却极端分散,而且技术也特别落后。另外如缝纫、刀器、花边、制靴等行业,分散和落后的情况则更加严重,根本谈不上什么机器生产。生产集中的相对缓慢和不平衡,阻碍了法国工业垄断资本的发展。

金融资本统治的建立和法国帝国主义的高利贷性质　　在帝国主义时期,法国工业生产的集中虽然比较缓慢,但是银行资本的情况却完全不同。它的集中化过程非常迅速,而且集中的程度也很高,远远地超过了工业集中的水平。高度发展的银行资本与工业资本相互融合在一起,控制着国家的经济命脉,形成了金融资本对整个国民经济的统治。由于法国的银行业与资本输出有着密切的联系,大部分资本又都是采用贷款的形式投放出去,而不是对工业企业的直接投资,所以法国帝国主义具有明显的高利贷性质。

法国的银行资本,早在资本主义上升时期,即已相当发达。从 19 世纪 70 年代起,由于巨额公债的发行、工业生产的增长以及因物价上涨而造成的商业繁荣,银行信贷事业获得了更进一步的发展。这一时期,除了原有的金融机构之外,又普遍地创设了许多新的银行。其中最为著名的有 1872 年开设的巴黎荷兰银行。这家银行同时在国外(如加拿大等地)

设立了分行,还对其他法国银行进行投资,后来发展成为法国最强大的金融集团之一。还有东方汇理银行,这是由里昂信贷银行、巴黎荷兰银行、工商信贷银行、国民贴现银行和总公司在 1875 年创办的。它自开始时起,就具有典型的殖民性质,最初是作为法帝国主义剥削印度支那的工具,后来更将势力范围扩展到其他地区和法国本土。从 1875 年到 1894年,它一直拥有钞票的发行权,业务的发展极为迅速。到 19 世纪末期,法国的银行业已经掌握了雄厚的实力,特别是几家大银行更直接在国家的经济和政治生活中起着重大作用。在它们的操纵下,1873—1890 年,法国政府先后更换了 34 个内阁。

　　20 世纪初,法国又新成立了许多银行。其中,1901 年开办的法国工商银行和西非银行,1904 年由几个新教银行组成的巴黎联合银行,都具有很大的规模。1908 年,全法国共有 266 家银行,其中约 1/5 以上集中在巴黎。这些银行通过密布全国的分行和支行,吸收了各地的资金。在所有银行中,最著名的为里昂信贷银行、国民贴现银行和总公司,号称“三大银行”。这“三大银行”的业务和分行网的发展极为迅速(见表 5-3)。

表 5-3　法国三大银行的业务情况和分支行数①

年份	分行和支行数			资本额 (百万法郎)	
	在地方上	在巴黎	共计	自己的	别人的
1870	47	17	64	200	427
1890	192	66	258	265	1245
1909	1033	196	1229	887	4363

　　整个说来,从 19 世纪末到 20 世纪初,法国银行资本的发展,大大地超过了工业资本的发展。这一时期,银行的营业总额增加了 9 倍,所发行的有价证券名义资本额也由 1869 年的 256.12 亿法郎,增加到 1912 年的1119.15 亿法郎。法国银行资本集中的程度非常之高。1914 年在 110 亿

----

① 参见《列宁选集》第二卷,人民出版社 1972 年版,第 756 页。

法郎的银行资产总额中,五家最大的银行共占 80 亿法郎。大银行彼此都有密切的联系,它们共同垄断着有价证券的发行和其他银行业务。为数不多的几个金融巨头还把起着国家银行作用的法兰西银行掌握在自己手里。

随着金融资本的发展,大银行对工业企业的控制日益加强。为了取得贷款,工业企业不得不俯首听命于银行的支配,否则便会遭到破产的威胁。法国的大银行一般都设立了专门机构,作为加强对工业控制的手段。例如里昂信贷银行就设有一个"金融情报收集部",每年耗费 60 多万法郎,拥有 50 多名专家,专门搜集整理经济情报,进行分析研究,作为该银行直接干预企业活动的依据。大银行的经理或其代理人还在工业企业里亲自担任领导职位,工业资本家也在银行里兼任职务。这样,银行资本与工业资本紧密地融合生长,确立起金融资本的统治。

20 世纪初,法国金融资本的最高统治集团,是由 200 个最富有的家族组成的。这 200 个家族都是在法兰西银行里掌握实权的大股东,他们不仅全面地操纵着国民经济命脉,同时直接地干预国家的政治生活。在这方面,由大资本家组成的工厂主委员会起着决定性的作用。这一时期,法国内阁的变换更加频繁,仅在 1911—1914 年就更动了 8 次。但是万变不离其宗,历届政府甚至所谓的"左派"资产阶级内阁,无一不是金融寡头政策的积极执行者,无一不是金融资本所豢养的忠实走狗。

法国银行事业的发达,表明了法国资本主义在其发展过程中积累了很大数量的货币资本。不过,这些资本只有很少一部分被用于发展国内的生产,更多地却被输出到国外去了。法国帝国主义这一主要特点的形成是有其历史根源的。长时期以来,由于法国小农经济占优势,中小企业广泛存在,工业发展受到阻碍而相对落后,生产部门的利润较低,所以高利贷资本一直非常发达。在向帝国主义过渡的时期,上述情况并未有多大改变,投资于生产企业依然不如作为借贷资本获利更多。而随着垄断的形成,又出现了更大量的"过剩资本",这些资本在现时的条件下,以输出到国外最为有利。因此,法国的各大银行都极力扩大对外投资。在 40 余年间,输出资本总额竟然激增了 5 倍,即从 1869 年的 100 亿法郎,增至

1900 年的 300 亿法郎,再增加到 1914 年的 600 亿法郎。而在同一时期,国内投资的增加则显然要少得多。19 世纪末,国内投资总额只相当于对外投资总额的 1/3。1910 年法国国内的新投资额为 7.79 亿法郎,国外新投资额却达 30.98 亿法郎。

法国的资本输出一直居世界第二位,它和英国同是最大的资本输出国家。但是,两国的资本输出却有着明显的不同。英国主要是采取生产资本的形式,多半输往它的殖民地。而法国主要是采取借贷资本的形式,即通过大银行为外国政府和公司发行债券,提供贷款;或者在外国交易所购买有价证券,而不是直接投资于生产企业。另外,它所输往的国家,大都是欧洲各国,首先是俄国,对殖民地的投资只占很小比重。1914 年,法国国外投资总额为 600 亿法郎,投在欧洲各国约占 50%,其中投在俄国又占将近一半。19 世纪 80 年代以后,俄国政府曾经多次发行巨额公债,这些公债的大部分都是在法国推销的。正是由于法国资本输出具有上述特点,所以,列宁指出,"法国帝国主义与英国殖民帝国主义不同,可以叫作高利贷帝国主义"①。

借贷资本是法国资本输出的传统形式,其原因一方面是由于采用这种形式,能获得巨额的利息收入,而又少担风险;另一方面是因为法国本身存在着严重的弱点,在经济上发展较为缓慢,在政治和军事上,有德国强敌当前,必须借助资本输出作为外交斗争的一种重要手段。特别是在普法战争惨败之后,法国国民经济的发展相对落后,工业基础比较薄弱,它不仅在生产方面无力与外国竞争,而且在国防上也存在着被德国重新入侵的威胁。因此法国怀着争夺欧洲霸权的政治目的,力图采用加强对欧洲国家贷款的办法作为外交的补充手段,拉拢欧洲国家,与之结成联盟来对付德国。所以,法国的资本对俄国输出得最多,其次为西班牙、意大利、奥匈帝国、土耳其及巴尔干诸国,其用意就在于此。当时,这些国家的政府都比较困窘,正在到处借债,这也为法国资本的侵入提供了条件。第一次世界大战前,沙皇俄国是法国的同盟国,也是法国最大的债务国。两

---

① 《列宁选集》第二卷,人民出版社 1972 年版,第 785 页。

国于 1893 年结成的联盟就是以 1883 年第一次借款(5 亿法郎)达成的协议为基础的,法国因此摆脱了外交上的孤立。到 1914 年,法国对俄投资共达 140 亿法郎,对其他各国的投资额大约为:土耳其 30 亿法郎,西班牙、葡萄牙 30 亿法郎,巴尔干各国 30 亿法郎,埃及 30 亿法郎,南美各国 60 亿法郎。法国对所属殖民地的投资,约占总投资额的 10%。此外,在中国的投资为 2.82 亿美元,约合 14.1 亿法郎,其中包括借款约 6 亿法郎,企业财产约 2.8 亿法郎,房地产约 1 亿法郎,庚子赔款约 4.3 亿法郎。当时,法国在各帝国主义对华投资总额中居第四位,次于英、俄、德三国。

大量的资本输出,给法国带来了多方面的经济利益。其中最大的是利息收入。1914 年,法国对外投资总额为 600 亿法郎,按最低利率 5 厘计算,至少可以获利 30 亿法郎。另外,大银行在为外国政府或公司发行债券时,还能得到大约 10% 的佣金(1904 年的摩洛哥公债佣金甚至高达 18.75%)。在借出贷款时,往往还有附加的条件,通常采用的办法是规定必须拿出一部分债款来购买债权国的产品。例如在 1910 年发行的土耳其公债,就有这样的条件:"土耳其对任何一国的订货都不能超过法国……"①一般用贷款来订购的物资,常常又是同一个金融寡头所控制的企业的产品。归根结底,法国的大资本家通过资本输出获取了一切好处。

对外投资的巨额利息收入,使法国对外贸易的逆差得到了补偿,甚至还可以保证国际收支平衡上的顺差。这种情况对于法国国民经济的稳定,起着相当重要的作用,致使法国"在人口、工商业和海运都发生停滞的情况下,'国家'却可以靠放高利贷发财"②。但是,与此同时,法帝国主义的腐朽寄生性质也更加明显和深刻。国内生产部门的发展受到了严重的阻碍,食利者阶层的人数空前增加。在法国,不仅大资本家从事高利贷活动,为数众多的中小资产阶级也常将款项存入银行,或者购买股票债券以牟取利息收入。这样就形成了一个庞大的食利阶层。这个阶层在第一次世界大战前夕已达 200 万人之多,连同他们的家属在内,总数约 500 万

---

① 《列宁全集》第三十九卷,人民出版社 1963 年版,第 48 页。
② 《列宁选集》第二卷,人民出版社 1972 年版,第 776 页。

人,占全国总人口的 1/8。他们终日游手好闲,完全不事生产,只是依靠"剪息票"为生。

殖　民　地　扩
张　的　加　强

19 世纪中期,法国加紧对外扩张,到 70 年代时,已重新成为较大的殖民国家。1876 年,法国共拥有殖民地 90 万平方公里面积和 600 万人口。不过,法国的殖民势力还远远不如英国。当时,英国拥有的殖民地面积为 2250 万平方公里,人口达 25190 万。

随着向帝国主义过渡,垄断资本逐渐形成,法国的殖民扩张活动,进入了最疯狂的阶段。从 80 年代开始,法国金融资本的发展特别迅速,执政的资产阶级共和党人秉承垄断寡头的意旨,加紧推行兼并政策,将殖民侵略矛头指向了亚非地区的落后国家。1881 年,法国吞并了突尼斯;1882 年,向印度支那发动军事进攻并演变为对中国的战争,从而夺得印度支那北部的东京;1884 年,占领了刚果和加蓬;1886 年,侵入科摩罗群岛;1893 年,完成对达荷美的兼并;1896 年,最后确立了对马达加斯加的保护权。1884—1900 年,法国共夺得了 360 万平方公里土地和 3650 万人口。这种侵略规模和领土增长速度,是除英国以外的其他资本主义国家所不能比拟的。法国侵略者在完成了上述一系列扩张活动后,20 世纪初,又着手兼并摩洛哥,并于 1912 年宣布摩洛哥为其保护国。到 1914 年,法国已拥有相当于其本土面积 20 倍,即 1060 万平方公里的殖民地领土以及 5550 万人口,比德国、美国和日本三国所拥有的殖民地总和还要多。总之,这一时期法国的殖民势力并未随着它的生产地位而下降,它仍然是一个殖民强国,其殖民地领土少于英、俄,殖民地人口仅次于英国。

法帝国主义对于所属殖民地的统治是极其残酷的。在法国政府内专门设有处理殖民地事务的殖民地部,对各个殖民地一般都是委派法国官吏充任总督进行直接的统治。法国殖民者在殖民地有着无上的权力,他们犯下的滔天罪行,罄竹难书。

对殖民地人民的榨取,首先是征收土地税、买卖税、人头税等各种苛捐杂税。这些捐税几乎年年增加。例如在越南,从 1890 年到 1896 年,单是直接税就增加了 1 倍。殖民者还经常巧立名目来提高税收。例如对土地税的征收，就常用缩短丈量工具、提高土地级别的办法来加重农民的负担。甚至农民已经失去了土地，还必须继续缴捐纳税。例如，1895年，越南北圻地方的统监在把农民的大批土地夺去后，仍然命令他们纳税到1910年为止。

在赋税负担之外，殖民地人民还经常被驱使去服各种劳役，所得到的"报酬"只是鞭笞和责骂。在标榜"自由、平等、博爱"的法兰西殖民者面前，殖民地人民是没有任何自由和权利的，甚至连生命和财产都得不到保障。殖民当局可以任意逮捕、监禁、杀戮和剥夺土著居民。对于那些稍有反抗行为的人，更是施以各种难以想象的酷刑。

殖民者把有色人种视为最卑贱的种族，在殖民地的工厂企业里，做同样工作的白人工资比有色人种的土著工人要高许多倍。

法国殖民者还打着"促进殖民地人民的开化"的旗帜，干着极其恶毒的勾当，通常所采用的手段，就是在殖民地大量地推销白酒和鸦片。例如越南在沦为殖民地后，每1000个村庄里就设有1500个专卖白酒和鸦片的商店，殖民当局对每个居民都规定了必须饮用的酒量，强迫他们购买，即使妇女婴儿也不能免除。这样，殖民者既获得了专卖的利益，又达到了毒害居民的目的。

殖民者的奴役政策，还表现在尽量不让人们有受教育的机会。在法国所有的殖民地里，文盲都占人口的绝大多数。走遍广大地区，经常看不到一所学校，可是法国人建立的教堂却无处不有。那些自称是上帝使者的神父，其恶劣的行为比魔鬼还要凶狠。至于殖民地官吏如总督之流的人物，其专横、贪婪和腐化的程度更达到极点，他们不仅享有高薪厚禄，还可以肆意地贪污盗窃。所以，殖民地的官职，一直是法国人视为最有油水的肥缺。

除了上述掠夺方式之外，由于法国经济发展所独具的特点，它对于殖民地的榨取还采用了另外一些特殊的手段。作为高利贷帝国主义的法国，对其所属的殖民地，一般总是采用下列两种主要手段双管齐下：一种是遍设银行，进行债务剥削和代殖民当局发行公债；另一种是经营商业公司，廉价收购原料和产品。自然，这两种手段都是具有强制性的，债款可以强力索取,公债可以硬性分配,商品价格可以任意规定,殖民地人民不得反抗。对于殖民地的生产企业,法国却很少投资。尽管法属殖民地拥有丰富的自然资源,但在此时期内都未大量开发,所以这些地区的经济发展都很畸形,工业生产非常落后,95%的人口都是农民。通过以上各种方式的榨取,法国殖民者获得了亿万法郎的收益,而殖民地人民所遭受的苦难却愈益深重。例如摩洛哥自沦为殖民地后,10年间财政预算就从1700万法郎激增到2.9亿法郎,但是其中用于摩洛哥本地人民的开支却被减少了30%。

殖民地对于法帝国主义来说,除了作为经济掠夺的对象之外,还别具重要的意义。由于法国的人口增殖极其缓慢,它在进行战争时,一向是把殖民地作为兵力的供应来源。根据官方的统计,在第一次世界大战期间,法帝国主义单是从越南就征集了97903人,强迫他们到欧洲去作战。

法国占有的广大殖民地与它本国的经济实力对比起来,显然是不相称的。在资本主义发展不平衡日益加剧的情况下,帝国主义国家之间的矛盾更加尖锐起来,其中,法国与德国的矛盾也是主要矛盾之一。帝国主义列强为了重新分割世界,终于导致了世界大战的爆发。

第三节　第一次世界大战期间法国国民经济所遭受的破坏和生产的衰退

工业遭受破坏和政府的战时措施　　在1914年爆发的第一次世界大战中,法国是最主要的角色之一,是协约国的主要成员。法国参加战争的首要目的,是击溃日益扩张的德国势力,消除德国在政治、经济和军事上的威胁,收复阿尔萨斯和洛林,进而夺取萨尔矿区以及德国的殖民地。法德两国的矛盾由来已久,导致1870年普法战争的爆发,结果以法国的惨败而告终。此后,由于德国资本主义的发展极其迅速,在经济和军事方面的实力都大大超过了法国,两者之间的矛盾更加尖锐起来。两国为争夺市场、争夺边境的煤铁矿区、争夺殖民地特别是在北非的殖民地领土,展开了激烈的斗争。法国为了对付德国及其同盟者,积极地与英俄等国相勾结,首先是在1893年和俄国缔结了军事联盟,然后在1904年和英国订立了协约。1907年,英、法、俄三国又联合起来,组成了协约国。至此,资本主义世界分成两个敌对的阵营,帝国主义国家之间的矛盾日益深化,终于在1914年酿成席卷整个欧洲的世界大战。

1914年8月3日,德国对法宣战后,10月13日法国外长台尔喀赛在其声明中即宣称:"一定要摧毁普鲁士的军事与政治势力。"战争的结果虽然是法国所参加的协约国取得了胜利。但是,法国在战争期间一直是欧洲的主要战场,而且开战后不久,位于东北部的10个省迅即被德军占领,法国国民经济遭受了极其严重的破坏。据估计,战时全国所受的物质损失高达2000亿法郎之巨。战争中还丧失了136.5万个劳动力,其中农业劳动力为67.4万人,工业劳动力为26.7万人,交通运输部门的劳动力为9.9万人。因此生产大为减退。

被德军占领的地区,原是法国重要的采矿、冶金和纺织工业中心。它在法国许多工业品的产量中均占绝大比重,其中炼铜占94%,生铁占81%,钢占63%,采煤占74%,毛织品占81%,亚麻纱占95%,砂糖占76%,酒精占59%。这些地区在沦陷的5年间,与法国的经济生活完全隔绝了,上述部分的工业品完全丧失,从而给法国国民经济带来极大的困难,引起许多工业部门的生产严重下降。此外,整个战争期间,法国共计动员了793.5万名劳动力服役于军队,即约占全国青壮年的62.7%,这就造成了生产部门劳动力的严重不足。加以战时原料、燃料和粮食的缺乏以及其他种种困难,工业生产水平急剧下降,特别是在战争开始的最初两年,下降得最为厉害。从1916年起虽然稍有回升,但直到1919年仍然只达到战前水平的57%,甚至到1923年还没有恢复到战前的水平(见表5-4)。

表 5-4　第一次世界大战期间法国几种主要工业生产的下降①

	1913 年	1914 年	1915 年	1916 年	1917 年	1918 年
煤产量（百万吨）	40.8	27.5	19.5	21.3	28.9	26.3
铁矿石开采量（百万吨）	21.9	11.3	0.6	1.7	2.0	1.7
生铁产量（百万吨）	5.2	2.7	0.6	1.3	1.4	1.3
钢产量（百万吨）	4.69	2.80	1.11	1.78	1.99	1.80
棉花消费量（千公担）	2713	1603	2194	2256	2539	1360

　　在战争期间,法国资产阶级政府为了摆脱经济上的困境,弥补东北部工业基地丧失后的损失,特别是为了适应军事上的需要和保证垄断资本攫取巨额利润,采取了一系列干预经济的措施。

　　首先,建立新的工厂和工业中心。凡是与战争直接有关的部门,政府都大力扶助其发展,其中尤以军火生产为最。早在 1914 年 9 月 20 日,法国陆军部就通令全国工业供应军需,要求"各车辆、电气、瓦斯、制钢与机械工厂从事弹药的生产",并将全国划为五个工业管理区,设立指导与监督的机关。在陆军部内,则专设兵器局,统制全部军事工业。由于战时军火的大量消耗,法国政府除了大力扩建施奈德公司所属的布尔加登与科仑的巨大兵工厂之外,1916 年年末,在穆兰、门留孙、培尼休和圣皮尔提扣尔等地又新建了一批工厂制造武器弹药,致使法国的军火工业获得了空前的发展。例如,炮弹的日产量在 1914 年 8 月只有 1.4 万发,1915 年 6 月达 11 万发,1916 年 6 月增至 23 万发,1917 年 4 月达 31 万发。此外,汽车、飞机制造、电气和机器制造等部门生产的增长也极其迅速。民用工业的生产却由于原料进口困难和劳动力不足而大大地缩减了。例如,

---

　　① 参见瓦尔加主编:《世界经济危机(1848—1935 年)》,世界知识出版社 1958 年版,第 334—335 页。另参见中国科学院经济研究所世界经济研究室编:《主要资本主义国家经济统计集(1848—1960)》,世界知识出版社 1962 年版,第 334、336、341、347 页。

1913—1918年,棉花消费量减少了近50%,羊毛消费量减少了80%。

其次,为了解决战时工业品缺乏和劳动力严重不足的困难,法国政府一方面鼓励企业大量使用女工、童工;另一方面在工业中加紧采用新的技术装备,提倡成批生产,推行生产的标准化和机械化。经过几年的努力,在这方面也取得了一定的效果,法国的工业技术水平因而向前推进了一大步。例如在1913—1919年,机器总数减少了19%,而机器的生产能力只降低了5%。工业中生产方法和组织管理的巨大变化,也加速了生产的集中,使垄断资本获得了进一步的发展。

再次,法国政府对于一些基础比较薄弱、困难特别严重但在国民经济特别是战时国民经济中具有重大影响的部门,曾经给予特殊的帮助,以支持其发展。例如与各种工业都有密切关系的电力工业,由于法国煤产量较少,战前每年都要仰赖进口,火力发电不能充分发展。战时煤产量剧烈下降,输入也发生了困难,而对电力的需要却大大增加了。在此情况下,法国政府便积极致力于水力资源的利用,对水力发电站的兴建进行了巨大的投资,使日益增长的电力需要得到了满足。1913—1918年,法国的电力消费由18亿度增加到29亿度。另外如化学和制药工业,过去一直依靠国外主要是德国供应,战时,由于在本国积极组织生产而获得很大的发展,成为新兴的工业部门。

最后,法国政府还大力加强了对国民经济的直接干预。工业中的一切活动几乎都必须在国家的管制下进行,诸如原料的贮备、劳动力的安排和产品的分配等都由政府直接掌握。自然,这种手段对于大资本家来说,是极为有利的。因为他们可以从政府那里以极低廉的价格获得原料和劳动力,得到贷款和补贴;而在供给国家工业产品时,又能获取大大高于原值的价格。但是,一般中小企业却不能得到这些好处,因而更加陷于困境了。

总之,在战争期间,由于政府采取了一系列的措施,法国的国民经济完全转上了战争轨道。工业生产经过"调整"之后,出现了新的局面,与军事有关的部门有了很大的发展。国家对经济生活的干预大为加强,国家垄断资本主义获得了很大的发展。

战争也给法国的农业生产造成了严重的损害。

战　时　农　业
的　　　衰　　　退

首先是物质财富的损失。据估计,法国农业在战时所受的直接损失达 90 亿法郎,被毁坏的农业建筑和住宅价值为 55 亿法郎。其次是东北部地区被德军占领后,使法国失去很大一部分农产品的来源。东北地区本是农业生产水平较高的省份,1913 年,在全国农产品总量中,该地区所生产的小麦占 20.4%,马铃薯占 11.7%,制糖用的甜菜占 49.5%。这些农产品的丧失加深了法国的粮食恐慌。最后是人力、畜力的减少。在战时动员入伍的 794 万青壮年中,有 359 万人来自农村,死于战争的农业劳动者达 67 万人,这就使得劳动力原已不足的农业状况更加恶化。另外,1914—1919 年,法国牲畜总数由 250 万头减少到 17.5 万头,也造成了农业耕作和运输上的极大困难。

以上原因促使战时法国的农业急剧衰退,各种作物的产量都大大减少。例如在 1913—1917 年,小麦的播种面积即由 654 万公顷减为 419 万公顷,产量从 8690 万公担降到 3660 万公担。玉米、马铃薯和甜菜等其他几种主要作物的播种面积和产量也都急剧缩减。

农业生产的下降,使法国的粮食、原料和饲料都发生了危机。食物价格连续上涨,一般居民都陷于饥饿之中。由于缺乏饲料,农民不得不大量地宰杀耕畜。1916 年冬季,当饲料恐慌最为严重时,甚至连陆军供给部也宰杀了 50 万匹军马。许多以农产品作原料的工业部门都缩减了生产。例如制糖工业就因为甜菜不足,产量由 1913/1914 年的 71.7 万吨减至 1917/1918 年的 20 万吨。

上述情况迫使法国政府竭力寻求出路,采取了一系列补救措施。例如,通过大量使用妇女老弱、招募外国移民、强迫俘虏劳动等办法,解决劳动力不足的困难。甚至在农忙时期,还抽调士兵来帮助生产。为了供应国内的粮食需要,大大地增加了农产品的输入,同时还从 1916 年起实行了消费品的配给制度。但是,这些措施的效果毕竟是有限的。农业劳动力数量始终达不到战前的 60%,生产不能增长,进口亦很困难,粮食恐慌的威胁一直未能解除,配给制度根本保证不了居民最低水平的供给量。

对外贸易的入超
和财政上的困难

大战期间,法国对外贸易的状况也日益恶化。虽然从表面看来,进出口总额有很大的增加,但这完全是由于严重的通货膨胀和军需品、粮食等输入激增所造成的。1914—1918 年,法国的对外贸易额由 112 亿法郎增为 270 亿法郎。其中进口总值由 64 亿法郎激增至 223 亿法郎,出口总值却由 48 亿法郎减至 47 亿法郎。而在同一时期的批发物价指数则由 102 增长到 339(1913 年为 100)。法国在战前的很长时期内,一直是入超的国家。战时,由于经济遭受破坏,工农业生产都急剧衰退,原料、纺织品和奢侈品的出口大大减少,军用物资和粮食的输入却与日俱增,因此,贸易逆差更加扩大。5 年之内,入超总额达 600 亿法郎以上,远远超过了法国的支付能力。作为高利贷帝国主义的法国至此也不得不再三向外国主要是美国举借外债,从而沦为美国的债务国。战争结束时,法国欠美国的外债高达 40 亿美元。

战时,法国财政状况的恶化也是极端严重的。庞大的军事费用使国家的财政收支日益入不敷出,财政赤字达到空前的水平。20 世纪初,法国的财政收支一般是比较平衡的,通常盈亏都不过几千万法郎。但在战争时期,情况完全改变,1915 年财政赤字就已达到 167.95 亿法郎。于是,法国政府一方面尽量提高税收,另一方面大量发行公债和纸币来弥补巨额的财政亏空,把战争的重担转嫁到全体人民身上。法国政府的公债发行额,在 1914 年为 7 亿法郎,1915 年激增至 125 亿法郎,1918 年达到 219 亿法郎。战前,法郎是稳定的,货币流通量的增加也是与经济的发展和生产的增长相适应的。自战争爆发后,这种稳定局面便告结束。1914 年 8 月 5 日,政府宣布钞票停止兑现,随即指令法兰西银行大量发行纸币。1914—1918 年,国内货币流通量由 73.25 亿法郎增加到 275.36 亿法郎。直到战争结束之后很久,法国的严重通货膨胀仍未停止。

阶级矛盾和阶级
斗争的尖锐化

上述种种情况表明,法国在第一次世界大战期间,整个国民经济都遭受到严重的破坏。但是,这一切丝毫没有损害到垄断资本家的利益,相反地倒给予他们以大发横财的良好机会。战时法国政府发行的大量公债,使金融资本家取得了巨额的佣金和利息。例如,法兰西银行的收益,1914年第一季度为 1523 万法郎,1917 年第一季度增加到 3362 万法郎。垄断寡头们还在政府的保护下,享有生产和销售方面的许多特权。特别是军事工业,利润极为优厚。例如专门生产枪支的"霍奇斯公司",原资本额400 万法郎,三年战争期间获取利润 7700 万法郎。为了赚取高额利润,法国的大垄断资本家在战争时期还与外国垄断组织甚至敌对国家相勾结。例如著名的洛希尔财团就一直将重要的战略物资——镍大量运销德国和奥匈帝国,充当了敌国的军需品供应者。

可是,战争的苦难对于劳动人民来说,却是极其深重的。由于通货膨胀和物价上涨,工人的实际工资大为降低。1918 年,法国工人的工资,只能购买到相当于 1914 年 1/3 的物品。消费品的严重缺乏,使广大群众的生活降低到无法再低的水平。当时实行的所谓"配给制度",实际上使无产者的生活状况更加恶化。为了少许的几片面包或几公斤煤,人们往往要露宿街头排队数日。而富有者既可以按黑市价格购得一切,又能够用住豪华的旅馆、医院和疗养院等办法恣意地享受。工人的工作日在战时被延长为 11—12 小时,劳动条件也更加恶化了。农民则大批破产,流离失所。对于广大劳动人民,法国政府还不断地用提高捐税、增发公债和纸币等手段来加强掠夺。总之,战争带来的一切损失和灾难,都沉重地落在人民大众头上。

战争期间,法国国内阶级矛盾空前尖锐起来。具有光荣革命传统的法国工人阶级,在反对垄断资本统治的斗争中显示了巨大的力量。尽管法国政府采取了各种严厉措施,罢工运动还是不断发展。1915 年,全国罢工有 98 次,参加者 9400 人;1916 年增加到 314 次,41400 人;1917 年更高达 696 次,293800 人。罢工浪潮席卷了全国所有工业中心。工人除提出经济要求外,还提出了停止战争的要求。在工人运动蓬勃高涨的同时,法国的社会党①领导人却完全违背无产阶级利益,极力地支持反动政府。

---

① 法国社会党是在 1905 年建立的,它虽然标榜为工人阶级的政党,但其领导权一直掌握在热衷于"阶级合作"的改良主义分子手里。

正如列宁所指出的:"在玩弄议会欺诈手段方面,**法国**社会沙文主义者是最圆滑、最老练的,他们早就打破了纪录,一方面高喊空前响亮的和平主义和国际主义的词句,**同时**又极其可耻地背叛社会主义和国际,加入进行帝国主义战争的内阁,投票赞成军事拨款**或公债**(……),反对**本国的**革命斗争等等。"[1]但是,他们的这一切活动毕竟遏止不住汹涌澎湃的革命浪潮。在工人阶级的影响下,前线士兵也积极地展开了反战活动,提出废除死刑、结束战争、缔结和约等要求,主张把宣传"继续战争到最后"的反动议员和记者送到前线去。法国政府面对着工人和士兵的强大压力,一方面采取残酷镇压的手段,竭力打击和平运动和工会组织。当时许多革命者都被诬通敌身陷囹圄,大批反战的士兵被处以死刑。1917 年 11 月上台的克里蒙梭内阁甚至竟把未能及时镇压革命运动的内政部长交付法庭审判。另一方面,政府也被迫作了一些经济上的让步,将工人和士兵的薪饷略微提高,还实行了周末下半天工资照发的制度等。但是,法国政府的这种两面政策,并未能阻止工人运动的发展。战争时期,法国工人阶级的革命斗争一直在激烈地进行着。

---

① 《列宁选集》第三卷,人民出版社 1972 年版,第 52 页。

第 六 章

俄国资本主义的发展和
帝国主义的形成及崩溃

第一节　19 世纪上半叶俄国的社会经济
状况与 1861 年农奴制改革

改　革　前　的
农　奴　制　经　济

俄国的农奴制从 19 世纪开始进入衰落和瓦解时期。

在俄国农奴制下,土地掌握在贵族地主和国家手里,农民没有自己的土地,靠耕种从地主那里领到的小块份地维持生活。19 世纪上半叶,在俄国的欧洲部分,10 万多个地主占有 1 亿多俄亩土地,其中只有 3570 万俄亩作为份地,归 1070 万个属于地主的农奴使用。在国家掌握的 7900 万俄亩土地中,只有 3700 万俄亩归 900 万国家农奴使用。每个农奴平均只有 3.5—4 俄亩土地,而每个地主平均拥有土地 700 俄亩。

俄国是从不发达的奴隶制进入封建农奴制的。早期的"村社"作为一种社会组织形式继续保存下来。定居在同一地主的土地上的农民组成村社。它是一种极小的具有行政兼征税作用的土地占有者联合组织,负责派公差、收税和有关使用村社土地等事宜。农民的份地由村社占有,按每户人数把土地分配给各户使用。农民向国家和地主交纳的租税和所负的各种义务,也统由村社向各户摊派。农民无权随便离开村社,被束缚在村社中和份地上。这时的村社形式上是农民的组织,实质上是封建主用来统治和奴役农民的工具。

农民按其所依附的领主不同,分为三种类型:在贵族和地主土地上的农奴称为地主农奴;在国家土地上的农奴称为国家农奴;依附皇室领地的农奴称为采邑农奴。农奴都无权拥有不动产,未经领主允许不得从事手工业或签订债务契约。地主可以把他们流放充军或送服苦役,可以随意买卖。

地主主要通过封建地租剥削农民。当时的地租有劳役租和代役租两种形式。由于俄国经济落后,农奴制废除以前,劳役租一直占优势。19世纪中期,欧俄付劳役租的农奴占72%,交代役租的占28%。但在非黑土地带,由于工商业较为发达,劳役租占40%,代役租占60%。

在19世纪上半叶,无论是劳役租还是代役租都在不断增加。18世纪末,法律规定付劳役租的农民每周为地主劳动3天,但是进入19世纪后,往往超过3天,在农忙时达到6天甚至7天。农民只好夜间在自己的份地上劳动。农奴除了给地主做农活外,还要服其他劳役(例如搞建筑、运输等)。女农奴要替地主织布或做其他家务。代役租在18世纪末每人平均为1—7卢布,19世纪前10年增加到10—14卢布,以后10年更增加到30—35卢布。

在增加地租的同时,地主又极力扩大自营土地面积,缩减以至剥夺农民的份地。19世纪上半叶,在非黑土地带地主自营地的比重由14%增加到25%。在黑土地带由18%增加到49%。农民的份地平均缩小了一半,18世纪末,每个男农奴平均有份地7俄亩,到19世纪50年代则只有3—3.5俄亩了。丧失份地的农民,有的变成"月役工",用地主的工具为地主耕种,按月从地主那里领取微薄的口粮度日;有的因小块份地收入不足以糊口,不得不在农闲时到城市去做零工。这就逐渐破坏着农奴制的经济基础。农民由于经济状况恶化,越来越难于饲养耕畜和置备农具。这不仅降低了农民份地的耕作质量,也使采用劳役制的地主的土地耕作质量大大下降,从而引起农业生产发展的停滞和落后。在 19 世纪前 60 年内,谷物每俄亩的平均产量一直停留在 30—35 普特(1 普特 = 16.38 公斤)的水平上,不过是播种量的 3.5 倍左右。这一水平比法国低 40%,只及英国的一半。经常发生歉收和饥荒,使大批农民死亡,1835—1851 年,农民的人数减少了约 50 万人。

19 世纪以来,由于社会分工的发展,工业和城市人口日益增长。城市人口由 1815 年的 170 万人,增加到 1856 年的 570 万人。这与落后的农业生产发生了尖锐的矛盾。部分地主开始设法改进耕作方法,以轮种制代替三圃制,购置农业机器,扩大经济作物播种面积,增加商品谷物生产。南方和西南各省,由于靠近国际市场,在农业方面开始采用雇佣劳动和资本主义技术,广泛种植为出口需要的谷物和制糖用的甜菜等。这样,资本主义经济的因素在农业中开始有所发展。1801 年,允许在一定条件下买卖土地的法令颁布后,商人、市民以及富农的土地所有制有所发展,他们是农业中一支资本主义新军。但是,农业中这些最早的资本主义因素受到农奴制生产关系的严重束缚,发展很缓慢。

改革前的工业和商业 封建主义时期,工业的主要形式是农民家庭手工业和城市小手工业。俄国自 17 世纪后半期起,在手工业中已产生了类似手工工场的大规模的作坊。18 世纪初期,彼得大帝实行鼓励和扶植手工工场的政策,1821 年,又颁布法令,正式把农奴劳动应用于工业中,手工工场得到了很大发展。

18 世纪下半期的俄国手工工场,按其性质可以分为资本主义的和农奴制的两类。前者是由商人或富农开办的,使用雇佣劳动。后者使用农奴劳动,或为官营,或由商人、制造业者取得政府的特许权自行经营,或是贵族地主在自己领地上经营的企业。这种农奴制手工工场在当时的手工工场中占优势。

19 世纪上半叶,由于农奴制开始解体和商品经济进一步发展,以及沙皇政府实行了一些有利于工商业发展的政策(如保护关税、币制改革、兴办专门工业学院和工业展览等),俄国工业比以前有了更快的发展。
1804年,拥有16名以上工人的手工工场有1200家,1825—1828年增至
1800家,50年代后半期更增加到2800家。工人也增加了,上述各年份,
工人的数目相应为22万人、34万人和86万人。更为重要的变化是,农
奴制手工工场日益衰落,资本主义类型的手工工场日渐发展。在加工工
业中,自由雇佣工人在1804年占工人总数的48%,1825年为54%,1860
年达87%。不过,在各个不同生产部门中,资本主义关系发展的情况是
不相同的。例如在棉织业、麻织业、丝织业、制革业中,资本主义手工工场
占绝对优势。而在黑色冶金、呢绒、造纸等工业中主要仍使用农奴劳动。

这一时期,家庭手工业和独立的小手工业也有进一步发展。它们有
的为包买主所控制,有的直接为市场生产商品。整个说来,在19世纪上
半叶的俄国工业中,手工工场是占统治地位的形式。在手工业以外,俄国
也出现了机器生产,并自30年代中期开始了由手工劳动向机器生产的过
渡。这种过渡是由俄国经济发展本身所决定的。18世纪末到19世纪
初,俄国社会的发展,已为这一过渡准备了必要的条件:(1)手工工场的
发展使分工越来越细密,各种劳动操作已简化到可以用工作机器代替手
工劳动;(2)富商、包买主和富农手中积累了大量货币,他们已有可能着
手组织机器生产;(3)商品货币关系的发展,使国内市场不断发展和扩
大。此外,19世纪30—40年代英国工业革命的完成,对俄国工业的技术
变革也有重大影响。俄国可以运用从英国输入的机器,学习英国组织机
器生产的经验。

基于上述条件,俄国自30—40年代起,还在封建农奴制的统治下就
开始了工业革命,这是俄国工业革命的一个重大特点。

俄国的工业革命同其他国家一样,首先从棉纺织业开始。棉纺织业
是俄国最先进的一个工业部门,几乎全部使用雇佣劳动。早在1793年,
什利雪里堡的印花布工场安装了第一台纺纱机。1798年,建立了第一个
使用蒸汽动力的官营亚历山大洛夫纺纱工厂。这是机器生产的先声。然
而,真正具有重大国民经济意义的,则是19世纪30—40年代大量设立的
私人棉纺厂,如莫斯科省的莫洛佐夫工厂、梁赞省的赫鲁多沃工厂等。到

1846 年,俄国已有 70 万纱锭。机器生产大大提高了棉纱的产量和质量,显著降低了成本,使棉纺业成为获利最多的部门,从而得到迅速发展。到1861 年,机器纱锭增加到 200 万个。继纺纱业之后,织布和印染业也于30—50 年代向机器生产过渡。

甜菜制糖业、造纸业、毛纺织业等也在 40 年代先后开始使用机器生产。1860 年,使用蒸汽动力的制糖厂生产的糖,已占全国产量的 84%,机器造纸占全部纸张生产的 80%,工厂生产的毛织品占 63%。

交通运输业的技术革命可以说是开始于 1815 年。这一年在涅瓦河上出现了第一艘汽轮。30—40 年代,伏尔加等河流开辟了定期的汽轮航线。19 世纪 30 年代修筑了俄国第一条铁路(1 俄里长),1851 年建成彼得格勒—莫斯科铁路,到 1861 年,全俄约建成 1500 俄里的铁路线。

俄国的工业革命开始主要是通过引用外国先进技术进行的。从1824 年到 1860 年,进口机器的价值增加了 72 倍。俄国自己的机器制造业直到 50 年代才开始有所发展。

俄国工业革命的发展遇到了农奴制的严重障碍。首先,农奴制把农民束缚在土地上,阻碍自由劳动力的形成。其次,已被资本主义企业雇佣的工人,按其社会地位说,大部分是代役租农民,他们须向地主交纳货币地租,因而在他们的工资中除最低限度生活费外,还必须包括地租的数额。这使工厂主不得不把一部分剩余价值分给封建地主,因而降低了进行扩大再生产的能力。再次,在农奴制下,广大农奴购买力极低,俄国国内市场狭小,这也限制了资本主义工业的发展。农奴制对生产发展的障碍,在使用农奴劳动的冶金工业中表现得特别尖锐。1800年,俄国的生铁产量与英国的产量几乎相等。然而,在 19 世纪前半期,英国的生铁生产增长了 11 倍,俄国的生铁生产增长却不到 1 倍。农奴制的束缚,使俄国工业发展的水平大大落后于其他主要资本主义国家。

随着社会分工和工农业生产的发展,俄国国内外贸易都有了显著的增长。在 19 世纪上半叶,国内集市由 3000 个增加到 4300 个,其中诺沃哥罗德集市的贸易额在 1825 年到 1852 年的 27 年间,几乎增长了 3 倍。

19 世纪的前 60 年,俄国对外贸易增长了 2.5 倍。封建的自然经济日趋瓦解,无论是地主经济还是农民经济都日益在发展着商品生产。

农奴制的废除

综上所述,19 世纪上半叶,俄国工农业中的资本主义关系有了一定程度的发展,并与占统治地位的农奴制度发生了尖锐的矛盾。农奴制经济的矛盾特别反映在农民和地主之间的斗争尖锐化上。农民反对地主的起义连续发生,日益频繁。据不完全统计,1826—1861 年,农民起义达 1000 次以上。在农奴制手工工场中,也爆发了农奴的反抗运动。在农民运动的推动下,部分出身于贵族的具有民主主义思想的革命者,积极投入了反对农奴制的斗争浪潮。

沙皇政府为了摆脱危机,转移国内人民的视线,于是加紧对外扩张,掠夺新的领土和市场。19 世纪上半叶,通过侵略战争先后夺取了芬兰、比萨拉比亚和高加索;在中国东北强行割占了 100 多万平方公里领土。侵略战争挽救不了农奴制度行将覆灭的命运。沙皇政府在 1853—1856 年的克里木战争中的溃败,进一步暴露出农奴制度的腐朽。战争使俄国劳动人民付出了巨大的牺牲。人民生活严重恶化,国内的群众反抗运动更加高涨。在经济发展的客观要求和群众革命斗争的震撼下,沙皇政府感到,已不能照旧地统治下去了,与其让农民起来进行革命解放自己,不如自上而下来"解放"农民。1857 年 1 月 3 日,沙皇召开了农民事务机密委员会,以后又在欧俄所有各州成立了由贵族代表组成的州委员会,从事拟定"解放"农民的草案。1861 年 3 月 3 日(俄历 2 月 19 日),沙皇批准了废除农奴制的法令,宣布农奴的人身解放,规定了农民赎买土地的办法。

在农奴的人身解放方面,法令宣布废除地主出卖农民和任意惩罚农民的权利;农民有自由处理个人和家庭事务的权利;农民可以自由经营工商业,可以订立契约和拥有动产与不动产。从此,农民在法律上获得了人身和财产的自由权利。但是,地主仍保留了一些对农民的封建特权。在农民和地主签订赎地契约之前,农民还要负担"临时义务",继续向地主交纳代役租或服劳役。

在土地关系方面,法令规定在交纳高额赎金条件下给农民以份地,归其长期使用。至于份地面积的大小,法令规定了最高和最低限额。当现有份地超过最高定额时,地主得割去超过部分,称为"割地"。但低于最低定额时,却不给添补。法令还规定如果农民"同意"将份地的 3/4 交还地主,可以不用"赎买"而获得其余 1/4 作为私有土地,即所谓"恩赐地"。这些规定都为地主掠夺农民的份地大开方便之门。

在赎买手续上,农民的宅旁园地只要向政府交纳约 60 卢布的赎金,6个月后即可获得所有权。赎买份地须征得地主的同意。赎金额以每年代役租作为 6% 的年利率加以资本化计算得出。例如,每年代役租为 6 卢布的份地,其赎金额为 100 卢布。在赎地时,农民必须先付赎金的 20%—25%,其余部分由政府垫付给地主,农民在以后 49 年内分期偿还政府,并支付利息。实际上,农民并不是赎取土地,而是预付封建贡赋。赎金大大超过当时的实际地价。据统计,农民分到的土地共值 65000 万卢布,而赎金总额却高达 9 亿卢布,赎金高过地价近 40%。

俄国农民用高价赎取的土地,在大部分地区是由"村社"共同占有,分给农民使用。在"村社"中建立了连环保制度,监督农民按时完成各种义务。

1861 年 2 月 19 日的法令,只涉及地主农奴。在 1863 年和 1866 年又把这一法令的基本原则推行到 100 余万采邑农奴和 950 万国家农奴中去。

农奴制改革虽然使 2000 多万农奴获得了人身自由,但封建剥削制度并没有被废除。首先,地主不仅保持了自己原来的土地,并以"割地"形式夺取了农民 20% 以上的份地,有些地区甚至达 40%。其次,在分配份地时,地主不仅挑选最好的土地归自己,把最坏的土地给农民,而且往往把自己的土地像楔子一样插在农民的份地中间,把农民的份地分割成若干片,以此来迫使农民用高额租金租种这些插入地。原来公有的牧场、水塘、森林等也被地主霸占去了。这更加重了农民经济的困难和对地主的依赖。最后,地主通过农民赎买份地,向他们榨取了几十亿卢布的赎金。这种改革的结果,使农民份地锐减,土地质量贫瘠,并要支出高额赎金,不得不租种地主的土地,重新陷于被地主奴役的境地。列宁指出:"这些'解放者'是这样安排的:农民获得'自由'的时候,已经被剥夺得一干二净,从地主的奴隶地位转到替同样的地主和他们的走狗服役的地位。"①

尽管如此,这次改革按其实质说仍是一次资产阶级性质的改革。改革的根本动因是国内商品货币关系和资本主义关系的发展,改革的结果是在一定程度上为资本主义的发展开辟了道路。改革使农民在法律上摆脱了对地主的人身依附,并且丧失了大量份地,这就为农民以后与生产资料分离而成为自由雇佣劳动者创造了条件。同时,改革推动了商品货币经济进一步发展,促进国内市场迅速扩大和农民经济日益分化。俄国经济从此走上了资本主义发展的道路。

继经济改革之后,沙皇政府又在政治、军事、司法以及教育等方面进行了一些改革,使封建君主制的上层建筑向资产阶级君主制前进了一步。所以,1861年农奴制的废除,是俄国历史上从封建主义生产方式向资本主义生产方式过渡的转折点。"在俄国,农奴制崩溃以后,城市的发展、工厂的增加、铁路的修建越来越快了。农奴制的俄国被资本主义的俄国代替了。"②

第二节 农奴制废除后资本主义的发展

农业中资本主义的发展

　　1861年改革破坏了农奴制的基础,为农业中资本主义的发展开辟了道路。一方面,地主经济循着资本主义道路演进,逐渐用雇佣劳动代替工役制,用集约经营代替三圃制,用改良农具代替农民的古老农具;另一方面,农民阶级不断分化,产生出资本主义农场主和农村无产阶级。

---

① 《列宁全集》第十七卷,人民出版社1959年版,第71页。
② 《列宁全集》第十七卷,人民出版社1959年版,第71页。

农奴制废除后,俄国大部分土地仍然掌握在贵族地主手里。但是,在资本主义关系发展的冲击下,封建地主土地所有制的性质终于有了若干变化。地主们逐渐出卖和出租土地,或把田庄押给银行。1877—1905年,地主出卖了约 2000 万俄亩土地。截至 1903 年 1 月,典押给银行的地主田庄达 127400 处,土地面积共计 5260 万俄亩。因而,贵族地主对土地的独占权开始被打破,土地日益变成商品。商人、富农以及市民占有的土地逐渐增加。到 19 世纪末,俄国的土地占有情况如表 6-1 所示。

表 6-1　19 世纪末欧俄的土地占有情况①

	户数 （百万户）	土地亩数 （百万俄亩）	每户平均 土地（俄亩）
受农奴制剥削的破产农民	10.5	75	7.0
中农	1.0	15	15.0
农民资产阶级的资本主义地产	1.5	70	46.7
农奴制大地产	0.03	70	2333
其他	—	50	
共计	13.03	280	21.5

以上说明:一方面,大量土地集中在少数贵族地主手里,广大农民缺少土地,这仍然是阻碍俄国经济发展的基本问题;另一方面,农业资产阶级有的土地总数已经赶上了农奴制大地产的土地,二者数额相等,再加上农民占有的土地,已超过农奴制的地产。这表明:"俄国土地私有制正在由等级的所有制向非等级的所有制发展。"

与此同时,土地的经营制度也逐渐发生了重大变化。农奴制改革破坏了劳役制的主要基础(自然经济、农民对地主的人身依附等),迫使地主经济从劳役制向资本主义雇佣制过渡。但是,这个过渡是极其缓慢的。这是因为:第一,资本主义生产所必需的条件尚未具备。地主缺少办大农场所必需的农具和经营资本主义大农场的经验;一个庞大的雇佣劳动阶

———————

① 参见《列宁全集》第十五卷,人民出版社 1959 年版,第 58 页。

级也需要逐渐形成。第二,旧的劳役制经济只不过遭到了破坏,但还没有彻底被消灭。改革后地主仍然掌握着大量土地以及森林、牧场和水塘等。农民没有这些,根本不能进行独立经营。此外,地主对农民仍旧握有一定程度"超经济"的权利,如连环保、强迫出"公差"等。这些使地主有可能在工役制形式下继续保持实施旧的剥削制度。工役制是既有劳役制的特点又有资本主义制特点的一种过渡制度。所以,在改革后的地主经济中,存在着工役制、资本主义雇佣制,以及两者相结合的混合制等剥削形式。

工役制的形式多种多样。最普遍的一种是地主把一小块土地交给农民使用,农民用自己的农具和牲口,在地主的土地上服一定的工役。另一种形式是对分制,农民从地主手里租种一块土地,把收成的一半或一半以上交给地主。还有农民为了清偿对地主的债务或罚金而进行工役,有的为了从地主那里得到一些货币报酬而服工役,等等。工役制的实质就是农民用自己的农具和牲口耕种地主的土地,它是劳役制的直接残余。劳役和工役制的差别,只在于前者是建立在农民对地主的人身依附关系上,后者则是建立在农民的极端贫困因而在经济上依附地主的基础上。

在资本主义雇佣制度下,被雇佣的工人用地主的工具为地主耕种土地,获得比工役制农民较高的报酬。1883—1891 年的中部黑土地带,农民在工役制度下耕种一俄亩土地报酬为 6 卢布,而在资本主义雇佣制度下则为 10.7 卢布。雇佣制的劳动生产率也比工役制高。例如,在实行资本主义雇佣制的土地上,谷物平均每俄亩产量为 66 普特;在农民份地上为 54 普特;而在实行对分制的土地上为 50 普特。可见,工役制是俄国农业生产发展的主要障碍。随着商品经济日益发展和农民加速分化,工役制逐渐为资本主义雇佣制所排挤。到 80 年代末,在欧俄 43 省的地主经济中,资本主义雇佣制在 19 个省份中占优势,工役制在 17 个省份中占优势,其余 7 个省份是以上两者相结合的混合制占优势。然而,工役制在农业中心地区黑土地带仍占优势。

资本主义在各个地区农业中发展的不平衡性,是由其社会经济条件不同所决定的。西部和南部边区及中央工业区由于靠近国外市场和国内工业中心,农奴制残余遗留较少,资本主义农业便首先在这些地区发展起来。这里的大农场,主要种植甜菜、马铃薯和小麦,使用较多的雇佣劳动和农业机器。中央黑土地区和伏尔加河中游流域是从前农奴制农业的中心区,地主占有大量土地而缺乏资本,农民极端缺乏土地。这里把土地租给农民耕种的工役制广为流行,农业技术墨守成规,农业生产力极为低下。

至于农民经济,在改革以后,它的分化大大加强了。农民土地不足和沉重的赎金已使多数农民陷于极端贫困的境地,各种捐税(人头税、土地税、自治局捐和村社捐等)的沉重负担更使农民经济日益凋敝,走向破产。改革后,从农业征收的直接税中,有94%征自农民,地主负担的只占6%。税额在地主的收入中只占2%—10%,而在农民的收入中却超过50%,甚至超过最贫困小农户的全部农业收入。商品经济的发展加速了农民的分化。据列宁的统计,在19世纪80—90年代,农民经济的收支,通过货币形式实现的不下于40%。此外,70—90年代的世界农业危机更加速了农民的破产和分化过程。

关于农民的分化状况,从农民的土地占有和使用情况、拥有耕畜和改良农具的多少,以及雇佣工人的情况等方面,可以明显地看出来。列宁根据俄国不同地区50万户的份地占有情况的调查材料指明,占农户总数20%的富农,依各地区的情况不同,集中了29%—37%的份地;占农户总数50%的贫农只有33%—38%的份地。而且许多贫农由于无力耕种手中为数不多的份地,而不得不出租给富农,自己到城市中去做雇工。贫农出租土地的租价很低,往往只够交税之用,富农除了份地以外,还购买和租入大量土地。这样,如果把份地、买卖田、出租田合计起来,占农户20%的富农实际使用了全部农田的35%—50%,而占农户总数一半的贫苦农民实际使用的只有20%—30%的土地。

耕畜和农具分配不均的情形更为突出。38%—62%的耕畜和70%—86%的改良农具属于富农;而贫农只有10%—31%的耕畜和1%—4%的改良农具。

不断扩大了耕地面积的富裕农民,只靠自己家庭的人手进行耕种已经不够用了,他们开始使用雇佣劳动。在不同地区,富裕农户中约有

50%—80%雇佣工人。在 80 年代,全国农业工人不下万人,占农业中成年男劳动力总数的 20%。与此同时,广大贫苦农民在沉重的租税压榨下越来越贫困,加上经常发生歉收和饥荒,每年都有不下五六百万的农民,离乡背井,外出做零工为生。

上述种种情况表明了农民的分化趋势。到 19 世纪末,在俄国 1000 万农户中,一部分形成了农村资产阶级,他们是经营商业性农业的农场主,除了农业,他们往往还从事工商业和高利贷活动,户数不多,约 150 万户,但在农业生产上却占绝对优势。另一部分形成了农村无产阶级,即有份地的雇农、短工和其他工人。他们占农户总数的一半以上,约 650 万户。介乎二者之间的中农,约 200 万户,他们不断向两极分化。

农业中资本主义关系的发展,促使农业技术和农业生产有了较大提高。1876—1894 年,农业机器增加 2.5 倍以上。1864—1905 年,粮食播种面积增加将近 50%,粮食产量增加 1.6 倍。马铃薯的生产因酿酒业和纺织业浆纱的需要,增加更快(4.5 倍)。劳动生产率也提高了。改革后 40 年间,每个劳动者的粮食平均产量增加 27% 左右。马铃薯每人平均产量增加 2 倍以上。

在生产发展的基础上,形成了专业化农牧业区。在欧俄南方、东南方、新俄罗斯和伏尔加河东岸各省,都出现了商业性谷物地区。在北方、西北方以及中央区各省,形成了商业性畜牧业地区。为农产品加工的酿酒业、甜菜制糖业、榨油业和为大城市服务的市郊农业经济(蔬菜、果园业等)都有相当发展。国内商业性农业的发展,还可以从国内铁路谷物运输量的增长上看出来。在 1876—1880 年至 1891—1895 年,6 种主要谷物运输量平均增长了 1 倍多。粮食的国外销售量也大大增加了,谷物输出在 1861—1895 年增加了 4.5 倍。

但是,俄国农业的生产水平仍远远落后于欧洲各主要资本主义国家。三圃制在某些地区还继续占统治地位。地主经济因采用工役制,劳动生产率非常低下。广大的小农经济没有力量采用新技术,甚至往往连简单的再生产也不能维持。加之连年发生歉收和灾荒,农民生活困苦不堪。

农村中阶级斗争日益尖锐。取消封建大地产和彻底消灭农奴制残余,仍然是俄国革命的基本任务。

19世纪60—80年代资本主义工业的发展和工业革命基本完成

农奴制被废除后,俄国资本主义工业虽然还受农奴制残余的阻碍,但比以前发展得迅速多了。

改革后初期的工业发展,首先表现为小商品生产与农民家庭手工业的迅速增长。这些小生产在销售上和生产上往往受包买主支配,从属于商业资本;其中也有一些采用了雇佣劳动,组成资本主义简单协作的作坊。关于它们的发展情况,列宁曾以莫斯科 523 个手工业作坊为例,其中有 396 家,即 76% 是在改革后 60—70 年代开办的,而在改革前开办的仅有 114 家,占 21%(其余 13 家开办时间不详)。小手工业的这种迅速发展是农民分化的必然结果。改革后,一部分农民分化为农村资产阶级和农村无产者,这就为工业发展提供了自由劳动力和货币资金,同时又形成了工业品的销售市场。

改革后最初 10 年间,资本主义的手工工场也有很大发展,它代替了农奴制手工工场,成为工业中占优势地位的形式。例如,改革时,西姆比尔斯克省有 30 个制呢工场,其中 28 个是农奴制的,其余两个属于商人所有。但在改革后不久,农奴制手工工场就倒闭了 10 家,转让给商人 10 家,仍保留在地主手中的其中 8 家也开始向资本主义经营方式转变。

早在 30—40 年代开始的工业革命,改革后大大加速了它的进程。在棉纺织业中,1879 年欧俄生产的棉布,其中由手工生产的只占 1/10 左右。在呢绒业中,资本主义手工工场于 60 年代代替了农奴制工场后,都纷纷采用新技术,到 70 年代,在大企业中手工劳动已被机器排挤到次要地位。技术简陋、使用火力的制糖场在 70 年代已为使用蒸汽的工厂所代替。在冶金工业中,虽然各地区发展水平不一,但整个来说,到 80 年代初,蒸汽机的总马力已超过水车的马力,先进的贝塞麦炼钢法和平炉炼钢法已被普遍采用。1882 年,只有占总产量 1/9 的钢铁是用手工工场时代落后的方法冶炼的。总的说来,到 19 世纪 80 年代末,在各主要工业生产部门中,机器生产已经占了统治地位。与此相适应,资本主义社会的两个基本阶级——资产阶级和无产阶级已经形成。俄国的工业革命基本上完成了。

随着工业革命的扩展，工业生产有了显著的提高。1866—1890 年，欧俄大工厂（100 工人以上）的生产额，由 20107 万卢布增加到 58797 万卢布，差不多增加了 2 倍；工人由 23 万人增加到 46 万人。从各部门来看，纺织、食品等轻工业生产，在商业性农业发展的基础上迅速地增长起来。棉纺织品的产值，由 1860 年的 5000 万卢布增加到 1890 年的 2 亿卢布。重工业增长的速度更快，1890 年的煤产量比 1860 年增加 19 倍，钢产量增加 3 倍。此外，出现了一些新生产部门，如石油工业、机器制造工业等。

19 世纪 60 年代末和 70 年代初曾出现一次滥设企业的热潮：狂热地组织股份公司，急剧地扩大银行信贷机构，大肆修建铁路，等等。在创业狂热下吸收了大量外国资本。据统计，1869—1873 年，俄国开办了 281 家股份公司，它们共有资本约 7 亿卢布（1861—1866 年，才成立 44 家，资本总共不到 1 亿卢布）。这次创业热潮带有很大的投机性质。当时投向银行、商业和铁路等部门的资本，占全部投资的 83%，只有 11.4% 的资本投入工业。流通机构和铁路网的片面发展，是与当时国内经济发展和市场状况不相适应的。以银行贷款和输入外国资本为基础的投机性的企业滥设，加深了资本主义所固有的基本矛盾。1873 年，俄国爆发了第一次生产过剩的经济危机。

1873 年危机首先打断了创立股份公司和修筑铁路的热潮，继之波及轻工业。钢铁消费量减少了 22%。1873 年的棉花消费量比 1871 年减少了 17%。大批工人失业，据估计，在危机高潮时约有 25%—30% 工人被解雇。随着危机而来的经济萧条，一直延续到 1877 年。这时，俄国对土耳其发动了侵略战争（1877—1878 年）。由于战争对军事有关工业部门的推动，加上 1877—1879 年农业丰收，工业才重新好转。但是好景不长，1881—1882 年，在西欧经济危机和国内农业严重歉收的冲击下，工业又陷于危机之中。物价下跌，大批工厂倒闭，工人纷纷失业。1882 年与 1879 年相比，麻织业生产下降 19%，呢绒业下降 10.6%，皮革业下降 50%。钢的产量 1881 年比 1880 年降低了 6%，到 1885 年降低了 38%。危机过后，出现了长期萧条，直到 1887 年，工业才开始活跃。1873 年危机和 1881—1882 年危机表明,俄国经济的发展自进入 70 年代以来已具有资本主义的周期性。

进入 90 年代以后,俄国工业的发展出现了一次巨大的高涨。这次工业高涨是在 60—80 年代经济发展的基础上形成的。在改革后的相当一段时间内,农村半农奴关系和自然经济残余还严重存在,工业和农业的分离过程还未完成。工业中还保留着大量小生产形态,所以国内市场的发展还很不充分。进入 90 年代后,随着农民的日益分化、城市和工商业人口的增加以及工商业的发展,资本主义国内市场形成起来,为工业高涨提供了条件。

大规模的铁路建设,外国资本和技术的大量输入以及国家的保护政策,也促进了 90 年代工业的高涨。

1890—1900 年,俄国的铁路建设迅猛发展,10 年间共修筑了 22600 公里铁路,相当于过去 50 年所修筑的一半。到 90 年代末,俄国铁路长度仅次于美国,在世界上居第二位。大规模的铁路建设不仅使国内市场扩大,把俄国和世界市场进一步联结起来,它还是冶金、机械制造和燃料的巨大消费者。它带动了一系列重工业部门的发展,成为 90 年代工业高涨的基础。应当指出,铁路建设的巨大发展,也是由争夺殖民地和军事上的需要引起的,如西伯利亚铁路、中亚细亚和南高加索铁路等,就是为这个目的而修建的。

外国资本在 90 年代的工业发展中起了推动作用。1890—1900 年,俄国工业中的外国资本由 2 亿卢布激增至 9 亿卢布,它在全部股份资本中的比重由 1/3 强增长到约占 1/2。外国资本在采矿、冶金和机器制造业等重工业中则高达 74%。南方的冶金工厂除一两家外,几乎全部属于外国股份公司。俄国从外国进口了大量技术设备。在工业和铁路投资中,有 25%以上是采用进口技术设备的。正如列宁所说:"外国的资本、工程师与工人大批地移入并且继续移入南俄,而在目前的狂热时期(1898 年)许多工厂也从美国移到这里来了。"①

---

① 《列宁全集》第三卷,人民出版社 1959 年版,第 444—445 页。

沙皇政府的保护关税、大量国家订货和发展国有经济等经济政策,也促进了 90 年代的工业高涨。特别是国有经济的发展,弥补了私人资本积累的不足,它是对薄弱的私人资本主义工业的补充,在俄国工业的发展中起了重要作用。沙皇国家拥有大量土地和 60% 的森林,拥有巨大的冶金工厂和矿山,掌握着全部军事工业和 92% 的铁路投资。国有经济的发展,是俄国工业发展的一个特点。这一特点也决定了俄国资产阶级的软弱性和它对沙皇反动政府的严重依赖与勾结。沙皇政府为扩军备战加紧发展军事工业,而且特别重视扩建海军。1890—1896 年,每年仅建造和购置新舰艇,就要花费 2500 万—3400 万卢布。1892—1902 年,军费共增长 48%,其中海军军费增长了 1 倍。

90 年代的俄国工业,就是在上述条件下出现了巨大高涨。工业企业数量增加了 18.3%,工人人数增加了 66.6%,工业生产总值增长了 1 倍。重工业的增长尤其迅速。煤产量几乎增加了 2 倍,铁矿产量增长了 2.4 倍,生铁产量增长了约 2 倍,钢产量几乎增长了 5 倍,石油产量增长了 1 倍多。重工业不仅增长速度快,而且形成了煤炭、冶金、石油等巨大的生产中心。40 年前还是一片荒野的顿巴斯,现在变成了巨大的煤炭业中心,出产全国 2/3 以上的煤。使用先进技术的南方冶金业中心形成了,它大大超过了旧的冶金业中心乌拉尔。前者的产量在冶金业总产量中的比重由 70 年代的 0.1% 上升到 1900 年的 52%,后者由 67% 下降到 28%。巴库成为巨大的石油中心,1909 年它的石油产量占全国的 95% 以上。

90 年代俄国工业的增长速度与其他资本主义国家相比也是十分迅速的。10 年里俄国生铁产量增加了 190%,而英国只增长了 18%,德国72%,美国 50%。在炼钢、采煤以及纺织等工业方面,俄国的增长速度也都超过了它们。

这个时期的俄国工业,不仅增长速度快,而且生产集中程度高。1895 年,俄国小型企业(10—50 人)工人的比重为 15.9%,而德国是31.5%;俄国大型企业(500 人以上)工人的比重是 45.2%,而德国是

15.3%。俄国工业集中程度高于欧洲其他国家。在生产高度集中的基础上,俄国出现了最初的少数垄断组织。

90年代俄国资本主义工业发展速度快和生产集中程度高的特点,是由下列原因造成的:(1)俄国是后起的资本主义国家,可以利用国外先进技术和吸取大企业的经验,因而新工业一开始就是在大型企业的基础上创立的。(2)大量外国资本以股份公司形式在俄国迅速兴建了许多大型企业。(3)沙皇政府的直接扶持(如国家直接投资、优惠的铁路运价、国家贷款和补贴等),以及大规模铁路建设的需要,促进了大企业的兴建。(4)由于农奴制残余和农村过剩人口的大量存在,俄国工人的工资极低,因此资本家都采用增加工人、实行多班制的方法来扩大生产,这也形成了俄国工业企业中劳动力密集的特点。

90年代俄国工业虽然有如此迅速的发展和高度的集中,但在生产总量和技术水平上,仍然远远落后于资本主义发达的欧美各国。1897年,俄国出产生铁11200万普特,只占世界总产量的5.5%。按人口平均计算的铁产量,俄国为52俄斤,而英国为356俄斤,美国为336俄斤,德国为254俄斤。俄国始终未建立起较为发达的机器制造业,大部分机器依赖进口。1897年,在俄国最发达的纺织工业中,仍有73%的机器设备是由国外输入的。俄国工业的这种落后状况,也明显地反映在对外贸易的构成上。在输入总额中,工业产品(主要是机器设备)占30%—35%。在输出总额中,90%以上是农产品和工业原料。

工人阶级状况和工人运动

随着资本主义工业的发展,俄国的无产阶级形成和壮大起来。据可靠的计算,90年代初,俄国工厂和矿业工人总数已超过130万人。俄国无产阶级深受国内资本主义、封建主义和外国资本主义的三重压迫,并高度地集中在大企业里,它的革命性和组织性很强,成为一支强大的政治力量。

在农奴制残余强烈存在的俄国,深受三重压迫和剥削的工人阶级,生活状况是极其恶劣的。工作时间很长,一般为13—15小时,有时甚至长达16—18小时。工资很低,还盛行罚款制度,罚款往往达到工资的30%,

甚至50%。企业主强迫工人在工厂开设的店铺中以高出市价几倍的价格购买食品。工人的劳动条件和居住条件也很恶劣。一间矮小的集体宿舍要住10—12名工人。企业主还招收了大量的女工和童工,他们的劳动时间不比成年男工短,但工资却比他们少一半还多。

工人的反抗斗争自60年代起即不断发生。70年代,罢工次数增多。1875年,敖德萨工人成立了第一个无产阶级的革命组织"南俄工人协会"。1879年在彼得堡成立了"俄国北方工人协会"。它们都提出了反对现存经济和政治制度的斗争任务,并积极领导工人的罢工斗争。80年代初的经济危机和西欧工人运动的影响,使俄国罢工运动迅速发展,工人的组织性和自觉性也有很大提高。1883年,普列汉诺夫领导成立了"劳动解放社",这是俄国第一个马克思主义团体。它在传播马克思主义方面做了许多工作。但是劳动解放社没有同工人运动结合,"只是在理论上为社会民主主义奠定了基础,只走了迎接工人运动的第一步"①。

伟大的革命导师列宁,80年代末为在工人中宣传马克思主义进行了广泛的活动。1895年,在列宁的领导下,把彼得堡的二十多个马克思主义工人小组统一起来,成立了"工人阶级解放斗争协会"。协会第一次把马克思主义与工人运动结合起来,领导工人积极开展反对沙皇制度和资本主义的斗争,彻底战胜了阻碍工人运动发展的民粹主义和"合法"马克思主义等派别。在斗争协会的影响下,许多城市相继成立了类似组织。1898年,俄国各地的斗争协会在明斯克召开了俄国社会民主工党第一次代表大会,宣告了俄国第一个无产阶级政党成立。以后,经过以列宁为代表的马克思主义者多年的斗争,克服了各种机会主义派别的影响,使党健全和成熟起来。俄国工人运动在自己阶级的政党的领导下蓬勃开展起来,进入了一个新的发展阶段。

---

① 《列宁全集》第二十卷,人民出版社1958年版,第275页。

第三节　俄国垄断资本主义的形成及其特点

20 世纪初沙皇
制度的危机

在 19 世纪 90 年代工业高涨之后,俄国很快就卷进了 1900—1903 年的世界经济危机。危机加剧了资本的集中与垄断。20 世纪初,金融资本在俄国也形成起来,并在经济生活中占据了统治地位。

但是,俄国的封建土地所有制和封建剥削不仅依旧保持着,并且与农村资本主义剥削结合在一起,在农村经济生活中占据着优势。3 万户大地主占有着与 1000 万户农民占有几乎相等的土地。广大农民在奴役性条件下租种地主的土地,每年向地主交纳约 5 亿金卢布的地租。富农手里集中了占农民全部土地近一半的耕地和一半以上的牲畜,也对农民进行着残酷的剥削。农民在地主和富农的双重压迫和剥削下,日益贫困破产。列宁在论述当时农民生活的状况时写道:"农民过着一贫如洗的生活,他们和牲畜住在一起,穿的是破衣,吃的是野草;……农民经常挨饿,由于连年歉收,成千上万的农民死于饥饿和瘟疫。"①

20 世纪初,在俄国,一方面是工农业资本主义已有相当发展;另一方面在农村还保存着中世纪的土地占有制。这两者之间的尖锐矛盾,成为当时俄国社会的一个根本矛盾。这种情况使俄国资本主义社会的矛盾更为复杂,国内阶级矛盾更加激化。1900—1904 年,全国共发生了 1030 次罢工。农民起义仅在 1902 年就有 340 次。在工农革命群众斗争的推动下,学生和资产阶级也行动起来。

俄国和日本为了争夺中国的东北和朝鲜,在 1904 年爆发了日俄战争。两个强盗在中国领土上进行战争,给中国人民带来了深重的灾难。

---

① 《列宁全集》第四卷,人民出版社 1958 年版,第 378 页。

战后,它们无视中国的主权,达成分赃协议,划分了各自在中国东北的势力范围。

日俄战争中俄国的失败,使俄国国内的阶级矛盾进一步尖锐起来。战争夺去了俄国十几万人的生命,耗费了 65 亿卢布军费。国内物价飞涨,捐税成倍增加。人民不堪其苦,纷纷发动起义。帝国主义战争暴露了沙皇专制制度的极端腐朽,加剧了国内的阶级矛盾,加速了革命的到来。以 1905 年 1 月 9 日政府开枪镇压彼得堡工人和平请愿游行队伍的"流血星期日"为始点,爆发了俄国第一次资产阶级民主革命。这是无产阶级领导广大农民为消灭沙皇专制制度和废除封建土地所有制而进行的革命。同年 12 月,莫斯科发动武装起义,革命发展到顶点。但是沙皇政府在外国帝国主义和国内资产阶级的帮助下把革命镇压了下去。1907 年 6 月 3 日,沙皇政府解散了欺骗劳动人民的俄国议会——第二届国家"杜马"(即议会),逮捕和放逐了工人阶级的代表。这就是"六三政变",它标志着第一次资产阶级革命的完全失败。

1905 年革命虽然失败了,但却有重大的历史意义和国际意义。它不仅沉重地打击了沙皇专制制度,而且也为俄国无产阶级革命做了重要准备,提供了宝贵的革命经验。列宁说过:"没有 1905 年的'总演习',就不可能有 1917 年十月革命的胜利。"[1]这次革命大大鼓舞了欧洲和东方各国人民的革命运动,开辟了帝国主义时代革命战斗的新时期。

斯托雷平的土地政策　1905 年革命失败后,沙皇政府疯狂地镇压工农革命群众,全国陷于一片白色恐怖之中。贵族地主与广大人民之间的矛盾更加尖锐。经过革命严重打击的沙皇政府已经不能完全照旧统治下去,它除了运用恐怖手段之外,不得不在一定程度上适应俄国资本主义的发展,采取一些改良政策,争取城乡资产阶级的支持。为此,内阁总理大臣斯托雷平于 1906 年 11 月制定了新土地政策。这项新政策的目的是要破坏村社和村社土地平均使用制度,培植和加强富农经济,作为沙皇在农村的统治支柱,防止

---

① 《列宁选集》第四卷,人民出版社 1972 年版,第 184 页。

农民用暴力手段消灭地主大地产。

斯托雷平土地政策的基本内容,是允许农民退出村社,并把份地变为自己的私有土地。法令规定,在不实行定期重分土地的村社中,直接确认份地为农民的私有土地。在实行定期重分土地的村社中,农民有权要求把最后分给他的土地转为私有。富裕农民拥有份地超过应分定额时,可以用1861年赎地的价格(低于当时地价1/3—1/2)买下超过部分成为私产。分给退出村社农民的土地必须是整块地段。所有转为农民私有的土地,都可以自由买卖或抵押。

为了推行新的土地政策,沙皇政府利用农民土地银行进行土地交易。农民银行由信贷机关变成了新土地政策的工具。1906—1915年,通过土地银行共卖出了432万俄亩土地,其中多数是由破产农民卖出的。这些土地多半卖给了退出村社的富裕农户。这样,农民银行一方面加速了农民的无产阶级化,另一方面促进了富农经济的发展。同时,为了维护地主阶级的经济利益,当地主因惧怕农民革命而纷纷出卖土地时,土地银行则出高价收买地主的土地,土地银行收购农民份地的价格是每俄亩70多卢布,而收购地主的土地时,则每俄亩地价高达120多卢布。

在颁布法令后的1907—1915年的9年中,约有250万农户退出村社(约占全体农户的25%),确定为私人财产的土地将近1700万俄亩。退出村社最多的是贫苦农民和富农两类农户。贫苦农民退出村社往往是为了卖掉份地到城市中去寻找工作糊口。他们在退出村社后,很快就从有份地的贫穷农民变成纯粹的无产者了。富农在法令的庇护下得到了很多好地,并且廉价收买了贫苦农民的份地,大大加强了自己的经济实力。所以,如果说1861年改革是地主掠夺农民的土地,那么,这次改革则是富农掠夺农民的土地。

斯托雷平土地政策的另一项内容就是向边区移民。沙皇政府把怀有不满情绪的贫农和中农迁往西伯利亚、中亚细亚和远东等地区。企图通过这一移民措施达到以下两个目的:一是利用迁出农民留下的土地来加强中部地区的富农经济;二是在各少数民族边区培植一批俄罗斯的富农阶层,作为沙皇政府统治少数民族和对外进行殖民扩张的社会基础。

1906—1910年,曾有250万农民移居到西伯利亚等边区去。在沿中国东北边境的俄国远东各省被列为重点移民区,从90年代末到20世纪初的10年间,这里俄罗斯人增加1.5—3倍。不过,由于移民工作组织得非常草率,运输条件十分恶劣,许多移民亡命途中。即使到达目的地的,也往往因无法生活下去而大批死亡,移民村落中的死亡率常高达25%—30%。更有大批移民返回原地。1910年,倒移者达30%—40%,1911年更达60%。移民政策加速了农民的分化和资本主义关系的发展。返回的移民扩大了无产阶级的队伍。留在边区的,只有少数富裕农民能在那里安家立业,多数移民或受雇于当地的富农,或沦为乞丐。

这个移民政策也损害了边区少数民族的利益。正如列宁所说,"移民用的土地是靠疯狂地损害土著居民的地权而得来的,从俄罗斯向外移民则完全为了贯彻'边区俄罗斯化'这一民族主义原则"[①],结果使边区居民纷纷破产,人畜两衰。例如,吉尔吉斯人口在1903—1913年减少了10%,耕畜减少了27%。有的殖民区,破产农户高达65%—70%。同时,富农经济在这里发展起来,他们利用当地破产农民的廉价劳动力及其土地来发展商业性农业。

综上所述,斯托雷平的土地政策,是继1861年改革之后第二次为俄国资本主义的发展扫清了道路,它加速了农村中资本主义的发展。但是,沙皇政府用斯托雷平改革防止农民革命的企图并未达到。改革使贫苦农民的境况更加恶化,农民不仅继续反对大地主的剥削,他们和富农之间的冲突也日益加剧了。从执行法令以来,农民同地主、富农的斗争从未停止过,农村日益革命化了。

农 业 生 产 状 况

19世纪90年代末俄国工业的繁荣,19世纪末世界农业危机的结束,斯托雷平改革后农业中资本主义关系的发展,以及1909—1913年工业的新高涨,所有这一切使农业在20世纪初到第一次世界大战这段时期内有了较大的发展。

---

① 《列宁全集》第十八卷,人民出版社1959年版,第81页。

　　播种面积扩大了。播种面积总数从 1901—1905 年的 8830 万俄亩增加到 1911—1913 年的 9760 万俄亩。谷物的播种面积增加了 10.8%。经济作物播种面积增加更快，棉田扩大了 111.6%，向日葵 61%，甜菜 39.5%，烟草 18.5%。这标志着商业性农业的增长。

　　农业机器和肥料的使用都有显著增加。从 1900 年到 1913 年，农业中使用的机器价值提高了约 3 倍（从 2700 万卢布增加到 1.1 亿卢布）。自然，农业机器只是在资本主义化的地主经济和富农经济中才采用。农民群众一般仍然使用旧式的犁、耙等落后工具。化学肥料，1900 年进口 600 万普特，1912 年增加到 3500 万普特。这一年，国内还生产了 324 万普特。

　　由于扩大播种面积和加强集约经营，农业生产有较大增长。1900—1904 年，谷物的年平均产量为 39 亿普特，1909—1913 年增加到 46 亿普特。1913 年的谷物收成达到空前水平，为 50 亿普特，按人口平均计算为 574.9 公斤。经济作物和畜牧业产品也有所增长。

　　农业商品率大大提高。技术作物和畜产品的商品率，比谷物商品率增加得更快。农产品的商品率主要是由于地主经济和富农经济的发展而增加的。以粮食为例，1913 年，地主和富农生产了全部粮食的一半，提供了全部商品粮的 71.6%（见表 6-2）。

表 6-2　1913 年粮食总产量和商品量①

	粮食总产量		商品粮食（运出农村以外的）		商品率（%）
	百万普特	百分比	百万普特	百分比	
地主	600	12.0	281.6	21.6	47
富农	1900	38.0	650.0	50.0	34
中农和贫农	2500	50.0	369.0	28.4	14.7
总计	5000	100.0	1300.6	100.0	26

---

　　①　参见《斯大林全集》第十一卷，人民出版社 1955 年版，第 74 页。

　　农产品的出口价值,1911—1913 年比 1901—1905 年年平均增加 61%。农产品出口是俄国资本积累的主要源泉之一,但它也使俄国更深地陷于外国农业附庸的地位。俄国农产品出口的增加,固然在一定程度上是农业商品率增长的表现,同时也是沙皇政府执行"饥饿输出"政策的结果。沙皇的口号是:"吃不饱,也得出口",俄国剥削阶级靠着剥夺农民的口粮来输出粮食,供给国外市场,借以获取外汇,平衡国际收支。

　　虽然农业技术和生产水平以及农业商品率都有很大提高,但是,俄国农业生产率的一般水平比其他资本主义国家仍然低得多。这是因为,斯托雷平的土地政策不可能解决俄国的土地问题。大地主土地占有制使农业陷于落后的境地。当时俄国农业使用的工具主要仍是老式的木耙、木犁,铁制的农机具和机器数量不多。在美国甚至在德国已经开始使用的拖拉机等农具,俄国是没有的。矿物肥料也使用得少,俄国每公顷耕地所消费的矿物肥料约为法国的 1/8,德国的 1/24,比利时的 1/34。1909—1913 年,俄国谷物的每俄亩平均产量为 45 普特,仅及法国的 1/2,德国的 1/3,丹麦的 1/4。广大农民的生活困苦不堪。1911 年发生了波及 3000 万农业人口的大饥荒。列宁在说明当时的农民状况时写道:俄国农村仍然像在农奴制时代一样,受压迫,受剥削,贫穷,没有权利。[①] 农村中的阶级斗争又重新高涨起来。1910—1914 年,农民起义达 13000 多次。沙皇政府用来防止革命再起的斯托雷平土地政策彻底破产了,俄国又面临着新的革命高潮。

> **20 世纪初工业生产的发展和垄断资本主义的形成**

　　20 世纪初,俄国卷进了 1900—1903 年的世界经济危机。俄国由于经济上依赖外国资本,以及它的工业发展具有投机滥设性质,危机表现得特别深重和持久。

　　危机从金融部门开始,迅速波及各工业部门,特别是重工业。在危机年代,生铁产量下降了 15%。顿巴斯矿井开工率为 59%,炼焦厂为 42%。钢轨生产下降了 32%。全国失业工人达 20 万人以上,工资降低,工人生

---

　　① 参见《列宁全集》第十九卷,人民出版社 1959 年版,第 182 页。

活状况急剧恶化。危机加剧了竞争。1900—1903 年,仅大中型企业就倒闭了 3000 多家。生产的集中和垄断进一步发展。

危机之后,俄国工业经历了较长的萧条时期,到 1909 年才开始新的高涨。这次工业高涨是由以下原因促成的:第一,1909—1913 年(1911 年除外)农业丰收;在有利的国际行情下,农产品输出增加,这使俄国每年比 90 年代多收入 8 亿—9 亿卢布外汇,为工业积累了资金。第二,斯托雷平土地政策加剧了农民的分化,为工业扩大了国内市场和提供了更多的劳动力。同时,地主出卖土地所获得的大部分资金投入工业。第三,沙皇政府为加紧对外扩张而积极扩军备战。仅海军造舰费用就从 1908 年的 3600 万卢布增加到 1912 年的 1.1 亿卢布,增长两倍多。1913 年,军费支出占全部财政支出的 26.5%。国家的军事订货迅速增加。第四,在 1905 年革命被镇压以后,俄国国内出现了暂时稳定的局势,这就为外国资本重新大量流入提供了前提。

在上述条件下,1909—1913 年,几乎所有工业部门的生产都有很大增长。煤增产 39%,生铁 62%,钢 51%,砂糖 48%,棉花消费量 21%。除石油以外,都超过了危机前的最高水平。煤炭生产超过 1 倍多。农业机器生产和 90 年代末相比增加了 14 倍。各地区工业发展很不平衡。欧俄工业中心地区约集中了工业生产的一半,而拥有丰富天然资源的乌拉尔地区的工业,仅占全俄工业产值的 4.7%,西伯利亚只占 2.4%。

俄国工业的集中,早在 19 世纪末就已经达到了相当的高度,进入 20 世纪后,经过 1900—1903 年的危机和以后的生产高涨,工业集中的过程大大加速了。1910 年,53.4% 的工人集中在拥有 500 人以上的大企业里,而美国同类型企业所有工人的比重只占 33%。从各个部门来看,1895 年,俄国只有一个年产 1000 万普特生铁的大炼铁厂,而在 1913 年,全国已经有 9 个比这更大的炼铁厂。它们出产的生铁,占全国产量的 53% 以上。其他部门的生产集中同样达到了很高的程度。但是应当指出,俄国工业生产的高度集中,是同技术上的落后结合在一起的。

在生产集中基础上产生了垄断组织。早在 19 世纪 80 年代,俄国就已经成立了一批垄断的联合组织,如 1882 年建立的铁轨工厂联合,1886

年的铁板、铁丝和铁钉工厂联合,1887 年的桥梁工厂联合,等等。但是垄断组织的广泛发展,还是在 20 世纪初,即 1900—1903 年危机以后。到第一次世界大战初期,全国建立了约 150 个不同形式的垄断组织,俄国各主要工业部门和运输业中都已经出现了大垄断企业。煤炭、石油、橡胶、纺织、制糖、烟草等工业部门都为少数辛迪加所控制。例如,最大的冶金工业垄断组织"金属销售公司"于 1902 年建立,到 1910 年联合了 30 个大冶金企业,控制的固定资本占全国冶金业总资本额的 70% 以上;拥有工人85000 名,占冶金工人总数的 33%;生铁产量占全国生铁总产量的 80% 以上。1904 年建立的"煤炭公司"辛迪加,垄断了顿巴斯煤区产量的 75%。"俄国石油总公司""壳牌石油公司"和"诺贝尔公司"三家大石油公司,1913 年拥有石油股份资本的 86%,控制了产量的 60%。橡胶业辛迪加几乎控制了全部橡胶的销售。全国 90% 以上的食糖都控制在制糖业辛迪加手里。1912 年,在美国烟草辛迪加支持下建立的烟草辛迪加,控制了全国 75% 的烟草生产。其他主要工业部门的情况,也大致如此。到第一次世界大战前夕,垄断组织在俄国国民经济中已经占据统治地位。

辛迪加是俄国最普遍的垄断组织形式。这是因为俄国工业生产的集中程度高,资本家有可能采取比卡特尔更为稳定的组织形式。而且,俄国的重要工业部门主要依靠政府订货获取高额利润,辛迪加正是分配订货和瓜分市场的方便形式。此外,俄国的重要工业分别掌握在不同国家的资本家手里,这些企业在生产上进行联合组成托拉斯比较困难。

随着生产的集中和大量外国资本的流入,银行资本的集中过程也加速了。当时俄国的银行体系包括:发行货币和作为结算中心的国家银行、典押土地的国家贵族银行和国家农民银行、私营商业信用股份银行,以及为中小资产阶级服务的互助信用公司与市银行等。其中,私营商业信用股份银行是银行体系中的主体,在金融市场上占据统治地位。随着生产集中和垄断的发展,京城的大银行日益排挤和吞并地方银行,并进行自身合并,使银行资本迅速集中起来。1901—1904 年,彼得堡—亚速海银行、明斯克银行和基辅银行合并组成亚速海—顿河银行。1908 年,莫斯科国际银行、奥尔洛夫银行和南俄银行合并组成联合银行。1910 年,北方银行和华俄道胜银行合并组成道胜银行。1900—1914 年,俄国商业股份银行由 39 家增加到 47 家,它们的资本则由 2.8 亿卢布增加到 8.36 亿卢布,增长了约 2 倍。其中小银行(资本在 1000 万卢布以下)在全部银行资本中所占的比重由 44%减至 11%。到第一次世界大战前夕,12 家大银行集中了全国银行资本的 80%。

在 1900 年危机和萧条时期,大银行利用工业企业在资金上的困难,通过对工业企业的"金融改组"(由银行发行股票以增加企业的固定资本)和长期贷款等手段,掌握了工业企业的大部分股票。到大战前夕,全国工业、运输业的股票,有半数以上掌握在银行资本家手里。俄国的粮食、蛋、油脂、肉类等农产品的输出也是由银行资本家控制的。同时,工业垄断组织也掌握银行的股票。在彼得堡各大银行的流动资本总额中,有40%以上属于"煤炭公司","金属销售公司",石油、冶金、水泥等辛迪加所有。列宁在论述这一情况时指出:"可见,由于资本家垄断组织的形成而造成的银行资本和工业资本的溶合,在俄国也有了长足的进展。"[①]

20 世纪初,在金融资本发展的基础上,俄国形成了一小撮金融寡头。例如,身兼 25 个银行与工业企业经理或董事职位的普梯洛夫、石油巨头诺贝尔、煤炭业首脑阿伏达科夫等,他们不仅是金融资本的巨头,也是沙皇政府的重要官员,并且与德、法、英等国的垄断资本有着密切的联系。不仅金融寡头与政权密切结合,沙皇家族和王公本人往往也就是俄国垄断组织的大股东。在俄国,像在其他帝国主义国家一样,金融资本统治着国家的全部政治、经济生活。

> 俄 国 帝 国
> 主 义 的 特 点

俄国向垄断资本主义的过渡,是在世界资本主义更为发展和国内资产阶级革命尚未完成的条件下实现的。这种特殊的历史条件,决定了俄国帝国主义除具有一般帝国主义的基本特征外,还有着自己的特点。

俄国垄断资本同经济中和政治中的封建主义残余紧密相结合。这是俄国帝国主义的一个特点。

---

① 《列宁选集》第二卷,人民出版社 1972 年版,第 775 页。

在经济上,一方面,垄断资本主义有相当发展,并在工业中占统治地位;另一方面,封建土地所有制和封建剥削方法,不但继续保持着,而且同资本主义剥削结合在一起,在农村经济生活中占据优势。同时,许多垄断组织本身也具有明显的半封建特征。例如,糖业辛迪加就是由制糖工业家和种植甜菜的大地主共同组成的。乌拉尔"克罗夫罗"辛迪加的参加者就是一些拥有几十万俄亩土地的大领主。他们的企业还常常采取旧的带有封建性的管理方法和剥削形式。

在政治上,俄国是沙皇专制制度统治。列宁把这个制度看作俄国所有封建残余中的"最大残余",是"一切残暴行为的最强有力的支柱"①。在俄国,封建地主的政治统治没有被推翻。仰赖政府订货和政府政策庇护的俄国资产阶级在政治上是软弱的,他们又被工人阶级的革命运动所吓倒,不能够同工人阶级一起进行资产阶级民主革命,反而去为沙皇政府服务,并同沙皇政府结成联盟。沙皇制度就是贵族地主同大资产阶级相勾结的联合专政。

经济中封建农奴制的残余和政治上的沙皇专制制度,使俄国帝国主义具有浓厚的封建性。沙皇专制制度,对人民进行野蛮和残暴的镇压,对各民族边区进行残酷的殖民压迫,把俄国变成"各族人民的牢狱"。同时,农奴制残余的束缚,使俄国垄断资本感到国内市场狭小,极力对外进行扩张和侵略。这样,沙皇俄国特别富于军事侵略和压迫的性质。根据这些特点,列宁把俄国称作"军事封建的帝国主义"。

俄国帝国主义的另一个特点是它对外国资本的严重依赖性。由于俄国农奴制残余大量存在和资本主义发展缓慢,俄国工人的工资和生活水平特别低,外国资本在俄国可以获得较高的利润;同时,沙皇政府为了巩固自己的统治,也需要外国资本的支持。所以,自19世纪末以来,法、德、英、比等国的资本大量涌入俄国。1914年,俄国工业股份资本总额中外国资本的比重占到43%。采煤、石油、金属加工等主要重工业部门多为外国资本所控制。除了直接投资外,外国资本家还给予沙皇政府以巨额

---

① 《列宁全集》第二十四卷,人民出版社1957年版,第437页。

的贷款。到 1913 年,俄国全部外债达 55 亿—60 亿卢布。这样,外国资本每年从俄国劳动人民身上榨取了巨额的利润和利息,而沙皇专制制度也只是靠了欧洲资本的挽救才能支持下去。

法、英、德、比、美五国资本在俄国全部外资中所占的比重是:法国占33%,英国占 23%,德国占 20%,比利时占 14%,美国占 5%。这就是说英法等协约国资本占显著优势。这种情况在很大程度上决定了俄国在第一次世界大战中所采取的立场。

俄国一方面是欧美金融资本的投资场所;另一方面它又对土耳其、伊朗和中国进行资本输出,奴役和剥削这些落后国家。例如,1902 年,沙俄在中国的投资达 4.5 亿美元,超过英、德、法各国在华投资而居第一位。为了巩固俄国在华的经济势力,成立了华俄道胜银行,在我国各通商口岸遍设分行。它不仅向中国提供各种贷款,攫取巨额利息,还在中国发行纸币,代收中国关税和盐税,在中国修筑铁路和开发矿山。

国家垄断资本主义比较发展,是俄国帝国主义的又一个特点。

早在 90 年代,国有经济就已经相当发展,进入 20 世纪以后,更进一步扩大并成为国家财政收入的重要来源。从国有土地、森林、矿山、铁路、军事工业和邮电等方面所得的利润收入,1897 年共 4.84 亿卢布,1913 年增加到 19.64 亿卢布,增长了 3 倍。在国家财政收入中所占的比重由34%上升为 60%。

同时,如前所述,俄国垄断资本更多地依靠了国家的扶持和保护才发展起来。沙皇政府不仅通过掠夺国内外殖民地为垄断资本提供市场和原料产地,而且还以大量补助金、贷款和高价订货等手段来促进垄断资本的发展。

沙皇的王公大臣还直接参与垄断组织,使它们同国家政权紧密地融合在一起。

由于农奴制残余的严重存在,俄国在经济技术上显著落后于发达的资本主义国家,直到 1913 年,俄国仍然是一个落后的农业国。在工农业总产值中,工业占 42.1%,农业占 57.9%。1912 年,城市人口占全国人口的14%,农村人口占 86%。俄国在世界生产中的微末地位也说明了它的落后性。俄国拥有世界 1/6 的土地和 1/13 的人口,而 1913 年,它的工业总产量只占世界工业总产量的 2.7%,仅及美国的 7%,德国的 17%,英国的 22%,法国的 40%。如果按人口平均计算,差距就更远了。俄国的人均工业产量只等于美国的 1/12,德国的 1/13,英国的 1/14,法国的约 1/8。

> **俄国帝国主义的殖民扩张**

如上所述,俄国是一个军事封建帝国主义,它的经济基础比较薄弱,这就决定了它在同其他帝国主义竞争时,格外需要依靠军事手段来进行殖民扩张。正如列宁所指出的,在俄国,"军事力量上的垄断权,对极广大领土或掠夺异族如中国等等的极便利地位的垄断权,部分地补充和代替了现代最新金融资本的垄断权"[①]。

俄国拥有极广大的"国内殖民地",即少数民族边区。俄国首先加紧掠夺这些地区,使它们成为垄断资本的销售市场和原料产地。例如中亚细亚,这是改革后经过多年征战而侵吞的殖民地。沙皇政府在那里推行单一经济作物制,强迫中亚人民种植俄国纺织业所需要的棉花。列宁称这个地区为"最纯粹的殖民地"。由于沙皇政府在各民族边区推行反动的殖民政策,这些地区长期处于落后状态。1913 年,白俄罗斯的近代工业产值,仅占全俄国大工业总产值的 1%,格鲁吉亚为 0.4%,阿尔明尼亚为 0.15%,塔吉克斯坦为 0.01%。

俄国在残酷掠夺国内殖民地的同时,加紧夺取国外殖民地的活动。到 1914 年,俄国占有殖民地的面积达 1740 万平方公里,仅次于英国,居世界第二位。

沙皇俄国利用其有利的地理条件,积极参加了与其他帝国主义国家争夺中国、伊朗和土耳其这几个国家的斗争。

伊朗与俄国有着漫长的边界线。俄国通过侵略战争和签订不平等条约,控制了伊朗北方。俄国在那里开设银行,广泛经营银行业务,还兼营土地抵押和买卖业务。俄国以廉价倾销商品(纺织品、煤油、食糖、金属制品等,价格比在莫斯科还便宜)作为重炮,摧垮当地的民族工业,使之

---

① 《列宁选集》第二卷,人民出版社 1972 年版,第 893 页。

陷于奄奄一息的境地。俄国垄断资产阶级还从伊朗"招募"大批廉价劳动力进行榨取。据统计,1904 年,巴库油田雇佣的伊朗工人占该地区工人总数的 1/5 以上。在政治上,俄国控制了伊朗王室和军队的指挥权,甚至官吏的任免还要由俄国来决定。俄国对伊朗经济、政治、军事上的控制,使伊朗实际上变成了俄国的半殖民地。

俄国是掠夺中国领土最多的国家,早在 19 世纪中期,俄国就通过一系列不平等条约割占了 150 万平方公里的中国领土。进而企图占领中国的东北、新疆、蒙古和西藏等地区。20 世纪初,在帝国主义瓜分中国的斗争中,俄国充当了侵华的急先锋。

俄国为了巩固它在中国东北的势力范围,修筑了西伯利亚铁路,穿越中国东北以达海参崴,又修筑了从哈尔滨到旅顺口的铁路。随着铁路的铺设,俄国攫取了铁路沿线的军警"护路"权、采矿权、伐木权、内河内海航行权等特权。俄国在东北设厂开矿,成立了满洲矿业公司,掠夺东北丰富的矿产,特别是金矿。据当时报刊报道,俄国在黑龙江沿岸开设金矿21 所,使用矿工达 10 万人以上。有许多矿场是靠暴力直接从中国人手中夺去的。他们还进行掠夺性贸易,以高价向中国销售布匹等工业品,从中国廉价掠取粮食、牲畜和各种原料。据统计,1899—1908 年,从俄国输入中国的商品价值达 2.25 亿卢布,同期从中国掠去的商品价值达 6.3 亿卢布。日俄战争后,为了加强对黑龙江以北和乌苏里江以东地区的殖民经营,大量招募华工。1906—1910 年,有 50 多万华工被招去,大都充当矿工、雇农或筑路工人。工资只有俄国工人的一半。

俄国在中国的蒙古、新疆和西藏大搞侵略活动,并妄图吞并这些地区。1904—1905 年,沙俄从塔什干修筑一条铁路直达中国新疆边境。利用这条铁路线的便利,俄国垄断资本的分支机构(即所谓"洋行")遍设新疆各主要城镇。俄国对新疆的贸易额,从 1905 年到 1911 年增加了 3 倍以上。每年有成百万头牛羊从新疆输往俄国。俄国输入新疆的主要是布匹等工业品。还大量倾销鸦片,牟取暴利,毒害中国人民。俄国还控制了新疆邮政,每年仅邮资收入即达 10 万卢布以上。

沙皇俄国的侵略扩张,激起了各被压迫民族的强烈反抗和国内人民的反对。俄国国内外的矛盾不断加深。

俄国成为列宁
主义的故乡

在沙皇俄国,有着以最野蛮、最残忍的形式表现出来的地主的、资本家的和民族的种种压迫和剥削,社会的矛盾异常尖锐;同时,沙皇俄国任凭外国资本操纵国民经济中有决定意义的部门,靠借外债维持沙皇制度的腐朽统治,成为西方帝国主义的忠实同盟者。在与其他帝国主义相互勾结和争夺中,侵略和压迫弱小民族,镇压世界的进步运动,充当了"世界宪兵"的可耻角色。因而,俄国成了当时帝国主义一切矛盾的集合点,是帝国主义链条中最薄弱的环节。在俄国,革命的客观条件成熟了。

同时,用革命的方法来解决这些矛盾的现实力量也具备了:俄国无产阶级高度集中在大企业里,身受三重压迫,因而具有高度的革命性和组织性;无产阶级有坚强的马克思主义政党的领导;有广大的农民同盟军。所有这些条件都集中到一起,使世界革命的中心转移到了俄国。历史要求俄国无产阶级及其政党站在世界革命斗争的最前列,并在革命斗争中为国际无产阶级革命创造出适合于时代特点的革命理论和策略。俄国布尔什维克党及其领袖列宁,承担了这一伟大历史任务。列宁同背叛革命的第二国际考茨基、伯恩斯坦等机会主义者进行了不调和的斗争,坚持了马克思主义的革命原则,并结合帝国主义和无产阶级革命时代的特点,创造性地发展了马克思主义。因此,俄国成了列宁主义即帝国主义和无产阶级革命时代的马克思主义的故乡。

第四节　第一次世界大战中俄国经济的混乱
　　　　俄国帝国主义的崩溃

战时经济混乱
和调整措施

第一次世界大战是帝国主义重新瓜分世界和争夺势力范围的战争。俄国参加这次战争,企图借击败德国以夺取奥地利和土耳其,吞并伊朗,与其他帝国主义共同瓜分中国,并利用战争扼杀国内的革命运动。

俄国参加英、法协约国一方不是偶然的。俄国在 1905 年日俄战争失败后,加紧向中近东的阿富汗、伊朗和土耳其扩张。在这个地区与英国的冲突,由于 1907 年的俄英协定而暂时缓和下来。但是与德国的竞争却日益尖锐。特别是在土耳其,德国不仅大量倾销商品,用它的金融资本的势力迅速地排挤了俄国的经济势力,而且还迫使土耳其缔结了修筑由柏林经君士坦丁堡直抵巴格达的铁路的条约。因此受到威胁的不只是俄国,也有英国。面对德国在中近东的扩张,俄国与英国有着共同的利害关系。再有,俄国的重要工业多数控制在英法资本手里。俄国对英法的依附,也决定了它加入协约国一方参战。

俄国参战时的经济和技术水平极为落后,军事工业更为落后。它不仅不能制造西欧已经使用的飞机、高射炮等新式武器,就连步枪也不能自给,不得不依靠大量的国外订货。

俄国既缺乏进行长期战争的经济基础,国家机关又腐朽无能,因此战争爆发后,国民经济立即陷于一片混乱之中。铁路忙于军事运输,打乱了正常的商业运输;几百万青壮年被征入伍,劳动力严重不足;原材料和燃料奇缺,大批企业减产或倒闭,仅开战后的几周内,纺织工业就减产 50%—60%。

为了适应战争的需要,并保证垄断资本的高额利润,沙皇政府采取了一些调整措施,加强对国民经济的管制。从 1914 年秋开始,把西部地区的企业向东部撤迁;扩建和新建国营军事工厂;没收德国在俄国的企业归国家所有;动员私人企业生产军事订货;建立由高级官吏和工业巨头共同组成的国防、燃料、粮食和运输等"特别会议",对整个国民经济进行军事统制;等等。

但是,这些措施在腐朽的沙皇专制制度下是不可能完全实现的。撤迁西部地区的工业,由于事先缺乏计划,战争开始后仓促行事,结果使许多机器设备在撤退途中散失。就是撤迁下来的许多企业,因为后方没有建立新工业基地的准备,也不能立即投入生产。在撤退征集部掌管的 443 个撤迁企业中,后来开工的只有 70 个,进行恢复的 112 个。在动员私人企业生产军事订货方面,由于资产阶级为追求高额利润而一味争夺订货,从不考虑实际生产能力,结果造成大量订货不能按时交付。据统计,军事工业委员会(资产阶级为争夺军事订货而建立的一个机构)所交付的货物,只相当于订货的一半。但大资产阶级却从中得到了大量补助金和高额利润。

经过调整后,国民经济逐渐转上了战时轨道。军事工业有所增长。1916 年的军火生产,比 1913 年增加了 1.3 倍,军需装备生产增加 21%。俄国军事工业的增长,是靠牺牲民用工业达到的。1916 年,军火和军事装备工业的产值在全部工业中占 57.4%,为军人服务的食品和纺织品分别占 8.5% 和 28.1%,而非军事物资只占 6%。尽管如此,仍不能满足战争的需要。1916 年,作战部队有几十万士兵没有枪支,不得不两三个士兵共同使用一支步枪。

军事工业畸形发展,大量工人被征入伍,生产装备得不到更新,运输业几乎陷于瘫痪,原料和燃料缺乏,所有这些,使工业生产普遍衰落。1913—1917 年,生铁产量下降了 36%,煤 21%,石油 26%,农业机器 90%。由于西部领土被占领,工业损失达 20% 左右。

战争也严重地打击了农业。约有 1600 万青壮年被拉去当兵或到前线服役,使 1/3(有的地区达 1/2)的农户没有青壮男劳力。战争使农业减少了约 30% 的牲畜。农业机器和肥料严重缺乏。这一切造成了农业生产的严重衰落。1917 年的谷物播种面积比 1914 年减少了约 1000 万俄亩。1917 年的粮食总产量几乎比战前下降了 25%。加上投机活动猖獗和交通被破坏,出现了严重的粮食危机。不仅城乡居民在挨饿,就是军队也常常只能得到所需口粮的一半。

战争耗费了大量国民财富。俄国的战费总支出高达 500 多亿卢布。财政赤字不断增大。为了弥补财政赤字,沙皇政府就滥发纸币,增加捐税,大量举借国债。结果市场上的货币流通量比战前增加了 13 倍。到1917 年年底,外债已激增至 150 亿卢布,仅支付外债的利息,每年就达 12 亿卢布,比战前多 2 倍。美国资本的势力加紧渗入俄国,它对俄国的商品输出,战争期间增加 16 倍,在俄国对外贸易总额中跃居第一位。俄国对美、英、法帝国主义的依赖大大加强了。

战争期间,垄断资产阶级靠士兵的鲜血和群众的饥饿发了横财。冶金业的利润率,1913 年为 26%,1916 年增至 50%;金属加工业的利润率,由 14%上升为 81%。有些垄断组织的利润更是高得惊人。1916 年土拉钢轨厂的利润率高达 280%。垄断资本依靠国家的扶持,大量兼并中小企业。1913—1918 年,倒闭的企业共 2291 家,占全部企业的 1/4。垄断资本的实力大大加强,并进一步向国家垄断资本主义发展。除前面谈到的国家经济调节机构"特别会议"外,在棉织、皮革、呢绒、麻织等轻工业部门中也建立了许多委员会。这些机构通过分配原料、规定价格、强制延长劳动日等办法,保证了垄断资本家的高额垄断利润。此外,国家还广泛采取订货、调整价格、给予补助金等办法,帮助垄断组织发财。

与此相反,帝国主义战争给劳动人民带来深重的灾难。数百万人死于战祸。物价飞涨,工农群众的实际收入迅速下降。例如,莫斯科工人的名义工资只增加了 90%,而生活费用却提高了 4—5 倍,每人交纳的税额提高了 3 倍。战前关于限制使用女工和童工的劳动法被取消,工厂大量雇佣女工和童工。广大被占领区的人民流离失所,生活极端困苦。

沙俄为了获得廉价劳动力以应战争的需要,勾结中国的反动军阀政府,在中国大量招募华工。大战期间,沙俄共招去几十万华工,有的被送到前线替他们修筑工事,有的被送到矿井当苦力,还有几万华工被送到北极圈内修筑军用铁路。这些华工受尽残酷的奴役和剥削,大批死亡,这是沙俄欠下中国人民的一笔血债。

战争加速了人民群众的革命化。工农革命斗争日益高涨,国内的被压迫民族也纷纷起义。仅在 1916 年就发生罢工 1500 起,参加人数超过 100 万人。布尔什维克党同各种机会主义派别进行了坚决的斗争,领导群众革命运动沿着正确道路发展。布尔什维克党提出"变帝国主义战争为国内战争"的口号,来对抗机会主义政党的"国内和平"的宣传;用"使本国政府在帝国主义战争中失败"的政策,来对抗"保卫祖国"的机会主义政策。布尔什维克党把反对帝国主义和争取和平的斗争,同无产阶级革命的斗争联系起来。由于布尔什维克党从政治上和组织上为革命作了充分准备,1917 年 2 月(俄历),俄国人民成功地举行了武装革命,推翻了反动腐朽的沙皇政府,实现了资产阶级民主革命。

临时政府的反动经济政策和俄国帝国主义的崩溃

正当布尔什维克在街头领导群众进行战斗,布尔什维克的主要领袖人物还在国外或监牢里的时候,孟什维克和社会革命党趁机窃取了苏维埃的领导权。他们勾结资产阶级,建立了临时政府。这样,二月革命后,便形成了两个政权并存的局面:一个是掌握着国家实权的临时政府,代表着资产阶级专政;另一个是工人士兵代表苏维埃,代表工农民主专政。

在这种形势下,为了把革命发展为无产阶级的社会主义革命,列宁提出了著名的"四月提纲"。"提纲"明确提出从资产阶级民主革命过渡到社会主义革命的政治路线。为了实现这条路线,列宁提出了一系列政治和经济主张。

列宁指出,临时政府所继续进行的战争仍然是帝国主义战争,要摆脱战争,只有推翻资产阶级的统治,建立苏维埃共和国这个新的国家组织形式,以便实行无产阶级专政。根据当时特殊的历史条件,列宁提出了革命的两手政策,即争取革命的和平发展,同时作武装斗争的准备。列宁提出争取革命和平发展的可能性是以当时俄国情况的特点为依据的。列宁指出:"苏维埃是由自由的、即不受任何外力压制的、武装的工人和士兵群众的代表组成的。武器掌握在人民手中,没有外力压制人民,——这就是问题的**实质**。这就提供了并保证了整个革命有和平发展的可能。"[1]同时,布尔什维克党丝毫没有放弃建立和壮大工人武装力量的工作,以便在敌人一旦使用暴力的时候,立即转入武装斗争。

"四月提纲"还指出在经济上向社会主义过渡的办法,这就是:没收地主的土地,实行全国一切土地的国有化;把所有银行合并为统一的国家银行,由工人代表加以监督;工人代表对社会生产和产品分配进行监督。根据列宁的指示,布尔什维克党在群众中进行了大量的政治工作和组织工作。

---

[1] 《列宁选集》第三卷,人民出版社 1972 年版,第 107 页。

　　二月革命后,资产阶级临时政府继承沙皇政府的衣钵,对人民实行了一系列的反动政策:继续进行帝国主义战争;反对实行八小时工作制和提高工人工资;反对工人对企业进行监督;保护地主和富农的利益,禁止农民夺取土地;为了对付财政危机,加紧开动钞票印刷机;增加赋税,举借国债;提高粮食和燃料价格;等等。这些反动政策使已经濒于崩溃的国民经济更加恶化。1917 年的工业总产值比 1916 年减少了 36.4%,其中采矿业减少了 44%,金属加工业减少了 36%,纺织业减少了 33%。滥发纸币引起通货膨胀,物价扶摇直上。资产阶级为了抗拒工人监督,实行同盟歇业,仅在二月革命后的 7 个月里,就关闭了 799 家工厂,造成 16 万多工人失业。随着粮食危机的加深,城市居民处于严重的饥饿状态。1917 年 7 月到 10 月,莫斯科每人每月只能领到约 8 公斤的口粮,资产阶级想用"饥饿的魔掌"来扼杀革命。资产阶级的这种政策,得到外国帝国主义特别是美帝国主义的极力支持,美国向临时政府提供了 50 亿卢布的贷款。

　　临时政府的反革命面貌越来越明显地暴露出来,群众不再相信它那一套"和平"的欺骗政策了。临时政府经过几个月的准备,已经把军队抓在手里,它认为镇压人民革命的时机已经成熟。于是,当 7 月 6 日工人士兵举行和平示威时,临时政府调动了军队进行镇压,革命人民的鲜血染红了彼得格勒的街衢。接着资产阶级开始了全面进攻:下令通缉列宁;大肆逮捕布尔什维克党人;解除首都工人的武装;捣毁《真理报》编辑部;取消一切民主自由权利。

　　"七月事件"表明,国家政权已全部集中于资产阶级临时政府手中,两个政权并存的局面已经结束,资产阶级已经把武装镇压提上日程,历史上非常罕见的和平发展的道路被资产阶级堵死了。布尔什维克党由于正确地执行了列宁的革命两手政策,所以并没有因临时政府从怀柔欺骗转为武力镇压而使自己措手不及。布尔什维克党根据形势的变化,迅速采取了武装起义的方针。1917 年 11 月 7 日(俄历 10 月 25 日),以列宁为首的布尔什维克党领导工农群众进行武装起义,经过浴血奋战,终于推翻了资产阶级临时政府,取得了伟大的十月社会主义革命的胜利,结束了资本主义在俄国的统治,建立了世界上第一个无产阶级专政的社会主义国家。

第 七 章

日本资本主义的发展和
垄断资本主义的形成

第一节　日本封建制度的解体和"明治维新"

日本封建制度晚期的土地关系和剥削制度　日本是一个后起的资本主义国家。作为日本资本主义时代开端的"明治维新"是在 1868 年开始的。当时,欧美先进国家已处于向垄断资本主义过渡的前夜。日本资本主义发展的后进性,根源于它顽固的封建制度。

从 17 世纪初到 19 世纪 60 年代,是日本封建制度由盛转衰的时期。这个时期,正是德川家族统治的时代(1603—1867 年)。德川时代,日本封建制度的经济基础,是封建土地所有制。马克思对"明治维新"前的日本农村作过如下论述:"日本有纯粹封建性的土地占有组织和发达的小农经济。"[①]日本大小封建领主占有了全部土地。农民完全没有土地,他们从封建主手里取得一小块世袭份地,进行落后的小农业经营。

德川家族是全国最大的领主,其领地约占全国土地的 1/4,包括江

---

① 《马克思恩格斯全集》第 23 卷,人民出版社 1972 年版,第 785 页。

户(东京)、大阪、长崎等当时日本在商业上、交通上和军事上最重要的地区。德川家族的家长,世代相传地执掌着国家政权,被称为征夷大将军,其政治统治机构称为幕府。幕府统辖全国 260 多个藩。各藩的直接统治者——大名(诸侯)①,都是年收入在 1 万石②贡米以上的大领主,最大的达 120 万石以上。他们共占有全国 70%以上的土地。各藩大名的土地,都是从幕府将军那里取得的,被称为领地。同时,他们都在不同程度上受将军的控制,承担将军规定的各种政治的、经济的和军事的义务。但大名在自己的领地上拥有财政、军事、司法和行政的一切权力,对领地上的人民是独裁专制的君主。天皇是国家名义上的最高统治者,实际上他只执行一些宗教典礼的职务,处于将军的严密监视和控制之下。依附于将军的天皇和寺院,分别占有全国土地面积 0.5%和1.2%的领地。

将军和大名都豢养着大批武士,称为家臣,是世袭的职业军人,是镇压农民的武装力量。其数量在 19 世纪中叶达 40 万人左右,连同他们的家属共有 200 万人,占当时日本 3000 万人口的 6%—7%。武士一般没有领地,靠从将军和大名那里领取俸禄为生。由将军—大名—武士构成的金字塔式的封建统治结构,即"幕藩体制",像大山一样压在人民的头上。

封建统治阶级为了维持封建政权和封建剥削,把全国居民严格地划分为士、农、工、商和"秽多"、"非人"等森严的身份等级。士是贵族,包括领主和武士。农(农民)、工(手工业者)、商(商人)是"平民",占全国人口的 90%。"秽多""非人"是"贱民",共有几十万人。他们是毫无权利和财产的社会最底层,只能在指定的地点居住,只能从事屠宰、采矿和卖艺等被认为"卑贱"的职业。等级身份由法律和传统规定,世代相传,不得改变。

---

① 日本王朝时代称田地多的人为大名,德川时代则称有封地万石以上的诸侯或幕臣为大名。大名有两种:一种是在德川氏未成为全国统治者以前就是德川氏的家臣,称为"直系大名";其余称为"旁系大名"。

② 1 石合中国 361 市斤。

16 世纪末,日本 1600 万人口中 80% 是农民。封建主的全部领地由农民耕种。农民没有土地所有权,他们作为世袭的土地租佃者,耕种封建领主的土地,每户平均耕种 2 町步①左右。日本封建领主对农民的经济剥削,是与政治统治直接结合的地租和赋税的合一,称为"年贡米"。其数量最少者为"四公六民"(即收获物的 40% 归领主,60% 归农民),一般为"六公四民",最重的达"七公三民",甚至是"八公二民"。此外,农民过桥、行船、使用水磨、割草、捕鱼和狩猎等,都须向领主缴纳捐税。每年还要服一定时期的劳役,例如,为领主修城堡、伐木材,或挖运河、铺道路、修桥梁、筑堤坝,以及为驿站服役等。

在幕藩体制下,领主对农民的经济剥削和政治压迫直接结合,所以领主对农民的超经济强制表现得特别突出。领主制定了很多法规,对农民的生产和生活横加干涉。农民耕种什么作物都由领主规定,不得自由选择;农民不能自由地从事手工业和商业;除节日以外,农民不得食用大米;禁止农民穿丝或麻制的衣服和建筑宽大的住宅;等等。领主还在农村中实行联保联坐制度,将村中近邻的每五户组成一组,如果组员拖欠年贡或犯罪,全组都要负连带责任。总之,封建主想尽了一切办法压榨农民。当时,在领主间流传着这样一句话:"农民像芝麻一样,越榨越出油。""把农民弄得不死不活,是政治的秘诀。"农民被榨尽了脂膏,过着牛马一样的生活,他们活着似乎仅仅是为了交纳租税。农民在形式上虽不是农奴,但是,封建主用种种方法把农民束缚在土地上,剥夺了农民的一切自由。

在德川统治初期,农业与手工业尚未充分分工,农民是粮食生产者,也是手工业品生产者,举凡有关衣、住以及其他生活必需品和生产工具,几乎都由自己制造。无论是农民的经营还是各藩经济,都是自给自足性质的。同时,幕府将军为了巩固封建制度,在 1643 年颁布了土地永远禁止买卖令;1773 年又颁布了份地限制令,以防止土地兼并和自耕农减少,杜绝封建所有制解体。

---

① 1 町步合 0.99 公顷。

　　为了防止自然经济解体、西方殖民者入侵以及诸侯与列强勾结进行反叛活动，幕府在1638年宣布实行闭关自守的"锁国政策"。16世纪末，葡萄牙和西班牙的传教士来到了日本，把日本人运走卖为奴隶。接着，在17世纪初，荷兰人和英国人也来到日本，通过各自的东印度公司，在日本进行掠夺性的贸易。西方殖民者的行动，立即引起了幕府的不满和警惕，幕府决定实行闭关自守。1633—1641年，德川幕府先后5次发布"锁国令"，除与荷兰和中国商人在出岛（长崎）还保持着极其有限的贸易联系外，其他各国商人和传教士，都被逐出国境。甚至因船舶失事而偶然漂流到国外的日本人，也被永远禁止返回祖国。幕府实行锁国政策，目的在于维持它的封建统治。当时自给自足的自然经济，是闭关政策的经济基础。

　　上述严密而残酷的封建统治和封建剥削制度，严重地阻碍了日本经济的发展，使日本日益处于落后状态。

城乡商品经济的发展和商人阶级的壮大

　　尽管封建剥削是残酷的，但是由于德川时代全国建立了统一的政权和国内长期的和平环境，在德川统治的初期（18世纪以前），农业生产仍有相当的发展。这主要表现在耕地的扩大上。16世纪，日本全国有耕地150万町步左右，到18世纪初增至297万町步，差不多增加了1倍。这些新开发的"新田"与"旧田"（德川幕府初期所勘定并列入土地登记簿的水旱田）比较，对作物品种的限制较松，因而农民种植桑、棉、菜籽、蓝靛、蜡树（造蜡原料）、楮树（造纸原料）、漆、甘蔗、茶、烟草等经济作物日益增多，从而促进了商品性农业和家庭手工业的发展。随着农业生产量的增加，领主贡米剥削也不断加重。17世纪初期，整个领主阶级的贡米收入，每年大约为1100万石，而到1688—1704年时，就增加到了2600万石，即一个世纪增加了近1.5倍。可是人口的增加却不到1倍。领主阶级由于收入不断增加，生活也就日益奢华。他们大批出卖贡米，并从18世纪初起，把年贡米逐渐改为实物和货币混合交纳的形式。同时，他们开始鼓励农民种植一些经济作物。这就促进了商业性农业和商品流通的发展。另外，德川将军为了控制各藩大名而建立的"参觐交代"制度①,也促进了各藩与江户之间的经济联系和各交通要道的商品经济的发展,特别是促进了江户经济的繁荣。

18世纪初以后,在城乡商品经济发展的基础上,出现了一批商业发达的城市。18世纪中叶的江户,居民已达80万人,其中商业人口有50万人左右。大阪是以稻米为主的全国物资集散地,18世纪以后人口达40万人左右。天皇所在地京都,也是有35万人口的大城市。此外各藩诸侯所在的城市,人口在3万—5万人的也为数不少。

城市是手工业和商业的中心。在江户和诸侯所在的城市,有许多来自农村的专门手工业者,他们生产布匹、家具、金属品、刀剑及武士使用的其他武器。城市中在经济上最有势力的是商人阶级,即所谓"町人"。在贡米日益商品化以后,大商人在各城市建立了实力雄厚的批发店,收购、贩卖领主的贡米和农民的剩余产品。商人也同时经营高利贷。虽然城市都由幕府和大名的官吏统治,商人在政治上无权,经济活动也受到限制和干涉,但是,德川时代的后半期,商人已成为在国家经济生活中有影响的一个现实力量。少数大商人如三井、鸿池等,往往贷巨款给幕府和各藩,并和封建统治者密切勾结,获得包收贡米或垄断某种商品的特权。许多富有商人之子被武士收为养子,从而使这些商人与封建主阶级结成近亲厕身于统治阶级之中。商业资本的兴起,对自然经济、等级制度和整个封建制度,起了极大的腐蚀和瓦解作用。

资本主义关系的成长和封建制度的危机 随着商品经济和城市的发展,领主阶级为了增加货币收入,实施了种种加强剥削的办法:一是不断增加年贡数额,增设各种苛捐杂税,而且年贡往往预征一两年;二是通过改铸货币和发行"藩札"等不兑换的货币掠夺人民;三是幕府与各藩以"殖产兴业"为名,奖励农民进行商品生产,以低价收买农民的产品,实行专卖,对特产品课以重税。所有这些,使农民日益陷于赤贫。农业生产从18世纪初以后,开始呈现衰落趋势,连年发生

---

① 所有大名,每两年中必须一年住在本藩,一年住在幕府所在地江户,而其妻子必须长住在江户,作为人质。

饥荒。在 1781—1788 年的大饥荒中,仅仙台一地就有 30 万人饿死。溺婴、卖女为娼,成了农村中的普遍现象。人口几乎完全停止增加,据日本政府的调查,1726 年,全国人口为 2650 万人,1848 年为 2700 万人。

与此同时,农民分化开始加速。虽然土地禁止买卖,但农民为了活命,不得不把世袭份地以抵押、典当的形式出让给商人和富裕农民,以取得借款。在"明治维新"前夕,许多商品经济比较发达的地区,70% 左右的农民丧失了份地。商人和富裕农民将贫困农民抵押或典当过期的土地攫为己有。他们虽然还不是土地的名义所有者,但已握有土地的实际支配权,成为农村中的新剥削者——新兴地主阶级。到 19 世纪中叶,新兴地主已掌握了全国耕地的 1/3。他们或将土地租给没落贫困的小农,或雇工耕种。新地主的出现和发展,标志着封建土地领有制开始瓦解。

农民为生计所迫,开始较普遍地从事以出卖为目的的家庭手工业生产,作为副业。这又为在城市中备受限制的商人打开了新的活动天地。18 世纪以后,商人高利贷者加紧对农民的控制,廉价收买农民的手工业产品,以牟取暴利;进而采取预先贷给农民原料或工具等方式,把农民实际上变成出卖劳动力的工资劳动者。这样就形成了资本主义家庭手工业。这种当时在日本称为"换棉"(商人供应原料)和"租机"(商人供给工具)的分散的资本主义手工业工场,在丝织业、棉织业、陶瓷业、木器和漆器制造业中,得到了相当普遍的发展。到 19 世纪初叶,随着农民丧失土地现象的增长,已经有许多农家女儿完全脱离了农业,被吸收到商人组织的作坊("机屋")里,按分工的方法进行同一产品的生产。这种工人被称为"织布下女"。集中的手工工场形成了。这种工场,在丝织、棉织、蓝靛、造纸、冶铁和酿酒等部门中都已出现,不过集中的手工工场的数量还不多,到 1867 年明治维新前共有 400 多个。就日本当时发展的阶段说,它还没有发展到像英国在资产阶级革命前那样成熟的手工工场时期。这也正是日本资产阶级在明治维新中的作用极其微弱和日本资产阶级革命不彻底的原因。

随着资本主义关系的发展,到 19 世纪初,日本国内已经出现了许多手工业发达的地区,并形成了全国性的市场。

商品经济和资本主义关系的增长,表明封建制度已处于瓦解之中。在这样的经济基础上,阶级矛盾尖锐起来。大批破产农民在饥饿的逼使下揭竿而起,掀起了日益频繁的起义斗争。在整个德川幕府统治时期,有记载的农民起义就达 1000 次以上。它们多半发生在 18 世纪以后,特别是 19 世纪以后。仅在 1801—1867 年就发生了 505 次农民起义。同时,城市贫民的起义也不断发生。1837 年以大阪为中心的"大盐平八郎起义"中,农民起义和城市贫民反对商人抬高物价的运动结合在一起。这次大起义虽然迅即被镇压下去,但以它为导火线,农民起义在全国迅速展开。农民起义严重地打击了幕藩的封建统治。

同时,商业高利贷资产阶级、正在兴起的工业资产阶级、新兴地主与封建统治者的矛盾,以及封建统治阶级内部诸侯与武士间的矛盾,也日益加深。

上述种种矛盾纠结在一起,使日本封建制度陷于深刻的危机。幕藩统治者为了挽救封建制度,免于崩溃,在 19 世纪 30 年代以后,曾实行了几次改革。其中最重要的,是受西方影响较大并与幕府矛盾较深的西南各藩——长州、萨摩、肥前、土佐等藩所进行的"藩政改革"。它们在政治上树立了以下层武士改革派为中枢的体制,排挤和取代了腐朽的世袭门阀的藩臣;在土地制度上,加强了新兴地主的地位;为了充实财政和增强军事力量,开始从西方输入技术装备,发展藩营工业。例如,萨摩藩从 1850 年起兴办了制药厂、玻璃厂、制铁厂、纺纱厂和制炮厂等。这些工厂是使用不自由的农民劳动的封建性企业。

西方列强的入侵和幕府统治的崩溃

当日本封建制度濒于崩溃的时候,正在到处寻求海外市场的西方资本主义列强闯了进来。自从 19 世纪初起,英、俄、美等国就在觊觎日本市场。它们曾多次派船驶往日本海面,并派遣使节到日本,要求开港通商。1853 年,美国海军准将培利携带国书,率领四艘军舰开进江户附近的浦贺湾,用武力打开了日本的"国门",威逼日本在 1854 年 3 月缔结了日美"神奈川条约"。该条约规定,日本开放下田、函馆两港为美国船只停泊地,供给美国舰船粮、煤等需用品;允许美国派遣领事驻在下田。同年 8

月和 12 月,幕府又被迫先后与英、俄两国签订了内容大致相同的条约。接着,1858 年,又与美、荷、俄、英、法等国先后签订了新的不平等通商条约。根据通商条约,西方国家取得了在江户居住、在大阪经商的权利;日本对外开放了五个港口(兵库、新潟、神奈川、长崎、函馆);各缔约国在日本享有领事裁判权;日本丧失了关税自主权。列强强加于日本的不平等条约,使日本面临沦为殖民地的威胁。

西方列强的侵入,对日本的政治经济发生了深刻的影响。封建经济的解体加剧了,原来的阶级矛盾激化了。结果,使封建制度加速崩溃。

列强利用取得的特权,在日本倾销大工业生产的廉价商品,低价收购生丝、铜、茶叶和海产品。1860—1867 年的 8 年间,日本的出口贸易增加 2.5 倍,进口贸易竟增加 13 倍。这一方面打击了日本的工场手工业,另一方面也加速了封建经济的瓦解。同时,外国商人还利用日本国内金银比价(1∶5)和世界市场金银比价(1∶15)的差额,从日本大量运出黄金和向日本大量运入白银,转手获取巨利,严重地破坏了日本的货币制度和财政基础,加剧了日本国内的阶级矛盾和经济矛盾。

在国内封建制度和外国殖民者的双重剥削下,日本人民的生活更加困苦。幕府对列强所表现的屈从态度,激起了人民的不满。于是,从 19 世纪 60 年代开始,日本国内出现了轰轰烈烈的"攘夷倒幕"运动。参加斗争的主力军是农民。从 1854 年到 1867 年的 14 年间,农民起义达 131 次之多。但是,农民的分散性和落后性,使他们不能提出明确的反封建纲领和成为革命的领导力量。日本当时还处于资本主义工场手工业发展的初期阶段,资产阶级和无产阶级还未形成独立的政治力量,因而也无力领导人民进行斗争。新兴的地主和商人高利贷者,是在经济上相当强大的社会力量,并因受领主阶级的压迫而要求改革。但是,他们在政治上和经济上与领主阶级和幕府制度有千丝万缕的联系,也不能成为反封建的领导力量。于是日本"攘夷倒幕"的领导权,落到了下层武士之手。在商品经济的冲击下,特别是开港以后,幕藩的财政状况不断恶化,下级武士的俸禄收入因而日益减少,没有保证。他们之中有沦落为小商人、手工业者和浪人的,也有一些人成了教师、诗人等知识分子,更有人已经开始接受西方资产阶级文化。因此,资产阶级化的下级武士对当时的幕藩统治制度强烈不满,企图对封建制度进行适应于资本主义发展的改革。这种要求集中地体现在出身于商品经济比较发达并握有政治实权的西南四藩的下级武士的活动上。他们的代表人物如西乡隆盛、大久保利通、木户孝允、伊藤博文等,伙同少数公卿(皇室贵族),利用人民的革命要求,在大阪和京都的巨商富贾的财力支援下,以"尊王攘夷""政权归皇室"为口号,在 1868 年 1 月 3 日发动了政变。经过几个月的内战,终于推翻了幕府统治,15 岁的睦仁天皇被拥为国家元首,定年号为明治,建立了明治天皇政权。

明治维新和资本原始积累

天皇政权是地主阶级和资产阶级联盟的专制主义政权。这个政权建立后所面临的形势,一方面是国内资本主义的发展极为微弱,另一方面是西方资本主义列强已经发展到自由资本主义的顶点。因此,"利用国家权力,也就是利用集中的有组织的社会暴力,来大力促进从封建生产方式向资本主义生产方式的转变过程,缩短过渡时间"①,免于沦为西方殖民地,成为天皇政权的迫切任务。明治政府从 1868 年到 80 年代初的十几年间,在"富国强兵""殖产兴业""文明开化"口号下自上而下推行的"维新"改革,正是加速资本原始积累和促进从封建制度向资本主义制度过渡的重要措施。明治维新是与封建阶级妥协的资产阶级改革。由下层武士所把持并充分代表地主阶级利益的明治政权,具有浓厚的封建性质。它所推行的"维新",虽然为日本的资本主义发展开辟了道路,为日本摆脱半殖民地危机和在 19 世纪末期发展成为亚洲唯一的资本主义国家奠定了基础;但也在日本的政治经济生活中保留了反动落后的封建残余。其中最主要的是农村的半封建土地制度,政权中军阀和皇族集团的统治,以及工业中资本主义剥削和封建剥削的结合。

明治维新涉及的范围很广,就其主要方面来说,有如下几点:

第一,废藩置县,统一全国政权。各藩的封建割据是资本主义发展的

---

① 《马克思恩格斯全集》第 23 卷,人民出版社 1972 年版,第 819 页。

严重障碍。明治政府在 1868 年 8 月就明令废除了各藩设立的关卡。1869 年,明治政府决定各藩向中央政府"奉还版籍",版图即领地,户籍即人民,就是要求各藩诸侯把对土地和人民的封建领有权交出来。"奉还版籍"后,诸侯在原领地内改任藩知事,成为新政权的地方官吏,以原领地收入的 1/10 作为他们的俸禄。为了最后取消诸侯的统治权,两年后(1871 年),新政府发出了"废藩置县"的命令。就是废除藩国制度,打破藩界,将全国行政区划分为 3 府(东京、京都、大阪)72 县,中央政府任命府、县知事进行管理。旧藩主迁居东京,从国家领取俸禄为生。这样,日本开始成为名副其实的中央集权的统一国家。与此同时,禁止各藩私铸货币,统一了货币,整顿了财政。这对国内经济上的统一,国内统一市场的形成,都起了促进作用。

第二,废除等级制度和行会组织。在"奉还版籍"后,新政权即着手改革封建等级制度。1871 年和 1872 年,政府宣布:废除大名(诸侯)和公卿(宫廷贵族)的称号,改为华族,其地位仅次于皇族;幕府直属的家臣"旗本"、各藩的"藩士"、宫廷中的下层分子和一般武士,改为"士族"。从事农、工、商业的农民、市民、手工业者,僧侣、神官,一律改为"平民",废除"秽多"和"非人"的称呼,也改为平民。同时,废除了 17—18 世纪以来经德川幕府和各藩批准成立的工商业行会组织——"株仲间"。"仲间"即同业公会或行会,"株"是发给入会的执照。另外,宣布各阶层有迁徙自由、就业自由和契约自由,在法律面前享有平等权利。取消封建特权和等级制度,确认营业自由,就为资本主义生产的发展扫除了障碍。但是,在这些改革中,旧的封建领主和高级武士,很多都变成了新政权的高级官吏,他们在政治上仍然是统治者,在社会上保有华族和士族的门第。更为重要的是,在取消诸侯和武士的封建等级时,新政府是付出了巨额代价的,为它们由封建阶级转化为资产阶级创造了原始资本。改革以后,日本的封建领主虽不再向农民征取年贡,武士也丧失了从领主手里领取的俸禄,但他们却从政府手里得到了巨额俸禄。1873 年,政府允许献出俸禄时,又发给了他们巨额现金和公债券。从 1874 年到 1876 年的 3 年里,献出俸禄者达 13.5 万人,献出俸禄总额为 609.8 万日元,而政府发给的现金达 1932 万日元,公债券约为 1656 万日元,合计 3588 万日元。1876 年,政府又命令所有领取俸禄者一律献出俸禄。为此,政府又发行和支给了 17300 万日元公债,领取公债券的达 31 万多人。这些公债,从第六年起每年以抽签方式偿还,30 年内偿还完毕。俸禄公债的发放,成为资本原始积累的重要手段。华族和少数上层士族,利用公债的流通性,成了厕身于资产阶级行列的银行、铁路和其他企业的投资者。同时,绝大部分士族,在整顿俸禄之后,因收入微薄,不能维持生活,不得不转化为自食其力的劳动者(小手工业者、工资劳动者和佃农)。

第三,土地制度和地税制度改革。在明治政府推行的一切改革中,最重要的是土地制度和地税制度的改革。明治政权建立初年,由于废除了幕藩体制和交还藩籍,政府在事实上成了全国唯一的领主。政府为了缓和农民对土地的要求,扶植作为天皇政权主要支柱的地主阶级,以及保证国家有稳定的财政收入,不能不对原有的农业生产关系和剥削形式进行一些改革。1869 年废除了田地永禁买卖令。1871 年允许农民交纳货币地税和有栽培作物的自由。1872 年又宣布根据土地的实际支配权确定土地所有权:即由农民世袭租种的土地,归农民所有;农民短期租用的土地,归出租人所有;典押的土地,归受押人所有。这虽然满足了部分富裕农民对土地所有权的要求,但在维新前占全部耕地 1/3 的农民份地的实际支配权,已经转到地主、商人和高利贷者手里,土地改革使他们成为合法的所有者;而占农户总数 1/3 的耕种短期租用土地的佃农,则完全没有得到土地。因此,1872 年的土地法令在实质上是通过承认既成事实的办法,确认了德川幕府时期因封建经济解体和农村阶级分化而逐步产生的新兴地主,以及富裕自耕农对土地的所有权,最终废除了幕藩封建领主的土地领有权。这种土地所有制变革的结果,确立了一种不同于封建土地领有制的地主土地私有制和农民土地私有制。土地可以自由买卖,农民在人身上是自由的。但是,占有土地的新兴地主、富农,多数是过去幕府时期的村吏等土豪,或是一直受封建领主保护从而同封建领主经济有千丝万缕联系的商人—高利贷者,或是幕藩封建领主一类人物。他们在农村直接或间接地拥有统治势力,他们还以"老爷"的面目对待农民。这就使改革后的农村,以及地主和农民的剥削关系,还保留着浓厚的封建因素。

继而在 1873 年 7 月,政府颁布了地税改革条例,其要点如下:一是原由幕藩征收的贡赋,名目烦杂,税率不一,新地税改为全国统一的单一的地税;二是旧年贡按土地收获量计征,并多采取实物形态,新地税则按地价计征(税率为地价的 3%,附加 1/3 作为村费),统用货币交纳;三是旧年贡是按村摊派,向直接耕作者征收,新地税则不问土地耕作者是谁,一律向土地所有者征收。地税改革在 1880 年完成。它成了加强对农民掠夺、进行资本原始积累和培植地主阶级的重要手段。首先,在丈量土地中,把过去农民作为一线生路的"隐匿田"也列为征税对象。原幕藩的广大山林原野收归国有,剥夺了农民生产和生活所不可缺少的放牧和割柴草等权利。由于地价是由官吏所决定,他们为了多向农民榨取地税,往往过高地确定农民土地的价格。违抗者被"视为朝敌,只身驱逐出国"。其次,在地税改革中,地主常以区长和户长的名义,将公地攫为己有。因此,新地税制对地主十分有利,农民的负担反而加重了。据改革地税时政府公布的调查实例记载,佃农的收获物总值的 34% 被征为地税,34% 归地主,佃农所得不过 32%。而根据幕府末期几个地方的调查,其比率是:37% 归领主,24% 属地主,39% 归佃农。两相比较,改革地税后,过去是领主现在是国家征收的部分减少了 3%,佃农收入减少 7%,而地主收入却增加了 10%。而且,国家向地主征收的是固定的货币地税,地主向佃农征收的是实物地租。在粮价不断上涨的情况下,地主的收入也随之增加。最后,高额的地税负担和货币交纳的形式,迫使农民卷入商品市场,忍受商人高利贷的剥削,以致中农以下的农民迅速没落。到 1886 年,农民丧失的土地,已相当于耕地的 1/7。丧失土地的农民,一部分沦为佃农,巩固和扩大了地主制度;一部分流入城市,为资本主义工业的发展提供了廉价劳动力。

第四,摹仿欧美教育制度,学习欧美文化,输入欧美科学技术,举办官营模范工厂。德川幕府时代遗留下来的经济基础十分薄弱和落后,资本主义的幼苗还十分脆弱。为了免遭西方资本主义的侵略和殖民地化,必须急起直追,改革落后的教育制度,大力发展近代工业。其重要途径,就是改变闭关锁国政策,向西方学习先进的教育制度、科学文化和生产技术,并运用国家政权的力量举办文化教育事业和模范工厂企业,大力扶植资本主义的发展。为了向西方先进国家学习,1871 年 11 月,明治政府派出了以右大臣岩仓具视为全权大使,参议木户孝允、大藏卿大久保利通、工部大辅伊藤博文、外务少辅山口尚芳为副使的庞大代表团,到欧美考察并洽商修改条约,历时近两年,走访了美、英、法、德、俄等十多个国家。1873 年 5 月到 9 月才陆续回国。经过访问,日本进一步认识了西方国家,决心努力学习和赶上西方。在发展资本主义方面要学英国,在军事建设上要以德国为榜样,在革新教育制度上要特别重视美国的经验,同时强调要以国民教育为基础,实现日本的文明开化。明治政府改革教育的基本方针是提高国民知识水准,普及初等教育,达到“邑无不学之户,家无不学之人”,使教育和兵役、纳税一样,成为日本国民的三大义务之一;大力振兴实业教育,造就科技骨干力量,通过教育迅速掌握引进的欧美先进科学技术;派遣留学生到欧美学习先进科学文化,聘请欧美学者来日本传授先进科学技术。1871 年,政府设立了统辖科学文化教育事业的文部省(文教部)。文部省经费在政府各省(部)中为最多,1873 年达 143 万日元。大力发展教育事业的同时,明治政府大力贯彻殖产兴业的方针,努力发展近代工业。为此,1870 年 10 月成立了工部省(工业部),一方面聘请大批外籍专家和技术人员、熟练技工,抓紧培养指导资本主义工业化的高级技术人才;另一方面大力引进西方国家的先进科学技术、经营管理制度和各种近代机器设备,来建立和发展国营为主的近代工业企业。从兴建铁路、建立电报电话等通信制度、普及邮政制度,直到建立近代金融机关等,无不全力以赴。明治政权建立后,接收了原属于幕府和各藩的工厂企业,并加以重新配备和改组,接着又建设了一批新企业。到 1880 年,属于国有的产业有 3 所造船厂、5 所军械厂、10 处矿山以及 52 所纺织、水泥、玻璃、火柴、酿酒等工厂。其中的民用厂被称为“模范工厂”,都具有相当可观的规模和相当先进的技术水平,对推广和改进先进技术,训练和培养管理人员和技术人才,推动资本主义工业化起了重要作用。此外,政府在农牧业方面,也创办了一些农业试验场、育种场、农具场和"模范牧场",以及国营林场。所有这一切,对加速日本资本主义的发展都起了重要作用。但在全盘西方化的同时,崇拜"天皇""大和魂""武士道"等神道思想和军国主义制度也被扶植起来。

第五,扶植私人资本主义的发展。使封建特权商人、高利贷者("政商")转化为近代资产阶级,是"明治维新"的重要方面。如前所述,在德川时代,就已经出现一批受幕藩保护的特权大商人。这些商人在明治政权建立和推行社会改革中,对政府给予了财政上的支持,也得到了政府的大力扶植。例如,幕府末期在江户、大阪、京都和长崎经营商业和钱庄的三井家族,是天皇政权最大的财政支持者,因而在国立银行建立前,获得了发行"三井票"的货币发行垄断权,并经理国库的收支和汇兑。在这个基础上,1876 年开创了拥有 250 万日元资本的三井银行和三井物产公司。旧土佐藩经营商业的经理人岩崎弥太郎(1834—1885 年),在废藩时承担了该藩的一切债务和债权,于是将原属土佐藩的轮船攫为己有,设立了三菱公司,专营运输。1874 年,政府又将 13 艘轮船交给三菱公司免费使用,并给予各种补助费,使三菱很快就垄断了日本近海运输业。

明治政权对私人资本主义的扶植,在 70 年代到 80 年代进一步加强。一方面,明治政府采取各种办法鼓励改革封禄后的封建武士,用货币俸禄投资开办银行,还发放大批"创业基金"和"劝业基金",帮助他们经营土地和工商业。例如 1870 年 12 月和 1871 年 1 月,政府颁布法令,规定凡愿意务农经商的士族,政府发给相当于俸禄 1/5 的偿金,以资鼓励。另一方面,明治政府于 1880 年决定将以国营事业带动和示范的方针改为"处理"国营企业、直接对私人资本进行扶植和保护的方针,颁布了"处理"国营企业的条例。这时,国营企业设备已经齐全,日本工人已能掌握操作技术,企业已经能够赢利,兴办国营事业的目的已基本实现。于是,政府除保留一部分军工企业外,将大部分国营企业以廉价处理方式转交给了一批大资本家。比如,将三池煤矿、新町纺织厂、富冈缫丝厂"处理"给三井;将高岛煤矿、佐渡金银矿、生野银矿和长崎造船厂"处理"给三菱;将足尾铜矿、院内银矿、阿仁铜矿"处理"给古河市兵卫;将兵库造船厂"处理"给川崎正藏等。政府"处理"的国营工矿企业,价格极为低廉,条件极为宽松,都是无利息长期分期付款,几乎等于无偿转让。例如,投资62万日元兴建的长崎造船厂,连同4.4万日元的库存,仅以9.1万日元一次支付就交给了三菱。投资59万日元的兵库造船厂,仅以5.9万日元一次支付就交给了川崎。投资18.9万日元的品川玻璃厂,只作价大约8万日元,采取从第六年起55年分期支付的办法,交给了西村胜三。这些企业,以后大都成了三井、三菱、古河、久原、浅野、川崎等与政府相勾结的特权商人,形成财阀的基础。

以上就是明治维新社会经济改革的主要内容。这些改革在很大程度上破坏了封建制度,加速了资本原始积累的过程,为资本主义大工业的发展创造了前提条件。所以,明治维新是日本近代史上一次具有划时代意义的历史事件。地处东亚一隅的日本,经过这次维新变革,比较顺利地摆脱了沦为殖民地半殖民地的危机,使日本迅速地由封建社会转变为资本主义社会,建成了亚洲独一无二的独立自主的近代资产阶级国家。但是,这种社会经济改革是很不彻底的,它给以后日本资本主义的发展深深地打上了封建的烙印。

应该指出,日本明治维新所以能够获得成功,是由其内外因素促成的。就内部条件来说,明治政权从亚洲其他国家沦为西方殖民地和半殖民地的历史中比较自觉地吸取了经验教训,坚决地打倒了与外国殖民势力相勾结的反动卖国的社会势力,采取了强有力的发展资本主义的政策,从而在一定程度上得到了人民群众特别是广大农民群众的积极支持和拥护。离开日本人民的反封建革命斗争,离开日本人民渴望民族独立和自身解放的要求,离开当时以农民为主的广大日本人民的血汗劳动,日本的维新改革是不可能实现的。就外部条件来说,中国等亚洲人民反对殖民压迫的斗争方兴未艾,牵制和削弱了西方殖民主义者对日本的入侵和干涉。同时,当时美国正忙于南北战争,顾不上对外干涉。英国和法国也正忙于侵略中国,进一步在中国攫取政治经济上的殖民权益,也未把国小人少、资源贫乏的日本放在眼里。另外,西方国家在对日政策上、步调上不一致,英俄之间、英法之间以及英美之间,都有深刻的矛盾。这既妨碍了它们联合起来对日本进行武装干涉，又使日本可以利用它们之间的利益冲突，争取它们对日本维新改革采取中立和支持的政策。列宁指出："欧洲人对亚洲国家的殖民掠夺在这些国家中锻炼出一个日本，使它获得了保证自己的独立的民族发展的伟大军事胜利。"[1]

第二节　日本的工业革命和资本主义的确立

明治维新后工业革命的开始和19世纪80年代后大规模的开展　日本近代的机器工业，早在幕府末期就以藩营工厂的形式出现了，只是为数极少，而且是封建性的。明治政权建立后，政府采取了一系列促使近代工业发展的措施，并且很快就取得了一定的进展。1868—1877 年间，新建的雇佣 10 个工人以上的私人企业为 487 家，1877—1886 年增至 760 家。但是，在 80 年代以前，整个工业发展尚处于工场手工业阶段，真正配称为近代机器工业的，还只有以军事工业为中心的少数国营工厂。日本当时尚处于社会改革时期，国内局势还不稳定，私人资本宁愿在贸易、金融和信贷方面，特别是在公债投机方面活动，而不愿投入工业。直到 1884 年，在全部公司资本中，工业资本只占 4.3%，商业资本占 7.8%，而银行资本占 75.6%。

进入 80 年代时，明治维新的各项重要改革都已完成，政局趋于稳定。上述种种改革，特别是地税改革的完成，开始成为促进资本主义工业发展的有力因素。1880—1885 年，政府又进行了整顿纸币工作，用硬币代替了纸币，稳定了通货，并开始兑换现银和降低利率。这都为大规模地输入外国技术装备和促进私人向工业投资创造了条件。因此，在 1885 年前后，日本资本主义大工业的发展进入了一个新的阶段，出现了创办企业的高潮。在棉纺工业和铁路建设等许多产业部门中，陆续创建了近代化的

---

① 《列宁全集》第十五卷，人民出版社 1959 年版，第 158 页。

机器工厂。1884—1893年,工业公司数增加近7倍,资本增加14.5倍,它在各类公司总资本额中所占比重由4.3%增至25.5%。同期,运输公司资本增加12倍,它在各类公司总资本额中的比重由5.9%增至29.5%。这是私人资本大规模地投向工业和运输业的结果。

日本的工业革命也是以纺织工业为中心开始的。日本第一个有机器设备的棉纺织厂,是1866年在萨摩藩鹿儿岛设立的。明治政府建立后,采取了一系列保护和奖励措施,到1885年,棉纺织厂增至22家,共有纱锭65200枚。1886年以后,特权商人、棉纱棉布批发行和地主等,相继投资开办近代棉纺厂。1887—1890年,在各种企业的投资总额4100余万日元中,棉纺方面的投资差不多占40%(1500余万日元)。这些年里,相继兴办了大阪纺、东京纺、钟纺等几十家大棉纺公司,使日本棉纺业的面貌为之一新。棉纺纱锭从1886年的72000枚激增至1893年的382000枚;同期,棉纱产量从16217包增至215000包。新式机器的大量采用,使日本棉纺手工工场遭到了毁灭性的打击。在棉织业方面,1887年后也在京都、大阪等地开办了一批使用蒸汽动力的机器棉纺织工厂,但进展比较缓慢,织物品种也很有限,在90年代一般还继续使用旧的手工生产方法。

日本纺织业中发展最快的除棉纺业外,就是制丝业。日本原来的生丝出口市场主要是在欧洲,特别是在法国。19世纪70年代以后,由于美国丝织业的发展,1877年太平洋轮船公司开设中国航线和1879年美国建成横贯全国的铁路等因素,日本生丝在美国的市场大为扩展,从而促进了日本制丝业的发展。日本的生丝产量,由1884年的57万贯增至1894年的137万贯。虽然这时由商人控制的使用10口制丝釜以下的家庭手工业还占主要地位,但机器缫丝业也已经有了相当大的发展。在1894年甲午中日战争前后,机器缫丝占生丝产量的40%左右。

这个时期,兴办企业的热潮,还突出地表现在铁路建设方面。政府从军事目的出发,并为了扩大国内市场,对铁路投资给予了非常优厚的保护条件。例如,1881年,以华族的金禄公债为主要资金设立的日本铁道公司,政府免征其所需土地的租税,并在开业前保证付给股东8%的年利。政府的鼓励和保护,刺激私人资本竞相对铁路进行投资。1890年,已建立私人铁道公司 31 家。从 1872 年政府修筑东京—横滨铁路开始,到 1884 年,修建的铁路长度只有 421 公里,而到 1894 年激增至 3402 公里,10 年间增长了 7 倍多。同样包含有军事意义的海运业,在政府特别保护下,也得到了相当大的发展。一些大航运公司相继建立。1884 年,日本拥有的 500 吨位以上的船只有 25 艘,1894 年增加到 91 艘,开辟了通往中国、朝鲜和东南亚国家的数条航线。

到甲午中日战争前夕,日本工业在国家大力扶植下,依靠从西方国家输入技术装备,已经取得了显著的进展。1888—1894 年,工厂数由 1694 个增加到 5985 个,职工数由 12.3 万人增至 42 万人,蒸汽机由 409 台增至 1808 台。在这 7 年中,工厂和职工数都增加至 3 倍多,蒸汽机增加至约 4.5 倍。

日本资本主义工业的发展是没有稳固基础的。日本发展工业的资金,直接或间接来源于占人口 70% 以上的农民。换取外国机器设备的主要出口商品是生丝。但是,农业沿着半封建的小农经营的道路发展,生产增长很慢,农民日益贫困破产。这使国内资源和市场同发展着的工业日益不相适应。同时,在资本主义和封建主义双重剥削下的日本工人阶级,劳动和生活条件十分恶劣,工资极低。工人的购买力低下,更加缩小了国内工业品市场。明治维新以后,日本并没有废除与西方国家订立的不平等条约,这使本来就狭窄的国内市场,又充斥着外国商品。外国商品的强烈竞争,不仅使日本的机器制造业、棉织业和毛纺织业等许多部门得不到发展,就是有较大发展的棉纱业,也很快陷入了困境。1890 年,国产棉纱 3632 万斤,比输入量只略多一点。大量外国棉纱涌入日本市场,曾使日本棉纺织业于 1890 年陷入了生产过剩危机,纱价暴跌,销路停滞,以致不得不减产三个月。棉纺织业的危机,直接影响了整个工业,铁路建设的狂热也大大减弱了。

面临狭小的国内市场的日本资产阶级,想从对中国和朝鲜的侵略扩张中寻找出路。当时,日本的工业力量远远落后于欧美先进国家,日本要通过商品竞争进入中国和朝鲜的市场是不可能的,于是它采取了借助军事侵略为经济扩张开辟道路的罪恶手段。

明治政权建立后,它一方面努力学习欧美先进科学文化技术,大力发展资本主义,建设独立自主的资产阶级国家;另一方面,它也企图学习西方列强的殖民扩张和殖民侵略,通过对亚洲邻国领土和资源的掠夺来壮大自己的实力,建设一个独霸亚洲的"大日本帝国"。因此,明治维新后上台的日本统治集团,制定了"大陆政策",也就是用武力向中国和朝鲜进行侵略和扩张的决策。同时,在"富国强兵"的口号下,以德国和沙皇俄国为榜样,对人民进行军国主义教育,优先建设了一大批国营军事工业,精心建立了近代常备军和警察制度,不断扩充军备。早在 1874 年,日本就发动了对中国台湾的军事侵略,1875 年,又侵入朝鲜制造江华岛事件,之后不断干涉朝鲜内政。随着国内资本主义的发展,国内阶级矛盾和经济矛盾的加深,日本加紧了扩军备战活动。1890 年,日本军费开支占国家预算的 30%。1892 年,整个国家预算为 8400 万日元,其中军费开支达 3450 万日元,占 41%以上。这在当时资本主义国家是罕见的。日本政府用这些军费建设准备对中国作战的吴、佐世保等西部军港,从外国采购大批武器装备。1893 年,日本从西方国家进口的武器弹药、火药及海军舰艇等军用物资,总计为 110 万日元,1894 年激增至 421 万日元。经过充分准备之后,日本于 1894 年 7 月 25 日发动了大规模侵华战争。

> **1894 — 1895 年侵华战争和工业革命的基本完成**

　　1894—1895 年,日本对中国发动侵略战争(甲午中日战争)后,日本工业革命进入了全面展开和最后完成阶段。中国清政府的腐朽无能,使日本侵略者获得了意外的胜利,中国被迫在 1895 年与日本签订了丧权辱国的《马关条约》。根据这个条约:日本独霸了朝鲜市场;侵吞了中国的台湾和澎湖列岛;获得了 2 亿两白银的赔款;迫使中国开放沙市、重庆、苏州、杭州为商埠;日本向中国输入的商品和由中国输出的商品,在中国内地不纳任何税;中国承认日本人在中国各商埠、港口自由从事各种制造业的权利。上述权益的获得,对日本资本主义发展起了极大的推动作用,使日本基本上从一个被压迫的国家变成了压迫别国的国家。

首先,日本独霸了朝鲜和中国台湾的市场,扩大了在中国大陆的市场,使它的对外贸易获得极大增长,因而工业急剧发展。1895—1905 年间,出口贸易由 13610 万日元增至 32150 万日元,扩大了 1.5 倍,进口贸易由 12930 万日元增至 48850 万日元,增加了近 3 倍。在全部出口中,除生丝外,约有一半输往中国,而棉纱几乎全部输往中国和朝鲜。进出口贸易的增加,刺激了纺织工业生产的猛烈增长。1893—1903 年,全国纱锭从 38 万枚增加到 129 万枚,增加了 2.5 倍。棉纱产量由 215000 包增加到 802000 包,增加了近 3 倍。棉织业和丝、麻、毛纺织工业,也有相当大的发展。甲午中日战争后,日本不仅成了世界主要棉纱输出国,而且成为棉织品输出国。纺织工业成为日本工业中首屈一指的部门。据 1900 年的工厂调查,纺织工业占工厂总数的 73%、马力总数的 45% 和工人总数的 67%。日本侵占了中国的台湾、澎湖列岛和独霸了朝鲜市场以后,不仅扩大了国外市场,而且确保了原料产地。例如,台湾的丰富的制糖原料,给向来在外国糖业压制下奄奄一息的日本制糖业,打开了一条生路。

其次,甲午中日战争也促进了以军事工业为中心的重工业和交通运输业的大发展。战时,政府支出的 24500 万日元战费和中国赔款的 90% 以上,都投入了军事部门。战后,政府又提出了新的扩军计划,直接军费始终保持在国家预算的 40% 左右。所有这些,都大大地促进了重工业的发展。在钢铁工业发展中,具有重大意义的是 1897 年八幡制铁所的建立。该厂建成后的第一年——1901 年,生产的生铁和钢分别占日本总产量的 53% 和 83%,使用的原料主要是由中国供应的大冶铁矿石。到 1905 年,日本生铁和钢产量分别达 7.9 万吨和 7.1 万吨。煤炭和铜的生产也有很大发展。1894—1904 年,煤炭产量由 426 万吨增至 1072 万吨,铜由 19910 吨增至 32120 吨。钢铁和煤炭等工业的发展,又为其他重工业的发展提供了条件。造船厂由 1894 年的 21 所,增加到 1904 年的 40 所;车辆厂由 4 所增至 21 所;锅炉蒸汽机械工具厂由 150 所增至 166 所。战后交通运输业也有极大增长。铁路长度由 1894 年的 3402 公里增加到 1904 年的 7539 公里。轮船吨位从 1893 年的 11 万余吨增至 1903 年的 65.6 万吨。1896 年,日本邮船开辟了欧洲、美国和澳洲三大远洋航线。

再次,日本在中国获得设厂权利,使中国成为日本资本的投放场所。日本资产阶级可以利用中国的廉价原料和劳动力赚取高额利润。

最后,日本获得的巨额赔款,为确立金本位制奠定了基础。1897年,日本放弃了银本位制,改行金本位制。金本位制的建立,一方面,使日本国内信用制度健全起来,银行业得到了飞速发展;另一方面,使日本金融市场和欧美密切联系起来,增强了日本的竞争能力,为日本发展对外贸易,输入外国资本和对外经济扩张开辟了道路。

另外,日本的胜利,在客观上大大提高了日本的国际地位,使日本得以逐步取消与列强缔结的不平等条约,解除了沦为殖民地或半殖民地的危机。

从甲午中日战争到日俄战争前(1894—1904年)的10年间,日本的工业、交通运输以及银行、贸易,都有惊人的发展。1894—1904年,各部门的公司数由2844家增至8895家,实缴资本由24500万日元增至93100万日元。工业公司和运输公司的资本,在1903年已占公司总资本的50%。工业中使用机械动力的企业显著增加,表明了工业革命的决定性的进展。1893年,拥有10个工人以上的工厂有3019家,其中使用机械动力的只有675家,占22%左右;而到1903年,同类工厂数增为8274家,其中使用机械动力的则为3741家,占总企业数的46%左右。与此同时,对外贸易结构也发生了重大变化。在输出额中制成品所占的比重,由1894年的25.6%上升到1904年的31.2%,同期输入额中原料品从19%上升为31.1%。

总之,19世纪末20世纪初,在日本的主要工业部门纺织工业中,工厂制品已占据统治地位。在钢铁、煤炭、造船等重工业中,近代化的企业有了相当发展。近代军事工业部门和交通运输业发展更快。在整个工业中,使用机械动力的企业,已占到相当大比重。这一切表明,日本的工业革命已基本完成,资本主义制度在日本已确立起来。

不过,整体来说,日本的工业发展还是相当薄弱的。农业在产业部门中仍占压倒优势地位。1900年,得自工矿业的收入为25500万元,得自农业(包括林业、水产在内)的收入为96400万元。同年工矿业职工为 293 万人,农业劳动者为 1733 万人。

日本资本主义
工业发展的特点

日本是在比较特殊的社会历史条件下进入资本主义时期的。就国内条件来说,它不是建筑在工场手工业长期而充分发展的基础上;资产阶级改革很不彻底,资本原始积累不足,政治经济中保留有浓厚的封建势力。就国际条件来说,资本主义制度开始在日本建立时,西欧和美国已经发展到垄断资本主义的前夜。这就使日本面临着沦为殖民地或半殖民地的危险,但也有利用西方国家先进技术和经验的条件。所有这些,不能不使日本资本主义工业的发展具有自己的特点。

首先,日本资本主义工业是靠输入外国技术装备发展起来的。甲午中日战争前夕的 1893 年,日本进口的一般机器设备总值为 149 万日元、蒸汽机为 18 万日元、纺织机为 35.4 万日元;甲午中日战争后的 1897 年,这三项进口,分别增至 1761.7 万日元、130.8 万日元和 540.1 万日元。

因此,日本近代大工业的发展,几乎是与资本原始积累同时并进的,它的发展速度很高,工业革命历时不到 40 年即基本完成。不过大量输入外国技术装备,虽然使日本能够在工场手工业没有多大发展的基础上就比较快地发展了近代大工业,但也造成了工业基础的脆弱和对外国的依赖。日俄战争前夕,日本基本上还没有自己独立的机器制造业,一切主要机器设备和大部分金属原料都仰赖外国进口。

其次,日本资本主义工业是在专制政权的大力扶植下发展起来的。因此,在日本工业中很快就产生了与政府密切勾结、受到特殊保护、在经济中起统治作用的少数特权资本,如三井、三菱、住友、安田、古河、久原、藤田、涩泽等。其中最大的就是三井和三菱。三井家族通过三井银行掌握了纺织、造纸、电气、煤炭等部门的支配权,三菱则通过三菱银行掌握了海运、造船、矿业、铁路等方面的支配权。也正因为这样,日本近代工业和银行业一开始就非常集中。到 1901 年年末,银行业中的八大银行的存款占银行公会 170 家银行存款总额的 51%;1903 年,纺织业中的八大公司垄断了参加纺织联合会的 51 家公司资本的 49%。并且,在 19 世纪 80 年代初,就在造纸、棉纺、制麻几个行业里出现了卡特尔组织。因此,在日资本主义大工业的发展过程中,一开始就带有垄断的因素。

再次,日本工业是在国家资本的带动下和对外军事侵略中发展起来的。因此,国家资本主义和军事工业在日本得到特别发展。如前所述,日本近代资本主义工业首先是以官营模范工厂的形式出现的。以后,以特权资本为中心的私人资本主义工业,又是在国家大力扶植下发展的,同时,国营工业也没有削弱其地位。在1898年,国营企业的资本共达14842余万日元,私人工矿业和运输公司的实缴资本合计为31900万日元,前者约当后者的1/2。国营经济在军事工业和直接为军事目的服务的交通运输业中处于统治地位。甲午中日战争的胜利助长了日本军国主义的气焰,战后又以没有得到辽东半岛这块"肥肉"为借口,提出了"卧薪尝胆"的军备扩张计划。1893—1903年的10年中,陆军工厂的机械动力由1125马力增至7548马力,职工数由4382人增至27129人,分别增长了5.7倍和5.2倍。同期,海军工厂的机械动力由1080马力增至12295马力,职工数由5750人增至26464人,分别增长了10.4倍和3.6倍。军事工业部门比其他一切部门的发展快得多。

最后,日本资本主义是在半封建农业的基础上发展起来的。这不能不严重地影响日本资本主义的发展,给它带来一些特点。一是工农业之间严重脱节,工业发展在国内得不到充足的原料和市场,这就更加助长了日本资本主义的对外扩张和侵略。二是农业半封建统治造成的大量潜伏过剩人口的存在,使工业劳动力的供应充足且低廉,资本家即使利用落后设备也能赚取高额利润。因此,日本的资本主义大工业和落后的家庭手工业长期并存,甚至许多部门如制丝、染织、陶瓷、玻璃、火柴等工业,到20世纪初还停留在工场手工业阶段。三是农村中的半封建统治和大量过剩人口,以及大量的分散的家庭手工业者的存在,给工业资产阶级残酷剥削工人阶级创造了极为方便的条件。日本工业中实行着多种具有封建性质的剥削制度。例如在土木工程、矿山、水产等业中的师徒制度、饭场制度,棉纺、制丝与织物等业中的包身工制度、宿舍制度,以及一般工厂中的职级制度和罚金、减薪、减食等惩罚制度,都是把旧社会关系和家庭关系运用到资本主义企业中来。日本工人比西欧资本主义国家工人所受的剥削更为残酷。1897年,稻米每升为0.11—0.18日元,而在大阪纺织业的12000名职工中,将近有1万人每天工资在0.17日元以下,可见工人收入之低。工人的劳动时间特别长,通常每天达15—16小时。利用封建关系加强对工人阶级的压榨,是日本资产阶级降低产品成本、提高商品竞争能力、扩大国外商品推销市场的重要手段。

随着资本主义工业的发展,日本工人阶级逐渐形成起来。1882年,日本有产业工人5.6万人,1900—1904年增至52万人。此外,还有从事制丝、纺织等手工工场劳动的190万工人,以及生产土纸、土布、草席、草垫和制茶的400万半无产者(以工业劳动为副业的农民)。日本工人主要来自半封建地主经济统治的农村,女工占着极大的比重。例如,私营工厂工人1900—1904年为47.3万人,其中女工达29.1万人,约占3/5。苦难的日本工人阶级,在甲午中日战争以后,展开了大规模的反对资产阶级残酷剥削的斗争,并着手建立工会组织。1897年,日本铁路工人举行大罢工,同年,建立了日本最早的近代工会组织——铁工组合。1901年,成立了社会民主党。但是,日本工人阶级的斗争,遇到了专制主义君主政权的残酷镇压。这个政权早在1880年就在刑法中制定了对工人的斗争进行严厉惩处的条款。并在1900年制定了治安警察法,禁止工会运动和罢工。

农业中半封建关系的统治和农业生产发展的缓慢落后

"明治维新"以后,与资本主义关系在工业中迅速成长的同时,半封建关系在农业中得到了巩固和扩大。如前所述,在"明治维新"农业改革中,消灭了封建领主制,建立了地主的和农民的所有制。但是,在改革时已有1/3的农民沦为佃农,遭受地主的封建剥削。此后,随着资本主义工业的发展,农业的商品化不断增长,促进了农民的分化,大批自耕农在商品经济冲击下迅速破产。高额的地税和高利贷资本的奴役更加速了自耕农破产的过程。贫困的农民为交纳地税,往往不得不以50%的高利借贷,否则土地就要遭到税吏的扣押和拍卖,而拍卖价格一般只为地价的1/3。但是,农民一旦把土地抵押给富豪和高利贷者而无力赎回时,最后仍不免丧失其所有权。1880—1881年,全国出卖土地的达90万起。1883—1890年,因贫困滞纳地税而受到公卖土地处分的农业生产者达367744户,公卖或没收的土地面积达 47281 町步。结果，土地日益集中到地主手里。20 世纪初，不到农业人口 1% 的 5 万大地主，占有了全部耕地的 1/4。

日本农村中个体农民所有制的没落，土地所有权的集中，并没有像在英美那样引起资本主义大农业的发展，而是造成了半封建租佃制小土地经营的扩大。兼并了破产农民土地的地主、商人和高利贷者，极少使用农业雇佣工人，建立资本主义农场，而是把土地分成小块，租佃给破产的农民，坐享地租。因此，在日本农村中，佃农户日益增多。在 1886—1891 年的 5 年间，佃农户从占全部农户的 36.6% 上升到 40.8%；佃耕地 1872 年占全部耕地的 30.3%，1892 年上升为 40%，1903 年又上升为 44.5%。

农民的破产和租佃关系的不断扩大，使土地经营日益零碎化。在德川时代，每户的平均耕地面积为 2 町步；到 1886 年，每户平均耕地面积，自耕农为八反九亩六步，佃农为七反五亩六步，平均不过八反三亩二步（一町步为十反，一反为十亩，一亩为三十步），不及德川时代的一半。而且在农户总数中，有 40% 以上是耕地不足五反的农户。对这种现象，日本地主资产阶级学者常用"地少人多"或"水田地块零碎"等自然条件来解释，这是似是而非的。半封建租佃关系的日益扩大，首先是天皇制政权对地主阶级扶植和保护的结果。天皇制政权不仅在"维新"时确认和扩大了地主所有制，而且在大量农民土地集中到地主、商人高利贷者手里之后，在 1884 年颁布了新的地税条例，规定地税从原地价的 3% 减为 2.5%，并宣布地价今后不再变动。这个条例在表面上是对农民起义斗争的让步，但实际上它对地主阶级非常有利。向农民收取实物地租的地主，在地税减低和米价不断上涨的情况下，收入日益增加。其次，日本的地租历来很高，一般都占耕地总收成的 50%—60%。这种高额地租使土地分成小块租给佃农，要比把土地集中进行资本主义农场经营更为有利。同时，日本资本原始积累不足，银行利息和工业利润都很高，地主宁愿把从地租收入中积累起来的资本，投放到银行和工商业中去，变成坐取地租和股息的双料寄生虫，而不去经营农业。最后，尽管日本工业发展是较迅速的，但其整个工业发展水平还是比较低的。特别是日本大工业的主要部门纺织工业，多半使用女工和童工。因之，丧失土地的农民，不能被城市工业充分吸收,形成了大量的潜在的过剩人口,他们不得不以高额地租租种一小块土地,维持生存。

明治改革后,封建关系在农村中仍然占着优势,但已不是纯粹的封建关系了。统治日本农业的是半封建的关系。就地主和佃农的关系而言,地主通过高额地租夺去了佃农的全部剩余劳动产品,甚至一部分必要劳动产品,并依仗政权和传统势力对佃农实行超经济强制。因此,从根本上说,这种租佃关系是封建关系。但是,这时在法律上,农民人身是自由的,与地主的关系原则上是商品买卖的契约关系。这时,农产品商品化程度已很高(19世纪末20世纪初农产品商品部分达40%—60%),佃农在流通领域中已不能不从属于资本主义,受商业资本的剥削。甚至有一大部分佃农,只靠租种土地,不能维持最起码的生活,不得不兼做零工(在城市或农村),因而实际上已是半无产者了。这些又反映了佃农经济受资本主义制度剥削的一面。富农和雇农的关系主要是资本主义的剥削关系,但也有封建成分。在日本的雇农中,纯粹工资劳动者很少,直到1917年只有37万余人,大多数雇农兼种一小块租来的土地。他们既是工资劳动者,又是小生产者,同时遭受资本主义的和封建的双重剥削。就富农而言,他们往往兼为地主,出租土地,在榨取雇工剩余劳动的同时,又榨取佃农的剩余生产物,具有浓厚的封建性。农村半封建关系的统治,是日本农业落后和整个经济畸形发展的根源之一。

但是,也不能不看到,"明治维新"的农业改革废除了领主阶级的土地领有权和对农民的人身占有,确立了包括自耕农在内的土地私有权,在一定程度上调整了原有的落后的农业生产关系,暂时缓和了农村的阶级矛盾,提高了农民的生产积极性,从而有利于农业生产力的发展。在资本主义工业发展的推动下,农业的技术条件也得到了某些改善。"明治维新"后,在日本东北部地区,普遍使用了牛马深耕,并逐渐改造了沼泽田,政府还大力推广优良品种。甲午中日战争以后,日本又从中国东北大量运进廉价的豆饼充作肥料,逐渐代替了从前使用的鱼肥。过磷酸钙和硫铵等化学肥料的进口也逐渐增多。耕地面积也有所扩大。1900年水旱田耕地面积总计506.4万町步,1907年增至543.7万町步。所有这些,使日本农业生产有了一定发展。以日本主要作物稻米为例,在 1878—1882 年至 1898—1902 年,年平均种植面积从 255 万町步增至 284 万町步,总产量从 2980 万石增至 4250 万石,每反产量由 11.7 石增至 14.8 石。同时,在出口的刺激下,养蚕和种茶得到了相当快的发展。蚕茧收获量,1876—1897 年平均为 1123 万贯[1],1888—1897 年增至 1630 万贯,以至于生丝出口占了日本总出口的 40%。茶产量,1878 年为 276 万贯,1891—1900 年增至年平均 785 万贯。

然而,由于农业中存在浓厚的半封建关系,农业经营细小分散,农业生产的发展远远落后于国民经济发展的需要。与其他资本主义国家相比,日本农业的落后和农业与工业脱节的情况最为突出。粮食作物的发展远远满足不了国内需要,进口数额与日俱增。以种植最多的主要作物稻米为例,1885—1889 年每年平均尚能出口 37 万担,而到 1900—1904 年每年必须进口 274 万担。至于大麦、小麦和粗糖则大部分仰赖进口。食品的输入占进口总值的比重,从 1884 年的 21%上升为 1904 年的 30.2%。棉花的消费则全部仰赖进口来满足,其输入量从 1896 年的 10.6 万吨增至 1905 年的 26.2 万吨。根据推算,1900 年在日本有职业的人口中,从事农、林、水产业的占 70%(1733 万人)。这么大的农业生产人口却提供不了本国需要的粮食,更无力提供工业用的农业原料,这是和农业中半封建关系的统治紧密相关的。农业生产落后,粮食和原料不足,国内市场的狭小,这一切使日本资本主义的基础极不稳固,经济和政治很不稳定。

第三节　日本垄断资本主义的形成及其特点

日俄战争与战后日本工业生产的大幅度增长

　　1894—1895 年的甲午中日战争,促进了日本工业革命的完成和资本主义的确立。1904—1905 年的日俄战争,对日本垄断资本主义的形成,又起

----

① 贯为日本重量单位,1 贯合 3.759 公斤。

了极大的推动作用。这两次战争都是以掠夺中国为主要目标。日本发动对俄战争,进一步向中国侵略,是国内政治经济矛盾进一步尖锐化的结果。随着工业革命的深入发展,工人和农民的生活条件日益恶化,工农运动不断加强。19世纪末,工人和佃农不仅开展了要求改善生活条件和反对地主盘剥的斗争,1899年还建立了"促成普选同盟",把争取政治权利提上了日程。面对这种形势,1889年,天皇专制政权颁布了一部世界上最反动的宪法,赋予了天皇和军阀至高无上的权力,对人民实行军国主义统治。这就更加激起了人民的愤怒和反抗斗争。与阶级斗争尖锐化的同时,经济矛盾也在急速发展。从甲午中日战争开始的经济高涨,并没有持续很久,就爆发了1897—1898年的纺织业生产过剩危机,接着在1900年又爆发了日本历史上第一次全面的经济危机。这次危机对日本经济的打击相当深重,又加上和世界经济危机交织在一起,直到1904年尚未摆脱。在这种情况下,羽毛刚刚丰满的日本地主资产阶级,决意参加帝国主义列强瓜分和重新瓜分世界的斗争,进一步推行"大陆政策",妄图确立日本对亚洲的统治。而首当其冲的敌手就是沙皇俄国。日本军国主义政权,经过长期扩军备战之后,1904年2月5日不宣而战,企图用战争的手段,逐出帝俄在朝鲜的势力,最后并吞朝鲜,并从帝俄手里夺取它在中国东北的权益,独霸我国东北地区,以摆脱国内危机,建立在远东进行扩大侵略的基地。英国为了保持它在中国对帝俄斗争的优势,利用日本打击帝俄,巩固自己在中国和亚洲的既得利益,1902年与日本签订了日英军事同盟条约。美国为了换取日本对它在太平洋上权益的承认,也为了使日俄两败俱伤,为自己向远东扩张铺平道路,也支持日本。日本在战争中花掉的17亿日元战费,有8亿日元是得自美英的贷款。日本依靠长期发展起来的军国主义力量和美英的财政支持,打败了俄国。日本和俄国完全无视中国的主权,恣意在中国领土上作战,给中国人民平添了战争的灾祸,战后又不顾中国人民的反对,恣意瓜分中国领土。根据1905年的朴茨茅斯条约,日本迫使俄国割让库页岛南部,承认日本对朝鲜的实际控制权,并将中东铁路南段(长春—旅顺)、旅顺、大连的租借权,以及俄国从中国东北夺取的其他权益让给了日本。

日俄战争的胜利,对稳定和加强日本军国主义的政治结构,提高日本的国际地位,以及促进日本工业的发展,都起了极大的作用。战争夺去了56万日本人民的生命,并造成全国大饥馑,但资产阶级却大发横财。他们一方面利用战时的通货膨胀、有价证券价格飞涨以及政府的军事订货,积累了巨额货币资本;另一方面,靠对中国和朝鲜的掠夺以及对中国和朝鲜市场的扩张,空前扩大了原料来源和市场。因此,战后不久,日本国内就再次出现了兴办企业的高潮。仅1905年下半年到1907年的两年多时间里,新建和扩建的企业投资就达67477万日元,相当于过去10年投资总额的两倍。这个高潮虽一度被1907年的危机所打断,但战争对经济的刺激作用并未消失。对中国东北和朝鲜市场的独占和殖民掠夺,使日本经济从1910年起又出现了新的高涨局面,一直持续到1914年。

日俄战争后,日本工业发展的明显特征是:靠着从中国、朝鲜攫取的资源,以军事生产为中心的电气、煤炭、钢铁、机械、造船等重工业和化学工业部门得到急剧发展。钢铁工业,由于独占了中国东北和朝鲜的铁矿产地,获得了很大发展,大企业不断涌现。从1906年到1913年前后,陆续创办了神户制钢等10个新的钢铁公司。原有的住友铸钢等三大私人钢铁公司,也都扩充了炼钢设备。国营的八幡制铁所,在1906年和1911年制定了分别以18万吨和25万吨钢材为目标的两期扩充计划。钢铁生产迅速增长。生铁产量,1904年为6.5万吨,1914年增至30万吨;同时期钢产量由6万吨增至28.3万吨,都增加了近4倍。钢铁自给率分别达到34%和48%。随着重工业和交通运输业的大发展,煤产量从1905年的1154万吨增至1914年的2132万吨,增加近1倍,不仅可以满足本国需要,还有一定数额的出口。在机器制造业方面,造船业和机车车辆制造业,因军事需要受到政府的扶植,发展最为迅速。到1910年,这两个部门的产品差不多已达到了自给自足的程度。在造船业方面,1897年的新造轮船下水总吨位,第一次达到1万吨,1905年达到3.2万吨,1907年又上升到6.6万吨,国产船只超过了进口船只。1908年,日本建造了两艘1.3万吨级的轮船"天洋丸"和"地洋丸",这标志着日本造船工业已经达到当时国际先进水平。以"芝浦制作所"为首的电机制造业随着水力发电的勃兴,也有一定程度的发展。不仅生产量增加,而且从制作小容量电机进展到制作大容量的电机。在工作母机制造方面也有发展。1905 年,日本的池贝铁工所根据国外的图纸,全面实现了美式车床的制造工艺。这是日本按精确规格制造工作母机的开端。继池贝铁工所创制池贝式标准车床之后,生产机床的工厂纷纷建立,不过这时还限于仿造外国的制品。整体说来,这时日本的机器制造业水平还是低的,主要还是靠进口。例如,1907—1909 年年平均进口的机器设备总值达 2726 万日元,而 1909 年日本国产的机器设备总值,只有 1515 万日元。不过,与前一时期比较,机器制造业已发展成为独立的工业部门了。在化学工业方面,创办了日本氮气和帝国肥料等十多个大公司。

战后国外市场的扩大,使纺织工业中也出现了兴办企业的热潮。日本对中国的棉纱输出,1907 年为 2600 万日元,1913 年增至 6900 万日元,把英国纱赶出了中国市场。随之日本棉纺纱业迅速增长,纱锭从 1903 年的 138.1 万枚,增至 1913 年的 241.5 万枚;同期,棉纱产量由 80 万包增至 167 万包。棉织业也由于完全垄断了朝鲜和中国东北市场,以及修订了与欧美国家订立的不平等税率,得到了飞跃发展。织机台数由 1903 年的 5043 台增至 1913 年的 24224 台,增加了近 4 倍。同期,棉布产量由76700 万码猛增至 504900 万码,增长了 5.5 倍。制丝业也得到迅速发展。在 1903—1913 年,机器缫丝产量增加了 2 倍以上。到 1914 年,机器缫丝产量为 289 万贯,而手工缫丝只有 61 万贯,这个原来比较落后的部门也机械化了。

总的说来,1903—1914 年,日本工业生产增加了 1.5 倍,工厂数由8274 家增加到 17062 家,增加了 1 倍以上。其中使用动力的工厂由 3741家增加到 10334 家。发动机马力数由 9 万马力增加到 100 万马力。工厂工人由 48.4 万人增加到 108.6 万人。同时,在工业发展中,重工业的发展速度超过了轻工业。1909—1914 年,金属工业增长 190.7%,机械——170.5%,化学——103.4%,印刷——68%,纺织——59.6%,其他工业——55%。至此,日本已经成为轻重工业各主要部门都已建立并获得相当发展的资本主义工业国。不过,轻工业在工业中仍占绝对优势。在

1914 年,纺织工业生产仍占工业总产值的 43.7%;而金属、机器制造、电力及煤气、化学四个部门合在一起,其产值只占工业总产值的 24.3%。在帝国主义列强中,日本工业发展速度是首屈一指的。例如 1901—1914年,日本工业年平均增长速度为 6.3%,而美国为 4.8%,法国为 3.3%,德国为 1.8%,英国只为 1.4%。不过,由于日本近代工业发展历史很短,绝对水平还很低,其工业生产还只占世界工业总产值的 1%。

随着工业的发展,特别是殖民掠夺的扩大,日本对外贸易也得到了显著的发展。1903—1913 年,商品输出额由 32150 万日元增至 63250 万日元,输入额由 48850 万日元增至 72960 万日元。1911 年,日本完全摆脱了"安政条约"的不平等条款的束缚,与各列强缔结了保有关税自主权的新"通商条约"。但是,在原料和机械方面,对外国的严重依赖,使日本对外贸易经常存在着巨大的逆差。

日本垄断资本主义
的形成和特点

甲午中日战争前后,日本工业和银行业开始出现集中的趋势。日俄战争期间和战争结束后,随着重工业的加快发展和国家对大资本扶植的加强,日本工业生产和资本集中的步伐大大加快。特别是 1907—1908 年的经济危机,使战争中建立的投机性工业公司和银行纷纷破产,进一步加速了生产的集中。到 1914 年,在占工厂总数 0.7% 的雇佣 500 工人以上的大企业里做工的工人,已占全体工人数的 25.7%。同年,全部 16858 家公司中,资本在 100 万日元以上的大公司,只占公司数的 21%,而它们却占有了全部公司资本总额的 63%。其中资本在 500 万日元以上的最大公司,只占公司总数的 0.37%,控制了全部公司资本的 38.5%。银行方面的集中情况也很突出。1903 年以后,银行的数量开始绝对减少,即从 1903年的 2534 家减至 1914 年的 2153 家,而它们的实缴资本却从 34000 万日元增加到 64500 万日元。1913 年,三井、三菱、住友、安田和第一(涩泽)五大银行,占有全国普通银行存款总额的 22.5%,放款总额的 18.4%。

在生产和资本集中的基础上,垄断组织迅速形成和发展起来。19 世纪末和 20 世纪初,在日本一切主要工业部门中,相继产生了卡特尔和托拉斯组织。在轻工业方面,纺织工业中出现垄断组织最早,也最为突出。

早在 1882 年就成立了纺纱业卡特尔——大日本纺纱联合会。到 1913 年,参加这个垄断组织的 44 家公司的实缴资本总额中,三井系的"钟渊"和三菱系的"富士瓦斯"等七家大纺纱公司占了 57.7%,纱锭占了 58.7%。缫丝业这个最分散的部门,在 1905 年也创立了卡特尔组织——蚕丝同业公会。麻织业,1907 年由"日本""北海"两制麻公司合并成为"帝国制麻"大托拉斯,控制了该部门资本的 96%。在食品工业中,以制糖、啤酒和面粉业方面的垄断组织最为发展。在造纸业中,1913 年改组了原有的日本制纸联合会,1914 年又创立了纸板托拉斯。

在重工业和化学工业方面,也产生了一系列垄断组织。钢铁工业已被八幡制铁所所垄断,它在 1913 年垄断了生铁生产的 73% 和钢生产的 84%。在煤炭工业中,五大公司和海军直营煤矿,在 20 世纪初垄断了整个生产的 54%。在机器制造业方面,1909 年,汽车制造、日本车辆和川崎造船三公司之间,缔结了铁路用品订货分配协定。在化学工业中,1907 年组成了人造肥料联合会,到 1910 年,"大日本人造肥料"一家公司,就完全垄断了人造肥料的生产。

1913 年,各部门的垄断企业,已经控制了日本工商业中全部资本的 75% 左右。而站在所有卡特尔和托拉斯组织之上的是三井、三菱、住友、安田、川崎、山口、浅野、大仓、古河、片仓等几家大财阀,其中占统治地位的是前四者,即所谓"四大财阀"。这些财阀在"明治维新"初期,就和上层官僚密切结合,并因在"富国强兵"的效劳中"有功",而被列入"功臣榜",成为有爵位的华族;以后他们在国家政权的特殊保护下,在对外侵略战争中,大发了横财,成为最大的垄断资本。他们不仅控制着国民经济命脉,而且勾结元老、官僚、军阀,操纵着政党,直接左右着政权。例如,三菱财阀一直操纵着日本两大政党之一的民政党,而政友会则是三井财阀的政治代表。

与欧美垄断资本相比,在日本垄断资本的形成和发展上,有以下几个突出的特点:

第一,日本的大财阀作为经济上有势力的集团,很早就存在了,很多在封建时代就是巨商富贾,长期保持其封建性。如三井鼻祖三井高朗、三菱鼻祖岩崎弥太郎、住友鼻祖住友吉左卫门、安田鼻祖安田善太郎,在幕府末期都是有势力的批发店、钱庄、矿山经营者。他们在明治维新中与政府勾结起来,成为大"政商",以后在政府大力扶植下成为有特权的垄断资本。例如,历史最悠久的三井财阀,从 18 世纪 20 年代起,组成了以经办银钱汇兑业务为主的"三井组",资助诸侯,代封建统治者征收和经管过贡米,并同长州、肥前的藩政权勾结,成为御用商人。"明治维新"时,它资助天皇制政府在内战中打了胜仗,从而掌握了官银的出纳,并发行"三井票",把持了全国金融业。1876 年,它又开设三井银行和三井物产公司,并从政府手中廉价购买到一批工矿企业,开始向近代资本主义企业转化,逐渐成为近代垄断资本——财阀。他们就是发展成为近代垄断资本以后,仍然保留着商业高利贷资本与特权政商时代的某些特征,带有浓厚的封建色彩。例如,财阀的企业经营,一般都是利用以家族总公司为中心的所谓"家族总公司——直系公司——旁系公司"的特殊持股关系,结成为"家族康采恩"的形式。财阀企业的股票一般并不广泛发行,只卖给与其家族有密切关系的少数人。它们的内部普遍存在着极严格的"宗法式"的集中。最高权力往往不属于股东选举的董事会,而是属于由财阀家族成员和亲戚组成的家族会议,甚至只集中在一人身上。例如从 1885 年到 1933 年,三井康采恩一直由其创始人三井高朗男爵之弟——三井八朗右卫门主持,而三菱康采恩则长期由其创始人岩崎弥太郎男爵和岩崎小弥太郎任总经理。三井为了巩固其家族统治,竟在 1900 年制定了家族"宪法",条文达 10 章 100 条之多,不仅对企业经营,就是对家族成员的退休、任免、表决权、继承权和婚姻等,都作了严格规定。

第二,日本大财阀资本虽各有其经营重点,但一般都不只在某一特定部门进行活动,而是渗透到工业、金融、商业、运输等一切部门中,形成一种由原料的生产、进口到加工、运输、销售的综合性垄断组织,即采取康采恩形式。例如,三井于 1909 年改变原来的组织,成立资本 5000 万日元的三井合名公司①,统辖分立的商业、矿山、银行、仓库等直系企

---

① "合名公司"是日本股份公司发展的一种形式。它的资本和劳动力由各股东提供。股东均为无限责任股东,即在公司所有财产不足偿付公司债务时,他们负有连带责任。这种股份公司,一般都是继承祖业的家族企业,股东都是家族成员及其亲属。

业,还拥有北煤、王子造纸、钟纺、芝浦电气等旁系大企业,在日本经济中建立了一个庞大的统治网。三菱财阀则在三菱合资公司①下,统辖矿山、造船、运输、银行、地产等直辖企业,以及邮船、明治制糖、日本氮气、富士纺等旁系企业。三菱和三井处于势均力敌的局面。住友在1912年把银行部从总店中分立出来,成立了住友合资公司,形成了一个经营银行、贸易、纺织、机器制造、煤矿、森林、电力、保险、信托等各业的大康采恩。安田在同一年设立了保善社,开始经营保险、纺织、建筑、铁路等企业。

第三,日本垄断资本的又一个特点是国家垄断资本主义有相当发展。如前所述,早在"明治维新"时期,日本政府就在大力扶植私人资本主义的发展,兴建了一批军事企业和官营模范工厂。进入垄断资本主义形成时期,日本政府不仅进一步通过转让国营企业、补助、贷款、订货和关税保护等手段,促进垄断资本的发展,而且还以对外发动侵略战争的手段,为垄断资本掠取市场,开辟原料产地和创造高额利润。与此同时,在对外军事侵略中,以军事工业为中心的国营经济不断扩大。国营军事工厂从1906年的66个增加到1914年的842个,使用的机械动力则从11万马力增加到31万马力,以至于在重工业中,国营企业仍占中心地位。政府还从对外侵略和扶植垄断资本的目的出发,在1906年实行了重要铁路国有化,并把横贯朝鲜的铁路和中国东北的南满铁路接轨,完成了军事动员运输网,建立了侵略中国的军事铁路干线。在铁路国有化政策下,政府以相当于原投资额2倍的巨款(47000万日元),收买了以三井、三菱系公司为首的32个私营铁路公司的资产,并发给公司5%利息的公债,使垄断资本大发横财。政府还在朝鲜、中国东北和库页岛,建立了一系列国家和财阀合营的企业,其中最主要的是在中国东北成立的南满铁道股份公司和在朝鲜建立的东洋拓殖公司,它们成为掠夺中朝人民的中枢。另外,国家还

---

①　"合资公司"是日本股份公司发展的另一种形式。它的资本和劳动力亦均由各股东提供。股东分为两种:无限责任股东和有限责任股东。有限责任股东只为公司提供资本,其对公司的责任仅以投资额为限。有限责任股东不能随意退出公司或收回投资,他们必须信赖无限责任股东。

先后建立了日本、正金、兴业3家国营银行，并在1910年和财阀的13家银行一起，组成了辛迪加银行团，成为垄断资本控制国家财政的工具。以军事工业为中心的国家垄断资本主义的发展，加强了垄断资本与国家政权的融合，加深了日本帝国主义的军国主义性质。

日本特别富于军事侵略性的根源及其对中国与朝鲜的殖民掠夺

毛泽东同志指出：日本"是一个带军事封建性的帝国主义"[1]。这一论断深刻地概括了日本帝国主义的根本特点。日本帝国主义是在社会经济中保留着浓厚封建势力的基础上发展起来的，是靠军事经济膨胀、侵略战争和殖民掠夺起家的。

列宁曾经指出："在日俄两国，军事力量上的垄断权，对极广大领土或掠夺异族如中国等等的极便利地位的垄断权，部分地补充和代替了现代最新金融资本的垄断权。"[2]日本帝国主义者及其御用学者，把日本的军事侵略性质，归因于日本"人多地少""人口过剩"，完全是荒诞无稽之论。和所有帝国主义国家一样，日本帝国主义的军事侵略性质，根源于它的社会经济的帝国主义性质，而它特别富于军事侵略性，则由于它又是一个军事封建专制的帝国主义国家。就日本的政治制度来说，天皇制政权是最反动的专制主义政权，它剥夺了人民群众起码的政治权利，议会机关只是掩盖专制制度的"遮羞布"，毫无实际权力。天皇可用敕令形式随意立法。军队归天皇统帅，由军部辅佐统帅权，统帅权又是独立的，不受内阁干涉。日本的内阁也是天皇制内阁，内阁的组成由天皇决定，它的首相只对天皇负责，而不是对国会负责。在握有无上权力的天皇政权中，好战的武士出身的元老、军阀占有特殊的地位。元老会议是政权的最高决策机关，由军阀组成的参谋本部也直属于天皇，与内阁处于平行地位，直接统帅军队和掌握军事工业，在决定国策方面有极大的发言权。就日本的经济结构来说，一方面是资本主义大工业，另一方面是半封建的土地零碎经营的农业。这使得国内阶级矛

---

① 《毛泽东选集》第二卷，人民出版社1952年版，第438页。
② 《列宁选集》第二卷，人民出版社1972年版，第893页。

盾和经济矛盾异常尖锐,工人和农民群众极端贫困,国内工业品市场十分狭小,对外依赖越来越大。20 世纪初,日本工业产品的 30% 要在国外市场销售,而工业消耗的 80%—100% 的铁矿石、石油、棉花、羊毛和橡胶等原料,又要靠外国供应。这样,在帝国主义列强争夺原料产地和销售市场的尖锐斗争中,经济实力处于劣势的日本财阀便和握有巨大军事力量的军阀勾结在一起,利用掠夺邻国的有利条件,极力推行军国主义和战争政策,以图缓和国内矛盾。

经过中日、日俄两次战争,日本侵占了等于本国面积 76% 以上的外国领土(台湾、朝鲜、库页岛等合计为 296282 平方公里),奴役了约当时日本人口 1/3 的殖民地人口(1600 万人),并将中国东北的南部("南满")置于自己的势力范围之内。因此,日本在 20 世纪初已经成为七大帝国主义列强之一,成为"**新起的**帝国主义强国"①。日本帝国主义对殖民地人民的最残暴、最野蛮的统治和掠夺,突出地表现了它的军事封建性的特点。

日本最早掠夺的殖民地是中国的台湾。在这里,日本建立了以陆海军大将为总督的军事警察统治体制。作为警察统治的补充,在居民中还实行了恐怖的保甲制度和连坐制度。为了巩固对台湾的统治,掠夺台湾的资源,并把台湾变成侵略中国大陆和东南亚国家的军事基地,1899—1906 年,修筑了纵贯台湾的铁路。之后,依靠这条铁路为运兵线,从 1910 年到 1914 年,发动了野蛮的"讨伐生番事业",对台湾人民进行了惨无人道的大屠杀,并以武力为后盾进行了"土地调查",霸占了大量公有地。从 1910 年到 1914 年,殖民当局把经过调查的森林、原野的 97% 攫为己有。这些土地,一部分成为总督府的官地,一部分卖给了日本特权商人。用军事力量打开局面、奠定基础以后,以三井为首的日本财阀势力接踵而至。它们先是在商业方面进行活动,垄断台湾的砂糖、大米、茶叶等贸易,对鸦片、食盐、樟脑、烟草等重要产品实行专卖。继而,在 1900 年,由三井、铃木商店等特权资本创建了台湾制糖公

① 《列宁选集》第二卷,人民出版社 1972 年版,第 816 页。

司,使用台湾人民的半奴隶劳动,种植甘蔗和经营制糖业,把台湾变为日本制糖业基地。1911年,从台湾运进日本的砂糖占自台湾输往日本商品总值的2/3。

日俄战争后,日本势力取代了俄国,开始肆无忌惮地向中国东北扩张。日本不仅把辽东半岛作为租借地置于日本总督府的统治之下,并且进一步通过1909年和1913年的中日新协定,陆续取得了新的权益,把整个"南满"变成了自己的势力范围。日本从中国租借的辽东半岛,叫作"关东州",其面积大约为3460平方公里。此外,还占有作为中东铁路支线的南满铁路,包括大连—长春700多公里,奉天(沈阳)—安东(丹东)260公里,加上其他线路,总计达1100多公里的铁路,以及沿线两侧地区和市街地。日本通过关东军(军事)、领事馆(外交)、关东厅(行政)和南满铁道股份公司(经济)四个支柱,在中国东北推行其殖民掠夺计划。1906年建立的南满铁道股份公司,是日本掠夺东北经济的中枢。它成立时,日本政府确定资金为2亿日元,计为100万股,其中政府出资50万股,其余50万股公开募集。由于有利可图,财阀争相购买,应募总额竟达募集额的1078倍。这个公司以国家资本和三井、三菱的财阀资本为后盾,垄断了在东北的煤矿、电气、航运、仓库以及铁路的全部附属企业。自1907年开辟了大连商港以后,日本大肆掠夺东北原料,倾销以棉织品和杂货为主的过剩商品。到1911年,在进入东北市场的外国商品中,日货占到70%;东北对日本的出口,占其整个出口的85%。

朝鲜殖民地化的过程,最典型地说明了日本帝国主义殖民制度的残暴性质。经过中日、日俄两次战争,日本把清政府和俄国在朝鲜的势力驱逐出去。接着,在1905年11月,强迫朝鲜接受了"保护条约",控制了朝鲜对外关系;继而,1910年8月公布"日韩合并条约",将朝鲜从日本的保护国变成日本帝国的一部分,由总督进行统治,灭亡了朝鲜。为了镇压朝鲜人民的反抗,在合并初期,日本在朝鲜驻扎了两个师团的军队,设置了16214处宪兵警察机关,安插了22000名宪兵和20万宪兵辅助人员,把朝鲜变成了暗无天日的人间地狱。列宁写道:"日本人在那里把沙皇政府的一切办法、一切最新技术,同纯粹亚洲式的刑法和空前的残暴行为结合起来了。"①

　　日本在经济上对朝鲜进行了残酷的掠夺。1906 年,把过去属于朝鲜皇室的耕地、荒地、林地、驿屯地等宣布为日本国有,接着,1908 年成立了东洋拓植股份公司,收买和出售朝鲜耕地,向朝鲜移民,掠夺朝鲜资源。在霸占了全部公有地以后,1914 年又开始了以掠夺农民私有地为目的的"土地调查"。经过"调查":承认了朝鲜贵族、官僚的封建土地所有权,保证他们剥削 50%—70%的高额地租,使他们成为日本帝国主义殖民统治的支柱;在军用地、铁路用地名义下以及借口所有权不充分和违反土地申请手续等,夺取了朝鲜农民的大量耕地、山林和原野,把大批朝鲜农民赶出家园,并将土地廉价售给东洋开拓公司等日本垄断资本的地产公司,强使朝鲜农民为其种植大米和棉花。仅 1912—1915 年的 4 年间,日本从朝鲜运走的大米就增加 3.5 倍。与此同时,朝鲜的铁、煤、云母、钨、锌等重要资源,90%以上被控制到日本人手里。日本帝国主义不仅把朝鲜变成了过剩人口移民地、粮食和原料供应地、过剩商品销售市场,而且把朝鲜看作进一步侵略中国的基地,为此,在 1911 年建成了鸭绿江铁桥和安东(丹东)—奉天(沈阳)铁路。

　　日本是个资本不足的国家。但是,它为了确保对殖民地的统治,确保海外商品市场和原料、粮食来源,仍然强行资本输出。第一次世界大战前,日本除了对中国台湾、中国东北和朝鲜进行了铁路、矿山和地产等投资外,在中国内地对大冶铁矿进行了投资,并在上海建立了上海纺纱厂(1902 年)、上海棉纱第二厂(1906 年)和内外棉纺织公司(1911—1913 年)。到 1914 年,日本在华投资总额为 8 亿日元,在朝鲜投资为 3 亿日元左右。同时,它从英美等国输入的资本达 17.8 亿日元。在奴役别国的同时,又不得不忍受欧美金融资本的剥削,这正是日本帝国主义外强中干的表现。

---

　　① 《列宁全集》第三十一卷,人民出版社 1958 年版,第 404 页。

第四节　第一次世界大战中日本经济进一步急剧膨胀

大战期间日本海外市场空前扩大和工业飞速发展

第一次世界大战,是帝国主义时代资本主义发展极端不平衡所引起的重新分割世界的战争。这次战争使日本帝国主义获得了新的对外扩张和经济大发展的机会。

日俄战争给日本造成的经济繁荣被 1907 年的危机打断了。在这以后,虽在 1910—1912 年出现了工业的较快发展,但整个经济始终振作不起来,以致统治阶级惊呼这是"从来没有过的经济萧条时代,简直找不到依靠本身的力量来摆脱这种厄运的办法"。就在这时候,第一次世界大战爆发了。日本统治阶级欣喜若狂,欢呼这是"大正时代①一个天赐良机",以"恪守日英同盟的友谊"②为借口,于 1914 年 8 月 23 日宣布对德作战,9 月 2 日又宣布参加以英法为首的协约国一方。参战是假,借机侵略中国是真,即乘西方列强无暇东顾之机,夺取德国在中国的利权,进而独霸中国;夺取德国在太平洋上的属地,向南洋扩张。在对德宣战以前,即在 8 月 8 日,日本就把军舰开进山东半岛的龙口,接着占领了胶州湾、青岛、济南和德国在太平洋上的全部属地。不仅如此,还以在中国东北和山东的武力为后盾,于 1915 年 1 月向中国提出了灭亡中国的"二十一条"。日本帝国主义的狰狞面目暴露无遗。

日本在远东的大规模扩张,加上源源不断地接到俄英等国的大量军事订货,使日本对外贸易空前活跃起来。1914—1919 年,日本的进出口

①　1912 年 7 月,日本皇太子嘉仁即位,改年号为"大正"。
②　日英两国为了阻止帝俄对中国的侵略,瓜分亚洲,曾于 1902 年签订军事同盟条约。日俄战争中帝俄败北后,德国成为日英称霸中国和瓜分亚洲的主要阻碍。因此,日英条约于 1905 年 8 月和 1911 年 8 月两次修改和延长,把矛头指向了德国。

贸易都增加 3 倍以上,并从战前长期入超的国家,一跃成为一个大量出超的国家。1914—1919 年,出超总额达 13.3 亿日元。同时,战时交战各国的船只大量被击毁和受到海上封锁,日本又成了国际海运的主角,日本船只活跃在地中海、大西洋甚至南北美洲地区海洋上。在海运繁忙、运费高昂和海上保险费剧增的条件下,日本取得了 18.9 亿日元的贸易外的无形收入。结果,日本从战前的有 17 亿日元负债的债务国,到 1919 年一跃成为借出 5 亿日元的债权国,并且在日本银行手中握有 21.5 亿日元的现金储备。

在对外贸易大发展的同时,国内由于国家预算支出增加,纸币发行额在 1914—1919 年间增加将近 3 倍,通货日益膨胀,物价和股票价格急剧上涨。批发价格指数 1919 年为 1913 年的 235.8%。这样,日本工业生产从 1915 年特别是 1916 年完全摆脱了萧条景象,出现了以出口工业和造船业为中心的前所未有的新建和扩建企业的高潮。1914—1919 年,企业投资从 25 亿日元增为 400 多亿日元,雇佣 5 个工人以上的工厂从 3.2 万个增至 4.4 万个;工人由 94.8 万人增加到 161 万人。同期,工业总产值增加近 4 倍,剔除价格上涨因素,工业产量增加了 1.8 倍。所有工业部门都有相当大的发展。其中制造工业部门的发展比采掘工业部门迅速,重工业的发展比轻工业迅速。重工业中又以造船业发展最快。1914 年,日本建造 79 艘轮船,共计 8.28 万吨,1918 年激增至 443 艘,共计 54.05 万吨,增加近 6 倍。日本造船工业已从战前世界第六位上升为世界第三位。造船业的迅速发展,是日本垄断了太平洋的绝大部分运输和对外贸易空前扩大的结果。造船业的发展又直接推动了钢铁工业的扩展。战争期间,原有钢铁企业进行了扩建,并在 1915—1918 年新建了年产量 5000 吨以上的 32 家钢铁公司,钢铁产量大幅度增加。1914—1919 年,日本生铁产量由 30 万吨增至 61.3 万吨,钢产量由 40 万吨增至 81.3 万吨,自给率分别达到 48% 和 73%。化学工业也是战时发展最快的部门之一。过去,日本一向大量进口欧美化学品。战时原料和制成品输入的断绝,以及亚洲、非洲对化学品需求的增大,推动日本在化学工业中新建了一系列部门,如染料、炸药和甘油等。

　　由于工业的大发展,日本的经济结构发生了新的变化。在第一次世界大战开始时,日本农业产值还高于工业。1914年,农业产值为14亿日元,工业产值为13.7亿日元。到1919年,农业产值增至41.6亿日元,工业产值增至67.4亿日元,第一次超过了农业,成为亚洲第一个资本主义工业国。不过,与欧美最先进国家比较起来,日本的工业水平还是很低的,仍然是轻工业占主要地位,重工业部门薄弱。1919年,在整个工业产值中轻工业占70%以上,纺织工业一个部门就占47.9%,而机器制造和化学工业各占10%左右,金属工业只占4.9%,钢、切削机床和纺织机器等,还依赖进口。

　　在战争期间,城市人口的急剧增加,农产品价格的上涨,特别是生丝出口的扩大,也刺激了农业生产的发展。农业较快发展的主要部门是养蚕业。美国从日本进口的生丝,1914年为16180万日元,1919年增加到62360万日元,增加了近3倍。在出口刺激下,国内生丝产量在同期内从375.6万贯增至636万贯。稻米产量从1914年的5701万石增至1919年的6082万石,增加有限。日本开始更大规模地从朝鲜和中国台湾掠夺稻米,以供应军需,弥补国内生产的不足。1915—1919年,日本从朝鲜掠取的稻米价值由2133万日元增至10655万日元,从台湾掠取的稻米从806万日元增至3449万日元,分别增加了3—4倍。

战 时 对 中 国 的 掠 夺 和 控 制　　对中国的扩张和掠夺,是日本战时经济繁荣的最重要条件之一。毛泽东同志指出:"第一次世界大战曾经在一个时期内给了日本帝国主义以独霸中国的机会。"[①]大战以前,日本的侵略势力基本上还局限在中国台湾、东北和内蒙古,而大战期间,日本帝国主义的侵略魔爪伸展到整个中国。战争一开始,日本就占领和强行接管了德国在山东省的租借地青岛和铁路(胶济路)特权,接着向袁世凯政府提出了包括五大项的"二十一条"要求。其主要内容是:把德国在山东省的特权移归日本,并要求敷设铁路和其他特权;把旅顺、大连的租借期限及南满铁路、安

――――――――――

　　① 《毛泽东选集》第一卷,人民出版社1952年版,第129页。

奉铁路的权利延长到 99 年,并要求把内蒙古东部和"南满"变成日本殖民地;合办汉冶萍煤铁公司,控制长江流域的工矿业;要求中国政府宣布沿海一切港湾、岛屿不割让给其他国家;中国在军事和财政上聘用日本顾问,警察机关和军械厂由中日合办,铁路和海港的修筑交由日本进行。这些强盗要求虽因中国人民的强烈反对未得全部实现,但通过 1915 年 5 月与袁世凯签订的关于山东省和"满洲"的条约,也部分地得到了手,取得巨大的权益。在这个基础上,日本对中国采取了一系列掠夺和控制措施。

首先,日本大大地扩大了对中国的商品倾销。日本在中国对外贸易总额中所占的比重,由 1913 年的 18.9%,跃升为 1918 年的 38.6%。在中国进口贸易中所占的比重由 20.9% 跃升为 43.5%,超过了英美所占的总和(英国为 17.1%,美国为 16.7%)。

其次,日本帝国主义为了保证国内重工业特别是军事工业的发展,加紧掠夺中国的煤铁资源。在战争期间,日本在中国出口贸易中所占的比重由 15% 增加到 33%。日本从中国东北输入的煤铁都成倍地增加。1918 年建立了鞍山制铁所,使东北进一步变成日本重工业原料供应地。同时,日本又加紧掠夺从事煤铁生产的汉冶萍公司,从而控制了中国全部冶金工业和大部分采煤工业。

再次,在战争中,日本为了压制中国民族工业的发展,在纺织业方面也向中国输出了巨额资本。1913 年,日本在华经营的纺织工厂有 6 个,纱锭 174700 枚,织机 2648 台,在大战中又新增加了 8 个厂、186500 枚纱锭和 2352 台织机。

最后,在金融方面,日本的住友、三井、三菱等大银行相继侵入中国。到 1919 年,日本在中国境内设置的银行已达 27 家之多。它们的信贷业务遍及中国各主要经济部门,大量吸收中国的资金,并控制中国的经济命脉。特别应当指出的是,从 1917 年到 1918 年,日本与中国段祺瑞政府签订了所谓西原借款 14500 万日元的协定。它不仅是为了确保日本帝国主义在华的权利和地位,而且年利达 8 厘之高,引起世界各国的惊异和抨击。

因此,和中日、日俄战争时的情况一样,在第一次世界大战中,日本经济的迅速发展,也是和对中国进行侵略和掠夺分不开的。

财阀统治的加强和
劳动人民的贫困化

在第一次世界大战中,工业的急剧发展,特别是新建和扩建企业的发展,使生产和资本的集中大大加强了。雇佣 100 名工人以上的工厂,在 1914—1919 年,从占 5 人以上工厂总数的 4.27% 增至 5.06%,其工人数由占 48.6% 增至 65%。同时期内,雇佣 1000 工人以上的最大工厂,由 85 个增至 160 个。它们在 5 人以上工厂总数中所占的比重,由 0.27% 增至 0.36%,而其所占工人总数的比重,则从 17% 增至 22.2%。在资本集中方面,资本在 500 万日元以上的大公司,由 1914 年的 755 个增至 1919 年的 2523 个,占公司总数的比重,由 0.37% 上升至 1.77%。它们占公司资本总额的比重,则由 38.6% 上升至 53.6%。银行资本集中的程度更高。1914—1919 年,全国普通银行和特种银行的总数,从 2153 个减至 2053 个,而银行资本和存款却增加了 3.5 倍。战前拥有 2000 万日元以上资本的大银行只有 6 家,而到 1921 年,只是 5000 万日元以上资本的特大银行就发展到了 12 家。

在各产业部门和银行业中,财阀系统的资本都占据着统治地位。就几个具有代表性的部门来说:在纺织工业中,战前处于统治地位的七大纺织公司,在战争中有 4 家又进行了合并,结果由三井和三菱支配的钟纺、东洋纺、大日本纺、富士瓦斯纺和日清纺五家大公司占了统治地位。在钢铁工业方面,就其私人资本系统来说,全部属于三井、三菱、浅野、大川和住友等大财阀。在造船业中,只是川崎、三菱和大阪铁工所(久原)3 家,就拥有造船业职工、资本和生产能力的 60%—70%。在银行业中,属于财阀和国家的 20 家大银行的资本,已占全部银行资本的 1/3,而存款则占一半左右。

经过战争,财阀企业都极大地扩充了自己的资本。如三菱财阀,从 1917 年起,先后把过去同别人合资的造船、造纸、商业、采矿和制铁等公司,都变成了独资经营,并将三菱银行的资本由 1000 万日元增至 5000 万日元。三井财阀,在 1918 年把三井物产公司的资本增至 1 亿日元,把三井合名公司的资本增至 3 亿日元,1919 年又将三井银行资本增至 1 亿日元。这种资本的倍增,是战时利润神话般地增长的结果。战前,产业和贸易部门的利润率一般为 10%,最多不过 30%,但在大战期间一般达50%—70%,而像海运和造船业竟达 167%—192%。

战时日本财阀资本的发展,是以牺牲劳动人民的利益为基础的。1914—1919 年,国家财政收入从 73460 万日元增至 180860 万日元,其中大部分都通过订货、津贴等转到了财阀之手。同时,人民群众的租税负担差不多增加了 1 倍,从 1914 年的 34370 万日元增至 1919 年的 83460 万日元。

大战爆发后,垄断资本为了适应海外市场的急速扩大,以提高工资为诱饵,迫使工人加班加点和上夜班,劳动时间和劳动强度都增加了。工人的货币工资虽有增加,但是在物价不断提高的条件下,实际工资反而下降了。如以 1914 年的物价指数和工资指数各为 100,到 1919 年物价上涨为285,而货币工资只增加为 194,实际工资下降了 32%。在战争末期,维持普通生活的家庭,一年需 2000 日元,可是 98% 的工人收入却低于这个水平,而其中 92.3% 的工人年收入竟在 500 日元以下。

战时农民的生活也进一步恶化了。1916 年以前,米价一直低于 1913 年的水平,1917 年达到战前的水平,1918 年出现了急剧上涨的情况,到 1919 年已超过战前 1 倍多。粮价下降固然使农民利益遭到损害,即使粮价上涨也没有给农民带来好处。粮价的上涨,刺激了地租剥削的加重,并造成粮食投机的猖獗,仍然使佃农和依靠家庭手工业补助生活的小农利益遭到损害。

日益贫穷的工农群众,在战争期间加强了对垄断资本和地主的斗争。随着工业的迅速发展,日本产业工人由 1913 年的 94.8 万人增加到 1918 年的 161 万人。百万以上的产业工人大军,在战争期间掀起了争取生活权利、反对资本家压榨的斗争。俄国十月革命的胜利,更加推动了日本的工农运动。1914 年工人罢工 50 次,而 1918 年达 417 次。租佃纠纷事件,从 1917 年的 85 起增至 1918 年的 256 起。从 1918 年开始,工农运动两股巨流汇合起来。这一年 8—9 月间爆发的"米骚动",是日本人民争取生存权利的史无前例的巨大斗争,成为日本工农运动发展的划时代的事件。它以富山县的渔民和搬运工人反对投机商人抬高米价而掀起的暴动为起点,迅速席卷了全国 2/3 的地区。参加"骚动"的人数达 1000 万人,持续达一个月之久。粮米店、当铺、公司、企业和警察署,都成了起义人民捣毁和焚烧的对象,严重地打击了资产阶级和地主的统治。

第 八 章

印度经济的进一步殖民地化与
印度资本主义的初步发展

第一节 英帝国主义对印度财政经济命脉的
控制与印度经济的进一步殖民地化

印度民族大起义爆发后的第二年(1858年),东印度公司被撤销,印度转由英国政府直接管辖。印度人民在遭受东印度公司百年之久的残酷掠夺后,还得每年继续负担公司撤销后的全部股息。英国政府直接管辖印度后,随着英国在世界工业中垄断地位的丧失和资本主义列强竞争的加剧,英国对印度的掠夺和统治,日益加紧,终于完全控制了印度的财政经济命脉,使印度经济进一步殖民地化。

> 资本输出成为英国进一步剥削印度人民和控制印度财政经济命脉的重要手段

从这一时期起,英国殖民者除了继续凭借军事政治权力向印度人民进行直接搜刮,继续扩大工业品对印度的倾销和加紧对印度农业原料的掠夺外,对印度的大量资本输出,成了一项更为重要的剥削手段。

关于英国对印度的资本输出的数量,有不同的估计。根据霍华德在

《印度与金本位》一书中的估计,到 1910 年,共为 4.5 亿英镑。从这笔巨额投资所得的利润、利息,加上佣金、汇兑、保险以及其他银行业务收入,估计每年可得 4000 万英镑的收益。而 1913 年英国从对印贸易中所得的商业、制造业和航运业的利润,总计为 2800 万英镑,远较前者为低。资本输出已经成为英国剥削印度的主要手段了。

但是应该指出,英国对印度的所谓资本输出,实际上不过是把原先从印度人民身上搜刮来的钱,作为"投资",记在印度人民账上,要他们每年再缴付一笔利息、利润而已。只要看一看历年以"国内费用"名义汇往英国的数字,就可以知道,这笔投资只是从印度对英国的贡赋中倒流回来的一部分。在东印度公司统治的 100 年间(1757—1857 年),由该公司搜刮到手,汇回英国的"国内费用",不断增加。英国政府直接接管印度后,这项贡赋的增长更是迅速,1858/1859 年度为 747 万英镑,到 1913/1914 年度激增为 1940 万英镑。仅在 1858—1913 年全部"国内费用"累计即达 7 亿英镑以上。这还不包括私人和英国在印工商金融事业每年剥削所得汇回英国的巨大款项。

就英国在印投资的构成项目看,这种投资的目的,除了每年从印度攫取一笔巨额的利息、利润外,显然在于控制印度的财政经济命脉,更进一步把印度变成英国商品的销售市场和农业—原料附庸。表 8-1 显示了 1909/1910 年度英国在印度投资总额中各项投资所占的比重。①

表 8-1　1909/1910 年度英国在印投资情况比重　　　(单位:%)

投资项目	比重
殖民政府(包括市政)的英镑公债	50.0
铁路	37.4
种植园(茶、咖啡、橡胶)	6.6
矿产、石油	1.8

①　参见 1911 年 1 月乔治·帕虚在《皇家统计学会杂志》(第 74 卷,第 1 部,第 186 页)发表的估计数字。帕虚估计 1909/1910 年度英国在印度投资总额为 36500 万英镑(包括英印政府所属锡兰在内),较文中所引霍华德的估计数小。

续表

投资项目	比重
电车	1.1
银行	0.9
工商业	0.7
金融、地产等	0.5
杂项	1.0

从表8-1中可以很清楚地看到，英国在印度的所谓投资，一半是用来支持殖民当局对印度人民的军事、政治控制的，近40%用在铁路、市内交通、银行及其他金融业等方面。这些无非是为了便于把英国工业品渗入印度，并把原料品输出印度。属于生产事业的投资，不过占9%左右，并且主要用在农产原料的种植、加工，以及为铁路服务的煤矿和其他矿产原料的采掘等方面，总之，是为了掠夺印度的资源。

英国对印度殖民政府公债的投资，既是对印度殖民政府在军事、政治上压迫和控制印度人民的支持，又是对印度人民进行财政剥削的一项重要手段。印度殖民政府债务的不断增高，是英国把镇压印度人民和在东方进行侵略战争而造成的浩大的军事开支强加于印度人民头上的结果。东印度公司在撤销时，为印度人民累积了6950万英镑的债务（包括印度国内公债和在英募集的英镑公债）。英国殖民者镇压印度民族大起义后，又把全部战费（约4000万英镑）强加给印度人民负担。这样，印度殖民政府的公债到1860年时便突破了1亿英镑大关。以后，在19世纪下半期，英国在东方进行了迭次侵略战争（如对阿富汗、中国西藏、伊朗、阿比西尼亚、苏丹以及缅甸的战争等），这些战费也都是由印度来支付的。到1913年，印度的公债高达27400万英镑，其中65%（17700万英镑）是对英国的债务。英帝国主义对印度财政予取予求，甚至荒诞到连设在英国的印度事务部女佣的工资、为土耳其皇帝访问伦敦举行官方舞会的开支，都要由印度人民负担。

随着债息支出、军事开支和行政费用的不断扩大，殖民政府对印度人民的租税搜刮也日益增长。除田赋外，印度殖民当局还开辟了其他税源

(如物产税、关税、印花税、所得税等)。到1900/1901年度,殖民政府的总收入达7644万英镑,比1858/1859年度增加了1倍以上,其中23%是作为"国内费用"(包括英镑公债债息)汇往英国的。

1857年印度民族大起义后,英国殖民者在控制印度经济命脉、进一步加强殖民统治方面的另一个重要步骤,就是加紧大规模的铁路建设。英国殖民者在这方面的投资,仅次于对殖民政府公债的投资。

印度的铁路是在1850年开始由几家英国私人铁路公司兴建的。从70年代起,为了加速完成铁路网的建设,印度殖民政府开始自己修筑铁路。此外,还陆续收买了原由英国私人公司经营的铁路。为此,殖民政府除了从搜刮来的租税收入中拨款外,还在英国发行大量铁路债券,募集资金。这一时期印度铁路线长度迅速增加的情况如表8-2所示。

表8-2　印度铁路线长度增加情况　　　　　(单位:英里)

年份	里程	年份	里程
1853	20	1891	17564
1857	288	1901	25371
1871	5077	1913	34656
1881	9891	—	—

到1901年为止,印度全部铁路投资额为22677万英镑。这笔巨额的铁路建筑费用,无论是由英国投资的还是由殖民当局投资的,归根到底都是取之于印度人民的血汗。印度人民仅为这笔铁路投资,每年向英国人偿付的利息和年金(包括国家铁路债券本息和私人铁路公司的保证利润),在1901/1902年度就达642万英镑。

英国殖民者兴筑铁路的目的,不仅是从投资本身攫取巨额的利润,更主要的是夺取印度的丰富资源,开辟更广阔的英国商品销售市场;同时也是为了更便于迅速地镇压殖民地人民的反抗。因此,它们修筑的主要路线,都是从各大海港通向内地原料产地,而不是用来联结印度内陆各个地区的。从港口通往原料产地的主要线路用的是宽轨,而联结各主要线路的一些辅助线路,用的却是中轨或窄轨。这样,在内地各区之间的货物运送,就必须转运好几次。同时,对从港口起运或运往港口的货物运价规定得很低,而对内陆各地区之间转运的货物运价规定得很高。这就为内陆各地区之间的运输设置了双重的障碍,限制了印度自身的经济联系和发展。在印度,竟造成许多地区往往从英国输入煤比从邻省运入还要便宜的怪现象。

　　铁路网的建立,使英国工业品有可能运送到印度大陆的各个角落,又从各个角落把原料运送到沿海口岸;农业和手工业的家内结合便在更广泛的地区被拆散,农村公社的基础进一步被破坏。铁路网到处把印度农村卷进了世界市场,印度不少地区在很大程度上变成了主要种植单一作物的地区。例如旁遮普生产小麦、孟加拉生产黄麻、马哈拉斯图拉生产棉花、马德拉斯生产花生、阿萨姆生产茶叶等。铁路的兴建和发展,扩大了国内市场,从而推动了商品货币关系的发展,为印度资本主义的发展准备了必要的条件。

英国对印度若干重要生产部门的控制　　随着铁路建设的发展和适应掠夺资源的需要,英国在印度投资兴办了一些采矿业和农产原料加工工业。在采矿业中,这一时期比较发展的是采煤业。早在 1843 年,就成立了第一家英国资本的采煤公司(孟加拉煤业公司)。到大规模兴筑铁路时期,特别是 70 年代后,采煤业有了较迅速的发展。在第一次世界大战前和大战时期,印度煤产量的增长情况大体如表8-3所示。[1]

表 8-3　印度煤产量增长情况　　　　　　　　(单位:万吨)

年份	煤产量	年份	煤产量
1860	29	1913	1600
1900	600	1918	2000

---

[1]　薇拉·安斯泰:《印度经济的发展》(第四版),伦敦 1952 年版,第 608—609 页。

19世纪下半期,印度一直从英国进口大量的煤,自90年代以后逐渐减少,并有少量的出口。第一次世界大战时期,由于煤的输入中断,以及铁路和钢铁冶炼用煤增加,煤产量随之有了进一步的增长。但对印度这样一个大国来说,2000万吨的煤产量(1918年)还是很可怜的(这年英国产煤2.3亿吨,美国产煤6.1亿吨)。而且,英国资本以绝对优势控制着印度的采煤业。此外,采煤业的机械化程度极低,主要还是利用当地男女工人的廉价手工劳动来采掘的。

这一时期,英国资本控制的重要采矿业,还有金矿、石油、锰矿等。但黄金产量很有限,1913年为596000盎斯,以后就一直没有什么发展。英国资本开采石油,是在1885年把缅甸并入印度以后开始的。1886年成立缅甸石油公司,1899年成立阿萨姆石油公司。主要产区在缅甸,阿萨姆的产量很小。锰矿开采是从1892年开始的,几乎全部供输出。20世纪初,印度锰矿生产占世界第一位,其产量在1900年为127000吨,到1913年激增至815000吨。所有这些利用印度矿工的半奴隶劳动开发的资源,尽落到了英国垄断资本家的手里。

在农产原料加工工业中,英国投资的最主要部门是黄麻工业。1853—1856年发生克里木战争,俄国亚麻对英供应中断,英国转而向殖民地印度索取黄麻,以满足英国麻纺工业的需求,印度黄麻对英的输出急速增加。但当时出口的黄麻都是未经加工的。1855年,英国人乔治·奥克兰德在加尔各答建立第一家黄麻厂,开始纺织黄麻制品。70年代初以后,黄麻工业蓬勃发展起来,新的英资黄麻公司迅速增加。到1908年,印度黄麻制品的生产超过了英国丹地(英国在北爱尔兰的麻纺织业中心)的麻制品生产。在第一次世界大战前和大战期间,印度黄麻工业,几乎全部处于英国资本控制之下,生产比较集中。它在这一时期的发展规模,可见表8-4。[1]

----

① 薇拉·安斯泰《印度经济的发展》(第四版),伦敦1952年版,第622页。

表 8-4　印度黄麻工业发展情况

年度	1879/1880	1900/1901	1913/1914	1918/1919
工厂数（家）	22	36	64	76
织机（台）	4964	15340	36050	40043
纺锭（枚）	70840	317348	744289	839919
雇用工人（人）	27494	111272	216288	276079

　　除黄麻工业外，英国资本也渗入了其他许多轻工业部门，如丝织、造纸、棉花加工、榨油、碾米、制糖等工业。即使在主要属于印度民族资本经营的棉纺织业中，英国资本也占了1/3。此外，1875年，英国资本还建立了一家孟加拉钢铁公司，但只是冶铁，没有炼钢，冶铁量也不大。

　　为了直接掠夺印度农业特产，英国资本在这一时期进一步发展了种植园经济。其中最突出的是茶叶种植园。自1839年在阿萨姆设立第一家种茶公司后，到50年代，英资经营的茶叶种植园，在阿萨姆、孟加拉、南印度、锡兰迅速增加起来。19世纪中叶，英国消费的茶叶还几乎全部来自中国，但到19世纪末，情况完全改观，英国从印度进口的茶叶已比从中国进口的茶叶量大5倍多。由此可以反映出这一时期在英资控制下的茶叶种植园的迅猛发展。第一次世界大战前夕（1909/1910—1913/1914年度平均），印度茶叶出口量年达26600万磅；大战期间（1914/1915—1918/1919年度平均）年达32200万磅。19世纪末，英国资本在南印度、缅甸、锡兰等地开拓了橡胶种植园。到1913/1914年度，橡胶产量已达到2600万磅，几乎全部是供出口的。至于英人较早经营的蓝靛种植园，虽然在1859—1860年因孟加拉农民反抗英国种植园主的专横压迫，一度受到影响，但以后种植面积和出口数量仍有迅速增长。一直到1897年后，因德国化学染料的激烈竞争，才逐渐衰落下去。

　　英国殖民者对种植园的投资，在对印度各经济部门的投资中，仅次于铁路。种植园是资本主义大农场在殖民地的一种变形，种植园工人都是用欺诈的手段诱骗招募来的，生活条件和劳动条件都极端恶劣，他们实际上处于半奴隶地位，遭受着英国殖民者极为残酷的剥削。

英国在印度的银行业投资,控制着印度的金融系统,它在把印度变为英国的商品销售市场和农业原料附庸方面,起着很重要的作用。自 19 世纪的 40 年代起,在印度的英国银行系统已逐步完善起来,建立了三个管区银行和若干主要从事对外贸易信贷的汇兑银行。到 19 世纪下半叶,这两类银行都有了进一步的发展,形成了垄断印度信贷事业的两个巨大的英国银行集团。

英国银行系统在印度的进一步发展及其作用的加强

管区银行在东印度公司时代,原是半官方的银行,与殖民当局有着密切联系。但自 1876 年后,管区银行的直接领导权越来越转入英国私人资本的代理人之手。管区银行在这一时期的主要业务是从事国内贸易的信贷活动,即直接或间接为推销英国商品和在各地采运印度原料的国内商业活动提供资金。管区银行为了开展这方面的业务活动,继续广泛地利用了当地的商业—高利贷资本。管区银行一般与城市中的大经纪人、大商人、大高利贷者有密切来往,从他们吸收存款,向他们提供资金。而在农村中广泛进行商业—高利贷活动的"马哈詹"(农村高利贷者),又从后者取得资金,转向农民、农村手工业者和小商人,进行盘剥。这些"马哈詹",往往还是当地物产的收购者和英国商品的推销人。管区银行正是通过这样一个当地商业—高利贷资本网为英国金融资本攫取了巨额利润。1870—1900 年,三家(孟加拉、孟买、马德拉斯)管区银行吸收的存款总额增加了 1.3 倍。

设在印度的外国汇兑银行,垄断着印度对外贸易的信贷业务。它们是掌握在外国主要是英国金融寡头手中的剥削工具。往往同一批英国银行巨头,既是英国大银行的领导人,又是在印度的汇兑银行的领导人。它们不但促进了印度原料的输出和英国工业品的输入,而且还便利了英国对印度的资本输出。19 世纪末 20 世纪初,在印度最大的英国汇兑银行有印度国民银行、德里和伦敦银行、有利银行、麦加利银行等。虽然随着帝国主义之间争夺销售市场的斗争的日趋尖锐化,德国、法国、日本、美国也相继在印度开设汇兑银行。但在第一次世界大战前,英国的汇兑银行仍然占着统治地位。它们是英国金融资本剥削印度、控制印度金融和外汇市场、控制印度进出口贸易,并与其他帝国主义者争夺印度市场的重要经济杠杆。1870—1900 年,英国汇兑银行资本额增加了 6 倍多。

在印度的英国银行(包括管区银行和汇兑银行)掌握着印度的金融命脉。1916 年,它们和其他国家的几个汇兑银行一起,占有印度全部银行存款的 78%。而印度自己建立的银行只占 22%。而且,由于英国银行和殖民政府有密切的联系,它们实际拥有的权势是极大的。

> 经理行是英国金融资本在殖民地印度建立垄断组织的特殊形式

随着英国对印度资本输出的增长,在印度出现了一种英国金融资本在印度进行企业投资的独特的组织形式——经理行。19 世纪上半期和中叶,在印度极为活跃的贸易代理行,主要是作为英国工业资本在印度流通领域(包括进出口贸易和国内贸易)中的代理人而从事商业活动的组织。在 19 世纪末期出现的经理行,主要是作为英国金融资本在印度生产领域中的代理人而进行投资活动的组织。它是英国金融资本在殖民地组成垄断组织的一个主要形式。

19 世纪末期出现的最初一批经理行,是从原来的贸易代理行演变而来的。由于它们在印度建立较早,实力雄厚,对印度情况熟悉,有较稳固的"商誉",与印度的殖民当局、在印的英国大银行,以至当地的印度富豪(大商人、大高利贷者、大地主)都有密切联系,因此,当英国资本在印度创立新的企业公司时,往往借手这类经理行,并把新建企业交给它们管理。经理行除了从这些企业每年取得一笔管理费外,还按照这些企业的产量或营业额或纯利,取得一定比例的佣金。因此,经理行是英国资本对印度进行投资的一个孔道。一位印度资产阶级经济学家写道:"在孟加拉、阿萨姆和其他省区的英国经理行,构成了某种类似漏斗的东西,不列颠资本通过它流入印度,并分布在由英国经理行所创办的各个企业中。"[①]以后,随着英国对印度资本输出的迅速增加,又出现了许多与英国大公司和金融资本巨头有着密切联系的新的英国经理行。它们是英国金融资本在印度投资活动中的代理人。

---

① 　D.洛卡纳桑:《印度的工业组织》,伦敦 1935 年版,第 21 页。

由经理行创办、控制和管理的企业往往是多种多样的。例如,1892年创办的一家英国经理行——马丁公司,建筑了印度主要铁路干线的第一批支线,成立了几家采煤公司,修建船坞,开采锰矿,还创办了水泥厂、电力厂、冶金厂(孟加拉钢铁公司)、保险公司以及许多茶叶种植园等。到第一次世界大战前,英国经理行控制了印度各个重要经济部门(采煤工业、黄麻工业、棉织业、建筑业、种植园、贸易公司等)的许多大公司。

在英国经理行的垄断下,如果没有它们的支持,要在印度创办新的公司,特别是大公司,几乎是不可能的。相反的,通过经理行来创办新企业,经理行(或其董事)可以出面做它的创办人,承购一部分股票,乃至给以长期贷款。通过经理行,可以从大地主那里长期租到矿山和种植园所需要的土地。通过经理行,企业可以从英国机器制造业公司获得必需的装备,可以聘到必需的专家和熟练技术人员。在经理行的担保下,各有关公司还可以从英国银行取得短期贷款;在收购原料和销售产品上,可以从经理行所控制的贸易系统取得援助。通过经理行的保护,各公司可以得到殖民当局的支持和帮助,免受种种挑剔和限制。经理行正是通过它所提供的以上种种的"便利",控制了那些通过它创设的公司企业,并从它们那里攫得了巨额的"佣金"。同时,英国金融资本也正是凭借这种在创设企业和投资活动方面具有垄断地位的经理行,利用和控制了大批不属于他们的、向印度输出的英国资本。

此外,英国经理行还吸收了当地印度有产阶级的大批资本(如出售一部分它所控制的公司企业的股票等),置于自己的控制之下,力图使它们不去用于发展独立的资本主义企业。这样,英国金融资本通过经理行这个有力工具,控制了印度工业的发展方向,把印度经济引向片面的、畸形的发展道路,彻底变成英国的农业—原料附庸。

但是,英国经理行的活动不仅限于控制印度的生产投资领域,而且还继承贸易代理行的衣钵,继续从事进出口贸易和国内贸易方面的中介业务。它通过它所控制的贸易公司推销英国商品,收购印度各地的原料。在这方面的业务,它和过去的贸易代理行一样,广泛地利用当地商人—高利贷者来压榨印度农民。有的经理行通过它所操纵的中介人和机构渗入到有些地区(主要在南印度)的家内工业和手工工场,向它们高价供售机纺棉纱,低价包买它们的产品,盘剥手工织工。

经理行可以说是一张伸向四面八方的剥削网,为英国金融资本的利益到处榨取印度人民的膏血。

| 印度经济进一步殖民地化在印度进出口贸易中的反映 |

这一时期印度进一步成为英国商品销售市场和农业—原料附庸的过程,也明显地反映在同期印度对外贸易的变化上。

从进口贸易看,工业品的进口占了绝大部分。仅棉制品、丝织品、毛织品这几项原来完全可以自己生产的商品,在 19 世纪 50 年代末到 70 年代,就已占到进口商品总值的 50% 以上。即使在 19 世纪末到第一次世界大战前夕,印度自己的近代纺织业已有了一定发展的情况下,这几项进口仍然占进口总值的 40% 左右。这一时期,特别在 19 世纪末以后,随着英国对印度资本输出的增长,机器、钢铁、铁路设备等的进口,也有显著的增加。但这些只是为了更进一步控制印度经济命脉的需要。在印度的进口中,英国工业品占绝对优势。1874—1879 年,英国平均占印度进口总值的 82%(包括英帝国其他各地,则占 93%)。虽然在 20 世纪初,德国、美国、日本开始挤进印度市场,但 1909—1914 年英国所占的份额,平均仍达 63% 左右(包括英帝国其他各地,则占 70%)。

从出口贸易看,农产品的输出始终占绝大部分。除了鸦片输出自 80 年代起渐趋减缩,蓝靛自 19 世纪末以后受德国化学染料的排挤日趋下降以外,其他各类农产原料都有迅猛的增长。粮食出口,自 80 年代以后,就超过鸦片占据第一位,到 1913—1914 年,竟占全部出口总值的 20% 以上。而这一时期却正是印度饥荒愈来愈频繁的年代。黄麻(包括原麻及其制品)和茶叶的出口,在这一时期的增加也是特别显著的,这是英国资本大办黄麻工业和茶叶种植园的直接结果。印度的棉花输出,在美国内战时期达到了最高峰(1865 年出口值达 3757 万英镑)。以后虽因美棉重新回到英国市场而有显著下降,但自 80 年代起,特别在 20 世纪初以后,由于先后在欧洲大陆和日本找到了新的市场,印度棉花输出又有了迅速的增长。印度作为英国的农业—原料附庸,它对英国的输出,在其出口总值中所占的比重,自然是最高的。1874—1879 年,平均为 41%(如包括输出至英帝国其他各地,则达 68%)。以后虽然由于印度农产品日益卷入世界市场,对英输出的比重逐渐下降,但在 1909—1914 年,印度输英农产品在印度出口总值中年平均仍占 25%(如包括输出至英帝国其他各地,则达 42%)。

由于这一时期农产原料和粮食的大量出口,印度的贸易出超额不断扩大。1868/1869 年度的出超为 8300 万卢比,到 1913/1914 年度,增达 33800 万卢比。但是殖民地的出超,只是意味着大量原料的被掠夺。巨额出超所得的英镑外汇,正是每年用来对英国支付巨额贡赋的来源。

第一次世界大战期间,英国在已经牢牢控制了印度财政经济命脉的基础上,又把印度变为它进行帝国主义战争的军事、经济基地,榨取了大量物资和人力资源。在战争期间,英国不仅从印度的财政收入中抽出14600 万英镑作为战费,而且还强征 100 万印度士兵,调遣到中东战场上为帝国主义充当炮灰。这一时期,印度也成了中东战场上英军的军需供应地。举凡粮食、畜产品、棉织品,以及钢铁、石油、橡胶、硝石等战略原料物资,都是从印度搜刮去的,而所有这些负担都沉重地压在已经穷困不堪的印度劳动人民身上。

第二节　在田赋、地租、高利贷三重
压榨下的印度农村经济

自 19 世纪下半期以来,英帝国主义一方面通过资本输出加紧控制印度的经济命脉;另一方面,继续保持和利用封建土地关系加强对农民的剥削。印度农民在田赋、地租、高利贷三重压榨下愈益赤贫化,农业日益衰落。

英国殖民者在18世纪末和19世纪上半期,先后在各个地区建立起来的田赋制度,在1857—1859年印度民族大起义以后,因慑于农民的反抗,在政策上不得不陆续进行一些调整。但是,它保持下来的封建土地关系并未改变。田赋搜刮未见放松,有的地区变本加厉,农民处境更趋恶化。

在孟加拉,自1793年起实施的固定柴明达尔制,确认了柴明达尔的土地所有权,规定了固定不变的田赋额。但对于柴明达尔地主向农民征收的地租额,却未加限制。农民对其所耕土地的租佃权,也丝毫没有保障。民族大起义后,殖民当局不得不作一些"让步"的姿态,于1859年颁布孟加拉地租法,规定农民对地主缴纳的地租额今后永久保持不变,地主不能任意增加。1885年又通过租佃法,在不损害地主的所谓"正当权益"的条件下,对农民的租佃权给予一定的保障。但这几项法律也只是对大佃农有利,对于一般挣扎在饥饿线上的小佃农来说,只是纸上的东西,他们往往由于沉重的地租压迫和高利贷盘剥,不得不把这种租佃权出让给别人。至于原定的田赋额,并未有丝毫的减轻。

在1861年以那格浦尔为中心新建的中央省,根据1863年起实施的田赋制度,英国殖民者按照孟加拉的榜样,确认马尔古柴尔(包税人,地位和孟加拉的柴明达尔相同)为土地所有人,而农民被剥夺了对土地的所有权。田赋规定为地租额的35%—55%,30年内田赋额不变。这是一种不固定的柴明达尔制,田赋额不是永久不变的。但据以确定田赋额的地租,是由税吏估定的,而且往往高于当时实际征收的地租。这个规定实际上是鼓励马尔古柴尔加紧向农民勒索,把地租提高到估定地租的水平。在1893年重订田赋额时,各个地区的地租率,提高了3%—23%不等,田赋额则比1863年提高了20%—102%不等。在这样苛酷的田赋和地租压榨下,1897年,中央省发生了一次空前严重的饥荒,大批居民死亡,耕地面积和人口都显著地减缩了。不及3年,1900年又闹了一次新的饥荒。

在实行马哈尔瓦尔制的北印度(后称"西北省"),根据1873年的田赋法,对每块地产的地租额或净产值,通过税吏的调查,逐一重新加以修正估定,田赋规定为重估后的地租额或净产值的45%—55%。但税吏们往往对那些他们认为地租比较"轻"的地产,任意估以较高的地租,据此确定应缴的田赋额。这样,实际上就是要拥有这些地产的地主向佃农勒索更高的地租。

在原来实行农村租佃制的旁遮普,在1868年通过的一项租佃法中,竟重新承认以前未被确认为地主的一部分地主对土地的所有权,但为了防止农民的反抗,同时也确认那些被降为佃农的农民对土地的"占有权"(即永佃权),并规定地主除非在特殊情况下,不得增加地租等。1871年又通过一项田赋法,规定田赋额为佃农缴纳的实际地租额的一半。显然,这些立法实际上是重新恢复旁遮普的封建地主的统治。在农村租佃制下,农民不断地失去自己的土地,原来具有小土地所有者地位的农民所耕种的土地,占旁遮普耕地总面积的比重,在1891年已降至54%,到1901年再降至45%。

马德拉斯农民在莱特瓦里制下对土地虽有所谓"占有权",但殖民当局所直接征收的田赋比任何地区都苛酷。自19世纪20年代后,田赋率大体为土地产量的1/3,这一税率实际上已超过了农民的全部剩余生产物。而且在实际征收时,只要年景稍有好转,就把税率提高。由于税率不固定,税史对农民的敲诈勒索,更是骇人听闻。民族大起义后,马德拉斯殖民当局不得不调整征收办法,自1861年起改按净产额(扣除土地投资后)的50%征收,期限为30年,30年后重新制订。但是,由于税史们总是从高估定每块田地的净产额,农民实际负担的田赋并未有所减轻。在1877年,马德拉斯发生了一次严重的饥荒,夺去了500万农民的生命,几百万英亩的土地荒芜,一直到1885年才恢复过来。1876—1898年,耕地面积总共增加了14%,但是殖民当局要求的田赋额,加上灌溉附加税,却增加了70%。

在也实行莱特瓦里制的孟买省区,自1836年起征收的田赋是按耕地的土质等级分别规定的。由于土地等级的测定完全听凭官员摆布,税额也是苛重的。这个田赋规定到30年期满时,正当美国内战时期,美棉对英供应中断,印度棉花对英输出激增,孟买省区的棉花种植空前繁荣。殖民当局乘此有利时机,改按田产额征收田赋。从1866年开始的新田赋额,就是按照这时期孟买棉花种植获得暂时繁荣的田产收入确定的。根据5个税区的调查,改订后的田赋额,较之未改订前的第一个10年的平均田赋额,增加了68%—109%不等。但美国内战一结束,美棉重新进入英国市场,印棉的出口量因之锐减,孟买省棉花种植就随着衰退下来。农民由于无力缴付大大增加了的田赋,终于在1875年爆发了起义。后来,起义被残酷地镇压了下去,而田赋的重压依然如故。1900年,孟买省也发生了一次严重的饥荒。

19世纪下半期至20世纪初期,英国殖民者在印度搜刮的田赋不断增长,情况见表8-5。①

表8-5　英国殖民者在印度搜刮田赋情况　　（单位:百万卢比）

年度	田赋收入	年度	田赋收入
1861/1862	19.7	1891/1892	24.0
1871/1872	20.5	1901/1902	27.4
1881/1882	21.9	1911/1912	30.0

此外,自1870年以后各个省区陆续以"修公路""办教育"为名,在田赋以外开征了地方附加税,使农民又增加了一项额外负担。

在高利贷盘剥下农民失地的增多与农村阶级的分化　由于沉重的田赋和地租压榨,以及低落的农产品价格,农民日益陷入高利贷盘剥的罗网。英帝国主义者广泛利用当地商业—高利贷资本,加紧对印度粮食和农业原料的掠夺,更使商人—高利贷者在农村中猖獗起来。1880年印度饥荒调查委员会的报告,提供了不少关于当时各个省区一身而二任的商人—高利贷者盘剥农民的材料。在提到西北各省的情况时,报告写道:"很少的佃农在自己家里存有满足日常需要的谷物。巴尼亚(高利贷者——编者注)在庄稼收割以前四个月,以谷物和其他必需品

---

① 1861/1862年度至1901/1902年度的数据,引自罗麦西·杜德:《维多利亚时代印度经济史》(英文版),1959年版,第373、595页。其中1861/1862年度及1871/1872年度原为英镑数,这里按当时比价1英镑＝10卢比折合。1911/1912年度的数据,引自薇拉·安斯泰:《印度经济的发展》(第四版),伦敦1952年版,第628页。

供应给他们以支付地租。当庄稼成熟时,他就几乎把它全部取走,以偿清预支金和利息。他在发放出去的谷物上,每卢比就比市价高半安那,而在收回谷物时,则比市价少算给它的所有主半安那。此外,巴尼亚除收回本金外还收25%的年利。"该报告提到旁遮普时,有人作证道:"照例,庄稼在尚未收割以前就已出售。当开始收割时,债主就取走全部收成,而农民为了满足自己的日常需要,就必须重新借钱。"高利贷者用这种买青苗的办法盘剥农民的情况,在马德拉斯、孟加拉、孟买、中央省等各地都是普遍存在的。根据同一个报告的估计,当时有1/3农民深深地陷于不能解脱的债务,而且至少还有1/3的农民也有债务,只是还不到无力还债的程度。而根据1901年印度饥荒调查委员会的报告,孟买省竟有4/5的农民负债。

农民落入高利贷陷阱后,不可避免的结果就是丧失土地。而英国殖民者在民族大起义后,陆续在各个省区确认农民对其持有的土地具有转让权的种种立法,只不过是为高利贷者夺占农民土地大开方便之门而已。1901年,孟买省至少有1/4的农民失掉了土地。对于那些一身而三任的新地主,连殖民当局的报告也不得不供认:"……作为地主,他具有高利贷者的本能,以尽可能苛酷的条件来和他的佃户订约,佃户同时是他的债户,往往等于他的奴隶"(1892年德干农民救济法案起草委员会的报告)。更多的农民在高利贷盘剥下失去土地后,变成了比这种佃户处境更为悲惨的雇农,他们靠打零工过着牛马不如的生活。而支持这批在农村中横行霸道、鱼肉乡民的高利贷者的,是英国殖民者的全部权力。如前所述,把英国商品送到印度农村的各个角落,又从各个角落把粮食和原料搜刮到殖民者手中的,正是这批一身二任或三任的高利贷者。他们是英国金融资本剥削印度人民的整个机构所不可缺少的齿轮。

当然,在农产品日益商品化的条件下,也有少数富裕的农民扩大了自己的耕地,上升为地主,剥削无地的雇农。

关于19世纪下半期印度农村的阶级分化的情况,还没有完整的确切的材料。根据1842年国情普查专员的报告,那时印度还没有无地的农民(这只能作为数量很少来理解),而据1882年国情普查的估计,农业中无地的零工已达 750 万人。至于 20 世纪初期的印度农村阶级结构的情况，可举马德拉斯省区为例（见表 8-6）。

表 8-6　马德拉斯农业人口构成（每千人中的人数）①

阶级	1901 年	1911 年
地主（原称不劳动的地主）	19	25
二地主（原称不劳动的佃农）	1	4
自耕农（原称劳动的地主）	484	426
佃农（原称劳动的佃农）	151	207
雇农	345	340

　　马德拉斯在实行莱特瓦里制的初期，绝大多数的农民是自耕农，对所耕种的土地有"占有权"。但到 1901 年，自耕农却只占农业人口的 48.4%，在 1901—1911 年又进一步下降到 42.6%。而同期地主、二地主的人数增加了；相应地，佃农的比重也上升了。至于雇农，在这十年间始终占农业人口的 1/3 以上。雇农占如此大的比重，决不意味着印度农村中资本主义关系的高度发展，而恰恰是在殖民统治下印度农村存在着大量"潜伏的人口相对过剩"的表现。在传统的手工业被摧毁，而近代工业又在殖民主义的桎梏下得不到迅速发展的情况下，广大的失去了土地的农民和失去了传统职业的手工业者，只能挤在农村里，靠租种小块土地、打零工，过着半饥饿的生活。每逢大饥荒，他们是最先走向死亡的苦难者！

　　<u>大量可耕地的荒芜与农业生产力的衰退</u>　　在大量的人口因缺乏其他的生计而拥挤在已耕土地上的情况下，却有大量的可耕土地，由于农民被剥削得一贫如洗，无力垦种而荒芜了。连官方的饥荒调查委员会的报告（1879 年）也不得不供认："在全国各地，都有为丛林所掩蔽的良好而荒废的广大土地，都可以开垦和使其适宜耕种；可是为此目的，必须使用资本，而人民却没有钱。"英国殖民者长期漠视公

---

① 毕来:《印度的经济状况》（英文版），第 1 页。

共灌溉工程的维持和兴筑,也是大量可耕土地荒芜的重要原因。人工灌溉系统是印度农业的基础。维修灌溉系统自古以来是印度统治者的传统职能。但在东印度公司统治印度时期,不用说兴建什么新的工程,就是过去统治者遗留下来的旧工程,也几乎未加修缮。1858 年,英国议员约翰·勃莱特在下院中曾说,单单曼彻斯特一城在居民的自来水一项上花费的钱,便比 1834—1848 年的 14 年中,东印度公司花在它整个广大领地的各种公共工程上的钱要多得多。在 19 世纪下半期,英国殖民当局为了增加田赋收入与缓和农民的对抗情绪,不得不零零落落地修复和兴筑了一些公共灌溉工程,但相对于土地垦殖的需要和潜力来说,是微乎其微的。到 1901/1902 年度为止,英国殖民当局花在灌溉工程方面的款项总共不过 2400 万英镑;而到 1901 年年底为止,用在铁路建筑方面的总数却达 22600 万英镑。前者还不到后者的 1/9。根据官方统计,1913/1914 年度,作物播种面积总共为 21900 万英亩,其中得到灌溉的面积仅占 21%,而由政府举办的工程灌溉的面积,不过 11%。同年,荒芜的可耕地达11500 万英亩,休耕地 5200 万英亩,两者合计竟占可耕地总面积的 44%以上。英国殖民者和一些资产阶级学把印度贫困和饥荒频仍的原因归诸人口太多;而可耕荒地占如此巨大比重的事实,彻底地揭穿了这种谎言。

不仅偌大的富饶的土地荒废了,就是在已耕的土地上,被英国殖民者、地主、商人一高利贷者压榨得只能生活在生存水平以下的印度人民,当然也是无力从事什么农业改良的。他们不得不沿用千年以来没有多少改进的古老落后的农具。他们没有足够的耕畜,更缺乏肥料。由于燃料不足,印度农民不得不把主要的肥源——牛粪,当作燃料使用。19 世纪下半期,大量油籽的出口,剥夺了农民另一项肥源(籽渣)。所有这些,造成了农业生产力的停滞和衰退。到 20 世纪的初期,印度农作物的单位面积产量,远远低于世界上一般的水平。

在重重压榨下广大农民的赤贫化,大量可耕地的荒芜,农业生产力的停滞和衰退,粮食和原料"竭泽而渔"式的输出,这一切不可避免地使 19世纪下半期以来的印度饥荒更趋严重和频繁。根据官方记录,在 19 世纪上半期连续发生 7 次饥荒,因饥荒死去的共约 150 万人;在 19 世纪下半期,共发生了 24 次饥荒,因饥荒死去的达 2000 万人以上。

　　饥饿和死亡,激起了从 19 世纪 70 年代到 20 世纪初印度农民不断的"骚动"和起义。

　　第一次世界大战时期,英帝国主义又从农民手中夺走了大量的粮食和农产原料,并把巨额战费压在印度农民头上。不但赋税提高了,而且还发行战时公债,强制向农民摊派。被战争挤干了的农民,在 1918 年又逢到严重的歉收。紧跟而来的饥荒和瘟疫,再一次地夺走了印度 1400 万贫苦人民的生命。这是比第一次世界大战 4 年间各国死于战争的全部人数还多得多的骇人数字。

第三节　印度民族资本主义工业的初步发展

印度民族资本主义工业发生和发展的前提条件

　　19 世纪下半期,英国在印度进行的大量投资,特别是大规模的铁路建筑,一方面使它牢牢地控制了印度的经济命脉,进一步把印度变成了自己的销售市场和农业—原料附庸;另一方面在客观上也不可避免地促进了印度资本主义民族工业的建立和发展。

　　如前所述,英国在印度的殖民统治,特别是 19 世纪初以后,大量机器工业品的侵入,摧毁了印度的城乡手工业,破坏了自给自足的农村公社的基础,造成了大批手工业者的破产;日益苛重的田赋、地租和高利贷的压榨,使越来越多的农民失去了土地,从而扩大了廉价的劳动力市场。与此同时,铁路网的敷设,原料、粮食输出的激增,地区间经济联系的扩大,使商品货币关系进一步深入发展。当地的商人—高利贷者,特别是大商人、大高利贷者,通过他们为英国殖民者推销工业品及搜刮原料和谷物的买办活动和高利贷盘剥,积累了大量的货币财富。这一切,都为印度资本主义工业的建立和发展,准备了必要的前提。这样,尽管有着英国殖民者的一切阻挠和农村封建关系的种种束缚,自 19 世纪下半期起,特别是在 70

年代以后,印度的民族资本主义工业,终于带着殖民地的烙印,开始发展起来。

印度的资本主义近代工业,和西欧资本主义大工业发展的历史过程不同,它不是在手工工场的基础上,而是越过了手工工场的阶段发展起来的。18世纪,在印度原有的手工业中,曾经出现过资本主义关系的萌芽,但是随即在英国大量机器工业品的侵入和打击下,遭到了摧残。① 因此,19世纪下半期,第一批印度资本主义民族工业企业,不是从手工工场转化而来,而是直接由大高利贷者、大买办商人投资创办的。印度的商人——高利贷者通过长期的买办活动,积聚了大笔财产。到19世纪下半期,他们中间的一些大买办、大高利贷者,乘着有利的时机开始了工业活动。但他们在成为工业资本家(企业主)之后,也照例不放弃他们的地主、买办和商业高利贷活动。

> 印度棉纺织工业的发展过程

从买办商人——高利贷者阶层中产生的印度第一批工业资本家,首先创设的工业部门是棉纺织工业。1851年,买办纳纳勃依·达瓦尔在印度棉花集散地孟买,创办了第一家棉纺织厂。以后孟买的大买办纷纷在当地建立纺织厂,到1861年,已建纺织厂12家。当时孟买的第一批印度纺织厂之所以能站住脚,因为他们避开同英国厂商竞争,主要生产向远东(特别是中国)输出的粗纱。美国内战时期印度棉花生产的空前繁荣,为孟买买办商人送来了一笔大财,促成了一次建厂的高潮。1865年,美国内战结束,美棉重新出现在世界市场时,许多印度厂商遭到破产。有的靠着当时英国对阿比西尼亚进行侵略战争的军需订货,才渡过难关,重新兴旺起来。到70年代,印度纺织工厂建设有了新的发展,除孟买外,开始在内地棉花产区(如阿麦达巴德、那格浦尔等地)建立新厂。到1877年,印度纺织厂增加到了51家。同时,棉花输出的增长,也引起了棉花加工厂的大量出现。在1875年,仅孟买一地用蒸汽发动的轧棉机就达2585台。

---

① 在19世纪末,印度的手工业特别是手工棉纺织业曾有大量的恢复,又出现了一些手工工场。但是它们只是作为已经产生的机器工业的附属物存在,它们依赖机器纺织厂供应机纺棉纱分发织工加工。由这样的手工工场主转化为工厂企业主,在当时是罕见的例外。

　　但是,印度民族工业刚一开始发展,英帝国主义者就千方百计地加以阻挠。从 19 世纪初以来,英国就一直在迫使印度实行片面的"自由贸易"。19 世纪 50 年代,外国棉、丝织品输入印度,要征 10% 的进口税,而英国棉、丝织品输入印度仅征 5%。从外国进口的棉纱和棉线征税 7%,从英国进口的仅征 3.5%。1857 年民族大起义后,殖民当局为了弥补预算赤字,曾于 1859 年一度将英国货品的进口税率提高到外国货品进口税率的水平,但是立即遭到英国工厂主的反对,不得不于第二年又重新降低下来。1871 年起,殖民当局再度降低进口税率,棉纱、棉线降为 3.5%,棉布降为 5%。但是,兰开夏工厂主还不以此为满足,1879 年,又强使印度取消了 30 支纱以下的粗棉布的进口税,这对印度棉织工业更是一个直接的严重打击。到 1882 年,除酒和盐之外,干脆所有进口税都取消了。1894 年,殖民当局为了增加收入,不得不对纺织品重新课征 3.5% 的进口税。但为了不妨碍兰开夏工厂主的利益,对印度当地产的纺织品也开征了对等的 3.5% 的出厂税。这样,印度棉纺织工业,不但没有什么关税保护,反而增加了一项新税的负担。

　　自 70 年代以来,国际市场上的白银价格不断下跌,以银为本位的卢比对外汇率也随之不断下降,这对于增强印度棉纺织品在远东市场上的竞争能力原是有利的。但是,卢比对英汇率的下降,意味着英国殖民者在印度搜刮的卢比收入折成英镑时将受到损失。以后,殖民当局就采取措施,人为地逐步提高卢比对英镑的汇率,到 1898—1899 年,固定在 1 卢比等于 16 便士的汇率上(而按照白银实际价格计算只等于 12 便士),从而提高了印度棉纺织品的出口价格。这对于印度棉纺织品的输出又是一次严重的打击。

　　在英帝国主义的种种阻挠下,印度纺织业只是靠着利用当地的廉价原料和加紧对工人的剥削,竭力生产尚能与英国竞争的 30 支纱以下的粗纺织品,才获得了进一步的发展。从 70 年代末到第一次世界大战结束,印度棉纺织业的发展情况如表 8—7 所示。[①]

---

　　①　1900/1901 年度至 1918/1919 年度的数据,引自薇拉·安斯泰:《印度经济的发展》(第四版),伦敦 1952 年版,第 620 页。

表 8-7　印度棉纺织业发展情况

年度	1879/1880	1889/1890	1900/1901	1913/1914	1918/1919
工厂数(个)	58	114	191	264	277
工人数(万人)	3.95	9.92	15.64	26.08	30.63
纺锭数(万枚)	140.78	293.46	494.23	662.06	659.09
织机数(万台)	1.33	2.21	4.05	9.67	11.61

　　第一次世界大战前,棉纺织工业是主要由印度资本经营的唯一的大工业部门。据 1898 年的估计,在棉纺织工业的全部投资中,印度资本占 2/3,但是机器设备完全依靠从英国进口。在第一次世界大战前,印度棉纺织业的规模,在亚洲占第一位,超过日本和中国(当时日本的纺锭数为 241 万枚,中国只有 30 万枚)。从 19 世纪末以后,印度棉纺织工业努力扩大国内市场。但到第一次世界大战前夕,在印度国内市场上,英国纺织品仍占优势。1913/1914 年度,印度消费的外国纺织品(主要是英国的)约为 30 亿码(1896/1897 年度为 19 亿码),而消费国内生产的纺织品(包括工厂和手工织品)只有 21 亿码(1896/1897 年度为 10 亿码)。

　　第一次世界大战给印度棉纺织工业以新的刺激。印度棉纺织业在克服了战争初期的一些困难(如战前一年开始的经济萧条的影响、德国化学染料供应的中断、中国棉纱价格的下跌等)以后,自 1915 年年底起,有了新的发展。这一方面是由于英国商品的对印输出大大地减少了;另一方面,英国出于战时军事、政治、经济上的考虑,暂时放松了对印度工业发展的限制。首先,由于战时军需供应的增加,迫切地需要印度成为东方战区的一个军需基地。其次,为了在紊乱的战时保持对印度的统治,也必须作出一定的让步,以取得印度资产阶级的合作。此外,为了抵制日、美等国在印度市场上日益加剧的竞争,英国宁愿暂时把印度一部分市场让给印度工业。1915 年对一切进口商品开征 5% 的进口税,1917 年更把棉布进口税提高到 7.5%。在战争期间,还给予印度工业大量的军事订货。这样,印度工厂生产的棉织品就从 1914/1915 年度的 11.76 亿码,增至

1917/1918 年度的 16.12 亿码。不过,在生产设备方面除织机有所增加外,纱锭反而有所减少。生产的发展,主要是靠加强对现有设备的利用和加强对工人的剥削来达到的。

在近代棉纺织业发展的同时,从 19 世纪末期起,印度手工织布业又重新恢复和发展起来。1901 年,手工织工数达 328 万人。但这并不是印度原来的手工织布业的简单恢复,而是作为近代工厂的附属物而发展起来的家内工业。这时,手工纺纱业已极少存在,织工必须依靠近代纺织工厂供应棉纱,同时他们主要为市场而生产。当时,手工织布业得以恢复和发展的条件,一方面是因为广大的印度人民,除了农业外,别无其他生计;另一方面,印度近代棉纺织业,在其发展的初期,建立纱厂比建立织布厂更为有利,因而纺纱的设备能力高于织布的设备能力,这样也需要手工织布来弥补现代化织布设备能力的不足。手工织布业所生产的,主要是那些适应国内外购买力低下的贫苦大众消费的粗布,和需要特殊技艺适应不同爱好、式样复杂的特种布匹。正是在这种殖民地工业发展的特殊条件下,广大小织工依靠自己的高强度劳动,才得以生存下来。但是他们对于纺织工厂的依赖性,以及纺织工厂随着自身地位的日趋巩固而逐步增加织机设备扩大布匹生产,这都使广大织工又终于逃脱不了日益被排挤的命运。1900—1913 年,工厂生产的和手工织机生产的棉织品,都有很大增加,而在第一次世界大战期间,印度工厂生产的棉织品从 11.72 亿码增至 16.16 亿码,手工织机生产的棉织品则从 10.19 亿码减至 7.41 亿码。这就清楚地说明了在殖民地条件下资本主义大生产利用和排挤小生产的矛盾关系的发展过程。

塔塔家族与印度钢铁工业的产生　印度资本在第一次世界大战前进行投资活动的另一个重要工业部门,是钢铁工业。这一时期,由印度资本创设的唯一的近代冶金企业,就是著名的塔塔钢铁公司。这家印度冶金企业的建立和发展,典型地表明了印度大工业资产阶级在印度独立前同英国殖民者又斗争又勾结的过程。公司的创办人贾姆歇德·塔塔,以大规模经营鸦片贸易起家。60 年代,"塔塔"公司在孟买因大搞棉花生意又发了大财,并开始在纺织工业中开展活动。1877 年,他在产棉中心那格浦尔创立著名的"女皇"纺织厂（这个命名是为了表明他对英国女王维多利亚的忠诚）。1885 年,塔塔又在孟买创设了一家新的命名为"司瓦德希"①的大纺织厂（这个命名表明塔塔为了自己的利益表现出对"司瓦德希"运动的"兴趣"）。以后又在阿麦达巴德、孟买先后并吞了两家纺织厂。这些纺织工厂和从未停止过的贸易活动,为塔塔积累了大量财富。从 19 世纪末起,塔塔就开始雄心勃勃筹建冶金联合企业。由于殖民地的一些法律阻挠了他对矿藏的勘探,塔塔曾同英国殖民当局进行过长期的谈判。为了加强自己在印度的地位,他又同美国的金融巨头建立联系,并从美国订购了设备,聘请了工程师。但由于英帝国主义的重重阻挠,直到 1907 年,才由贾姆歇德的承继人道拉勃·塔塔正式宣布建立钢铁公司。塔塔家族不失时机地利用了当时高涨的"司瓦德希"运动,8 天之内就募齐了公司的全部资本。塔塔钢铁公司在国内"司瓦德希"运动的支持和美国垄断组织的扶持下建立起来后,英国殖民当局就转而用各种办法加以笼络和收买。于是,塔塔钢铁公司又和殖民当局勾结起来,同国营铁路签订了一项协定,后者保证在 10 年内每年按进口价格购买 2 万吨钢轨,并降低原料运往工厂和成品运往加尔各答的运费。因此,塔塔钢铁公司一成立就靠与殖民当局的勾结,站稳了脚跟。1913 年,塔塔钢铁公司开始生产第一批钢。第一次世界大战开始后,它就转而把钢铁供应给英帝国主义的近东战区作为军需,并由此赚得了巨额利润。1916 年,塔塔钢铁公司生产了 147500 吨生铁、139500 吨钢、98700 吨钢材。塔塔公司在当时无疑是一个大企业,但它的钢铁产量对印度这样一个大国来说,显然是微不足道的。更值得注意的是,它不是用来满足印度国民经济的需要,而是为英国殖民者的利益服务的。

塔塔家族在大战前（1912 年）还创办了第一家水泥厂。在大战期间又在孟买建成了一个水电站（1910 年开始筹建,1915 年开始发电）。接着在 1916 年又兴建了一个水电站（在大战结束后开始发电）。这样,在殖民地印度最大的一个印度资本垄断集团——塔塔家族康采恩开始形成。

———————————

① "司瓦德希"运动指 19 世纪 80 年代开始的提倡本国工业和民族教育的运动。

印度资本除创建棉纺织业和钢铁工业外,还在碾米、磨粉、毛织、丝织、榨油、制糖等部门中占有一定地位。在大战前夕和大战期间,印度资本甚至开始在几乎完全由英国资本控制的黄麻工业和煤矿采掘部门中进行投资活动。印度民族工业虽有一定的发展,但整个说来,英国资本在印度近代工业中仍占绝对优势。印度资本主义工业的发展也是极其片面落后的,具有鲜明的殖民地性质。在英国资本控制下,印度几乎完全没有作为工业发展的必要基础的机器制造业。凡是创设新企业,必须依靠从英国输入机器设备。较大规模的近代工业,仅限于棉纺织、黄麻、采煤等极少数的几个部门。历经挣扎建立起来的印资钢铁工业一开始就得依赖殖民当局的订货才能发展。这些都是印度工业的殖民地性质的明显表现。

> 印度近代工业的殖民地性质

> 印度经理行与印度股份银行的产生和发展

印度大资产阶级在开始进行工业活动时,仿效英国垄断资本在印度的组织形式,也组织了经理行。但是印度经理行的出现,并不单纯是一种仿效;在开始时,它是"培植"印度自己的资本主义大企业的一种独特的组织形式。它的产生是和印度商业—高利贷资本转化为工业资本的特殊道路,以及当时创设大企业不得不和英国资本进行又斗争又勾结的复杂条件分不开的。在英国资本已大量侵入印度的情况下,创办或大或小的近代工业企业,个别商人—高利贷者积累的资金往往是不够的。同时,要同英国资本,和殖民当局打交道,也必须由他们的代表人物——大买办、大高利贷者出头来筹划、创办。这样,由大买办、大高利贷者组织的公司,就成了创设印度工厂的经理行。它们不但出面做新企业的创办人,对新企业进行投资,负担全部的筹建工作,还广泛利用家族关系、业务关系以及种姓内的信贷联系,为新企业筹集资金。这样,印度经理行就成了印度大小商人—高利贷者乃至地主阶级和土邦王公①剥削农民所得的原始积累转化为工业资本的主要孔道。

---

① 例如,印度最强大的土邦——海德拉巴的土王是经理行"卡里姆勃依父子公司"所控制的工厂的最大的股东。塔塔钢铁公司在创办时补充发行的 40 万英镑的股票,全部由瓜廖尔大君购去。

最早一家印度经理行,是 1858 年建立的弗拉姆齐公司。它控制了它在孟买创办的一家棉纺织厂。后来在孟买及阿麦达巴德出现的许多工厂,也都是在一些经理行的控制下建立的。到 19 世纪末,印度已经有了几十家印度经理行。不过,它们在很长时期内,几乎只在印度西部(主要是孟买)的棉纺织工业中进行活动。在第一次世界大战以前,大部分印度经理行只控制一家股份公司;控制几家股份公司的只有少数经理行。但也有个别的经理行控制了几种不同类型的公司,形成类似康采恩的组织。例如塔塔公司就是这样一家最大的经理行,在大战前夕和大战期间,它控制了 4 家纺织厂、1 家水泥厂、1 家钢铁公司和 2 家水电站,形成了印度第一个康采恩形式的垄断组织。

随着印度资本主义工业的发展,一部分印度的商业—高利贷资本,也逐渐向近代银行资本转化。19 世纪末期,印度的大商人—大高利贷者先后投资创办了 9 家大股份银行,每家资本在 50 万卢比以上。1900 年以后,在"司瓦德希"运动的影响下,印度的股份银行迅速发展起来,除增加了许多大银行外,还出现了许多资本在 10 万—50 万卢比以及在 10 万卢比以下的股份银行。到 1918 年,资本在 50 万卢比以上的印度股份银行计 19 家,资本总额(包括准备金)达 6000 万卢比;资本在 10 万—15 万卢比的印度股份银行计 28 家,资本总额(包括准备金)达 600 万卢比。但在力量对比上,印资银行还远逊于英国在印银行的势力。1916 年,印资银行在印度全部银行的存款总额中所占的比重,还不到 1/4。

这一时期印度股份银行的迅速增长,虽然反映了印度国内资本主义关系的发展,并与印度近代工业的兴起有一定联系,但是它们主要不是在工业资本已有充分发展的基础上成长起来的,而是印度商业—高利贷资本进一步发展的一个转化形态。它们的初期活动,主要是为推销英国工业品、收购印度农业原料的交易提供贷款,为当地高利贷者的期票贴现,从事殖民当局发行的债券买卖,等等。实际上,它们仍不过是介于英国金融资本和当地商人—高利贷者之间的一个联结环节,帮助了英国金融资本对印度农村的剥削。

印度资产阶级在
人民反英运动中的
政治态度及其根源

随着印度资本主义的发展,印度资产阶级(包括民族资产阶级和带买办性的大资产阶级)作为一个社会政治力量开始成长起来。印度带买办性的大资产阶级,同英国殖民者和印度封建地主阶级有着千丝万缕的联系,他们都出身于大买办—大高利贷者阶层,是以服务于英国殖民者起家的。他们进行工业活动时与英帝国主义有矛盾,但对它也有很大依赖性;而英帝国主义,则根据自己的利益对他们加以控制和扶植。同时,他们即使转化为"大工业家"时,也照旧不放弃他们为英国资本效劳的买办活动和商业—高利贷活动。因此,这一部分大资产阶级的经济地位,决定了它总是千方百计地限制和反对人民的革命斗争。即便有时为了自己的利益参加反英运动,也不过是为了利用它。印度的民族资产阶级因为受英帝国主义压迫和受封建主义的束缚,所以有一定的反帝反封建的积极性;同时,由于它同帝国主义和封建主义有某些联系,因此又具有经济上和政治上的软弱性。当它与英帝国主义矛盾尖锐时,一定程度上也参加人民反英运动,但是,它在政治上的要求,只限于争取有限度的自治、采行保护关税、实施民族教育等。

19 世纪 70—80 年代,资产阶级民族主义思想逐渐传播起来,反英的民族运动逐渐展开。英帝国主义慑于民族运动的形势,在 1885 年,通过一个退休的英国文官休谟,同当时一些著名的印度社会活动家进行联络,成立全印国民大会党,企图把印度资产阶级及其知识分子吸引到自己这一边来,为他们开辟一个合法的政治活动的通风口,以缓和印度人民的不满。这个在当时代表印度资产阶级和地主阶级"自由派"的国大党,在它成立后的最初 20 多年间,所要求的只是有限度的自治和某些改良。它的活动的特点,正如当时激进的民族运动领袖提拉克所嘲笑的那样,就是"请愿、抗议和诌媚(对英帝国主义)"。1905 年,印度人民掀起了以抵制英货为中心的民族运动高潮。在这个运动的影响下,由于激进派的坚持,国大党才于 1906 年把争取自治、支持抵制英货运动、支持"司瓦德希"运动、提倡民族教育等纳入党的纲领中。1905 年开始的民族运动,持续了 5 年之久,曾使英国殖民者受到很大威胁,迫不得已作了一些表面上的让步。

印度工人阶级的状况和印度工人运动

随着资本主义工业的产生和发展,出现了第一批近代产业工人,并逐渐形成印度的现代工业无产阶级。19世纪末,印度工厂工人已达50万人以上,到1914年增加到95万人以上。殖民地的工业布局造成印度工人的高度集中。印度工人主要集中在孟买、加尔各答、马德拉斯等几个大城市。在孟买的棉纺织工厂,平均每厂有1000名工人左右,在加尔各答的黄麻工厂,平均每厂有2000名工人。

印度的工厂工人大部分来自破产的赤贫化的农村,通常是通过把头招雇来的。把头对他招雇来的工人进行种种勒索:工人进厂时要送钱;为了保住工作也要送钱;工人必得住把头的房子,到把头开的小铺买生活用品;无法维持生活时,又必得向把头借钱;等等。工人的工作时间长达14—15小时,没有休息日,没有劳动保护。工资低微,而且常常故意晚发,并处各种罚金加以克扣。孟买纺织工人的饮食恶劣不堪。工人的住所是臭气熏天的棚房,往往几家住在一个房间。在纺织工业中广泛使用女工、童工。怀孕的女工怕失掉工作,有时迫得在机床旁分娩。有婴儿的女工因无人照管,只好带进车间哺乳,用鸦片麻醉婴儿入睡。工人子女的死亡率是骇人听闻的;活下来的儿童往往从七八岁起就进厂劳动。甚至在矿井里也使用女工。塔塔钢铁公司的矿井里,就用女工把矿砂装筐顶在头上运出来。一个塔塔聘用的美国经理说:"这是一个经济问题,能够养活这些妇女的大米,要比起重机所用的煤更便宜些。"①

印度的工矿工人被剥削得体衰力竭后,往往就被解雇流回乡村,而企业主很容易地又从农村中另招一批工人替上。因此,印度工人的流动性比较大,影响了工人的组织。英国殖民者还千方百计地在工人中间挑拨种姓歧视和制造民族隔阂,破坏工人的团结。但是,印度工人仍然逐渐觉醒起来,反对残酷的经济剥削和民族压迫。1877年,那格浦尔女皇纺织厂工人举行了第一次罢工。80年代,印度工人开始组织起来进行斗争。1890年,孟买纺织工人成立了第一个职工会。1891年,争得了在50人以

---

① 布却南:《印度资本主义企业的发展》(英文版),第290页。

上的工厂内实行法定休息日、禁止九岁以下儿童劳动的立法。但是,在19世纪末期工人所进行的罢工斗争,还限于提出一些起码的经济要求,并且都带有地方性。以后,在1905年俄国革命的影响下,印度工人的阶级意识和民族觉醒逐渐增长。1908年,孟买工人为抗议殖民当局判处民族运动领袖提拉克6年苦役,进行了第一次政治总罢工。从此,印度工人阶级开始转向政治斗争,并在印度民族解放运动中起着重要作用。只是当时由于缺乏先进的工人阶级政党的领导,工人阶级还未成为民族运动的领导力量。

第一次世界大战时期,印度工人的生活更形困苦。到战争结束时,实际工资因通货膨胀和物价飞涨而降低了一半。而英国和印度的企业主,却大发战争财。孟买棉纺织工厂的红利,到战争结束时每年达120%以上。1916—1917年,孟买纺织工人为争取改善生活条件举行了两次大罢工。1918年,为抗议提拉克再度被捕,宣布政治罢工。10万名工人参加了这次斗争。大批职工会成立了。列宁在谈到第一次帝国主义大战对东方国家(如印度、中国等)的影响时,写道:"这些国家的发展已完全按照一般欧洲式资本主义的标准进行。在这些国家里开始了一般欧洲式的波动。现在全世界的人都清楚,这些国家已经卷入了不能不引起整个世界资本主义危机的发展漩涡。"[1]

---

[1] 《列宁全集》第三十三卷,人民出版社1957年版,第452页。

第 九 章

非洲经济的殖民地化

　　非洲是个自然资源富饶、人口众多的大陆。它具有发展经济的良好条件:广大的耕地、牧场和森林,金属矿藏非常丰富。在西欧资本主义兴起时,这个社会经济十分落后的地区,变成了西欧殖民主义者进行侵略和奴役的对象。在近代史上,非洲对欧美资本主义社会的形成和发展,被迫作出了巨大的血泪牺牲。正如毛泽东同志所指出的,"万恶的殖民主义、帝国主义制度是随着奴役和贩卖黑人而兴盛起来的"[①]。而非洲各族人民的经济,却在殖民主义者的侵略和奴役下,长期处于落后和停滞的状态。

　　非洲的土著居民,不是单一种族。在撒哈拉以北,居住着阿拉伯—伯伯尔人。在撒哈拉以南,才是真正黑种人的世界,他们占非洲总人口的2/3。黑种人又分为两大支:住在东非和中南非的班图人、住在西非和赤道以北的苏丹人;此外还有住在阿比西尼亚(今埃塞俄比亚)和红海沿岸的阿比西尼亚人、住在马达加斯加岛的马尔加什人和一些少数部落(如西南非的布须门人和霍屯督人)。后来的欧洲白种移民主要分布在南非和北非。

---

　　①　毛泽东:《呼吁世界人民联合起来反对美国帝国主义的种族歧视、支持美国黑人反对种族歧视的斗争的声明》,《红旗》1963 年第 16 期。

　　非洲大陆,南起好望角,北临地中海,中间有大沙漠和密林阻隔。历史上各地区人民之间,孤处隔绝,不相往来,在经济和文化发展上,形成各地区部族间发展极不平衡的状态。例如,北非洲,一般在 7 世纪已开始封建化过程,而南非的绝大部分部落,到 19 世纪末还保持氏族制度。在东北非红海沿岸,10 世纪前,对外贸易已很频繁;而住在西南非内陆的布须门人,到 19 世纪末,还使用石器时代的工具,过着原始的狩猎生活。在同为班图族人中,东非的班图族人(如居住在维多利亚湖区的乌干达人和坦噶尼喀的瓦尼亚姆韦集人)主要从事农业;而南非的班图族人(如祖鲁人、柯萨人)则主要从事畜牧业。

　　由于各自所处的发展阶段和地理位置的不同,在西欧殖民者入侵后,北非的埃及、马格里布诸国①和撒哈拉以南非洲地区所经历的殖民地化过程,也各具自己的特点。

第一节　英国占领前后埃及经济的
逐步殖民地化

　　埃及是非洲最古老的国家,它位居北非之东,是古代东方文明的摇篮之一。7 世纪时,阿拉伯人侵入北非,公元 640 年占领埃及,把埃及并入了阿拉伯哈里发帝国。阿拉伯人的入侵,加速了埃及的封建化过程,阿拉伯语言和伊斯兰教也广为传播起来,埃及逐渐成了阿拉伯国家。

　　1517 年,土耳其苏丹(君王)征服埃及后,埃及一直处于奥斯曼帝国的封建统治之下。18 世纪末期,奥斯曼帝国的危机日益加深,它在埃及的统治也日渐削弱。英法两国为了争夺东方贸易和经由埃及与近东通向印度的要道,开始染指埃及。1798 年,拿破仑的军队冲开埃及大门,占领

---

　　①　马格理布(阿拉伯语,西方之意)指埃及以西的阿拉伯国家,包括摩洛哥、阿尔及利亚和突尼斯,有时还包括的黎波里(今利比亚)。

了埃及,从此埃及便逐步沦为欧洲资本主义列强的半殖民地和殖民地。

19世纪上半期
阿里的经济改革

法国占领埃及只有两年。在埃及人民的抗击下,拿破仑军队被迫于1801年撤离埃及。1805年,土耳其苏丹派驻埃及的新任总督穆罕默德·阿里摧毁了当地军事封建主(马姆娄克)的势力①,统治了埃及。他在巩固了自己的权力以后,争得了对土耳其行政上的独立,把埃及转变成为一个中央集权的封建专制的国家。

阿里统治埃及后,面对着英、法等资本主义势力的觊觎和威胁,力图使埃及的封建生产方式适应于资本主义的发展的形势,力图增加国库收入,改组和加强军队,巩固自己的专制统治。因此,从1805年开始,阿里在土地制度、工农业生产、财政、贸易等方面实行改革。同时在军队、国家机关和教育等方面也实行了改革,加强了建设。一般认为,阿里奠定了近代埃及社会各方面发展的基础。

实行土地改革。在土耳其统治时期的土地,大部分属于马姆娄克和国家。在国家的土地上征收土地税,实行包税制,即伊尔基泽姆制度。包税人称为穆尔德泽姆。在开始时,只要有钱的人都可成为包税人;以后只有军事首领、地方族长和大僧侣才能充当。随着时间的推移,包税人事实上成了包税区的封建地主,包税区内的农民成了他们的农奴。农民如欠缴地租,包税主可以没收农民的财产;没有他们的许可,农民不能离开乡村;他们有权把农民关进牢狱,甚至判处死刑。此外,农民还常以劳役地租的形式为包税主自己经营的土地耕种。18世纪时,伊尔基泽姆制度实际上已成为埃及封建土地所有制的一种重要形式。此外,还有一部分土地属于清真寺,称为瓦库夫土地,或称利兹克。埃及在马姆娄克和穆尔德泽姆的长期统治下,水利失修,农业衰落。阿里建立统治后,为了彻底摧毁马姆娄克的经济基础、增裕国库和发展出口农作物生产,废除了伊尔基

---

① 10—12世纪,埃及法提玛王朝从希腊、高加索等地招募奴隶组成卫队,称为马姆娄克(原为奴隶之意)。13世纪中叶后,马姆娄克军官控制了埃及政府,马姆娄克成为军事封建主。奥斯曼帝国征服埃及后,仍为马姆娄克保留了不少土地。以后,他们的权力重又增大,18世纪后期,马姆娄克实际上控制着埃及的政权。

泽姆制度,没收了原属马姆娄克、穆尔德泽姆和一部分属于寺院的土地。没收的土地大部分转归国家所有,国家把土地直接分配给农民耕种,面积为3—5费丹①。农民向国家缴纳一定数额的土地税,称为哈拉特斯。农民对分到的土地,不享有所有权,不得转让或继承,而且农民必须固着在自己的份地上。阿里利用乡里族长监督管理农民使用的土地。乡里族长每管理100费丹的土地,分得4—5费丹的免税土地作报酬。过去大地主自营的土地,准许留用,死后归国家,其中一部分可继承。没收土地中的一小部分,则由阿里分赠给文武官员及自己的家族,形成了新的封建贵族地主。

阿里的土地改革,并没有改变埃及封建土地关系的本质。农民从过去的土地依附关系中解脱出来,耕种国家直接管理的土地,只是消除了中间剥削,而使国库多得税收而已;对农民来说,只是换了一个主人。他们除了缴纳苛重的租税外,一年中还必须有60天时间在阿里及其近臣的领地上服劳役。阿里为对外侵略征集的兵役和为修河筑路征集的徭役,也是农民的沉重负担。

阿里在农业方面实行的重要改革是积极改造和新修良好的灌溉系统,扩大播种面积,发展新技术作物。这是埃及发展农业的关键。1823年,完成了灌溉建设。埃及原来只是冬季一季播种,改为冬夏两季播种,两季收获。这不仅扩大了播种面积,而且对于发展新的技术作物,特别是棉花的生产作用很大。1822年,生产优良棉花2万包(每包108斤),1835年增至10.4万包。全国播种面积也迅速扩大,1820年为203.2万费丹,1833年增加到312.4万费丹。发展棉花生产,有两方面的目的:一是向国外输出,增加国库收入,以支付阿里为了维护埃及独立而建立欧洲式的军队所需的庞大军费;二是满足埃及建立纺织业的需要。所以说,埃及的棉花从阿里时代就成了整个经济政策的中心。

垄断农产品和手工业产品贸易。阿里政府对大多数农作物产品(包括粮食、棉花、大米、鸦片、生丝)都实行垄断。国家要求农民必须把自己

---

①　1费丹合6.3市亩。

的农产品按国家规定的低廉的采购价格交售给国家,不得自由出售。在此基础上,政府也控制了农产品出口贸易。农产品垄断制度扼杀了农民生产的积极性,阻碍了农业的发展。当 19 世纪 30 年代垄断制度推行得最广泛时,一度高涨的农业生产又开始下降。例如棉花产量从 1836 年的 17.8 万包降落到 1840 年的 7.7 万包。这一时期,农民为反抗政府的垄断而焚毁收获物的事件也增多起来。

阿里对手工业同样实行横蛮的垄断。从 1816 年起,规定全国手工业者的产品只能由国家专卖,国家发给手工业者原料而收回成品。实行垄断的结果,引起了手工业行会的解体,造成大批作坊停闭,手工业者破产。

建立近代工业。阿里立志建立一个独立的国家,他看到必须发展自己的工业,以免在经济上依附于西方国家。要改组军队,要增加国家的财富和力量,需要有一系列的工业。19 世纪 20 年代初,阿里政府建立了两个机器纺织工厂,共有纺机和织机 618 台,雇佣工人 800 名,这是埃及开办近代棉纺织工业的开端。其后,工厂陆续增加,据 1829 年统计,工厂共有纺机 1459 台和织机 1215 台,机器主要从法国输入。到 1837 年,埃及一共建立了 29 个纺织工厂。

这一时期发展的其他近代工业,有军火、制糖、蓝靛等。为了防御侵略和向外扩张的需要,新型军火工业(硝石、火药、造船等)也在 20 年代中发展起来。1831 年,亚历山大造船厂所造的第一艘海轮下水;同时还建立了制造缆索、船帆等物件的工厂。1833 年,政府建立三个大型糖厂,年产糖 21395 坎塔尔(1 坎塔尔约合 45 公斤),由于管理不善、资金不足和外糖竞争,没有什么发展。1840 年,全国约有工厂工人 3.5 万人。

以上可以看作是埃及兴建近代工业的序曲。这些官办工业企业,实际上建立在强制劳动基础上。工厂都实行军事管理,工人在官员的横蛮压制下工作,所得工资不仅低得难以糊口,而且经常被拖欠。以后,这些企业,由于缺乏技术人才,管理腐败,官员贪污盗窃,中饱自肥,又受到外国势力的干涉和外国商品的竞争,陆续停办倒闭了不少。不过,无论如何,阿里还是奠定了发展埃及工业的基础。

阿里为了得到必需的资金实现其政治和经济计划,大力整顿和改善财政、税收和货币制度。消除了财政和货币流通方面的混乱状况,实现了财政收支平衡。

为了便利国内农产品和其他物产运输,特别是为了发展欧洲到中东的过境贸易,十分注意改善交通道路,制定了全国的陆路计划。

阿里的各种改革,都是有利于地主和商人,而对人民群众加重了剥削。但是,对于当时的埃及来说,改革在客观上具有进步的性质。

外国资本势力的
侵入和埃及经济
的半殖民地化 在阿里统治时期,英法等资本主义列强从未放弃过对埃及的觊觎。他们勾结土耳其来抑制埃及的发展。1840 年埃及对土耳其的战争,在英国和其他列强的干涉下遭到失败,阿里重又承认土耳其的宗主权。1841年,英法通过土耳其命令埃及不得自造军舰,并裁减军队 9/10。同时,1838 年英土缔结的不平等商约也被强制扩及埃及地区,进口税规定为从价 5%,这就为英国商品在埃及的倾销敞开了大门。外国商品的涌入,摧毁了埃及的工业;军队的裁减,又使它们失去了大量的军事订货。这样,阿里时代建立的近代工厂,就相继倒闭了。此外,根据 1838 年的英土商约,埃及取消了国家的一切专卖权,于是,开设在亚历山大的英国公司,就可以通过自己的代理人(买办),自由地深入尼罗河三角洲的一切乡村,廉价收购农民的棉花。这些代理人利用农民的贫困,向农民进行高利贷盘剥,以极低的价格预购尚未收摘的棉花。埃及棉花出口从 1840 年至1850 年增加了 1 倍以上(从 16 万坎塔尔增至 37 万坎塔尔)。

阿里死后(1848 年),英国资本势力进一步渗入埃及,获得了修筑自亚历山大城至开罗和苏伊士的埃及第一条铁路的特权。这条横贯尼罗河三角洲产棉地区的铁路,更加便利了埃及棉花的输出和英国商品深入埃及腹地。

从 50 年代起,埃及农业适应外国资本的需要,向单一作物方向发展的趋势更加显著。特别是 60 年代,因美国南北战争爆发而引起的欧洲棉花荒,对埃及的棉花种植起着很大的刺激作用。英国殖民者竭力使埃及成为单一的棉花供应者。在 50 年代,埃及每年的棉花输出平均不超过50 万坎塔尔,而到 1865 年,猛增至 200 万坎塔尔。棉花价格在 50 年代平均每坎塔尔不过 10—12 里阿尔①,1865 年涨到 45 里阿尔。美国内战结束后,美棉重新回到世界市场,棉花价格回落。埃及棉花输出虽一度受到抑止,但因埃棉质地优良,欧洲对埃棉的需要续有增长。到 70 年代,当埃及棉花输出最高时,达 300 万坎塔尔。埃及成了生产单一出口作物棉花的国家。1870 年,棉花和棉籽输出占了埃及输出总额的 72%,其中绝大部分是运往英国的。

为了扩大棉花种植,埃及统治者在 50—70 年代,大规模地修筑水渠,扩充灌溉系统。仅在伊斯曼尔(1864—1879 年)时期,就建成了全长 13.5万公里的 112 条水渠。全国耕地面积也随之由 1852 年的 416 万费丹增加到 1877 年的 474 万费丹。

农业生产的商品化,并没有消除埃及的封建土地关系。只是适应农业中商品生产的发展,农民向国家缴纳的哈拉特斯(土地税),逐渐采取了货币税的形式。此外,50 年代至 70 年代通过几次法令,逐步承认了缴纳哈拉特斯的农民对土地的继承、抵押、出租、转让的权利。但是这些规定只是为土地的集中开辟了道路。农民除了承受哈拉特斯的沉重负担外,还被迫贱价出卖种植的商品作物,遭受高利贷的盘剥,负担繁重的修筑运河、铁路的劳役。农业的商品化只是给外国资本、本国统治者、大地主、买办、商人、高利贷者带来了暴利。

同时,埃及为外国工业品的输入也敞开了大门。在 1870 年的进口总额中,纺织品占了 31%,其余大部分也是工业产品。因此,这一时期的埃及近代工业,除了制糖业外,没有得到很大的发展。1865 年后,埃及的棉花输出受到美棉卷土重来的竞争,国王伊斯曼尔曾利用西印度群岛发生种植园危机和蔗糖产量下降的时机,开始扩大甘蔗种植,建立糖厂。他先后一共建立了 64 个糖厂。1872 年时,这些厂年产糖 150 万坎塔尔,其中1/3 输出国外。70 年代后期,糖的输出额增加至 70 万坎塔尔。至于纺织业,则一直到 70 年代才有某些恢复,在开罗建立了新纺织厂,在费乌阿建立了毡毛厂和织布厂。此外,在亚历山大建立了皮革厂,在布拉克设立了

---

① 里阿尔是埃及辅币名称,5 个里阿尔合 1 埃及镑。

造纸厂,在亚历山大和苏伊士还建立了修理和装配船只的造船厂。但在工业中占统治地位的仍是小手工业生产。

随着出口商品作物的发展,铁路建筑有了迅速的增长。1860年,埃及铁路的长度不过245公里,到1876年,全国铁路线已达1800公里。亚历山大港重新修建后,成为世界上最大商埠之一。这时,埃及还有了自己的商船队。1850—1880年,埃及对外贸易扩大了4倍以上,并有巨额的出超。但是,这种出超都被用来偿付日益庞大的外债利息和佣金,出超的增长不过是外国资本对埃及人民的榨取日益加强的一个反映。

这一时期,英法资本渗入了埃及贸易、金融、工业、交通运输、财政等各个方面,并展开了争夺埃及经济政治控制权的斗争。首先,随着对外贸易的扩大,英法资本纷纷在埃及设立银行。这些外资银行,除了通过自己的业务活动控制埃及的对外贸易外,还通过代理人在农村中进行高利贷活动,大批农民在典押的形式下失去了土地。这些银行又通过对埃及政府贷款,控制埃及的财政。英法资本还成立各种企业公司,控制了城市公用事业(自来水、煤气等)、电报网、铁路建筑、航运事业等。此外,也设立了不少农产品加工厂如轧棉厂、面粉厂、碾米厂等。

1859年,法国资本夺得了开凿苏伊士运河的承租权,租期99年。开凿运河所必需的土地由埃及政府无偿出让给运河公司,而且免付地税。开凿运河必要的劳动力由埃及政府负责供应。而埃及政府仅能得到公司纯利的15%。运河开凿,历时10年才完成。运河公司通过埃及政府驱使成千上万的农民,用双手和原始工具来进行全部挖土工程。在酷热天气下的繁重劳动,恶劣的食住条件,以及病疫的流行,引起了大批工人的死亡。据估计,约有2万埃及人死于运河修建工程中。为开凿运河,埃及前后共负担了1600万英镑的费用,而外国资本只付出了400万英镑。

1869年11月17日举行了运河开航典礼。运河的完成和通航并没有给埃及带来什么好处,却使埃及进一步成为外国资本的卤获物,成了列强争夺中东政治经济和战略优势的角逐场所。

在法国资本的迫使下,埃及政府为了认购运河公司44%股票,第一次向英法银行举借巨额债款。以后又因扩建灌溉系统、修筑铁路、重建亚历山大港、举办糖厂,以及供应埃及统治者的挥霍浪费,接二连三地向英法等外国银行借债。这些外债都是在苛刻的条件下获得的,年利一般不少于 7%,而且实际得到的债款往往只有名义债款的 70%—80%。这样,由于债台高筑,埃及政府开始在财政上受到欧洲列强的控制。为了支付巨额债息,政府一再增加赋税,向农民大肆搜刮,但仍摆脱不了入不敷出的困境。1875 年,埃及政府不得不把手中的全部苏伊士运河公司的股票以 400 万英镑的低价出卖给英国,从此,英国逐步取得了对运河的控制权。到 1876 年,埃及政府的外债经整理后,累计达 9100 万英镑。单债息一项即占了国库收入的 2/3。这一年,埃及政府由于无力偿还外债,被迫宣告财政破产。英法等帝国主义者趁机掌握了埃及的财政大权。他们不顾当时埃及国内发生的空前大饥馑,把军队派往农村,协同税吏以骇人听闻的残酷手段向农民强征捐税,以偿付债息。农民吃草度日,成千上万的人死于饥饿和瘟疫。

1878 年,英法进一步强迫埃及国王组成有英法等国代表参加的政府[①]。外国的财政控制和政治干涉,严重地损害了埃及人民的利益和民族尊严,终于激起了埃及人民的反帝怒潮;埃及的军队在阿拉比的领导下也参加了声势浩大的民族运动。1882 年,英国侵略军即以群众抗英运动为借口,炮击亚历山大港,进兵开罗,残酷镇压抗英运动的参加者,迫使埃及国王组织亲英的附庸政府。从此,埃及在名义上虽然仍是奥斯曼帝国的一部分,而事实上已成了英国殖民地。内阁的一切行政方针,都要听命于开罗的英国总领事。英国占领埃及后,接着又以埃及为据点,武装镇压苏丹人民的反殖民主义斗争,并于 1899 年在"英埃共管"的名义下,侵吞了苏丹。

英国占领埃及后埃及殖民地经济的形成　英国占领埃及后,除了掌握对埃及政治、军事、财政的监督权外,还竭力利用其作为占领者的优势地位,进一步控制埃及的经济命脉。在

---

① 指 1878 年组成的努巴尔内阁,它的财政大臣是英人威尔逊,公共工程大臣是法人布里涅尔。他们都享有否决权。此外还有意大利、奥地利等的代表担任副大臣职务。这届政府在埃及历史上被称为"欧洲内阁"。

1882—1914 年,侵入埃及的外国资本,特别是英国资本,有了急速的增加。这些外国资本控制了埃及的银行业、铁路建筑、航运及其他交通运输事业、城市公用事业、土地投资、采矿业等,加速了埃及经济的殖民地化。这一时期外国资本(不包括对苏伊士运河的投资和对埃及政府的贷款)在埃及的增长情况如表9-1 所示。①

表 9-1　外国资本在埃及的增长情况　　　　(单位:万镑)

年份	土地、运输及企业公司等方面的外国资本	银行业方面的外国资本
1883	73	567
1892	129	523
1902	1149	1220
1914	3147	5057

以英法为首的外国资本对银行业的投资始终占有压倒优势。外国银行在加速埃及经济殖民地化方面起着重要作用。它们通过信贷活动,控制了埃及的对外贸易,从而促使埃及农业向单一作物(植棉)发展。它们还给埃及政府贷款,从而控制埃及的财政和政府经营的铁路、运河、灌溉等许多事业。1893 年成立的英资埃及国民银行,事实上成了埃及的中央银行,它负责埃及的国库收支,掌握埃及的货币发行。

值得注意的是,这一时期,特别在 20 世纪开始以后,外国资本在银行业以外的投资比重有了迅速的增长(1883 年仅占外资总额的 11.3%,至1914 年增至 38.4%)。但是,这方面的投资,完全不是为了发展埃及的工业,而是为了掠夺埃及的自然资源和便利外国殖民者的生活享受。主要设立了土地投资公司、铁路建筑公司、钠矿开采公司、食盐公司、城市公用事业、旅馆业等。至于外资创办的工业,只是一些为数有限的轻工业企业(烟草公司、啤酒公司、棉纺织公司等)。在外资中,除英国资本外,法国、

---

① 拉西德·阿里·巴拉维、穆罕默德·哈姆查·乌列士:《近代埃及的经济发展》,生活·读书·新知三联书店 1957 年版,第 182 页。

比利时、瑞士等国在埃及的投资,这一时期也有所增加。到 1914 年,据估计,外国资本在埃及的投资,包括埃及政府的外债和未计入表内的其他方面的投资,共达 2.5 亿镑,每年夺去的利润、利息在 900 万镑以上。

英帝国主义为了使埃及成为它的原料供应地,在 1882 年占领埃及后,就竭力推行单一作物制,进一步片面地发展棉花生产。为此,英国资本通过埃及政府,大力修筑水坝水库,利用尼罗河洪流扩充夏季灌溉面积。这样,棉花播种面积在耕地总面积中的比重,从 1883 年的 11.5% 增加至 1914 年的 22.5%。棉花种植的片面发展,损害了埃及国民经济的平衡。同一时期,小麦和大麦的播种面积的比重减少了(前者从 20% 减至 16.9%,后者从 11.5% 减至 4.8%)。自古以来有"非洲谷仓"之称的尼罗河流域,出现了粮食不能自给而不得不进口小麦和面粉的情况,而且随着人口的增长,粮食进口逐年增加:1885 年进口面粉价值 12.5 万镑,1913 年增至 219.6 万镑。播种面积受到棉花排挤的不只是谷物,甘蔗、大麻、蓝靛及其他染料作物的播种面积也都比 80 年代前大为减少了。烟草则干脆被禁止种植。

植棉业的片面发展,使埃及经济进一步依附于英国。1884—1885 年,埃及棉花输出额为 354 万坎塔尔,到 1913—1914 年,增至 737 万坎塔尔。同一时期,棉花和棉籽的输出额,占出口总值的比重,从 81% 增至 93%。埃及棉花绝大部分运往英国,这一时期,英国在埃及输出总额中的比重,占到 50%—60%。埃及还被迫接受英国商品来充抵自己的对英出口额,因而英国工业品的输入,占了埃及进口总额的 35% 左右。在埃及的进出口贸易中,英国都占首位。

发展单一作物的结果,使埃及经济的盛衰完全依存于棉花价格的涨落;而帝国主义者正是利用压价的办法,对埃及人民进行凶狠的剥削。1882 年,埃棉输出售价每坎塔尔为 14.26 里阿尔,该年埃及输出的 280 万坎塔尔棉花,约得 900 万英镑。1897 年,埃棉价格被压到每坎塔尔 7.18 里阿尔,这年埃棉输出为 640 万坎塔尔,比 1882 年增加 130%,但售棉总收入仅为 1050 万英镑,比 1882 年只增加了 17%。

这一时期,小土地占有者的经营显著增多。1894—1914 年,在总耕地面积没有很大增长的情况下(从 470 万费丹增至 546 万费丹),全国土地占有者总人数显著增加,从 66 万人增至 156 万人。其中 5 费丹以下小土地占有人数增加最快:从 1894 年的 51 万人增至 1914 年的 141 万人。但是,他们占有的耕地总面积并没有随之相应地增长,因而每人平均占地的面积从 1894 年的 2 费丹,降至 1914 年的 1 费丹。1914 年,这类小土地占有者占了土地占有者总人数的 90.7%,但是他们占有的土地仅及总耕地面积的 26.1%。5 费丹以下的贫苦农户的增长和他们平均占地面积的锐减,正是这一时期迅速增长的人口在外国统治下缺乏其他生路,不得不拥挤在日益零碎的土地上的结果;也是在农业日趋商品化的条件下,中小农户不断分化、不断丧失土地的结果。这一时期,占地 5—50 费丹的人数和耕地也在减缩,他们在占地总人数中的比重从 20.7% 降至 8.5%,在耕地总面积中的比重从 37.7% 降至 30%。小农户不仅无力进行正常的农业经营,而且大多数没有维持生活的条件。因之,埃及农业的发展和进步极其缓慢是毫不奇怪的。

与此同时,占地 50 费丹以上的大地主的土地更集中了。从 1894 年到 1914 年,他们的平均占地面积从 178 费丹增加到 192 费丹;他们的总人数也有所增加。1914 年,这类在土地占有者总数中仅占 0.8% 的大地主,却占了全国耕地面积的 43.9%;而且其中 2/3 的土地属于一小撮最大地主,他们占地从 2000 费丹到 2 万费丹不等。埃及国王占有的土地达 17.5 万费丹。但是土地的高度集中,并不意味着资本主义关系在埃及农业中的发展。绝大多数的大地主仍然把土地分成小块出租给无地或少地的佃农,进行苛重的封建地租剥削。

这一时期,大批土地也落入外国人和外国公司手中。外国土地公司掠夺土地,不是为了经营种植园,而是为了进行土地投机。它们往往以极低廉的价格收买未垦殖的土地,进行小型灌溉或改良土壤工程,然后把它划成小块,以比所费资本高 10—15 倍的价格,用分期付款的办法出售。此外,外国资本还设立土地抵押信贷银行,向大土地占有者进行土地抵押贷款,以利息方式从埃及地主手中夺取农民缴纳的一部分地租。

在细小的地块上以双手和简陋工具进行耕作的广大埃及农民,在地税、地租和外国资本廉价强购产品的几重压榨下,是无法摆脱贫困、负债、破产的命运的。这时期埃及不少地区的贫苦农民因不堪压榨,迭次爆发起义。在强大的农民运动压力下,埃及政府曾颁布"五费丹法",规定5费丹以下的小土地所有者在无力偿还债款时,不得没收其土地。这个规定虽然使少地农民保住了最后一点土地,但这正是强制最广大的农民阶层固着在土地上,供外国资本和地主贵族奴役剥削的一个手段。

在英国殖民者的统治下,从80年代到第一次世界大战,埃及的民族工业,无论是近代工业或手工业都处于衰落状态。1907年,工厂工人和手工工场工人合计约38万人,只占劳动人口的11.5%,总人口的3.4%。

在埃及工业中占工人人数最多、地区分布最广的是小型手工工场(指工人数目很少,或在童工帮助下工场主本人也参加劳动的作坊)和个体小手工业,其中重要行业有木器、锻铁、织布、家具、榨油、肥皂、磨粉等。这些手工业在外国工业产品的排挤下,日益衰落。在1917年公布的埃及"工商委员会报告"中写道:"谁要是把目前的情况与15年前相比,他就会发现巨大而惊人的差别。以前充满手工业者和家庭手工业者……店铺的街道,现在全是另一种店铺——咖啡馆和充满欧洲商品的商店。埃及手工业的作用减少了。手工业者开始失去了自己精练的技巧,变得毫无生气,不再把精力用在过去曾经著名一时的优美产品制造上。"[1]这一时期埃及手工业的衰落,首先是由于无力抵抗廉价的进口货竞争。当时,进口税率被限定在8%以内,无法保护国内工业。1883—1913年,进口总值自800万镑增至2700万镑,其中棉纺织品自260万镑增至700万镑,钢铁制品自70万镑增至300万镑。这样,外国商品源源涌入埃及市场,排挤了本国的手工业产品。1890年,埃及政府曾一度对手工业课征重税,又使大批手工业者遭到严重打击。此外,手工业者由于资金缺乏,往往遭受高利贷者的盘剥,无力更新设备、改进技术、提高质量。这也是使他们日趋衰落的一个因素。

---

① 拉西德·阿里·巴拉维、穆罕默德·哈姆查·乌列士:《近代埃及的经济发展》,生活·读书·新知三联书店1957年版,第154页。

　　至于大型近代工业,在外国资本的压制下也没有得到什么发展。例如,这时期成立的两家埃及最大的纺织厂(一个在开罗,另一个在亚历山大),不久即因亏蚀而先后停闭或出让。这种大型企业之所以逃脱不了最后关闭的命运,管理不善固然是一个原因;但更重要的,是由于在英帝国主义的统治下,缺乏政府的保护。1901年,埃及政府甚至被迫对本国出产的棉纱和织品加征与进口税率相等的8%的捐税,这就使国产品更无法同进口货物相竞争。又如制糖业,1881—1895年,埃及民族资本先后成立三座大糖厂,1897年这三座糖厂合并成为"埃及制炼食糖总公司",不久该公司还收买了属于王室的九座糖厂。但到1905年这家"总公司"所属工厂,只有三五处维持生产,公司濒于破产。食糖一度曾是埃及的重要输出品,90年代平均每年输出5万余吨,但到20世纪初期已减至3万吨以下。这一时期,在近代工业中稍有发展的,仅有榨油、肥皂、烟草、水泥等几个部门。

　　由上可见,在英帝国主义的殖民统治下,埃及近代工业的发展一直到第一次世界大战还是十分有限的。根本没有建立重工业,轻工业也极为薄弱。但是,埃及毕竟形成了自己的资产阶级和无产阶级。在新兴的民族资产阶级和知识分子阶层中,展开了争取民族独立的运动。工人阶级也开始了争取实现自己经济要求和民族独立的斗争。1899年,烟草工业职工,举行了第一次罢工。1908年出现了埃及第一个工会组织——手工业工人工会。此后,埃及工人逐渐成为争取民族独立斗争的一支重要力量。

　　第一次世界大战爆发后,埃及脱离了奥斯曼帝国,英国随即片面宣布埃及为其"保护国"。英国在埃及驻军20万人,英军司令实际上掌握了埃及的全部政权。大战期间,英军向埃及人民横征暴敛,进行军事建筑。大批农民(在50万人以上)经常被征入英军"劳动营"做苦工,过着奴隶的生活。为了供应战争需要,缩减了棉花种植面积,扩大了谷物生产。棉花输出由战前的700余万坎塔尔缩减至500余万坎塔尔。战时棉花、谷物价格的暴涨,加速了农村中的阶级分化。地主、富农的财势更加巩固,而广大无地少地农民则在苦役、重税以及强征粮食和牲畜的压榨下更趋贫困。战时,外国工业品进口的减缩和进口货价格的上涨,刺激了某些民族工业的发展。纺织业、制糖业、酒精业、制革业、皮革制品业等生产,都有一定的增长。日趋没落的小手工业也暂时得到喘息机会。民族资产阶级从军事订货、棉花投机、哄抬物价等各方面获取暴利而逐渐壮大起来。大战期间,工人阶级的人数也有了显著增长,出现了几十个职工会,并在此基础上组成了拥有5万会员的埃及劳动同盟。

第二节　北非诸国沦为法国殖民地与
法国侵略者的残酷掠夺

7世纪末期,阿拉伯人入侵北非,征服了整个马格里布。马格里布被并入哈利发帝国版图后,大批阿拉伯人涌入北非。阿拉伯语言和伊斯兰教在当地各部族(伯伯尔人)中广泛传播起来,并开始了封建化过程。8世纪末,马格里布摆脱哈利发帝国,先后经过几个独立封建王朝的统治后,在13世纪后半期分裂为三个相当于今日摩洛哥、阿尔及利亚、突尼斯疆域的封建国家。16世纪初,阿尔及利亚和突尼斯为土耳其人征服,受奥斯曼帝国派驻的近卫军官统治,只有摩洛哥保住了自己的独立。18世纪时,马格里布诸国沿海、沿河和绿洲地带的人民都从事农业,封建关系占优势;与沙漠毗连的草原地区部族,主要从事游牧,但封建化过程也已开始。这时马格里布各国的有些沿海城市,如突尼斯、阿尔及尔、奥兰、丹吉尔等,有着发达的商业。有些内地城市还以制造精巧的手工艺品著称。这些国家的封建统治阶级,自16世纪以来,除向境内农牧民进行封建剥削外,一向靠海上劫掠和向内地部落强征贡赋,聚敛起大量财富,以高价购买欧洲奢侈品,过着奢靡的生活。但到18世纪末期,劫掠活动因受到西欧列强的打击而渐趋衰落,于是转而加重对农牧民和城市手工业者的租税剥削,这就激起了人民的不断反抗。到19世纪初,马格里布诸国已十分衰弱,成了资本主义列强瓜分的对象。

<table>
<tr><td>法国侵略者对阿尔及利亚的残酷掠夺与阿尔及利亚经济的殖民地化</td></tr>
</table>

阿尔及利亚是北非第一个遭到欧洲殖民主义者武装侵占的国家。早在 18 世纪,法国和阿尔及利亚就有密切的贸易关系。拿破仑战争期间,法国依靠对阿尔及利亚的粮食、食盐、皮革等重要物资的搜刮,才得以抵制英国对大陆的封锁。这时法国资产阶级就已有了侵占阿尔及利亚的野心。1830 年,法国大举出兵侵入阿尔及利亚,1834年宣布阿尔及利亚为"法国属地",但英雄的阿尔及利亚人民对法国强盗的侵略进行了最坚决的抵抗。直到 1905 年,法国侵略军占领了南部撒哈拉地区,才算征服了阿尔及利亚的全部国土。阿尔及利亚各族人民的抗法战争此起彼伏,延续了几十年。

法国入侵前,阿尔及利亚的土地占有制分四种:国有土地,即阿尔及利亚统治者"别伊"(总督)所有的土地;个人捐献给伊斯兰教寺院、圣城所有的土地(捐献者仍保有土地使用权,但不能转让);私有土地(可继承、转让);村社(部落)所有的土地。在前三种占有制的大地产上盛行封建的分成租佃制(哈麦萨制),由称为哈麦斯(意即得 1/5 的人)的佃农耕种。哈麦斯根据奴役性契约向地主租种土地、借用种子,以收获的 4/5 缴给地主。但剩下的收获,往往无法维持一家生活,又不得不向地主借债。哈麦斯在苛重的地租和债务的盘剥下,实际上成了地主的终身奴隶。村社土地占有制,主要存在于阿尔及利亚的腹部地区。在那里,土地被认为是全村社(或部落)的财产;每个村社成员都可以耕种一定的份地,并且可以继承。在以放牧为主的地区,牧场归村社集体所有。

法国殖民者占领阿尔及利亚后,立即开始夺取北部滨海平原最肥沃的土地。在 40 年代颁布了几次法令,实行所谓验证制度。规定:阿尔及利亚人占有的土地,必须呈缴证明其土地所有权的文件,无文件证明的即作为"无主"公地。这样,大批属于前"别伊"、寺院和村社的土地便被没收了。同时,法国殖民者还用种种手段迫使当地居民廉价出售土地。法国政府把掠夺来的土地转让给法国大公司、官吏、军官、投机商人、冒险家等建立大领地或种植园。阿尔及利亚农民或者变成这批新地主的分成制佃农(哈麦斯),或者变成种植园工人,受殖民者奴役。到 1860 年,法国殖民者侵占到手的土地已达 36.5 万公顷。为了彻底摧毁村社土地所有制,1863 年以后,又颁布几次法令,强行划分地界,为各部落、部族和村社的各个成员确定地段,建立所谓私有制。一些部落贵族,乘机利用其特权地位,把部落和村社中许多贫困成员的土地攫为己有。分割和划定地界后,随即出现大批村社成员因贫困破产不得不出卖份地的现象,这就进一步地便利了法国殖民者的土地掠夺。到 1870 年,法国殖民者夺占的土地猛增至 76.5 万公顷。

法国殖民者的压迫和残酷掠夺,给阿尔及利亚人民带来了巨大灾难。1868—1870 年农村中灾荒和病疫不绝,死者达 50 万人。1871 年,爆发了遍及全境的民族大起义。这次起义遭到最野蛮的镇压后,法国殖民当局趁机又没收了 40 多万公顷最肥沃的土地。此后,法国殖民者夺占的土地续有增长,到 1910 年已增至 184.7 万公顷,占当时全国耕地面积的 28%,而且都是最肥沃的土地。至于留在阿尔及利亚人手中的土地,也绝大部分掌握在封建大地主手中。他们仍然分块租给分成制佃农耕种,进行着苛重的封建地租剥削。

法国殖民当局在掠夺土地的同时,还鼓励移民前来垦殖土地,扶植新的土地所有者阶层,作为统治阿尔及利亚的社会支柱。依照 1873 年的土地法令,法国政府把掠夺来的一部分土地分配给移民。1876 年,在阿尔及利亚的外国移民已达 34.4 万人,1911 年增至 75.2 万人,其中法国人有 56.3 万人。在法国移民中,大多数来自科西嘉和出产葡萄的法国南部或中部贫穷地区。但是占有小块土地从事农业的外国移民,很快就发生了分化,只有 1/3 的人能保住分得的土地,定居下来。结果,由欧洲人占有的土地绝大部分集中在少数大公司、大土地占有者手里。他们采用资本主义方式经营种植园经济,将一部分积累起来的财富,建造富丽的邸宅,过着骄奢淫逸的腐化寄生生活。

在法国入侵以前,阿尔及利亚的农业基本上是自然经济性质的,以谷物业和畜牧业为主。自法国入侵以后,随着殖民者掠夺土地活动的扩大,阿尔及利亚农民被从最好的土地上排挤出去,谷物种植从沿海地区转移到东部较贫瘠的地区,越来越不能满足居民的消费需要。在西部沿海和特尔地区,原来的谷物播种地则被法国移民的葡萄园、菜园、烟草种植场、果园和饲料作物地所代替,逐渐变成了供应宗主国需要的农业—原料基地。其中特别是葡萄种植,以后成了阿尔及利亚一个重要的专业化部门。自 1879 年法国葡萄园因虫害遭到严重毁坏后,大批法国葡萄酒酿造者移居阿尔及利亚,葡萄园面积迅速扩大起来(1901 年达 15.2 万公顷),葡萄酒的产量和在出口贸易中的比重随之迅速增长。阿尔及利亚的葡萄酒酿造业,从一开始就是以资本主义农场的形式发展起来的。大葡萄园不但加工自己生产的葡萄,而且还收买小葡萄园的葡萄加工制酒。所产的葡萄酒主要运往法国,在那里贴上法国商标,再转运国外市场销售。这一时期,在阿尔及利亚发展起来的另一个商品化农业部门是蔬菜生产(马铃薯等)。蔬菜生产也集中在法国移民的农场中,主要供应法国本土的需要。农业商品化的发展,是这一时期阿尔及利亚经济从属于宗主国的一个表现,也是法国资本从阿尔及利亚榨取巨大利润的一个主要来源。至于阿尔及利亚农民的田庄,在很大程度上仍然保存着自然经济的性质,只是为了纳税和最起码的支出需要用钱的时候,才和市场发生联系。而且,由于大批肥沃土地被掠夺,耕地面积越来越小,他们的生活陷于极端贫困的境地。大批无地少地的农民,被迫到外国农场主那里充当雇工,以维持半饥半饱的生活。

法国统治阿尔及利亚后,一直到第一次世界大战,没有在那里建立什么重要工业,甚至采矿工业和原料的初步加工业也都不甚发达。这是由于法国这一时期的资本输出,主要带有高利贷性质,很少在各个殖民地进行投资。在阿尔及利亚,只有铁矿石和磷钙土的开采得到一定的发展。从 1851 年起,法国把阿尔及利亚的关税和本国统一起来(1884 年正式划入法国关税区),阿尔及利亚实际上成了法国国内市场的一个部分。法国商品充斥阿尔及利亚市场,排挤着当地的手工业生产。法国资本掌握了阿尔及利亚全部的航运业、铁路运输、银行业和对外贸易。阿尔及利亚的货币单位,也就是法国的法郎。就是这样,在法国的统治下,阿尔及利亚的经济完全殖民地化了。

突尼斯和摩洛哥
先后沦为法国的
农业—原料附庸

法国侵占了阿尔及利亚后，一直在觊觎着突尼斯。19 世纪中叶，突尼斯政府因军事开支浩大，加以宫廷挥霍和官吏贪污，财政情况日趋恶化，除垄断贸易和征收新税外，不得不依靠高利的外债维持。外国资本乘机取得了修建铁道、敷设电报线、购置土地等特权。特别是 1863 年、1865 年两次掠夺性的法国贷款，使突尼斯的财政陷于破产的境地，单债息一项即占了每年财政收入的一半。1868 年，英、法、意三国组成"财政委员会"，借口清理债务，控制了突尼斯的财政。当时突尼斯外债总额为 12500 万法郎，其中法国借款占 80%。这时突尼斯实际上已沦为半殖民地。待法国在阿尔及利亚的统治稍稍巩固后，1881 年就借口突阿边境冲突，占领了突尼斯，迫使突尼斯政府签订承认外交、财政、军事一概由法国管理的丧权辱国条约。1883 年，法国又进一步强迫突尼斯签订新约，将突尼斯沦为保护国。

法国征服突尼斯后的土地掠夺，与在阿尔及利亚同样凶狠。1885 年，殖民当局颁布土地法令，强迫登记地产，借此没收了大批的所谓"无主"土地，以极低廉的价格，拍卖给法国殖民者。此外，允许土地自由买卖，为殖民者兼并土地大开方便之门。法国的部长、将军、资本家、议员、殖民冒险家以及投机商人等，都成了突尼斯的大地主，各自拥有三四千公顷的土地。同时，法国向突尼斯的移民也逐渐增长起来。在第一次世界大战前夕，法国殖民者在突尼斯拥有的土地约达 100 万公顷，占突尼斯耕地面积的 35%，而且都是北部沿地中海比较肥沃的土地。

在法国占领前，突尼斯的土地占有制与阿尔及利亚相同。法国占领后，突尼斯北部绝大部分土地掌握在法国殖民者和当地封建贵族手中。法国殖民者的大地产，主要用来经营橄榄园、葡萄园、果园、蔬菜等出口农产品，以分给小块份地为条件雇用突尼斯人进行耕作。这些雇农往往在债务的盘剥下，被束缚在种植园的土地上，受尽殖民者的奴役。在当地封建贵族的大地产中，仍然盛行封建分成租佃制（哈麦萨制），大批无地少地的农民受着苛重的分成地租剥削。至于在中部和南部草原地区，村社占有制还占统治地位，但已经分化出少数富有的部族贵族，剥削着村社中的贫苦成员。

法国的占领加速了突尼斯北部农业商品化的发展。橄榄和葡萄的种植面积迅速扩大,成了突尼斯农业的两个专业化部门。橄榄油和葡萄酒(特别是前者)相应地成了突尼斯的出口大宗。

同在阿尔及利亚一样,法国资本(和一部分英、意等国的资本)掌握了突尼斯的银行、铁路、航运和对外贸易,并攫夺了突尼斯丰富的磷钙土矿、铁矿和有色金属矿藏。法国的工业品也同样在突尼斯市场上排挤着当地的手工业产品。在工业生产方面,也只有在法国资本控制下供掠夺性输出的磷钙土和铁矿开采得到较大的发展。在法国殖民者的统治和压迫下,突尼斯劳动人民的生活更趋恶化了。

在阿尔及利亚和突尼斯逐步沦为法国殖民地的同一时期,摩洛哥也遭到了外国资本势力的入侵,成为它们掠夺的对象。早在19世纪的上半期,资本主义列强在摩洛哥就取得了一系列的特殊权益。只是由于列强之间矛盾重重,摩洛哥才得以暂时保持形式上的独立。到20世纪初,通过帝国主义者之间一连串的肮脏交易,法国在摩洛哥取得了特殊地位,并以奴役性借款为先导,控制了摩洛哥的海关、财政、银行、警察,攫取了建筑铁路、开采矿山的特权。1912年,法帝国主义迫使摩洛哥正式接受法国的"保护"。以后通过法国、西班牙、英国之间的强盗协定,摩洛哥被分割为三个地区:法属摩洛哥,西属摩洛哥和丹吉尔国际共管区。摩洛哥经济也经历了同突尼斯类似的殖民地化过程。

第三节　西欧殖民主义者对撒哈拉以南非洲的入侵、分割和奴役　撒哈拉以南非洲经济的殖民地化

西欧殖民者入侵前撒哈拉以南非洲各族人民的社会经济结构

撒哈拉以南非洲各族人民的社会发展水平是不平衡的。总的说来,从15世纪末到19世纪,当西欧殖民者先后侵入撒哈拉以南非洲的各个地区时,撒哈拉以南非洲的社会生产力已经有了一定

的发展,铁器的使用已相当普遍,在盛产铁矿的地区,铁的冶炼已很发达。有一些部落在使用铁器的同时,还使用一些木制和骨制工具。只有西南非的布须门人和居住在赤道森林中的比格迈人还不知使用铁器。当时在绝大部分地区已经有了农业或畜牧业。只是撒哈拉以南非洲人一般都用锄头而不用铁犁耕地;多数地区还采用比较原始的火种制,少数地区采用了作物轮种、施肥等集约耕作法。当时撒哈拉以南非洲的绝大部分人口仍然处于自然经济的状态。但不少地区,手工业同农业的分工已开始,商品交换有了一定的发展。在有商业出现的地区,货币和信贷关系也发生了。不过一般还没有使用经过铸造的金属货币,而只是用金沙、贝壳之类作为一般等价物。

在西欧殖民者入侵时,撒哈拉以南非洲的各族人民的社会结构,大部分是酋长统治的独立的部落社会,正处在原始公社末期向阶级社会过渡的时期(有的还处在完全的原始公社的阶段),但在西非、中非、东非的不少地区,曾出现过封建关系有一定发展的国家。

居住在西非沿几内亚海湾沿岸的苏丹各族人民,有过较高的社会经济发展。他们很早就从事农业,并使用了铁器。从3世纪到16世纪,在这个地区曾先后建立过三个统一的王国(加纳、马里和松加伊)。早在11世纪,西苏丹的封建关系便已缓慢地开始发展了。从17世纪到18世纪,这一地区又出现了许多属于部族联盟形式的国家。这些国家的封建关系已有一定的发展,但是氏族制残余还很浓厚,并且也使用奴隶劳动。例如在阿赫马督国家里(在塞内加尔河与尼日尔河上游地区),具有人身自由的农民,必须在族长及其亲人所属的土地上耕作;同时,还存在大量奴隶,他们或者属于封建上层分子或者属于国家。所有居民须向国家缴纳1/10的收成作为贡赋;此外,还要负担军需税、奴隶人头税(向奴隶主征收)、市场交易税等。19世纪,法国侵入塞内加尔和几内亚地区以及英国占领尼日利亚时所遇到的各部族,它们大体上都是处在这种类型的社会发展阶段。

中南非和东非是班图人的聚居地,与西苏丹人比较,班图人的社会经济发展水平一般要落后得多。但是欧洲人入侵前,在中非和东非,也都出现过封建关系有一定发展的国家。例如在中非，早在13世纪就已建立的刚果王国，有着相当发达的锄耕农业，手工采矿业、五金、纺织和陶器等手工业，以及相当活跃的商业。刚果王国的大多数居民是各部落公社的成员。土地为部落所有，分给部落成员耕种。每一公社必须划出一块土地由大家共同耕种，将它的收获物缴纳国库。此外，公社成员还必须为公社长老耕种土地，并把自己土地上的收获物的一部分交给部落酋长。在采矿业中，则广泛使用劫掠来的奴隶劳动。在东非发展水平最高的是乌干达。17—18世纪时，乌干达王国的农业、渔业、手工冶铁业都很发达。在国王的土地上使用着大量的战俘奴隶劳动。居民的主要部分是自由的村社农民，平时分种一定土地，用实物向国家缴纳赋税，有事应征服劳役；村社公共事务由长老管理。但这时已出现农民租种地主土地而沦为佃农，以及佃农因负债而沦为债务奴隶的现象。19世纪上半期，乌干达国家连续对外扩张，开始了土地封建化过程。国王将土地连同农民分封给武士和近臣。农民除了向封建主交纳繁重的贡赋外，还要服各种劳役。19世纪后半期，封建关系成了乌干达生产关系的基本形式。

南非的班图人，原从东非迁移而来，他们组织在许多独立的氏族部落中。当17—18世纪欧洲殖民者侵入时，他们主要从事畜牧业，但锄耕农业已有相当的发展。采集野生果实和狩猎，是他们的一大副业。狩猎武器是投掷的长矛、斧头、粗木棍、弓和箭。他们用极简陋的方法冶铁、冶铜，用来制造工具、武器、用具和饰物。部落中的劳动分工还比较原始：男子担任畜牧、狩猎、伐木、制造木器、冶炼金属、开荒和搬运等重体力工作；女子负担全部农耕、家庭劳动、制陶编织、采集野果、造房等。部落内部的交换还不经常，也没有固定市集。但部落之间的交换比较发达。这种交换主要由部落首领——酋长执掌，交换物包括畜群、兽皮和家庭手工业品。当时土地仍属部落及其分支所有，但已归家族使用；家畜、生产工具以及劳动产品，是父权制大家族的私产。在欧洲人入侵时，部落中财产不平等的现象已经发生，通过牲畜的借贷关系，贫困的成员在经济上逐渐依附于富有者。部落首领、氏族长老以及其他上层分子都成了大牲畜、大土地所有者。牧放牲畜，耕种土地，建屋搭棚，成了普通村社成员的义务。

各个部落原来是各自独立的,这时也出现了强者欺弱的依附关系,有的部落被兼并或消灭了。这时社会尚未明显地分裂为对抗阶级,因此国家机器还没有出现。欧洲人占领南非时,当地班图族的最主要部落祖鲁人的社会结构就是这样。

欧洲殖民者入侵时,非洲最落后的部分,是西南非的布须门人和住在热带森林里的比格迈人。他们还过着以采集野果和狩猎为生的原始公社的生活。

欧洲殖民者的入侵和残酷的奴隶贸易

西欧殖民者从 15 世纪末开始的对撒哈拉以南非洲的早期掠夺,特别是奴隶贸易,是西欧资本主义国家原始积累的重要组成部分。欧洲人侵入撒哈拉以南非洲的先锋队是葡萄牙殖民者。据记载,他们早在 1442 年,在今尼日利亚沿岸的拉各斯城,就已开始了抢人劫物的勾当。15 世纪末,他们更前进到刚果河口。16 世纪,他们在撒哈拉以南非洲的东西海岸建立了许多殖民据点,掠夺黄金、象牙和奴隶。当时西非几内亚海湾沿岸,是欧洲殖民者入侵的主要地区。在 16 世纪中叶,奴隶贸易尚未普遍发展以前,吸引欧洲殖民者陆续前来西非的,首先是因为这里盛产黄金。在 17—18 世纪时,欧洲殖民者从黄金海岸输出的黄金估计每年达 25 万金镑。

但自 16 世纪下半期以后,随着美洲和西印度群岛种植园的开辟和金银矿的发现,对劳动力的需要日益扩大,而当地土著居民在欧洲殖民者的长期屠杀和残酷压榨下,大量减少;于是,猎取和输出奴隶便成为欧洲殖民者在西非的主要活动。当时葡萄牙殖民者是血腥的奴隶贸易的最早经营者和垄断者,非洲的奴隶只有通过里斯本商人,才许运到美洲去。

继葡萄牙之后,荷兰、英国、法国相继侵入西非沿海岸。16、17 世纪之初,荷兰在塞内加尔、黄金海岸、好望角沿岸建立据点和贸易站。17 世纪,英法殖民者也先后来到几内亚海湾沿岸建立据点,积极参与奴隶贸易。欧洲殖民者在这里以狡诈的伎俩和残暴的手段劫掠奴隶。他们一般不亲自深入内地,而是以枪支弹药、廉价工业品为饵,收买沿海部落酋长为他们到内地去猎捕。他们还尽量利用部落之间的矛盾,制造不和,挑起部落之间自相残杀的战争,为他们提供奴隶。

17世纪时,葡萄牙在几内亚海湾的势力逐渐被排挤,当时在西非以荷兰的势力最为强大。但经过一系列的激烈竞争,到18世纪初,英国取代荷兰在黄金海岸的地位,获得了向西班牙殖民地每年供应4800个奴隶的垄断权。同时,法国也排挤荷兰,在几内亚海湾取得了特殊地位。从此英法成了争夺西非奴隶贸易的两个最大竞争者。

当时的奴隶贩卖主要是通过所谓"三角贸易"进行的,即贩卖奴隶的船只,先从欧洲载运廉价工业品(还有甜酒、武器等)到非洲换取奴隶;然后,把奴隶送到西印度群岛和美洲各地,以高价卖给那里的矿山和种植园主,换取那里的廉价原料运回欧洲;然后又从欧洲运载工业品到非洲换取奴隶。欧洲殖民者从这种三角贸易中,攫得了惊人的暴利,其中以贩卖奴隶这一环节的利润最大。在18世纪中,西非海岸一个壮健的男奴隶约值20英镑,但运到美洲后,可获暴利4—5倍。英国的利物浦、布里斯特尔、伦敦等城市,都靠这种血腥的奴隶贸易,获得了迅速的发展。奴隶贸易成了当时西欧资本原始积累的重要源泉。

随着奴隶贸易的扩大,猎取奴隶的场所也从西非逐渐扩展到西海岸的安哥拉和东非沿岸、莫三鼻给、马达加斯加等地。葡萄牙殖民者被从西非排挤出去的前后,征服了安哥拉(1671年),又从阿拉伯人手中夺得了东海岸的主要城市,并完全占领了莫三鼻给(1730年)。葡萄牙殖民者利用阿拉伯人和沿海部落从东西海岸两路向内地猎捕奴隶。居住在东西海岸之间的中非各族部落,在两面夹击下无处逃生,有的被弄得东零西散,就此衰落下去,有的则被全部消灭。

捕猎奴隶的罪恶勾当,在各个地区激起了非洲人民的决死抵抗。在贩奴船上也经常发生奴隶暴动。从1700年到1845年,有记载的贩奴船上的奴隶起义就有55起,每次起义都遭到了贩奴者的最残狠的镇压。

从16世纪到19世纪,奴隶贸易的发展规模是惊人的。根据美国黑人学者杜波依斯的概略估计:整个16世纪,从非洲运到美洲的奴隶约计90万人,17世纪约275万人,18世纪达到700万人,19世纪为400万人,共约1500万人。19世纪以后,随着资本主义经济的发展,西欧各国工业资本家迫切要求在非洲开辟商品市场和原料供应地,奴隶贩卖日益成为工业资本发展的障碍。19世纪初,英法等国相继宣布废除奴隶贸易,但"非法"的奴隶贩运并没有停止。19世纪上半期,美国南部因植棉业的发展,奴隶制种植园经济进一步扩大,于是奴隶贸易在走私的形式下反而更变本加厉起来。1808—1860年,运入美国的奴隶即达50万人。一直到60年代美国废除奴隶制后,贩运的人数才减少下来。

但是运往美洲的奴隶数目远远不能反映非洲各族人民因奴隶贸易而遭到残害的真实情况。除了被运到美洲的奴隶以外,在掠夺奴隶的战争过程中、在把奴隶从内地押送到出海口的过程中、在贩奴船上,都有大批的非洲人由于遭到欧洲殖民者野蛮的、非人的虐待和残杀而死去。据杜波依斯的估计,每运一个黑人到美洲,至少要使非洲牺牲5个人。由于奴隶贸易(包括贩卖到东方的奴隶以及因掠夺、贩运奴隶牺牲的人数),非洲人民牺牲的人口,总计达1亿人。

奴隶贸易为非洲各族人民带来的破坏和灾难是难以计量的。贩奴者的挑拨和唆使,引起了部落之间无休止的侵袭和战争。挨门接户地搜捕奴隶的罪恶活动,使非洲成为一个恐怖世界。许多部落由于丧失了它最优秀的男子而衰落下去。有的部落在追捕围猎中完全被绝灭了。有的部落虽然当时幸免于奴隶远征队的捕捉,却最终困死在热带丛林之中。欧洲列强用消灭掉上亿非洲人生命的代价,积累起本国的财富,加速了工业革命;而在撒哈拉以南非洲,无数个村落变成了废墟,繁盛的城市衰落了;许多传统的生产技术退化了,社会生产力遭到了严重的破坏。血腥的奴隶贸易不仅使非洲的人口锐减[①],而且使非洲社会倒退了几百年。

19世纪末帝国主义各国对撒哈拉以南非洲的分割

奴隶贸易的末期,也就是帝国主义列强最后瓜分非洲的开始。在1876年以前,列强侵占的非洲大陆领土,不过占它总面积的10%,而且大部分在北非;在撒哈拉以南非洲所占领的,仍限于东西沿海岸若干地区。列宁

---

① 据英国人口学家卡尔·桑特尔斯估计:1650年时,非洲和欧洲都有1亿人口。到1850年,欧洲人口已增加到2.66亿人;而非洲,经过200年的"奴隶贸易",只剩下9500万人,比欧洲少了1.71亿人。

指出：“**正是在这个时期以后**，开始了夺取殖民地的大'高潮'，分割世界领土的斗争达到了极其尖锐的程度。”①

随着向帝国主义时代过渡，欧洲列强的殖民政策，从原来的掠夺、抢劫、奴隶贩卖，转为垄断资本争夺世界原料产地、商品销售市场和资本输出场所的竞争。非洲这时是帝国主义掠夺角逐的矛盾中心之一。

从18世纪末开始，已经有一些传教士、旅行家和探险队深入到非洲内陆各地去调查。到19世纪下半期，这种进入非洲内地的探险队数目急速增加。此外，英、法、德、比等国垄断组织的头目还先后成立了以“考察”和“开发”非洲内地为名的各种“协会”，为夺取非洲殖民地做准备。在这些调查、考察者的报告中，无不提出开拓非洲大陆的侵略计划。

在瓜分非洲的斗争中最积极的是英国。1867年，南非发现巨大的钻石矿，1877年，英国就并吞了德兰斯瓦这块南非黄金和钻石最富饶的土地。其他帝国主义者唯恐落后，尽量利用探险调查者在非洲各地所获得的信息来进行殖民地掠夺。在短短的二三十年间，分割了整个非洲大陆的领土。它们使用各式各样的暴力和欺诈手段，如武力征服和兼并，强迫与土人缔约，收买、贿赂乃至列强之间缔约瓜分等，来达到扩张殖民地的目的。但是随着对非洲侵略的扩大，它们遭到了非洲人民愈来愈顽强的抵抗。

到20世纪初，帝国主义列强瓜分非洲已基本上完成。帝国主义在分割撒哈拉以南非洲时，把许多原来属于统一部族的地区任意宰割，人为地划分为两三个地区，分别隶属于不同的帝国主义国家。在撒哈拉以南非洲，以英国所占领的殖民地为最多，它在西非占有4块殖民地：黄金海岸（今加纳）、尼日利亚、冈比亚和塞拉勒窝内（今改译塞拉利昂）；在东非占有3块殖民地：肯尼亚、乌干达和桑给巴尔（东非沿海岛屿，今与坦噶尼喀合并为坦桑尼亚联合共和国）；在南非占有10块殖民地：好望角、那塔尔、德兰斯瓦、奥伦治河、巴苏托兰（今莱索托王国）、斯威士兰、贝专纳（今博茨瓦纳共和国）、尼亚萨兰（今马拉维共和国）、南罗得西亚（今津巴布韦

① 《列宁选集》第二卷，人民出版社1972年版，第798页。

罗得西亚)和北罗得西亚(今赞比亚共和国);此外,还在红海沿岸占有东苏丹和索马里兰。1910 年,南非的好望角、那塔尔、德兰斯瓦和奥伦治河合并为统一的南非联邦,成为英国在非洲最大的一块殖民地。

其次是法国,它在西非共有 8 块殖民地:塞内加尔、法属苏丹(今马里)、毛里塔尼亚、几内亚、象牙海岸、达荷美、尼日尔、上沃尔特,它们总称为法属西非洲;在赤道非洲有 4 块殖民地:加蓬、中央刚果、乍得、乌班吉—沙立(今称中非),总称法属赤道非洲;在东非及红海沿岸还有 2 块:马达加斯加(今马尔加什共和国)和索马里兰一部分。

德国占领的殖民地,在西非有 2 块:喀麦隆和多哥;西南非 1 块:西南非洲(今纳米比亚);东非 1 块:坦噶尼喀(当时包括卢旺达、布隆迪)。意大利在红海沿岸占有厄立特里亚和索马里兰一部分。比利时国王利奥波尔德二世私人占有刚果国(今扎伊尔共和国),后于 1908 年转交给比利时政府作为国家殖民地。葡萄牙保有安哥拉和莫三鼻给(今改译莫桑比克)2 大块殖民地,此外在西非还占有几内亚一部分和一些沿海小岛。西班牙这时期仍占领着西非撒哈拉滨海地区和摩洛哥北部及一些零星岛屿。

到 1917 年,非洲大陆只剩下 2 个名义上保持独立的国家,东面的阿比西尼亚(今埃塞俄比亚)和西面的利比里亚。

<table>
<tr><td>帝国主义者对土著居民土地的掠夺与撒哈拉以南非洲农业生产的单一化</td></tr>
</table>

西欧各帝国主义者先后强占和分割撒哈拉以南非洲后,首先是以各种手段掠夺土著部落的土地,并逼使种植单一出口作物,把非洲变成它们的农业—原料附庸。由于撒哈拉以南非洲各个地区的社会历史条件和自然条件的不同,白人移民的多寡不等,对土著居民所采取的掠夺和奴役的方式,也有所差异。

帝国主义者掠夺土地最凶狠的地区是南非(南非联邦、南罗得西亚、斯威士兰等)和东非(肯尼亚、坦噶尼喀、尼亚萨兰、北罗得西亚等)。南非联邦是欧洲移民最多的地区。从 17 世纪中荷兰第一批移民到达南非起,到 1904 年,欧洲移民(包括首批荷兰移民的后裔布尔人和英国人等)增至 110 万人,占南非人口总数的 21%。在这期间,欧洲殖民者用征服、欺诈等各种手段,从当地霍屯督人和班图人手里夺取了大批优良土地,分配给欧洲移民和土地公司,或者宣布为英国皇家地产作为殖民的土地后备。以后,被剥夺了土地的班图人,被强制集中到"特居地"内。"特居地"的土地通常是最贫瘠的土地,不足以供养聚居在那里的土著居民。在南非联邦境内,"特居地"面积只占全部土地总面积的11%。但在"特居地"上,却拥挤着南非土著居民的一半。"特居地"的土地归公社所有,由部落首领直接掌握,其中可耕地按传统的平均分配原则分配给成员耕种。但部落首领往往先把最好的土地留给自己和他们的家族。由于"特居地"地瘠人多,一部分土著农民不得不流落到欧洲种植园主或富农的土地上,充当雇农或分成制佃农,或者到邻近城市或矿山中做苦工。这种剥夺土著居民土地的方式,是帝国主义者保证在殖民地取得廉价劳动力的重要手段。

"特居地"的土著居民,过着自然经济的生活,生活的主要来源是农业。在"特居地"土地上主要种植玉米和其他谷类。但由于土地贫瘠,耕作方法落后,往往不能自给。畜牧业也因牧场不足,和农业一样处于衰落状态。土著居民的衣着和用品也主要靠自己的家庭手工业品供给。大多数"特居地"农民的唯一的现金收入来源是靠出外做苦工。在南非联邦每个16岁以上的男性土著(班图人)要缴纳人头税1英镑;有茅屋的,还要缴纳茅屋税10先令。为了纳税、还债和弥补衣食的不足,他们不得不一年有几个月甚至整年到欧洲殖民者的种植园或矿山里当契约工。人头税不仅是压在本来已贫困不堪的土著居民头上的沉重负担,而且也是欧洲殖民者榨取廉价劳动力的一种手段。

至于欧洲移民(主要是布尔人)的农场,在开始时也主要带有自然经济或半自然经济性质。被剥夺了土地的一部分班图人,或者像奴隶一样在欧洲移民的农场上扛活,或者租种农场主的一部分土地,缴纳货币地租或分成制地租。到19世纪末期,随着钻石矿和黄金矿的发现以及城市和交通的发展,欧洲移民的农场迅速地向商品经济转化,除供应城市矿山必需的农产品外,还种植烟草、棉花、甘蔗,牧养牲畜,栽种果树,并开始输出大宗的羊毛、水果、烟草、花生等。由于农场主自营的部分扩大,原来的土著佃农变成了农场主的"佃户工"——带有份地的雇农。这些佃户工以取得小块份地(一般不超过 2 公顷)为代价,每年给农场主做工 180 天。在很多场合,这种工役除使用小块份地外,没有其他任何报酬(有的地区,还给很少一点工钱)。而分给小块份地的目的,无非是把班图人固着在农场上,保证为农场主提供劳动力。因此,这种"佃户工"实际上处于劳役制农奴的地位,受着农场主的半资本主义半封建的残酷剥削。他们一般只能维持半饥饿的生活。这种为市场而生产的欧洲人农场,在收获期间还从"特居地"招来季节性的雇工为他们干活。这类雇工的境遇比佃户工更糟。

在南非推行"特居地"制度的,还有南罗得西亚、斯威士兰、贝专纳等地。在这些地区,英国殖民者像在南非联邦一样,夺占了土著居民的大量土地。

欧洲殖民者在东非进行的土地掠夺和在南非一样凶狠。在英属肯尼亚、尼亚萨兰、北罗得西亚,德属坦噶尼喀等地,欧洲殖民者也夺取了那里最好的土地,大片大片地转给地产公司。地产公司或者租给当地土著农民,或者建立大种植园。在肯尼亚,半数的可耕地掌握在欧洲殖民者手中。可是他们夺来的土地真正用来经营农业的,只占很少的比率,大部分都荒芜着。与此同时,在很多地区(如北罗得西亚、肯尼亚、尼亚萨兰等),也把大批土著居民赶到为他们划出的贫瘠的"特居地"去。无论在"特居地"的土著农民或在欧洲人的种植园里的带有份地的雇农,都遭到了和南非的土著居民同样方式的剥削和奴役。[①] 在推行单一出口作物方面,东非殖民地比南非更为广泛。欧洲人的种植园主要发展出口作物。大批土著农民为了换取现金交纳税款(人头税等),也不得不种植出口作物。这样,这些地区开始逐步变成为帝国主义国家生产几种出口作物的农业—原料附庸,如乌干达和肯尼亚输出棉花,坦噶尼喀输出西沙尔麻,尼亚萨兰输出烟草,葡属莫三鼻给输出西沙尔麻,等等。

---

① 只有在封建关系原来比较发达的乌干达,没有进行大量的土地掠夺,没有推行"特居地"制度。英国殖民者在那里保存和加强了封建领主土地所有制,作为他们殖民统治的社会支柱。

在中非,比利时国王利奥波尔德二世对刚果人民进行的绝灭人性的掠夺和摧残,构成了非洲历史上最黑暗的一页。1885 年,刚果划归利奥波尔德所有后,他立即宣布所有"空地"(包括森林、未开垦地及无人居住地)为"国有"地产。接着便把许多这样的"空地"租让给少数特设的垄断公司,利奥波尔德本人以"刚果国家"的名义取得这些公司股份的 1/4。1891 年,他又宣布所有这些"空地"上的果实归"刚果国家"和垄断公司所有。"空地"上的居民必须用橡胶和象牙向"国家"或垄断公司纳贡(实物税)。1896 年,利奥波尔德又从"空地"上划出 10 倍于比利时国土的面积,作为王室地产。10 年之中,单从这块土地上掠得的收入即达 7100 万法郎。事实上,所谓"空地",并不都是真正空着的,有的是土著农民实行休耕的土地,有的甚至是刚果人正在耕种的土地。刚果人为了向国家或公司纳贡,必须忍受变幻莫测的热带气候和野兽的侵袭,到密林里去采割橡胶,猎取象牙。当他们不能如数交出贡品时,就要遭到各种惨无人道的残害,从割耳、切手、断足,到活活打死,甚至整个村庄遭到烧杀。据估计,在比利时殖民者的摧残下,刚果的人口在 1896—1905 年的 10 年间,从2500 万—3000 万人锐减到 1000 万—1500 万人。

利奥波尔德的野蛮掠夺受到了欧洲进步舆论的指责。欧洲列强和国内资本家也不满利奥波尔德的垄断,趁机施加压力。利奥波尔德不得已才于 1908 年把刚果交归比利时政府接管。在他结束对刚果的个人统治之前,为了再捞一把,赶忙又把大量的"国家领地"租让给由美、英、法、比资本家所组成的四家大公司,变成移交后也不得侵犯的私人地产。比利时政府接管后,丝毫也没有改变刚果的殖民地地位。掠夺刚果富源的大公司租让制原封不动地被保留了下来。

在利奥波尔德个人统治时期,刚果最主要的输出品,就是从刚果人手里搜刮来的天然橡胶和象牙(1900 年,两者占了刚果出口总值的 95%),其次是野生棕榈产品——棕油和棕仁,之后又有可可、咖啡、棉花、花生、烟草等。天然橡胶和象牙的输出,虽然由于资源的渐趋枯竭而日益减缩,但在第一次世界大战前,在出口总值中,仍占重要地位。所有这些输出品都是由比利时在刚果的一些大公司垄断经营的。这些大公司无不因压榨刚果人民的血汗而大发其财。例如"比利时总公司"在1886年成立时,资本不过100万法郎。到1911年,公司红利和利息已超过9400万法郎,公司准备金在900万法郎以上。

在西非,英法帝国主义者采取的殖民掠夺方式和上述几个地区有所不同。在帝国主义者占领以前,西非各族人民的经济发展水平较南非、赤道非洲等地要高得多。农业和手工业比较发达,商品货币关系已经有相当的发展。欧洲殖民者从沿海据点向内地入侵时,遭到了西非人民的顽强抵抗。同时,西非的气候条件也不适宜于移民。由于这些条件的不同,英法帝国主义者没有采取上述露骨的大量掠夺土著居民土地的办法,而是保留了原有的土地关系,逼使土著居民在自己的小农经营中专门种植一种或几种出口作物,对他们进行剥削。

在英属西非,帝国主义者实行所谓"间接统治"的制度,即保存当地国家和部落的旧制度、旧传统,收买原来的部落首领、酋长等上层统治者,要他们效忠英帝国主义,通过他们来进行统治。相应地,在土地关系上,确认了土著居民对土地的所有权。在有的地区(例如北尼日利亚),虽然宣布过全部土地属于"国家"所有的法令,但仍然确认土著居民对土地有使用权。因此,在任何情况下,土地的支配和管理仍然操在当地的部落首领、氏族长老等各级统治者手中。他们把土地分配给自己的同族人,收取传统的贡赋,只有部落领袖才有权把土地出租给外来人。农民在分得的地段上,是这块地段的使用者,而不是所有者,他可以依照习俗的继承权,把它移交给别人,但一般不能出卖、抵押或出租。英国殖民者正是在保存这种旧有的部落封建土地关系的基础上,通过部落的各级统治者,运用直接或间接的强制手段,迫使农民种植一种或几种为宗主国所需的食品和原料,由英国资本的大公司低价垄断收购输出。例如黄金海岸,过去以输出黄金、野生棕榈产品和天然橡胶为主,1891年种植可可成功,殖民者就强迫农民扩大可可种植面积。到1913年,在黄金海岸的输出总额中,可可已占了一半,此后逐年增加,成为黄金海岸最主要的输出品。在尼日利亚南部沿海地区,自19世纪末以来种植棕榈为主。棕仁和棕油在第一次世界大战结束前,一直是尼日利亚最主要的输出品。20世纪初,还开始了可可的种植。在北尼日利亚,则以种植和输出花生为主,此外棉花种植也相当普遍。冈比亚的专门化作物是花生,在第一次世界大战前占出口总值一半以上。塞拉勒窝内则以种植棕榈为主,产量在战前仅次于尼日利亚。所有这些出口产品也都是由英国资本的大公司通过它们的代理人垄断收购。它们一方面低价收购农产原料,另一方面又高价出卖殖民地缺乏的粮食、布匹等日用品,攫得了惊人的利润。

在法属西非,帝国主义者一般采取了所谓"直接统治"的方式,即摧毁部落势力,剥夺酋长权力,由法国政府委派总督和行政官吏进行统治。1900 年,法国在西非颁布了一切"未占和未经营"的土地归"国家"所有的法令。1906 年还实行土地注册制度,即土著居民的土地,经过注册手续,即归其所有,但殖民当局认为有某种必要提出"相反要求"时,仍然可以随时加以没收。不过就第一次世界大战以前的时期来说,法国在西非掠夺的土地数量还不大,也没有大量移民建立大农场和种植园经济。同时,法国殖民者虽然在西非建立了所谓"直接统治",剥夺了当地部落上层分子的政治权力,但是仍然保存了他们对土地的支配管理权,使其作为殖民者剥削和统治土著农民的社会支柱。当时法属西非各个地区的社会经济发展水平是很不平衡的,但就大部分地区来说,部落中的封建关系已有一定的发展。法国殖民者在西非的主要剥削形式,就是利用在部落封建贵族支配下的土著农民的小农经济,来发展单一出口作物的种植。

法国殖民者为了发展出口作物种植,采取了一系列直接或间接的强制手段。一种措施就是对 14 岁以上的土著农民(按人或按户)征收高额货币捐税。为了缴付税款,土著农民不得不种植可以在市场出售的出口作物而减少粮食生产。通过这种征税的办法,既掠夺了土著农民,又保证了有利于宗主国的农业发展方向。塞内加尔以种植花生为主,就是用这种办法实现的。另一种更直接的强制措施,就是以行政制裁相威胁的"义务作物"制度。例如 1908 年起,法国殖民者在象牙海岸,就是用这个办法来强迫农民种植一定数量的可可树;不服从命令的,就要受到从罚款一直到坐牢的处分。此外,在某种场合还采取了一些诱骗性的鼓励措施,如建立培植改良树种的苗圃和示范园地,供给种子,预付资金,对多种植规定作物者给以货币奖金,等等。所有这些措施都是为了法国公司的利益,使土著农民走上片面种植出口作物依附宗主国的道路。在法属西非殖民地上,塞内加尔以种植花生为主,象牙海岸以种植可可和咖啡为主,其他专业化的出口作物,在达荷美是棕仁,几内亚是香蕉,毛里塔尼亚是烟草,尼日尔是棉花。法国公司在各地控制了这些出口作物的收购、加工和运销。同在英属西非一样,这些大公司从贱买贵卖中攫得了巨额利润。例如在塞内加尔,农民出售 50 公斤的花生仁,只能换取 14 公尺普通的布,就是一个明显的不等价交换的例子。

片面发展出口作物的结果,使西非逐步沦为宗主国的农业—原料附庸,在经济政治上受着殖民者垄断公司的控制,给广大土著农民带来的,只是更重的剥削、更深的压迫和生活更趋赤贫化。

帝国主义者对地下资源的掠夺 帝国主义者对撒哈拉以南非洲的掠夺,最初以霸占土地和片面发展出口农作物为主。在第一次世界大战结束前,只有在南非已开始了大规模的矿产资源的掠夺;在其他地区,不是才开始,就是在规模上还微不足道。

帝国主义者对南非的地下资源的掠夺,以钻石矿和金矿的开采历史最久,规模最大。两者的开采量都居世界首位。

早在 19 世纪以前,欧洲殖民者就在南非找寻金矿,一直到 1854 年才在今约翰内斯堡附近初次发现金矿,但当时开采的规模很小。1867 年,在奥伦治河岸发现了钻石矿,从此,大批欧洲殖民者接踵前来,纷纷建立开采公司,强迫当地土著为他们采掘。不久,在德兰斯瓦发现了另一个钻石矿。英国殖民者为了垄断钻石矿区,扩大势力范围,从 70 年代起,接二连三地发动侵略战争,消灭了土著祖鲁人的国家,并吞了布尔人的德兰斯瓦共和国,攫取大片南非土地。英帝国主义分子西薛尔·罗得斯是当时掠夺南非地下资源最凶狠的一个。他从 70 年代初即来到南非参加钻石矿的开采,凭着他一套巧取豪夺的手段,在 80 年代初吞并了其他小公司,成立德·比埃尔采矿公司,垄断了当时占全世界产量 90% 的南非钻石矿。在这个矿开采的最初 20 年间,约共采掘了 6 吨钻石,价值达 3900 万英镑。罗得斯为了进一步控制世界钻石市场的价格,又在 1893 年组成世界钻石销售公司,完成了从生产一直到销售的全面垄断。南非的钻石产量,一直维持不衰,到1913年仍居世界首位,占世界总产量的76%。

1886年,在德兰斯瓦境内发现了世界最大的金矿,外国投机者蜂拥而来。罗得斯用他在钻石矿上赚来的雄厚资本,投入黄金开采。在1889年,组成南非金矿公司,很快就垄断了这个大金矿的开采。1888年,南非黄金产量不过17万英两,1890年增至50万英两。此后迅速增加,很快超过了钻石生产的总值。1913年达到了843万英两,占世界黄金产量的大半。金矿区的新建城市约翰内斯堡也很快成了南非的第一大城市。90年代,英国资本还在南罗得西亚开采黄金。

钻石和黄金为英国垄断资本带来的庞大利润,是建立在对班图人的强迫劳动的基础上的。矿山里的绝大部分劳工是从南非各个"特居地"招雇来的"契约工"。特设的"土人招雇公司",去各个"特居地"诱骗那些无钱交纳税款不得不出外做苦工的土著农民"签订"契约。招雇人员支付一笔为数不大的垫款后,这些农民就成了矿山的债务人。契约期限通常为9—12个月。在契约期间,他们完全处于奴隶的地位,在矿坑里从事最繁重的强迫劳动。他们住在矿山特设的用铁蒺藜或高围墙隔开的大板房院落里,不能自由出入。伙食是最坏的。工资极低,扣除了伙食费、床位费和大笔的罚款后,就所余无几。这些契约工在契约期满后往往身疲力竭,空手回到自己的"特居地"去。代替他们的是另一批从"特居地"来的契约奴隶。英布战争后,由于劳动力缺乏,英国殖民者还用最卑劣的手段从中国骗去5万多"契约"华工到南非开矿,他们受到了和班图人一样的非人待遇,在最恶劣的条件下从事奴隶劳动。成为英国殖民主义者摇钱树的钻石和黄金,就是这样开采出来的。

除了金矿和钻石矿外,这一时期外国资本还在南非开采了煤、铜、铁、铅、锌等矿藏,其中除煤而外,规模都不大。为了掠夺资源的方便,这一时期,南非铁路建筑发展很快。到1895年,完成了以金矿城约翰内斯堡为中心至各主要港口的铁路干线5000余英里。1916年,南非联邦全境铁路线长度已达1万英里。

在中非,帝国主义者掠夺地下资源是从20世纪初才开始的,而且到第一次世界大战结束时,还仅仅是一个开始。例如在比属刚果,这一时期,比利时殖民者掠夺的主要对象,是象牙和野生橡胶等可以简单采集的天然富源。这一时期修建的几条不长的铁路线,也只是为了掠夺这类天然富源的便利。一直到20世纪初才开始采掘黄金(1905年)和钻石(1908年)。至于加丹加著名的铜矿开采,则开始于1911年。这一年,属比、英资本的"上加丹加联合矿业公司"(1906年成立)在伊利莎白维尔附近建立的炼铜厂,第一次出铜。1913年的铜产量仅为7047吨。在第一次世界大战期间,由于战略原料需求的扩大,才使铜产量迅速增加起来,1918年超过了2万吨。但是外国资本对比属刚果的大规模掠夺,还在第一次世界大战结束以后。

在法属赤道非洲,也到20世纪才开始着手开采规模不大的铜矿。在葡属安哥拉,到1916年开始有少量的钻石采掘。

在西非,英法帝国主义者这一时期主要通过片面发展出口农作物来剥削各族人民,对地下资源的掠夺也到20世纪初才开始。英属黄金海岸原来盛产黄金。英国殖民者虽早在19世纪70年代末,就已在黄金海岸的达克瓦(今加纳金矿工业中心之一)开始进行黄金矿层的勘探和研究,但是一直到1908年连接矿区和海口的铁路筑成后,才开始运入大量设备,进行采掘。这样,20世纪初一度减缩的黄金输出又增加起来。1913年,从黄金海岸输出的黄金价值达166万英镑。第一次世界大战时期,急需的战略物资锰矿也开始开采了。1910年,英国资本在尼日利亚的卡诺省开始了锡矿开采。由于第一次世界大战时期锡价上涨的刺激,产量迅速增长,1917年达到年产锡精矿近1万吨的规模。第一次世界大战时期,还开始了恩努古煤矿的采掘,但规模不大,1916年才达25000吨。至于在法属西非,一直到第一次世界大战结束,还未开始地下资源的开发。这一时期,法国资本除控制当地的贸易和银行外,还先后修建了连接各个农业区和海港的1500多英里的铁路线。

无论是在中非还是在西非,矿山的开掘和铁路的修建,都同南非一样,使用了土著居民的强迫劳动。

在外国商品的
排挤下土著
手工业的衰落

　　由于各族人民的极端贫困,撒哈拉以南非洲作为帝国主义的商品销售市场的容量,就这个时期来说,还是很有限的。但是,外国工业品的侵入,毕竟沉重地打击了有些地区仅有的一点土著手工业。西非是历史上曾经有过较发达的手工业的地区。例如尼日利亚北部的卡诺城一向以出产纺织品著称。卡诺的布匹,在19世纪前行销西苏丹各地,甚至远达北非地中海沿岸城市。与纺织业有关的印染业也是卡诺的一个重要手工业部门。此外,尼日利亚的皮革业、制锡业、炼铁业等,在当时都很发达。皮革制品质量很高,在西非和北非驰名已久。但自19世纪末,尼日利亚沦为英国殖民地后,这些手工业在英国工业品的排挤下日趋衰落;卡诺城不再输出布匹,一些制锡、炼铁作坊也逐步被扼杀。外国商品充斥了英属西非市场。

　　法属西非的不少地区,也很早就有供应当地需要的手工业,如织布业、印染业、皮革业、制陶业、制铁业、首饰业和其他手工业。但自这些地区沦为法国殖民地后,当地的手工业同样受到了外国商品的排挤和打击。只有在一些僻远地区或供应习俗特殊需要(如民族服装等)的手工业部门,才能苟延残喘,保留下来。总的说来,手工业者的状况也在日趋恶化。

各族人民反对
殖民统治的斗争

　　如前所述,自帝国主义者在撒哈拉以南非洲全境建立殖民统治后,非洲各族人民,从农民、矿工到手工业者,都遭到了空前残酷的剥削和奴役。非洲各族人民不仅在殖民主义者入侵的过程中进行了坚决的武装抵抗,就是在殖民统治建立后,也从未停止过反抗斗争。20世纪初,在坦噶尼喀、达荷美、黄金海岸、象牙海岸、南非、西南非洲等地区的一些部落中,都曾爆发过反帝武装起义。此外,还掀起了带有宗教色彩的群众运动,如从尼亚萨兰开始,之后扩大到刚果、坦噶尼喀和北罗得西亚一带的"守望塔运动"、南非好望角的"以色列运动"等,都具有反殖民主义的性质。早期的政治斗争也开始了。在第一次世界大战前,在撒哈拉以南非洲的一些城市和矿区中,非洲人民曾以群众集会、示威游行等方式向帝国主义者展开了反对苛捐杂税、反对白人企业主的残酷剥削、反对外国商人居间牟利、反对各种形式的种族歧视等的斗争。随着群众运动的发展,也出现了一些早期的政治组织。例如,1912年南非的非洲人在反对白人掠夺土地的斗争中,成立了包括所有班图各族南非土著的国民大会(领导者主要是南非各部落的酋长)。非洲的工人运动,在第一次世界大战以前也已初露锋芒。1882年,南非庆伯利(钻石矿中心)的矿工们,曾经为抗议削减工资举行过两天罢工。到第一次世界大战前夕,南非联邦的工人运动已发展到一定的规模。1913年7月,南非金矿中心兰德爆发总罢工,尽管遭到残酷镇压,但仍坚持斗争,迫使矿山主作了某些让步。

第一次世界大战期间,各帝国主义国家强迫成百万的非洲人入伍,充当它们的炮灰。非洲人民为帝国主义战争作出了惨重的牺牲,但是他们从战争中也获得了教育。而帝国主义的压榨勒索,使非洲人民的斗争有了进一步的发展。

第　十　章

拉丁美洲经济的畸形发展

第一节　外国资本对拉丁美洲的
剥削和奴役

帝国主义列强
对拉美的资本
输出和扩张

1810—1826 年拉丁美洲的独立战争,结束了西班牙和葡萄牙的殖民统治,拉丁美洲各国获得了政治上的独立。但是,英法等更强大的殖民主义国家,却在"援助"的幌子下,迅速把自己的触角伸进了拉丁美洲,以新的方式剥削和奴役拉美人民,使拉丁美洲各国变成了半殖民地性质的国家。从 19 世纪 70 年代起,随着各资本主义国家向帝国主义过渡,它们加紧了对拉美的政治经济扩张,虽然控制和剥削的方法与形式有所改变,但拉美半殖民地经济的特征仍然保留了下来。

最早在拉美投资的是英国。拉美独立战争后,英国资本便在拉美地区取得了优势地位。过渡到帝国主义阶段以后,英国更加速了对拉美各国的资本输出,具体情况如表 10-1 所示。

表 10-1　英国对拉美各国投资情况①　　　　(单位:万英镑)

国别＼年份	1880	1890	1913
阿根廷	2034	15698	35774
巴西	3887	6867	22389
墨西哥	3274	5988	15902
智利	847	2435	6394
乌拉圭	764	2771	4615
古巴	123	2681	4444
秘鲁	3618	1910	2566
其他	3402	4222	2939
总计	17949	42572	99923

　　1880—1913 年,英国在拉美的资本增加了 4.6 倍。英国资本主要是投在阿根廷、巴西、墨西哥三国,其次是智利、乌拉圭、古巴和秘鲁等国。南美是英国投资最多和增长最快的地区,这里集中了英国在拉美投资总额的 70% 左右。

　　法国也是向拉丁美洲输出资本最早、投资较多的国家之一。1902—1913 年,法国在拉美的投资由 32.5 亿法郎增加到 83.8 亿法郎,即增加了1 倍半以上。拉美三个最大的国家——巴西、阿根廷和墨西哥,是法国资本输出的主要对象。1902 年,它们集中了法国在拉美投资额的 59%;到1913 年,更进而增为 90%。20 世纪初法国在拉丁美洲的投资增长情况如表 10-2 所示。②

表 10-2　法国在拉美各国投资情况　　　　(单位:百万法郎)

国别＼年份	1902	1913
阿根廷	923	2000

　　①　弗勒德·李彼:《英国在拉丁美洲的投资(1822—1949 年)》,美国明尼苏达大学出版社 1959 年版,第 25、37、68 页。
　　②　联合国编:《外国资本在拉丁美洲》,纽约 1955 年版,第 153 页。当时 1 法郎合 0.193美元。

续表

国别 ＼ 年份	1902	1913
巴西	696	3500
墨西哥	300	2000
其他拉美国家	1334	875
总计	3253	8375

德国资本渗入拉美地区比英、法二国要晚一些,但到 20 世纪初,它变成了与英法争夺拉美投资场所的劲敌之一。1904 年左右,德国在拉美地区的投资约 48 亿马克,占当时德国国外投资总额的 1/4 以上。德国在拉美的资本主要投放在墨西哥、阿根廷、巴西、智利和古巴等国。

在争夺拉美资本输出市场方面,美国是英、法两国的又一劲敌。美国在拉美投资增长的情况如表 10-3 所示。①

表 10-3　美国对拉美各国投资情况　（单位:百万美元）

国别 ＼ 年份	1897	1908	1913
古巴和其他西印度国家	49	226	1069
墨西哥	200	672	
中美各国	21	41	
南美各国	38	130	173
全拉美总计	308	1064	1242

1898 年的美西战争,是美国资本扩大向拉美渗入的重要转折点。美国由于占领了古巴,空前扩大了自己在加勒比海地区和墨西哥的势力,1897—1908 年,它在这些地区的投资额猛增了两倍半。到 1913 年,它的投资额进一步提高到 10.7 亿美元,即与英国在这些地区经过一个世纪扩张所达到的投资总额(11.5 亿美元)不相上下了。但在南美大陆上,美国的投资额仍然极为有限(1.73 亿美元),仅及当时英国资本总额的 4.5%。

除上述四国外,其他欧洲国家在拉美也有一定数额的投资。例如,

① 1897 年及 1908 年材料参见联合国:《外国资本在拉丁美洲》,纽约 1955 年版,第 153 页。

1910 年左右,比利时仅在阿根廷和巴西就有投资 1 亿美元。

从 19 世纪末到第一次世界大战前夕,拉丁美洲的外国投资增加了 1 倍左右。1913 年,全拉美的外国资本总额约为 90 亿—100 亿美元,其中各国所占的比重是:英国约 53%,法国约 17%,美国约 13%,德国约 10%。

在投资结构方面,各国具有自己的特点。英国资本在这一时期中,经历了从以间接投资为主转变为以直接投资为主的过程(见表 10-4)。

表 10-4　英国在拉美投资结构的变化①

年份	间接投资		直接投资	
	绝对量 (万英镑)	在投资总额中 占比(%)	绝对量 (万英镑)	在投资总额中 占比(%)
1880	12308	69	5641	31
1890	19444	46	23129	54
1913	31640	32	68283	68

直接投资的迅速增加,表明英国资本对拉丁美洲经济控制的加强和剥削的加深。在 1880 年的直接投资中,铁路部门占 61%,公用事业占 19.6%,采矿业占 6%,商业和银行占 5.4%,不动产占 0.9%,船舶公司占 7.1%。1890 年的直接投资中,铁路部门占 71.6%,公用事业占 9.8%,采矿业占 8.9%,不动产占 3.8%,船舶和港口占 2.5%,加工工业占 1.7%,商业和银行占 1.7%。1913 年各部门投资比例大体未变。可见,英国资本主要是投向铁路、公用事业和采矿业等部门,以便掠夺拉丁美洲的农业原料和矿产资源。

美国对拉美的资本输出中,直接投资一开始就占了主要地位。1897年全部为直接投资,1908 年直接投资占 71%,1914 年占 78%。美国资本渗入拉美地区较晚,它又力图控制拉美各国的经济命脉,所以一开始就以直接投资为主。

为了使拉美国家主要是中美及加勒比海地区各国变为美国的原料附

---

① 根据弗勒德·李彼:《英国在拉丁美洲的投资,1822—1949 年》,美国明尼苏达大学出版社 1959 年版,第 25、37、68 页材料计算。

庸,美国直接投资的绝大部分投到这些国家的采矿、石油和农业中。例如,1914年,在上述各部门中的美国投资,即占美国在拉美直接投资总额的约60%。此外,为了加强控制和运输原料,美国资本也和英国资本一样,有相当部分投于拉美的铁路部门。

德国的投资结构相近于美国,20世纪初,它在拉美的证券投资仅14.3亿马克,占投资总额的3/10。

法国在拉美的投资,主要是对拉美各国银行和政府的贷款。这充分表现了法帝国主义的高利贷性质。

资本输出的不断扩大,是帝国主义者剥削和奴役拉美人民最重要的经济手段。到第一次世界大战前夕,拉美各国的经济命脉,基本上已为各帝国主义者所控制。

在控制拉美各国经济方面,侵入最早、势力最强的英国资本处于绝对优势地位。英国的主要势力范围是南美大陆各国。例如,阿根廷曾被称为"不列颠帝国的第五自治领",它的所有经济部门,毫无例外地处于以英国资本为主体的外国资本控制之下。英国资本控制得最严密的是铁路和城市交通等公用事业。在工业中,英国资本的力量也相当强,如1913年,全阿根廷共有工业企业49000家,其中31600家属于外国资本,主要是英国资本;还有1500家与外资合营的企业中,英国资本也占居首位。正如列宁曾经引用过的一位作者的话所指出的,"南美,特别是阿根廷,在财政上这样依赖于伦敦,几乎可以说是成了英国的商业殖民地"①。

法、德、美等国追随于英国之后,也参与了争夺对拉美各国经济控制权的激烈斗争。法、德两国资本先后渗入了墨西哥、巴西、阿根廷和智利等国,夺到了一些阵地。美国资本则在墨西哥和加勒比海地区大肆活动。1912年,美国资本已控制了墨西哥采矿业的78%、冶金业的72%、石油开采的58%和橡胶生产的68%,并在古巴取得了对制糖业和卷烟业的绝对控制地位。同时,美国向南美的渗入也取得了一定效果。如在阿根廷的罐头和冷藏肉类生产中,1911年,美国资本即已和英国资本势均力敌,分

① 《列宁选集》第二卷,人民出版社1972年版,第805页。

别控制了各为 2/5 的企业。

后起的美帝国主义,在向拉美扩大资本输出和经济控制方面,曾经处于比较不利的地位。这是由于在向帝国主义过渡的早期,美国本身的经济力量尚不如英、法等国那样雄厚,无法同英法竞争;可是,等到美国经济力量比较强大而渴望扩大国外投资场所与商品市场的时候,拉美地区又早被英、法等国捷足先登。为了改变这种不利地位,实现有利于自己的再瓜分的目的,从 19 世纪末起,美国垄断资本便进行了一系列的政治、军事和外交活动,为其经济扩张打开道路。

19 世纪 80 年代,美国提出了"泛美主义"和"美洲人民利益一致"的虚伪口号,它标志着美国向拉美的政治扩张已进入到一个新的阶段。1889 年 10 月,美国在华盛顿召开了"美洲国家会议",即"泛美会议"(仅多米尼加一国拒绝参加),结果成立了由美国控制的"美洲共和国国际联盟"及其常设机构"美洲各国商务局"。它是美国企图建立的完全控制拉丁美洲机构的胚胎,从而为美国控制下的泛美体系打下了基础。

1901 年 10 月,在美国建议下,在墨西哥举行第二届泛美会议。会议通过的决议把"美洲各国商务局"改组为"美洲各国国际局"。会议规定它的领导机构——"领导委员会"的主席只能由美国国务卿担任;并且规定同美国断绝外交关系的国家不能参加领导委员会的工作,从而使整个机构控制在美国手中。

以后,1906 年和 1910 年又先后召开了第三届和第四届"泛美会议",使泛美组织进一步受到美国更严格的控制。至此,美国从政治上控制拉美各国的条件已经具备。

同时,美国还加强了对拉美的军事侵略,在某些国家制造政变,扶植自己的傀儡上台。1898 年的"美西战争"和占领古巴,是美帝国主义用武力实现对拉美再瓜分的重要里程碑。战争的结果,使古巴在事实上成为美国的保护国。后来,根据 1903 年 5 月 22 日美古之间的永久条约,古巴不但承认美国对古巴享有武装干涉内政和建立海军基地的权利,并规定古巴不得美国许可不得订立任何国际条约和举借外债。古巴还承认了美国在军事占领期间所获得的一切特权。

1903 年,美国煽动哥伦比亚巴拿马省的资产阶级发动政变,唆使并支持巴拿马脱离哥伦比亚而"独立"。1909 年,美国在尼加拉瓜扶持埃斯特达举行政变,掌握了政权。1910 年,美国更公开武装干涉洪都拉斯,强行扶植其代理人波尼雅上台执政。

上述各种侵略活动,为美国资本大规模渗入加勒比海地区打开了道路,使美帝国主义得以在经济上实现对古巴、巴拿马、尼加拉瓜、洪都拉斯等国的控制。例如,在巴拿马"独立"后的第十五天,美国即以 1000 万美元的低价和以后每年付租金 25 万美元的条件,强迫巴拿马政府出让16.1 公里宽的开凿运河的地带。1914 年,巴拿马运河开凿成功。而在尼加拉瓜,当美国傀儡上台后,三年间即与美国签订了三个有关代售国库债券和借款的协定或合同,并以担保品的形式把关税、国营铁路和航运业抵押给了美国。

外国垄断组织通过对拉美的资本输出,残酷地剥削拉美人民,攫取了大量利润。以英国资本为例,拥有 200 万英镑资本的圣保罗铁路公司,1880 年利润率为 10%,1890 年为 14%。英智硝石公司从 1902 年成立时起,年利润率从不曾低于 16%,1913 年更达到 30%。莱维普硝石公司1885 年利润率高达 50.7%,1913 年竟达 150%。根据西方资产阶级经济学家显然缩小了的统计材料,1913 年英国资本从拉丁美洲获得的纯利润达 4700 万英镑之巨。

帝国主义对拉美对外贸易的控制和掠夺　　1870 年以后,拉美各国对外贸易额的增长比较迅速。例如,1870—1895 年,阿根廷的输出总值由 2931 万美元上升到 1 亿 3158 万美元;输入总值由 4750 万美元上升到 9253 万美元,即分别提高了 350.2% 和 94.8%。在整个拉丁美洲,1900—1913 年的对外贸易总值由 2 亿 2886 万英镑提高到5 亿 8800 万英镑,增加了 1 倍半以上。结果,拉丁美洲在世界贸易中的比重,也相应地由 1900 年的 5.9% 提高到 1913 年的 7.9%。

拉丁美洲许多国家的经济在很大程度上依赖于对外贸易。在 20 世纪初期,古巴输出全国总产品的 45%—50%,而全国消费品的 40% 要靠输入维持。当国外市场对古巴商品需求增高时,古巴就有能力买进较多的消费品;一旦国外市场要求减少,古巴国内立即发生严重的食糖滞销和消费品不足的困难,甚至整个经济陷于瘫痪。

但是,必须指出,这一时期拉美各国对外贸易的扩大,并不是拉丁美洲独立经济健全发展的表现,而是帝国主义加紧掠夺拉美农产品和矿产原料,以及对拉美扩大商品输出的结果,是拉美各国进一步沦为帝国主义原料产地、投资场所和商品销售市场的表现。拉美各国之间的贸易联系是很微弱的。它们的对外贸易,绝大部分是同帝国主义列强进行的。这种情况,可以从表10-5明显看出。

表10-5　1913年帝国主义国家在拉丁美洲20国对外贸易中所占的比重[1]

（单位:%）

国别	在进口贸易中的比重	在出口贸易中的比重
美国	25.0	30.8
英国	24.4	21.2
德国	16.5	12.4
法国	8.3	8.0
意大利	5.0	2.0
日本	0.14	0.09
六国共计	79.34	74.49

拉美各国的对外贸易,已基本上被各帝国主义国家所控制,尤其是被美、英、德、法四大列强所控制。

帝国主义者控制了拉美的贸易,力图从中掠夺巨额利润。为此,它们不断降低拉美各国出口商品的价格。例如,1877—1894年,古巴的糖价降低了70%以上;巴西的咖啡价格,仅在1905年一年内,就跌落了50%。这对严重地依赖于对外贸易的拉美各国经济是异常沉重的打击。

对处于半殖民地地位的拉丁美洲国家,帝国主义者时常要求"最惠

---

[1]　保罗·何恩和赫伯特·毕斯:《拉丁美洲的贸易和经济状况》,纽约1949年版,第122页。

国"待遇。例如,1903 年美国与古巴订立贸易协定,自 1905 年起,从美国进口的货物降低关税 20%—40%。在巴西,规定外国货物进口税为其价格的 24%,而英国商品则只征税 15%。享有"最惠国"待遇的国家,既能加重对拉丁美洲的剥削,又能借以排挤其他帝国主义国家。

外国资本大规模的渗入和帝国主义通过贸易进行的掠夺,给拉丁美洲经济带来了严重的恶果。首先,拉美各国的国民经济命脉受到各帝国主义者的控制,丧失了本国的经济独立,变成了半殖民地。其次,服从于外国资本的掠夺贪欲,拉美各国经济的发展日益畸形片面:向帝国主义者供应工业原料的采矿业、某些特定的农业和畜牧业部门得到了片面的扩大;交通运输、商业及信贷事业的发展,也只以满足外国资本的投资和输送商品的便利为限;至于本国的工业基础特别是重工业基础的建立,以及工农业比较全面的发展,则由于帝国主义的阻挠而无法实现。再次,外国资本每年从拉美搜刮走了巨额的利润,剥夺了拉美的资本积累,使拉美各国的经济愈来愈落后。最后,在帝国主义者的残酷剥削下,拉美人民的生活极端贫困,各国的财政状况也不断恶化。

第二节　大庄园制度的加强和农业的畸形发展

大 庄 园 制 度
的 　 加 　 强

拉丁美洲的独立战争,并未能消灭大庄园制度。这次革命以后,整个说来,由于帝国主义力图在拉美各国扶植封建势力,作为它统治和剥削拉美人民的重要支柱,加上 19 世纪后半期世界市场对拉美农产品的需要日益增加,大庄园制度在拉美各国不仅保存了下来,而且不断扩大。

在扩大庄园规模的过程中,拉美各国地主和外国资本家,对农民土地的侵占活动空前加紧了。他们剥夺农民土地的方法是多种多样的:地方当局不时举行土地所有权的审查,地主及外国资本家借以掠夺不懂法律的农民的土地;或者在种种借口下切断灌溉地段的水流,逼迫农民离开自己的土地,而后地主或政府就把这些"空地"占为己有;有时还进行直接的掠夺,例如当印第安人的起义被镇压之后,起义者的土地就被没收。结果,1870年以后,拉美各国农民失地的情况日益严重起来。

在墨西哥,1854—1872年,曾出现了华雷斯领导的资产阶级改革运动。这次运动沉重地打击了教会的特权,剥夺了教会在墨西哥的土地所有权。但是华雷斯的改革并没有使印第安人得到真正的解放,教会占有的大量土地,包括许多印第安村社所有的土地,最后都落到了新兴的世俗大庄园主手里。1876年,亲美的独裁统治者迪亚斯上台,在他三十多年的血腥统治时期,颁布了一系列法令,千方百计地剥夺农民的土地。到1910年,在许多州有98%的农户失去了土地。如莫雷洛斯州和墨西哥州,无地农民占农户总数的99.5%,在瓦哈卡州占99.8%。由于大规模剥夺农民的土地,大庄园制度和外国资本的势力进一步加强了,土地更加集中到本国和外国的大庄园主手中。在同一年,全国约有半数的土地为3000个家族所有。最大的庄园主,如奇瓦瓦州的路易斯·特拉萨斯和下加利福利州的威廉,每人各拥有500万公顷以上的土地。

阿根廷的情况也相类似。侵占印第安人的土地,变成了大庄园主扩大地产的重要方式。为了夺占土地,阿根廷的统治阶级大规模屠杀印第安人。如在拉普拉塔地区,17世纪时,有200万印第安人,到1878年只剩下了30万人。从1880年起,政权长期掌握在由大地主和大牧场主组成的保守党手里,情况更加严重起来。如1880年,政府颁布了"空地占有法",将土地分赏给杀人有"功"的军官,每一军官领到几千到几万公顷土地,大庄园制度进一步加强。1914年,10万农村小生产者只有96万公顷土地;而2000个大地主却集中了5400万公顷土地。阿根廷的大小土地所有者一共不过30万人,无地的农民和农业工人却达100万人以上。

外国公司也掌握了大量土地,用来建立技术作物种植园,开发矿山,修筑铁路。例如福特公司在巴西,联合果品公司在中美洲,都控制着广大的土地。1910年,墨西哥全国土地约有1/4为外国资本家所占有,其中又有一半左右是属于美国人的。芝加哥的索诺拉土地畜产公司在索诺拉就拥有 130 万英亩土地;报业巨头赫斯特拥有 250 万英亩土地;巴洛马斯土地畜产公司拥有 200 万英亩土地;聂尔逊和威廉公司则拥有 165 万英亩土地。

在古巴,美国资本家阿特根斯,通过"购买"方式于 19 世纪末一人就夺占了 12000 公顷土地,并在这块土地上铺设了 23 英里长的铁路。另外两个美国资本家凯利和法列尔,也占有了 9000 公顷土地,组织了所谓"地产公司"。

在危地马拉,美国人凯氏是侵占土地和攫取特权的魁首。从 1904 年起,他先后从该国独裁者卡夫雷拉手里,获得了修筑从东海岸巴利俄港通往危地马拉城的铁道的特权,并接收了卡夫雷拉"赠与"的一部分危地马拉铁路和 2 万公顷以上的土地。1908 年,美国联合果品公司也接踵而至,得到了沿莫塔瓜河的 20200 公顷的土地。

在阿根廷,外国人攫取的土地更是惊人。19 世纪末,英国人埃都阿德·卡兹在布宜诺斯艾利斯省南部购买了 30 万公顷土地,建立了一个极大的农场。布列梅股份公司的可齐可农场,拥有 5 万公顷土地。阿根廷境内广阔的巴塔哥尼亚(南美洲的最高地),实际上变成了国中之国,两三家外国公司在这里自设警察,颁布法令,拥有自己的政权。

大庄园的经营方式有向资本主义转变的趋向,但基本上仍然保留着前资本主义的剥削方式。失去土地的农民变成雇农、债农和佃农。对佃农的剥削是极其残酷的,在 19 世纪后半期,拉美各国一般采取实物地租形式,地租额常常超过收成的一半。除地租外,租佃契约中还往往包括一些别的条款:佃农必须以昂贵的租金租用地主的农具;必须到地主开设的店铺中购买价格高昂的日用品;必须经过地主的中介到地主指定的保险公司对租用的地段进行保险;佃农所收获的产品必须以低价卖给地主;等等。

佃农们在这种残酷剥削下,经济地位日益恶化,其中愈来愈多的人只得靠借债度日,转化为债农。债农主要是由印第安人、黑人和各种混血种人的后裔组成的。他们没有土地或仅有极少的份地,对土地所有者负有永远偿不清的债务,因而不仅自己被迫到地主庄园中去做雇工(每年一般为 180—265 天),用劳动来偿付债务;而且债务常常愈积愈多,他们的子孙也不得不继续偿债,以致世世代代依附于大土地所有者。债农在法律上虽然是"自由人",但在实际上则被固定附属于特定的庄园,是半农奴性的债务奴隶。如果他们在债务未清时逃跑,在被抓回后,地主就像对待奴隶一样地加以拷打。债农人数不断扩大而达到惊人的规模。这可以从墨西哥的材料中看出:1910 年,墨西哥有债农 353 万人,连同他们的家庭成员,共达 1000 万人左右,约占全国人口总数的 2/3。

债农的工资极低,而且,很少用现金来支付,而是付给一张单据,凭单据在庄园主所开的商店购货。这就使印第安人得到的实际工资远低于名义工资,使他们永远陷于一贫如洗的状态,极少有机会逃脱庄园主的束缚。

黑人奴隶制,在拉美独立战争期间没有得到解决。以后,又经过了黑人几十年的废奴斗争,这一罪恶制度才被迫逐步取消。例如,在巴西,在黑人的激烈反对下,1871 年政府颁布了"胎儿自由"的法令,规定此后出生的黑种婴儿一律得到自由;1885 年又解放了年满 60 岁的黑奴;最后,到 1888 年终于解放了全部黑奴。但是,被解放的黑人没有获得土地,只是由奴隶转变成为大庄园主的农奴或雇农。

在拉丁美洲各国的农业中,基本上没有沿"美国式道路"出现的资本主义农场。在 19 世纪末期,一小部分大土地所有者开始利用机器生产(特别在阿根廷),前资本主义剥削方式也开始改换为雇佣劳动制度,走上了资本主义经营。资本主义农场除雇佣本地无产者外,还对所谓"燕子"进行雇佣剥削。在阿根廷,这种形式最为发达。所谓"燕子",指的是从西班牙和意大利来的农业工人。他们每年到拉丁美洲工作几个月,在收获季节过后又回到祖国去。他们有的也在拉丁美洲定居下来,成为经常性的农业工人。农业中资本主义经营的另一表现,是出现了富农经济。富农拥有自己的土地,使用雇工劳动进行经营。但是,在第一次世界大战以前,拉丁美洲的富农经济还很不发达,只在墨西哥北部得到了一定的发展。

总的说来,拉丁美洲农业中资本主义的发展是比较微弱的,并且是沿着"普鲁士式道路"进行的。由于拉丁美洲是些半殖民地国家,外国资本在这里维护着封建制度,因此,资本主义农业所经历的道路更加漫长,更加痛苦。封建大庄园制度和外国资本的统治,长期地阻碍着拉丁美洲农业中资本主义的发展。

农 业 生 产 的
畸 形 发 展

在外国资本的奴役和控制下,拉丁美洲的农业,服从于帝国主义的利益,片面地发展出口作物,从而使拉美各国成为经营单一作物的畸形农业国和帝国主义的农业原料附庸。

在墨西哥,从 1870 年以后,咖啡、龙舌兰等出口作物的生产急剧增长,而人民生活所必需的谷物与大豆的生产却大大缩减(见表 10-6)。

表 10-6　墨西哥农产品生产变化情况①　　　（单位:千吨）

年份	咖啡	棉花	龙舌兰	糖	谷物	大豆
1878	8	25	40	70	5325	210
1906—1910	36	40	84	106	3251	163

注:1906—1910 年为平均年产量。

在巴西,农作物中占首要地位的是咖啡。1870 年以后,巴西农业愈益向单一种植制发展。1888 年,巴西咖啡占全世界咖啡总产量的 45%,到 1907 年增加到 85%。到 19 世纪末,咖啡在巴西全国出口总值中占到 70%以上。巴西咖啡出口增长的情况如表 10-7 所示。②

表 10-7　巴西咖啡出口情况　　　（单位:万吨）

年份	出口量
1871—1880	195
1881—1890	310
1900—1909	771

---

① 苏联科学院历史研究所编:《墨西哥近现代史纲》,苏联社会经济书籍出版社 1960 年版,第 240 页。

② 凯奥·普腊多·儒利奥:《巴西经济史》,1949 年俄译本,第 178、305 页。

续表

年份	出口量
1910—1919	737

除咖啡外,橡胶种植园也占去了巴西许多耕地。1827 年,巴西橡胶的输出只有 31 吨,1880 年增为 7000 吨,1887 年进一步增为 1.7 万吨;1901—1910 年平均每年达 3.5 万吨,橡胶的出口值等于各年输出总值的 28%;1912 年达到最高峰,出口为 4.2 万吨,在全部输出中占到了 40%,几乎与咖啡相等。以后由于经受不住自然条件更好、劳动力更便宜的东南亚地区(锡兰、印度尼西亚、马来亚)的竞争,巴西的橡胶产量才大为下降。

在古巴,甘蔗园占着全国大部分耕种面积。19 世纪中叶,糖占古巴出口总值的 80%,烟草占 10%,咖啡占 2%,其余为矿产品。1870 年,古巴出口的糖已占世界糖出口总额的 30%。1898 年美西战争后,古巴糖的生产更急剧增加,年产量比殖民地时期增多了 6 倍。在 1913—1914 年,古巴糖产量为 259.8 万吨,占世界总产量的 1/7。

此外,在危地马拉、哥斯达黎加、萨尔瓦多、哥伦比亚等国,也都是咖啡排挤了其他农作物。厄瓜多尔专门出产可可;巴拿马和洪都拉斯主要出产香蕉;海地、多米尼加、波多黎各主要出产糖。尽管这些拉丁美洲国家的自然条件完全适宜于播种谷物,但每年却都要从国外进口大量小麦、玉米、大豆和其他粮食。

19 世纪末 20 世纪初,在阿根廷占统治地位的是英国资本。英国迫切需要进口小麦和畜产品来供应本国需要,因而促使阿根廷极力向荒地移民发展农业。19 世纪 60 年代中期以前,阿根廷还从美国进口小麦,但在 1876 年就停止了小麦的进口,并从 1878 年起开始向欧洲市场出口玉米和小麦。1880 年,阿根廷输出 15000 吨玉米和 100 多万吨小麦。19 世纪末,耕地面积和粮食输出量都大大增加。耕地面积 1898 年为 600 万公顷,1905 年增为 1200 万公顷,1915 年达 2440 万公顷(其中,小麦占 660 万公顷,玉米占 400 万公顷,亚麻占 160 万公顷)。从 1898 年到 1912 年,玉米输出量从 71.7 万吨增加到 483.5 万吨,小麦输出量从 64.5 万吨增加到 262.9 万吨,面粉从 3.2 万吨增加到 13.2 万吨。随着粮食产量的提高,阿根廷的畜牧业也在迅速发展。19 世纪末期,阿根廷畜牧业仍以养羊为主。羊的数量增加很快。1870 年,羊的数量为 4100 万只,1891 年增加到 7800 万只;同期羊毛产量从 1.37 亿万镑增至 3.1 亿万镑。在 19 世纪 90 年代初,阿根廷养羊数量已占世界第三位,羊毛产量占世界第四位。羊肉的输出量增加得尤为迅速,例如,1883 年仅输出肉食羊 7500 只,1895 年则输出 200 万只以上。

从上述几个国家的例子中可以看出:在这一时期,拉美各国农业获得较快发展的,只是少数满足帝国主义需要的出口作物或畜牧业部门,它丝毫也不意味着拉美农业的真正高涨。恰恰相反,它正表明了拉美农业发展的畸形和片面性。和这种情况相联系,在拉美各国农业中,便出现了许多严重不合理和落后的现象,给拉美各国经济和人民生活带来了极大的危害。

首先,拉丁美洲农业生产的地区分布极不合理,带有浓厚的殖民地色彩。由于农业生产主要是为帝国主义国家供给粮食和原料,为了便于输出,各国主要大力开垦了沿海地区和河流两岸的耕地,其他地区则处于荒芜状态。在阿根廷,布宜诺斯艾利斯省垦殖了耕地 900 万公顷以上;而位于内地、距离布宜诺斯艾利斯海港较远的巴姆巴省,虽然土地也很肥沃,却只开垦了 190 万公顷。巴西的咖啡生产,主要也是在沿岸地区发展,特别是里约热内卢附近,集中了许多大咖啡种植园,其次是帕纳伊巴河两岸的平原地带,圣保罗西部。至于全国其他许多地区,直到 20 世纪初还是一片荒凉。

其次,拉丁美洲农业产量的增加主要靠扩大播种面积,农业技术水平和单位面积产量极低。1909—1913 年,阿根廷小麦每公顷平均年产 6.6 公担,墨西哥产 4 公担;而英国为 21.2 公担,加拿大为 13.3 公担。甚至以粗放经营著称的美国,每公顷也产 9.9 公担。同时期玉米每公顷平均年产量,阿根廷为 13.8 公担,墨西哥为 8.5 公担;而加拿大为 35.2 公担,美国为 16.3 公担。就拉丁美洲土地的肥沃与气候条件的良好而言,这样的产量显然是很低的。

最后,由于片面发展出口作物或牲畜,各国经济更加依附于帝国主义。在外国资本把持下,拉美出口产品价格不断被压低。加之出口作物或养畜业过分扩大,常常发生产品的滞销和大量堆积,最终甚至引起人为的销毁。与此同时,人民生活所必需的粮食等产品,则由于生产萎缩或不足,需大量依靠进口,粮食价格昂贵,并且不断上涨,从而更使劳动人民的生活状况恶化。例如,1905年一年中,巴西咖啡价格被帝国主义者压低一半,滞销的咖啡多达1100万袋(每袋60公斤),即相当于全世界当时年消费总量的70%。又如,在墨西哥,19世纪末一个雇农的日工资为25—30塞塔弗,1908年为36—50塞塔弗,即增加了44%—65%;而同一时期,大米价格上涨了75%,小麦上涨了46.5%,大豆上涨了56.5%,面粉上涨了71.1%。显然,雇农的实际工资急剧下降了。

第三节　工业的畸形发展和
无产阶级贫困化

工 业 的
畸 形 发 展

在外国资本和封建势力的双重羁绊下,拉丁美洲各国的工业发展很不平衡,得到发展的只是为外国资本的掠夺目的服务的某些部门。其中发展较快的,首先是对输出品进行初步加工的部门,如阿根廷的肉类冷藏工业,古巴的制糖业等;其次是采掘业,如智利的硝石,阿根廷、哥伦比亚、玻利维亚、秘鲁特别是墨西哥和委内瑞拉的石油,墨西哥、秘鲁、玻利维亚的银,智利、墨西哥、秘鲁的铜,巴西、智利的铁,玻利维亚的锡等;再就是某些轻工业,如纺织、火柴、造纸、制烟、酿酒等部门。至于作为整个工业基础的冶金工业和机器制造业,在拉丁美洲任何一个国家,都没有得到什么发展。拉丁美洲的工业是幼弱的、片面的。

在墨西哥,发展得最快的是石油开采业。迪亚士政府尽力为外国资本开辟道路。1884 年 11 月颁布法令,允许土地所有者开采地下的矿藏;1887 年 6 月又颁布法令,凡开采煤、石油、水银、天然煤气以及其他矿产,一概免除国家税和地方税,只征收少量印花税。这样一来,外国资本对墨西哥就趋之若鹜了。1900 年春,美国资本家埃都阿德·多根尼在坦比哥地区进行了勘探工作,发现了大量的石油蕴藏,并购买了 448000 英亩油田;随后,以洛克菲勒"美孚石油公司"为首的几十个石油垄断组织接踵而至。英国资本家皮尔逊也创办了"墨西哥伊格尔公司",竞相滥采墨西哥的石油资源。结果,石油开采量猛增,1909 年为 271.3 万桶(每桶合 158.99 公斤),到 1911 年即达 1255.2 万桶,两年中增加了 3.5 倍。但墨西哥的石油加工业却极不发达,原油要运到外国去加工,连墨西哥自己消费的煤油、汽油等石油制品,都是以高价从美国输入的。除石油开采业外,发展较快的是贵金属采掘业和一些轻工业。1910 年,墨西哥只有 146 家用现代机器装备的纺织工厂。

在巴西,到 1889 年废除帝制以前,经济发展一直很慢。资产阶级上台以后,发展速度显著加快,但占主要地位的始终是轻工业,重工业几乎没有任何发展。1889 年,巴西有 600 家大小工厂,资本总数为 40 万康托列斯(约合 25 万英镑),其中纺织工业占 60%,食品工业占 15%,化学工业占 10%,木材加工业占 4%,日用品工业占 3.5%,冶金工业只占 3%。1890—1895 年,新建 452 家工厂,资本总数为 20 万康托列斯,部门结构基本未变。1907 年,第一次进行了全巴西的工业调查,登记的有 3258 家工业企业,资本总数为 66.6 万康托列斯。工业的地区分布极不合理,工厂集中在少数地区。根据 1907 年的调查材料,里约热内卢及其近郊集中了全国工业生产量的 33%,圣保罗占 16%,南里约格朗德占 15%,其他各州都不超过 5%。20 世纪初,圣保罗的工业发展迅速,产量占全国的 40%。

在古巴,从 19 世纪 80 年代起,几乎完全控制在美国资本手里的制糖工业迅速发展,生产集中的过程空前加速。1860 年有 1600 家糖厂,到 1877 年剩下 1190 家,而到 1894 年只剩下 400 家大糖厂。从 1877 年到 1894 年的 17 年中,糖厂数量减少了 2/3,而产量却增加了 1 倍(1894 年产量为 100 万吨以上)。1890 年,美国在古巴设立了制糖工厂托拉斯。据

1899 年的调查资料,古巴有 207 家糖厂。从 1902 年到 1914 年,又创办了 17 家大糖厂。到第一次世界大战前夕,古巴糖的年产量已达 400 万吨。美国资本还对古巴的其他资源进行掠夺。1902 年,美国在古巴设立了"烟草托拉斯"。1904 年,它生产了 4 亿支雪茄烟。1906—1910 年期间,"烟草托拉斯"生产的 51% 以上的香烟是供出口的。美国在进入帝国主义时期后,由于对战略物资的需要增加,加紧了对古巴有色金属(铜和铬等)的掠夺。

在主要由英国资本控制的阿根廷,发展最快的是肉类冷藏工业。1884 年,在布宜诺斯艾利斯建立了第一家肉类冷藏加工厂。两年后,在巴拉那河岸上的萨尔特城兴建了第二家工厂,雇用 1000 个工人,日宰 5000 头羊和 600 头牛。此后,小型肉类加工厂如雨后春笋般发展起来。到 1914 年,阿根廷已有 13 家现代化的大型肉类加工厂,年产总值达 1 亿比索,产品全部出口。其他与农产品加工有关的部门也发展较快。1895 年,全国有 650 家蒸汽和水力磨坊,年产 40 万吨面粉。北部各省制糖工业比较发达,1895 年生产了 2.4 万吨糖。根据 1914 年的工业调查,阿根廷有 44 家制糖工厂,近 200 家酿酒厂,77 家烟厂。除食品工业外,制革业和制肥皂业等轻工业部门也较为发达;而发展最快的是纺织工业,1914 年 6 家规模最大的纺织厂,雇用工人共有 1000—3000 人。19 世纪末和 20 世纪初,阿根廷的工业发展相当迅速。1895 年还只有 2.2 万家工业企业,资本总数只有 2 亿 8400 万比索;1913 年已有 4.8 万家工业企业,资本总数为 17 亿 8700 万比索。但阿根廷工业的发展是畸形的,主要是农产品加工业;采矿业、冶金业和机器制造业都十分薄弱,只有石油工业有一定的发展。

随着工业的发展,19 世纪后半期,拉丁美洲的铁道运输业也发展起来。铁路建设主要是为帝国主义的掠夺目的服务,因此路线大都是通向近海的商埠,内地交通不发达。拉丁美洲各国间的经济联系不密切,并且,铁路建设几乎完全操纵在外国资本手里,铁路成了外国资本进行扩张和掠夺的工具。

在古巴,1837 年修成了哈瓦那—别胡卡尔线,这是拉丁美洲的第一条铁路。1898 年,古巴全国干线已有 1556 公里,从西北端的哈瓦那可直达东南端的关塔那摩。1902 年另一条横贯全国的铁路线(圣克拉拉—圣地亚哥线)修成。就铁路网的密度而言,古巴居拉丁美洲的首位。但古巴铁路的大部分是属于外国制糖公司,专门用来运送制糖原料的,其中通用铁路还不到 1/4。阿根廷在 19 世纪末期,铁路建设发展也很快。1880 年,全国铁路共 2500 公里,1900 年达 16600 公里,1915 年增至 35432 公里。英法资本家在阿根廷修筑的铁路,铺了三种宽度不同的铁轨,使得货物只能向港口单向运输,而无法交叉运货,国内交通很不便利。在墨西哥,1910 年铁路网达 15360 英里,其中大部分是美国公司修筑的。

全拉美的铁路线长度,1870 年仅数千公里,1890 年增加到 40296 公里,1913 年再增至 110802 公里。外国资本修筑的铁路,像插入拉丁美洲心脏的吸血管一样,只是供帝国主义吮吸拉美人民脂膏的工具。

总的说来,19 世纪后半期到 20 世纪初,拉丁美洲各国的工业在帝国主义列强的过剩资本大量涌入下,获得了比前一时期更快的发展。但是,这种发展的特点是:得到发展的主要是农产品加工业、采矿业和轻工业;重工业,特别是冶金工业和机器制造业极其薄弱;工业生产主要是为了供应国外市场;主要工业部门控制在外国资本手里。

无产阶级的贫困和阶级斗争的尖锐化

随着工业、交通运输业以及农业中资本主义的某些发展,19 世纪后半期,拉丁美洲无产阶级开始成长起来。特别到 19 世纪末 20 世纪初期,产业工人的队伍显著增大。在墨西哥,1910 年已有 7.9 万名矿工,3.2 万名纺织工人,5.8 万名其他工业部门工人,数千名铁路工人。阿根廷工人阶级发展得更快,1895 年,全国有 24114 家工业企业,共有 17.5 万工人;1898 年就超过 20 万人;1913 年产业工人达 41 万,比 1898 年增加了 1 倍。据 1907 年的调查,巴西工人总数达 15.1 万人。但是,拉丁美洲各国经济发展极不平衡,在 20 世纪初,中美洲各国(洪都拉斯、萨尔瓦多等),几乎还没有形成无产阶级。

在帝国主义、封建主义和本国资本主义的三重压迫下,拉丁美洲无产阶级的生活状况极其恶劣。在第一次世界大战前,没有一个拉丁美洲国家有正式的劳动保护法。在一般的工业部门中,工作日长达 12—14 小时,而在采矿工业等部门甚至达 16—18 小时。劳动强度最高的是印第安人和黑种工人,他们的境况与当债农时并无多大差异。在形式上的自由雇佣关系中,保留了许多前资本主义的剥削形式,如束缚性的债务依存关系,对个人自由的限制,实物工资,体罚,等等。工人工资十分微薄。在阿根廷,当时一个四口之家每月的最低生活费为 125 比索,然而甚至工资比较高的印刷工人,每月也只有 65—105 比索。由于生活费用不断上涨,拉丁美洲工人的实际工资一再下降。1900—1910 年,墨西哥产业工人的平均名义工资增加了 17%,而同期物价则上涨了 70%。

通货膨胀是被拉丁美洲各国广泛用来压榨劳动人民的手段。在货币不断贬值的情况下,工人阶级的贫困化更形加剧。1889 年,巴西币 1 米里列斯等于 27 个便士,1892 年只等于 10—16 便士。纸币发行额继续有增无已,1892 年为 56.1 万康托列斯,1898 年增加到 78 万康托列斯,这时每米里列斯只能换 6 个便士。在智利,1870 年 1 比索等于 45.9 便士,1875 年等于 43.8 便士,1879 年等于 33 便士,1880 年等于 30 便士,到 1890 年只相当于 24 便士了。

大批失业者的存在,也是无产阶级贫困化的重要因素。1912 年,阿根廷的失业者达 11.6 万人,1913 年增至 15.6 万人,而到 1916 年竟达 41.5 万人,占当时全国劳动力的 17%。

在饥寒交迫的情况下,大多数拉丁美洲劳动人民都没有机会受初等教育,文盲在人口中占压倒多数。如巴西的许多州,按照 1916 年的官方统计,文盲的数量达到人口总数的 90%—95%。

随着无产阶级队伍的成长,和他们的生活状况的日益恶化,20 世纪初工人运动广泛地开展起来。1902 年布宜诺斯艾利斯举行了阿根廷第一次无产阶级大罢工。1904 年 5 月 1 日,数千名工人举行示威游行,要求 8 小时工作制及规定星期日为休息日。1909 年 5 月 3—8 日,阿根廷工人举行全国总罢工,抗议警察开枪射击五一节游行示威工人。这次罢工声势浩大,仅首都就有 20 多万工人参加,巴西和乌拉圭的工人也起而声援,表现了拉丁美洲工人阶级的团结一致。1906—1907 年,墨西哥矿工和纺织工人举行罢工。1913 年,墨西哥的工人第一次举行"五一"示威游行,提出了 8 小时工作制的要求。在巴西,1902—1903 年发生第一次大罢工。1907—1908 年,印刷业、建筑业和冶金业工人都举行了罢工。

但总的说来,在俄国十月革命以前,拉丁美洲的工人运动还带有自发的性质,工人阶级在组织上还处于涣散状态,缺乏坚强的革命领导。诚然,此时在拉丁美洲许多国家已经建立了工人阶级的组织。例如阿根廷还在 1872—1874 年就曾成立了第一国际的若干支部,1878 年成立了第一个工人联合会(印刷工会),1901 年 5 月 25 日召开工会代表大会,成立了阿根廷全国工会联合会。在墨西哥,20 世纪初期各地先后出现了地方性的工会,1912 年在首都成立了一个宣传社会主义的中心"世界工人委员会"。巴西在 1902—1903 年的大罢工后,产生了许多职工会,过几年后,成立了巴西工人联盟。但是,在这些工人组织中,无政府主义者和机会主义者占据了领导地位,从而严重地削弱了工人阶级的战斗力量。

第四节　第一次世界大战期间拉丁美洲国家的经济

美国向拉丁美洲的全面扩张　　拉丁美洲基本上未被卷入到第一次世界大战中去,但震撼世界的大战,对拉美经济也产生了巨大的影响。

战时,美国利用欧洲帝国主义列强互相厮杀而无暇西顾之机,向拉美展开了全面扩张。

扩大对拉美的资本输出,从而进一步实现对更多的拉美国家经济命脉的控制,是美帝国主义战时扩张的首要目标。大战爆发以后,欧洲各国垄断组织从拉美抽回了一部分资本,各国政府由于外汇需要,也提走了贷款和变卖了部分产业。结果,欧洲各国在拉美的投资额有了显著的缩减。仅在战争第一年,英国投资即减少近 13 亿美元,降到了 37 亿美元;法国投资减少 4 亿美元以上,降到了 12 亿美元;德国投资也降至 9 亿美元。以后,英、法两国投资仍继续减少;而德国由于战败,到大战结束时,它在拉美地区的投资已全部丧失。和这些国家相反,美国却不断扩大了自己的投资,到 1919 年,竟达到 24 亿美元,比战前几乎增长了 1 倍。

在中美和加勒比海地区,战前美国已取得了军事政治上的绝对优势,其投资额也和英国不相上下。战争期间,美国更进一步排挤英国,加强了自己对这些地区的军事政治控制,急剧地扩大了资本输出。在战争时期,美国在古巴的投资增长了 5 倍多。在墨西哥,美帝国主义者双管齐下,一方面进行武装干涉,帮助墨西哥反动派镇压革命;另一方面,通过增加投资,继续保持和加强了它在墨西哥石油开采业中的优势地位,并且把其他采矿业生产的 3/4 控制到自己手里。

战前,英国资本在南美洲占着统治地位。战争期间,美国资本急起直追,力图取英国而代之。例如,1914 年 11 月,美国在布宜诺斯艾利斯开办了"纽约花旗银行",1915 年美国两次向阿根廷提供贷款,每次 1500 万美元。1916 年,阿根廷欠美国的债务已达 4.15 亿美元。但是,因为英国在这一地区的势力比较根深蒂固,直到战争末期,英国资本仍然牢牢地控制着南美大陆。

对外贸易扩张是美国对拉美加强经济侵略的另一重要手段。战争期间,德国和意大利几乎停止了和拉美各国的贸易。英、法两国在德国潜艇袭击的威胁下,它们和中南美的贸易额和比重也大为缩减。只有美国,利用战时的有利时机和它在地理上的有利地位,急剧扩大了和拉美各国的贸易。1913 年,美国和拉美各国的贸易总额为 7.43 亿美元;到大战结束时,双方的年贸易总额剧增到 30 多亿美元。结果,美国在拉丁美洲进出口贸易中的比重空前地提高了,美国单独地垄断了拉美对外贸易额的半数以上。

战前,美国和南美大陆各国的贸易,远逊于英国。例如,1914 年,阿根廷和英国之间的贸易额为 5.2 亿比索(其中自英进口 2.5 亿比索),和美国之间的贸易额为 2.1 亿比索(其中自美进口 0.99 亿比索)。在战时,情况发生了有利于美国的变化:按年平均数计算,阿根廷和英国之间的贸易额为 8.2 亿比索(其中自英进口 2.9 亿比索),和美国之间的贸易额为 7.3 亿比索(其中自美进口 3.9 亿比索),美、英两国同阿根廷贸易总值的差距大大缩小,而对阿根廷的输出,美国竟一反过去的劣势而占了上风。到 1919 年,在南美洲的进口总额(13.71 亿美元)中,美国已占 32%,英国仅占 15.8%;在出口总额(22.66 亿美元)中,美国也占 32%,英国则只占 20.5%。

至于中美和加勒比海地区,早在战前,美国即已在各国对外贸易中占有优势,战时这一地位更加巩固起来。以美国在这些国家的进口总额中所占比重为例:在古巴,1914 年为 58%,1918 年增至 76%;在多米尼加,1913 年为 62%,1918 年为 93%;在海地,1913 年为 59%,1919 年为 90%;在墨西哥,1913 年为 48%,1919 年为 85%;在哥斯达黎加,1914 年为 53%,1918 年为 61%;在危地马拉,1913 年为 50%,1918 年为 66%;在洪都拉斯,1914 年为 79%,1918 年为 82%;在尼加拉瓜,1914 年为 62%,1918 年为 71%;在巴拿马,1914 年为 41%,1918 年为 87%;在萨尔瓦多,1914 年为 41%,1918 年为 65%。

战时美国资本向拉丁美洲扩张的加强,不仅使美国垄断组织得到了巨额利润,而且使拉美各国的经济更加从属于美帝国主义者的利益。

战时拉丁美洲的经济状况　　第一次世界大战丝毫未触动大庄园制度在拉丁美洲农村中的统治地位。在外国资本的支持下,农业中封建和半封建关系仍然十分强大。战争结束时,阿根廷一半以上的土地掌握在 5000 个地主手里,某些大庄园的土地面积竟达 80 万公顷。在巴西,规模在一万公顷以上的大庄园,在全国经营单位总数中占 0.3%,而其土地却占全国耕地面积的 1/4。在智利,599 个占地 5000 公顷以上的大庄园,在全国经营单位总数中占 0.7%,但却拥有占全国 58.2% 的私有地产。

战争时期,外国资本主要是美国资本对拉美各国的土地掠夺更为加紧了。到战争结束时,古巴全部土地的一半以上转到了美国垄断资本手中,变成了美国的甘蔗种植园。美国人在墨西哥拥有的土地,达到了 1600 万公顷以上。在玻利维亚,仅"美孚石油公司"就购买了 314.5 万公顷油田。美国的石油垄断资本家还在哥伦比亚和委内瑞拉购买了数千万公顷土地。

战时,帝国主义国家对粮食和原料的需要急剧增加,使拉丁美洲许多国家的农业生产有所发展。古巴的甘蔗播种面积和产量,在战时有了显著扩大。阿根廷的小麦输出,在战争中达到了历史上的最高水平,战争结束时,每年输出5010万公担,占世界第三位;而牛油、羊毛和肉类的输出量,已超过美国和澳大利亚,占世界第一位;1915—1919年,平均每年输出净肉59万吨。而且,从1914年起,阿根廷对外贸易从逆差转为顺差。战争期间,黄金储备增加了1倍,1914年为2.2亿比索,战争结束时已达4.7亿比索。

战时,国外市场对咖啡的需要减少很多,结果使巴西咖啡滞销和大批堆积,以致不得不缩减生产。这对于咖啡是主要出口品的巴西来说,是个极严重的打击。但与此同时,巴西的大米、茶叶和橡胶的产量,却有较迅速的增长。

世界大战刺激了拉丁美洲国家的工业发展,但主要限于与生产战略物资有关的采矿工业和某些轻工业。智利的硝石、铜、铁、钴、锌、钨、锰等矿产,是最重要的战略物资,国外市场需求量很大,得到了迅速的发展。特别是智利的硝石,是制炸药和肥料的重要原料,战争中更是供不应求。战争初期,智利供给世界硝石需要量的90%。1917年,智利硝石产量达300万吨,出口280万吨,价值为213.7万比索,达到历史上的最高纪录。"英智硝石公司"(英国资本)和"劳塔洛硝石公司"(美国资本)是智利硝石的真正主人。除采矿业外,智利的纺织、面粉、肉类加工、化学和水泥等工业部门,在战时也各有不同程度的发展。

在巴西,战时新建了5936个新的工业企业,使全国的工业企业总数约增加了1倍,其中发展得较快的是纺织、制鞋、制肥皂、食品等部门。在食品工业中,还出现了一个新的部门——肉类冷藏加工业。它是由美国人投资兴建起来的。

古巴糖的生产,战时也出现了新的纪录。欧洲甜菜种植业由于战争而大大萎缩,各国对古巴糖的需求急剧增长起来。古巴糖的价格不断上涨,1914—1918 年约增长 9 倍以上。在这种刺激下,古巴糖产量达到了每年 400 万吨以上的空前水平。但是,由于制糖业被美国资本所控制,巨额的利润完全落入了美国垄断组织的腰包。

战时,阿根廷的工业也有所发展,在纺织、冶金、造船、电机、水银等工业部门中,产生了新的企业,旧有企业也扩大了。1917 年还开始开采煤田。战争期间,交战国对秘鲁的原料需求增加了(特别是铜和锌),因此,秘鲁的采矿、石油、煤炭等工业部门也有发展。在第一次世界大战中,古巴每年生产 15 万吨铜、8 万吨铬。墨西哥在 1910—1917 年发生了资产阶级民主革命,连年的内战影响了经济的发展,工业无大进展。

福斯特指出,在第一次世界大战中,拉丁美洲的工业有某些发展的原因是:"差不多所有与欧洲的贸易都被德国的潜水艇切断了";"过去箝制拉丁美洲工业的帝国主义压力至少是部分地放松了";"大地主和教会的传统的反工业倾向,在当地迫切需要工业品的情况下,也不得不暂时让了一些步"。"可是,这并不是说,这些国家的经济的基本性质——在强大的帝国主义控制之下生产日常消费品与原料——已经起了变化。恰恰相反,从长远来看,战争加强了这些控制与限制。"[1]

战时阶级斗争的新高涨 在第一次世界大战期间,拉丁美洲工人阶级的政治觉悟显著提高,阶级斗争有了新的高涨。在墨西哥 1910—1917 年的资产阶级民主革命中,主力军是工人、农民和小资产阶级。农民起义笼罩着整个墨西哥,起义者提出了分配土地的正义要求;在城市中,工人不断地罢工和举行示威游行,接连推翻了迪亚士和胡尔泰的反动政府。在工农革命斗争的压力下,1917 年 2 月通过了比较进步的新宪法。这个宪法明确规定了限制外国资本、教会和大庄园主控制国家土地及其他自然资源的条款。例如宪法第二十七条规定:国家是土地、河流湖沼及矿产的基本所有者;国家有权限制或征收私有财产;只有墨西哥人对土地、河流湖沼、矿产能够享有所有权;教会对不动产没有持有、管理或以之作抵押之权;等等。关于劳工

---

[1] 福斯特:《美洲政治史纲》,人民出版社 1956 年版,第 478 页。

问题,宪法规定了某些保护措施,例如,承认工人组织工会的权利;实行每天八小时工作,每周六天工作日,以及夜班七小时工作制;实行最低限度工资制,过时工作工资加倍;以及对妇女和儿童的工作时间和休息作了特殊照顾的规定;等等。这个带有进步性质的宪法,反映了墨西哥人民斗争的民主要求和反帝倾向。但是,这些规定不仅引起国内反动势力的疯狂反对,也引起美国帝国主义的无理干涉。代表外国资本和国内反动统治阶级利益的墨西哥政府,故意回避革命群众提出的各项要求,千方百计地阻挠上述宪法条款的实现。例如,土地分配给无地农民的问题迟迟未加解决,到 1919 年,全国仅有 3.4 万个农民得到 12.3 万公顷的土地。大庄园主和外国资本家照旧统治着墨西哥的广大农村。

1914—1918 年,阿根廷工人阶级曾经多次举行罢工。在人民的压力下,1916 年的总统选举中,激进派的候选人伊里戈彦获得了胜利。新政府鼓励民族工业的发展,但对工人阶级和佃农,继续执行反动的政策。1917 年,阿根廷发生了全国性的罢工运动。

1914 年,萨尔瓦多的工人,组织了总工会。1917 年在巴西最大的工业中心圣保罗,爆发了罢工运动,不久席卷全国,并与警察军队发生多次冲突。

帝国主义战争教育了拉丁美洲各国的人民,使他们进一步认识到帝国主义者的掠夺和侵略本性,更加觉醒起来。在 1917 年伟大的十月社会主义革命的鼓舞下,拉丁美洲人民的反帝反封建斗争进入了一个新阶段。

外国经济史

（近代现代）

第三册

樊　亢　宋则行｜主编

人民出版社

目　　录

第三册　资本主义总危机时期

第一章　概述 …………………………………………………… 3

第一节　资本主义总危机的特征及其在两次世界大战之间的
演进过程 ………………………………………… 3

资本主义总危机的基本特征(3)　两次世界大战之间
资本主义总危机的演进(5)

第二节　两次世界大战之间各国垄断资本统治的加强和劳动
群众生活状况的恶化 ………………………… 12

各国垄断资本统治的加强和国家垄断资本主义的发展
(12)　国际垄断组织的进一步发展和资本输出的进一
步增长(14)　劳动群众生活状况的恶化(15)

第三节　殖民地、半殖民地经济的畸形发展和帝国主义殖民
体系的危机 ………………………………… 16

帝国主义对殖民地半殖民地经济命脉控制的加强(16)
殖民地半殖民地继续片面发展出口作物与在封建土地
关系下农民状况的进一步恶化(18)　殖民地半殖民地
民族工业的发展及其虚弱性(19)　殖民地半殖民地民

族解放运动的发展与帝国主义殖民体系的危机(20)

第四节 帝国主义各国经济政治发展不平衡性的加剧和第二
次世界大战 ……………………………………………………… 21
帝国主义各国发展不平衡性的加剧与第二次世界大战
的爆发(21) 第二次世界大战时期各交战国军事国家
垄断资本主义的发展和经济军事化(24) 第二次世界
大战的后果(25)

第二章 资本主义总危机时期的美国经济……………………………… 27

第一节 20 年代美国经济的发展 垄断资本统治及其对外
扩张的加强 ……………………………………………… 27
战后初期美国经济不稳定性的增长和1920—1921 年
的经济危机(27) 相对稳定时期美国工业的发展及其
不稳定性的加强(29) 20 年代的农业和农业危机
(31) 20 年代美国对外经济扩张的加强(34) 垄断
资本势力的加强和工农劳动者生活的贫困化(36)
"美国例外论"和"永久繁荣论"的破产(38)

第二节 30 年代美国的深刻的经济危机 罗斯福"新政"的
破产 …………………………………………………………… 39
空前严重的1929—1933 年经济危机(39) 罗斯福"新
政"及其破产(42) 为垄断资产阶级效劳的白劳德修
正主义(50) 1937—1938 年的经济危机(51) 美国
国际经济地位的削弱(52)

第三节 第二次世界大战时期美国经济的畸形"繁荣"和国
家垄断资本主义的发展 …………………………………… 54
国家垄断资本主义的发展(54) 工业畸形发展和生产
与资本的集中(57) 战时农业的发展(58) 人民的
贫困化和垄断利润的激增(59) 战时美国对外扩张的
加强(60)

第三章 资本主义总危机时期的英国经济……………………………… 62

第一节 20 年代英国经济的长期萧条和垄断组织的进一步

发展 ·· 62

战后初期的经济动荡和 1920—1921 年的经济危机
(62)　基本工业部门的衰落和新工业部门的发展
(64)　20 年代英国农业重趋衰落(69)　垄断组织的
进一步发展和阶级矛盾尖锐化(70)

第二节　1929—1932 年的经济危机和 30 年代的经济状况
垄断资本统治的加强 ·························· 73

1929—1932 年的危机和"挽救"危机的措施(73)　工
业的短暂高涨和 1937—1938 年危机(76)　30 年代英
国农业政策的改变和农业生产的改善(78)　垄断资本
统治的加强(79)

第三节　第二次世界大战中英国经济实力的进一步削弱与英
帝国的没落 ································ 83

战时国家垄断资本主义的发展(83)　战时的工农业状
况(85)　战争使英国经济实力严重削弱和殖民体系开
始瓦解(86)

第四章　资本主义总危机时期的德国经济 ···················· 89

第一节　第一次世界大战的严重经济后果和战后的经济恢复 ······ 89

战后初期的经济混乱与政治危机(89)　道威斯计划和
相对稳定时期经济的恢复和发展(93)　德国垄断资本
势力的增长　德美垄断资本的勾结和矛盾(98)

第二节　1929—1933 年的经济危机　法西斯专政条件下军
事国家垄断资本主义的发展 ··················· 101

"杨格计划"与 1929—1933 年的经济危机(101)　阶级
斗争尖锐化和希特勒取得政权(104)　经济军事化和
国家垄断资本主义的发展(105)　劳动人民处境的恶
化和反法西斯的斗争(113)

第三节　第二次世界大战时期军事国家垄断资本主义经济的
进一步畸形发展及其破产 ···················· 115

战时国家对经济的"调节"和掠夺占领区(115)　军事
经济畸形发展和垄断资本势力的扩大(119)

第五章　资本主义总危机时期的法国经济 ……………………… 122

　　第一节　战后的经济恢复和20年代的不稳定增长 ………… 122
　　　　20年代工业的高涨(122)　农业生产的停滞和土地占
　　　　有的进一步集中(125)　对外贸易和资本输出的增长
　　　　(127)　垄断资本统治的加强与国内外矛盾的加深
　　　　(128)

　　第二节　30年代法国的经济危机和严重经济衰退 ………… 131
　　　　30年代经济危机对经济的严重破坏(131)　垄断资本
　　　　的增长和阶级矛盾的激化(135)

　　第三节　第二次世界大战期间在法西斯德国占领下的法国
　　　　经济 …………………………………………………… 138
　　　　德国法西斯统治下战时经济的严重衰退(138)　法国
　　　　大垄断资本与德国垄断组织相勾结大发其财(141)
　　　　劳动人民生活的恶化(142)　法国人民的反抗斗争
　　　　(143)

第六章　资本主义总危机时期的日本经济 ………………………… 145

　　第一节　20年代日本经济政治的不稳定和财阀统治的加强 ……… 145
　　　　战后初期转瞬即逝的虚假繁荣和1920—1921年危机
　　　　(145)　相对稳定时期日本经济境况不佳和财阀资本
　　　　统治的加强(148)　从1927年金融危机到1929年大
　　　　危机(152)

　　第二节　1931—1936年日本军事经济的急剧膨胀　财阀资
　　　　本和国家垄断资本主义的发展 …………………………… 156
　　　　侵占中国东北和军事经济的急剧膨胀(156)　在国家
　　　　垄断资本主义推进下财阀资本的新发展(160)

　　第三节　1937—1945年法西斯统治下日本战时经济的发展

及其崩溃 …………………………………………………… 163
1937—1941 年军事国家垄断资本主义的全面统治和经
济矛盾的加深(163)　发动太平洋战争后军事国家垄
断资本主义的极度发展(167)　日本战时经济的崩溃
(171)

第七章　资本主义总危机时期的印度经济 ………………… 175

　第一节　英帝国主义对印度经济控制和剥削的加强 ………… 175
英国在印度投资的增长和英国经理行对印度各经济部
门控制的加强(175)　英国银行在印势力的进一步增
强(178)　对印度对外贸易的继续控制(179)　英帝
国主义在印度的财政搜刮(180)

　第二节　农村阶级分化的加剧与农业的衰退 ………………… 181
农民遭受的各种剥削的加重(182)　农村阶级分化的
加剧(183)　农业的衰落(185)

　第三节　印度近代工业的发展和垄断组织的形成 …………… 187
第一次世界大战后印度近代工业获得发展的原因
(187)　几个主要工业部门的发展情况及其殖民地性
质(189)　手工业者分化的加剧与资本主义小企业的
增长(194)　印度垄断组织的形成及其特点(195)
印度工人阶级的状况　工人运动和民族斗争的高涨
(200)

　第四节　从第二次世界大战开始到印、巴分治前的印度经济 …… 201
大战期间印度的军费负担与工农业生产情况(201)
战时英国垄断资本在印度阵地的加强(204)　战时印
度大资产阶级势力的增长与工人阶级状况的恶化
(205)

第八章　资本主义总危机时期的非洲殖民地经济 ………… 208

　第一节　埃及的殖民地经济 ………………………………… 208

外国资本对埃及经济的控制(208) 埃及农业的发展
及其片面性(210) 两次世界大战之间埃及的土地关
系与农民境况的恶化(211) 埃及工业的发展及其殖
民地性质(215) 外国资本势力控制下的埃及对外贸
易(219) 第二次世界大战时期的埃及经济(220)

第二节 北非诸国的殖民地经济 …………………………… 222
　　　法国在北非投资的增长(222) 法国殖民者对农民土
地的进一步掠夺和土地的高度集中(222) 农业发展
片面性的增强和畜牧业的衰落(223) 法国资本控制
下的北非采矿业的增长(225)

第三节 撒哈拉以南非洲的殖民地经济 …………………… 227
　　　外国资本对撒哈拉以南非洲经济的控制和对自然资源
的掠夺(227) 帝国主义对撒哈拉以南非洲人民的超
经济掠夺(231) 撒哈拉以南非洲的土地关系及其演
变(233) 农业生产的进一步畸形化与农民生活的日
趋恶化(237) 撒哈拉以南非洲工矿业的发展及其殖
民地性质(239) 撒哈拉以南非洲工人遭受的苛重剥
削和工人阶级队伍的成长(244) 第二次世界大战时
期的撒哈拉以南非洲经济(245)

第九章　资本主义总危机时期的拉丁美洲经济 ……………… 249

第一节 帝国主义对拉丁美洲控制和掠夺的加强 ………… 249
　　　外国资本对拉丁美洲的控制和掠夺(249) 帝国主义
对拉丁美洲各国的贸易掠夺(253)

第二节 两次世界大战之间拉丁美洲的农业状况和农民运动
的发展 ……………………………………………… 256
　　　土地关系的特点及其变化(256) 农业生产的畸形发
展和不稳定性的加剧(258) 农民运动的高涨 墨西
哥的土地改革(260)

第三节 两次世界大战之间拉丁美洲的工业和工人运动的发展…… 261

1917—1939 年的工业发展状况(261)　拉丁美洲工业
发展的特点(264)　两次世界大战之间拉丁美洲的工
人运动(266)

第四节　第二次世界大战时期的拉丁美洲经济 ……………………… 268
美帝国主义的全面控制和掠夺(268)　战时拉丁美洲
工业的发展及其特点(270)　战时的农业状况(271)
战时拉丁美洲工人阶级的状况和斗争(272)

附　录 ………………………………………………………………………… 274

第三册
资本主义总危机时期

第 一 章
概　　述

第一节　资本主义总危机的特征及其在
两次世界大战之间的演进过程

资 本 主 义 总 危 机 的 基 本 特 征

　　第一次世界大战是帝国主义各国之间矛盾空前尖锐化的结果。这次战争削弱了整个帝国主义的力量,加深了各资本主义国家的革命危机。1917 年,在俄国发生了伟大的十月社会主义革命。十月革命的胜利,是人类历史的根本转折点。它开辟了无产阶级革命和被压迫民族革命的新时代,标志着世界由资本主义向社会主义过渡的开始。在第一次世界大战时期,特别是从十月革命胜利开始,世界资本主义体系进入了总危机时期。

　　资本主义总危机"是世界资本主义体系的总危机,是既包括经济,也包括政治的全面危机"[①]。资本主义总危机不是指资本主义某个领域所特有的现象,也不是指个别或某些资本主义国家范围内发生的过程,而是

　　[①]　斯大林:《苏联社会主义经济问题》,人民出版社 1973 年版,第 45 页。

指包罗资本主义经济基础到上层建筑一切领域在内的整个资本主义制度的危机,是指既包括帝国主义宗主国,也包括殖民体系的整个世界资本主义体系崩溃的总过程。因此,资本主义总危机是整整一个历史时期,"是一个充满冲突和战争、进攻和退却、胜利和失败的时代"①。

在两次世界大战之间的年代里,资本主义总危机的基本特征表现在如下几个方面:

首先,由于十月社会主义革命的胜利,资本主义已经不再是唯一的和统治全世界的经济体系。世界分裂成两个相互对立的体系,即新生的社会主义体系和腐朽没落的资本主义体系。它们之间存在着极其深刻的矛盾,并且展开了激烈的斗争。以美、英为首的帝国主义者力图通过武装干涉、经济封锁直到发动新的战争,来扼杀年轻的苏维埃国家。但是,伟大的苏联人民在全世界无产者的支持下,在列宁、斯大林和联共(布)党的正确领导下,不仅粉碎了外来的进攻,而且以社会主义改造和社会主义建设的伟大成就,证明了社会主义制度的无比优越性。

其次,战后帝国主义各国重新加紧了对殖民地、附属国的剥削和压迫。但与此同时,殖民地、附属国的民族资本主义经济在大战期间和战后有了一定程度的发展,无产阶级的力量随之壮大起来。同时,在伟大十月革命的影响下,各被压迫民族的觉醒和斗争大大加强起来。因此,帝国主义和殖民地半殖民地之间的矛盾日益尖锐,亚非各国的民族解放运动空前高涨,从而引起了帝国主义殖民体系的危机。

再次,战后资本主义国家经济政治发展不平衡的进一步加剧和世界市场的相对缩小,导致了资本主义国家之间矛盾的尖锐化。在两次大战中间的整个时期,各帝国主义国家一直在为争夺市场、原料产地、投资场所和势力范围,进行着激烈的斗争。

同时,战后市场问题,包括国内和国外市场问题的空前尖锐化,还使得资本主义国家内的企业长期开工不足,并经常存在大量的工人失业现象,经济危机也更加猛烈、更加深刻。垄断资本不断加强对劳动者的剥

---

① 《斯大林全集》第七卷,人民出版社1958年版,第76页。

削,人民群众的贫困化愈益加深,阶级矛盾更加尖锐,工人运动和农民运动蓬勃开展起来。

随着上述各种矛盾的深化,为了加强对国内外人民的剥削和镇压,为了摆脱经济危机和重新瓜分世界,各帝国主义国家在 20 世纪 30 年代都相继把国民经济转向了军事化的轨道,大力发展国家垄断资本主义,积极准备新的世界大战。这一情况充分表明了总危机时期资本主义制度的腐朽性和反动性的加深。

最后,资产阶级民主的危机是总危机时期的重要政治表现。金融寡头对国家机构的控制空前加强。为了维护垄断资本的统治,它们开始走上抛弃资产阶级民主的道路。在各种矛盾极端尖锐化的一些帝国主义国家中,如德、意、日等国,金融寡头甚至建立起最反动的法西斯的公开恐怖专政。总危机时期,在资产阶级加强其反动统治时,右翼社会民主党人和修正主义者起了积极的帮凶作用,充分暴露了他们背叛无产阶级事业的丑恶嘴脸。

> **两次世界大战之间资本主义总危机的演进**

从第一次世界大战结束到第二次世界大战爆发,资本主义总危机的演进过程可以划分为以下三个时期:

第一个时期(1918—1923 年):这是资本主义基础受到深刻震荡的时期。在经济上,各交战国家或者经过一个短暂的通货膨胀“景气”后发生了经济危机,或者长期陷于混乱残破状态。在政治上,整个资本主义世界的革命运动普遍高涨。

大战结束时,欧洲各国的经济已受到严重的破坏:机器设备失修,基本建设停顿,军事工业和民用工业的生产都大为缩减。农业中机械和牲畜缺乏,农产品收成下降。这种情况使各种商品的供应一时不能应付迫切的市场需求,从而使未遭到战争破坏的美、日等国的生产得以维持在战时的高水平上,而没有立即爆发经济危机。

但是,随着战后资本主义各国人民贫困化的加深和欧洲国家生产的初步恢复,各国已有的巨大生产能力终于超过了资本主义世界市场的狭窄范围。1920 年,当整个资本主义世界工业生产刚恢复到接近战前水平的时候，便爆发了战后第一次世界经济危机。这次危机虽然为期不长，到1921年便结束了，但其破坏性却超过了以往各次危机，重工业的主要部门所受的打击特别严重。与此同时，还发生了长期农业危机。这次经济危机波及美、英、日和其他资本主义国家，只有法国因战时遭受的破坏特别严重，恢复工作量较大，除出口工业稍受影响之外，国内市场尚能维持工业品的销售水平。另外，德国由于割地赔款，战后初期国民经济一直处于混乱状态。

这一时期，各国革命运动风起云涌，国际政治斗争异常尖锐。在日本、德国、奥地利、匈牙利及波罗的海沿岸各国先后都爆发了起义和革命。在朝鲜、中国、埃及、叙利亚、摩洛哥、阿富汗、印度、伊朗等地民族解放斗争热情高涨。而在美国、意大利等国，则发生了大罢工。帝国主义各国的统治集团采用一切办法，企图扼杀苏维埃俄国，镇压国内及殖民地、附属国蓬勃高涨的革命运动。特别是作为战胜者的协约国，到处干涉和镇压革命：对苏维埃俄国和匈牙利苏维埃共和国进行武装干涉，对中近东及印度人民起义进行镇压等。到1924年后，各国的革命斗争转入低潮。至于苏维埃俄国则在国际无产阶级的支援下，粉碎了帝国主义的武装干涉和国内的反革命叛乱，突破了经济封锁，巩固了无产阶级专政，并且开始恢复国民经济，显示了社会主义制度的强大生命力。

第二个时期(1924—1928年)：这是战后资本主义世界经济和政治相对的、局部的稳定时期。其特点为：资本主义各国的经济得到恢复并取得一定的发展，甚至出现了某些高涨，而革命运动暂时处于低潮。

这一时期，各国工业的发展是很不平衡的。大战时，远离战场的美国和日本，其生产在战争年代即已大大超过战前水平，这时又有进一步的发展。法国在战后恢复得也很快，它依靠割地和大量赔款，在1924年达到战前水平之后，又继续有所增长。德国虽然受战争破坏及《凡尔赛和约》的影响，损失较重，但由于得到大量外国资本的支持，特别是美国的财政和技术帮助，工业生产在1927年即已恢复到战前水平。至于英国，几乎在整个20年代都处于停滞状态，生产的增长极为缓慢，只在1927年和1929年略微超过1913年的水平。

在相对稳定时期,以下各项因素对资本主义工业的恢复和发展,起着较普遍的作用。首先,为弥补战时严重耗损而进行的大量的固定资本更新和住宅建筑,以及由此间接引起的日用消费品需求的扩大,使生产资料和消费品生产都得到相当的发展。但前者的发展速度比后者快得多,以至于在 20 年代中叶,许多国家的重工业产值已显著超过了轻工业的产值。其次,生产中实行了技术革新。例如各种新机器、新型的内燃发动机、运输业上的柴油机和新的金属加工方法的出现,综合利用原料和燃料方法的迅速推广,以及电气化、化学化和汽车运输的广泛采用,使一系列新工业部门(汽车、化学、人造丝、电气等)得到了猛烈发展,其速度远远超过了旧的工业部门。再次,资本主义各国大力实行所谓"资本主义合理化"的措施,提高了劳动生产率,加强了对工人的剥削。此外,在有些国家中,公开或秘密的扩军备战活动,也刺激了重工业特别是军事工业生产的提高。例如日本经济在 20 年代的继续上升,就是与"军备机械化"、加紧发展军用物资的生产分不开的。

这一时期,资本主义各国先后恢复了金本位制,稳定了通货。国际贸易也逐渐恢复、发展,1924 年开始超过战前水平,1929 年资本主义世界的国际贸易周转总额较 1913 年增长了 30%。

但是,这一时期资本主义经济的发展,也充分显示了它的腐朽性、片面性和重重矛盾。这主要表现在:第一,工业企业经常开工不足,存在大量失业常备军,生产的恢复和发展时常被局部危机所中断。在高涨顶点的 1929 年,企业开工率在美国仅为 73%,德国还不到 65%。在这一时期,资本主义国家的失业总人数超过了 1000 万人,德国的失业大军年平均达 150 万—200 万人。20 年代,美国工人全失业人数平均在 220 万以上,并在历史上第一次出现高涨时期就业工人人数绝对下降的现象。其次,资本主义国家的农业陷入慢性危机而不能自拔。这是资本主义历史上第二次长期农业危机,按其规模和影响来说,都比 19 世纪后期的农业危机要大得多。在这次危机逐步扩展的过程中,资本主义各国农产品过剩的情况一年比一年严重。资本主义农业对当代科学技术成就利用得很不够,相对说来,它更加落后于工业。最后,资本主义的世界贸易额的增加,远远落后于其生产量的增长;各国劳动者由于垄断资本的加紧剥削,生活停留在甚至低于战前的水平上。国际和国内市场的狭小容量,越来越和日益盲目扩大的资本主义生产发生尖锐矛盾,危机因素加速成熟起来。

在资本主义暂时的相对的稳定时期,苏联国民经济却以其持续的稳定发展显示了社会主义制度的无比优越性。这一时期,苏联完成了国民经济的恢复工作,开始实施社会主义国家工业化的宏伟纲领。1928 年,从发展国民经济的第一个五年计划开始;1929 年下半年起,集体农庄运动也蓬勃开展起来。在第一个五年计划的头几年中,国民经济的社会主义改造和社会主义建设,都取得了巨大成就。

第三个时期(1929—1939 年):这是资本主义的相对稳定遭到破坏、经济危机空前严重的时期,也是资本主义世界各种矛盾极端尖锐、革命斗争重又高涨的时期。

1929—1933 年的世界经济危机是这个时期的开始。1929 年 6 月,美国工业生产在经历高峰后开始陷入危机。这次美国来势凶猛的经济危机,随即相继扩展到德国、日本、英国和法国,以至袭击了整个资本主义世界。这次危机是在资本主义体系总危机的基础上发生的,是资本主义历史上最深刻、最持久的一次经济危机。

这次特大的生产过剩危机主要表现在:第一,危机持续的时间特别长,生产下降的幅度特别大。危机从 1929 年开始到 1933 年结束,前后长达五个年头。危机期间,资本主义工业生产剧烈下降,美国和德国受到的打击特别严重,各国的工业生产水平都出现了大倒退。同 1929 年相比,1933 年整个资本主义世界工业生产下降了 37.2%,其中美国工业生产下降了 46.2%,德国——40.6%,法国——28.4%,英国——16.5%,日本——8.4%。如果按月度材料计算,从危机前最高点到危机时最低点,各国工业生产下降的幅度还要大。例如美国和德国就分别缩减了 55.6% 和 43.5%。这次危机使各国的工业产量倒退到 20 世纪初甚至 19 世纪末的水平。第二,企业大批破产,失业人数激增,危机对生产力的破坏特别严重。这次危机中,美国破产的企业超过 14 万家,德国约 6 万家,法国5.7 万家,英国达 3.2 万家。随着生产的停顿和企业大量破产,失业人数急剧增长,整个资本主义世界的全失业人数曾经高达3000万人以上,加上半失业者共计4000万—4500万人。其中美国的全失业人数从危机前的150万人增加到1320万人,包括半失业者则达到1700万人,德国的失业人数约为700万人,英、法两国也都有300万人。在危机最严重时,美、德两国都有近半数的工人失业。1932年,美国钢铁工业和汽车工业的开工率分别降至15%和11%,德国全部工业的开工率只有1/3。危机期间,各国的许多生产设备和厂房遭到废弃或毁坏。第三,由于商品滞销,物价剧烈下跌。资本主义国家的批发价格平均下跌1/3,原料价格下跌尤烈,竟达40%—50%。这都大大超过了过去危机时的下跌幅度。第四,资本主义国际贸易额减缩得特别厉害,并造成了一系列严重后果。1933年,资本主义世界贸易总额减至242亿美元,比1929年缩小2/3,即退回到1919年水平以下。其中,德国下降了76%,美国下降了70%,法国降低约2/3,英国降低2/5。即使扣除物价下跌因素,资本主义国际贸易实物量也缩减了1/4以上。国际贸易额和实物量的这种大幅度缩减,在资本主义危机史上都是空前的。这次危机促使帝国主义争夺国外市场的斗争大大加剧,导致了激烈的关税战和贸易战,各国都力图加强对外倾销本国的商品,同时则一再提高进口税率,建立新的关税壁垒,用以限制或者禁止外国商品的进口,有的国家还通过签订协议,采用使进口开支限于出口收入的对外贸易清算制度,以维护本国垄断资本的利益。

农业危机的尖锐化及其与工业危机的相互交织激荡,使这次经济危机变得更加严重,也是这次危机长期延续的重要原因之一。在工业危机的沉重打击下,包括粮食、经济作物和畜产品的各种农产品价格普遍急剧跌落。危机期间,世界农产品储存量增加了1.6倍,在世界市场上,小麦批发价格下跌70%,大豆、棉花、黄麻、羊毛、咖啡等跌价50%以上。各国政府和垄断资本家为了摆脱农业危机,竟在千百万劳动人民挨饿受冻的同时,有组织地大规模销毁农产品。各国农业收入大幅度减少,从1/4到3/5不等,大批农户因而破产。资本主义农业中出现了倒退现象:农业机器和农具得不到应有的更新和补充,不得不用畜力和手工劳动来代替;人造肥料的使用大大减少;役畜的头数下降,质量降低;经济作物的种植面积和产量缩减;耕地状况恶化,农作物大量减产。由于农产品价格的跌落大大超过了工业品价格的跌落,农民对工业品的购买力进一步降低了。这样,工业危机加深了农业危机,而农业危机又使得工业危机更加尖锐起来。

这次经济危机还扩展到了货币信用领域,1931—1933年,各国先后发生了深刻的货币信用危机,整个资本主义信用制度濒于崩溃,各国货币纷纷贬值,相继废止了金本位制。1929年10月纽约证券交易所的崩溃,是美国信用危机的信号。1931年5月奥地利信用银行被迫宣告破产,进一步动摇了资本主义世界信用、货币体系,并成为触发深刻的货币信用危机的导火线。奥地利信用银行的倒闭首先波及当时存在着严重国际支付危机的德国,外国纷纷从德国提取短期资金,德国四大银行中的达姆斯塔特和德累斯顿两家银行随即破产,政府只得实行强制的外汇管制,禁止一切黄金、外汇活动,在实际上放弃了马克的金本位制。在德国银行倒闭后的短短两个月内,各国即从伦敦提走了近半数存款,这引起英国黄金大量外流,并最终迫使英国于1931年9月放弃了金本位制,实行英镑贬值。英联邦成员国以及同英联邦联系密切的欧洲国家,也先后废止了金本位制。从此,资本主义货币体系四分五裂,逐渐形成了若干区域性的货币区——如"英镑区"①"美元区""法郎区"等,彼此对抗,大大加剧了资本主义世界的货币战和贸易战。1933年年初,货币信用危机的巨浪终于沉重地袭击了资本主义世界另一个重要金融中心美国,全国近半数银行宣告破产,国库黄金储备急剧减少,整个银行信贷体系濒于解体。美国政府不得不宣布银行"休假",随后又在实际上放弃了金本位制,并实行美元的大幅度贬值。资本主义历史上这次空前深刻的货币信用危机,加剧了世界经济危机。

这次经济危机给各国劳动者带来了难以置信的痛苦,罢工运动、示威

---

① 1931年英国放弃金本位后,为了巩固英镑作为世界货币的作用,并维护其势力范围,于是组成了英镑集团。英镑集团不是一个正式组织,其参加者包括英国各殖民地、自治领(加拿大除外)以及同英国关系密切的许多国家。第二次世界大战期间,英国为了加强外汇和外贸管制,才用法律形式把该集团成员国的关系固定下来,并改称英镑区。

斗争及农民运动重新高涨起来。

正当资本主义经济危机达到顶点的时候,即在1932年,苏联提前完成了发展国民经济的第一个五年计划,工业生产大大增长。

1929—1933年的经济危机过去之后,整个资本主义世界经济陷入了特种萧条,即没有导致工业重新高涨的经济萧条。农业危机在1934年以后虽也有所缓和,但仍继续存在。整个资本主义生产到1936年才稍有好转,恢复到1928年的水平。然而从1937年下半年起,美、英、法等国又爆发了新的经济危机。这时,日本、德国和意大利由于已经把国民经济转上了军事化轨道,暂时逃脱了这次危机。

1937—1938年的经济危机,虽然持续时间不长,但来势很猛,对美、英、法等国的打击相当沉重。上一次危机的第一年,美、英、法三国工业生产分别减少19.3%、8%及11.4%,而在这次危机的头一年,却分别减少了21.9%、9.5%及15.5%。资本主义世界的失业工人总数,在1938年增到1800万人。农业危机再度尖锐起来。这次危机只是由于第二次世界大战的爆发才没有继续发展。

当30年代资本主义世界的经济处在空前深刻的危机和萧条状态的时候,苏联社会主义经济却一直在顺利发展,1937年提前完成了第二个五年计划,胜利地实现了社会主义工业化和农业集体化,随即开始了第三个五年计划,社会主义经济实力迅速增强起来。

两次世界大战之间的时期里,资本主义世界的工业生产在迭次危机的打击下,增长速度极其缓慢,每年平均不过增长2%左右,还不及战前每年平均增长率的一半,这充分反映了总危机时期资本主义经济的腐朽性的加强。

上述情况表明:在总危机的条件下,两次大战之间的20年里,资本主义世界一共发生了三次周期性的世界经济危机,资本主义的经济周期也发生了很大的变化。首先,周期中危机和萧条的持续时间显著地延长,复苏和高涨则既不稳定,时间也大为缩短,并且还出现了特种萧条。其次,各次危机的来势都非常猛烈,其破坏力远远超过战前。危机时,生产下降的幅度极大,往往跌落到十几年甚至几十年前的水平。面临日益深刻的经济危机,帝国主义国家就乞灵于扩军备战,以至直接发动侵略战争。但这只能进一步加深资本主义所固有的各种矛盾,使帝国主义国家自身遭受更严重的破坏。

第二节　两次世界大战之间各国垄断资本统治的加强和劳动群众生活状况的恶化

各国垄断资本统治的加强和国家垄断资本主义的发展

第一次世界大战以后,由于最初几年的通货膨胀"景气",由于在相对稳定时期大力推行"产业合理化"和发展了一系列新的工业部门,由于几次深刻的经济危机、争夺国外商品市场和投资场所斗争的激化以及军备竞赛等,各主要资本主义国家中生产与资本的集中进一步加强了,各部门垄断化程度以及垄断资本财力都显著增长起来。

两次世界大战之间,资本主义各国垄断资本的发展,主要表现在:一方面,许多原有的垄断组织,其规模、实力和相互之间的联系日益扩大;另一方面,在各个部门里,特别是在一些新兴的工业部门中,出现了大批新的垄断组织。这些垄断组织的垄断化程度,比之战前都有了显著的提高。因此,各国金融寡头对于本国政治、经济、文化生活等各方面的统治都大大加强了。

这一时期,各资本主义国家的垄断组织虽然都有很大的发展,但各国的垄断化程度仍然很不平衡。其中,美国和德国无论在生产集中和垄断化程度方面,都居于领先地位。美国垄断资本在大战后的年代里,大大加速了生产和资本集中的过程,到第二次世界大战前夕,各主要工业部门的绝大部分生产都已集中在少数几个垄断组织手里。同时,为了扶植德国军国主义的复活,美国垄断组织还通过资本输出等方式积极帮助德国的垄断组织,使其在较短的时期内迅速地提高了垄断化水平。至于英国和法国,原先垄断组织的发展是比较缓慢和相对微弱的。战后时期,在政府的大力支持下也大大加强起来,一些主要工业部门的垄断化程度有了显著的提高,但仍不及美、德两国。这一时期,日本的垄断资本由于军事经济膨胀和政府实行"产业合理化"的结果,空前地增强了自己的势力,除原有的财阀之外,出现了一批专靠军事生产发家的新兴财阀。它们是日本军国主义疯狂进行对外扩张的有力支柱。

在1929—1933年空前严重的经济危机后,随着各种"反危机"措施和国民经济军事化的推行,国家垄断资本主义有了较大的发展,各帝国主义国家的垄断资本加强了同国家政权的结合,利用国家机构来保证垄断组织获得最大限度的利润和巩固金融寡头的统治。

由于各国的具体条件不同,国家垄断资本主义的发展在各国也有着不同的表现。30年代,美国推行所谓罗斯福"新政",在"反危机"的名义下,政府建立了各种"调节经济"的机构,利用国家政权大力促进资本的集中,并采取贷款、补贴、减税、订货、收购剩余产品、举办公共工程等办法来扩大垄断组织的实力。在英国和法国,除了加强卡特尔化和扶植大垄断组织之外,还实行了某些部门(如英国的电力输配网、法国的铁路等)的资产阶级"国有化",以保证垄断寡头获取丰厚的收益。美、英、法等国家的政府还通过输出补助和保护关税等其他经济和外交政策,全面地支持垄断组织的对外经济扩张。在另一些国家,如德国、日本、意大利等,由于国内经济困难更多,阶级斗争激烈,力图从新的大战中寻求出路,在30年代初即已把国民经济转向战争轨道,因而国家垄断资本主义的发展更加迅速。它主要表现在大规模地推行与第一次世界大战时期相似的各种战时经济管制措施,对原料、劳动力、资金和产品都实行了严格的管理和分配。通过经济管制措施来大力发展与军事有关的生产部门,尽量限制消费品的生产,系统地降低劳动人民的生活水平,并剥夺其一切权利(包括转业、迁移的自由)。这些国家还强制实行卡特尔化,帮助大垄断组织控制中小企业。在对外政策方面,则直接发动军事侵略,为垄断资本夺取市场。一些金融寡头直接成为政府机构的显要人物。两次世界大战之间,德国和日本军事国家垄断资本主义发展得特别迅速,是与它们公开准备新的大战、重新分割世界的侵略政策和战争政策分不开的。

国际垄断组织的
进一步发展和资本
输出的进一步增长

在各国垄断资本实力普遍增强的基础上，随着争夺国际商品销售市场、原料产地和投资场所的斗争日益剧烈，国际垄断组织也有了迅速的发展。20 年代，许多在大战期间解体了的国际卡特尔相继恢复，并且还出现了一系列新的国际垄断组织。起初，这些国际垄断组织主要还是在欧洲范围内，以德、法两国为核心；到 20 年代后期，美、英等国的垄断组织纷纷加入，它们的国际性就大大加强起来。据不完全统计，1931 年国际卡特尔已发展到 320 个。第二次世界大战前夕，增至 1200 个左右。它们所控制的产品已不再限于一些原料和半成品，而是遍及各种生产部门。同第一次大战前相比，国际卡特尔对世界市场和价格的控制作用越来越大。1929—1937 年，在资本主义世界出口总值中，国际卡特尔所控制的比重达到了 42%。国际卡特尔的组织形式也更加多样化了，其主要形式有：根据一个共同签订的公约组成的卡特尔（在国际航运业、保险公司、大银行之间最为常见）；根据一系列个别协定而结成的卡特尔（如国际钢铁卡特尔）；根据交换专利权和制造过程协定而成立的卡特尔（广泛存在于电气、化学等部门中）；由各参加国组成一个股份公司来统一销售、划分市场和规定价格的卡特尔（如国际火柴卡特尔、国际电灯泡卡特尔）等。1929—1933 年的经济危机以后，小麦、咖啡、糖、橡胶、锡、茶叶等一些原料和农产品的生产国和消费国政府，直接出面缔结政府间的各个商品协定，这是在国家垄断资本主义发展的条件下，国际卡特尔活动中的一种新形式。国际垄断组织在世界范围内控制一系列重要产品的交换和生产，保证了各国垄断资本的垄断高额利润。在两次世界大战之间，在许多国际垄断组织中，美德两国的垄断资本起着最为显著的作用。美国垄断资本凭借其强大的经济实力，参与了一系列瓜分世界市场的协定并经常占有较大的份额；而德国垄断资本更是以此作为对外扩张的手段，力图利用国际垄断组织为它的战争准备创造最有利的形势。

国际垄断资本在经济上分割世界市场的同时，还进一步加强了对殖民地、附属国的奴役和剥削。两次世界大战之间，各帝国主义国家都积极推行对外扩张政策,为争夺殖民地和势力范围展开了激烈的斗争。为此,各帝国主义国家在这一时期都力图增加对殖民地、附属国的资本输出。如美国在1913—1929年对拉丁美洲的投资即增加了将近3.5倍,与在拉丁美洲各国的英国资本势力进行着剧烈的竞争。英国的对外投资完全恢复到了战前水平。法国,投入殖民地的资本也有很大的增长,其中生产性投资增加得特别迅速。30年代,在世界经济危机的沉重打击下,英、法两国对外投资增长缓慢,美国新的资本输出陷于停顿,其对外投资总额大大下降。与此相反,德国垄断资本在法西斯上台后,却加紧资本输出,以便取得它最缺乏的重要战略原料。到第二次世界大战前夕,德国的对外投资已恢复到第一次世界大战前水平的一半。在此期间,日本的对外投资,特别是对中国的投资也有了显著的增长。另外,作为原料产地和商品销售市场的殖民地、附属国,在各宗主国对外贸易中所占的比重也逐渐增加。美国则始终在拉丁美洲市场上占有绝对优势地位。这种情况反映了这一时期帝国主义各国对殖民地、附属国经济控制的增强。

劳动群众生活状况的恶化

　　两次世界大战之间,帝国主义各国垄断资本对内对外剥削和统治的加强,一方面,为它们带来了惊人的利润,垄断组织的资产越滚越大。另一方面,各国工人阶级的状况则越来越恶化。在"产业合理化""赶快制度"等的名目下,工人的劳动强度空前提高,剥削率不断增长,而一般工人的工资收入即使在所谓"繁荣"年代,也不能维持最低的生活水准。经常性的大量失业更是工人阶级生活的严重威胁。1929—1933年的世界经济危机,给予各国工人阶级的打击尤为沉重。在危机年代,各国工人经历的悲惨的生活是难以言状的。美国、德国的工人失业率,最高时达到40%—50%。英国工人的失业率也在30%以上。到30年代后期,各国工人阶级的处境并未因资本主义经济的回升而得到显著改善;相反地,随着各国经济军事化的加强,重又恶化起来。

　　两次世界大战之间,帝国主义各国的农民和小农场主,在垄断资本的榨取和长期的农业危机的打击下,处境也日益恶化,纷纷破产。

　　工人阶级状况的恶化,激起了各国工人反对垄断资本的不断斗争。

这种斗争在 1929 年世界经济危机爆发以后特别激烈,形成了新的革命危机。但是,由于工人运动中机会主义者、右翼社会党人的叛卖,30 年代初各国的革命形势遭到了破坏。特别是德国、意大利和日本的工人阶级,在法西斯暴政下,丧失了一切自由和权利,遭到垄断资本肆无忌惮的压榨和奴役。

两次世界大战之间,资本主义各国工人运动中机会主义思潮和叛卖活动猖獗,它是垄断资产阶级进一步实行收买政策的产物。但是,帝国主义各国广大工人群众要求摆脱垄断资本统治的革命意志是不可阻挡的。不管垄断资产阶级进行怎样凶恶的镇压,也不管机会主义者进行怎样无耻的叛卖,他们的斗争一直没有停息过。

第三节 殖民地、半殖民地经济的畸形发展和帝国主义殖民体系的危机

世界资本主义体系进入总危机阶段后,一方面,帝国主义国家进一步加强了对殖民地、半殖民地经济的控制和剥削,殖民地、半殖民地劳动群众的生活状况进一步恶化;另一方面,殖民地半殖民地国家的农业和工业取得了一定的发展,民族资本的力量和无产阶级的力量进一步壮大起来。在这种情况下,殖民地半殖民地人民和帝国主义之间的矛盾日趋尖锐,民族革命运动日益发展,帝国主义殖民体系呈现深刻的危机。

帝国主义对殖民地半殖民地经济命脉控制的加强

在总危机时期,各国垄断资本争夺销售市场、原料产地和投资场所的斗争日益加剧。这就使帝国主义各国更加迫切地需要通过资本输出加强对所属殖民地经济和政治的控制,并加紧向半殖民地国家渗透。例如,英国在殖民地印度的投资,到 1939 年较战前增加了一倍以上,英国资本通过自己的经理行进一步控制了一系列的重要工业部门和种植园。在 30 年

代,除棉纺织、钢铁、制糖、水泥等少数几个部门外,在其他的近代工业中,英国资本控制的企业有着绝对优势。两次世界大战之间,英国银行进一步增强了在印度的势力,继续操纵着印度的财政和货币信贷事业,英国资本还继续控制着印度的对外贸易。英帝国主义通过投资、银行、保险、贸易、航运、财政等各种孔道从印度人民身上搜刮到的贡赋,较战前有了惊人的增长。

在北非,法国为了加紧对殖民地资源的掠夺和控制,除了继续掠夺当地居民的土地外,还开始在那里大量增加投资。法国垄断资本几乎控制了所有北非殖民地的采矿业、加工工业、电力、公用事业、铁路和其他交通运输业,以及银行、保险、贸易等。外国资本在埃及的投资,这一时期也有所增长。埃及的财政经济命脉仍然操纵在英国和法国资本之手。在第一次世界大战前,除南非联邦外,帝国主义各国对撒哈拉以南非洲的投资,都还是刚刚开始;而在战后,为了夺取这一地区丰富的战略资源,各宗主国纷纷增加了对所属殖民地的投资。投资的对象,除了新办铁路、交通事业、银行、保险和扩大贸易以外,主要是采矿业。在这一地区投资最多的国家是英国,其次是法国、比利时。美国资本在战后也开始渗入英属南非、比属刚果等地。

形式上独立,实际上处于半殖民地地位的拉丁美洲各国,主要是美英资本的角逐场所。这一时期,美国在拉丁美洲的投资迅速增加,形成了与英国资本势均力敌的局面;同时,掠夺原料资源的直接投资(采矿业、石油业)有了显著增长。30年代,德国资本加紧渗入拉丁美洲,与英美资本展开激烈竞争。拉丁美洲各国的经济命脉就这样完全掌握在外国资本手中了。在东亚,半殖民地的旧中国是帝国主义各国的主要宰割对象,而日本在各帝国主义国家的争夺中占有显著的优势。1931年,日本侵占中国东北后,在那里进行了大规模的以军事工业为中心的投资,大肆掠夺战略资源,力图把它变成扩大侵略全中国和反对社会主义苏联的基地。

两次世界大战之间,广大殖民地、附属国的丰富自然资源,几乎完全被外国垄断组织所控制,并由它们进行恣意掠夺。第二次世界大战前夕,按当时已知的蕴藏量计算,仅美、英、法三个帝国主义国家,就控制了不发达国家和地区钒和钼矿的 100%，铅矿的 85.4%，铜矿的 84.6%，锌矿的 83.1%，铁矿的 79.4%，铬矿的 75.9%，铝土矿的 73.6%，钨矿的 66.5%，锰矿的 61.9%，镍矿的 50%。

殖民地半殖民地继续片面发展出口作物与在封建土地关系下农民状况的进一步恶化

在外国资本势力的控制下，殖民地半殖民地国家的农业继续片面发展一种或几种出口作物，从而加深了这些国家作为帝国主义农业附庸的性质。这在非洲、拉丁美洲表现得特别显著。例如在资本主义相对稳定时期，埃及的棉花播种面积继续不断地扩大，20 世纪 20 年代埃及棉花和棉籽的输出在埃及出口总值中所占的比重平均在 85% 以上。在撒哈拉以南非洲各个地区分别片面发展的出口作物，如可可、咖啡、花生、棉花、西沙尔麻等的生产和输出，较战前都有较大甚至成倍的增长。在拉丁美洲各国片面发展的出口农产品，如咖啡、香蕉等，在资本主义相对稳定时期，都有显著的增加。这一时期印度的出口作物，如黄麻、棉花、茶叶、花生等也有进一步的发展。出口作物的片面发展，不可避免地影响了这些国家的粮食生产，粮食不能自给，必须大量进口。这就使这些国家的经济对世界市场的依赖愈陷愈深。在 1929—1933 年世界经济危机爆发后，片面发展出口作物的殖民地半殖民地国家，无不遭到灾难性的打击，出口量急剧下降，出口价格跌落得尤为惨重。1934—1938 年，资本主义世界市场上按固定价格计算的初级产品出口价格，比 1924—1928 年平均下跌了 65.2%，其中油籽和油类价格下跌 67.8%，棉花、羊毛、黄麻、西沙尔麻价格下跌 67.9%，咖啡、可可、茶叶价格下跌 70.9%，即比帝国主义国家出口的工业品价格跌落的程度要大得多。这为帝国主义进一步加强不等价交换的剥削、转嫁危机以及对这些国家经济的加紧控制，提供了有利机会。在危机的打击下，广大贫苦农民的处境就更加恶化了。

在两次世界大战之间，殖民地、半殖民地的广大农民，依然处在封建土地关系的压榨下，过着极端困苦的生活。同时，在片面发展出口作物和市场联系进一步增长的影响下，农村阶级分化加剧了。例如，印度农民在赋税、封建地租、高利贷、不等价交换等苛重的剥削下，大批地破产，失去了土地,沦为佃户和雇农。土地转租现象愈来愈普遍,地主、二地主等各种中间剥削者人数不断增长。这一时期,在印度农村中雇农的大量增加是印度农民贫困破产日益严重的突出表现。这些雇农绝大部分处于半失业状态,靠打零工过着半饥饿生活。在埃及、阿尔及利亚等北非殖民地,封建的小土地租佃制,特别是苛酷的分成制依然占着统治地位。无地、少地的极端贫苦的农户——小佃农、雇农,大量增加。与此同时,也形成了一小批富农和富裕农民。在撒哈拉以南非洲,在殖民主义者的扶持下,部落封建所有制在各个地区形成起来,成为土著居民中最普遍的一种土地占有形式。在西非等小农经济占优势和商品关系较发达的地区,农村中阶级分化也日渐显著。土地买卖和出租的现象愈来愈普遍。在出口作物种植地区,还出现了少数经营面积较大的种植场和大量流动性的季节雇工。至于在欧洲殖民者夺占大量土地的地区(如南非、东非)所建立的白人种植园中,土著居民则以"佃户工""契约工"等不同身份遭受着白人种植园主的残酷剥削,他们实际上仍处于被奴役的地位。

在半殖民地的拉丁美洲各国农业中,半封建的大庄园制度继续占着统治地位。各国半数以上甚至绝大部分的土地都属于为数极少的本国或外国的大庄园主所有。第一次世界大战及战后时期,美国垄断资本以各种巧取豪夺的手段,在一些拉丁美洲国家中大规模地霸占农民的土地,开辟种植园。在本国大庄园主和外国资本的压榨下,愈来愈多的农民破产失地,沦为佃农或债农。同时,资本主义经营方式在拉丁美洲一些国家的农业中逐渐发展起来,农业机器和雇佣劳动的使用,较战前有了显著的增长。但是就整个拉丁美洲说来,这种发展还是很有限的。

总之,封建主义和殖民主义的剥削和压迫,仍然是压在殖民地、半殖民地人民身上的两座大山,它们是殖民地、半殖民地国家落后和贫困的根源。

> **殖民地半殖民地民族工业的发展及其虚弱性**

殖民地、半殖民地的民族工业,尽管受到帝国主义的重重阻挠和压制,在第一次世界大战以后仍然在一些国家中取得了一定的进展。例如在印度,民族资本占绝对优势的棉纺织业,在战后有了显著的发展。靠第一次世界大战站稳脚跟的塔塔钢铁公司,在战后也有了进一步发展。此外,在战后,民族资本建立的制糖工业、水泥工业以及其他一些轻工业,也有显著的增长。在埃及,民族资本兴办的棉纺织业、制糖业,在20世纪30年代取得了重大的进展。在半殖民地的拉丁美洲各国(如阿根廷、墨西哥、巴西等)的民族工业,特别是纺织工业、食品工业,也有一定的发展。

但是,战后殖民地、半殖民地民族工业的发展,远不是普遍的。例如,在法属北非诸国,民族资本的近代工业在这一时期未曾得到显著的发展。在撒哈拉以南非洲,几乎还没有由黑人民族资本建立的近代工业。在那里,就是原有的一些手工业也在外国工业品的排挤下日趋衰落。同时,取得一定进展的一部分殖民地半殖民地国家的民族工业,其发展也是片面的、不平衡的。在大工业中以及整个国民经济中占支配地位的仍然是外国资本。民族资本得到发展的只是少数轻工业部门,主要是纺织工业和食品工业。民族资本的重工业一般都没有得到发展,特别是机器制造业仍然没有建立起来。民族工业的机器装备、重要材料以至一部分技术人员,一般都依赖发达的资本主义国家供应。因此,殖民地半殖民地的民族工业,不仅不可能得到充分的发展,而且在外国资本的控制和打击下,随时处在风雨飘摇的状态之中。

> 殖民地半殖民地民族解放运动的发展与帝国主义殖民体系的危机

随着外国资本在殖民地、半殖民地投资的增长和当地民族工业的发展,无产阶级日渐壮大起来。在殖民地、半殖民地,无产阶级所受的剥削和压迫最为深重。他们反对帝国主义和封建主义的斗争意志最为坚决。第一次世界大战后,他们在俄国十月革命和马克思列宁主义传播的影响下,开始成为一支不可忽视的反帝、反封建的政治力量。在封建地主、商人—高利贷者、外国资本及其代理人残酷压榨下的广大贫苦农民,反抗殖民主义和封建主义压迫、争取解放的要求愈来愈迫切。爱国的民族资产阶级、小资产阶级、知识分子,要求摆脱帝国主义压迫、争取民族独立的意识,也在日益增长。这样,当帝国主义在战后进一步加强对殖民地半殖民地国家的剥削和奴役时,不能不使殖民地半殖民地被压迫民族和帝国主义之间的矛盾更加尖锐起来,激起了汹涌澎湃的民族解放运动。中国人民在中国共产党的领导下,以反对帝国主义和封建势力的压迫和统治为直接目标,进行了长期的革命战争。两次世界大战之间,印度人民前后掀起了三次民族独立斗争的高潮。在埃及、北非和拉丁美洲各国,民族运动此起彼伏地不断向前发展。撒哈拉以南非洲的民族独立运动也开始兴起。殖民地半殖民地民族解放运动的高涨,是资本主义总危机的一个重要标志。

尽管这一时期殖民地半殖民地的民族革命,在帝国主义及其走狗的镇压下,在大资产阶级的叛卖下,遭到严重的挫折(如印度、中国),但它无可置疑地表明帝国主义殖民体系的深刻危机已经开始。同时,这一时期的殖民地半殖民地的革命,已处在伟大十月革命胜利所开辟的新的时代。这个变化,使民族解放运动同资本主义国家的无产阶级革命运动联合起来,开始形成一条反对帝国主义的统一战线。

第四节　帝国主义各国经济政治发展不平衡性的加剧和第二次世界大战

两次世界大战之间,帝国主义各国经济的发展极不平衡。

在工业生产方面,各国在不同阶段上的发展速度都有所不同,它们在资本主义世界工业中的地位也不断发生着变化。第一次世界大战中大发横财的美国,在20世纪20年代末达到了发展的最高峰,1929年,它占有世界工业生产的一半;但到30年代,在深刻的经济危机及特种萧条的严重打击下,它的地位显著削弱。20年代的英国经济基本上处于停滞状态,它在世界工业生产中的比重较战前显著下降;30年代后期,由于片面发展与军事有关的生产,比重又稍有提高。德国的经济地位在战后初期空前削弱,自1924年在美国

> 帝国主义各国发展不平衡性的加剧与第二次世界大战的爆发

资本的支持下实施"道威斯计划"后,才得到恢复和发展,到 20 年代末已赶超英国。30 年代初,德国受到经济危机的沉重打击,但由于扩军备战,大力推行经济军事化的结果,1937 年又恢复到 1929 年时在世界工业总产量中所占的比重。法国在 20 年代工业增长较快,30 年代因受经济危机影响呈现下降趋势。总的说来,法国在两次大战之间的世界工业地位,与战前比较,基本上无大变化。而在此期间,日本却有着飞跃的上升,只是在绝对量上仍然不大。

各主要资本主义国家经济发展的不平衡,还表现在它们在世界贸易中所占份额的变化上。战后,美国和日本利用欧洲各国忙于经济恢复的有利时机,大肆进行对外贸易的扩张。美国在欧洲、拉丁美洲等地区极力排挤英法等国的结果,使它到 20 年代末期,在世界贸易总额中所占的比重达到最高点,第一次居于首位。日本在亚洲市场上也加强了自己的地位,贸易总额急剧上升。而在战后的最初十年,欧洲各国由于战争的破坏巨大,在世界贸易中的地位都呈现下降的趋势,德法两国遭到极大削弱,英国也仅在世界进口贸易总额中保持首位。到 30 年代,情况又发生了变化,英国由于货币贬值较早,受到经济危机的打击较轻,特别是由于英镑集团和帝国特惠制的建立,加强了它在国际市场上的竞争能力,重新夺回了世界贸易总额中的首位。德国在工业迅速增长的基础上,利用特殊的"划拨清算制度",在东南欧市场取得了控制地位,在西欧和拉丁美洲的势力也大为增强,它在世界贸易中占的份额有所提高,不过仍未达到战前水平。日本则继续在亚洲市场上进行倾销,并设法打入美洲市场,取得了一定成效,对外贸易地位陆续上升。至于美国和法国,由于经济危机期间美元和法郎贬值较迟,以及受到英、德、日本的强烈竞争,对外贸易减缩了。它们虽然分别组织了美元集团和法郎集团,并积极参加资本主义世界的货币战、贸易战、关税战等,但进展不大。

在资本输出方面的变化,也反映了帝国主义国家经济发展的不平衡性。第一次大战后,美国跃为资本主义世界的主要债权国及国际金融剥削中心。1919 年,它除国外投资 70 亿美元外,还拥有战债约 100 亿美元。1929 年它在国外的投资额高达 172 亿美元,已接近英国,稳居世界第二位。但在 30 年代的经济危机及萧条时期,美国在国外的投资受到很大损失,新输出的资本又极少,对外投资总额再度下降(1938 年为 115 亿美元),而战债在事实上已全部无法收回。英国作为老牌资本输出国,始终在这方面占居优势。20 年代末,它已完全恢复了在国外的投资(1929 年达 181 亿美元),30 年代还继续有所增长(1938 年增至 229 亿美元)。德国在战后丧失了全部国外投资,但到第二次大战前夕已拥有 40 亿美元的对外投资,即约为第一次大战前的一半。法国原是仅次于英国的资本输出国家,但在第一次世界大战和俄国十月革命中,遭到巨大损失,国外投资额下降很大,不过对所属殖民地的投资,却有显著增加,1938 年总共为 39 亿美元。日本在战后时期大力输出资本,到 1938 年对外投资总额已达 12 亿美元,这个数目虽然远远不能与上述国家相比拟,但它在远东却占有显著优势。

帝国主义各国经济发展不平衡性的加剧,争夺商品销售市场、原料产地及投资范围斗争的激化,使帝国主义之间的矛盾日趋尖锐。20 世纪 30 年代中期以前,美英矛盾一直是帝国主义阵营中的主要矛盾,两国在争夺世界霸权中拼斗剧烈。美英两国与战后崛起于亚洲的日本也存在着极为深刻的矛盾。然而,美英等帝国主义者为了策动德国成为反对社会主义苏联的急先锋,对德国垄断资本则采取了积极扶植的政策,特别是美国在促使德国军国主义的复活方面,更是起了主要的作用。但是此后,随着德、意、日法西斯国家对外扩张的极度加强,特别由于法西斯轴心侵略集团的建立,美、英、法等国的利益受到同一对手的威胁,美英之间的矛盾缓和下来,退居到次要地位;而英、法、美和德、日、意两大集团之间的矛盾上升为主要矛盾,终于导致第二次世界大战的爆发。第二次世界大战加深了资本主义总危机,并使它进入了新的阶段。

第二次世界大战是在美英等国的纵容下,由德、日法西斯国家发动起来的。1931 年,日本侵占了中国东北,在东亚形成了第一个大战策源地。1933 年,德国建立起法西斯专政,在欧洲大陆挑起军事冲突,形成了第二个大战策源地。1936 年,德国和日本订立了所谓"反共协定",一年以后意大利也参加到这个侵略的军事政治同盟中。1937 年 7 月,日本进一步扩大在中国的侵略战争,这就揭开了第二次世界大战的序幕。

第二次世界大战的全面展开,开始于 1939 年 9 月德国进击波兰。德国在欧洲挑起了大规模的战争后,资本主义各国都直接或间接地卷入了这次战争。1941 年 6 月,法西斯德国进攻社会主义苏联,使战火进一步扩大,战争的性质便发生了变化。整个大战一直到 1945 年 9 月才告结束。

第二次世界大战时期各交战国军事国家垄断资本主义的发展和经济军事化 　　第二次世界大战时期,参加战争的各个帝国主义国家,都将国民经济完全转上了战争轨道,因此出现了军事国家垄断资本主义大发展和经济高度军事化的局面。

在所有交战的资本主义国家中,基本上可以分为两类。第一类是主要交战国(德、美、英、日本、意大利等),它们的经济情况有如下一些特点:第一,各国从中央到地方建立了一系列的战时经济"调节机构",它们数量之多,规模之大,分工之细,远远超过了第一次世界大战时期。这些机构毫无例外都掌握在各国金融寡头及其代理人手里。金融寡头或其代理人同时也是各级政府的官员,国家政权进一步从属于垄断组织。第二,大力发展军事生产。各国政府向垄断组织进行大量军事订货,兴建了大批国有军事企业,对原料的进口和分配实行垄断和控制,把原料优先供应军事工业。同时,限制和缩减消费品的生产,关闭了大批中小企业,使其劳动力和设备转入军事生产。在这方面,以德国实行得最为彻底。第三,进一步推行强制卡特尔化,甚至淘汰小卡特尔,以加速生产与资本的集中,使垄断资本的权势更形加强。同时,还建立了许多全国性的垄断组织机构,如德国某些行业的"最高同盟"、美国各部门的"工业委员会"等。第四,采取增加租税、增发国债和通货膨胀等办法筹措巨额战费,将战争负担转嫁到劳动者身上。战时各交战国战费共达 11170 亿美元,致使各国国民收入的 60%—70% 都被军事支出所吞噬。而德国在战争后期甚至将国民收入的全部抵补战费都不够,只有靠大肆掠夺被占领区人民的财富继续进行侵略战争。第五,各国政府都对居民消费品实行定额配给制度,并且一再地降低配给额。而在工资方面,则采取冻结的办法,一再压低广大劳动人民的生活水平。第六，在对国内人民加紧掠夺的同时，各国垄断组织却因受到政府的各种补助和优待而在战争中发了大财。其中与军事生产关系密切的垄断组织获利最多，实力增长得特别迅速。

第二类是由于迅速战败而被法西斯军事占领的国家，如法国、比利时、波兰等。这些国家在经济上政治上完全沦为占领者的殖民地，企业设备、物资、贵重金属、原料、农作物、劳动力等都遭到疯狂的掠夺，国家的全部经济活动都被迫为占领国的军事机器服务。如法国在战败之后，其工业生产能力的 4/5 以上是为德国军事订货生产的。在占领者的掠夺和奴役下，这些国家的经济陷于极端残破和混乱状态，人民痛苦不堪，但垄断寡头却由于与占领者勾结而得以分享残羹。

第二次世界大战对于殖民地附属国的经济也发生了重大的影响。大战时期，各宗主国都执行了把战争负担转嫁给殖民地人民的政策，在殖民地疯狂掠夺各种战略物资，尽力提高捐税、强制借款、摊派公债，有的还发行军用券、勒索"献金"，使殖民地经济遭到严重破坏，物价飞涨，人民生活进一步恶化起来。同时，殖民当局普遍加强了对人民群众的军事高压统治，强迫殖民地人民服劳役和军役，为帝国主义者出力卖命。但是与此同时，由于宗主国对殖民地的经济控制暂时无力兼顾，而战争却引起了军用物资需要的增长，致使殖民地的民族资本获得了进一步发展的机会，无产阶级的力量也随之壮大起来，从而为战后民族解放运动的进一步高涨创造了条件。

> **第二次世界大战的后果**

第二次世界大战给各国人民带来了深重的苦难，它所造成的损害远远超过了第一次世界大战。战争中死伤的人数共达 6700 万人，物质财富的损失约 4 万亿美元。这次战争使帝国主义阵线遭到进一步的削弱，并且使各帝国主义国家的发展更加不平衡起来。德、日、意三国因被击败而残破不堪，暂时退出了国际竞争舞台。法国也丧失了以前的重要地位。英国则元气大伤，在财政经济上日益依赖美国，它的大多数殖民地附属国也已难于保持。只有美国在战争中加强了经济和军事方面的力量，变成资本主义世界推行霸权主义的超级大国和最大的国际剥削者。

在第二次世界大战期间,苏联由于法西斯德国背信弃义的进攻,展开了伟大的卫国战争。在战争中,苏联国民经济也受到很大的破坏,许多地区都曾被德国军队所占领。但是,在苏联共产党和斯大林同志的领导下,苏联人民和苏联军队进行了艰苦卓绝的战斗,终于取得了反法西斯战争的伟大胜利。社会主义制度经受住严峻的考验,它的无比优越性在战争年代特别明显地表现出来。德、日法西斯被击溃,为亚洲、欧洲许多国家建立人民民主制度创造了有利条件,对殖民地、附属国人民民族解放斗争的发展产生了重大影响。

第二次世界大战后,在东欧诞生了一批新的社会主义国家,在亚洲、非洲、拉丁美洲地区掀起了伟大的革命风暴,亚洲和非洲一系列国家宣布了独立,中国、朝鲜、越南先后走上了社会主义道路。帝国主义的旧殖民体系迅速瓦解,帝国主义的后方变成了反对帝国主义斗争的烽火连天的前线。与此同时,帝国主义的寄生性和腐朽性愈益加深,生产力与生产关系的矛盾更加尖锐,帝国主义统治的地盘越来越窄,帝国主义各国发展的不平衡进一步加剧,彼此间的重重矛盾日益发展。帝国主义按照其内在矛盾发展的规律,一定会逐步走向灭亡,社会主义一定会在全世界取得完全的胜利。

第 二 章

资本主义总危机时期的美国经济

第一节　20 年代美国经济的发展　垄断
资本统治及其对外扩张的加强

战后初期美国经济不稳定性的增长和 1920 — 1921 年的经济危机

第一次世界大战时期,美国经济曾有过畸形高涨。战争结束后,这种战时经济高涨也随之消失。经济的不稳定性迅速增长,终于爆发 1920—1921 年的经济危机。

国内外军事订货的锐减,战时经济向平时经济的过渡,引起美国许多工业部门(采煤、炼铁、炼钢、冶铜、机车制造等)产量突然减少。同 1918 年相比,1919 年美国加工工业生产指数下降了 3.7%,采矿业生产指数下降 10% 以上。

但是,欧洲各国在医治战争创伤的初期,急需一批工业设备和运输工具,这使美国工厂得到了新的订货,暂时推迟了危机的爆发。同时,美国国内因战时供应缺乏而推迟下来的一部分消费需求,也造成了消费品市场的暂时活跃。在这些条件下,从 1919 年下半年起,到 1920 年 3 月,美国工业生产出现了一个短暂的新高涨局面。1920 年,加工工业及采矿业生产指数,比 1919 年分别上升了 6.3% 和 13.1%,都超过了战时的最高点。

欧洲各国战后初期食品极端缺乏,也使美国农产品的国外市场得以暂时保持。战时开始的美国农业高涨一直继续到 1920 年。

1919—1920 年,美国出口贸易创造了新纪录,工业品、机器及小麦等产品的输出额都比战时有所增加。商品价格在停战后也继续保持在高水平上。

然而,由于战争刚刚结束,欧洲各国一时还不可能进行大规模的经济恢复工作,因战争的沉重负担而陷于贫困的欧洲各国人民也无力大量购买由美国源源涌入的价格高昂的商品。同时,美国群众在战时由于商品缺乏而积累起来的微薄储蓄,也在战后初期很快用光。这一切使得美国过度膨胀起来的工农业生产能力,迅速地碰上了世界市场和国内市场狭窄的障碍。战后初期美国经济的短暂高涨,终于被危机所代替。

从 1920 年春天起,美国的机床新订货量、棉花消费量、商品出口(特别是农产品的出口),开始下降,经济危机的序幕已经拉开,接着就迅速地席卷了整个国民经济。工业生产的跌落从 1920 年 7 月开始,1921 年 3—4 月,降到了最低点。按月度材料计算,危机期间下降的情况是:工业生产指数——32%,生铁产量——74%,钢产量——77%,煤产量——69%,棉花消费量——50%。某些工业部门几乎完全停止了生产,如机床新订货、机车及货车产量均减少了 90% 以上。这次危机,比战前各次危机带给美国主要工业部门的打击,都要严重得多。

1921 年破产的企业数比 1919 年增加两倍,银行的倒闭数增多了 7 倍。失业人数更是扶摇直上,众多的复员军人找不到工作。1921 年秋,全国有 575 万失业者,工人失业率由 1920 年的 7.2% 猛升到 1921 年的 23.1%。工人的实际工资也显著地降低了。以 1900 年工人实际工资为 100,则 1920 年为 123,1921 年降到 99。

农业危机和工业危机的交织,是这次经济危机的一个重要特点。同 1920 年相比,1921 年,农产品批发价格指数下降了 41.2%,最主要的农产品的市场价格甚至下降了 60%—70%,远远超过了工业品价格的跌落程度,工农业产品的价格"剪刀差"进一步扩大了。农业生产总指数在同一期间下降了 11.4%。美国政府于 1920 年 5 月宣布停止收购小麦,并开始废止过去与农场签订的购货合同,这就更增大了农场的困难。危机使大批小农场破产。从这时起,美国农业进入了战后长期的慢性危机阶段。美国的这次农业危机,是两次世界大战之间世界性长期农业危机的重要组成部分。

美国 1920—1921 年的经济危机,是资本主义世界进入总危机阶段后发生的第一次世界经济危机。美国和其他各国危机的相互激荡,国内农业危机和工业危机的并发,使这次危机来得特别严重。它延续的时间虽然不到一年,但却以其猛烈、全面和深刻性,显示了在总危机条件下美国资本主义经济的不稳定性空前加强。

战后初期,美国的工人运动出现了新的高潮。在伟大十月社会主义革命的影响下,在国内经济剧烈波动的基础上,1919 年,美国罢工运动蓬勃发展起来,全年罢工斗争超过 3500 次,参加罢工的总人数高达 420 万人。工人阶级为改善自己的经济状况和反对美帝国主义者对苏维埃俄国的武装干涉,进行了英勇的斗争。1920 年以后,由于就业工人人数大减,罢工人数减少了,但工人阶级的斗争意志和组织性却有明显的加强。

相对稳定时期美国工业的发展及其不稳定性的加强

摆脱了 1920—1921 年的经济危机,转入 20 年代资本主义相对稳定时期后,美国工业得到了进一步的发展。美国工业生产总指数(以 1923—1925 年为 100),1920 年为 87,1921 年为 67,1929 年增长到 119。

美国工业得以迅速摆脱 1920—1921 年的经济危机而获得进一步的发展,在很大程度上是由于在第一次世界大战期间美国固定资本的更新很不够,住宅的新建规模大为缩小,维修工作也极差。这自然推动了战后各种机器设备生产和住宅建设的发展。同时,美国资产阶级在战时攫得的数百亿美元的巨额利润,也为他们在战后更新固定资本和扩大生产准备了较为充足的资本。在更新固定资本和扩大生产的进程中,美国垄断资本又大力推行所谓"产业合理化",尽可能采用各种新式机器设备,特别是采用自动传送装置等新技术,实行标准化大量生产,来更多地榨取工人的血汗。对新式机器设备的广大需求,加上垄断资本家占领新产品市场的贪欲,使一系列新兴工业部门(汽车、化学、电气、人造丝等)迅速发展起来。这些部门的发展又或多或少地刺激了其他有关部门生产的提高。为了扩大民用消费品的市场,资本家们还广泛采行了分期付款的赊销办法,使劳动人民用预支未来购买力的方式,来弥补现实支付能力的不足。这一时期,在美国国内市场出售的汽车、家具及各种家庭耐用消费品,大部分是按赊销办法推销的。此外,美国垄断资本还利用欧洲各国忙于战后经济恢复的时机,以及他们在财政上对美国不同程度的依赖,继续实行对外扩张,加紧夺取国外市场,这也促进了美国工业的发展。

到 1929 年,美国工业生产的增长,超过了战时和战后初期高涨的年代。钢和铁的生产超过战时最高产量,分别达到 5700 万吨和 4300 万吨。机床制造、汽车和石油都成几倍地增长,汽车达到 535.8 万辆,石油达到 1.37 亿吨。在相对稳定时期,美国工业进一步发展的结果,使它在资本主义世界工业生产中的比重显著提高,1929 年达到了 48.5%,超过当时英、德、法三国比重总和的 79%。美国的国民收入也大为增加,根据官方材料,它由 1921 年的 594 亿美元增为 1929 年的 878 亿美元。

然而,20 年代美国工业的发展,是很不平衡的。首先,新旧工业部门的发展速度就很不相同。航空、化学、人造丝、汽车、电气和电影工业等部门进展很快;冶铁及炼钢等部门的产量却增长不多;而采煤、纺织、制鞋等部门甚至停滞不前。其次,整个说来,与生产资料生产相比较,消费资料生产的发展速度更加落后了,1924—1929 年,前者每年平均增长 6.4%,后者仅 3.7%。

更值得注意的是,这一时期美国工业的发展,已表现出速度降低和不稳定性加强的趋势。以加工工业生产为例,它每年的平均增长率在 1899—1913 年是 6.2%,而在 1920—1929 年降为 3.9%。同时,美国工业生产总指数还两次出现下降,1924 年和 1927 年分别下降了 5.9% 和 1.9%,暴露出明显的不稳定迹象。

这种增长速度降低和不稳定性增长的趋势,正是资本主义总危机逐步加深的结果和表现。企业开工不足,在 20 年代已成为经常现象。1924

年起,汽车工业生产能力开始大规模闲置起来,1927 年竟有 54% 的生产
能力未加利用。1921—1929 年,各部门平均开工率如下:采煤——
59.5%,焦炭——78%,炼铁——66.2%,炼钢——71.6%,有色冶金——
72.7%,石油加工——69.3%,水泥——78%,汽车——67.4%,机车制
造——38%。即使在高涨顶点的 1929 年,美国全部加工工业平均开工率
也只有 73%。与此同时,产业后备军变成了大规模的失业常备军。据美
国官方显然压低了的数字,1921—1929 年,美国每年平均有 174 万全失
业者。在相对稳定的时期里,工人失业率最低的年份为 7.5%,在 1929 年
繁荣的年代尚达 12%。严重的经常开工不足和工人失业,标志着在总危
机条件下美国经济不稳定性的加深。

20 年代的农业
和农业危机

相对稳定时期的美国农业,始终处在慢性危
机之中。这一时期的农业生产总指数,一直维持
在 1920 年的高水平上,畜牧业产量还有不少增
加。但是,由于战后欧洲各国的农业生产已相继恢复到战前水平,美国农
产品输出的可能性大大减少了;而在本国广大劳动者继续处于贫困的条
件下,国内农产品市场也很难扩大;结果,供过于求的现象日益严重,引起
的严重滞销和农产品价格的大幅度跌落。如与 1920 年相比,农产品批发
价格指数在 1921—1929 年下降了 35.4%。

在资本主义总危机时期,统治着美国农业的垄断资本,从各方面不断
加强对农业的掠夺,使农业,特别是广大中小农场的困难更为加重。垄断
资本对农业的剥削表现在:(1)工业垄断组织维持工业品的垄断高价,扩
大工农业品价格剪刀差。农产品对工业品的比价(以 1909—1914 年为
100),由 1915—1919 年的 109,减少为 1920—1929 年的 87.5,以后仍继续
下降,1932 年降至 53。(2)垄断资本通过银行信用系统不断加强对农民
的借贷剥削。美国有抵押债务的农场,1910 年占农场总数的 33.2%,
1920 年为 37.2%,1930 年增至 42%,此外,还有许多农场有非抵押债务。
根据美国农业部的统计,美国农业债务总额,在危机年代,为 130 亿—140
亿美元,每年的利息约为 9 亿美元。(3)垄断资本不断增加农产品的铁
路运费和海上运费。例如,每一蒲式耳小麦由芝加哥到纽约的运费,1914

年为 9.4 分,1919 年为 14.7 分,1921 年为 20.1 分。运费在小麦价格中,1914 年占 8.9%,1921 年占到 16.1%。(4)垄断资本通过农产品加工企业、商业机构以及谷仓、冷藏设备等对农业进行盘剥。据美国农业部统计,在 10 种最重要食品(牛肉、猪肉、牛油、干酪、马铃薯、面粉、面包、鸡肉、鸡蛋和牛乳)的零售价格中,农业经营者所得到的份额,在第一次大战前为 56%,在战时为 64%,而 1921—1924 年为 48%。农业经营者在面包零售价格中所得的份额,在战后不超过 16%—17%。其余的大部分,都通过铁路公司、农产品加工企业和商业机构,落到垄断资本家的腰包里了。(5)代表垄断资本家利益的国家,还通过赋税加重对农民阶级的剥削。1913 年,赋税不过占农民纯收入的 10.7%,而在 1921—1929 年间竟达到纯收入的 1/3。垄断资本对农业的种种剥削,是使农业危机拖长和严重的一个重要因素。

大农场主在慢性农业危机和垄断资本的压力下,纷纷采用机器,以降低成本,加强竞争能力。与此相联系,农业机械化的步伐也大大加快了。1910 年,美国农业实现了半机械化,当时畜力占农用动力的 75% 以上,全国农场仅有拖拉机 1000 台。从这时起,农业便由半机械化时期进入了基本上实现机械化的新时期。第一次世界大战年代和战后初期,美国农业生产增长迅速,全国骡马数最高曾达到 2600 多万匹,但是,由于拖拉机的逐渐推广,畜力虽仍是主要动力,它在农用动力中所占的比重则显著下降,1920 年只占 56.9%,而机械动力则占到 23.1%。战后爆发的慢性农业危机和垄断资本对农业掠夺的加强,迫使农场主进一步从采用机械中寻求出路。这样,各种农业机械迅速增加,特别是 1925 年以后,轮式通用拖拉机逐步代替畜力成为农用主要动力。在农业机械化的进程中,美国政府的措施也起了一定的作用。还在战时,1916 年,政府就通过"联邦农业信贷法",规定为农业发展提供资金,降低农业贷款的利息率和使利息率均等化。根据这一法令,政府创立了农业贷款局和两种农村信贷机构,即"联邦土地银行"和"合资土地银行",发放农业长期低利率抵押贷款,主要是帮助大农场购买土地、农场装备、肥料、牲畜以及修造建筑物等。战后农业危机发生后,美国政府针对农场普遍感到短期资金周转的困难,又根据 1923 年的"农业信贷法",建立了 12 家发放中期信贷的银行,它们的资金由财政部提供。这批银行办理六个月到三年期限的农业和牲畜票据贴现,资助大农场实现机械化,大农场于是广泛利用低利贷款添置机器设备。

1920—1930 年,美国农业中使用的拖拉机(不包括园艺式拖拉机)从 24.6 万台增加到 92 万台,增长了 2.7 倍;载重汽车从 13.9 万辆增加到 90 万辆,增长了 5.5 倍;谷物联合收割机从 0.4 万台增加到 6.1 万台,增长了 14.2 倍;玉米摘拾机从 1 万台增加到 5 万台,增长了 4 倍;有挤乳设备的农场从 5.5 万个增加到 10 万个,增长了 0.8 倍。1930 年农用动力中机械动力已上升到 56.2%。大农场的机械化有了长足进步,但是,在农场总数中占绝大多数的中、小农场,这时仍很少甚至完全无力使用农业机器。1930 年,美国使用拖拉机的农场,只占全部农场的 13.5%。

这个时期,在实现农业机械化的同时,先进农业科学技术的许多方面,如施用化肥、利用药物防治病虫害、改良和培育品种、发展灌溉、利用电力等,在美国也得到了进一步的推广。农业技术的进步,大大提高了农业的劳动生产率,按全国平均耗用的人时计算,1910/1914 年到 1925/1929 年,生产每 100 蒲式耳玉米从 135 人时减至 115 人时,计减少了 14.8%;每 100 蒲式耳小麦从 106 人时减至 74 人时,减少了 30%;每 100 磅牛奶从 3.8 人时减至 3.3 人时,减少了 13.2%。但是,技术进步所引起的劳动生产率的提高和产品成本的降低,基本上限于大农场范围,这就使得大农场比小农场具有更大的优势。大小农场之间的矛盾更加尖锐了。例如,1930 年,美国生产每一蒲式耳小麦的平均费用为 1.09 美元,而机械化大农场只需 0.425 美元。在慢性农业危机期间,低于一般生产成本的低廉的农产品价格,使大多数中小农场陷入极大的困难或破产,而大农场则依然得到庞大的利润。农村中的分化加速了。1920—1929 年破产农场计达 53 万个。1920—1930 年,占地 1000 英亩以上的最大农场,在全国农场总数中的比重由 1% 上升为 1.3%,它们在全国农场土地总额中的比重由 23.1% 提高为 28%。大量小农场破产的结果是农村中租佃关系有了进一步发展。1920—1930 年,租佃农场增加了 21 万个,它们在农场总数中的比重由 38.1% 上升到 42.4%。

在南部,奴隶制经济的残余有所增长。虽然大战期间和战后的工业繁荣曾吸引了大批黑人移居北方工业城市,而种植园并没有趋向衰落。美国的普查材料表明,在南部的黑人集居地带(即黑人在全部农户中占一半以上的地区),1910 年在黑人农户中有 80.5% 是佃农和有强烈奴隶制色彩的分成制佃农,1920 年增至 81%,1930 年更增至 83.2%,其中分成制佃农占半数以上(54.8%)。分成雇农制和租佃制在黑人地带的发展,表明奴隶制经济的残余在继续增长。

20 年代美国对外经济扩张的加强

20 年代美国经济的发展及其不稳定性的增长,促使美帝国主义者进一步加强对外经济扩张。

加紧争夺资本主义世界的原料产地,是战后美国对外经济扩张的一个重要方面。石油资源争夺战的激化,就是这方面的明显例子。20 年代之初,美国在国外所控制的石油资源非常有限;以后美国垄断资本开始加紧排挤英国和荷兰资本,大规模地渗入中近东、印度尼西亚及委内瑞拉等资本主义世界的主要石油产地。同时,美国资本也拼命夺占国外的各种金属原料、天然橡胶和其他工业原料资源。例如,1928 年,美国资本联合英国和加拿大资本组成了"加拿大国际镍公司",共同控制了资本主义世界的主要镍矿及其开采。在攫取本国缺乏的天然橡胶资源方面,美国资本也取得了较大的进展。1914—1929 年,美国对国外橡胶种植园的投资扩大了 1.5 倍,其中在印度尼西亚竟扩大了 2.8 倍。

战后美国对外经济扩张的另外一个方面,是力图保持和扩大战时和战后初期在夺占国外商品销售市场上所取得的成果。20 年代,美国垄断资本一方面利用高进口税率来阻止外国商品打入美国国内市场;另一方面极力反对其他国家提高进口关税,以便继续大量向国外倾销商品。1920—1921 年经济危机以后,美国迅速恢复和扩大了输出品的实物量,到 1929 年,出口商品实物量超过了危机前最高水平 6.7%。但是,由于战后国际市场价格的大幅度回落,按当年价格计算的出口总值,在 1919—1929 年下降了 1/3(由 78 亿降至 52 亿美元)。并且,商品输出量增加的程度也落后于国内工业产量增加的程度。在这种情况下,出口商品在全部商品产额中的比重,也相应地由 1919 年的 16% 减少为 1929 年的 10%。这表明出口贸易的作用相对下降,也反映了在资本主义总危机条件下市场问题的进一步尖锐化。不过,若与第一次世界大战前夕比较,大战期间和战后十年中,美国对外贸易扩张的效果仍然是相当明显的。1913—1929 年,美国输出的商品总量,按不变价格计算,共增长了 54.3%。制成品的输出增加得尤其快,结果它在美国出口总额中的比重由 1913 年的31.9% 提高到 1929 年的 49.1%。这一时期,美国商品主要输出到欧洲、英联邦国家(其中主要是加拿大)和拉丁美洲。1929 年,这些地区和国家在美国出口总额中的比重,分别占到 44.8%、26.2%(其中加拿大为18.1%)和 17.4%。美国在加拿大和拉丁美洲各国对外贸易中占有绝对优势地位。1929 年,在拉丁美洲 20 国进口及出口总额中,美国的比重分别达到 38.7% 和 34%,远远超过英、德两国比重的总和。同时,美国还加强了在欧洲、特别是在德国贸易中的地位,并进一步打入亚洲各国。美国的主要竞争对手是英国,后者在世界许多地区遭到美国不同程度的排挤。1913—1929 年,在世界贸易中,美国的份额由 11.1% 上升为 14%;英国的份额则由 15.1% 减少为 13.2%。1929 年,美国第一次夺得了资本主义世界贸易中的首位。

在相对稳定时期,美国还空前地扩大了资本输出,这是战后美国对外经济扩张的更为重要的内容。1914 年,美国垄断资本家在国外的投资额为 35 亿美元,1919 年增至 70 亿美元,1929 年更高达 172 亿美元,稍逊于英国,而居世界第二位。这一时期,美国资本输出的主要方向是德国及拉丁美洲各国。战后,美国垄断资本为了复活德帝国主义军事经济潜力,曾对德国 21 家大银行及 103 家大工业垄断组织进行大量贷款和投资。1929 年,在德国的长期外国投资中,美国占有 70% 的份额(即 100 亿美元左右)。美国资本在德国开设了众多的分公司,掌握了许多德国企业的股票,在不同程度上控制了德国的汽车、石油、电气、电影制片、有色金属等部门及银行业。在拉丁美洲,1913—1929 年,美国资本由 12.4 亿美元增加到 55.9 亿美元,已接近于英国在该地区的投资总额(1929 年为 58.9

亿美元)。而在中美洲各国中,美国甚至已取代英国战前的优势地位。与商品输出比较,资本输出的意义在相对稳定时期进一步提高了。一方面,资本输出增加速度比商品输出增加速度快得多;另一方面,资本输出带给美国资本家的收入要比商品输出多几倍。1929年,美国对外贸易净收入为2.41亿美元,而海外投资收入则为11.86亿美元。这一年,美国还掌握了全世界黄金储备(90亿美元)的一半以上(50亿美元)。全世界金融资本剥削中心从欧洲逐渐转移到美国。

战后时期,美国垄断组织进一步扩大参与国际垄断组织的活动,与外国特别是德国垄断组织签订了一系列瓜分世界市场的卡特尔协定。例如,1926年,美国杜邦财团、德国"法本公司"与英国"帝国化学工业公司"签订了瓜分世界军火市场的协定;美国"通用电气公司"与德国"总电气公司"根据协议划分了势力范围:前者拥有美国、加拿大、拉丁美洲和法国市场,后者分到德国、奥地利及捷克市场;"新泽西美孚油公司"与"法本公司",于1926—1929年数次签订在世界市场上相互支持及共同利用专利权的协定;1928年"美国钢铁公司"正式参加了国际钢铁卡特尔;等等。

在争夺世界原料产地、商品销售市场及投资领域的斗争中,战后美国与其他帝国主义国家矛盾重重,其中美国和英国之间的矛盾最为尖锐,它们日益加紧争夺全世界的石油、橡胶等战略资源,它们双方以及日本还在世界各个地区特别是在亚洲和太平洋地区进行激烈的角逐。

垄断资本势力的加强和工农劳动者生活的贫困化　　20年代,美国的生产和资本有了进一步的集中。1914—1929年,在加工工业工人总数中,拥有50个工人以下的小企业的比重,由23.8%降到19.4%;与此相反,拥有500工人以上的大企业的比重,则由31%上升为37.6%。同时期中,年产值在100万美元以上的巨大企业,其比重迅速增加:在企业总数中由1.4%增为5.6%;在工人总数中由35.7%增为58%;在产品总值中由48.8%增为69.3%。1928—1929年,美国工业中发生了比1920年更大的公司合并和吞并高潮,两年间被吞并的公司达2300个。美国历史上的第一次合并高潮发生在19世纪末20世纪初,当时主要的方式是同部门的企业合并即"横合并";20年代这次即第二次企业合并高潮,主要则是加工制造企业和同它有联系的原材料、运输、贸易公司实行合并即"纵合并"。

200家最大的非金融公司及几十家金融公司的经济实力大大加强。在全部公司资产中,上述200家非金融公司的比重是:1909年——33.3%,1926年——45%,1929年——47.9%。银行业的集中也在加速进行:1921—1929年,全国银行数由30560家减到25110家,即减少了17.8%;而大银行的分支机构增加很多,它由1920年的1052个增加为1929年的6400个,即增加了5倍。

生产的垄断化程度在20年代也有了提高。在1920—1930年十年中,三四家大公司对下列部门生产控制的比重显著上升:汽车业由71%提高到83%,冶铜业由39%提高到76%,钢铁业由55%提高到67%,棉纺业由8%提高到11%。此外,20年代末30年代初,6大公司控制了无烟煤生产的90%,美国电话电报公司控制了99%的电话站,而美国铝公司一家则控制了全部炼铝工业。

随着美国垄断组织财势的加强,它们攫取的利润激增。20年代,公司利润额出现了新高峰。1928年,它比战时利润最高年代(1916—1917年)还多出1/4。200家最大非金融公司,得到全部非金融净收入的40%以上。战后美国资本主义腐朽性加深的标志之一是食利阶层和大富豪的人数大大增加了。1929年,美国的富翁人数,年收入达到100万美元者有4万人,年收入1000万美元以上者有38人。这批富豪的上层正是美国的真正统治者:"八大财团"——"六十家族"——"一千个美国人"。八大财团的资产大得惊人。例如,1924年,杜邦家族仅家族财产就有2.4亿美元,梅隆有4.5亿美元,洛克菲勒有10.8亿美元。

战后美国垄断资本反动统治加强的重要表现:垄断资本家不仅通过其代理人(如哈定、柯立芝)控制政府,而且进一步直接出面掌握政权(如梅隆连任财政部长)。

20年代,工农群众的生活仍然极端贫困。工业的高涨伴随着对工人剥削的加强,这个时期推行的"产业合理化",使劳动强度大为加强,从而提高了劳动生产率,但工资的增长则慢得多。1913—1929 年,加工工业中劳动生产率提高了 65.5%,工人实际工资(考虑到失业者)只增加了 26.1%。对工人的剥削率高达 200%。1929 年工业工人的平均收入,只及最低生活费(海勒氏指数)的 59%。农业工人的收入更低,它只及工业工人工资的 1/3 左右。在慢性农业危机打击下,农业货币收入一直停留在低水平上,1921—1929 年每年平均在 100 亿美元左右,较 1919 年降低 40 亿—50 亿美元。

垄断资本残酷剥削的结果,使美国社会中贫富悬殊的现象更为触目惊心:1929 年,占人口 1% 的富豪,竟据有国民财富总额的 59%;而占人口 87% 的普通群众,却只享有国民财富的 10%。

人民的贫困使国内市场问题日益尖锐。如前所述,对外贸易的作用在 20 年代大大下降了,这更增加了对国内市场的压力。在群众实际购买力的提高远远落后于商品生产总量增长的情况下,美国垄断资本采取了扩大消费信贷的方法,即"预支未来社会购买力"的方法,来"解决"当前的销售困难。这种"寅支卯粮"的消费方式,恰恰是表明了生产和销售间矛盾的加深,和美国资本主义经济发展的局限性与不稳定性的加强。新的经济危机的因素迅速成熟起来,到了一触即发的时刻。

| "美国例外论"和"永久繁荣论"的破产 | 相对稳定时期,美国经济表面的、暂时的和不稳定的高涨,引起了各式各样资产阶级思潮的泛滥。 |

美国资产阶级和它的御用"学者",大肆宣传美国资本主义经济已进入"永久繁荣"阶段,推行"产业合理化"的美国"新资本主义"将消灭贫穷和危机。形形色色的机会主义者,包括那些工会官僚们和当时隐藏在美国共产党内部的以洛夫斯通为首的修正主义分子,也群起为资产阶级帮腔,重弹早已破产的"美国例外论"的滥调,说什么"美国不同于欧洲资本主义"、美国经历着什么"第二次工业革命"、美国资本主义正"沿着上升路线发展"等一类的谎言,为美国资本主义"繁荣"高唱赞歌。他们宣称,"不是马克思,而是福特"给工人指出了幸福之路,企图毒害工人阶级的思想,麻痹工人阶级的斗志。

共产国际对当时美国的政治经济形势作了马克思主义的分析,指出

20 年代资本主义的稳定是局部的、暂时的、不巩固的,在暂时稳定中包含着种种深刻的矛盾。"从局部稳定中产生出资本主义危机的剧烈化,日益增长的危机又破坏着稳定——这就是现今历史时期资本主义发展的辩证法。"①历史的发展完全证实了共产国际的科学预见。相对稳定时期的"繁荣"不过是建筑在第一次世界大战废墟上的一座纸房子,1929 年秋季美国大危机的爆发,使稳定和"繁荣"全部化为泡影,曾经喧嚷一时的"美国例外论""永久繁荣"等资产阶级和机会主义的谬论彻底破产。

第二节　30 年代美国的深刻的经济危机
罗斯福"新政"的破产

空前严重的
1929 — 1933 年
经济危机

　　20 年代的暂时"景气",资本家对"永久繁荣"的幻想,刺激了交易所投机狂热,美国工业生产规模盲目扩大。然而,从 20 年代中期起,美国国内固定资本的大量更新临近尾声,住宅建筑的繁荣也已过去。由于劳动人民收入增加有限或甚至局部减少,日用消费品早已供过于求,赊销方式的作用也大大降低。欧洲各国的经济恢复工作,在这一时期也先后完成或接近完成,容纳大量美国商品的国外市场已今非昔比;与此同时,国外的竞争也逐步加强了。但美国工业生产仍继续盲目扩大,交易所的投机狂热愈演愈烈。从 1929 年中开始,商品存货大量积存起来。

　　1929 年 10 月 21 日,纽约证券市场发生第一次猛跌,这是大危机的序幕。整个危机期间,股票价格连续下跌。全美国平均每股由 365 美元跌到 81 美元,即降低 78%。重工业企业股票价格下跌特别厉害。1929—1932 年,由于跌价所引起的证券贬值,全美国共计为 840 亿美元,即超过了 1928 年的国民收入总额(817 亿美元)。

------

① 《斯大林全集》第十卷,人民出版社 1954 年版,第 234 页。

　　这次危机是美国历史上空前持久和深刻的一次经济危机,它对美国经济的打击特别惨重。从危机前最高点(1929 年 5 月)到危机最低点(1932 年 7 月),全国工业生产下降了 55.6%,即退回到了 1905—1906 年的水平。而且,由于总危机时期工业固定资本经常大量过剩,危机期中生产资料生产下降得尤其剧烈。按危机前最高月份和危机期间最低月份进行比较,重工业主要部门生产下降的情况:采煤下降 65.6%,生铁——86.7%,炼钢——84.7%,汽车——92.1%,机床制造——96.3%。1932 年,加工工业开工率平均仅为 42%。在危机最严重时,钢铁工业仅开工 15%,汽车工业——11%。在危机延续的五年(1929—1933 年)中,全国有 13 万家以上的企业倒闭。

　　工业危机和农业危机的交织和彼此激荡,是这次危机特别严重的一个因素。在工业危机侵袭的同时,农业危机日益尖锐起来。城市和工业对粮食及农业原料的需求,随着危机的加深而减少,但农产品总产量却仍保持在 20 年代后期的水平上,结果农产品找不到销路而大量堆积起来。农产品价格从 1930 年春天起连续下跌。谷物价格在危机期间下降 2/3,即退回到了 19 世纪的最低谷价水平。农产品价格的下落幅度比工业品大得多,因此,它对工业品价格的比价,由 1928 年的 91 降为 1932 年的 53(1909—1914 年=100),工农业产品价格"剪刀差"更为扩大了。农业货币收入总额,由 1929 年的 113 亿美元减为 1932 年的 47.4 亿美元,即减少了 58.1%,甚至比 1914 年的水平(60.5 亿美元)还要低得多。农业中发生了严重的倒退景象:因为买不起汽油而改用马拉犁代替拖拉机;由于工资低廉而用手工劳动代替机器操作;化肥的使用急剧减少;耗损的农业机器和农具得不到应有的更换;役畜的数量和质量大为下降;耕地状况显著恶化,农作物减产。同时,大批农场遭到破产或临近破产的边缘。美国政府和大垄断资本家为了摆脱农业危机,竟采取了有组织地大规模销毁谷物、棉花、牲畜等农产品的措施。当时美国报纸登载着以下消息:《纽约时报》(1932 年 12 月 4 日)报道,"在现有谷物价格的条件下,家庭和机关中利用谷物作燃料,要比用煤砖更合算。该州的各学校已经使用谷物作燃料"。《纽约先驱论坛报》(1933 年 8 月 24 日)报道,"政府计划规定销毁500万头猪并控制繁殖新生猪只。销毁生猪的工作业已开始进行"。

危机期间,一方面如上所述,是工业中生产设备大量闲置不用,农产品大批被销毁;另一方面则是千百万劳动者因失业、贫困而处于饥寒之中。这里充分暴露了资本主义制度的不合理性和腐朽性到了何等程度!斯大林在1931年对之加以抨击说:"如果一种经济制度竟不知道怎样来处置自己生产出来的'多余'产品,而在群众普遍遭到贫困、失业、饥饿和破产的时候却不得不把它们焚毁掉,那末这种经济制度本身就给自己宣判了死刑。"[①]

经济危机严重地打击了美国的对外贸易和资本输出。由于美国这次危机迅速发展成为空前规模的世界经济危机,美国想通过扩大对外输出以转嫁危机的企图,也未得逞。危机期间,美国出口和进口总值都减少了70%左右。如果除去价格下跌因素,二者也分别减少了48%和34%。危机期间,资本输出一落千丈,最后几乎完全停止。1930年,国外投资新发行额为10.1亿美元,1932年减为2600万美元,1933年只有10万美元了。

货币信用危机也迅速成熟。尖锐的工农业生产"过剩"危机,是发生货币信用危机的基础。接受美国大量贷款的债务国德国几家最大银行的破产,则直接促成了1933年年初美国货币信用危机的全面爆发。1929—1933年,美国破产的银行达1.05万家,占全国银行总数的49%。由于大量黄金外流及债务人纷纷向各银行提取存款,1933年3月,国库黄金储备急剧减少,整个银行信贷体系濒于瘫痪状态。

这次危机之所以成为美国历史上最深刻、最持久的一次危机,是因为:(1)在资本主义总危机条件下,市场问题日趋尖锐,企业开工不足,大量失业经常存在;(2)剧烈竞争和投机狂热的刺激,使固定资本投资长期地盲目扩大;(3)空前规模的世界经济危机,使世界市场急剧萎缩;(4)农业危机和工业危机交织,相互激荡;(5)严重的货币信用危机对工农业危机起了加剧的作用。

---

① 《斯大林全集》第十二卷,人民出版社1955年版,第282页。

　　危机期间,垄断组织人为地保持垄断价格,并得到政府巨额补助金(每年几十亿美元),所以,它们在一般公司亏本的情况下仍得到不少利润。1929—1933年,美国公司每年仍付出几十亿美元的股息和利息。危机的沉重负担转嫁到了劳动人民身上,工人阶级受到的痛苦尤其深重。根据官方压低了的数字,1932—1933年全失业人数达1200万—1300万人(约占劳动人口的1/4),如加上半失业者,则共计有1700万人。在工业、运输业及建筑业中,工人失业率高达45.6%—47.8%。危机期间工人的实际工资比20年代后期下降约1/4(把失业者考虑在内),即退到了1900年的水平。持续几年的危机使失业工人受尽饥寒之苦,很多人活活地被饿死了。正如马克思说的:"资本不光靠剥削劳动来**生活**。象显贵的野蛮的奴隶主一样,资本也要他的奴隶们陪葬,即在危机时期要使大批的工人死亡。"[①]

　　罢工运动蓬勃发展起来。在就业人数大大减少的情况下,1929—1933年,罢工人数却由90万人增加到156万人。工人阶级在"我们不愿饿死,必须战斗"的口号下,在全国各地组织了多次规模巨大的游行示威。全国各地反饥饿大游行一次接连一次,参加的人数有时高达百万之众。农民运动也在迅速发展。农民以各种斗争方式,要求政府发给补助,反对高税率和农产品的过低收购价格,抵制强迫拍卖农场。数十万退伍军人为了要求生活津贴,也组织了向政府的请愿游行。美国国内的阶级斗争空前尖锐化了。

罗斯福"新政"及其破产

　　1932年,在经济危机和阶级矛盾最严重,资产阶级惊恐万分的时刻,美国进行了总统选举。民主党总统候选人弗兰克林·罗斯福提出所谓国家"调节"经济的"新政纲领",结果当选为总统。1933年春,罗斯福上台以后,为了对付严重的经济困境和迫在眉睫的革命危机,马上要求美国国会授予他以"紧急全权",推行"新政"。他匆忙制定了第一批"新政法令"。这批法令有70个之多,它们包括了罗斯福新政府对工业、农业、贸易、财

---

　　① 《马克思恩格斯选集》第1卷,人民出版社1972年版,第380页。

政信贷等方面的基本政策。以后几年中，罗斯福政府和美国国会又陆续通过了其他许多"新政"法令。

"新政"的财政信贷和货币政策：罗斯福在信贷危机最尖锐的时刻接任总统，因此，防止美国财政信贷体系的彻底崩溃，就成为新政府最迫切的任务。在这方面，罗斯福政府的基本措施是清理银行，存款保险，发放巨额贷款给金融界，货币贬值，黄金国有和收购白银，等等。

1933 年 3 月 5 日，罗斯福命令全国银行"休假"四日，以遏止各银行因挤兑而出现的普遍倒闭风潮。四天以后，政府匆促通过"紧急银行法"，再度延长银行缓期兑付存款的期限，并规定银行领取营业执照的办法，由财政部集中对停止银行复业的批准权力，借以淘汰较小银行。同年6 月 16 日，罗斯福又批准"葛拉斯—史蒂格尔银行条例"，将商业银行和投资银行分开①，企图抑制一般银行利用收受的存款进行证券投机活动。接着政府公布"存款保险法"，建立"联邦存款保险公司"，企图"恢复"存户对银行的信任，防止新的挤兑和银行倒闭风潮的发生。1935 年，政府又公布新的"银行法"，加强了联邦储备银行对其会员银行的管理以及联邦储备局对各个联邦储备银行的监督。罗斯福力图借助于这一法令来进一步"稳定"基础动摇的美国银行制度。

在颁行以上各种法令的同时，罗斯福还通过胡佛任内设立的复兴金融公司，对银行垄断资本大规模提供贷款。仅在罗斯福执政初期，这类贷款即达 30 亿美元之巨。

罗斯福政府的新银行信贷政策实行以后，大部分银行到 1934 年中先后恢复营业，美国银行制度得到一定程度的暂时稳定。但是，这一政策主要是加强了大银行的实力，大批小银行仍然纷纷垮台，全国银行总数在短期内减少了 1/5 以上（由 19000 个减为 15000 个）。与国家密切勾结的大银行资本的势力空前加强，整个美国银行信贷体系掌握在人数很少的垄断寡头手里。

---

①　即禁止经营存款业务的商业银行从事投资业务，同时，禁止投资银行（即从事股票和其他公司有价证券发行、出售或分配业务的银行）收受存款。

针对经济危机期间黄金大量外流的严重情况,并为推行"新政"等措巨额资金,以及满足垄断资本加强在国外的竞争力量的需要,罗斯福政府实行了新的货币政策,即由国家掌握黄金储备,实行货币贬值,高价收购白银等。1933 年 4 月,罗斯福签署"黄金法令",强制全国私人银行和个人把储备的黄金交到联邦储备银行,停止银行券兑换黄金,禁止黄金出口,即实际上放弃金本位制度。同年 5 月,政府宣布把美元含金量减少41%;同时,国会授权联邦储备银行,以国家债券为担保,增发 30 亿美元的通货。结果引起了美元的大幅度贬值。此外,为了满足国内银矿主的要求以及与英国争夺远东国家货币的控制权,把中国纳入美元影响之下,罗斯福政府抬高银价,在远东地区大量收购白银。

美元贬值和通货膨胀,虽然稍稍改善了债务人的处境,使农场主和城市小资产者得到了暂时的喘息机会;但在这些措施执行后,主要的得利者却是垄断资本。垄断资本利用通货膨胀进一步降低工人的实际工资,加强了出口商品的竞争力量,增加了自己的利润。并且,白银政策还帮助垄断资本扩大了在中国等远东地区的经济势力。

国家对工业的"调节",是"新政"最基本的内容之一。1933 年 6 月16 日,罗斯福批准公布《全国产业复兴法》(以下简称《产业复兴法》),国家"调节"工业的活动便全面开始了。这一法令包括三个主要方面:首先,通过强制卡特尔化的办法,来实现资产阶级内部关系的"国家调节"和"消除"生产"过剩";其次,通过纸面上承认工人阶级某些基本权利的方式,进行劳资关系的"国家调节";最后,通过举办"公共工程"等措施,企图大量缩减失业大军的人数。总之,这些措施追逐一个共同目的:"解救"经济危机,缓和和麻痹工人阶级反对资本的斗争,从而加强美国垄断资产阶级的统治地位。为了实现上述打算,环绕着《产业复兴法》,罗斯福政府还先后通过许多相关的法令,建立了一系列新的政府机关。"全国产业复兴局"是这类机关中最主要的一个。垄断资本的亲信之一的詹森将军被委派为局长,实权却直接地操纵在大银行家哈里曼和几家最大工业公司的经理手中。

罗斯福通过《产业复兴法》,宣布所谓"不公平的竞争"是应该"加以消灭"的"最大的罪恶",并据此规定"产业复兴局"的基本任务是:在各行业中制定《公平竞争法典》,明文确定各行业的生产规模、价格水平、信贷条件、销售定额和雇佣工人条件等。这说明:《公平竞争法典》实质上是新的强制卡特尔化法令,其目的是进一步牺牲中小企业的利益,来更大地满足垄断资本的贪欲。但是,罗斯福却尽量掩盖这种加强垄断资本统治和阻止生产力发展的政策的反动本质,宣称经由这种道路可以实现"计划经济"和"消灭生产过剩"。1933年7月,棉纺业制定出第一个"公平竞争法典"。以后不到两年的时期内,在政府强迫推广下,各行业垄断寡头共计又制订出了类似的"法典"749个。在全国拥有工人总计在2000万人以上的企业接受了这些"法典"。

《产业复兴法》和《公平竞争法典》执行的结果,工业中垄断组织的势力空前加强,它们的专横行为和高额垄断价格成为公开合法的东西,垄断利润也不断增加起来。由于垄断寡头控制了《公平竞争法典》的制定和执行权,中小企业遭到进一步的排挤,小企业的破产率比以前有增无减。随着不同垄断集团在各行业的新卡特尔中斗争的激化,随着垄断资本同中小资本矛盾的加剧,竞争和生产无政府状态不但没有"消除",而且变得更为尖锐和复杂化了。商品过剩现象仍然很严重,失业大军人数依旧惊人。罗斯福的"计划经济",被证明不过是骗人的空谈。

罗斯福政府慑于工人阶级斗争的浩大声势,不得不对工人作出某些让步,在纸面上承认工人的一些基本权利。因此,"产业复兴法"在第七款中规定:工人有组织工会、参加自己选择的任何工会和通过自己的代表同资方签订集体合同之权;雇主须遵守最高工时(一般约为每周40小时)、最低工资(一般为每小时0.3—0.4美元)和按规定的条件雇佣工人。罗斯福想借此实现自己的双重目的:一方面,缓和劳资矛盾,麻痹工人的斗志,在工业中实现"劳资合作"与"和平";另一方面,把自己打扮成为劳动者的"保护人"和"同情者",抬高个人在广大人民中的"威信"。

举办公共工程以扩大就业面,从而减少失业者的人数,是《产业复兴法》的另一主要内容。为此,在1933—1935年,罗斯福政府通过了相关的法令,设立了各种机构,吸收失业工人修筑电话线路、铁路、码头和公路,清理林区和公园,举办田纳西水力发电工程等。这些工作实际都是苦役劳动,工人只能得到略多于失业救济金的微薄收入。而为举办公共工程,美国政府于1933—1937年共拨出120亿美元的巨款,给供应建筑材料等垄断组织开辟了新的财源。各种公共工程机构每年仅能临时吸收200万—360万失业者,余下的失业大军仍在1000万人上下。罗斯福解决失业问题的打算基本上落空。

"新政"的农业政策:"新政"的农业措施包括国家对农业生产的"调节"政策和政府整理农村信贷和债务的政策。罗斯福想通过这些政策,消除农业危机的严重后果,防止新的农业危机发生,使农民的斗争缓和下来。

国家"调节"农业生产的中心措施,是通过政府的奖励及津贴,来缩减农业耕地面积,以达到减少农产品的产量、提高农产品价格和农场主收入的目的。为此,1933年5月12日罗斯福批准公布了"农业调整法",并相应地设立了专门推行这一法令的机构——"农业调整局"。根据"农业调整法",国家应对价格下跌最多的七种基本农产品(小麦、玉米、大米、棉花、烟草、牛奶及猪肉)的生产加以控制。在田间作物方面,具体办法是:政府与有关农场个别签订"自愿"缩减耕地面积的合同,停耕土地作为国家的租地,付给农场租金;同时,相应于停耕地部分所减少的产量,由政府付给农场以"货币奖金"作为补偿。拒绝签订这类合同的农场,则不得享受政府贷款和其他帮助。1933年,罗斯福政府同各州农场签订了数百万份减少耕地面积的"合同",使小麦耕地及棉田各减少1000万英亩以上,玉米的播种面积也减少近900万英亩。结果,在数以亿美元计的"奖金"和"租金"的刺激下,该年小麦及玉米的产量确有不少缩减;但减少400万包棉花生产的政府"计划"却成为泡影,棉花总产量反而略有增加(4万包以上),这主要是由于棉农利用政府各种补助金,在未停耕的棉田上实行精耕,提高了单位面积的产量。

1934年,罗斯福政府更大张旗鼓地"干预"农业生产,一方面通过若干补充法令,把《农业调整法》扩大应用于农业生产的一切主要产品(裸麦、亚麻、肉类、奶牛、糖等);另一方面,进一步给各州、各区直到个别农场规定农产品的生产定额,对超定额产品课以重税(如棉花高达市价的50%),违反合同规定的农场主则须受到罚款及徒刑的制裁。总之,走上了全面的公开的强迫减产的道路。这一年的酷旱帮了罗斯福的忙,大歉收使得政府减产"计划"甚至超额实现。农产品价格普遍提高了,但随着1935年收成的好转,部分产品的价格又有显著的回落。

在大力推行缩减农业生产政策的同时,为了"消灭"现有的过剩产品,罗斯福政府拨出了大批金钱,收购各种农畜产品,人为地加以毁灭。1933—1934年,数千万美国人挣扎于饥饿线上,政府却野蛮地毁灭了160万车皮的谷物、咖啡和食糖。至于牲畜,仅在1934年,政府即宰杀抛弃了大牲畜2300万头、猪600万头和羊500万只以上。这一罪恶行为,甚至造成国内肉类供应的困难。

关于整理农村信贷和债务方面,1933—1934年,罗斯福政府先后通过了《农业信贷法》,以及对农场发放新贷款,以便农场偿付抵押借款的两个法令,并建立了相应的政府机关——"农业信贷局""联邦农场抵押借款再贷款局"等。前一个法令规定:凡负债额不超过本身土地价值的50%和建筑设备价值的20%的农场,可从"农业信贷局"得到利息率较低(4.5%)的贷款。这个规定实际上剥夺了广大贫苦小农获得政府贷款的可能性。后一法令虽使部分农场主利用政府新贷款偿还了抵押借款,"赎回了"农场,但实际上不过是更换了债权人,国家取代私人银行成为新的债主。农民的困境很少改善。农场因负债而被强制拍卖的浪潮,虽受到某些抑制,但强制拍卖的农场数字仍大得惊人。在上述农业信贷机关活动的三年中,被拍卖的农场达60万个,即约占美国农场总数的1/10。从农业贷款中主要得利者是较富裕的农场主和私人银行,后者趁机收回了呆滞在农村的大批债款。

"新政"的城市政策和其他社会政策:为了笼络城市小资产阶级和缓和广大失业者的愤怒情绪,罗斯福宣布对银行存款加以保险,并发放了一些"住宅贷款"及"失业救济金"。经济危机期间,城市小资产阶级损失了动产和不动产,丧失了租金和利息,处境相当困难。在公布《存款保险法》的同时,罗斯福批准了《房屋抵押债务再贷款法》,成立"对房主贷款公司"，一年内即对城市小房主发放了 10 亿美元以上的贷款，供其赎回押出的房屋。以后，又颁布了《对房主贷款法》和《国家住宅法》等，规定给房主提供小额贷款，作修缮房屋之用。这类措施在一定程度上缓和了小房主们的困境；而抵押银行借此迅速地收回了大批呆滞的放款。在失业救济方面，1933 年 5 月，罗斯福批准了《紧急救济法》，成立"联邦救济署"，拨款 30 亿美元补助失业者。但是，对数千万人的失业大军说来，几十亿美元的失业救济金只是杯水车薪。1935 年，国会和政府又被迫通过《社会保险条例》。但实施范围不广，受益者只是一部分工人。

除上述各点外，"新政"还包括一些别的政策法令和具体措施。在国内经济方面，如为了加强垄断资本对交通及公用事业的控制，颁布许多有关运输的条例和《公用事业法》。

"新政"的破产。1935 年年中至 1936 年年初是罗斯福"新政实验"的重要转折点。经济的逐渐恢复，使得不少垄断集团改变了对"新政"的态度。他们过去从"新政"得到许多好处，所以拥护"新政"；现在却转而反对"新政"，认为它的"反危机措施"的"历史使命已经完成"，"国家对经济的调节"已不再给私人经营带来便利，而应该停止了。在这种形势下，"新政"的两大支柱——《产业复兴法》和《农业调整法》，便于 1935 年 5 月和 1936 年 1 月先后被最高法院宣布为"违宪"而遭到废止。至此，"新政"已明显地走下坡路；但是，"新政"并未结束。

新的经济危机的迫近和爆发，社会矛盾和阶级斗争的再度尖锐化，以及 1936 年竞选总统和其后维持第二届政府门面的需要，促使罗斯福继续采取一些"新政"的措施。从 1936 年到 1938 年，罗斯福政府又通过《土壤保护法》《新农业法》《小佃农取得土地贷款法》《国家劳动关系法》《公平劳动条件法》《恢复和救济法》等一系列法令，来复活业已遭到废止的《产业复兴法》和《农业调整法》的部分内容。这些措施，像以前的各项政策一样，只是起了维护垄断资本的利益和暂时缓和美国资本主义的尖锐矛盾的作用。它们既没有使美国经济真正得到"复兴"，更未能阻止 1937—1938 年经济危机的爆发。

以后随着第二次世界大战的临近，美国加强了扩军备战活动，其他国家也向美国大量订购军事物资,这使美国经济迅速活跃起来。"战争景气"的前景已很明显。于是,作为垄断资本的忠实代表的罗斯福,便公开走上削减和取消各种社会救济费用、禁止工人罢工、减少对富人的税收和大力扩充军事支出的备战道路。所谓"新政",到第二次世界大战前夕已经名存实亡了。

综上所述,可以看到:罗斯福"新政"是资本主义总危机特别是30年代美国经济危机的产物。罗斯福"新政"的目的是缓和经济危机及其后果;削弱和阻碍人民革命斗争的发展;巩固和加强垄断资本对劳动人民的统治。一句话,挽救摇摇欲坠的美国资本主义制度。"新政"的基本内容是大力发展国家垄断资本主义。这就是:实行强制卡特尔化政策,加强资本的集中,加剧垄断资本对中小企业的吞并;实行赤字财政和通货膨胀政策,扩大政府对垄断组织和大农场进行补助、贷款、采购、订货等的开支,保证垄断利润的增长;国家从垄断资产阶级总的利益出发,以"反经济危机"为名,对国民经济各部门进行所谓"调节";国家通过一定的经济和外交政策,加强美国垄断资本在争夺世界市场斗争中的力量;加强垄断寡头和政府的"个人联合",把政府中更多的重要职位分给垄断寡头及其心腹,使国家政权更进一步为垄断资本的利益服务;等等。国家垄断资本主义发展的结果,使美国帝国主义所固有的各种矛盾日益激化,"新政"终于破产。

"新政"的推行,在初期对缓和经济危机的后果虽然起到了一些作用,但它没能阻止新的经济危机的爆发,同时还引起了美国国家财政状况的恶化。罗斯福政府为"新政实验"共支出了约350亿美元的巨款,结果,在政府预算方面,每年都出现了数十亿美元赤字。国债总额在1932—1938年增加了130亿美元以上。

"新政"的一系列国家垄断资本主义措施,进一步加强了美国垄断组织的统治地位,使它们获得的利润愈来愈多。1934—1939年,美国公司的利润额(纳税前)共计266亿美元。大公司的财富增长尤快。200家非金融大公司的资产,在全部非金融公司资产中所占的份额,1930年为47.9%,1939年提高到55%。据美国国会所属国家资源委员会对250家最大公司的调查结果,八大财团的资产在 1935 年达到 610 亿美元,其中摩根财团 302 亿美元,库恩—罗比财团 109 亿美元,洛克菲勒财团 66 亿美元,芝加哥财团 43 亿美元,梅隆财团 33 亿美元,杜邦财团 26 亿美元,波士顿财团 17 亿美元,克利夫兰财团 14 亿美元。实际上,八大财团的资产规模比上述数字更大。

30 年代,美国工业各部门产品的垄断化程度进一步提高,是垄断资本势力加强的标志之一。1935 年,各部门 4 个最大的公司垄断各该部门生产的程度如下:汽车、胶鞋、橡胶轮胎、铜、金属罐及金属器皿等部门达到 75%—100%;在铝制品、人造丝、肥皂、农业机器、车厢、锌、钢、生铁、飞机、肉类、甜菜糖等部门达 50%—75%;在电机、船舶、石油、水泥、制鞋等部门为 25%—50%。同一年,在美国最大的 250 家工矿业、铁路、商业银行和公用事业公司资产总额中,八大财团所占的比重达到 62%,其中摩根财团独占 30.7%,库恩—罗比财团和洛克菲勒财团分别占到 11% 和 6.7%。

> **为垄断资产阶级效劳的白劳德修正主义**

罗斯福的"新政实验",曾经受到从资产阶级御用学者到工人阶级一切叛徒的同声赞扬。资产阶级分子胡说什么"新政"是"和平的革命","新政"下的美国已是"进步的资本主义"或"有计划和无危机的资本主义"等。公开的工贼和机会主义者——格林、托马斯之流,也随声附和,并无耻捏造出"新政"是"保证生产高涨的经济计划化"或"走向社会主义的确定的一步"之类的谰言。

值得着重指出的是,罗斯福"新政"(包括它的所谓"民主"措施),甚至还在美国共产党内有过一定的市场。以当时窃居美共书记职位的白劳德为首的修正主义分子,正是"新政"的积极拥护者。1934 年,白劳德从所谓对共产主义和美国民主及革命传统的关系的"分析"出发,提出机会主义的口号——"共产主义是 20 世纪的美国主义";而所谓"20 世纪的美国主义",就是美国资产阶级的民主主义。后来,他进一步发展自己的"一切阶级的美国民主"的论纲,于 1938 年无耻地宣称:"杰弗逊原则的充分的和完全的应用,民主思想按照今天的情况的一贯应用,这就自然会而且必然会达到共产党的全面纲领,达到美国的社会主义改组,达到美国经济的共有共管,为全体利益服务。"同时,他还强迫党在第十次党代表大会所制定的"党章序言"里,错误地写上:共产党只是"在按照今天变化了的情况来推进华盛顿、杰弗逊、潘恩、杰克逊和林肯的传统"①。这些事实说明:在罗斯福"新政"所体现的美国国家政权和垄断组织进一步结合的新情况面前,白劳德分子已经抛弃了马克思列宁主义,变成了工人阶级的叛徒。白劳德分子企图以"杰弗逊原则"和"华盛顿—林肯传统"来偷换马克思列宁主义,以资产阶级民主来代替无产阶级革命和无产阶级专政,以国家垄断资本主义来冒充社会主义,从而否定和取消无产阶级的阶级斗争,否定和取消无产阶级的革命领导权,否定和取消共产主义的革命前途,使无产阶级在思想上彻底解除武装,永远当资产阶级的驯服的奴隶。白劳德修正主义是与第二国际机会主义和洛夫斯通修正主义一脉相承的,它给这一时期美国共产党和美国工人阶级的斗争造成了严重的危害,大大地帮助了美国垄断资本及其工具——罗斯福政府。

> **1937—1938年的经济危机**

罗斯福"新政"并没有造成美国经济复兴和高涨的奇迹。从罗斯福上台时起,美国经济一直处在"特种萧条"之中,不久又爆发了新的经济危机。1933—1937 年,工业生产恢复很慢,如以 1929 年为 100,则各年工业生产指数为:1933 年——62.2,1934 年——68.4,1935 年——78.5,1936 年——92.9,1937 年——102。这一时期固定资本的更新很不够,它甚至落后于现有机器设备的物质磨损。严重的企业开工不足(在加工工业中,1934—1937 年开工率仅为 50.5%—73.8%),延缓了固定资本更新。大危机后资本家惊魂未定,也助长了这种趋势。固定资本更新不足的结果,生产资料生产恢复得很慢,使周期高涨缺乏现实的物质基础。然而,就是增长得不快的重工业生产,也迅即超过了市场需求。与此同时,广大失业军的存在、人民生活的贫困,以及国外贸易的萎缩,都加速着危机因素的成熟。

---

① 本段所有引语均转引自威廉·福斯特:《美国共产党史》,世界知识出版社 1957 年版,第 363 页。

1937 年,当经济高涨还未到来时,就爆发了新的危机。这次危机来势猛烈。危机期间,美国工业生产指数(按月度材料)下降了 31.8%。主要工业部门的产量在 1937 年第四季度就已大幅度下降。1938 年继续下降,1938 年同 1937 年相比,钢产量减少 43.1%,生铁产量减少 49%,煤减少 21.4%,汽车减少 97.8%。1938 年,加工工业开工率降为 64.9%,失业工人超过 1000 万人,失业率高达 19%。农业危机也再度尖锐起来,1937 年年底,农产品存货量猛增。同年,小麦价格下跌 29%,玉米价格下跌 36%,大麦和棉花价格下跌 35%。危机使美国对外贸易总周转额下降了 13 亿美元。

劳动者的生活在危机发生后又受到一次新的打击。工人平均实际工资,1938 年比 1937 年降低 10%,只相当于最低生活费用的 57%。黑人工资更低,只相当于做同类工作的白人工资的 1/3 到 1/2。农业净收入,1938 年较 1937 年减少 18.7%。

危机延续的时间不长(从 1937 年 9 月到 1938 年 5 月,共 9 个月)。第二次世界大战迫近所引起的国内外形势的变化,中断了这次危机的发展。罗斯福政府开始着手扩军备战,于 1938/1939 年度提出了高达 10 亿美元的空前庞大的平时军事预算。军事订货扩大了。同时,以德、日法西斯为主的欧亚资本主义国家,也纷纷向美国订购各种战略物资。这些都在不同程度上缓和了美国严重的生产过剩的危机。此外,欧洲各国大量公私资金逃到美国和巨额黄金的流入(1937—1938 年计 33 亿美元),是使美国的财政信贷在这一次未发生危机的重要因素。

美 国 国 际 经 济 地 位 的 削 弱

30 年代两次深刻的经济危机,大大削弱了美国的国际经济地位。

这一时期,在工业增长速度方面,日本和美国成了鲜明的对比:日本发展较快,美国则停步不前。甚至英国的增长速度也超过了美国。结果,在世界工业总产量中,美国的比重由 1929 年的 48.5%降为 1938 年的 32.2%,即比第一次大战前还低(1913 年为 36%)。第二次世界大战前夕,美国在铝、镁、车床、人造橡胶等重要矿产原料和工业制品的生产方面,已落在德国后面。军用物资生产比德国和英国都远为落后。

30 年代,美国原来拥有的巨额战债,已由"缓付"到实际上化为乌有。国外投资也急剧减少了,即由 1929 年的 172 亿美元降为 1939 年的 114 亿美元,减少了 1/3。这一方面是由于经济危机年代美国国外投资被大量抽回,或者遭到一定损失(如在德国);另一方面,则是由于国际信贷制度的紊乱和政治局势的动荡,美国新输出的资本额锐减。但是,在两次世界大战之间,国外投资带给美国金融资本的利润仍是惊人的,1920—1940 年,美国的私人国外投资收入达 139 亿美元,比同一时期的总投资额还多 21 亿美元。

30 年代,美国对外贸易一蹶不振。就周转总值而言,它远远落后于 20 年代末期水平。这一时期,随着英镑集团及帝国特惠制的建立,英国在世界市场上对美国转入反攻,并在英联邦的主要地区(澳大利亚、新西兰、加拿大、南非联邦等)的贸易中加强了自己的地位,使美国的比重显著缩减。法西斯德国这时也利用其廉价商品,特别是利用"划拨清算制度",在欧洲(尤其是东南欧)及拉丁美洲市场上排挤美国。在拉丁美洲 20 国进出口贸易总值中,1929—1938 年,德国的比重分别由 10.6% 和 8.1% 提高到 17.8% 和 10.3%,而美国的比重分别由 38.7% 和 34% 下降到 35.1% 和 31.5%。在亚洲市场上,尽管美国取得了若干进展,但其贸易增长速度远远不及日本和德国。这种竞争的结果,美国在世界进出口总额中所占的地位削弱了,即分别由 1929 年的 12.2% 和 15.6% 下降为 1938 年的 8.1% 和 13.4%,都退回到了第一次世界大战前的地位。美国这时虽然还保持了世界出口总额中的首位,但却丧失了 20 年代末刚夺到手的世界贸易总周转额中的第一位。

两次世界大战之间,帝国主义阵营内部的主要矛盾,长期以来是美英矛盾。美国一直采取扶植德国和勾结日本的方式来削弱英国,并妄图进而削弱和消灭社会主义苏联。但是,随着德、日法西斯势力的迅速扩张,随着德、意、日侵略轴心的建立,美国的利益受到了直接威胁,美、英矛盾退到了次要地位,美国与法西斯德国和日本的矛盾尖锐起来。美国长期以来纵容德、日法西斯的政策,落得了"搬起石头砸自己的脚"的恶果。

第三节　第二次世界大战时期美国经济的畸形"繁荣"和国家垄断资本主义的发展

美国统治阶级在第二次世界大战前夕,一直采取纵容侵略和观望取利的反动政策。1935年,美国通过了禁止对交战国出售军火的"中立法案",同时垄断组织却秘密地把大量战略原料甚至武器卖给德、意、日法西斯分子。第二次世界大战在欧洲爆发后,美国政府才自1939年11月4日起,准许反法西斯国家根据"现购自运"原则在美国购买军火。德国则通过"中立国"及美国垄断组织在美国套购。这使美国军火商大发其财。其后两三年中,大量黄金从各资本主义国家流入美国。以后,由于各国黄金外汇消耗殆尽,无力继续用现款在美国购买军火,以及美国人民坚决要求对反法西斯国家给以物质援助,美国国会才于1941年3月11日通过了"租借法案"。到1945年9月底,美国根据这一法案共供应各国(主要是英国和英联邦各国以及苏联)439.5亿美元的军火、设备、粮食、原材料及运输和劳务,并从各国取得了73.4亿美元的商品和劳务补偿。"租借法案"虽然对反法西斯战争起过一些积极作用,但它也大大促进了美国在全世界的扩张活动,并使美国垄断组织得到了巨大而有利的商品市场,大发战争横财。1941年12月7日,日本偷袭珍珠港,美国才在次日正式参战。

国家垄断资本主义的发展

美国还在正式参战以前,就已开始对经济实行"调节",建立了一系列"管制"机关。它们在战时拥有无限权力,并被垄断资本家及其亲信所把持。与第一次世界大战时期相比,第二次世界大战时期美国"调节"经济的机构更为庞大。战时经济的最高领导机关是"战时生产管理局",由通用汽车公司总经理克努德森担任局长,管理局下设多种具体机构,分管一定经济部门或领域。战时,政府在各个工业部门中组织"工业委员会"(按产品分类,1944 年共有 1009 个工业委员会),由政府官僚及大资本家联合控制。

美国战时经济的中心问题,是筹措庞大战费及分配和组织军事订货的生产。美国战时军事支出共计 3250 亿美元,占国家预算支出 80%以上,相当于同期国民收入的 43.4%。在这笔巨大战费中,真正用于对法西斯国家作战的只占 28%,其余 72%则变成了垄断组织的利润和准备新战争的预支款。美国统治阶级筹措战费的方法主要是:增加税收、扩大国债发行及通货膨胀。1939—1945 年,通过降低起征点、扩大纳税人数(由 300 万人增至 4270 万人)、提高税率以及征收超额利润税办法,共收税捐 1396 亿美元。其中,65.5%是居民所得税、间接税及劳动者交纳的其他税捐,超额利润税仅占 284 亿美元。战时公债增加了近 5 倍,1945 年年末达 2781 亿美元。银行及各公司是公债的主要购买者(2000 亿美元左右),这使它们在战争后期每年可得国债利息 30 亿—50 亿美元。流通中的货币量迅速膨胀:1938—1945 年,由 65 亿美元增加为 267 亿美元,即增加了 3.1 倍。结果引起了物价上涨。所有这一切筹集战费方法,其实质是把战争的负担转嫁到美国劳动人民身上。

美国战时国家军事订货的规模极大。从 1940 年 6 月到 1944 年 9 月,政府先后和 18539 个公司签订了供应武器弹药、粮食及军服的合同,其总值达 1750 亿美元。各垄断集团为争夺最有利的军事订货进行着明争暗斗。在上述订货中,33 个最大公司(占总数的 0.2%)共得到 895 亿美元的订货(占 51%);其次的 148 家公司(占 0.8%)得到 408 亿美元(24%);而 17414 家小公司(占 94%)仅得 181 亿美元(10%)。如加上直到 1945 年年底的订货,以及由政府采购的其他军用物资及劳务,则在战时 6 年中,国家军用物资和劳务的采购总值达 3105 亿美元,在战争的后三年,它占到国民总产品的 36%—42%。

为了迅速扩大军用物资生产,政府在战时通过预算拨款,建立了 2000 个以上军用企业(包括飞机制造、造船、化学、原子能、黑色及有色冶金、金属加工等)。仅按加工工业范围计算,政府战时兴建企业的投资约在 172 亿美元以上,占同期加工工业新投资额的 2/3。扩大投资的结果,美国工业生产能力在战时进一步扩大了,与 1939 年比较,其增长百分比如下:全部加工工业——31%,飞机及除汽车以外的运输工具制造业——143%,电机制造——75%,化学工业——72%,机器制造业——54%,有色冶金业——48%,石油加工业——23%,黑色冶金及建筑材料工业——各12%,汽车工业——4%。战前拥有大量闲置生产能力的部门(汽车、黑色冶金等),扩大较小;战时迅速扩大的是直接生产军备物资的重工业部门,如飞机、化学、无线电设备等工业。用于试验及制造原子弹的费用,战时达 20 亿美元。绝大部分"国家企业"(2/3)在战时无偿"租给"垄断组织经营,使后者既可免掉建立军事企业的风险,又可以利用不花钱的设备赚大钱。战后,这些企业的大部分,干脆以相当于原投资额几分之一的低价卖给了垄断组织。

严格管制原材料的分配,是战时经济"调节"的重要内容之一。早在1939 年 6 月,即通过"关于战略原料的法令",拨款 1 亿美元收购战略原料作为储备。1941 年 12 月,政府对进出口贸易(特别是战略原料进口及军火出口)开始实行严格管制。列入管制的物资品种,1941 年年底为 50种,1942 年年底为 150 种以上,1943 年年底达 880 种以上。除大量进口各种战略物资外,还在国内用补助金办法鼓励某些采矿部门增加产量。在扩大供应来源的同时,政府严格监督原料的分配和运输。为此采取了一系列措施,其中主要的是:首先,对有关军事的部门实行优先供应制度;其次,限制和禁止其他部门消费稀缺的原料,特别是有色金属、钢、生丝等物资;再次,规定企业的原材料储备量,实行定额制,并在生产中实行标准化及代用品制度,以节约缺乏的原料;最后,在受控制的材料计划名义下,由国家采行直接分配原材料的制度。

劳动力的分配是战时经济"调节"的另一重要内容。战时美国军队增加了 1100 万人,国家机关工作人员增加了 200 万人。同时还要扩大生产,特别是军事工业生产。结果,农业以外的物质生产部门工作者人数,在战时增加了 850 万人。流通领域也增加了 120 万人,连前共计 2000 万人以上。解决的途径:(1)吸收大批失业者(900 万—1000 万人)参加工作,使失业人数在战时降到最低点(1943—1945 年平均每年不到 100 万人);(2)动员妇女及未成年人参加劳动,共约 480 万人;(3)由于人口的自然增加,成年工人增多 250 万人;(4)使大批农业人口转入工矿运输业,以及利用外国雇工。此外,并把周平均工作时间由 1937 年的 37.7 小时延长到战时的 48—56 小时,以弥补劳动力的缺乏。战时各部门劳动力增长极不平衡,1939—1943 年,军事工业就业人数由 280 万人增加到 1040 万人,民用工业由 490 万人增至 560 万人。为了保证军事工业对劳动力的需要,一方面,实行优先供应制度,必要时命令其他工厂停工或封闭;另一方面,自 1943 年起,将工人固定在一些工作地点,剥夺工人的转移自由。战时,美国名义上虽未执行普遍劳动服役制度,但实际上劳动者均被驱入了"劳动苦役营"。

> 工业畸形发展和
> 生产与资本的集中

美国工业,特别是与军事有关的重工业得到了巨大发展。军事订货利润丰厚,"租借物资"的市场稳定,国土远离战场,拥有大量资源及劳动力,这些都是促成美国战时工业高涨的重要因素。以 1937—1939 年工业产量为 100,则工业生产指数的变化是:1940 年——120,1941 年——155,1942 年——190,1943 年——227,1944 年——223,1945 年——191。1943年是美国战时工业生产的最高点。以后由于苏军在欧洲战场上的决定性胜利,战局急转直下,对美国军火及物资需要量减少,引起了美国工业生产的逐年下降。战时,美国各工业部门发展的不平衡性极度加强,军事工业部门得天独厚,发展最快。1939—1943 年,重工业生产增长了 2.3 倍,轻工业生产仅增加 61%。武器军火在工业总产量中的比重,由 1939 年的 2%上升为 1943 年的 66%,重工业产品的 81%均为军用品。

在片面发展军事工业及有关的重工业的条件下,战时美国工业的生产和资本进一步集中。根据战时管制机构的决议,50 多万家小型工业企业(主要是消费品工业)及 500 多家小型商业银行被迫停业。1943 年以后,公司合并及吞并浪潮加强。在加工工业中,1939—1944 年,工人不足 50 人的小企业,在企业总数及工人总数中的比重,分别由 84.6%和 16.2%下降到 83.2%和 12.2%;而拥有 1000 名工人以上的大型企业的比重,相应地从 0.4% 和 39.7% 上升到 1% 和 52.8%,其中拥有 10000 名工人以上的巨型企业,在工人总数中所占的比重由 13.1% 提高为 30.4%。生产集中最高的是与军事关系密切的冶金、机器制造、化学以及煤和石油加工部门。资本集中速度相当惊人。1939—1945 年,在小公司绝对数及其资产比重剧烈减少的同时,拥有资产 5000 万美元以上的大公司,由 141 个增加到 216 个,其资产额由 237.4 亿美元增加到 450 亿美元。它们在加工工业企业数及资产总额中的比重,分别由 0.2% 和 42% 提高为 0.3% 和 49.5%。拥有资产 10 亿美元以上的工业及非工业大公司,其数量及资产额变化如后:1937 年是 30 个和 524 亿美元;1945 年是 45 个和 1071 亿美元。

战 时 农 业 的 发 展

第二次世界大战时期,由于根据"租借法案"及按一般贸易渠道把大量粮食及农产品输送到各同盟国,美国不仅摆脱了慢性农业危机,农业生产还得到了显著发展。如以战时最高年产量或牲畜数量与 1939 年水平相比,则各种主要作物及牲畜头数增长的百分比如后:小麦——49.5%,玉米——20.1%,稻米——38.5%,棉花——8.5%,牛——29.6%,羊——8.5%,猪——67.5%。马、骡头数因军用征调略有减少。农业(包括畜牧业)总指数的变化是(以 1947—1949 年为 100):1939 年——80,1940 年——83,1941 年——86,1942 年——96,1943 年——94,1944 年——97,1945 年——96。战时从农村中抽走了数百万男劳动力,主要由妇女老幼顶替男人工作,劳动力极感缺乏。在这种条件下,农业生产的发展要依靠大力增加农业机器及矿物肥料。农业机械化在战时有很大发展。1940—1945 年,拖拉机由 154.5 万台增至 242.2 万台,农场拥有的载重汽车由 104.7 万辆增至 149 万辆,联合收割机由 23 万台增至 54 万台,有挤乳设备的农场由 17.5 万个增至 36.5 万个,用电农场由 1853 个增为 2630 个。五年之中,农业中各种机器增加的数量,相当于过去十多年甚至 30 年间增加的总量。至此,机器普遍代替了畜力动力,美国基本上实现了农业的机械化。

战时大量劳动力外流,引起了佃农人数的减少(约 100 万人),在农业总人口中,佃农比重由 1935 年的 42.1%下降为 1945 年的 31.7%。大批黑人被征调入伍或转到北方城市工作,使南方奴隶制残余——种植园经济日趋没落。1930—1945 年,黑人集居地带的黑人佃农及分成雇农人数减少了 27.5%。但是,整个美国农村中土地集中的趋势,仍继续发展。1935—1945 年,拥有土地 1000 英亩以上的大农场,在农场总数中的比重由 1.3%升为 1.9%,它们在土地总额中的份额,相应地由 30.8%增为 40.3%。

人民的贫困化和
垄断利润的激增
　　由于美国远离战场,战时生产又有很大发展,所以它成为交战国唯一的例外,国民收入及国民财富逐年增长。按战前价格计算,国民收入由 1939 年的 725 亿美元增加到 1945 年的 1200 亿美元。但由于国民收入的新增加部分几乎全被用来满足战争需要,同期国民财富仅增加 2.5%。

　　在片面扩大军事生产及大规模输出物资的条件下,战时美国国内消费品供应非常紧张,并且存在着黑市。战时美国建立了"物价调节局",对一切商品价格加以管制。1942 年 3 月公布"最高价格法令",将商品的国家定价加以冻结。但事实上,物价仍继续上涨,批发物价总指数(以 1939 年为 100)由 1942 年的 128.1 上涨为 1945 年的 137.3。1942—1943 年,开始对糖、肉类、油脂、肉和鱼罐头、牛奶罐头、咖啡、胶鞋、汽油、鞋、煤等实行定额分配。结果上述物品的黑市交易额,每年高达数十亿美元。这一切给广大工人家庭带来极大痛苦。战时工人名义工资虽有增加,但远远落后于食物和生活费用上涨的程度,以至于实际收入只及 1939 年的 90%左右。而 70%的工人家庭则根本得不到最低生活费用。为争取提高工资及缩短工作时间,罢工斗争一直未断,每年平均约有 200 万人参加。农产品价格战时上涨特别快(共一倍多),工农产品比价同期由 77 上升为 117。整个说来,农场收入有显著提高,全部农业净收入,由 1939 年的 61 亿美元提高到 1945 年的 156 亿美元。

　　美国垄断资本在战时获得了暴利。1940—1945 年,美国公司纳税前利润共计 1168 亿美元,比战前 6 年增加 3.4 倍。得到军事订货最多的大公司的利润增长得尤其快,如以 1942 年与战前相比,5 个最大公司利润各增加 100 倍以上,另外 34 家公司增加 10 倍以上。经过第二次世界大战,摩根财团在各大财团中仍稳居首位;与军事工业关系紧密的洛克菲勒、梅隆、杜邦、克利夫兰等财团的势力猛烈膨胀起来;芝加哥财团的地位无大变化;而以铁路及轻工业为主要势力范围的库恩—罗比及波士顿财团则走向衰落,新兴的第一花旗银行财团及西部的美洲银行财团代之而起。

战 时 美 国 对
外 扩 张 的 加 强

第二次世界大战时期,美国垄断资产阶级利用特殊有利的条件,加紧对外进行经济扩张。战时美国出口实物量增加了近两倍,进口增加 20%。出口剧增是由于美国利用"租借法案"大举打入各国市场,特别是英联邦成员国的市场。美国大搞贵卖贱买的结果,战时在进出口贸易中榨取了各国人民 135 亿美元的血汗。战时美国资本输出也有增加,1945 年达到 153 亿美元,比 1939 年增加 34.1%。六年战争时期,美国国外投资收入共计 38 亿美元,与新投资额相近。

结果,在各资本主义交战国弄得民穷财尽的形势下,美国在资本主义世界中的经济地位进一步提高。战后初期,美国单独拥有资本主义世界工业产量的 53.4%(1948 年)、出口贸易的 32.4%(1947 年)和黄金储备的 74.5%(1948 年),都占第一位。由于英国战时变卖和损失了大量国外投资,经过大战,美国第一次夺得了最大资本输出国的交椅,大大加强了它作为世界金融剥削中心的地位。同时,在争夺资本主义世界原料产地的斗争中,美国也取得了新的胜利。1937—1946 年,在资本主义世界 23 种主要矿产原料的总开采量中,美国资本所占的比重,已由 54.9% 上升到 66.4%。美国靠战争的输血而空前肥大起来。战后,美国变成了最大的国际剥削者,它不仅剥削着广大的亚非拉人民,甚至对它在西欧、北美和大洋洲的盟国,也实行"弱肉强食"的政策,力图把它们踩在自己的脚下。

战后初期,美国垄断资产阶级为战时的经济"繁荣"和急速膨胀起来的经济军事力量所陶醉,骄横跋扈,不可一世。毛泽东同志当时即明确指出:"美国的战争景气,仅仅是一时的现象。它的强大,只是表面的和暂时的。国内国外的各种不可调和的矛盾,就象一座火山,每天都在威胁美国帝国主义,美国帝国主义就是坐在这座火山上。"①历史完全证实了这一科学分析。战后 30 多年来,美国已先后爆发了六次经济危机。同时,美帝国主义的对外经济扩张和政治军事侵略,遇到了亚非拉各国人民的坚决反抗。全世界人民反对超级大国霸权主义的斗争,正在日益蓬勃地向前发展。

① 《毛泽东选集》合订本,人民出版社 1967 年版,第 1155 页。

第 三 章

资本主义总危机时期的英国经济

第一节　20年代英国经济的长期萧条和
垄断组织的进一步发展

战后初期的经济动荡和1920—1921年的经济危机

第一次世界大战后的头几年,是英国政治经济动荡的年份。经过几年大战的严重消耗和破坏,英国经济更加虚弱了。1918年,工业生产下降到1913年的80.8%。一方面军事工业生产严重过剩,另一方面消费品生产严重不足。从1918年开始,与军事生产直接相关的钢铁工业等部门生产急剧下降。钢产量从1917年的972万吨下降到1919年的789万吨,同期生铁产量从932万吨降为740万吨。而消费品的缺乏,与国家继续用增发纸币来弥补财政赤字,又造成了物价猛涨,批发价格指数从1918年的225.9(以1913年为100),上升为1919年的242.4和1920年的295.3。英镑购买力仅及战前的1/3。工人的实际工资下降,失业增加。

在经济上一片混乱的同时,国内的阶级矛盾也空前尖锐起来。帝国主义战争带来的灾难,促使劳动人民加强了对垄断资本的反抗;俄国十月革命的胜利,更加鼓舞了英国工人阶级的革命斗争。罢工斗争从1917年的 730 次猛增为 1918 年的 1165 次,1919 年更达 1352 次,参加工人达 2591 万人次,比 1917 年增加两倍。

英国帝国主义把本国工人和殖民地人民的革命高涨,归因于苏俄的存在。于是,它和其他帝国主义国家勾结在一起,对苏俄发动武装干涉,企图把苏俄消灭在"襁褓"之中。1918 年 3 月,英国军队侵入苏俄领土,占领了外高加索和中亚细亚大片地区,对苏俄实行封锁,不断策动反革命暴乱。统治阶级的行动,遭到了工人阶级的强烈反对。1919 年夏,英国进步力量成立了全国"不许干涉俄国委员会",工人阶级到处举行示威游行,并拒绝装运运往俄国支援白匪的军火。在斗争中,工人阶级提高了觉悟,加强了组织性,参加职工会的工人从 1918 年的 450 万人增加到 1920 年的 650 万人,并在这一年诞生了英国共产党。

经过一段政治经济动荡之后,从 1920 年年初开始,英国经济出现了某些好转,即短暂的商业兴旺。如前所述,战争结束后,由于通货膨胀,英国的物价不断上涨,英镑急剧贬值。资产阶级为了避免这些因素给自己带来损失,大量抢购和囤积物资。一般居民虽然收入微薄,但因饱受战争带来的饥寒,也急需更换褴褛的衣衫和破烂的家具。因此,各种商品一经上市,就一抢而空,出现了"商品荒"。与此同时,被战争打乱了的世界市场也开始得到恢复,暂时摆脱了德国竞争的英国,商品输出在 1919 年以后有很大增加。这就更加刺激了国内市场的活跃和投资的狂热。

国内消费品的一时畅销和对外贸易的扩大,推动了英国工业的恢复和发展。1920 年,英国各项主要工业品生产都有相当大的增长。1919—1920 年,生铁产量由 740 万吨增至 816 万吨;钢由 789 万吨增为 922 万吨;造船量由 102 万登记净吨增为 123 万登记净吨。整个工业生产指数从 1919 年的 88.5(以 1913 年为 100)恢复到 90.9。

然而,这种虚假繁荣不过是昙花一现,仅维持了半年,从 1920 年第四季度起,工业原料、粮食和制成品的价格,就开始普遍急剧下降,工业生产大大减缩,陷入了战后第一次经济危机。

1920—1921 年的危机是一次世界性的经济危机,是在世界大战和战后虚假繁荣中积累的再生产矛盾的爆发。一方面,战时靠国家资助和订货发展起来的重工业生产,由于战后军事订货减少,自必大量过剩;另一方面,战后出现的商业兴旺,既不是建筑在社会购买力真正增长的基础上,又不是固定资本更新的结果,只是战时生活转向和平生活所引起的暂时现象。经过长期战争的煎熬、赋税的搜刮和通货膨胀的掠夺之后,居民的购买力很低。在生产稍有发展之后,势必迅即呈现过剩现象。另外,在战争中大发横财和生产空前扩大的美国和日本,在战争结束不久,又在国际市场上与英国展开了尖锐竞争。这不仅使英国难于恢复在战争中失去的传统市场,就是战败国所腾出来的市场,也很快被美日商品所占据。因而,英国对外贸易经过一段好转之后又迅速恶化了。

1920—1921年的危机,虽然是在工业生产还未恢复到战前水平的情况下发生的,但其深刻性却是空前的。在危机中,整个工业生产从最高点到最低点下降了46%,超过英国历史上任何一次危机。一些主要工业部门生产的下降幅度更大:生铁——67.4%,钢——59.2%,造船——68%。危机中商品批发价格指数下跌了48.6%,出口额下降了47.3%。

1920—1921年危机和工人斗争的高潮交织在一起。资产阶级极力把危机的重担转嫁到工人阶级身上,大批解雇工人。工人的失业率,1920年为2.4%,1921年突然上升到14.8%。失业大军在1921年6月达200万人以上。资产阶级利用存在大量失业工人的有利形势,1921年强制地将600万在业工人的周工资平均每人降低8先令,而矿工工资被削减到比1914年水平低20%。工人阶级对资产阶级的疯狂进攻进行了英勇反击,工人要求工作和增加工资的斗争,达到了空前的规模。1921年,因工人罢工而使资本家损失的工作日达8587万个,比1920年增大两倍以上。尤其是110万煤矿工人的大罢工,不顾政府的武装镇压和工会领袖的阻挠,曾顽强地坚持了3个月之久,写下了英国工人运动史上光辉的一页。

基本工业部门的衰落和新工业部门的发展 英国工业生产,在1921年第三季度开始回升;到1922年,各部门生产摆脱了危机状态。但是英国与其他资本主义国家不同,在20年代资本主义相对稳定时期,它并没有出现过经济高涨,而是长期处于萧条状态。

20年代,英国的工业生产是不稳定的。在1925—1926年和1928年曾经两度出现下降。在1920—1929年的十年间,达到战前1913年水平的只有1927年和1929年两年,直到1929年工业总产量只超过1913年水平的5.7%。和其他主要资本主义国家相比,20年代,英国工业生产增长的最少。例如,1929年与1920年相比,美国工业生产增长39%,法国——77%,第一次大战中遭到严重摧残的德国工业,增长了87%,而英国只增长了15.6%。

这一时期,各个工业部门的情况不尽相同。大体说来,老工业部门衰落了,新工业部门有了较大的发展。纺织、采煤、钢铁、机器制造(电机除外)、造船等五个老工业部门,在战前约占工业净产值的50%,其产品的输出额占出口贸易的70%,构成英国工业的基本部门。与战前相比,这些部门的生产,除钢和机器的生产有一定增长外,都是绝对地衰落了。具体情况见表3-1。

表3-1 英国基本工业部门的生产情况①

年份	煤产量(百万吨)	生铁产量(百万吨)	钢产量(百万吨)	机器制造业生产指数(1924年为100)	造船量(千登记吨)	棉花消费量(百万镑)
1913	291.04	10.42	7.78	—	1200	1920
1920	232.22	8.16	9.22	—	1278	1690
1924	270.40	7.42	8.33	100	877	1490
1929	261.04	7.71	9.79	121.0	931	1530

英国一些老工业部门的衰落,在向帝国主义过渡时期,还只表现为生产增长速度的减慢,生产量还有相当大的增长;可是在这一时期,则已经表现为生产量的绝对减少或完全停滞了。同时,这些老工业部门的生产设备,仍然处于落后状态。例如,到1931年,采煤业中的切割过程的机械化程度只达35%,而美德两国已达80%—90%。当时,英国采煤业中的搬

① 中国科学院经济研究所世界经济研究室编:《主要资本主义国家经济统计集》,世界知识出版社1962年版,第207—220页。

运和装车还是手工劳动,而美德两国的机械化水平已达 85%—100%。在 1930 年,英国的棉纺织机械的 42% 是 70—80 年以前的产品。即使这样效率极低的设备,也未能得到充分利用,经常有 20% 左右闲置着。由于销路困难,企业主甚至采取强制性的停工减产措施。1924—1927 年,大部分棉纺织企业,每周只能开工 20—25 小时;1927—1928 年,煤矿主关闭了拥有 3.43 万名工人的 540 处亏本的煤矿。1925—1929 年,煤矿工人的失业率平均在 16% 以上。造船业由于战时的过度扩展与战后受到外国造船业制造新型船只(使用柴油的机动船)的激烈竞争,也有大量的过剩设备。20 年代造船业的工人失业率平均在 30% 左右。就是战后生产有一定增长的炼钢业(1927 年炼钢设备能力约达 1200 万吨),设备利用率最高时也不超过 80%。

与老工业部门相反,汽车、电气、有色金属和化学等若干新工业部门,由于暂时地逃脱了德国的竞争,并从战败的德国获得了不少特许专利,加以在战时和战后对新工业部门先后实施了一定程度的保护措施①,因而在 20 年代中有相当的发展。例如,1923—1929 年,载重汽车产量由 2.36 万辆增为 5.65 万辆,小汽车由 7.14 万辆增为 18.23 万辆,已超过德国和意大利,居世界第二位。英国的飞机制造业,在这个时期也有较大的发展。到 1930 年,已有 38 家飞机制造厂,其中有 11 家是雇佣 1000 名工人以上的大工厂。发电量由 1920 年的 86 亿度增为 1929 年的 160 亿度;人造丝产量由 1922 年的 1600 万磅增为 1929 年的 5200 万磅。这些工业部门的发展,使英国的工业结构发生了一定的变化,新工业部门的产值,从 1907 年占整个工业产值的 6.5%,上升为 1929 年的 13.6%。

但是,新工业部门的发展,并未能改变英国技术装备落后、工业长期萧条和工业发展落后于其他国家的总趋势。英国在资本主义世界工业生产中所占的比重,由 1913 年的 14% 下降为 1929 年的 9%;同时期美国却

---

① 如 1915 年曾对汽车、钟表、影片等进口商品征收 33.3% 的关税。战争结束后,这些商品的关税被保留下来,并在 1921 年又通过了"保护工业法",进一步规定在五年内对光学玻璃、光学仪器、科学用具、精细的化学品、无线电器材等逐步征收 33.3% 的关税。以后,在 1925—1928 年列入保护的工业品续有扩大。但保护政策的全面施行还在 30 年代以后。

从36%上升为48%;德国到1930年也占了11%,重新超过了英国。

造成英国20年代工业长期萧条的因素是复杂的。除了历史上形成的工业部门结构和技术装备落后等原因外,总危机时期市场问题的尖锐化是个最重要的因素。国外市场对于英国经济一直有着重大影响,所以,在总危机时期,世界市场的变化对英国更为不利。

首先,在第一次世界大战期间,由于英国对殖民地和自治领的出口减少,以及英国不得不利用发展殖民地和自治领经济来为自己的侵略战争服务,殖民地和自治领民族工业在战时获得了发展的机会。例如,澳大利亚制造业的产值,从1913年的6100万英镑增加到1920年的1.09亿万英镑;加拿大制造业产值,1919年达32.215万加元,几乎超过了1890年的7倍,而其中相当大的部分是在第一次世界大战期间增加的;南非联邦的食品、制革、车厢、水泥等工业,印度的纺织和冶金工业,在战时和战后也都有相当大的发展。同时,战后殖民地人民掀起了争取民族解放的革命浪潮,自治领也为争取完全自治和平等,同英国进行了尖锐的斗争。在强大的殖民地民族解放运动面前,英国除了采取暴力镇压手段外,也不得不做一些妥协,如允许殖民地的资产阶级参加政权(如在印度),或予以名义上的自治(如爱尔兰)和独立(如阿富汗、埃及和伊拉克);承认了自治领在内政外交的自主权等。所有这些,削弱了它对殖民地和自治领的经济控制。此外,一些半殖民地国家(如中国、巴西等)也都在不同程度上发展了自己的某些轻工业,特别是棉纺织业。20年代,落后的农业国家由于农产品价格的长期下跌,收入下降,人民生活恶化,因而更多地转向购买日本、印度和本国所产价廉质次的产品,这也加剧了英国工业消费品特别是棉纺织品国外市场萎缩的趋势。

其次,美日帝国主义借着在战争中增强起来的优势地位,在世界各地市场上对英国展开了进攻。美英斗争的重要场所是拉丁美洲。在拉丁美洲的大部分国家的进口中,美国商品的比重都超过了英国。1913年,在20个拉丁美洲国家的进口贸易中,英国占24.4%,美国占25.0%;而到1930年,英国的比重下降为14.5%,美国上升为35.1%。美国对英帝国市场也加紧了扩张。1913—1929年,英国在其海外领地商品输入中所占的比重由 44% 减到 34%,而美国却由 22% 上升为 26%。甚至有的自治领在名义上是英国的势力范围,而实际上已经是美国的商品市场。例如加拿大,1929 年由美国输入的商品占输入总额的 68%,而英国只占 15%。日本商品在东南亚、印度和中国以及澳大利亚等国市场上,也在顺利地排挤着英国商品,特别是在纺织品出口方面更是压倒了英国。另外,英国的纺织品在巴尔干和中东还受到意大利的排挤。英国出口的煤,在欧洲市场上,则遇到波兰煤的剧烈竞争。

最后,由于战后新技术的发展,英国大宗出口的传统商品(煤炭和棉纺织品等)的国外市场条件恶化了。例如,意大利、法国和斯堪的那维亚国家从前都是购买英国煤炭的大主顾,但在它们的水力发电事业发展起来后,进口煤炭大大减少了。石油的广泛使用,内燃机代替蒸汽机,以及节省燃料的各种发明的应用,也都使对煤炭的需要量大大减少。战前英国每年煤炭出口量高达 7000 多万吨,在 20 年代一般只达 5000 万吨左右,最高也只为 6000 多万吨。战后人造丝生产的迅速发展,也使棉纺织品市场缩小。

此外,1925 年,英国为了挽回它作为国际金融中心的地位,不顾国内生产的成本价格水平,按照战前的汇率(1 英镑=4.89 美元)恢复金本位,高估了英镑价值,这也在一定程度上削弱了自己的对外竞争能力,对出口贸易造成了不利的影响。

以上这些因素,使英国出口贸易状况不断恶化。1920 年英国出口总值为 13.345 亿英镑,1929 年下降到 7.293 亿英镑。它在世界出口中的比重,由 1913 年的 13.9% 下降到 1929 年的 10.8%。这一时期英国的进口总值,虽也在下降①,但出口下降的幅度大大超过进口下降的幅度,因而贸易逆差不断增大。虽然从 19 世纪以来,英国就存在着贸易逆差,但直到 1913 年以前,每年的逆差额不超过 1.7 亿英镑,而在这一时期有时竟达到 4 亿英镑左右。

————————

① 1920 年后,进出口价格的下跌,也是使进出口的价值下降的一个重要因素。但进口价格比出口价格跌落尤烈,因此,英国以工业品交换落后国家的农产品和原料品,在 20 年代获得了不少利益。

影响英国 20 年代工业发展的另一个重要因素,是资本输出的迅速增长。英国为了挽救在第一次世界大战中失去的金融地位,加强对殖民地的统治,以及用增加国外投资收入来弥补贸易逆差,从 20 年代初就加强了资本输出。1920—1929 年,输出资本达 10.64 亿英镑,超过过去任何 10 年。到 1929 年,国外投资总额已恢复到 37.38 亿英镑,接近了战前 40 亿英镑的水平。国外投资的迅速增加,进一步加深了英国经济的寄生性和腐朽性,严重地影响了国内投资能力。1924—1928 年,英国基本工业的股票发行额年平均仅为 2140 万英镑,比 1904—1913 年平均额的 4100 万英镑,减少了将近一半。

> **20 年 代 英 国 农 业 重 趋 衰 落**

如前所述,在第一次世界大战期间,由于粮食进口困难,国内粮食供应发生危机,政府曾对农业采取了扶植政策,使农业生产有了一定的发展。但是,战争结束以后,特别是 1921 年政府停止补助,取消谷物进口限制后,农业立即重趋衰落。

在战争期间,由于各国对粮食的迫切需要,美国、加拿大、阿根廷、澳大利亚等国家,都大大扩充了谷物特别是小麦的播种面积,致使战后粮食生产出现过剩的现象。仅 1920—1923 年,国际市场小麦价格就跌落了一半,肉类、乳制品和蛋类的价格跌落 1/3 到 1/2。而英国在战后仍然实行粮食低税进口的政策,外国廉价粮食大量涌入,致使本国农产品遭到排挤,大量耕地重新变成荒地和草地,农业产量日益下降。

表 3-2　英国农业状况[①]

年份	小麦		大麦		畜牧业(百万头)		
	播种面积(千公顷)	产量(百万公担)	播种面积(千公顷)	产量(百万公担)	牛	绵羊	猪
1918	1131	26.2	744	15.0	12.3	27.0	2.8
1920	801	15.8	829	15.8	11.7	23.3	3.1

[①]　中国科学院经济研究所世界经济研究室编:《主要资本主义国家经济统计集》,世界知识出版社 1962 年版,第 189—192 页。

续表

年份	小麦		大麦		畜牧业(百万头)		
	播种面积 (千公顷)	产量 (百万公担)	播种面积 (千公顷)	产量 (百万公担)	牛	绵羊	猪
1924	648	14.4	595	11.6	7.8	22.2	3.6
1929	561	13.5	495	11.2	7.9	24.3	2.7

　　由表 3-2 可见,1918—1929 年,无论是谷物业还是畜牧业都是处于衰落的状态,特别是小麦的生产,播种面积和产量在这个期间都缩减一半左右。结果,国内消费的粮食和畜产品越来越依靠进口来满足。同时,小农场纷纷破产。据统计,英格兰与威尔士的农场总数,从 1913 年的 43.66 万个减为 1928 年的 40.1 万个,共减少了 3.56 万个,其中 3.32 万个是属于 50 英亩以下的小农场。大农场主为了压缩农场开支,纷纷使用机器代替人工。1913—1930 年,农业中使用的煤气机与柴油机增加了 4 倍,1925 年使用的拖拉机达 1.8 万台,以后续有增加。大农场还得到了根据 1923 年和 1928 年两次"农业信贷法案"发放的长期和短期抵押贷款的援助。在农业重趋衰落的过程中,英国农业工人的处境更加恶化了。1917 年起实施的关于农业工人最低工资(每周 25 先令)的规定,自 1924 年后就被取消了。失业人数不断增长。

垄断组织的进一步发展和阶级矛盾尖锐化

　　20 年代的英国垄断组织较战前有了进一步的发展。这一方面是由于生产与资本比较集中的新工业部门在这一时期得到了较大的发展;另一方面,国家对一些衰落的部门开始实行了一些干预措施,推动它们逐步走上了垄断联合的道路。

　　首先,战前出现的垄断组织,经过战时和战后一系列的合并和兼并活动,进一步扩大了规模,并渗入这一时期得到较快发展的新工业部门,成为工业垄断组织发展的核心部分。早在战前就在军火生产方面处于垄断地位的维克斯公司,在 1919 年吞并了大批企业,形成为包括一系列部门的康采恩。它在 1928 年又与另一军火垄断企业阿姆斯特朗—惠特沃斯公司联合起来,组成了维克斯—阿姆斯特朗公司。1929 年维克斯又与康美尔·列德公司一起,创立了强大的冶金托拉斯(英国炼钢公司)和车辆制造托拉斯(都会—康美尔客车及货车公司),从而维克斯成了以军火和机器制造为主的,在国内外拥有大批制造军火、军用材料、金属、船只、飞机和电气设备的大康采恩。化学工业在战前也是垄断组织最发展的部门。1926 年出现了由 4 个最大垄断组织(布仑纳·蒙德公司、联合制碱公司、诺贝尔公司和英国染料公司)联合而成的化学康采恩——帝国化学工业公司。这个康采恩在成立后不久控制了英国基本化学生产的95%,合成氮的全部和染料生产的40%,在国际市场上成为德国法本公司的最大竞争对手。著名的利华兄弟公司,经过一系列兼并活动,在 20 年代发展成为生产肥皂和人造奶酪的大康采恩。1930 年它与荷兰垄断组织人造奶酪联合公司合并组成尤尼莱佛公司。这家公司不仅控制了英国国内90%的人造奶酪和肥皂的生产,而且通过自己的 400 家子公司,把分布在 27 个国家的 800 个工厂联合起来,成为世界上肥皂、人造奶油、食品和化妆品的生产和贸易的国际垄断者。在汽车工业这个新兴部门中,1919 年出现的莫里斯汽车有限公司,在 1926 年兼并了一系列汽车及汽车零件制造企业,在 20 年代末控制了英国汽车产量的1/3。

其次,这个时期,在铁路、煤矿和造船等衰落的部门,也开始在国家干预下建立了一些垄断联合组织。第一次世界大战后,英国政府为了挽救国内工业的颓势,夺回在战争中被美日夺去的国外市场,加强了对经济的干预,通过各种方式,促进工商业特别是落后工业部门的垄断化。如1921 年,政府通过法律将在战前就已走向垄断化的铁路公司进一步合并为 4 个垄断联合组织。这四个联合组织,囊括了近 2 万英里铁路线和7.92 亿英镑资本,控制了全国铁路运输的95%,并握有近 7.5 万吨位船只以及许多船坞、港湾、造船厂和旅馆等。在国家的干预下,20 年代的最后几年,中部各郡的煤矿建立了控制生产和销售的卡特尔组织。1926 年,10 个大公司控制了全部造船业生产的66%。1929 年,在国家干预和英格兰银行的参与下,在棉纺织工业中成立了兰开夏棉纺织公司。这家公司的资本额达 1100 万英镑,它合并了 139 个企业,囊括了 625 万枚纱锭,力图在合并的基础上强制推行产业合理化,挽回棉纺织业的颓势。

另外,英国政府为了给垄断组织提供更有保证的利润,还局部推行国有化政策。例如,1926 年实行电力输配国有化方案,由国家出资修建了名为"格里德"的高压输电网,并成立了国家中央电力管理局,统筹电力的购买和分配事宜。

所有这些国家干预的措施,表明了英国的国家垄断资本主义在 20 年代已有所发展。

工业和出口贸易的长期衰颓,垄断组织的进一步发展,使英国工人阶级更加挣扎于失业与贫困之中。1900—1913 年,英国失业工人一直占全体工人的 2%—5%,而在 20 年代平均每年有 12% 的工人即 100 万以上工人失业。这种慢性的、长期的大量失业,给工人阶级带来了极大的痛苦,以致有许多人不得不离开祖国,漂流到海外。在 20 年代中,失业最严重的南威尔士,人口的 13.5% 移到了其他地区或国外。同时,资产阶级不断地以亏本等为借口,向工人阶级疯狂进攻,一再企图降低工资,延长劳动时间。1925 年 6 月底,英国煤矿主又宣布降低工资 10%,取消最低工资限额和全国性的工资合同。这是垄断资本向全体工人发动进攻的新信号。在资本家进攻面前,英国工人阶级毅然地采取了联合行动,铁路工人和运输工人决定举行全国范围的大罢工来支持煤矿工人。在强大的工人运动的威迫下,资产阶级不得不暂时退却,由鲍尔温首相亲自出马,于 1925 年 7 月 31 日宣布对煤矿业提供 9 个月的补助,煤矿主则撤回原定的要求。但是资产阶级的退却只是为了争取时间,做好镇压准备。9 个月后,煤矿主重申削减工资和延长工作日(7 小时改为 8 小时)的决定,于是煤矿工人、铁路工人、运输工人在 1926 年 5 月 3 日开始了声势浩大的总罢工。先后参加罢工斗争的工人达 400 多万人。总罢工使整个英国经济陷于瘫痪状态,显示了工人阶级无畏的力量。

然而,工会的机会主义领袖和工党头子,却被工人群众的英勇斗争所吓倒,他们在保守党政府的军事政治的恫吓下公然走上了投降道路。这样,在机会主义领袖的叛卖下,总罢工被平息了,而英勇的煤矿工人却一直把斗争坚持到 12 月。但他们的工资终于被削减,工作日也被延长了。

资产阶级开始了新的进攻。1927 年,保守党政府通过了"关于工业争议和工会法案"。根据这个法案,不仅总罢工,就是同情罢工也被视为非法;任何领导或参加"非法"罢工的人,要处以罚金和两年以内的监禁;拒绝接受雇主就业条件的失业工人,被视为刑事犯;禁止用工会基金支持工人在政治团体中的代表;禁止政府机关职员参加职工大会或工党等。而工会机会主义领袖却采取屈膝政策,主动建议与雇主合作,提出"共同努力改进工业效能和提高工人生活水平"的口号。1928 年,他们同以帝国化学工业公司创始人蒙德爵士为首的 20 个大工业家集团举行联席会议,产生了臭名昭彰的"蒙德主义"。蒙德主义的实质,就是要工人屈从垄断资本,牺牲工人阶级的根本利益,走阶级合作的道路。机会主义领袖的叛卖行为遭到了广大工人群众的强烈抵制。

第二节　1929—1932 年的经济危机和30 年代的经济状况　垄断资本统治的加强

1929—1932 年的危机和"挽救"危机的措施　　20 年代的经济长期萧条,并未使英国再生产的矛盾得到缓和。垄断资产阶级力图把经济衰落所带来的损害转嫁到工人阶级的身上,借机削减工资,推行"产业合理化",大批关闭陈旧的企业和解雇工人。20 年代平均失业率高达 12%。同时,20 年代的一般物价虽在下降,但由于垄断统治的加强,消费品价格同战前比较,仍然保持着很高的水平,生活费指数以 1914 年 7 月为 100,1929 年仍高达 164。从而,生产和消费的矛盾日益尖锐。加以英国经济严重依赖世界市场,1929 年世界经济危机爆发后,立即席卷了英国。

由于在这次危机爆发以前英国经济没有出现过繁荣局面,也没有固定资本的广泛更新和扩大,所以英国受到危机打击的程度较一些国家为轻。例如,在危机中,英国工业生产指数从危机前最高点到危机中最低点,只下降了 23.8%,但是,英国几个主要工业部门生产的缩减情况,仍然是十分严重的。例如,危机中生铁生产下降了 52.9%,钢——46%,造船——91%,棉花消费——27.5%。主要工业部门的大部分设备被闲置起来。受打击最严重的造船业的设备只利用了 8%,生铁冶炼设备和炼钢设备也只利用了 30% 和 42%。工人失业人数在 1932 年接近 300 万人,受保险工人的平均失业率达 22.2%。几个主要部门的失业率都在平均失业率之上,如煤矿业为 34%,冶金业为 47.8%,造船业为 61.7%。

这次席卷整个资本主义世界的大危机,一方面使各国的生产过剩达到顶点;另一方面使资本主义世界市场容量缩小到极点。因此,争夺世界市场的斗争达到了白热化的程度,而受害最大的是依赖国外市场最深、竞争能力较弱和基本上还在执行自由贸易政策的英国。在危机年代中,英国出口贸易额下降了 50%,其中制造品出口下降了 52.4%,1931 年贸易逆差达 4.068 亿英镑。同时,危机使英国的国外投资的价值跌去 25% 左右,国外投资收入从 1930 年的 2.2 亿万英镑减为 1931 年的 1.7 亿英镑。危机期间世界贸易的锐减,也使英国的海运收入从 1930 年的 1.05 亿英镑减至 1931 年的 8000 万英镑。这样,靠国外投资收入、海运收入以及佣金等收入来弥补巨大的对外贸易逆差已经不可能了。1931 年,在英国历史上第一次出现了 1.04 亿英镑的国际收支赤字。同年 9 月,英国被迫放弃金本位,实行英镑贬值。

1929 年危机爆发以后,英国统治阶级为了摆脱危机,巩固国内外统治,阻止其世界地位的下降,采取了一系列经济措施。

首先,从 1930 年起在国内实行了一系列牺牲工人阶级利益的所谓节约办法,即大量削减失业保险补助金和降低工人工资,征收加重劳动人民负担的新税等。在"贫穷状况审查"和"纠正保险费发放不规则现象"等法令中规定:凡每家有一个人工作,就取消全部失业保险补助金;如果家庭中男子已有工作,妇女的工作就被撤销。这样就为企业主解雇工人提供了法律根据。这些措施把劳动群众推向了饥饿的深渊。

其次,为了保护本国市场,防止外国商品的竞争,从 1932 年起,彻底放弃自由贸易政策,全面实行保护关税政策,对输入英国市场的外国商品一律课以 10%—33.3% 的从价税。另外,1931 年,英国放弃金本位,实行英镑贬值,对出口贸易也起了一定的刺激作用。但是,随着其他国家也纷纷放弃金本位制(日本在 1932 年年末,美国在 1933 年春),实行货币贬值,并高筑关税壁垒或限制进口,这些措施的作用就被抵销了。各帝国主义国家之间货币战和关税战的展开,使英国与其他帝国主义国家的关系更加紧张起来。

再次,为了巩固帝国市场,加强对殖民地和自治领的控制和剥削,1932 年 7 月,英国在加拿大首都渥太华召开了帝国会议,与各殖民地自治领缔结了一项共同采取保护关税措施的协定,即帝国特惠制协定。这个协定规定,英国对从自治领和殖民地输入的商品给予优待:(1)对大约 80% 的商品免税输入,另外 20% 的商品只征 10% 的关税;(2)英国限制自己从帝国外输入农产品,保证自治领和殖民地在英国销售的数额。英国得到的交换条件是:英国的工业品在自治领和殖民地市场享受优待,帝国内各国拟定关税政策时须接受英国的建议,提高对英国以外国家进口货的关税率。根据这些原则,英国分别与各自治领和殖民地缔结了一系列协定,对英国商品的进口税率一般减至商品价值的 20%。帝国特惠制,是英国巩固殖民统治和奴役剥削殖民地自治领人民的重要手段,对防止其他国家向帝国市场渗透,挽回英国在帝国市场上的颓势和促进国内经济发展起了一定的作用。

最后,英国在 1931 年放弃金本位以后,为了巩固英镑作为世界货币的作用,防止美国对其势力范围的染指,逐步组成了英镑集团。英国的殖民地、自治领(加拿大除外)和伊拉克、葡萄牙、瑞典、挪威、芬兰、丹麦、希腊、伊朗、泰国、中国以及拉丁美洲的阿根廷、巴西、哥伦比亚、巴拉圭、玻利维亚等国,都先后参加了这个集团。参加英镑集团各国的通货对英镑的比价必须维持固定不变,而对美元和其他各种通货的汇价,则应按照英镑对美元的汇价来确定;各国的外汇准备金则存放在伦敦各银行内,以供国际清算之用。英镑集团的建立,对英国扩大与参加集团国家的贸易起了一定的作用。1932 年 4 月,为了稳定英镑汇价,英国政府还设立了外汇平准基金。

此外,英国在1932年夏曾禁止外国在英国发行证券,以防止资本输出[1],并将银行利率由5%降为2%,以扩张信用,刺激国内投资。这对缓和危机,推动经济复苏,也起了一定的作用。

但是所有这些措施都不能根本挽救英国的危机,以后只是靠了国家对国内经济的进一步干预和扩军备战,才取得1935—1937年短暂的工业高涨。但不久,在1937—1938年又爆发了新的危机。

> **工业的短暂高涨和
> 1937—1938年危机**

1929年危机,经过1932年的最低点后,生产开始回升。但是,经济的回升进展得很慢,到1934年,英国工业生产指数仍较1929年低1.2%。进入1935年以后,英国工业出现了短暂高涨的局面,保持到1937年下半年。工业生产指数以1929年为100,1935年为105.8,1936年为115.9,到1937年达123.7。而1937年美国的工业生产比1929年仅增加了2%,德国增加了17.2%,法国还比1929年低17.2%,只有日本超过了48.8%(1936年)。因而,英国在资本主义世界工业生产中所占比重,由1929年的9%上升为1937年的11%。

这一时期英国工业发展的主要特点:一方面,得到关税保护的新兴工业部门和与军事生产相关的重工业有了较大的发展;另一方面,煤矿、造船和纺织等老部门,依然沉溺在慢性危机中。

渡过危机后,英国的炼钢业、机器制造业和一些新工业部门都得到很大发展。这首先是由于在保护关税和低利政策下,国内投资有了迅速增长。国内资本发行额自1931/1932年度的7090万英镑增至1935/1936年度的2.441亿英镑(超过了20年代的最高年份)。与此同时,国外投资却因世界政治经济情势的动荡和国内采取的限制措施而大大地减少了。1932—1936年,英国为外国发行的资本额只占新资本发行总额的20%,而在1925—1929年,曾占到41%。如就30年代英国的资本净输出来看,

---

① 这是防止资金外流增强英镑地位的短期措施。1932年9月后又准许向英帝国内部(自治领和殖民地)输出资本。1934年后对英帝国以外各国输出资本的禁令也逐步放松。

则不仅没有增加,反而减少了。1938 年,英国对外投资总额为 36.92 亿英镑,比 1929 年减少了 4600 万英镑。资本输出的减少,为国内投资的增加提供了有利条件。国内投资的增长,不仅使一些新工业部门扩大了技术装备,而且也促进了有关的其他生产资料生产部门的发展。

军备竞赛政策对这一时期英国的经济高涨起了很大作用。1929 年危机后,一些帝国主义国家把挽救危机的希望寄托在侵略战争上。首先是日本,随后是德国,在国内建立了法西斯政权,掀起了军备竞赛,并分别在亚洲、非洲和欧洲,先后开始了侵略活动,使帝国主义国家间的矛盾进一步尖锐起来。英国从 1934 年起就开始备战活动,1935 年正式宣布扩军计划。军费支出从 1935 年的 1.21 亿英镑猛增为 1937 年的 2.41 亿英镑。军费的增加,刺激了钢铁、机器制造、飞机、汽车、化学等工业部门的发展。炼钢业的装备到 1936 年夏已有 2/3 得到了更新。飞机工业从 1935 年后开始大量生产军用飞机。原来靠国内市场和出口增长而得到发展的汽车工业,1936 年后也开始生产飞机、坦克等军用品。

在保护政策和扩军备战的刺激下,新工业部门的迅速发展,进一步改变了英国工业的部门结构,新工业部门在工业总产值中的比重,从 1929 年的 13.6%上升到 1937 年的 17.6%。

此外,30 年代建筑业的发展,对这一时期英国经济的复苏和高涨也起了不小的作用。长期的房荒,新工业区的发展,国家的补助,低利政策的刺激,都使住房建筑成了过剩资本有利的投资领域。到 1937 年,建筑业成了比煤矿业或农业大得多的部门。

煤矿、造船、纺织等旧工业部门的生产,则依然沉溺在慢性危机中,到 1937 年年末还未恢复到 1929 年的水平。尽管在国家干预下,以推行产业合理化为名,废弃了大量设备,但企业开工仍然严重不足,失业率仍然很高,煤矿和造船业在 20%以上,棉纺织业在 10%以上。

旧工业部门的继续衰落,是生产效率低下和对外贸易状况继续恶化的直接结果。帝国特惠制和英镑集团的建立,在一定程度上增强了英国在自治领和殖民地市场上的地位。1929—1938 年,自治领和殖民地在英国出口中所占的比重由 44.4%上升为 49.9%;在英镑集团的其他国家所占的比重,由 7.4%上升为 11.7%。但是,由于这一时期整个世界市场的萎缩以及美国、日本、德国的强烈竞争,英国的出口贸易额,直到 1937 年也未恢复到 1929 年的水平。主要出口商品棉纺织品的出口情况更为不佳。1929 年,英国棉纺织品出口为 36.7 亿码,1937 年降为 19.2 亿码。同期,煤的出口从 6030 万吨下降到 4030 万吨;钢铁及其制品的出口下降幅度也很大。这一时期,汽车、化学产品、人造丝等出口虽有所增加,但远远不能抵销旧工业部门产品出口的锐减。同时,由于进口贸易(特别是原料和半成品进口)恢复的速度大大高于出口贸易,贸易逆差不断增大。加上海运业收入、国外投资收入以及其他收入的锐减,英国的国际收支危机,已成为经常的现象。1931—1938 年的 8 年中,有 6 年处于国际收支逆差状态。

工业高涨的片面性,对外贸易状况的日益恶化,经常性的大量失业(1937 年的失业人数仍达 137 万人,受保险工人的失业率达 10%),沉重的租税负担(1937—1938 年,平均税负增至 24 镑 16 先令),都使再生产矛盾日益尖锐。1937 年年末,经济高涨的形势消失,又爆发了新的经济危机——1937—1938 年的危机。这次危机比 1929 年危机来得更加猛烈。例如,1929 年危机的第一年,英国工业生产缩减了 8%,而这次危机的第一年却缩减了 9.5%。在这种情况下,英国统治阶级就更乞灵于军备竞赛。1938 年军费支出达 3.83 亿英镑,比 1937 年增加近 50%。1939 年军费更增至 5.3 亿英镑,比 1938 年又增加了将近 50%。军备竞赛和第二次世界大战的全面爆发,暂时制止了这次经济危机的发展。

30年代英国农业政策的改变和农业生产的改善

1929 年危机后,日益发展的国际收支危机,迫使英国放弃农产品进口方面的自由贸易政策。1931 年开始限制食品的进口。1932 年渥太华会议后,除对从帝国自治领和殖民地进口的粮食给予"特惠"外,对其他国家农产品的进口,规定了限额。在国内市场上也加强了管理。1931 年后,一部分农产品(如马铃薯、生猪、腊肉、火腿、牛乳等)先后分别建立了农场主协会和市场管理委员会,结合进口限额规定各该类农产品的生产量和销售价格。这项管理措施,人为地抬高了这些农产品的零售价格,取得好处的只是一些大农场主和攫取巨额购销差价的商业垄断公司。同时,政府为了保证地主和农场主获得高额收入,还对某些主要农产品(如小麦、大麦、燕麦、甜菜、家畜等)进行补助和津贴。例如,政府担保生产每夸特小麦能得到45先令,如市场价格低于这个水平,政府给予"不足补偿",所需费用靠提高面粉税支付。这种补助办法,到1937年被定为永久性制度。这种通过国家预算用消费者的钱袋来充填地主和农业资本家腰包的措施,是对广大劳动人民的露骨掠夺。同时,取得这种补贴政策好处的,又主要是技术装备较好、经营50英亩以上的大农场。

在政府的保护和津贴下,农业生产得到了一定的恢复,农业技术装备也有很大改善。农业拖拉机由1931年的2.2万台,增至1939年的5.26万台;拖拉机提供的动力,1925年占农业总动力的29%,1939年提高到62%。小麦播种面积由1930年的57万公顷扩大到1938年的78万公顷;小麦产量由1150万公担增为1990万公担。牧畜业也有所发展。但是,农业生产还远未恢复到第一次世界大战结束时的水平。例如1918年小麦产量为2620万公担,而30年代的任何一年的产量也未达到2000万公担。因此,1934—1938年,进口的谷物仍占国内消费量的70%,进口脂肪、肉类占85%,方糖占79%。英国的殖民帝国性质和大地主土地所有制,严重地阻碍着农业的发展。

30年代英国农业生产的改善是在大农场继续排挤小农场的情况下取得的。1938年英格兰和威尔士共有36.59万个农场,较1928年减少了3.51万个,而其中3.34万个是50英亩以下的小农场。由于大农场的技术装备有了显著的增加,英国农业工人从1925年的80.3万人减到1938年63.3万人。农业人口在自立人口中的比重也不断下降,到1939年中,只占了4.7%。

垄 断 资 本
统 治 的 加 强

1929年大危机加速了中小企业的破产和垄断组织的兼并活动。政府为挽救危机所采取的种种措施,特别是保护关税政策的推行和对落后工业部门的干预活动,为大企业垄断国内市场和生产创造了十分有利的条件。继20年代之后,新工业部门的进一步发展,"产业合理化"的进一步推行,更加促进了生产和资本的集中以及垄断组织的发展。因此,到 30 年代,英国已经基本扭转了在工业集中和垄断组织发展方面的落后状态,成为垄断资本高度发展的国家。

1935 年,从业人员在 500 人以上的大企业,虽然在数量上只占 10 人以上企业总数的 3.1%,而它们所雇佣的职工却占 10 人以上企业全体职工的 45.4%;其中从业人员在 1000 人以上的最大企业只占企业总数的 1.1%,而雇佣的职工竟占全体职工的 21.5%。生产集中的程度在各部门是不平衡的。1935 年,炼钢业中雇佣 1000 人以上的最大企业,其职工占该部门全体职工的 57%,造船业为 45.5%,飞机制造业为 76.5%,电气工业为 59.9%,普通机器制造业和化学工业都为 30%。这些部门的集中程度都是高于上述一般水平的。但是像棉纺织业、毛纺织业、缝纫业、制鞋业和造纸业等,其集中程度都低于一般水平。总的来说,到 30 年代中,英国工业集中水平,已经和美国相差不远。英国雇佣 500 人以上的大企业里,在 1935 年集中了加工工业全体工人总数①的 32.2%;美国同样规模的企业,在 1936 年集中了全体工人的 35.5%。

在这个时期,英国垄断资本发展的主要特点之一,是一些长期萧条和衰落的部门,在政府的干预和推动之下,以推行“产业合理化”为名,开始大规模地联合为卡特尔或托拉斯。这是英国国家垄断资本主义在 30 年代进一步发展的一个重要表现。例如,1929 年成立的兰开夏棉纺织公司,合并 139 个棉纺织企业后,于 30 年代初借口实行“合理化”,将其中设备陈旧的 52 个企业拆毁了。1936 年,政府用向棉纺织业征收资本捐得来的款项,又收买和拆毁了一部分中小企业的纺织设备,进一步加强了设备较好的大企业在纺织业中的垄断地位。在造船业中,1930 年,在银行的资助下组成的全国造船保险公司,到 1937 年先后收买了 137 家造船厂,拆毁或关闭了年产 100 万吨船只的造船设备(约占造船设备能力的 1/3),从而加强了大企业的统治地位。在采煤业方面,1930 年,政府颁布了采煤业组织区域卡特尔化的法案,分区制定采煤限额和最低售价,并设

---

① 包括 10 人以下的企业中的工人。

立煤矿重组委员会,推动采煤业进行合并,实行"生产合理化"。到 1934
年年初,采煤业已成立 17 个区域卡特尔。1936 年,英国政府又进一步制
定采煤业强制合并法案,不遗余力地促进采煤业的垄断化。在冶金工业
中,1929—1930 年,在高额关税保护和政府的干预下,形成了五大垄断集
团:联合钢铁公司、英国钢铁公司、道曼·朗公司、盖斯特·金—纳德福特
公司和兰开夏钢铁公司。1932 年又成立了使整个冶金业卡特尔化的英
国钢铁联合会。在这个联合会中,10 家大公司控制了生铁生产能力的
47%和钢生产能力的 60%。

新工业部门中的垄断组织,在 30 年代进一步加强了。汽车工业中的
六大垄断公司——奥斯汀、福特、莫里斯(即纳菲尔德集团)、标准、渥豪
尔、鲁茨,在第二次世界大战前夕,几乎占了英国全部汽车产量的 9/10,
其中前三家公司就占了 2/3。此外,在扩军备战声中,军火康采恩维克斯
公司,帝国化学工业公司以及飞机工业中的大公司等,都进一步扩大了自
己的势力。

垄断殖民地和落后国家原料生产的垄断组织,也有了进一步发展,而
且仍然是实力最雄厚的。例如,在英国全部垄断组织中,名列前三名的就
是英伊石油公司、英荷壳牌石油公司和缅甸石油公司。这三家石油公司,
在 1939 年控制了中东石油生产的 76%,是美孚石油公司的最大竞争者。
这些公司虽然主要是在国外活动,但它们的董事在国内上百个公司中担
任着领导职务,控制了许多银行、保险公司、地产公司、航运、贸易、钢铁、
化学等企业。此外,英国垄断资本在殖民地和自治领,除继续垄断钻石和
黄金的开采外,还控制了锡、铜、锰、镍、橡胶等战略资源的开发。

随着工业中垄断资本统治的加强,银行业的集中和垄断也进一步增
强起来。银行"五巨头"的垄断势力有了极大发展。"五巨头"吸收的存
款,1913 年占股份银行存款总额的 39.7%,1938 年达 86%。1938 年,英
国共剩下 26 家股份银行,它们的支行达 12132 处,其中"五巨头"就占了
8620 处。

在这个时期,银行资本的最大变化,在于银行资本和工业资本的融合
空前地发展了。促成这种变化的主要因素,一方面是工业资本对银行资

本的依赖性加强。第一次世界大战后,工业的长期萧条和旧部门的急剧衰落,使工业企业的资本周转缓慢下来;而"产业合理化"政策的推行和新工业部门的发展,对货币资本的需求空前地增大了。因此,工业企业迫切要求得到银行的长期贷款,在资金上取得银行的大力支持。另一方面,银行对工业的投资兴趣也增长了。战后殖民体系的动摇,资本输出的风险加大,使银行对国外投资日益小心谨慎起来。特别是1929年危机爆发后,商品滞销,价格猛跌,对银行负有大量债务的钢铁、纺织、造船和铁路部门的企业,纷纷破产或陷于亏蚀状态,直接威胁到银行资本的利益。于是,以英格兰银行为首,在1929年11月创立了证券经营托拉斯,领导工业证券的推销工作。1930年,英格兰银行又在大商业银行和投资公司的参加下,成立了"银行界工业发展公司",资助和参与工业"改组"工作,首先是钢铁、造船、纺织工业的"改组"工作。该公司拥有资本600万英镑,其中75%来自大商业银行。随后,出现了银行资本大量涌向工业的浪潮。例如,密德兰银行积极参与了化工、纺织、烟草、铁路、航运等部门的投资活动,并与帝国化学工业公司、英国棉线公司等大垄断组织建立了密切联系;巴克莱银行则与电工、有色冶金、化工等部门建立了联系;劳埃德银行主要参与造船、煤矿和石油工业;威斯敏斯特银行主要是与煤矿、钢铁、航运业相联系;国民地方银行则特别重视对钢铁工业的投资。银行"五巨头"同大工业企业融合的另一个重要标志,是彼此互兼领导人的"人事安排"加强了。1938年,五大银行董事会的100多名董事,在各类股份公司中兼任了1000多个董事职位。他们成了英国金融寡头的核心。

上述情况表明,英国金融资本对整个国民经济的统治大大增强了。不仅如此,英国金融资本也控制了英国的国家机器。在英国议会中的保守党议员,绝大部分都是大股票持有人,其中很多在大企业中占有经理职位。保守党内阁中的首相、大臣,不少也是大企业、大银行的大股东或经理、董事。垄断资本家进入国会和内阁,是为了更直接利用国家机器压制劳动人民,为垄断资产阶级谋取更大的利润。

30年代既是英国垄断资本统治空前加强的年代,也是英国工人阶级在机会主义领袖的叛卖下灾难深重的年代。他们不仅在危机时期经历了

300万工人失业和工资、"福利"横遭削减的惨痛岁月,生活和自由的权利受到了资产阶级凶狠的袭击,就是在扩军备战带来的工业高涨时期,也没有什么相应的改善。1932—1937年,劳动生产率提高了20%,但是工人的实际工资却下降了。1935—1937年,货币工资平均增加了7.6%,但生活费用上涨了8.2%,而同一期间,工业利润增加了25%。即使按照资产阶级经济学家计算的最低生活标准衡量,在伦敦就有1/3的家庭生活在贫穷线下。从个别工业部门看,则采矿业中80%的工人,公用事业中57%的工人,建筑业中50%的工人,纺织业中46%的工人,生活在贫穷线下。生活得到改善的仍然只是少数的熟练工人。即使在工业生产最高的年份,失业人数还有150万人,其中25万人是陷于饥饿深渊的长期失业队伍。在这种情况下,基本工人群众,特别是失业队伍,往往不顾工会上层机会主义者的阻挠,不断地掀起示威游行和罢工斗争。1935年是英国工人阶级从屈辱中重振起来的转折点,当时,垄断资本的喉舌《泰晤士报》就曾惊呼:"产生1926年总罢工的精神再一次显示出来了。"

第三节　第二次世界大战中英国经济实力的进一步削弱与英帝国的没落

战时国家垄断资本主义的发展

　　第二次世界大战是由德、意、日法西斯国家发动的。面临国内外重重矛盾的英帝国主义,一贯仇视苏联,曾对世界法西斯势力及其对外侵略行为采取纵容态度,处心积虑地企图借德、日法西斯之手消灭苏联。可是,搬起石头打自己的脚,随着德国军国主义的迅速复活,抱着吞并世界野心的希特勒德国,在占领了欧洲大陆的一些国家后,1939年9月初就把侵略矛头指向了英国,迫使英国不得不对德国宣战。英国参加战争,不仅是为了打击德国,也是为了挽救经济危机,巩固殖民体系,保证垄断资本的最大利润。

战争开始后,国家立即加强了对整个经济的干预和控制,建立了完全由垄断资本操纵的战时内阁和管制经济机构。例如,在内阁方面,密德兰银行经理约翰·安德生担任财政大臣;联合电气工业公司领导人奥列弗·李特尔顿担任生产大臣;钢铁联合会的安德鲁·邓坎担任供应大臣;刘易斯食品公司的伍尔顿担任粮食大臣等。在经济管制机构方面,铝的管制由英国铝公司主持;钢铁管制由英国钢铁联合会主持;有色金属由英国金属公司主持;硫酸管制由帝国化学工业公司主持;等等。1944年,帝国化学工业公司董事长麦高温在格拉斯哥商会上报告说,当时有2500个来自托拉斯领导机构的人"为国家服务",可见垄断资本对国家机关控制的程度。

国家机关愈益成为垄断资本搜刮和压榨人民血汗的工具。政府支出由1939/1940年度的140820万英镑增为1944/1945年度的617950万英镑,5年之内增加3倍以上,其中80%以上是军事开支。这项庞大开支的来源主要有三:一是税收。1938—1945年,国家税收增长了3.6倍,占国民收入的比重从21%上升为40%以上;按人口平均计算的赋税负担,从25英镑增为75英镑。二是国债。战时公债增加近两倍,一直占国家收入的30%以上。国家公债的绝大部分集中在垄断资产阶级手里,他们靠拥有公债券取得巨额收入。三是通货膨胀。为了弥补日益增大的预算赤字,政府大量发行纸币,战争期间,货币流通量增加2.6倍,英镑贬值近50%。庞大国家支出的重担,完全压在劳动人民的肩上,并且通过垄断组织把持的政府和经济管制机构,源源不断地流进垄断资产阶级的腰包。经济管制机构的任务,就是负责与垄断组织签订军事订货合同,分配国家的投资、原料和津贴,用国家预算建立和装备为垄断组织谋取利润的工厂以及调配劳动力等。在战争期间,国家对工业的投资达10亿英镑,其中1/2用作建立国营军需工厂。这些工厂建成后,便交给私营公司进行经营,或者廉价卖给大垄断资本家。截至1946年,有117个国营大军需工厂转到私人手里。国家投资的另一半,则直接用于扩大私营企业的拨款。战时私人飞机制造公司资本的1/3是由政府供给的。同时,国家每年与垄断组织签订总值达 5 亿英镑的军事订货合同,保证其获得高额垄断利润。

另外,政府通过强制手段加强工业生产的集中。仅在 1941—1943 年,政府就以平时经济转为战时经济为借口,用关闭和转让的办法,将 52 个部门中的 2800 个企业合并于大垄断资本之中。因此,在战争时期,生产的集中和垄断空前地加速了。雇佣 500 人以上的大企业中的工人占加工工业工人总数的比重,由 1935 年的 32% 提高到 1947 年的 41%;其中雇佣 1000 人以上的最大企业,相应的比重由 19.4% 提高为 28.1%。

战 时 的
工 农 业 状 况
战争的爆发和国民经济军事化,中断了 1937—1938 年的经济危机的发展,工业生产在 1939 年以后得到了较快的发展。整个工业生产在 1944 年达到了战时最高点,超过了 1939 年水平的 25%。这种增长是靠国民经济军事化和牺牲民用工业的途径达到的。截至 1944 年 7 月,直接从事于军事工业生产的工人达到 400 万人。战时最高产量与 1937 年相比,飞机生产增加 9 倍,载重汽车增加 36%,造船增加 31%,电力增加 63%,钢产量也有少许增加。其他工业生产则普遍下降了。煤炭工业战时最高年产量只有 2.06 亿吨(1941 年),比战前水平低 24%,以致英国这个最大的产煤国,竟在战时发生了煤荒。消费品生产的缩减最为严重。与 1937 年相比,战争结束时棉织品缩减 60%,毛织品——37%,靴鞋——20%,造成了消费品的严重缺乏和价格的飞涨。

战争期间,除新建和扩建的一批军事企业外,几乎所有工业设备都未得到更新和改善。为了应付战争的急需和保证垄断组织的利润,国家强制工人加紧生产,工业劳动生产率提高了 25%—30%。这不仅使工人蒙受沉重的军事苦役,也使机器设备遭到了严重的磨损。德国的轰炸,又使英国工业的一部分固定资产遭到破坏。从 1945 年年初起,英国工业生产就普遍开始下降。

德国的海上袭击给英国海运业造成极大的损失。尽管战时英国造船业有相当发展,每年造船量都在 100 万吨位以上,但到战争结束时,商船队的吨位已仅及战前的 75% 了。

战时英国农业遇到的困难最大。战争爆发后,希特勒的潜水艇封锁了英国的大部分商路,使粮食进口迅即缩减了一半以上,国内发生了严重的粮食危机。政府再次采取干预农业生产的措施。各地区建立农业管理委员会,对农业经营进行监督,迫使妇女参加生产;同时,提高农产品价格,供给农村农业机械,并对开垦草地的农户发给奖金。1940—1945年,一共开垦了800万英亩的草地。谷物播种面积,1938年占农业用地的18.5%,1944年增为30.3%。农业中机械动力增长了1.6倍。农业劳动力增加8%—9%。因此,战时谷物生产有很大增长。1938—1944年,小麦产量由197万吨增为314万吨;糖用甜菜由220万吨增为327万吨。

但是,粮食耕地的扩大,在很大程度上是靠缩减饲料用地达到的。整个战争期间,饲料资源减少了25%—30%,而精饲料减少了50%,从而使畜牧业受到严重打击。战时,除牛的头数略有增加外,羊、猪和家禽的数量都大大减少了。

粮食生产的改善,弥补不了因进口减少而产生的不足。从1940年1月起,英国对主要粮食产品实行了定量配售制。以后配售范围不断扩大,居民的食品消费量被压低到最低水平。1938—1943年,居民消费的肉类减少21%,油类——69%,糖——31%。衣着也在定量配售之列,战时成人居民衣着消费量较战前减少了一半。

战争使英国经济实力严重削弱和殖民体系开始瓦解

战争使英国的经济力量遭到严重的削弱。战争夺去了英国41.2万人口。全国1/4的财富毁于战火之中。有46万栋房屋遭到毁灭或严重破坏,使几百万居民无家可归。

在工业生产方面,技术装备更为陈旧了。英国在资本主义世界工业生产中的比重,进一步从1937年的12.5%,下降到1948年的11.7%。它落后于美国越来越远了。在海上力量方面,战前英国商船和军舰的总吨位都仍占世界第一位,但经过战争,美国远远越过了它。1947年时,英国商船总数为1780万吨位,而美国达3240万吨位;英国海军拥有150万吨位军舰,而美国已达380万吨位。"不列颠统治海洋"的时代已一去不复返了。在对外贸易方面,按1935年的价格计算,1939—1944年,英国出口贸易减少了 69%，进口贸易减少了 40%。英国在资本主义世界贸易总额中的比重，由 1937 年的 14%下降为 1945 年的 13%，而美国却从 12%上升为 22%。

战争使英国财政经济在一定程度上依附于美国。战时英国进口商品的 60%来自美国。在战争开始后的一年半时期中，英国没有获得美国的财政"援助"，不得不用黄金和外汇来支付美国的进口货款。到 1940 年度，英国的黄金和外汇储备几乎已耗费殆尽。1941 年 3 月 11 日，美国通过了"租借法案"。根据这个法案，在战争期间，英国从美国借进了价值达 270 亿美元的物资。扣除英国对美国的物资供应价款外，英国共欠下美国 210 亿美元的债务。① 同时，在租借协定中，包含了许多旨在破坏英国在帝国市场上霸权的条款，如要求英国减低关税，取消特惠制等。战时英国无力以大量商品供应自治领和殖民地，于是，美国商品大量涌入英帝国市场。例如，美国在印度进口中的比重，从战前的 4%增加到 1944 年的20%；在澳大利亚，从 15.6%增加到 39.2%；在南非联邦，从 17.4%增加到27.4%。此外，美国还迫使英国用海外的许多空军基地和海军基地来换取租借供应。

在战争期间，英国为了从外国购运战争物资，一共减少了 11 亿英镑的国外投资，并举借了外债，严重地削弱了它的国际金融地位。战时国际收支逆差达 40 亿英镑。

战争使英帝国内部的离心力空前增长，英国的殖民体系开始瓦解。和第一次世界大战一样，英国为了满足军事上的需要，加紧了对殖民地和自治领原料的掠夺，不得不在殖民地和自治领发展一些采矿业和原料加工工业。同时，由于英国商品输入减少，殖民地和自治领的民族工业也得到了发展的机会。在战争期间，埃及的工业企业数增加了 40%，印度的工业总产值增加了 10%，加拿大、澳大利亚、南非联邦等的工业生产增长更大。这一方面削弱了帝国内部联系的经济基础，即削减了英国商品对殖民地、自治领的推销，以及殖民地、自治领在销售原料上对英国的依赖；

---

① 这笔欠款最后处理时，以英国偿付美国 1.62 亿英镑（约 8 亿美元）了事。

另一方面,又使当地的民族资产阶级和工人阶级随之壮大起来。

战争期间,由于殖民地、自治领供应英国的物资大大超过英国供应它们的商品,英国在与殖民地、自治领的贸易中形成了巨额逆差。可是英国以宗主国的横蛮立场,对殖民地、自治领供应的商品概不付款,而强制地记在它们在伦敦的英镑账户上。战争结束时,英国欠殖民地和自治领的债务总额达 27 亿英镑之多。战后,英国长期赖着不还,甚至利用债权国要动用这笔"英镑结存"的谈判来干预对方的经济政策,这又加深了它同殖民地和自治领人民之间的矛盾。

此外,英国本身的削弱以及美帝国主义对英国殖民地和自治领的渗入,也大大减弱了英帝国主义对帝国内部的控制力量。世界反法西斯战争的胜利,特别是中国革命的伟大胜利,更大大地削弱了帝国主义阵线,鼓舞了全世界殖民地、半殖民地人民的民族解放斗争。这就使英帝国主义的殖民体系面临土崩瓦解的形势。在战后,出现了英国殖民地摆脱英国的直接统治、建立民族独立政权的浪潮。当年的"日不落帝国",终于"日薄西山",无可挽回地没落了。

第 四 章

资本主义总危机时期的德国经济

第一节　第一次世界大战的严重经济
后果和战后的经济恢复

战后初期的经济
混乱与政治危机

第一次世界大战期间,德国经济遭受了巨大的破坏。加之德国战败后被迫接受《凡尔赛和约》,以及德国政府执行反动的政策,这就更加重了战后初期德国经济的困难和混乱。

1919 年 6 月 28 日,协约国将《凡尔赛和约》强加于德国。协约国通过这项和约企图达到的目的是:掠夺和奴役德国人民;压制和控制德国,阻止它重新变成自己的竞争对手;变德国为反对社会主义苏俄的前哨。

根据"和约"的规定:资源富饶的阿尔萨斯和洛林两省割还法国;波兹南和其他一些地区则分别划归波兰、比利时、丹麦和立陶宛。结果,德国丧失了 1/8 的国土、1/12 的人口、3/4 以上的铁矿资源、2/5 以上的生铁产量、1/3 以上的钢产量、1/3 的煤产量、3/5 以上的锌矿资源和炼锌量,以及 1/7 的耕地面积。"和约"还剥夺了德国的全部殖民地,它们被英国、法国、日本和比利时等国瓜分。德国的全部国外投资,也由各战胜国没收了。

通过"和约",协约国对德国的军备和国防进行了限制,对莱茵河左岸地区实行了军事占领,并强迫德国交出一系列主权。德国的铁路、河流、港湾和其他公共机关交由协约国的共同委员会管理,德国的税收和海关也由协约国直接掌握。"和约"还规定德国向协约国交付巨额的实物赔偿。赔偿品包括:吨位在1600吨以上的全部船只和吨位为1000—1600吨的船只的半数;1/4的德国渔船;5000辆机车,15万节火车车厢和5000台卡车;大批农业机器及14万只奶牛。德国还须为协约国无偿建造新船只100万吨,并向协约国逐年交出大量的原煤、建筑材料、化工产品和奶牛,以抵充部分赔款。绝大部分商船的丧失,致命地打击了德国的对外贸易活动;国内陆上交通工具的锐减,也严重地影响了德国国内正常的商品流转过程。

赔款问题是《凡尔赛和约》中最棘手的问题,也是德国和协约国长期争执的焦点。在"和约"签订时,关于德国的赔款问题尚未达成协议。1920年6月,在布隆召开的第一次赔款会议上,规定德国的赔款额为2690亿金马克,但德国并未执行。1921年1月的巴黎会议上,协约国同意把赔款额减为2260亿金马克,德国代表坚决反对,事情仍无结果。同年4月召开了伦敦会议,在英美帝国主义的授意下,将赔款再降为1320亿金马克,并规定每年支付20亿金马克和每年出口商品价值的26%。德国政府接受了这个数额和规定。然而当时的德国事实上是无力偿付这笔巨额赔款的。赔款负担的阴影笼罩着全国,赔款问题为此后德国同协约国的矛盾埋下了深远的祸根。

关于《凡尔赛和约》,列宁指出:"它是骇人听闻的、掠夺性的和约,它把亿万人,其中包括最文明的人,置于奴隶地位。"[①]这个掠夺性的不公正和约,使德国劳动人民从此陷于双重被压迫的地位:既受本国垄断资产阶级和容克地主的压迫和剥削,又受英、法、美帝国主义的掠夺和剥削。但是,战胜国和德国统治阶级从共同压榨德国人民和积极策划反对苏维埃

---

① 《列宁全集》第三十一卷,人民出版社1958年版,第292页。

俄国的一致目标出发,使《凡尔赛和约》丝毫未触动德国垄断资本的统治地位和实力,并且保留了侵略成性的德国反动容克军队的骨干,保留了德国资产阶级与外国资本的各方面联系。所以,"和约"为以后德国军国主义侵略势力的复活,提供了必要的条件。

1919 年,德国经济经历了战后的第一次剧烈波动。军事订货的停止,《凡尔赛和约》引起的重要自然资源和工业基地的割让,工业原料的异常缺乏,等等,使得工业生产大大缩减。和 1918 年相比较,这一年工业总产量减少了 1/3,只及战前水平的 33.8%。

生产下降严重影响了商品的输出量,加上国外投资被协约国没收,德国的国际收支因而出现了巨大的逆差。赔款的支付,更加剧了国家财政收支的不平衡状况。为了弥补财政收入的不足,德国资产阶级政府便不断增加税收,提高国有铁路运费,举借外债和扩大货币发行额。

1919 年年末至 1922 年年底,德国的工农业生产,特别是重工业生产,有过明显的恢复。对战时各种物资设备消耗的初步弥补、通货膨胀和生产巨额实物赔偿品的任务,是直接促成经济恢复的原因。但是,在恢复过程中,各种困难和矛盾也越来越严重了:工业中的资本,尤其是流动资本异常缺乏;原料供应问题一直没有解决;机器设备的更新和补充进行得十分缓慢;投机活动随着通货膨胀而日益猖獗;农业的恢复工作大大落后于工业;税收和通货膨胀继续加重;劳动者的生活贫困不堪;等等。而赔款问题实际上悬而未决,它随时可以引发新的危机。

1923 年,赔款问题再度尖锐化,德国资产阶级政府根据垄断寡头的意愿,终于由拖延进而拒绝支付赔款,引起了"赔款危机"。正在寻求借口以便使用武力压制德国的法帝国主义者,遂在"德国故意不履行赔款"的名义下,于该年 1 月 11 日,迅速联合比利时武装占领了德国的重工业区——鲁尔。鲁尔区的被占领,以及德国政府采取的"消极抵抗"政策,给刚刚开始恢复的德国经济带来了新的严重打击。

1923 年是战后德国经济空前混乱的一年。工业生产猛烈下降。在最严重时,仅有 14.7% 工业企业勉强全部开工。数百万失业者踯躅街头,工会会员中,全失业者达 28.2%,部分失业者达 42%。工农业商品储备空虚,流动资金极端缺乏。银行信贷制度濒于解体。国库黄金储备几近枯竭,政府预算赤字惊人,国家开支最后只得完全乞助于印刷机,从而发生了史无前例的恶性通货膨胀。

恶性通货膨胀是战后经济混乱最集中的表现,它在 1923 年达到了最高峰。1918 年年底,每 1 美元可兑换 8.5 马克,1921 年年底则达 191.1 马克,1922 年年底——18060 马克,到 1923 年 12 月——4.2 万亿马克。柏林物价一日数涨,以中央市场上的牛肉价格为例,1923 年 2 月初,每磅值 3400 马克;10 月 29 日,提高到 560 亿马克;11 月 5 日,再升至 2800 亿马克。到 1923 年年末,流通中的纸币数量达到了天文数字,即比战前增加了 1.7 万亿倍以上。纸马克事实上成了废纸,商品流通几乎完全停顿,物物交换到处盛行。

恶性通货膨胀使垄断资产阶级大发横财,也给容克地主和富农带来了好处。容克地主和富农利用实际已毫无价值的纸马克,清偿了对银行和政府的数达 180 亿马克的巨额债务。垄断资产阶级发财的办法更多:他们在这一时期从国家银行得到数十亿金马克的贷款和补助金,马克的迅速贬值使清还债款有名无实;他们利用通货膨胀压低工人的实际工资,剥夺小存款户的大量储蓄;他们不断高抬物价出售商品,同时却以贬值的马克缴纳本已有限的税款;他们利用中小企业的经济困难,廉价收购它们的股票或直接吞并它们。正是在这种基础上,出现了一批投机性的规模庞大的新康采恩和卡特尔。其中最著名和最典型的是金融寡头胡根·斯丁纳所建立的康采恩。这个康采恩拥有 1220 个公司,它所属的企业分布于矿山、电气、铁道、造纸、陶瓷、水泥及其他许多部门。其他如沃尔夫、波雪等巨头的康采恩,也是同一类型的靠投机暴发的垄断组织。

战后初期德国垄断资本地位的加强,还表现在它恢复了和外国资本,首先是和美国资本的公开的联系。例如,1919 年,美、德两国化学工业巨头威易斯和杜伊斯贝格,达成了恢复战前关系的协议;1921 年,美国银行家波尔·华尔贝格创立"国际收兑银行",作为洛克菲勒财团和德国康采恩的中介人;杜邦公司在停战后也迅速恢复了和德国的"巴登胺苯和苏打制造股份公司"及"诺贝尔炸药公司"的联系。不仅如此,美国垄断资本还以收购股票和财产、合办企业、提供贷款和订货等方式,支持德国垄断组织,渗入德国各个经济部门和地区。

相反,在恶性通货膨胀的条件下,广大劳动人民的生活状况急速恶化起来。1923 年是战后初期劳动者生活最困苦的一年。大批工人完全或部分失业,在业工人的实际工资由于物价上涨而比战前平均减少了 40%以上,整个工人阶级的收入相应地减少了数百亿金马克。小农经济同样受到沉重打击。小农的收入本已十分微薄,而税款又夺走了收入的 2/3左右。城市小资产阶级在银行的小额储蓄,随着马克变为废纸也几乎全部遭到损失。

这种民不聊生的形势,迅速引起了革命斗争的新高涨。经过 1918 年革命洗礼的德国工人阶级,始终站在斗争的最前列。战争刚一结束,工人阶级马上积极投入了反对《凡尔赛和约》和资产阶级政府反动政策的斗争。1923 年秋,德国工人阶级在全国掀起了声势浩大的罢工,向政府提出稳定马克、保证供应粮食和提高工资的要求。随着斗争的发展,工人阶级更进一步提出推翻反动的古诺政府和建立工人政府的口号。古诺政府被迫倒台后,内战的火花飞遍了整个德国。在萨克森、屠林根等处成立了工人政府,在汉堡爆发了著名的武装起义,革命斗争达到了高潮。

但是,社会民主党的叛卖行为,使革命遭到了致命的挫折;而共产党当时还相当幼弱,缺乏领导革命斗争的丰富经验和正确的政策,以致无力引导这次革命走向完全胜利。在这种情况下,得到外国资本全力支持的德国统治阶级,残暴地镇压了革命,人民的斗争又转入低潮。

道威斯计划和相对稳定时期经济的恢复和发展　自 1924 年起,德国经济开始恢复,进入了战后的相对稳定时期。在这一时期,德国的工业生产甚至超过了战前的水平。"道威斯计划"和资本主义"产业合理化运动"是促使这一过程实现的重要因素,而前者又为后者的推行提供了条件。

1923 年,德国经济政治危机的空前尖锐化,引起了美、英、法等帝国主义者的严重不安。为了防止资产阶级德国的彻底崩溃,阻挡社会主义革命浪潮扩展到整个西方,以及避免赔款和战债化为乌有,同年 10 月,在美国的策划和财政压力下,协约国匆匆成立了"国际专家委员会",寻求解决德国问题的新办法。摩根财团的亲信查理·格·道威斯担任了委员会主席。他和美国代表团的其他成员,作为美国方面的代表,在委员会中起着决定性的作用。德国派往参加的代表,是国家银行行长、后来的法西斯战犯沙赫特。委员会的具体任务是研究"稳定"德国经济的方法,并制定出新的赔款计划。这个计划以后被称为"道威斯计划",它于 1924 年秋在协约国伦敦会议上正式通过,并经德国政府签字同意,于同年 8 月 30 日起生效。"道威斯计划"的主要内容如下:

第一,帮助德国政府实行货币改革,稳定通货,以便利协约国得到德国赔款。为了这一目的,在德国国家银行之外,另行设立资本为 4 亿马克的"兑换银行",负责发行新币和收回业已丧失信用的旧币。同时,规定把德国国家银行体系和全部货币流通业务置于协约国控制之下,由后者的特设机构管理。

第二,进一步大大削减德国每年的赔款额,暂不规定赔款的总额和年限,只规定前五年度的具体赔款额。即 1924/1925 年度为 10 亿马克,以后逐年递增,到 1928/1929 年度为 25 亿马克。

第三,规定了赔款来源,更明确地把赔款的基本负担直接转嫁到德国劳动人民身上。赔款的来源:50%由德国政府预算收入中的关税和啤酒、烟草、砂糖及其他酒类的间接税收入弥补;11.6%由运输税收入弥补;26.4%由铁路公司的国有红利收入抵充;另有 12%则由工业公司的国有红利收入抵充。德国的铁路和税收,置于协约国监督之下,以保证赔款的筹措。

第四,作为支付赔款的条件,德国可从美、英等国获得贷款。第一批贷款称为"道威斯贷款",或"赔款贷款",总数是 2 亿美元,即 8 亿马克,其中美国提供 1.1 亿美元(55%),英国提供 0.9 亿美元(45%)。这批贷款供稳定通货及偿付赔款之用。

第五,法、比两国自鲁尔撤出占领军,作为德国接受"赔款计划"的条件。同时,规定法国以后不得单独对德国实行"制裁"。法国在美、英两国的施压下,特别是在美国的财政压力下被迫接受了这些条件。

第六，由美、英、法、意、比五国组成"拨送赔款委员会"，监督德国政府履行支付赔款的义务。在委员会中，美国垄断资本的代表实际上掌握着处理一切有关赔款问题的大权。

此外，美、英、法等国还考虑到：德国要换取外汇以支付赔款，必须大量输出商品。为了阻止德国商品重新参加资本主义世界市场上的竞争，同时为了扼杀第一个社会主义国家的经济独立，"道威斯计划"的制定者居然擅自主张，把苏维埃俄国划为德国商品的销售市场。

以上各点说明：道威斯计划是继凡尔赛和约之后，进一步帮助德国垄断资本加强奴役德国人民和恢复其军事经济潜力的计划；是为外国资本主要是美国资本大举渗入德国，以加强控制德国经济的计划；是企图利用德国军国主义来反对社会主义苏联的计划。

道威斯计划受到德国资产阶级的欢迎，它对20年代德国经济的恢复和军国主义的再起，起了很大的作用。

根据这个"计划"的规定，1925年8月，法、比两国军队撤出了鲁尔，这一主要煤钢基地重又为德国垄断资本所掌握。赔款额大大削减了。同时，以美国为主的大批外国资本，源源流入德国。1924—1930年德国共得到外国贷款及投资326亿马克，其中长期信贷108亿马克，短期信贷150亿马克，其他投资68亿马克。在长期投资中，美国资本即占70%。贷款的9/10以上落到了德国各大公司及企业手中。尽管贷款利息较高（年利率6.5%—10%），它却解决了德国经济恢复中资金奇缺的困难。据统计，在上述时期中，外国长期贷款及投资相当于全德新固定资产投资额的40%。

在美国的"帮助"下，德国于1923年年底进行了货币改革，按1新马克等于10亿旧马克的比率发行新币，收回了旧币，稳定了通货，从此德国由经济混乱进入局部稳定时期。以后，巨额外资的流入，美国对德国的大量物资装备及技术帮助，使德国资产阶级得以广泛开展所谓"产业合理化运动"。德国工业固定设备普遍更新，落后企业被淘汰，生产的"福特制化""标准化"盛行一时。结果，工人劳动时间延长了（工作周平均为55小时），劳动强度也进一步提高。1924—1929年，工人劳动生产率提高

40%,但实际工资仍长期停留在战前的低水平上。20 年代后期,"合理化运动"使失业者增加了 30%。对工人阶级及其他劳动者剥削的加强,是相对稳定时期德国经济发展的内部条件。

自 1924 年起,德国经济迅速恢复起来,到 1927 年德国工业已接近战前水平。重工业的恢复比轻工业更快。1923—1929 年硬煤产量增加了 1.6 倍,生铁产量增加了 1.7 倍,钢产量增加了 1.6 倍,而棉花消费量仅增加 82.4%。重工业的较快发展,是"合理化运动"中固定资本大量更新和德国统治阶级力图恢复国家军事经济实力的结果。后一点特别明显地表现在一系列与军事有关的新工业部门生产的猛烈增长上:汽油、汽车和摩托制造、炼铝等工业部门的发展速度,比其他工业部门要快 1.5 倍。在工业总产值中,生产资料的比重提高了,1925—1928 年,由 54.5% 增加到 58.5%。

资本主义的产业合理化运动,在美帝国主义扶植下德国军事经济潜力的逐渐恢复,受到了以社会民主党上层为代表的右倾机会主义分子的热烈欢迎。这些右倾机会主义者得意忘形,大肆宣传"经济民主"和"有组织的资本主义"的到来。他们认为:在这样的资本主义下,通过所谓的"计划",就可以"消除"资本主义的一切黑暗面——经济危机、工人失业和贫困;工人阶级已完全用不着推翻资本主义,只要"驯服"后者就行了,而后者又是可以被"驯服"的;工会的任务不是领导工人进行罢工和各种斗争,而是争取使自己的代表参加到由垄断组织把持的各种经济机构中去,"坐下来"进行"平等参与",以实现"经济民主";工人的一切活动应服从于推行资本主义合理化,提高资本主义企业的劳动生产率,增加资本家的利润;等等。这些论调,是对腐朽的、垂死的资本主义制度的无耻辩护和粉饰,是取消阶级斗争的"阶级利益调和论"的新的翻版,是散布幻想、毒化无产阶级意识和宣传向垄断资本投降的彻头彻尾的叛徒观点。右倾机会主义分子在这种叛徒思想指导之下,在实践中千方百计地破坏工人的罢工和斗争,分裂德国工人阶级的统一,破坏无产阶级的国际主义团结。他们不仅是德国垄断资本在工人运动中的代理人,而且也是美帝国主义的忠实走狗。他们曾卑鄙地声称:美国汽车大王亨利·福特是

"社会主义者的典范",实行残酷压榨工人血汗工作制的福特汽车工厂是"社会主义的开端"。这些右倾机会主义分子继承了伯恩施坦和考茨基等老牌修正主义者的衣钵,更深地陷入了机会主义的泥潭。历史对他们是无情的,德国资本主义进一步腐朽和没落的客观进程,粉碎了他们的各种奇谈怪论。以恩斯特·台尔曼和威廉·皮克为首的共产党人,对右倾机会主义分子的叛徒言行展开了坚决斗争,给德国工人运动指明了正确的方向。

实际上,战后德国经济发展的基础是极不稳定的。在《凡尔赛和约》和"道威斯计划"的双重束缚下,德国军事经济潜力的恢复,不过是德国垄断资本依赖美、英等国的财政技术"帮助",在加强剥削本国广大劳动人民的条件下实现的。这一切,就使得战后德国资本主义经济的矛盾具有空前尖锐的性质。同战胜国比较起来,德国的市场问题也更加复杂和严重。1927 年,随着德国人民贫困化的加深和工业中固定资本更新的基本完成,国内市场已难于继续扩大;而殖民地的丧失及国外竞争的激化,使夺取广大国外市场的困难增加。因此,市场问题特别地尖锐起来。在这种条件下,消费品工业生产每况愈下。自 1927 年起,整个工业生产发展速度大为降低,危机因素加速成熟起来。此外,战后德国工业的发展一直是在企业严重开工不足的情况下进行的。相对稳定时期,企业开工不足的现象在德国特别严重,整个工业生产能力平均仅利用 60%—65%;在汽车制造、制钾、制氮、建筑、面粉等部门中,开工率尤其低。结果,失业常备军大量存在,年平均达 150 万—200 万人。

相对稳定时期,德国农业有了显著恢复。但在割让领土的影响下,主要农产品(除马铃薯外)的播种面积和收获量,以及牲畜头数,仍未达到战前水平。工农业发展不平衡及农业落后的现象进一步加剧了。农业收入的恢复程度,远远落后于整个国民收入的恢复程度。与战前比较,1925—1928 年二者分别达到 70.8% 和 102.8%。佃、贫农的人数及其在农户总数中所占的比重大大增加。农村债务在 1924—1929 年上升达 5.2倍。为了解决国内粮食及工业原料的不足,政府采用降低进口税率办法,每年输入数百万吨粮食及大量原料。大量农产品的流入,结果造成国内农产品的销售困难,农民状况日益恶化。

在国内经济恢复的过程中,对外贸易也得到了恢复和发展。1927年,德国对外贸易总值超过战前水平,1929年并略有出超。1929年在世界进出口贸易中,德国比重分别达到9.0%和9.7%,仅次于英、美两国而各占第三位。然而与战前相比,所占的比重已大为下降(1913年仅次于英国)。尽管如此,德国在20年代却恢复和加强了在欧洲传统市场上的地位,并重新打入拉丁美洲及其他地区。德国在世界市场上与美、英、法等国的斗争又激化了。

德国垄断资本势力的增长　德美垄断资本的勾结和矛盾

随着经济的恢复,在生产与资本进一步集中的基础上,德国垄断资本势力有了显著的增长。

"生产合理化"与技术进步,重工业、特别是新兴工业部门的发展,以及巨量外资流入,使大企业的势力大为加强。20年代后期,德国大企业数较战前增加了一倍多。在1926—1929年,拥有500万马克资本以上的大企业,在全德企业资本总额中的比重,由37.6%增为41.4%。银行业也进一步集中了。在全国存款总额中,柏林九大银行的比重,从1913年的49%上升为1929年的67.5%,它们的分支行数在同期内则增加了4倍。

垄断化的过程继续加强了。托拉斯化的急速发展,是这一时期德国经济中的一个重要特点。对大量后备资金的需要、力图减轻企业经常开工不足的压力、美国资本源源流入等,都是促进这一过程的有力因素。托拉斯化的重点,是一些最主要的工业部门:化学、冶金、采煤、电气、造船等。1925年,法本公司扩大改组为"法本化学工业托拉斯",变成了资本主义世界最大的化学垄断组织。它控制了德国染料及人造汽油生产的全部、氮产量的80%、药剂制造的40%、人造丝生产的25%,以及摄影器材生产的大部分。1926年,在斯丁纳康采恩瓦解的基础上,德国六大煤钢垄断组织合并成为"钢托拉斯",它是欧洲最大的黑色冶金托拉斯,拥有8亿马克的自有资本和17.7万工人,生产了全德国1/4的煤、1/2的生铁和2/5的钢。如果包括与其有密切联系的企业和银行,则钢托拉斯所控制的资本共计有66亿马克。法本化学工业托拉斯和钢托拉斯是德国军事经济潜力复活中的两大主要支柱。在其他部门中,以战前的垄断组织为基础,一些规模巨大的托拉斯和康采恩都获得了进一步的发展,如电气工业中的总电气公司和西门子公司,军火工业中的克虏伯公司,航运业中的汉堡—美洲轮船公司等,它们各拥有数亿马克的资本及几万名工人。

托拉斯化的加强,促进了卡特尔和辛迪加的进一步发展。国家强制卡特尔化的政策,在这里也起了一定的作用。德国已登记的卡特尔数:1911 年——600 个,1922 年——1000 个,1925 年——1500 个,1930 年——2100 个。像过去一样,德国在这方面高于一切资本主义国家。但是,由于各大托拉斯和康采恩广泛地参加了有关的卡特尔,并在卡特尔中具有决定的影响,因此,卡特尔这一垄断组织形式,一般已丧失了原有的独立性质。

国家垄断资本也有了新的发展。20 年代中期"国有企业"的资产高达数百亿马克。国家几乎拥有全部铁路,拥有发电能力的 77%,炼铝业生产能力的 70%,制盐业生产能力的 41%,炼铅业生产能力的 35%,并在铁矿、采煤及机器制造业中占有一定的地位。

就生产与销售的垄断水平而言,德国在当时已超过美国。20 年代后期,各部门垄断化的程度:钾——98.3%,化学染料——96.3%,煤——90%左右,电气制品——86.9%,机器制造——80%以上,玻璃——90%以上,海运业——80.9%。垄断资本的利润也逐年增加,1925/1926—1928/1929 年度,大企业的利润额增加了 62%。

德国真正的统治者缩减为十多个工业和金融寡头(梯森、弗格涅尔、弗利克、西门子、沃尔夫、施密茨、克虏伯、波雪之流)。他们的势力远达国外。相对稳定时期德国垄断资本在国外重新拥有近 100 亿马克的投资及大量子公司。在《凡尔赛和约》的限制下,当时德国资本输出的重要特点是利用在国外的子公司网,一方面,生产在国内被禁止制造的武器和军火;另一方面,为以后的大规模的对外扩张建立广泛的据点。

20 年代,德国垄断资本重新积极地参加了各种国际垄断组织,其规模甚至超过战前时期。在当时约 300 个国际垄断组织中,德国托拉斯和康采恩至少加入了 200 个左右。而且,德国在一系列国际卡特尔(钢、钢轨、火药、灯泡、水泥、糖、船运、氮、人造丝卡特尔等）中占有重要地位，甚至起着主导作用。

战后时期，德国垄断寡头积极和外国资本，尤其是美国资本相勾结，力图利用战胜国之间的矛盾，突破《凡尔赛和约》的限制，乘机东山再起。在反对社会主义苏联、反对无产阶级世界革命的共同目标的掩盖下，德国垄断资本到处联系求援，使尽了纵横捭阖的手腕。它利用英、法两国资本竞争的激化，利用英国传统的欧洲大陆"均势"政策和抑制法国的企图，尽量争取英国垄断寡头对自己进行更多的经济和政治支持；与此同时，它又不断加强与法国垄断组织的勾结，缔结许多双边的或欧洲性的卡特尔协定，加紧两国经济上的接近，直到筹组"西欧关税同盟"以对抗美、英两国的压力。同时，它更重视加强同美国财团的勾结，争取美国的财政经济援助，以加强自己的力量和地位，作为威胁英、法两国的本钱。

德美垄断资本的勾结与斗争，是这一时期德国经济生活的一个重要方面。美国资本通过对德国 21 家大银行和 103 家最大工业公司进行贷款，积极收买德国企业的股票，加强了它在德国银行、电气、石油、汽车、有色金属及电影业中的地位，实现了对这些部门不同程度的控制。但自1927 年起，实力日趋雄厚的德国资本，加强了反对美国资本控制的斗争。德国资本通过引入其他国家资本、提前偿还美国贷款、收回股票、减少美资利息和利用政府的支持等办法，不仅在上述各部门中夺回了若干阵地，而且始终保持了在黑色冶金、机器与仪器、化学、军火等重要工业部门中的绝对优势地位。此外，还在欧洲、拉丁美洲及其他市场日益排挤美国。但是，在美、英矛盾激化及消灭苏联的共同阴谋下，两国资本的勾结仍是主要方面。美国各大财团不仅继续在财政上帮助德国垄断资本，而且通过大量有利于后者的卡特尔协定，向德国运送战略原料及物资，加速德国军国主义势力的复活。

第二节　1929—1933年的经济危机 法西斯专政条件下军事国家 垄断资本主义的发展

"杨格计划"与1929—1933年的经济危机

在恢复时期中,德国经济的发展,包含着一系列无法克服的严重矛盾和弱点:沉重的赔款负担和对劳动者剥削的加强,使国内市场相对地越来越狭小;由于战胜国的控制,德国在国际竞争中处于不利地位,迅速增加商品输出的可能性也越来越小;国民经济对外国资本、特别是对美国资本的严重依赖;等等。这一切决定了德国经济发展的基础十分脆弱,具有极不稳定的性质。在这种条件下,德国资产阶级为了追逐垄断高额利润和恢复侵略性的军事经济潜力,仍不断盲目片面扩大以生产资料为主的工业生产,各部门发展的不平衡性日益加剧,同时投机活动也越搞越猖狂。结果,资本主义基本矛盾和由其所派生的各种矛盾一天天加深。从1927年起,德国经济危机的一系列征象,如消费品生产下降,全部生产发展速度减退等,便接连地出现了。山雨欲来风满楼,一场新的严重危机日益迫近了。

德国经济的恶化,引起了在德国拥有大量债务及投资的美国垄断资本的严重关切。这时,道威斯计划也将满期。于是,在美国倡议下,协约国成立了新的专门委员会,于1929年6月制定了新的赔款计划——"杨格计划"。杨格计划是道威斯计划的继续,1930年经海牙会议正式通过。其主要内容如下:

首先,明确规定德国的赔款总额和支付期限,把赔款总额削减到1139亿马克,并将支付期限定为59年。规定在1929/1930年度支付7.4亿马克,以后逐年增加,到1965年度达到24.28亿马克后,再逐年减少。

其次,废除协约国在德国的一切监督机关,取消协约国对德国的直接的经济和财政控制,以便利德国垄断资本放手复活其军事经济力量。

再次,协约国继续对德国提供贷款 13 亿马克(事实上超过了此数,1930—1932 年贷款即达 72 亿马克),债券在美、英两国的银行界发行。

最后,协约国应从德国莱茵区撤走占领军,这一点已于 1930 年完成。

这一切说明,杨格计划是国际帝国主义对经济危机和德国革命恐惧的反映,是德国垄断资本和战胜国、首先是美帝国主义进一步勾结的产物。其目的在于巩固垄断资本的统治,以继续掠夺广大的德国人民。

杨格计划为德国取消赔款打开了道路。在 1929 年,德国政府向美国总统胡佛呼吁缓付赔款以后,德国事实上停止了赔款的支付。但是,客观规律是不可抗拒的,和美、德等国统治阶级的愿望相反,杨格计划及停付赔款,并未能抑制德国经济情况的进一步恶化,也无法阻止新的经济危机的爆发。

1929 年年底,在世界经济危机、特别是美国经济危机的影响下,德国工业生产开始直线下降,1932 年 8 月落到最低点。这次危机的特点,总的来说是异常尖锐、深刻和持久的。由于前一时期德国生产资料生产的盲目扩大,因此它的下降也空前剧烈。1929—1932 年,生铁减产 70.3%,钢——64.9%,煤——32.7%,机器制造——62.1%,汽车——64.2%以上,发电量——23.4%,棉花消费量下降 21.4%(最低年份为 1933 年)。如果按月度材料计算,则工业减产的幅度还要大得多。总的来说,按年度数字,从危机前的最高点到危机时的最低点,整个工业生产降低了40.6%,其中生产资料生产指数下降 53%、消费品生产指数下降 25.3%,即分别退回到 19 世纪末和 20 世纪初的水平。危机最严重时,数十万中小企业倒闭,甚至大康采恩也遭到破产(如毛织业康采恩"杜尔巴赫")或被迫改组(钢托拉斯)。全部工业开工率仅为 33.4%。失业人数高达 600万—800 万人,将近占全国工人的一半。

1931 年 7 月,德国爆发了深刻的货币信用危机。由于工业危机加深,特别是大量外国短期信贷(计数十亿马克)被提走,以达姆斯达特银行倒闭为导火线,一系列柏林大银行处于风雨飘摇之中。国家黄金储备由 23.9 亿马克骤减为 13.63 亿马克,整个信贷体系及金汇兑本位制濒于总崩溃的边缘。大银行纷纷合并,战前柏林九大银行减为四个。德国政府匆忙出马抢救各大银行,向它们发放了 10 亿马克以上的贷款,并收购了全国私人银行股票 70% 左右。

农业危机的爆发较迟。德国是传统的粮食及原料进口国。自 1930年起,德国政府把农产品进口关税提高数倍,以限制外国农产品倾销,给本国农产品保持了一定市场及国内相对较高的价格(谷物价格较国际市场高 1.5 倍),使主要农畜产品的增产继续到 1933 年。但人民的贫困化终于引起对产品需求的减少;工业企业大批停工及倒闭也增加了原料销售的困难。1933 年农产品价格暴跌,接着是 1934 年农产品大量减产。大批小农破产,纷纷出卖土地,佃业人数激增,农村债务上升,整个农业收入减少了 30%。但是大地主和富农却从政府"援助东部"的 40 亿马克款项中得到了巨额补助。

危机期间,物价指数下降 36%。农产品价格跌落幅度更大。以 1913年为 100,农产品对工业品的比价由 87 降为 82。农民因此损失了 30 亿马克收入。垄断商品价格比非垄断商品价格的下降要慢得多,如以 1926年为 100,1929 年二者分别为 105 和 97,1932 年分别降至 84 和 48。中小企业受到的打击特别大,大公司则乘机吞并它们。

在世界经济危机打击下,德国对外贸易一落千丈。1929—1935 年,德国出口总额减少 69.1%,进口总额也下降了 70.8%。危机迫使德国增加同苏联的贸易往来。危机期间,德国所生产的工作母机和机器零件的半数,以及大批汽车都卖给了苏联。国际帝国主义阻挠苏联社会主义工业的独立发展和变苏联为德国农业原料附庸的企图破产了。它们对第一个社会主义国家实行经济封锁的阴谋,也可耻地失败了。

经济危机期间,德国政府采取了一系列的反动政策和措施,千方百计地把危机的沉重负担转嫁到劳动人民身上。一方面,它极力支持垄断组织和容克地主,向他们共发放了 100 亿马克以上的补助金和贷款,增加国家订货,并加紧实行强制卡特尔化;另一方面,它却提高了劳动人民的纳税额(约数十亿马克),大大削减失业救济金和降低职员工薪来加强对劳动者的搜刮。结果,工人的实际工资在危机年代平均降低了 1/3,即只及大战以前低水平的64%。

阶级斗争尖锐化和
希特勒取得政权

深刻的经济危机,使德国国内阶级斗争空前尖锐化。1930—1932年,罢工运动重新高涨,每年都有几十万工人分别举行几百次的罢工。1930年10月柏林的14万冶金工人大罢工,1931年1月鲁尔及上西里西亚的35万矿山工人大罢工,是这一时期工人斗争的两次重大事件。农业工人也纷纷举行罢工,反对削减他们的工资。失业者的斗争达到了巨大的规模,1931年春,他们推举了4000多名代表,在埃森召开了"饥寒大会"。劳动者争取改善生活的经济斗争和反对法西斯的政治斗争密切结合起来。1933年年初,群众运动掀起了新的高潮,在1月4日、15日和25日,柏林劳动人民先后发动了三次声势浩大的游行示威,反对饥饿和减薪、反对施莱歇尔反动政府和希特勒法西斯匪徒。德国资产阶级政府对劳动人民的斗争实行了残酷的镇压,数万工人被关进了监牢,成百的人遭到枪杀。

危机期间,作为执政党之一的社会民主党,由于它无耻地迎合垄断资本,帮凶面目日益暴露,遭到了越来越多的劳动人民的唾弃。相反,德国共产党先后提出了"德国人民民族解放和社会纲领"和"扶助农民纲领",领导群众积极进行各种斗争,它在劳动者中间的威望日高,赢得了愈来愈多的拥护者。

但是,逆流也在发展,希特勒法西斯分子的活动一天比一天猖狂。造成这种形势的主要原因:首先,由于国内严重的经济和政治危机,德国统治阶级迫不及待地要在国内实行恐怖统治和准备发动对外侵略战争。过去作为政治后备的希特勒法西斯分子,正是这方面最适合的人选,因而他们得到了垄断寡头和容克地主的特别青睐和全力支持。

其次,美、英等国的垄断资本面对着德国革命危机及其可能带来的严重后果(债款和投资的丧失,反对社会主义苏联的前哨阵地的崩溃等),同样需要法西斯,所以,它们极力支持希特勒夺取政权。

再次,长时期以来,希特勒分子利用各种欺骗口号蒙蔽了相当数量的群众,扩大了自己的力量和反动影响。例如法西斯分子利用德国人民反对《凡尔赛和约》的情绪,散布种族主义和沙文主义,并以"民族主义者"

的伪装来争取不明真相的群众的同情。法西斯分子还利用劳动人民的贫困状况和反对资本主义剥削的感情进行投机,冒充社会主义者,对工人、职员许诺"托拉斯和大银行国有化",许诺"分享红利、所有权和领导权";对农民保证"没收和重新分配土地,废除地租";对城市小资产阶级答应"将大商号充公,并廉价出租给小工商业者";等等。在法西斯分子的欺骗和蒙蔽之下,劳动人民中的一部分落后群众和认识不清的人,变成了希特勒匪党的工具。

最后,社会民主党领导集团的叛卖活动,使工人阶级和反法西斯力量遭到分裂,因而不能建立足够强大的人民反法西斯统一战线,以阻止希特勒窃取政权。

在这种背景下,1933年1月30日,德国总统兴登堡任命德国垄断资本的忠实走狗、反动透顶的法西斯匪首希特勒为国务总理,法西斯分子夺取政权的目的实现了,德国历史揭开了最黑暗的一页——法西斯专政时期。希特勒法西斯政权按其阶级实质说来,"是财政资本的极端反动、极端沙文主义、极端帝国主义分子的公开恐怖专政"[1]。法西斯专政并不表明德国资产阶级力量的强大;相反,它是资本主义总危机在德国空前加深的条件下,垄断资产阶级不得不加强恐怖统治的表现。斯大林曾经指出:"……不仅应当把法西斯主义在德国的胜利看做工人阶级软弱的表现,看做替法西斯主义扫清道路的社会民主党叛变工人阶级的结果,而且应当把它看做资产阶级软弱的表现,看做资产阶级已经不能用国会制度和资产阶级民主制的旧方法来实行统治,因而不得不在对内政策上采用恐怖的管理方法的表现,看做资产阶级再也不能在和平的对外政策的基础上找到摆脱现状的出路,因而不得不采用战争政策的表现。"[2]

经济军事化和国家垄断资本主义的发展　法西斯上台时,德国国内形势的特点:经过相对稳定时期的发展,德国军事经济潜力已经恢复;但经济危机的后果严重,大批失业的问题急需解

[1]　季米特洛夫:《在共产国际第七次代表大会上所作的报告》,莫斯科1939年版,第126页。
[2]　《斯大林全集》第十三卷,人民出版社1956年版,第260—261页。

决。根据垄断资产阶级的意志,法西斯政府立即按国家垄断资本主义原则改组国民经济,企图通过经济军事化来摆脱危机,并为发动重新瓜分世界的侵略战争作准备。

这一时期,德国国家垄断资本主义的发展,主要表现在以下几个方面:第一,国家向垄断组织进行大规模的军事采购和订货,以保证垄断资本集团利润的增长。第二,国家采取强制卡特尔化等政策,促进生产和资本的集中。第三,国家对经济实行全面的军事化的干预和调节。第四,扩大国有财产和将国有财产转归私人资本的活动并行。第五,国家全力支持垄断资本集团并同后者一起,对其他国家进行经济扩张和军事掠夺。

法西斯政府向垄断组织进行的大量军事订货,是在加紧压榨劳动人民和不断扩大军费支出的基础上实现的。其目的在于把很大一部分国民收入作有利于垄断资本集团的重新分配,以保证这些集团获得最高额的利润。

在法西斯德国,军费支出的增长速度和规模是惊人的。1932 年,即希特勒上台前夕,德国的军费支出仅为 6.7 亿马克,约占当年国家预算总支出的 1/10 或国民收入的 1.5%。1933—1939 年秋的六年备战期间,德国全部备战支出在 400 亿马克以上,即差不多占到同一时期国家预算总支出的 2/5 或国民收入的 10.6%。这笔庞大的军事支出,超过了第一次大战后德国付出的赔款总额,这充分证明了希特勒所谓"从《凡尔赛和约》的桎梏下解救德国人民"的"诺言"的虚伪性。

德国劳动人民是法西斯政府庞大战费的主要负担者。增加税收、扩大国债和实行通货膨胀,则是希特勒政权开辟战费来源及重新分配国民收入的主要手段。1932/1933—1938/1939 年度,国家税收收入由 65.6 亿马克骤增到 177 亿马克,六年中实收税款共增加了 600 亿马克以上。1932—1939 年 9 月,德国国债总额由 115 亿马克上升到 371 亿马克。帝国银行和几家最大的私人银行是国债的主要持有者。劳动者的小额储蓄存款也被强迫投入公债。帝国银行以国债为担保大量增发银行券,结果,1933—1939 年 9 月,流通中的银行券总额由 36 亿马克骤增为 110 亿马克。这些沉重负担归根到底落到了劳动者的身上,它使得德国劳动人民在国民收入中所占的份额愈来愈低。即使按官方材料,1932—1938 年,德国劳动者在国民收入中所占的比重,也由 59.8% 下降为 52.2%。

巨额的军事订货为德国垄断资本集团公开"盗窃国库"来攫取高额军事利润创造了大好机会。以军火工业康采恩克虏伯公司为例,1932/1933—1938/1939 年度,公司从国家接受的军事订货总值由 930 万马克猛升到 1.45 亿马克,即提高了 15 倍多。在同一时期,公司的纯利润额则由 650 万马克上升到 1.22 亿马克,即提高了 18 倍多。

国家垄断资本主义的发展还表现于:希特勒政府根据最大垄断资本集团的利益,大力执行剥夺犹太人资本、强制卡特尔化、淘汰中小股份公司和封闭小工商业店号的政策,人为地促进"雅利安"资本对犹太资本的吞并,促进垄断组织对中小企业的控制和吞并,以加强资本的积聚和集中,从而扩大最大垄断集团的财势。

希特勒分子登台以后,即疯狂地煽起所谓"排犹运动",帮助"雅利安"财团剥夺犹太人的财产。由于这一"运动",共计 60 亿—80 亿马克的德国犹太资本,通过强力没收或被迫易主的方式,全部转到了"雅利安"财阀和法西斯党魁手中。

强制卡特尔化政策,是法西斯政权扩大垄断组织统治及加速生产与资本集中的重要措施。从第一次世界大战以来,历届德国政府都在不同程度上执行了这个政策,但它的最充分实施是在希特勒统治年代。1933 年 7 月,希特勒政府颁布所谓"卡特尔条例",规定帝国经济部有权建立新卡特尔,而一切卡特尔则有权限令局外企业合并进来。任何反对这种规定的局外企业,有关的卡特尔可以拒绝承认它们,从而剥夺它们得到原料和商品供应等权利。这实际上是在经济上宣布了它们的死刑。在这种威胁下,大量中小局外企业被迫合并入垄断组织,受垄断资本的直接统治。卡特尔的数目迅速增加,1930—1936 年,德国已登记的卡特尔总数,由 2100 个增加到 2500 个。

淘汰中小股份公司是法西斯政府促进资本集中和加强大企业优势的另一重要措施。1937 年,希特勒颁布了"股份公司改革法",规定凡资本不足 10 万马克的小股份公司应予淘汰;而新设立的股份公司,资本额不得少于 50 万马克。结果,据德国官方统计材料,到第二次世界大战爆发时,资本不足 10 万马克的最小公司绝大部分遭到淘汰,资本为 10 万—50 万马克的小公司减少了一半,而资本在 500 万马克以上的大公司,在股份公司资本总额中的比重由 1931 年的 74.5% 上升到 1939 年的 78.8%。中等资产阶级大为削弱。

强迫封闭大量手工企业和小型零售商号是国家促进生产和资本集中的又一种手段。从 1937 年起,由于军事工业的劳动力供应问题日益尖锐,法西斯政府在"清理"手工企业和小商号的幌子下,连续颁布了若干法令,勒令所谓"负担过剩"及"经济上不合算"的大批手工企业和小商号停业,把数十万手工业者及小商人骗入军事工厂服苦役。据统计,到战争爆发时止,被迫停业的手工企业近 20 万家、小商店约 10 万家。

法西斯政权执行上述各种反动政策的结果,德国生产和资本的集中过程大大加速了,垄断资本的势力空前加强起来。1933—1939 年,在全国的工业及手工业中,有 10 个工人以下的小企业,占企业总数 90% 以上,但它们所拥有的工人在全部工人总数中占的比重,则由 41.3% 降为 26.1%;而有 200 工人以上的大企业,占企业总数 0.5% 以下,其工人数的比重则由 28.9% 升至 42.6%。第二次世界大战前夕,各部门生产的垄断化达到惊人的程度。垄断组织控制生产的比重,在钾盐、炼铁、金属加工、人造氮、水泥、制糖、化学及药品、电力等部门为 95%—100%,在机器及运输工具制造、人造丝、麻织业、制纸业等部门为 80%—95%,在优等钢生产中为 60%—70%。资本进一步集中于各康采恩手中,到 30 年代末,它们已控制了全国股份资本总额的 85%,而为数众多的小业主则沦于破产。希特勒分子登台以前,曾向中小资产阶级一再"保证":"将大商号充公,并廉价出租给小工商业者",他们实践"诺言"的真相就是这样!

对国民经济的各个部门和领域采取广泛的干预和调节措施,以便推行和不断加强经济的军事化,这是法西斯德国国家垄断资本主义的又一重要表现。

建立一系列的军事化经济调节机关,是这方面的重要步骤。在扩军备战的第一阶段(1933—1936 年秋),最高中央调节机关为帝国经济部。

在它下面,首先有各种专业管理局,分管各工业部门、农业、市场、对外贸易、物价等。同时,根据 1934 年的"德国经济有机结构条例",在原有企业主联合会及各垄断组织基础上,新设立了按部门和按地区的两类经济调节机构,交由垄断寡头及其亲信直接掌握。部门调节机构的组织形式是经济集团,共有四级。最上级为工业、商业、银行、保险业、动力和手工业等 6 个最高集团;下属 44 个经济集团;它们下面又分 350 个部门集团;最下一级则为 640 个专业集团。地区调节机构采取了省经济厅(下属市、区分支机构)的形式,全德共有 18 个。这两类调节机关都具有政府机构的权力,它们统一归帝国经济部下设的全德经济院管辖,同时,两者的地方基层组织又是统一的。通过各级经济集团和省经济厅系统,在有关中央专业管理局的协同之下,垄断资本及法西斯政权企图自上而下地实现对国民经济的双重交叉控制。另外,1933 年 7 月,在帝国经济部下面还特设了"德国经济总委员会",它是由垄断寡头直接把持的备战经济总参谋部,拥有无限权力,负责指导国家经济政策和法令的制定工作。至此,法西斯式的经济调节机构已形成为一个自中央到地方的庞大体系。

1936 年秋起,法西斯德国进入了全面备战阶段,即所谓"新四年计划"阶段。为了夺取对军事化经济的直接控制权,"四年计划全权督办"戈林,另外设立了自己的一整套调节机构,即所谓"执行四年计划全权机关",从此出现了两大中央经济调节系统平行并存、争权夺利、职能重复和相互倾轧的局面。这表明了法西斯备战经济无政府状态的加强,也反映了金融寡头特别是新老金融寡头之间斗争的尖锐化和表面化。

法西斯政权通过以上种种经济调节机构,对国民经济的一切部门和领域,实行了全面的控制。

法西斯政府按经济全面军事化方针进行干预和调节,把原料、劳动力、资金及设备等都优先供应与军需生产有关的部门。结果,德国重工业生产,尤其是军火生产迅速增长起来。1932—1938 年,德国生铁产量由 390 万吨上升到 1860 万吨,钢产量由 560 万吨上升到 2320 万吨。德国这一时期不仅在工业发展速度上为英、法、美等国所望尘莫及,就产品绝对量而言,也大大超过了英、法两国,而铝、镁、车床的生产已高于美国。在军火生产方面,1933—1939年增长11.5倍。1939年德国的军火产量超过美、英两国同年军火产量之和的一倍多。德国侵略军事机构已拥有比第一次世界大战前夕强大得多的工业基础及军火装备。

以军火工业为中心的重工业生产迅猛增长的结果,德国工业各部门之间发展的不平衡状况显著加强了。1933—1939年,整个生产资料生产增加了2.1倍,但消费资料生产仅增加43%,以致二者的对比数字由1935年的10∶5变为1939年的10∶3.7。在军火工厂加紧制造杀人武器的同时,德国的纺织及制鞋工业的半数设备却被闲置起来。

在农业方面,帝国粮食局及其下属的数万个基层机构,是希特勒政府干预农业活动的基本工具。1936年,根据"新四年计划"规定的粮食及农产品"自给自足"的要求,在普查农业的基础上,制订了所谓"战时全国粮食平衡表",计算了农产品生产、储备和食品分配定额。在希特勒统治时期,全部农业事务,包括播种面积及作物类别、农业就业人数、化肥的分配、饲料的购买、农产品义务上缴数量、农产品价格、经营农产品贸易的利润额、农户的收入,甚至农民自己留用的脂肪量及运送给城市亲友的蛋品数量等,无不受到国家的控制。但法西斯对农业生产的"调节"是根本失败的,德国的粮食产量基本上停滞在30年代初期的水平上。1937—1938年,每年平均的粮食进口量仍与20年代差不多,在400万吨上下。所谓"自给自足",完全是欺人之谈。

希特勒德国国家垄断资本主义的发展,还表现在国家所有制的扩大和加强,以及在企业利润由于经济军事化而得到充分保证的条件下,把一部分国有财产转到私人垄断资本集团手里。

德国的国家所有制有着长期的历史,在希特勒的统治下,它获得了进一步的发展。国家所掌握的股份资本额增长了,它在全国股份资本总额中的比重也显著提高了。1932—1939年,"国有的"股份资本额,由29亿马克提高到36亿马克,它在全国股份资本总额中的比重,相应地由13.2%上升到了17%。由于国家还全部掌握了铁路、邮政,并参与了其他若干事业,国家垄断资本的总额实际上远远大于国有股份资本额。1939年,德国国家垄断资本共计为248亿马克,占全国总资本的1/5。

国家垄断资本的发展,完全服从于私人垄断寡头的利益,因为:第一,国有企业的设立或扩充,是为了整个垄断资产阶级的需要,借以弥补私人垄断组织活动的不足。例如,沙斯基特尔贫铁矿的开采,是德国垄断资本备战过程中的紧迫需要,但投资显然带有风险,于是蒂森、克虏伯、弗利克等垄断巨头,一方面极力促成设立国营戈林工厂经营此事,另一方面又攫取该工厂30%以上的优先股票,以坐享实惠。第二,国有企业的经营方针和营业活动,保证了私人垄断组织利润的增加。如国营电力公司实行差额收费标准,同一度电,小用户比垄断组织经常要多付5倍左右的电费,这样,就以牺牲小消费者的利益为基础,使垄断组织得以降低成本,提高利润。第三,国有企业的领导权,实际上这样或那样地掌握在垄断寡头手中。如德国国营铁路管理委员会的16名委员中,大资本家占了一半,另一半则是由他们挑选的听话的法西斯官僚。

在扩大国家所有制的同时,法西斯国家还在情况对私人垄断资本有利的条件下,执行了国有财产重新私有化的政策,这是德国国家政权为金融寡头服务的更加露骨的表现。1929—1933年经济危机期间,为挽救一系列垄断资本集团的破产,当时的德国政府曾以优惠价格,收购了柏林各大银行的大部分股票和一系列大工业公司的部分股票。希特勒上台后,随着经济军事化的加紧,危机时亏本的企业变成了赢利的企业,其利润不断上升。在这种情况下,法西斯政府按照金融寡头的意志,迅速地把国家一度握有的巨额股票,廉价卖还给有关的私人垄断资本集团。到1937年为止,国家已退出了对"钢业托拉斯"和其他私人重工业企业的参与,同时全部卖还了柏林各大银行的国家股份;此后,国家在各大轮船公司的股票,也同样完全转到了私人垄断资本集团手中。

可见,国家垄断所有制不过是私人垄断所有制的一种补充物。两者不论在表面上差别如何,实际上都是服务于德国垄断资产阶级掠夺骇人听闻的巨额利润的互相配合和互相补充的形式。

德国垄断资本同法西斯政权紧密结为一体,使用了一切手段。发动侵略战争,加强对外扩张和全面掠夺,也是法西斯德国国家垄断资本主义的一个重要表现。

德国垄断资本利用国家政权实行对外扩张,其矛头是针对世界一切地区和国家,其形式也是各种各样的。其中最重要的手段是法西斯德国利用其经济、政治和外交压力,强行夺取一系列殖民地半殖民地国家的市场,首先是东南欧各国的市场,使后者实际上在相当大程度上变成为德国的农业原料附庸。法西斯德国向东南欧各国扩张的主要方式是强迫这些国家同德国分别签订所谓"双边贸易协定",实行不利于东南欧各国的"划拨清算制度"(即以货易货的非现金结算制度),系统地掠夺各国的战略原料(石油、有色金属、铝土、木材等)和农产品,并扩大对各国的商品输出。结果,德国在东南欧各国对外贸易中的比重急剧增长了。1932—1938 年,德国在保加利亚、希腊、匈牙利、罗马尼亚及南斯拉夫等国进出口贸易中的比重,分别提高了 1/3—3 倍不等。

法西斯德国的这种掠夺办法,也同样施行于同其他一系列殖民地半殖民地国家,特别是若干拉丁美洲国家(阿根廷、智利等)的贸易交往中,从而使贸易额较快地增加。1929—1938 年,在拉美 20 国的进出口贸易中,同美、英两国的比重下降相反,德国的比重显著上升,即分别由 10.6% 和 8.1% 提高到了 17.8% 和 10.3%。

在德国法西斯政权的支持下,德国垄断资本在 30 年代还加强了资本输出,并扩大了与国际资本的联合。1929—1938 年,在其他帝国主义国家对外投资增长缓慢(英、法两国)或大幅度下降(美国)的同时,德国对外投资却急剧上升,由 12 亿美元增加到 40 亿美元,即多出了两倍以上。拉丁美洲是德国投资的重点地区之一,到第二次世界大战前夕,德国在拉美的投资达到 10 亿美元,其中半数投放在阿根廷。30 年代,德国垄断资本同国际垄断资本关系密切,它在一系列国际垄断组织中占有重要地位。例如,1926 年成立的国际钢铁卡特尔是第二次世界大战前最主要的国际垄断组织之一,德国是它的重要发起国。1929 年经济大危机爆发后,这个卡特尔于 1930 年瓦解了。1933 年 5 月,德、法、比、卢等国钢铁垄断组织又联合成立国际粗钢输出协会,从而恢复了国际钢铁卡特尔。随后,卡特尔扩展成为世界性的国际垄断组织。在国际钢铁卡特尔中,德国和萨尔的最低和最高出口限额为 29.2%—33.7%。并且,在法国垄断资本的反对和压力下,卡特尔还先后放弃了对产量的限制和取消了超额罚款制度。同一时期,在国际钢轨卡特尔和国际铝卡特尔中,德国垄断组织也分别拥有近 1/5 的出口份额或股份额。

在德国法西斯专政时期,国家垄断资本主义大发展的结果,垄断资产阶级同政府的结合极度加强了。企业主职能与国家官僚职能达到了高度的融合,资本家和政府官吏的身份已相当普遍地合而为一了。一方面,垄断寡头蒂森、弗格勒、波雪、史略德、西门子、克虏伯、狄利希等人及其亲信,大批地兼任法西斯政府各类机构、特别是军事经济调节机关的负责官职;另一方面,希特勒、戈林、戈培尔、希姆莱等几百个法西斯头目,则拥有各种产业,变成了新的亿万富翁或百万富翁,或者充当了新老金融寡头的心腹。德国垄断资产阶级分子同法西斯官僚互相兼有对方的身份,他们殊途同归地变成了一身而二任的特权统治人物。就资产阶级同国家政权的"个人联合"的深度而言,就企业主职能同政府官僚职能的高度融合而言,希特勒德国不仅创造了德国历史上的空前纪录,而且也达到了当时资本主义世界在这个方面的最高水平。在国家垄断资本主义空前发展的条件下,德国垄断资本集团对国家的经济和政治实行了全面的直接控制,法西斯政权无非是垄断资本集团的统治的工具而已。

从上面的叙述,可以明显地看到国家垄断资本主义的实质。法西斯德国的军事国家垄断资本主义,就是在经济军事化的条件下,以保证垄断资本集团获得垄断高额利润为目的的垄断资本和国家政权结合在一起的垄断资本主义。

> **劳动人民处境的恶化和反法西斯的斗争**

国家垄断资本主义的发展,剥削和压迫的空前加强,使德国国内贫富的鸿沟无比扩大,由此引起国内阶级矛盾和阶级斗争极端尖锐化。

如前文所述,德国垄断资本集团利用国家政权,使自己的利润和财富获得了惊人的增长。同时垄断资产阶级的法西斯政权又在农村中大力培植反动的富农阶级。希特勒一伙上台不久,即悄悄收起了过去向农民宣传的"没收和重新分配土地,废除地租"等诺言,公然在 1933 年 9 月公布了所谓"农地继承法",规定自有土地 7.5—125 公顷的农户,凡"信仰"法西斯主义者,得依法成为"农地继承户",即真正的"农民"。这类所谓"农民的财产"只能由一子继承,并享受一系列优惠待遇,例如免除土地税和遗产税、有权向政府请领贷款清偿债务等。希特勒分子企图借此使富农阶级稳定起来,变成法西斯在农村中的政治和经济支柱,同时把不能继承财产的大批富农子弟吸收到法西斯军队中,以扩大兵源。1939 年,"农地继承户"数达 69 万户,占农户总数的 23%,他们共拥有全部农业土地的39%。为了加强东部边境地带的反动力量,希特勒还向东部移居大量富农。另外,容克地主阶级的势力也得到了很大发展。在希特勒统治的战前年代里,面积在 1000 公顷以上的大庄园增加了 891 个,所有大庄园的土地面积扩大了 300 万公顷。

在法西斯政权统治和国家垄断资本主义大发展的条件下,垄断资本家、地主和富农大发其财,经济实力空前增强,而德国劳动人民的境况则严重地恶化了。希特勒在各工厂、企业,特别是在军事垄断企业里,建立了一整套使工人服从垄断资本家与法西斯政府的军事制度。1935 年 6月,法西斯政府颁布"国家劳动服役法",规定所有 18—25 岁的男性青年一般都必须服役一年,服役期间除受军事训练外,主要是参加军事建筑工程,而每天拿到的报酬只有 25 分尼。1938 年又颁布"普遍强制劳动服役法",加强对劳动者的控制,在与军事生产有关的企业里工作的工人,实际上变成了军事苦工奴隶。

在整个 30 年代,工人的实际工资一直停留在 1929—1933 年经济危机时期的极低的水平上。名目繁多的苛捐杂税又夺去了工人微薄收入的1/4。结果,约占全国工人半数的 700 万工人,甚至还得不到危机最严重年代(1932 年)的实际收入。1937 年,德国每一就业工人的周平均净收入为 22.5 马克,比纳粹官方公布的所谓"最低周生活费用"40 马克还少 45%。工人的工作时间在"军事需要"的借口下被延长了。劳动保护条件极差,工伤事故逐年加多。1932 年,生产工人的不幸事故为 82.7 万次,1937 年上升到 178.9 万次。法西斯政府为了扩大军事生产和战略原料的进口,不断减少消费资料的生产和食品的进口,德国人民的消费水平随之不断被压低。劳动人民的食品的质量一年不如一年,数量也很不足。他们在法西斯的

"大炮代替奶油"的反动政策之下,被迫勒紧裤带忍饥挨饿。

农民的境遇并不比工人好些。他们的经济生活受到法西斯政权的严密控制。同时,法西斯分子还以军事用地的名义,从农民手中夺走了上百万公顷的土地。在这种条件下,劳动农民成批地破产了。1933—1939年,贫苦的佃农共增加了100万户。城市小资产阶级的生活也同样地每况愈下了。

深受国家垄断资本主义和法西斯主义之害的德国劳动人民,在德国共产党领导下,进行了英勇的反抗法西斯统治的斗争。1935年举行的共产国际第七次代表大会和德国共产党代表会议,对德国工人阶级斗争的开展具有重大的意义。这两次会议指出:推翻希特勒法西斯独裁政权的决定性前提是建立反法西斯人民阵线,即建立工人、农民与小资产阶级知识分子的战斗联盟,团结一切城乡劳动人民"为自由、和平与面包而斗争"。1936年年底在柏林成立了"德国人民阵线"。在德国共产党领导下,团结在人民阵线周围的德国人民,广泛开展了各种形式的斗争,反对希特勒的独裁统治,反对纳粹政府的扩军备战,反对法西斯匪徒干涉西班牙内战、侵略奥地利和捷克人民的血腥罪行。

第三节　第二次世界大战时期军事国家垄断资本主义经济的进一步畸形发展及其破产

战时国家对经济的"调节"和掠夺占领区

法西斯德国的崛起和加紧争夺世界霸权,迅速地加剧了德帝国主义的国外矛盾,特别是它同英、法帝国主义之间的矛盾,加速了第二次世界大战的全面爆发。长期推行备战和侵略政策的德国法西斯,是发动这场世界战争的主要罪魁之一。1936年,德国武装干涉西班牙内战;1938年,它又先后侵占奥地利和捷克苏台德区。同时,希特勒德国公然同日本、意大利法西斯结成同盟,成为当时全世界的反动轴心。面对希特勒匪帮的侵略行径,英、法等国统治阶级竟采取"慕尼黑政策"即不干涉政策,妄图挑唆德国法西斯去打社会主义苏联,自己好坐山观虎斗,收享渔人之利。1939年9月1日,希特勒匪帮悍然进攻波兰,接着战火烧到了英法帝国主义者的头上,第二次大战在欧洲也打响了,英法帝国主义者的罪恶企图落空了。正如1938年10月毛泽东在中共六届六中全会上预先指出的:"搬起石头打自己的脚,这就是张伯伦政策的必然结果。"①

第二次世界大战对参战的各帝国主义国家说来,是重新分割世界的非正义战争。到1941年上半年为止,希特勒匪徒已侵占了包括法国在内的10个欧洲国家,控制了拥有近3亿人口的500万平方公里的广大地区。同年6月22日,德国法西斯又背信弃义地突然进犯苏联,占领了苏联西部大片国土。但在苏联共产党和斯大林领导下,英勇的苏联人民对德国侵略者展开了坚决的抵抗。

第二次世界大战时期,德国军事国家垄断资本主义得到了进一步大发展。按其发展程度和规模说来,既远非第一次世界大战期间德国自己的发展水平所可比拟,也超过了当时的其他许多资本主义国家。

大战开始后,随着经济军事化进一步加强,随着各垄断集团争权夺利的加剧,德国经济调节机构变得更加复杂起来。战时,国防军最高指挥部下属的经济总署,也取得了中央经济调节机关的权力,它着重管理军火生产和组织对占领地区的掠夺。此外,从1942年春天起,由史比尔领导的军火弹药部改组后,在它下面设立了"军备委员会",它也变成了权势极大的调节军事经济的机构。战时的各类调节机构不仅平行重复,职能混淆,而且相互掣肘、矛盾百出。然而,随着战时经济领导机构的改组和扩大,垄断寡头获得了日益众多的政府职位,更加彻底地把"领导经济"的大权抓到了手里。

1940年10月,希特勒政府宣布将"第二个四年计划"延期四年,目的在于更彻底地动员一切人力、物力和财力,以满足侵略性的"总体战"的

---

① 《毛泽东选集》第二卷,人民出版社1952年版,第570页。

新需要。与此相适应,希特勒法西斯还采取了一系列反动措施来筹措战费,严格管制和调节战时经济活动,以及疯狂地扩大军事生产。

战时德国的军费支出超过了除美国以外的所有交战的资本主义国家,六年中共达 6220 亿马克,占到国家预算支出的 92%,超过同一时期德国本土(按 1937 年的国界)国民收入的 15%。为了征集庞大战费,希特勒匪帮首先便是执行了大规模增税、提高国债发行额和通货膨胀的反动政策,加强掠夺德国人民。1938/1939—1942/1943 年度,德国国家税收由 177 亿马克上升到 404 亿马克。战时全部税收共达 1827 亿马克。税收负担基本上落到了劳动人民身上。例如,战时工资税收入即比超额利润税收入高出 20 倍。国债总额有了惊人增长:1939 年为 371 亿马克,1945 年春增至 3793 亿马克。同一时期,德国流通中的货币数量,也由 110 亿马克增加到 675 亿马克。结果,法西斯德国的战时财政、信贷及货币流通状况空前恶化起来。为了弥补战时国家预算的大量赤字(平均占总额的 34%)和扩大战费来源,法西斯匪帮还疯狂地掠夺各占领地区。据不完全统计,战时德国至少从占领区掠夺了 2000 亿马克以上,约占德国战时总支出的 1/3。

战时经济调节的重要内容之一,是原料的生产、进口和分配。大战期间,德国由于占领了欧洲广大地区,原料供应问题曾一度有所缓和。但是,军事工业生产的急剧扩大,使战争后期原料不足的困难日益严重起来。掠夺占领地区,是希特勒匪帮解决原料问题的基本方法之一。在占领初期,德国法西斯从被占领国家抢走了大量现成的原材料储备。以后,他们还逐年对各国新生产的原料进行系统掠夺。每年从占领区运入德国的原料,至少相当于德国本土生产量的 1/5。同时,希特勒匪帮也在德国本土加强了原料生产,特别是合成原料及燃料的生产。另外,德国战时还继续从中立国和"同盟国"进口多种原料。

在重要原料的分配和消费方面,战时法西斯政府更进一步加强了控制。一方面,它变本加厉地继续战前已经采取的各项措施;另一方面,希特勒政府还简化了原料分配手续,并削减原料、特别是金属原料的消耗定额。战争期间,各垄断集团争夺战略原料的斗争进一步尖锐起来,套购、囤积、掺假、浪费的现象比比皆是。1944 年秋天起,随着广大占领地区的解放和战场转入到德国本土,德国原料的生产和供应状况极度恶化起来,一系列重要战略原料的储备迅速枯竭,军用品的生产遇到了无法克服的原料供应脱节的困难。

劳动力的补充和调配,是德国战时经济面临的另一重要难关。大战期间,大批强劳动力被征入伍,到 1944 年秋,入伍累计数高达 1240 万人。希特勒分子弥补劳动力、特别是军需部门劳动力不足的重要措施:一方面,进一步从家庭中把数百万妇女、老弱及半成年人驱往苦役劳动场所,迫使数以百万计的手工业者、零售商人、民用工业部门工人及青年学生转入军需企业;另一方面,从前线和占领区用暴力把 1000 多万外国战俘及居民赶到德国作苦工。到 1944 年年底,尽管半数左右的"外国奴隶"已被折磨而死,但留在德国服苦役的仍有 800 万人之众。

战时,德国就业人数分配方面的主要变化:现役军人激增,法西斯国家机关及主要为军用服务的运输业就业者总数进一步增多;在国民经济中,生产部门(手工业除外)就业人数虽然减少,但其在劳动力分配中的比重上升,非生产部门就业人数及其比重均有下降;直接参加军需品生产的工人人数空前增多,到 1944 年达到 600 万人,即为 1939 年(210 万人)的 2.8 倍还多,它在工业就业总人数的比重,也相应由战前的 21.9%提高到 61%。

德国法西斯对占领区的掠夺,还包括了其他许多方面。例如,1941 年年底,在侵占了欧洲大陆 11 国和苏联西部地区后,希特勒匪徒马上夺走了可装备数百师现代化军队的全部装备,数百万辆各式交通工具,15 亿美元以上的黄金外汇,大量工业制成品等。而后,德国法西斯每年又从占领区抢走大批农产品,仅粮食一项,即解决了德国战时需要的 1/7 到 1/5。并且,通过直接没收、征用或贱价收买股票的方法,德国新老财阀把占领区 2/3 以上的大企业变成了自己的私产。例如,德国各煤、钢康采恩基本上控制了被占领国的冶金业和矿山;法本化学工业托拉斯和克虏伯家族分别强占了各国的化学和军火工厂;德意志银行、德累斯顿银行等控制了各国的银行信贷体系;等等。仅在波兰一国,德国占领者即没收了

20万个以上的工商企业。大批德国地主和富农也尾随着侵略军涌进捷克、波兰等地,强夺当地农民的土地,建立起自己的庄园。此外,德国占领军的官兵也肆意进行抢劫和掠夺,纷纷把"战利品"寄回本国。这一切罪行,就是德国的"欧洲新秩序"的血腥内容。

军事经济畸形发展和垄断资本势力的扩大

在加紧压榨本国的人力物力和搜刮被占领各国的条件下,法西斯德国的工业在战争时期有了一定程度的发展。1938—1943年,全部工业生产增长了19%,其中生产资料生产增加了63%,消费品生产反而缩减了近10%,工业两大部类之间发展不平衡的状况空前加剧了。1944年,消费品工业进一步缩减,生产资料生产则停顿不前。

战争期间,法西斯德国的军需工业,得到了极度的畸形扩大。整个说来,德国军事工业生产在1939—1944年增产了4倍。1943年德国产品的4/5均为军用品。此外,还在欧洲占领区大量生产军火,供应当地德军以及东方前线。截至1941年年底止,仅法、比、荷、丹麦、挪威及波兰六国即供应了德国总值达128亿马克的武器及军火。

战时德国工业特别是军事工业的发展,是依靠高达7000亿马克的国家军事订货和掠夺占领区资源维持的。为军工生产服务的重工业总的说来虽然有一定增长,但困难却一年年加多。如德国本土的煤炭年产量战时一直徘徊在4亿吨上下,出现了停滞的局面;生铁和钢产量甚至低于战争前夕的水平;发电量虽有提高,但电力工业最后几乎完全没有后备机组,停电事故连年增多。战时国家军事订货费用只能维持当前生产,各工厂机器设备很少得到更新。大量使用老弱和"外国奴隶"做苦工,引起了工业劳动生产率的显著下降。德国工业基础在逐年削弱下去。

战时,德国农业中的青壮年劳动者大批被征入伍,劳动力主要依靠妇女老幼及几百万被奴役的外国居民和战俘。农业劳动生产率明显下降,粮食产量也低于战前。运输业在战时的效率降低了,燃料的缺乏使大量运输工具无法开动。战时德国对外贸易额很少增长,并由战前的出超转为入超。

随着希特勒的军事侵略失败和战争转入德国境内,法西斯军事化经济的脆弱性就暴露无遗了。对外掠夺的来源被切断了,原料储备逐渐枯竭,供应脱节现象与日俱增。劳动力的补充遇到了巨大困难,运输方面更加混乱不堪。这样,从 1944 年秋天起,德国工业生产便直线下降,如以 1938 年为 100,1945 年生产资料生产指数下降到 30—44,消费品生产指数下降到 18—28。它们已无法支撑法西斯的战争机器了。

德国手工业者、零售商及中小企业在战时遭到进一步剥夺及排挤。为了把更多劳动力转移到军事工业部门,1940—1944 年法西斯政府先后实行三次"总动员",使数十万手工作坊及小商店关门。在金融寡头的压力下,较弱的垄断组织也遭到了损害,1943 年约 2000 个低级卡特尔被强制并入其他大型垄断组织,结果卡特尔数量降为 500 个。同时,战时先后建立起一系列更高形式的国家垄断资本主义组织如"行业组合"及各部门(制铁、煤业、人造纤维、纤维加工、木质纤维)的"最高同盟",以加强工业巨头对各部门的控制。生产和资本更进一步集中了。1939—1943 年,拥有 500 万马克以上资本的大公司的数量增加了 1/3,资本额增加了 1/2。它们在全德股份资本总额中占有的比重,由 79% 提高到 83%。其中,资本在 5000 万马克以上的最大公司,同期由 63 个增至 108 个,其资本额增加近 1 倍;在股份资本总额中的比重由 39.2% 升至 49.3%。在一系列重要部门中(钢铁、采煤、化学、汽车、炼铝、电气、石油及人造汽油等),战时的生产垄断化程度甚至额过了战后初期美国的水平。银行资本也加速集中,1939—1944 年,柏林几家最大银行的资产增加 1 倍多,其存款额则增加 3 倍。

"国家资本"在战时进一步扩大了。"赫尔曼·戈林康采恩"是这方面最显著的例子。在大规模掠夺奥地利、捷克斯洛伐克、罗马尼亚和波兰的大批企业以后,这一康采恩的实力急剧膨胀起来。戈林康采恩在德国本土和占领区共拥有 177 个工厂、69 个采矿和冶金企业、156 个贸易公司、46 个各种运输企业、15 个建筑企业和几十个其他企业。为了便于控制,它在 1940 年年底又划分为三个康采恩:冶金业康采恩、军火康采恩、机器制造业及内河航运业康采恩。原有的康采恩机构变成中央控股公司。整个"赫尔曼·戈林康采恩"的资本额增加速度是惊人的,1938 年为

4 亿马克,1941 年增为 25 亿马克,1943 年竟增加到 60 亿马克。战时,法西斯政府对国有企业进行了巨额拨款,使得它们的资本额也迅速扩大起来。结果国家垄断资本在国民经济中的地位进一步加强了。1943 年,在全国最大的 83 个股份公司当中,全部国有或由国家控制的公司计 35 个,它们的资本额占这 83 家公司总资本额的一半左右。如果加上国家对铁道、信贷和保险机构的参与和控制,则国家垄断资本在这一时期至少占到全德国资本总额的 1/3。

　　战时,德国人民的生活极为困苦。从战争一开始就实行了消费品配给制。最初两年,由于掠夺占领地区较易,德国国内消费水平尚能维持战前的水平。此后,配给额不断减少,1945 年居民所消费的粮食定额比1939 年下降 29.1%,肉下降 64.3%,脂肪下降 63.2%。苦役劳动及饥饿的生活使人民苦不堪言。帝国主义的侵略战争给德国人民带来的灾难还不止于此。这场侵略战争夺去了 700 万德国人的生命,其中 500 多万人葬身于战场。德国的物质和文化财富也在战火纷飞中遭到空前的破坏。然而,垄断资本家在战时却发了大财。德国资产阶级从国家战时订货中至少获利 700 亿—800 亿马克,而七家最大垄断组织(法本公司、钢托拉斯、戈林康采恩、西门子托拉斯、克虏伯康采恩、弗利克康采恩、德意志银行)在法西斯统治的 12 年中共得到不下 200 亿马克的利润。此外,德国垄断资本在战时与外国资本特别是美国资本一直维持着联系,不断进行勾结,并策划战后保持德国垄断资本势力及瓜分世界市场的办法。

　　毛泽东指出:"一切反动派都是纸老虎。""希特勒不是曾经被人们看作很有力量的吗? 但是历史证明了他是一只纸老虎。"[1]历史发展的客观逻辑就是这样。全世界反法西斯力量的英勇斗争,包括德国共产党领导下的德国人民的反法西斯运动,决定了希特勒匪帮的必然覆亡。1945 年4 月底,希特勒军队在柏林被击败,柏林获得解放,德国法西斯头子希特勒畏罪自杀。5 月 8 日,法西斯德国无条件投降。历史宣判了法西斯德国及其军事国家垄断资本主义的完全破产。

---

　　① 《毛泽东选集》合订本,人民出版社 1967 年版,第 1091 页。

第 五 章

资本主义总危机时期的法国经济

第一节　战后的经济恢复和 20 年代的不稳定增长

20 年 代 工 业
的　　　高　涨
第一次世界大战结束,协约国取得了胜利。法国经济在战争中遭到很大破坏。1919 年签订的《凡尔赛和约》,为法国经济的恢复和发展提供了有利条件。

首先,法国从德国手中收复了东部富饶的地区,即经济发达的阿尔萨斯和洛林两地,取得了对萨尔煤产区的代管权。这使法国急剧扩大了冶金、化学和纺织工业的生产。洛林是铁矿藏非常丰富的地区,这里有设备优良的冶金工厂。由于洛林的收复,法国的炼铁生产能力提高了 70%,炼钢生产能力提高了 50%。1929 年,法国的钢产量达到了 972 万吨,比 1913 年的 469 万吨增加了一倍以上。阿尔萨斯拥有发达的纺织工业和法国所缺乏的钾盐矿。和约中关于德国萨尔煤产区供应法国煤炭 15 年的规定,使法国煤炭严重不足的问题得以解决。这样,法国在战后扩大了冶金和纺织工业基地,原料、燃料问题得到解决,使整个工业生产,特别是生产资料生产,取得了较为迅速的发展。

其次,德国的赔款也促进了法国战后的经济发展。从战争结束到1931 年 7 月以前,德国支付给各国的赔款总额为 206.78 亿金马克,其中法国获得 81.51 亿金马克。在战后最初几年,大部分赔款采取实物形式,而煤炭则是实物赔偿的主要部分。法国的垄断组织向德国购买的煤,每吨价格为 45 法郎(进口价格为 90 法郎),而在国内市场上则以每吨 200法郎的高价出售。

再次,法国从德国手中夺取了对多哥、喀麦隆、叙利亚、黎巴嫩等国的统治权,大大扩大了殖民地版图。战后,殖民地作为法国的粮食和原料基地及工业品市场的作用大为加强。1918 年,殖民地在法国出口额中所占的比重只有 11.4%,1927 年已增长到 37%。对殖民地的剥削和掠夺,在法国战后的工业高涨中起了重要作用。

最后,战时遭受破坏地区的恢复工作,也促进了工业生产的发展。据估计,在战时有 1.1 万个工业企业、1500 座桥梁、26.5 万所住宅和 7500所学校被毁掉。特别是被占领区的工业,差不多需要完全重建。这就引起了固定资本的大量更新,以及对建筑材料和消费品等的大量需要,从而暂时扩大了法国的国内市场。法国的恢复工程基本结束于 1924 年,但建筑活动的规模一直到 1930 年危机爆发前始终保持着较高的水平。

上述一系列因素,促进了战后法国经济的恢复和发展,使 20 年代法国的经济发生了一定的高涨。1919 年,法国的工业生产指数只及战前1913 年水平的 57%,到 1924 年已比 1913 年水平高 9%,到 1930 年进一步增长为 1913 年水平的 140%。而同一时期,德国的工业生产指数只提高了 20%。20 年代,法国工业的增长速度比美、英等主要资本主义国家都要快。如以 1929 年和 1920 年作比较,法国的工业增长了 77%,美国增长了 39%,英国只增长了 15.6%。

战后法国经济的恢复和发展是很不平衡的,就整个物质生产领域而言,工业发展较快,农业长期处于停滞状态;就工业而言,重工业部门发展迅速,轻工业部门发展缓慢。1924 年,法国工业中生产资料的生产比1913 年提高了 18%,消费资料的生产却比 1913 年水平低 13%。到 1930

年,整个工业生产比 1913 年增长了 40%,而消费资料的生产只比 1913 年水平高 14%。纺织工业在整个 20 年代从未达到过 1913 年的水平。在生产资料部门中,汽车、航空、化学、电机、橡胶等新的工业部门获得了迅速的发展。例如,法国的汽车产量,在 1920 年只有 4 万辆,到 1929 年已增为 25.4 万辆。同一时期,电机工业的产量增长了 5 倍。橡胶工业的增长速度更快,1930 年的生产指数约为 1913 年的 9 倍。其他如机械制造、冶金、建筑和采矿工业也都有较大的增长。煤、铁、钢的产量在 1929 年达到了最高水平,它们在资本主义世界生产中的比重增长了。以 1924—1929 年同 1911—1913 年作比较,煤由 3.2% 增为 4.6%,铁由 6.7% 增为 11.4%,钢由 6.2% 增为 8.7%。法国工业在世界工业生产中的比重由 1920 年的 5% 上升为 1930 年的 8%。国内重工业产品的市场也扩大了。1904—1913 年法国铁的年平均消费量为 374 万吨,1921—1930 年增为 727 万吨。1913 年煤的消费量是 6480 万吨,1930 年则增为 9340 万吨。随着重工业较为迅速的发展,法国国民经济的部门结构发生了很大变化。1926 年,法国工业人口在历史上第一次超过了农业人口。1930 年,法国生产总额中,工业产品的比重已占 56%,农产品的比重则降为 44%。同时,工业内部的部门结构和就业人数的分布情况也有一定变化。在 1926 年,重工业部门中的就业人数已占全部工业就业人数的 47.9%,而到 20 年代末这一比重已超过 50%。

但是,战后法国经济的恢复和发展约有 2/3 的时间是在通货混乱中进行的,同时大规模的恢复工程要求有大量的财政支出。战争一结束,法国的统治集团就提出了要"德国人偿付一切"的口号,以求在军事和经济上最大限度地削弱德国,为法国争夺欧洲的霸权创造有利的条件。法国大资产阶级的这种愿望在德国的反抗和美、英帝国主义的反对下没有全部实现。战后,法国不得不主要依靠动员国内的资金来进行被破坏地区的恢复工作。据统计,截至 1931 年 3 月 31 日,国家投于恢复工程的资金将近 1000 亿法郎,而德国的赔款只占全部支出的 9.25%。为了筹措和动员如此巨额的资金,政府一再增加预算。从 1919 年到 1925 年,预算赤字竟达 1750 亿法郎。为了弥补预算赤字,政府就大举国债和滥发纸币,从而造成通货膨胀。在1924年以前,预算赤字主要是依靠发行国债来解决的,货币发行量的增加还不大。1925年,政府没有发行国债,只靠发行货币来弥补预算赤字和抵偿100亿法郎短期和即期债券。因此,货币发行量就由1924年的17.7亿法郎激增为1925年的107亿法郎,从而造成了物价的上涨。以1925年同1924年作比较,批发价格指数增长了27%,1926年6月又比1925年增长了31%。1926年年中,通货膨胀已发展到相当严重的地步。劳动人民已不能容忍这种状况,大资产阶级的统治也受到直接的威胁。在这种情况下,普恩加莱政府被迫在1926年年底把法郎稳定在战前价值的1/5的低水平上,1928年又以法定形式规定了这一点,并恢复了金本位。为了克服通货膨胀危机,政府还曾采取了提高税收(主要是间接税)、缩减现期国家债务等损害人民利益的措施。此外,在1926—1928年,大批原来"外逃"的法国资本和外资的回流,使法国的外汇储备有了很大增加,才为这一时期的法郎稳定创造了有利的条件。

农业生产的停滞和土地占有的进一步集中 战后法国农业的恢复和发展大大落后于工业。20年代,法国农业发展的基本情况是产量有起有落,但总的趋势停滞不前。战争结束时,耕地面积缩减了,农产品收获量下降了,农村中到处感到劳力不足,战争最后一年的农业生产指数只等于1913年的60%。整个20年代,法国的农业生产一直没有多大起色。直到1930年,小麦产量仍未达到战前水平。就整个农业生产指数来看,1913年为91(以1938年为100),1930年为87。在20年代,只有1924年曾达95,其余年份都低于1930年的水平。

在畜牧业方面,情况也大致相同。战后法国的大家畜虽然逐年有所增长,但一直到1930年才略微超过1913年的总头数,猪的头数甚至到30年代也仍未达到1913年的水平。

农业生产的停滞加速了小农的破产过程,土地占有进一步集中。1929年的农业调查材料表明,从1908年到1929年,法国的农户总数由550.5万户减为396.6万户。遭到排挤的主要是法国农村中的中、小农户,特别是拥有土地不到5公顷的农村无产者、半无产者和小农户。相反,拥有土地10—20公顷的富裕农户的土地面积增长了,而超过20公顷和 50 公顷以上土地的大农户和资本主义农户数，则从 1892 年的 42 万户增为 1929 年的 49 万户，他们在农户总数中的比重也从 7.4% 增为 12.5%。法国农村中资本主义农户是靠排挤 100 多万中、小农户而得到发展的。从 1892 年到 1929 年，拥有土地 1 公顷以下的农村无产者丧失了 60 万公顷土地，即丧失了他们占有的 45% 的土地；拥有土地 1—5 公顷的农村半无产者和小农户丧失了 170 万公顷土地，即丧失了他们所占有的土地面积的 31%。1929 年的法国农业调查虽然是一个非常不完全的调查，但它还是在一定程度上反映了法国农村中土地集中和农村阶级分化的情况。例如，1929 年，占农户总数 25.6% 的拥有 1 公顷以下土地的最小农户只占有全部土地的 1.6%；占农户总数 29% 的拥有土地 1—5 公顷的小农户，在土地总面积中所占的比重也只有 8.2%。与此相反，占农户总数 12.5% 的拥有土地超过 20 公顷和 50 公顷以上的大农户和资本主义农户，在土地总面积中所占的比重则为 57.3%。如果以拥有 50 公顷土地以上的资本主义大农户为例，那么土地集中的情况就显得更加突出，他们在农户总数中不到 3%，但在全部土地面积中所占的比重则达 29.2%。战后，农业中资本主义的租佃关系也有了进一步的发展。

集约经营是农业中资本主义发展的一种形式。在战后的法国农村中，资本主义农户是集约化程度最高的农户，他们在全部农业投资和生产量中所占的比重大大高于在土地总面积中所占的比重。据估计，在 20 年代末，法国的拖拉机约有 2 万辆，但主要都掌握在拥有土地 100 公顷以上的大农户手中。战后法国农村中的化肥消费量也比战前有所增长，但化肥使用量最高的地区则是北部和西部的大生产占优势的地区。据统计，在这些地区，每 100 公顷的土地要使用 1 万公斤或更多的化肥，而在小农户占优势的地区，每 100 公顷土地却只使用几百公斤化肥。小农户所使用的化肥在质量上也远比大农户的差。由于大农户日益广泛地使用拖拉机、化肥和各种农业机器，因此，劳动生产率提高了，单位面积产量也大大增加了。例如，在北部的大农户，每公顷小麦的收获量一般都超过 20 公担，而在中部、东部和其他地区的小农户，每公顷小麦的收获量一般还不到 10 公担。

这一时期,高利贷资本对小农的剥削未见削弱。一般说来,抵押银行和农业信贷所的主要贷款对象是资本主义大农户和富农,小农户由于土地少,找不到"可靠的"保证人,很难获得贷款,在青黄不接的时候,小农户由于急需,不得不以土地做抵押,仰求于高利贷者。高利贷的利息率通常都远比抵押银行和农业信贷所的利率要高。据统计,小农支付的抵押利率,在第一次世界大战期间为 8%—10%,第一次世界大战后提高到 10%—20%。小农一旦陷入高利贷的罗网,就很难摆脱它的羁绊。

对 外 贸 易 和
资 本 输 出 的 增 长

战后,20 年代法国工业的发展和德国竞争力量的严重削弱,使法国的对外贸易获得了较大的增长。由于这一时期法郎不断贬值,货币额的增加难以表明法国对外贸易增长的实际情况,下列数字是按物量指数计算的。1913—1929 年,法国的出口量由 111 增加到 161;进口由 93 增加到 124(均以 1938 年为 100)。同时,随着国内重工业的发展,在进口中原料有了成倍的增长,在出口中重工业产品和制成品的比重也扩大了。

但是,20 年代法国对外贸易的增长还是落后于美、日等国,因而它在世界贸易中的地位也逐渐下降。1929 年,法国的出口贸易占世界出口贸易的比重由 1913 年的 7.2% 降为 5.9%,进口贸易的比重由 8.3% 降为 6.4%。

这一时期,法国的对外贸易中,仍然有巨大的逆差。1919 年逆差额高达 239 亿纸法郎,1920 年仍达 200 亿纸法郎。战前,法国用国外投资的收入来弥补外贸逆差一直是绰绰有余的。由于战争,特别是由于俄国十月社会主义革命的胜利,使法国出让和丧失了大批国外投资和债券,因此,战后法国国外投资的收入已不足以弥补数额如此巨大的外贸逆差了。以后,法国采取了一系列扩大输出的措施,从 1921 年起情况才逐渐有所好转。1924—1927 年连续四年出现贸易顺差,但是从 1928 年起,输出又开始逐年下降。战后,殖民地在法国对外贸易总额中所占的比重增大了。1913 年,殖民地在法国对外贸易出口总额中占的比重为 13%,1929 年增为 18%。同时,在法国对外贸易进口总额中,殖民地所占比重也由 9.5% 增加到 12%。

战前,法国在国外的投资总额约为 600 亿法郎。战争使法国大约丧失了一半国外投资。战后,国内通货膨胀和法郎汇价的不断降低,引起资本的外流,资本输出逐渐有所增长,但一直未能达到战前的最高水平。1929 年法国的国外投资约比 1913 年减少 40%。但是,法国资本输出的收入仍超过商品输出的收入。1927 年国外投资的纯收入为 55 亿法郎。而对外贸易的收入仅为 15 亿—20 亿法郎。战后的法国资本输出和战前相比,已发生了某些变化。首先,战前法国的资本输出绝大部分是采取外国政府债务和外国公司的有价证券的形式。战后,法国资本输出有朝生产方面移动的趋势,在国外的法国公司的证券发行量扩大了。同时,法国银行和康采恩直接在国外企业中的投资额也增加了。其次,战前法国资本输出的主要场所是在欧洲,特别是在俄国,而在殖民地的投资只有 60 亿金法郎,即只占法国对外投资总额的 10%。战后对殖民地的投资特别是直接投资增加了,法国殖民地作为原料产地、销售市场和投资场所的作用大大加强。

垄断资本统治的加强与国内外矛盾的加深

随着战后工业的高涨,法国的生产和资本集中过程比战前加速了。1926 年与 1906 年相比,1—10 人的小企业的就业人数占全部职工总人数的比重,从 58.1% 下降为 40.2%;反之,50 人以上的大企业的就业人数则从 30.2% 增长为 44.2%。在同一时期,不使用雇佣工人的手工业企业数几乎减少了一半,而大企业数则迅速增长了。例如,在 1906 年,使用 1000 人以上的大企业有 207 个,1926 年已增为 362 个,如果把阿尔萨斯—洛林包括在内,1000 人以上的大企业在 1926 年已达 397 个。

"二百家"垄断财团的触角几乎延伸到了一切工业部门,并稳固地在各个工业部门中确立了统治地位。例如,在冶金业中,10 家大企业占全部总产量的 70% 以上;在电气工业中,一家大企业生产了 60% 的产品;在化学工业中,全部染料生产都掌握在库尔曼托拉斯的手中;在汽车工业中,西特洛等三大企业占有总产量的 75%;在人造丝工业中,也是三家大企业占有产品的大部分。但是,集中和垄断程度较高的是重工业部门,轻工业部门的集中程度仍较低,特别是在奢侈品和家庭用具等部门中,小生产仍占有优势。

战后法国银行的集中过程也很迅速。大银行已成为银行托拉斯和康采恩,它们采取使地方银行依附于自己、建立支行、资助工业企业、组织银行团和卡特尔,进行私人合并和大银行之间交换股票等方法来加强自己的垄断地位。例如,在 20 年代出现的国民信贷银行就是大银行家共同投资的产物。里昂信贷、总公司和国民贴现三家最大的存款银行的分支机构,1913 年有 1700 个,到 1930 年已发展为 3300 个。同时,银行资本和工业资本的相互结合和渗透也较战前密切了。

随着国内垄断组织的发展,法国在国际垄断组织中的作用日益加强。法国钢卡特尔在国际钢卡特尔中的限额比战前增加了好几倍。在这一时期,法国的垄断组织还参加了国际铅卡特尔、国际氮卡特尔。据统计,1929 年,法国已参加了 34 个国际卡特尔或关于规定价格、生产和分配销售市场的协定。

尽管战后法国的生产和资本的集中和垄断程度有了进一步的增长,但与其他发达的资本主义国家相比,法国仍然落在它们后面。

战后,垄断资本在国家的补助和扶持下,加强了对国库的掠夺。许多大企业在战时遭受的损失不仅从国家得到了补偿,而且它们往往把损失加以夸大,得到了额外的补偿金。例如,郎格维冶金公司的资本额在 1914 年为 1400 万法郎,但它从国家所获得的"补偿费"则为 4.38 亿法郎。又如,马利公司的大部分企业在战时都不在德占区,但在战后,这家公司竟然也从国家获得了 1.09 亿法郎的"补偿费"。政府一方面补偿大企业的"损失"和削减大资本的税额。另一方面则实施了提高消费品税收、增加运输费用、降低职工工资等压低人民生活水平的反动措施。

在战后通货混乱的年代里,工人的名义工资的增长速度大大落后于物价的增长速度。1921—1926 年,工人的实际工资指数下降了 9%。同一时期,农产品和工业品价格"剪刀差"的扩大,使农民的实际收入也下降了。

在赋税和通货膨胀的重压下,国内阶级矛盾日益加深。法国的工人阶级受到俄国十月革命的鼓舞,在 1918 年掀起了强大的革命高潮。工人为改善劳动和生活条件、要求增加工资、实行八小时工作制,以及扩大工会的权利而斗争。同时,还提出了限制金融资本统治、实行大企业、银行和铁路国有化的要求,并反对统治者武装干涉苏俄。1919年,法国参加"五一"劳动节示威游行的达300万人。同年夏天,几乎所有部门都发生了罢工事件。1920年,工人运动达到了高潮,在强大的革命声势的威迫下,法国垄断资产阶级不得不作出一些让步:如通过八小时工作制的法令和扩大工会权利等。在高涨的革命斗争中,进一步暴露了法国社会党改良主义的丑恶面目。1921年,诞生了由工人阶级先进分子组成的法国共产党。此后,在法国共产党的领导下,工人运动一度获得蓬勃开展,声势浩大的罢工斗争连年发生。

法国的外部矛盾,在20年代也日益加深。1919年年末上台的代表大资产阶级极右势力的"国民联盟"政府公然在自己的反动纲领中提出了反苏、反共和争夺欧洲大陆霸权的要求,并以"如果胜利得以巩固,那末德国人就要偿付一切"的口号来拢络中、小资产阶级。在"国民联盟"执政期间,法国政府使用了一切手段来支持阴谋推翻苏维埃社会主义共和国的彼得留拉、弗兰格尔和波兰白党的反革命武装。《巴黎和约》签订以后,法国和英国为夺取欧洲大陆霸权的斗争日趋尖锐,围绕着德国的赔款问题,法国同美、英帝国主义展开了激烈的争夺战。总的来说,在1924年以前,法国在斗争中采取的是攻势。从法国占领德国鲁尔地区后又被迫撤出①和在1924年接受道威斯计划以后,法国已被迫采取守势。罗加诺会议以后,法国的对外政治地位就进一步被削弱了。鲁尔军事冒险在很大程度上破坏了法国的财政,法郎不断贬值,人民的不满情绪日益增长。1924年,以普恩加莱为代表的"国民联盟"政府垮台。接着上台的"左翼联盟",虽然口头上标榜"和平主义",并在人民的压力下和苏联建立了外交关系,但它决不是一个爱好和平的政府。例如,它曾向摩洛哥的里夫部族和叙利亚的德鲁士人发动了武装侵略。接连不断的殖民战争使

---

① 1923年1月11日,法国借口德国不履行赔款条约,联合比利时武装占领了德国的重工业区——鲁尔。1924年秋协约国在伦敦会议上通过道威斯计划,制定出新的德国赔款计划,同时决定法、比自鲁尔撤出占领军。

法国的财政状况更加恶化了。由于财政危机,更主要的是由于大资产阶级已不愿再扶植"左翼联盟"政府,在 1926 年年中,"左翼联盟"政府被迫辞职。1926 年 7 月,普恩加赉重新上台后,法国国内的法西斯组织"爱国青年联盟""战斗十字团"等开始活跃起来。同时,工人运动也日益壮大了。据统计,1926 年的罢工次数达 1660 次,1929 年达 3507 次。这表明,法国国内的阶级矛盾有了新的发展。

综上所述,在内外矛盾日益加剧的情况下,由于战后一些特殊的因素而发生的法国经济高涨,只能是相对的和暂时的。随着一系列有利的内外特殊因素的消失,特别是随着被破坏地区恢复工作的结束和国外市场的急剧缩小,法国终于在 1930 年爆发了经济危机。

第二节　30 年代法国的经济
危机和严重经济衰退

30年代经济危机对经济的严重破坏

与 20 年代的情况完全相反,整个 30 年代法国的国民经济一直处于深刻的危机之中。1929 年的世界资本主义经济危机在各国的发展是不平衡的。法国卷入经济危机的旋涡比其他主要资本主义国家要晚一年。1930 年年中,和大垄断组织有密切联系的贝壳银行的破产,是法国爆发经济危机的信号,接踵而来的是大批银行和企业倒闭和破产、工农业生产下降、失业人数骤增、物价下跌、资本输出锐减、对外贸易萎缩。法国终于陷入危机的深渊之中。

这次危机波及了所有的工业部门。以危机前的最高点同危机时的最低点作比较,工业生产下降了 36.2%。重工业各部门生产的下降幅度:冶金工业——47.4%,机器制造工业——42.6%,建筑工业——55.6%,生铁——46.6%,钢——41.9%,煤——15.8%。在危机最严重的时期,炼铁高炉减少了约 80 座,即比危机前的最高点减少了一半以上。和重工业部门比较,轻工业部门在危机时期的处境显得更加困难。1930年纺织工业的生产指数尚未达到战前水平,只及1913年水平的85%。危机爆发后的1931年进而降为71%,1937年更下降为65%。1934年,纺织工业的开工率只有战前的34%。从1929年到1935年年初,有130多个棉织工厂破产。缝纫业和制革业的生产在危机期间也有所下降。危机期间,整个工业生产下降情况如下:以1929年为100,1931年——89.2;1932年——69.1;1933年——77.4;1934年——71;1935年——67.4。1937年,法国在资本主义世界工业产量中的比重,由1913年的6%降为5%。据估计,这次危机大约使法国的工业倒退到1911年的水平。

危机不仅使生产缩减,而且引起技术停滞。由于生产能力开工不足,法国工业的固定资本在危机年代几乎没有更新。法国工业技术装备的落后和其他发达的资本主义国家相比较是十分显著的。

和其他资本主义国家一样,法国的工业危机是和农业危机交织在一起的。二者发生了恶性循环的作用:工业危机使长期处于停滞状态的慢性农业危机变得更加尖锐;而农业危机又反过来加深和拖延了工业危机。农业危机在1932年和1935年表现得特别严重。农产品价格的下降最深刻地反映了法国农业的严重状况。在危机期间,小麦和葡萄酒的价格下降得最厉害。例如,1930年,每100公斤小麦的平均价格为150—165法郎,1935年则跌为80法郎,某些省份更下跌为55法郎。1930—1931年,每100公升的葡萄酒的平均价格为170法郎,而到1934年年底,竟跌至57法郎。

一般说来,农产品价格的下降幅度比工业品要大得多。大贸易公司和垄断组织利用自己的垄断地位,拼命压低农产品的价格和抬高工业品的价格。例如,大面粉公司按100公斤70—90法郎的价格向农民收购谷物,但面粉则按100公斤190法郎的价格出售。在巴黎郊区,向农民收购的牛奶每公升为0.4法郎,而在巴黎市区出售给消费者时,每公升的价格则为1.2法郎,也就是说提高了两倍。当然,受到危机打击最大的是小农。他们根本无力使用价格昂贵的化肥和农业机械。大农场主和富农拥有现代农业技术装备,他们的产品成本远较小农的低;加之,他们还对小农、分成制佃农和农业雇佣工人进行着无情的剥削,因此,即使在农业危机加剧的时候,他们仍然获得了不少的利润。

法国农业中的小农比重较大,技术水平和单位面积产量较低,因而法国农产品价格较高于欧洲其他国家。例如,法国的小麦和面粉的价格几乎比荷兰、比利时、瑞士和英国要高一倍。过高的农产品价格在国内限制了劳动群众的购买力,在国外则竞争不过别国。这样,国内的剩余农产品就无法迅速出售,从而加深了农业危机。

经济危机也在对外贸易方面发生了影响。世界资本主义经济危机大大激化了资本主义列强为争夺销售市场的斗争。法国的商品在国际市场上遇到了其他资本主义国家愈来愈猛烈的竞争。例如,法国对英国、卢森堡和比利时的汽车输出占有很重要的地位,但是美国的汽车公司迅速地把法国从这些国家中排挤出去,从而使法国的汽车输出量下降了一半以上。法国在世界资本主义国家贸易中所占的比重则由 1929 年的 6.4%降为 1937 年的 5.1%。对外贸易逆差的增长也表现了法国对外贸易地位的削弱。在两次世界大战期间,法国对外贸易的年平均逆差超过了 1910—1913 年这一时期的年平均逆差的 45%。到 1937 年,法国的出口几乎比 1929 年减少了 3/4,进口减少了 2/3。同时,资本输出下降,对外投资的收入也由于国外债务人的破产而缩减。结果,国际收支的逆差扩大。在 1936—1937 年,国外投资纯收入比 1910—1913 年年平均收入减少 52%,只能抵偿当年贸易逆差额的 40%。

法国垄断资产阶级力图通过加强对殖民地人民的掠夺来摆脱经济困难。如上所述,第一次世界大战以后,法国就逐渐增加了对殖民地的投资,同时,也扩大了对殖民地的贸易。1929—1938 年,殖民地在法国对外贸易中所占的比重有了显著的增长。1929 年,殖民地在法国的输入和输出中的比重分别为 12%和 18%,到 1938 年,都增长至 27.1%。

法国在同殖民地的贸易中,输入的绝大部分是农产品、原料和半制品,输出的则有 85%是工业品。法国的垄断巨头控制了各殖民地的主要经济命脉,贪婪地掠夺殖民地的资源和财富,并相互争夺和划分势力范围。例如,印度支那和赤道非洲主要是洛希尔和温台尔财团的势力范围;

北非控制在施奈德、米拉波和其他财团的手中;叙利亚则是伏盖埃和马雷等金融巨头的角逐场所。法国的金融资本不仅从殖民地大肆攫夺橡胶、棉花和有色金属等重要工业原料,而且还在那里招募了大批廉价劳动力。尽管在危机期间法国加紧扩大了对殖民地的掠夺,力图依靠殖民地来解决市场问题,但这并没有把法国从持久而深重的危机深渊中解脱出来。

在30年代的世界资本主义经济危机的发展进程中,法国的经济危机具有以下一些特点。

第一,法国爆发经济危机比其他主要资本主义国家要晚一年。造成这种情况的主要原因是战后开始的大规模的建筑活动一直到1930年才达到顶点。在这方面,除了私人的建筑活动外,扩大港口和运河的公共建筑工程,以及巩固东部国防的建筑工程都起了很大的作用。

第二,危机持续的时间特别长,一直到1935年。被破坏地区恢复工程的结束和一系列有利的内外因素的消失、持续的农业危机、在其他国家纷纷使货币贬值的情况下勉强维持法郎金本位,以及资金外逃等,都是使危机旷日持久的原因。

第三,和其他主要资本主义国家不同,在法国,生产资料部门的下降幅度比消费资料部门小。这从各主要资本主义国家在危机最深重的1932年的工业生产指数上可以明显地看出:

表5-1 1932年各国工业生产指数①(1928年=100)

国家 部类	美国	德国	英国	法国	日本
第一部类	48.2	50.2	85.3	80.0	99.5
第二部类	81.3	77.7	90.5	64.0	119.3

这种现象之所以出现,首先是由于法国的建筑业在危机的头几年还保持很高的水平;其次是国防方面的开支较大;最后是法国工业中比重很高的奢侈品因国外市场急剧缩小所受的打击特别严重。

----

① 瓦尔加:《世界经济危机中的新现象》,1934年莫斯科俄文版,第13页。

第四,在危机期间,法国是资本主义大国中唯一保持金本位的国家。同其他主要资本主义国家相比较,危机对法国信贷体系的震动较小,这是由于在世界资本主义危机前夕和危机初期大量黄金从国外流入的结果。

在 1936 年和 1937 年上半年,法国的工业稍有回升,但还没有达到 1930 年的水平。从 1937 年下半年起又遭受了新的经济危机的袭击。如以 1929 年的工业产量指数为 100,1935 年降为 67.4,1936 年和 1937 年分别回升到 79.3 和 82.8,但 1938 年又下降为 70。冶金工业的衰退在 1937—1938 年的危机中表现得最突出。同 1937 年相比,1938 年冶金工业的产量下降了 16%。造船业和建筑业也受到了严重的打击。危机还扩及到了轻工业的重要部门。农业状况也恶化了。1937 年的小麦收获量比 1936 年的 6930 万公担还少 30 万公担。

总的来说,在 20 年代,法国是资本主义国家中仅次于日本的工业发展最快的国家,而在 30 年代,法国却是发展最慢的一个。因此,法国在资本主义世界的经济地位下降了:法国的工业生产在资本主义世界所占的比重,1913 年为 6%,1930 年上升为 8%,1937 年降为 5%;对外贸易在相同的三个年份里,所占的比重分别为 8%、7% 和 5%。

> **垄断资本的增长和阶级矛盾的激化**

在危机期间,法国生产和资本的集中过程进一步加速了,大垄断资本的作用增强了。特别是银行资本的集中和它在国家经济生活中的作用又有极大增长。1933 年,六家大储蓄银行的存款额为 383 亿法郎,两家投资银行的存款额为 2.9 亿法郎,其余的银行的存款总额则为 30 亿法郎。而在六家大储蓄银行中,有两家银行的存款额竟相当于全国银行存款总额的一半。银行资本也集中在少数几家大银行。在 1933 年 12 月 31 日,里昂信贷银行的货币资本为 120 亿法郎,总公司则为 100 亿法郎。银行的集中还表现在分支银行的扩大和增多方面。据估计,30 年代中期,六大银行约有 5770 个分支机构。

危机使国家垄断资本主义也获得了进一步的发展。在危机的年代里,国家曾资助和扶持某些遭到破产或面临破产的私人垄断企业。1936 年,依靠人民阵线上台的社会党领导人勃鲁姆执政时,政府为了缓和人民反对大垄断组织的斗争,曾对某些军事企业、铁道和银行进行直接管理,实行了国有化。但是,与其他国家比较,法国国有化发展的规模是不大的。在第二次世界大战前夕,国家投资只占 1938 年国家预算的 5%。

30 年代下半期,法国加强了备战活动。1938 年,军费支出大大增加,占国家预算的 75%。庞大的国家支出,最终都以赋税的形式沉重地落在劳动人民身上。

经济危机和庞大的军费并没有使垄断企业遭到损害;相反,由于政府的补助、订货和发放奖励金等扶持措施,财政巨头的利润大大增长了。例如,法兰西银行在危机期间曾获得了 23.42 亿法郎的补助金;国民信贷银行获得了 20 亿法郎;阿尔萨斯—洛林银行获得了 10 亿法郎。其他如总公司、里昂信贷等大银行都得到了政府的补助。里昂信贷银行在 1934 年的利润额达 9300 万法郎。在工业方面,国家最大的电气股份公司在 1934—1935 年的股息总额则超过了 34 亿法郎。

危机期间,劳动人民和其他居民阶层的经济状况更加恶化。生产下降和企业倒闭把大批工人抛入了失业大军的行列。据统计,1935 年约有 50 万以上的全失业者,部分失业的人数则占工人总数的 50%。工人的实际工资下降。在不少企业中,每日工时竟然延长到 12—15 小时。危机使 1 万个中小企业和 10 万个小商人破了产。小资产阶级的收入在 1929—1934 年平均减少了约 30%。危机期间,在农产品价格急剧下降而赋税负担加重的条件下,农民的物质生活状况进一步趋向恶化。例如,1934 年的农业收入比 1929—1930 年下降了 50% 以上。据估计,在危机期间,法国农村中存在着一支庞大的为数达 270 万的雇农大军。大批雇农成了失业者,他们没有得到任何失业补助金。大农场主和富农则趁机加紧对农业工人进行剥削,尽量压低他们原已少得可怜的工资。例如,1932 年,雇农的年工资为 6000 法郎,而在 1933 年则降为 3500—4000 法郎。此外,在农村中,因债务而侵吞农民的财产和土地的现象也日益增多。

在危机期间,由于垄断资本加紧向劳动人民进行压榨,法国国内的阶级矛盾异常地加剧了。1930—1933 年,无产阶级的罢工斗争日益增多,广大人民群众对政府的不满情绪也日益增长。在这一时期,法国的政局

极为动荡。政治方面的困难引起了内阁的频繁更迭,仅在 1929—1934
年,法国政府就更换了 14 个内阁。鉴于这种情况,法国的垄断资产阶级
力图在国内建立公开的法西斯专政,以便从中寻求拯救大资产阶级专政
的出路。1934 年 2 月,法国的"二百家"策划和组织了法西斯政变。但在
工人阶级、农民和其他民主力量的有力反击下,这一阴谋未能得逞。
1934—1936 年,法国共产党大力展开了人民阵线运动。人民阵线运动是
无产阶级领导其他劳动人民和进步阶层为反对法西斯主义和战争危险、
争取民主自由、改善劳动人民物质生活状况而进行斗争的群众运动。

1936 年 1 月公布的人民阵线纲领在经济方面的要求有:监督法兰西
银行的业务;实行军事工业国有化;实行强迫由大资本家纳税的税制改
革;规定不减工资的每周 40 小时的工作制,成立消灭失业现象的国民阵
线;等等。

在此期间,社会党的领导人在基层党员的压力下曾暂时同共产党结
成联盟,并参加了人民阵线。1936—1938 年,先后组成了以勃鲁姆、旭丹
和达拉弟等为首的依靠人民阵线的社会党人和激进社会党人的政府。这
些右翼社会党领导人之所以参加政府,其目的并不是实现人民阵线的政
治经济纲领,而是破坏和瓦解人民阵线。勃鲁姆政府为了迷惑群众,在刚
上台时曾部分地实现了人民阵线纲领的某些要求,劳动人民的生活水平
一度略有提高。但是这些右翼社会党领导人在大资产阶级的指使下,很
快就撕下面具,转而向人民的生活水平和政治权利进行疯狂的进攻。他
们不仅取消了原已部分实现的人民阵线所提出的某些要求,而且还增加
了赋税,延长了工作日。从 1936 年 10 月到 1938 年,这些右翼社会党领
导人曾接连续三次实行了导致物价上涨和劳动人民购买力降低的法郎贬
值政策。结果使劳动者的实际生活状况又趋于恶化。

在对外政策方面,这些右翼社会党领导人上台后,就加紧反苏活动,
竭力想撕毁 1935 年签订的法苏协定。他们还帮助法西斯分子扼杀了共
和制的西班牙。为了唆使德国发动反苏战争,达拉弟政府伙同英国帝国
主义于 1938 年 9 月 29 日与德国签订慕尼黑协定,把自己的同盟国——
捷克斯洛伐克出卖给法西斯德国。同年年底,又和德国签订了《法德宣

言》,公开和法西斯进行勾结,企图孤立苏联。1939年,英法帝国主义又破坏了在莫斯科举行的为期达四个月的英、法、苏三国的谈判。

在国内,资产阶级政府千方百计地打击和窒息进步力量。1938年11月30日的反政府的总罢工,遭到了达拉弟政府的残酷镇压。1939年9月26日,政府禁止共产党活动,逮捕了议会中的共产党代表。大资产阶级公开叫嚣"希特勒比人民阵线好"。正是垄断资本及其走狗的这种极端反动的内外政策,致使法国在对德宣战不到一年的时间里,就几乎不战而降地成为法西斯德国的占领国。

第三节　第二次世界大战期间在法西斯德国占领下的法国经济

德国法西斯统治下战时经济的严重衰退

20世纪30年代的法国经济生活大半是在危机的风暴中度过的。1939年9月1日,德国开始进攻波兰后,第二次世界大战全面展开,法国和英国一起参加了这场帝国主义重新瓜分世界的战争。在战争爆发前,法国的统治集团并没有采取有力的措施来加强国防,以防止日益增长的法西斯德国的战争威胁;相反,为了要借助德国法西斯的力量来消灭社会主义国家苏联,它们不惜损害和牺牲自己的盟国的主权,从而在实际上助长和纵容了希特勒德国的侵略气焰。

战争爆发时,法国及其盟国英国和波兰的军事实力总和并不下于德国。但是,由于法国大资产阶级在战前和战时奉行反苏和反人民的叛国投降政策,致使德国很轻易地就占领了法国。1940年6月,法国贝当政府与法西斯德国签订了屈辱的"停战协定"后,法国经济转入了为德国法西斯侵略战争服务的轨道。

1942年秋季以前,希特勒德国在形式上没有占领全部法国,只是直接占领了包括巴黎和法国北部及东部的最富有的工业区(约占全国2/3

的领土），而在南部的非占领区则由亲敌的贝当傀儡政府"管理"。希特勒之所以要扶持这一傀儡政权，其目的是要使法国的垄断资本把法国及其殖民地的人力和物资用来为德国的战争机器服务。尽管在表面上管理体制分为占领区和非占领区，但实质上都是法西斯政权。希特勒在斯大林格勒战役中惨败以后，为了进一步掠夺法国，在1942年年底又公开地占领了全部法国领土。

法国在被占领期间，同欧洲各国以及它的殖民地完全隔绝了。法西斯德国有组织地对法国进行了掠夺。占领者以各种形式掠夺法国的黄金储备、外币、贵重物品、机车、车厢、轮船、粮食、原料、机器设备等物资，并把法国的大批劳动力驱往德国作苦役。

德国在占领初期向法国征收的占领费，每天为4亿法郎，1941年5月曾减为3亿法郎，但从1942年起又提高为每天5亿法郎。据估计，希特勒德国在1942年向法国征收的费用，相当于1938年法国国民生产总值的22%。此外，法国每个月还要向法西斯意大利支付10亿法郎的占领费。为了支付庞大的占领费，法国傀儡政府一方面急剧提高税收和向银行索取预支款项，另一方面则加紧发行纸法郎。据估计，约有2/3的占领费是依靠法国银行的预支款项来维持的。在法西斯占领的年代里，法国国内投入流通中的纸法郎比1938年几乎增加了4.5倍。在1943年，法郎的购买力不到战前的1/5。德国占领者还利用在占领区发行的马克来购买法国的商品和有价证券，并强迫用这种"占领区马克"向法国银行兑换法郎。

在被占领时期，法国得以保存下来的生产部门基本上都是服务于德国军事需要的部门。法国的企业无权进行投资和更新设备。法西斯占领者采取各种办法使法国的大企业从属于自己。如购买和控制法国企业的股票，用强制的办法把许多法国企业并入德国的卡特尔和康采恩等。在法西斯的恣意掠夺下，法国经济满目疮痍、凋敝不堪。

在工业方面，如果以1938年危机年份的生产总指数为100，则1941年为65；1942年为59；1943年为54；1944年进一步下降为40，即还不及1938年危机年份生产指数的一半。至于各个工业部门的生产情况，在整个占领期间,除了电力工业在 1941—1943 年的生产指数超过了 1938 年的水平,以及采掘工业和煤气工业在 1942—1943 年的生产指数基本稳定在 1938 年的水平上以外,其他重要工业部门的生产指数都没有达到 1938 年的水平。1944 年是占领期间各工业部门生产指数最低的一年。这一年就连电力工业的生产指数也只及 1938 年水平的 86%。同 1938 年相比,其他各工业部门在 1944 年的生产下降幅度是采掘工业下降了39%;煤气工业——34%;冶金工业——68%;金属加工工业——61%;建筑工业——49%;建筑材料工业——66%;化学工业——74%;造纸工业——74%;制革工业——73%。而在第一次世界大战以后一直没有出现过高涨局面的纺织工业,1942 年和 1943 年的生产指数分别为 1938 年水平的 35% 和 28%。德国占领者对法国的机械设备、工业原料和运输工具等重要物资的系统掠夺,是造成法国工业生产急剧缩减的最重要的原因。

农业生产在被占领期间,也发生了严重的衰退。从战争开始到法国投降以前,军事动员从农村中抽去了最强的劳动力。投降以后,在占领者的掠夺之下,法国的农业状况更加恶化了。农村劳动力不足,肥料奇缺,农业工具几乎停止了生产和供应,谷物收获量急剧下降。1930—1939年,小麦的年平均收获量是 7870 万公担,1941 年减为 5577 万公担,1942年再减为 5483 万公担,1943 年和 1944 年也只有 6400 万公担左右(上列数字均不包括摩塞尔、下莱茵和上莱茵三省)。1942 年,其他农产品的产量同 1930—1939 年的年平均收获量相比较,黑麦是 50% 多一点;大麦——20%;玉米——20%;燕麦约为 35%;马铃薯(根据各种不同的材料)约为 25%—55%;甜菜是 25%—30%。畜牧业也遭受了极大的损失。在 1939 年,猪的头数为 638 万头,1942 年减为 441 万头,1943 年更减为366 万头。在占领期间,大牲畜的头数约减少了 20%—25%,绵羊和山羊也减少了 20%。

1943 年,法国全部农产品的实际价值约比 1938 年下降 40%。食品严重不足,全国劳动人民处于饥饿之中。

对外贸易情况也急剧恶化。法国的输入量在 1938 年为 461 亿法郎,

1942 年降为 260 亿法郎,1943 年,由于北非被占领进而下降为 139 亿法郎,即只及 1938 年水平的 30%。如果估计到法郎贬值的影响,1943 年的法国输入量甚至还不到 1938 年水平的 1/4。法国的输出量下降较少,1943 年只比 1938 年减少 19.3%。这是由于法西斯德国拼命掠夺法国,而德国则几乎什么都不供应法国。德国占领者还迫使法国发行追加的纸法郎来偿付法国输出者的货款。

据统计,法国由于被占领而造成的损失,共计为 14400 亿法郎(如以 1945 年价格计算则为 48930 亿法郎),相当于战前三年的法国全部生产总值。

法国大垄断资本与德国垄断组织相勾结大发其财　　在战前,法国的垄断组织和德国的金融寡头有着密切联系。战争爆发后,参加"冶金委员会"的法国大垄断组织仍同德国的垄断组织相勾结,保持着密切的"事业联系"。在法国被占领期间,两国垄断组织的勾结进一步加强,1941 年 5 月,法国汽车工业的巨头们和德、意法西斯缔结了一项"亲密合作"的协定。法国冶金、电力、化学、纺织、制革、木材等工业部门中的垄断资本也和德国人签订了各种协定,建立了各种合作组织,甘心充当德国法西斯的附庸。法国的大垄断企业即使是在被强制加入德国卡特尔的情况下,仍然有利可图。例如,"冶金委员会"的领导人虽然被迫在 1941 年把洛林的冶金企业交给了德国的康采恩,但仍获得了 200 亿法郎的补偿费;而在第二次世界大战结束后,当法国从德国人手里收回洛林的时候,这些企业又以极低的价格出让给法国垄断组织。

在被占领期间,法国叛国政府采取了一系列措施帮助大垄断资本家发财致富。首先,政府建立了管理全国原料、燃料和其他商品分配的调整经济的机构——"组织委员会"。"二百家"的代表全都参加了这一全国性的变相的大垄断组织。他们通过"组织委员会"在许多生产部门中巩固了自己的地位。法西斯占领者则通过这个最大的垄断机构掌握和控制了法国的全部经济。1941 年 12 月 17 日,傀儡政府又颁布所谓"工业集中化"的非常法令,迫使一万家中、小企业倒闭。1942 年春季,希特勒军队在苏德战场上受到沉重的打击以后,由于德国的企业急需劳动力,占领者就加紧消灭大量的法国中、小企业。为此,傀儡政府大力推行了工业生产"合理化"政策。从 1943 年 5 月 5 日起,所谓"工业集中化"的法令进而扩大到贸易企业领域。据统计,1943 年法国约关闭了 50% 的小企业。这些措施既为德国企业提供了急需的劳动力,又进一步加强了法国垄断组织的统治。

在被占领期间,法国的大垄断资本动员了 80% 的法国工业企业为德国的订货而生产。法国的矿场为希特勒提供了他从所有被占领国掠夺的铁矿资源的 30% 以上和铁矾土的 40% 以上。此外,法国还为法西斯的武装力量提供了 5% 以上的飞机、12% 的航空引擎、20% 以上的卡车、10% 以上的机车,以及包括化学武器和大量坦克在内的各种杀人武器。根据纽伦堡法庭所公布的材料,在法西斯占领期间,法国工业企业为希特勒德国所提供的汽车、飞机、轮船等物资和装备的价值不下 2030 亿法郎。

在被占领期间,许多为德国战争经济服务的法国大企业获得了大批订货。据估计,德国法西斯在占领期间在法国总共支出了将近 8000 亿法郎(这相当于它从法国以占领费形式所获得的数量),其中的大部分是支付给法国的大垄断组织的。即使是除去通货膨胀所造成的差数,法国大企业的利润仍然是相当可观的。某些大企业和大公司的利润率竟高达 200%、300% 和 400%。

> **劳动人民生活的恶化**

在占领时期,法国劳动人民的贫困化加剧了。他们同时承受着德国占领者和本国垄断资本的双重剥削。从 1942 年起,特别是德国法西斯在斯大林格勒遭到苏联红军的决定性的打击后,希特勒开始在法国强行实施义务劳动制。傀儡政府在德国主子的指示下,接连通过了在企业中实行强迫劳动和把法国人强迫遣往德国去从事苦役劳动的法令。据统计,到大战末期,在德国的法国劳工除去因受残酷折磨致死的之外,还约有 300 万人。至于那些留在国内的劳动人民,他们的生活状况和劳动条件也日趋恶化。在企业中,劳动强度提高了,每周的工作时间延长到 60—70 小时。工人的工资被"冻结",但粮食和日用品的价格则不断地上涨。在 1943 年,法国工人的实际工资只有 1938 年水平的 60%。实行配给制的商品不能满足居民最低要求的一半。粮食的定量非常低,劣质面包的定量每天只有 100—350 克,其中最高定量一再缩减为 250 克和 200 克,而且,配给证上所供应的物品往往几个月都买不到一点儿。而在"黑市"上,这些商品的价格比规定的"固定"价格要高 10—20 倍。许多居民由于无力在黑市上购买食品而经常挨饿。同时,赋税在工人工资中所占的比重也提高了。1939 年为 12%,1943 年增为 40%。雇农和小农的处境也日益恶化,他们被迫把自己生产的粮食廉价地交给占领者,然后再用高价从市场上买回很少的口粮。

法国的大资产阶级一方面加紧同希特勒勾结,另一方面又同英、美帝国主义保持着千丝万缕的联系,以便在任何一方获得胜利的情况下都能

> **法国人民的反抗斗争**

确保自己的统治地位。这就是他们对外奉行的"双重保障"政策。以贝当为首的"维希政府"主要是代表同希特勒德国有密切联系的法国垄断资本的利益。这个傀儡政权对外屈从法西斯德国的意志,极力推行希特勒所鼓吹的欧洲"新秩序"政策,无耻地宣扬同德国"合作"对法国有利的卖国论调;对内则配合德国占领军建立了法西斯恐怖制度,对劳动人民的生活水平和民主权利展开了疯狂的进攻。在"维希政权"的恐怖统治下,一切民主组织都被取缔,爱国人士和共产党人遭到了残酷的迫害,据估计,在此期间被关进监狱和集中营的有 60 多万人。

法国人民从德国占领军踏上法国领土的第一天起,就展开了英勇的抵抗运动。在法国抗击法西斯强盗的主力是法国共产党领导下的工人、农民和知识分子。英勇的法国人民组成了义勇军、游击队和爱国民警队等战斗组织,同德国占领军及其走狗维希分子进行了不屈不挠的斗争。与此同时,流亡在国外的戴高乐将军组织领导了反对法西斯侵略和维护法兰西民族独立的"自由法国运动"。

由于法国人民的英勇斗争、苏联红军节节胜利和英美盟军开辟第二战场的有利形势,法国的爱国武装终于在 1944 年 8 月 25 日解放了首都巴黎。同年 9 月,法国基本上从德国占领者统治下全部解放。

法国解放后,资产阶级在美英帝国主义的扶持下,立即着手解除人民

的武装,宣布解散抵抗运动的一切军事组织。当时,作为议会中第一大党的法国共产党,在工人阶级和劳动人民中有着很大影响。但是,由于它的领导人执行了一条错误的路线,满足于参加联合政府,迷恋于通过议会斗争来改变资产阶级的政策和资本主义制度,因而交出了武装,放弃了武装斗争。至此,法国人民用鲜血争得的胜利果实就被法国资产阶级篡夺去了。

第 六 章

资本主义总危机时期的日本经济

第一节　20 年代日本经济政治的不稳定和
财阀统治的加强

战后初期转瞬即逝的虚假繁荣和 1920—1921年危机

　　第一次世界大战期间,日本经济获得了空前大发展。战后,日本又以战胜国的资格,不顾中国人民的强烈反对,把德国过去在山东省的权益全部攫为己有,并以委任统治的名义,攫取了前德属南洋群岛,扩大了统治圈。但在 1922 年召开的华盛顿会议上,在欧美帝国主义的压力下,日本不得不收回"二十一条"的大部分要求,并从山东撤兵;海军实力也被限制在美英之后①。

　　第一次世界大战和俄国十月革命的胜利,使包括日本在内的整个资本主义体系进入了危机时期,帝国主义的一切矛盾进一步尖锐化起来。日本的政治经济也是动荡不定的,危机四伏。可是,从 1919 年 4—5 月到

　　─────────

　　① 　1922 年 2 月 16 日,美、英、日、法、意五国,经过激烈斗争,签订了一个海军协定,日本被迫接受"二强标准制"。即五国的主力舰与航空母舰吨位比例是 5（美）∶5（英）∶3（日本）∶1.75（法）∶1.75（意）。

年底的几个月里,日本经济曾一度出现繁荣。1919 年下半年,每月新建和扩建企业的投资达 5 亿日元,比 1918 年同期战时最高额增多一倍。然而这种"繁荣"是缺乏基础的。只是由于与日本经济有密切联系的美国经济尚处于繁荣阶段,大量地从日本进口生丝、纺织品、船只等商品;而欧洲各国战后恢复工作进展迟缓,不仅不能迅速回到东方市场上来,反而要从日本进口奇缺的民用工业品,这才暂时地为日本开辟了比较广阔的国际市场。这些因素使日本商品输出再度增长,并从 1919 年 7 月以后又转为出超。另外,当时的原敬内阁,极力扩大铁路建设拨款和增加陆海军建设经费,对经济暂时繁荣也起了一定的刺激作用。但是疯狂的投机和滥设企业,只能加剧经济矛盾。在战争期间空前膨胀起来的日本经济,与国内有支付能力的需求完全不相适应,主要靠国外市场来支持。不久,欧美国内市场商品充斥并大量涌向亚洲市场,支持日本经济一时繁荣的基本因素消失了。从 1920 年 1 月起,贸易逆差不断增大。结果,以生丝价格为先导,整个物价开始大幅度下降。3 月 5 日东京股票市场价格暴跌,接着全国各地银行纷纷挤兑和休业。到了 6、7 月,美、英等国发生经济危机,日本经济又受到猛烈冲击,遂使危机日趋扩大和深化。

1920—1921 年的经济危机,是日本历史上空前深刻的一次危机,是对日本战时膨胀起来的生产与国内支付能力完全不相适应的矛盾的一次大清算。危机中工业总产值下降 19.9%,采矿业下降 55.9%,煤——16.1%,生铁——16.7%,机器制造——55.9%,而造船业生产竟下降88.2%。各部门的设备 40%—50%被闲置起来。各种主要工业产品的价格下落 55%—82%。危机在对外贸易中表现得十分突出,出口贸易下降40.3%,其中制成品出口下降达 45.6%。日本在战时和大战结束后初期在远东市场上获得的垄断地位丧失了。出口的锐减和航运的衰落,使日本的国际收支逆差在 1920—1922 年达到 35125 万日元,外汇储备从134300 万日元缩减至 61500 万日元。

日本的农业虽然是半封建制度下的小规模耕作,但是,随着商业性农业的发展,它已成为资本主义再生产的一环。而且,日本农业的重要产品蚕茧,又是在国际市场上大量出售的生丝的原料。因此,在工业发生危机时,农业也遭受了危机的打击。危机期间,蚕茧和所有农产品的价格,都暴跌了一半左右。在危机的打击下,1921—1922 年两年里,全国农户减少了 3.5 万户,其中两万户以上是佃农和贫农。这表明下层农民因破产而放弃了农业经营。大战中稍有发展的拥有二町步耕地以上的富农经济,在危机发生后也开始减缩了。耕地不足一町步的农户又增加,农业经营重新趋于零碎化。

为了阻止危机的发展,日本政府曾在 1920 年 5 月底通过日本银行向各银行、股票市场、辛迪加和棉纺、制糖、钢铁各企业,拨出总额达 3 亿多日元的紧急贷款,使急剧恶化的经济形势得到缓和。危机从 1921 年春大体上达到了最低点,以后转向萧条阶段。但是到 1922 年 2 月后,以石井定七事件①为起点,股票市场又重新崩溃,全国银行都在 11—12 月发生挤兑。为此,政府再拨出贷款约 2.2 亿日元,对工商银行进行救济,挤兑风潮暂被平息,但经济萧条一直持续到 1923 年。

1923 年 9 月 1 日爆发的关东大地震,使处于萧条状态的日本经济又呈现一片混乱。这次地震使东京和横滨的绝大部分工业企业被毁或遭到损害,受到地震损害的人口达 340 万人。据日本政府推断,财产损失达 100 亿日元之巨。地震造成了国内经济生活的困难,但却给资产阶级带来了抬高物价的良机。政府为了挽救地震所造成的危机,对受损害的资本家采取了种种救济措施。到 1924 年 3 月底为止,日本政府通过日本银行发放的震灾支票贴现②总计达 4.3 亿日元,并对各部门发放了 13 亿日元的贷款。政府的大量贷款帮助,使日本经济从 1924 年起逐渐摆脱停滞状态。

1918—1923 年,是日本经济动荡的年代,也是国内工农运动和殖民地民族解放运动空前高涨的年代。饱受战争和危机痛苦的日本工人阶

---

① 高知商业银行把大部分款项长期借给投机商石井定七。石井破产暴露了银行界的内幕,存款人纷纷到银行提款。

② 在大地震发生后,日本政府为减轻资产阶级的损失,通过日本银行受理在地震灾区(东京府和神奈川、千叶、埼玉、静冈、山梨、茨城六县)有营业所的工商业所发行的期票,或以震灾地区工商业为付款人的期票。

级，在俄国十月革命的鼓舞下，继 1918 年的"米骚动"之后，开展了日益壮阔的英勇斗争。在经济"繁荣"的 1919 年，仅民营产业的罢工就达 497 次。工人斗争的组织性更加提高了。这一年中还新建了 71 个工会组织。1920 年危机的爆发，虽然给资本家提供了向工人阶级进攻的有利条件，工人罢工次数有所减少，但是，有许多次罢工都曾坚持到一个月以上。同时，社会主义思想在工人中间得到了更广泛的传播。1922 年 7 月在片山、德田和野坂等领导下成立了日本共产党。日本共产党在共产国际的指导下提出打倒天皇制国家、解放日本工人阶级和人民的正确斗争纲领。从此日本工人运动进入了崭新的阶段。1922 年，日本人民在日共领导下展开的反对"三大恶法"①的斗争，取得了很大胜利。政府被迫取消了"过激社会运动取缔法"。

战后农民运动也有很大发展。租佃纠纷，1918 年发生了 256 次，1921 年达 1680 次，1923 年增为 1917 次。佃农协会的数量急剧增加，上述三个年份协会数分别为 88 个、681 个和 1534 个。

这一时期，日本帝国主义与殖民地半殖民地国家人民的矛盾也尖锐起来。在俄国十月革命的影响下，1919 年 3 月 1 日朝鲜爆发了民族大起义。中国人民于 1919 年掀起了伟大的五四运动，反对日本等帝国主义的侵略。在这次伟大的斗争中，"取消二十一条""誓死收回青岛""抵制日货"等革命呼声，响彻全国。中国人民的觉醒和斗争，给日本帝国主义对华侵略政策以严重打击。

> **相对稳定时期日本经济境况不佳和财阀资本统治的加强**

从 1924 年起，日本经济摆脱了危机和萧条状态，进入了相对稳定时期。但是，日本的经济稳定，与欧美国家比较，更具有暂时性和相对性。

日本经济稳定的相对性特别突出地表现在对外贸易上。日本经济对外依赖性很大。因此，对外贸易状况的好坏，对日本经济的发展具有决定性的影响。日本对外贸易不能离开三个环节：一是向美国出口生丝，换回棉花和机器；二是向英国殖民地（主要是印度和东南亚）出口棉织品，换

---

① "三大恶法"指"过激社会运动取缔法""工会法案"和"租佃纠纷调停法案"。

回煤铁等重工业原料;三是向中国输出各种轻重工业制成品,换回粮食和原料。20年代是资本主义世界争夺市场斗争尖锐的时期。日本生产能力薄弱,商品质量低劣,大部分出口商品竞争能力差。因此,在美、英等国加强竞争、减少进口以及中国、印度等民族工业在大战期间有相当发展的情况下,在出口贸易上遇到了严重困难。出口贸易停滞不前,进口贸易也因之不能扩大,并且年年出现贸易入超。

从表6-1中我们看到,在20年代,日本的进出口贸易都没有多少增长,而且年年出现入超。这不仅使日本的黄金储备频于枯竭,外汇比价不断跌落,并且不得不以高利举借外债。1923—1927年,日本借入外债达9.11亿日元。1924年从美国借入的1.5亿美元债务,利息高达6.5厘,以致被国内称为"国耻公债"。

表6-1 日本对外贸易状况① （单位:百万日元）

年份	出口	进口	入超
1922	1736	2066	330
1923	1542	2155	613
1924	1923	2653	730
1925	2306	2573	267
1926	2045	2377	332
1927	1992	2179	187
1928	1971	2196	225
1929	2149	2200	51

总的来说,在20年代,日本贸易的增长只高于英国,而低于美国和德国,也低于世界贸易的平均增长率。例如1922—1929年,世界贸易增长了46.5%,美国增长了39.1%,德国增长了110.4%,英国增长了7.4%,日本增长了23.9%。日本帝国主义为了挽救对外贸易日益恶化的局面,在20年代对中国加强了扩张。日本在中国的对外贸易中的地位曾一度

① 楫西光速等:《日本资本主义的发展》,商务印书馆1963年版,第129页。

上升并继续保持领先地位。1925 年,日本在中国对外贸易总额中占 28.2%,在中国进口总额中占 31%(美国占 14.8%,英国占 9.7%),在出口总额中占 23.9%(美国占 18.4%,英国占 6.5%)。与此同时,日本对中国也进行了巨额资本输出。到 1930 年,日本在中国的投资共达 22.7 亿日元,其中直接投资,在东北地区为 11 亿日元,其他地区为 6.5 亿日元。日本对中国东北和关内的投资,一向采取不同的方针。在关内,除一部分国家政治贷款外,主要是私人资本对纺织业的投资。1915 年,日本在中国开办的纱厂纱锭为 30.7 万枚,1924 年增为 105.9 万枚,1929 年达 151.5 万枚,占中国全部纱锭的 40%。在东北,日本仍以投资于"满铁"的国家资本为主,并以经营军事工业为中心。日本对华输出产业资本,榨取中国的物质资源和劳动人民的血汗,压制中国民族资本的发展,把日本资本的势力渗入中国经济的主要部门。这种具有较为和平外表的经济侵略,给中国的危害是十分深重的。日本帝国主义的压榨,激起了中国人民的强烈反抗。在 1925 年爆发的"五卅"运动中,上海 50 万工人对日本等外国资本的奴役和剥削,进行了历时三个月的英勇斗争。中国人民"抵制日货"运动在全国广泛开展,日本在中国对外贸易总额中所占的比重,从 1926 年起逐年下降,到 1929 年降到占 24.9%,使日本对华经济侵略势力以及整个日本经济受到打击。

为了扭转对外贸易日益恶化的形势,提高商品的竞争能力,在政府的推动和资助下,日本垄断资本在工业中广泛地推行了"产业合理化"措施,吞并中小企业,合并同行大企业,大批解雇工人,革新生产技术,改进生产管理。"生产合理化",使一些部门的生产和利润成倍增长。以钢铁部门的最大企业八幡制铁所为例,1924 年,该厂的固定资本为 11 亿日元,1928 年增至 12.7 亿日元,即几乎没有增加什么机器设备,但是同期钢的产量,却从 49.3 万吨提高到 93.7 万吨,增加了近 1 倍。生产费用大大减少,按每吨产品平均摊算的固定资产额由 224 日元减至 135 日元,按每吨产品平均摊算的职工人数由 10.44 人降至 6.07 人。每吨成品的利润从 1.75 日元增加到 14.8 日元,提高了 8 倍多。这种情况也发生在电力、化学、机械等部门。但是,由于国际市场条件的恶化,在 20 年代日本的一些重要工业部门,如纺织工业,长期处于停滞状态,有些部门甚至是不断衰落。例如,在第一次大战中发展最快的造船业,在 20 年代每况愈下。1920 年日本新造船只有 45.7 万总吨,而到 1929 年下降到 16.4 万总吨。总的来说,20 年代日本工业发展是缓慢的。1921—1929 年,日本工业生产年平均增长只为 3%,而同期法国是 9.4%,德国是 7.1%,美国是 4.3%,英国是 1.7%。也就是说,日本工业发展速度只高于老大腐朽的英国。这在日本近现代史上还是第一次出现的现象。而且,在 20 年代推行"产业合理化"中,日本经常存在着 100 万人的失业和半失业大军。在业工人的生活也处于十分困窘的状态。根据 1926 年对 415 个工人家庭的调查,平均每户每月收入是 47.99 日元,而实际支出为 57.44 日元,这表明,工人家庭为维持最低生活水平,尚要负债 9.45 日元。

经济稳定的相对性,也表现在整个 20 年代的日本农业一蹶不振上。日本农业生产,在 1920—1921 年危机以后,一直没有出现真正的好转,除生丝生产有一定增长外,其他农产品生产一直处于危机状态中。1920—1929 年,日本农业总产值一直低于 1919 年,主要农作物稻米的产量,除 1927 年略高于 1919 年水平外,其余年份都低于这个水平。这是农业中半封建经济统治和把农业基地日益移到殖民地的结果。1920 年,日本制定了在朝鲜发展大米生产的"米产增殖计划",在台湾也加强了粮食生产。日本自朝鲜和台湾掠夺的粮食,1912—1916 年每年平均为 174 万石,而到 1927—1931 年平均达 847 万石。由于运入大量殖民地粮食,加上同时遭受外国廉价粮食的打击,日本国内粮价不断下跌。农产品价格指数,以 1925 年为 100,1929 年降为 70.5。农民普遍受到损害。1922—1929 年,每个农户的平均负债额增加 3 倍以上。农业陷入长期的慢性危机。

在战后初期的经济危机年代,日本垄断资本趁大批中小企业倒闭破产的机会,大肆进行兼并活动。在相对稳定时期,又在"产业合理化"的运动中,政府强制进行企业兼并和合并,加强工业的卡特尔化和托拉斯化。因此,20 年代日本经济虽没有多大进展,而财阀的统治却大大加强了。战前,较重要的卡特尔组织只有 7 个,1929 年增加到 31 个,分布在

20 多个部门中。财阀通过兼并活动和对这些卡特尔的控制,在各部门中空前地加强了自己的地位。到 1927—1928 年,日本各主要工业部门中的垄断情况如下:在钢铁工业中,1925 年私人钢铁公司组织了钢铁协议会,1926 年官办和私营企业间又建立了生铁生产卡特尔。这样,原有的 187 个钢铁公司经过吞并过程,最后只剩下 22 个大公司。这 22 家公司,除官营的八幡制铁所外,都由三井、三菱、浅野、大川、安田、住友等几家财阀所控制。在制铜业中,1921 年古河、久原、三菱、藤田四个财阀,组织了毛铜生产卡特尔和"星三会",以后住友又参加进来,到 1927 年这五大财阀垄断了铜产量的 95%。在煤炭工业中,1921 年成立了垄断 90% 煤产量的煤业联合会,到 1927 年,三井、三菱、贝岛、古河、安川、浅野六个财阀系统的 19 个大公司,垄断了全部煤炭生产的 62%。纺织业中的钟渊、东洋、大日本、富士瓦斯、大阪同合、日清六大纺织公司,占参加纺织联合会的 59 个公司的纱锭的 53%,实缴资本的 50%,而其中由三井控制的钟渊纺织公司又占中心地位。在造纸业的近 200 个公司中,富士、王子、桦太三家大公司占全部生产的 85%。在制糖业的 15 个公司中,大日本(藤田)、明治(三菱)、台湾(三井)三家公司,垄断了全部糖产量的 62%。面粉业完全为三井的日本制粉和三菱的日清制粉两家公司所垄断。从这七个主要工业部门的垄断情况可以看出,在 20 年代,日本垄断资本的统治地位进一步加强了。特别是重工业部门,不仅垄断程度很高,而且国家垄断资本主义高度发展。这是因为,日本重工业资本力量弱小,不能与外国资本相竞争,没有广阔的市场基础,完全靠垄断资本与国家直接勾结而得到发展。

随着财阀资本在经济上的巨大发展,它们在政治上的势力也越来越大。战后,作为三井和三菱财阀政治代表的两大资产阶级政党——政友会和宪政会,轮流组阁,把持日本政治舞台。

> **从 1927 年金融危机到 1929 年大危机**

1927 年 3 月爆发的金融危机,结束了战后日本经济的暂时稳定,开始了一个新的经济动荡和危机的年代。引起金融危机的导火线,是由于国会辩论"整理震灾票据案"暴露了银行界的内幕。但其真正根源,在于日本工业在工农群众贫困和国外市场条件恶化的条件下,长期地靠银行贷款和国家救济来支持,致使银行借贷业务空前膨胀,形成巨额呆账,银行信用日益下降。特别是作为救济大地震的措施而发行的所谓震灾票据,连同 1920 年危机以来拖下来的贷款,共达 4 亿日元之巨,到 1927 年还有 2 亿日元以上未经清理,被人们称为经济界的"癌"。1927 年 1 月议会辩论整理震灾票据法案,暴露了银行界的破绽后,立即引起大规模的银行挤兑。3 月 15 日,东京资本雄厚的渡边银行、赤地储蓄银行被迫歇业,接着银行提存、歇业和公司破产的浪潮波及全国。到 4 月 21 日为止,提出的存款超过 6 亿元,歇业的银行达 32 家之多。在危机中上台的政友会总裁田中义一内阁,为了摆脱危机,拨出 5 亿日元对三井、三菱等大银行进行紧急救援,对其他银行也进行了大量贷款,并大发纸币。3 月 14 日日本银行放出的贷款总额累计达 1.79 亿日元,4 月 15 日增加到 20.57 亿日元,同期纸币发行额从 10.9 亿日元增为 26.6 亿日元。就是这样也未能阻止银行挤兑的发展,以至不得不从 4 月 22 日起停止银行各项业务三周,对银行进行整顿,并再拨款 7 亿日元对银行进行救济。这样,到 5 月中旬,才使金融危机平息下来。在金融危机中,全国各地的地方银行、中小银行,都因无力维持营业而纷纷倒闭。这就使得与地方银行和中小银行有密切关系的地方企业、中小企业的借款门路日渐窄狭,缺乏资金的现象日益严重。1927 年,棉纺织、面粉、水泥、肥料和造纸等部门中,生产停滞和企业倒闭的现象已日见增长。工业已呈现危机征象。1928 年以后,工业生产虽有上升,但煤炭、石油等部门的生产和对外贸易。都已开始直线下降。更大的风暴即将来临。

正当日本经济十分动荡的时候,1929 年 10 月从美国交易所股票价格暴跌开始,资本主义世界陷入了空前深重的经济危机。日美市场有着密切的联系,危机很快就蔓延到日本。1929 年 12 月初,日本对美国的主要出口商品生丝的价格开始猛跌,使整个日本商品市场和股票市场立即遭到袭击。物价指数以 1913 年为 100,1929 年 11 月为 211.1,以后逐月下降,到 1931 年 10 月降落到 146.9。从 1928 年 7 月到 1930 年 10 月,50 种工业股票价格下跌 57.7%。

这次危机对日本的打击比 1920—1921 年危机更为严重。工业总产值从 1929 年的 74.2 亿日元降到 1931 年的 49.9 亿日元,下降 32.9%。按月份计算,从最高点到最低点,煤产量下降 36.7%,生铁——30.5%,钢——47.2%,石油——41.9%,铜——29.6%,造船——88.2%,棉织品——30.7%。到处出现企业开工不足和生产缩减的现象。一些主要工业部门的开工率只能达到 50%。银行倒闭的现象更为严重,危机前有 774 家普通银行,到 1931 年 3 月陷于休业状态的达 518 家。长期处于慢性危机状态的农业也未能幸免。在危机中,生丝出口锐减,价格猛跌,引起茧价暴落。1929—1930 年,每贯春茧价格由 7.57 日元下降为 3.75 日元,夏秋茧由 6.53 日元下降为 2.04 日元。占全体农户 2/5 的养蚕农户遭到致命打击。危机的影响,又加上 1930 年的大丰收,使每石米价从 1 月的 26.99 日元降到 12 月的 17.77 日元,一些旱地作物的价格甚至抵偿不了运费,以致发生了骇人听闻的"丰收饥馑"。农民的负债,1929 年为 40 亿日元,1931 年增加到 60 亿日元。

日本政府为了恢复金本位制、稳定外汇、增加出口和活跃经济,1930 年 1 月决定解除黄金输出禁令,但结果不仅未能阻止贸易的衰落,反而造成黄金大量外流。到 1931 年年底,黄金储备只剩下 4.7 亿日元。在危机年代中,出口总值下降 76.6%,进口总值下降 71.7%。

垄断资产阶级为了把危机转嫁到工人阶级身上,加强对外竞争能力,通过政府进一步广泛地展开了"产业合理化"运动。1929 年 12 月 2 日颁布了《产业合理化纲要》,1930 年 6 月 2 日成立了临时产业管理局,1931 年 4 月 1 日更公布了《重要产业统制法》。通过这些法令和组织,一方面加强大财阀对主要产业的控制力,强制 50 个产业部门建立卡特尔组织,淘汰中小企业;另一方面加强劳动统制,大批地解雇工人,降低工人工资。到 1931 年失业工人达到 400 多万人。

在危机中,垄断资本统治的加强和劳动人民生活的急剧恶化,使阶级矛盾进一步激化,工农运动有了新的发展。1929 年罢工总次数共 1408 次,1930 年猛增为 2284 次,1931 年达 2415 次,打破了历史纪录。与工人斗争相呼应,农村中的租佃纠纷也高涨起来,1930 年有 2478 起,1931 年激增为 3419 起。工人和佃农在斗争中不断加强自己的工会和农会组织。

1929—1932 年,职工会从 630 个增加到 932 个,会员超过 37 万人。佃农协会的数量也从 1929 年的 4156 个增加到 1933 年的 4810 个。会员人数达到 30 万人以上。工农运动在日本共产党的领导下,提出了打倒天皇专制政权的明确政治目标,使垄断资产阶级和地主阶级的统治受到了严重的威胁。

日本帝国主义企图把危机的重担转嫁到殖民地人民身上,加强了对台湾、朝鲜人民的掠夺。这使台湾、朝鲜人民的革命斗争也进入了新的阶段。在朝鲜,1929 年 11 月爆发学生反日斗争,1930 年 5 月 30 日爆发反日大起义。台湾高山族人民在 1930 年 11 月举行了反日大起义,使日本帝国主义的殖民统治受到严重威胁。

在国内外经济矛盾、阶级矛盾和民族矛盾日益尖锐的形势下,以财阀和军阀为基础的日本统治集团,决意从法西斯统治和侵略战争中寻求出路。在国内,1928 年 3 月 15 日,田中政府大举搜捕共产党人,被捕者达千余人。接着在 4 月 10 日,强制解散劳动组合评议会、劳农党和无产青年同盟三个左翼进步团体。1929 年 4 月 16 日,又对共产党人进行大逮捕,被捕者达 3000 余人。在镇压进步力量的同时,各种名目的法西斯组织纷纷成立。如樱会、急进爱国党、祖国同志会、爱国勤劳党、尊皇急进党、血盟团、国粹大众党、黑龙会等法西斯团体,都是在 1930—1931 年成立的。在国外,则企图再一次发动侵略中国的罪恶战争。早在 1927 年 7 月,大军阀田中义一就草拟了一份呈给天皇的奏折,提出了侵略中国和征服世界的狂妄纲领。奏折写道:"如欲征服世界,必先征服中国。……以中国富源作征服印度、南洋各岛及中小亚细亚及欧罗巴之用。我大和民族之欲步于亚细亚大陆者,握执满蒙利权乃其第一关键也。"田中义一不仅提出了这个纲领,而且上台后就开始执行这个纲领。1927 年 5 月和 1928 年 5 月两度出兵山东。1928 年 6 月炸死张作霖,企图挑起战端。只是由于西方列强的干涉和国内反战斗争的高涨,日本帝国主义才把侵略计划推迟。

第二节　1931—1936 年日本军事经济的急剧膨胀　财阀资本和国家垄断资本主义的发展

> **侵占中国东北和军事经济的急剧膨胀**

1929 年世界经济危机爆发后,日本帝国主义为了摆脱危机,也为了摆脱 1920 年以来经济长期陷于萎靡不振的局面,趁着其他帝国主义列强疲于应付本国经济危机的有利时机,于 1931 年 9 月 18 日对中国东北发动了军事侵略,开始执行已经推迟了的征服中国进而征服世界的狂妄计划。日本侵略中国首先以东北为目标不是偶然的。日本在中国东北有着巨大的经济利益。东北集中了日本对外投资(在殖民地的投资除外)的 70%;东北是日本棉纱、棉制品等工业品的重要市场,又是大豆、杂粮等农产品以及煤、铁、铝等重要工业原料的供给地。此外,日本帝国主义企图侵占我国东北,还抱着以下几重目的:第一,借着对东北的侵略战争和掠夺,进一步在国内推行军事化政策,保证财阀的发展;第二,转移国内人民的斗争视线,镇压国内革命力量;第三,以东北作为抑制、绞杀中国革命和侵吞全中国的基地;第四,切断中国、朝鲜和苏联的联系,并把中国东北作为反苏的基地。醉心于对中国共产党进行"第三次围剿"的蒋介石反动政权,实行"攘外必先安内"的卖国方针,对日本帝国主义的侵略采取了"不抵抗政策",致使日本在 1932 年 1 月迅速地就占领了中国东北三省的主要城市,3 月建立了"满洲国"傀儡政权,把东北变成了殖民地。

占领中国东北后,日本帝国主义加速地走上军事国家垄断资本主义道路。在政治上逐步废止了政党内阁制,建立了由军部法西斯官僚和财阀直接控制的政权,在经济上进一步加强国家政权与财阀的结合,把军工生产放在压倒一切的地位,建立准备进行大规模战争的军国主义经济。

为了促进军事经济的发展,政府实行了军事通货膨胀的财政政策,国家预算支出特别是军事支出迅速增加。1931—1936 年的六年中,国家支出增加了 54%左右,军费支出增加 1 倍以上。军费占总支出的比重,从近 1/3 提高到将近一半。1937 年更高达 69%。国家收入的大部分来源,是靠发行公债和纸币。1931—1936 年,公债发行额达 67 亿日元,货币流通量从 17 亿日元增加到 26 亿日元。

为了发展以军事生产为中心的重工业,必须扩大制成品的出口,扩大战略原料的进口,解决外汇不足和国内资源匮乏的困难。为此,政府实行了汇兑贬值的政策。1931 年年末重新禁止黄金出口,使日元对外汇率不断下跌。1931—1936 年,日元外汇价格贬值了 35%以上。日元外汇率的低落,使外国输入的商品价格昂贵,过去受外国资本竞争的压力而得不到发展的一些工业部门(如机器制造、汽车、硫铵等),这时在国内可以自立发展了;外汇价格的跌落,又使日本商品的国际价格低廉,增强了日本商品的竞争能力,刺激了日本出口贸易。从 1932 年起,日本对外贸易开始活跃,1934 年贸易总额达 45 亿日元,超过了 1929 年的水平,1936 年达到 54 亿日元的历史最高纪录。在日本出口商品中,纺织品占半数。日本的廉价棉织品,在印度和南洋各国市场上同英国进行着顺利的竞争。1935 年,日本每磅棉织品的出厂价格为 0.092 美元,而英国为 0.155 美元。这主要是由于日本工资极低,产品成本低廉。日本生产一磅棉织品支出的工资为 0.009 美元,而英国为 0.056 美元。日本的棉织品出口,在 1936 年达到 27.1 亿平方码,超过了英国(19 亿平方码)而占世界首位。出口的增加,为日本扩大战略原料的进口提供了有利条件。1929 年工业设备和战略原料的进口,占进口总值的 37%,1936 年上升到 52%。这一时期,日本所需战略原料主要来自美国。1932 年以后,日本每年从美国进口的废钢铁占废钢铁进口总量的 90%,铅——45%,铜——90%,铝——18%,石油和石油产品——65%,发展飞机、坦克工业所需车床——70%。美帝国主义大力支援了日本军事工业的发展,助长了日本帝国主义的侵略气焰。

军费支出膨胀和对外商品倾销相结合,促进了日本工业的迅速发展。巨额军费使军事订货增加,促进了军事工业以及为它提供设备和原料的一般机器制造业、钢铁工业和采矿工业的发展。以纺织工业品为主的出口增长,导致了轻工业的活跃。日本工业生产在 1932 年中渡过了危机的最低点后,随即呈现全面活跃的局面。也就是说,对中国的侵略和军事生产的扩大,使日本先于欧美各国逃出了 1929—1933 年大危机,并在 1933 年以后出现了以军事工业为中心的经济高涨局面。

这一时期,日本的工业主要是在军事生产的推动下发展的。1931—1936 年,对军事工业建设的投资额约为 70 亿日元,其中投在新企业的约为 53 亿日元。这些投资,大部分用来兴建、扩建和改组陆海军的国营军事企业。在吴、小仓、横须贺等地兴建和扩建的工厂,都是拥有数万职工的大型联合企业。此外,还通过向私人企业分配军需生产任务的办法,使它们从属于国营军事工厂。1931—1935 年,在陆军支付的武器生产总费用 10.7 亿日元中,支给私营企业的达 7.9 亿日元,占 73%以上。大量军事订货,直接间接地使在危机中奄奄一息的许多企业清理了积压的库存,扩大了生产。各部门的利润飞速增长。1932—1936 年,炼钢工业的利润率由 1.4%上升为 27.4%,机器制造业由 6.5%上升为 24.9%,纺织工业由 12.3%上升为 35%,煤炭工业由 4.8%上升为 12.8%。

从工业部门来说,重工业的发展超过了轻工业,其中尤以冶金工业、机器制造业和化学工业的发展为最快。1929—1936 年,日本工业生产量增长 52%,其中生产资料生产增长 71.5%,消费资料生产增长 25.3%(见表 6-2)。钢产量从 1929 年的 230 万吨增加到 1937 年的 580 万吨。结果,历来以轻工业为主体的日本工业结构发生了变化。重工业在整个工业生产中所占的比重,由 1930 年的 38.2%上升为 1937 年的 57.8%,轻工业相应地从 61.8%下降为 42.2%。生铁和钢材的自给率,1935 年分别达到 69%和 105%。到 1937 年,日本在采煤量和炼钢量方面已接近法国,下水船只总吨位数占世界第三位。主要输出品部门,纺织业在这个时期仍有很大意义。棉纱和棉布产量已超过英法,仅次于美国而居世界第二位。人造丝生产获得惊人的发展,在 1936 年压倒美国,占了世界第一位。

表 6-2　日本工业生产量指数的逐年变化情况①(以 1929 年为 100)

年份	总平均指数	同上一年相比的增长率(%)	生产资料平均指数	同上一年相比的增长率(%)	消费资料平均指数	同上一年相比的增长率(%)
1931	91.2	—	87.2	—	—	—
1932	96.9	6.3	96.2	11.1	97.6	2.6
1933	111.9	15.5	116.6	21.2	107.3	9.9
1934	126.2	12.8	136.4	17.0	116.1	8.2
1935	139.3	10.4	153.1	12.2	125.0	7.7
1936	148.8	6.8	171.5	12.0	125.3	0.2

　　应该特别指出:这一时期日本工业的发展,是与对朝鲜和中国台湾、东北的掠夺分不开的。九一八事变后,日本对殖民地进行掠夺的主要目标,首先在于增加军用战略原料和粮食的生产,其次是建立一些附属性的军事企业,以增强其作为战争基地的作用。为了从朝鲜取得铁矿、铝、钨、铜和黄金等原料,日本帝国主义在"朝鲜工业化"和"朝鲜工业革命"等虚伪的口号下,在朝鲜投资兴建了许多厂矿。如三菱财阀的兼二堡冶金工厂,野口的朝鲜氮气厂,三井、三菱和住友建立的朝鲜制铝厂,都是在这一时期兴建的规模宏大的垄断性企业。在这些工矿里,使用着朝鲜的廉价劳动力。据日本总督府的统计,1935 年工厂工人的日工资,日本男工为1.83 日元,女工为 1.06 日元;而朝鲜工人的工资则不到半数,男工为 0.9日元,女工为 0.49 日元。日本帝国主义占领我国东北后,为使其彻底殖民地化,并成为"大东亚共荣圈的黑色金属中心地",在东北进行了大规模的投资。1930—1936 年,日本对外投资从 30 亿日元增为 53 亿日元,其中对中国东北的投资从 16 亿日元增为 30 亿日元,在关内投资从 14 亿日元增为 23 亿日元。在东北的投资主要仍投于作为对华经济侵略大本营的"满铁"。"满铁"的资本在 1933 年达到 8 亿日元之巨。日本帝国主义

---

　　①　资料来源:东洋经济新报社的调查。计算指数时所采用的产品种数,生产资料中化学工业为 6 种,钢铁机械工业为 3 种,电气煤气业为 2 种,矿业为 6 种;消费资料中纤维工业为 11种,造纸业为 1 种,食品工业为 4 种。

在我国东北的鞍山、本溪、沈阳、抚顺、丹东、营口、旅大、吉林、牡丹江等地兴办了采矿、钢铁、水泥、电气、制铝、化学、铁道以及其他军事工业等企业，对东北的铁、煤、铝、镁等资源进行了强盗式的开发掠夺。东北每年提供的生铁和钢，占日本铁产量的50%、钢产量的10%。日本国内消费的铁矿石和煤炭也主要掠自东北。1935年，日本把我国河北和察哈尔两省划归为它的势力范围以后，"满铁"又在同年12月以1000万日元资本创立了子公司——兴中公司，开始对华北人民进行掠夺。

与工业生产迅速增长的情况相反，日本农业生产萎缩一直拖延到1935年年初前后才结束。这一时期，日本从朝鲜和中国台湾掠夺的粮食继续增加。在朝鲜，一方面，以东洋拓殖公司（1930年霸占土地12.4万町步）为首的日本大地主扩大农业经营，无情地压榨朝鲜佃农的劳动；另一方面，殖民统治机构以不到成本1/10的廉价，强制收购朝鲜农产品。从台湾也夺走大量稻米和砂糖。在这个时期，日本从朝鲜和中国台湾运走的大米，每年都在1000万石以上。1934年，从朝鲜运进日本的大米为895万石，从台湾运进日本512万石，两者合计几占日本商品米总量的50%。自1935年起，日本农业生产开始有某些好转，稻米产量有所增加。至于占农业生产第二位的蚕茧生产，由于生丝出口减缩和人造丝的发展，完全处于停滞状态。

在国家垄断资本主义推进下财阀资本的新发展 　这一时期的日本经济，完全是在垄断资产阶级和国家政权相结合的控制之下发展的。日本经济朝向国家垄断资本主义迈出了一大步，财阀资本得到了新的重大发展。

为了使整个经济为战争服务，政府加强了对国民经济各部门的管制。九一八事变后，日本政府除修订了1931年7月制定的《重要产业统制法》外，陆续在工业方面制定了《工业组合法》《石油业法》和《汽车制造法》；在农业方面修订了《米谷统制法》《米谷自治管理法》和《产业组合法》；在银行方面制定了《银行法》；在贸易方面制定了《输出组合法》《汇兑管理法》和《通商维护法》。通过这一系列法令，日本政府把整个国民经济控制起来，并使其纳入战争经济的轨道。

国家加强"干预"经济的另一重要表现,就是加紧推行卡特尔化和托拉斯化,从 1931 年到 1935 年,共建立了 35 个贩卖股份公司、统制公司、联合会和同业会等形式的卡特尔组织。其中重工业和化学工业方面的各占 15 个,纺织工业占 3 个,食品工业占 2 个。通过这些卡特尔组织,把大批中小企业置于财阀企业的统制之下。同时,大公司的合并活动也有很大发展。1933—1935 年,有近 50 个属于财阀的企业进行了合并,组成了包括钢铁、汽车、纺织、化学、铁路、食品等 17 个规模巨大的托拉斯。其中最大的是 1934 年创立的钢铁托拉斯——日本制铁公司。它以国营八幡制铁所为中心,合并了三井、三菱、安川等财阀的 6 个钢铁公司。这个托拉斯一建立就垄断了生铁生产的 96%、钢锭的 53% 和钢材的 44%。在合并时,政府曾把属于财阀的工厂设备的价格多评了 50% 到 1 倍,使财阀从中获得了巨利。银行也进行了大规模合并。全国各类银行从 1932 年年末的 650 家减为 1937 年的 460 家。

政府向垄断资本发出大批国家军事订货,是国家垄断资本主义发展的又一表现。1931—1936 年,日本政府向私人企业发出了 50 多亿日元的军事订货。在被指定的 110 家企业中,拥有实力的工厂,几乎全是属于三井、三菱、住友、大仓、久原等财阀企业。对接受军事订货的财阀企业,政府给予了大量补助金、贴补和各种优惠,使财阀企业的利润成倍地增长起来。例如,三井的日本制钢所,1927—1931 年的利润总额为 519 万日元,1932—1936 年达 1031 万日元,增加了将近一倍;同期,三菱的日本光学工业公司的利润,从 111 万日元增为 298 万日元,增加了 1 倍半以上;住友的金属工业公司的利润,从 603 万日元增为 2372 万日元,增加了将近 3 倍。

军事订货和军火利润的增长,推动了老财阀资本迅速向军事工业方面转化。例如,1934 年,三菱财阀把造船和飞机制造企业合并,组成三菱重工业公司,形成了一个以生产军舰、潜水艇、飞机、特种武器和电动机为主的大军火康采恩。同时,出现了一批与军阀密切勾结的主要生产武器、火药和军需品的新兴财阀,即军火康采恩。其中主要的有:日产(日本产业股份公司,领导人是鲇川义介)、日氮(日本氮气股份公司,领导人是野口遵)、森(又称昭和电工,领导人是森矗昶)、日曹(即"日本苏打",领导人是中野友礼）、理研（物理化学兴业股份公司,领导人是大河内）。新财阀与老则阀相比有其特点。它们一般不拥有银行,其股份资本公开出售,利用社会游资为自己服务,因而封建性比较薄弱。更为重要的是,这些财阀都是在九一八事变后靠军事经济膨胀发展起来的,军事工业是它们投资的主要对象。1931—1936 年,同军事有关的投资在总资本中所占的比重,老财阀为 14%—26%,新财阀为 50%—95%。老财阀的军事投资的 40%—60% 集中在为军事工业提供原料的基础军需生产部门,而新财阀军事投资的 65%—90% 投在直接生产军火的部门,因而具有更大的军事侵略性质。

财阀在军事生产的急剧增长中,在国家政权的直接帮助下,空前地扩大了对国民经济各部门的垄断。到 1937 年上半年,八大老财阀（三井、三菱、住友、安田、大仓、浅野、川崎、古河）和上列五大新财阀拥有的资本共达 41.7 亿日元,占全国公司总资本的 27.2%。他们通过星罗棋布的卡特尔网,控制了国民经济各个部门。例如,9 个财阀垄断了钢生产的 73.1%,12 个财阀垄断了煤炭生产的 72.1% 和铜产量的 98.8%,3 个财阀控制了水泥生产的 69.8%,10 个财阀垄断了纺织业生产的 66%。日本银行资本的集中和控制力量也加强了。由于政府发放的巨额资金都集中于大银行,金融力量集中的情形较前大有发展。1935 年五大银行拥有的存款占全国普通银行的 42.7%,贷款占 37.5%,有价证券占 43.7%。同时,大银行由于掌握了政府发放的巨额资金,它们对产业的控制力量更大了。

加强对劳动人民的剥削,是财阀资本利润猛增的泉源。军事经济膨胀,虽然扩大了工人就业面,1936 年工厂工人达 260 万人,较 1929 年增加了 76 万人,但他们遭到的剥削也大大加重了。在政府大力支持下的"产业合理化",使各部门的劳动强度大大提高。1930—1936 年,冶金工厂每人每小时的产量增加 25%,煤炭工业增加 50%。在纺织工业中,工人劳动强度的提高更为明显。1935 年,日本纱锭数占世界第七位,织机数占世界第十位,而原棉消费量却名列第二。工人的劳动时间,也普遍从 9 小时左右增至 12—14 小时。工人劳动支出的增加,并未从工资方面得到补偿。相反,在通货膨胀和捐税日益增加的情况下,1937 年的实际工资比

1930 年下降了 12.8%。就是货币（名义）工资，在纺织工业部门也在绝对减少。1927 年，纺织工人平均日工资为 1.06 日元，1937 年下降为 0.65 日元。特别是 30 万—50 万的临时工的工资，只及正式工人的 2/3。

有压迫、有剥削，就必然有反抗和斗争。随着劳动人民贫困化的加深，从 1936 年起工农运动由一度低落又重新高涨起来。1937 年工人要求改善生活条件的罢工风潮打破了历史纪录，参加罢工的人数达 21.4 万人。1936 年农村的租佃纠纷达到 5714 次，比 1929 年危机时期增加一两倍。工人和农民的斗争，加强了反法西斯主义的统一战线，并使反法西斯力量在 1936 年 2 月的国会选举中取得了很大胜利。在这种情况下，以财阀和军阀为中心的日本军国主义势力，以少壮军官为先锋，在 1936 年 2 月 26 日发动了政变，企图建立公开的法西斯恐怖政权。这次政变虽然遭到失败，但在以后的历届政府中，法西斯军阀的权势都在不断加强和扩大，并终于在 1941 年建立起"政治新体制"，完成了国家的法西斯化。日本法西斯化的过程，不是像德国、意大利那样，由一个法西斯政党来实现的，而是由财阀资本支持的最反动的军人集团——日本军部实现的。这个政权建立后，在国内加强法西斯统治和扩军备战，对外则与希特勒德国缔结防共协定，准备进一步扩大侵略战争。

第三节　1937—1945 年法西斯统治下日本战时经济的发展及其崩溃

1937 — 1941 年军事国家垄断资本主义的全面统治和经济矛盾的加深

日本帝国主义企图灭亡全中国的政策是早已确定了的，九一八事变后就积极地全面地进行了准备。到 1937 年 7 月 7 日便对中国发动了全面的侵略战争。蒋介石的消极抗日、积极反共的卖国政策，使日本侵略者在不到一年的时间里，就侵占了华北、华中、华东和华南的大片国土。

在大举侵占中国领土时,日本帝国主义为了解决工业基础与进行大规模长期战争需要不相适应的矛盾,对国民经济进一步进行全面控制,使其彻底转上军事国家垄断资本主义的轨道。年5月底,陆军省提出发展军事经济的"五年计划",1938年又将其修改为"扩充生产力四年计划",其中心目标是建立"日满华经济联盟",把中国沦陷区绑在日本的战车上,使其彻底成为给日本提供工业原料和农产品的经济附庸;日本国内则大力发展动力、冶金、机械和化学四个部门,摆脱在经济上对西方列强的依赖。为了实现这个计划,国家的总开支,在1937—1941年达到500亿日元,相当于前五年的5倍。其中直接军费占70%上下。国家支出的1/3来源于捐税。直接税起征点不断降低,间接税率连续提高,日本纳税人总数由1937年的100万人增为1941年的700万人。国家开支的另外2/3来自公债。公债额从1937年的106亿日元增为1941年的286亿日元,这实际上就是用通货膨胀的办法来榨取人民。

在经济管制方面,除继续加强已经实施的《重要产业统制法》外,1937年9月颁布了《进出口临时措施法》和《临时筹措资金法》,以保证军需品进口的优先地位和资金集中于军事生产方面。接着在10月建立了企划院,作为国民经济战时总动员的参谋本部。1938年4月颁布了《国家总动员法》。这是发展军事国家垄断资本主义的一个详细纲领。它赋予日本政府极为广泛的权力,在金融、产业和国民生活方面强制建立总动员体系。法令规定,受国家管制的范围包括从武器、弹药、飞机、通信器材到船舶、工业设备、建筑材料、燃料、电力以至食品、饲料和药品。同时,政府有权征用物资,监督企业投资方向,决定企业的兴建和利润,发布有关雇佣和解雇工人的命令,规定工资和劳动条件,禁止罢工,解散工会,等等。

为了充分动员和全面掠夺殖民地的人力、物力和财力,补充本国资源的不足,日本对殖民地经济也进行了改组,军事国家垄断资本主义在殖民地也加强发展起来。在中国东北,从1937年起开始执行所谓"产业开发五年计划",并在11月将新兴康采恩"日产"迁至东北,建立了满洲重工业公司,与"满铁"分工配合,驱使东北人民为日本扩大采矿工业以及钢铁、电力和液体燃料的生产。殖民政府还通过直接侵占、借口移民、并村和整理土地等手段,霸占农民的土地,并强制地掠夺东北的粮食。在中国内地占领区,日本垄断资本争先跟着军队后面进行掠夺活动。1938 年 4 月,日本发表了名为"华北经济建设方针"的掠夺计划;11 月,日本国家资本和私人垄断资本联合建立了华北开发公司和华中振兴公司,开始大肆掠取中国人经营的工业企业,垄断占领区的交通运输、码头、邮电、电力、采矿、盐业、渔业等。1938 年和 1940 年又先后在北京和上海建立了中国联合准备银行和中央储备银行,大量发行不兑换的银行券,掠夺中国人民。三菱重工业、钟渊纺织、大日本纺织、东洋高压、王子造纸、旭玻璃、浅野水泥等财阀企业,也大肆向中国被占领区扩张,霸占中国的企业,倾销过剩商品。1939 年,占日本出口总值 48.8%(1929 年为 23.4%)的商品输往中国,占日本进口总值 23.4%(1929 年为 17.0%)的物资掠自中国。日本战略原料和农产品等进口,掠自中国的:铁矿砂占 1/3,铁、煤和锡各占 1/4,大豆占 100%,肉类占 73.8%,毛皮占 37.6%。

七七事变后,日本对朝鲜的掠夺也进一步加强了。1937—1939 年内,在朝鲜的日本公司就增加了 364 个。朝鲜的军需原料和军需品生产额,从 1937 年的 9.67 亿日元增为 1940 年的 16.45 亿日元。在农村,实行"强制征粮",抢去农民收获量的 70%—80%。朝鲜人民的纳税额在 1937—1940 年几乎增加了 1 倍。除榨取物力和财力外,还把大批朝鲜青壮年征调到中国东北(到 1942 年已超过 130 万人以上),从事军需品生产和秘密军事工程建设,而在竣工后往往就地集体杀害。

对本国人民和殖民地人民的掠夺,使日本工业生产和军事实力得到了相当大的增长。例如,1937—1941 年,日本载重汽车产量从 19555 辆增为 42096 辆,飞机产量从 3365 架增为 5088 架,军用船只制造从 5.5 万吨增为 22.5 万吨,坦克和装甲车到 1941 年年产达 5000—6000 辆。这时,日本的空军力量与英国势均力敌,海军力量仅次于英、美,居世界第三位。在军工生产的带动下,工业总产值从 1936 年到 1941 年增长约 1.5 倍。其中重工业和化学工业增长更快,达 2.3 倍。重工业在工业总产值中所占的比重由 1937 年的 57.8%上升到 1941 年的 65.9%。但是,按工业产量计算,日本工业增长速度已经开始减慢。例如,根据日本工商省公布的材料,工业生产指数以 1931—1934 年为 100,1937 年为 164,1941 年为 201。1932—1936 年,工业产量平均每年增长 10.5%,而 1937—1941 年平均只增长 5.1%。日本经济内部的深刻矛盾已经比较充分地暴露出来。

首先,军事支出不断增加,造成物价飞涨。零售物价指数,1937 年为 112.9(以 1929 年为 100),1941 年达 212.3,几乎上涨 1 倍。而物价飞涨又刺激了国家支出的更大增长。1936—1941 年,货币流通量从 26 亿日元增至 79 亿日元,国家财政已面临崩溃。

其次,加工工业的发展与原料生产严重脱节。虽然日本在国内大力发展原料工业和加紧对中朝原料资源的掠夺,但仍不能满足军需生产的需要。到 1941 年,日本国内、殖民地和占领区生产的煤炭只能满足消费的 88.3%,石油——18.4%,铁矿石——42.4%,铜——43%,铅——15%,锌——18.4%。在日本军需原料和设备的供应上,美国曾帮了大忙,起了助长日本对中国侵略的帮凶作用。1937—1939 年,美国对日本的输出达 7.7 亿美元,其中军需物资的比重,从 53% 上升为 71%。但自 1939 年美日在亚洲的矛盾加剧后,美国对日本的供应显著减少。从此日本原料和设备的供应陷于困境,不得不用大肆削减非军事生产的办法来保证军需生产,甚至连主要出口工业部门——纺织业,也遭到了削减的命运。1937—1941 年,棉纺织工厂从 291 个减为 200 个,棉纱产量从 71.96 万吨减为 30.83 万吨,棉布从 40 亿米减为 11 亿米。生丝产量在这一时期也下降了 30%。

再次,工农业之间的矛盾也进一步加深。尽管政府不断向农村发出增产的命令,但是由于大量农业劳动者被征入伍和调到工业中去,耕地被征用为军事基地,加上化肥供应锐减,农业产量在 1939 年达到最高点以后就逐年下降。同时,朝鲜和中国台湾的米也因当地军需量的增加,运往日本的不断减少。因此,从 1939 年起,日本国内开始实行战时《粮食管理法》和"义务交售制",农民生产的绝大部分米、麦、杂粮、甘薯以及甘薯的茎叶,都要按官价卖给政府。

最后,日本帝国主义对中国的侵略,遇到了在中国共产党领导下的中国人民的英勇抗击。中国人民在毛泽东同志的"持久战"和"游击战"的战略战术思想指导下所展开的斗争,不仅使日本帝国主义灭亡中国的迷梦无法实现,而且使它不得不把越来越多的人力和物力消耗在中国战场上,从而陷入不能自拔的泥潭之中。

发动太平洋战争后军事国家垄断资本主义的极度发展 在中国战场上越陷越深、国内外矛盾步步加深的日本帝国主义,为了寻找新的出路,挽救自己的灭亡,又抓住法国在 1940 年 6 月对德、意投降,1941 年 6 月德国对苏联公开侵略,英、法对东南亚的统治摇摇欲坠,美国的注意力转向欧洲去支援英、法等有利时机,孤注一掷,于 1941 年 12 月 8 日发动了太平洋战争,妄图实现其建立“大东亚共荣圈”的迷梦。日本帝国主义采取突然袭击的手段,在六个月内就侵占了菲律宾、马来亚、印度尼西亚、越南、泰国、缅甸、印度等国的大片领土。太平洋战争的爆发,标志着美英帝国主义一贯唆使日本帝国主义充当反苏反共马前卒的政策的破产。它们像在欧洲扶植希特勒德国一样,又一次搬起石头砸了自己的脚。

毛泽东早在 1938 年 5 月就曾写道:“日本国内的政治只有两个出路:或者整个当权阶级迅速崩溃,政权交给人民,战争因而结束,但暂时无此可能;或者地主资产阶级日益法西斯化,把战争支持到自己崩溃的一天,日本走的正是这条路。”[①]1941 年下半年,特别是太平洋战争爆发后,日本法西斯政权通过建立“政治新体制”和“经济新体制”,进一步加强了政治的法西斯化和经济的军事化,把军事国家垄断资本主义发展到了“登峰造极”的程度。

所谓“政治新体制”,就是剥下一切资产阶级假民主的画皮,实行赤裸裸的地主资产阶级的法西斯专政。1940 年 10 月,日本天皇政府取缔了一切政党,解散了议会,之后在 1942 年年初出现了所谓辅佐天皇施政的“大政翼赞会”的法西斯御用组织。这个唯一合法的全国性组织,由中央本部、町会、部落会到基层的邻组,都是由官僚、法西斯军人、财阀分子、地主和土豪劣绅把持着,残酷地迫害进步力量,肆无忌惮地宣传沙文主义

---

① 《毛泽东选集》第二卷,人民出版社 1952 年版,第 499 页。

和军国主义思想,形成为一个严密的监视和统治全国人民的法西斯网。到 1941 年 7 月初,全国已建立了 20.6 万个街道组织和 1333732 个邻组。从此以后,日本内阁里的成员,除了法西斯军阀头子,如任首相的东条英机等外,就是反动的财阀头子,如任大藏相的池田成彬(三井银行总经理、三井合名公司董事长),任通商产业相的小林一三(三井的东京电力公司董事长)等。

所谓"经济新体制",就是 1941 年 12 月以后,根据《重要产业团体法》,在一切主要工业部门和金融部门中建立了"统制会",即把所有大中小企业都强制地编制到由垄断资本承揽的军需生产中。国家赋予统制会向各企业分配军事订货、原料、劳动力和决定各企业生产定额、产品价格等广泛权力。统制会的领导者都是财阀及其代理人,例如,"理研"康采恩总经理大河内正敏任机器制造统制会主席,三菱重工业公司董事长乡古洁任飞机工业统制会主席,安田银行总裁结城丰太郎任全国金融统制会主席等。统制会的实质是把国家管理经济的权力交给垄断组织,是国家政权与垄断资本直接融合的一种形式。

为了解决原料、设备的不足,集中原料和机器设备的使用,1941 年 12 月设立了产业设备营团,强令关闭了大批中小企业,将其机器设备调给垄断企业使用。1942 年 5 月又公布《企业整饬令》,停止对不直接生产武器和军需物资工业的原料供应,并令其转业和停业,将其机器设备毁成废铁,以增加钢铁供应。在战争结束时,纺织工业设备的 2/3 被毁掉,甚至桥上的栏杆、建筑物上的铁窗和帐钩等金属品,也都被征用了。

随着战争的扩大,日本陆海军的数额不断增加,1937 年为 110 万人,1941 年增为 241 万人,1945 年投降时达到 713 万人。30% 的成年男子被送上了战场,造成了劳动力的严重缺乏。为此,对现有工业劳动力,依据 1941 年制定的《劳务供应调整令》和《重要事业场所劳务管理令》,实行直接的军事警察统制,使工人从劳动到饮食睡眠的全部生活都受资本家的管制。1943 年又发布了《勤劳报国队整饬纲要》,废止工厂劳动时间的限制,组织"妇女勤劳报国队",征集大中学生参加强迫劳动,并禁止男子在 17 种指定的职业中就业,由妇女充任。1944 年又实行了"国民总动员"，强使 12—60 岁的男人和 12—40 岁的妇女一律服劳役。此外，1939—1944 年还从朝鲜掠来劳工 31.4 万人，从中国掠来劳工 3.4 万人，从事军工生产。日本全国变成了一座军事苦役营。

在农业方面，1941 年 12 月颁布了《农业生产统制令》，经由农会订立生产计划和实行对农民离村的限制，强制农民种植政府规定的作物。1942 年 2 月又制定了《粮食管理法》，进一步加强对粮食征收的统制，使农民失去了在生产、销售和消费上的任何自由，变成了军国主义政权的农奴。

随着侵略战争的扩大，1941 年以后，国家预算支出更加猛烈地增长起来，1944 年达 934 亿日元，较 1941 年（165 亿日元）增长了 4 倍以上。其中直接军费从 114 亿日元增为 735 亿日元，增长了 5 倍以上。实际上，这个时期国家支出的每一块钱都是与战争直接相关的。为了维持这样庞大的开支，日本政府一方面在国内增加捐税，实行通货膨胀；另一方面，竭力向殖民地和占领国进行搜刮和掠夺。日本在殖民地国家大量发行毫无担保的纸币和军票。自 1941 年至战争结束为止，在中国（包括台湾、东北、内蒙古和日本侵占的其他地区）发行的纸币由 26.5 亿日元增至 28445 亿日元，增加近 1000 倍。在朝鲜的发行额由 7 亿日元增至 80 亿日元。在东南亚国家发行南方开发金库券由 3000 万日元增至 194 亿日元。结果，这些地区的物价飞涨 100—2000 倍。

为解决原料来源的严重困难，日本还进一步加紧对被占领国家物质资源的掠夺。日本占领东南亚国家后，以"保护者"的姿态，建立了傀儡政权，把经济命脉抓到自己手里。日本帝国主义考虑到占领的不稳定和本国经济力量的不足，对东南亚的方针不是投资开发，而是在"迅速取得资源和保证作战的需要为第一"的口号下，掠夺现成财富。掠夺往往是以直接霸占和征用的方式进行。为了缓和矛盾，实行了一种"进口信贷制度"，即把从这些国家掠夺去的原料和粮食折价，其价款记入日本海外贸易银行设立的被冻结的清算账户上。这种进口信贷，到战争结束时达 386 亿日元。在中国和朝鲜的掠夺也大大加强。例如在中国东北，用"劳工""勤劳奉仕"等形式驱使东北人民为其生产战争物资，以"出荷"的形式大肆掠夺东北的粮食,等等。

日本政府所有加强军事国家垄断资本主义的措施,对日本财阀来说,都是进一步加速资本和生产集中的手段。根据日本银行的资料,在1942—1945年,有25万个小企业(1—5个工人者)被并入大工厂或被淘汰。这样,到战争末期,不到2000个雇佣2000工人以上的大企业,雇佣了全部工人的60%;不到1000个大公司,几乎掌握了全国股份资本的3/4。在各主要工业部门中,都出现了特大托拉斯。在1930年以前,日本工业公司中还没有一个资产在10亿元以上的,可是到1945年已有八个这样的军事工业公司,它们是三菱重工业公司、富士(中岛)飞机制造公司、三井物产公司、日立飞机制造公司、川崎重工业公司、日本氮肥公司、三井合名公司和住友合资公司,前四个公司的资产达20亿—40亿日元。银行业的情况也是一样。1941—1944年,三井、三菱、住友、三和等五大银行,在全国商业银行存款总额中所占的比重,由46.6%上升为70%;在全国贴现和放款业务中所占的比重,由58%上升为78%;在所有私人银行有价证券总额中所占的比重,由47%上升为61%。

国家的庞大军事开支,绝大部分落到财阀企业手里。1940年以前,国家军事订货,由政府发给大企业特许证进行分配,而1941年以后,就直接由财阀领导的"统制会"分配了。不属于财阀控制的企业,非但得不到订货和原料,而且被迫合并于财阀企业之中。军事订货给财阀带来难以估计的高额利润。各垄断公司往往在动手生产之前,就得到了大量国家订货款,而在订货产品尚未交清一半时,又接受了新的订货和订货款。垄断组织并不以订货的高额利润为满足,还都用虚报成本的手段,捞取政府的补助金。这项费用从1941年的12亿日元增为1944年的50亿日元。全国公司的利润从1936年的14亿日元增加到1944年的71亿日元。

更值得注意的是,在第二次世界大战中,日本建立和发展了大批由国家和财阀资本合资的"国策公司",即直接为推行日本帝国主义法西斯侵略政策服务的公司。这种公司的总裁和理事,都由政府任命批准,公司被免除捐税,并在获得政府订货和补助金等方面都有优先权,处于特殊地位,故又称"特殊公司"。这种公司成了日本国家垄断资本主义发展的核心,成了私人垄断资本通过国家政权掠夺殖民地人民的主要工具。1936年,日本有15家国策公司,1941年增加到37家,1945年达到60家,其资本占全国股份资本的1/3以上,分布在工业、商业、运输业和银行业等一切部门。象帝国燃料公司、日本制铁公司、帝国矿业开发公司、日本发送电公司和日本煤炭公司,都是属于几乎独占了该部门生产和销售的最大的国策公司。国策公司的主要活动场所是殖民地和被占领国,如东洋开拓公司、台湾拓殖公司、华北开发公司、华中振兴公司、满洲重工业公司、南洋拓殖公司等,都是最大的垄断企业,在各殖民地和占领国经济中处于统治地位。这些大公司企业一般都是在日本侵略军占领和掠取了殖民地和被占领国的土地、矿山和企业之后,吸收国内财阀资本进行合营而建立的。

通过上述各种途径,日本财阀的财产得到了惊人的增长。1937—1945年9月,三井财阀所属各公司的资本,从11.8亿日元增为28.2亿日元,三菱由8.5亿日元增为21.6亿日元,住友由3.8亿日元增为28.2亿日元,安田由2.6亿日元增为20.9亿日元,分别增长了1.5—7倍。这四大财阀已经掌握了日本国民财富的40%,并在国民经济军事化中变成了更富有侵略性的以军事工业为主的康采恩。例如1939—1945年,三井在重工业和化学工业方面的资本占其总资本的比重由49.9%上升为72.9%,三菱由47.2%上升为81.1%,住友由51.1%上升为65.2%,安田由52.8%上升为61.7%。新财阀也得到了巨大发展,其中特别是垄断了中国东北工业的"日产—满业"康采恩,它所控制的资本,由1939年的9.6亿日元,激增到1944年的40亿日元,成为日本首屈一指的大军火康采恩。日本垄断资产阶级和地主政权的代表裕仁天皇本人,也成了最大财阀之一。根据战后美国占领当局的调查,天皇共握有29家大公司的股票。他的财产,即使不包括大量的金条、银块、珍奇珠宝和巨量地产,也在16亿日元左右。

日本战时经济的崩溃　军事国家垄断资本主义的发展,虽然使日本财阀资本的势力空前增强,但并没有使日本战时经济状况获得好转。1941年以后,日本工农业生产以及对外贸易迅速恶化,以至濒于崩溃的境地。

日本整个工业生产在1941年达到了最高点,以后便逐年下降(见表

6-3)。特别是消费资料生产,在太平洋战争以前就已开始衰落,到战争结束时几乎是完全崩溃了。纺织工业是日本的基本工业部门之一,它从1937年起就已开始减产,1941年以后急剧瓦解。棉织品产量,1941年为1937年的1/4(从40亿米减为11亿米),而1945年仅及1937年的1/7。棉纱产量从1939年的72万吨下降为1945年的5.9万吨。同期,生丝产量由1117万贯下降为152万贯。虽然用牺牲一切非军事生产的办法来加强军事工业,但在1941年以后,由于海上被封锁,船只大量损失,进口原料迅速减少,大部分军需品生产也开始下降了。根据对动力、钢铁、有色金属、机器制造和化学五个部门的20种主要军需品的统计,从太平洋战争爆发后,产量继续增长的,只有九种产品(工作母机、飞机、步枪、电力、铜、人造石油、钼、特殊钢、铅)。而在1943年以后,这九种产品也无法再保持其发展,不得不实行所谓"超重点主义",即把飞机生产放在首位,其次是造船和重武器生产,至于其他军需品生产则一概无力顾及了。到1945年,日本工业设备的90%被闲置起来,整个工业生产指数只为1935—1937年的28.5%。

表6-3　日本工业生产指数①(以1935—1937年为100)

指数类型 \ 年份	1941	1942	1943	1944	1945
全部工业	169.1	142.7	113.5	86.1	28.5
生产资料	187.4	167.8	151.4	119.9	29.2
消费资料	71.6	53.0	42.6	30.7	20.8

　　日本主要工业中心集中在四个地区,即大阪兵库地区、东京横滨地区、爱知静冈地区、福冈长崎地区。这四个面积只占国土1/10的地区,集中了全国2/5的人口和3/4的大型工业企业。太平洋战争发生后美国空军对工业集中的大城市的轰炸,使日本工业遭到了重大损失。据1946年1月19日日本《经济学人》杂志发表的统计数字,日本工业生产能力,由

---

　　①　佐藤丰三郎:《日本经济史》,1957年日文版,第89页。

于遭受美国空军轰炸,平均减少了 25%—30%。不过,损失最大的还是日本人民。在轰炸中,各大城市的住宅 50% 被毁坏,约占日本人口 1/3 的 2200 万居民无家可归。

农业衰落的情况也是十分严重的(见表 6-4)。在战争中,大约有 18 万町步的耕地被飞机场、军用地和军用道路所占用,使耕地面积从 1937 年的 610 万町步减为 1945 年的 529 万町步,约减少了 14%。同时,1/3 的农用马匹被征集为军队服役。1940—1944 年,从农村征去的男子达 100 多万人,留在农业中的劳动力多半是老人和儿童。另外,对日本农业生产具有重要作用的化学肥料,在 1941—1944 年减少了 80% 以上。农业机器的数量,到 1945 年也只有战前的 20% 了。因而从 1940 年起,稻米和豆类生产开始下降,蚕茧和其他农作物的生产急转直下。1941 年,畜牧业也开始减产。到战争结束时,农业生产量较 1937 年几乎减缩了一半。

表 6-4　日本农业生产指数①(以 1933—1935 年为 100)

年份 指数类型	1937	1939	1940	1944	1945
总指数	108.9	114.0	106.9	82.4	58.2
稻谷	111.0	110.2	97.3	99.6	65.9
蚕茧	95.7	101.1	97.4	43.2	22.1
技术作物	124.7	168.7	159.0	83.4	47.9
其他作物	104.5	118.9	120.3	107.0	77.1
畜牧业	113.4	118.8	121.4	37.7	22.1

日本稻米产量从 1941 年的 5500 万石降至 1945 年的 3900 万石。而从殖民地和占领国进口的粮食,在 1943 年以后,由于运输被阻隔和殖民地占领国经济的衰落,也迅速减少了。1942 年进口稻米 258 万吨,到 1944 年只有 26.8 万吨。全国人民陷于饥饿状态。从 1941 年 4 月起,成年人每天只能领到二合三勺粮食(合 330 克),而且大麦、甘薯、干菜和橡子面所占的比重越来越大,变成了主食。

---

① 《日报农业年报》,1948 年日文版第 1 卷,第 80 页。

一贯以侵略战争发财致富的日本帝国主义者,把国家和民族推向了毁灭的道路,给日本人民和殖民地及占领国人民带来巨大的灾难。从1931年侵略中国东北到1945年日本帝国主义投降,日本人在战场上被打死、在后方被炸死以及其他因战争而死亡的人口达300多万人,每四户就有一个遭到牺牲。国家财富因战争而遭受的损失,估计达643亿日元,相当于1935年国家财富的34.4%。活下来的劳动人民,在法西斯统治下,被剥夺了基本的权利,缺衣少食,陷于奴隶和牛马的境地。日本统治阶级为了无限地扩充军火生产和增加垄断资本的利润,把儿童和老人都驱入了劳动战线,并对工人实行强迫劳动,无情地延长劳动时间。1941年以后,每天15—16小时劳动已成为普遍现象。1937—1944年,工人货币工资虽然平均增加1倍左右,但是人民的纳税额却增加了12倍。1944年仅"储蓄金"一项,就吞没了收入最低的普通家庭收入的21.5%。同时,在恶性通货膨胀下,生活必需品的零售价格,即使按官方的公定价格,在1939—1944年也上涨了147%。战时的配给制度,把劳动人民的消费水平压低到根本无法生存的地步,因而不得不以高于公定价格几十倍的黑市价格购买必需品。

日本帝国主义带给殖民地和被占领国家的苦难,更是罄竹难书。从1937年到1945年的八年中,日本帝国主义践踏了中国余座城市,杀害了1200万中国人,使中国的公私财产的损失总值达数百亿美元之巨。东南亚各国人民也遭受了无穷祸害。200万印度尼西亚人和110万菲律宾人死于苦役和战火中,200万越南人死于饥饿,10万新加坡人死于日本强盗之手。至于这些国家人民所受的凌辱和财产的损失,同样是擢发难数的。

旷日持久的侵略战争,日益增加的人力、物力和财力消耗,使日本国力日趋空虚,整个国民经济陷于崩溃的边缘。对本国和被占领国人民的残酷压榨,激起了他们对日本帝国主义者的强烈反抗和斗争。特别是中国人民在中国共产党领导下进行的抗日战争,大大削弱了日本帝国主义的军事和经济力量。外强中干、矛盾重重、日益孤立的日本帝国主义,在世界反法西斯力量的联合打击下,终于在1945年8月15日接受波茨坦公告,宣布无条件投降。

第 七 章

资本主义总危机时期的印度经济

第一节　英帝国主义对印度经济
控制和剥削的加强

第一次世界大战后,英国在世界经济中的地位进一步下降,它在印度的殖民统治的危机也日益加深。经过第一次世界大战,印度的资本主义工业有了一定的发展,印度人民的民族觉悟在伟大十月社会主义革命的影响下也有了进一步的提高。这就使印度在政治、经济上独立发展的要求和英帝国主义殖民压迫之间的矛盾更加尖锐起来。同时,日本和美国资本势力对印度的渗入,也日益加紧。英帝国主义为了钳制印度民族经济的发展和抵挡日、美资本势力的渗入,维持其在印度的垄断统治,在战后运用各种手段,加强了对印度经济的控制和对印度人民的剥削。

英国在印度投资的增长和英国经理行对印度各经济部门控制的加强

扩大对印度的投资,是英国殖民者控制印度经济和剥削印度人民的一个重要方面。

战后初期,印度工业在战时景气的影响下,曾一度出现虚假的繁荣。1920 年,印度的黄麻工厂和棉纺织厂的平均股息都在 100% 以上,有的甚至高达 400%。为了攫取

高额利润,英国资本在战后最初的几年中曾大量涌入印度。1908—1910
年,英国对印度(包括锡兰)的资本输出额每年平均不过 1470 万英镑,而
在 1921—1923 年,增加到年平均 3030 万英镑,与上一时期比较,增长了 1
倍多。在战后初期的虚假繁荣现象消失后,英国对印资本输出暂时有所
缩减。但是,从英国输出的资本,不是英国对印度投资的唯一来源,英国
殖民者还靠在当地获得的巨额利润增加自己的投资。不少英国资本还以
创设在印度注册的股份公司的隐蔽形式扩大在印投资。

在两次世界大战之间的时期里,英国在印度投资总额较战前有了显
著的增长。据英国《金融时报》的估计,到 1929 年,英国在印投资总额,
至少是 5.7 亿英镑,更可能是 7 亿英镑。到 30 年代末,据英国《统计学
家》杂志的估计,1939 年,英国在印投资总额为 10.7 亿—11.2 亿英镑,较
战前至少增加 1 倍以上;其在英国全部国外投资额中的比重,也从战前的
1/9 增加到 1/4。

值得注意的是,在 1939 年 11 亿英镑左右的英国在印投资中,对各种
企业股份公司的投资(6.5 亿—7 亿英镑),占了 60%以上(其余为对殖民
当局、地方政府债券和铁路债券的投资),而在战前对印投资总额中,这
类投资的比重还不到 13%。[1] 这说明在两次世界大战之间,英国资本除
了通过殖民政府的英镑债务继续控制印度的财政和铁路运输之外,还大
大加强了对各个经济部门的投资和控制。

在 1937 年,英国资本连同其他外国资本在一系列工业部门中所控制
的企业,就其在这些部门就业人数中所占的比重来看,情况大致如表 7-1
所示。[2]

表 7-1　英资和其他外资控制的企业就业人数所占的比重　(单位:%)

所属行业	就业人数占比
黄麻工业	83.3

[1]　见本书第二册第八章第一节。
[2]　尼鲁尔·依斯兰姆:《外国资本与经济发展:日本、印度与加拿大》,1960 年英文版,第
171—172 页。

所属行业	就业人数占比
棉纺织业	21.9
毛织业与制毯业	73.6
造纸业	68.8
制革业	92.7
制糖业	15.7
钢铁工业	42.1
造船业	92.0
机器制造业	93.0
水泥业	9.3

可见，在30年代，除棉纺织、钢铁、制糖、水泥等少数几个部门中，印度资本势力较大外，在其他一些工业部门中，外资控制的企业占着绝对的优势。

印度许多工业部门是通过英国经理行控制在英国垄断资本手中的。英国经理行是英国资本在印度的垄断组织的特殊形式，它是英国资本投入印度各个经济部门并加以控制的孔道。英国经理行不仅"经理"英国资本创设的公司，而且还充当新企业的创办人，提供创业资本。而当这些企业经营成功后，它就把大量股票出售给当地投资者，自己只保留少量的股票，但凭着它与这些企业间订立的长期"经理"契约，仍然掌握着对企业经营管理的控制权，并攫取巨额的佣金和利润。英国垄断资本就是这样通过经理行控制了大量印度资本，并使自己的控制权力远远超出了它的资本所有的范围。据不完全的统计，30年代初，25家英国经理行控制了包括黄麻、采煤、电力、建筑、运输、制茶、制糖以及其他部门的373家大公司。到1939年，33家英国经理行所控制的公司数更扩大为701家。这种情况，一直到印度独立初期还十分显著。1948年，36家英国经理行在其所"经理"的334家公司的普通股票总额中所持有的份额只达14.6%，但它们却掌握了这些公司的全部经营管理权。

在殖民地发展起来的垄断组织——经理行，具有极大的寄生性。经理行每年按照所"经理"的企业的产量、或销售总值、或总收入,抽取一定比率的佣金,向公司收取管理费,经理行成员在公司中担任董事等席位时,还可获得高额的薪金等。这样,公司的利润主要为经理行所占有,有时甚至公司亏本了,而经理行依然攫得了巨额的佣金。例如,1927 年,孟买 75 家纺织厂净蚀 73.4 万卢比,而经理行所得的津贴和佣金总额却达308.7 万卢比。经理行除直接扣取公司的利润外,还靠代公司收购原料、出售产品等方式大发其财。经理行并且用各种欺诈的手段,使一些没有经理人的公司从属于自己,利用它所控制的公司的资金资助另一些公司,进行各种投机活动。它们还凭着自己的垄断地位,阻碍印度新工业部门的创设。这一切充分暴露了经理行这一垄断组织形式的寄生性和腐朽性。

英国银行在印势力的进一步增强　　在印度的英国银行,是英国金融资本把印度作为原料产地、销售市场和投资场所来进行剥削和控制的又一个重要工具。它为英国金融寡头带来了巨大利润。如前所述,战前在印度的英国银行有两大系统,一是管区银行,二是汇兑银行。第一次世界大战后,这两大英国银行系统的集中过程和垄断地位都加强了。

1920 年,三大管区银行合并成为"印度帝国银行",从而大大地加强了这一银行系统的实力。"印度帝国银行"在印度各地共有 400 家分支行,在 20 年代拥有印度全部银行存款额的 1/3 以上。它扩大了原来管区银行的业务范围,特别是扩大了有关出口产品的收购和运销方面的信贷业务。它为那些从产区中心购运出口产品到港口城市的代理行、大商人—高利贷者,提供抵押贷款和预支金,为他们开发的期票进行贴现,并收购他们的汇票、电汇等。这样,帝国银行通过这种资助印度大小买办的信贷业务,为英国金融资本搜刮印度出口物资,剥削广大印度农民,提供了最大的便利。帝国银行在有些地区(如在手工织布业中心绍拉浦城)还向印度手工业者、小资本家提供贷款,攫取他们的一部分剩余产品。此外,帝国银行还从代理殖民政府的国库收支业务中取得巨大利润。

第一次世界大战后,英国汇兑银行继续垄断着印度对外贸易信贷业务。它们一方面打击、排挤一些企图从事国外业务的印度银行，使后者破产，加以并吞；另一方面，极力扩展自己的业务范围，渗入印度国内银行业务中去。同时，英国国内的"五大"银行开始在印度建立一些新的汇兑银行，从而使汇兑银行的系统大为扩大。汇兑银行不仅利用自己的垄断地位来确保英国资本对印度对外贸易的控制，用各种刁难的办法削弱印度进出口商的竞争力量，它还迫使自己的主顾在英国保险公司进行商品保险，使英国资本每年又以保险费的形式从印度攫取大量的利润。20 年代，汇兑银行靠它的各种中介业务，每年竟获得 1.5 亿卢比的巨额收入。此外，汇兑银行还大量吸收当地存款，为其所用，一方面利用印度的积累来吸吮印度人民的膏血；另一方面也可达到阻止相当一部分印度有产阶级的积累用于组织独立企业、发展工业的目的。到 1939 年，汇兑银行和帝国银行合计在印度全部银行存款中的比重占 60%。

为英国金融资本服务的英国殖民当局，为了更有效地控制印度的货币流通，为了控制 30 年代后日益发展的当地印度银行和外国银行，于 1935 年在印度成立了"印度储备银行"。这是按照英格兰银行的样子设立的印度中央银行，具有发行通货、保管国家资金、调节汇率、代殖民地政府管理国家债务以及发行公债等职能。印度储备银行是一家股份银行，但实际上处于英国殖民当局控制之下。银行的中央董事会由 16 人组成，其中半数（包括一个总裁和两个副总裁）是由殖民政府指定的。储备银行加紧对印度股份银行进行控制，但对英国资本的汇兑银行的活动却是放松的。

对印度对外贸易的继续控制　控制印度的对外贸易，以一系列有利于英帝国主义的贸易和汇兑措施强加于印度，力图保持印度作为英帝国主义的原料产地和销售市场的附庸地位，这是英帝国主义加强对印度经济控制的又一重要方面。

第一次世界大战结束后，英国对印度的商品输出缩减了；其在印度输入总值中所占的比重，从 1909/1910—1913/1914 年度（年平均）的 62.8% 降至 1919/1920—1923/1924 年度（年平均）的 57.6%。为了恢复失去的阵地，它从政策上极力创造对印输出的有利条件。英国殖民当局于 1927

年故意把卢比对英镑的兑换率,从战前的 1 先令 4 便士提高到 1 先令 6 便士(即 1 英镑原等于 15 卢比,现降为 13.1 卢比)。这个措施鼓励了英国商品输入印度,但是并没有能够挽回英国商品在印度市场上的颓势。1924/1925—1928/1929 年度,英国在印度输入总值中的份额继续下降至 49%;1929 年世界经济危机爆发后,1929/1930—1933/1934 年度又降至 38%。同一时期,日本和美国在印度市场上的势力增强了。相应年份,日本在印度输入总值中的份额,从战前(1900/1910—1913/1914 年度)的 2%上升至 7%和 14%;美国的份额从战前的 3%上升至 7%和 8%。为了打击日、美帝国主义在印度市场上的竞争力量,挽回自己的颓势,英国政府强迫印度接受根据 1932 年渥太华协定制定的帝国特惠制。1935 年,英国又强制印度实施新的扩大帝国优惠制的贸易协定。帝国特惠制帮助了英国对印度的商品倾销,给印度工业的发展造成了不利的影响。英国在印度输入中的比重,曾一度从 1931/1932 年度的 35.5%增加到 1934/1935 年度的 40.6%。但是帝国特惠制,也不能挽救在资本主义总危机时期里英帝国在世界上日益衰落的地位,以及它在印度市场上的颓势。在 1938/1939 年度,英国在印度输入中的比重又下降到 30.5%。

不过,印度作为英国的一个重要原料产地的作用,在 30 年代,较战前和 20 年代都有所增强。英国在印度出口总值中的比重,在 1909/1910—1913/1914 年度(平均)为 25%,1924/1925—1928/1929 年度为 23%,1934/1935—1936/1937 年度增为 32%,到 1938/1939 年度更增至 34%。在这一时期,印度供应了英国进口短纤维棉花的 87%,皮革原料的 75%,锰矿石的 90%,云母的 54%,黄麻和黄麻制品的全部以及茶叶的半数。

英帝国主义在印度的财政搜刮　英国殖民当局所把持的印度财政,是英帝国主义控制印度经济和剥削印度人民的重要工具。两次世界大战之间的时期里,英国殖民当局对印度人民搜刮的各种赋税收入较战前有了很大增加。1913/1914 年度,印度殖民政府的各项赋税收入共计 6.5 亿卢比,1925/1926 年度为 13.5 亿卢比,增加了 1 倍以上,即使按战前物价水平计算,也增加了 30%以上。30 年代,印度殖民政府的赋税收入虽增长不多,但考虑到 30 年代的物价水平低于 20 年代,印度人民实际上的租税负担已进一步加重。另外,印度人民的国债负担,在战后时期也有了很大增长。1913 年国债总数为 27400 万英镑,到 1939 年,增达 88420 万英镑,较战前增加了 2.2 倍。国债中的对英债务,从 1913 年的 17700 万英镑增至 1939 年的 35180 万英镑,增加了将近 1 倍。这些债务,是长期以来英国殖民者把在印度进行殖民战争的费用、镇压人民起义的费用、建筑和收购铁路的费用(而这只是为了便于剥削和奴役印度人民)等,强加于印度人民的结果,其中在国内发行的巨额公债,吸收了当地有产阶级一部分积累,使它不但不能用之于发展工业,反而被利用来为英国的殖民事业服务。至于每年从印度人民搜刮来的大量赋税收入,也主要用来维持和巩固英帝国主义在印度的军事、政治的殖民统治,以及偿还庞大的债息;而且其中相当大的一笔以"国内费用"的名义,作为贡赋的一部分汇回英国。这项"国内费用"的总数,1913/1914 年度为 1940 万英镑,到 1933/1934 年度已增至 2750 万英镑。

战后时期,英国殖民者通过对印投资,经营银行、贸易和航运,管理财政以及私人汇款等各种孔道,从印度人民身上搜刮到的利润、利息、佣金、薪金、"国内费用"等各种形式的贡赋总额是惊人的。据估计,在两次世界大战之间的时期里,每年从印度掠取的贡赋总额,达 1.35 亿—1.5 亿英镑。

这一时期英帝国主义对印度经济控制和剥削的加强,进一步使印度农业走向衰落,大大钳制了印度民族工业的发展;同时,也加深了英帝国主义和印度人民之间不可调和的矛盾。

第二节　农村阶级分化的加剧与农业的衰退

在两次世界大战之间的时期里,印度农民继续遭受着英国殖民者、封建地主和商人—高利贷者的三重压榨。广大农民的进一步贫困化,加剧了农村阶级分化和农业衰退的趋势。

农民遭受的各种剥削的加重

在这一时期,印度农民除了继续负担沉重的田赋外,还要向殖民政府缴纳愈来愈多的各种消费税(盐税、煤油税、酒税等)。食盐是印度贫苦农民的生活必需品。1939/1940 年度,殖民当局仅从盐税一项就征得了 810 万英镑的收入,相当于田赋额的 2/5。

印度农民遭受的地租剥削,则更为苛重。在孟加拉,农民负担的地租额为田赋的 4—6 倍,在其他省区,农民缴纳的地租也至少在田赋额的一倍半以上。在两次世界大战之间的时期里,地租剥削在继续增长。以联合省为例,这一时期最重要的粮食作物产量下降了 9%,但是地主攫得的纯地租(扣除田赋后)却提高了 13%。

田赋和地租的重压,使印度农民不仅不能进行扩大再生产,甚至连维持简单再生产都不可能,农民的困境迫使他们愈来愈深地陷入商人—高利贷者的盘剥罗网。在两次世界大战之间,全印度农村的债务总额有了急剧的增长。据估计,农村债务在 1911 年为 30 亿卢比,1930 年为 90 亿卢比,1938 年为 180 亿卢比,比战前增加了 5 倍。印度的商人—高利贷者凭着英国资本的支持和对农民的债权人地位,通过预付资金、垫借种籽和农具等手段,压价垄断收购农民的产品,运往产区中心或口岸,交售给英国公司或其代理行。商人—高利贷者通过重利盘剥,攫夺农民的土地,把破产农民变成了自己的佃户、雇农或债务奴隶。

印度农民还遭受着英国资本的不等价交换的掠夺。特别是在 1929—1933 年的世界经济危机的年代里,由于农产品,尤其是出口作物价格猛跌,这种不等价交换的掠夺对印度农民的打击,就显得更为严重。1927/1928—1932/1933 年度,印度的出口物价(主要是农产品)下跌了 44.7%,进口物价(主要是工业品)下跌了 34.8%;出口物价对进口物价的平价,以 1927/1928 年度为 100,1932/1933 年度跌为 84.8(到 1936/1937 年度也只恢复到 91.0)。这就是说,不等价交换的掠夺加强了。如果考虑到层层的中介人剥削和各种附加的税额,农民出售农产品的价格势必远远低于出口价格,而购买工业品的价格势必远远高于进口价格。那么,农民遭到的不等价交换的掠夺,就显然要比这些数字所反映得更为严重。

在赋税、地租、高利贷、不等价交换等苛重的搜刮和掠夺下，印度农民日趋贫困、破产，农村的阶级分化日益加剧。

> **农村阶级分化的加剧**

在两次世界大战之间的时期里，印度农村的阶级分化表现在：一方面大量农民失去土地，沦为佃农和雇农，各种类型的佃农、雇农人数在显著增长；另一方面，土地转租现象愈来愈普遍，地主、二地主、各种中间剥削者人数不断增加。据1928年西蒙爵士的印度法制调查团报告书中记载，有的县份在柴明达地主与真正耕地人之间，中间剥削层甚至多到50级以上。表7-2是根据印度人口普查材料得出的1921—1931年印度农业中自立人口阶级结构变化的一些情况。①

表7-2　印度农业中自立人口阶级结构变化情况　（单位：万人）

	1921 年	1931 年	增长（%）
全部农业自立人口	10620	11100	4.5
其中：收取地租的地主	370	420	13.5
自耕农	7470	2840	——
佃农		3620	——
雇农	2780	4220	51.7

尽管这个材料在分类上很不确切（特别是自耕农和佃农这样的概括类别，无法区分其中的富农、中农、贫农），但是仍然十分明显地可以看出，这一时期里，地主（包括各种转手出租土地的二地主）的人数和雇农的人数都有很大增长，前者增加13%，后者增加50%以上。1931年，雇农和佃农占全部农业自立人口的比重达到70%。他们受着地主、富农和高利贷者的残酷剥削。

第一次世界大战后，印度农村阶级分化最显著的趋势，就是佃农（主

---

① 苏·捷·巴德尔：《印度和巴基斯坦的农业工人》，世界知识出版社1957年版，第31页。雇农一项包括原普查项目中的三项（农场工人、非固定工人和种植园工人）。

要是不定期小佃农和分成制佃农)以及雇农的比重,有了很大的增长。一般来说,不定期小佃农和分成制佃农的增长,在马哈尔瓦里制地区和柴明达尔制地区比较突出,而雇农的增长在莱特瓦里制地区比较突出。在莱特瓦里制地区,更多农民沦为雇农,主要是由于土地的转让比较容易,同时商品性农业相对来说更为发达所造成的。农民无论沦为分成制佃农还是雇农,就其处境恶化的后果来说,实际上是一样的。分成制佃农缴纳的地租通常达收成的 40%—60%,有的达 80%。分成制佃农通常须向地主借用种籽、肥料、耕牛、农具等,他们所受的剥削要依他们使用地主的其他生产资料的多少而相应加重。例如,在旁遮普,通常仅租种土地的地租,为收成的 2/3;加上肥料,为 3/4;如还租用农具,则为收成的 7/8。在这种情况下,就很难区分这种分成制农民是佃农还是雇农。

应该指出,印度雇农人数的迅速增长及其在农业自立人口中占相当高的比重(1931 年已达 37.9%),只能作为印度农民贫困破产日益严重的表现。由于封建剥削制度在印度农村中占统治地位,这种雇农人数的增加,不能看作是资本主义关系在印度农村中发展的标志。

在 1931 年 4220 万名的雇农中,半失业的雇农(3500 万人)占了 5/6。失去土地的贫农和破产的家庭手工业者,是这类雇农的主要来源。这类雇农一般只在某些季节中才能找到工作,一年有八九个月处在半失业或完全失业的状态。他们是殖民地半封建农村中所特有的潜伏的相对过剩人口,只是因为城市工业没有得到发展,不能大量地吸收他们,才拥挤在农村里。

债役制雇农是印度雇农的另一个构成部分,在 1931 年约有 300 万人,约占雇农总数的 1/14。这种雇农,在不同地区,有不同的名称,但通常都是由于无力清偿愈陷愈深的债务,而被迫受债主的奴役。他们的工资比自由雇农的工资低得多,通常一个月从几个安那①到一两个卢比不等。他们在有工作时,每天可以从主人那里得到伙食或谷物补贴,没有工作时,就什么也得不到。但是,即使在没有工作时,债主也不许他们离开村子找寻工作。

---

① 1 卢比 = 16 安那,18.1284 卢比 = 1 英镑,8.9445 卢比 = 1 美元。

如果逃跑后被抓回，要受到蛮横的处罚。在有些地区，这种雇农可以从主人那里得到一小块土地（通常是 1/4 英田），用来维持一家半饥饿的生活；债主通过这个办法，就可以把他们束缚在土地上。在有些地区，债役制雇农还可以像奴隶一样出卖或抵押。这种剥削形式是从封建时期继承下来的。那时印度的农村公社内部有受公社上层分子奴役的、属于"不可接触者"种姓的公社奴隶和公社农奴。印度的高利贷资本把这种剥削形式保存了下来，奴役无力偿还债务的贫苦农民。在债役制雇农中，大部分也都是属于"不可接触者"种姓，也有相当一部分出身于"土著部落"。

种植园工人和受雇于富农的长期雇工，是印度雇农的另外两个构成部分。种植园工人在 30 年代约有 100 万人。1926 年后，种植园主一般是通过招募取得劳动力的。这种招募来的工人，在名义上虽是领取货币工资的"自由"工人，但他们的活动仍然受到种种限制，过去在契约工制度下的许多法规，仍然被保留了下来。因此，事实上种植园工人的地位，与债役制雇农几乎没有什么区别。在所有雇农中处境较好的是受雇于富裕农民的长期雇工（雇用期六个月或一年），通常叫作农场佣人。他们在受雇期间可以取得几十卢比不等的货币工资和一些实物补贴。但这类雇农为数不多，1931 年估计不过 300 多万人，约占雇农总数的 1/14。

综上看来，在印度，一个庞大的失去土地的农业无产阶级虽然已经形成起来，但是，并没有同时出现广大的资本主义农业来雇用他们。种植园和富农经济虽有了一定的发展，但是还只能吸收少量的常年雇工和季节性的临时工。在这样情况下，绝大部分的无地雇农，就不得不经常处于半失业的困境之中。

农业的衰落　广大农民呻吟于赋税、地租、高利贷盘剥的多重压榨下，愈来愈多的土地转入地主、商人—高利贷者手中，土地转租现象也日益增多，愈来愈多的农民沦为佃农和雇农，种地农户（包括自耕农与佃农）的经营面积日益缩小，加上世界经济危机的沉重打击和不等价交换掠夺的加深等，所有这一切，都加速印度农村经济的破产，使这一时期的印度农业呈现一片衰落的景象。

第一,这一时期按人口平均的耕地面积缩小了。尽管印度有着大量适宜于耕种的土地未被利用(1938/1939 年度约有 40.5%的可耕地荒芜着),但是由于贫困的印度农民既无权也无力去垦植它们,致使这一时期耕地面积的扩大落后于人口的增长;按人口平均的耕地面积,1911 年为 0.9 英亩,1931 年缩减到 0.82 英亩,到 1941 年又减为 0.72 英亩。

第二,生产工具落后,单产量下降。木犁仍然是印度农业中的基本工具。据统计,在这一时期,英属印度使用的耕犁总数中,木犁占 92%,铁犁只占 8%;在各土邦中使用的铁犁更少,只占 1.6%。

农具落后,肥料缺乏,以及土地在掠夺式的耕种下日益贫瘠,都使单位面积产量日益下降。据统计,1938/1939 年度与 1909—1913 年度(平均)比较,印度稻谷的每英亩年产量下降了 25.9%,小麦下降了 12.2%。印度是产米国家之一,但其大米的单位面积产量,在产米国家中居末位,不仅远低于日本,甚至比旧中国还低。

第三,粮食产量下降,从粮食出口国变为进口国。印度在英国殖民者的搜刮政策下,一直是粮食有净出口的国家。但自第一次世界大战后,由于粮食生产的衰退和人口的增长,粮食出口量在逐年下降。到 1935/1936 年度,缅甸自印度分出后,印度就不再是一个粮食净出口的国家,而且每年要从缅甸进口大量的大米。到第二次世界大战前夕,印度每年的谷物进口量达 150 万—200 万吨。粮食生产的不足,意味着千百万印度劳动群众经常处于忍饥挨饿的困境。根据 1931—1935 年的材料,如果把印度生产的粮食按照极低的口粮标准在全国进行分配,那末,印度 3.3 亿多人口中就会有 1/7 的人口(约 4800 万人)得不到任何粮食。

第四,这一时期农产品价格的猛烈下降,使印度农业衰落的趋势,显得更为严重。按照加尔各答的批发物价指数(1914 年 7 月=100),除个别年份有起伏外,粮食、糖、油籽从 1920 年起,原麻、原棉从 1924—1925 年起,一直到 1933 年或 1934 年,都在持续下跌;1933—1934 年后,有的虽有所回升,但很不稳定,而且还远远低于 1920 年或 1925 年的水平。下跌的幅度也是惊人的。各类农产品价格从最高点到最低点的下跌幅度如下:粮食,153(1920 年)—66(1933 年);糖,407(1920 年)—102(1937

年);油籽,173(1920 年)—74(1933 年);原麻,154(1925 年)—41(1933 年);原棉,272(1924 年)—97(1938 年)。农产品价格这样长期而猛烈的下跌,对广大的印度农民是一个沉重的打击,这只能使他们更深地陷入贫困破产的境地。

帝国主义分子及其御用学者,为了掩饰帝国主义在印度实行殖民统治所造成的恶果,竟搬出马尔萨斯人口论,硬说印度的贫困、落后和饥饿的原因是人口的"过度"增长。事实粉碎了这种谬论。1872—1931 年,印度人口只增长了 30%,而同期英格兰和威尔士的人口增长了 77%,比印度高 1 倍以上。就人口密度来看,1941 年印度人口密度是每平方英里 246 人,而英格兰和威尔士为 703 人;比利时为 702 人;德国为 348 人。印度不仅在人口密度上比这些西欧国家低,而且事实上它还有 40% 以上的可耕地被荒芜着。十分明显,印度贫困落后的根本原因,决不是"地少人多""人口过剩",而是英帝国主义的长期殖民掠夺,以及在英帝国主义扶持下封建土地关系的长期存在所造成的。

第三节 印度近代工业的发展和垄断组织的形成

第一次世界大战后印度近代工业获得发展的原因 资本主义总危机时期,英帝国主义对印度政治经济控制的加紧,印度农业的衰落和广大劳动人民的日益赤贫化,都严重地限制了印度工业的发展。但是,这并不能从根本上阻止这种发展。在两次世界大战之间,印度的近代工业在第一次世界大战时期获得发展的基础上,又继续向前推进了一步。

这一时期印度近代工业获得一定发展的原因是多方面的。首先,英帝国主义慑于战后印度民族独立运动的高涨,为了保持其对印度的殖民统治,必须争取印度资产阶级,特别是大资产阶级的合作和支持,因此,不得不在经济上作出某些有限度的让步。例如，战后初期，英国殖民当局在印度大资产阶级的压力下，对某些印度工业部门采取了保护关税措施。1921年起，殖民政府对棉布的进口税从7.5%提高到11%。1925年又取消了对当地生产的纺织品所征收的出厂税。一般的进口税也于1921年起提高到11%，1922年又提高到15%。1924年，印度钢铁工业取得了33.3%的保护关税率和按产量计算的补助金。而后火柴工业、制糖工业等也取得了关税上的保护。英国殖民当局采取这些保护措施，不仅是为了同印度大资产阶级进行勾结，而且也是为了打击外国（英国以外的）竞争者。战后时期，外国工业品，特别是日、美帝国主义的商品，打破了英国在印度市场上的垄断。英帝国主义为了防止印度变成其他外国工业品的倾销市场，也有必要采取这种保护措施，以便过渡到帝国特惠制，帮助英国商品夺回印度市场。例如1927年重订钢铁工业的保护税率时，基本税率减低了，津贴取消了，但对非英国的钢铁制品的进口税率提高了，这样，就开始建立了对英国工业品进口的特惠制。1930年，这个特惠制推广到棉布。1932年渥太华会议后，一个更全面的帝国特惠制建立了起来，并强加之于印度。到1934年，对非英国的棉布进口税最后规定为50%，而对英国棉布的进口税率则定为25%。这就是说，在帝国特惠制下印度的工业品仍然避免不了英国商品的竞争。但是尽管这样，印度的某些工业部门，特别是棉纺织业、钢铁工业、制糖工业等，毕竟从这些有限度的让步中获得了发展的机会。

其次，第一次世界大战时期，印度资产阶级（特别是大资产阶级）靠战争赚得的巨额利润，为战后扩大投资、创设新企业提供了必要的积累。同时过去主要靠剥削广大农民和靠买办活动发财致富的商人—高利贷者和一部分地主，特别是其中的大商人—高利贷者和一些土邦王公、大地主，在战后时期也纷纷把手中积聚的一部分货币资本转向工业投资。据估计，在两次世界大战之间，印度工业的平均年投资量，1919—1923年达2.1亿卢比，以后每五年平均的年投资量也在1亿—1.2亿卢比。1919—1938年二十年合计工业总投资量达27亿卢比。

最后，战后时期，印度农村中因贫困破产而失去土地的农民急剧增加,这就为战后印度工业的发展提供了大量的廉价劳动力。这一时期,印度工业在很大程度上就是依靠残酷剥削来自农村的廉价劳动力获得发展的。另外,这一时期农产品价格的持续下跌,也为某些工业部门提供了廉价原料。农产品价格下跌和大批农民贫困破产沦为无产者,总的来说是削弱广大劳动群众的购买力、缩小工业品的国内市场、使工业发展受到限制的因素;但与此同时,国内工业在残酷剥削工人和小生产者的基础上,降低工业品的生产成本,从而增强了它对外国工业品的竞争能力,这就使它在一定程度上排挤外国工业品而获得发展。例如,在 1929/1930—1933/1934 年度(正是棉花价格持续下跌、农民贫困破产日益加剧的时期),印度国内棉布(不包括手织棉布在内)年平均消费量比战前五年平均消费量仅增加 6%,而同期印度工厂的棉布产量却增加了 1.5 倍。这个发展,就是主要由于竞争能力的增强,排挤外国棉布的进口而获得的。这一时期制糖业的发展也有类似的情况。

就两次世界大战之间印度各个工业部门的具 几个主要工业 部门的发展情况 及其殖民地性质 体发展情况来说,在 20 年代发展比较显著的,是棉纺织工业和黄麻工业。在 30 年代发展比较突出的是钢铁工业、制糖工业和水泥工业,后两个部门是战后新发展起来的工业部门。

这一时期棉纺织工业的发展进程,从表 7-3 可以看出一个概貌。[1]

表 7-3　印度棉纺织工业发展情况

年度	工厂数（个）	织机数（万台）	纱锭数（万枚）	雇佣工人数（万人）
1913/1914	264	9.67	660.1	26.1
1918/1919	277	11.61	659.1	30.6
1930/1931	300	17.17	880.2	40.7
1938/1939	415	19.91	932.6	44.2

---

[1]　薇拉·安斯泰:《印度经济的发展》,伦敦 1952 年第四版,第 620 页。

1938/1939 年度与 1913/1914 年度比较,印度棉纺织工厂数增加了 57%,织机数增加了 1 倍,纺锭数增加了 41%,工人数增长了将近 70%。1938/1939 年度的棉纱产量与战前五年平均产量比较,增长了 1 倍,同期棉布产量增长了 2.86 倍。在战前,进口棉布(剔除再出口数量)占国内机织棉布消费量 70%以上;到 1938/1939 年度,这个比重下降为 13.3%,而印度自产机织棉布供应了国内机织棉布消费量的 86.7%。这里可以明显看到,这一时期印度的棉布生产,主要是靠排挤进口棉布取得了进展的。但是,从工厂制造的棉布按人口平均计算的国内消费量来看,1938/1939 年度与战前比较是下降的。如包括手织棉布在内,则按人口平均计算的各类棉布消费量,也只是到 30 年代的后期才恢复到战前水平。

战后时期,印度资本在棉纺织工业中仍然占着统治地位。但是,英国资本(主要是英国经理行)所控制的纺织工厂(其资本并不全属英国人),按照其在这一部门就业总人数中的比重计算,年还占了 21.9%。即使完全由印度资本控制的工厂,在技术装备等各方面,对英国资本仍有很大的依赖性。在地区分布上,战前作为棉纺织工业中心的孟买城,其地位已相对削弱,呈现停滞不前的趋势,而阿麦特巴德和印度北部各地区兴起的棉纺织工厂的地位,逐渐重要起来。

黄麻工业是一直处于英国资本垄断下的一个出口工业部门。它在两次世界大战之间的发展情况如表 7-4 所示。[①]

表 7-4　印度黄麻工业发展情况

年度	工厂数 (个)	织机数 (万台)	纱锭数 (万枚)	工人数 (万人)
1913	64	3.60	74.4	21.6
1918/1919	76	4.00	84.0	27.6
1930/1931	100	6.18	122.5	30.8
1938/1939	107	6.79	135.0	29.9

---

① 薇拉·安斯泰:《印度经济的发展》,伦敦 1952 年第四版,第 620 页。

印度黄麻工业的产品(麻袋等)绝大部分是供输出的,对国外市场有严重的依赖性。20 年代,黄麻工业增长很快,竞争也很激烈,在繁荣年代就出现了生产过剩的征象。在 1929—1933 年世界经济危机时期,这一部门受到了严重的打击。危机后,企业数目虽然续有增加,但国外市场需要的恢复很缓慢,1937 年黄麻业的生产指数只及 1925 年的 90%。这一时期的特点是印度资本渗入了黄麻工业。印度资本家不仅收买了相当数量的英国公司的股票,还自己创办工厂与英国公司竞争。但是,英国资本借助于经理行制度的控制,在这一部门中仍然占着统治地位。1937 年,在 105 家黄麻工厂中,英国资本控制了 89 家,印度资本只控制了 16 家。按照它们在这一部门就业总人数中所占的比重计算,英国资本控制了 83.3%。

近代制糖工业是在 30 年代迅速发展起来的一个部门。1929/1930 年度,印度还只有 27 家近代制糖厂,年产量不过 9 万吨。国内消费的糖主要依靠进口供应。1932 年对制糖工业采取保护关税措施后,加上这一时期甘蔗价格低落,这就刺激了制糖工业的发展。1937/1938 年度,制糖工厂增加到 136 家,糖的年产量提高到 94.6 万吨。食糖的每年进口量,由 1924/1925—1928/1929 年度(平均)的近 80 万吨,下降至 1937/1938 年度的 1.4 万吨。这一时期所建的糖厂绝大部分属于印度资本。不少糖厂主拥有大片土地,逼使自己土地上的佃农种植甘蔗。按照英资和印资分别控制的制糖厂的就业人数计算,在 1937 年,印度资本在这一部门中所控制的比重达 84.3%。

水泥工业也是在第一次世界大战后迅速发展起来的一个部门。1914 年时,只有一家水泥工厂,年产量只有 945 吨;到 1930 年,已有 8 家水泥公司,生产能力达 75.5 万吨;1934 年,该部门的总生产能力增至 100 万吨。在这一工业部门中既有英国资本也有印度资本。1936 年,英资公司与印度公司合并组成统一的水泥托拉斯——"联合水泥公司",垄断了整个水泥生产。这个托拉斯由英国经理行和塔塔康采恩联合控制。但到 1937 年,另一个印度大资本集团达尔米亚—詹因公司,建立了新水泥厂,与这个托拉斯对抗。双方的斗争直到 1941 年共同建立辛迪加后才告结束。

除上述部门外,这一时期印度轻工业有较显著发展的,还有造纸、制革、玻璃、肥皂、火柴等部门。

在重工业部门中,靠第一次世界大战站稳脚跟的钢铁工业,在战后时期有了进一步发展。塔塔钢铁公司与殖民当局勾结,于年获得关税保护后,生铁产量从 1916/1917 年度的 14.7 万吨,增加到 1927/1928 年度的 64.4 万吨;同期,钢产量从 13.9 万吨增至 60 万吨。在 1929—1932 年的世界经济危机期间,钢铁产量曾一度下降,但自 1934/1935 年度后又有了显著增长。到 1938/1939 年,塔塔钢铁公司的钢产量增加到近 72.6 万吨。它在印度钢产品市场(包括进口)上所占的比重,自 1927 年的 30% 提高到 1934 年的 72%,以后一直保持着这个份额。除塔塔钢铁公司外,印度钢铁工业中还有两家冶金企业。一家是英国资本的印度钢铁公司(由孟加拉钢铁公司与印度钢铁公司合并改组而成),在 1939 年以前,只生产铁,尚未出钢;另一家是迈索尔公司(1923 年创立),1938 年时已能出钢,但生产能力很小。

在印度的采掘工业中,规模较大的是采煤工业。在第一次世界大战结束时,全印煤产量曾达 2000 万吨,但此后一直到 30 年代中期,煤产量始终在这一水平上下停滞不前。这一时期煤的进口量和出口量也都在缩减。造成这种情况的原因:一方面是由于受到石油和水力发电的影响;另一方面是由于印度煤矿的采煤效率在战后没有提高。因此,一直到 1936 年各个工业部门都有显著发展时,煤产量才有较大的提高。1936 年的煤产量为 2200 万吨,1938 年增至 2830 万吨。印度的煤矿,基本上仍控制在英国资本手中,它占了采掘量的 3/4。

总的来说,在第一次世界大战后,印度的近代工业有了进一步的发展。首先,在印度近代工业中,除原有的一些部门(如棉纺织、黄麻加工、钢铁冶炼、煤炭等)有了不同程度的发展外,一些新兴的工业部门如制糖、水泥工业等也获得了迅速的发展。其次,在印度近代工业中,由印度资本控制的比重,在这一时期有了新的增长。印度资本不仅继续控制棉纺织工业、钢铁工业等这些重要部门,还渗入了原来属于英国资本绝对控制的部门（如黄麻、采煤等），以及原来只有英国资本企业的一些地区；在战后迅速发展起来的一些工业部门中（如制糖、水泥等），印度资本占着重要地位。最后，近代工业在地区分布上也有所扩展。例如，棉纺织工业，过去主要集中在孟买一地，战后时期在马德拉斯、孟加拉、联合省、旁遮普、中央省、比哈尔以及一些土邦（如巴鲁达、迈索尔、海德拉巴等），都纷纷建立了不少纺织厂。制糖工业、水泥工业等的地区分布也比较广。特别是战后时期，在有些土邦中近代工业有了迅速的发展。这一时期，在各土邦中建立的工厂达 1717 家，工人人数达 30 万人。

　　但是，首先必须看到，这一时期近代工业的发展仍然是片面的，发展较大的仍然是一些轻工业和食品工业。在重工业部门中，除了钢铁工业在特殊条件下得到一定程度的发展外，机器制造业基本上没有建立起来，只有一些铁路机械修配厂、船舶修配厂以及其他机器修配厂，而且都掌握在英国资本手中。塔塔钢铁公司兴起以后，建立了一些利用塔塔钢铁产品的金属加工厂，但规模都不大。基本化学工业也没有得到发展。正由于这种发展的片面性，印度近代工业在机器装备和一些重要工业材料，以至技术人员的供应上，对发达的资本主义国家，特别是对宗主国——英国，还有着严重的依赖性。其次，由于广大农民和其他劳动群众的赤贫化，印度近代工业的发展并不是建筑在国内人民对工业品购买力增长（特别是按人口平均的需要量增长）的坚实基础上，而是主要依靠排挤国内市场上的外国商品和手工业产品获得的。因此，这种发展势必具有很大的局限性。再次，这一时期，印度近代工业中印度资本控制的比重虽有一定的增长，但是整个印度的政权、财政金融、铁路运输、对外贸易、航运、海关等，都掌握在英国资本及其代理人——殖民政府手中，在这种条件下民族工业的发展是没有保障的。最后，英国资本通过经理行制度，除直接控制一些工业部门外，还渗入印度资本占重要地位的一些工业部门中去。这些因素，都决定了印度民族工业在殖民统治的条件下，不可能得到充分的发展。

<table>
<tr><td>手工业者分化的
加剧与资本主义
小企业的增长</td></tr>
</table>

第一次世界大战后,近代工业在印度虽有一定程度的发展,但是小手工业仍占很大比重。根据 1931 年的普查,从事工业劳动的人数为 1530 万人,其中受雇于合乎"工厂法"企业的工人约为 155 万人,只占工业劳动者总数的 1/10,其余都是小手工业者和受雇于小企业的工人。在殖民统治下,大工业发展的不充分,大批农民的贫困破产,千百万潜伏的相对过剩人口迫切寻求生活出路,这就使小手工业者广泛存在和不断破产又不断涌现成为必然现象。不过,战后在大工业的排挤下,在商人—高利贷者的剥削下,印度广大手工业者贫困破产的现象日益加剧,并且在手工业者分化的基础上出现了一批资本主义的手工工场和小工厂。战后手工织布业的演变情况,在这方面提供了最好的例证。

印度的手工织品,从 20 世纪初就开始依赖外国进口和当地工厂供售的棉纱进行生产,既在购买原料方面受到大工厂的剥削,又在销售产品方面受到大工厂的竞争和排挤。第一次世界大战结束后,手工织品的生产虽然有所增长,但是来自大工厂方面的竞争愈来愈剧烈,手工织工的境况日趋恶化,愈来愈受盘剥他们的商人高利贷者的支配。例如,孟买省的织工到 30 年代初,已有 75% 的人深深地陷入商业—高利贷资本的罗网,他们的原料供应和成品销售已完全落入债主之手。他们实质上已变成一批获取计件工资的分散的手工工场工人,在高强度的劳动下,过着半饥饿的生活。奴役这类小织工的有织工头(发财的同行)、外来的商人—高利贷者和手工工场主。手工织工中只有 20% 的人还维持独立小织工的地位,他们在家中用自己的织机进行生产。但他们也负债,往往只有在成品交由债主出售的条件下,才能获得必要的原料。这种独立的小织工人数,除孟买省外在其他省份也都有不同程度的减少。在第二次世界大战前夕,马德拉斯省的独立小织工,只占全部手工织工的 28%。在织工分化的过程中,出现了少数的手工工场主,这在 30 年代初的孟买省,约占织工总数的 5%。支配破产的同行为他们工作。不过这些小企业主本身,也往往处于依赖大商人—高利贷者的地位。到 30 年代中期为止,集中的手工工场还为数不多,大部分织工无论是独立的还是依附于高利贷者和小企业主的,仍然在自己家内工作。

经过 1929—1933 年的经济危机,手工织工的分化过程进一步加剧,手工工场型的资本主义小企业逐渐增多起来。在生产工具方面也发生了某些变化,生产效率较高的改良织机开始被采用。30 年代中期起,个别小织布企业还采用了以机械力发动的织机。这样,它们就从手工工场转化成为小工厂。在大工厂、小工厂的激烈竞争下,手工织工只有靠着最大限度地提高劳动强度和延长劳动时间,才能苟延残喘地维持自己的小生产。大批的手工织工沦为雇佣工人或加入了失业队伍。

就第一次世界大战后的整个时期来看,手工织布业主要是靠织工的拼命劳动来提高产量的。它在印度国内纺织品总消费中所占的份额,维持在 25% 上下。但是从事手工织布业的织工人数,则因贫困破产而显著地减少了。根据普查材料,战前(1911 年)手工织工约有 291 万人,1921年减到 241 万人,1931 年进一步减至 211 万人。

其他部门的手工业者,如丝织业、毛织业、制糖业、清花、碾米等许多部门的手工业者,大体上也经历着类似手工织布业织工的厄运。由于各个部门小手工业者的大量破产,从事手工业的人数急剧减少。手工业工人减少的人数,远远超过了工厂工人的增加额,结果,在 1911—1931 年的20 年间,总的工业劳动者人数减少了 200 多万人。

总的来说,直到第二次世界大战前夕,印度工业发展的水平仍是很低的。在全国总人口中,依靠农业为生的人口占 70% 以上,依靠工业(包括近代工业和手工业)为生的人口只占 1/10。工业产值只占全国工农业总产值的 1/5。印度仍然是一个落后的农业国。在工业中,一些轻工业部门得到片面的发展,重工业十分落后。轻工业工人数在工人总数中占80% 以上,而纺织工人又占了轻工业工人总数的 70% 以上。

> **印度垄断组织的形成及其特点**

在印度,工业发展水平虽然很低,但是由于外国垄断资本的渗入和控制,印度近代工业在殖民统治下发展起来时具有某些内部和外部的特殊条件,在资本主义工业没有充分发展的情况下,也形成了垄断组织。在一系列近代工业部门中出现了卡特尔、辛迪加、托拉斯的组织;同时,先后出现了一批印度资本的家族康采恩。

在印度为数不多的若干近代工业部门中,较快地形成垄断组织的条件:(1)这些部门都是由英国垄断组织或印度大资产阶级所建立的少数大企业组成的,它们的生产和资本的集中程度一开始就比较高;加以市场狭小,竞争比较激烈,这就易于使它们结成不同形式的垄断组织。(2)这些部门的大企业绝大部分是通过经理行建立起来的,投入生产后仍然受着经理行的控制,因而易于走向垄断联合;同时,由于英印经理行操纵了大企业的创办活动,新企业家难以单独在这些部门中创办新企业与之抗衡。(3)有些部门是在关税保护下迅速发展起来的,这也促使某些部门中的企业易于在国内市场上形成垄断。

例如,由英国经理行控制的黄麻工业,一开始就是生产集中程度很高的一个部门,早在1886年就形成了一个卡特尔性质的垄断组织——"印度黄麻工业协会"。这个协会为了防止竞争和生产过剩,以维持黄麻产品的垄断价格,从1921年起就采取了限制生产的措施,如减少工作时间,闲置一定数量的机器等。在30年代靠保护关税政策迅速发展起来的制糖工业,竞争剧烈,致使价格逐年下落。一些大糖厂主终于在1937年成立了"印度糖业辛迪加",规定辛迪加成员售糖的最低价和销售限额。开始时有92家制糖厂参加这个辛迪加。它控制了当时国内存糖的60%。到1938/1939年度,参加辛迪加的制糖厂达108家,约占制糖企业总数的80%。战后迅速发展起来的水泥工业,也是生产集中程度很高的一个部门。1936年,11家英国资本和印度资本的大水泥公司,合并成立了托拉斯——"联合水泥公司"。这家托拉斯,以后又与新成立的达尔米亚水泥公司在1941年组成辛迪加——"印度水泥经销公司"。到1944年,"联合水泥公司"的13个工厂的年生产能力,占了这个部门总生产能力的66%;达尔米亚水泥公司的5个工厂的生产能力占了20%。在钢铁工业中,塔塔钢铁公司占着垄断的地位。至于印度的棉纺织工业,虽然这个部门厂数众多,地区分布广,没有形成卡特尔、辛迪加、托拉斯一类的组织,但是生产集中程度也比较高,1931年雇佣工人在1000人以上的棉纺织厂,占了这一部门总厂数的一半以上。同时,各地的棉纺织厂都处在经理行控制之下,而且往往同一批资本家领导了几个经理行,因此,各个企业在业务上也易于采取一致行动。在印度纺织业中,以孟买的生产集中的水平为最高。孟买的纺织企业经理行,组成了"孟买工厂主协会",它们往往利用协会组织,签订协定,共同采取措施来增加自己的利润。

另外,这一时期,印度资本的股份银行的集中也加强了。到第二次世界大战前,在拥有资本 10 万卢比以上的 152 家银行中,资本在 50 万卢比以上的银行(所谓甲级银行)共 31 家,占总数的 20.4%,其吸收的存款额占了存款总额的 86%。其中称为"五巨头"的五大银行占总数的 3.2%,其存款额占存款总额的 66.3%;五大银行中的两巨头的存款额占了存款总额的 44%。这反映印资银行业的资本集中的程度比工业还高。

第一次世界大战后,印度垄断组织的一个突出现象,就是先后形成了一批印度资本的家族康采恩。这批康采恩形成的条件:(1)随着战后近代工业的发展,大量的商业—高利贷资本和买办资本以及大封建主的剥削收入转向工业、运输、银行、保险等部门投资,使少数有势力的印度大资本家族,以自己原有的大公司企业为基础,广泛吸收这些转化来的资本,建立和控制更多的公司企业,形成康采恩。(2)英帝国主义为了维持和加强在印度的殖民统治,防止其他国家的资本势力的渗入,有必要取得印度大资产阶级的支持,并通过他们来遏制印度的民族独立运动。因此,英国殖民当局对印度大资产阶级不得不作出一定的让步(如有限度的保护关税、地方自治权等),采取又控制又扶植的政策。在这种条件下,少数印度大资产阶级势力得以在同英国垄断资本和殖民当局的勾结下发展起来。(3)印度大公司企业一般只能通过经理行来创设,这也便利了这种康采恩的形成。印度资本的康采恩一般都是以某个家族所控制的大经理行为核心扩展起来的。

在第一次世界大战时期崛起的"塔塔"康采恩,是印度资本中最早也是最大的一个康采恩。到 1939 年,塔塔康采恩控制了 25 家大公司,拥有资本 3 亿卢比左右。在它控制下的有:最大的冶金联合企业——塔塔钢铁公司(这家公司本身也是最大的工业垄断组织,拥有很多辅助工厂、铁路、矿山等),最大的印资股份银行(印度中央银行)和保险公司,三家大电力站,四家最大的棉纺织工厂、炼油厂、化学工厂、水泥厂、制糖厂、肥皂厂、两家大航空公司、大贸易公司,以及旅馆、农场、土地等。在战后兴起的大康采恩中有:比尔拉兄弟公司(到1939年,它控制了44家大公司,其中有大银行、大保险公司、大纺织厂、黄麻工厂、制糖厂、煤矿、电力站等);达尔米亚·詹因公司(它控制了13家大公司,其中包括在规模上占第二位的水泥托拉斯、大纺织厂、大煤矿、制糖厂、造纸厂、化学工厂、电站,此外,还控制了五大股份银行之一以及一些大保险公司);瓦里昌德·希拉昌德公司以及詹其拉尔·卡姆拉帕特工业公司("辛加尼亚"康采恩)等。这些大家族康采恩,其垄断利润之高是惊人的。在1929—1933年危机之后,仅塔塔钢铁公司一家的纯利润(到第二次世界大战前夕为止),六年共计22560万卢比。

所有这些在殖民地条件下形成的印度资本的大垄断组织,有着同帝国主义国家中的大垄断组织不同的特点:

首先,这些印度大垄断组织,不像在发达的资本主义国家那样,是工业生产高度发展的结果,而主要是大商人—高利贷者靠从事中介贸易、高利贷和买办活动,对农民、小手工业者进行剥削而攫取的财富,转而创办大银行、大企业而形成的。印度大垄断组织的所有人,都出身于大商人—高利贷者家族;而且这些从商业—高利贷活动起家的大资本家,甚至在把主要力量从事工业、银行等活动时,也没有停止他们的中介贸易和高利贷业务。

其次,印度资本的大垄断组织,以英国在印度的垄断组织为榜样,也采取了经理行的形式。这种形式便利了印度垄断资本向多方面扩大活动和控制的范围,追逐最大利润,从而形成巨大的康采恩。同时,在一个半封建的殖民地国家里,工业的发展受到帝国主义殖民统治的重重阻挠,并为封建压榨下落后的农业和狭小的国内市场所束缚。这就使那些在工业没有得到充分发展的基础上形成的垄断资本,必然要向多方面扩展自己的活动范围,才能攫取最大利润。印度大垄断组织之采取"经理行"形式及其活动的多样性,也正是在这样的条件下形成的。

再次,印度垄断资本家与国内封建势力有着极密切的联系。印度的土邦王公往往是他们的合伙人和投资者。例如,瓜廖尔大君与塔塔、瓦里昌德、比尔拉等康采恩有密切联系,斋浦尔大君与"辛加尼亚"康采恩有密切联系,等等。海德拉巴大君是印度最富有的土王,本人就是大资本家,有自己的经理行。他拥有许多大公司的大量股票,与许多著名的垄断组织有联系。同时,也有不少垄断集团的成员本身就是大地主。

最后,印度垄断组织在其产生和发展中都表现了对英国金融资本的依赖性。印度大垄断资本家的发家史也就是一部从事买办活动的历史。等到他们进行工业投资活动时,这种依赖性就更加明显:即不仅全套的基本装备要靠外国垄断资本供售,而且他们还必须同殖民当局进行勾结,才能站稳脚跟。塔塔钢铁公司的兴起过程就是一个明显的例子。有时为了控制某一个工业部门,还须与外国垄断资本密切"合作"。例如,塔塔集团与英国垄断资本合组水泥托拉斯,与美国垄断资本联合经营孟买三个水力发电站,都是显而易见的例证。在国家政权和主要国民经济命脉掌握在外国殖民者手里的条件下,这种对外国资本的强烈依赖,就成为殖民地印度垄断组织一个重要特征。

与此同时,印度垄断组织的发展又不可避免地与英国金融资本发生矛盾。这种矛盾不仅表现在对印度国内市场的争夺上,也反映在瓜分从广大印度劳动人民剥削来的超额利润的斗争上。殖民政权征收的各种租税和对铁道运输的控制,英国垄断资本对工厂装备供应、银行、保险、航运等各方面的垄断,每每夺走了印度大资产阶级的一部分利润。在这种情况下,印度垄断资本集团便主要依靠加紧对印度工人阶级和小生产者的剥削,并夺取小企业的一部分收入来提高自己的垄断利润。

印度垄断资本与英国金融资本矛盾的一面,在政治上的反映,就是印度大资产阶级力图以妥协的方式从英帝国主义手中取得有限度的政治独立和经济自主。因此,印度大资产阶级在30年代后加强了对国大党的所谓非暴力的反英运动的支持,通过财政上的资助,加紧了对国大党领导机构的控制。但是,印度大资产阶级也是英国殖民政策的产物,它是在英国殖民当局扶植和控制下成长起来的,它害怕革命甚于害怕帝国主义。因此,当群众的民族运动越出了它的阶级利益所许可的范围,它就转而向帝国主义屈膝妥协。

印度工人阶级的
状况　工人运动
和民族斗争的高涨

在外国资本和本国资本的残酷剥削下,印度工人阶级的生活状况和劳动条件,都是极端恶劣的。工资水平极低。由于大量破产失地的农民涌向城市,广大的小手工业者破产,以及女工、童工被迫驱入劳动队伍,在两次世界大战之间的时期里,工资不断下降。孟买和阿麦达巴德的纺织工人,是印度工人中工资较高的,在 1937 年,他们的月平均工资只有 28 卢比(合 42 先令),比 1926 年减少了 25.4%。在 1927—1936 年,贾里亚煤矿区中挖煤工人的日工资,从 16 安那 3 巴叶下降为 7 安那 6 巴叶,女工从 9 安那 8 巴叶下降为 5 安那 3 巴叶。他们还要受包工头的种种克扣,并经常因莫须有的罪名而被罚款,因此实际拿到手的远比名义工资为少。延发工资在印度工厂中已成为惯例。至少 2/3 以上的工人家庭都负有债务,负债额在绝大多数的情况下超过了三个月的工资,有的地区平均在六个月的工资以上。印度工人的饮食情况极为恶劣,甚至不如监狱中的囚犯。根据孟买劳工局调查,1939 年孟买每一成年男工的每日食物消费量(包括谷类、豆类、肉、盐、油等)为 1.54 磅,而孟买监狱的囚犯,做苦工的每日消费量为 1.87 磅,做轻工的 1.69 磅,都比工人的消费标准高。居住条件之恶劣更是不堪言状。根据 1937 年孟买官方调查,在主要工人区,91%的住户只有一间房。房子没有窗,房外是臭水沟,拥挤、肮脏的情况是难以形容的。印度工人的劳动日长度,根据 1934 年的“工厂法”规定,一般为 10 小时,矿工根据 1935 年“矿业法”规定,在井下为 9 小时。但是,这些规定仅适用于一部分工人,而且通常没有认真执行。第一次世界大战后,工厂工人的劳动强度迅速提高,随之而来的是工人伤亡事故不断增长。1934—1938 年,平均每千工人要发生 16 次事故。工人缺乏任何劳动保护。由于广大失业队伍的存在和工资的低廉,在许多现代企业中仍然广泛使用手工劳动。在繁重的劳动和恶劣的生活条件下,印度工人的死亡率特别高。

第一次世界大战后,民族压迫的加深,资本剥削的加重,伟大十月社会主义革命的影响,促使印度工人阶级的政治觉悟空前提高起来。工会组织风起云涌,罢工斗争此起彼伏。在斗争中,马克思主义思想得到迅速传播,工人阶级在民族独立运动中的作用日益增长。在 1919—1922 年、1930—1934 年、1937—1939 年三次民族独立斗争的强大高潮中,印度工人阶级始终站在斗争的最前列,以席卷全国的大规模罢工和示威,推进了整个民族运动的发展。但是每次斗争进入高潮时,主张"非暴力"的国大党领袖们,害怕激怒的群众行动威胁到大资产阶级和大地主的利益,就赶忙和英帝国主义实行妥协。民族独立斗争的高潮,就是这样一次又一次地在英帝国主义的残酷镇压下遭到了夭折。但是,以印度工人阶级为前列的争取民族独立的群众斗争,毕竟狠狠地打击了英帝国主义,动摇了它在印度的统治地位。

第四节　从第二次世界大战开始到印、巴分治前的印度经济

大战期间印度的军费负担与工农业生产情况　　第二次世界大战爆发后,英国擅自宣布印度为参战国,并胁迫印度承担了庞大的军事开支。在战争前夕,印度军事开支 5 亿多卢比,占殖民政府总支出的 40%以上。战争开始后,这项支出逐年增加,到 1944/1945 年度,竟达 45.6 亿多卢比,占预算总支出的 79%,几近 1938/1939 年度的军费支出的 9 倍。尽管殖民当局极尽搜刮之能事,从 1940/1941 年度起,印度财政每年仍出现巨额赤字,到 1944/1945 年度,赤字高达 20 亿卢比,使印度财政濒于崩溃的境地。在战争期间,间接税增加了 1 倍,直接税增加了几倍;国家公债增加了 86.5%。为了弥补赤字,殖民政府采取了通货膨胀政策。此外,英国当局还用"赊账"方式从印度劫走了大量物资。这个方式就是由印度储备银行增发纸币,代英国政府支付英军在印度的开支和购运军需物资的费用,而在英格兰银行的专门账上记入一笔与此相当的数,作为印度的英镑存款。但是印度对这笔英镑存款在战争期间不得

动用。到战争结束时,这项英镑存款累计达 16 亿英镑。这实际上是一笔用通货膨胀办法强加于印度人民的战争费用。战争期间,印度的纸币流通额增加了 5 倍多。通货膨胀和物资的匮乏,引起了物价飞涨,黑市和投机活动猖獗。

战争给印度劳动人民带来了一系列灾难性的后果。特别严重的是粮食缺乏。印度由于农业衰落,在战前就已成了粮食进口的国家。第二次世界大战中,日本侵占东南亚后,印度从这一地区输入的粮食中断了。而英国当局为供应印度境外的军队需要,又加紧了对印度粮食的夺取。结果,粮价不断上涨,大小投机商人乘机囤积居奇。英国殖民当局不仅没有同投机活动进行斗争,而且千方百计地纵容大投机商,甚至本身也参加粮食投机。这样终于在 1943 年发生了大饥荒。这次饥荒遍及孟买、孟加拉、马德拉斯、比哈尔、奥利萨和阿萨姆等地区。挨饿的群众达 1.25 亿人,仅孟加拉一个地区就饿死了近 500 万人。

饥荒是殖民压榨和封建剥削的直接后果;它反过来又加剧了广大农民负债、失地的现象,使土地更进一步集中到地主、富农、高利贷者手中,使农民更深地陷入地主、富农、高利贷者剥削的罗网。在孟加拉,仅在 1943 年 4 月到 1944 年 4 月这一年中,就有 25% 的农户被迫出售或抵押了自己占用的土地。同一时期,孟加拉的欠债农民从 43% 增加到 66%;在马德拉斯,背着高利贷债务的雇农达 64%,佃农达 77%。1944 年,全印度无地和少地的农民已增至 6800 万人。在战争期间,地主、富农和高利贷者,不仅继续依靠剥削佃农、雇农和从事高利贷活动发财致富,并且还利用农产品上涨的时机囤积居奇,剥削城乡劳苦群众。

在广大农民遭到进一步压榨的情况下,战时印度的农业生产总的说来是停滞不前的;其中有些出口作物,更因战争隔断了印度与国际市场的联系,输出量和生产量都有显著的下降。例如 1942/1943 年度与 1937 年比较,棉花出口减少了 9/10,黄麻出口减少了 2/3。黄麻产量从 1939 年的 970 万包(每包 400 磅),降至 1944 年的 620 万包。棉花从 1939 年的 510 万包降至 1945 年 360 万包。战时粮食播种面积虽有所扩大,但单位面积产量在继续下降。就总产量说,大米的产量比战前有所增长,但小麦的产量则停滞不前,1946年后且有所下降。在农产品中,只有糖原料和由种植园经营的茶叶有显著的增长。就印度总的农业生产指数看,1946年比1934—1938年(平均)还下降了2%。

大战期间,印度的工业生产有了一定的增长。合乎工厂法的工厂工人数,从1939年的175万人增加到1945年的264万人。工业生产总指数(以1939年8月为100),从1939/1940年度的110.3增至1943/1944年度的126.8。这一增长主要是由殖民当局的军事订货刺激起来的。1939年的国家订货不过2.8亿卢比,到1942/1943年度增为24.7亿卢比,在1944/1945年仍然达到14.5亿卢比。工业主要是为殖民政府生产,例如由军事当局购走的棉织品,1939年仅为5400万码,而最高时(1942年)年达85200万码。塔塔钢铁公司在战时直接、间接为军事目的供应的钢约达300万吨。钢产量由1938/1939年度的72.6万吨增至1944/1945年度的92.3万吨。

其次,战争期间外国工业品进口的减缩和竞争的削弱,也为某些工业部门生产的增长提供了有利条件。例如棉织品的输入,1938/1939年度为64710万码,1943/1944年度降至370万码。同期棉织品的生产则从42.7亿码,增至48.7亿码。印度棉纺织业还利用战时的有利形势,渗入非洲、近东、澳大利亚的市场,增加了棉纺织品的输出。

在战时工业生产中有显著增长的主要部门,除棉纺织品、钢铁之外,还有电力、水泥、糖、纸,以及某些化学产品(硫酸、硫酸铵、颜料)等。

但是,战时印度工业生产的增长,主要不是靠新建企业,而是靠利用现有的机器设备加紧剥削大量工人实现的。雇佣工人增长的速度超过了生产增长的速度。以战时纺织工业为例,每个工人的产量指标,自1941年以后几乎是逐年下降的,如以1939年为100,到1945年下降为85.5。工人劳动生产率的下降,一方面反映了工人阶级的物质状况的恶化,另一方面也表明了生产设备的效率由于严重磨损和更新不足,在日趋低落。战时,英国减少了对印度的机器出口,并且以统一调度军用物资为名,限制印度从其他国家取得机器。印度的棉纺织业在战时没有增加一部织机,纱锭也增加得极少。此外,战时印度工业的发展,仍然是很片面的。

得到发展的仅限于少数几个与军需供应有关的部门,如棉纺织、钢铁、水泥、枪支与炮弹制造以及飞机、船舶、重型武器的修理等部门。

战时工业的"繁荣",为英国垄断组织和印度资产阶级,特别是大资产阶级带来了巨大利润。至于小手工业者,在战时却只是增添了新的困苦。例如,手工织布业战前就是依赖机制棉纱进行生产的,到了战时,进口棉纱中断了,当地机制棉纱也由于工厂自用量增加,对手工织布业的供应量减少了;而且全部供售的机制棉纱须由国家机构分配,商人—高利贷者靠着他们同分配棉纱的国家机构和工厂的勾结,把棉纱的销售抓到自己手里。织工们为了获取必需的原料,不得不付出高价,忍受商人—高利贷者的盘剥和控制。广大小织工的处境更恶化了。发财致富的是大工业资本家、商人—高利贷者、国家机关的上层人员。

> **战时英国垄断资本在印度阵地的加强**

战时和战后初期在印度的英国垄断资本赚得了巨大利润,并利用各种形式力图保持和加强它们在印度经济中的支配地位。

仅从少数几个例子,就可以看到英国垄断资本在战时获得的利润是惊人的。吉兰德斯—阿布特诺公司(英国大经理行之一)的资本,按1946年的市场价值为1230万卢比,而它仅在1944—1946年三年内获得的利润,就等于这笔资本额,到1948年该公司的资产达到5550万卢比,相当于1946年资本价值的4.5倍。另一家英国经理行肖—华莱士公司,在1944—1946年内获得了1610万卢比的利润。其他的英国经理行也都发了大财。有的经理行在获得巨大利润后,他们在保持一定数量的股票控制额的条件下,以非常有利的盘价出售自己的一部分股票给印度资本家,从而又获得了一笔神话般的利润。在战时,英国经理行控制下的相当一部分股份公司的股票,转入印度资本家手中,但是英国资本仍然保持了对这些公司的控制权。

英国经理行在战时出售了一些企业的经理权给印度资本家,如阿萨姆一部分不大的茶叶种植园和南印度的一部分橡胶种植园和茶叶种植园;还出售了相当数量的黄麻等工业的股份资本。沙逊公司先后把八家孟买纺织厂的经理权出售给了印度垄断资本家。但是,这些都没有影响英国垄断资本在印度经济中的支配地位。它们靠出售个别企业的控制权而获得了惊人的暴利。例如康浦尔的司瓦德希纺织厂的股票出售给印度资本家时，每张票面 100 卢比的股票，竟卖到 2500 卢比。

英国垄断资本慑于印度民族运动的高涨，早在战争结束前，就已考虑用各种伪装的形式，来保持和加强自己在印度的阵地。例如，把英国大经理行改组成为在印度注册的、以卢比计算股票价值的股份公司；改组后，经理行原来的头子们照例保留了公司的大部分股票，但他们在这类英国经理行的董事会中，安置上几个印度籍董事，伪装成似乎是英印合营的经理行。此外，英国经理行还采取了合并或者由一家大经理行控制其他经理行的办法，来增强自己的实力。

除了保持和加强英国经理行的阵地外，英国本土的大公司，还以开设在印度注册的分行（即附有"印度有限公司"字样的分行）的方式，继续渗入印度的各个部门。到 1943/1944 年度为止的五年中，有 108 家这样的"印度有限公司"在印度注册，其中包括利华兄弟公司、邓禄普公司、帝国化学公司等一些著名的英国大垄断组织在印度的分行。

英国垄断资本控制印度工业的另一个新手段，就是和印度垄断资本巨头勾结，组成英印合营公司。如 1945 年印度比尔拉康采恩与英国纳菲尔特公司（英国最大的汽车制造垄断组织）订立协定，合营"印度斯坦汽车公司"；塔塔康采恩与英国帝国化学公司协议，在印度建立重化学工业等。到 1947 年年初，几乎在所有的重要工业部门中都出现了英印合营公司。在这种合营公司中，占主导地位的是英国垄断资本。

大战期间，美国资本加紧渗入印度。根据印度官方调查，1948 年在印度的外国私人投资总额 51.9 亿卢比（按投资的市场价格计算）中，英国约占 72%，美国约占 7%。大战期间美国资本对印度的渗入，为它战后对印度的进一步经济扩张打下了基础。在对印贸易中，美国仅次于英国，约占印度对外贸易总额的 6%。

战时印度大资产阶级势力的增长与工人阶级状况的恶化

在大战期间，印度的大资产阶级从军事订货、投机活动、黑市交易中也赚得了巨大利润。据估计，孟买工厂主在战争年代平均每年获得的利润，超过战前的 10 倍。水泥工业的利润,1944 年比 1940 年高 3 倍多。塔塔钢铁公司的纯利,1944/1945 年度达 8280 万卢比,为 1937/1938 年度纯利的 2 倍多。战时许多工业部门和贸易部门攫得的巨额利润的大部分,落入了英国的和印度的垄断组织手里。许多旧有的垄断组织扩大了资本,增加了所控制的股份公司数,并且出现了一些新的大资本集团。塔塔康采恩所控制的公司数从 1939 年的 25 家增为 1945 年的 38 家;同一时期,比尔拉康采恩所控制的公司从 44 家增至 128 家;辛加尼亚康采恩——从 38 家增至 50 家;达尔米亚·詹因康采恩——从 13 家增至 42 家;瓦里昌德康采恩——从 22 家增至 27 家。另外还出现了一些靠战时投机活动暴发起来的新的康采恩,如刚卡公司、詹依浦里亚兄弟公司等。

战时印度的大资本集团虽然扩张了势力,加强了阵地,但是新建的大企业不多,它们的生产基础还是很薄弱的。它们固有的一些特点,在战时不但没有消失,而且加强了。一方面它们随着自己的资本势力的增长,同外国垄断资本的矛盾加强了;另一方面又由于本身的弱点,不能不更加依赖外国垄断资本,力图在后者的支持下求得发展(战争结束后英印合营公司的纷纷建立就是明显例证)。它们同国内封建势力的关系,也同样处于又矛盾又勾结的状态中。

战争为印度大资产阶级带来了暴利,却为印度工人阶级带来了更大的苦难。他们挣扎在通货膨胀、物价高涨、衣食匮乏的困境之中。工人的生活费指数,如以 1939 年 8 月 = 100,在孟买,1944 年 8 月上升为 238,1946 年 12 月再升为 266;在阿麦达巴德,1943 年 10 月上升为 329,1946 年 12 月稍有下降,但仍达 296。其他中心城市的生活费指数上升得更厉害。这个指数还是按照管制价格计算的,而实际上按照管制价格是买不到什么东西的,人们不能不到黑市上以更高的价格购买必需的衣食用品。与此同时,工人的货币工资却增加得很少;所有雇主对工人都不按生活费上涨的比例发给物价津贴。据官方统计,1945 年工人的每年总收入(包括一切津贴在内),比 1939 年增加的比率,纺织业为 109.1%;工程方面为 147.9%;政府兵工厂为 77.6%;矿业为 31.6%。这与生活费用上涨的情况相对照,就可见战时工人实际工资下降得惊人。战时,印度工人阶级在孟买、加尔各答以及其他工业中心,为争取改善生活状况和反抗英国殖民当局的迫害,掀起了多次的罢工浪潮。工会运动不断壮大。

第二次世界大战结束后,以工人阶级为先锋的印度民族独立运动重又高涨起来。罢工斗争与反英暴动日益频繁。1946年爆发的印度海军武装起义和海德拉巴土邦的农民起义,表明了印度已面临全民起义的前夜。印度人民独立自主的要求与英国殖民统治之间的矛盾,已达到空前尖锐的程度。印度人民再不愿像过去那样生活下去,英国殖民者也不能象过去那样统治印度了。1947年8月15日,英国不得已承认印度的独立,宣布把印度分裂为两个国家——印度联邦自治领与巴基斯坦自治领。但英国垄断资本继续保持着对印度经济命脉的控制。印度大资产阶级在把土邦加入印度联邦的问题上同封建王公们进行了妥协。农村中的封建关系依旧被保留了下来。印度的社会生产力仍然受到落后的经济结构的束缚。然而,印度的独立,毕竟结束了英国在印度的统治,这是第二次世界大战后帝国主义殖民体系瓦解的一个重要表现。

第 八 章

资本主义总危机时期的非洲殖民地经济

第一节　埃及的殖民地经济

第一次世界大战结束后,埃及人民在十月社会主义革命胜利的影响下,掀起了反抗英国占领者、争取民族独立的革命浪潮。在许多城市和乡村,爆发了反帝的起义斗争。这些起义虽然遭到了英国占领者的残酷镇压,但也迫使英帝国主义不得不作出某些让步。1922 年,英国宣布取消埃及的"保护国"名义,承认了埃及的"独立"。可是,在保护英帝国"权益"的借口下,英国占领军继续赖在埃及,控制着一切重要交通干线。外国殖民者在埃及的一切特权仍然被保留了下来。埃及的实际政权依旧控制在英国"最高专员"(英国殖民部代表)手里。英国在埃及军事、政治、经济等各方面的特殊地位,以后又在 1936 年签订的奴役性的"英埃条约"中得到了进一步的巩固。

外国资本对埃及经济的控制

在两次世界大战之间,外国资本仍然操纵着埃及的国民经济命脉。据 1933 年的统计,除政府外债外,外国资本在埃及的直接投资额约为 1.023 亿镑,占埃及全部股份资本总额的 90%。外国资本在各个部门投资分配的情况如表 8-1 所示。[①]。

表 8-1　外国资本在埃及各部门的投资分配情况　　（单位：万镑）

投资项目 ＼ 年份	1914	1933
土地、运输、工业公司	3147	3197
信贷和商业公司	6057	4940
苏伊士运河	1622	2093
合计	10826	10230

　　1933 年,外国资本在埃及的直接投资总额,虽然由于刚刚受到 1929—1933 年世界经济危机的影响而有所减缩,但是其中对苏伊士运河、土地、运输、工业方面的投资,同战前相比,仍然有一定的增长。1937 年,外国资本在土地、运输和工业方面的投资还进一步增加到 3800 万英镑。

　　根据 1933 年的统计,在外国资本投资总额中,法国占 48%,英国占 40%,其余为比利时、意大利、瑞士的投资。法国资本在数量上占居首位,这是因为法国在埃及投资有较久的历史。法国资本是苏伊士运河的大股东,并且控制着埃及一个最大的外国贷款银行——埃及地产信贷银行;此外,还控制了埃及的制糖工业、一部分城市公用事业（发电、煤气）等。尽管法国的投资额在数量上比英国多,但是由于埃及的军事、政治实际上操在英帝国主义手里,英国资本又控制了埃及经济的关键性部门,因而英国在埃及的经济势力远远超过法国。

　　首先,英国资本控制了作为埃及经济基础的棉花生产和销售的全部过程。从大型灌溉工程、扬水系统、化学肥料供应、棉花收购、初步加工（清棉、打包）和输出,一直到铁路运输、尼罗河水运、海上航运、贸易贷款、保险业务等,都是全部或者主要操在英国垄断组织的手里。

　　其次,英国资本还控制了埃及的采矿工业（石油、磷钙土、锰矿等）、

----

　　① 拉西德·阿里·巴拉维、穆罕默德·哈姆查、乌列士：《近代埃及的经济发展》,生活·读书·新知三联书店 1957 年版,第 212 页。

化学工业、烟草工业,以及城市公用事业的主要部分。

再次,英国资本操纵着具有货币发行权的"埃及国民银行"。从 1916年起,固定埃镑对英镑的汇率,从此埃镑正式从属于英镑。"埃及国民银行"可以用英国国库券作为保证来发行埃及货币。这样,英国资本就可以通过英格兰银行用出售国库券的办法,从"埃及国民银行"取得埃及货币来购买埃及的棉花和其他农产品,而无须动用英国的黄金和外汇。这就不仅大大地提高了英国对埃及的搜刮能力,而且使英格兰银行实际上成了埃及财政金融命脉的直接控制者。此外,伦敦大银行在埃及的支行,通过它们的贷款活动,操纵埃及的对外贸易和许多的生产、运输部门。英国资本对苏伊士运河公司的投资额虽不及法国,但是它集中地掌握了44%的股权,而且运河实际上处于英国的军事控制之下。

正是在外国资本特别是英国资本的控制下,埃及在两次大战之间的时期里,仍然不得不片面地发展单一出口作物,而继续处于帝国主义的农业—原料附庸地位,遭受外国资本的剥削和奴役。

> 埃及农业的发展
> 及 其 片 面 性

棉花是埃及农业的最重要的出口作物,在埃及国民经济中具有决定意义。棉花和棉籽的输出在埃及出口总值中所占的比重,在 20 年代平均在85%以上;即使在世界经济危机以后的年代里,平均也在 3/4 以上(1933年和 1936 年都占 76%)。棉花输出值的升降,基本上决定了埃及进出口贸易的规模和埃及整个经济的盛衰。

但是片面发展单一出口作物的结果,不能不使埃及的农业以至整个经济受资本主义世界市场周期性波动的严重影响而动荡不定;同时,对外国资本势力的依赖也就愈陷愈深。埃及棉花播种面积一直占到全部农作物播种面积 1/5 以上,1913 年占 22.5%。在资本主义世界的相对稳定时期,埃及棉花的播种面积又有所扩大,1930 年,占全部农作物播种总面积的 24%,收获量 1929/1930 年度为 840 万坎塔尔。但 1929—1933 年的世界经济危机爆发后,埃及的植棉业随即遭到惨重的打击。在危机期间,棉花价格下跌了 46%,棉花出口量减少了 22%,棉花生产量下降了 40%。整个埃及经济陷于极度萧条的状态。但是在外国资本势力控制下的埃及,是不可能因此而改变这种畸形片面的农业发展方向的。在危机期间,埃及当局虽然也采取过限制棉花播种面积和扩大谷物、甘蔗等播种面积的措施,但是危机过后,棉花的播种面积重又增加起来。不仅如此,为了适应外国资本的需要,埃及当局还大力推广新的棉花品种,修建大型灌溉工程,增施化学肥料,以提高棉花产量,增强对外竞争能力。1937/1938年度的棉花总收获量达 1070 万坎塔尔,较 1929/1930 年度增加了27.4%。每费丹的棉花平均收获量从 1928 年的 4.64 坎塔尔增加到 1938年的 5.57 坎塔尔。但自英国殖民者为了加强棉花掠夺,把埃及传统的汲水灌溉方法改为常年灌溉系统后,土壤日益盐渍化,农业生产力呈现了某些慢性衰退的迹象。

棉花的片面发展,造成了埃及粮食生产不能自给的局面。在第一次世界大战以前,素称"地中海谷仓"的埃及就已变成了粮食进口国家。一直到 1928 年,粮食进口额还占埃及进口总值的 18%。1930 年以后,由于世界经济危机使棉花出口遭受打击,埃及当局不得已采取扩大谷物播种面积,提高小麦和面粉的进口税的政策。同时,采取有力的措施改良土壤,改进耕作方法,以及有效地制止植物病虫害。这样,埃及国内的谷物生产逐渐增加,谷物价格也下降了,进口粮食逐渐减少。到 1938 年,埃及开始靠本国产品来满足自己的粮食需求。

两次世界大战之间埃及的土地关系与农民境况的恶化　　片面发展出口农产品,只是给外国资本、埃及地主、买办资产阶级带来了巨大利益,而广大农民在地租、地税、高利贷、外国资本及其代理人的压价收购等几重压榨下,只有日趋贫困和破产。他们占有和经营的耕地面积越来越缩减,过着越来越难以忍受的困苦生活。这从两次世界大战之间埃及土地关系的演变中可以窥见一斑。

根据 1936 年的统计,埃及全国私有土地的分配情况如表 8-2所示。[①]

---

① 《埃及统计年刊(1914、1919、1930、1945—1946、1946—1947)》,法文版,第 305—307页。数据经过重新整理计算。

表 8-2　埃及全国私有土地分配情况

地产面积 （费丹）	土地占有者		土地面积		每户平均 占有面积 （费丹）
	绝对数 （万户）	占比 （%）	绝对数 （万费丹）	占比 （%）	
1 以下	167.8	70.0	68.9	11.8	0.4
1—5	56.5	23.4	114.8	19.7	2.0
5—50	14.5	6.1	174.7	29.9	12.0
50 以上	1.2	0.5	225.4	38.6	181.5
总计	240.0	100.0	583.8	100.0	

从上表可知,1936 年,埃及地产面积不到 5 费丹的小土地占有者占土地占有者总数 93.4%,但他们所拥有的土地面积只占全部私有土地的 31.5%;他们平均占有的土地面积不过 0.8 费丹,而在 1914 年为 1 费丹,这显然比以前更少了。其中最贫困的、有地不到 1 费丹的农户,占土地占有者总数的 70%,但只拥有全部私有土地的 11.8%;他们平均占有的面积只有 0.4 费丹,根本无法维持全家的生活,不得不租种地主的土地或者到地主和富农的农场充当雇工。此外,估计还有 150 万—200 万的破产无地的农户。

在另一端,拥有土地 50 费丹以上、只占土地占有者总数 0.5% 的大地主(其中包括外国公司),却占有了全部私有土地的 38.6%。拥有土地 5—50 费丹、占土地占有者总数 6.1% 的富裕农民、小地主、农业资产阶级,占有了全部私有地的近 30%。除此之外,还有大量土地集中在国家和伊斯兰教会手中,两者合计相当于全部私有土地的一半(约 270 万费丹)。

由此可见,在埃及的土地关系中,一方面存在着土地高度集中的现象,封建大地主、国家、伊斯兰教会、外国公司等占有了绝大部分的土地;另一方面,存在着几百万户无地和缺地的农民,他们经营着无法维持生计的小块土地。这就不能不使封建的小土地租佃制继续统治着埃及农村,成为埃及土地经营的基本形式。

　　大地主、伊斯兰教会和国家的大地产,绝大部分(约90%)都是分成小块出租给无地或少地的农民耕种的。租佃期通常规定为一年。由于埃及农村中有着大量的无地少地农民,"土地荒"的现象十分严重,地主凭借对土地的垄断,迫使佃农接受极苛刻的条件。仅在1914—1930年,地租就提高了60%—100%。通常地租占去了农民收入的50%—70%,有的地区地租额竟高达农民收入的90%。在农产品日益商品化的情况下,地租缴纳的形式和数额往往受到农产品价格涨落的影响。在农产品价格下跌时,地主就要求佃农缴纳货币地租,而当农产品价格上涨时,就要求缴纳实物地租。订立租佃契约时,地主往往以缴纳棉花为条件,地租额的规定则以前一年的棉花价格为基准。这就是说,当棉花价格下跌时,佃农必须按照以前的价格向地主缴纳地租,为此,佃农不仅要卖掉全部棉花,而且通常还要卖掉一部分谷物(小麦、玉米),才能缴足全部的地租。棉花价格的波动,往往剥夺了佃农的全部收入,佃农有时不得不出卖自己的耕畜,以致陷于高利贷债务盘剥之中。

　　在埃及的封建的租佃关系中,各种形式的分成制仍然占着重要地位。有的地区的分成制农民,由地主提供1—2费丹的土地,借给肥料、种子和农具。农民以全家的劳动和自己的耕畜首先种植地主指定的作物(棉花或其他作物)。所得的收成,扣除一部分用来偿付地主的垫款和地租后,剩下的由地主和农民以货币或实物形式加以对分。另一种分成制是:地主只提供土地,农民用自己的农具、牲口、种子、肥料、全家的劳动进行耕种,收获后,地主坐享全部收成的3/4或2/3。在人口稠密、农民最贫困的地区,还流行着哈麦萨分成制,即由地主提供土地、牲口、种子、肥料,农民则投入全家的劳动力,但只能分得全部收成的1/5。所有各种形式的分成制农民的收入,都是极其微薄的,他们的境遇有时甚至比雇农还糟。

　　在少数地主自己经营的土地上,雇佣着长工(塔米里)。长工的劳动报酬不是货币工资,而是从地主那里取得一小块(3/4费丹到1费丹)的土地和一间茅舍。这块土地由长工的家人耕种,但不得种植棉花,只能种植玉米、高粱等廉价作物。这样小块土地的收成通常只能维持长工全家半饥饿的生活。

　　高利贷盘剥是埃及农民的又一灾难。随着单一出口作物制的推行和商品货币关系在农村中的发展，埃及农民愈来愈深地陷入了高利贷债务的罗网。地主、富农以及与外国银行有联系而身兼包买商的奥达姆（村长）都是农村中的高利贷者。在埃及农村中，高利贷年息有时高达60%—75%。此外，埃及农民还要向埃及政府缴纳土地税（占农民开支的15%）和其他各种苛捐杂税。埃及政府每年从农民搜刮得来的土地税，通常以偿付外债利息的形式，转入外国资本家手里。

　　在外国公司占有的大地产上，一般采取资本主义种植园的经营方式。这些外国公司最大的往往占地达几万费丹；它们以极低的工资雇佣埃及农业工人，种植甘蔗、棉花等经济作物。在种植园里，农业工人每天工作达12—14小时，受到的剥削同样是十分苛重的。外国地产公司和一些外国银行，还从土地卖买、土地抵押等投机业务中攫取巨额的利润。外国资本剥削和奴役埃及农民更主要的途径，是控制灌溉系统和棉花等出口作物的全部采购、输出过程。在埃及，大约80%的耕地要靠尼罗河水的灌溉系统来灌溉，而许多巨大的水坝和灌溉水渠工程是由外国公司或国家借用外资兴建的。水的分配就成了外国公司、国家机关和大地主剥削农民的一项重要手段。用水要缴纳水费。水首先供给外国公司、地主、富农的棉花种植场，贫苦农民的土地往往因缴纳不起水费而得不到灌溉。在外国公司的支持下，许多垄断着土地和水源的大地主，在他们的土地上开凿水渠并用高价供给农民水车的办法来剥削农民。外国银行和商业公司还通过收购和输出棉花的业务来压榨埃及农民。它们通过代理人深入农村，对棉农进行以棉花为担保的贷款，预借种子和肥料，实行"预购制度"，包买农民的棉花等。这样，既可把农民束缚在单一的植棉业上，又可借此以最低的价格攫取更多的棉花。此外，还到处设立清棉工厂、贮棉仓库等来敲榨棉农。

　　广大的埃及农民正是在苛重的地租、高利贷、地税和外国资本的几重压榨下，日趋贫困和破产。仅在1927—1937年，就有40多万农民失去了土地。两次世界大战之间（1913—1939年），占地不到1费丹的极端贫苦农户，增加了将近1倍；此外，破产无地的农民，如前所述，高达150万—

200万户。当然,在农民分化的过程中,也形成了一批富农和富裕农民(约15万户)。但在外国资本势力的控制下和半封建的土地关系的束缚下,资本主义关系在埃及农村中的发展毕竟是极其缓慢的。

埃及工业的发展
及其殖民地性质

在两次世界大战之间,特别是在30年代,埃及的近代工业有了较快的发展。1939年,埃及的工业投资额比1914年增加了63.6%;工业投资在国民经济各部门投资中所占的比重,也从1914年的9%增加到1939年的19.7%。这一时期埃及近代工业发展较快的原因,一方面是外国资本为了进一步掠夺和控制埃及的资源,在埃及增加了工业方面的投资;另一方面,民族工业在这一时期具备了某些有利的发展条件。首先,在第一次世界大战时期,由于棉价的暴涨,地主、高利贷者、买办商人等,积累了大量的货币财富;资产阶级从军事订货、棉花投机等方面攫得巨额暴利,这就为战后民族工业的发展提供了资本来源。其次,这一时期大量因破产而失去土地的农民,源源流入城市,为工业的发展提供了必要的劳动力。再次,这一时期,埃及虽然在军事、政治、经济等各方面仍然受到英帝国主义的控制,但是在巨大的民族独立运动的压力下,埃及政府毕竟采取了一些扶植民族工业发展的政策。特别是1930年的关税改革,对埃及工业的发展起了较大的推动作用。从1930年起,进口税的平均税率,从8%提高到15%;对同国内生产的工业品相竞争的进口商品,则课以更高的税率,有的高达30%。同时,埃及政府1920年成立了工商局,1922年埃及政府通过了补助企业主的决定。政府还在1922年、1928年、1930年给所有国家机关发布各种命令,要求国家机关必须尽量应用本国产品,并采取各种措施培养本国技术人员。另外,在埃及政府支持下建立的密斯尔银行,对埃及民族工业的发展也起了一定的推动作用。这家银行在1920年创立时,资本的主要来源是大地主、大商人、高利贷者和达官显吏的投资。1927年,该银行的资本额达100万镑,存款达550万镑,后备金超过50万镑。密斯尔银行从1922年起就开始投资创设工业企业,投资范围主要是轻工业,特别是纺织工业。1939年,该行的工业投资额达295万镑,其中纺织业投资占54%。在30年代,以密斯尔银行为中心,逐步扩大投资,形成了一个控制埃及近代民族工业的大财团——密斯尔财团。

在这一时期的埃及近代工业中,比较发达的是纺织工业(主要是棉纺织工业)和食品工业(主要是蔗糖工业)。

在20年代,埃及较大的近代纺织工厂只有两家,一是战前成立的全国纺纱公司,二是密斯尔银行在1927年投资建立的密斯尔纺织公司(即埃及纺织公司)。前者拥有纱锭2万枚,织机650台。后者在马哈拉特·阿里·库布尔建立的纺织厂,只有纱锭1.22万枚,织布机484台。20年代由于外国商品的剧烈竞争,生产很不稳定,发展很慢。1929年的世界经济危机,使两家公司几乎破产。30年代起,政府对两家大公司予以大力扶植。继1930年年初保护关税政策之后,1931年,政府以优惠的条件卖给两家公司优良品种的棉花,并给每个公司按其棉花加工量发补助金。1935年,又对向埃及大量倾销的日本棉布课以40%的附加税。因此,这两家公司的生产逐步增长。到1939年,两家公司的棉花消费量达66万坎塔尔,为1930年的12.5倍;棉布产量达1.59亿平方公尺,为1930年的11.4倍。同一时期,密斯尔纺织公司的设备不断扩充,到1938年已拥有纱锭16万枚,占全埃及纱锭总数的62%;织机4000台,占全埃及织机总数的63%;工人数增至1.74万人(1937年)。属于密斯尔纺织公司系统的,除棉纺织外,还有亚麻、毛织、染整、印花等12种企业。1938年,密斯尔银行又在卡富尔·阿里·瓦达尔与英国资本合资建立了另一座大型纺织厂。

埃及近代棉纺织业的发展主要依靠进口纺织机和设备。1930—1939年纺织机和设备进口价值增长了22倍。

在埃及的棉纺织业中,还有大量利用机制纱为原料的手织业。据估计,1938年手摇机生产的布匹约达3000万平方公尺。

在埃及的近代工业中,蔗糖工业也是比较发达的部门。在20年代,由于进口糖的竞争和甘蔗种植业受到植棉业的排挤,蔗糖工业的发展比较缓慢,远不能满足国内的需要,糖的进口量很大。一直到1931年提高了进口糖的关税以后,埃及的蔗糖业才有较迅速的增长。1937/1938年度,糖产量达到20万吨以上。但是埃及的蔗糖生产主要掌握在法国资本的"砂糖与块糖工厂总公司"手中。埃及政府的保护措施,只是为法国资本带来了巨额利润。

在这一时期的埃及加工工业中,烟草工业、榨油工业、制肥皂工业和水泥工业,也都有不同程度的增长。但这些工业大部分掌握在英国资本手中。埃及的密斯尔财团系统也兴办了一部分榨油、制革、烟草、印刷等企业。

在埃及工业中,采掘工业所占的比重较小。据 1937 年统计,在埃及全部从业人员中,采掘工业只占 0.2%。但是这一时期,由英国资本垄断的石油采掘工业的发展比较突出。当苏伊士湾西岸的胡尔加达油田被发现后,随即由英荷壳牌石油公司的子公司"英埃石油公司"垄断了开采。这家公司名义上是由英埃合资兴办的,但实际上掌握在英国垄断资本手中,埃及政府只占该公司股票的 1/10。1929 年的石油采掘量为 2.67 万吨,1938 年发现拉斯—加里布油田后,1939 年石油产量猛增为 6.54 万吨。英埃公司还在苏伊士设立了炼油厂,就地加工采得的原油和进口的原油。除此之外,英国资本还开采了西奈半岛的锰矿,红海沿岸地区的磷钙土矿等,都是用来出口的。

可以看出,这一时期埃及的近代工业虽然有了相当的发展,但是有着明显的殖民地性质。首先,外国资本在埃及近代工业中占着统治地位。除纺织工业外,其他的工业部门基本上都为外国资本所控制。当 30 年代埃及政府采取保护关税和其他措施扶植民族工业的发展后,英国资本就迫不及待地以各种方式打入埃及民族资本的企业中去。密斯尔财团的许多企业都与英国资本订有销售价格协定、贷款协定、装备供应协定等,在不同程度上受到英国资本势力的控制。如前所述,1938 年,英国资本甚至直接打入密斯尔财团系统的纺织工业,合资兴办新厂。在 30 年代,外国资本与埃及资本(私人的、政府的)"联合"兴建企业,是外国资本控制埃及工业的一种新形式。前举的英埃油田公司就是一个明显的例子。

其次,埃及工业的发展是极其片面和畸形的。从工业部门结构看,最发达的部门是以纺织工业和食品工业为主的轻工业,其次是为帝国主义掠夺战略资源服务的、以石油采掘为主的采矿业。这一时期,埃及除了一

外国经济史(近代现代)第三册

些铁路修配厂、船舶修配厂、兵工厂等外,还没有真正的机器制造业、金属加工业和冶金业。所有的机器设备都要依赖外国进口。就是埃及最为发达的纺织工业,它的生产也极为薄弱。埃及是资本主义世界著名的产棉国家之一,可是本国生产的棉纺织品,据 1939 年的统计,只能满足国内需要的 40%,大量棉纱、棉布还要靠国外输入。它所拥有的纱锭数,不仅大大落后于先进的资本主义国家,而且落后于有些殖民地、半殖民地国家。1939 年,埃及平均每 64 人有一个纱锭,而美国每 5 人有一个,巴西每 15 人有一个,印度每 36 人有一个。埃及是以盛产优质棉闻名于全世界的,可是埃及棉纺织业所生产的,都是供应本国需要的粗布。至于技术装备的落后,更是埃及工业带有普遍性的特点。从工业地区配置上看,也是畸形的。1937 年,全国雇有 10 人以上的工业企业,2/3 集中在开罗和亚历山大这两个大城市。

整个工业在国民经济中还不占重要地位。全国 70% 以上的人口从事农业。埃及仍是一个十分落后的农业国。外国资本势力的控制,封建土地关系的束缚,以及由此造成的国内市场的狭小,大大限制了埃及工业的发展。

在埃及的整个工业中,手工业者和小型企业占了极大的比重。据 1939/1940 年度的统计,在全部工业企业总数中,52% 是独立小生产者;雇有 1—9 人的企业占 45%,两者合计达 97%;而雇有 10 人以上的工业企业只占总数的 3%。另据 1939 年的调查,在工业企业总数中,93%的工业企业没有机械动力设备。

可是,与此同时,少数大型工业企业的生产和资本的集中程度却很高,在一些近代大型工业部门中,已因生产集中而形成垄断。1937 年资本额在 1 万埃镑以上的最大型工厂只占工业企业总数的 0.5%,但拥有的资本额却占全部工业资本总额的 7/8 以上。密斯尔财团垄断了纺织工业,并且渗入其他许多部门,成为埃及最大的康采恩。制糖业基本上为法国资本的"砂糖与块糖工厂总公司"所垄断。三家水泥工厂控制了埃及全部水泥的生产和销售。"英埃油田公司"独家垄断了埃及的石油开采。英国的"榨油工厂总公司"则垄断了埃及的榨油工业。在其他一些部门中也有卡特尔和订立销售合同等形式的垄断组织。这种现象的形成,一方面是由于外国资本在埃及近代工业中占统治地位;另一方面,埃及政府对民族资本的大型工厂所采取的扶植和保护措施,也起着一定的促进作用。

<table>
<tr><td>外国资本势力控制下的埃及对外贸易</td></tr>
</table>

30 年代保护关税的实施和国内工业的发展,虽然引起了埃及进口贸易结构的某些变化,但是并没有改变整个对外贸易的殖民地性质。与农业中继续片面发展单一出口作物相联系,棉花始终是在输出总值中占绝对优势的大宗输出品,即使在 30 年代,仍然占 3/4 以上。这就不能不使埃及对外贸易规模以至整个国民经济严重地依赖世界棉花市场的变动和棉花价格的涨落。在整个资本主义世界市场萧条的影响下,埃及的对外贸易总额,一直到 1937 年,还只恢复到 1929 年的 72%。如果就整个农畜产品和原料输出所占的比重来说,则除危机年代略有降低外,始终在 90% 以上,有时高达 95% 以上。这充分反映了埃及经济作为帝国主义国家的农业—原料附庸的地位。在进口贸易结构方面,1930 年后,粮食(大米、面粉)的进口,某些工业品如水泥、肥皂等的进口都有显著的下降,但是棉纱、棉布及其他纺织品在进口总值中所占的比重仍然很高(1937 年达 20%)。30 年代,煤、石油制品(1937 年占进口总值 12%)、机器、汽车(占 11%)、金属与金属制品(占 11%)、肥料(占 9%)等的进口,有了较显著的增长。这一方面反映了这一时期埃及工农业生产的发展,但另一方面也表明了埃及工农业生产所需的基本生产资料对国外的严重依赖。

各个帝国主义国家在埃及进出口贸易中所占的份额,在 30 年代发生了若干变化。英国在埃及对外贸易中虽然一直居于优势地位,但是这个地位已开始削弱。第一次世界大战前,埃及进口的棉织品,80% 来自英国,但到 1935 年已减至 11.4%。这一时期,日本的棉织品在埃及市场上取代了英国的地位(1935 年在埃及棉织品进口额中,日本占了 75.2%)。直到 1936 年,埃及把日本棉织品的进口税率提高到 40% 后,日本占据的比重才急剧下降。但是代替日本阵地的不是英国而是意大利。英国主要靠煤炭、金属、机器、交通运输器材、毛织品、纸张、烟草等商品才得以在埃及进口总值中勉强维持原有的比重(1937 年的比重与 1928 年相同,都在

21.7%左右)。同一时期,法国在埃及进口中的比重从 1928 年的 10.1% (占第二位)下降为 1937 年的 4.5%;而德国的比重却从 6.8% 上升为 11.0%,占居了第二位。由于英国和法国是埃棉的主要买主,它们在埃及出口贸易中仍占第一、二位,但在比重上都有所降低(1937 年与 1928 年相比,英国自 37.6% 降为 30.9%,法国自 12% 降为 11%);而德国和日本的比重则有所上升。总的来说,埃及作为帝国主义国家的商品销售市场和农业原料产地的附庸地位,在 30 年代基本上没有改变。

> **第二次世界大战时期的埃及经济**

在第二次世界大战中,埃及虽然一直到 1945 年年初才直接参加战争,但是战争一开始,埃及经济就完全为英国的军事机构所控制。战时成立的中东供应中心(起初为英国控制,1942 年改为英美联合机构)掌握了埃及全部物质资源、运输和进口贸易。英国大批军队驻扎埃及的经费开支和所需的物资,大部分是以作为对埃及"欠债"的方式攫取的。这项债务在战争结束时累计达 4 亿镑之巨,而且为英国所"冻结",不许埃及动用;在战后时期,英国反而利用这笔债务作为经济上政治上压制埃及的工具。

战争期间,由于国际市场萎缩,交通梗阻,埃及棉花输出锐减,棉花价格逐步下跌,棉花播种面积和产量随之猛烈下降。1942/1943 年度的棉花播种面积比 1938/1939 年度减缩了一半以上;棉花产量从 830 万坎塔尔(1938/1939 年度)减到 360 万坎塔尔(1942/1943 年度)。英国乘机利用其在埃及的军事管制地位,以低价收购棉花和棉籽。棉农生计受到了严重打击。与此同时,由于粮食进口的停顿,英国军队和国内城市居民粮食需要的激增,各种谷物的播种面积都有了显著的扩大。

战争期间,英军在埃及的大量军事订货和军事建筑,外国工业品输入的锐减,刺激了埃及工业的发展。由于装备输入的困难,战时新建的大企业并不多,但原有企业的生产都大大地扩充了。战时工业、运输业、建筑业的工人增至 100 万人,其中各工业部门的工人总数达 36 万人。[①] 在各类工业中,纺织业生产的增长最为突出,从业人员增至 13.3 万人。它既

---

① 1945 年的数据,不包括英军所属企业的工人和采矿业的工人。

要满足英国军队的需要,又要供给因棉织品进口困难而激增的国内市场需要。战时因机制棉纱业不能保证机器和手工织布获得足够的原料,曾引起大量的黑市棉纱投机。石油是战争需要的重要物资。英埃油田公司加紧了对埃及石油资源的掠夺,石油开采量从 1939 年的 65.4 万吨猛增至 1943 年的 128.4 万吨,将近增加了 1 倍。

战时工业的繁荣,为大企业、大公司带来巨额利润。埃及的资产阶级,特别是其中的大资产阶级,逐渐壮大起来。埃及的大资产阶级不是出身于大地主,就是出身于高利贷者和买办商人。他们既与国内封建势力和反动政权有瓜葛,又与外国资本势力有联系;他们与帝国主义有矛盾,但又对它有严重的依赖性。

大战时期,埃及的工人阶级队伍也进一步扩大了。但是埃及工人的劳动条件一直是十分恶劣的。绝大多数企业的工人每周工作时间在 60 小时以上,其中相当部分每周在 70 小时以上,有的甚至在 80 小时以上。许多企业的工人每周没有休假日。大多数工人的工资只能维持半饥半饱的生活。根据官方统计,1942 年,工人一家不算房租、衣着、肥皂和医药等费用,仅用在伙食(没有肉、鱼、蛋)上的开支每月就需要 346 皮阿斯特①,而当时工人的月平均工资只有 292 皮阿斯特。1942 年以后,物价继续急剧上涨。

埃及的工人运动,在 30 年代就有了相当的发展。各个部门相继成立工会组织,会员数量日增。发生了多次的罢工浪潮。由于大多数的大中企业是属于外国资本的,因而工人的斗争还带有民族运动的性质。大战期间,工人运动有了进一步的发展。在工人阶级日益壮大和工人运动日益加强的形势下,1942 年埃及政府迫不得已通过"工会法",承认各个工业部门的工人有权组织工会来捍卫自己的权利,争取改善自己的劳动和生活条件。这个"工会法"曾遭到大资产阶级的组织——工业家联合会的强烈反对。随着埃及工业的发展,工人阶级和资产阶级的矛盾在日益加深。

---

① 皮阿斯特(Piaster):埃及币名单位。1 埃及镑 = 100 皮阿斯特 = 1000 米利姆(mil-liemes)。1 埃镑 = 2.555 美元(1975 年)。参见《各国货币手册》,财经出版社 1976 年版。

第二节　北非诸国的殖民地经济

北非马格里布诸国——阿尔及利亚、突尼斯和摩洛哥,在法国帝国主义殖民体系中居于重要地位。第一次世界大战后,法帝国主义丧失了俄国这个战前的重要投资场所,转而对北非殖民地经济的掠夺和控制。

法国在北非投资的增长

战前法国的资本输出主要是借贷资本,而且大部分资本投放在欧洲,特别是俄国;对殖民地的投资较少,到 1914 年,法国在各殖民地的投资总额共计 40 亿金法郎,只占法国国外投资总额的 1/10 左右。第一次世界大战以后,法国在欧洲的投资(特别是在俄国)受到了严重损失;同时,为了加紧对殖民地的掠夺和控制,开始更多地增加对殖民地的投资。到 1938 年,法国在殖民地的投资额为 100 亿金法郎,占其全部对外投资额的 1/5,无论在绝对额和比重上都较战前有了显著的提高。其中对北非的投资达 40 亿金法郎。在两次世界大战之间,法国垄断资本的大公司几乎控制了所有北非殖民地的采矿业,大型的加工工业,铁路和其他交通运输业(海港、海运等),电力生产和城市公用事业(自来水、煤气、电车等),具有发行货币特权的银行和其他信贷银行,大片的肥沃土地和农场,以及对外贸易等。这一时期北非诸国彻底地成了法国垄断资本的投资场所、原料产地和销售市场。

法国殖民者对农民土地的进一步掠夺和土地的高度集中

第一次世界大战后,法帝国主义继续在北非大规模地掠夺农民的土地,租让给大公司和法国移民建立资本主义农场,经营出口农产品种植。在阿尔及利亚,外国殖民者占有的土地面积,有了显著的扩大:1910 年为 185 万公顷,1929 年为 234 万公顷,1940 年为 272 万公顷。30 年间增加了近 50%。1940 年,外国殖民者占有的土地,约为全部阿尔及利亚地产的 26%。外国殖民者地产的平均面积为 108.8 公顷,而土著居民地产的平均面积只有 14.4 公顷。同时,外国殖民者的地产,通过分化和兼并,主要集中在少数的大公司、大土地占有者手中,其中占地 100 公顷以上的 6000 个欧洲人,占有了欧洲人地产总面积的 79.7%。有的大公司拥地达几万公顷,而且都是阿尔及利亚最肥沃的土地。在突尼斯,外国殖民者占有了全部地产的 20% 左右,而法国四家公司就占有了其中的 1/4。1937年,外国殖民者地产的平均面积为 286 公顷,其中大公司的地产往往达几万公顷;而突尼斯土著居民的平均土地面积只有 6.6 公顷。同样,在摩洛哥,也有大片的肥沃土地掌握在外国殖民者手中。1930 年约有 2000 个外国殖民者在摩洛哥建立了自己的农场。

在外国殖民者的大地产上建立的大型农场,主要使用雇佣劳动和机器经营出口农产品。但是也有不少法国人,仍然采用半封建的剥削方式,以奴役性的条件出租给当地土著居民耕种。

在当地居民中,土地的占有也比较集中,封建土地关系仍然占着统治地位。1940 年,在阿尔及利亚,拥地 100 公顷以上占全部地产户数 1% 的大地主,占有了当地居民所有土地的 20.6%;而有地 10 公顷以下占全部地产户数 73.5% 的小农户,只占有当地居民土地的 24.1%。第二次世界大战前,阿尔及利亚共有无地、少地农民 125 万户,其中 78 万户是佃农,47 万户是雇农。在突尼斯和摩洛哥当地居民中的土地分配情况大体上与阿尔及利亚类似。一方面大部分土地集中在少数的大地主手中,另一方面存在着上百万无地和少地的贫困农户,这就不能不使封建的租佃关系继续统治着北非殖民地的农村。传统的哈麦萨分成制被保留下来,继续成为剥削北非农民的奴役性地租的普遍形式。这一现象显然是和法帝国主义大规模掠夺土地的后果分不开的。广大的农民被剥夺了土地后,不是去外国殖民者的农场或矿山充当雇工,就得接受当地封建地主的苛刻的租佃条件,变成哈麦萨农民。

农业发展片面性的增强和畜牧业的衰落　在第一次世界大战后,在法国资本的统治下,北非殖民地农业片面发展出口农产品的趋向进一步加强。在阿尔及利亚,葡萄和蔬菜愈来愈成为两种最重要的出口作物。1935 年,它们占阿尔及利亚农业总产值的 60%

和出口总值的50%。战后，葡萄种植面积不断扩大，1922年为18万公顷，1936年增至40万公顷。葡萄酒的产量也相应地增长起来；1920—1929年的平均年产量为926万公斤，到1930—1938年增至1710万公斤。葡萄种植基本上都是由法国殖民者经营的，而且通常都是高度专业化的大型农场，其生产规模往往超过了欧洲的最大产酒地区。这不仅是因为它们占有大量的肥沃土地，而且因为它们可以大量地利用当地的廉价劳动力。蔬菜是阿尔及利亚供应宗主国的另一项重要出口作物。这种出口蔬菜的种植，也主要集中在法国殖民者的农场里。宗主国资本和当地法国资本掌握了蔬菜的全部运销过程。法国殖民者的农场还经营供出口的柑橘生产；此外，还生产相当数量的谷物和其他原料作物。至于阿尔及利亚的农民，他们主要种植谷物，商品性作物的种植数量是极为有限的。就谷物生产而论，第一次世界大战后，无论是总产量还是单位面积产量都有下降的趋势，这是法帝国主义执行殖民政策的必然结果。由于大片的肥沃土地为法国殖民者所夺占，当地农民耕种的土地，都在贫瘠干旱的地区，常年缺水；他们所使用的仍然是一些原始的农具。在外国统治者和当地封建地主的沉重压榨下，他们无力改进生产。连前阿尔及利亚总督沙特尼欧将军也不得不承认，阿尔及利亚农民所有的谷物是在不断下降，他指出，在1871年一个农民可以有5公担谷物，1900年有4公担，1940年有2.5公担，战后则只有两公担来糊口了。

在突尼斯农业中片面发展的农产原料，有橄榄（制成橄榄油出口）、葡萄（制成葡萄酒出口）、阿耳发草等。1938年橄榄油的出口值占全部出口额的24.6%，1935—1939年的年平均产量达4.5万吨。同时，谷物也是突尼斯的重要出口作物，在出口农产品中仅次于橄榄油。突尼斯出口农产品特别是葡萄的种植，也主要集中在外国殖民者的农场里。突尼斯农民主要种植谷物、橄榄等，在两次世界大战之间，当地农民的谷物收获量也有下降的趋势。

在摩洛哥农业中，供出口的农产品主要有谷物、橄榄油、柑橘等。同样，供出口和国内市场的商品性农产品，绝大部分也是由外国殖民者的农场供应的。摩洛哥农民主要从事自给性的农业生产。

在两次世界大战之间，北非殖民地的畜牧业处于衰落状态。畜牧业是北非腹部地区的主要经济部门。例如阿尔及利亚南部地区的游牧部落所拥有的牲畜（主要是绵羊），一直占阿尔及利亚全境牲畜总数的绝大部分。但自法国殖民者逐步南移，占领了大片的草原地带后，游牧部落的放牧地区大大地缩小了，这就迫使他们向定居生活过渡，在极不利的自然条件下从事一部分农业，以补给必要的生活资料。生活状况比游牧时更坏。法帝国主义的殖民政策，就是这样造成了这一地区畜牧业的衰落。在1900—1910年，平均每年牲畜总数在1300万—1400万头；1920—1930年，减至1000万—1100万头；1931年，竟减至500万头以下。在以后的年代里，牲畜头数继续下降。大批贫困牧民因负债破产，不得不离开部落，去充当雇工或分成制农民，以维持半饱的生活。

法国资本控制下的北非采矿业的增长　　北非殖民地的工业是极为落后的。从一开始，殖民主义的政策就是把北非各国变为法国的农业和原料附庸。第一次世界大战后，法帝国主义为了掠夺这一地区的丰富的矿藏，开始较多地注意采矿业的投资和开发，而对加工工业的投资增加不多，其发展也是极其缓慢和片面的。

在两次世界大战之间，发展较大的采矿业是磷钙土与铁矿的开采。磷钙土矿的开采，在突尼斯和阿尔及利亚，在第一次世界大战前就已开始，1913年两地合计达266万吨。1920年后，摩洛哥的磷钙土也开始采掘，而且成了摩洛哥最重要的一个矿业部门。1929年三国磷钙土采掘量曾达491万吨，占资本主义世界产量的48%。30年代以后，受到世界经济危机的影响和美国的竞争，采掘量大减。铁矿开采在北非殖民地的采矿业中也占有重要地位，其中以阿尔及利亚的采掘量为量大，1913年为140万吨，1938年增为303万吨；同年三国合计达412万吨（见表8-3）。此外，北非三国的铅、锌矿的开采，在这一时期也有较大的发展，特别是在摩洛哥。拥有丰富储量的摩洛哥锰矿、钴矿也被开发了。在动力资源方面，摩洛哥和阿尔及利亚的采煤量有所增长。石油资源勘探性的开采，在第二次世界大战以前也已开始。

表 8-3　1938 年北非三国矿藏开采量①　　　　　(单位:千吨)

矿藏类型 ＼ 国家	阿尔及利亚	突尼斯	摩洛哥
磷酸盐	584	2034	1487
铁矿	3034	828	262
铅矿	8	31.6	26.0
锌矿	15	1.4	5.5
锰矿	—	—	80
石油	0.3	—	3.2
煤	13	—	141

　　所有上述采矿业都主要掌握在法国公司手中;所有矿产品(除煤而外)也都是供出口的,而且主要是输往法国的。

　　这一时期,北非各国的加工工业还远远落后于采矿业。在加工工业中,比较重要的是食品工业和轻工业。在食品工业中较有发展的是罐头工业、面粉工业、制油业(橄榄油)、制糖业、烟草业等,大部分的产品是就当地原料进行加工后用来出口的(特别如沙丁鱼罐头、水果罐头、面粉、橄榄油等)。一般在殖民地国家比较发达的近代纺织工业,在北非各国却很不发达。在阿尔及利亚,到 1939 年才建立第一座纺织厂。突尼斯没有大型纺织工厂。在摩洛哥,纺织工厂也是寥寥无几。在轻工业中较重要的,只是肥皂业、纸浆业、火柴业等。尽管北非各国有较丰富的铁矿和其他金属矿,但是都没有建立冶金工业和机器制造业。总的说来,北非的加工工业的发展不仅是片面的,而且还是十分落后的。

　　北非各国经济的殖民地性质,也从它们的对外贸易中充分地反映出来。如前所述,这些国家出口的主要是矿产原料和农产品或农产加工品;而进口的主要是食品、轻工业品和燃料。至于机器装备的进口,比重极小,1938 年在阿尔及利亚为 4.9%,突尼斯为 7%,摩洛哥为 7.1%。从这种进出口贸易的构成中,也完全可以看出北非各国作为帝国主义国家的

　　① 拉、马、阿瓦科夫:《法国垄断资本在北非》,世界知识出版社 1959 年版,第 42 页。

农业—原料附庸和商品销售市场的地位。同时,由于北非输出品的价格通常比世界市场价格低,而进口货的价格比世界市场价格高,进出口贸易中的不等价交换特别严重,这就造成了三国对外贸易的经常逆差。法国作为宗主国,在北非三国对外贸易中占了绝对优势的地位。1938年,法国在三国出口贸易中的比重是72.2%,在进口贸易中的比重是62.4%。这是北非各国经济受到法帝国主义绝对控制的必然结果和表现。

在法帝国主义的殖民统治和奴役下,在本国封建势力的残酷剥削下,北非各国的劳动人民过着令人难以置信的困苦生活。据1937年在阿尔及利亚塞提夫城以东和东南各地区的5.3万个农村居民中进行的一次调查,有一半以上(52%)的户,收入全年不足1000法郎;占总数21.6%的户,全年收入为1000—2000法郎。这73%以上的农户实际上都过着半饥饿的生活。1937—1938年对突尼斯农村的一次调查也表明,有半数以上的农户经常吃不饱,其中有将近40%处于严重挨饿的状态。由于营养不良和住宅条件恶劣,造成流行病蔓延。在突尼斯,1939年肺结核病的死亡率占死亡的突尼斯总人数12.1%。贫穷、饥饿、文化落后、病疫流行、惊人的死亡率,这就是殖民主义给北非劳动人民带来的灾难。但是随着民族资产阶级和无产阶级的形成和逐步壮大,特别是经过第二次世界大战,北非人民民族觉醒空前提高,在战后掀起了声势浩大的民族解放运动。

第三节　撒哈拉以南非洲的殖民地经济

> 外国资本对撒哈拉以南非洲经济的控制和对自然资源的掠夺

第一次世界大战后,随着资本主义总危机的开始,帝国主义国家对撒哈拉以南非洲的掠夺大大加强。战后时期的特点是,欧美垄断资本竭力使非洲成为它们所需的矿物和植物原料的供应地,工业品的销售市场以及投资的适宜场所。资本输出是帝国主义加紧殖民掠夺的重要形式。从1870年到1936年,外国资本在撒哈拉以南非洲的投资总额估计达 12 亿英镑,其中在英属殖民地的投资占 77%,比属殖民地占 11.7%,法属殖民地占 5.8%,葡属殖民地占 5.5%。在第二次世界大战前夕,英国是投资最多的国家,占全部投资额的一半左右;其次是法国、比利时和美国。

英国对撒哈拉以南非洲投资最多的地区是南非联邦,南、北罗得西亚和尼亚萨兰。投资最多的部门主要是铁路运输业和采矿业,前者占投资总额的 1/3,后者占 1/5。在采矿业的投资中,仅南非联邦一地就占了 2/3。这些投资大部分都掌握在少数的英国垄断组织手中。如英国的德兰斯瓦联合投资公司和德·比埃尔公司垄断了南非联邦的黄金和钻石开采。尤尼莱佛公司及其子公司联合非洲公司是非洲最大的商业垄断组织之一,它垄断了棕仁、棕榈油、可可以及其他植物油的收购、运输和出口,掌握了英属西非全部贸易额的 2/3。英国金融资本通过南非标准银行(南非、东非)、麦加利银行(南非、东非、西非)和英属西非银行,严密控制了英属非洲殖民地的整个经济生活。

法国资本主要投放在法属西非和法属赤道非洲。它的主要投资部门是商业。在第二次世界大战前夕,在法属西非,商业投资占全部私人投资额的 38%,而采矿业投资只占 7.5%。最大的商业垄断组织是西非法国公司和西非商业公司。1938 年,这两家公司掌握了法属西非全部贸易额的 84.4%。法属西非最大的法资银行是西非银行,它拥有货币发行特权。

比利时的投资,绝大部分集中在刚果。比属刚果的经济,主要掌握在比利时的四大财团手中,它们是华比银行总行、埃姆班银行、康米尼埃尔银行和布鲁塞尔银行。在第二次世界大战前夕,这些财团掌握了刚果全部股份资本额的 75%,其余为英国、法国和美国资本。在第二次世界大战前,英国是伙同比利时掠夺刚果的主要国家。它们投资的主要部门是运输业和采矿业。1936 年,采矿业投资占全部投资总额的 1/5 左右。

葡萄牙对葡属殖民地投资很少,主要是英国资本在那里进行投资。

美国这一时期在撒哈拉以南非洲投资较少,但却有增长的趋势,主要是因为第一次世界大战时期西欧各国欠了美国不少债,把非洲公司的大量股票让给美国公司。美国资本就这样开始渗入刚果和北罗得西亚的铜矿业,南非联邦、南罗得西亚、黄金海岸和刚果的黄金采掘业,刚果和安哥拉的钻石开采业,等等。更具有重要意义的是勘探石油资源和掠夺橡胶资源。美国的投资额1912年是1000万美元,1931年是1.18亿美元。

总的说来,外国资本在撒哈拉以南非洲的投资,具有以下几个特点:

首先,对殖民地的各个经济部门采取了不同的控制方式。对铁路、工矿业、对外贸易、银行等部门进行直接控制和完全垄断,同时对这些部门的投资的比重也较大。而对农业的投资和控制,则采取两种不同方式。一种是直接投资于农业生产,建立欧洲人的种植园,经营出口作物。这种形式主要集中在南非、东非和中非一带。另一种是外国资本基本上没有或者很少直接投资在农业生产方面,主要是保持当地居民的小农经济,通过不等价交换、征税、财政信贷和强制措施等,间接控制出口作物生产,榨取农民的剩余产品和必要产品的一部分。这种形式主要流行在西非地区。外国资本对非洲农业之所以采取两种不同的控制形式,是和非洲各个地区的商品交换关系的发展程度、当地居民对殖民者的反抗程度以及地理条件等方面的差异有关。

其次,外国资本投资具有地域上的相对集中性。外国资本大部分集中在富于矿产资源的地区:南非联邦、罗得西亚、比属刚果;而在以生产农业原料为主的地区,如黄金海岸、尼日利亚、法属西非、肯尼亚、乌干达等,投资较少。1936年,按人口计算的平均投资额,在南非联邦为55.8英镑,罗得西亚为38.4英镑,比属刚果为13英镑;而尼日利亚只有3.9英镑,肯尼亚和乌干达为6.9英镑,法属西非为2.1英镑。

最后,由于宗主国特点的不同,其在所属殖民地的投资,也表现出不同的情况。英属西非和法属西非的自然资源大体相似,但是按人口平均的投资规模,英属西非为4.8英镑;法属西非只有2.1英镑,相差很远。在英属西非铁路运输较发达,而在法属西非的内地,货物运输几乎全靠人力。在矿业投资方面,也远逊于英属西非。这种情况同法帝国主义本身力量较弱以及它的资本输出还未完全改变其高利贷性质的特点有关。

第一次世界大战后,帝国主义通过投资对撒哈拉以南非洲自然资源掠夺的加强,充分反映在这一地区对外贸易的特点上。撒哈拉以南非洲各国的出口物资,基本上是农矿原料和林业产品;并且一两种原料产品在其出口中占有极大比重。各个殖民地出口产品单一化的情况如表8-4所示。[1]

表8-4　各个殖民地出口产品单一化情况　　　　(单位:%)

国别	出口产品	1935年占出口总值比重
英属：冈比亚	花生	98
塞拉勒窝内	棕榈产品	65
黄金海岸	可可	56
尼日利亚	棕榈产品	35
尼亚萨兰	烟草	86
肯尼亚	咖啡、棉花	65
乌干达	棉花	80
坦噶尼喀	西沙尔麻	44
南非联邦	黄金	72
南罗得西亚	黄金	64
北罗得西亚	铜	61
法属：西非	花生	49
赤道非洲	棉花	48
比属：刚果	矿产(铜)	70
葡属：莫三鼻给	糖	66

　　宗主国对这些殖民地自然资源掠夺的加强,不仅表现在出口产品的进一步单一化上,而且还表现在这一时期这些殖民地出口贸易量的急剧扩大上。如尼日利亚,1939年棕榈产品的出口量比1899—1901年(平均)增加了6倍以上;黄金海岸可可豆出口量,1901年只有536吨,1939年达23.6万吨。比属刚果的出口总值1938年比1913年增加了20倍以上。肯尼亚出口总值从1922年的92万英镑增加到1929年的275万英镑。北罗得西亚铜出口额1926年为650吨,1933年为104204吨。坦噶

① 黑利:《非洲概览》,1938年英文版,第1325—1331页。

尼喀 1927 年出口值比 1912—1913 年度增加 1 倍多。所有这些殖民地的出口产品都是由宗主国的资本所控制，大部分运往宗主国，或由宗主国转售于世界市场。

与此同时，在这些殖民地的进口贸易中，宗主国也往往占着绝对优势，这反映了这些殖民地作为宗主国工业品销售市场的附庸地位。不过，在 30 年代，日本和德国也加紧了向撒哈拉以南非洲的贸易扩张。例如，在西非进口的棉织品中，1926—1932 年有 90% 来自英国，到了 1934 年下降为 63.5%，而日本却从 1932 年的 2.5% 上升为 1934 年的 18.5%。30 年代德国工业品也大量渗入比属刚果、南非联邦等地，以掠取这些地区的战略原料。这正是 30 年代各帝国主义之间矛盾日益尖锐化在撒哈拉以南非洲的反映。

帝国主义对撒哈拉以南非洲人民的超经济掠夺

帝国主义在撒哈拉以南非洲，除了加紧经济掠夺外，还大大加强了超经济的掠夺。这种掠夺的重要形式之一，就是横征暴敛，增加捐税。如在英属东非的肯尼亚，殖民当局向非洲人征收两种"土人税"，即茅屋税和人头税。做丈夫的，不仅自己要纳税，还要为妻子纳税，即使他们住在同一个茅屋里。据 1924 年统计，该地非洲人的全部商品总值不过 54.6 万英镑，而被征的"土人税"却达 87.6 万英镑。在坦噶尼喀，1924 年起，"土人税"从每人 6 先令增加到 10—12 先令。在尼日利亚，也向妇女征税。在塞拉勒窝内，还向外来土人征税。在冈比亚则征收所谓通行税。在法属苏丹，从 1916 年到 1926 年，税率提高了 6 倍多。在比属刚果，1927 年"土人税"收入为 5300 万法郎，1930 年增至 1.09 亿法郎。

超经济掠夺的另一种重要形式，就是在各个地区普遍推行强迫劳动。各地殖民当局为了保证欧洲人的种植园、矿山以及修建铁路、公路、港口和其他各项工程所必需的劳动力，除了剥夺土著居民的土地，人为地制造"土地荒"，征收人头税、茅屋税等，迫使土著居民为了维持生计和纳税不得不廉价出售劳动力外，还实行种种形式的强迫劳动。

强迫劳动的形式之一，就是实行所谓"社会义务劳动"。例如在法属西非，根据 1930 年的一项法令，土著居民随时可以被抓走，送到离家几百里外的地方进行"社会义务"劳动。法属西非的所有铁路、公路、港口、机场等建筑工程,都是用这种强迫劳动建立起来的。在尼日利亚,强迫劳动按官方规定,每人每年不少于32天。刚果土著居民无偿地建筑公路及其他服役的时间,每年达2—4个月。

所谓"契约工制"是撒哈拉以南非洲各地强迫劳动的另一种普遍形式。专门负责为矿山、种植园"招募"工人的代理行,通过部落酋长、殖民机关官吏,到各地用压制手段强迫土著居民签订契约,到指定的矿山、种植园当苦工。在契约期间,契约工的人身自由受到限制,没有特别许可不许离开工房,不准离职不干。在劳动中动辄受到鞭笞棍打。契约工的工资低于当地的市场工资,而且只有在雇佣期满后才能领取。契约工所得的工资,除了扣除在雇工商店里赊购食品等必需品的账款外,还要扣除当初被招募时预付的款子(许多非洲人只是因为需要这笔钱纳税或还债才去做工的),所以到账目全部结清时,已所余无几。这种契约工的强迫劳动,在葡属非洲(莫三鼻给、安哥拉)最为盛行。在那里,土著男子随时会受到调查,如果提不出证明在前一年已经工作过六个月或受调查时正在工作,就被送去当"契约工"。葡属非洲的"契约工"不仅被送往本殖民地的矿山、种植园去,还常被大批地送往南非的矿山、种植园去当苦工。

此外,在非洲各地,强制欠缴税款的土著居民服工役以及大量利用犯人劳动力等,都是强迫劳动的重要形式。在南非联邦南罗得西亚等地区还利用"通行证"制度①,大批地拘捕无证进入城市的土著居民,廉价出租给农场主、矿山主当苦工。欧洲殖民者就是这样用强迫劳动,来解决他们从事农矿资源掠夺时所缺乏的劳动力的。

强迫劳动实际上是奴隶制的现代形式,在第一次世界大战前就已盛行;在战后,随着外国资本的种植园和采矿业的发展,更大规模地被使用起来,成了外国资本取得廉价的乃至无偿的土著劳动力的重要手段。

帝国主义所执行的种族歧视政策,特别是在南非联邦,也是超经济掠

---

① 在南非联邦、南罗得西亚的城市里,实行种族隔离,非洲人只能住在远离城市的特定居住区,取得居住许可证,夜间出门必须出示特别通行证。从一个农场换到另一个农场,必须携带迁移通行证。乘火车必须出示旅行通行证。如果证件不全,就加以拘捕。

夺的重要形式之一。在那里,不准许非洲工人当熟练工人,在有些地方甚
至连半熟练工人也不准许非洲工人担任。非洲工人的工资,只相当于欧
洲工人工资的 1/5 到 1/10。非洲工人的劳动条件是最坏的,工伤事故特
别多。殖民者对非洲工人的毒打、罚款、动辄送去坐牢等非人的虐待,更
是常见的现象。

撒哈拉以南
非洲的土地
关系及其演变

　　帝国主义在撒哈拉以南非洲推行的土地政
策,因各个地区情况不同而有所不同。在南非、东
非地区殖民当局推行了大规模掠夺非洲人土地的
政策,以法律形式强制非洲人迁至划定的区域,即"特居地"。殖民当局
把掠夺来的大量好地分给垄断资本集团和欧洲移民经营种植园和矿山。
以肯尼亚为例:1926 年英国殖民当局颁布"皇家土地条例",仿照南非联
邦规定"特居地"制度,在特居地以外非洲人无权取得土地,甚至连尚未
转让的皇家土地也不准他们耕种。在肯尼亚,这类"特居地"共计 24 个,
占地 121208 平方公里。在这些"特居地"里,每一非洲人占地约 3.3 公
顷。但"特居地"的土地,大都是坏地、低地,约有一半不适宜于耕种。在
西非地区,殖民当局没有象在南非东非地区那样大规模地掠夺非洲人的
土地,即使在战后,欧洲殖民者掠夺非洲人土地的面积也远不如南非、东
非地区。他们在那里主要垄断收购非洲小生产者的农作物,以此剥削非
洲人民。

　　第一次世界大战后,随着非洲人民的逐步觉醒和帝国主义殖民体系
危机的开始,帝国主义者在撒哈拉以南非洲地区,特别是西非、中非地区,
采取了继续扶持或恢复原先的氏族部落组织的政策,用法律形式使部落
上层分子(酋长、氏族长老)在殖民地当局的控制下,保持其传统的权力
(如对他们管辖区内的土地支配权,征收捐税、征募劳动力权,行政管理
权,司法权等)。同时,殖民当局也准许部落上层分子作为"土人居民代
表"参加立法机构作为陪衬。帝国主义者这样做,无非是为了利用部落
上层封建势力作为其殖民统治的社会支柱。这样,更便于对土著居民进
行剥削和奴役,也更便于镇压土著居民的反抗,阻挠和破坏民族解放运动
的发展。

扶持和恢复氏族部落组织,从土著居民的土地关系上来说,就是要保存已普遍形成起来的部落封建所有制。撒哈拉以南非洲的土地关系是十分复杂的。在丛林地带和腹部偏僻地区还有正处在瓦解阶段的氏族公社所有制;在沿海地区商品关系比较发达的地方已开始出现资本主义所有制形式;同时,奴隶制残余在不少地区还被保留着。但是一般说来,在非洲土著居民的土地关系中,部落封建所有制已在各个地区形成起来,成为最普遍的一种土地占有形式。

部落封建所有制的特点,在于封建关系和氏族制度的残余交织在一起,封建剥削是在氏族公社组织范围内实现的,经常为旧的氏族关系所掩盖。土地名义上属公社所有,但是具有土地支配权的部落首领(酋长、氏族长老等)是土地的实际所有者。氏族成员从部落首领那里领取份地;部落首领凭借这种土地支配权,在氏族传统、宗教习惯和仪式的掩盖下,向氏族成员收取各种形式的贡赋和劳役——这实质上就是封建地租。氏族成员对部落首领实际上处于封建的依附地位。

在法属西非,氏族成员要取得公社土地,一般必须把一部分收成作为礼物送给首领,或在首领的农场上工作等。在上沃尔特的摩西族,氏族成员除须为首领耕种土地外,还要交纳祭神用的牲畜、一部分猎得的野味和出卖产品的特别税等。在几内亚和苏丹的富尔伯族,每个农户在收割庄稼之前,要送酋长一大土罐黄油;每逢宗教节日,要把特别肥的公绵羊送给酋长;酋长家里有婚丧喜事时,氏族成员必须送礼。在象牙海岸的安伊族和包勒族,公社成员必须组织一支劳动队为首领的种植场工作,为首领修建房屋、供应木柴等。

在英属西非各部族中的封建关系大体与法属西非类似。

在比属刚果的土地关系中,氏族制度的残余比西非更显著些。部落首领利用土地支配权向氏族成员收取的贡赋,据1928年的记载,有实物形式,如象牙、兽皮、棕榈产品和谷物等;也有劳役形式,如给酋长做杂工等。

在葡属莫三鼻给聪加人部落中,据1927年记载,部落成员对首领的义务,包括:每个成员要在自己耕种的土地上划出单独一块来,其收成归首领所有；首领及其妻子的土地由部落成员耕种；每户在收获玉米时，必须把第一筐玉米奉献给首领；部落成员制酒时，必须送给首领一部分；猎户要把猎获物的一部分送给首领；部落成员在外做工归来时，以一个半英镑交给首领；等等。

东非乌干达，是撒哈拉以南非洲封建制度发达的地区之一。在 1900 年就已确立了封建的土地私有制。根据 1925 年和 1926 年的法律规定，地主不得强迫农民迁离他所耕种的土地，但农民必须向地主缴付混合地租，即既付货币又付实物的地租。种植棉花的土地，每平方码交纳棉花一磅（几乎是收获量的 1/3）；咖啡每 10 磅交纳 2 磅；其他一切产品为收获量的 1/10。同时规定，货币地租可以根据双方协定用劳役来代替。这实际上使丧失土地的农民变成了带有份地的雇农或分成制佃农。

随着在农业中出口作物生产的片面发展和商品关系的增长，在撒哈拉以南非洲的某些地区，特别是沿海商品作物比较发达地区的土地关系，出现了一些变化。出口作物种植的发展，一方面为部落的上层分子剥削公社成员提供了新的有利条件，加剧了对公社成员的封建剥削；另一方面也引起了公社成员间的阶级分化和公社组织的进一步瓦解，出现了土地租赁、抵押、买卖的现象和土地私有制的发展。少数封建部落贵族和最富裕的农民开始了资产阶级化过程，建立出口作物的种植园，兼营贸易和高利贷活动。同时，广大公社成员的贫困化，形成了大批季节性雇农的地区流动。这些都说明，在农业中开始出现了资本主义关系。

西非是小农经济占优势和商品关系最发达的地区。英法帝国主义者，在这里利用小农经济片面地发展出口作物的种植。因此，这一地区农村中阶级分化的现象比较显著。第一次世界大战后，土地买卖和出租现象，在沿海地区愈来愈普遍。在尼日利亚南部，1908—1912 年发生了 21 起土地买卖事件和 101 起出租土地事件；到 1928 年，仅尼日利亚南部的伊波族中的土地买卖事件就发生了 100 起之多。至于土地因抵押和出租而临时转手的现象，则已相当普遍。在西非很多地区，土地实际上已成为私有财产（虽然在法律上仍属于公社），特别是在种植多年生作物（棕榈、可可）的地区。农民分化的结果，出现了少数经营面积较大的种植场。

例如,在第二次世界大战前夕,黄金海岸的亚山蒂族的可可种植场中,已经有少数占地 5 公顷以上的大种植场,而 60% 的种植场的经营面积还不到半公顷。在出口作物种植地区雇佣季节工人的现象已相当发展。例如黄金海岸的可可种植地区,一到收获季节,大批来自黄金海岸其他地区以及法属西非上沃尔特和苏丹的农民,聚集到这里充当季节雇工。在塞内加尔,在雨季栽种花生时,使用了大量来自苏丹的雇工,称为"雨季工人"。种植场主通常不支付货币工资,而是拨给一块地段,贷给种子和必需的工具并供给食宿。雨季工每星期在雇主的农场上干活 2—4 天。其余的时间在自己的土地上工作。收获后,加倍偿还借来的种籽,剩下的收成由雨季工自己处理出卖,然后离开农场。这种资本主义雇佣关系的特殊形式,显然还带有封建剥削的烙印。

此外,在东非、中非、南非商品作物比较发达的地区,也可以看到土地买卖、出租、抵押以及农民日趋分化的现象,并出现了少量由部落封建上层分子和富裕农民经营的使用雇佣劳动的种植场。

但是这一时期,在土著农业中出现的资本主义关系,还处于早期发展阶段,而且受到帝国主义者的百般遏制和封建势力、氏族制度残余的阻碍。它的发展是极其缓慢的,往往交织着半封建剥削关系。同时,还必须看到,农业中商品货币关系的发展,也给农民带来了沉重的高利贷盘剥。例如在法属西非,高利贷的年息一般在 100% 以上,而且照例以下年的收成作担保。因此,农民就得把下年的收成贱价让给债主。在塞内加尔有的地区,贷款年息竟高达 300%。农民一旦坠入高利贷者的魔掌,在大多数的情况下,就永远挣脱不了高利贷盘剥的罗网,农民实际上变成了债务奴隶。

在欧洲殖民者攫夺大量土地的地区,如南非、东非,建立了欧洲人的种植园经济。欧洲人的种植园经济在南非、东非的商品性农业中居优势地位。在南非联邦,欧洲人种植园的面积,在 1936 年,占可耕地总面积的 15%。但是,欧洲殖民者占夺的土地,用来经营种植园的只是一部分,其余大部分作为牧场或荒芜着(在南非、东非都是如此)。欧洲人种植园使用的常年劳动力和战前一样,仍然是土著"佃户工",即带有份地的雇农。

佃户工对欧洲农场主实际上处于农奴依附的地位；这是一种封建剥削和资本主义剥削相交织的工役制。此外，欧洲人的种植园，在收获季节，还使用大量的来自特居地或其他各处的契约工，他们的处境比佃户工更差。在东非的欧洲人种植园中使用雇佣劳动的情况，与南非大体相同。就是这样，欧洲殖民者，既夺走了非洲人的土地，又"窃取了他们的四肢"。

农业生产的进一步畸形化与农民生活的日趋恶化　如前所述，第一次世界大战后，撒哈拉以南非洲的农业，在外国资本的统治下，进一步地片面发展某几种出口作物，愈来愈加畸形化。外国资本，一方面通过自己经营的种植园，另一方面继续通过殖民当局所采取的种种经济的、非经济强制措施（如征收各种货币税、运用信贷政策、实行"义务作物制"等），迫使广大土著农民种植规定的出口作物。两次大战之间，撒哈拉以南非洲几种重要出口作物产量如可可、花生、咖啡、烟草等，都增加了2—5倍，并在世界产量中占有重要地位。第二次世界大战前，非洲几种出口农作物占世界产量的比重如下：棕榈仁97%、棕榈油70%、可可65%、花生60%、丁香90%、甘蔗58%、芝麻47%、西沙尔麻70%。

帝国主义殖民当局实行的政策和措施，使各个生产农业原料的殖民地，都只发展一种或两种专业化的出口作物：如黄金海岸是可可；尼日利亚是棕榈产品和可可；塞拉勒窝内是棕榈产品；冈比亚和法属西非是花生；尼亚萨兰是烟草；肯尼亚是咖啡和棉花；乌干达和法属赤道非洲是棉花；坦噶尼喀是西沙尔麻；莫三鼻给是糖。在以开采矿产原料为主的殖民地如南非联邦、罗得西亚、比属刚果的出口农作物也有一定的发展。

出口农作物的片面发展，导致农民的经济生活对资本主义世界市场的严重依赖和农业生产的极端不稳定。例如在法属西非的塞内加尔，土著居民2/3都是种植花生的，花生占输出总值的9/10。花生的产销状况决定着塞内加尔农民的命运。1929—1933年的世界经济危机，给这个殖民地带来了沉重打击，花生价格下跌了70%，花生出口量减少了62%，花生产量下降了39%。结果，塞内加尔农民在这三年中共损失了1亿金法郎。在这一时期，债务奴隶制在法属西非以空前的规模发展起来。英属尼日利亚，在危机期间也遭到了同样的厄运。棕榈油价格下跌了50%，出口总值缩减了 50% 以上,农民收入急剧下降。东非的乌干达在危机期间,棉花价格急剧下降,收入锐减,1930 年棉花出口值比 1929 年下降了 50%,1930 年农民每磅棉花的收入比 1929 年下降 1/3。在这种情况下,一大部分非洲小自耕农和佃农不得不依赖借贷过活,另外一部分农民失去了土地转而为欧洲种植园主劳动。

出口农作物的片面发展,不可避免地造成粮食生产发展的缓慢和粮食不能自给的现象。以 1934—1938 年与 1909—1913 年相比,西非可可生产增长了 5 倍,咖啡 10.8 倍,烟草 3 倍;而粮食作物生产的增长远远落在后面,小麦只增长了 40%,大麦 4.2%,玉米 95%,大米 29%。结果,这些片面发展出口作物的殖民地,都不得不大量进口大米、面粉等粮食。在法属西非,粮食占进口商品额的第二位。

片面发展出口农作物,也为外国资本对非洲殖民地进行不等价交换的剥削,提供了有利条件。它们无不利用这些殖民地在经济上的依赖地位,一方面压价收购出口作物,另一方面高价出售进口商品,对非洲农民进行敲骨吸髓的剥削。

自帝国主义统治以来,撒哈拉以南非洲农民使用的劳动工具和耕作方法,几乎没有什么改进。锄头仍是整地的唯一工具。农民一般没有耕畜,也谈不上为土地施肥。即使在所谓小农经济比较发达的西非也是如此。自从片面发展出口作物以来,在同一块土地上年复一年地种植同一种作物,地力逐渐衰竭,很多地区已出现农业慢性衰退的现象。例如在法属西非的塞内加尔,由于片面发展花生种植,地力日趋枯竭,致使花生生产中心一再转移,1890 年在沿海的柳菲斯克地区,1919 年转移到大陆内地的迪尤欠尔地区,1934 年又移到了高拉克。过去农业兴盛的地区,现在变成了不毛之地。许多出口作物(如花生、可可、咖啡)的单位面积产量,都有逐渐下降或停滞的趋势。两次世界大战间产量的增长,主要是靠扩大耕地面积取得的。不少地区的粮食作物生产,也有类似的慢性衰退的趋势。

在帝国主义者、封建部落贵族和高利贷者的几重剥削和压榨下,撒哈拉以南非洲农民过着极端贫困的生活,其情况比北非农民或尤甚之。以乌干达的棉花种植者所受的剥削为例,每人每年缴纳土人税 12—20 先令;棉花关税,每吨 2 镑 16 先令;特别土地税,2—20 先令;步枪税,4 先令;地租 10 先令或服役一个月;棉花收获量的 35%,咖啡或任何其他农作物收获的 20%(这些作为"什一税"缴予非洲地主);此外,每年要为英国当局无偿服役三十天,为"土人政府"无偿劳动三十天,其他劳役由英国殖民当局任意决定。在这样沉重的压榨下,乌干达农民普遍陷于贫困苦难的深渊。有个教会医生在报道中说,妇女因过度疲劳而不能生育,早产婴儿占 67%,新生婴儿有 1/3 不满一岁就死去。根据另一个报告的统计,10%的人口死于昏睡病;1933 年,有 12.1 万人死于疟疾,5000 人死于天花。再如,在法属西非,据调查,在第二次世界大战前,一个非洲农户的农业收入大约只能应付日常现金开支的 25%;如再有特别开支(如婚丧、生育等),则只能抵付现金支出的 17%。大批农民不得不外出寻找临时工作以赚取一些补充收入,来缴付名目繁多的苛捐杂税,维持一家半饥饿的生活。粟米稀饭是法属西非农民在劳累一天后唯一的食物。挨饿是普遍现象,在这时,农民只能以野果、野生植物块根、猴面包树叶和昆虫来充饥。在法属西非,除了由于长期挨饿和营养不良造成的一些疾病外,还蔓延着几十种传染病,如疟疾、结核病、霍乱、麻疯、昏睡症等。法属西非是世界上人口死亡率最高地区之一。在第二次世界大战前,据统计,每年每100 个非洲人中不到 15 岁就死亡的,在象牙海岸有 37 人,在几内亚有 41人,在尼日尔在 50 人以上。

撒哈拉以南非洲工矿业的发展及其殖民地性质　在帝国主义统治下,撒哈拉以南非洲的工业发展也是畸形的。采矿业得到片面发展,轻工业很不发达,它在大多数的殖民地中还只是处于萌芽阶段。在已有的轻工业中又主要是出口原料的加工工业或供国内市场需要的食品工业。除南非联邦外,根本没有冶金工业和机器制造业。全部大、中型的工业企业都为外国资本所垄断。非洲人的工业企业还停留在手工作坊阶段。

采矿业是撒哈拉以南非洲工业的最主要部门。第一次世界大战前,在撒哈拉以南非洲,只有黄金和钻石在世界占有重要地位,其他矿产开采得很少。第一次世界大战后,帝国主义垄断资本集团之间,为争夺战略原料产地和投资范围的斗争日趋尖锐,对非洲矿藏的勘探和开发随之日益加紧。除黄金与钻石外,有色金属矿得到了迅速发展。1925—1929 年,撒哈拉以南非洲主要矿产原料占世界产量的比重:锡——6.3%;铜——7.3%;铬矿石——50.6%;锰矿石——16.4%;白金——12%;黄金——56%;钻石——90%以上。30 年代,帝国主义各国摆脱了 1929 年的经济危机后,为了准备新的世界大战,加紧了对非洲战略资源的掠夺。除原有矿产外,还勘探和开采了具有战略意义的其他矿产原料。到 1938 年,非洲的主要矿产原料的开采量在世界产量中的比重有显著提高:锡占12.5%;铜——21.3%;锰矿石——37.6%;铬矿石——40%;钒——33.3%;钴——40%;黄金——45.5%;钻石——97.8%;白金——15%—20%。

撒哈拉以南非洲的采矿业完全为外国垄断组织所控制,其中以英国资本所控制的比重最大。在大多数的殖民地,殖民当局都以法令形式禁止非洲人开采矿产,并要殖民地人民为宗主国垄断组织进行矿藏的勘探采掘活动提供种种便利条件。殖民当局把非洲居民从最好的土地上赶走,把土地分配或租让给垄断组织。如前所述,为了保证矿山劳动力,殖民当局用种种经济的、非经济的强制措施,迫使土著居民作为契约工进入矿山劳动。殖民当局还实行强迫劳动制,迫使土著居民修筑铁路、公路、港口、采伐木材等,以便利垄断组织进行资源掠夺。此外,殖民当局还给垄断组织以种种特殊权利,如运输上的优待、税款的减免以及巨额补贴和低息贷款等。

撒哈拉以南非洲采矿业的中心是南非联邦,南、北罗得西亚和比属刚果。

在南非联邦,黄金在它的采矿业和整个经济中占有重要地位。金矿收入约占国民收入的 40%。在 1936 年全部矿产总值中,黄金占 75.6%,钻石占 16.2%。1913 年的黄金产量为 27 万公斤,到 1937 年增至 36 万公斤。南非联邦的黄金产量一直占世界首位。这一时期的黄金开采,主要掌握在英国资本的采金康采恩——"英国—德兰斯瓦联合投资公司"手中。钻石也是南非联邦的主要矿产之一。在 30 年代以前,南非联邦的钻石产量占世界第一位。以后随着刚果钻石产量的增长及其竞争能力的增强,南非钻石销路发生困难,产量锐减。1928 年产量为 471 万克拉,占世界产量的 57%;1937 年降为 103 万克拉;1938 年产量仅占世界产量的11%。控制钻石开采的是英国垄断资本"德·比埃尔公司"。此外,这一时期还开采了铁矿、锰矿、铬矿等黑色金属原料和铜矿、锡矿等有色金属。在第二次世界大战前夕,还开采了少量的锑、铂。在非金属矿方面,开采了石棉。这一时期所有这些矿产资源的开发和采掘,都掌握在几家英国垄断公司手中。

　　比属刚果也是撒哈拉以南非洲主要采矿业中心之一。第一次世界大战后,随着外国资本投资的急剧增加(1917 年为 16 亿比利时法郎,到1936 年增至 210 亿比利时法郎),比属刚果的采矿业有了迅速发展。主宰刚果矿产资源最主要的一个垄断组织,是由比利时和英国资本控制的"上加丹加联合矿业公司"。这家公司的主要活动是开采铜矿和炼制粗铜。1913 年的铜产量为 9000 吨,1937 年增至 15.1 万吨,占世界第五位。这家公司在第一次世界大战后,还广泛开采了其他许多金属矿,如锡矿(1918 年)、铀镭矿(1922 年,当时目的为炼镭)、钴矿(1926 年)、锌矿(1936 年)、锰矿和铅矿(1936 年)。这一时期,刚果的钻石开采量也有很大增长。由于刚果钻石价廉又适于工业用途,30 年代,它的产量超过了南非联邦;1929 年的产量为 190.8 万克拉,1937 年增至 492.5 万克拉,居世界首位。钻石开采主要为比利时和美国资本控制的福明纳公司和贝色克公司所垄断。此外,历史较久的黄金开采,第一次世界大战后也有增长。

　　罗得西亚也是非洲主要采矿中心之一。北罗得西亚的铜在世界产量中占有重要地位。第一次世界大战时期和战后初期,每年开采量不过100—200 吨,30 年代开始大规模开采,1938 年达 25.5 万吨(矿石含铜量)。第二次世界大战前,在北罗得西亚的采铜业中,英国资本占优势地位,但美国资本已经渗入,据估计,约占全部股份资本的 12%—25%。除铜而外,在北罗得西亚还开始开采了少量的钴、锌、铅、钒、锰矿等。在南罗得西亚,黄金开采仍占重要地位。南罗得西亚还拥有大量的铬铁矿和煤矿,在第一次世界大战前就已进行采掘,战后的产量有了显著增长。此外,石棉的开采量,这一时期也有很大增加。南罗得西亚的采矿业,同北罗得西亚一样,主要为英国资本所控制。

与采矿业相反,撒哈拉以南非洲的加工工业还极其落后。帝国主义为了把这一地区变成自己的工业品的销售市场,总是运用政治的经济的强制手段来抑制与宗主国工业发生竞争的那些工业部门的发展。例如,法属西非的花生几乎一直是全部运往法国加工的。第一次世界大战后,塞内加尔曾建造了一些巨大的榨油厂,足够加工当地生产的全部花生。但是,由于宗主国植物油厂主的反对,塞内加尔的花生仍须以一半运往法国,结果造成当地加工厂的开工不足。在尼日利亚,殖民当局也是力图阻止棕榈炼油业在尼日利亚的发展,早在 1916 年就对棕榈油征收出口税,其目的就是防止在尼日利亚设立炼油厂。在这种政策下,能够得到微弱发展的,只有那些为出口原料服务的初步加工业,和便于在当地制造的一些简单的食品工业和轻工业。至于重工业,除南非联邦外,根本没有。

南非联邦具有自治领的地位,政权掌握在当地生长的白人资产阶级手中,在政治上具有一定独立性。它的加工工业就比其他非洲殖民地发达,工业门类较多。但是即使这样,加工工业在南非联邦的国民经济中仍居于次要地位。加工工业产值只占国民收入的20%。在加工工业中占主要地位的是轻工业,它占加工工业产值的78%左右(1941 年)。南非联邦是撒哈拉以南非洲唯一有冶金工业的国家,但是产量还很低,1938 年钢产量仅有 30 万吨。在机器制造工业中,较发达的部门是生产矿山和铁路设备的部门。1939 年,南非联邦加工工业的工人总数为 35.3 万人,其中 28.8 万名是非洲人和亚洲人。

在比属刚果,加工工业也落后于采矿业。据 1937 年统计,为外国资本所控制的大、中、小工业企业共 2099 家,其中主要是一些食品工厂、棕榈油加工厂、肥皂厂、为矿产原料进行初步加工的企业,以及机器、汽车、船舶修配厂等。

南罗得西亚,加工工业也有初步的发展。

至于其他殖民地的加工工业,发展水平就更为低下,工厂企业寥寥无几。例如拥有 3000 万人口的尼日利亚,工矿业产值,在第二次世界大战时期,不过占全国总产值的 4.5%。它所拥有的工厂企业是屈指可数的,而且都属外国资本所有。

在撒哈拉以南非洲的工业中,属于土著居民的,只有雇有少数工人的手工作坊和小手工业。第一次世界大战后,土著居民的手工业,在外国商品的竞争和打击下,继续处于停滞和衰落的境地。尼日利亚是非洲手工业最为发达的地区之一。广大的手工业者,只是靠着他们的强度极高的劳动和制造适应购买力低下的土著居民需要的一些产品,才得以在外国工业品的剧烈竞争下维持下来。其中比较发达的是手工织布业、制鞋业、榨油业以及家庭用具、陶器业等。手工织布生产的布匹,供应了国内消费量的 30% 左右。榨油(棕榈油),也是重要的手工业部门,提炼方法异常原始,一直到 30 年代才开始采用手摇压榨机,但为数还不多。法属西非的手工业,在外国商品的竞争下,也日趋恶化,能维持下来的有铁器、陶器和粗布业等,这些部门在土著居民中有传统的市场。手工业制品的买卖常常采取产品交换的形式,并不经常使用货币。工匠助手的劳动报酬,除支付货币外,往往还支付一定数量的实物如粮食等。其他地区的手工业原来比西非为落后,在外国工业品的竞争下就更趋凋敝了。

在帝国主义的百般压抑下,非洲民族资本的发展极其缓慢和微弱。非洲人几乎没有发展资本主义的条件。例如,在南非联邦,禁止非洲人经商,在一些南非和东非国家,商业操纵在欧洲商人和其他非非洲商人的手里。至于从事出口农作物生产的农民,因为受到帝国主义不等价交换的剥削,他们从商品生产中得到的收入很少,谈不上进行资金积累。只有在西非沿海地区,特别是像尼日利亚、黄金海岸这样一些商品经济比较发达、本地居民经营小商业人数比较多的国家里,还能够逐步积累一些资本,发展成为民族资本主义企业。第一次世界大战后,尼日利亚、黄金海岸兴起了为数不多的商业和工业资产阶级,但他们大部分在经济上依赖于欧洲人的大公司。

撒哈拉以南非洲
工人遭受的苛重
剥削和工人阶级
队伍的成长

在外国资本所执行的种族歧视政策和各种形式的强迫劳动下,非洲工人所遭到的剥削和奴役的残酷程度是令人发指的。例如在尼日利亚的锡矿中,据 1937 年统计,剥削率高达 380%。在比属刚果,开采钻石的福明纳公司,在 1940 年的决算中,公司总收入是 4800 万法郎,其中 900 万法郎是产品成本,3900 万法郎是公司利润。南非开采黄金的公司,1886—1932 年投资总额为 2 亿英镑,而获得的利润却达 2.5 亿英镑。如前所述,契约工在非洲各地矿山中所遭到的奴隶式的压榨和虐待是骇人听闻的。非洲工人工资,以南非联邦的金矿为例,同当地欧洲工人相比,1911 年相差近 10 倍,到 1940 年扩大到 14 倍。工人所得到的工资不仅数额少,而且常常用实物(食品等)支付。劳动日长度在法律上也没有任何限制,通常是每天劳动 12—14 小时,有时甚至更长。他们的劳动条件也是最恶劣的。南非的非洲矿工经常在地下 2500 公尺的深处工作,坑道的温度高达摄氏 70 度,没有任何的劳动保护。他们住的是用木片或洋铁皮搭成的窝棚,既拥挤又不卫生。由于没有医疗条件,各种疾病蔓延。非洲工人动辄遭到欧洲雇主的处罚,罚款、鞭笞、坐牢是常见的事情。

第一次世界大战后,随着工矿业的发展,撒哈拉以南非洲的工人阶级的队伍逐渐扩大起来。无产阶级人数最多的地区,是南非联邦(约 150 万人)、南罗得西亚(17 万人)、北罗得西亚(1929 年为 11 万人)、比属刚果(1934 年约 35 万人)、坦噶尼喀(28 万人)。在西非各国,无产阶级人数还很少。非洲工人大部分是非熟练工人;同时,由于盛行变相奴隶制的契约工制,非洲工人的流动性特别大。他们当中的绝大多数是来自农村的农民,这些农民或者是被迫征募或者是为生活和苛捐杂税所迫,不得不离乡背井去本国或邻国的矿山和农场做工。这种流动性的劳工一般受雇 6个月、一年或两年,就回到农村一个时期,然后再外出工作。这一特点使非洲工人难于团结和组织起来,严重地影响了非洲工人运动的发展。在两次世界大战之间的时期里,除了南非联邦的工人运动和反帝的群众斗争较有组织而外,其他各殖民地的工人和群众的斗争多半还是自发的,政治要求也比较模糊。这一时期，撒哈拉以南非洲的民族独立运动尚处在开始兴起的阶段。

第二次世界大战时期的撒哈拉以南非洲经济

第二次世界大战期间，帝国主义对撒哈拉以南非洲的掠夺进一步加强，英国是主要角色，法国、比利时在战时为德国所败，在非洲的势力有所削弱，美国则乘虚渗入，大肆扩张。

为了保证战争的需要，英国在所属殖民地采取各种措施，把多种矿产原料和农产原料分别交由英国政府的各部统一收购支配。英国垄断组织还利用法国、比利时本土被德国占领的时机，从法、比殖民地大量进口战略物资。

战争期间，美国加紧向撒哈拉以南非洲进行扩张。它的掠夺对象主要是战略物资，渗入的主要地区是比属刚果、南非联邦、罗得西亚和法属殖民地。战时美国从非洲进口的原料占有重要地位的，在黑色冶金原料方面，有锰矿石、铬矿石、铌铁矿、钽矿石、钴；在有色金属方面，有从比属刚果进口的锡，从比属刚果和罗得西亚进口的铜。此外，美国从非洲进口的工业用钻石，在战时也有极大的增长。特别应该指出的，美国在战时完全垄断了比属刚果的铀矿资源。根据1942年美国、英国和比利时缔结的协定，美国有权获得比属刚果开采的铀矿石的3/4，英国收购余下的部分。第二年，美国使英国放弃自己的份额，这样，美国取得了全部收购权。1942年，美军以盟国名义驻扎比属刚果，与英国联合控制了比属刚果战略资源的生产和出口。1942—1945年，美国从比属刚果进口的总值，比1936—1938年增长了19倍。在战时，美国摩根财团买进了"比利时总公司"的主要股权，这就有可能对其在刚果的子公司，特别是"上加丹加联合矿业公司"施加影响。

美国对英属和法属非洲殖民地的渗透，反映在战时美国对这些地区的对外贸易额的增长上。从1937年到1947年，美国对法属西非的输出额增加了9倍。美国在1942—1945年，从英属南非、东非、西非进口的年平均额，比1936—1938年增长了2.3倍。

在英美帝国主义的加紧掠夺下，战时撒哈拉以南非洲的采矿业，特别是战略原料的开采,有了进一步的增长。1938—1942 年,铜由 40 万吨增至 45 万吨;锡由 2.1 万吨增至 3.1 万吨;铬矿石由 17.2 万吨增至 32.8 万吨;锌由 3 万吨增至 3.8 万吨。在南非联邦,锑的开采,在战时有迅速的增长,1938 年产量仅有 12 万吨,1943 年增至 168.9 万吨。在黑色冶金原料中,铬矿石的开采量也有增长。但是锰矿的开采量因受战时运输困难和失却德国市场的影响而下降了。黄金的产量在战争头几年比战前略高,但钻石的产量在战时继续受比属刚果竞争的影响而急速下降。与此同时,煤炭、石棉的开采量,因战争的需要,比战前增加了。在比属刚果,铜、锡、钴、锌的开采量都有显著的增长,但黄金的开采量下降了。1943—1944 年,铀矿石的输出每年约达 8000 吨。在北罗得西亚,铜的产量也得到了进一步的扩大。南罗得西亚的煤炭、铬矿和石棉开采量都有增加,但黄金的产量下降了。此外,在西非,尼日利亚提高了锡矿的开采量;黄金海岸提高了锰矿的开采量,并且开始了铝土矿的开采。总的说来,战时非洲采矿业的发展是不平衡的,但是在战争刺激下,各种战略原料的开采量都显著地扩大了。

战时,由于工业品进口的减少和宗主国在殖民地军事订货的需要,撒哈拉以南非洲的加工工业有了较快的发展。在南非联邦,由于军事需要,钢产量从 1938 年的 30 万吨增至 1944 年的 53.6 万吨。英国在南非联邦组织了大量的军火生产,包括大炮、装甲汽车、炮弹、弹药、发动机、飞机和汽车零件等。轻工业各部门的产量也大大增加。到战争末期,南非联邦加工工业的产值比战前提高了一半,职工人数达 45 万人以上。比属刚果的工业总产量,在 1940—1944 年,较 1935—1939 年平均增长了 89%。水泥、纺织、肥皂、化工品、食品和木材加工等部门都有很大增长,并出现一些新的金属加工企业。以生产农业原料为主的一些殖民地中,加工工业在战前是微不足道的,但在战时有了显著的发展。例如在尼日利亚,战时建立了一座拥有 60 台织布机的纺织厂,出现几十家制糖厂,还建立了一些制革厂。此外,原有的一些企业如肥皂厂、锯木厂、纸烟厂、罐头工厂,都有不同程度的发展。在法属西非,榨油业、肥皂业、罐头食品业和制革业都有很大增长。在英属东非也出现一些制糖厂、榨油厂、罐头食品厂、制烟厂、制鞋厂等。显然,这一时期得到发展的仍然是一些食品工业和一部分轻工业,其在国民总产值中所占的比重还是很小的,并且绝大部分掌握在欧洲人手中,但也有少量的民族资本发展。对工业原来极为落后的撒哈拉以南非洲来说,这不能不说是一个引人注目的变化。这对于工人阶级的成长和战后民族独立运动的发展,都具有重大意义。

与工矿业相反,战时撒哈拉以南非洲的农业衰落了。首先,正是由于战前在外国资本的压迫下,片面发展出口作物,一到战时就发生了严重困难。国外市场缩小和运输船只不足,使大量出口农产品被积存起来,帝国主义者就乘机压价强制收购。例如,英国政府在黄金海岸收购可可支付的价格,只及战前价格的1/5,乌干达生产棉花的收入比战前几乎减少了一半。这就不能不使许多出口农产品的产量降落下来。其次,战时,英法帝国主义征调大批土著居民服兵役,大规模地进行强迫劳动,都使农村劳动力大为减少,影响了农业生产。据1945年统计,在英属东非和西非,服兵役的非洲人有36.8万人。1940年,法属西非土著居民在法国军队服役的达12.2万人。至于强征土著居民从事各种军事建筑工程、军事运输工作或其他各种形式的强迫劳动的人数就更多,每年达几十万人。在这种情况下,不仅出口作物的产量下降了,就是粮食作物如小麦、大麦、玉米等,都有不同程度的缩减。此外,南非各地的牲畜(牛、绵羊)头数也比战前减少了。

战争期间,撒哈拉以南各族人民除了承受兵役和各种强迫劳动的沉重负担外,还遭到殖民当局加重征收苛捐杂税的压榨。在英属殖民地,巧立名目强征新税,例如,在乌干达、坦噶尼喀和黄金海岸,实行了过去从未征收过的所得税;在贝专纳实行了战时特别税。在法属西非和法属赤道非洲,向土著居民征收的直接税,1944年比战前增加了2倍多。比属刚果征收的所谓土人税,1945年比战前也增加了1倍多。同时,殖民当局还强迫土著居民交纳所谓献金,向他们摊派公债。此外,英国政府对在殖民地取用的原料、粮食和各种服务的价款,都采取记在英镑账上加以冻结的办法,不付现款。英、法、比帝国主义还在所属殖民地实行通货膨胀,引起了物价的不断上涨。所有各殖民地的非洲工人的实际工资,除个别行业外,都比战前下降了。

　　第二次世界大战直接和间接地给非洲人民带来了灾难,但他们也从战争中受到了深刻的教育,民族觉悟提高了。参加过反法西斯战争的大批非洲士兵,成了战后初期非洲民族独立运动的中坚力量。战争期间采矿业和加工工业的发展,扩大了非洲工人阶级的队伍。在撒哈拉以南非洲的工人总数(包括采矿、加工工业、运输、建筑、农业、林业工人等),从战前的 500 万人左右增加到战后的 800 余万人。非洲的城乡民族资产阶级和知识分子的人数也比战前增加了。第二次世界大战的结果,使几个主要帝国主义国家,特别是原来统治非洲大部分地区的英国和法国,遭到严重的削弱;在欧洲和亚洲,出现了一系列新的社会主义国家;1949 年中国革命的伟大胜利,大大鼓舞和推动了一切被压迫民族争取独立的斗争。所有这一切,促成了战后时期非洲民族独立运动的巨大高涨。

第 九 章

资本主义总危机时期的拉丁美洲经济

第一节　帝国主义对拉丁美洲
控制和掠夺的加强

经过第一次世界大战,拉丁美洲的资本主义经济曾获得一定程度的发展。战后初期,按经济发展水平而言,各国情况不同:阿根廷、巴西、墨西哥和智利四国的工矿业和农业比较发达,无产阶级和民族资产阶级已经形成;加勒比海地区各国(古巴除外),经济很落后,工业非常幼弱或者几乎没有什么工业;古巴和其他南美国家则介于两者之间,工业正处于奠基阶段,无产阶级正在形成。但是,总的说来,战后拉丁美洲各国的半殖民性质没有多大改变,经济十分落后,外国垄断资本继续控制着拉丁美洲的经济命脉。然而,拉美国家的工农业生产和民族经济有了进一步的发展。

外国资本对拉丁美洲的控制和掠夺　　在两次世界大战之间的 20 年中,在拉丁美洲的外国投资又有增加,并出现了下列趋势:一是美国的投资迅速增加,形成了与英国资本势均力敌和互争霸权的局面;二是掠夺原料资源的直接投资,有了显著的增长。

第一次世界大战前夕,英国在拉丁美洲的投资近 50 亿美元;法国次之;美国投资仅 12.4 亿美元,还不及英国的 1/4。战争期间,欧洲交战国的投资减少了,美国资本却乘机大量涌入拉丁美洲。1919 年,英国对拉美的投资为 37 亿美元,法国剧降至 12 亿美元,美国投资则较大战前夕约增 1 倍,即达到 24 亿美元以上。

资本主义相对稳定时期,在拉丁美洲争夺投资领域的斗争中,美英两国垄断资本的竞争异常激烈。英国利用它对拉美的长期经济影响和传统贸易关系,不仅卷土重来,而且还把投资额提升到较高于战前的水平,1929 年差不多达到了 59 亿美元。英国资本在阿根廷、巴西和乌拉圭继续保持着绝对优势,在巴拉圭也比美国资本略胜一筹。同时,美国资本则利用战时取得的阵地和金融势力,在拉丁美洲到处排挤英国资本。1913—1929 年,美国在中美各国的投资增加了 2 倍多,即从 10.7 亿美元增加到 33 亿美元,超过了当时英国在该地区投资的 1 倍以上,美国资本占到了压倒的优势。在南美,美国资本的进展尤其迅速。在上述同一时期里,英国在南美的资本额仅增加了 16.9%（由 38.4 亿美元增加到 44.9 亿美元）,美国资本则增加了 12 倍以上（由 1.7 亿美元增加到 22.9 亿美元）。但整个说来,美国资本在南美的地位还远逊于英国,而在全部拉丁美洲,则刚刚达到和英国资本分庭抗礼的地步（55.9 亿美元对 58.9 亿美元）。

1929 年的世界经济危机爆发以后,英、美两国资本这种势均力敌的情况,又发生了新的变化。在大危机中,美国在拉美的投资额急剧下降,从 1929 年的 55.9 亿美元下降到 1930 年的 40 亿美元。此后到 1938 年进一步下降为 35 亿美元。而英国的投资额,在危机中下降较少,1930 年时仍有 50 亿美元左右,此后直到 1938 年,才进一步降至 38 亿美元。危机期间,美英两国投资下降程度不同的原因是:美国的投资主要是直接的厂矿等投资,大都投在采掘业、电力工业、种植园业以及制糖业、肉类加工业等方面,在危机的打击下,产品滞销和生产下降,固定资本剧烈贬值,引起投资总额的显著下降。而英国的投资则主要是在铁路、政府贷款等方面,受到危机的影响较小。

经济危机过后,各帝国主义国家争夺拉丁美洲投资市场的斗争,变得更为复杂和尖锐了。除了英美两大资本巨头之间继续进行着激烈竞争外,其他国家的资本,特别是法西斯德国资本,也加紧渗入拉丁美洲。到第二次世界大战前夕,德国在拉丁美洲的投资已达 10 亿美元,其中半数投放在阿根廷。德国资本在许多拉美国家的采矿(尤其是有色金属开采)、石油、电气、硝石开采等部门,以及在电讯、银行、航运业中,有着重大的影响。

第一次世界大战后,拉丁美洲外国投资的另一特点是:掠夺原料资源的投资占了很大的比重。这种情况是和美国资本大量渗入拉丁美洲各国的工矿业和农业分不开的。过去,英国的投资主要是在铁路运输、银行保险和政府贷款等方面。在战前的英国投资中,铁路股票的投资占 46%,政府公债占 31%,银行和运输业占 3%,其他各业共占 20%。法国的投资主要是投在银行业上,再就是贷款给秘鲁、海地和墨西哥等国的政府。他们直接投放在工、矿、农等方面投资的比重都是不大的。而美国的投资则主要集中在采矿、农业、石油等部门。战后,美国对拉丁美洲的投资仍然大量投放在这些部门以及制造业中,以便利用当地廉价的劳动力来加紧掠夺拉丁美洲丰富的原料资源。1929 年,美国在拉丁美洲的直接投资中,对农业的投资占 24%,对采矿业的投资占 22%,对石油的投资占 21%,三者共占 67%。到 1940 年,三者的比重分别为 12%、26% 和 24%。按投资绝对额来说,在采矿、石油和加工工业部门中都上升得很快。至于美国在拉丁美洲的农业投资额,战后虽然高于战前水平,但 30 年代比 20 年代显著缩小了。这是因为:一方面,在当时农业危机的影响下,农业投资利润小,美国的部分农业投资向外转移;另一方面,这一时期拉美农民斗争有了新的高涨,在它的压力下,墨西哥等国政府不得不没收一部分外国资本控制的大庄园,来局部满足本国无地农民的要求,这也引起了美国在拉美的农业投资的下降。

美国在拉丁美洲的农业投资,既然主要投放在工农业等生产部门,这就使美国垄断资本有可能直接控制拉丁美洲各国的原料资源和国民经济命脉。到第二次世界大战前夕,美国垄断组织控制了拉丁美洲几乎全部的铁矿、铝土矿和钒的开采,将近90%的铜矿开采,70%的白银开采,将近60%

的锌的生产,50%以上的石油、锰矿和白金的开采,以及硝石和锡的大部分开采。此外,美国垄断资本还控制了许多国家重要出口农作物的生产。

古巴是美国垄断资本控制得最严密的国家之一。"古巴大西洋糖公司""赫西股份公司""联合果品公司"等美国垄断组织,长期操纵着古巴的经济、政治生活。美国在古巴的投资,1926 年超过了 15 亿美元,约占当时美国在拉丁美洲投资总额的 2/5。在美国私人对外投资中,古巴仅次于加拿大,居第二位。蔗糖业是古巴经济的基础,它也是美国投资的主要对象。美国资本当时在古巴建立了 177 个大甘蔗庄园,每一庄园分别拥有自己的种植园、堆栈、商店、铁路、码头和警察,俨然是国中之国。美国资本霸占了古巴耕地的 3/4,并以 8 亿美元的资本(1926 年),完全控制了古巴的制糖工业。整个古巴实际上变成了美国资本的大甘蔗庄园和糖厂。古巴的铁路、民用航空、电力、电话、电报、公用事业及银行信贷等,也几乎全部为美国垄断组织所控制。

巴西原是英国投资占优势的国家。1938 年,英国在巴西有 8 亿美元的投资。英国资本控制着巴西的咖啡生产、公用事业企业、主要铁路线和许多大纺织企业。美国资本在战后也大量渗入。它由战前的 0.5 亿美元增加到 1929 年的 4.8 亿美元,到 1938 年再增为 5.4 亿美元。

阿根廷原来也是英国资本占优势的国家。1913 年,英国投资额为 18.7 亿美元,1938 年为 19.5 亿美元,这些投资主要集中在铁路运输等方面。战后,美国资本大力渗入,由战前的 0.4 亿美元增加到 1929 年的 6.1 亿美元。阿根廷的进出口运输的垄断权基本上从英国转到了美国手中。美国波士顿银行和纽约花旗银行战后在阿根廷设立了分行。数十家美国公司扩大了在阿根廷的肉类加工业、石油、电站、保险业等部门的势力。1914 年阿根廷的外国资本总计为 45 亿比索,到 1929 年就增至 95 亿比索,即增加了 1 倍以上。阿根廷每年付给外国资本的利息和股息,大大超过了它的贸易顺差。

墨西哥的国民经济命脉,也完全掌握在外国资本的手中。1913 年,美、英两国在墨西哥各拥有 8 亿美元左右的投资。1929 年,美国的投资增加到 15.5 亿美元,英国为 10.3 亿美元。30 年代以后,由于墨西哥民族革命运动的高涨,墨西哥政府在 1937—1938 年将属于外国公司的几乎全部铁路和石油企业收归国有。外国投资额有所下降。但美国资本仍控制着墨西哥的其他重要经济部门。1940 年,美国仅直接投资一项,就达到 3.58 亿美元,仅仅三家美国矿业垄断公司——美国熔炼公司、安纳康达铜公司和美国金属公司——就控制了墨西哥 50% 的黄金和 61% 的白银生产,以及 90% 的铅、80% 的铜和 97% 的锌的生产。

外国投资在拉丁美洲的活动,在一定程度上促进了那里的资本主义经济的发展,但同时也加强了对那里的掠夺和剥削。据统计,在 1913—1939 年,帝国主义者在拉丁美洲所取得的利润达 64 亿美元以上,其中用于再投资的还不足 19 亿美元。美国从拉丁美洲的直接投资和贷款中,每年得到的利润为资本额的 50% 以上。例如,美国投入古巴制糖业资本的年利润率为 80%。又据对美国在巴西的 265 个公司的收入调查证明,其中 80—85 个公司的年利润率超过 50%,25 个公司相当于 100%,而个别公司竟高达 200%—300%。外国资本在拉丁美洲所搜刮的巨额利润大部分都汇回本国去了。外国垄断资本的统治和剥削,是拉丁美洲人民贫困落后的主要根源。

帝国主义对拉丁美洲各国的贸易掠夺　　对外贸易是帝国主义掠夺拉丁美洲人民的另一个重要方面。两次世界大战之间,拉丁美洲的对外贸易,是由帝国主义列强,特别是美、英、德三国所控制(见表 9-1)。

表 9-1　美英德三国在拉丁美洲 20 国对外贸易额中所占的比重①

(单位:%)

年份	在进口中所占比重				在出口中所占比重			
	美国	英国	德国	共计	美国	英国	德国	共计
1913	25.0	24.4	16.5	65.9	30.8	21.2	12.4	64.4
1917	54.8	14.9	—	—	51.7	21.0	—	—

---

①　保罗·何恩、赫伯特·毕斯:《拉丁美洲的贸易和经济状况》,美国 1949 年版,第 122 页。

续表

年份	在进口中所占比重				在出口中所占比重			
	美国	英国	德国	共计	美国	英国	德国	共计
1920	50.2	16.7	3.4	70.3	47.7	17.9	1.8	67.4
1929	38.7	14.9	10.6	64.2	34.0	18.5	8.1	60.6
1932	21.5	19.3	10.0	50.8	22.6	22.0	16.7	61.3
1938	35.1	12.4	17.8	65.3	31.5	15.9	10.3	57.7

　　表9-1不仅说明了上述三个国家在拉丁美洲对外贸易中的控制地位，也显示了它们在角逐拉美市场方面力量对比的变化情况。第一次世界大战后的最初几年，美国大体上维持了战时在拉丁美洲市场中所取得的巨大优势，单独垄断了这个地区对外贸易额的一半左右。战争中遭到失败的德国，差不多暂时完全被挤出了拉丁美洲市场。英国虽是战胜国，但国民经济和海外投资受到严重损失，它对中南美洲的贸易额也随之大大低于战前水平。

　　进入20年代后，形势开始发生变化。在美国垄断资本扶植下，德国的经济力量迅速恢复，它在拉丁美洲市场上业已卷土重来。英国在进出口贸易中的比重仍显著低于战前。在其他帝国主义者重新积极参加竞争下，美国同拉丁美洲各国的贸易在上述国家进出口总额中的比重，也剧烈地下降了。

　　1929—1933年的经济危机对美国经济的打击远比英德两国深重，美国的对外贸易下降得特别剧烈。美国在拉丁美洲进出口中的比重，甚至远不如战前。德国基本上保持了在拉丁美洲贸易中的原有地位；英国由于放弃了金本位制和实行保护关税，并利用关税压力迫使拉丁美洲国家多进口英国货，结果提高了自己在拉丁美洲进出口中的比重。

　　30年代的危机以后，各帝国主义国家争夺拉丁美洲市场的斗争愈益激烈。美国垄断资本为了挽回它的颓势，在"睦邻政策"掩护下，通过由它所一手操纵的泛美联盟，于1934—1938年先后同11个拉丁美洲国家分别签订了所谓"互惠贸易协定"。这类协定规定，缔约双方各自降低向对方商品征收的入口税。拉丁美洲各国当时输往美国的商品,99%是原料、食品和半制品,它们过去的进口税率本来就不高;而与此相反,美国输到拉丁美洲的商品主要是工业品,其进口税一向比较高。因此,这种"互惠贸易"实际上意味着拉丁美洲各国市场失去了本国的关税保护,而听任美国大量倾销它的工业品。同时,美国还利用拉丁美洲国家在经济危机影响下出现的财政困难,于1934年建立了专门的"进出口银行",打着"开发西半球国家的资源和稳定经济"的幌子,通过贷款给拉丁美洲各国(1934—1939年共计5亿美元),来提高它们的"进口能力",以便在受款国扩大美国商品的销路。正是依靠这些手段,美国在拉丁美洲市场上进一步排挤了英国和其他一些国家,基本上恢复了危机前夕它在这一市场上的地位。

30年代后期,德、意、日等轴心国家也加紧向拉丁美洲国家扩张,其中德国取得的成果最大。1938年,在拉丁美洲进口和出口贸易中,德国的比重甚至超过了经济危机前夕的水平,而在进口贸易方面,甚至大大超过了英国,跃居第二位。"划拨清算制度",即"换货制度"(交易双方用本国货币或商品结算贸易差额的制度)的采用,是希特勒德国取得上述进展的主要原因。利用这种办法,德国垄断资本在无须支付现金的条件下,以稍高于其他国家的支付价格,在拉丁美洲大批收购各种战略物资、原料和食品;同时,又根据"实物偿付"的规定,运销巨量的德国商品到拉丁美洲,从而加强了它在拉丁美洲市场上的地位。

帝国主义国家输出到拉丁美洲的商品主要是工业品,如化工品、煤和焦煤、金属及金属制品、汽车、纺织品、药品和纸张等。1928—1938年,在拉丁美洲进口商品总值中,工业品占到2/3左右。相反,帝国主义国家从拉丁美洲购进的几乎全部(97%—99%)是食品、牲畜、工业原料和半制品。这种情况,鲜明地表现出拉丁美洲各国经济作为帝国主义的农业—原料附庸的性质,也决定了拉丁美洲经济,尤其是它的对外贸易,在资本主义世界经济体系中,处于极端不利的地位。

不等价交换是帝国主义进行贸易掠夺的主要手段。在经济危机和萧条时期,帝国主义出口的工业品的价格和拉丁美洲外销的原料和农产品价格之间的剪刀差更加扩大了。1929—1935年,世界市场上工业品价格仅下降了52%,而原料、食品和半制品价格下降了60%。在美国和拉丁美洲之间进行交换的某些商品价格的变动中,情况更为严重:和1929年相比,1932—1939年,从美国输往拉丁美洲的农业机械和汽车的价格,仅下降10%—15%;相反,同一时期,从拉丁美洲输往美国的商品价格则下降得很多,可可豆下降50%以上,咖啡下降70%。这表明,外国垄断组织对拉丁美洲通过不等价交换进行的剥削,达到了何等严重的程度!

第二节　两次世界大战之间拉丁美洲的农业状况和农民运动的发展

土地关系的特点及其变化

第一次世界大战以后,半封建性的大庄园制度,继续在拉丁美洲各国农业中占着统治地位。大约占农户总数1.5%的大庄园主,占有整个耕地面积的一半以上,而占农业人口70%以上的则是无地或少地的佃农。例如,1930年,在墨西哥,拥有土地1000公顷以上的大庄园,仅占农户总数的2%,共占据了全国可耕地面积的83%,即1.1亿公顷;其中占有土地1万公顷以上的1932个最大庄园,竟拥有全国可耕地面积的54%,即7100万公顷;而占有土地1.5公顷以下的最小农户,在农户总数中占67%,却仅占有全国可耕地面积的0.67%,即89万公顷。在阿根廷,战后,5000个大地主垄断了全国土地的半数以上;其中,2000个大地主拥有的土地,竟超过英国、比利时和荷兰三国领土面积的总和;而5个最大的庄园主,每人则占据了10万—30万公顷最好的耕地和牧场。在巴西,占有土地1000公顷以上的大庄园,占农户总数的1.5%,却拥有全国耕地、牧场和其他土地总面积的48%:其中占有1万公顷土地以上的最大庄园,占农户总数的0.3%,而在土地面积中占的比重则为25%。某些巨大的庄园,其大小几乎等于欧洲一些国家的领土面积。在智利,少数大地主掌握了全国耕地的80%,而大多数农民平均每户占地不足一公顷。

在拉丁美洲的大庄园主中间,外国垄断组织、特别是美国垄断组织所占有的土地数量是惊人的。美国垄断组织大规模掠夺和经营拉丁美洲的土地,是第一次世界大战后拉丁美洲土地关系中的重要特点之一。早在20世纪初,美国资本即已开始在古巴、墨西哥等国"购买"和掠夺土地。第一次世界大战及战后时期,随着美国资本大量拥入,美国垄断组织对拉丁美洲土地的掠夺达到了空前的规模,而掠夺的范围则遍及整个中南美洲。被称为"香蕉帝国"的"联合果品公司"在近半个世纪中,就在中美7个国家里掠取了280万公顷土地,占这些国家全部耕地面积的28%。它在洪都拉斯占有的土地竟达这个国家全部耕地面积的1/3。整个说来,美国垄断组织共占据了拉丁美洲数千万公顷的土地,把尼加拉瓜、萨尔瓦多、危地马拉、古巴等国变成了自己独霸的庄园。

外国垄断组织对土地的掠夺和兼并,大庄园制度的统治,这双重压榨,使愈来愈多的拉丁美洲农民丧失土地,沦为佃农或债农。在古巴,据美国对外政策协会的材料,在以种植甘蔗为业的农民中间,1904—1905年属于自耕农的土地比重为36.5%,由佃农租种的土地比重为33.2%;到1930年,这两类土地的比重相应地变为8.9%和6.9%。第一次世界大战后,拉丁美洲有着数以百万计的债农(仅墨西哥一国,1921年即有275万人),他们的生活极为贫困。广大佃农的处境也很悲惨,地租额常常达到收成的一半以上。

两次世界大战之间,半封建制关系在拉丁美洲各国农村中占着优势地位。但在一些国家的农村中,资本主义经营方式也有了某些发展,使用农业机器和雇佣劳动的现象比过去增多了。阿根廷农业的资本主义化最为突出。它用来购买机器等的技术性投资,1920—1924年每年平均为8亿比索,1925—1929年增至年平均13.4亿比索。数以千计的拖拉机和其他农业机器,陆续在各大庄园中应用起来。许多大地主和农场主使自己的庄园现代化,改用资本主义的剥削方法来经营,雇农和农业工人的人数不断增加。例如,1914年在阿根廷农村中,雇佣劳动者占农业总人口的29.2%,而到1937年则已增至40.8%。不过,就整个拉丁美洲说来,农业中资本主义关系的发展,仍然是相当缓慢的。

<table>
<tr><td>

农 业 生 产 的 畸 形 发 展 和 不 稳 定 性 的 加 剧

</td></tr>
</table>

土地的开发和利用程度极低,是拉丁美洲农业落后的表现之一。直到第二次世界大战前夕,在拉丁美洲全部土地中,已耕地的比重仅为1%。在巴西,全国有1/2的土地适于耕种,但实际播种面积却只占全国土地面积的1.6%。在古巴,拥有全部农场土地总额半数的大庄园的土地,有9/10荒芜着。阿根廷是拉丁美洲土地利用率最高的国家,但它的土地的利用率也不超过10%。在一般情况下,属于外国资本和本国地主的大庄园,仅利用一小部分最肥沃的土地,而让大部分土地休闲着。这样做的目的是:一方面,对大批土地的垄断,可以防止外来的竞争,并在未来土地价格上涨时进行土地投机,攫取巨额收入;另一方面,保有足够的备用土地,以便在现耕地因滥耕而不得不弃用时有余地可以替换,并且在有利可图时能够及时扩大耕地面积。

单一作物制的畸形发展,是两次世界大战之间拉丁美洲各国农业落后的另一重要表现。早在20年代中期,古巴种植甘蔗的土地面积已占到全国耕地总面积的3/5。咖啡是巴西的首位农产品,战后初期在巴西出口总值中,仅咖啡一项即占70%。同样,在1938年,糖的出口占到古巴出口总值的72.7%;香蕉的出口占到洪都拉斯出口总值的82.3%。单一作物制的这种片面发展,使拉丁美洲各国农业严重依赖于资本主义世界市场。这种依赖的危害性在资本主义世界经济的周期变动中,尤其是在经济危机期间,表现得特别鲜明。

资本主义相对稳定时期,随着世界贸易的增长,以及美、英和其他西欧国家从拉丁美洲进口农产品数量的增加,拉丁美洲的农业生产,主要是各国重要出口作物的生产,有了不同程度的发展。例如,在阿根廷,粮食和亚麻的年平均输出实物量,1920—1924年为900万吨,到1925—1929年上升为1210万吨,即增长了1/3。羊毛及肉类出口量也有增加:1927年,羊毛出口量为16万吨,1925—1929年肉类出口量年平均在80万吨以上。出口增长的刺激,加上国内对农产品需求的增长,农业生产有了相当发展。整个说来,各种粮食产量在这个时期都维持在较高水平上。以小麦为例,1922年的产量为420万吨,1923年达580万吨,1929年更增至837万吨。

糖产量也增加了,1921—1922 年年平均为 16 万吨,1925—1929 年增加到每年平均约 40 万吨。由于国内外对羊毛需求的增加,养羊业也发展了,羊的头数由 1922 年的 3620 万头上升到 1929 年的 4440 万头。

在巴西,主要出口品——咖啡和糖的产量也大大增加了。1916/1917 年度到 1926/1927 年度,咖啡产量由 1696 万袋(每袋为 60 公斤)上升到 2125 万袋。巴西种植的咖啡树数量,1920 年为 19 亿株,1930 年增至 26 亿株。糖的产量,1913/1914 年度仅为 15.8 万吨,1920/1921 年度增至 49.2 万吨,1926/1927 年度达到最高点,为 85.1 万吨,此后两年有了下降,平均年产 66 万吨左右。

糖是古巴的基本出口商品,它的产量在战后有了较大增加,并且一直保持在较高水平上。古巴糖的年产量如后:1913/1914 年度——260 万吨,1921/1922 年度——400 万吨,1925/1926 年度——489 万吨,1926/1927 年度——451 万吨,1927/1928 年度——400 万吨,1928/1929 年度——520 万吨。

但是,这一时期拉丁美洲各国农业生产发展的基础是极其脆弱的。在资本主义世界农业危机影响下,拉丁美洲许多国家的农业中也出现了危机征象。例如,1927—1929 年,阿根廷的玉米、大麦、燕麦、亚麻和冷藏牛肉的出口数量显著减少,销售困难大大增加。在古巴,外销困难和生产过剩,迫使政府从 1926 年起一再限制蔗糖的生产。这些事实,预示着资本主义市场上风暴的来临。

1929—1933 年的世界经济危机,异常沉重地打击了以单一作物出口为支柱的拉丁美洲各国的农业。危机期间,美、英、德三国和其他欧洲国家从拉美购进的农产品数量大大减少了,这引起了拉美农产品出口量的急剧缩减。同时,这一时期国际市场上拉美出口的农产品的价格跌落得极惨,有些商品的价格甚至还不能弥补它的生产费用。结果,拉美各国农产品出口总值的下降程度,远远超过了其出口实物量的下降程度。

出口的缩减,引起了各国农产品的大量积存,外国垄断资本和各国地主资产阶级,为了在一定程度上维持这些产品的市价,到处进行着对农产品的有组织的和大规模的毁灭。在千百万人挣扎于饥饿线上的同时,大批小麦和火腿变成了火车燃料，数百万公升牛奶倾入了大海，以百万吨计的马铃薯和咖啡被人为地毁弃。例如，危机和萧条期间，巴西政府和种植园主共销毁了咖啡 4000 万袋。

各国的农业生产也发生萎缩，农作物的播种面积、收获量和产值都显著减少了。例如在墨西哥，危机期间，棉花和烟草的播种面积分别减少了 61.6% 和 27.8%，其他如龙舌兰、大米、玉米等的播种面积也大大缩小。结果，一系列作物的产量剧减，加上价格下跌，全国农业总产值从 1928 年的 4.67 亿比索降为 1932 年的 3.02 亿比索，即减少了 1/3。巴西农业总产值，在危机年份也下降了 35%。

经济危机过后，由于农产品外销及国内情况好转，拉丁美洲各国的农牧业生产有了一定程度的恢复，一般已接近危机前夕的水平，有些农牧业产品甚至比过去还略有增加。

> 农民运动的高涨
> 墨西哥的土地改革

在世界经济危机的袭击下，由于产品滞销和价格猛跌，使广大的小佃耕农户和雇农的处境恶化，引起了农民运动的高涨。

破产和饥饿的广大农民，掀起了反对地主压迫的斗争。例如，在 1931 年，巴西伯南布哥州曾有 3000 名饥饿的农业工人和雇农联合起来，强行抢劫粮店和面包店。阿列依市有 1500 名挨饿的农民、雇农和工人攻打集市，政府派来的警察拒绝向他们开火，并且同农民举行联欢。在西阿拉州，饥饿的农民占领了茹安赛罗城。在巴拉希巴、伯南布哥……等州，农民袭击列车与粮栈等。1932 年年初，在圣保罗州的一个大地主阿·林斯的种植园内，爆发了一次雇农大罢工，蔓延到附近的各个种植园，有十万名以上的贫雇农参加。许多印第安人的部落也卷入运动中来，他们夺取大庄园的土地，毁坏其田庄。

1929—1933 年的世界经济危机，使墨西哥的农民运动高涨起来。农民在斗争中提出了分配土地的要求。这一要求在这一时期墨西哥的土地改革措施中得到了反映。

早在 1917 年，墨西哥政府在社会主义革命思潮的影响下颁布的宪法，曾对土地问题作了如下规定："国家是一切土地和河流的原主，有权向产业主征收,但应给以补偿。"并且规定,过去一个时期,从印第安人抢掠来而转让出去的印第安人的公地,"均作为无效。如果还不能供给乡村的需要,应从邻近的地产中加拨新增的土地。印第安公地自此以后不得转让,应认为是乡村公有土地,不过,依照印第安人的习惯法,最后得划成小块,归农民个人使用"[①]。

1920 年,在倭布瑞冈担任墨西哥总统期间,对上述变法条文作出了下列的具体规定:"需要土地的乡村可以向邦土地委员会申请,土地委员会可以从邻近的大农庄里拨给土地,每户不得超过 7 英亩到 20 英亩。地主可得政府债券作为补偿,依照法律规定,此种债券以 20 年为期付款。"据此,在倭布瑞冈任总统期间,约有 300 万英亩土地分到了农民的手里。很明显,这种土地改革很不彻底。但仍遭到国内外反动派的仇视和干扰。此后,这个土改法,在几届政府中,都没有得到认真执行。

在 1929—1933 年的危机之后,由于人民革命运动的高涨,1934—1940 年卡德纳斯任总统期间,才不得不比较认真地执行土地改革的纲领。在这六年中,总计有 1800 多万公顷土地分给了农民,得地的贫雇农约为 100 万户。这比他以前历届政府所分配的土地的总和(800 万公顷)还要多出 1 倍以上。墨西哥的这次土改,在 1940 年以后就停止了,它虽然没有也不可能彻底地解决农民的土地问题,但对于拉丁美洲的农民运动,是起了很重要的推动作用的。

第三节　两次世界大战之间拉丁美洲的工业和工人运动的发展

1917—1939年的工业发展状况　　在第一次世界大战后,拉丁美洲经济发展最显著的现象之一,是工业生产有了较快较大的增长。但这种增长在世界资本主义经济周期的影响

[①]　派克斯:《墨西哥史》,生活·读书·新知三联书店 1957 年版,第 294 页。

下,是不稳定的,同样受到危机的严重打击。

两次世界大战之间,拉丁美洲工业的发展,大致可划分为以下三个阶段:

第一阶段,第一次世界大战结束到 1928 年。如前所述,第一次大战为拉丁美洲民族工业的发展创造了一定的条件。战后,资本主义世界的局部稳定,拉美各国国内和世界市场的扩大,外国资本和装备的源源流入,刺激了拉丁美洲工业的进一步发展。因此,福斯特引用历史学家克罗的话说:"第一次世界大战以后,工业化的进展是拉丁美洲生活中最显著的倾向。"①1918 年,阿根廷只有两家棉纺织厂,共计 1.03 万个纱锭,而到1929 年增至 5 家,共有纱锭 5.24 万个。发电站的功率,1916 年为 22.6万瓩,1930 年增至 78.7 万瓩。在墨西哥,1902 年的加工工业总产值为1.44 亿比索,而到 1929 年则增至 9 亿比索,增长了 5 倍多。在巴西,工业生产总值在第一次世界大战中约增长了 1 倍,到 1928 年则已增为 1914年的 3 倍。总之,当时拉丁美洲的工业发展速度高于主要资本主义国家。

第二阶段,1929—1933 年。1929 年后,在世界经济危机的打击下,拉丁美洲各国的工业生产均有不同程度的下降。巴西的工业生产,仅在1930 年就下降了 30%以上。圣保罗州的工业家协会在 1930 年致总统的呼吁书中说,棉织业的开工率只有 30%,丝织业不到 30%,冶金工业和造纸工业只有 40%。工业品和工业原料的价格急剧地下降:橡胶和铜的价格下降了 40%,锡的价格降低了 38%。在危机中,由于外国商品的倾销,政府税收的加重,以及广大群众购买力的枯竭,使得国货商人和独立生产者日益走上破产的道路。在圣保罗州和里约热内卢两处交易所登记的中小企业的破产户数,1929 年前每年不过 200 户,1929 年增为 579 户,1930年更上升为 686 户。在智利,危机中为帝国主义资本服务的矿业,几乎已全部陷于停顿。在墨西哥,从 1929 年到 1933 年,铜、铅、锌的产量在危机中均下降了 50%以上,石油产量也下降了 24%。一般说来,在 1929—1933 年的危机中,拉丁美洲各国的采矿工业减产得比较多,因为它是面

---

① 福斯特:《美洲政治史纲》,人民出版社 1956 年版,第 479 页。

向国外市场的,危机时期出口贸易有大幅度下降;加工工业主要是面向国内市场,所受的影响比较小。

第三阶段,1934—1938年。这是资本主义世界特种萧条和新的经济危机时期,但在拉丁美洲,这个时期的工业却有着比较迅速的上升。例如,从1934年到1938年,巴西的工业总产值大约增长了40%,而加工工业的生产则增加了54%。在这段时间内,巴西的钢铁工业和水泥工业,都发展得比较快。1926年,巴西所需水泥的98%依赖进口,本国生产量只有1.3万吨,到1936年产量骤增至48.3万吨,增长了36倍,已基本上满足了国内需要。钢产量也增长很快,从1929年的9500吨增至1937年的7.6万吨,1939年达11.4万吨。巴西的情况不是个别的。例如智利的工业生产指数,如以1927—1929年为100,则1938年达159。其中水泥为206,造纸工业为302。在墨西哥,1935—1940年,轻工业(纺织、食品、家俱等)的工厂总数,从7420个增加为13510个;产值从17亿多比索增加为30多亿比索。

可以看出,在两次世界大战之间,拉丁美洲国家工业的发展,虽然受到资本主义世界经济危机的影响,但它趁着欧美发达国家经济遭受危机严重打击并长期陷于萧条的时机,使民族工业得到了较大扩展。这时,大部分国家采取了比较坚决的保护民族资本的措施。例如巴西政府对外国商品采取高额关税保护政策和外汇限制政策;而对国内的民族资本则以低利贷款、国家津贴和举办公私合营企业等方式,多方予以扶持,并采取各种措施来推销国内商品。例如,1931年规定,进口商每进口100吨煤,必须配购本国煤10吨,后又增到20吨。在企业投资方面,巴西政府还规定,每一个企业的经营者和劳动者(即资本家和工人),必须主要由巴西人来担任等。

但是,也应看到,就整个工业化的水平而论,拉丁美洲仍是很低的。在第二次世界大战前夕,拉丁美洲的人口总数几乎与美国相等,但是拉丁美洲的工业生产不及美国的1/10。当时拉丁美洲每年钢的总产量只有150万吨,而美国的产量则为5000多万吨;拉丁美洲一共有440万个纱锭,而美国则有2400万个纱锭。至于拉丁美洲机器制造业的产量,几乎是微不足道的。

其次,在拉丁美洲的工业生产中,外国资本占有很大的比重。例如在巴西,几乎所有的主要经济部门,都控制在外国资本手中。1940年,全国发电站的发电能力中,将近70%属于两个外国公司;采金事业则基本上集中在英国的"圣琼吉雷"公司的手中;最大的冻肉厂则掌握在英国和美国垄断组织的手里;橡胶厂和汽车工业则完全被美国垄断资本所控制。据巴西1941年的官方统计,在雇有94.4万工人的4.4万个企业中,外国资本占一半以上。在阿根廷,肉类加工业占有重要的位置。1926年,阿根廷共有14家大型的肉类加工企业,其中美国资本占8家,英国占5家,阿根廷本国资本只占1家,在墨西哥,根据工商业部的材料,1928年在10亿比索的石油投资总额中,本国资本只占1100万比索,其余全在外国资本的手里。外国资本控制的工厂多是些拥有现代设备的大厂,例如,在纺织工业中,就企业总数来看,属于外国资本的只占8%,但在1.5亿比索的总产值中,外国资本却占1亿比索,而民族资本所掌握的主要是中小企业。

此外,随着生产和资本的进一步集中,在拉丁美洲个别国家(如巴西)还形成了为数不多的本国垄断组织。巴西的这些垄断组织是在19世纪末开始奠基的,它们原先的阵地是轻工业、商业和高利贷经营。经过第一次世界大战和战后时期向重工业部门的渗入,到第二次世界大战前夕,先后组成了包括一系列行业在内的大型家族康采恩,其中最著名的是马塔拉佐家族和彼来伊拉家族的康采恩。

拉 丁 美 洲 工 业
发 展 的 特 点 拉丁美洲的工业是在半殖民地社会的条件中发展起来的。从这段时期的发展状况来看,它具有以下的特点:

第一,在民族资本中,国家资本主义经济占有很重要的地位。在大多数拉丁美洲国家中,民族资本存在着以下三种形式:一是私人资本;二是公私合营资本。例如巴西冶金工业的产品,有一半是由"国家冶炼公司"生产的。而这家公司51%的股票掌握在巴西政府的手里,其余是募集的私股。在合营企业里,一般是由政府代表领导,并由国家和私资双方人员组成咨议机构。就财务及纳税方面来说,合营企业与私营企业并无区别,但投入合营企业的私人资本却能保证得到一定的固定收入以及一系列的优惠待遇。三是国有化企业。这种形式的资本来源有二:(1)被国家没收的外国垄断资本,如在大战期间没收的轴心国家企业;(2)由政府购买的外资企业和民族资本企业,例如墨西哥政府于1937年颁布了铁路国有化的法令,1938年又颁布了石油工业国有化的法令,将17家属于美国、英国、荷兰外国资本的石油公司的财产收买了。墨西哥政府把收买来的财产转交给国营的"墨西哥石油公司",原企业主可以在十年期内从这些公司的利润中得到补偿。此外,在大战期间和战后,巴西、阿根廷等国政府通过购买英国资本经营铁路股票等,也形成了一部分国有化企业。

第二,采矿工业较发达,加工工业比较薄弱,缺乏基础工业部门。巴西和古巴的锰矿,智利的铜矿和硝石,玻利维亚的锡矿,墨西哥的白银和锌、铅,委内瑞拉的石油等,大都是本国所得天独厚的宝藏。但这些宝藏的大部分为外国垄断资本所占据,开采出的原料的加工和提炼,大都是运到外国去进行的。到第二次世界大战结束时为止,机器工业等基础工业部门,在拉丁美洲可以说完全没有建立起来,所需的机器和装备,几乎完全依赖进口。就是在工业比较发达的巴西,1938年机器制造业在整个工业中的比重也只有1.7%。其他如汽车制造业、拖拉机制造业、电工制造业等,则主要是些"装配工业",即在本地装配美国运来的零件。这方面典型的例子,就是巴西圣保罗的通用汽车公司的大工厂,这个厂有3000多工人,它表面上生产着公共汽车、小轿车、卡车和拖拉机,但实际上,所有的主要机件,全是从美国运来的。而在巴西当地生产的只有汽车车身和驾驶室。

第三,在加工工业中,食品工业和纺织工业占有很大的比重。这是因为,拉丁美洲是大宗农业食品原料的输出国家,如阿根廷的肉类,巴西的咖啡,古巴的糖等,大都需要在本国进行加工,才能外运。这样,就促成了食品工业的特别发展。1938年,在巴西的加工工业产值中,食品工业占34.5%,居首位;其次是纺织工业,占23.1%,两者合计接近60%。这种情况在拉美工业较发达的阿根廷和墨西哥,也都存在。1939年,在阿根廷的全部制造业中,食品工业占33.9%,纺织业占14.1%。1940年,在墨西哥的制造业中,前者占34.6%,后者占27.9%。

第四,生产技术很落后,手工业仍占很大的比重。例如,在巴西工业最发达的区域——圣保罗州,1939年时,大部分企业是使用简单工具的小工厂。占企业总数的55.2%的企业,是完全没有雇工的手工作坊。在墨西哥,手工业生产在整个工业中也占有重要的地位。往往整个村庄专门从事生产某种货品,如席子、玩具、吉他等。小城市有时也专门生产一种产品。

两次世界大战之间拉丁美洲的工人运动 随着拉丁美洲工业生产的发展,工人阶级的人数显著地增加了。例如巴西在1914年时,产业工人有5.2万人,1920年增为27.5万人,1939年仅加工工业工人即达66.9万人。阿根廷1900年有产业工人12万人,1920年达35万人,1937年仅加工工业工人就达55.5万人。拉丁美洲的无产阶级,身受帝国主义、本国资产阶级和封建势力的三重压迫,他们在斗争中比任何别的阶级都要坚决。

长期以来,外国垄断资本对拉丁美洲工人进行了敲骨吸髓的剥削。民族资本为了在帝国主义垄断资本的竞争下求得生存,也拼命从压榨工人中寻找出路。因此,在拉丁美洲,工人的工资是极为低廉的。根据1938年对拉丁美洲6个国家工人工资和美国工人工资的对比计算,一般前者仅及后者同工种工人工资的1/15左右。在拉丁美洲,剩余价值率之高,在世界上是少见的。根据对巴西官方材料所作的计算,圣保罗州的工业企业中的剩余价值率,1938年为273.5%,1941年为379.8%,1943年为505.1%。拉丁美洲工人的生活极端困苦。墨西哥是盛产金银的国家,但普通工人只吃玉米面焙制的饼子,而且大多数人常常处于半饥饿状况。数百万人住在破烂不堪的草棚中,疾病流行。正像人们所形容的:"墨西哥人是坐在金凳子上讨饭的乞丐。"

身受深重压榨的拉丁美洲工人,日益觉醒和组织起来。在两次世界大战之间,拉丁美洲的工人运动出现了两次高潮:

第一次是在1920年前后,那是在社会主义革命思潮和伟大的十月革命的影响下形成的。当时在许多国家里,都爆发了大规模的工人罢工运动,有的国家还举行了起义。巴西在第一次大战后的最初几年里,曾发生过许多次工潮,要求提高工资和实行八小时工作制。后来,巴西政府被迫规定八小时工作制,并实行对工人劳动中发生事故进行保险的制度。在阿根廷,1919 年是阿根廷工人运动最高涨的一年。在这一年里,发生了367 次罢工,参加罢工的达 30 多万人次。1919 年 1 月,在布宜诺斯艾利斯市的一次罢工运动中,工人们筑起街垒对抗军队的血腥镇压。他们高喊"武装起来!""生活和争取社会主义的斗争万岁!"等口号。这次巷战延续了一个星期之久。这说明,工人运动已经从经济要求转向具有政治意义的斗争了。

拉丁美洲工人运动的第二次高潮,出现在 30 年代的大危机发生之后,那主要是由经济停滞、工人失业、广大劳动人民进一步贫困化所引起的。在这次危机中,拉丁美洲各国失业人数高达 500 万人。失业率有时高达 50%—70%。1929—1932 年,巴西纺织工人工资降低了 47%—65%;古巴城乡工人的工资减少了 80%以上;智利工人的实际工资压低了 40%强。结果在许多拉丁美洲的国家里,都发生了大规模的罢工斗争。

在巴西,1931 年 11 月,圣保罗的 5000 多名纺织工人举行了两周多的总罢工,反对降低工资。这次大罢工引起了其他工人的同情罢工。同年12 月,全国掀起了失业工人游行示威的浪潮。这次群众革命运动,一直持续到 1932 年上半年。在这 17 个月中,巴西共发生了 90 次大罢工。1931 年 10 月和 11 月还曾两次举行武装起义。起义的士兵和工人提出了"革命万岁!""打倒帝国主义"等口号。在此期间,阿根廷各个部门的产业工人也不断掀起罢工浪潮,有的发展成为全国性的总罢工,斗争非常激烈。有的罢工运动是在阿根廷共产党领导下进行的,带有明显的政治目的。在墨西哥,1935—1937 年出现了历史上空前猛烈的罢工浪潮。罢工者提出了增加工资、承认工会、遵守民主自由和制止帝国主义捣乱的要求,获得了巨大的胜利。在这一基础上,1936 年组成了墨西哥工人联合会,1938 年参加者近 95 万人。

30 年代后期,在拉丁美洲的工人运动中,还提出了反对国际法西斯主义,支援西班牙革命和争取统一工会运动的任务。正是在这种条件下,1938 年各国工人建立了"拉丁美洲工人联合会"。

第四节 第二次世界大战时期的
拉丁美洲经济

美帝国主义的
全面控制和掠夺   第二次世界大战时期,美国乘英、德、法、日等竞争对手自顾不暇之机,进一步对拉丁美洲各国进行了广泛的经济、政治、军事侵略活动,进一步排挤了其他帝国主义者在这个地区的势力,实现了它对拉丁美洲的全面控制。

战时,在拉丁美洲的外国投资方面,美英两国原来势均力敌的形势被彻底打破了,美国资本跃居绝对的优势地位,这是美国在拉美造成近乎独霸局面的主要经济基础。大战爆发以后,英国陆续变卖自己在拉丁美洲的投资,到战争结束时,其投资总额约减少了 1/3。经过大战,法国在这一地区的投资,也只剩下了 1 亿美元的不大数目。至于德国等轴心国在拉丁美洲的投资,在战时已被所在国政府没收。相反,美国的投资在战时有了增加。其中私人投资增加了 3 亿美元,美国政府以"援助"和"贷款"的名义,向拉丁美洲输出了数亿美元。到 1946 年,美国在拉丁美洲的私人和国家投资共达 43 亿美元。

战时美国对拉丁美洲的投资,在于加紧掠夺拉丁美洲的石油资源和战略性工业原料与半制品,以及进一步控制各国的经济命脉。战时投资的对象,主要是委内瑞拉、秘鲁、巴西、智利和哥伦比亚等盛产石油或战略原料的国家。这一时期在"开发"拉丁美洲自然资源的幌子下,美国在中南美洲组织了庞大的混合公司与企业网。同时,美国还利用供应资金和装备的方式,顺利地打入了过去属于轴心国家在拉丁美洲的各种事业。例如,美国的"泛美航空公司"等,取代了战前德国的"康多尔航空公司"

和意大利的"拉地航空公司"在南美洲的地位,逐步把在拉丁美洲运输业中有着极为重要意义的内陆民航线路,掌握到自己手中。此外,美国战时还兴建了泛美公路干线,以加强对拉丁美洲的控制。

大战时期,美国垄断资本剥削和掠夺拉丁美洲人民的另一重要渠道,是控制拉丁美洲的对外贸易。拉丁美洲半数以上的进出口贸易额,都被美国所垄断了。而英国在拉丁美洲进口中所占的比重,由 1939 年的 10.4%退至 1945 年的 3.6%,同期在出口中的比重由 16.4%缩减为 11.8%。德国由于战败已完全被从拉丁美洲市场上排挤出去。

美国为了巩固和确保它在拉丁美洲的垄断地位,借 1945 年在墨西哥召开第四次"泛美会议"的机会,通过了美国助理国务卿克莱顿提出的"经济宪章"的计划,这就是所谓"克莱顿计划"。这个计划被美国大吹大擂为"美洲国家经济宪章"。它的主要内容有:

第一,取消一切关税壁垒。宪章第三条规定:美洲国家应采取"有效措施以减少妨碍发展国际贸易的各种障碍"。

第二,保证国外投资,取消经济歧视。宪章第五条和第六条规定:必须"消灭各种形式上的经济上的民族主义","保证平等、公平地对待各国之间相互提供的资本"。显而易见,这个"计划"的目的,是要让拉丁美洲的庞大市场为美国商品和美国投资大开方便之门。

除了经济上的渗透之外,在第二次世界大战期间,美国还以"泛美防御"的需要为借口,对拉丁美洲诸国进行军事上和政治上的控制。其主要办法是:一是在各国政府中安置自己的代理人,帮助各国反动派镇压拉丁美洲的民族民主革命运动;二是在"反法西斯侵略"和"大陆联合防御"的借口下,1942 年胁迫拉丁美洲国家一起建立所谓"美洲各国安全委员会",以控制各国国防大计,用美式武器装备拉丁美洲各国军队,建立军事基地(到战争结束时仅大型美军基地即达 92 个之多),派遣军事代表团,对各国的军队发号施令;三是在交通运输上,美国在拉丁美洲控制了全长 1.5 万公里的战略公路,整个民用和军事的航空网,以及海上运输事业。至此,美国已完成了对拉丁美洲的全面控制。美国帝国主义在拉丁美洲的垄断霸业,最终地确立了。

战时拉丁美洲工业的发展及其特点

战争时期,拉丁美洲各国的工矿业生产,获得了比较显著的发展。这是由于:第一,美、英等国对拉丁美洲战略工业原料和物资的需要增加了,它们通过自己设在拉丁美洲各国的分公司,扩大了工业原料和半制品的生产;第二,在大战的条件下,拉丁美洲自欧洲进口的工业品减少了,各国民族工业得到了发展的机会;第三,战时拉丁美洲对外贸易顺差扩大。1936—1939年拉丁美洲对美国贸易的顺差为2.7亿美元,1941—1945年猛增到15.3亿美元。

拉丁美洲国家的黄金储备增加,对工业的投资能力大为加强。

战时拉丁美洲各国工业发展的特点是:首先,从工业各部门的发展来看,战略原料开采部门的发展较为突出;1937—1943年,全拉丁美洲锰、铜、锌、锡等矿砂分别增产了8%—56%;钼矿石、铋矿石和云母石各增产1倍以上;铬砂增产2倍以上;钨砂和铝土增产4倍以上;水银增产5倍以上。铁矿砂产量大体保持在战前水平上;石油开采量到1946年才有较大增加。在巴西、阿根廷、墨西哥等少数国家里,钢铁工业开始有所发展,打下了初步基础;就全拉丁美洲而言,从1937—1945年,钢铁产量约增加2倍,水泥和煤炭产量各增加1/2左右。加工工业的其他部门迅速地成长起来,在一系列的拉丁美洲国家中,扩大和新建了炼铝、橡胶、水泥、纺织、食品等必要的工业部门。加工工业按产量计算,在1939—1945年,拉丁美洲共增加了35%—50%。各主要国家的增长率是:墨西哥——39%,巴西——80%,阿根廷——35.8%(比1937年),智利——41.9%(比1937年)。战前,拉丁美洲的加工工业制成品的产值是不大的,经过战时的迅速发展,到战争结束时,它的产值已相等于原料开采业和半制品产值的总和。其次,国家资本主义经济在战时得到了较大的发展。这是拉丁美洲各国政府没收轴心国家的企业,收购英、法等国的部分企业以及扩大国家对工业的投资的结果。根据"联合国拉丁美洲经济委员会"的材料,1945年拉丁美洲的工业投资总额为30亿美元(按1950年的价格计算),其中私人投资为18亿元,国家投资为12亿元,这表明国家资本占有相当的重要地位。最后,战时,拉丁美洲一些国家工业生产和资本集中的情况也显著加强了。例如,1943 年在巴西,资本额在 2500 美元以下的最小企业,共占企业总数的 80%,却只拥有资本总额的 4.1%;而资本额在 25 万美元以上的大企业,虽只占企业总数的 0.6%,却拥有资本总额的 54.9%。

虽然拉丁美洲各国的工业有了较大发展,但是,各国工业化的问题仍旧没有解决,它们的农业原料附庸的地位也基本上没有改变。战时拉丁美洲各国新建的企业绝大部分为小型企业,设备基本上仰赖外国,甚至生产中使用的原材料也要部分靠进口解决;完整的重工业基础没有建立,工业的部门结构也不合理;工业的发展水平总的说来仍然很低,工业在国民经济中的比重一般不高。造成这种情况的根本原因是:帝国主义者控制着拉丁美洲各国国民经济命脉,千方百计地阻挠各国的工业化。

战时的农业状况 战时拉丁美洲农业的状况远远不如工业。欧洲一向是拉丁美洲农产品的重要进口者,战争期间,欧洲进口的农产品数量减少,因而使拉丁美洲许多重要农产品的出口大感困难,存货堆积如山,生产随之缩减。但与此同时,主要供拉丁美洲各国国内消费的农产品生产,在战时则有显著的增加。

在巴西,1939—1945 年农业总产值(包括 18 种主要农产品的产值)下降了 2.3%,引起这种结果的原因是这段时期咖啡、可可和棉花三种主要出口作物外销比较困难,它们的产值减少很多(合计减少 22.7%)。和这种情况相反,基本上服务于国内市场需要的其他 15 种农产品(大米、玉米、马铃薯等)的产值,有了显著的增长(计 24.9%)。不过,后者的增加额尚不足以抵销上述三种出口作物产值的降低。

在阿根廷,畜牧业在战时有了相当的发展。畜产品出口(基本上输往英国)始终保持在高水平上,是这一发展的重要条件。1937—1945 年,大牲畜、羊和猪的头数分别增加了 24.1%、28% 和 104%。植物栽培业方面的情况同巴西相似。一方面,主要出口作物——小麦、玉米和亚麻的播种面积和产量大大缩减了(1/4 至 1/2);另一方面,基本上销售于国内市场的各种作物,其播种面积和产量则有不同程度的增加,如棉花、燕麦和甘蔗的耕地面积分别扩大 1/9 到 1/4,它们的产量则分别增长 1/4 到

1/2。粮食由于出口困难而大量堆积起来,阿根廷政府不得不以巨款加以收购。

就整个拉丁美洲而言,农业生产在战时还是有一些发展的。与1934—1938年的平均水平比较,和战时情况接近的1946年的全部农产品实物量指数提高了11%,其中食品提高了15%。此外,主要用于国内消费的各种农产品生产的增加和基本出口农产品产量的缩减,并没有改变拉丁美洲各国半殖民地性的单一作物经济的基本面貌。就巴西而言,在前述18种主要农产品的总产值中,三种主要出口品(咖啡、可可和棉花)所占的比重,1945年仍占47%左右。

在战争时期,拉丁美洲农村的社会结构,也没有发生什么大的变化。大庄园制度和大地主仍旧占着统治地位。农业经营的技术状况也少有改善,直到战争结束后初期(1945—1947年),除乌拉圭以外,每1000公顷耕地拥有的拖拉机数仍然极其有限:在阿根廷为1.4台,在巴西为0.5台,在墨西哥为2.5台,在智利为2.6台;而在美国,每1000公顷耕地所拥有的拖拉机数量,1939年为7台,1949年为14.7台。

战时拉丁美洲工人阶级的状况和斗争　随着经济的发展,战时拉丁美洲各国的国民收入也有很大增加,20国总计,由90亿美元增加到160亿元,即增加了77.8%。但这并不意味着劳动者生活状况有所改善,它只是给剥削者带来了更多的利润和利息。例如,在墨西哥战时国民收入的分配中,工人和职员所得到的份额,1939—1945年,竟由30.5%降低为22.6%;与此相反,资本家阶级的份额从33.6%提高为46.9%。工人的实际状况甚至大不如战前。根据官方材料,战争期间,墨西哥加工工业工人的劳动强度提高了15%,生产中的不幸事故增加了许多,但工人的实际工资却不断降低,如以1939年的工资额为100,在1942年减为72,到1944年再减为66,仅及战前的2/3。

在战争时期,拉丁美洲工人阶级的队伍进一步壮大了。例如,1945年,巴西的产业工人已激增到200万人,阿根廷的产业工人达到120万人。在工人阶级的领导下,拉丁美洲各国人民反对帝国主义和本国反动地主资产阶级集团的革命斗争,在战时也向前发展了。在墨西哥,1943

年工人运动重新高涨，1944 年爆发了 7 万矿工要求提高工资的大罢工。在巴西，战时反对瓦加斯独裁的运动，日益高涨。在当时左翼进步力量的领导下，1944 年秘密地成立了一个民族民主联盟。这个联盟开始宣传恢复立宪自由和实行总统选举。1945 年共产党获得合法地位，政治犯被赦免，全国各地都掀起了要求增加工资的罢工浪潮。在这次罢工风潮中，大部分工人都获得了胜利。各种独立的工会也恢复了合法的地位。在厄瓜多尔，1942 年发生了反对独裁政府把领土出让给美国的大规模群众斗争。1944 年，萨尔瓦多、厄瓜多尔、危地马拉等国人民，以起义或总罢工等手段，迫使本国的独裁政府——美帝国主义代理人先后倒台。美帝国主义曾用各种残酷手段，帮助拉丁美洲各国反动派镇压人民的革命斗争，但这只是更清楚地暴露了在“睦邻政策”掩盖下的美帝国主义者的真面目，更进一步激发起拉丁美洲人民的觉悟。拉丁美洲各国人民无畏于美帝国主义的压迫，把他们的民族民主斗争，汇合成为不可抗拒的革命洪流。

附　　录

一、中外度量衡比较表

附表 1　公制与非公制度量衡换算表

	单位名称	进率	折　算			
			中国市制	英制	俄制	日制
公制	公里	1000 公尺	2 市里	0.621 英里	0.937 俄里	0.255 日里
	公尺、米	100 厘米	3 市尺	3.281 英尺	0.281 俄尺	3.300 日尺
	公顷	100 公亩	15 市亩	2.471 英亩	0.915 俄顷	1.008 町
	公亩	100 平方米	0.15 市亩	0.025 英亩	21.967 方晒	30.250 步
	公石	100 公升	1 市石	3.302 蒲式耳	0.953 阿斯明	0.554 日石
	公升	1000 毫升	1 市升	1.760 英升	0.305 俄升	0.554 日升
	吨	1000 公斤	2000 市斤	0.984 长吨	61.050 普特	266.667 贯
	公担	100 公斤	2 市担	220.462 磅	6.105 普特	26.667 贯
	公斤	1000 克	2 市斤	2.205 磅	2.442 俄磅	1.666 日斤

附表 2　中国市制与公制度量衡换算表

单位名称	进率	折合公制
市里	1500 市尺	0.500 公里
市尺	10 市寸	0.333 公尺
市亩	60 平方丈	6.667 公亩
市升	10 市合	1 公升
市担	100 市斤	0.500 公担
市斤	10 市两	0.500 公斤

附表 3　俄制与公制度量衡换算表

单位名称	进率	折合公制
俄里	3500 俄尺	1.063 公里
俄尺	12 俄寸	0.305 公尺
俄顷	2400 方晒	1.093 公顷
俄升	1/32 阿斯明	3.281 公升
普特	40 俄磅	16.380 公斤
俄磅	32 洛托	0.410 公斤

附表 4　英（美）制与公制度量衡换算表

单位名称	进率	折合公制
英里、哩	1760 码	1.609 公里
码	3 英尺	0.914 公尺
英尺、呎	12 英寸	0.305 公尺
海里、浬	10 链	1.852 公里
英亩、畮	4 路德	0.405 公顷
平方英里、方哩	640 英亩	2.590 平方公里
蒲式耳	8 加仑	0.364 公石
加仑	8 英升	4.546 公升
长吨	2240 磅	1.016 公吨
英担、唓	112 磅	0.508 公担
磅	16 盎司	0.455 公斤

附表 5　印度制与公制度量衡换算表

单位名称	进率	折合公制
阔斯	400 班萨	1828.8 公尺
但台	2 喀司	1.8288 公尺
皮加	20 科塔	1377 平方米
门德	8 帕失里	37.325 公斤
谢尔	16 怯他克	0.933 公斤

注:按印度法规,度量衡采用英制,但印度制在内地仍沿用之,印度制容积与英制同。

附表 6　日本制与公制度量衡换算表

单位名称	进率	折合公制
日里	10368 鲸尺	3.927 公里
鲸尺	1.25 日尺	0.379 公尺
日尺	10 日寸	0.303 公尺
町	10 段	0.992 公顷
段、反	10 日亩	9.917 公亩
亩	30 步	0.992 公亩
步、坪	10 合	3.306 平方米
日石	10 日斗	1.804 公石
日升	10 日合	1.804 公升
贯	6.25 日斤	3.752 公斤
日斤	160 日两	0.600 公斤

附表 7　美制计量单位与英制、公制换算表

单位名称	折合英制	折合公制
短吨	2000 磅	907.18 公斤
蒲式耳	6.557 加仑	0.252 公石
加仑	6.662 英升	3.785 公升
海里	1.151 英里	1.853 公里

注:美制与英制同,仅上列少数单位稍异于英制。

二、世界通用及各国专用计量单位

附表8　世界通用及各国专用计量单位

计量单位	描　　　述
包	货物重量单位,各国不同,美国棉花每包总重 226.796 公斤,净重 216.817 公斤 印度棉花每包重 181.44 公斤,日本棉纱每包重 180 公斤
桶	作液体重量单位时,1 桶＝31.5 加仑或 7326.5 立方英寸,2 桶＝1 大桶 作干量单位时,1 桶＝26.25 加仑或 7056 立方英寸 美国石油每桶＝139.07 公斤
蒲式耳	用作农作物计量单位时,各有不同 美国:每蒲式耳小麦＝0.272 公担(60 磅),黑麦和玉米＝0.254 公担(56 磅),大麦＝0.218 公担(48 磅),稻谷＝0.204 公担(45 磅),燕麦＝0.145 公担(32 磅) 英国:每蒲式耳小麦、黑麦、玉米与美国相等,大麦＝0.227 公担(50 磅),燕麦＝0.177 公担(39 磅)
板英尺	木材计量单位,1 板英尺＝144 立方英寸
克拉	钻石计量单位,1 克拉＝200 公丝或 3.086 金衡英厘
英寻、哖	绳长或水深,1 英寻＝6 英尺或 1.829 公尺
载货吨	货物容积计量单位,1 载货吨＝40 立方英尺
罗、打	货物计件等位,1 罗＝12 打,1 打＝12 单位
令	纸张计量单位,1 令＝500 张(有时为 480 张)
马力	蒸气动力计算单位,即每分钟将 33000 磅重量举起 1 英尺所需之力,约等于 1.5 匹普通马的力量
瓩	电力计算单位,1 瓩＝746 马力
节	航速,1 节＝1 海里/小时
海里、浬	按国际水文地理学会规定:1 海里＝1.852 公里 英国 1 海里＝1.85187 公里,美国 1 海里＝1.853249 公里,德国 1 海里＝1.855 公里

三、1894—1948 年各国货币平价表

（各种货币折合美元数）

附表 9   1894—1948 年各国货币平价表

年份	英国英镑	法国法郎	德国马克	帝俄卢布	日本日元	印度卢比
1894—1902	4.9	0.2	0.24	0.51	0.51	0.35
1911—1914	5.0	0.2	0.24	0.51	0.53	0.35
1914	4.89	0.193	0.238	0.515	0.499	—
1925	5.0	0.07	0.24	—	0.50	0.35
1929	4.87	0.0392	0.238	—	0.499	—
1930	4.86	0.039	0.24	—	0.50	0.36
1931	4.535	0.039	—	—	0.389	—
1932	3.506	0.039	—	—	0.281	—
1933	4.237	0.050	—	—	0.257	—
1934	5.039	0.066	—	—	0.297	—
1935	4.867	0.039	0.238	0.515[*]	0.498	0.365
1936	4.97	0.06	0.40	—	0.29	0.38
1941	4.03	0.02	0.40	—	0.23	0.30
1948	4.03	0.003	0.30	—	0.003	0.30

注：* 苏联卢布。

人民文库 第二辑

外国经济史

（近代现代）

第四册

樊 亢　宋则行｜主编

人民出版社

引　言

　　本书是《外国经济史（近代现代）》的第四册,也是相对独立的一册。前三册写的是世界资本主义经济体系形成和发展的历史,这一册写的是世界上第一个社会主义国家苏联的社会主义经济的形成和发展的历史。1917 年俄国十月革命开创了人类历史的新纪元。苏联社会主义经济的形成,标志着囊括全世界的统一的资本主义经济体系瓦解,世界上除了资本主义经济体系之外,又出现了一个与其并存的社会主义经济制度。

　　这本《苏联社会主义经济史》,写到第二次世界大战后的 1945 年。这不仅是为了与前三册在历史阶段上保持一致,而且是因为苏联的社会主义经济制度恰恰是在这一时期形成和确立起来的。它可以说是社会主义经济的原始模式,不仅对苏联而且对所有社会主义国家乃至整个世界经济的发展,都具有深刻影响,在苏联乃至世界经济发展史上,都占有独特的地位。

　　马克思主义创始人把社会主义从空想变成了科学,而第一个社会主义国家的人民在列宁和布尔什维克党的领导下,又进一步把社会主义从科学理论变成了社会现实。到 1937 年,即在革命胜利后短短二十年间,苏联已建立起社会主义的经济制度,并取得巨大的经济建设成就,从落后的农业国变成世界第二大工业国。苏联人民用无可辩驳的事实向全世界证明了革命的无产阶级不仅能够领导劳动人民夺取政权,建立起政治上的统治,而且有能力掌管经济,在资本主义包围的困难条件下创造出辉煌的经济成果,显示社会主义制度比资本主义制度的无比优越性。这一时期苏联人民在社会主义建设中创造的极其丰富的理论和实践经验,不仅是苏联人民也是世界人民的宝贵历史遗产。因此,总结这一时期苏联的社会主义建设经验,就成了世界人民特别是社会主义国家人民的共同使命。

国际资产阶级,从其反社会主义的立场出发,千方百计地抹杀、贬低第一个社会主义国家在这一时期经济建设中取得的伟大成就,竭力夸大它的矛盾和问题,妄图丑化社会主义的历史,以便从根本上否定社会主义经济制度的优越性,证明资本主义经济的不可取代和永恒性。因此,客观地反映这一时期苏联社会主义建设的伟大成就和丰富经验,以事实回答国际资产阶级对社会主义的进攻,是本书的目的之一。

与此同时也须看到,第一个社会主义国家的经济建设,没有任何可供借鉴的先例,是在探寻道路中摸索前进的。因而在其前进的征途中,取得丰硕成果的同时,也不可避免地会遇到困难,经历曲折,出现失误。再则,苏联的经济制度是在特定的历史条件下形成的,它的经验也有历史局限性。对于苏联在当时历史条件下所采取的经济战略和形成的经济结构、经济体制,不应固定化为不可变更的、唯一正确的社会主义经济模式。本书力求全面地反映这一时期苏联社会主义经济建设的历程,肯定它的成就和经验,揭示它的矛盾和产生净盾的主客观原因,予以具体的历史的分析。我们试图做到全面地客观地总结其经验和教训,为我国的经济改革、经济调整以及建设具有中国特色的社会主义提供借鉴。

本书分为三篇。第一篇反映苏联从资本主义经济向社会主义经济过渡道路的探索历程,包括建国初期的社会主义改造、外国武装干涉和内战时期的"战时共产主义"经济,以及战后转向实行"新经济政策"。第二篇反映苏联实行国家工业化和农业集体化,大规模开展社会主义建设,社会主义经济制度最终确立的历程。第三篇反映苏联第三个五年计划前三年的战备经济和此后的战时经济以及战争对第一个社会主义国家经济的严峻考验。

这里要指出的是,人们所说的"苏联的经济制度",主要是指苏联在

20 世纪 30 年代工业化和农业集体化过程中形成并固定下来的经济结构和经济体制。而在此之前,还曾出现过"战时共产主义"和"新经济政策"时期的经济结构和经济体制。如果把这三种各具显明特点的模式加以对照,就会更加清楚地了解苏联这一历史时期经济建设的理论、政策和实践的发展演变。正因如此,我们对"战时共产主义""新经济政策"以及工业化和农业集体化作了较为详细的介绍和评述。

全面、正确地总结和阐述这一时期苏联社会主义经济建设的经验,是一项极其重要、意义深远而又十分艰巨的任务,自然不是这本小书所能够胜任的。我们这里只是力求为读者提供一些最基本的历史事实,做一些必要的分析、评述,供读者进一步深入研究和思考。

参加本分册编写工作的同志有(按姓氏笔画为序):王金存、王树桐、朱婉娟、杨庆发和聂希斌等。

王金存同志担任本分册的副主编,参加了全书的统改工作。

经国家教育委员会委托,滕维藻、仇启华和王守海三位教授对本书进行了认真的审阅,为本书的最后修改、定稿提出了宝贵的意见。谨向他们致谢。在本书编写过程中,程极明、梅文彬、陆南泉、韩宗翊、戴伦彰、江春泽、林水源等许多同志提出过宝贵意见,在此一并表示谢意。

目　　录

引　言……………………………………………………………… 1

第四册　苏联社会主义经济史

第一篇　社会主义的初步改造、"战时共产主义"和
转向"新经济政策"时期

第一章　十月革命的胜利和社会主义经济改造的开始 ………… 5

第一节　革命前的俄国经济和十月革命的胜利 ……………… 5
十月革命前俄国的社会经济状况(5)　布尔什维克党
社会主义革命的经济纲领(7)　社会主义经济产生的
政治前提(10)

第二节　银行、大工业、运输业国有化和社会主义国营
经济的产生 ……………………………………………… 11
对资本主义企业进行工人监督(11)　银行国有化
(13)　运输业和对外贸易国有化(14)　大工业国有
化(16)

第三节　土地革命运动 ………………………………………… 18
十月革命前夕夺取地主土地的农民运动(18)　苏维埃
国家的土地法令(19)　土地改革运动的开展(20)

土地改革运动的伟大胜利及其意义（23）

　第四节　1918 年年初苏维埃国家面临的新形势和列宁的

　　　　　社会主义建设计划 ……………………………………………… 25

　　　　1918 年年初苏维埃国家面临的新形势和全国工作重心

　　　　的转移（25）　列宁关于建设社会主义的一些具体设想

　　　　（28）

第二章　外国武装干涉和国内战争时期的苏维埃经济 ………… 32

　第一节　外国武装干涉和国内战争开始　"战时共产主义"的

　　　　　实行 ……………………………………………………………… 32

　　　　外国武装干涉和国内战争开始（32）　苏维埃国家转入

　　　　战争轨道　实行"战时共产主义"政策（33）

　第二节　国内战争时期的农业政策和粮食政策 ……………… 35

　　　　农业的破坏情况和粮食危机（35）　实行余粮收集制

　　　　（37）　建立社会主义农业的初步试验（40）

　第三节　国内战争时期的工业政策和分配制度 …………………… 45

　　　　工业的破坏和国家的战略措施（45）　俄罗斯国家电气

　　　　化计划（50）　取消私人商业　实行消费品配给制

　　　　（52）

　第四节　国内战争的胜利和"战时共产主义"的历史地位 ………… 56

　　　　苏维埃国家取得国内战争的伟大胜利（56）　"战时共

　　　　产主义"的历史地位（57）

第三章　新经济政策的实施和国民经济的恢复 ………………… 63

　第一节　新经济政策的基本内容及其实施 ……………………… 64

　　　　实行粮食税（64）　允许自由贸易　发展商品货币关系

　　　　（65）　在一定程度上允许私人资本存在和发展（67）

　　　　发展国家资本主义（68）　整顿国营经济　实行经济核

　　　　算制和物质利益原则（72）

　第二节　新经济政策的成果和国民经济的恢复 ………… 77

农业的恢复和发展(77)　工业和运输业的恢复(82)

商业的恢复(85)　对外贸易的恢复和发展(87)　改

革货币制度,健全财政体系(89)　大力发展文化教育

和科学事业(92)　人民生活的改善(94)

第三节　新经济政策的基本经验和列宁经济思想的发展 ………… 94

工农经济联盟问题(96)　商品货币关系问题(98)

物质利益原则问题(99)　所有制改造和所有制结构问

题(101)

第二篇　实现国家工业化和农业集体化,
社会主义经济制度确立时期

第四章　社会主义工业化的实现 ………………………………… 107

第一节　工业化的历史背景、指导思想和基本方针 ……… 107

工业化的历史背景(107)　列宁的社会主义工业化思

想和对工业化道路的初步探索(109)　20 世纪 20 年代

布尔什维克党内关于工业化方针的争论(113)　以斯

大林为首的联共(布)中央的工业化方针和苏联工业化

的基本特点(117)

第二节　工业化的进程和成就 ………………………………… 121

1926—1928 年工业化初见成效(121)　工业化的全面

展开和巨大成就（122）　国家工业化的胜利实现

(126)　交通运输业的发展(132)

第三节　工业化的历史意义 …………………………………… 134

工业化的历史经验(134)　工业化中的问题及其原因

(142)

第五章　社会主义农业制度的建立和农业的发展 ……………… 147

第一节　全盘集体化任务的提出 ……………………………… 147

在列宁合作化思想指导下的农业社会主义改造(147)
全盘集体化任务的提出(151)

第二节 全盘集体化运动的开展和苏维埃农业制度的确立 ········· 154
全盘集体化运动的发展过程(154) 巩固集体农庄制
度的措施(159) 机器拖拉机站的建立与发展(162)
国营农场的发展与整顿(164) 苏维埃农业制度的确
立及其特点(168)

第三节 农业技术改造和生产的发展 ················· 170
农业机械化的初步实现(170) 其他技术改造措施
(174) 农业生产的发展(175)

第四节 苏维埃农业制度的历史意义和矛盾 ············· 180
社会主义改造中的冒进问题(181) 所有制结构和形
式问题(183) 计划管理体制问题(185) 劳动组织
和劳动报酬问题(186)

第六章 工业化时期的财政信贷和国内外贸易 ············· 189

第一节 以工业化为中心的财政信贷 ················· 189
1926—1937 年财政信贷的任务(189) 财政资金的主
要来源(190) 高度集中的预算体制(194) 财政信
贷对实现工业化和农业集体化的作用(196)

第二节 社会主义商业的建立和发展 ················· 200
消费品供应与贸易(200) 私营商业的取消和国营、合
作社商业的发展(204) 商业工作中的一些理论和实
践问题(207)

第三节 在与资本主义国家斗争中发展的对外贸易 ········· 209
发展对外经济关系的方针和指导思想(209) 进出口
贸易以及商品结构和地区结构(211) 对外贸易的作
用(215)

第七章 社会主义经济制度的确立 ················· 218

第一节 社会主义物质技术基础的建立 ··············· 218

经济建设的基本阶段和主要任务(218)　经济建设的
成果与社会主义物质技术基础的建立(220)　人民物
质福利和生活水平的提高(229)

第二节　社会主义经济制度的确立 ……………………… 233
单一的社会主义公有制经济的形成(233)　社会主义
经济管理体制的形成(238)　社会主义社会政治基础
的确立(249)

第三篇　卫国战争前夕的战备经济和战时经济

第八章　第三个五年计划时期的战备经济 …………………… 255

第一节　"三五"计划时期的经济建设任务和国际局势的恶化 …… 255
"三五"计划的经济建设任务(255)　国际局势恶化与
加强战备(257)　加强劳动管理　开展劳动竞赛
(257)　改进工业领导　挖掘内部潜力(259)

第二节　战前国民经济发展及其特点 …………………… 260
新的工业建设(260)　工业生产的发展(261)　农业
状况(263)　商业工作与人民生活的改善(266)

第三节　经济和国防实力的增强 ………………………… 268
新并入地区的社会经济改造(268)　经济实力和国防
能力的增强(270)

第九章　卫国战争时期的苏联经济 …………………………… 272

第一节　战时国民经济改组 …………………………………… 272
希特勒军队大举入侵　卫国战争开始(272)　战时经
济改组(273)

第二节　战时经济发展及其特点 ……………………………… 274
军事工业生产大发展(274)　战时交通运输业(278)
遭受严重破坏的农业(280)　战时商业和对外经济关

系(283)　战时国家财政(287)

第三节　卫国战争的胜利与苏联经济制度 ···················· 289

卫国战争与经济发展战略(290)　卫国战争与经济管
理体制(292)　卫国战争的历史意义(294)

附录:苏联经济历史统计资料(1913—1950 年) ·············· 296

第四册

苏联社会主义经济史

第 一 篇

社会主义的初步改造、"战时共产主义"和转向"新经济政策"时期

第 一 章

十月革命的胜利和社会主义
经济改造的开始

第一节 革命前的俄国经济和
十月革命的胜利

十月革命前俄国的
社 会 经 济 状 况
俄国是世界上第一个进行社会主义革命和建设的国家。研究俄国社会主义革命和建设的道路及其特点有着重要的意义。而要探讨俄国社会主义经济制度的建立和发展的过程,首先必须了解革命前俄国的社会经济状况。

俄国是自 1861 年农奴制改革以后最终走上资本主义道路的。它确立资本主义制度比英、美、法等先进资本主义国家较晚。但到 20 世纪初,它同西欧许多国家一样也进入了帝国主义阶段。

俄国资本主义自 19 世纪 90 年代起发展迅速。1900 年,其工业总产值为 31.73 亿卢布,到 1913 年翻了一番,达到 65.59 亿卢布,次于美、德、英、法,居世界第五位;石油和木材产量居第二位;棉织品居第四位;钢铁和水泥居第五位;煤炭居第六位。俄国资本主义生产已达到中等发展水平。

在生产和资本集中的基础上,垄断组织广泛地发展起来。到第一次世界大战前,约 200 个垄断组织控制了全国煤炭、石油、钢铁、橡胶、纺织、制糖和烟草等主要工业部门。最大的冶金工业垄断组织"金属销售公司",1910 年就联合了 30 多个冶金企业,控制了全国冶金工业资本总额的 70% 以上、生铁总产量的 80% 以上。"煤炭公司"垄断了顿巴斯这一主要矿区煤产量的 75% 以上。全国 90% 以上食糖都控制在糖业辛迪加手里。橡胶辛迪加控制了全国的橡胶生产。

随着工业资本的集中,银行资本也迅速集中。1914 年,最大的 12 家银行集中了全国 50 家股份银行资本的 80%,控制了 90% 的银行业务。银行资本又和工业资本日益融合,形成金融资本,并在此基础上产生了金融寡头,他们统治着俄国的经济和政治生活。

在大战期间,垄断资本主义又进一步向国家垄断资本主义发展。战时经济的迅速膨胀为此提供了极为有利的条件。沙皇政府同垄断资本家组成各种军事经济调节机构,负责分配军事订货,发放战时企业补助金和贷款,调整物价。其结果正如列宁所说:垄断资本主义"在战争的影响下已经变成了国家垄断资本主义"[1]。

俄国资本主义的发展,为社会主义革命准备了物质条件。列宁指出:"如果我们没有一定的资本主义发展水平,就不可能取得成功。"[2]一些反对俄国实行社会主义革命的机会主义者关于俄国生产力还没有发展到足以实现社会主义的水平的说法,是毫无根据的。

20 世纪初,俄国虽然已经发展成为一个帝国主义国家,但仍然存在着严重的农奴制残余,这主要是经济上的封建土地所有制和政治上的沙皇专制统治。关于这一特点,列宁指出:"这个国家的最新资本帝国主义,可以说被资本主义前的关系的层层密网缠绕着。"[3]俄国是一个军事封建的帝国主义。

由于俄国存在着严重的农奴制残余,所以它在经济上和技术上还是

---

① 《列宁全集》第二十六卷,人民出版社 1959 年版,第 365 页。
② 《列宁文集》(俄文版)第十一卷,第 397 页。
③ 《列宁选集》第二卷,人民出版社 1972 年版,第 801 页。

相当落后的。1913年是战前俄国生产水平最高的年份。它的工业总产值只占世界工业总产值的2.7%,相当于美国的7%、德国的17%、英国的22%、法国的40%。如果按人口平均计算,俄国工业的落后性则显得更严重。俄国的人均工业产值为美国的1/12(8.3%)、德国的1/13(7.6%)、英国的1/14(7.1%)、法国的1/8(12.5%)。从社会经济结构来看,战前俄国工业的比重低于农业。工业在工农业总产值中占42%,农业占58%。从人口构成来看,俄国是一个农民小生产者占绝大多数的国家。在全国人口中,城市人口不足18%,而农村人口占82%以上,其中个体农民和小手工业者占67%。

沙皇俄国一方面具有侵略和压迫中国、伊朗等落后国家和民族的帝国主义本性;另一方面又严重依附于西欧先进资本主义国家。从19世纪最后十年起,外国资本就大量涌入俄国。到1914年,外国资本约占俄国工业资本的43%。在国民经济中起主导作用的重工业部门,大都控制在外国资本手里。例如,外国资本在冶金工业资本总额中约占3/4,在石油工业中占3/5,在发电和电机制造业中占95%。同时沙皇政府还借外国债款高达66亿卢布。这样,外国资本不仅可以左右俄国的国民经济,而且还能直接影响沙皇政府的内外政策。所以,列宁指出,俄国属于"一等国,但是不是完全独立的"国家。①

总之,革命前的俄国是一个垄断资本主义占统治地位的帝国主义国家,同时又是一个有着像汪洋大海一样众多的小农经济的国家。这就是俄国的基本国情,就是解决俄国革命和建设道路的基本出发点。俄国革命和建设的成败得失,首先取决于布尔什维克党的路线政策是否符合俄国的这一实际状况。

布尔什维克党
社会主义革命
的经济纲领

在俄国这样一个农民占绝对多数的落后国家里,无产阶级的社会主义革命能否取得胜利? 革命胜利后如何向社会主义过渡? 这在马克思和恩格斯那里是找不到现成答案的。布尔什维克党和列宁在革命实践中,把

---

① 《列宁全集》第三十九卷,人民出版社1963年版,第202页。

马克思主义的普遍真理同俄国的具体实际结合起来,逐步从理论和实践上解决了这些问题。

列宁分析了帝国主义及其政治经济发展不平衡的规律,得出结论:社会主义不能在所有主要资本主义国家同时胜利,只能在一个或几个国家即帝国主义链条薄弱环节中首先取得胜利。列宁明确指出,俄国正是帝国主义链条上最薄弱的一环,并且有人数众多的农民作为可靠的同盟军。因此,社会主义革命可以在俄国首先取得胜利。列宁的这一伟大理论丰富和发展了马克思主义,指引俄国无产阶级和劳动人民取得了十月社会主义革命的伟大胜利。

对于革命胜利后俄国如何向社会主义过渡的问题,列宁进行了大量研究。在十月革命前夕,他发表了《论无产阶级在这次革命中的任务》即著名的《四月提纲》和其他一些重要文献。在这些文献中他规定了俄国社会主义革命的基本纲领和策略。

1917年2月资产阶级革命以后,俄国出现了资产阶级临时政府和工人代表苏维埃两个政权并存的新局面。根据这一特殊历史条件,列宁提出了争取以和平方式从资产阶级民主革命过渡到社会主义革命的政治路线。在经济方面提出了一系列向社会主义逐步过渡的措施。

《四月提纲》规定没收地主土地,把一切土地收归国有,由当地雇农和农民代表苏维埃支配,彻底废除封建土地所有制。主张把没收的地主大庄园建成模范农场,由雇农代表进行监督,由公家出资经营。列宁和布尔什维克党号召各地农民组织起来,开展夺取地主土地的群众运动。

《四月提纲》规定立刻把所有银行合并成一个国家银行,由工人代表苏维埃加以监督。对资本家的保险机关和辛迪加垄断组织,以及社会产品的生产和分配,也由工人代表苏维埃进行监督。向大资本家征收累进所得税和财产税。

上述措施,除了没收地主土地以外,其共同特点是基本上不改变生产资料所有制,特别是资本主义所有制关系。列宁把这些视为使银行和辛迪加成为全民财产的过渡性措施。列宁指出,由于俄国是在欧洲最落后的一个国家中,在小农的汪洋大海中活动,因此,"我们的**直接**任务并不是'实行'社会主义,而只是立刻过渡到由工人代表苏维埃**监督**社会产品的生产和分配"①。一个月之后,列宁进一步指出,对于大多数资本家,无产阶级不打算剥夺他们的"一切",相反,要他们"在工人的监督下去做有益的和光荣的工作"②。这实际上是一种国家资本主义措施。

但是,列宁的革命和平发展的纲领并没有能够实现。1917年7月底,资产阶级镇压了群众的和平示威,堵死了革命和平发展的道路。在这新的历史转折关头,布尔什维克党召开了第六次代表大会。大会确定了武装夺取政权的新方针,经济纲领也相应地作了调整。

与《四月提纲》不同,新纲领除了坚持实行土地国有化以外,还主张对银行和大工业也实行国有化。银行国有化不仅可以摧毁金融资本的统治基础,而且为无产阶级国家监督全国经济生活提供了最重要的手段。大工业和交通运输业国有化意味着全国最重要的生产部门变成社会主义经济,使无产阶级掌握国家经济命脉。

对非垄断性企业,新纲领规定强迫把它们组成辛迪加,国家派代表进行监督。强调利用资产阶级专家管理生产,给他们高工资,同时要他们接受"工人的全面监督"。列宁把它称为"国家推动资本主义发展的办法"③。这是列宁提出运用国家资本主义的最初形式之一。

在社会主义革命过程中,决不允许剥夺农民小生产者。列宁驳斥资产阶级捏造布尔什维克党要"剥夺"小农的谣言时指出:"这种说法显然是捏造出来的,因为社会主义者**就是在完全的社会主义**变革时也不想剥夺、不能剥夺并且不会剥夺小农的。"④

针对战争造成的空前贫困状况,新纲领提出了调节消费的办法,强迫全体居民加入消费合作社,消费品实行配给,富人要承担劳动义务,等等。列宁把这些措施称为"革命民主政策"。其目的在于防止投机活动,以克服战争带来的灾难和饥荒。

---

① 《列宁选集》第三卷,人民出版社1957年版,第15—16页。
② 《列宁全集》第二十四卷,人民出版社1957年版,第398页。
③ 《列宁选集》第三卷,人民出版社1972年版,第148页。
④ 《列宁选集》第三卷,人民出版社1972年版,第150页。

以上就是十月革命经济纲领的基本内容。

在十月革命胜利以后的革命实践中,这个纲领的内容又有新的发展和充实。列宁指出,"经验将告诉我们大量的新事物,因为这将是千百万人的经验,是千百万人自觉地参加新经济制度的建设的经验"①。

社会主义经济产生的政治前提

1917 年 11 月 7 日,俄国人民在以列宁为首的布尔什维克党的领导下,经过暴力革命,推翻了资产阶级临时政府,取得十月社会主义革命的伟大胜利。人类历史上第一个无产阶级专政的社会主义国家,在地球 1/6 的土地上诞生了。

十月社会主义革命是一次具有世界历史意义的伟大革命。它从根本上推翻了人剥削人的制度,使无产阶级和劳动人民第一次成为国家的主人,从而大大鼓舞了世界无产阶级和被压迫人民的革命斗争。十月革命开创了世界历史的新纪元。

十月革命也开创了俄国历史的新纪元,使俄国进入了由资本主义向社会主义过渡的新时期。在这个新时期中,俄国无产阶级面临的首要任务,是彻底打碎旧的国家机器,建立和巩固苏维埃国家政权机构,为建设社会主义创造必要的政治前提。

武装起义胜利以后,布尔什维克党领导俄国无产阶级和劳动人民解散临时政府的官僚机构,成立了工农兵苏维埃和人民委员会,开始建立工农红军和其他政权机构。为了组织社会主义国民经济,成立了最高国民经济委员会和各级地方经济委员会;通过有关法令,规定了最高国民经济委员会的任务主要是:组织国民经济和国家财政,制定调节全国经济生活的总准则和总计划,统一并协调中央和地方经济机关的活动,有权没收、管制工商企业,等等。地方经济委员会是地方经济的主要领导机关,归最高国民经济委员会直接领导。在建立各级国家机关时,布尔什维克党十分重视革命化和民主化原则。人民有选举和罢免国家领导人员的权利。规定国家领导人员按巴黎公社原则领取薪金。成立工农检察院,监督国

---

① 《列宁全集》第二十六卷,人民出版社 1959 年版,第 153 页。

家机关的工作。1918年1月，全俄苏维埃第三次代表大会通过《被剥削劳动人民权利宣言》，庄严宣布俄国为工农兵苏维埃共和国，一切权力属于苏维埃，规定了俄国从资本主义向社会主义过渡的各项基本任务和政策。宣言从法律上巩固了十月革命的伟大成果，为第一个苏维埃宪法奠定了基础。

由于社会主义经济制度不可能在资本主义社会内部自发产生，它只有在无产阶级夺取政权以后，通过剥夺资产阶级才能逐步建立起来。因此，当十月革命胜利和苏维埃政权建立以后，苏维埃人民运用无产阶级专政这一政治杠杆，开始了建立社会主义经济基础的工作。

第二节　银行、大工业、运输业国有化和社会主义国营经济的产生

十月社会主义革命胜利以后，苏维埃人民遵循党的第六次代表大会制定的逐步向社会主义过渡的纲领，开始实现基本生产资料的国有化工作。

> 对资本主义企业进行工人监督

工人监督是对资本主义企业进行社会主义改造的最初步骤。早在十月革命胜利前夕，各地工人就开始了争取工人监督生产的群众斗争，并且把这一斗争同夺取政权的斗争结合起来。但是，只有在十月革命胜利和苏维埃政权确立后，工人监督才得以在全国普遍开展，并成为逐步实现基本生产资料国有化的重要组织准备。

十月革命刚刚胜利，列宁就起草了《工人监督条例（草案）》，并在《真理报》上发表，征求意见。1917年11月14日，全俄中央执委会正式通过实施。条例规定，在工业、商业、银行、农业、运输业和合作社等所有雇佣工人的企业成立工人监督机构，负责监督企业的生产、购销和一切财务活动。它有权规定企业的产量，检查成本，取消企业的商业秘密，企业主必

须服从工人监督机关的各项决定,等等。

工人监督条例一公布就遭到了资产阶级的激烈反抗。全俄工厂主协会公然作出决定,拒不接受工人监督条例,宣布凡实行工人监督的企业"都予关闭",以同盟歇业相威胁。1917年12月,仅彼得格勒一地就有44家工厂歇业,乌拉尔有50%的工厂停产。此外,工厂主还采取抽走资本、扣发工资、解雇工人等手段相对抗。工人阶级在布尔什维克党的领导下,同资产阶级进行了坚决的斗争。到1918年3月,全国大多数企业贯彻执行了工人监督条例。

工人监督生产,从根本上说,它并不改变生产资料的资本家所有制,不否定资本家对企业的经营管理权,仍然存在着资本家对工人的剥削关系。但它在各方面已经受到苏维埃国家的很大限制,工人在一定程度上参与了企业管理。因而工人在企业中的地位已经发生了变化,这些企业的生产和流通也在相当程度上纳入社会主义轨道。所以,实行工人监督的企业已是一种国家资本主义企业了。

苏维埃国家和人民在探索解决这些前人不曾遇到过的新问题时,不可避免地会发生这样或那样的偏差和失误。例如,列宁在起草工人监督条例时,只准备对雇佣5名工人以上或资本在1万卢布以上的企业实行工人监督,但实际通过的条例是要求在所有雇工的企业实行,甚至连合作社也包括在内。这种做法,步子显然急了些,面也宽了些。另外,有少数企业的工人在实行监督时,实际上把企业变成了本企业工人的集体所有企业。这些缺点,给生产带来了某些不利的影响。尽管如此,工人监督的历史意义还是重大的。它对制止资产阶级的破坏活动、锻炼工人学会管理企业起了重要作用。列宁在总结十月革命一周年的经验时指出:"工人监督应当是任何一个社会主义工人政府必须实行的第一个基本步骤。"①

按照列宁的最初设想,从实行工人监督到工业国有化要经过一个相当长的时期。但是,由于资产阶级不相信第一个社会主义国家能够存在

---

① 《列宁全集》第二十八卷,人民出版社1956年版,第123页。

下去,他们在国际帝国主义的支持下,同新生的苏维埃政权进行殊死斗争,拒不接受监督,因而苏维埃国家不得不加速由工人监督向国有化政策的转变。

银行是现代资本主义经济的中枢。资本主义经济的社会主义改造,首先要抓住这一关键环节。巴黎公社之所以失败,其中一个重要原因就是没有及时没收银行。鉴于这种历史教训,布尔什维克党和苏维埃国家在革命取得胜利时,就立即着手实行银行国有化。列宁指出:"**没有大银行,社会主义是不能实现的。**"[1]

银行国有化首先从接管国家银行开始。1917 年 11 月 7 日,俄国国家银行作为要害经济部门首先被占领,11 月 25 日被正式接管。但是,银行的官吏拒不执行苏维埃政府的指令,拒绝支付国家经费和工人工资,除少数下级职员外,全都罢工。国家派出接管人员,依靠银行的下级职员同银行的反动势力进行了坚决斗争,改组了国家银行的各级领导机构,把领导权掌握在苏维埃政权手中。

掌握了国家银行之后,苏维埃政府就有条件进一步着手私人银行的国有化工作。先对私人银行实行工人监督。这一方面可以制止银行资本外逃;另一方面又可以锻炼工人,使他们熟悉银行业务,学会管理金融,为接管私人银行做好组织准备。12 月 14 日,苏维埃国家银行同私人银行达成协议,规定私人银行在接受工人监督和执行国家有关法令的条件下,可以得到国家的贷款。但实际上,私人银行资本家却利用这个协定进行破坏活动。他们从国家获得贷款,不是用来帮助接受工人监督的企业恢复生产,而是资助那些拒不执行工人监督法令的不法资本家,甚至为反革命势力提供经费。于是,苏维埃国家不得不加速银行国有化。

1917 年 12 月 27 日清晨,工人赤卫队占领了彼得格勒的全部私人银行。当晚,苏维埃政府宣布私人股份银行一律收归国有,并同国家银行合并为统一的俄罗斯苏维埃共和国人民银行。莫斯科的私人银行于

---

[1] 《列宁选集》第三卷,人民出版社 1972 年版,第 311 页。

12 月 28 日被没收，其他城市的银行，直到 1918 年 1 月 20 日才先后被接管。

与银行国有化同时，苏维埃政府还通过法令，规定私人银行的全部现款应转为国家银行的活期存款，而金印和金锭全部没收，作为国家的黄金储备。由于私人银行资本家的反抗和破坏，1918 年 1 月 26 日，苏维埃政府宣布没收全部私人银行的股份资本，废除所有私人银行股票。至此，银行国有化从法律上全部完成。

1918 年 2 月 3 日，苏维埃政府又宣布废除沙皇政府和资产阶级临时政府的一切内外国债。当时俄国国债达 600 亿卢布，比战前国家预算多 16 倍，其中内债 440 亿卢布，外债 160 亿卢布。苏维埃政府在宣布废除国债的同时，还多次对外声明：只要停止对俄国的经济和财政封锁，苏维埃政府准备补偿外国资本因沙皇政权垮台而受到的部分损失，但遭到了拒绝。由于国债的废除，不仅免除了劳动人民每年支付国债利息 30 多亿卢布的沉重负担，而且摆脱了对国际资本的依附，巩固了国家的独立自主。

银行国有化剥夺了资产阶级的银行资本，制止了资金外逃，清除了外国资本对俄国信贷系统的控制和影响。这就从根本上摧毁了金融资本统治的基础。斯大林指出："在国家经济管理方面，最重要的是从资产阶级手中夺取了资产阶级经济生活的神经中枢——银行。资产阶级的银行被剥夺，因而可以说，资产阶级就失去了灵魂。"[1]实行银行国有化，国家掌握了银行这一强大的信贷和计算监督中心，可以调节和限制私人资本的活动，这就为加强工人监督资本主义和准备实行工业国有化创造了有利的条件。

运输业和对外贸易国有化 与银行国有化的同时，苏维埃政府又开始了运输业的国有化。列宁在第三次苏维埃代表大会上指出，只有完成这两项任务，才能使苏维埃国家"有可能着手建设新的社会主义经济"[2]。

---

① 《斯大林全集》第四卷，人民出版社 1956 年版，第 338 页。
② 《列宁全集》第二十六卷，人民出版社 1959 年版，第 439 页。

　　铁路是俄国最重要的运输部门。铁路运输量分别占全国客运、货运量的92%和61%,总投资几乎等于全部工业投资。在所有制方面的特点是,70%的铁路为沙皇国家所有。因而没收官办铁路是建立社会主义国营经济的一项重大措施。

　　苏维埃政府在没收这些官办铁路过程中遇到两个方面的阻力:一方面是铁路行政机构及其官吏的怠工反抗;另一方面是受社会革命党和孟什维克影响的全俄铁路工会公然反对铁路国有化,要求铁路归他们所有。苏维埃政府依靠广大铁路职工,断然解散了旧的铁路官办机构,由普通铁路员工组成工人管理机构接管铁路。到1918年年初,官办铁路基本上转入苏维埃国家手中。

　　对私人铁路,苏维埃政府原打算在工人监督的条件下,继续向他们提供资金和燃料,维持原来的管理机构,以保证铁路的正常运转。但是,资产阶级却以怠工相对抗。所以,在1918年头几个月里,这些私人铁路也先后被工人接管。

　　水运与铁路不同,主要归私人资本家所有。革命前14家航运垄断组织拥有全部航运业股本的80%。1918年1月23日,苏维埃政府颁布商船国有化法令。根据这一法令收归国有的河运船只13754艘、海运船只2476艘。在执行过程中,不少地方连小私有者的小船只也没收了。同年5月,最高国民经济委员会下达专门指令,明确规定船只国有化的范围,纠正了这一偏差。

　　运输业国有化,使苏维埃国家掌握了又一重要的经济命脉。这不仅为建立全国统一的运输系统打下了基础,而且为大工业国有化创造了有利条件。

　　对外贸易实行国家垄断制,这是列宁提出的一条重要社会主义经济措施。

　　十月革命胜利后,苏维埃国家面临着国民经济濒于崩溃和人民生活极端贫困的局面。列宁认为,发展对外贸易是完全必要的。这一方面有利于国民经济的恢复和人民生活的改善;另一方面可以为国家换取外汇,积累建设资金。但是,处在资本主义包围和两种社会制度相对抗的环境中的年轻苏维埃共和国,只有实行对外贸易国家垄断才能免受外国资本的奴役,保证自己的独立和自主。列宁指出:"没有这种垄断,专靠纳'贡款',我们就不能'摆脱'外国资本的羁绊。"①

1918年4月22日,苏维埃政府颁布了《关于对外贸易国有化》法令,实行对外贸易国有化,即对外贸易国家垄断。法令规定:对国外买卖的一切商品,均由特别授权的机关代表俄罗斯共和国进行,禁止其他一切私人或企业同外国发生贸易关系。当时由工商业人民委员部负责对外贸易工作。尽管国内战争已经开始,但它仍然进行了大量计划和组织工作。同年8月,人民委员会批准了《工商业人民委员部地方机构条例》,据此在国内建立了对外贸易的各级地方管理机构。同年10月,又决定责成驻外领事负责国外贸易工作。这样就基本上完成了对外贸易国有化。

> **大工业国有化**

银行、运输业收归国有以及工人监督的实施,为工业国有化准备了条件。

十月革命胜利的头几个月,苏维埃政府首先没收了官办工业,主要是一些军工厂和造船厂。同时从个别企业着手,开始对私人工业实行国有化。1917年11月27日,苏维埃政府通过了第一个私人工业企业国有化法令。接着对中央工业区、乌拉尔、顿巴斯一些重要工业区的大企业、辛迪加工业企业实行了国有化。

开始阶段的国有化具有以下几个特点。首先,带有较大的分散性。企业国有化多半是由个别企业的工人提出要求,经地方政权机关批准实行的,缺乏统一计划,行动比较分散。据统计,在这一阶段国有化企业的总数中,约有3/4的企业是由地方政权机关批准实施的。其次,带有较大的惩罚性质。约有70%的企业,收归国有是因为企业主拒不接受工人监督、破坏生产或关闭工厂等。在这种情况下,苏维埃政府以没收企业作为手段,来惩罚资本家的不法行为。最后,具有全局意义的大企业首先收归国有。这些企业虽然为数不多(约占1/4),但对国计民生关系重大。例

---

① 《列宁选集》第三卷,人民出版社1972年版,第505页。

如："供电公司"承担莫斯科和其他工业中心的动力供应，因而最高国民经济委员会于 1918 年 1 月下令收归国有。号称全俄"锅炉房"的顿巴斯矿区的多数矿井，到 1918 年 3 月也先后收归国有。

1918 年春，特别是布列斯特和约缔结以后，鉴于国内外政治经济形势的变化，布尔什维克党对经济政策作了调整，决定全国工作重心由"赤卫队进攻资本"转移到"在资本家已被剥夺的那些企业和其余一切企业中组织计算和监督"上去，放慢工业国有化速度，以便注意总结经验，加强领导，提高国有化企业的生产。1918 年 2 月，最高国民经济委员会决定只有人民委员会最高国民经济委员会有权决定没收企业，其他地方机关一律无权决定。苏维埃政府在注意组织好生产的同时，有计划地为大工业企业行业国有化做准备。例如，1918 年 3 月，成立中央石油委员会，着手石油工业国有化的各项准备工作。

关于是否对国有化企业主支付补偿金的问题，苏维埃政府采取了比较灵活的政策。1918 年 4 月，苏维埃政府通过法令，规定按期办理登记手续的股票和其他有价证券的持有者，"有权在企业被收归国有以后，按法令规定的数量和条件领取补偿金"。一些地方苏维埃曾按此法令向被收归国有的企业主支付补偿金。但总的来说，由于国内外形势的急剧变化，这一政策并未真正实行。

1918 年 5—6 月，苏维埃俄国的政治形势剧变，外国武装干涉者和白卫分子开始进攻。这一严重局势迫使苏维埃国家又加速了工业国有化的步伐。正如列宁所指出，资产阶级"向我们提出了我们本身生死存亡的问题。资本家阶级所采用的策略，迫使我们进行殊死的无情的斗争，迫使我们不得不远比我们所设想的更多地摧毁旧的关系"[①]。

1918 年 5 月底，全俄国民经济委员会召开了第一次代表大会，决定由个别企业国有化过渡到全行业国有化。1918 年 6 月 28 日，苏维埃人民委员会颁布了全国大企业一律收归国有的历史性法令。按照这一法令，矿山、冶金、金属加工、纺织、木材、烟草、制革等工业部门的大企业，以

---

① 《列宁全集》第三十三卷，人民出版社 1957 年版，第 68 页。

及地方公用事业,一律收归国有,成为全民财产。这些企业的职工、技术人员和经理、董事一律转为国家工作人员,按原来标准从企业领取工资。由于国家一时难于立即接管这样多的企业,法令规定在国家正式接管以前,企业仍由原企业主"无偿地租用",并负责保护企业,维持生产,否则要依法严惩。根据这一法令收归国有的企业,其总资本达 30 多亿卢布,大约相当于全部工业总资本的 3/4。到 1918 年 8 月底,国家掌握的大工业企业已超过 3000 多家,其中半数以上是重工业。

银行、交通运输和大工业的国有化,为社会主义经济的建立和发展奠定了物质基础。这虽然是社会主义革命的必然趋势,但它的发展要比列宁和布尔什维克党的最初设想快得多,也激烈得多。这在很大程度上是由国内外阶级斗争尖锐化造成的,它恰恰反映了一国建设社会主义这一历史条件的特点。

第三节　土地革命运动

十月革命前夕夺取地主土地的农民运动　土地改革是民主革命的主要任务。但 1917 年 2 月资产阶级革命,并没有解决这一历史任务。因而十月社会主义革命之后,仍须把土改当作遗留任务而继续完成。

如前所述,布尔什维克党在自己的革命经济纲领中提出废除地主土地所有制,实行土地国有化的主张,并号召广大农民立即组织起来,开展夺取地主土地的斗争。

在十月革命胜利以前,布尔什维克党在农民中间作了大量的政治工作,使广大贫苦农民逐渐摆脱社会革命党和孟什维克的影响,日益相信布尔什维克党的土地纲领,并开始了夺取地主土地的斗争。农民夺取地主土地和庄园的事件不断增加。1917 年 5 月为 411 次,6 月为 689 次,7 月为 1509 次,8 月为 1130 次,9 月为 1587 次。农民运动遍及国内 90%以上的县份。正如列宁所说:"土地革命的烈火正在俄国燃烧起来。"①

　　土地革命群众运动的开展,引起国内反动势力的惊恐和不安,他们指责农民运动是"越轨行动",是"暴乱"和"无政府状态"。社会革命党和孟什维克也以土地法令尚未制定为借口,反对农民夺取土地的群众运动。列宁痛斥了这些反动论调,严正指出,地主土地所有制是极不合理的现象。农民按照多数人的决定占用这些土地,"这并不是越轨行动,这是恢复权利"②。在农民起义地区,农民夺取了土地。列宁赞扬说:"从来没有一种'暴乱'和'无政府状态'有过如此辉煌的政治成果。"③关于土地法令和农民运动的关系,列宁认为,"重要的是革命创举,而法律则应该是它的结果。如果你们等待制定法律而自己不去发挥革命毅力,那末,你们将既得不到法律,也得不到土地。"④

　　在布尔什维克党和列宁的支持、领导下,农民争取土地的斗争同无产阶级推翻资产阶级统治的社会主义革命日益结合起来,极大地加强了在夺取政权过程中工人阶级同劳动农民的联盟。

　　但是,大规模的土地改革运动,主要是在十月社会主义革命胜利和无产阶级政权建立以后开展起来的。

　　苏维埃国家的土地法令　　土地问题涉及千百万贫苦农民的根本利益,能否正确地解决这一问题,关系到工农联盟的巩固和苏维埃政权的存亡。所以,布尔什维克和列宁在十月革命胜利后,就立刻着手解决这一重大问题。

　　十月革命胜利后的第二天,全俄苏维埃第二次代表大会通过了历史性的《土地法令》。列宁在大会上作了土地问题的报告。报告指出,鉴于孟什维克和右派社会革命党因拖延土地问题的解决而遭受失败的教训,工农政府首先应当解决土地问题,以满足广大贫农群众的土地要求。只有如此,才能团结农民,为在全国建立和巩固苏维埃政权而共同奋斗。因

---

①　《列宁全集》第二十四卷,人民出版社 1957 年版,第 250 页。
②　《列宁全集》第二十四卷,人民出版社 1957 年版,第 450 页。
③　《列宁全集》第二十六卷,人民出版社 1959 年版,第 164 页。
④　《列宁全集》第二十四卷,人民出版社 1957 年版,第 252 页。

此,《土地法令》就是顺应这一历史要求产生的,它的制定和颁布,在这方面发挥了巨大作用。

为了贯彻上述法令,1918年2月19日,苏维埃政府又颁布了《土地社会化》法令。这两部土地法令,明确规定了俄国土地改革的基本方针和政策。

土地改革的根本目的是废除封建土地所有制,彻底推翻地主阶级。法令明确规定,土改的基本内容是:"立刻废除地主土地所有制,不付任何赎金。"一切土地"都是全民的土地",但"普通农民和普通哥萨克的土地概不没收"。①

土地法令采纳了"农民委托书"的要求,决定平均分配土地,即根据"劳动定额"或"消费定额"把土地分配给农民耕种。平均分配土地是社会革命党提出来的,布尔什维克本来不同意这一原则,十月革命前列宁还曾批评过它。但是,经过实践,布尔什维克党认识到,平均分配土地是大多数农民的要求,党有必要接受这一原则并促成其实现。列宁指出:"我们既是民主政府,就不能漠视下层人民群众的决议,即使这个决议我们并不同意。只要把这个决议运用到实际当中去,在各地实行起来,那时人民自己就会在实际生活烈火的考验中懂得,真理究竟在哪里。"②在肯定土地平分原则的同时,《土地社会化法令》也指出,农民摆脱贫困的根本出路在于发展社会主义农业。法令规定"减少个体经济,发展就节省劳动和产品来说更为有利的农业集体经济,以便向社会主义经济过渡"③。

土 地 改 革 运 动 的 开 展

列宁指出:不把整个政权完全交给工农代表苏维埃,全部地主土地无偿地分给农民的事业就不能彻底实现。在苏维埃政权领导下,遵循土地法令所指引的方向,一场大规模的土地改革运动蓬勃地开展起来。

为了宣传土地法令和深入发动农民群众,各地组织了大批土改宣传队奔赴农村,召开群众大会,宣讲土地法令,帮助建立农村苏维埃和土改

---

① 《列宁选集》第三卷,人民出版社1972年版,第363—364页。
② 《列宁选集》第三卷,人民出版社1972年版,第365页。
③ 《列宁选集》第三卷,人民出版社1972年版,第692页。

领导机构。党和国家的土改政策得到各地农民的热烈拥护。农民群众把《土地法令》称为"神圣的法令"。

1917 年 12 月 5 日,苏维埃政府决定改组乡、县、省土地委员会,在中央土地委员会领导下,负责领导各地的土改工作。1918 年年初,先后召开了省、县、乡各级农民代表大会,根据土地法令的原则精神,结合各地具体情况,制定了土地改革的具体实施方案,并开展各项工作。

没收地主、皇室和教会的土地,是在 1917—1918 年秋冬之间进行的。中央非黑土地带和西北部各省,布尔什维克党的工作基础比较好,十月革命后立即派出大批工人到农村帮助工作,很快成立了村苏维埃,改选了土地委员会,大大削弱了社会革命党的势力,这些地区没收地主土地的工作有秩序地进行。乡土地委员会向各地主庄园派出委员,负责登记和清理庄园的土地和财产,并依法加以没收,地主被驱逐出自己的庄园,庄园破坏较少。中央黑土地带和伏尔加河流域情况差一些,那里社会革命党把持了农村的大部分基层政权,一些富农趁机抢占了地主庄园的牲畜和农机具。总的说来,没收地主土地的工作进展较顺利,庄园遭到破坏的不多,即使中部地区遭到破坏的庄园也不超过庄园总数的 4%—10%。

1918 年春,开始分配地主的土地。此前没收地主土地时,贫苦农民还能同富农共同反对地主,在转入分配土地时,"就暴露出富农和贫农之间的不同利益和不同意向"①。贫农要求按人口平分地主土地,而富农则要求按劳动力和农具、耕畜多少分配土地。两者围绕着分配土地的标准展开了尖锐的斗争。由于各地区农村阶级力量对比不同,分配土地的标准和方法也不尽相同。

在中部黑土地带、伏尔加河流域和中央工业区各省,大半是按人口平分土地,这对贫农有利。因为革命前,他们的土地最少,按人口分地,贫农及其家庭每一成员,都可以分到与其他农民同样多的土地。在西伯利亚和乌苏里等地区,由于那里农村资本主义的发展比内地快,富农的势力比较强,分地则按劳动力标准。在个别地区,还有以牲畜和农具为标准分地

---

① 《列宁全集》第三十二卷,人民出版社 1958 年版,第 282 页。

的。分地方法主要有两种:一种是全部土地打乱平分,即把所有土地(包括农民的份地,没收地主的土地等)集中成统一分配土地总额,然后按标准平分;另一种是在农民原有份地基础上,按分地标准对少地户实行填平补齐的办法。在大多数情况下,采用了后一种办法。前一种办法对贫农有利,因为他们原有的份地多为贫瘠土地;而后一种办法则受富裕农民拥护,因为他们可以把原有的好地继续保留在自己手里。不仅如此,有许多富农还趁机多侵占了一部分地主的土地和农具、耕畜。当贫苦农民开始耕种分得的土地时,由于缺乏农具和种子,他们往往不得不把分得的土地租给富农,自己去给富农当雇工。所有这些,使贫苦农民与富农的矛盾日益尖锐。

1918年春,由于法国占领乌克兰和捷克斯洛伐克军团占领西伯利亚,粮食供应极端困难,成为社会主义成败攸关的问题。而富农又不肯按固定价格出售存粮给国家。所以,1918年6月11日,苏维埃政府通过法令,在农村普遍成立贫农委员会,广大农村贫农和雇农在工人阶级领导下,把农村政权掌握在自己手里,对富农开始实行部分剥夺和限制的政策。这实际上标志着苏维埃俄国土地改革进入到一个新阶段。

到1918年年底,仅32个省就建立了数以万计的贫农委员会。贫农委员会一方面协助地方粮食机关征收富农的余粮,以保证城乡居民的口粮供应;另一方面,没收了富农多余土地5000万公顷,以及大批农具和耕畜,并将这一切直接分配给贫农,或交租赁站和农业公社使用。贫农委员会还进行了农民之间重新分配地主土地的工作,这实际上是第二次重新分配土地。这一阶段的土地改革,削弱了富农的经济力量,限制了农村资本主义经济的发展,使农村阶级力量的对比发生了新的变化。所以,列宁指出:"对农村来说,城市的十月革命只是到1918年夏天和秋天才成为真正的十月革命。"[1]

土地改革的过程,是一场严重的阶级斗争。不甘心失败的地主、富农使用焚毁粮食、乱杀耕畜,甚至组织武装暴乱等手段来对抗土改。在莫吉

---

[1] 《列宁全集》第二十八卷,人民出版社1956年版,第124页。

廖夫省,在一个女庄园主焚毁了 2000 多普特①粮食,卖掉全部乳牛和马匹。在彼得格勒一个县,地主用土地和金钱收买农村干部,使全县 118 处地主庄园只分配了 14 处,其余仍掌握在庄园主手里。卡卢加省一个地主组织武装保护自己的庄园,直到土地法令公布七个月后的 1918 年中期,庄园仍掌握在原庄园主手里。布尔什维克党依靠贫农,团结中农,同地主富农进行了坚决的斗争。对地主阶级,集中力量予以消灭;对富农,在经济上实行部分剥夺和限制政策,在政治上对其破坏活动予以坚决打击。经过激烈的斗争,打击了地主、富农的反抗活动,保障了土地改革的胜利实现。

到 1918 年年底,俄国中部多数地区实现了土地改革,其余地区到新经济政策时期之前也告完成。至于各民族地区的土地改革,多在新经济政策实行后一个相当长的时期才完成。

土地改革运动的伟大胜利及其意义　　1917—1918 年的土地改革运动,取得了伟大胜利,使苏维埃农村发生了翻天覆地的变化。

由于土地改革的胜利,农民无偿地分得了 2亿公顷土地,其耕地增加了 70% 左右。农民还分到了 3.5 亿卢布的农具和一些大耕畜。过去农民每年交给地主的 9 亿卢布的地租和捐税,现在已不再交纳,同时还免除了土地银行约 30 亿卢布的债务。"在一个农民的国家里,从无产阶级专政方面首先获得利益,马上获得利益和获得最多的是一般农民。"②土地改革使农民的经济条件大为改善,他们不仅提高了生活水平,也提高了生产积极性。1918 年春播时,空闲地明显减少。贫农和中农的播种面积扩大,就是一个很好的证明。

土地改革是苏维埃农村生产关系的一场伟大革命。它彻底消灭了封建土地所有制,消灭了地主阶级剥削和压迫的经济基础。土地变成了全民财产。俄国农民几千年来第一次成为土地的主人,不再为剥削阶级劳动。农村中被封建生产关系束缚的生产力得到了解放。

---

① 1 普特 = 16.38 公斤。
② 《列宁选集》第四卷,人民出版社 1972 年版,第 89 页。

土地改革从根本上改变了农村的社会阶级构成,地主作为一个阶级被消灭了。富农丧失了 5000 万公顷土地和相当多的农具、耕畜,经济实力大为削弱。无地少地的农户因为分得了土地和其他生产资料,经济地位上升了。农村出现了中农化的趋势(见表 1-1)。①

表 1-1　1917 年、1919 年各种农户土地占有情况的变化　（单位:%）

按每户耕地面积的农户分类	中部农业地区:土拉省		按每户耕地面积的农户分类	非黑土地区:威特布斯克	
	1917 年	1919 年		1917 年	1919 年
无地和有 1 俄亩地的农户	12.7	6.7	无耕地农户	7.4	2.1
有 1.1—6 俄亩的农户	62.6	78.0	有 2 俄亩的农户	20.5	60.9
有 6.1—8 俄亩的农户	11.5	10.0	有 2.1—4 俄亩的农户	38.8	31.4
有 8 俄亩以上的农户	13.2	5.3	有 4 俄亩以上的农户	33.3	5.6

土地改革运动提高了农民的政治觉悟,加强了工农联盟,扩大了苏维埃政权在农村的阵地,使绝大多数农村居民站到苏维埃政权一边,这对巩固年轻的苏维埃共和国及之后在国内战争时期战胜国内外敌人起到了巨大作用。正如列宁所说:"如果无产阶级的国家政权不实行这种政策,那它就一定不能维持下去。"②

土地国有化本身虽属资产阶级民主革命范围,但在无产阶级专政条件下,它却成为走向社会主义的一个重要步骤。土地这个农业中最重要的生产资料成为全民财产,不仅使国家掌握了农村经济命脉,而且对资本主义私有制也是一个有力的打击。因为革命前,仅俄国欧洲地区的地主抵押给银行的私有土地,就有 6200 万俄亩,地主共负债 37 亿卢布,其中 40%是欠私人银行的。同时,土地私有制的废除,也有利于破除农民的私有观念和对农业的社会主义改造。

苏维埃俄国的土地改革,是人类历史上第一次无产阶级领导的大规

---

① 苏联科学院经济研究所编:《苏维埃经济的发展》,学习杂志社 1956 年版,第 123 页。
② 《列宁选集》第四卷,人民出版社 1972 年版,第 341 页。

模土改运动。它没有任何经验可以借鉴,而且当时的阶级斗争又非常尖锐,因此难免会有这样或那样的失误。例如,对地主分子没有区别对待,一律逐出农庄,不给生活出路。实践证明这种政策不利于分化瓦解敌人,反而会激起地主阶级更加激烈的反抗。有的地区将没收地主的土地过多地用来组织国营农场或农业公社,影响了对农民土地要求的满足,等等。尽管如此,土地改革的历史意义是巨大的。它完成了俄国二月资产阶级革命所没有完成的历史任务,为俄国革命的继续前进奠定了基础。

第四节　1918 年年初苏维埃国家面临的新形势和列宁的社会主义建设计划

　　1918年年初苏维埃国家面临的新形势和全国工作重心的转移

十月社会主义革命胜利以后到 1918 年春,苏维埃俄国的革命形势发生了很大变化。苏维埃政权在全国范围内普遍建立起来;镇压了剥削者的反抗,胜利地反击了反革命势力妄图推翻苏维埃政权的最初几次暴乱;废除了地主土地所有制,把全国一切土地收归国有,并交给农民永久使用;把银行、铁路、外贸、商船以及大工业收归国有,使国家掌握了经济命脉。至此,列宁称之为“用赤卫队进攻资本”的任务大体上完成了。

　　从国际条件来看,布尔什维克党和列宁从苏维埃政权诞生那天起,就积极为俄国摆脱帝国主义战争、实现世界和平而斗争。十月革命胜利的当天,立即发布了《和平法令》,向一切交战国的人民及其政府建议,立即就公正民主的和约开始谈判。经过几个月艰苦斗争,终于在 1918 年 3 月,同德国签订了布列斯特和约。条件虽然极为苛刻,但苏维埃国家毕竟获得了一个暂时的和平局面。

　　由于国内外形势的改变,1918 年春,苏维埃俄国开始进入一个转移工作重心的“历史转变”时期,即由“赤卫队进攻资本”的时期过渡到着重经济建设的社会主义建设时期。在俄国这样一个生产力不很发达又遭连年战争破坏的国家里,怎样着手来进行社会主义建设是布尔什维克党和列宁面临的一个新课题。

1918 年 4 月,列宁受党中央委托拟定了社会主义建设计划,经中央讨论批准后,以《苏维埃政权当前的任务》为题公开发表。接着列宁又发表了《当前的主要任务》《论"左派"幼稚病和小资产阶级性》等纲领性文献。在这些文献中,列宁根据十月革命胜利后的新经验,进一步发展了社会主义建设的计划,规定了苏俄由资本主义向社会主义过渡时期经济建设的总任务和总政策。

列宁首先向苏维埃人民提出了建设社会主义强国的战略任务。他说:"无论如何要使俄罗斯从一个贫弱的国家变成真正富强的国家。"①只有这样,才能增强国家的经济实力,提高人民的物质文化生活水平,加强国防力量,在资本主义包围中巩固社会主义制度。同时,又指出俄国具备实现这一战略任务的必要条件。"在天然财富方面,在人力后备方面,在伟大革命解放出来的无穷无尽的人民创造力方面,都有足够的条件来建立真正富强的俄罗斯。"②

为了实现上述目标,列宁分析了当时俄国的新形势,提出党和国家的工作重心必须转移到社会主义建设上来。他说,"在任何社会主义革命中,当无产阶级夺取政权的任务解决以后,随着剥夺剥夺者及镇压他们反抗的任务大体上和基本上解决,必然要把创造高于资本主义社会的社会经济制度的根本任务,提到首要地位;这个根本任务就是提高劳动生产率"③。为从事经济建设而管理国家的任务,已经成为"**主要的中心的任务**",必须"改变我们经济工作和政治工作的**重心**"。④ 列宁把当时经济改造和建设这一中心任务归结为两项:一是在全国各地以最广泛的各种各样的形式来计划和监督产品的生产和分配。这主要是从生产关系方面来

---

① 《列宁全集》第二十七卷,人民出版社 1958 年版,第 146 页。
② 《列宁全集》第二十七卷,人民出版社 1958 年版,第 146 页。
③ 《列宁选集》第三卷,人民出版社 1972 年版,第 509 页。
④ 《列宁选集》第三卷,人民出版社 1972 年版,第 496、499 页。

说的。要求苏维埃政权和广大劳动群众对国民经济各方面进行全面了解和计算,对经济计划的制定和执行加强监督。列宁解释说:"管理国家的任务现在首先是归结为纯粹的经济任务。"①二是在全国范围内提高劳动生产率,这是从发展生产力方面来讲的。

但是党内"左派共产主义者"反对列宁转移工作重心的战略方针,认为这是放弃阶级斗争,是右倾。他们坚持主张国内的主要任务不是进行社会主义经济建设、恢复和发展生产力,而是更紧张地进行阶级斗争,"完全打倒资产阶级",对生产资料"实行最坚决的社会化"。列宁严厉批评了"左派共产主义者"的错误主张,指出党把工作重心转移到经济方面,决非否定阶级斗争,更不是要在实践中停止进行阶级斗争。只是说,在新的历史条件下,同经济建设相比,阶级斗争的任务已不像从前那样占据中心地位了。而且,只有搞好经济建设,才能加强国防力量,对付帝国主义的侵略,在国内"就是要造成使资产阶级既不能存在,也不能再产生的条件"②。

列宁根据马克思主义关于过渡时期的基本原理,科学地分析了当时苏维埃社会的经济结构,指出存在着五种经济成分,即宗法式的农民自然经济、小商品经济、资本主义、国家资本主义和社会主义经济。而其中又以小农经济占优势。正是这一落后经济的特点,决定了苏维埃俄国由资本主义向社会主义过渡的长期性、艰巨性和复杂性。从这一国情出发,列宁制定了国内总政策,那就是小心谨慎和坚忍不拔的政策,建设社会主义的口号是"实际主义和求实精神",公式是"乐于吸收外国的好东西:苏维埃政权+普鲁士的铁路管理制度+美国的技术和托拉斯组织+美国的国民教育等等等等++=总和=社会主义"③。这就是列宁制定的国内政策的基本精神。

---

① 《列宁文稿》第三卷,人民出版社 1978 年版,第 47 页。
② 《列宁选集》第三卷,人民出版社 1972 年版,第 498 页。
③ 《列宁文稿》第三卷,人民出版社 1978 年版,第 94 页。

列宁关于建设社会主义的一些具体设想

在上述建设社会主义的指导思想下，列宁进一步提出了一些具体设想，丰富和发展了社会主义建设计划的内容。

前一段布尔什维克党和国家集中力量抓了基本生产资料所有制的变革工作，从法律上解决了剥夺剥夺者的任务；但是组织和管理工作远远跟不上。收归国有的企业资本家和管理人员，有的逃跑，有的怠工。工人还没有学会管理企业。结果出现了工厂停工、生产下降、商品匮乏和工人大批失业等严重问题。1917 年 1 月，彼得格勒的机器制造和金属加工大工厂有 31 家，到 1918 年 4 月，只剩下 5 家。因此，苏维埃国家必须进一步按照社会主义原则改造这些企业，大力恢复生产，使之成为真正的社会主义企业，即"**在事实上社会化**"①。

为此列宁提出，社会主义经济建设必须按统一的经济计划进行，同时，又要充分发挥地方和各部门的积极性和创造精神。1918 年 7 月通过的第一部苏维埃宪法明确规定，国家最高权力机关的主要任务之一是，"制定整个国民经济及各部门的基本原则和总计划"。而各地方苏维埃有广泛的权力，应负责"采取一切措施发展本地区的文化和经济"。在管理体制方面，苏维埃国家对企业实行中央—地方—企业三级管理制。

要彻底改组企业领导机构，贯彻严格的责任制。针对当时经济组织中普遍存在无政府主义和无人负责等现象，列宁主张在各级管理机构中实行民主集中制，用"一长制"代替过去的集体管理制。要把充分的民主精神同"在劳动中无条件服从领导者统一意志"结合起来。为了整顿铁路运输，1918 年 3 月，列宁签署了人民委员会关于集中管理铁路的法令。法令规定建立严格的领导人员个人负责制。坚决反对无政府主义的自发势力。这对保证铁路运输工作的恢复起到了重要作用，货车装运量逐月上升。按 100 俄里计算的每昼夜货车装运量由 1917 年 12 月的 31 辆，上升为 1918 年 2 月的 41 辆，6 月又升为 54 辆。许多国营企业的管理条例都明确规定要由厂长或经理负责领导企业的全部工作。

---

① 《列宁选集》第三卷，人民出版社 1972 年版，第 495 页。

如勃良斯克工厂规章规定:工厂中关于生产秩序和进程的各项命令,只能由厂长和车间主任发布方能有效。列宁高度赞扬了这一做法,并作为典型向全国工人推荐。

在劳动报酬制度方面,苏维埃政府根据列宁的计划进行了一些改革:废除旧俄国的工资制度,贯彻按劳分配原则,实行同工同酬,宣布不劳动者不得食。为了加强劳动纪律和提高劳动生产率,列宁在最高国民经济委员会主席团会议上宣布,"应该规定所有行业无条件地实行计件工资制,在那些无法实行计件工资的工种中,实行奖金制"①。工人工资的水平,不仅要在劳动生产率提高的基础上逐步增加,而且还要同企业的经营成果相联系。列宁说:"使工资同工厂的总工作量相适应,使工资同铁路、水路运输等的营业额相适应。"②对不遵守劳动纪律者"必须有惩罚,直到监禁。开除出厂的办法也可以采用"③。

在列宁的计划中,实行基本生产资料国有化与利用国家资本主义是互相结合的。列宁从俄国小农经济占优势的国情出发,吸取了德国组织国家资本主义的经验,提出通过国家资本主义这个中间环节,使俄国走上社会主义的设想。列宁认为,在苏维埃政权条件下的国家资本主义,是我们能够加以限制、能够规定其活动范围的资本主义,当时曾提出租让制、合营公司、贷款等具体形式。通过这些形式可以引进国内十分缺乏的建设资金和先进技术,建立大工业基础,培养现代化企业的管理干部,以加速社会主义建设。列宁肯定了当时皮革、纺织、烟草工业工人同资本家组织国家资本主义公司的经验。1918年7月,苏维埃政府制定了利用外资建立租让企业的基本政策:允许外国资本在俄国建立新工业企业或开发新资源;外国资本家必须遵守苏维埃法令,接受苏维埃国家的监督;苏维埃国家有权优先购买租让企业的产品,有权提前赎回租让企业;等等。根据上述法令开始组织少数租让企业,并收到良好效果。一些与外国资本家合股经营的企业,成为当时生产效率较高的企业。

---

① 《列宁文稿》第三卷,人民出版社1978年版,第62页。
② 《列宁全集》第二十七卷,人民出版社1958年版,第292页。
③ 《列宁文稿》第三卷,人民出版社1978年版,第62页。

关于建设社会主义的人才问题，列宁认为，没有具备各种知识、技术的专家，不把剥削阶级所积累的全部经验和知识同广大劳动群众的主动性、毅力和工作结合起来，便不能过渡到社会主义。针对十月革命后严重缺乏建设人才的情况，列宁提出：一方面从工农中挑选和培养自己的知识分子和专家；另一方面在自己的知识分子没有培养起来以前，"吸收资产阶级知识分子参加工作就是当前一项迫切的和必要的任务"。列宁批评了"左派共产主义"对资产阶级专家不作具体分析，认为他们都是"资本的奴仆"、政治上都是反动的片面看法，纠正了实际工作中一些"左"的做法。为了争取那些不反对苏维埃政权的资产阶级专家参加社会主义建设，对他们实行了高薪政策。

关于社会主义制度下的商品货币问题，列宁从马克思的传统观念出发，认为在社会主义制度下应当取消商品。但是，他认为"在从资本主义社会向社会主义社会过渡的情况下，不用货币，或者在短期内换成新的货币，是根本不可能的事情"[①]。1918 年 4 月，财政人民委员部根据列宁的方针，拟定了全国改革货币的计划，要求建立苏维埃银行和货币流通体系，建立正常的税收制度，恢复信贷机构。列宁亲自抓了这一项工作，力求建立一种稳定的货币制度。由于历史的局限，列宁还没有把贸易当作城乡之间经济联系的重要形式而明确提出来。而且，上述计划到"战时共产主义"时期也被否定了。

在列宁的主持下，1918 年 4 月全俄中央执委会作出专门决议，指出"必须重视农民经济"。为了恢复农业生产，要求全国加紧生产农业机器和农具，并规定 1918 年农业生产就要恢复到战前水平。同时，列宁在党章草案中又提出依靠工人和贫苦农民的联盟，使农业"稳步地过渡到共耕制和大规模的社会主义农业"[②]的目标。

最后，列宁还提出加强无产阶级专政，建立和健全法律的任务，以保证社会主义革命和建设的胜利。

---

① 《列宁文稿》第三卷，人民出版社 1978 年版，第 51 页。
② 《列宁全集》第二十七卷，人民出版社 1958 年版，第 140 页。

　　历史的发展是曲折的,列宁上述社会主义建设计划几乎还没有来得及付诸实施,就被1918年夏天爆发的帝国主义武装干涉和国内战争所打断,年轻的苏维埃共和国不得不走上战时经济轨道。

第 二 章

外国武装干涉和国内战争
时期的苏维埃经济

第一节　外国武装干涉和国内战争开始
"战时共产主义"的实行

外国武装干涉和
国内战争开始

　　十月社会主义革命胜利后,由于苏联进行了初步的社会主义改造工作,特别是签订了布列斯特和约,退出帝国主义战争,苏维埃政权得到了初步巩固。国际帝国主义对此十分惊恐和不安,深怕本国人民以俄国为榜样推翻自己的统治,同时也不甘心丧失其在俄国的巨额投资和贷款。因此,国际帝国主义千方百计地要把初生的社会主义国家扼杀在摇篮里。俄国国内被推翻的地主、资产阶级也没有放下武器,妄图卷土重来,夺回失去的"天堂"。1918 年上半年,国内外这两股反革命势力联合起来,开始向苏维埃共和国进攻。到 1918 年夏,战争的火焰燃遍整个苏维埃俄国。

　　英、法、日、德、美等十四个帝国主义和资本主义国家不宣而战,从四面八方把军队开进俄国领土。英、法两国从俄国北方登陆。日本军队侵入远东地区。白匪首领邓尼金、科尔尼洛夫和克拉斯诺夫在英、法支持下,在北高加索和顿河地区发动叛乱。捷克斯洛伐克军团在伏尔加河中游和西伯利亚进行叛乱。德国趁机占领了乌克兰和南高加索。帝国主义封锁了俄国同国外一切经济联系,使苏维埃国家处在战火的重重包围之中。和平的喘息时期结束了,苏维埃俄国进入了严酷的外国武装干涉和国内战争时期。

战争给苏维埃共和国带来了巨大的灾难。3/4 的国土被敌人占领;苏维埃政权失去了乌克兰、西伯利亚和伏尔加河流域这些产粮区,中断了主要粮食来源;顿巴斯、巴库、格罗兹尼、乌拉尔等重要工业中心和原料基地也相继沦陷,而这些地区过去向全国提供 90% 以上的煤炭、74% 的生铁、70% 的钢、80% 的石油、70% 的糖和几乎全部棉花等。白匪军和外国干涉者在占领区颠覆无产阶级政权,恢复地主资产阶级的反动统治,大肆屠杀和平居民,重新夺回农民分得的土地,破坏工厂和矿山。例如,1918年德国占领军在乌克兰放水淹没了克利伏罗什矿区全部矿井。白匪在 1919 年退出乌拉尔时,把乌拉尔地区的石油放入卡马河,放火烧毁塞尔根—乌发利也夫矿区的电线厂,劫走楚索工厂的全部工程技术人员,等等。据统计,整个战争期间俄国的损失达 390 亿卢布,相当于全国财富的 1/4。

当时,苏维埃政权只有中部几个省和莫斯科、列宁格勒作为自己的根据地。在这里,敌人也不放松破坏活动,到处煽动罢工和骚乱,派人暗害革命领袖。大量工厂因缺乏燃料和原料而停工停产,几十万工人失业。一些农业地区发生富农暴乱。人民在忍饥挨饿,革命红军同样得不到足够的给养,苏维埃政权处在生死存亡的危急关头。

> 苏维埃国家转入战争轨道　实行"战时共产主义"政策

为了保卫十月革命的胜利果实,布尔什维克党领导俄国工人阶级和广大劳动人民展开了英勇的卫国战争。列宁指出:"在目前,战争问题,军事事件问题又作为革命的主要的根本的问题而出现在舞台上了。"[①]1918 年 9 月 2 日,全俄中央执行委员会通过决议,宣布

---

① 《列宁全集》第二十八卷,人民出版社 1956 年版,第 12 页。

苏维埃共和国为统一的军营,把全国经济、政治和文化生活转入战争轨道。11月成立以列宁为主席的工农国防委员会,它拥有动员全国人力、物力用于国防的全部权力,实际上成为内战时期国家军事、政治和经济的领导中心。

在"一切为了前线,一切为了胜利"的口号下,广大人民奋起参加卫国战争,约有半数以上的共产党员和共青团员奔赴前线。侨居俄国的许多外国劳动者,包括四五万名中国工人,也都参加了保卫十月社会主义革命的战斗,并有许多人为此献出了自己的宝贵生命。

广大农民在苏维埃政权下通过土地改革满足了对土地的要求。战争又使他们进一步懂得:苏维埃政权的失败,就意味着土地得而复失;只有苏维埃政权的胜利,才能使自己避免重受地主富农的剥削和压迫。所以广大农民,包括中农,愈加拥护苏维埃政权,积极参加保卫新政权的战斗。基于这一变化,1919年3月,党的第八次代表大会通过历史性决议,决定从中立中农的路线转为依靠贫农、巩固地联合中农、反对富农和其他一切敌人的政治路线。为了更好地贯彻这一路线,选举了农民出身的加里宁为全俄中央执行委员会主席,所有这些,对进一步巩固工农联盟和取得战争的胜利起到了重大作用。

在一切服从战争需要的总方针下,苏维埃政权不得不停止刚刚开始的和平经济建设,而采取了一系列战时管制经济措施,按"战时共产主义"原则改组了整个国民经济。因此,这一时期的苏联经济称为"战时共产主义经济"。

向"战时共产主义"转变是逐步完成的。它的主要内容可以归纳为如下几个方面。

一是实行余粮收集制。国家按固定价格强制征收农民的全部余粮和其他农副产品,付给农民的是严重贬值的纸币。列宁把这一征粮制度称为农民借给自己国家的一种贷款。

二是对工业实行单一国家所有制。开始只是把大型工业企业国有化,后来连中小型企业也收归国有。

三是建立高度集中的国民经济管理体制。国家集中掌握企业的一切管理工作,企业的生产任务和物资设备由国家统一规定和供应,产品由国家统一分配,企业的盈亏完全由国家包干。

　　四是粮食和其他生活必需品的贸易由国家垄断。取消私人商业,对粮食等生活必需品实行配给制,后来全部免费供应,甚至取消货币流通,国内经济生活实物化。

　　五是实行普遍义务劳动制。强迫资本家和其他剥削分子参加劳动,严格实行"不劳动者不得食"原则。

　　关于"战时共产主义"政策的性质,斯大林做过如下概括:"战时共产主义是战争环境和武装干涉迫使无产阶级专政采取的一种政策,这种政策主要是采用经济以外的、带有某种军事性的手段,不是通过市场,而是在市场以外来建立城乡之间直接的产品交换,这种政策的目的是组织产品分配以保证对前线革命军队和后方工人的供应。显然,假如没有战争环境和武装干涉,也就不会有战时共产主义。因此不能断定说,战时共产主义是无产阶级革命在经济上必经的发展阶段。"①这里需要补充的是:战时共产主义政策,固然主要是战争的产物,但它在一定程度上也是列宁和布尔什维克党探索社会主义建设途径的一次尝试。也就是说,在其形成的原因中,既有客观因素,也有主观因素。这一点下面我们还要进一步说明。

第二节　国内战争时期的农业政策和粮食政策

农业的破坏情况和粮食危机　　长期的战争使俄国的农业遭到严重破坏。主要产粮区被占领,敌人在那里大肆掠夺、破坏。大批青壮年应征入伍,农业劳动力非常缺乏。耕畜

---

① 《斯大林全集》第十一卷,人民出版社 1955 年版,第 129 页。

大量减少。过去主要靠国外供应的农业机器,完全停止进口。国内的农机具生产剧减。从而农业耕作情况急剧恶化,播种面积和农作物产量大大缩减。全国播种面积由 1913 年的 1.05 亿公顷减少到 1920 年的 9720 万公顷,缩减 7.4%。粮食作物面积缩减更多,小麦下降 12.3%,大麦下降 18.3%,燕麦下降 11.8%。由于播种面积和单产的降低,全俄粮食由战前 4 年平均总产量 39.81 亿普特降为 1920 年的 27.6 亿普特,下降 30.7%。农业总产值下降 33%,其中种植业下降 36%。

战争中断了国内各地区之间的经济联系,经济作物地区得不到粮食供应,所以经济作物生产下降的幅度最大。与 1913 年相比,1920 年棉花播种面积缩减 85.8%,甜菜缩减 69.8%,烟草缩减 79.3%,亚麻缩减 36.7%,棉花产量在 1913 年为 4500 万普特,1920 年下降到 280 万普特。

粮食的商品率也大大下降了。除了农业生产普遍衰退这一原因之外,农村社会经济结构的巨大改变也是重要因素。由于土地改革的胜利进行,使出产 20% 商品粮食的地主经济基本消灭,出产 50% 商品粮食的富农经济大大削弱,它在农户中的比重由十月革命前的 15% 缩减为 4%—5%。而小农的比重却显著增加,由过去的 20% 上升到 60%,并且成为主要的粮食生产者。但是,小农经济是一种半自给性经济,商品率低,加上农民自身因生活改善用粮增多,因此,全国粮食的商品率比革命前下降了。

由于上述种种原因,国内战争开始后,苏维埃国家的粮食问题达到极端严重的程度。十月革命首先从夺取大城市开始的特点,更增加了粮食征购工作的困难。因为十月革命前布尔什维克党主要在城市工人中组织和发动革命,革命也首先在大城市取得胜利,然后发展到农村。因此,十月革命胜利后,相当一部分农村政权掌握在富农和社会革命党人手里。一些富农和粮商还可以借此抵制和破坏苏维埃国家的粮食政策,甚至煽动一些有余粮的农民拒绝向国家交售粮食。

从 1918 年上半年开始,饥饿遍及全国。列宁格勒、莫斯科和其他工业城市,还有一部分农业区,都处于严重饥荒状态。工人每天只能得到 1/8 磅面包的配给,有时甚至几天断粮。饿死和病死的人很多。许多城市居民流向农村,仅列宁格勒 1918 年上半年人口就缩减了 100 万人。前方战士也经常得不到充足的给养。国内外一切反动势力想用饥饿把新生的苏维埃政权扼杀在摇篮里。

为了解决粮食问题,苏维埃政权采取许多措施扶植农业生产的发展:调整土地的使用情况,以便消除农民土地的交错、混乱等现象;限制农民之间频繁进行土地再分配;组织农业机器、农具的修理和生产;供应种子、肥料和改良牲畜品种;动员农业技术人员返回农业战线;开展群众性"农民周"运动,组织城市工人和农民帮助红军家属耕耘、收割以及修理农具;等等。上述措施虽然收到了一些效果,但战争仍在激烈地进行,农业生产不可能正常发展。粮食问题,一直是内战时期最尖锐的经济问题。

实行余粮收集制

粮食危机严重地威胁着苏维埃政权。列宁在 1918 年指出,为粮食而斗争,就是为社会主义而斗争。1919 年年初又指出,在最近一个时期内人民委员会和国防委员会主要关心的事情和工作的目标就是同饥荒作斗争。苏维埃国家采取了一系列坚决措施来解决粮食危机。

1918 年 5 月,苏维埃政府颁布法令,坚决实行粮食贸易国家垄断制,禁止任何私人买卖粮食。凡有余粮而不按国家规定价格交售给国家者,要送交法庭严惩。这样做是必要的。当时粮食大部分掌握在富农和私商手里,粮食市场处于无计划状态,投机商和富农乘机大搞囤积居奇,投机倒把。在这种情况下,不实行"铁腕"手段,把粮食购销工作掌握在国家手里,要想控制必要的粮食,保障军队和城市居民的最低需要,是不可能的。

1918 年 10 月,苏维埃政府又公布了关于向农民征收农产品实物税的法令。规定凡拥有超过本身消费额的余粮农户,均应负担实物税。实物税根据耕地面积、家庭人口及牲畜头数,按累进税率计征。未达到消费额者,一律免征。但是,随着战争的加剧和军队的迅速扩大,实物税已不能适应战争的需要,苏维埃政府不得不改行新的征粮办法,即余粮收集制。

1919 年 1 月,颁布《关于在各产粮省份收集余粮和饲料交国家支配》

的法令。法令规定，由苏维埃政府确定征收粮食和饲料的总额，硬性分摊给各生产粮省份，按固定价格向农民征购。农民除留下"必需"的口粮、种子、饲料之外，其余的粮食必须全部交售给国家。法令还规定了按阶级征购的原则，首先向富农征集，再向中农征集，完不成任务时才向贫农征集。

余粮收集制遭到富裕农民特别是富农的强烈反对。为此，国家除了增调大批党员和工人充实各级粮食机构以外，还组织了大批工人"征粮队""收割队"下乡。1918—1920年，共派出2700多个征粮队，有8万多人参加，按军事编制，配备武器。工人征粮队协同当地贫农委员会坚决镇压了富农和粮食私商的投机破坏活动，在余粮征集和保卫粮食运输的斗争中发挥了重要作用。

在征粮工作中，布尔什维克党和列宁对同中农的联盟工作给予了很大关注。早在1918年7月全俄苏维埃第五次代表大会上，列宁就批评征粮队工作中"令人痛心地打击了劳动中农的错误做法"。为了照顾中农的利益，1918年提高了征粮价格。第八次党代表大会对于团结中农具有重大意义。大会不仅通过了与中农结成巩固联盟的阶级路线，而且针对当时混淆中农和富农界限的错误，指出必须把劳动农民同农民中的投机者、剥削者严格区别开来，对劳动农民决不允许采用暴力。决议明确规定，对不按法令而随意征收粮食的行为，要严加追究。这些规定，对制止征粮工作中的过火行为、保证完成粮食征购任务起到了重要的作用。

为了保卫苏维埃政权，广大贫苦农民对于余粮收集制这种非常措施，在一定时期内还是能够接受的。1919年3月，当国内战争最艰苦的时刻，萨拉普尔5个乡的农民派代表，向莫斯科和列宁格勒送去了4万普特粮食。代表们向列宁表示："捷克斯洛伐克军团教育了我们，现在谁也不能使我们离开苏维埃政权了。"正是由于广大农民的支持，余粮收集制的完成情况才有很大进展。1919年，实行余粮收集制的第一年就收集了10790万普特粮食，1920年又增为21250万普特，比上一年增加1倍。

余粮收集制实行两年多，使国家掌握了一定数量的粮食，保证了前线军队和后方工人的供给，使苏维埃政权渡过了难关，赢得了战争的胜利。

列宁在总结这一历史功绩时指出:"1917—1921 年期间,苏维埃俄国的粮食政策无疑是很粗糙的,极不完善的,并且还产生了许多弊端。在实行这一政策时,也犯过一些错误。但总的说来,在当时条件下,这是唯一切实可行的政策。并且这一政策已完成了它的历史任务:在一个遭到破坏的和落后的国家中保全了无产阶级专政。"①

由于军队和城市居民对粮食的需要同粮食的供应经常入不敷出,加上征粮工作的粗糙,国家在征集余粮时,往往不仅拿走余粮,而且还拿走一部分农民必需的口粮。国家规定的粮价很低,而且付给农民的又是极度贬值的纸币,几乎等于无偿征集,这在很大程度上侵犯了农民的物质利益。更为严重的是,当国内战争接近胜利的时候,布尔什维克党的一些领导人却把这种在战争特殊条件下主要靠国家行政手段征集粮食的办法,看成一种符合规律的、可以长期使用的办法。认为利用这种办法可以"直接向共产主义生产和分配过渡"。在这种错误思想指导下,余粮收集制这种战时非常措施非但没有得到缓和或改变,反而进一步强化推行起来。征集范围不断扩大,数量日益增加。开始主要征集粮食和饲料,后来扩大到肉类、油脂、马铃薯、奶、蛋以及棉、麻、毛、皮革等农副产品。1921年收集的余粮高达 3.67 亿普特,比 1920 年增加了 55%,比 1919 年增加二倍半还多。粮食征集的收入在整个国家收入中的比重也急剧上升,从1918/1919 年度的 20%增至 1920/1921 年度的 70%。1920 年,除粮食以外,还征集马铃薯 3500 万普特,牛油 128 万普特,鲜奶 101 万普特,家禽18 万普特,蛋 2.27 亿个,亚麻 200 万普特,棉花 250 万普特,皮革 160 万张。这样沉重的经济负担压在农民身上,大大损害了农民的利益。特别是当战争基本结束的时候,继续甚至变本加厉地执行这种政策,不能不引起农民的严重不满,他们的生产积极性受到很大挫伤。农民除去满足自己家庭的需要外,不愿再多耕种土地和饲养家禽,他们还用瞒产或缩减播种面积等手段进行抵制。据统计,1920 年农民隐瞒的实际播种面积超过2000 万英亩,占全部播种面积的 14%。有的经济学家估计高达 20%。隐

---

① 《列宁选集》第四卷,人民出版社 1972 年版,第 548—549 页。

瞒的产量占总产量的33%。1920年,俄国主要产粮区粮食产量大幅度下降,战争的破坏固然是根本原因,但余粮收集制也是一个重要因素。国家通过收集制为工业征集的农业原料也急剧下降。亚麻由1919年的550万普特降为1920年的200万普特,棉花由650万普特减为250万普特,皮革由540万张减为160万张。

实践证明,余粮收集制只能作为一种战时非常措施,它不符合苏维埃国家与农民关系的基本原则。把它视为过渡到共产主义的办法更是错误的。列宁后来总结这一教训时说:"当时我们认定,农民按照余粮收集制会交出我们所需数量的粮食,而我们把这些粮食分配给各个工厂,我们就可以实行共产主义的生产和分配了","经过一段不很长的试验时期终于使我们相信,这种想法是错误的"。[①] 因为它完全脱离俄国小农经济占优势这一客观实际。它既不利于农村生产力的提高,又损害了工农联盟。因此,在国民经济恢复时期,苏维埃政府根据列宁的建议,取消了余粮收集制,实行粮食税。

建立社会主义农业的初步试验　随着土地改革的完成,地主经济被消灭,富农大大削弱,大多数贫雇农上升为中农,成为农村中的主要社会阶层。据估计,全国约有2000万户个体农民。苏维埃政府虽然采取了一些扶植小农发展生产的措施,但小农经济力量薄弱,经营分散,依靠这种经济是摆脱不了贫困的。因此,党和苏维埃国家开始着手进行试验,帮助农民走向社会主义道路。

苏联是世界上第一个社会主义国家,如何对个体小农进行社会主义改造,无任何经验可以借鉴,只能在实践中探索。列宁指出,在这方面我们的主要任务是"寻找和试行各种最合理、最实际的过渡办法","用实践来检验已为实际生活所创造"的各种改造小农的形式。[②]

在国内战争时期,曾出现过以下几种社会主义农业经济形式:全民所

① 《列宁全集》第三十三卷,人民出版社1957年版,第43页。
② 《列宁全集》第二十九卷,人民出版社1956年版,第93—94页。

有制国营农场、集体所有制农业公社、劳动组合和共耕社。

国营农场是 1917 年年底在地主庄园基础上办起来的。革命前俄国有不少地主大庄园，仅欧洲部分就有 7.88 万个。这些庄园土质好，有的还采用先进的耕作方法，饲养良种牲畜。布尔什维克党认为，把这些庄园拆散分配给农民个体经营，在经济上是不利的。所以革命胜利后颁布的一些土地法令，都规定地主庄园的土地不应分配，由国家办成示范农场。第一批国营农场，就是根据这些法令建立起来的，多数分布在原来庄园最多的中央地区、西北地区。

1918 年，围绕着农业社会主义改造的主要形式是国营农场还是农业公社这一问题，展开了广泛讨论。俄共第八次代表大会肯定了这两种形式都是社会主义农业的重要形式。在进行农业社会主义改造过程中，有的地区（如乌克兰）把地主庄园都办成了国营农场。到 1919 年 6 月，国营农场的土地已占没收地主土地的 1/3，加上农业公社又占了 1/5 的土地。这样，个体农民分得的土地就大大减少，引起农民很大不满。1919 年 12 月，党的第八次代表会议纠正了这些"左"的错误做法，指出必须照顾个体农民的利益，把多数土地分配给农民耕种。列宁说："我们只能让国营农场经营一小部分农业，不然我们就不能与小农结成联盟；而这一联盟正是我们所必需的。"①

1919 年 2 月，苏维埃政府决定允许企业和机关团体开办附属国营农场，生产一些粮食和原料，帮助企业度过战时经济困难。

到 1920 年年底，全国约有 6000 个国营农场（包括企业机关办的附属农场），比 1918 年增加了 1 倍，共有土地 340 万俄亩，每个农场平均有耕地 598 俄亩。大多数农场缺乏农具和耕畜，经营管理不善，商品率不高。尽管如此，在饥荒的年代里，国营农场养活了 39 万城乡劳动者，给工业提供了一些农业原料。其中企业和机关开办的附属农场也起了相当的作用，例如，制糖甜菜有 1/3 以上来自附属农场。

---

① 《列宁全集》第三十卷，人民出版社 1957 年版，第 166 页。

集体农庄在国内战争时期处于试验阶段。它的发展情况如表 2-1 所示。①

表 2-1　国内战争时期集体农庄的发展情况

年份	集体农庄数量	加入集体农庄的户数	占农户总数的比重(%)	集体耕种的土地总面积(万俄亩)
1918	1600	16400	0.1	20.16
1919	6200	81300	0.3	92.46
1920	10500	131000	0.5	117.66

从表 2-1 可以看出,集体农庄的发展速度还是比较快的,但规模不大。每个农庄一般只有十几户人家,五六十口人。1920 年,加入集体农庄的农户还只占全俄总农户的 0.5%,它在整个小农经济的汪洋大海中,还只是一个小岛。

在集体化工作中,布尔什维克党和列宁强调自愿原则。列宁在党的第八次代表大会上指出:"在这里采用暴力,就是葬送全部事业。这里需要长期的教育工作。"②代表大会还决定,对采用任何强迫手段使农民加入公社的国家工作人员,都应给予"极严厉的处分",直至"撤销他们的工作"。

尽管在战争和经济困难的条件下,苏维埃国家对集体农庄还是给予了力所能及的支援。政府曾先后两次拨款帮助集体农庄建设。1918 年 7 月拨款 1000 万卢布,同年 12 月又拨款 10 亿卢布。此外,还用农具、肥料和种子来支援他们。

在农业集体化初期,涌现出三种集体经济形式,其发展情况如表 2-2 所示。③

---

①　苏联科学院经济研究所编:《苏联社会主义经济史》第 1 卷,生活·读书·新知三联书店 1979 年版,第 392 页。

②　《列宁全集》第二十九卷,人民出版社 1956 年版,第 182 页。

③　苏联科学院经济研究所编:《苏联社会主义经济史》第 2 卷,生活·读书·新知三联书店 1980 年版,第 476 页。

表 2-2　农业集体化初期集体经济发展情况

年份	各种集体经济形式的数量			占总数的比重（%）		
	公社	劳动组合	共耕社	公社	劳动组合	共耕社
1918	975	604	—	61.7	38.3	—
1919	1961	3605	622	31.7	58.3	10
1920	1892	7722	886	18	73.6	8.4

农业公社是出现最早的集体经济形式。到 1918 年，农业公社发展到 975 个，占集体农庄总数的 61.7%。农业公社首先得到发展，具有多方面的主客观原因。从客观上看，俄国农村普遍存在的地主庄园、寺院和商人农场，是农业公社发展的物质基础。许多农业公社就是利用这些庄园的物质条件建立的，据 1918 年统计，当时 74% 的农业公社是在原来地主庄园基础上成立的，多数社员都是原来庄园的农民，他们使用的农具和耕畜也是原来庄园主的。此外，战时经济困难也促进了农业公社的发展。由于长期战争，城市粮食奇缺，许多工厂停工，于是大批工人流向农村。他们没有任何生产资料，迫切要求组织起来，共同劳动，而公社则是适应这一要求的较好的组织形式。从主观上看，当时布尔什维克党的指导思想也是着重发展农业公社。1918 年 5 月，农业人民委员部成立公社处，负责指导农业公社的发展。同年 8 月，又制定了农业公社标准章程。1918 年 10 月，苏联农业人民委员部发表了《关于建立国营农场和农业公社的公开信》，号召"毫不迟疑地建立农业公社"，并提出"现在就应当制定建立农业公社的计划"。1918 年 12 月《关于农业集体化》的决议再次提出，"农业政策的主要任务是，坚定不移地广泛建立农业公社"。以上说明，农业公社是在党和国家大力倡导下发展起来的。

农业公社的生产资料全部公有。1919 年农业公社标准章程规定，社员自己所有货币资金、农具和耕畜，全部交归公社所有，社员不经营任何个人副业，生产资料也大部分公有。有的公社不仅住房公有，甚至连个人的衣物也实行公有。公社章程规定，个人消费品"按需分配"，实际上是平均分配。实行生活集体化，有的公社社员住集体宿舍，吃大锅饭，老人和儿童由集体供养。应当指出，这些做法也与当时的余粮收集制有密切关系。因为余粮收集制,只给社员留下必需的口粮和种子,其余全部收走。加里宁后来在总结这段历史教训时指出,平均主义的倾向在经济上是一种倒退。这种表面上的平等,是不会促进合作化的,不仅不会使我们接近社会主义,反而会使我们和社会主义的距离愈来愈远。

在办社规模上,公社标准章程规定,"公社应该合并,以便使集体主义精神贯彻到全乡,然后普及到全县"。在这种贪大求快的思想指导下,有些地区办起了巨型"公社"。如在萨马拉省和沃龙湟什省办起了一些包括几万社员、几万亩土地和几百个基层组织的大社。有的整整包括一个县。有的地区,把没收来的一半以上的土地交给农业公社和国营农场,引起农民极大不满。

很明显,公社这种集体经济形式,不利于调动农民的生产积极性,不能促进农业生产的发展。列宁总结了这些经验教训。在1920年,他建议农村共产党员不要热衷于建立公社,而要把主要精力放在发展土地的集体耕作上。列宁在给乌克兰苏维埃政府的电报中强调指出:"公社应当摆在最后一位,因为建立人为的假公社……是最危险的事情。"[①]此后,农业公社在集体经济中的比重日趋下降,到1920年已由1918年的61.7%降为18%。后来许多农业公社也名存实亡,其性质与劳动组合没有多少差别了。

农业劳动组合是当时主要的农业集体经济组织形式。1919年5月,苏维埃政府通过了劳动组合标准章程,规定只对主要生产资料实行公有,产品归集体所有,个人消费品实行按劳分配,允许社员经营一定规模的家庭副业和宅旁园地。这种形式能够把社员的个人利益和集体利益结合起来,公有化程度也较符合当时生产力发展的水平。因此,它比公社更有生命力,在集体经济中的比重也迅速上升,即由1918年的38.3%上升到1920年的73.6%。

共耕社是出现较晚的一种集体经济形式。其特点是,农具和耕畜属于社员私有,社员只是在耕种土地和收获庄稼的时候共同劳动。1919年

---

① 《列宁全集》第三十一卷,人民出版社1958年版,第304页。

这种形式在集体经济形式的比重为 8.4%。

在艰苦的战争年代里,列宁领导了农业社会主义改造的初步实验,在人类历史上诞生了第一批社会主义农业经济组织。这些组织当时虽然还很脆弱,但它们是"社会主义新制度的真正幼芽"[①]。总结这段历史经验教训,仍具有现实意义。

第三节　国内战争时期的工业政策和分配制度

工业的破坏和国家的战略措施

国内战争时期,苏维埃国家的工业和交通运输业遇到严重困难。一些重要的冶金、煤炭、石油、棉纺织和食糖等工业中心和原料基地被敌人占领。白匪军和帝国主义干涉者在这些地区大肆掠夺、破坏。南俄冶金基地的 50 座高炉,1920 年只有一座开工。帝国主义切断了苏维埃俄国同国外的一切经济联系,停止了一切战略物资和机器设备的进口。大批熟练工人应征入伍,或因城市供应物资紧张而流向农村。在业工人由 1917 年的 259.6 万减少到 1920 年的 122 万人,减少53%。因此,整个战争年代劳动生产率和工业产值都急剧下降。情况如表 2-3 所示。[②]

表 2-3　1913—1920 年劳动生产率和工业产值情况

年份	1913	1917	1918	1919	1920
总产值	100	68.5	32.8	16.9	14.5
工人数	100	117.5	91.0	60.5	55.5
每个工人年产值	100	58.0	35.9	28.0	26.2

---

① 《列宁全集》第三十卷,人民出版社 1957 年版,第 176 页。
② 梁士琴科:《苏联国民经济史》第 3 卷,人民出版社 1957 年版,第 77 页。

从各工业部门来看,具体情况如表2-4所示。①

表2-4　1913年、1920年各部门产值情况　（单位:百万普特）

部门	1913年	1920年	1920年占1913年的比重(%)
煤炭	1738.4	406.5	23.4
石油	564.3	233.9	41.4
生铁	257.4	6.3	2.4
水泥	12.2(百万桶)	0.4	3.2
铁矿石	638.4	0.4	1.6
棉纱	16.0	0.8	5.0
羊毛纱	2.4	0.6	25.0
食糖	82.8	5.5	6.6
植物油	29.6	1.0	3.4
纸及纸板	9.1	2.3	25.3

从以上两表可以看出,在战争结束时,工业总产值比战前下降了85%以上。生铁、水泥、棉纱、食糖等主要工业产品产量都不到战前的10%。

全国的交通运输陷于瘫痪。战争时期受到破坏的铁路达5万多俄里,4000多座铁路桥梁被毁,一半以上的机车和1/4的车厢由于失修而无法使用。铁路货运量由1917年的1745亿普特减少到1919年的32亿普特,减少近98%。内河运输量也由15亿普特减少到4亿普特,减少75%。

动员全部工业、交通运输业为前线服务,这是内战时期交通方面的中心任务。为此,苏维埃国家在工业交通方面采取了许多战时非常措施。

这一时期大大加速了工业国有化的步伐,不仅大工业收归国有,而且中小企业也实行国有化,在城市实行单一的生产资料国家所有制。1920年苏维埃政府颁布了"对拥有五名工人以上的企业实行国有化"的法令

① 梁士琴科:《苏联国民经济史》第3卷,人民出版社1957年版,第77页。

以后,国家所有制企业由 1918 年 8 月 31 日的近 3000 个剧增到 40 多万个。在这些企业中,31 人以上的企业仅占 20% 左右,其余 80% 左右都是小企业和家庭手工业。

与此同时,在工业管理方面实行了高度集中的行政管理体制,当时称为"总管理局制"。最高国民经济委员会是管理工业的最高领导机关,在它下面按生产部门成立了 50 多个管理总局,如煤炭管理总局、石油管理总局、纺织管理总局等。这些总局集中领导所属企业的全部供、产、销活动。总局直接给每一个企业下达指令性生产计划;统一供应所属企业的原材料和生产设备,统一分配和销售企业的全部产品;企业的资金由财政统一拨款,实行统收统支制度;国家统一规定工资标准,企业职工的收入同生产成果之间没有直接联系。这就是说,在国家和企业的关系上,一切权力都集中在国家手里,企业没有任何自主权。虽然各级地方经济委员会还保留着,但没有多少权力。

这种工业管理制度,在战争和经济极端困难的条件下,能够动员和集中国内有限的人力和物力,并有计划地分配和使用,这对保证战争的急需和军工生产任务的完成是必要的。例如,在全国工人减少一半的情况下,国家集中调派工人去加强军工生产,使军事工业委员会所属企业的工人由 1918 年的 4.7 万人增至 1919 年的 12 万人,到 1920 年又增加到 17.5 万人。又如,由于棉花基地被占领,为了保证把有限的原棉集中使用,1918 年 10 月最高国民经济委员会决定关闭 161 个条件较差的纺织厂,腾出多余的人力和设备以满足其他更急迫的需要。列宁在总结这一经验时指出:"我们所以能取得胜利,是因为正确地规定了最迫切、最重要、最紧急的任务,并且真正集中了全体劳动者、全体人民的全部力量来完成这项任务。"[①]

这一管理体制在当时虽有必要,但也暴露出一些严重缺点。主要是权力过分集中,不利于发挥地方和企业的积极性。同时,也造成管理机构臃肿、办事拖拉等官僚主义作风。因而在 1920 年春战争结束出现暂息时

---

① 《列宁全集》第三十卷,人民出版社 1957 年版,第 372 页。

机后,党和国家就着手改革这一管理体制。党的第九次代表大会决定,下放中小企业归地方管理,使地方更加关心企业的经济效果。改行按部门和按地区相结合的管理体制。到1920年年底,已有60%的中小企业下放给地方管理。

为了加强国家对企业的集中管理,在企业和经济组织内部实行"一长制"。一长制要求"在纯粹执行职能"时,服从统一指挥和"个人独裁",加强每一个工作人员的责任。一长制不包括决策权和监督权。布尔什维克党的九大决议指出,改革经济组织的原则是:"一定的人对一定的工作切实负责。在讨论或决定问题的过程中采用集体管理制,但是在执行过程中,**集体管理制**就应当无条件地让位给**一长制**。"①这一制度就是在民主的基础上加强管理者个人责任,以便克服当时普遍存在的无人负责现象,使领导工作更加切实有效。为了防止领导人官僚化,列宁还强调必须把一长制同工人群众参加管理结合起来。企业中除党组织和工会外,还保留了工人委员会,以便加强工人对企业领导的监督。工人代表在从中央到企业的各级管理机构中都占一半以上。

为了克服工人无组织无纪律状况,提高劳动生产率,特别是军工生产的劳动生产率,苏维埃政府对军需工业和交通运输业实行军事化,宣布全体职工服军役,建立军事纪律,职工擅离工作岗位者按军法惩处。列宁宣布:"红军中的一切制度必须在所有的劳动战线上建立起来。应当把建立红军的全部经验用到铁路劳动大军上来,把这支军队提高到红军所达到的水平。"②由此,在铁路系统成立了政治部和军事法庭。到战争后期,已宣布进入军事状态的大企业有2000多个。为了弥补劳动力不足,还广泛动员妇女参加劳动。1918—1920年,女工在企业中的比重由30%增加到40%。同时,成立了以捷尔任斯基为首的劳动义务总委员会,负责动员一切有劳动能力的人和强迫剥削分子参加劳动,严格实行"不劳动者不得食"原则。

---

① 《列宁论苏维埃俄国社会主义经济建设》,人民出版社1979年版,第205页。
② 《列宁全集》第三十卷,人民出版社1957年版,第313页。

在 1920 年年初暂息时机出现时,考虑到战争危险仍然存在,军队不能立即复员,而建设又迫切需要劳动力,因此,改编一部分红军为劳动军,直接参加经济建设。劳动军为修复铁路运输和采伐燃料做了大量工作。据不完全统计,劳动军修复了 1.5 万公里铁路和 3000 座桥梁,修复 1.66 万台机车和 9 万节车厢。乌克兰劳动军在恢复顿巴斯煤炭基地方面作出了突出贡献。

党和国家充分发动和依靠工农群众的政治热情和劳动积极性去战胜经济困难。党中央号召各级党组织和工会"用革命精神从事工作"。1919 年春,莫斯科铁路工人党员和非党群众,为战胜高尔察克匪邦,响应党中央的号召,首次举行了不计报酬的共产主义星期六义务劳动。在党的支持下,共产主义星期六义务劳动很快在全国开展起来。1920 年仅莫斯科就有 200 万人参加了这一劳动。列宁在克里姆林宫带头参加了义务劳动。

共产主义星期六义务劳动有重大意义。它对战胜经济困难支援前线作出了积极贡献。从 1919 年 5 月到 1920 年年底,仅莫斯科利用义务劳动就修复了 2000 多节车厢、1121 台机车,装卸了 3 万多节车厢的货物,为红军做了 26 万多双军鞋。莫斯科工人还为农民义务整修农具和水井,帮助红军家属耕田和收割等。星期六义务劳动是共产主义劳动的萌芽。列宁高度赞誉这一新事物为"伟大的创举",认为"它向我们表明了工人自觉自愿提高劳动生产率、建立新的劳动纪律、创造社会主义经济条件和生活条件的首创精神"。同时,列宁也指出:"我们的社会制度,还远不能广泛而真正普遍地实行**这种**劳动。"[1]当时规定,星期六义务劳动应当是共产主义劳动的一种实验,只对党员规定必须参加,违反者要受党纪处分;对非党群众参加义务劳动,则坚持自愿原则。

党和国家采取的上述种种措施,充分依靠和发挥了工农群众高度的爱国主义热情和忘我精神,战胜了社会主义工业建设过程中一个又一个困难。例如,燃料问题曾是内战时期最尖锐的问题之一,特别是 1919 年

---

[1]　《列宁选集》第四卷,人民出版社 1972 年版,第 176 页。

冬,由于燃料危机,几乎使所有工厂停工、运输中断,解决燃料问题成了关键。党及时发布了《与燃料恐慌做斗争》的公开信,强调指出,解决燃料恐慌是当前最紧迫、最重大的任务。不解决这一问题,军事任务和经济任务都无从解决。要求全党全国人民全力以赴。党把得力干部派到第一线去抓燃料问题,大力开采中部地区的煤炭,普遍开展木柴砍伐和运输的义务劳动,动员一部分军队参加燃料的采运工作,实行严格的节约制度,等等。莫斯科地区的煤炭产量迅速上升,由 1919 年的 2500 万普特增加到 1920 年的 4000 万普特。全国木柴采伐量也增加 1 倍多。尽管许多重要燃料基地被敌人占领,但仍然保证了军事运输和军工生产的最低需要。

军工生产得到了相当发展,保证了战争的需要。1919 年 4 月,在军需生产部门的工人增加到 86 万多人。1918—1920 年,共生产了 250 万支步枪、2.1 万挺机枪、约 15 亿发子弹、4000 门大炮、800 万发炮弹、160 万枚手榴弹,修复了 1547 架飞机。所有这些,大大超过沙皇军火工业在第一次世界大战期间生产的全部产量。战争期间还生产了 560 多万件军大衣、400 多万套军服、1000 多万双军靴。

俄罗斯国家电气化计划 这一时期在列宁亲自倡导和关怀下制定的俄罗斯国家电气化计划,在苏联经济发展史上占有重要地位。早在内战继续进行的 1919 年年底,列宁以无产阶级伟大战略家的远见卓识,提请著名专家克尔日扎诺夫斯基考虑拟定一个以电气化为基础的发展国民经济的长期规划。1920 年 2 月,成立了俄罗斯国家电气化委员会。委员会吸收了 200 多名科学技术专家参加工作,并派人出国考察。到 1920 年年底,全俄苏维埃第八次代表大会召开前,著名的《俄罗斯国家电气化计划》编制出来了。

1920 年 12 月,国内战争基本结束,全俄苏维埃召开了第八次代表大会。列宁在大会上宣告:目前苏维埃国家正处在从战争时期过渡到经济建设时期,"经济任务、经济战线现在又作为最主要的任务和基本的战线提到我们面前来了"[①]。这次代表大会最重要的任务是审查和通过《俄罗

① 《列宁选集》第四卷,人民出版社 1972 年版,第 380 页。

斯国家电气化计划》，并将其视为经济建设的发展方向。这是人类历史上第一部建设社会主义经济的长期计划。

俄罗斯电气化计划的主导思想，是在电气化的基础上，用最新技术改造苏维埃的整个工业、农业和交通运输业，为社会主义建立强大的物质技术基础。电气化计划规定，在 10—15 年内，将建设 30 座功率为 150 万—175 万千瓦的大型发电站，作为国家工业发展的能源基地。到计划期末，总发电量达到 88 亿度，比 1913 年提高 3.4 倍，而大工业总产值，计划规定同期只增加 1 倍。这充分体现了列宁和布尔什维克党对能源在发展国民经济中战略地位的深刻理解和高度重视。

电气化计划不仅是一个发展电力工业的计划，而且是一个全面改造国民经济的计划。它规定生产资料生产将比 1913 年增加 1.67 倍，消费资料生产增加 0.47 倍。各主要工业产品的产量，同 1913 年相比，金属工业增长 1 倍，化学工业增长 1.5 倍，建筑材料增长 1.6 倍，采矿工业增长 0.6 倍，纺织、食品工业增长 0.5 倍。电气化计划把交通运输业放在重要地位，要求充分利用便利的河流体系和已有的铁路，用较少投资建设起交通网。计划特别强调铁路的电气化，认为这不仅是扩大牵引力的重要措施，也是降低运输费用的主要出路。

计划还提出"循序渐进地引导"农民集体化和使农业生产机械化、化学化的任务。

为了实现电气化，列宁还提出文化革命的任务。他指出，"劳动人民不但要识字，还要有文化，有觉悟，有教养"，"当我们有文盲的时候是不能实现电气化的"[①]。列宁和布尔什维克党非常关心苏维埃国家科学文化和教育事业的发展。在战争时期国家财政极端困难的条件下，国家还拨出了巨额资金发展这方面的事业。例如，教育经费在国家预算支出中的比重从 1918 年的 6.5%增加到 1920 年的 22%。1919 年苏维埃政府通过了关于扫除文盲的法令，并成立了全俄扫盲非常委员会。法令规定扫盲教师按最高标准配给口粮和其他生活必需品。工人业余参加识字班，

---

① 《列宁选集》第四卷，人民出版社 1972 年版，第 400 页。

发给额外补贴。在革命前全国有大学 91 所,到 1920 年已增加到 244 所,大学生由 12.5 万人增加到 20.6 万人。1920 年,根据列宁的建议成立了改革科学家生活委员会。约有 5000 名科学家享受高额配给标准,委派了大批科技人员参加各级国民经济委员会的领导工作。所有这些都说明,列宁和布尔什维克党十分重视科学文化的发展,重视发挥知识分子,特别是科学技术专家在经济建设中的作用。

列宁高度评价俄罗斯电气化计划,称它是"第二个党纲"。他说:"我们党的纲领不能始终只是党的纲领。它应当成为我们经济建设的纲领,不然它就不能作为党的纲领。它应当用第二个党纲,即恢复整个国民经济并使它达到现代技术水平的工作计划来补充。没有电气化计划,我们就不能进行真正的建设。"[①]列宁之所以这样重视电气化,就在于电力正是那个时代的最新技术,是最新生产力的代表。这种先进生产力是推动社会发展的根本动力。他认为只有当国家实现了电气化,为工业、农业和运输业打下了现代化的技术基础的时候,我们才能得到最后的胜利。列宁还用一个著名公式概括了这一思想:"共产主义就是苏维埃政权加全国电气化。"这就是说,苏维埃政权是建设社会主义的政治保证;电气化,即现代化大机器生产,是建成社会主义的物质基础。只有具备这两个条件,社会主义制度才能巩固和发展,才能向共产主义迈进。

取消私人商业实行消费品配给制

布尔什维克党认为,在战争和饥荒的条件下,允许商业自由,特别是粮食商业自由,对革命是一个严重危险。因此,"战时共产主义"在商品流通和分配领域的措施是,实现商业国有化,取消私人商业,禁止地方商品流通,对粮食、布匹等主要生活必需品实行配给制。随着国内经济关系实物化,还采取了许多准备消灭商品货币的措施。

1918 年 11 月 21 日,苏维埃政府颁布法令,宣布由粮食人民委员部及其地方机构接管全部私营商业企业,并统一管理粮食等生活必需品的采

① 《列宁选集》第四卷,人民出版社 1972 年版,第 398 页。

购和供应工作。同年 11 月 26 日，又宣布布匹、食盐、糖、肥皂、靴鞋、火柴等主要生活必需品由国家统购统销，禁止私人经营。通过这些措施，国家垄断了粮食和其他生活必需品的经营活动，实现了商业国有化，基本上取消了市场关系。

消费合作社是十月革命前留下来的一种群众销售机构。1919年，它在全国约有 4.7 万个基层组织，1700 万社员。苏维埃政府1919 年 3 月 6 日，公布了《关于消费公社》的法令，决定把它改组成为统一的分配机构——消费公社。规定城市居民必须加入当地消费公社的一个基层组织，并在那里按配给标准购买口粮和其他必需品。消费公社在居民消费品供应中的作用大大提高。1919 年，全俄消费公社商品流转额为 44.18 亿卢布，1920 年则增加到 90.67 亿卢布，增加 1 倍多。

战争时期的工资情况比较复杂。虽然苏维埃政府在 1919 年年初曾颁布过由 35 个等级构成的统一工资制，但因货币急剧贬值，在贯彻执行中遇到了很大困难。更主要的是，粮食和生活必需品极端匮乏，因而不得不实行战时消费品配给制。

消费品配给制，就是根据居民的社会地位和劳动种类，按固定价格凭证供应口粮和其他生活必需品。开始在莫斯科和列宁格勒等大城市实行，以后推广到全国其他城市。1920 年，苏维埃政府统一了全国的配给标准，共分三个等级：一级是苏维埃企业中的体力劳动者；二级是苏维埃机关和企业中的脑力劳动者；三级是私人机构中的工作者。对特殊重要的部门按特种标准供应。农民根据余粮收集情况从合作社购买一定数量工业品。由于当时粮食和生活必需品严重不足，这种最低的供应标准也经常得不到保证。

内战期间，全国享受配给供应的居民有 350 多万人（不包括军队）。党和国家对儿童给予特别关怀，向 600 万儿童免费供给伙食。

即使在食物配给的条件下，党和政府也尽可能注意贯彻物质利益原则。党的八次代表大会通过的俄共党章规定："在一定的时间内仍要给专家们较高的报酬"，"不能取消鼓励成绩优良的工作特别是组织工作的奖金制度"。① 1920年3月,党的九大决议指出:"在苏维埃共和国目前粮食不足的情况下,应当使勤勉诚实的工人比怠惰的工人获得更多的粮食。"②决议还规定,地方企业可以从超过计划的产品中提取留成,以补充当地居民,首先是超产企业工人的供应。1920年10月,苏维埃政府批准《实物奖励暂行条例》,规定企业可以按超额完成计划的比例提取奖金。到1920年年末,约有200万工人领到实物奖。同年12月,苏维埃第八次代表大会又决定设立"劳动红旗勋章",从政治上给有特殊贡献的劳动者以精神鼓励。

由于布尔什维克党在指导思想上准备"直接向社会主义过渡",特别随着商品货币关系在经济生活中实际作用日益下降,党内普遍主张消灭商品货币。俄共八大通过的党章规定,"苏维埃政权现时的任务是坚定不移地继续在全国范围内用有计划有组织的产品分配来代替贸易","俄共将力求尽量迅速地实行最激进的措施,来准备消灭货币"。③ 1920年,列宁在给当时的取消货币税委员会的信中指出:"从货币向不用货币的产品交换过渡,是毫无疑义的。"④1920年1月,全俄国民经济委员会根据俄共(布)党纲的精神,拟定广泛发展实物工资、扩大同农村产品交换等措施来消灭货币。

继免费供应儿童伙食之后,1920年1月,决定公共食堂免费供应职工伙食。据统计,1920年年初在莫斯科和列宁格勒等城市享受免费供应伙食的职工有230多万人,另外还有全国的55万铁路职工。到1920年年底,苏维埃政府又通过一系列决定,向居民免费提供日用品、住房、燃料、交通运输、邮电和报刊等。劳动者的工资基本上实物化,这是"战时共产主义"在分配方面的特点。据统计,1920年工人工资的93%是实物,货币只占7%。

---

① 《列宁全集》第二十九卷,人民出版社1956年版,第111页。
② 《苏联共产党代表大会、代表会议和中央全会决议汇编》第2分册,人民出版社1957年版,第6页。
③ 《列宁全集》第二十九卷,人民出版社1956年版,第111页。
④ 《列宁文稿》第八卷,人民出版社1980年版,第370页。

　　随着国内经济生活实物化,货币的作用大大降低。某些奇缺的商品,如粮食、布匹、食盐等,被当作货币在市场上流通。1920年1月,苏维埃政府决定撤销人民银行,与财政部合并,成为其一个机构。当然,货币仍然存在,主要是用来征集余粮和支付红军津贴。

　　禁止粮食自由贸易和实行消费品配给制,在当时有一定的积极作用。这种分配制度尽管带有浓厚的平均主义色彩,但在战争和物资极端缺乏的情况下,保证了前线和后方的最低需要。正如列宁所说,"只有最严格计算每一普特粮食,只有绝对平均地分配每一磅粮食,才能使粮食够一切人吃"①。又说,"在不可能恢复生产时,力求尽可能对所有的人实行平均供应,养活、维持所有的人,这是合乎情理的"②。

　　但是,取消全部私人商业和禁止地方商品流通,特别是否定商品货币,则不能认为完全合理的政策和措施。实行贸易全盘国有化,搞"纯社会主义的分配",显然与苏联当时的生产力发展水平不相适应,不符合经济发展的客观要求。至于取消商品、货币的思想在很大程度上是受自然经济观的驱使,与经济发展的客观要求相距更远。即使作为战争特殊条件下的临时性措施,也不尽适当。因为,在一个幅员辽阔、交通不便的小农经济占优势的国家,物资在地方范围内有一定的周转自由是必要的。过早地取消私人贸易,而一时又不能相应地建立起国营或合作社营的流通机构,其结果只能进一步加剧物资调拨和周转的困难,妨碍生产资料和生活资料的正常供应。列宁在总结这一教训时指出,我们在贸易国有化、禁止地方商品流转方面,"做得过分了"③,使"工农业间的流转'被堵塞得'不堪忍受"④。

　　实际上,当时贸易全盘国有化也是行不通的。尽管政府颁布了许多惩办私商的严厉法令,但私运粮食和其他生活必需品的商贩仍大量存在。据统计,1919年城市的粮食由国家调运的只有44%,其余都是私人贩卖

①　《列宁选集》第三卷,人民出版社1972年版,第562页。
②　《列宁文集》俄文版第二十卷,第103页。
③　《列宁全集》第三十二卷,人民出版社1958年版,第208页。
④　《列宁选集》第四卷,人民出版社1972年版,第527页。

的。城市居民的口粮一半左右要从黑市私商购买，支付比官价高出 10 倍的钱。

第四节　国内战争的胜利和"战时共产主义"的历史地位

苏维埃国家取得国内战争的伟大胜利

苏维埃人民在以列宁为首的布尔什维克党的领导下，经过三年浴血奋战，终于在 1920 年年底粉碎了十四国武装干涉者和国内反革命的联合进攻，取得国内战争的伟大胜利。

战争是对每个民族全部经济力量和组织力量的考验。苏维埃人民勇敢地经受住了这个考验，在国内战争中取得胜利，保卫了世界上第一个社会主义国家。苏维埃国家经过战争的锻炼，更加巩固，更加强大。这表明，真正强大的是布尔什维克党领导的苏维埃人民和社会主义制度，而不是帝国主义和一切反动派。

布尔什维克党和列宁制定的政治路线和军事战略方针，充分调动和发挥了广大人民群众的高度政治热情和献身精神，这是战胜国内外敌人、取得战争胜利的根本原因。列宁在总结这一经验时指出，"我们力量的主要源泉，在于工人很自觉，很英勇，始终得到劳动农民的同情和支持。我们取得胜利的原因，在于我们党和苏维埃政权把当前一切困难和任务公开告诉劳动群众"，"善于发挥群众的热情、积极性和英勇精神"。[1] 布尔什维克党和列宁即使在战时强调集中的情况下，仍然坚持各项民主制度。党的代表大会、代表会议和中央全会，仍然按期举行。全俄苏维埃代表大会三年共召开六次，1920 年召开 347 次省苏维埃代表大会和 369 次县代表大会。这几年有几十万人参加了各乡苏维埃代表会。这对组织动

---

[1]　《列宁全集》第三十卷，人民出版社 1957 年版，第 118 页。

员群众、发挥群众高度的政治热情和积极性,以保证战争的胜利,有不可估量的意义。

布尔什维克党在国内战争时期制定并贯彻了依靠贫农、巩固地联合中农的政治路线,使广大农民踊跃参军和支援前线。在 550 万红军中,有 77.4%来自农民。仅萨马拉省普加乔夫一县,在 1918 年 10 月一个月就由农民组成了六个红军团。1920 年上半年,全国出动了 600 万农民和 400 多万辆畜力车参加义务支前运动。这表明党在农村的阶级路线深得人心,这对巩固工农联盟和战胜国内外敌人起到了决定性作用。

苏维埃共和国进行的这场保卫无产阶级政权的战争是正义的,也得到国际无产阶级和被压迫人民的有力支援。各国无产阶级和革命人民在"不准干涉俄国"的口号下,举行了声势浩大的示威和罢工。中国工人举行了中东铁路全线大罢工,拒绝向苏俄运送军队和武器。正如列宁所说,当国际资产阶级动手来打我们的时候,它的另一只手,就被国外无产阶级抓住了。因此,国内战争的胜利,不仅是俄国无产阶级的胜利,同时也是国际无产阶级的胜利。

国内战争胜利的伟大实践,有力地证明了:布尔什维克党和列宁在国内战争时期的政治和军事路线是正确的,"战时共产主义"经济政策保证了战争的胜利。

"战时共产主义"的历史地位　战争打断了苏维埃国家在和平条件下向社会主义逐步过渡的历史阶段,迫使它必须遵循战争的规律和要求来重新调整经济秩序,实行"战时共产主义"政策。可见,"战时共产主义"是战争这一特殊历史条件的产物,它具有战时经济管制政策的性质。列宁指出:"'战时共产主义'是战争和经济破坏迫使我们实行的。它不是而且也不能是适应无产阶级经济任务的政策。它是一种临时的办法。"[1]

"战时共产主义"的中心任务,是在一个经济遭到严重破坏的国家里,保证战争胜利,巩固无产阶级专政。从这方面看,它完成了自己的历

---

[1] 《列宁全集》第三十二卷,人民出版社 1958 年版,第 333 页。

史使命。因为它集中了国内有限的人力和物力,保证了战争的胜利,拯救了主要的社会生产力——工人和劳动人民,保卫了苏维埃政权。它的一些措施切断了资产阶级同农民的联系,在一定程度上制止了资产阶级煽动停工停产、进行囤积居奇的破坏活动。总之,"战时共产主义"捍卫了世界上第一个社会主义国家的生存,历史功勋是不可磨灭的。列宁高度评价了这一政策,指出:"我们实行'战时共产主义'是一种功劳。"[1]

但是,也必须看到,"战时共产主义"政策也并非单纯的战争产物,它既是在战争条件下采取的一项特殊的临时性政策,也是布尔什维克党探索向社会主义过渡道路的一种尝试、一个阶段。因此,为了总结苏联的社会主义建设经验,不能回避对于这一过渡形式的分析。特别是鉴于"战时共产主义"期间某些错误做法,在苏联和其他社会主义国家都曾重新出现过,总结这一时期的经验教训就更为必要。

为什么说"战时共产主义"政策并非单纯的战争产物呢?

首先,"战时共产主义"时期所采取的措施,并非完全是战争所需要的。例如,将几十万个小企业和全部商业国有化以及消灭商品货币关系的尝试等,也并非战争的必然要求。将这些企业全部收归国有反而增加了国家的负担,从而造成了生产混乱和大量企业倒闭。而且有些过激的政策还是在战争基本结束之后才实行的,战争并非其产生的主要动因。例如,进一步加速中小企业国有化、扩大对职工免费供应的范围,广泛实行实物结算和实物交换,加快取消商品货币、扩大和提高余粮收集制的范围和数量等,都是在 1920 年才实行的。实际上当时布尔什维克党想把"战时共产主义"的一些措施运用到和平时期,试图"用军事办法来解决经济任务"[2]。

其次,如前所述,某些"左"的思想和政策,如取消市场、取缔自由贸易等,早在 1918 年春和平暂息时期就已产生并局部实行了,并非自战争爆发时开始。可见,这些政策不仅仅是战争的产物,在相当程度上是急于

---

① 《列宁全集》第三十二卷,人民出版社 1958 年版,第 333 页。

② 《列宁全集》第三十卷,人民出版社 1957 年版,第 300 页。

求成和直接过渡到社会主义这一思潮的产物。

　　从实际来考察,"战时共产主义"政策的产生和实施,既有客观原因也有主观原因。我们从总结经验角度来看,着重分析主观原因是有重要现实意义的。

　　就客观原因来说,战争因素是主要的,国内阶级斗争尖锐化也是一个重要原因。如前所述,在十月革命前,列宁和布尔什维克党试图尽可能审慎地、逐步地、不特别痛苦地,甚至曾酝酿用赎买的办法过渡到新的经济关系中去。然而,资产阶级却施展一切手段进行破坏,这就迫使苏维埃政权不得不采取激烈的反击手段。正是在这种背景下,当时才在私人工商业改造方面从"工人监督"转变为"赤卫队进攻资本"。在这种进攻当中,尽快铲除资本主义、实现共产主义的思潮已经蔓延开来,尽管列宁提出了"停止一下进攻"的要求,但国有化、消灭一切旧残余的势头已不可阻挡。而国内外阶级敌人的进攻,战争的来临又进一步激发了这种急于过渡的要求和思潮。总之,"战时共产主义"在一定程度上的确是阶级斗争和战争的产物。正如列宁指出的:"斗争越艰巨,实行慎重过渡的可能性就越小。"①

　　就主观原因来说,大致有如下三个方面。

　　首先,对马克思主义经典作家某些论述的机械理解,可以说是产生直接过渡思想和政策的理论原因。如前所述,列宁早就提出过,十月革命的实践,把马克思主义关于社会主义的理论推进到了一个新阶段,并且在把马克思主义的普遍原理运用于具体革命实践、丰富发展马克思主义方面树立了光辉的榜样。但由于苏联的社会主义建设是史无前例的事业,没有任何经验可供借鉴,因此,在许多理论问题上,很容易局限于前人已有的结论。这突出地表现在商品货币关系上。

　　众所周知,马克思主义经典作家曾经指出,随着生产资料的公有化,商品生产和商品交换以及与之相联系的市场机制甚至货币都将消失,生产单位之间的经济联系将通过直接的产品交换来实现,即由统一的国家

---

① 《列宁全集》第三十三卷,人民出版社1957年版,第70页。

计划来调节。苏维埃俄国在实行"战时共产主义"期间,甚至在此之前,之所以热衷于限制商业、消灭货币,使国民经济实物化,是与经典作家的上述理论直接相联系的。在苏俄革命胜利后,许多人把社会主义经济视为自然经济。自然经济观不仅在学术界而且在布尔什维克党内得到广泛传播。例如,波格丹诺夫 1919 年在《经济学大纲》中写道:"社会主义经济的基础不是交换,而是自给自足的经济,生产与消费之间没有买卖市场,只有有意识有系统的分配。"①瓦尔加曾提出:"应当以生产价值的量度单位来代替陈腐的完全无效的货币核算。"②布哈林认为:"经济过程的理论面临着过渡到自然经济思维的必要性。"③俄共八大通过的党纲也提出:"力求尽量迅速地实行最激进的措施,来准备消灭货币。"④布尔什维克党对商品货币关系和市场机制以及对社会主义经济一般特征的上述种种认识,不仅是"战时共产主义"政策的重要思想理论根源,也对苏联整个经济制度和经济体制的形成产生了巨大影响,这一点以后各章还要涉及。

其次,过高地估计了国家政权的行政强制作用。强调国家法令和行政手段的作用,是"战时共产主义"的一个重要特点。这除了战争因素之外,还有一个重要原因,那就是余粮收集制这种强制性的办法,当时相当痛快地解决了用通常的贸易和其他经济办法解决不了的问题。正因为如此,布尔什维克党的某些领导人把这种在特殊条件下产生的国家行政手段和超经济强制,看成一种正常的甚至符合经济规律可以长期利用的手段。例如,布哈林在前引书中专辟一章阐述超经济强制的作用,使其系统化、理论化。说超经济强制在社会主义过渡时期"在经济上是有根据的",是"遵循着一般经济发展主要路线的因素"。⑤托洛茨基甚至用奴隶时代的强迫劳动作证,说明超经济强制是有生产效能的,攻击不同观点是

---

① 波格丹诺夫:《经济学大纲》(俄文版),1919 年版,第 543 页。
② [苏]《经济生活》,1920 年第 259 期。
③ 《布哈林过渡时期的经济》,生活·读书·新知三联书店 1981 年版,第 117 页。
④ 《列宁选集》第三卷,人民出版社 1972 年版,第 769 页。
⑤ 布哈林:《过渡时期的经济》,生活·读书·新知三联书店 1981 年版,第 69 页。

"最卑鄙"的偏见。这些虽然是"战时共产主义"特殊时期的观点,但过分强调国家行政手段的作用,甚至超经济强制,在苏联经济建设相当长的时期内都曾实行过。

最后,对群众的热情和牺牲精神没有作出清醒、冷静的估计。为了保卫苏维埃政权,在与国内外阶级敌人生死搏斗的时刻,人民群众是可以牺牲一切的。但群众这种牺牲精神决不应成为正常时期制定经济政策的基础。然而布尔什维克党的许多领导人,在战争胜利和群众热情高涨的情况下,未能保持清醒的头脑,甚至企图把"战时共产主义"时期的许多做法,运用到和平时期,继续让人民群众忍受牺牲,这是在战争胜利后,而不是在战争紧张时期出现"经济危机"并转化为"政治危机"的重要原因。列宁深刻地总结了这一教训,他说:"我们为热情的浪潮所激励,我们首先激发了人民的普遍政治热情,然后又激发了他们的军事热情,我们曾打算用这种热情直接实现与一般政治任务以及军事任务同样伟大的经济任务。……现实生活说明我们犯了错误。"①

综上所述,"战时共产主义"既有成功的一面,也有失败的一面。它作为一种战时的特殊政策取得了很大成功,而作为一种向社会主义过渡的道路则是不成功的,它有许多主观主义和教条主义的错误。这集中表现为直接过渡的办法脱离了生产力发展水平和小农经济占优势的国情。列宁深刻地总结了这方面的教训,他说:"那时我们每天都在非常匆忙地——也许是过于匆忙地——采取各种新的经济措施,而这些措施只能说是社会主义的措施。"②这些社会主义的措施之所以没有取得预期的效果,主要是忽视了"我国极大多数农民都经营着细小的个体经济。我们把我们拟定的共产主义社会制度纲领中可以立刻实现的东西先建立起来,这在某种程度上脱离了广大农民群众的常规"③。他还说:"我们在经济进攻中前进得太远了,我们没有给自己保证足够的根据地","直接过

---

① 《列宁选集》第四卷,人民出版社 1972 年版,第 571 页。
② 《列宁选集》第四卷,人民出版社 1972 年版,第 659 页。
③ 《列宁选集》第四卷,人民出版社 1972 年版,第 617 页。

渡到纯社会主义的经济形式和纯社会主义的分配,不是我们力所能及的事情"。①

列宁在总结"战时共产主义"教训的基础上,得出一个十分重要的结论,即在一个生产力不发达、小农经济占优势的国家"不能实现从小生产到社会主义的直接过渡"②,"实现这个过渡应比我们想象的慢得多。准备时间应当长得多"③,并且强调指出,"如果我们不能实行退却,只去完成一些比较轻易的任务,那我们就有灭亡的危险"④。

---

① 《列宁选集》第四卷,人民出版社 1972 年版,第 661 页。
② 《列宁选集》第四卷,人民出版社 1972 年版,第 625 页。
③ 《列宁全集》第三十二卷,人民出版社 1958 年版,第 660 页。
④ 《列宁选集》第四卷,人民出版社 1972 年版,第 661 页。

第 三 章

新经济政策的实施和
国民经济的恢复

国内战争结束后,苏维埃国家从 1921 年春起实行"新经济政策",恢复国民经济。到 1925 年年末国民经济基本恢复。

十月革命前的四年帝国主义战争和革命胜利后被迫进行的三年自卫战争,使国民经济遭到了严重的破坏。同时,"战时共产主义"政策也产生了一些消极的影响和 1920 年农业歉收,到 1921 年年初,苏维埃国家的经济情况十分严重,几乎陷于瘫痪状态。根据苏联中央统计局公布的数据,1920 年大工业总产值仅为 1913 年的 14.1%,其中生铁产量仅为 3%,钢为 5%,钢材为 4%,煤炭为 30%,石油为 42%;农业总产值仅为战前的67%,其中粮食产量为 59%。交通运输也瘫痪失调。[①] 全国的粮食、燃料供应极端困难,在莫斯科、彼得格勒等大工业中心尤其严重。苏维埃国家不得不在 1921 年 1 月决定,将本来就很低的非体力劳动者的口粮定量再削减一半。其他食品和日用品也很缺乏。人民生活相当艰苦。

在政治方面,随着战争的结束,农民对余粮收集制的不满情绪日益强

---

① 苏联国家计委国民经济中央计算局编:《苏联社会主义建设统计年鉴》,"全苏组织计算联合公司"1936 年版,第 2—3 页;苏联中央统计局编:《苏联工业统计资料汇编》,苏联国家统计出版社 1957 年版,第 107、141、154 页;《1958 年苏联国民经济统计年鉴》,苏联国家统计出版社 1959 年版,第 350、352 页;苏联科学院经济研究所编:《苏联社会主义经济史》第 2 卷,生活·读书·新知三联书店 1980 年版,第 493 页。

烈,在阶级敌人的煽动下,农民暴动到处可见。在工人中间,不少人离开工厂到农村去谋生,留下来的也"不得不采取非无产阶级的、同大工业没有联系的、小资产阶级的、投机的谋生方式"①。工人阶级涣散了,阶级性削弱了。某些人对苏维埃政权也开始不满,一些企业甚至发生了罢工事件。军队中发生了喀琅施塔特叛乱。

1921年春天的严峻形势,向苏维埃俄国提出了克服面临的"严重经济危机和政治危机"②的迫切任务。列宁及时地总结了"战时共产主义"政策的经验教训,调整经济结构,实行新经济政策,着手恢复国民经济。

第一节　新经济政策的基本内容及其实施

新经济政策之"新"是对"战时共产主义"政策而言,也就是说,它是对"战时共产主义"政策的变革。如果说"战时共产主义"是直接向社会主义过渡的某种尝试,那么新经济政策则是通过迂回的道路向社会主义过渡的探索。

新经济政策的内容很广泛,其基本内容是:实行粮食税,代替余粮收集制;允许自由贸易,改变国家商业垄断制;发展商品货币关系,充分利用市场机制;允许私人资本存在,发展国家资本主义;整顿国营经济,实行经济核算和个人物质利益原则等。下面分别加以说明。

实行粮食税　1921年3月,俄共(布)第十次代表大会通过《关于用实物税代替余粮收集制》③决议。粮食税作为收购农产品的形式,与余粮收集制的不同之处是:(1)它不是征收农民的全部余粮和一部分农民必要的粮食,而是以征税方式,按事先确定的标准征收农民一部分余粮和其他农产品;(2)完

① 《列宁全集》第三十二卷,人民出版社1958年版,第402页。
② 《列宁全集》第三十三卷,人民出版社1957年版,第45页。
③ "余粮收集制"一词的译法不妥,应译为"粮食摊派制",下同。

税后的余粮和其他农产品,农民可以自行支配;(3)粮食税的征收额大大低于余粮收集制的征收额(谷物税额低 43.3%,油料低 50%,肉类低 74.5%,油脂低 36.1%,亚麻纤维低 93.3%)。

粮食税的实行,标志着向新经济政策过渡的开始。

粮食税的征收额根据农户的经营规模和单位面积产量分级确定。例如,1921/1922 年人均耕地为 1.6—2 俄亩的农户,每俄亩单产为 25 及 25 普特以下者征税额为 2 普特(税率约为 8%),70 及 70 普特以上者税额为 7 普特(税率约为 10%);每俄亩单产为 45—50 普特的农户,每户人均耕地为 0.5 及 0.5 俄亩以下者税额为 1.25 普特,4 及 4 俄亩以上者税额为 9 普特。对贫农、下中农、红军家属规定了减免办法。给集体农庄减税 25%,给合作社减税 10%,以鼓励和支持集体经济发展。

经济恢复时期,实物税本身也不断有所发展、变化。1921/1922 年的实物税是按 18 种主要农产品分别确定的。采用这种办法的好处是,可以保证国家得到必要的农产品。但它也有缺点,这就是在一定程度上妨碍了生产集中和专业化,影响了生产率和商品率的提高。1922/1923 年度改为以小麦、黑麦计算的统一实物税。后来,随着经济的恢复、商品货币关系的发展和货币改革的完成,在 1923/1924 年度将一部分实物税改为货币税,在 1924/1925 年度全部改为货币税。作为农产品征收方式的粮食税到此结束,国家需要的农产品全部通过收购办法筹集。采用货币税,使农民有了更多的经营自主权,进一步调动了农民的积极性,推动了农业生产的发展。

允许自由贸易 发展商品货币关系 由于粮食税的实行,自由贸易就成为不可避免的了。在上述决议中已经规定,允许农民自由交换完税后剩余的农产品。1921 年 5 月又以法令形式确认"允许自由交换、买卖农民缴纳实物税之后剩余的农产品"[①]。

但是,列宁指出,考虑到"在这种自由贸易的土壤上,资本主义不会

---

① B.H.马林、A.B.科罗博夫:《苏联共产党和苏维埃政府关于经济问题指令汇编》第 1 卷,苏联国家政治书籍出版社 1957 年版,第 238 页。

不成长起来"①,因此,应把自由贸易限制在地方流转的范围内。所谓地方流转,就是允许"地方农业和地方工业在地方范围内有一定的周转自由"②。与此相适应,在《关于交换》法令中规定"将交换、收购和销售权扩展到手工业和小工业的制品和产品"③。

把自由贸易限制在地方流转范围之内的同时,政府还决定把有组织的商品交换确定为基本交换形式。这种商品交换是由国家组织并受国家监督的、实际上是不使用货币的商品交换,即通过合作社和国家机构用工业品换取农产品。就其性质而言,它有介于产品交换和自由贸易之间的一种交换形式,因而也是一种过渡形式。当时采取这种过渡交换形式的目的,并不是为了向自由贸易过渡,而是为了将来向产品交换过渡。

同"战时共产主义"政策下的情况相比,无论是地方流转,还是有组织的商品交换,都是退却。但是,实践很快证明,这种退却是很不够的。地方流转的范围很快被冲垮了,有组织的商品交换也没有取得什么结果。例如,在梁赞省,1921年5月决定用省粮食委员会、消费合作社省联社、手工业合作社省联社等单位的商品建立交换基金。而实际上,这笔基金只是少量的食盐、油粮、纺织品、服饰品、鞋、平板玻璃以及手工业制品,远远不能满足同农产品交换的需要。从全国来看,消费合作社中央联社应在1921年8月15日前收购到3200万普特面包谷物,实际上只收购了200万普特,仅为预定数的6%。其原因主要是:首先,这种交换形式不符合熟悉市场、熟悉商业的农民的要求;其次,用于交换的工业品品种不多、数量有限,而且价格不合理(如以战前工农产品比价为1:1,那么现在的比价大体为1:3);第三,存在着私人商品买卖,它以品种较多的工业品,比较合理的价格和灵活的货币交易等吸引农民。结果正如列宁所指出的,"商品交换没有丝毫结果,私人市场比我们强大,通常的买卖、贸易代

---

① 《列宁全集》第三十三卷,人民出版社1957年版,第45页。
② 《列宁全集》第三十二卷,人民出版社1958年版,第208页。
③ B.H.马林、A.B.科罗博夫编:《苏联共产党和苏维埃政府关于经济问题指令汇编》第1卷,苏联国家政治书籍出版社1957年版,第238页。

替了商品交换"①。

实践要求"必须再退却,再向后退,从国家资本主义转到国家调节商业和货币流通","通过商业这条更加迂回的道路"建设社会主义。② 1921年8月人民委员会以法令形式规定,不应当把商品交换"限制在地方流转范围内,并且在可行而有利的地区向货币交换形式过渡"③,9月正式决定把商品买卖作为交换的形式;10月又以法令形式规定,取消不用货币的商品交换和"固定等价物"。

在允许农产品自由贸易和合作社转向商业活动的同时,苏维埃政府放宽了对国营企业进行商品买卖和市场交易的限制。例如,允许国营企业在市场上收购手工业品和小生产者的产品,允许它们按照市场价格出售一部分产品,等等。

这样,自实行新经济政策以来,经过半年的探索,苏维埃国家终于找到了过渡时期工业和农业经济结合的正常形式——商业。发展商品货币关系和苏维埃商业,掌握市场,调节货币流通,便成为新经济政策的另一项重要内容。

在一定程度上允许私人资本存在和发展　　新经济政策时期,布尔什维克党改变了"战时共产主义"时期对私人资本主义经济一概取缔,一律实行国有化的政策,转而实行允许私人资本主义经济在一定程度上存在和发展的方针。

1921年5月苏维埃政府决定停止实行小工业企业国有化的做法,7月又规定允许公民自由经营手工业,组织小工业企业,产品自行支配,并且责成地方苏维埃机关帮助他们恢复和组织生产。8月人民委员会又规定解除那些闲置不用的、工人在20名以下的国有工业企业的国有化,并建议将非法剥夺的企业归还给原有业主,将一部分国有企业出租给私人。为了鼓励私人资本向那些国家无力开发的地方和部门投资(如在西伯利

---

①　《列宁全集》第三十三卷,人民出版社1957年版,第73—74页。
②　《列宁全集》第三十三卷,人民出版社1957年版,第73、79页。
③　B.H.马林、A.B.科罗博夫编:《苏联共产党和苏维埃政府关于经济问题指令汇编》第1卷,苏联国家政治书籍出版社1957年版,第257—258页。

亚和远东开采黄金等贵重金属和其他有色金属),国家还向他们提供多方面的优惠,使其享有与国营企业相同的待遇。

上述政策使私人资本主义经济,特别是从事手工业和小工业生产的私人经济得到了相当的发展。1925年,私营小工业从业人数已达399.5万人,比1920年增加1.5倍,达到1913年的水平。而在某些部门,小商品经济和私人资本主义经济的作用相当可观。例如,在1924/1925年度注册的私营工业在整个工业总产值中的比重约为1/4,而在锰矿生产部门中为56.4%,在卷烟部门中为30.8%。

实践证明,允许小商品经济和私人资本主义经济一定程度的发展,在当时是完全必要的。这可以发挥他们的投资少、周转快、设备和原材料简单等优点,迅速增加生活和生产所必需的各种产品,特别是与农民交换的产品,以补充国营经济之不足。

发 展 国 家
资 本 主 义

在私人小生产和商品货币关系不可避免地存在的条件下,苏维埃国家不是去试图禁止或堵塞资本主义的发展,而是因势利导,把他们引上国家资本主义轨道。这是新经济政策又一项重要内容。

根据列宁的解释,当时的国家资本主义,是无产阶级国家同资本家之间的协议与合作,是直接受无产阶级国家监督,由国家规定活动范围的资本主义。它既是一种经济政策,又是一种经济成分。作为经济政策,它既是无产阶级国家加快恢复生产力,增加商品量,改善人民生活的手段,又是反对无政府状态、资本主义和小资产阶级自发势力的手段。作为经济成分,它是在社会主义经济占统治地位条件下存在的一种从属性和补充性的经济。

国家资本主义政策早在1918年春就已提出,但由于国内战争爆发而中断,直到经济恢复时期才真正实行起来(有的形式,如租让制,从1920年11月就着手实行了)。在这一时期,国家资本主义主要集中在工业部门,其主要形式有五种:租让制、租借制、合营制、合作制、代购代销制。

第一,租让制。它是苏维埃国家同先进资本主义国家的资本家之间的协议。其主要内容是将一部分企业或资源(森林、矿山、油田、土地等)

租让给他们,在规定的期限内按协议的条件投资经营、开发。为此,他们可以进口设备、原材料、食品和日用品,选派自己的专家和技术人员,也可以招聘苏维埃国家公民(在这种情况下必须遵守苏维埃劳动法)。企业和资源的所有权仍属于苏维埃国家,产品一部分交给苏维埃国家,大部分归承租人,并可以运出俄国。

实行租让政策的目的在于:吸收外国资金、技术设备、人才以及当时极为缺乏的食品和日用品;学习先进技术和经营现代化企业的方法;打破帝国主义列强的经济封锁,发展对外经济关系,争取和平建设环境。因此,苏维埃政府决定选择那些在资本主义世界中有稳定联系的、熟悉俄国经济情况的、殷实可靠的公司作为承租人。

在实行租让政策时,布尔什维克党和苏维埃政府清醒地看到,“租让也是一种斗争形式,是阶级斗争在另一种形式下的继续”。[①] 因此特别强调,协议的主要条件是:保证苏维埃国家经济上和政治上的独立;保护租让企业中苏维埃公民的劳动;合同签订后,监督外国资本家严格执行,在规定的条件下开展业务活动。

早在 1920 年 11 月苏维埃政府就颁布了租让法令,并制定出方案,准备把勘察加、阿尔汉格尔斯克的森林租让给外国。实行新经济政策以来提出了更多的租让项目,除了森林之外还有油田及其他多种企业。但由于一些帝国主义国家采取敌视政策,许多资本家对苏维埃政权的稳固性还有怀疑等原因,租让制并没有得到预期的发展。到 1927 年,实际签订的合同只有 172 个,其中生效的仅占 1/3。在生效合同数最多的 1926/1927 年度,开工的租让企业也只有 65 个。租让企业主要集中于采掘业、加工工业和轻工业。1925/1926 年度租让企业的在业工人为 22814 名,总产值为 3540 万卢布。在全部注册工业总产值中租让企业的比重,到经济恢复时期末只占 5%。

在交通、邮电方面也实行了租让制,1921—1925 年签订了 311 个租让合同。

---

① 《列宁选集》第四卷,人民出版社 1972 年版,第 521 页。

第二,租借制。即苏维埃政府把国有的中、小企业出租给本国资本家(包括原业主及原承租人)、合作社、国家机构的一种形式。承租人同国家机关签订租借合同,按照合同规定的条件组织企业生产,维修厂房和设备,交纳租金。租期一般为1—3年,最长者为6年,但可续订。期满后应将完整无缺、正常运转的企业归还给国家。租借企业的经营活动直接受地方苏维埃机关监督,如发现有害活动,苏维埃政府将解除租借合同。

与租让制不同,租借制实行得比较顺利,效果也比较明显。1921年年中开始实行,第一年出租的企业数已达最高国民经济委员会和地方国民经济委员会预定出租企业数的一半(即1万多个工业企业),到1923年年末达到3/4。它们主要是食品工业企业和制革工业企业。在承租人中,私人占52%(30%是原业主),合作社占37%,其余的租给国家机构。租借企业在私人企业中占主导地位。国民经济恢复时期末,租借企业在注册的私人企业中的比重,按企业数计算为70%,按工人人数计算占75%,按产值计算占81%。不过它们在全国工业中所占的比重并不大。到1925年4月1日止租借企业工人人数只占全俄工业工人总数的4.5%。

第三,合营制。即苏维埃国家同外国或本国资本家合资经营的公司。资本家作为股东之一,按规定的比例分得利润,并有权要求收回自己的投资。经营合营公司的既有资本家,也有苏维埃国家的代表。所以这种国家资本主义形式不仅能吸收私人资本,而且便于共产党人学习经营管理方法。

同外资合营的公司是1922年开始建立的,主要集中在森林工业和商业部门。在森林工业中最大的合营公司有4家:俄挪木材公司、俄荷木材公司、俄英木材公司和德维纳木材有限公司,其中前三家有工人3500多名,年产锯材35万立方米。同本国资本家合营的公司主要是在20世纪20年代后半期发展起来的。

第四,合作制。即苏维埃国家同小生产者合作社订立的合同关系。作为国家资本主义一种形式的合作社是指十月革命胜利后保留下来的、在新经济政策下恢复了的资本主义类型的小资产阶级合作社(不包括工人消费合作社和农业生产合作社）。1921 年春天列宁指出，"在俄国目前情况下，合作社有自由，有权利，就等于资本主义有自由，有权利"，但"'合作制'资本主义和私人资本主义不同，是国家资本主义的一个变种"，"从便于计算、监督、监察以及使国家（这里指苏维埃国家）便于和资本家订立合同关系说来，合作制资本主义和国家资本主义相类似"。而且，从进一步向社会主义过渡的角度来看，它还有一个优点，那就是"便于把千百万居民，尔后把全体居民，联合起来，组织起来"①。

随着新经济政策的贯彻执行，到 1923 年年初合作社本身也发生了重大变化。例如，它由粮食人民委员部领导下的分配机构变为独立经营的商业组织；它所固有的经营活动特点得到了恢复，职能和活动范围有了明显扩大；同社会主义国营经济的联系加强了；社员及合作社领导人的社会成分结构得到了改善，共产党和工人阶级的影响有了明显加强；等等。

但是，在此期间合作社恢复和发展得比较缓慢，1922 年各类合作社总数只有 6.2 万个，比 1921 年仅增加 12.2%，消费合作社社员总数到 1924 年才达到 700 万人，仅为革命前的 70%。这显然远远不能适应经济发展的需要。于是私人商业乘虚而入，迅速扩展。1922 年年底领取营业执照的店铺数已达 66.7 万户，比 1921 年年底增加了 2.5 倍，大大超过合作社的发展速度。

第五，代购代销制。即私人商业同国家机关签订合同，代销国营工业企业的产品和代收农产品，收取一定的手续费。他们根据合同在国家规定的条件下开展购销业务，并受国家调节和监督。

以上我们分别介绍了国家资本主义的各种形式及其发展。总体来说，尽管苏维埃政府采取一系列措施发展国家资本主义，但由于外国和本国的资本家拒绝同苏维埃政府进行广泛、认真的合作，以及其他因素的影响，国家资本主义没有得到预期的发展。根据苏联公布的资料，到 1923/1924 年度国家资本主义经济在国民经济总产值中只占 1.6%。虽然如此，它在恢复经济和打破帝国主义封锁方面，都起了不可忽视的作

---

①　《列宁选集》第四卷，人民出版社 1972 年版，第 522 页。

用。更为重要的是,它为无产阶级"用别人的手"①建设社会主义开创了新途径。

整顿国营经济实行经济核算制和物质利益原则　如果说实行粮食税,允许自由贸易主要是对小商品经济采取的新政策,允许私人资本主义存在,发展国家资本主义是对资本主义经济采取的新政策,那么整顿国营经济,实行经济核算和物质利益原则,则是对社会主义经济本身采取的新政策。

在"战时共产主义"时期,国营工业的经营原则是在"国家的生产和国家的分配"基础上形成的,其基本特点是:企业的生产计划由国家规定,原材料、燃料、粮食等物资由国家供应。货币资金由国家拨付,产品由国家分配,盈亏由国家负责,职工的劳动报酬与企业经营成果没有任何联系。这实质上是一种国家预算包干体制。在这种情况下,企业除了执行国家计划任务外,对经营活动结果不承担任何责任;企业和劳动者个人的首创精神和积极性得不到应有的物质鼓励。这既妨碍了生产力的提高,也不能适应新条件下发展商品货币关系的要求。

为了克服上述弊病,苏维埃政府采取了以下措施。

一是整顿工业企业,实行托拉斯化。1921 年 8 月人民委员会通过的《关于贯彻新经济政策原则》的法令规定,将企业分为三类:第一类是重要的生产部门、大型企业和具有全国意义的企业,由最高国民经济委员会及其地方机关经营管理,实行经济核算制;第二类是其他企业,出租给国家机构、合作社或私人经营;第三类是无人租赁的企业,予以关闭,将职工分配到其他企业。地方国营企业也按上述原则进行整顿。到 1922 年年底,在 13697 个国有企业中,由国家经营的有 4131 个(近总数的 1/3),出租的约占 1/3,关闭的约占 1/3。

与此同时,国营企业开始实行托拉斯化。1921 年 8 月,劳动国防委员会在《关于恢复大工业和提高及发展生产措施的基本原则》中规定,一个工业部门中的一些最大的、有技术装备、组织合理、地理位置适宜的企

---

① 《列宁全集》第三十三卷,人民出版社 1972 年版,第 257 页。

业,可以在经济核算基础上建立特殊的联合公司,即托拉斯。1923 年 4
月全俄中央执行委员会和人民委员会颁布《关于按商业核算原则活动的
国营企业(托拉斯)》法令,规定国营托拉斯是"国家保证他们享有遵照为
其批准的章程组织自己企业生产自主权的,并按商业核算原则为取得利
润而活动的国营工业企业"①。它是由一些生产单位组成的统一企业,参
加托拉斯的各生产单位不是法人,没有独立的资金平衡表。

托拉斯既是独立的经济实体,又是工业管理的基本环节。以前一个
部门设一个总管理局,现在一个部门的企业组成几个托拉斯。因此,托拉
斯在管理职能上取代了原来的总管理局,比以前享有广泛的经营自主权。
托拉斯不只是一般地调节生产单位的供应和产品分配,它还结合当地特
点和市场情况组织生产。

实行托拉斯化的初期,托拉斯既管理生产,又经营供销。实践证明,
这种办法分散了托拉斯的精力,既不利于改善生产管理,又不利于改善供
销工作。许多托拉斯同时出现在市场上往往造成相互之间的竞争,削弱
了对市场的控制能力和对私人资本的斗争力量,同时还会造成流通费用
的增加。为了克服这些弊病,从 1922 年起由托拉斯集资建立辛迪加,在
经济核算制基础上经营采购和销售业务。辛迪加直接受国民经济委员会
领导。

辛迪加的建立,在克服上述弊病方面起了一定作用,但同时也产生了
一些新问题,如供销脱节,削弱了企业的责任感和主动性,等等。实际上
辛迪加也未能把工业企业的全部供销工作组织起来。

二是国营企业实行经济核算制,扩大经营自主权。1921 年 8 月苏维
埃政府宣布国营企业实行经济核算制,同时指出,"联合组织(企业)管理
处受相应的上级机关监督,并对生产计划执行情况、产品质量、保护财产、
经营状况承担全部责任,而对自己的行为不仅负有行政责任,而且还负有

---

① C.Г.斯特鲁米林主编:《苏联经济生活(1917—1959 年)》,《苏联百科全书》,国家科学
出版社 1961 年版,第 119 页。

法律责任"①。12月苏维埃第九次代表大会的决议进一步指出,"经济核算制和工业的国家总计划……应成为整个国营工业经营的基础","所有国营企业,无论是保留国家供应的,还是解除国家供应的,都应当按照经济核算原则经营;精确计算一切生产要素,减少行政开支并把一切管理机构精简到最低限度,以及在不损害产品质量的条件下大力降低产品成本"②。列宁在1922年2月对实行经济核算制提出了严格要求,他说"各个托拉斯和企业建立在经济核算制基础上,正是为了要他们自己负责,而且是完全负责,使自己的企业不亏本。如果他们做不到这一点,我认为他们就应当受到审判,全体理事都应当受到长期剥夺自由(也许在相当时期后实行假释)和没收全部财产等等的惩罚"③。

为了贯彻经济核算制,国家授予联合组织(企业)管理处充分的行政管理权和支配各种物质和货币的自主权。享受国家供应的联合组织和企业有权在批准的业务计划和国家供应差额的范围内在市场上销售一部分自己的产品;解除国家供应的联合组织和企业有权在市场上销售自己的产品,以便支付职工的劳动报酬,购买原材料、粮食以及其他开支。在经济核算制的联合组织和企业同国家机关之间实行有偿支付制,联合组织(企业)之间实行等价交换原则。1923年4月苏维埃政府还规定,企业可以自由支配自己的流动资金。

经济核算制的重要特点是:利用商品货币关系和市场机制,厉行节约和实行责任制,提高企业的社会效益。它的一个重要思想是贯彻物质利益原则,使职工的收入与本企业的经营成果联系起来。

三是改革工资、奖励制度,贯彻物质利益原则。在"战时共产主义"时期,由于物资极其缺乏和经济生活实物化,分配也日益平均化,造成了不良后果。比如,根据工资标准规定工程师的名义工资高于工人,但工人

---

① H.B.马林、A.B.科罗博夫编:《苏联共产党和苏维埃政府关于经济问题指令汇编》第1卷,苏联国家政治书籍出版社1957年版,第261页。

② H.B.马林、A.B.科罗博夫编:《苏联共产党和苏维埃政府关于经济问题指令汇编》第1卷,苏联国家政治书籍出版社1957年版,第296—297、303页。

③ 《列宁全集》第三十五卷,人民出版社1956年版,第549页。

的粮食供应标准高于工程技术人员，由于货币大幅度贬值，市场粮价甚高，工人的实际工资往往高于工程技术人员；在工人之间，工资等级差别实际上也丧失了意义。这种分配制度虽然保证了工人和职员的最低生活需要，使工业不至于完全崩溃，但是由于它未能把劳动报酬和劳动成果直接联系起来，影响了劳动生产率的提高。这一问题由于实行经济核算制而更为突出，因而改革工资、奖励制度就成为整顿企业的重要环节。

工资奖励制度调整的基本原则是：全面贯彻按劳分配原则，克服平均主义；把职工的劳动报酬与本企业的经营成果联系起来，与职工个人和其所在单位的劳动效率特别是劳动生产率联系起来。

新经济政策时期改革工资制度是逐步实行的。第一步是实行集体供应制。根据1921年6月劳动国防委员会的决议和11月人民委员会的法令，首先在大企业实行集体供应制。集体供应制的实质在于国家拨给托拉斯和企业的各种基金的数量不取决于工人人数，而取决于完成生产计划的百分比，实际上这是一种集体计件工资制形式。在企业内部，总供应基金和各种形式的工资，也是根据每个工人的熟练程度发放。这样，职工的收入不仅取决于个人的劳动数量和质量，而且也取决于整个企业的经营成果。第二步是改行货币工资制。1922年1月在工业工人工资总额中货币工资只占19.3%，到1923年年初其比重提高到80%。

与此同时改革了工资等级表，减少了工资等级数，扩大了不同等级之间的工资差距，例如，工业部门的工资等级由原来的35级改为17级。取消了对计件工资制的劳动报酬的限制。在工资组织方面采用集体合同调节工资。集体合同由工会组织同经济联合组织签订，其中规定稳定的产量定额和计件工资。

新工资制度调动了职工的劳动积极性，促进了经济核算制的实行、劳动生产率的提高和生产的发展。

四是加强计划管理，协调计划与市场的关系。随着新经济政策的实行和国民经济的恢复，国家计划被提到了重要地位。1921年12月召开的苏维埃第九次代表大会明确指出，国家总计划应当成为整个国营工业经营的基础。

为了加强计划管理,在经济恢复时期苏维埃国家建立了一系列计划管理机构。1921年2月在劳动国防委员会之下设立了国家总计划委员会(以下简称"国家计委")。国家计委条例规定,其基本任务是在俄罗斯电气化计划基础上编制统一的全国经济计划及其实施办法和程序;审查各主管部门、各省(州)经济组织的计划设想,并使其同全国的生产计划协调一致。国家计划委员会依靠各经济人民委员部的计委和省计委开展工作。在各中央部门还设立了跨部门的计划委员会,如电气化计委、工业计委、燃料计委、建筑业计委、农业计委、粮食计委、交通计委、邮电计委、公共事业计委、外贸计委、财政计委,以及直属革命军事委员会的红军联合军需特别会议等。自从苏维埃社会主义共和国联盟建立之后,在加盟共和国设立了加盟共和国国家计委,在地方设立了省(州)计划委员会。于是在全国形成统一的计划管理机关体系,为加强计划管理奠定了组织基础。

开始时的计划工作,主要是编制重点部门的年度计划,如1921/1922年度的粮食计划、工业生产计划、财政计划等。到1925年春天,国家计委才着手编制1925/1926年度发展国民经济控制数字草案,并为编制第一个五年计划做了准备工作。

在全国统一计划工作刚刚开展时,计划与市场关系的问题已经被提了出来。1923年4月召开的党的第十二次代表大会指出,国家在工业活动方面的根本任务,"只有在市场和计划的正确关系的条件下才能解决"①。决议还指出,最近时期计划工作任务具有"一般指示性和相当程度上的预备性",它不可能被限定在某种模式上。经济领导机构、计划工作的基本任务和方法,以及它对待市场现象和市场关系的实践,可能经常改变。只有到自己的最后发展阶段,计划方法才能够并且应当征服市场,进而取消市场。代表大会指出要防止两种危险倾向,一种是,在试行计划干预方法时要防止采用没有经过实践证明的,甚至必然导致局部的或整

---

① 《苏联共产党代表大会、代表会议和中央全会的决议和决定汇编》第1卷,苏联国家政治书籍出版社1954年版,第690页。

个经济危机的行政措施去代替市场调节的作用;另一种是,在客观上需要加强集中计划调节时,防止采取不经济的市场方法去解决经济问题,而及时采取行政经济干预可以在较短时期内花费较少的人力和资金取得同样的效果。① 这可以说是当时布尔什维克党和苏维埃政府处理计划与市场关系的基本原则。这些原则的提出不仅具有重大现实意义,而且具有深远的历史意义。

以上我们简要介绍了经济恢复时期新经济政策的主要内容及其实施概况。随着新经济政策的实施,苏维埃国家还采取了一系列具体措施,如调整了货币政策、价格政策、财政政策、税收政策、信贷政策,改革了有关方面的管理体制。这些我们将在第二节中予以说明。

第二节　新经济政策的成果和国民经济的恢复

由于新经济政策的实施,苏维埃国家的经济得到了迅速恢复和发展。1925/1926 年度国民收入达到 217 亿卢布(按 1926/1927 年度价格计算,下同),比 1920 年增长 1 倍多,为 1913 年的 103.3%;1925 年大工业总产值达到 77.4 亿卢布,比 1921 年增长 2.9 倍,为 1913 年的 77.5%;农业总产值为 1913 年的 112%;交通运输业恢复得稍迟一些;商业和外贸有了迅速发展。随着经济的恢复,国家财政状况好转了,生产结构和社会经济结构改善了,人民群众的物质文化生活水平提高了。

农业的恢复和发展　　长期战争使农业遭到严重破坏。接着 1920 年又遇到严重旱灾,农业生产力下降到最低点。因此,恢复农业生产成为整个国民经济的最迫切

---

① 《苏联共产党代表大会、代表会议和中央全会决议和决定汇编》第 1 卷,苏联国家政治书籍出版社 1954 年版,第 691 页。

的任务。

共产党和苏维埃政府首先着眼于帮助农民恢复和发展生产，为此采取了一系列措施，例如，调整了工农产品价格，大力发展农机具生产，向农民提供各种贷款，帮助农民进行土地整理、改良种子和牲畜品种，大力宣传农业科学技术，等等。同时，从财政、物资等方面鼓励发展合作社、集体经济，发展国营农场。

苏维埃政府提高了农产品价格，以激发农民从物质利益上关心农业生产的积极性。1925/1926 年度同 1913/1914 年度相比，谷物价格提高 31.6%，籽棉提高 10.2%，亚麻提高 56.5%，大麻纤维提高 97.3%。

战争期间农机具遭到严重破坏和损耗，同时农机具的生产和供应也大量减少。解决农机具极端短缺的问题，成为恢复农业生产的迫切问题。1921 年 4 月苏维埃政府责成最高国民经济委员会制订生产计划，组织农机生产。农机生产迅速取得成效，到 1925/1926 年度，农机具产值达 6800 万卢布（战前卢布，下同），比 1921/1922 年度增加 9 倍，为 1913 年产量的 112%。同时苏维埃政府还克服重重困难，从国外进口大量农业机器，1925/1926 年度进口总额达 5150 万卢布，为 1921/1922 年度的 11 倍，为 1913 年的 106%。而在此期间全部机器设备进口额仅为 1913 年的 70% 左右。这说明，当时苏维埃国家是把发展农业放在了首位。

为了帮助农民、合作社和集体经济购买农机具，国家还采取了提供 1—5 年低息贷款（1925/1926 年度贷款额相当于农机具出售额的一半）、分期付款、降低售价等办法。

鉴于一部分农民由于缺乏劳力、耕畜，无力耕种自己的土地，苏维埃政府允许他们在规定的限度内出租土地和雇工。1922 年 5 月全俄中央执行委员会作出决定，允许出租土地，租期一般为一个轮作期或三年，在特殊情况下经县执行委员会允许可延长至两个轮作期或六年。租入土地的农户必须自力耕种，不得雇工耕种，严禁转租。出租土地的各种捐税、义务等均由承租人负担。为了解决农户间劳力余缺问题，苏维埃政府决定允许劳动农户雇用辅助性工人，同农户成员一起劳动。使用雇工必须遵守劳动法，严格执行有关劳动保护、劳动定额等规定。后来，为了鼓励农民向土地投资,以便更充分地利用农机具,实行集约经营和更充分地吸收农村剩余劳动力,苏维埃政府于 1925 年 4 月又决定放宽政策,将土地出租期延长到 12 年以内,并允许将闲置的农民协会基金的土地以及国家基金的土地租给农民耕种,这些土地的租期可在 12 年以上。同时还放宽了对农户雇工的限制,允许雇工耕种租入的土地,等等。就整个经济恢复时期来看,土地租佃和雇工的农户的比重并不大,具体情况如表 3-1 所示。①

表 3-1　土地租佃和雇工农户情况

年份	1922	1923	1924	1925
租种土地农户占比(%)	2.8	3.3	4.2	6.1
租种土地面积(万俄亩)	—	300	450	700
雇工农户占比(%)	1.0	1.0	1.7	1.9
雇工人数(万人)	81.6(1920 年)	—	—	227.5(1926 年)

需要指出的是,当时出租土地的是无自耕能力的贫农,租入土地的是富农或富裕中农;使用雇工的既有富农,也有贫农和中农,但富农雇工最多,占雇工总数的一半以上。

发展农村合作社对帮助农民恢复经济和发展生产具有重大意义。它主要有三种形式:消费合作社、农业合作社和信贷合作社。

消费合作社自从实行新经济政策以来,恢复了独立经营的地位,扩大了经营范围。除了供销业务之外,它还组织农产品加工,初期还兼营信贷业务。到 1925 年农村消费合作社增至 2.6 万个,联合了 37% 的农户,拥有 5.2 万个零售商店和一些加工厂。

农业合作社的职能更为广泛。1921 年 8 月全俄中央执行委员会的法令规定,它的任务是组织社员劳动,增加农业生产,提高产品质量;供应农具、种子、肥料;加工和销售农产品。1925 年农业合作社增至 5.5 万个,比 1920 年增加 3.3 倍,联合了 28% 的农户;采购粮食 1.3 亿普特,占

① 苏联科学院经济研究所:《苏联社会主义经济史》第 2 卷,生活·读书·新知三联书店 1980 年版,第 463—464 页。

全国粮食采购量的 29%;供应 790 万卢布的农业机器。1925/1926 年其商品流转额占全国零售商品流转额的 9%。在农业合作社系统中还有育种、改良土壤、租赁机器、信贷等专业合作社。

随着商品货币关系的发展,信贷的作用越来越大。经济恢复初期,农村信贷主要由消费合作社的信用部经营,后来转由农业合作社兼营。1922 年根据苏维埃政府的《关于信贷合作社》法令,建立起专业信贷合作社。起初由全俄中央执行委员会的农业和农村工业促进委员会领导,从 1924 年起改由中央农业银行领导。它是苏维埃国家以现金支援农民的主要渠道,是国家与农民合资经营的合作组织形式。1924/1925 年度接受信贷合作社贷款的农民达 110 万户,大部分贷款发放给贫农和中农。

组织合作社帮助农民发展个体经营,是恢复时期的主要措施。同时,各种形式的集体经济组织也有所发展。当时的集体经济组织,是在国家支持下由农民自愿联合起来的。它有三种形式:共耕社、劳动组合(即后来的集体农庄)、公社。这三种形式之间的基本区别在于生产资料(不包括土地,下同)集体化程度和分配原则不同。共耕社的生产资料仍归个体所有,在农业劳动时,农民把生产资料联合起来,共同使用,共同劳动,收入按投入的劳动和生产资料(股份)进行分配。劳动组合的主要生产资料归集体所有,社员集体劳动,收入按投入的劳动进行分配,社员有权在规定的范围内经营个人经济,作为集体经济的补充。公社的全部生产资料都归集体所有,社员集体劳动,其消费品和生活服务全部由集体经济供应,按人口平均分配,社员无权经营个人经济。经济恢复时期各种形式集体经济的发展情况如表 3-2 所示。①

表 3-2　经济恢复时期各种形式集体经济的发展情况

年份	1920	1921	1922	1923	1924	1925
公社	1892	3313	1448	1945	1748	2319
劳动组合	7722	10185	6639	10075	11126	14320

① 苏联科学院经济研究所:《苏联社会主义经济史》第 2 卷,生活·读书·新知三联书店 1980 年版,第 476 页。

年份	1920	1921	1922	1923	1924	1925
共耕社	886	2514	3941	3931	3403	5284
总计	10500	16012	12028	15951	16277	21923

在经济恢复时期,劳动组合在数量上始终占主要地位。从发展速度来说,共耕社发展最快,其比重 1920 年为 8.4%,1925 年上升为 24.1%,与此同时,劳动组合的比重由 73.5%降为 65.3%,公社的比重由 18.0%降为 10.6%。这种发展趋势说明,共耕社较符合当时的生产力状况,是受群众欢迎的。1924/1925 年度,中农在农村自立人口中占 61.1%,是农村的中心人物。中农的经济地位决定其更愿意加入生产资料参加分配的共耕社,所以共耕社的发展是有深厚的基础的,是最有生命力的集体经济形式。这一点在以后的发展中得到了充分证明。1929 年共耕社在三种集体经济形式中的比重达到 60.2%,成为主要的形式;而劳动组合的比重则由 65.3%降为 33.6%,变为次要的形式。

整个来说,经济恢复时期集体经济在农村中所占的比重仍然是微乎其微的。到 1925 年 7 月 1 日全国共有集体经济 2.2 万个,参加的农户29.5 万户,占农户总数的 1.2%。1924/1925 年度,集体经济总产值只占全国农业总产值的 1%,商品产值只占全国农业商品产值的 2.8%。

在大力支援农民发展生产、发展合作社和集体农庄的同时,苏维埃政府还整顿了国营农场。

1921 年 11 月人民委员会决定,将国营农场分为两类:一类是科学试验农场,仍由农业人民委员部领导,继续实行国家供应制;另一类是生产性农场,下放给省地政局领导,取消国家供应,完税后的产品由农场自己支配。

国营农场实行托拉斯化,建立了各种专业托拉斯和辛迪加。托拉斯实行经济核算制。农场的生产活动、生产资料供应、固定基金和利润的再分配等均由托拉斯负责。在资金不足的情况下,托拉斯可将条件较差的农场出租或将其关闭,把财产转交给其他农场。经过整顿,国营农场数量减少了。1921/1922年度有6306个,1925/1926年度减少到4651个,即减少了26.3%。农场土地面积也有所减少,由351.9万俄亩减至320.5万俄亩,即减少了8.9%。

国营农场是规模较大,机械化程度较高的农业企业。农场的单位面积产量和商品率较高。根据1926年的材料,单产一般要比个体农户高15%—20%。但它的数量有限,在农业生产中占的比重不大。国营农场的纳税率较高(比个体农户高26%—34%),加之经营管理不善,不少农场发生亏损。经济核算制实际上是徒有虚名的。然而,当时的国营农场还是有其作用的,除了一般的示范意义之外,它还给农民提供各种技术性的支援。

苏维埃政府采取的上述种种措施有效地保证了农业的迅速恢复和发展。到1925年农业生产基本上恢复到战前水平。如以1913年为100,1925年农业总产值为112,播种面积为99.3,粮食产量为94.7,籽棉产量为73.0,制糖甜菜产量为83.2,牲畜头数(7月1日数字,1916年为100):牛为102.5,猪为104.2,羊为101.4,马为75.7。

随着农业生产的恢复和发展,农村社会经济结构也发生了重大变化。革命前在总农户中贫农和雇农占65%,中农占20%,富农占15%。到1924/1925年度(按农村自立人口计算)贫农和雇农的比重下降为35.6%,中农上升为61.1%,富农下降为3.3%。这就是说,一般农民普遍富裕了,农村中农化了。

工业和运输业的恢复

恢复在战争中遭到严重破坏的工业,建立社会主义的物质基础,是这一时期经济建设的重要任务。这方面的基本政策,第一节已有介绍,这里只是作些补充说明。

工业政策的调整,是从调整所有制结构开始的。"战时共产主义"的实践证明,那种由国家独家办工业的政策,不仅妨碍工业恢复和发展,而且无助于社会主义经济基础的建立和加强。因此,改变工业全盘国有化的办法,调整所有制结构,就成为恢复和发展工业的一个重要环节。在这方面苏维埃政府采取许多措施:停止对小企业的国有化;允许私人开办雇工在 20 名以下的中小企业；解除一部分企业国有化，将一部分企业出租；等等。于是工业中的小商品生产和私人资本主义得到了恢复和发展。到 1924/1925 年度形成了多种经济成分并存的局面，它们在全部工业中的具体构成是，国营工业占 67.8%，小商品生产占 24.2%，合作社工业占 4.9%，私人资本主义工业占 3.1%。如果仅就小工业而言，私营企业的比重则高达 77%。事实表明，这种所有制结构比较符合当时的生产力水平，有利于发挥各种经济成分的作用，从而推动了工业生产的恢复和发展。

恢复工业的第二个重要措施是实行招工制，恢复工人队伍。"战时共产主义"时期，由于工人上了前线，或者流入农村，造成劳动力特别是熟练工人的缺乏，成为恢复和发展工业生产的一个重大难题。为了解决这一矛盾，1921 年 10 月 5 日苏维埃政府决定将劳动义务制改为招工制。起初工业企业需要的工人一般只能通过职工介绍所输送。后来发现这种办法不能满足对熟练工人的需要，从 1925 年 1 月起改组了职工介绍所的工作，从此它便成为企业和就业者之间的中介人，企业可以根据自己的需要挑选工人。招工制更好地保证了工业劳动力的供应。1925 年大工业年平均工人数达 212 万人，比 1922 年增加 76.7%，为 1913 年的 81.8%，到 1927 年超过了战前水平。熟练工人增长得更快，他们在工人总数中所占的比重由 1913 年的 45% 左右提高到 1926 年的 53.4%。

恢复工业的第三项重要措施是恢复企业集体合同制，建立和健全各项民主管理制度，吸收工人参加管理。集体合同由工会作为工人代表同企业行政签订，借以调节劳动条件和劳动报酬等方面职工与企业行政之间的关系。

在吸收工人参与生产管理方面采取了多种组织形式，如工厂委员会生产小组、工厂管理处技术会议、生产小组、生产会议和生产代表会议等等。其中最主要的形式是生产会议。其主要任务是研究下列问题：提高劳动生产率；完善生产技术和生产组织，合理使用设备和劳动力；改进产品质量、消灭废品；厉行节约，降低成本，以及加强劳动纪律；等等。1926 年年初整个工业中参加工厂生产会议工作的约有 20 万人，占从业人员的

10%。生产会议在恢复和发展生产方面起了重要作用。

恢复工业是从小工业开始的。小工业在整个工业中,尤其是在消费品生产中占有不可忽视的地位。1920年在整个工业总产值中占50%以上,按从业人数计算,占84.6%。它在供应农民消费品和农具、提高农业生产力、改善农民生活,以及在加强工农经济联盟方面,都有重大意义。恢复小工业还有占用资金少、收效快、设备简单、容易恢复、许多原材料可以就地取材等优点。苏维埃政府积极鼓励和支持小工业者和手工业者恢复生产。1925/1926年度小工业总产值(按1913年价格计算)为186万卢布,比1920年增加1倍多,达到1913年的91.1%,翌年恢复到战前水平。

大工业是社会主义的经济基础,因而也是恢复的重点,它的增长速度相当快。1925年大工业总产值(按1926/1927年度价格计算,下同)达77.4亿卢布,比1920年增加4.5倍,远远高于小工业的增长速度。但是由于战争破坏严重,仅仅达到战前的75.5%(略低于小工业),1926年超过战前水平。在大工业中,轻工业比重工业得到了较快的发展。1921—1925年,轻工业增长4.9倍,重工业增长4倍。轻工业在大工业总产值中的比重由1920年的52.8%上升为1926年的56.9%。

交通运输业是遭受战争破坏最严重的部门之一,战争结束时,整个运输业处于半瘫痪状态。同时它也是贯彻"战时共产主义"政策的一个突出部门,从高度国有化到免费运输、免费通信,可以说应有尽有。因此调整政策,尽快恢复交通运输业,便成为恢复国民经济的一项重要任务。

在调整政策方面,苏维埃政府决定在保持铁路国家所有制的同时,解除一部分船队的国有化,归还了原所有主。1921—1925年在全国内河货运量中私人船队货运量约占4%—6%。在海洋运输中,1926年年初私人经济比重约占11.4%。在运输业中,也实行了租让制,签订了11个租让合同,主要是租让空中和海上运输以及电报线路的经营权。此外还同外国资本家建立了合营公司,如苏伊汽车合营公司、德俄航空股份公司,以及俄加美客运代办处。在汽车运输中,允许私人购买汽车,从事运输。1923年私人企业和个人拥有汽车占全国汽车总数的6%,其中载重汽车占3%。在国营运输业中恢复了付费制,实行了经济核算制、奖励制、责任制和分散管理原则等。

苏维埃政府把大部分国民经济财政拨款用于运输业,扶持运输业尽快恢复。1922/1923 年度用于运输业的财政拨款高达 5 亿卢布,占国民经济支出总额的 64.7%,远远超过对工农业的拨款。铁路运输是恢复的重点。1922/1923 年国家预算拨款 4.9 亿卢布,占运输业拨款总额的96.8%。1925/1926 年度,铁路货运量比恢复期开始时的 1920/1921 年度增加了近 2 倍,达到战前 1913 年水平的 94.2%。客运量在 1924/1925 年度就超过了战前水平 14.6%。国内外水路运输也在大力恢复,但到恢复时期结束时还没有全面达到革命前的水平。

商业的恢复　恢复商业,是转向新经济政策时期恢复整个国民经济的中心环节。列宁强调指出,商业正是当时社会主义建设中"'**必须全力抓住的环节**'。如果我们现在紧紧'抓住'这个环节,那么不久的将来我们就一定能够掌握**整个链条**"[1]。

恢复商业,实际上是要重建苏维埃商业。因为"战时共产主义"时期商业实际上停顿了(非法的黑市例外)。商业储备全部用光;商店、批发站、仓库或被破坏,或挪作他用;商业机关解体了;交易所、批发集市被取消了;价格、信贷等商品流通手段或者丧失了意义,或者根本不存在了。而且,许多共产党员不仅不懂商业,甚至鄙视商业。

为了扭转这种局面,布尔什维克党和苏维埃政府首先纠正对待商业的错误思想,教育全党重视商业,号召党员学会文明经商。

为恢复商业所采取的最主要措施是允许私人经商,恢复合作社商业,建立国营商业。

1921 年 5 月,人民委员会《关于交换》法令规定,允许公民个人在市场上或者在其他地点摆摊设点,或开设店铺经营商业。完税后的剩余农产品和手工业、小工业制品可以自由买卖。[2] 于是私人商业迅速活跃起

---

[1]　《列宁选集》第四卷,人民出版社 1972 年版,第 578 页。
[2]　见 B.H.马林、A.B.科罗博夫编:《苏联共产党和苏维埃政府关于经济问题指令汇编》第 1 卷,苏联国家政治书籍出版社 1957 年版,第 238 页。

来。1922/1923 年度私营商业的零售商品流转额达到全国零售商品流转额的 75.3%。1925/1926 年度其流转额又增加 1 倍,但由于合作社营和国营商业发展更为迅速,其比重降为 40.0%。

为了恢复合作社商业,1921 年 3 月,共产党的第十次代表大会撤销了第九次代表大会《关于对合作社态度》的决议。该决议曾肯定了战时采取的对合作社的改造措施:把各类消费合作社联合起来,建立统一的分配机构——消费公社,按国家计划分配食品和日用品,收购农产品;取消自愿入社、缴纳股金和分红制,实行义务入社制;规定消费合作社隶属于粮食人民委员部,执行其任务并在其监督下开展经营活动;等等。这样一来,合作社便成了半国家机构,失去了合作社特有的权利和"自由"。这个决议的撤销也就意味着恢复合作社原来的权利和"自由"。1923 年春天,列宁又根据新情况,对合作社的性质作了新的评价,认为:"在我国现存制度下,合作企业……与社会主义企业没有区别。"[1]从此,它便以新的姿态向前发展了。

国营商业是在经济恢复时期新建立起来的。当时主要有四种组织形式:辛迪加、托拉斯、国营商业公司和国营商业股份公司。

从业务性质来看,私营商业主要是经营零售业务。合作社兼营零售和批发。国营商业则主要是经营批发业务。经营批发业务的,还有商品交易所和批发集市等辅助性组织形式。

这样,在经济恢复时期,苏维埃商业便形成了多种经济成分并存的格局。在 1925/1926 年度,商品流转额中各种经济成分比重如表 3-3 所示。[2]

表 3-3　1925/1926 年度商品流转额中各经济成分比重　(单位:%)

经济成分	批发业务	零售业务
国营商业	49.5	16.2

---

① 《列宁选集》第四卷,人民出版社 1972 年版,第 686 页。
② 苏联科学院经济研究所:《苏联社会主义经济史》第 2 卷,生活·读书·新知三联书店 1980 年版,第 191 页;《从统计数字看苏联国民经济》,学习杂志社 1955 年版,第 82 页。

续表

经济成分	批发业务	零售业务
合作社商业	42.6	43.8
私人商业	7.9	40.0

此外,苏联政府还采取了一些调节市场的措施,例如,调整价格,缩小工农业产品价格"剪刀差";增设国营和合作社商业机构、网点等。这一切在恢复商业方面都起了积极作用。

1926 年全国零售商品流转额,按 1913 年可比价格计算,达到 57.8 亿卢布,比 1922/1923 年度增加 1.3 倍,接近 1913 年水平。[①]

对外贸易的恢复和发展　苏维埃国家恢复对外贸易是在极其困难条件下,同资本主义国家,首先是同资本主义大国斗争中实现的。国内战争期间,由于帝国主义国家的封锁和国内经济的破坏,对外贸易几乎完全停顿。1919 年和 1920 年进出口贸易总额,分别为 1913 年的 0.1% 和 1%。为了恢复经济,列宁在 1920 年 12 月就明确提出,"必须尽最大的可能来迅速恢复贸易关系"[②]。

苏维埃国家发展对外经济关系的基本原则是实行两种不同社会制度和平共处,在平等互利的基础上广泛开展同整个资本主义世界的正常贸易关系。列宁指出,同资本主义国家进行贸易不仅是"绝对必要的",而且是可能的,因为"有一种力量胜过任何一个跟我们敌对的政府或阶级的愿望、意志和决心,这种力量就是迫使他们走上同我们往来的道路的全世界的共同经济关系"[③]。

苏维埃政府执行正确的对外政策和策略,在打破资本主义国家的歧视和封锁方面不断取得胜利。在这方面影响比较大的突破有两个:一个是 1921 年 3 月同英国签订的临时贸易协定。这本身就表明,作为

---

①　苏联科学院经济研究所:《苏联社会主义经济史》第 2 卷,生活·读书·新知三联书店 1980 年版,第 197 页。

②　《列宁全集》第三十一卷,人民出版社 1958 年版,第 448 页。

③　《列宁全集》第三十三卷,人民出版社 1957 年版,第 128 页。

资本主义强国之一的英国实际上承认了苏维埃国家。根据协定,苏维埃俄国获得了最惠国待遇以及在伦敦这个国际金融市场上出售黄金的权利,从而打破了黄金封锁。另一个意义更为广泛的突破,是1922年4月同德国签订的拉巴洛条约。条约规定,双方放弃战争赔款的要求,德国政府撤回了关于归还被苏维埃俄国国有化企业的要求,并给予最惠国待遇。

经济恢复时期,苏维埃国家的对外贸易得到了迅速发展。它同20多个国家签订了40多个条约和协定。1924/1925年度苏联已向33个国家出口商品,从38个国家进口商品。在资本主义大国中唯独美国仍然坚持敌视政策。尽管如此,苏维埃国家还是通过苏美贸易公司等组织发展了民间贸易。

苏维埃国家的对外贸易是在国家垄断制基础上发展起来的。外贸业务由对外贸易人民委员部统一组织。实行对外贸易垄断制的目的,是在同资本主义国家发展经济关系时保证苏维埃国家的经济独立,有效地利用外国资源恢复经济,保护脆弱的工业,以利于社会主义建设。

但是,外贸实践表明,国家的对外贸易只有一个机构死板地控制也有弊病。这一时期,在坚持外贸垄断基本原则的前提下,对外贸工作的组织与管理进行了如下一些改革和调整。

一是将外贸机关的调节职能和贸易业务职能分开。为此在1922年4—5月间在对外贸易人民委员部之下设立了两个局:一个是国家进出口贸易局,其任务是开展纯贸易业务活动;另一个是外贸组织和调节局,统一管理、调节和监督各项外贸业务的合法性和合理性。

二是在公有制外贸组织占统治地位的条件下,开展多种组织形式的对外贸易。比如,允许某些国家机关、国营企业和合作社独立开展外贸活动。它们同国家进出口贸易局一起,构成主要进出口贸易组织。与此同时还开办了一些合营股份公司(1923年共有24家,其中有国家机构与私人资本合营的,也有同外国资本合营的),允许少数外国公司和私营企业参加对外贸易。这样,新经济政策时期就形成了多种贸易组织形式的外贸组织机构。1924/1925年度各类组织在进出口贸易额中所占的比重如

表 3-4 所示。①

表 3-4　1924/1925 年度各类组织在进出口贸易中的比重　（单位:%）

组织类别	出口	进口
国家机构和企业(包括托拉斯)	47.3	86.6
国营股份公司	31.6	6.4
合作社	12.5	3.8
以上三项合计	91.4	96.8
有外资参加的合营公司	5.5	1.3
外国公司	1.1	1.3
私营企业	0.7	0.3
其他	1.3	0.3
总计	100.0	100.0

　　三是在外贸组织和出口产品生产企业中实行经济核算制,奖励工作出色的负责人员,改善外贸工作。

　　贯彻执行上述政策措施,苏维埃国家迅速打开了局面,扩大了对外贸易。1925/1926 年度进出口贸易额比 1920 年扩大 47.4 倍。但由于国际帝国主义分子的阻挠,外贸额只恢复到 1913 年的一半(50.4%)。

改革货币制度,健全财政体系

　　"战时共产主义"时期,一方面是经济生活实物化,货币的作用显著下降,另一方面为了动员人力物力进行自卫战争,苏维埃国家又不得不采取通货膨胀政策,发行纸币弥补预算赤字。这导致货币严重贬值,财政体系混乱。因此,调整财政政策、改革货币制度、健全苏维埃财政体系,成为进入新经济政策时期恢复和发展生产的迫切任务。

　　苏维埃国家在 1922—1924 年进行了货币改革,以稳定货币。

　　1922 年和 1923 年两次更换苏维埃纸币。1922 年发行的新纸币,1 卢布等于以前发行的纸币 1 万卢布;1923 年发行的新纸币,1 卢布等于 1922

　　① 苏联科学院经济研究所:《1921—1925 年苏维埃国民经济》,苏联科学院出版社 1960 年版,第 515 页。

年以前纸币 100 万卢布。用新纸币替换贬值的旧纸币,简化了计算,方便了流通。

1922 年 10 月人民委员会授权国家银行发行银行券——切尔文。1个切尔文的含金量为 7.74234 克纯金,相当于革命前 10 卢布金币的含金量。它是以贵金属和稳定外汇(合占 25%),以及畅销商品、短期票据和其他债券(合占 75%)担保的。切尔文与苏维埃纸币同时流通。由于切尔文是保值的,其流通范围迅速扩大,1924 年 2 月 15 日它在货币流通总量中已占到 90%(按金卢布计算)。贬值的纸币基本上被排出流通。

1924 年 2 月 5 日,全苏中央执行委员会授权财政人民委员部发行国库券(其面值为 1、3、5 金卢布)。2 月 22 日又授权发行辅币:银辅币(面值为 10、15、20、50 戈比和 1 卢布)、铜辅币(面值为 0.5、1、2、3、5 戈比)。3 月 7 日苏维埃政府发布兑换国库券法令,规定苏维埃纸币流通到 4 月 10 日为止,兑换国库券到 4 月 30 日为止。兑换率为 1 卢布国库券等于 5万卢布 1923 年发行的苏维埃纸币。据 1924 年 6 月 1 日资料,这时流通的货币已经都是稳定的货币,其中银行券占 60.4%,国库券占 32.3%,银辅币、铜辅币和临时流通券占 7.3%。从 1924 年 10 月开始,国库券只能根据经济流转对货币需要的增长额来发行,不得用于弥补财政赤字。这样,苏维埃俄国逐步建立了稳定的货币制度,完成了货币改革。

币制改革的胜利完成,对加强计划管理、实行经济核算、稳定物价、扩大商品流通、改善人民生活具有重大意义。它也为健全苏维埃财政体系创造了条件。

经济恢复时期,苏维埃国家还重建了信贷体制和税收体制,完善了预算制度。

在"战时共产主义"条件下,信贷已失去了意义,中央银行也被撤销了。1921 年 10 月,根据全俄中央执行委员会的决定建立了国家银行。此后,在 1922—1925 年还建立了一系列专业银行:工商银行、电气化股份银行、中央农业银行和农业信用社、全苏公用事业和住宅建筑投资银行、对外贸易银行、全俄合作银行以及私人互贷社等。

这种多渠道银行信贷体系的优点是,便于各部门积极地开展信贷业务,动员社会各方面的闲散资金。但在初期各专业银行间曾出现缺乏协调,各自为政,以致不必要的竞争等混乱现象。为此,1924 年 4 月在国家银行管理处下设立了银行事务委员会,以加强对银行工作的协调。

税收在"战时共产主义"后期同样失去了意义,税务机构被撤销了,税务人员也相继改行。实行新经济政策以后,苏维埃政府首先着手建立和加强税务机构,把已改行的税务专家调回财政机关,同时选拔、培训了大批新干部,这使税务工作队伍的力量有所加强,其业务水平也有所提高。

建立和健全税收体制的一项更为重要的措施是制定一套切实可行的税收政策。党的第十一次代表大会明确指出,苏维埃税收政策的首要任务是"通过直接征收财产税、所得税和其他税捐的办法调节积累过程"。另一项是纯财政方面的任务,即"保证从税收中得到最多的收入","靠税收来保证工农国家的一切国家机关为进行应办的事业所必需的资金"。①

从税种来考察,实现上述任务的最好办法是征收直接税,因为它可以把纳税人的收入与税金直接联系起来;从税收的形式来说,是征收货币税。然而在实行新经济政策初期,税收工作刚刚建立,征收直接税有困难。因此,政府决定以征收间接税为主,随着税务机构的逐步健全,逐渐提高直接税比重,最后取消间接税。同时,由于工业恢复缓慢,商品货币关系还不发达,决定通过征收实物税的形式来保证国家最必需的农产品,随着商品货币关系的扩大逐步采用货币税代替实物税。这样,经济恢复时期苏维埃的税收制度就带有过渡性的特点。

第二个特点是税种繁多。国家征收的间接税和直接税都有许多种类。②

从财政收入角度来说,占主要地位的税种,1922/1923 年度依次是农

---

① 《苏联共产党代表大会、代表会议和中央全会的决议和决定汇编》第 1 卷,苏联国家政治书籍出版社 1954 年版,第 616 页;《列宁全集》第三十三卷,人民出版社 1957 年版,第 341 页。

② 间接税有消费税、关税、印花费,以及各种杂费;直接税有实物税、营业执照税及其追加税、均等税(即按企业的营业总额和均等税率 3% 课税,它是对分级的营业执照税的调整,使其均等化)、专卖税、所得税、财产税、公民税、专用房产税、地产税、遗产税、国防税等。此外还有各种地方税,如国税地方附加税、农户货币税、短途货运税、建筑税、交易税、行商税、旅游娱乐税、交通工具税、牲畜检验费、市民所有牲畜税,以及登记费、广告招贴费等。

业税、营业税、消费税和关税,1925/1926年度则为消费税、营业税、农业税和所得税。

税收的第三个特点是,它具有鲜明的阶级性,这突出表现在征收直接税及实行累进税率上。以农业税为例,人均收入为30卢布的贫困农户所负担的农业税在农业税总额中的比重由革命前的13.1%降为1926年的3.5%,而人均收入为120卢布的富裕农户所负担的农业税的比重相应由4.4%上升到10.3%。即使在征收间接税上也体现了阶级差别,如对奢侈品征收高额消费税等。

苏维埃税收体制的形成,保证了税收总额以及整个国家财政收入的迅速增长。1925/1926年度税收总额达21.9亿卢布,比1922/1923年度增加2.8倍,占综合财政预算收入的51.6%。

苏维埃国家逐步健全了预算制度。第一,建立了从中央到地方的统一预算体系。1923年建立了联盟预算。联盟预算和加盟共和国预算构成苏联统一国家预算,与地方预算(省、县、市各级)一起构成苏联综合预算。于是,形成了从中央到地方的统一预算体系。第二,确定了苏联预算制度的基本原则:联盟拥有最高财政权;整个预算体系是统一的;实行民主集中制,各级苏维埃均有自己的预算,预算系统的上级机关指导下级机关的工作;执行苏维埃的民族政策,每个共和国和每个民族地区都有自己的预算,并动用国家资金不断支援较落后的民族地区和州。第三,建立统一的预算编制、审批和执行程序。第四,开源节流,平衡收支。增加预算收入的基础是发展生产。

大力发展文化教育和科学事业

旧俄国文化教育事业本来就相当落后,国内战争期间文化教育机构又遭到了蹂躏,造成了设备、文具、教材不足,教师和文化科学工作人员十分缺乏的局面。列宁曾多次指出文化落后给社会主义建设带来的困难,并于1923年1月提出了进行文化革命的任务。列宁指出,"现在,只要实现了这个文化革命,我们的国家就能成为完全的社会主义国家了"①。为

① 《列宁全集》第四卷,人民出版社1972年版,第687—688页。

此在经济恢复时期苏维埃政府作出了巨大的努力。尽管当时财政相当困难,还是拨出了相当多的资金发展文化教育事业。同时采取许多措施提高人民教师、文化科学工作者的地位和生活待遇。发展文化、教育和科学事业的主要情况如下。

开展扫盲工作。1923 年建立了扫盲协会,加里宁被选为主席。协会在城乡建立了广泛的基层组织网。经过三年努力,协会拥有 160 万扫盲积极分子,到 1925 年年底约有 300 万人参加扫盲学习。扫盲工作取得了明显的效果,识字人数比例 1920 年为 31.9%,1926 年提高到 56.6%。

在学校教育方面,初步建立了苏维埃学校教育体系,它包括初等学校(4 年制与 7 年制的)、中等学校(5 年制的)和高等学校。注重发展初等职业学校和中等职业技术学校。发展教育的方针是教育与生产劳动相结合,大力加强初等教育。1925 年决定在苏俄实行普及初等教育。在普通中学对 8—9 年级学生增设职业教育课,培养学生劳动习惯,训练劳动技能,提高他们的阶级觉悟,以便适应国民经济对有觉悟的熟练工人和技术工人的迫切需要。

经济恢复时期,学校教育,特别是中等专业学校和高等学校发展得相当快,大大超过了革命前的水平。1925 年开始建立研究生院,以便有效地培养师资和科研工作人员。为了提高大学生中的工农青年比重,扩大了工农速成中学网。到 1925/1926 年度工农速成中学达 107 所,学生 4.7 万人。

苏维埃国家十分重视科学研究工作的发展,增加科研经费,扩大科研基地,充实科研力量,将原来一些不大的实验室发展成大型研究所。到恢复时期末,苏联科学院的研究机构增至 40 多个,研究人员有几千名,成为苏联的科学中心。各部门也建立了许多同生产保持直接联系的研究机构,例如,1925 年最高国民经济委员会有 19 个研究所,农业人民委员部有 60 多个试验站和研究所。在民族共和国也设立了许多研究机构。为了协调科研工作,解决生产中提出的科学技术课题,1922 年建立了中央科学技术委员会及其所属的许多部门技术委员会。1925 年设立了列宁奖金,奖励卓越的科学发明,以推动科研工作的发展。

国民经济的迅速恢复为改善职工和农民的物质

人民生活
的 改 善

生活创造了条件。1925/1926 年度国民收入达到 217
亿卢布,比 1921 年增加 1.3 倍,超过了战前水平。国
民收入分配也发生了重大变化。旧俄国 3/4 的国民收入被剥削阶级占有,广
大劳动人民只得到 1/4;在 1925/1926 年度国民收入分配中劳动人民所占的
比重达到 82%。劳动条件也改善了。八小时工作制的实行,比革命前减少了
2 个多小时。除了节假日等例假之外,工人每年还享受为期 2 周以上的休假。
同时,还加强了劳动保护,使伤亡事故显著减少。但是,在经济恢复时期还没
能够消灭失业现象。为了救济失业者,国家每年拨出大量资金,1925/1926 年
度的救济金达 4600 万卢布,每月发给失业者的救济金相当于月平均工资的
26%—30%,失业工人的生活得到了基本保证。同样,劳动人民的医疗卫生条
件也有了明显改善,死亡率比革命前下降了 1/3,人均寿命有所延长。

第三节　新经济政策的基本经验和
列宁经济思想的发展

　　十月革命胜利后,苏维埃国家进入从资本主义向社会主义过渡的时
期。但是如何实现过渡,如何改造旧经济、建立新经济,布尔什维克党和
俄国无产阶级没有任何现成经验可以借鉴,唯一可遵循的是马克思主义
经典作家关于社会主义社会的设想和关于过渡时期的一般论述。要把马
克思主义基本原理同俄国革命实践结合起来,还要在实践中探索,甚至进
行种种尝试。正如列宁所指出的那样,"只有经过一些想建立某种社会
主义国家的各种各样的尚不完善的具体尝试,这种抽象的东西才会在实
际生活中体现出来","只有千百万人的经验,才能在这方面给我们以决
定性的指示"①,而实行新经济政策则是探寻社会主义经济建设"途径的

──────────
　　① 《列宁选集》第三卷,人民出版社 1972 年版,第 546、570 页。

唯一方法"①,这个时期则是进行这种探索的一个重要阶段。

1918 年春,布尔什维克党制定的政策,体现了列宁的逐步过渡的思想。然而不久便发生了外国武装干涉和国内战争。在那决定苏维埃政权命运的生死攸关的年代里,在极其艰苦的战争环境下,为了摧毁阶级敌人的经济基础,布尔什维克党采取了一系列直接过渡的措施。按照列宁的解释,所谓直接过渡,就是"直接和彻底摧毁旧社会经济制度而代之以新社会经济制度",或者说"用'冲击'的办法,即用简捷、迅速、直接的办法实行社会主义生产和分配的原则"②。实践证明,这些措施没有同农民经济结合起来,没有促进生产力的提高,以致发生了 1921 年春天的严重经济危机和政治危机。

转入经济恢复时期之后,列宁和布尔什维克党总结了前一时期的经验和教训,决定改变战略,采取逐步过渡的办法。所谓逐步过渡,就是"不摧毁旧的社会经济结构——商业、小经济、小企业、资本主义,而是活跃商业、小企业、资本主义,审慎地逐渐地掌握它们,或者说,只是随着它们活跃的程度能够使他们受到国家的调节",发展国家调节下的商业和货币流通,这也就是用长期"围攻"的办法,"逐步地慎重地实行经济改造"③,发展社会主义经济。经验证明,上述政策有效地促进了生产力的提高,保证了国民经济的迅速恢复和苏维埃经济制度的建立。新经济政策的胜利,说明逐步过渡的道路是成功的。

从"战时共产主义"时期的"直接过渡"到新经济政策时期的"间接过渡"的转变,以及在这一战略方针指导下所采取的一系列政策和措施,集中反映了列宁经济思想的发展和苏维埃俄国社会主义建设的经验。

在本章所考察的时期里,无论是列宁的经济思想,还是社会主义建设的实践经验都是极为丰富的。这里我们不可能来全面论述,只能就几个重要问题做些简要分析和说明。

---

①　《列宁选集》第四卷,人民出版社 1972 年版,第 617 页。

②　《列宁全集》第三十三卷,人民出版社 1957 年版,第 70、87 页。

③　《列宁选集》第四卷,人民出版社 1972 年版,第 575 页;《列宁全集》第三十三卷,人民出版社 1957 年版,第 70 页。

<table>
<tr><td>工 农 经 济
联 盟 问 题</td></tr>
</table>

关于工农联盟在无产阶级革命和社会主义建设中的地位和作用问题,在马克思主义经典著作中有不少的论述。马克思曾经指出,"德国的全部问题将取决于是否有可能由某种再版的农民战争来支持无产阶级革命"①。列宁根据俄国革命的经验进一步指出,工农联盟是无产阶级革命中"最根本最重大的问题","是我们取得成就、取得最后胜利的保证",在工人阶级同农民之间建立一定的关系是"我们的总的政策,我们的经济政策的主要任务"。②

根据列宁的思想,工农联盟包括政治联盟和经济联盟两个相互联系的主要方面。在苏联,十月革命和国内战争的胜利,表明工农联盟在政治联盟和军事联盟方面等基本上得到了解决,但在经济联盟方面却远未解决。列宁指出,"在伟大的政治变革中,在我们三年抗击世界列强这一极其伟大的事业中,我们是靠政治热情和军事热情来保证工农联盟的",可是"我们试图建立的那种新经济并没有同农民经济结合起来","在某种程度上脱离了广大农民群众的常规","超越了工农经济联盟直接许可的限度"。结果虽然在政治和军事战场上取得了伟大胜利,"可是在经济的战场上,我们却遭到了一连串的失败",以致造成"国内的政治上的动摇"。③ 这说明,在无产阶级取得政权后,在社会主义建设中,经济方面的工农联盟具有突出的意义。经济上的工农联盟问题不解决,政治上的工农联盟也不能得到根本解决。

国内战争结束之后,列宁立即提出:"在工人阶级和农民之间建立经济上的联盟"的任务,并明确指出,"没有经济基础(这是我们战胜资产阶级的基础),我们和农民的联盟就绝对不能继续保持"。④

列宁指出,要建立工农经济联盟,就必须满足农民的经济要求。在经

---

① 《马克思恩格斯选集》第4卷,人民出版社1972年版,第334页。

② 《列宁全集》第三十二卷,人民出版社1958年版,第395页;《列宁全集》第三十三卷,人民出版社1957年版,第128、218页。

③ 《列宁选集》第四卷,人民出版社1972年版,第617、618页,《列宁全集》第三十二卷,人民出版社1958年版,第397页;《列宁全集》第三十三卷,人民出版社1957年版,第131页。

④ 《列宁全集》第三十二卷,人民出版社1958年版,第397、473页。

济恢复时期农民的迫切要求是什么呢？怎样才能满足他们的要求呢？
"实质上可以用两个东西来满足小农。第一，需要有一定的周转自由，需
要给小私有主一定的经营自由。第二，需要供应商品和产品。"①这里首
先就要实行粮食税和一定程度的贸易自由，而这正是新经济政策的最主
要的内容。实际上，整个新经济政策首先而且主要是从巩固工农联盟，特
别是加强工农经济联盟为出发点的。"新经济政策的实质是无产阶级同
农民的联盟。"②

列宁还提出，工农经济联盟并不是工农经济的随意结合，它有明确的
目的和要求。那就是"为了加强和巩固无产阶级"，保证工人阶级对农民
的领导，使社会主义经济"同千百万农民借以为生的农民经济结合起
来"，进而"使利益最小的、最落后的、细小的、孤立的农民经济逐渐联合
起来，组织成公共的大规模的农业经济"。③可见，在列宁的工农联盟思
想体系中，工农政治联盟与经济联盟、长远目标与现实目标是紧密联
系的。

从当时的条件出发，工农经济联盟的最主要的内容是工人阶级用工
业品换取农民的产品，或者说是工业与农业之间的商品交换。因为当时
"在农民和工人之间，即在农业和工业之间，除了交换，除了商业以外，就
不可能有别的经济联系"④。

工农经济联盟的主要形式是商业，是国家调节下的商业。"为了逐
渐发展强大的工农联盟，除了在工人国家的领导和监督下发展商业并逐
渐提高农业和工业现有水平外，就没有任何别的出路"⑤，商业是"千百万
小农与大工业之间唯一可能的经济联系"⑥。

建立工人和农民在经济上的结合，是新经济政策的基本经验之一。

---

① 《列宁全集》第三十二卷，人民出版社 1958 年版，第 206 页。
② 《列宁全集》第三十三卷，人民出版社 1957 年版，第 143 页。
③ 《列宁全集》第三十二卷，人民出版社 1958 年版，第 275、472 页；《列宁选集》第四卷，
人民出版社 1972 年版，第 619 页。
④ 《列宁全集》第三十三卷，人民出版社 1957 年版，第 130 页。
⑤ 《列宁全集》第三十三卷，人民出版社 1957 年版，第 130—131 页。
⑥ 《列宁选集》第四卷，人民出版社 1972 年版，第 579 页。

<table>
<tr><td>商 品 货 币
关 系 问 题</td></tr>
</table>

马克思和恩格斯曾设想,在发达资本主义社会基础上建立起来的社会主义社会中,生产资料将全部归社会所有,并以直接社会化形式加以利用,个人劳动成为直接的社会劳动,商品货币关系将不复存在。马克思说:"直接的社会生产以及直接的分配排除一切商品交换,因而也排除产品向商品的转化(至少在公社内部)和随之而来的产品向**价值**的转化。"①

十月革命胜利后,列宁和布尔什维克党根据马克思主义经典作家的设想曾经准备在苏维埃俄国消灭商业,实行产品交换。1921 年 10 月列宁在回顾革命胜利后初期的指导思想时指出,当时"我们曾经以为建立了国家生产和国家分配制度以后,我们就可以直接进入一个与以前不同的生产和分配的经济制度",甚至在 1918 年春天也"根本没有提出我们的经济同市场、同商业有何种关系的问题"。② 1919 年春,在起草俄共党纲草案时列宁还曾提出:"苏维埃政权现时的任务是坚定不移地继续在全国范围内用有计划有组织的产品分配来代替贸易";在向社会主义过渡的初期,虽然不可能立即消灭货币,但俄共(布)将依靠银行国有化,"力求尽量迅速地实行最激进的措施,来准备消灭货币,首先是以存折、支票和短期领物证等等来代替货币"。③ 这个草案在共产党第八次代表大会上通过,并付诸实施。正是在这种思想指导下,"战时共产主义"时期里商品货币关系急剧地缩小了,经济生活实物化了。可是实践证明这种认识和做法不符合经济发展的客观要求。列宁及时总结了这方面的失误,决定改变政策。准许小生产者有贸易自由;对大资本的生产资料运用国家资本主义的一系列原则;国营企业实行经济核算,即商业核算原则。

经济恢复时期发展商品货币关系的主要领域和形式,除了小商品生产者之间、私人企业之间,以及这两种类型经济之间的自由贸易之外,还有国家(工业)与农民之间的市场交易、国营和合作社商业、交易所,以及实行经济核算制的国营企业之间采用等价交换原则,等等。

---

① 《马克思恩格斯选集》第 3 卷,人民出版社 1972 年版,第 347—348 页。
② 《列宁全集》第三十三卷,人民出版社 1957 年版,第 66 页。
③ 《列宁选集》第三卷,人民出版社 1972 年版,第 749—750 页。

应该指出,列宁和布尔什维克党在发展商品货币关系问题的认识上,实行新经济政策的头几年是有一个发展过程的。1921年春天开始实行粮食税时,虽然确认自由贸易、私人商业的发展,以及资本主义经济的存在是不可避免的,但同时又强调小资产阶级自发势力、私人商业的无政府主义是危险的敌人。因此列宁把私人商业和国家的有组织的商品交换严格区别开来,提出把自由贸易限制在地方流转范围内,而在全国范围内则实行有组织的商品交换,并把后者看作主要的交换形式。这样做的目的,主要是限制小资产阶级的自发势力,以便于将来向正常的产品交换过渡。实践很快证明,这种退却是不够的,仍然不能适应小农经济占优势的国情。"必须再退却,再向后退,从国家资本主义转到国家调节商业和货币流通","在国家的正确调节(指导)下活跃国内**商业**"。①

诚然,列宁在新经济政策时期强调发展商业和运用商品货币关系,主要是从存在着多种经济成分,建立国营经济同非社会主义经济之间的联系出发的。由于历史的局限,列宁没有,也不可能进一步对建成社会主义经济基础之后是否还要发展商品货币关系的问题提出明确的论述。但是,新经济政策的实施,否定了过去在布尔什维克党内流行的商品货币关系同社会主义经济不相容的信条。这是列宁对科学社会主义理论的一个重大发展。

> 物 质 利 益
> 原 则 问 题

物质利益原则,是列宁总结了前一时期苏维埃俄国社会主义建设经验,在新经济政策时期提出来的一个重大理论和实践问题。

在"战时共产主义"时期,由于战争环境和物质条件的限制,工资实物化,按人头分配生活必需品,国营企业实行统收统支的体制,片面强调政治热情的意义,因此忽视了个人和集体的物质利益关系。在经济遭到战争严重破坏的特殊环境里,在苏维埃政权生死存亡的时刻,这种体制和办法在一定程度上是可行的,甚至是不可避免的。但它并不是建设社会

---

① 《列宁全集》第三十三卷,人民出版社1957年版,第73页;《列宁选集》第四卷,人民出版社1972年版,第578页。

主义的正常途径,不符合社会主义经济发展的要求。随着军事压力的缓和与战争的结束,这种办法的弊病越来越明显地暴露出来。在农村,实行余粮收集制,过分损害了农民的利益,严重地挫伤了他们的生产积极性。在城市,职工的劳动纪律越来越松弛,生产积极性日益低落。城乡劳动者的生产积极性的低落,是当时苏维埃国家面临的"经济危机"和"政治危机"的重要表现之一。

为了解决这个问题,列宁阐述了物质利益原则问题。他深刻地指出,"我们为热情的浪潮所激励,我们首先激发了人民的普遍政治热情,然后又激发了他们的军事热情,我们曾打算用这种热情直接实现与一般政治任务以及军事任务同样伟大的经济任务……现实生活说明我们犯了错误",正确的方法"不是直接依靠热情,而是借助于伟大革命所产生的热情,依靠个人兴趣、依靠从个人利益上的关心、依靠经济核算制","必须把国民经济的一切大部门建立在个人利益的关心上面。共同讨论,专人负责",可是过去,"由于不会实行这个原则,我们每一步都吃到苦头"。①

从上述认识出发,布尔什维克党在新经济政策时期推行了一系列措施贯彻物质利益原则。粮食税就是按照物质利益原则来处理国家与农民的关系的。国营企业实行经济核算制,改革工资和奖励制度,把职工和企业的最终成果直接联系起来,也是贯彻物质利益原则的突出表现。其他诸如利用价格、信贷、税收等经济杠杆,建立与健全各种责任制等,也都是与贯彻物质利益原则直接联系的。实际上,整个新经济政策都体现了物质利益原则,也就是把各种经济关系建立在经济利益的基础上。

需要指出,列宁在强调实行物质利益原则,并没有忽视政治热情和发扬共产主义劳动精神的意义。他说,"要努力把'人人为我,我为人人'和'各尽所能,各取所需'的原则灌输到群众的思想中去,变成他们的习惯,变成他们的生活常规,我们要逐步地坚持不懈地实行共产主义纪律,推行共产主义劳动"②。

---

① 《列宁选集》第四卷,人民出版社 1972 年版,第 571—572 页;《列宁全集》第三十三卷,人民出版社 1957 年版,第 51 页。

② 《列宁全集》第三十一卷,人民出版社 1958 年版,第 104 页。

所有制改造和
所有制结构问题

在社会主义经济占主导地位的前提下,允许非社会主义经济成分在一定程度上的存在和发展,建立以社会主义国营经济为主导的多种经济成分并存的所有制结构,是苏维埃俄国向社会主义经济过渡的一个重要经验。这是列宁关于"间接过渡"思想的集中体现。

列宁和布尔什维克党经过曲折的探索后,之所以确立了以社会主义经济为主导、多种经济成分并存的所有制结构,是因为它符合经济发展的客观要求。

首先,它是生产关系一定要适合生产力发展要求这一客观经济规律作用的必然产物。马克思主义创始人早就提出,一定的生产力,必然要求一定的生产关系与之相适应,也就是说,生产资料所有制和经济关系的变革,必须与生产力的发展水平相适应。这是马克思主义奠基人反复论述的一切社会经济形态所共有的客观规律。苏维埃俄国所继承的是一个多层次的生产力结构,各种经济成分所体现的生产社会化程度差别很大。根据生产关系与生产力发展水平相适应规律的要求,对生产社会化程度各不相同的经济成分,应采取有区别的改造方针。列宁在《四月提纲》中所阐述的间接过渡的思想和策略以及在新经济政策时期所确定的多种经济成分并存的方针,正是从这一基本原理和俄国现实条件出发的。

其次,苏维埃俄国仍然是小农经济占优势的国家,这规定着多种经济成分并存的局面具有相对的长期性。这是因为,改造小农是最艰巨、最复杂的任务,这种改造本身就需要长时间;而且在小农经济占优势的情形下,不仅改造小农本身需要采用间接、缓慢、审慎过渡的办法,而且这种办法又制约着其他非社会主义经济成分的改造进程。实际上,在新经济政策时期,苏维埃政权允许自由贸易,发展城乡小商品经济和一定程度地发展私人资本主义经济,在很大程度上正是为了满足小农经济的需要。列宁早就提出,由于开始建立社会主义时所处的条件不同,从资本主义向社会主义过渡的具体条件和形式必然是多种多样的。这里首先取决于国内是大资本主义关系占优势,还是小经济占优势。"在一个小农生产者占人口绝大多数的国家里,实行社会主义革命必须通过一系列特殊的过渡办法"①。

最后,苏维埃俄国先进的政治制度同落后的生产力之间的不适应,决定了利用非社会主义经济成分发展生产力,使它们为社会主义建设服务的必要性。

俄国社会主义革命是在生产力发展和生产社会化程度低水平的情况下取得胜利的。这样,在革命胜利后,就形成了先进的政治制度同落后的生产力之间的矛盾。列宁在 1918 年提示这一矛盾状态时指出:"现在我们俄国无产阶级,无论在政治制度方面或在工人政权的力量方面,比任何英国和任何德国都要**先进**,但在组织像样的国家资本主义方面,在文化程度方面,在'施行'社会主义的物质上生产上的准备程度方面,却比西欧最落后的国家还要落后"。②

这种先进的政治制度与落后的生产力之间的矛盾,是上层建筑与经济基础之间矛盾的一种反映。为了解决这一矛盾,实行社会主义改造,建立社会主义的经济关系固然很重要,但归根到底还是要发展生产力。只有大力发展生产力,才能创造和加强社会主义改造的基本前提——事实上的生产社会化,才能建立真正与先进的政治制度相适应的社会主义的经济基础。

从实践来看,生产的发展状况,国家的经济实力,也是苏维埃政权是否巩固、社会主义制度能否战胜资本主义制度的重要因素。列宁早就指出:"劳动生产率,归根到底是保证新社会制度胜利的最重要最主要的东西。"③因此,"无产阶级取得政权以后,它的最主要最根本的利益就是增加产品的数量,大大提高社会生产力"④。

"战时共产主义"的实践表明,在苏维埃俄国当时的条件下,为了发展整个社会生产力,只靠国家和国营经济的力量是不够的。因为苏维埃

① 《列宁全集》第三十二卷,人民出版社 1958 年版,第 203 页。
② 《列宁选集》第三卷,人民出版社 1972 年版,第 550 页。
③ 《列宁选集》第四卷,人民出版社 1972 年版,第 16 页。
④ 《列宁全集》(俄文第 5 版),第 44 卷,第 345 页。

国家存在着"已着手执行的任务的巨大同物质上、文化上的贫困这两者之间的不协调"①。这样从客观上就产生了利用资产阶级的文化、技术和管理经验发展生产，为社会主义服务的必要性。列宁在新经济政策时期阐述资产阶级的作用时指出："这班商人、这班私营企业主为了百分之百的利润，还是能办些事情的，比方说，他们可以给工业采办原料，可是任何共产党员和工会干部却往往不会办这种事情。这就是新经济政策的意义。"②新经济政策时期把一部分中、小企业转让给私人经营，实行租让制等，都是从这一目的出发的。列宁在新经济政策时期意味深长地说："我们共产党员什么时候能够用别人的手来建设经济……并且使资产阶级走我们要走的道路，我们什么时候就能管理这种经济。"③共产党人要学会用他人之手建设社会主义，调动一切积极因素，利用他人之手弥补自身之不足，这是列宁关于多种经济成分并存这种间接过渡形式的重要精神之一，也是苏维埃俄国向社会主义经济过渡的一条重要经验。

应该指出，列宁提倡多种经济成分并存，但绝不是要它们并重，这里的并存是在社会主义经济占主导地位前提下的并存，社会主义公有制经济是主体，允许有益于社会生产力发展的其他所有制形式存在和发展，以加强社会主义经济建设。同时，并存也不是和平共处，这里存在着复杂的、甚至是尖锐的斗争。但是在无产阶级掌握了国家政权和经济命脉的前提下，这种斗争并不可怕。国家有能力使一切非社会主义经济成分沿着无产阶级预定的路线发展，使他们为社会主义建设服务，并通过它们的发展创造其自身消亡的条件，以最终完成向社会主义经济过渡的战略任务。

由此可见，在新经济政策下，苏维埃国家"根本改变了社会主义建设的方法和形式"④，探索出一条在以小农为主的俄国建设社会主义的道路，建立了符合俄国国情的过渡时期社会经济结构。

---

① 《列宁全集》第三十三卷，人民出版社 1957 年版，第 221 页。

② 《列宁全集》第三十三卷，人民出版社 1957 年版，第 143—144 页。

③ 《列宁全集》第三十三卷，人民出版社 1957 年版，第 257 页。

④ 《列宁选集》第四卷，人民出版社 1972 年版，第 582 页。

新经济政策虽然是为实现从资本主义向社会主义过渡而制定的,因而具有过渡时期的特征,但是它的一些重大原则,如建立工农经济联盟,利用商品货币关系、个人物质利益原则,以及多种所有制结构等,对完成过渡时期之后进一步发展社会主义经济也具有指导意义。新经济政策虽然是在苏维埃俄国产生的,因而具有俄罗斯的特点,但是它的一些基本经验,对走上社会主义建设道路的其他国家,特别是对小农经济占优势的国家,也具有借鉴意义,这点是被其他社会主义国家的经济建设实践所证明了的。长期以来,人们在阐述新经济政策的思想时,往往片面强调它们的过渡时期的特殊性和退却性,而忽视了它们的一些基本原则的普遍意义。历史实践证明,列宁的光辉思想和新经济政策的基本经验,是社会主义建设的宝贵财富,具有重大的现实意义和国际意义,值得认真研究,并结合各国具体情况加以运用和发展。

第 二 篇

实现国家工业化和农业集体化，社会主义经济制度确立时期

第 四 章

社会主义工业化的实现

　　苏联在恢复国民经济之后,进入全面开展社会主义建设时期。这一时期最重要的战略任务是实现社会主义工业化。工业化不仅在这一时期而且在苏联整个经济建设过程中也占突出的地位。它在很大程度上反映了苏联整个经济战略和经济政策的特点,对苏联经济结构和经济体制的形成起了重大作用,对整个国民经济的发展具有深远的影响。

第一节　工业化的历史背景、指导思想和基本方针

　　十月革命前,俄国虽然已发展为垄断资本主义占统治地位的帝国主义国家,但在经济技术方面远远落后于美、英等先进的资本主义国家。俄国在经济上、政治上还存在着严重的封建制残余。小农经济在整个国民经济中犹如汪洋大海,而工业相对落后。战前 1913 年,工业产值在工农业总产值中只占 40%,其中大部分是消费资料,生产资料只占 1/3,现代化大工业的比重则更低,机器制造业只占工业总产值的 6.8%。整个工业,特别是大工业对外国资本的依赖性很大,全国屈指可数的现代化企业

大都控制在外国资本手中,工业设备大部分靠进口。

这一相当薄弱的工业基础,在第一次世界大战和国内战争时期还遭到严重破坏。国内战争结束的 1920 年,苏联工业产值只为战前 1913 年的 13.8%。重工业破坏得尤为严重。例如,1920 年生铁的产量只为 1913 年的 2.4%。

自 1921 年起,苏联进入国民经济恢复时期。到 1925 年,整个国民经济基本上恢复到了战前水平,但各部门的发展不平衡。工业总产值只达到 1913 年的 75%,其中,生铁产量只为 1913 年的 31%,煤产量为 57%,石油产量为 77%。工业化就是在这样一个十分薄弱的基础上开始的。

苏联社会主义工业化所处的国际环境也是相当复杂的。国内战争的胜利,粉碎了帝国主义妄图把苏维埃政权扼杀在摇篮里的阴谋。但帝国主义亡苏之心不死,第一个社会主义国家仍处于帝国主义的包围之中。尽管苏维埃国家积极执行与资本主义国家"和平共处"的外交政策,大力争取与资本主义国家的经济、技术合作,但一些帝国主义国家的统治集团顽固地奉行从经济、技术上孤立、封锁苏联的政策,并以新的武装干涉相威胁。1925 年,德、英、法、意、比签订了洛加诺协定,这是欧洲资本主义国家在英、美帝国主义的唆使下,准备结成反苏联盟的一个步骤。1927 年 5 月,英国公然断绝了同苏联的外交和贸易关系,其他许多资本主义国家也都发生过袭击苏联代表机构、拒绝同苏联贸易的事件。但与此同时,由于经历了第一次世界大战,大多数帝国主义国家已相当疲惫,整个国际局势处于相对稳定的时期,帝国主义一时还积聚不起重新进攻苏联的力量,苏维埃国家取得了和平建设的难得时机。

国内、国际条件对苏联的工业化道路具有复杂的影响。从国内条件来看,工业基础薄弱特别是重工业落后,迫切要求加速实现工业化,特别是发展重工业,对整个国民经济进行技术改造,以改变小农经济占优势的国民经济结构。否则,社会主义经济就很难确立和巩固。事实上,苏维埃政权建立以后,整个国家面临着先进的政治制度和落后的经济基础之间的矛盾。列宁在揭示这一矛盾时指出:"现在我们俄国无产阶级,无论在政治制度方面或在工人政权的力量方面,比任何英国和任何德国都要**先**

进,但在……'施行'社会主义的物质上生产上的准备程度方面,却比西欧最落后的国家还要落后。"①为了解决这一矛盾,关键在于发展社会生产力,特别是发展现代化大工业。列宁指出,"无产阶级取得国家政权以后,它的最主要最根本的利益就是增加产品数量,大大提高社会生产力"②。斯大林进一步指出,党的经济建设的"总路线的实质和基础",就是把苏联"从农业国变成能自力生产必需的装备的工业国"③。但与此同时,苏联整个国民经济物质技术基础的薄弱,又制约着实现工业化的速度和方法。同时,苏联的工业化又是与其他方面的社会主义改造(农业集体化、工商业国有化和合作化等)同步进行的,这也增加了解决问题的复杂性。从国际条件来看,帝国主义对苏维埃政权的敌视和颠覆阴谋,日趋紧张的国际局势,要求苏联及早建立起独立自主的大工业体系和强大的防御能力;但帝国主义包围特别是经济、技术上的封锁,又给苏联的工业化造成了特殊的困难和阻碍。总之,当时苏联从经济到政治,从国内到国际,一切因素都要求加速实现工业化,但它为实现这一目标的客观条件却是十分不利的。这是一个很大的矛盾。如何在这一矛盾中找到一条合理的、切实可行的实现工业化的道路,是摆在布尔什维克党和苏维埃国家面前的极其复杂但又迫切需要解决的任务。

> 列宁的社会主义工业化思想和对工业化道路的初步探索

苏联工业化是从 1926 年正式开始的。但早在国内战争和国民经济恢复时期,列宁就反复论证了发展大工业、实现国家工业化的必要性,并在实践中积极探索实现这一战略目标的方法和途径。

列宁非常重视建立和发展大工业,将其视为建立、巩固和发展社会主义的物质基础。1921 年,他在《共产国际第三次代表大会关于俄共的策略的报告提纲》中明确指出:"社会主义的唯一的物质基础,就是同时也

---

① 《列宁选集》第三卷,人民出版社 1972 年版,第 550 页。
② 《列宁选集》第四卷,人民出版社 1972 年版,第 586 页。
③ 《斯大林全集》第七卷,人民出版社 1958 年版,第 294 页。

能改造农业的大机器工业。"①这是因为,大机器工业体现了一种"新的更高的社会生产方式,只有用社会主义大生产代替资本主义生产和小资产阶级生产,才能是战胜资产阶级所必需的力量的最大源泉,才能是这种胜利牢不可破的唯一保证"②。

列宁从不同方面具体论述了建立大工业对于社会主义胜利的巨大意义。从政治上看,建立大工业是壮大工人阶级队伍、提高无产阶级觉悟的主要物质基础,是巩固工业联盟、改造小农、把农民引导到社会主义道路上去的物质保证,归根到底是巩固无产阶级专政的物质保证。从经济上看,建立大工业是从技术上改造国民经济,提高社会生产效益和劳动生产率的保证,而正是劳动生产率才是"保证新社会制度胜利的最重要最主要的东西"③。从国际上看,只有建立大工业,迅速发展壮大经济,才能对付帝国主义列强的侵略。列宁深刻地指出,"战争使人们得到了许多教益,它不仅教会人们吃苦,而且使人们懂得,占上风的是拥有高度技术装备、组织性、纪律性和头等机器的人","或者是必须拥有高度技术装备,或者是被人消灭"。④ 总之,建立大工业是关系到苏维埃政权生死存亡的大问题。

列宁不仅反复论证了建立大工业的必要性,而且从理论和实践上探索了实现这一战略任务的方法和途径。

列宁根据马克思关于社会再生产的一般原理,提出了生产资料优先增长的理论。早在十月革命前他就明确指出:在整个社会生产中,"增长最快的是制造生产资料的生产资料生产,其次是制造消费资料的生产资料生产,最慢的是消费资料生产"⑤。这就是说,第一部类生产的增长比第二部类生产增长要快些;而在第一部类中,为本部类服务的生产资料的生产增长比供第二部类使用的生产资料的生产增长更快些。这是不断扩

---

① 《列宁选集》第四卷,人民出版社 1972 年版,第 549 页。
② 《列宁选集》第四卷,人民出版社 1972 年版,第 13 页。
③ 《列宁选集》第四卷,人民出版社 1972 年版,第 16 页。
④ 《列宁全集》第二十七卷,人民出版社 1958 年版,第 177 页。
⑤ 《列宁全集》第一卷,人民出版社 1955 年版,第 71 页。

大社会生产规模所要求的。生产资料生产的优先增长,主要表现为重工业的优先发展,首先是最基本的重工业部门的优先增长。在论及苏联的社会主义建设时,列宁明确指出:"不挽救重工业,不恢复重工业,我们就不能建成任何工业"①,"所谓'重工业',正是社会主义的主要基础"②。总之,苏联工业化道路的核心思想——优先发展重工业,是列宁首先提出来的。

但应指出,列宁强调优先发展重工业,同时也指出重工业不能脱离农业和轻工业而孤立发展,重工业即生产资料的生产,归根到底是为发展消费资料服务的。他说:"社会产品的第一部类(生产资料的制造)能够而且应当比第二部类(消费品的制造)发展得快。但是决不能由此得出结论说,生产资料的生产可以完全不依赖消费品的生产而发展,也不能说二者毫无联系","生产消费(生产资料的消费)归根到底总是同个人消费联系着,总是以个人消费为转移的"。③

此外,列宁还指出了农业对工业的反作用。早在国内战争期间,列宁就曾指出,没有足够的粮食储备,就不可能恢复和发展工业和交通运输业,实现电气化,就不可能维持住国家政权,就不可能建立起社会主义大厦。"粮食问题是一切问题的基础。"④在国民经济恢复时期,列宁又进一步明确指出:"我们共和国国内外政策的首要问题,就是发展全部经济,首先是发展农业的问题。……农业生产率的提高必然会促进我国工业的发展。"⑤

列宁关于发展工业要同农业发展相适应的思想是在革命和建设的实践中逐步形成的。在"新经济政策"时期之前,苏联对于发展大工业的必要性和迫切性强调得特别突出,而对于在一个小农经济占优势的落后的经济条件下发展大工业的困难则估计不足,因而发展大工业的步伐快了

---

① 《列宁选集》第四卷,人民出版社 1972 年版,第 666 页。
② 《列宁全集》第三十三卷,人民出版社 1957 年版,第 332 页。
③ 《列宁全集》第四卷,人民出版社 1958 年版,第 44 页。
④ 《列宁全集》第三十卷,人民出版社 1957 年版,第 159 页。
⑤ 《列宁全集》第三十三卷,人民出版社 1957 年版,第 105—106 页。

些,规模大了些。早在1918年春,布尔什维克党就提出过迅速发展大工业首先是重工业,即"燃料、铁、机器制造工业、化学工业等等的生产"①的战略任务。为此,国家建筑工程委员会拟定了宏伟的建设计划,在全国各地开始建造一些巨大的工业项目。例如,在乌拉尔、西伯利亚等地建设冶金、机械、化学工业等。为此拨出了巨额资金。

在当时条件下进行大规模的工业建设,实际上超出了国家的经济能力。而且重工业的建设需要较长的周期,不能在短期内提供与农业相交换的工业品,从而不得不采取向农民"借贷"的办法获得农产品。当时苏联强制性地实行"余粮征集制",这也是重要原因之一。在新经济政策时期,列宁在回顾当时的做法时指出:"为了恢复大工业,我们实行了余粮收集制,从农民那里借来一定数量的粮食和原料。这就是我们在1921年春天以前三年多的时间内所采取的计划(或方法、制度)。"②这种方法不利于农业的恢复和发展,而农业状况的恶化,反过来又影响大工业的恢复和发展。列宁认为这种发展大工业的办法,脱离了"极大多数农民都经营着细小的个体经济"③这一现实条件。这在当时俄国的条件下是行不通的。

到"新经济政策"时期,在列宁的倡导下,布尔什维克党重新安排了国民经济发展的顺序,确定了首先恢复和发展农业以及为农业生产和居民生活直接服务的小工业和轻工业,逐步恢复和发展大工业的方针。这里实际上包含了国民经济以农业为基础的思想,它无疑更加适合当时俄国小农经济占优势的国情。为了更好地发展重工业,就要注重农业、轻工业的发展。这样,将会使重工业得到更多的资金,发展的基础更加稳固。这也可以说是一种迂回的办法。"新经济政策"时期,苏联农业迅速恢复和发展,相应地工业也得到了较快的恢复和发展。这一事实充分证明了列宁提出的这一调整方针是正确的。

此外,列宁对如何为工业化筹集资金等也作了论述,并在实践中进行

---

① 《列宁全集》第二十七卷,人民出版社1958年版,第235页。
② 《列宁全集》第三十三卷,人民出版社1957年版,第87页。
③ 《列宁选集》第四卷,人民出版社1972年版,第617页。

探索。列宁指出,与帝国主义和资本主义国家不同,苏维埃俄国发展大工业的资金,既不能靠掠夺别国人民也不能靠剥削本国人民,只能靠"内部积累",靠各行各业、全体人民"厉行节约"。这里,在一定时期内,让农民多"拿出一些钱",交纳一些"贡赋"是必要的,也是不可避免的。但像在"战时共产主义"时期那样过分压榨农民的办法也是行不通的。因此,在"新经济政策"时期,布尔什维克党放弃了余粮收集制的办法,改行粮食税和自由贸易,也就是用通常的商业活动和正常的税收政策从农业中积累工业化所需的资金。同时,列宁认为,发展工业的资金主要还是靠工业内部的增产节约,增加积累。为此,当时苏联对工业企业进行了整顿,大力推行经济核算制。列宁指出,这无疑是"一条非常艰巨而漫长的道路","是一点一滴地积累资金"。①

在强调依靠内部积累的同时,列宁对于如何借用外部力量,特别是资本主义国家的资金、技术和经验也给予了很大注意,并且在实践上采取了租让制、合营企业等一系列办法。尽管当时帝国主义分子对苏维埃政权十分仇视,进行种种阻挠和破坏,但在新经济政策时期上述办法还是取得了一定的成效。

综上所述,列宁在新经济政策时期根据俄国小农经济占优势的国情而提出的发展大工业的方针,既考虑到了国内外政治、经济形势对于加速发展大工业的要求,同时也考虑到了国家的现实可能性。这条道路看上去比以前的办法要慢一些,但它的基础更扎实,从长远来看要快得多。

> 20世纪20年代布尔什维克党内关于工业化方针的争论

1925 年,苏联国民经济恢复时期宣告结束。该年 12 月召开的联共(布)第十四次代表大会,正式提出了实现社会主义工业化的方针,1926 年开始进入了社会主义工业化时期。对于列宁提出的发展大工业、实现国家工业化这一战略目标,在布尔什维克党内并没有出现分歧意见,但在如何实现这一目标,即工业化的具体道路方面,却出现了严重的对立和斗争。这一斗争从 1925 年起,一直延续到 20 世纪 20 年代末和 30 年代初。

---

① 《列宁全集》第三十三卷,人民出版社 1957 年版,第 332 页。

　　最初,这一斗争是在以斯大林为首的联共(布)中央绝大多数成员与托洛茨基等之间展开的。在联共(布)第十四次代表大会前后,托洛茨基等提出了必须最大限度地加快工业化速度的主张。为此他们认为应从农业中抽调尽可能多的资金,向农民征收高额赋税,并大大提高向农民供应的工业品价格。很明显,这是一条靠牺牲农业和剥夺农民来发展工业的路线,它恰恰是列宁在新经济政策时期纠正的"战时共产主义"时期那种政策的继续和发展。托洛茨基等主张的思想实质是,他们不相信工人同农民能够结成巩固的联盟,不相信农民会走上社会主义道路。他们认为,工人阶级和农民的阶级冲突是不可避免的,工农联盟必然会破裂。

　　托洛茨基等人这种思想和主张,受到联共(布)中央的批评和摒弃。党的第十五次全国代表会议的决议指出:"反对派认为实行工业化的方法,是必须向农村课征这样的税收,并实行这样的物价政策,即其结果不可避免地会招致农业发展的停滞,会缩小工业原料来源和工业品销售市场,从而不可避免地会急剧降低国家工业化的速度。对于这种观点,代表会议给予断然的斥责。"①

　　在联共(布)第十五次代表大会之前的工业化最初几年,联共(布)中央重点是反对托洛茨基等的"左"倾路线。在这一斗争中,布哈林是与斯大林站在一起、相互配合的。在托洛茨基集团被击溃之后,又出现了以斯大林为首的党中央同布哈林等的严重意见分歧和尖锐斗争。1928 年 9 月布哈林在《真理报》上发表的《一个经济学家的札记》一文,对斯大林的工业化方针乃至整个经济政策的合理性提出了异议。布哈林等认为,联共(布)第十五次代表大会之后,斯大林全面背弃了列宁制定的"新经济政策"方针。他们在反对托洛茨基等人所谓超速工业化方针的同时,也反对斯大林为首的党中央提出并实行的高速度发展重工业的方针,主张工业化的速度要"适中"。布哈林在上述文章以及在此前后发表的其他著作中,相当系统地阐述了他们的主张。布哈林提出:不能过多地抽调农

---

　　① 《苏联共产党代表大会、代表会议和中央全会决议汇编》第 3 分册,人民出版社 1956 年版,第 199 页。

业的资金,"每年最大限度地把资金从农业抽调到工业,能保证整个工业的最大发展,这是一种荒唐的主张";工业化的速度受积累界限的制约,片面追求高积累,"最终会减慢发展速度,并由此引起不可避免的倒退";国家的积累和投资率不能过高,"不能花掉已有的后备",不能"冒通货膨胀和商品缺乏的危险而发行纸币"。他认为,现有工业化的速度"是以预算的极端紧张、后备短缺、削减消费部分等为代价达到的",已经造成了"经济危机","经济平衡的各种条件遭到破坏","弦已经绷得太紧了,已经不行了"。他强调指出,不顾条件地发展重工业,使农业"被置于极其不利的条件之下",使它"停滞不前,或者正在退化"。他们要求放慢工业化的速度,压缩工业投资,把一部分投资转到农业和轻工业上去。

布哈林等与以斯大林为首的党中央围绕着工业化方针的斗争,在讨论1928—1929年度国民经济发展的控制数字时尖锐地表现出来。布哈林的支持者李可夫·弗鲁姆金(当时的苏联副财政人民委员),坚决主张压缩重工业的投资。在1928年联共(布)十一月中央全会上,李可夫在报告中提出:工业发展速度"持续增长、甚至几年连续保持同样的速度是不可能的",要求"降低投资曲线"。全会决议否定了这种主张,认为党应该"继续坚决地贯彻国家工业化的方针","在1928—1929年度的经济计划中也完全保持着最近几年来的工业化的高速度","生产资料的生产和重工业的发展正是国家工业化的出发点"。①

在制定第一个五年计划时,李可夫等又主张消除工业和农业的脱节,建议制定发展农业的两年计划。他们认为,五年计划的基础应该是"提高劳动生产率",为此应鼓励任何生产形式,其中包括资本主义经济。与此同时,与托洛茨基分子有联系的皮达可夫等还提出了工业化速度"曲线递减"的主张,认为工业发展的速度应该逐年降低。联共(布)中央政治局否定了李可夫等的上述建议,采纳了中央起草委员会提出的发展国民经济五年计划的提纲。当政治局就提纲进行表决时,布哈林、李可夫和

---

① 《苏联共产党代表大会、代表会议和中央全会决议汇编》第3分册,人民出版社1956年版,第463、474、469页。

托姆斯基弃权。

1929 年 1 月 21 日，布哈林在纪念列宁逝世五周年会议上，作了题为《列宁的政治遗嘱》的演说。演说试图对列宁的新经济政策思想作出总结，同时阐述了他们的上述主张，并对以斯大林为首的党中央的政策进行了公开批评。这样，布哈林等与斯大林为首的党中央多数成员的分歧就表面化了。

同年 1 月 30 日，政治局、中央监察委员会主席团召开联席会议，讨论了布哈林问题，斯大林作了题为《布哈林集团和我们党内的右倾》的演说。斯大林指出："不管多么令人痛心，也不得不确认一个事实，就是我们党内形成了由布哈林、托姆斯基和李可夫组成的特殊的布哈林集团。"[1]联席会议指出，布哈林的行为是政治上的错误，要求他停止反对中央委员会的斗争。布哈林拒绝这个要求，提出辞职，并宣读了事先准备好的声明，其主要内容是：最近中央委员会采取了"对农民实行军事封建剥削"和建立在花光外汇储备基础上的工业化政策，让农民负担重税，使农民丧失生产积极性，导致农业衰退。李可夫和托姆斯基表示支持布哈林的声明。会议经讨论在一定程度上达成妥协，布哈林收回了"军事封建剥削"等提法。

同年 2 月 9 日，再次召开政治局和中央监察委员会主席团联席会议，讨论布哈林等的问题。在会上李可夫发表了一项由布哈林、托姆斯基和他本人联合签名的声明，重申了他们的上述观点，并指责说：中央委员会的路线正在转变为托洛茨基主义。联席会议作出决议，指出，布哈林等在搞"无原则的派别活动"，"布哈林同加米涅夫的谈判是打算与托洛茨基分子组成联盟"，"布哈林显然已经要转到制定一条与党的路线不同的'新'路线方面去"[2]。

同年 4 月 16—23 日，召开中央委员会和中央监察委员会联席会议，斯大林作了题为《论联共（布）党内的右倾》的长篇报告。全会通过了《关

---

① 《斯大林全集》第十一卷，人民出版社 1955 年版，第 274 页。
② 《苏联共产党代表大会、代表会议和中央全会决议汇编》第 3 分册，人民出版社 1956 年版，第 510 页。

于党内事件》的决议,决定撤销布哈林在《真理报》编辑部的职务以及托姆斯基在工会中央理事会的职务。随后召开的联共(布)第十六次代表会议和代表大会,批准了四月联席会议的决议,指出:布哈林等的路线,"客观上是富农代理人的路线",实行这种路线"就意味着破坏社会主义建设并在我国恢复资本主义"。①

以斯大林为首的联共(布)中央的工业化方针和苏联工业化的基本特点

在党内斗争和工业化的实践中,以斯大林为首的党中央形成并实行了一整套工业化方针,其基本特点大体可概括为如下几点。

一是坚持高速度。高速度可以说是苏联工业化的灵魂,苏联工业化的全部政策、措施可以说都是从"快"这一点出发的。斯大林认为,速度问题是关系国家命运、民族生死存亡的严重问题。要摆脱落后挨打的局面,必须不顾一切牺牲,尽最大可能在最短的时间内赶上并超过先进的资本主义国家。他说:"我们比先进国家落后了五十年至一百年。我们应当在十年内跑完这一段距离。或者我们做到这一点,或者我们被人打倒。"②

如前所述,应该以什么样的速度实现工业化,这是苏联关于工业化方针争论的核心问题之一。托洛茨基等主张以"超越"的速度实现工业化,皮达可夫等提出了速度"曲线递减"论,布哈林等则主张速度要"适中"。以斯大林为首的党中央认为,所有这些主张都是错误的。所谓"超越"的速度是"左"倾冒险主义;所谓"曲线递减"速度和"适中"速度是右倾投降主义。二者的实质都是破坏或取消工业化。而以斯大林为首的党中央则主张"尽可能"的高速度。所谓"尽可能"的高速度,就是经过艰苦的努力,乃至忍受必要的牺牲,现实能够达到的最高速度。

从实践来看,苏联工业发展速度的确是举世无双的。从工业化开始的 1926 年到战前的 1940 年,整个工业增长 10.7 倍,年平均增长速度为 17.8%,其中重工业增长 18.4 倍,年平均增长速度为 21.9%。

---

① 《苏联共产党代表大会、代表会议和中央全会决议汇编》第 4 分册,人民出版社 1957 年版,第 135 页。

② 《斯大林选集》下卷,人民出版社 1979 年版,第 274 页。

二是坚持优先发展重工业。斯大林认为,优先发展重工业是工业化的核心,他明确指出:不是发展任何一种工业都算做工业化。工业化的中心,工业化的基础,就是发展重工业(燃料、金属等等),归根到底,就是发展生产资料的生产,发展本国的机器制造业。[①]

优先发展重工业的思想是列宁提出来的。但列宁同时指出了重工业归根到底是为农业、轻工业服务以及农业、轻工业对于重工业发展的影响。而斯大林反复强调的只是发展重工业的重要性以及重工业发展对于农业、轻工业发展的促进作用,却很少谈农业、轻工业发展对于重工业发展的影响和制约作用。甚至进一步把优先发展重工业的方针从理论上上升为社会主义经济发展的一个特有的规律,认为从重工业开始是社会主义工业化的道路,从轻工业开始是资本主义工业化的道路。斯大林说:"苏维埃的国家工业化方法,与资本主义的工业化方法根本不同。在资本主义国家,工业化通常都是从轻工业开始","共产党当然不能走这条道路"。我们应"从发展重工业开始来实行国家工业化"。[②]

工业化时期国家建设投资贯彻执行了这一指导思想。工业化开始后,苏联大大增加了重工业的投资,在工业化大规模开展前的 1918—1928 年,重工业投资平均只占总投资的 11.9%。第一个五年计划时期则增至 32%。在整个工业化时期其比重均在 30% 左右,有时甚至达到 40%。而轻工业投资的比重最高也未超过 7%,有时只占 4% 左右。农业投资的比重从第一个五年计划开始就是不断下降的。例如,第一个五年计划时期为 15.5%,第二个五年计划时期为 11.8%,第三个五年计划时期为 10.7%,1941—1945 年只占 9.3%。因此,造成了重工业与轻工业、农业在发展速度上的差距十分悬殊。例如,从工业化开始的 1926 年到战前的 1940 年,重工业增长了 18.4 倍,年平均增长速度为 21.9%,轻工业(乙类工业)只增长了 6.2 倍,年平均增长速度为 14.1%,同时期农业只增长了 26%,年平均增长速度只为 1.5%。重工业增长速度比农业快 14

---

① 《斯大林全集》第八卷,人民出版社 1954 年版,第 112—113 页。
② 《斯大林文选》(1934—1952)下,人民出版社 1962 年版,第 449 页。

倍,比轻工业快一半以上。这种情况表明,苏联不是一般地优先发展重工业,而是突击性地发展重工业。

三是坚持高积累、低消费。高速度发展重工业遇到的最大难题是资金积累问题。一系列客观因素决定了解决这一问题的复杂性。第一,苏联是在一个相当贫穷的国家开展经济建设的,本来就相当薄弱的经济基础又遭到两次战争的严重破坏。实际上,苏联是在没有任何储备的情况下搞建设的。第二,苏联当时是唯一的社会主义国家,它很少可能利用外部援助,甚至资本主义国家一般常用的贷款方式也很难运用。第三,由于资本主义的包围,苏联必须加速发展重工业,而重工业的特点是耗资多、回收慢。第四,社会主义的本质决定了它不可能利用帝国主义国家通常使用的掠夺殖民地和发动战争等邪恶方法。

由于上述种种原因,苏联解决工业资金的唯一可行的办法是依靠内部积累。那么苏联有没有可能依靠动员内部潜力筹集高速发展重工业所需的巨额资金呢?以斯大林为首的党中央的回答是肯定的。斯大林广泛论述了动员内部积累的可能性,这主要是:在地主、资本家被剥夺后,苏维埃政权有可能把以前剥削者所占有并用于寄生消费的资金用于工业化;苏维埃政权无须每年支付近十亿金卢布去偿付沙皇的外债利息和外国资本家的股息;由于工商业国有化和外贸国家垄断,可以动员企业的一切剩余产品用于积累;苏联国民经济没有危机和生产无政府现象,再加上劳动人民的积极性和创造性,比资本主义企业能够创造更多的剩余产品;国家可以在各个方面厉行节约;等等。从实践来看,苏联工业化的资金主要是依靠如下来源。

一是提高积累率。工业化开始后,苏联急剧提高了国民收入中用于扩大再生产的积累资金的比重,而消费资金的比重则相应大幅度下降。例如,在工业化前夕的1925年,积累资金的比重为16%(战前1913年为9%),而到第一个五年计划末的1932年增加到27%。在整个工业化时期一直在30%左右。此外,当时苏联还通过税收、公债和一次性捐款等方法吸收居民的资金。在"一五"期间,居民的纳税总额增加了2.3倍,公债发行额增加了4.4倍,1927—1938年公债额增加了18倍。上述来源在 1928/1929 年度的国家预算收入中的比重高达 20.2%。与此同时,还用发行纸币的办法筹集资金。当时在工业产值增长 1 倍,农业生产基本没有增长的情况下,货币流通量却增加了 4 倍。所有这一切,都体现了人民为实现工业化而作出的贡献和在提高生活水平方面所作出的牺牲。

二是农业对工业的支援。在整个工业化期间,苏联农业从人力、物力、财力各个方面给工业以大力支援。从资金角度来看,一是对农业投入少,农业投资的比重不断下降;二是从农业拿的多,主要是对农产品实行高征购、低价格,扩大工农产品价格"剪刀差",规定农庄支付机器拖拉机站极高的实物报酬;等等。在工业化时期,究竟从农业征集了多少资金是很难确切计算的。据粗略估计,国家通过各种方式拿走的粮食占其产量的 40% 以上,而所支付的价格还抵不上产品成本。在第一个五年计划期间,苏联通过各种手段从农业吸收的资金占用于发展工业的积累基金的 1/3 以上。

三是压缩个人消费水平。厉行节约是列宁提出的一项社会主义经营的基本原则,也是积累工业化资金的一条最重要的途径。但列宁认为,厉行节约主要是企业内部的精打细算、增产节约、降低成本、增加积累,使工业自己养活自己,这乃是列宁一再强调的经济核算原则的基本精神。对此,斯大林和其他领导人也很重视。但从实践来看,由于伴随着工业化而来的是吃大锅饭式的经济管理体制,经济核算在很大程度上流于形式,企业生产过程中的浪费很大。消耗大、效益低,是苏联企业经营中较为普遍的问题。这一点苏联领导人曾一再提出批评。苏联企业特别是重工业企业许多是亏本的,这就大大限制了工业本身的积累来源。这样,厉行节约,主要体现为压缩消费基金,牺牲个人消费。事实上,提高积累基金的比重,压缩消费基金的比重,提高重工业投资的比重,压缩农业、轻工业投资的比重,以及发行公债、增发纸币等措施,最终都体现为个人消费的压缩。总之,苏联解决工业化资金问题的办法,最突出的特点是高积累、低消费。应当说,对于一个原来经济就比较落后,又刚刚经历了两次战争的残酷破坏的国家来说,在那样艰难的条件下,要尽快地发展成为经济上独立、强大的国家,采取种种高积累、低消费的政策措施,也是难免的。而苏联人民为了建设自己伟大的社会主义国家,也自愿地作出暂时的牺牲。他们在整个社会主义工业化时期,表现出高昂的建设热情和劳动积极性,这本身就是对党的工业化方针的理解和拥护。

以上是以斯大林为首的党中央工业化方针和苏联工业化道路的最基本的特点。下面我们来具体地叙述工业化发展的进程。

第二节　工业化的进程和成就

> **1926 — 1928 年
> 工业化初见成效**

苏联工业化的发展分为三个阶段,即 1926 — 1928 年的开始阶段,"一五"计划时期的全面开展阶段,"二五"计划时期的完成阶段。在开始阶段,苏联的工业建设是以改造现有企业为主,即扩充和改进现有的生产设施。三年里工业投资额约为 33 亿卢布,其中 3/4 用于改建和扩建。投资的重点是重工业,将近 3/4 的工业投资用于重工业的改建和新建。

这个时期开工建设的大型工业项目有第聂伯水电站、斯大林格勒拖拉机厂和莫斯科汽车厂等,还着手兴建马格尼托哥尔斯克冶金联合企业和别列兹尼科夫化工联合企业等重大工程。结果,以 1926/1927 年度价格计算的苏联工业固定资产从 55.8 亿卢布增加到 78.4 亿卢布,即三年中扩大 40%。其中,重工业的固定资产增长得更快,由 28.4 亿卢布增加到 44.8 亿卢布,即扩大 58%。

由于生产能力的增长和经营管理的改善,这三年里苏联工业生产增长 80% 以上。整个工业的年均增长率为 21.7%,大工业则为 26.6%。1928 年的工业总产值,超过 1913 年水平的 32%。由于执行优先发展重工业的方针,生产资料生产的发展快于消费品生产的发展。以 1928 年与 1913 年相比,前者增长 55%,后者增长 20%。1928 年的机器制造业产值,比 1913 年增加 75%,电力生产增加 1.5 倍以上。这样,在 1928 年的工业总产值中,甲类工业的比重由 1913 年的 33.3% 提高到 39.5%,而乙类工业的比重则由 66.7% 下降为 60.5%。苏联工业的技术装备水平在迅速提高,并不断掌握新的生产方法,开始制造从前国内不能生产的产品。工业在工农业总产值中的比重,由 1925 年的 35% 上升为 1928 年的 48%。这一切表明,苏维埃国家的工业化已初见成效。

在取得成就的同时,这一时期苏联工业发展也存在困难和缺点。首先,钢铁工业仍然落后。1928 年生铁产量为 330 万吨,只为 1913 年水平的 78%,钢和钢材的产量也仅达到战前水平。铁矿石开采更是落后,1928年产量仅为 1913 年的 66%。钢铁生产显然不能满足机器制造业和整个国民经济的需要,成为苏联工业中的薄弱环节,直接阻碍国家工业化的快速发展。钢铁工业之所以落后,主要是由于在战争时期遭到特别严重的破坏,恢复起来非常困难,并且需要大量投资。

其次,在消费品生产方面,虽然棉麻纺织品、食盐和罐头等产量在 1928 年超过了 1913 年水平,但还是不能满足居民日益增长的需要;而毛纺织品、皮鞋、胶鞋、食糖、食用油、鱼和肉类等产量尚落后于战前水平。因此,苏联出现了居民消费品供不应求的状况。造成这种困难的主要原因是农业生产落后。1928 年的棉花、亚麻和甜菜的总产量仍低于战前水平,而谷物生产更是不足。

最后,大规模的基本建设工作,遇到了技术装备和建筑材料不足的困难。这直接与钢铁等基础工业发展缓慢有关。

工业化的全面展开和巨大成就　从 1928 年 10 月起,苏联开始实行发展国民经济的第一个五年计划,工业化进入了全面开展时期。与前一阶段以改造现有企业为主不同,这一时期工业发展的重点是新建,进一步提高重工业的投资比重。

这期间工业投资达 248 亿卢布,比计划指标(195 亿卢布)高出 27%,其中用于重工业的比重达 86%,这不仅大大超过了前一时期的水平,而且超过了原定的指标(78%)。在"一五"计划期间,新建了 1500 多个工矿企业,其中多数是大型的现代化企业。如哈尔科夫和斯大林格勒拖拉机厂、莫斯科和高尔基汽车厂、乌拉尔和克拉马托尔重型机器制造厂、莫斯科轴承厂、罗斯托夫农机制造厂、萨拉托夫联合收割机厂、红色乌拉尔炼铜联合企业、别列兹尼科夫和沃斯克列辛斯克化学联合企业、雅罗斯拉夫橡胶联合企业和第聂伯水电站等。还有一些大型工业项目部分地开始投产,其中包括马格尼托哥尔斯克和库兹涅茨两大冶金联合企业。同时,扩建和彻底改造了许多原有的工厂。结果,工业固定资产增加1.2倍(从102.6亿卢布增加到225.9亿卢布),其中重工业的固定资产增加2倍。这就使工业中71.3%的生产设备得到了更新,有力地推动了劳动生产率的提高。"一五"期间,苏联工业劳动生产率提高41%,工业产值增长额中有51%是靠提高劳动生产率取得的。

由于生产能力的扩大和人民群众的高度劳动热情,"一五"计划期间苏联工业生产取得了巨大成就。1932年工业总产值比1928年增长1倍(102%,年均为19.2%),其中生产资料生产增加1.7倍,消费品生产增加56%。甲、乙两类工业生产的历年增长率见表4-1。①

表4-1 甲、乙两类工业生产历年增长率 （单位:%）

年份	1928	1929	1930	1931	1932
整个工业	19	20	22	20	15
其中:生产资料	22	29	38	19	19
消费品	17	14	10	10	10

在工业生产的增长速度方面,该时期苏联既大大快于沙俄时期的工业发展,也远远超过发达资本主义国家工业化时期的发展速度。据计算,沙俄工业在发展最快的19世纪90年代里,也只增长1倍(年均增长7.2%);而发达资本主义国家在其工业高涨的五六十年代里,总共只增长1倍(年均增长3.5%)。

由于生产资料生产超前发展,苏联的工业结构发生了重大变化。生产资料的比重已超过了消费资料,在整个工业中已占据了主导地位。其比重1928年只为39.5%,1933年已提高到53.4%。

① 参见苏联科学院经济研究所编:《苏联社会主义经济史》第3卷,生活·读书·新知三联书店1982年版,第132页。

苏联工业生产的高速度发展,使其工农业产值的对比关系发生了历史性转变。1929年,工业产值首次大于农业产值(前者占54.5%,后者占45.5%)。而在1932年,工业在工农业总产值中的比重已上升到70.7%。

与此同时,苏联注意加强落后地区的工业建设,使生产力的地区分布得到改善。"一五"期间在乌兹别克和哈萨克等共和国,兴建了一系列新的工业企业。结果,在老工业区工业产值增长1倍的情况下,新工业区的工业产值增长2倍,而民族边区的工业则增长2.5倍。

在全面开展工业化过程中,各主要工业部门的发展情况是不同的,有的还相差悬殊。

机器制造业被视为工业的"心脏",它是实现国家工业化和国民经济技术改造以及提高国防实力的最重要的物质技术基础,因而苏联将其置于最优先的地位。"一五"期间建立起机床制造业、汽车工业、航空工业和现代农机制造业等新的生产部门,并大大改进了它们的生产设备和工艺。整个机器制造业的增长速度显著超过其他工业部门。1932年其产值比1928年增长3.7倍,比1913年增长9.9倍,它在整个工业产值中的比重由1926年的10.7%提高到32%。它在世界上的地位,已从第4位上升到第2位。

电力工业被视为工业的"神经",也是苏联十分重视的重工业部门。"一五"期间苏联电站生产能力增长1.5倍,发电量增长1.7倍。其中地区电站的发展更快,它在全国电力生产中的比重由1928年约占40%上升为1932年的68.5%。在此期间,苏联把地区电站和工业电站联成为统一的电力网,在全国形成了莫斯科、列宁格勒和顿河区三大电力系统,同时还在建设另外五个电力系统。到1931年,已超额完成了列宁领导制定的俄国电气化计划中的电站建设任务。1932年,苏联发电量达135.4亿度,工业动力的电力化达到78%。"一五"期间工业劳动力的电力装备程度提高70%。苏联发电量由世界第15位上升到第6位。

燃料被视为工业的"粮食"和"血液",在此期间也得到相当迅速的发展。当时这一部门的投资重点是煤炭。1932年煤炭工业的固定生产基金(原值)增至9.1亿卢布,比1928年(38550万卢布)增加近1.4倍。同期,石油开采业的固定生产基金增长 63%。1932 年与 1928 年相比,燃料总产量增长 95.9%,其中煤炭产量增长 81.5%,达到 6440 万吨,占燃料总产量的 48.2%。当时煤炭产量的增长主要是靠增加劳动力(增加 50%)取得的,劳动生产率只增长 32%。煤炭产量的增长落后于固定生产基金的增长,主要是因为新建的生产能力还处于初试生产和掌握阶段。石油产量增长 84.5%,1932 年达到 2140 万吨,占燃料总产量的 28.8%。其他燃料(如天然气、泥煤、木材等)虽然增长幅度较大,但在燃料总构成中不占重要地位。

黑色冶金业被视为工业的"骨骼",也是这一期间投资重点之一,其基建投资达 28.8 亿卢布。新建设的马格尼托哥尔斯克和库兹涅茨两大钢铁联合企业有助于发展东部地区的工业化。它们不仅具有重要的经济意义,而且具有重大的军事战略意义。1932 年与 1928 年相比,苏联铁产量增长 88%(由 328 万吨增至 616 万吨),钢产量增长 39%(由 425 万吨增至 593 万吨),钢材产量增长 29%(由 343 万吨增至 443 万吨)。钢铁生产未能完成五年计划任务,仍然落后于国民经济的需要。其原因在于高炉建设速度不够快,技术工人缺乏,已有生产能力未能充分利用,原料和燃料有时供应不足,铁路运输方面遇到障碍。

轻纺工业和食品工业发展较慢,消费品生产只完成五年计划任务的 73.6%。这严重影响到国内市场的供应状况,以致不得不实行居民生活必需品的定量配售制。1932 年纺织业产值只比 1928 年增长 38%。食品业情况更为不佳,1932 年肉、糖和奶制品、动物油等产量还没有达到 1913 年水平。造成这种状况的原因,首先是农业生产落后,原料来源不足;其次是投资少,生产能力低,机器设备得不到应有的更新。

从上述几个主要工业部门的发展情况看,在重工业中机器制造业是一马当先,而燃料和冶金业的发展却相对缓慢。这导致加工工业与基础工业之间出现失调局面。而居民消费品生产的发展明显落后于社会需要,成为国民经济中最薄弱的环节。

这一时期着重发展机器制造业是与当时苏联提出的主要政治经济任务和战略目标相一致的。如前所述,这一时期苏联的主要战略任务是进行国民经济技术改造和小农经济的社会主义改造,而更为重要的是迅速建立起强大的国防力量。很明显,所有这些任务的实现都有赖于机器制造业迅速发展。至于燃料和冶金业相对落后,一是由于这两个部门耗资大,建设周期长;二是它们不能提供最终产品,不能直接解决上述战略任务,相对处于次要或服务地位;三是机器制造业发展过快,以致为其服务的部门难以跟得上其发展的步伐。至于轻工、食品工业的落后,是由先生产、后生活和为重工业让路这一突击发展重工业的方针决定的。总之,恰恰是机器制造业的超前发展体现了苏联工业化道路的特点。如果说重工业是苏联工业化的核心的话,那么机器制造业则是核心的核心。

但就总体而言,"一五"期间苏联工业的巨大发展,改变了国家在经济和技术上的落后状态,使重工业在国民经济中起着主导作用。如果与当时陷于空前严重的经济危机的资本主义世界相比,那么苏联经济发展的成就则显得尤为突出。西方国家的生产大幅度下降(美国减产一半,德国减产 40%),失业大军达几千万人,仅美国就有 1500 万—1700 万的失业者。而苏联却在 1931 年消灭了历史上遗留下来的失业现象。这种对比雄辩地证明社会主义制度的巨大优越性。

> **国 家 工 业 化 的 胜 利 实 现**

从 1933 年起,苏联开始执行国民经济发展的第二个五年计划。这一时期工业发展的主要任务是:在前段初步奠定的工业化基础上,进一步调整工业生产的地区分布和部门结构,全面实现国民经济的技术改造,完成国家工业化的历史任务。

工业建设与生产力分布合理化。为了实现国家工业化,"二五"期间苏联进一步扩大了工业建设的规模,其基建投资总额比"一五"时期增加 1.2 倍,达到 638 亿卢布(按当时货币计算)。其中用于甲类工业的投资为 528 亿卢布,占 83%;用于乙类工业的投资为 110 亿卢布,只占 17%。五年里新建成 4500 个工业企业,其中大型骨干企业有:克利沃罗什、查波罗什、诺沃利彼茨克和诺沃土拉的钢铁厂,亚速夫钢厂,第聂伯制铝厂,莫斯科和梯比里斯的机床制造厂,卢甘机车制造厂,乌拉尔重型机器厂和乌拉尔车辆制造厂,诺沃克拉马托尔斯克机器制造厂,切利亚宾斯克拖拉机厂,30个大型电站和一些化工企业,以及轻工业方面的巴尔瑙尔和塔什干的纺织联合厂,两个亚麻纺织联合厂和一批现代化的食品工厂。

大规模的基本建设工作,保证了工业生产能力的迅速增长。例如一直发展缓慢的钢铁工业,在1934年取得了重大进展。苏联的生铁产量由1933年的710万吨上升到1040万吨,钢和钢材的产量分别由上年的680万吨和490万吨增至960万吨和670万吨。这是库、马两大钢铁企业全面投产和经过技术改造的一些旧厂提高生产能力的结果。在煤炭工业方面,除了继续以新技术装备顿巴斯和库兹巴斯两大主要生产基地外,在卡拉干达和莫斯科附近的煤田有几十个新矿井投入生产。"二五"期间苏联工业特别是重工业新增加的生产能力,比"一五"期间大得多。两个五年计划期间一些重要生产能力的每年投产情况见表4-2。[1]

表4-2 苏联两个五年计划期间一些重要生产能力每年投产情况

生产能力	单位	"一五"期间	"二五"期间	"二五"期间占"一五"期间的比重(%)
炼铁	千吨	1125	1460	129.8
炼钢	千吨	690	1526	221.2
轧钢	千吨	425	1580	371.8
开采铁矿石	千吨	2500	2447	97.9
开采煤炭	百万吨	14.2	15.7	110.6
发电站	千千瓦	693	712	102.7
水泥生产	千吨	550	184	33.5
纱锭	千支	250	130	52.0
皮鞋制造	百万双	6.3	8.8	139.7

同时,"二五"计划中规定,新生产力的分布要"保证消除各民族共和国和民族州的经济和文化落后状态,更加均匀地分布生产力,使工业接近

---

[1] 参见苏联科学院经济研究所编:《苏联社会主义经济史》第4卷,生活·读书·新知三联书店1982年版,第172页。

原料产地,保证基本农作物和农业部门的地区专业化,实现全国的经济区域化"①。因此,重工业的新建设投资中约有半数用于东部地区,建设起全苏第二个煤炭钢铁基地——乌拉尔—库兹涅茨综合体。五年里东部地区的钢产量由 120 万吨增至 300 万吨,它在全国钢产量中的比重从 1/5 提高到 1/3;在全国采煤总量中,东部地区的比重从 1/4 提高到 1/3。乌拉尔和库兹巴斯变成苏联最大的工业中心之一。

在经济落后的中亚地区,也进行了一系列的工业建设。五年里乌兹别克共和国棉纺织工业的产值增加近 4 倍;哈萨克共和国的煤产量增加 5 倍,金属加工业产值增加 6.5 倍,特别是有色冶金业的产出尤为可观。"二五"期间用于哈萨克共和国有色冶金业的投资达 7 亿多卢布,等于"一五"期间对其投资的 3.5 倍。结果,1937 年,那里出产了全苏联锌产量的 70%和铜产量的 80%。哈萨克共和国成为供给苏联国民经济多种有色金属和稀有金属的主要基地。

在轻工业和食品工业的建设方面,着重于使企业生产与原料产地和消费市场相接近。在中亚、西伯利亚和外高加索地区,加快建设新的和改造旧的棉纺织企业。在西部地区和白俄罗斯,加速发展亚麻加工业。在乌克兰和北高加索,则建设新的制糖厂。总之,"二五"期间,苏联在发展东部地区的经济和在各民族共和国合理分布国家生产力方面取得了很大进展。全国生产力分布的合理化,具有重大的政治经济意义,对于加强战备是十分必要的。

技术改造与工业生产的发展。"二五"计划的一项重要任务是实现工业的技术改造,努力掌握新技术,积极提高劳动生产率,重视工业发展的质量指标。为此,在工业发展中仍以机器制造业为中心,五年里产值几乎增加 2 倍,比整个工业的增长速度高出 2/3。这就为国民经济各部门提供了日益增多的新技术和新设备,大大提高了生产的技术水平。1937 年工业总产值的 80%以上是由工业化时期新建和彻底改造过的企业提

---

① 《苏联共产党和苏联政府关于经济问题的指示》第 2 卷,苏联国家政治书籍出版社 1957 年版,第 403 页。

供的。

　　工业技术改造的首要任务是实现生产的机械化,特别是劳动强度较大的行业的机械化有了很大进展。例如,煤炭工业中机械化开采的比重由 1932 年的 65.4% 上升为 1937 年的 89.6%,森林工业中机械化运输的比重由 4.4% 提高为 32.2%,重工业部门建设工程中器材运送的机械化在 1937 年达到 81%。整个工业所用的生产工具和设备,在 1933—1937 年有 50%—60% 得到了更新。

　　生产的电气化水平迅速提高。苏联工业(包括建筑业)的耗电量在 1932 年为 93 亿度,而在 1937 年则超过 251 亿度,即增加 1.7 倍。电力使用量的增长速度显著超过工业总产值的增长,这说明工艺上的直接用电大大增加了(五年里几乎提高 6 倍)。结果,按每个工人平均计算的电力消耗量提高 1 倍多。

　　消除钢铁工业的落后状态是"二五"期间的突出成就之一。新投产的 20 座高炉和 89 座平炉,都是用新技术装备起来的。高炉的有效容积多半达到 1300 立方米,每天的生产能力超过 1500 吨生铁。平炉的生产能力每天为 185—370 吨钢。轧钢机基本上实现了电气化,生产能力急剧提高。苏联钢铁工业的技术水平跃居世界的先进行列。

　　煤炭工业的技术面貌焕然一新。新投产的 146 座矿井,是用现代化的技术设备装备起来的。到 1937 年,顿巴斯在采煤机械化方面已超过了德国。五年里每个矿工的技术装备率翻了一番,矿工的劳动生产率由每人平均月产煤 16.2 吨提高到 26.9 吨。

　　"二五"期间,苏联基本上实现了全国工业的技术改造。到 1937 年年底,工业固定资产中有 85% 是工业化时期新建设的或根本改造过的。各工业部门的技术装备水平虽然都有提高,但发展是不平衡的。这可以从下述部门平均每一工人的固定资产占有额的增长率中反映出来(见表 4-3)。[①]

[①]　参见 Э.洛克申:《苏联工业史概论》,苏联经济出版社 1956 年版,第 239 页。

表 4-3　各部门平均每一工人的固定资产占有额增长情况

（单位：卢布）

部门	钢铁业	煤炭业	金属加工业	化学工业	电力工业	纺织业
1932 年	5700	2405	2961	8919	35738	2955
1937 年	16082	5705	5705	16901	58547	3557
增长率(%)	182	137	93	89	64	20

　　工业的技术改造除了增加新设备外,还必须培养善于掌握新技术装备的熟练工人和工程技术人员。二者相辅相成,缺一不可。因此,在国家工业化进程中,苏联党和政府一直重视技术干部的培训工作。

　　大量新生产能力的投产和技术装备水平的提高,以及熟练职工队伍的扩大,保证苏联工业在"二五"计划期间仍然高速发展。工业总产值(按 1927/1928 年度价格计算)由 435 亿卢布增至 955 亿卢布,即增加 1.2 倍,其中生产资料生产增加 1.4 倍,消费品生产增加 1 倍。工业中生产资料生产的比重上升为 57.8%。苏联在技术装备方面也变成自立的国家,能够独立生产国家需要的各种机器和设备。

　　钢铁工业扭转了过去的落后状态,五年里铁产量由 616 万吨增至 1449 万吨,钢产量由 593 万吨增至 1773 万吨,其中电炉钢(优质钢)增产 7.4 倍。钢铁工业的迅速发展,为机器制造业和国防工业提供了坚实的原料基础。电力生产有了很大的增长,五年里发电量增加 1.7 倍(由 135 亿度上升为 362 亿度)。装机 10 万千瓦以上的大型电站,在 1937 年已有 18 个。在西伯利亚、哈萨克斯坦、中亚和远东等地区,建立了几个大的电力中心。水力发电得到较快的发展,五年里有 22 个水电站投入生产,其生产能力增加 1 倍。因此,水力发电在全苏电力生产中的比重,由 1932 年的 6% 上升为 1937 年的 11.6%。

　　"二五"计划执行的结果,苏联明显缩小了甲、乙两类工业发展速度上的差距,使之由"一五"期间的 3.1∶1 下降为"二五"期间的 1.4∶1,这在一定程度上缓和了消费品不足的压力。但是,苏联未能实现计划预定的消费品生产的增长速度高于生产资料的任务,执行的仍然是优先发展重工业的方针。这是由一系列原因造成的,这一点下面我们还将分析。

　　苏联第一个和第二个五年计划期间主要工业品的生产和增长情况见表4-4。[①]

表4-4　苏联两个五年计划期间主要工业品生产和增长情况

产品种类	单位	产量			1937年占1928年的比重(%)
		1928年	1932年	1937年	
生产资料					
铁	万吨	328	616	1449	442
钢	万吨	425	593	1773	417
轧材	万吨	321	406	1111	346
煤炭	万吨	3551	6436	12797	360
石油	万吨	1163	2141	2850	245
电力	亿度	50	135	362	724
水泥	万吨	185	348	545	295
金属切削机床	千台	2.0	19.7	48.5	2425
干线蒸汽机车	台	479	827	1582	330
载重汽车	千台	0.7	23.8	180.3	25757
拖拉机	台	1.3	48.9	51.0	3923
生活资料					
棉布	百万米	2678	2694	3448	129
皮鞋	百万双	58	87	183	316
胶鞋	百万双	36.3	64.7	84.6	233
砂糖	千吨	1283	828	2421	189
肉类	千吨	678	596	1002	148
鱼类	千吨	840	1333	1609	192
植物油	千吨	448	490	539	120

　　在整个工业化时期,苏联在工业发展速度方面遥遥领先,稳居世界的首位。同期内,资本主义国家的工业经历了严重的经济危机和特种萧条阶段,直到1937年才勉强达到1924年的生产水平。如果以1937年的工

---

　　① 参见苏联中央统计局编:《苏联国民经济六十年(纪念统计年鉴)》,生活·读书·新知三联书店1979年版,第187、191、192、194、208、213、224、230、236、244、247页。

业产值与 1913 年相比,资本主义世界只增长 4.3%,其中美国增长 54.3%,而苏联却增长 7.5 倍。苏联在工业总产值方面,已跃居欧洲第一位和世界第二位。

苏联胜利实现第二个五年计划,建立了部门相当齐全的大工业体系,能够以一切必要的技术装备保证国民经济和国防的需要。至此,苏联工业化的任务基本上实现了。

交 通 运 输
业 的 发 展

国家工业化的蓬勃发展,新工业区的建设和工业生产的增长,城乡及各地区间经济联系的扩大,商品流转额的增加,以及加强国防建设,都要求大力发展交通运输业。

苏联国土辽阔,发展铁路运输业具有十分重要的意义。铁路运输在当时货运总量中占80%以上,是苏联交通运输业中的主体部门。

1926—1932 年,苏联铁路运输业的发展以技术改造为主,增设复线,扩大车站和枢纽站,改进线路质量,采用新型机车和车辆,促使原有设备现代化。同时还着手实行铁路运输的电气化,到 1932 年已有 150 多公里的电气化铁路。当时把 83.7% 的投资用于已有线路的改造,只将 16.3% 的投资用于新建上。这样做有利于尽快提高运输能力。结果,铁路的货运量在“一五”计划期间增加 81%,由 1928 年的 934 亿吨公里增至 1693 亿吨公里,而铁路线的长度只增加 6.3%,由 7.69 万公里增至 8.18 万公里。该时期新建成的主要干线是土尔克斯坦—西伯利亚铁路,它长达 1470 公里,把中亚、哈萨克斯坦和西伯利亚连接起来了,对于发展这些地区的工农业生产具有重大的作用。

这个时期的苏联交通运输业,发展速度是相当快的。运输能力的增长主要是依靠技术改造和提高劳动生产率达到的,其成就很可观。但它尚不能充分满足国家的需要,依然是国民经济中的一个薄弱环节。苏联国家计委主席古比雪夫在 1934 年年初向联共(布)第十七次代表大会所作的《关于第二个五年计划的报告》中指出:“仅仅是目前的生产就已经要求我们的铁路每日要装载 61000 辆货车,而运输业却最多只能装载 52000—54000 辆货车。”他强调指出:“第二个五年计划的第一个中心经济任务是彻底消灭运输业的落后情况,而首先是加强铁路运输业。因为运输业的这种落后情况目前已经开始阻碍整个国民经济的进一步发展。"①

在"二五"计划期间,苏联铁路部门继续加强现有运输设备的技术改造,扩大枢纽站的转运能力,采用重型钢轨和自动信号,努力缩短机车和车辆的停歇时间,加强维护和修理工作,提高设备的完好率和运输效率。同时,集中力量建设莫斯科—顿巴斯和贝加尔—阿穆尔两条干线,并增设复线和增加新式机车与车辆,以扩大运输能力。再者,加强党在群众中的政治工作,建立和健全岗位责任制,改进工资制度和整顿劳动纪律等。经过这些努力,在 1935 年铁路运输业发生了重要转变,多年来首次超额完成年度转运计划,平均每昼夜装车数增加到 7.3 万辆。

"二五"期间对铁路运输业的基建投资达 170 亿卢布,比"一五"期间多 1.7 倍。五年里新建铁路线 3380 公里,使 1939 年年底运行中的铁路网长度增加到 8.49 万公里。新建铁路的重点放在东部地区,其中包括连接库兹巴斯煤矿与西伯利亚大铁路的诺沃西比尔斯克—列宁斯克铁路。同时铺设了 5500 公里的复线,并使 1570 公里铁路实现了电气化。铁路运输能力已大为提高,其货运量从 1932 年的 1693 亿吨公里增加到 3548 亿吨公里,即提高 1.1 倍。苏联铁路运输业胜利完成了五年计划任务,从而摆脱了落后局面。

在这一时期水路运输和公路运输也得到了迅速发展,并且新建立了航空运输业。就固定资产的增长速度而言,这些运输行业还快于铁路运输业,但在货运量方面,它们的比重仍不大。

水路运输业得到了较大发展,五年里基建投资增加了 3.2 倍。已使用的内河航线长度由 1932 年的 8.4 万公里扩大到 1937 年的 10.1 万公里。新开发的莫斯科—伏尔加运河具有重要的经济意义。它长达 127 公里,于 1937 年夏季正式通航,使莫斯科得以直接连通深水航线。苏联的

---

① 《苏联国民经济建设计划文件汇编》(第二个五年计划),人民出版社 1957 年版,第 95、94 页。

造船业和商船队扩大了,还从外国购买了载重总量达 30 多万吨的远洋船,同时提高了装卸工作的机械化。

在公路运输业方面,加强汽车生产和道路建设,扩大公路网。五年里建成了 34.8 万公里硬面公路,在苏维埃国土上首次出现良好的公路干线,如莫斯科—基辅和莫斯科—明斯克的公路。还大力改造了列宁格勒—莫斯科、列宁格勒—基辅、莫斯科—哈尔科夫等一些大城市间原有的干线公路。汽车从 1932 年年底的 7.1 万台增加到 1937 年年底的 58 万台,公路运输已初具规模。同时,石油管道运输也有所发展。

航空运输业有了进一步的发展。五年里对民用航空业的基建投资为"一五"期间的 3.2 倍。航线长度由 1932 年的 3.2 万公里增加到 1937 年的 9.3 万多公里,即几乎扩大 2 倍。国内各主要政治经济中心之间都开辟了航线,并普遍采用国产的飞机。这时苏联制造的飞机,在技术和性能方面已不亚于外国优良型号的飞机。

在国家工业化时期,苏联交通运输业有了大的发展,其物质技术基础显著增强,所有运输部门都进行了根本性的技术改造。由于实行国有化和计划化,苏联在全国范围内形成统一的交通运输网,使各种交通运输工具得到综合发展和利用。

第三节　工业化的历史意义

工 业 化 的
历 史 经 验

从前两节的阐述中,我们已经看到,苏联工业化取得了伟大成果。它基本上实现了当时苏联提出的战略目标,完成了它的历史使命。在工业化之初,斯大林曾严肃地提出:苏联比先进国家落后了五十年到一百年,苏联必须在十年内跑完这段距离,或者做到这一点,或者被人打倒。斯大林这段话,集中地反映了苏联当时面临的形势和任务,以及整个国民经济发展的战略目标。对于这一目标的实现,苏联国内外甚至布尔什维克党内部有许多人持怀疑态度,甚至被认为是毫无根据的幻想。但事隔十几年之后,当规模宏伟、技术先进的现代化工厂如雨后春笋般地拔地而起的时候,那种怀疑甚至讥笑的论调消失了。人们不无惊奇地谈论苏联工业化的成就。在短暂的十几年内,苏联建立起了数以万计的现代化企业,形成了一个部门相当齐全的大工业体系,一个经济上、技术上依赖别人的落后的农业国变成了一个完全独立的工业国,社会主义的物质技术基础形成了,国防巩固了。苏联工业化的成就是举世公认、有目共睹的。它向全世界表明了苏联劳动人民伟大的创造性、布尔什维克党的胆略和毅力、社会主义制度的优越性。

在工业化过程中,第一个社会主义国家的人民,创造了至今仍有借鉴意义的经验。这主要有如下几个方面。

一是发扬奋发图强、艰苦奋斗的精神。苏联的工业化是在十分困难的条件下进行的。缺资金、缺设备、缺人才、缺经验,甚至生活必需品也很欠缺,同时又时间紧迫、任务繁重。然而,苏联工人阶级和全国人民,在困难面前不退缩。在工业化过程中,广大苏联工人阶级表现出了忘我的劳动热情。苏联青年是工业化建设中最富有生气和创造热情的突击力量。他们响应联共(布)中央的号召,迅速掀起了突击队活动,开展了以加强劳动纪律、提高工作质量和降低生产成本为中心的劳动竞赛。1929 年 1 月,苏联共青团中央通过了关于在青年中开展全苏劳动竞赛的决议。同年 5 月,联共(布)中央又发布了关于在工厂开展社会主义竞赛的决议。在这两个决议推动下,劳动竞赛在全国范围内广泛开展起来。"一五"期间苏联工业劳动生产率提高 41%,成为增加生产的主要因素。

在竞赛过程中,涌现出多种形式的突击队:既有班组突击队,也有全工序的一条龙突击队;既有厂内的竞赛,也有厂际和行业间的竞赛。他们相互进行生产观摩和经验交流,彼此学习和不断提高生产效率。群众性的劳动竞赛使车间和工厂的生产会议具有新的内容,成为吸引众多工人参加生产管理的重要形式。在生产会议上,他们讨论生产合理化、节约使用原材料、提高劳动生产率和降低生产成本等问题,并采取实际措施挖掘内部潜力。据统计,"一五"期间工业中提出的各种发明和合理化建议约

50万件，其中96%是突击手提出的。由于提高经济效益而节约的资金仅在重工业中就达10亿多卢布。劳动竞赛有力地推动了生产的发展，特别是劳动生产率的提高。例如，在工业企业全面开展社会主义劳动竞赛前的1927年，每个工人的平均年产量比前一年增加7%，而开展竞赛后的1928年相应指标提高到14%。先进企业、先进工人的劳动生产率成倍地提高。就是在沙皇俄国遗留下来的那些老企业里，工人生产效率也大大提高了，1929年每一个工人的平均年产量超过了1913年的50%。

1935年展开的斯达汉诺夫运动，又把1928年以来的社会主义竞赛提高到了一个新的境界。如果说以前的竞赛主要是依靠热情和苦干的话，那么斯达汉诺夫运动的核心思想则是掌握现代化技术和劳动组织方法。工人阶级高涨的劳动热情与科学精神和创造性相结合，产生了更为强大的力量和效果，先进工人几倍甚至几十倍地超过生产定额。该运动的发起人是顿巴斯"中央依尔明诺"矿井采煤工斯达汉诺夫。1935年8月30日夜间，斯达汉诺夫在一个工作班内采煤102吨，超过当时定额的13倍。他的创举立即得到顿巴斯许多矿工的拥护。在党和政府的积极支持下，斯达汉诺夫运动不仅迅速普及到一切工业部门，而且还在农业、铁路运输业和全国各地区得到推广。

1935年12月党中央全会决议中指出："斯达汉诺夫运动的意义就是，按新的方法组织劳动，使工艺过程合理化，使生产中有正确的劳动分工，解除熟练工人的次要的准备工作，妥善地安排工作场所，保证劳动生产率的迅速增长和职工工资的显著提高。"[1]这个运动抓住了当时经济建设中的关键，在完成"二五"计划方面起了重大作用。五年里苏联工业劳动生产率提高82%，比"一五"期间的增长率高出1倍，也明显地高于计划规定的任务（63%）。在工业生产增长额中，约有60%是靠提高劳动生产率取得的。斯大林高度评价了斯达汉诺夫运动。他说，"斯达汉诺夫工作者是我国工业的革新家，斯达汉诺夫运动代表着我国工业的未来，它

---

[1] 《苏联共产党代表大会、代表会议和中央全会决议汇编》第4分册，人民出版社1957年版，第439页。

包含着工人阶级未来文化技术高涨的种子,它为我们开辟了达到很高的劳动生产率指标的唯一途径,即从社会主义过渡到共产主义所必需的、为消灭脑力劳动和体力劳动的对立所必需的劳动生产率指标的唯一途径"①。总之,斯达汉诺夫运动把工人阶级的革命热情与科学精神有机地结合起来,充分体现了苏联劳动人民当时的精神面貌和素质,突出地体现了社会主义制度的优越性。

广大劳动群众的艰苦奋斗精神,更加突出地表现在克服物质生活条件的困难方面。"到最艰苦、最困难的地方去",是广大劳动者特别是青年的响亮口号。例如,著名的马格尼托哥尔斯克钢铁厂完全是在一片荒野上建立起来的,将近20万建设者来自全国四面八方,没有住房,没有食堂,临时搭起帐篷。建筑工地离最近的火车站也达150公里,全部物资和设备要靠汽车、马车和人力运送。就是在这种艰苦的条件下,这个世界上最大的钢铁厂之一仅用三年就建成投产。在库兹涅茨钢铁厂的建设过程中,共青团员们冒着西伯利亚-50℃的严寒,许多人一天完成几个轮班的定额。由于建设者的忘我劳动,只用了一千天就建成投产。这不仅在苏联,在世界工业建设史上也是最光辉的一页。

二是坚持用增加内部积累的办法筹集工业化资金。苏联工业化遇到的头一个重大困难,就是资金缺乏。当时苏联党内外一些人对高速度实现工业化缺乏信心,党内关于工业化方针的争论,核心问题就是有没有可能利用内部积累来筹集工业化特别是高速度发展重工业所需的巨额资金。关于这方面的基本情况,第一节已做了说明。这里我们要指出的是,在筹集资金的过程中,虽然出现了挤卡农业、压缩消费,在一定程度上影响了人民群众生活水平的提高等问题,但以斯大林为首的联共(布)中央坚持用增加内部积累的办法筹集工业化资金的方向,在总体上还是正确的。

诚然,广大苏联人民为实现工业化确实作出了牺牲。但是,考虑到当时的国际环境,考虑到子孙后代的千秋大业,这种暂时的牺牲是值得的。

① 斯大林:《列宁主义问题》,人民出版社1964年版,第587—588页。

斯大林后来在谈到当时的争论时,明确地指出了这一点。他说:"必须创立第一流的工业,以便在技术上不仅能够改造工业,而且能够改造农业和铁路运输业。为此必须作出牺牲,在各方面厉行节约,节约饮食,节约教育经费,节约布匹,以便积累建立工业所必需的资金。"针对布哈林等的主张,斯大林指出:"当然,我们当时也可以把我们厉行节约获得的、花在建立我国工业上的 30 亿金卢布,拿去进口原料,增加日用品的生产。这也是一种'计划'。可是,如果我们采用了这种'计划',我们就不会有冶金业、机器制造业、拖拉机和汽车、飞机和坦克了。我们在外来敌人面前就会成为手无寸铁的人。"①从当时日益加剧的国际局势来看,斯大林的上述讲话应该说是中肯的。

用勤俭节约增加内部积累的办法筹集建设资金不仅从苏联当时的情况来看是正确的,一般对社会主义建设事业来说,这一原则也是正确的。总之,在苏联这样一个贫穷落后的国家,在没有任何储备的情况下,依靠广大人民的勤俭节约,在短时期内建立起强大的工业基础,这既是一个伟大的成就,也是一项成功的经验。

三是重视科学技术和文化教育,解决技术和干部问题。工业化遇到的第二个重大困难是缺乏技术和干部。由于以斯大林为首的党中央采取了正确的政策和有力的措施,这一问题同样得到了迅速解决。在解决技术和干部问题的过程中,斯大林提出的三个著名的口号起了巨大作用。

工业化开始后的 1928 年 5 月,斯大林在共青团第八届代表大会上提出了"革命青年向科学进军"的口号,号召全党、全国人民特别是青年,"要有掌握技术知识的愿望,要以坚定不移的决心和布尔什维克坚忍不拔的精神来武装自己"②。斯大林在许多讲话和文章中深刻批判了那种鄙视知识和知识分子、以"光荣出身"自居的"野蛮"态度,为开展全党、全民性的学习运动扫除了思想障碍。

1931 年 2 月,斯大林在全苏社会主义工业工作人员第一次代表会议

---

① 《斯大林文选》(1934—1952)上,人民出版社 1962 年版,第 32、33 页。
② 《斯大林全集》第十一卷,人民出版社 1955 年版,第 50 页。

上，提出了"在改造时期技术决定一切"的口号，号召全体人员特别是干部都来积极创造和掌握技术。工业化开始后，苏联不仅缺乏技术装备，而且缺乏掌握和运用技术设备、解决各种技术问题的人才。在第一个五年计划的头两年，许多大工业项目的设备都是外国提供的，这些设备的安装和运转也要依靠外国专家。因此，如何创造出更多、更好的国产设备并且善于运用和掌握他们，就成为工业发展的关键。斯大林明确指出："技术是不能脱离使用技术的人的。离开了人，技术就是死的东西。'在改造时期，技术决定一切'这一口号指的并不是单纯的技术，而是以掌握技术的人为主的技术。"①这一口号的实质，是要布尔什维克党不要成为空头政治家，而要成为熟悉技术问题的专家。

1935 年 5 月，斯大林在红军学院学生毕业典礼上的讲话中，又提出了"干部决定一切"的著名口号，进一步号召广大干部努力掌握技术。他说：有了技术还远远不够，"为了把技术运用起来并得到充分利用，就需要有掌握技术的人材"；"有了掌握技术的人材，技术就能够而且一定会创造出奇迹来"。② 斯大林指出，所谓"干部决定一切"，其实质是要人们特别是领导机关注意发现和培养人材，用正确的态度"去对待人材、对待干部、对待工作者"，"要求我们的领导人对我们的工作者要采取无微不至的关怀态度，不管他们做的工作'大''小'，不管他们在哪个部门中工作，都要关怀他们，培养他们"。③ 显然，这一口号从文字到实质都不含有"否定群众作用"的意思。

在提出上述口号的同时，苏联采取了一系列措施。

扩大高等和中等技术学校网。"一五"计划时期，苏联高等技术专业学校由 148 所增加到 832 所，在校学生从 16.85 万人增至 50.44 万人；中等技术学校从 1037 所增至 3500 所，在校学生从 18.94 万人增加到 72.37 万人。"二五"期间高等学校的毕业生达 37 万人，比"一五"时期多 1 倍；中等专业学校的毕业生也成倍地增加。结果，工业中工程技术人员的比

---

① 《斯大林文选》(1934—1952)上，人民出版社 1962 年版，第 26 页。
② 《斯大林文选》(1934—1952)上，人民出版社 1962 年版，第 34 页。
③ 《斯大林文选》(1934—1952)上，人民出版社 1962 年版，第 35 页。

重由 1928 年的 3.6% 上升为 1937 年的 8.2%。

组织大工厂举办技工学校。1930 年 3 月，最高国民经济委员会决定，在列宁格勒金属工厂、哈尔科夫电机厂和莫斯科工具厂创办高等技校。此后，各种类型的工厂技工学校广为发展，他们主要培养三种人才：熟练工人、工长和技术人员。结果，工业中参加学习的人数由 1928 年的 13.3 万增至 1932 年的 58.3 万人，他们在工人中的比重由 5.5% 上升到 12.9%。"二五"期间工厂技工学校为工业输送了 140 万名既有文化知识又有一定生产技能的新工人。

选派政治上坚定的人进学校学习技术。一批经受过革命实践锻炼的共产党员、共青团员和优秀工人，被选派到高等技术学校脱产学习。他们克服文化水平低的困难，刻苦学习，大都成为各方面的专家。同时，还选派青年专家到欧洲和美国的大工厂进行实习。仅在 1929 年，最高国民经济委员会就派出 2900 名工程技术人员到国外学习。此外，还从实践中提拔几十万名具有某种专长的年轻干部担任各种领导职务。

正确执行知识分子政策，团结旧专家，注意发挥他们的社会主义建设积极性和才干。如前所述，在工业化过程中，斯大林一再批评歧视知识分子的错误态度。特别是"沙赫特事件"后，鉴于肃反扩大化造成的消极后果，斯大林更加强调团结旧知识分子和专家的重要性。他严肃批评了把一切旧专家都视为敌对分子的错误态度。他说：如果现在还几乎把每个旧专家和旧工程师看作未被拿获的犯人和暗害分子，那是愚蠢的和不合理的。在我们这里，"反专家主义"向来是而且现在仍然是被看作有害的和可耻的现象的。[1] 与此同时，苏联在吸收知识分子入党和任用科技知识分子干部方面采取了一系列措施。例如，联共（布）第十八次代表大会通过的党章规定，要不以入党者的社会地位为转移，规定统一的入党条件和预备期。结果在战前三年中，脑力劳动者在党员中的比重从 10.8% 提高到 34.1%。1939 年 3 月，联共（布）中央又通过了关于提拔非党专家担任苏维埃和经济领导工作的决议，大力吸收非党知识分子参与各项事业、

---

[1] 《斯大林全集》第十三卷，人民出版社 1956 年版，第 66 页。

特别是科学、文教事业的领导。战前,科学、文化和教育机关的党、政负责人大都由知识分子担任。

经过上述种种努力,在工业化过程中,苏联知识分子的面貌发生了根本变化。一方面,随着文化教育事业的发展,新的知识分子大量涌现;另一方面,随着工业化的胜利,特别是知识分子政策的进一步落实,旧知识分子更加积极地向苏维埃政权靠拢。这样,就形成了统一的与工农群众结成牢固联盟的苏维埃知识分子阶层。"资产阶级知识分子或旧知识分子"的社会概念已成为历史的陈迹。斯大林的知识分子政策是其干部政策的一部分。通过这些政策的贯彻实施,苏联在工业化过程中造就了一支宏伟的忠于苏维埃政权的知识分子大军。它不仅保证了工业化的胜利实现,而且它本身就是工业化的一项重大的成果。这一成果比起工业化的物质成果来说,具有更为深远的重要意义。

四是积极发展对外经济关系,引进先进技术。苏联社会主义建设的基本原则是依靠本国力量、坚持自力更生,但同时十分重视发展与外国的经济关系,积极引进和利用西方国家的先进技术和设备。遵循列宁的教导,联共(布)中央反对那种把社会主义经济看作是闭关自守的、绝对不依赖周围国家和不向西方资产阶级学习先进技术的观点。斯大林指出:"俄国是一个经济落后的国家,如果它不用自己的原料换取西方国家的机器和装备,那就很难靠本身的力量组织运输业,发展工业并使城乡工业电气化。"因此,我们"不得不寻求同敌视我们的西方资本家集团建立经济合作的形式和方法,以便取得必需的技术装备"①。

在工业化建设中,苏联利用资本主义世界爆发空前严重的经济危机,积极扩大对外经济关系,在西方市场上大量采购所需要的机器设备和金属原料。在"一五"期间的进口商品中,生产资料约占86%。这对于加快国家工业化和农业技术改造具有积极的作用。苏联与一些西方公司签订"技术援助"合同,利用资本主义国家的技术力量和机器设备建设起一批重点工程项目,其中有高尔基汽车厂、斯大林格勒拖拉机厂、莫斯科电机

---

① 《斯大林全集》第五卷,人民出版社 1957 年版,第 87 页。

厂、第聂伯水电站和库、马两大钢铁厂等。当时,苏联还聘请外国技术专家,接受他们的技术指导和咨询。例如,由美国麦基公司承建的、以美国钢铁公司印第安纳州的格里工厂(当时世界上最大的钢铁联合企业)为蓝本设计的"马钢",在处于建设高潮的1931年下半年曾有250名美国人和大批的德国人及其他国家的人在那里工作。斯大林格勒拖拉机厂所用的技术设备是由80家美国厂商制造的,并聘请570名美国人和50名德国人到现场参加设备的组装工作。据统计,1932年在苏联工作的外国专家和熟练技术工人达2万名之多。这对于迅速安装和掌握引进的技术设备,对于培养本国的科技人员,起了良好的作用。

大规模引进技术,使苏联连年出现外贸逆差,因而争取借用外债和利用外贸信贷。1926年,首次从德国获得了由政府担保的3亿马克贷款,打破了资本主义世界对苏联的信贷封锁。到1931年年底,苏联共有外债14亿卢布(约合7.2亿美元),其中主要是短期的外贸信贷。这是苏联外债的高峰年。以后随着设备自给率的提高而大量减少机器进口,改善了国际收支状况。苏联自1935年起相继出现外贸顺差,开始增加黄金和外汇的储备。

> **工业化中的问题及其原因**

在指出工业化的成就和经验的同时,也应当看到,这种成功的背后隐藏着相当深刻的矛盾。这突出地表现为:农业严重落后,几十年内生产几乎没有什么增长(按人口计算);消费品短缺,人民生活相当艰苦;国民经济比例严重失调。从经济发展的角度来看,突出发展重工业的工业化,一方面为未来的经济发展奠定了大工业基础,另一方面也造成了潜在的困难。全面总结苏联工业化的历史经验,这两个方面都不应忽略。但就总体而言,特别是就第二次世界大战前的情况而言,苏联力争高速度发展重工业这一方针,在客观上不仅是完全必要的,而且实践证明也是可能的。尽管出现了上述种种问题和矛盾,但它们对于实现苏联当时的基本战略目标来说,不仅是次要的,而且在很大程度上是难以避免的。同时,这些矛盾尽管相当严重,但也并非像布哈林等预料的那样,会出现不可收拾的"经济危机和政治危机","苏联经济会崩溃"。这也就是说,布哈林等虽然比较及时地发现了问题，揭露了矛盾，但的确像人们批评他们的那样，有"丧失信心""散布悲观情绪""制造紧张空气"的问题。至于以这些问题和矛盾来全盘否定高速度发展重工业的必要性和整个工业化方针的合理性，则更是错误的。

　　这里需要指出的是，上述种种问题是由国内外一系列原因促成的，也并非一开始就是以斯大林为首的党中央的既定方针。正如第二节已指出的，以斯大林为首的党中央在工业化开始时，对于托洛茨基等那种以牺牲农业和人民生活来发展重工业的所谓"超工业化"方针进行了严厉批判。1926 年 4 月，斯大林在《关于苏联经济状况和党的政策》的报告中指出："必须使我国工业计划不是按照官僚主义的臆想而是密切联系我国国民经济状况、联系对我国资源和后备的估计来制定的。不能在制定工业建设计划上落后于工业发展。但也不能向前跑得太远，脱离农业，不顾我国的积累速度。"①关于轻、重工业的关系，1927 年联共（布）第十五次代表大会也曾明确指出："在重工业和轻工业发展的比重方面，同样必须使二者达到最完满的结合。将重点放在生产资料的生产上是正确的，但同时必须估计到将国家资金过多地积压在必须经过多年才能在市场上销售产品的大建设上的危险性。"当时斯大林还对托洛茨基等提出的"提高工业品的出厂价格"和"对农民施行最大限度的赋税"的政策进行严肃的批判。他指出，前者"势必引起零售价格的提高，贫农和大部分中农的贫困化，国内市场容量的缩小"；而后者"势必在工农联盟事业中造成裂痕"。他认为，"只有靠着逐渐改善大多数农民（贫农、中农）的物质生活状况才能实现国家工业化，因为农民是我国工业的主要市场；因此，应当实行巩固工业和农业结合的、保持工人阶级和基本农民群众联盟的经济政策（价格政策、税收政策等等）"②。可见，这一时期斯大林的政策与列宁"新经济政策"时期的政策基本上是一致的。

　　但是，到 1927 年年底和 1928 年年初，苏联出现了严重的粮食收购危

---

　　①　《斯大林全集》第八卷，人民出版社 1954 年版，第 120 页。
　　②　《斯大林全集》第八卷，人民出版社 1954 年版，第 198 页。

机,其原因主要是,已成为农业主体的小农经济商品率低,而能提供商品粮的比较富裕的农民又往往不愿按低价把粮食卖给国家。正是在这种情况下,布尔什维克党内又出现了严重的分歧。布哈林等主张放慢重工业的发展速度。而以斯大林为首的党中央多数成员则认为,鉴于日益紧张的国际局势,不能放慢工业化的速度,出现的粮食困难问题可以通过限制富农和实现农业集体化来克服。争论的结果是,布哈林等的主张被否定,斯大林的方针得到了贯彻。第一个五年计划期间,重工业的发展速度不仅没有降低反而进一步提高了。

在第一个五年计划完成之后,针对重工业已有一定的基础,而农业、轻工业已相对落后,市场供应紧张的新情况,斯大林也曾提出过调整经济建设方针的主张。在联共(布)第十六次代表大会上的报告中,斯大林指出:"重工业我们已经恢复了。只是需要使它继续发展。我们现在可以转向轻工业并使它加速向前发展。我国工业发展中的新现象之一,就是我们现在有可能同时加速发展重工业和轻工业。"[1]代表大会确定了加速发展农业、轻工业,改善人民生活,适当放慢重工业发展速度的调整方针。根据这一方针,第二个五年计划规定,整个工业年平均增长速度为16.5%,其中甲类工业为14.6%,而乙类工业则为18.5%。这样,第二个五年计划预定是一个较快发展轻工业的计划。至于农业,斯大林曾设想,通过集体化,农业生产会出现新的跃进局面。1929年年底,在农业集体化运动开展之后,斯大林满怀信心地预言:"如果集体农庄和国营农场更加迅速地发展下去,那就没有理由怀疑,再过两三年我国就会成为世界上粮食最多的国家之一,甚至是世界上粮食最多的国家。"[2]

但是,联共(布)第十六次代表大会所确定的调整方针并未实现,第二个五年计划执行的结果仍然是一个优先发展重工业的计划。原计划乙类工业年平均增长速度为18.5%,实际只为14.8%。为什么会出现这种情况呢?

---

[1] 《斯大林全集》第十二卷,人民出版社1955年版,第289页。

[2] 《斯大林全集》第十二卷,人民出版社1955年版,第118页。

首先,国际局势进一步恶化,使得调整方针不得不中断。第一次世界大战后,经过激烈的政治动荡和经济混乱,曾出现了 20 世纪 20 年代资本主义的相对稳定局面。但是这种稳定是局部的、暂时的和不巩固的,它包含着种种深刻的矛盾。早在 1925 年,斯大林就指出:"从局部稳定中产生出资本主义危机的剧烈化,日益增长的危机又破坏着稳定,——这就是现今历史时期资本主义发展的辩证法。"①果然,在 1929 年,爆发了资本主义世界空前严重的经济危机。第一次世界大战后资本主义国家日益加剧的政治、经济发展不平衡,严重的经济危机,使争夺世界市场的矛盾斗争越来越尖锐了,各帝国主义集团都在积极准备新的战争。1936 年,德国和日本签订了"反共协定",继之意大利也参加了这一协定。1937 年,日本法西斯大举向中国华北进攻。英、美帝国主义在积极扩军备战的同时,纵容、挑唆德、日、意法西斯向苏联进攻。所有这一切,使苏联不得不把加强国防、保卫国家和民族的生存放在第一位。这就是苏联当时不管出现什么困难,总是千方百计地保持重工业高速度发展的最基本的原因。如果说从正常的条件出发,从一般的经济发展意义上说,布哈林的上述种种主张似乎是很有道理的话,那么斯大林从保卫苏维埃政权出发加速发展重工业却是更为现实和重要的考虑。由于国际局势恶化,加之资金、设备紧张,因而不得不把预定用于发展轻工业的资金、设备转用于发展重工业。这乃是第二个五年计划优先发展轻工业的设想未能实现的最主要的因素。

其次,农业集体化由于急躁冒进和阶级敌人的破坏,不仅没有像斯大林所设想的那样立即带来农业生产的蓬勃发展,相反,造成了生产下降。集体化全面开展以后,从 1929 年起农业生产逐年下降,到 1933 年整个农业产值比全盘集体化前的 1928 年下降了近 30%,其中畜牧业产值下降了50% 以上。农业生产大幅度下降,使轻工业失去了原料基础,这也是优先发展轻工业的计划落空的一个重要原因。第三个五年计划时期,战争已更加迫近,自然就不会再执行什么调整方针了。结果,在整个战前时期就

---

①　《斯大林全集》第十卷,人民出版社 1954 年版,第 234 页。

形成了重工业在很大程度上脱离轻工业特别是农业而片面发展的局面。

由上可见,苏联在工业化过程中,虽然出现排挤农业和轻工业的现象,但不能说这是既定方针,更不能把以斯大林为首的联共(布)中央的方针与托洛茨基等的主张混同起来。因为,上述现象主要是由于国际环境的恶化促成的。总之,在战前这一历史时期内,苏联确实存在着突击发展重工业的客观要求,不久来临的战争以及苏联卫国战争的胜利也证明了这一决策的正确性。抛开当时的具体历史条件和各种政治、经济因素,只是从经济发展的一般的或抽象的规律出发,或者从现在的情况出发来判断苏联当时的经济战略,自然就不会得出公正的结论。

但是,在从当时的历史条件出发对苏联的工业化方针作出原则性肯定的同时,也应该指出,这种方针和政策毕竟具有很大的特殊性,它并未充分反映经济发展的一般规律,因此将其固定化、模式化也是不适当的。如果说在当时日益加剧的国际紧张局势下,从保卫苏维埃政权的需要的角度来看,苏联实行的工业化方针是有根据的,有其特殊必要的话,那么比较起来,列宁在新经济政策时期所选择的迂回办法,更加符合经济发展的一般规律。然而,苏联后来在总结这段历史经验时,却往往强调列宁新经济政策的特殊性和20世纪二三十年代斯大林工业化道路的普遍意义。这乃是工业化过程已经出现的那些问题和矛盾,后来不仅没有得到及时克服甚至得到进一步发展的重要原因之一。

指出苏联工业化道路的特殊性,并非否定它的历史意义。在短暂的十几年内,苏联人民艰苦奋斗,完全依靠自己的力量建立起现代化大工业体系,为社会主义的全面胜利奠定了物质技术基础,这是无可置疑的巨大的成功。更为重要的是,苏联突击发展重工业的经济战略,赢得了时间,为即将来临的卫国战争做了准备,为反法西斯战争的胜利奠定了物质基础,保证了苏维埃政权的生存。苏联工业化的伟大历史功勋将永垂史册。

第 五 章

社会主义农业制度的
建立和农业的发展

1926—1937年,苏联完成了农业社会主义改造,初步实现了农业机械化。通过全盘集体化把小农经济联合成为集体农庄,消灭了富农阶级,建立起机器拖拉机站,发展了国营农场。社会主义经济在农业中占据了绝对统治地位,农村社会经济结构发生了根本变化,形成以集体农庄为主体的社会主义农业制度。

第一节　全盘集体化任务的提出

苏联农业社会主义改造,实际上从1918年夏季就开始了,到1929年夏季以前,一直是以列宁的合作化思想为指导,发展了各种形式的合作社,建立了试验性的多种形式的集体经济。

在列宁合作化思想指导下的农业社会主义改造　列宁在领导农业社会主义改造和建设中,创造性地运用了马克思主义关于农业社会主义改造的基本原理,不断总结苏联探索合作化道路过程中的实践经验,提出了比较完整的合作化思想。其基本内容可以概括为以下几点。

第一,改造小农经济是社会主义建设的客观要求。列宁从消灭阶级、建立社会主义经济基础、发展农业生产、改善人民生活等方面论证了建立共耕制的必要性。他指出,"在商品经济和资本主义存在的条件下,小经济是不能使人类摆脱群众的贫困的","小生产是经常地、每日每时地、自发地和大批地**产生着**资本主义和资产阶级的","只要我们还生活在一个小农国家里,资本主义在俄国就有比共产主义更牢固的经济基础",而社会主义的唯一经济基础是"大机器工业及其在农业中的运用",因此必须把小农经济逐步"转到使用机器的大规模的公有农业"。①

同时列宁还深入分析了改造小农经济的可能性。他指出,小农一方面是劳动者,另一方面是私有者。作为劳动者,他们不剥削别人,而受地主和资本家剥削与压迫,"在向社会主义过渡时,可以成为无产阶级政权的同盟者,或者至少是中立者";作为私有者,他们不剥削别人,"不会因为实行社会主义而受到损失,相反地,却会因为摧毁了资本的枷锁而获得很大好处"。② 因此无产阶级可以通过合作制、共耕制把他们联合起来,把小农经济改造成使用机器生产的社会主义公有经济。苏维埃国家"支配着一切大生产资料,无产阶级掌握着国家权力,无产阶级和千百万小农及最小农结成联盟,无产阶级对农民的领导已有保证等等",这乃是通过合作社来"建成社会主义社会所必需而且足够的一切"。③

第二,合作社是改造小农经济的正确途径。列宁深入分析了不同社会制度下合作社的不同性质和意义。他指出,"合作社在资本主义国家条件下是集体的资本主义组织",是"资本主义类型的小资产阶级合作社",它的实际意义在于"把小资本家提到首位,给他们以最大的利益";而在社会主义国家,当这个国家掌握了全国经济命脉、无产阶级对农民的领导已经确立的时候,合作社"与社会主义企业没有区别,如果它占用的

① 《列宁选集》第四卷,人民出版社 1972 年版,第 140、141、181、399、30、546 页;《列宁全集》第二十四卷,人民出版社 1957 年版,第 140—141 页;《列宁全集》第三十三卷,人民出版社 1957 年版,第 30 页。

② 《列宁全集》第二十九卷,人民出版社 1956 年版,第 93、188—189 页。

③ 《列宁选集》第四卷,人民出版社 1972 年版,第 682 页。

土地和使用的生产资料是属于国家即属于工人阶级的"。① 这种合作社的意义,在于它把私人利益与国家对这种利益的检查监督结合起来,使私人利益服从共同利益,在于它是农民向社会主义过渡的简便易行和容易接受的方法,因而也是改造小农经济唯一正确的途径。

第三,改造小农经济是一项艰巨的长期的任务,必须实行逐步过渡。列宁反复强调,在像俄国这样的农业国家中,社会主义建设是一个很困难的任务,而改造小农经济又是一个无比困难的任务。因为这是涉及千百万人生活习惯和整个社会心理的深厚根基的大转变。一般地说,这种转变只有现实迫使人们非改造自己的生活不可的时候,只有有了物质技术基础、在农业中大规模地使用拖拉机和机器的时候才能实现。因此改造小农的任务,"只有经过长期的努力才能达到",而"改造他们的整个心理和习惯,是需要经过几代的事情","这无论如何是要有几十年的时间才能办到的"。无产阶级的任务是"坚持地耐心地用各种逐渐的过渡办法使劳动农民觉醒起来,而且只是随着这种觉醒程度,只是随着农民的独立组织程度前进,沿着新的社会主义的建设道路前进。"②

第四,实行合作化必须坚持不剥夺农民的原则和自愿原则。列宁明确指出,"对于地主和资本家,我们的任务是完全剥夺。**但是对于中农,我们不容许采取任何暴力手段。**甚至对于富农,我们也不能像对待资产阶级那样肯定地说:绝对剥夺富农","我们说:镇压富农的反抗,镇压富农的反革命阴谋。这不是完全剥夺"。③

在建立集体经济时必须坚持自愿原则,反对强迫命令。"只有那些由农民自己自由发起的、其好处经他们在实践中检验过的联合才是有价值的。"④"既然说必须自愿,也就是说,要说服农民,要实际地说服农

① 《列宁选集》第四卷,人民出版社 1972 年版,第 685、522、686 页;《列宁全集》第二十九卷,人民出版社 1956 年版,第 92 页。
② 《列宁全集》第二十八卷,人民出版社 1956 年版,第 322、323 页;《列宁全集》第三十二卷,人民出版社 1958 年版,第 205 页。
③ 《列宁选集》第三卷,人民出版社 1972 年版,第 798 页。
④ 《列宁全集》第二十九卷,人民出版社 1956 年版,第 189 页。

民"①,要把集体经济和国营农场办好,以示范的力量、改进农业的力量,以共耕制的优越性和支持农民的实际行动来说服农民自愿参加集体农庄。

需要特别指出的是,列宁提出了同中农结成巩固联盟的光辉思想。鉴于在1918年夏季开始的农村社会主义改造实践中混淆了中农和富农的界限,用打击富农的手段对待中农,列宁及时地总结了对待中农在政策上和实践上的缺陷,提出同中农结成联盟的政策,代替中立中农的政策。同时,列宁还强调指出正确对待中农是农村社会主义改造事业成败的关键。而正确对待中农,就是要"关心他们的一切愿望,在确定社会主义改造方法时向他们让步"②。对此,列宁针对以前一些过火的做法,严厉地批评说:"把对付富农的办法在某种程度上用到中农身上,那就不仅是最粗暴地违反苏维埃政权的一切法令及其全部政策,而且是最粗暴地违反共产主义的一切基本原则"③。

在列宁合作化思想的指导下,1929年上半年以前,苏联在农村采取逐步改造的政策。其具体办法是:帮助提高个体经济,发展其生产力;积极发展流通领域的合作社组织;发展预购合同制;提供农业机器;逐步发展集体生产组织。因此,这一时期苏联农业社会主义改造得到了逐步而健康的发展。各种合作社组织(主要是供销、信贷合作社)得到了恢复和发展,具有试验性的各种集体经济形式逐步发展起来,同时还建立了国营农场。1928年,全国有各种形式的农业合作社7.9万个,社员1010万人,联合了32%的农户(1927年10月的数据);各种形式的集体农庄3.3万个,联合了1.7%的农户。与此同时,由于国家大力支持个体经济,给予信贷,供应马拉农机具和极少量的拖拉机与现代化农机具,农业生产得到了迅速恢复和发展。1928年农业总产值比1913年增加24%,劳动农民的生活也有了明显改善。

---

① 《列宁选集》第三卷,人民出版社1972年版,第804页。
② 《列宁全集》第二十九卷,人民出版社1956年版,第93页。
③ 《列宁全集》第二十九卷,人民出版社1956年版,第188页。

全 盘 集 体 化
任 务 的 提 出

1927年12月,联共(布)召开的第十五次代表大会,曾经提出"把个体小农经济联合起来并改造成为大规模的集体经济",作为目前时期党在农村的基本任务。这次会议以集体化代表大会而著称。然而,大会提出这一任务,是要逐步来完成的。大会的决议中明确指出,"在农民进一步合作化基础上使分散的农民经济逐步过渡到大生产轨道(在农业集约化和机械化基础上集体耕种土地)",鉴于"这个过渡只能在劳动农民同意这样做的条件下发生,党认为最迫切的是广泛宣传逐步向大规模公有农业过渡的必要性和对农民的好处,并在实践中大力鼓励农村已有的和明显增长的大规模集体经济因素";个体经济"在相当长时间内仍将是整个农业的基础"。① 但到1929年4月下旬,联共(布)召开的第十六次代表会议时,就作出决议,要求党组织必须"全力支持整村整乡向集体劳动形式过渡的首创精神",并号召全国工人和劳动农民"在高度机器技术基础上更加广泛地发展大规模的公有经济(国营农场和集体农庄)"②。同年5月,苏维埃第五次代表大会通过了大力支持整村整乡实行集体化的决议。全盘集体化的任务以国家法令形式确定下来。1929年下半年,便在农村掀起了全盘集体化运动的高潮。

农业集体化政策的转变起因和条件是什么呢?回答这个问题,要从1926年开始的国家工业化和1928年年初发生的粮食收购危机说起。

自从1926年实行国家工业化以来,农业发展相对缓慢,不能适应工业高速发展的要求。根据斯大林在联共(布)第十五次代表大会上提供的数据,1926/1927年度农业生产增长4.1%,1927/1928年度为3.2%,大工业的年增长率相应为18.2%和15.8%。五年计划草案规定的1928/1929—1932/1933年度农业年平均增长率为4.8%,大工业为15.0%。③

---

① 苏共中央马恩列斯研究院编:《苏联共产党决议汇编》第2卷,苏联国家政治书籍出版社1954年版,第437、472、475—476页。

② 苏共中央马恩列斯研究院编:《苏联共产党决议汇编》第2卷,苏联国家政治书籍出版社1954年版,第587、615页。

③ 参见《斯大林全集》第十卷,人民出版社1954年版,第256—257、260页。

这就造成了工业和农业发展脱节的危险。

与此同时,在 1928 年年初,苏联发生了粮食收购危机。1927 年年底同 1926 年年底相比,国家收购的粮食减少 1.28 亿普特,即减少 30%。这种情况严重地威胁着国家的粮食供应和粮食出口,进而威胁着国家工业化的进程。

联共(布)中央认为,造成粮食收购危机有多种直接原因:对农村供应的工业品不足,国家规定的粮价又偏低,影响了农民出售谷物的积极性;各种收购组织缺乏统一行动,相互竞争,工作不力;以及富农和投机商利用上述缺点哄抬粮价,拒绝按国家规定价格出售粮食,破坏收购工作;等等。[①] 但是,更深刻的原因还在于"农业的日益分散和零碎化",使粮食总产量特别是商品粮产量下降了。据统计,农户数由革命前的 1500 万—1600 万户增加到 2400 万—2500 万户。同时,小农户又是出售商品粮最少的,1926/1927 年度其商品率只有 11.2%,同年全国的粮食商品率也只有 13.3%。结果,粮食总产量比革命前减少 5%,而商品粮产量降到只有战前的一半。[②]

基于上述认识,苏联采取两方面的措施解决粮食问题。一方面是采取应急措施,即非常措施,加强收购工作。责令富农和富裕农民按国家规定价格出售余粮,违者按刑法 107 条论处,没收余粮。为了战胜富农暗中抵制,吸收广大贫农和中农参加收购工作,决定从没收的粮食中提出 25%贷给他们使用。同时增加对产粮区的工业品供应,加强党政机关对收购工作的领导,等等。由于采取了严厉措施,1928 年第一季度收购了 2.75 亿普特粮食,从而弥补了差额,解除了收购危机。在这次收购运动中也发生了一些过火行为,如实行挨户巡视、非法搜查、封闭市场等等。这不仅打击了富农,而且也损害了中农和贫农的利益。后来采取了纠正措施,并且部分地取消了非常手段。随后,国内政治形势又开始好转。

但是,要从根本上解决粮食问题,必须建立大规模的、机械化的集体农庄和国营农场,实行全盘集体化。斯大林指出,只要建立起大规模的、机械化的农庄和农场,就可以使苏联农业一日千里地向前发展,就可以完

---

① 参见苏共中央马恩列斯研究院编:《苏联共产党决议汇编》第 2 卷,苏联国家政治书籍出版社 1954 年版,第 514 页。

② 参见《斯大林全集》第十一卷,人民出版社 1955 年版,第 74、156 页。

全摆脱粮食危机。1929 年 11 月,当全盘集体化开展起来以后,他进一步提出,如果农庄、农场更加迅速地发展下去,"再过两三年我国就会成为世界上粮食最多的国家之一,甚至是世界上粮食最多的国家","但是要做到这一切,首先必须加紧发展工业,发展冶金业、化学工业、机器制造业、拖拉机制造厂农业机器制造厂等等。不然就不能解决谷物问题,也不能改造农业。结论:迅速发展我国工业是改造农业的钥匙"。①

斯大林提出的实行全盘集体化的任务,在联共(布)党内并没有立即得到广泛的赞同,而且遭到了一部分人的激烈反对。反对派的突出代表人物,先是弗鲁姆金,后来主要是布哈林、李可夫和托姆斯基。

布哈林认为,造成粮食收购危机的原因主要不在于小农经济,而在于粮价太低,"同畜产品和技术作物的比价悬殊太大","以致农民宁愿把粮食留下来,用出卖畜产品和技术作物换来的钱缴纳税款和购买工业品",由于粮价低,"生产力的重新分配不利于谷物业",造成粮食生产停滞,甚至下降。他说,粮食问题"必须在发展个体经济的基础上得到解决",绝大多数粮食是小的或极小的农户生产的,"并且还将长期由这些农户生产"。他提出解决粮食问题的具体办法主要是:提高谷物价格,"使谷物同技术作物和畜产品之间在生产上和市场上保持比较正确的对比关系";通过合作社帮助小农经济发展生产,增加粮食产量;降低工业建设速度。② 对此,斯大林大量援引了列宁关于实现国家工业化和改造小农经济的论述,阐明党中央的方针政策的正确性,驳斥反对派。他强调指出,加速发展工业,特别是发展重工业,是苏联社会主义建设和国防建设的迫切需要,是改造农业的钥匙,是解决粮食问题的基础,是关系到苏维埃政权存亡的根本问题。工业化不仅不能减缓速度,而且"一有可能就加快这种速度"③。关于集体农庄和国营农场建设问题,斯大林指出,集体农庄和国营农场是采用机器、科学技术的大型的经济组织,具有很高的生产率和商品率,是解决农业问题,使农民共同富裕的正确道路。必须

---

① 《斯大林全集》第十二卷,人民出版社 1955 年版,第 118、56 页。
② 《布哈林文选》中册,人民出版社 1988 年版,第 215、285、290、307、229 页。
③ 《斯大林全集》第十一卷,人民出版社 1955 年版,第 80 页。

"广泛订立预购合同,建立机器拖拉机站,全力发展合作社运动,使农民易于把他们的细小的个体经济转上集体劳动的轨道"。否则"就不能真正发展农业","就不能解决谷物问题","就不能使力量单薄的农民阶层摆脱破产和贫困"。① 只有建立起集体的大农业,才能与大工业的发展相适应,才能在新的基础上加强工农联盟。

以斯大林为首的联共(布)中央批判了反对派的意见,认为反对派是离开党的总路线的一种右倾倾向。在1929年4月召开的联共(布)中央全会和第十六次代表会议上,批判和清算了以布哈林、李可夫和托姆斯基为代表的错误路线,撤销了布哈林、托姆斯基的职务,为实行全盘集体化方针排除了障碍。大力实行农业集体化作为当时党在农村的迫切任务而确定下来。

20世纪20年代末,苏联从逐步改造个体经济为集体大经济的方针转变到迅速实行全盘集体化的方针,如果说工业化和1928年年初发生的粮食收购危机是这一转变的起因,那么对党内反对派意见的清算则是这一转变的条件。

从苏联当时的实际情况来看,以斯大林为首的联共(布)中央关于全盘集体化任务的提出,与其说是农业本身发展成熟的需要,勿宁说是实现国家工业化的要求。实际上,当时的农业生产力水平和农民觉悟程度,对于立即实行全盘集体化,还缺乏足够的条件。在以后的全盘集体化运动中就暴露出它包含着相当程度的冒进因素。

第二节　全盘集体化运动的开展和苏维埃农业制度的确立

全盘集体化运动的发展过程

苏联从1929年下半年开始掀起了全盘集体化运动。这一运动大体经历了以下四个阶段。

第一个阶段是开始大转变的半年(即1929年

① 《斯大林全集》第十二卷,人民出版社1955年版,第53页。

下半年）。如前所述,1929 年 4 月联共(布)第十六次代表会议的决议中规定,各级党组织必须大力支持整村整乡向集体劳动形式过渡的首创精神,5 月,苏维埃代表大会通过了相应的决议。于是从下半年开始形成了整村、整乡、整区的集体化运动。集体化农户的比重由 1929 年 7 月的 3.9%增至 1929 年 10 月的 7.6%。

第二个阶段是集体化的高潮阶段,也是大冒进的阶段(1929 年年底至 1930 年 3 月)。集体化运动的迅猛发展引起了种种议论和实际工作者思想上的混乱。为了解决这些问题,斯大林要求,从理论上阐述集体化运动,对种种非议予以回击,统一思想。在 1929 年年底召开的马克思主义者土地问题专家代表会议上,斯大林提出,“新的实践产生对过渡时期经济问题的新的看法。现在,新经济政策问题,阶级问题,建设速度问题,结合问题,党的政策问题,都应该有新的提法。为了不落后于实践,必须立即根据新的情况研究这一切问题”①。必须从理论上同资产阶级偏见展开不调和的斗争,巩固马克思列宁主义的阵地。同时还批判了各种经济成分“平衡”论,社会主义建设“自流”论,小农经济“稳固”论,等等。在这次会议上斯大林提出消灭富农阶级的新政策。接着在全国展开了广泛的理论宣传,以加快全盘集体化的步伐。

紧接着,1930 年 1 月,联共(布)中央全会又通过了《关于集体化速度和国家支援集体农庄建设措施》的决议。决议重申坚持自愿原则,反对强迫命令,强调劳动组合是基本形式,决定实行消灭富农阶级政策,并将全国分为三类地区,分别规定出基本实现集体化的期限:最主要产粮区在 1930 年秋,最迟在 1931 年春完成;其他产粮区在 1931 年秋,最迟在 1932 年春完成;其他地区决议未作规定,根据斯大林的说明,在 1933 年完成。与此同时决议还规定一系列措施,如加快拖拉机等现代化农机制造业的发展等,支援农庄建设。

这里需要特别指出的是,该决议本身就包含着深刻的矛盾和一定程度的冒进因素。比如,决议一方面强调实行自愿原则,另一方面又给各地

① 《斯大林全集》第十二卷,人民出版社 1955 年版,第 127 页。

区规定出完成全盘集体化的短暂期限和单一的组织形式,这就是矛盾。在当时的条件下,要在规定期限内和按规定的组织形式实现整村、整乡、整区甚至整州的集体化,势必要强迫一部分还没有下决心加入农庄的(主要是富裕中农)或者还没有下决心加入劳动组合的(而愿意加入共耕社)农民加入劳动组合,这就意味着剥夺农民在加入时间上和组织形式上进行选择的权利,违背了他们的意愿。再从农业机械化水平、农民的文化水平和组织意识、集体经济管理经验等方面来看,要在两三年内完成全盘集体化的条件也不充分,这些情况联共(布)中央也是知道的,但是为了尽快实现集体化,一举解决粮食问题,决议规定,"必须坚决反对借口拖拉机和复杂机器不足而阻碍集体化运动发展的任何企图"①。再有甚者,决议竟然号召在集体化运动中开展"真正的社会主义竞赛"②,这就加剧了冒进的危险性。决议公布之后在全国掀起了你追我赶,争先恐后的全盘集体化高潮。如莫斯科省因为拼命追求集体化的虚夸数字,竟责成其工作人员在1930年春季就完成集体化;中央黑土区因为不愿意"落后于他人",竟责成其工作人员到1930年上半年就完成集体化;南高加索人和土尔克斯坦人因为热心于"赶上并超过"各先进地区,竟采取了在"最短期间"完成集体化的方针;等等。③ 于是在短短的五十天里,全国集体化户数的百分比就从1930年1月的21%迅速上升到3月的58%,而某些地区竟然在几天之内就把集体化的百分比从10%一下子提高到90%。④

在这种形势下,歪曲党的政策、强迫命令、违法乱纪等过火行为,就成为不可避免的了。"因为追求集体化的高的百分数而对中农采用暴力,褫夺中农的选举权,像剥夺富农那样剥夺中农财产"⑤,一些地区被没收

---

① B.H.马林、A.B.科罗博夫编:《苏联共产党和苏维埃政府关于经济问题指令汇编》第2卷,苏联国家政治书籍出版社1957年版,第139页。
② B.H.马林、A.B.科罗博夫编:《苏联共产党和苏维埃政府关于经济问题指令汇编》第2卷,苏联国家政治书籍出版社1957年版,第139页。
③ 《斯大林全集》第十二卷,人民出版社1955年版,第183页。
④ 苏共中央马恩列斯研究院编:《苏联共产党决议汇编》第2卷,苏联国家政治书籍出版社1954年版,第669页;苏联科学院经济研究所编:《苏维埃经济的发展》,学习杂志社1956年版,第438页。
⑤ 《斯大林全集》第十二卷,人民出版社1955年版,第178页。

财产的富农户数比重高达 15%，被剥夺选举权的户数比重高达 15%—20%，尽管当时富农比重只有 4%—5%。有些地区竟然采用武力威胁或经济制裁(如在灌溉地区不供应农业用水)等手段，强迫农民参加农庄。为了追求高级形式，强迫建立公社，把农民的住宅及自用奶牛、猪、羊、家禽都收归集体所有。一些地方还封闭了市场。等等。

　　这些"左"倾错误和过火行为引起了农民的不满，甚至恐慌，加上富农的煽动破坏，农民大量屠宰牲畜。1930 年 7 月 1 日同 1929 年同期相比，牛减少了 22%，猪减少了 33%，羊减少了 26%，马减少了 13%。① 这些错误不仅给集体化运动和农业生产造成损害，而且还影响到整个社会主义建设事业。正如斯大林所指出的，"这些错误会直接使我们去破坏集体农庄运动，和中农闹翻，使贫农队伍瓦解，使我们的队伍混乱，使我们整个社会主义建设削弱，使富农恢复起来"②。因此必须立即采取措施加以纠正。

　　第三个阶段是整顿阶段(1930 年 3 月至同年秋季)。为了纠正运动中的错误和整顿集体农庄，联共(布)中央和苏联政府采取了一系列措施。其中最重要的是 1930 年 3 月 2 日和 4 月 3 日先后发表了斯大林的两篇著名文章：《胜利冲昏头脑》和《答集体农庄庄员同志们》。3 月 15 日发表了联共(布)中央《关于同集体农庄运动中歪曲党的路线进行斗争》的决议。斯大林在文章中指出了错误的表现，分析了产生错误的一些原因，并号召集体农庄工作人员清除歪曲党的路线的行为。联共(布)中央在决议中规定，禁止采用强制手段实行集体化，但同时强调要继续顽强地开展工作吸引农民在自愿基础上加入农庄，巩固已有的农庄；禁止把住宅、自用奶牛、猪、羊和家禽公有化；重新审查被没收财产和被剥夺选举权者的名单，立即纠正在这方面产生的对待中农、红色游击队员、农村教员、红军家属的错误；严禁富农和其他被剥夺公民权者加入农庄；恢复市场；撤换不能同歪曲行为作斗争的工作人员；等等。与此同时，为了巩固集体

① 参见苏联国家计委国民经济中央计算局编：《苏联社会主义建设统计年鉴》，全苏组织计算联合公司 1936 年版，第 354 页。
② 《斯大林全集》第十二卷，人民出版社 1955 年版，第 186 页。

农庄,苏联政府于 1930 年 3 月 1 日批准了农业劳动组合示范章程。此外,苏联政府还决定拨给农庄 5 亿卢布贷款,延长庄员借款的偿还期,对农庄和庄员饲养的牲畜和家禽免税两年,撤销加入农庄的农民在 4 月 1 日前受到的罚款处分和法律制裁,等等。

经过整顿,假农庄被取消了,混入农庄的"死魂灵"和异己分子被清除了,一部分动摇的农民退出了农庄,于是集体化农户的比重从 1930 年 3 月的 58% 降为 9 月的 21%。保留下来的农庄和农户虽然在数量上减少了,但更加坚定了。

联共(布)中央指出,这次整顿的性质,不是退却,而是纠偏,目的是为了更好地开展集体化运动。因此原定的速度和基本形式都没有改变。在纠正"左"倾错误的同时,斯大林还特别强调,"右倾危险过去是现在仍然是我们的主要危险",而克服"左"倾错误也是"为了胜利地和右倾机会主义作斗争"。[①] 这样,某种程度的冒进隐患并未能解决。

第四个阶段是基本完成集体化阶段(1930 年秋后至 1934 年 7 月)。经过半年的整顿之后,在联共(布)第十六次代表大会精神鼓舞下,从 1930 年秋后起又掀起了集体化运动的新高潮,到 1931 年 10 月,全国集体化农户的比重又上升到 61%,主要地区的集体化已经基本实现。考虑到迅速建立起大量集体农庄需要加以巩固,1931 年 8 月,联共(布)中央通过了《关于进一步加快集体化的速度和巩固集体农庄》的决定。其中规定:基本完成集体化的标准,不是全区、全州百分之百的贫农和中农加入农庄,而是 68%—70% 的农户和 75%—80% 的播种面积加入农庄;宣布主要产粮区和某些一般产粮区基本结束集体化,转入从组织上和经济上巩固集体农庄;将有些地区(如中央黑土区)基本完成集体化的期限推迟一年左右;允许非谷物区和民族地区先建立共耕社作为向劳动组合过渡的形式。这样,在某种程度上稍为缓解了生产关系超越生产力发展水平的矛盾。到 1934 年 7 月,全国集体化农户的比重增至 71.4%,播种面积比重增至 87.4%,达到了基本完成集体化的最高指标。

---

① 《斯大林全集》第十二卷,人民出版社 1955 年版,第 190—191 页。

在第二次新高潮中(主要是 1930/1931 年度),以前那种"左"倾过火行为虽然被制止了,但是某种程度的冒进和违背自愿原则的问题并没有真正解决。这可以从农民继续屠宰牲畜的情况中得到证明。1933 年 7月 1 日与 1930 年同期相比,牛减少了 26.9%,猪减少了 11.0%,羊减少了 53.9%,马减少了 45.0%。[1]

经过两次集体化运动高潮,基本上完成了农业社会主义改造,建立起大规模的集体农庄。可是,农业生产力却受到严重损害。农业的基本动力——畜力由 1929 年年初的 2020 万马力(折合为机械动力)下降到 1934 年年初的 1040 万马力,即减少了 980 万马力。在此期间,新增拖拉机总能力为 260 万马力。[2] 据此推算,新增机械动力总量约为 450 万马力,增减相抵,减少 530 万马力,即下降 1/4 以上。农业总产值 1933 年比 1928 年下降 18.6%,其中畜牧业总产值下降 52.6%。粮食总产量 1928—1932 年年平均为 7360 万吨,比 1923—1927 年年平均产量增加 11.7%,其中商品产量为 1900 万吨,增加 1.3 倍,但也只比 1909—1913 年增加 13.8%[3],农业生产没有取得预期的大发展。因此,粮食等农产品供应紧张的状况依然存在,以致不得不把 1929 年开始实行定量供应制延续下来。这样巩固农庄制度,发展农业生产,保证农产品供应便成为一项十分迫切的经济政治任务。

巩固集体农庄制度的措施　　如前所述,在集体化过程中苏联不断改进农庄的组织管理,巩固农庄制度,但是把它作为一个历史阶段的中心任务则是在 1933—1935 年进行的。在此期间,联共(布)中央和苏联政府采取了多方面的措施,其中最

① 参见苏联国家计委国民经济中央计算局编:《苏联社会主义建设统计年鉴》,全苏组织计算联合公司 1936 年版,第 354 页。

② 参见苏联部长会议直属中央统计局编:《苏维埃政权四十年的成就》,统计出版社 1957 年版,第 148 页;Л.Я.艾文托夫主编:《苏联与资本主义国家(统计集)》,统计出版社 1957 年版,第 209 页(1934 年数据不包括远东区及自治共和国)。

③ 参见苏联中央统计局编:《苏联农业统计资料汇编》,苏联国家统计出版社 1960 年版,第 79、86、196 页;《1958 年苏联国民经济统计年鉴》,苏联国家统计出版社 1959 年版,第 351 页;《1972 年国民经济统计年鉴》,苏联"统计"出版社 1973 年版,第 284 页。

主要的有两个方面:一个是比较广泛地改进集体农庄的组织管理;另一个是加快农业机械化步伐。

在改进农庄组织管理方面,1933 年通过了一系列决定,采取了一些重要措施。1 月,苏联中央执行委员会通过了《关于巩固集体农庄》的决定,联共(布)中央通过了《机器拖拉机站和国营农场政治部的目的与任务》的决议。2 月,苏联人民委员会通过《关于机器拖拉机站同集体农庄的示范合同》①的决定,接着又召开了集体农庄突击队员第一次代表大会。8 月,苏联人民委员会和联共(布)中央通过了两个决定:《关于填补农庄需要的谷物基金和按劳动日在庄员间分配谷物的程序》的决定和《关于填补农庄需要的基金的程序》的决定。9 月,又通过了《关于农庄发放预支现金》的决定。在上述决议和决定中明确规定,在农庄中实行严格纪律;将田地固定给固定田间生产队,在一个轮作期内不变;按劳动日评价各种农活;改进机器拖拉机站的服务工作,以机器为农庄完成耕、种、中耕、收获、打谷等农活,并通过服务帮助农庄改进组织管理;在机器拖拉机站设立政治部,帮助农庄加强组织建设,帮助庄员提高觉悟,掌握技术;农庄按产量的一定比例给机器拖拉机站支付实物报酬;集体农庄对国家实行义务交售制;农庄分配谷物时首先完成义务交售任务,支付机器拖拉机站实物报酬,归还贷款,补充种籽基金,建立种籽保险基金(数量为全年需要量的 10% — 15%)、饲料基金以及社会福利基金(经庄员大会通过),然后将其余的全部谷物按劳动日分配给庄员;允许农庄在预分实物的同时将货币收入的 20% —30% 预分给庄员;等等。庄员代表大会研究了发展公有经济问题,讨论了加强劳动组织和劳动纪律、搞好核算和收入分配、完成国家义务、改进机器拖拉机站工作等问题,号召庄员提高产量,增加农庄收入,在农庄事务中建立严格制度,加强劳动纪律,履行对国家的义务。这一切为改进集体农庄的组织管理奠定了基础。

然而在这方面具有重大意义的还是 1935 年 2 月集体农庄突击队员第二次代表大会通过的、经苏联政府和联共(布)中央批准的农业劳动组

---

① 这是修订后的示范合同——本书编者注。

合示范章程。根据几年来的实践经验,他们在新章程中比较全面地规定了农庄组织管理的基本原则。这里需要强调指出的有以下几点。(1)新章程规定,劳动组合是农民的自愿联合,目的是用共同的生产资料和共同劳动建设集体经济,提高劳动生产率,保证庄员过富裕生活。庄员有责任巩固劳动组合,忠实地劳动,按劳动分得收入,保护公有财产,爱护公物,完成国家任务。(2)劳动组合实行基本生产资料公有制,庄员的住宅、牲畜、家禽以及经营个人副业用的建筑物和小农具为个人所有。(3)劳动组合将公有财产的1/4—1/2作为公积金,其余部分作为庄员股金,庄员退庄时只归还股金,不归还公积金。(4)劳动组合的基本组织形式是固定生产队和固定生产组,实行人员、土地、农机具三固定,实行集体劳动。劳动日是计算劳动和分配报酬的尺度。(5)产品分配办法是,首先完成交售任务,归还种籽信贷,支付机器拖拉机站实物报酬,完成预购合同,然后留出种籽、饲料和必要的储备,提出各项社会福利基金,提出卖给国家或在市场上出售的部分,最后将其余的全部产品在庄员之间按劳动日分配;货币收入分配的办法是,首先缴纳税捐,支付保险费,其次支付日常生产费用、行政事务费、文教费,再次提取公积金,最后将其余的货币收入在庄员之间按劳动日分配。(6)农庄经济实行计划管理,农庄应切实执行政府规定的农业生产计划,履行对国家的义务。(7)根据不同地区和生产性质分别确定了庄员个人副业的规模,如宅旁园地一般为1/4—1/2公顷,个别的地区可达1公顷;饲养牲畜头数,在种植业地区规模最小,每户可饲养1头奶牛,2头以下小牛,1—2头母猪、外加仔猪,10只以内的羊,20箱以内的蜂群,家禽不限;完全游牧区的规模最大,每户可饲养8—10头奶牛,外加小牛,100—150只羊,10匹马,5—8头骆驼,等等。(8)农庄实行民主集中制管理原则。全体庄员大会是农庄的最高管理机关,庄员大会选举农庄管理委员会、农庄主席(兼管理委员会主席)以及监察委员会。庄员大会闭幕期间农庄事务由管理委员会管理,农庄主席负责对农庄及各生产队的工作实行日常领导。实践证明,新章程的贯彻执行大大改进了农庄的组织管理,巩固了农庄制度。

加速农业机械化步伐,从物质技术基础上巩固集体农庄制度。关于农业机械化的问题,我们将在第四节中专门考察,这里仅仅从巩固集体农庄的角度做个简要说明。如前所述,列宁曾经明确指出,"大机器工业及其在农业中的运用,是社会主义的唯一经济基础"①,"拖拉机是彻底摧毁旧农业和扩大耕地的最重要的工具"②。1929 年 11 月联共(布)中央全会进一步指出,"……机器拖拉机站应成为整区全盘集体化的中心"③。可是在全盘集体化开始时,这种基础还十分薄弱,苏联农业所使用的主要是马拉农机具和手工工具。1929 年年初,机械动力只占农业动力总量的5.2%。因此,加速农业技术改造便成为巩固集体农庄制度的关键一环。国家工业化的迅速发展也为此提供了有利条件。随着国产拖拉机等现代化农机具的迅速增加,农业技术装备程度不断提高,到 1937 年年末,仅集体农庄、机器拖拉机站和国营农场拥有的动力就有 3390 万马力,这不仅弥补了集体化运动中造成的损失,而且比 1929 年全国农业动力总量还多59.2%。其中机械动力达 2620 万马力,占总量的 77.3%。

通过组织上的整顿、经营管理上的改进以及物质技术基础的加强,苏联的集体农庄制度得到确立和巩固。集体化程度在 1937 年又比 1934 年提高了,集体化农户比重达到 93.0%,播种面积比重达到 99.1%。但是也必须看到,苏联的集体农庄制度基本上是由上面,依靠上层建筑的力量加以推行的,它在相当程度上超越了生产力的发展水平和经营管理水平,以及广大农民的思想认识和心理、文化等方面的承受能力。这就为集体农庄本身以及整个苏联农业的发展造成了困难,这一点下面还要进一步说明。

> 机器拖拉机站的建立与发展

机器拖拉机站的前身是拖拉机队。第一个拖拉机队是乌克兰舍甫琴柯国营农场于 1927 年创办的。接着其他国营农场、合作社和集体农庄联合组织也相继建立起拖拉机队,为集体农庄和农户服务。这种拖拉机队

---

① 《列宁全集》第三十三卷,人民出版社 1957 年版,第 30 页。
② 《列宁全集》第三十一卷,人民出版社 1958 年版,第 437 页。
③ B.H.马林、A.B.科罗博夫编:《苏联共产党和苏维埃政府关于经济问题指令汇编》第 2卷,苏联国家政治书籍出版社 1957 年版,第 646 页。

很快发展成为拥有拖拉机和其他农业机器、加油站、修理厂的独立经济单位,名为机器拖拉机站。

为了广泛吸收资金,加快机器拖拉机站的建设,1929 年 6 月,苏联政府决定成立机器拖拉机站股份公司——机器拖拉机站中心。它除了吸收国家和合作社投资之外,还吸收受益农民的资金。后来,鉴于机器拖拉机站在农庄建设中具有重大作用,而资金主要又是国家投资,1930 年又将机器拖拉机站改组为国营机器拖拉机站。在第一个五年计划期间国家投资为 15 亿卢布,在第二个五年计划期间增至 63 亿卢布。① 机器拖拉机站数 1932 年为 2446 个,1938 年 1 月 1 日增至 5818 个。到 1937 年年底,拥有拖拉机 36.6 万台,谷物联合收获机 10.5 万台,载重汽车 6 万多辆,另外还有 3731 个修理厂。机器拖拉机站服务的农庄约占 80%,承担的播种面积达 91.2%。②

机器拖拉机站和集体农庄之间的经济关系,从一开始就是合同关系。起初这种合同是根据经验签订的。1930 年 11 月,农业人民委员部批准了"机器拖拉机站中心"和"集体农庄中心"制定的示范合同。合同规定,机器拖拉机站的义务是为集体农庄完成耕地、播种、中耕、收割、打谷等机械化作业;集体农庄的义务是及时完成其他一切农活;农庄按每公顷耕地 5 卢布的标准购买机器拖拉机站中心的股票,按谷物收获量的 25% 给机器拖拉机站支付报酬;等等。后来根据机器拖拉机站任务的变化和实践经验,苏联又不断修订示范合同。在我们所考察的时期内共修订三次:1933 年、1934 年和 1935 年每年修订一次,其中最重要的是 1933 年的修订。1933 年 2 月批准的示范合同规定,机器拖拉机站应对农庄完成的各种农活任务,由合同附件——"专门协定"加以确定;取消货币报酬,实行实物报酬,报酬量按有关作物产量的一定比例确定;双方均应爱护拖拉机和其他机器,以及集体农庄和机器拖拉机站的其他财产;实行联席生产会议制;对违反合同现象实行索赔;等等。1934 年,取消了合同附件——专

① 参见 M.A.克拉耶夫:《苏联集体农庄制度的胜利》,人民出版社 1956 年版,第 410 页。
② 参见苏联科学院经济研究所编:《苏联社会主义经济史》第 4 卷,生活·读书·新知三联书店 1982 年版,第 477—478 页。

门协定,将机器拖拉机站应完成的作业直接纳入合同之中,机器拖拉机站完成的作业应由集体农庄验收、签字。同时,还改进了实物报酬的计算方法。从1933年开始,机器拖拉机站与集体农庄签订的合同具有法律效力,双方必须严格执行。

为了改善机器拖拉机站的工作,以及加强国家对集体农庄和整个农业的监督和管理,1933年联共(布)中央一月全会决定,在机器拖拉机站设立政治部,作为党在农村的非常机构。1933—1934年,共建立了3368个政治部,党中央派去1.7万名经验丰富的党的工作人员。政治部拥有很大权力并开展了广泛的工作,如按照生产原则改组了农村的党团组织;培养农庄领导干部和各种技术干部;组织社会主义竞赛;帮助农庄合理地组织劳动,改进劳动报酬制度,加强劳动纪律;从政治上教育和团结集体农庄庄员,使他们认识到集体农庄的首要职责是完成国家的义务;清除隐藏在集体农庄和拖拉机站中的富农和其他敌对分子;等等。由于政治部的建立,机器拖拉机站实际上成了对集体农庄进行政治领导、组织领导和经济领导的中心,成了党影响广大集体农庄社员群众的中心。

毫无疑问,机器拖拉机站的建立及其活动的开展,对维护和巩固集体农庄制度起了重大作用。它一方面是国家从物质技术和组织管理上支持和帮助集体农庄的重要措施;另一方面又是国家对集体农庄活动,如农庄生产进行行政干预,以及征收农产品的重要手段。但这本身也存在着矛盾。一方面,在集体农庄制度建立之初,它比较及时并相当有力地给集体农庄以多方面的扶持;另一方面,随着集体农庄和农业生产的发展,它又严重地束缚了集体农庄的手脚,影响了广大社员主人翁责任感的发挥。正因如此,苏联后来(1958年)取消了机器拖拉机站。至于机器拖拉机站的政治部,早在1934年11月就被撤销,并入区党委。

国 营 农 场 的 发 展 与 整 顿　在实行全盘集体化的同时,苏联建立了大批大型的高度机械化的国营农场。

粮食收购危机发生之后,斯大林提出加快国营农场建设,作为从根本上解决谷物问题的另一个途径和推动农业集体化的一个手段。1928年7月,联共(布)中央通过了《关于组建新的(谷物)国营农场》的决议,其中规定,在 4—5 年内建立一批新的谷物农场,以便到期末使其商品谷物产量达到 1 亿普特(合 163.8 万吨),并使其进一步成为加工附近农民农产品的工业中心和推动农民种植业社会化的强大杠杆。于是首先开展了大规模的谷物农场建设,接着又从 1930 年开始建立大批畜牧业农场、经济作物农场和水果蔬菜农场。为此,苏联在第一个五年计划期间投入了大量资金和机器设备,培训了大批专家和各种农机手。比如,仅对国营农场的生产性固定资产投资就有 47.5 亿卢布;供应农场拖拉机 8 万台(15 马力标准台)、谷物联合收割机 2.2 万台(割幅为 15 英尺标准台),以及大量其他现代化农机具;培养了大批工人,仅国营农场部门四年中培训骨干工人(农机手、司机、工作队长等)150 万人;为农业培养了 7 万名高等和中等专家,其中大部分分配到国营农场工作。国营农场在第一个五年计划期间得到了迅速发展。农场数 1928 年为 1407 个,1932 年增至 4337 个,即增加 2.1 倍;国营附属农业企业相应由 1718 个增至 4672 个,即增加 1.7 倍。它们的播种面积由 1928 年的 173.5 万公顷扩大到 1344.8 万公顷,扩大 6.8 倍。[①]

　　然而,这样急促地建立大批现代化大农场的做法,引起了一系列矛盾和问题。主要的有:(1)农场规模过大,超过了合理的规模,经营不善,以致根本无法管理。例如,1931 年每个农场平均拥有土地 8.2 万公顷,其中有不少在 10 万公顷以上,有的甚至达 20 多万公顷;每个肉奶农场平均有 9 万多公顷土地、7000 头牛;每个养羊农场平均有 15 万公顷土地、3.4 万只羊;每个养猪农场平均有 579 头母猪。[②] 一下子建立这样多巨型农场,是与生产力发展水平和经营经验不相适应的。(2)经营单一化,谷物农场只种粮食,养猪场只养猪,等等。生产专业化变成了经营单一化,结果造成人力、物力、财力的浪费,妨碍生产的发展。(3)机器设备利用率

---

　　①　参见苏联科学院经济研究所编:《苏联社会主义经济史》第 3 卷,生活·读书·新知三联书店 1982 年版,第 515、518、512 页;梁士琴科:《苏联国民经济史》第 3 卷,人民出版社 1960 年版,第 366 页。

　　②　参见苏联科学院经济研究所编:《苏联社会主义经济史》第 3 卷,生活·读书·新知三联书店 1982 年版,第 513 页。

低。为了建立高度机械化的农场,国家把大部分拖拉机和其他现代化农机具投入国营农场,可是这些机器设备却得不到充分利用。比如,1931年在谷物和畜牧农场人民委员部的农场中拖拉机的利用率,按功率计算只有31.4%。① (4)农场的劳动组织与报酬制度不健全。到1932年以前还没有建立固定生产队,造成无人负责现象。在劳动报酬方面主要是实行计时工资制。对工人的物质、文化生活也缺乏应有的照顾。结果造成工人大量流动,1934年国营农场人民委员部所属农场的固定工人占平均在册人数的91.3%,而离职人数占84.7%。② 这一切导致国营农场生产效率低下。1932年同1928年相比,国营农场和附属农业企业的播种面积扩大了6.8倍,生产性固定基金增加9倍,其中拖拉机马力增加14.9倍,牛增加18.6倍,而1933年农场总产值只比1929年增长5倍。③ 农场虽然拥有大量现代化农机具,但由于使用不当,不能保证及时地、优质地收割庄稼,造成谷物的大量损失;在一些畜牧农场中对牲畜照料不好,兽医服务不足,饲料使用不当,幼畜死亡率高。许多农场完不成谷物、肉类的上缴任务。国营农场大都是亏损的企业。

有鉴于此,联共(布)中央和苏联政府于1931年11月和1932年3月先后通过决议,整顿谷物农场和畜牧农场。大量的整顿工作是在第二个五年计划期间完成的。主要有五个方面:(1)缩小农场规模。1937年谷物农场的平均播种面积缩小到1万公顷,肉奶农场的平均养牛头数缩小到2100头。(2)1934年开始改变国营农场的经营单一化问题,实行多种经营。(3)改善劳动组织与劳动报酬制度。1932年开始实行固定生产队制度,1935年开始建立固定生产组,后来这种劳动组织只限于在经营中耕作物的生产队中建立。纠正劳动报酬上的平均主义,实行计件奖励工

① 参见苏联科学院经济研究所编:《苏联社会主义经济史》第3卷,生活·读书·新知三联书店1982年版,第516页。

② 参见苏联科学院经济研究所编:《苏联社会主义经济史》第4卷,生活·读书·新知三联书店1982年版,第431—432页。

③ 参见苏联国家计委国民经济中央计算局编:《苏联社会主义建设统计年鉴》,全苏组织计算联合公司1936年版,第258页;梁士琴科:《苏联国民经济史》第3卷,人民出版社1960年版,第366页。

资制。同时大幅度提高了职工工资,例如工人月平均工资由 1933 年的 95 卢布提高到 1937 年的 225 卢布,专业人员的月平均工资由 246 卢布提高到 509 卢布。允许农场职工经营家庭副业,1937 年饲养牲畜的工人占 64%,经营菜园的占 62%。(4)建立政治部。从 1933 年开始在国营农场中建立政治部,它一直工作到 1940 年 3 月。在此期间,政治部在选拔和培养农场干部、培养党员和非党员积极分子方面,在推动开展社会主义竞赛、先进生产者运动和革新能手运动方面,在增强党组织的作用和巩固农场经济等方面都发挥了重要作用。(5)撤销一些经营极差的农场。本来随着农场规模的缩小,农场的数量相应增加了,可是由于撤销一部分农场,国营农场(不包括附属农业企业)总数反而从 1932 年的 4337 个减少到 1937 年的 3992 个,各类农场(包括附属农业企业)播种面积由 1935 年的 1619 万公顷减少到 1937 年的 1216 万公顷,牛的头数由 1934 年 7 月 1 日的 503 万头减少到 1937 年年底的 370 万头,猪相应由 500 万头减少到 280 万头,羊由 9918 万只减少到 700 万只。[①]

经过整顿,国营农场得到了巩固。国营农场的发展虽然没有达到预期的增产效果,但它在农产品供应方面所起的作用明显增强了。1928 年国营农场在农业总产值中所占的比重仅为 1.5%,1937 年上升到 12.8%,在谷物生产中的比重相应由 1.6% 上升到 9.8%。国营农场的商品率较高。1937 年国营农场上缴的农产品在国家收购量中的比重:谷物为 12.7%,籽棉为 5.2%,肉类为 24.0%,奶类为 30.1%,毛类为 23.5%。[②]

苏维埃政府认为,国营农场一方面是社会主义生产组织的样板,另一方面又能促进个体农户集体化,从生产上和组织上帮助集体农庄。苏联农业的社会主义改造纲领规定建立两种大型公有经济,即以全民所有制为基础的国营农场、以集体所有制和集体劳动为基础的集体农庄。认为

---

① 参见梁士琴科:《苏联国民经济史》第 3 卷,人民出版社 1960 年版,第 441、448 页;苏联国家计委国民经济中央计算局编:《苏联社会主义建设统计年鉴》,全苏组织计算联合公司 1936 年版,第 258 页。

② 参见苏联科学院经济研究所编:《苏联社会主义经济史》第 4 卷,生活·读书·新知三联书店 1982 年版,第 434、435 页。

只有在这两类社会主义经济单位发展的基础上,才能发展生产力,为以后把集体农庄提高到全民所有制农场的水平创造条件。①

苏维埃农业制度的确立及其特点　　自从 1929 年下半年以来,经过大规模的农业社会主义改造和建设,苏联农村社会经济面貌发生了根本变化。到 1937 年,全国建立起 24.4 万个集体农庄,93%的农户加入集体农庄。建立了 5818 个机器拖拉机站和 3992 个国营农场。消灭了富农阶级。公有经济(包括庄员个人副业)在农业生产性固定基金中的比重达 99.4%(1936 年数据),在农业总产中的比重和在谷物总产中的比重均占 98.5%。至此,苏联确立了世界上第一个社会主义农业制度。其基本特征如下:

第一,消灭了生产资料私有制,建立了公有制——国家所有制和集体所有制,它有三种经济组织——国营农场、国营机器拖拉机站和集体农庄。国营农场和机器拖拉机站的全部生产资料为国家所有;集体农庄使用的土地(包括庄员个人副业用地)为国家所有;其他基本生产资料为集体所有。庄员和农场职工经营个人副业用的少量的生产资料仍为私人所有。另外还有为数极少的个体农户,他们的生产资料,除土地外,为私人所有。

第二,实行高度集中的计划管理。国家给农业企业下达详细的计划指标,包括播种面积及其结构,牲畜头数及其结构,播种、收获期限,主要农艺措施,作物单产和牲畜产品率,总产量和商品产量等。对国营农场和机器拖拉机站,还下达基本建设投资、物资技术供应、职工总数及工资总额等指标。农庄、机器拖拉机站和国营农场根据国家任务编制计划,然后报上级主管机关审批,批准后的计划具有法律效力,必须严格执行。这种计划管理体制,消灭了资本主义农业的生产无政府状态,能够根据国家和人民生活以及生产的需要安排各项农业生产。但是,由于高度集中的指令性指标过多,对农业生产管理过死,也带来不少弊病,严重影响集体农

① 参见 С.П.特拉佩兹尼科夫:《列宁主义与农民土地问题》第 2 卷,苏联"思想"出版社 1974 年版,第 8 页。

庄和庄员生产经营的主动性。

第三,实行集体劳动。农庄、拖拉机站和农场以生产队为基本生产单位,它们有固定的地段、劳力和生产工具等,称为固定生产队。在经营中耕作物的生产队内部还设有固定生产组。每个劳动者都编入生产队进行集体劳动。

第四,实行按劳分配原则。集体农庄按庄员完成的劳动日支付报酬。劳动日值根据农庄收成好坏上下浮动,从而把劳动报酬同当年的农庄收入直接联系起来。国营农场和机器拖拉机站实行计件奖励工资制。

第五,主要商品产品由国家统一收购。采取多种收购方式和收购价格。谷物、肉类等产品实行义务交售制,这是集体农庄对国家应尽的首要义务。它具有税收性质,国家按较低的征购价格支付。经济作物实行合同预购制,国家按预购价格支付,国家向农庄预付一部分预购款,按优惠价格供应必要的生产资料、粮食以及其他消费品。完成义务交售任务和预购合同之外的商品产品,农庄可以按国家收购价格(高于义务交售价格)卖给国家,也可以在农庄市场上按议价出售。农庄支付给机器拖拉机站的实物报酬也是国家集中农产品的一种重要形式。1937年国家收购农庄谷物中各种收购形式的比重:义务交售40.6%、拖拉机站实物报酬45.0%、国家采购14.4%。①

第六,集体农庄、机器拖拉机站和国营农场的管理实行民主集中制。集体农庄的最高权力机关是庄员大会,大会选举农庄管理委员会和农庄主席(后者往往是由上级派到农庄参加选举的)。大会闭幕期间农庄管理由管理委员会和农庄主席负责。国营农场和机器拖拉机站实行一长制管理,场长和站长由上级任命,职工通过工会参加农场和拖拉机站的管理。

第七,庄员和职工有权在规定的范围内经营个人家庭副业,作为公有经济的补充。1937年庄员个人副业收入约占农户收入的1/3。国营农场

---

① 参见苏联科学院经济研究所编:《苏联社会主义经济史》第4卷,生活·读书·新知三联书店1982年版,第493页。

和机器拖拉机站职工的个人副业规模较小,在职工收入中只占很小的比重。

除了上述种种特点外,苏联农业制度还有一个最突出的特点,那就是高度的国家性或国家色彩。作为苏联农业制度主体的集体农庄,虽然在条例上规定为集体所有制经济,但实际上它在许多方面、在很大程度上具有国家所有制的色彩。第一,农业的最基本的生产资料——土地和最重要的生产手段——机器设备,均由国家占有和支配。第二,国家通过下达指令性的计划任务以及机器拖拉机站和其他国家机构的直接干预,掌握了集体农庄经营活动最重要的决策权。第三,国家通过义务交售、拖拉机站的实物报酬等手段,拿走了集体农庄大部分剩余产品。第四,集体农庄的领导人形式上是庄员选举的,实际上是由代表国家的上级领导机关指定或批准的。总之,苏联的集体农庄在很大程度上是由国家建立、管理并为国家主要战略目标——工业化服务的,并非马列主义奠基人所论述和主张的那种由农民自愿建立、自主经营的集体式合作经济,可以说是一种"准国家经济"。正是这一特点,造成了苏联农业发展中的种种矛盾。对此,我们将在第五节中加以讨论。

第三节　农业技术改造和生产的发展

在先进技术基础上改造农业,发展农业生产,这是列宁电气化思想的重要组成部分,也是布尔什维克党和苏维埃政府的一贯政策。自从实行国家工业化以来,特别是随着农业全盘集体化运动的开展,苏联加快了农业技术改造的步伐。其中最主要的是实行农业机械化、电气化,同时积极实行化学化,改良土壤(灌溉和排干),推广良种,实行科学轮作制,等等。

农业机械化的初步实现　为了实现农业机械化,苏联首先抓了拖拉机、汽车、联合收割机和各种机引农机具(以下统称"现代化农机具")的生产和供应。在第一个和第二个五年计划期间,苏联投入大量资金,引进国外技术设备,聘请外国专家,创建了拖拉机厂、汽车厂、联合收割机厂和其他机引农机具厂。现代化农机具生产得到了迅速发展,成为工业中发展最快的一些工业部门。1937 年同 1928 年相比,如果说整个工业产值增长 3.5 倍,生产资料生产增长 5.5 倍,机器制造和金属加工工业增长 10 倍,那么拖拉机产量(按自然台计算)则增长 38 倍(按 1936 年产量计算则比 1928 年增长近 88 倍),机引犁产量增加近 192 倍,机引播种机增长 99 倍,载重汽车增长 243 倍。谷物联合收获机 1928 年还没有生产,1937 年同 1932 年相比,增长 3.4 倍。①

对农业供应的现代化农机具有了显著增加。在 1927/1928 年度以前的十年间,总共供应农业拖拉机 3.1 万台,载重汽车 1000 辆,联合收获机根本没有供应;在 1928/1929 年度至 1932 年五年间,就供应拖拉机 15.4 万台,载重汽车 1.4 万辆,谷物联合收获机 1.4 万台。在 1933 年至 1937 年五年间,其供应量进一步大幅度增加,相应为 40.6 万台、14.2 万辆和 12.3 万台。② 此外还供应了大量的其他机引农机具。

培训农机手和农业技术专家的工作也相应开展起来。1930—1933 年,仅农业人民委员部系统就培训了 190 万名拖拉机手、联合收获机手和汽车司机(以下统称"农机手"),给农庄、农场配备了 11.1 万名工程技术人员和农艺师。1934—1937 年,仅机器拖拉机站常设训练班就为农庄培训了 156 万名农机手。在此期间,每年为机器拖拉机站和国营农场培养拖拉机手和其他工作人员 30 万名。在第二个五年计划期间为农业培养高级和中级农业专家 13.6 万名。③ 为农业培训及输送农机手和农业技术干部的工作是相当可观的。

苏联的农业机械化有了迅速发展。从农业拥有的动力看,不仅弥补

① 参见苏联中央统计局编:《苏联工业统计资料汇编》,苏联国家统计出版社 1957 年版,第 32、203、224、226、230 页。

② 参见苏联中央统计局编:《苏联基本建设统计资料汇编》,苏联国家统计出版社 1961 年版,第 174 页。

③ 参见《斯大林全集》第十三卷,人民出版社 1956 年版,第 292 页;苏联科学院经济研究所编:《苏联社会主义经济史》第 4 卷,生活·读书·新知三联书店 1982 年版,第 479 页。

了全盘集体化运动中造成的农业动力的严重损失,而且有了进一步增长。到 1938 年年初,仅集体农庄、国营农场和机器拖拉机站中的动力就有 3390 万马力,比 1929 年年初全国农业动力总功率多 59.2%。同时全国农业动力的构成也发生了根本变化。1929 年年初,机械动力比重只占 5.2%,到 1938 年年初则提高到 66.7%。[①] 从此苏联农业进入大机器生产阶段。1937 年耕地机械化比重达 71%(1928 年仅为 1%)。谷物生产的主要田间作业初步实现了机械化。用现代化农机具完成的主要田间作业比重的增长情况如表 5-1 所示。

表 5-1　用现代化农机具完成的主要田间作业比重

年份 田间作业	1928	1932	1937
春播作物耕地	1.0	19.0	71.0
春播谷物播种	0.2	20.0	54.3
谷物收获	0.2	10.0	43.8

资料来源:苏联部长会议直属中央统计局:《苏维埃政权四十年的成就》,统计出版社 1957 年版,第 152 页;苏联科学院经济研究所:《苏联社会主义经济史》第 4 卷,生活·读书·新知三联书店 1982 年版,第 481 页。

农业电气化也有了相当大的发展。1937 年农村电站的装机容量达 14.6 万千瓦,比 1928 年增加 4 倍,农业用电量达 3.3 亿度,比 1928 年增加 8 倍多。但电气化的水平还是比较低的。1936 年年底使用电力的集体农庄只占其总数的 3%,机器拖拉机站占其总数的 30%,国营农场占其总数的 10%。[②]

苏联在短短的九年间,农业机械化取得了重大的发展。这是一个辉煌的成就。取得这一成就的客观条件是什么呢? 一是苏联基本上实现了社会主义工业化,有了大量制造拖拉机和农业机器的能力;二是实行社会

[①]　参见苏联部长会议直属中央统计局编:《苏维埃政权四十年的成就》,苏联国家统计出版社 1957 年版,第 148 页;《1958 年苏联国民经济统计年鉴》,苏联国家统计出版社 1959 年版,第 507、522 页。

[②]　参见苏联科学院经济研究所编:《苏联社会主义经济史》第 4 卷,生活·读书·新知三联书店 1982 年版,第 480—481 页。

主义计划经济,国家根据国民经济发展的需要,突出地把生产农业机器作为重点来安排,使其增长速度大大超过其他工业生产部门;三是农业从小生产改造成为集体化的大生产,为在农业中普遍使用机器提供了可能性。可见,苏联在农业机械化方面之所以能迅速取得巨大成就,要归功于社会主义制度的优越性。在工业更为发达的美国,农业的机械化迟至第二次世界大战期间才基本实现。苏联在 20 世纪 30 年代农业机械化的程度堪称世界之首。

　　这里需要指出的是,实行集体化和机械化①的先后次序的问题。这二者本来是相辅相成的,但在实践中往往会有一定的时间差,形成先后次序。在这种情况下,既可以先搞机械化,也可以先搞集体化,并无定规。但二者的时间差不应太大,不应长达十几年,甚至几十年。否则,如果是机械化先行,它不可能得到顺利发展;如果是集体化先行,同样也不可能得到巩固。现在的问题是,苏联究竟是先搞机械化呢,还是先搞集体化呢? 长期以来,我们一直这样认为,他们是先搞机械化,后搞集体化。其实不然。如前所述,实际上他们是先搞了全盘集体化,然后才初步实现了主要田间工作机械化的。他们的特点恰恰在于二者的时间差很小,前后相隔不过几年。机械化的初步实现,成为巩固集体农庄制度的一个重要因素。

　　农业机械化在苏联社会主义农业发展中起了重要作用。但是,苏联的农业机械化也存在不少问题。首先是机械化发展这样快,熟练的拖拉机手和农机手数量不足,跟不上发展的需要,而且流动性很大。1935 年斯大林曾指出这种矛盾,他说,我们已经有了强大的机械化农业,但缺乏能够驾驭这些技术的人才,如果在农庄和农场里、工厂、运输部门、军队里"有足够数量的能够驾驭这种技术的干部,那么我们国家所得到的效果,就会比现有的要多两三倍"②。其次,农机具生产不配套,零部件供应和维修方面也组织得不好。最后,机械化作业的组织工作落后,常发生耕作

---

① 这里所说的集体化是指普遍建立起集体农庄,机械化是指普遍使用机器生产。
② 《斯大林选集》下卷,人民出版社 1979 年版,第 371 页。

耽误农时、工作质量低下的情况。所以,农业机械化的效果并不理想。虽然劳动力有了很大的节约,但单位面积的产量和整个劳动生产率的提高并不显著。

其 他 技 术
改 造 措 施

苏联有 2/3 的农业用地处于干旱地带。旱灾历来是俄国农业的大敌,五年之内要有两三年因遭旱灾而减产;另外还有相当多的土地是低洼地,要经过排干方能耕种。因此改良土壤便成为苏联发展农业的一项重要而又艰巨的任务。在 1928/1929 年度至 1937 年九年间,苏联用于水利建设的投资为 354 亿卢布(1955 年可比价格),比前十年增加 1.4 倍多,占农业生产性基建投资总额的 10.7%。1937 年灌溉面积达 562 万公顷,比 1929 年增加 25.7%;排干面积达 345 万公顷,增加 68.5%。[①] 灌溉面积大部分集中在中亚和南高加索,用于种植棉花。为了保持水土,还营造了一些防护林带。

矿物肥料的生产和供应量迅速增加。1937 年产量达 324 万吨,比 1928 年增加 23 倍;供应量达 313 万吨,比 1928 年增加 12 倍多。[②] 增长速度虽然很高,但对苏联农业来说,其数量是远远不够的,因此苏联把有限的矿肥集中用于经济作物,特别是棉花生产。

开展了良种化工作。1937 年谷物良种面积比重达 41.6%,棉花良种——长绒纤维棉花播种面积比重由 1933 年的 7.5%上升为 1938 年的 65.9%。[③] 牲畜良种的比重也有明显提高。

改进了耕作技术,多区轮作制得到推广。

[①] 参见苏联中央统计局编:《苏联基本建设统计资料汇编》,苏联国家统计出版社 1961 年版,第 158—159 页;《苏联自然条件的伟大改造》,苏联国家地质出版社 1952 年版,第 291 页。

[②] 参见苏联中央统计局编:《1958 年苏联国民经济统计年鉴》,苏联国家统计出版社 1959 年版,第 224、444 页。

[③] 参见苏联中央统计局编:《1938 年苏联良种播种面积》,苏联国家计划出版社 1939 年版,第 4—14 页;苏联科学院经济研究所编:《苏联社会主义经济史》第 4 卷,生活·读书·新知三联书店 1982 年版,第 490 页。

农业生产的发展

在农业集体化和机械化基础上，农业生产得到了发展。开垦了在小农经济和手工劳动条件下难以垦殖的土地，从而扩大了播种面积。1937 年全部播种面积达 1.35 亿公顷，不仅大大超过革命前，而且比 1928 年增加19.7%。播种面积结构也发生了变化，经济作物、饲料作物和蔬菜的种植面积比重增加，谷物比重下降。

随着播种面积扩大，种植业产量也不断增加。1937 年种植业总产值比 1928 年增加 28.2%，比 1913 年增加 50%。[①] 主要产品的五年平均总产量 1933—1937 年同 1924—1929 年相比谷物增长 5.2%，籽棉增加 2.2倍，工业用制糖甜菜增长 84.7%，土豆增长 21%，葵花籽由于调整播种面积结构而减少 32.1%，但仍比革命前多 72.6%。在总产量增长的同时，由于建立了大规模的机械化生产，提高了商品率，商品产量增长十分迅速。1933—1937 年同 1923—1927 年相比，谷物增加 2.5 倍，籽棉增长 3.1 倍，工业用制糖甜菜增加 1.4 倍，土豆增加 2.3 倍，葵花籽下降 12.6%，但仍比革命前高 1.3 倍。

根据上述资料可以知道 1933—1937 年平均商品率：谷物为 40.3%，籽棉为 100%，甜菜为 97.6%，葵花籽为 76.4%。如果说经济作物商品率的提高是以总产量的增长为基础的，那么谷物商品率的提高则缺乏这样的基础。（谷物总产量只增长 5.2%，商品产量增长 2.5 倍）这里除了由于生产规模扩大和机械化水平提高而形成的较高的正常商品率之外，还包含着某种程度的非正常因素，这就使 1933—1937 年国家的收购任务过重，收购率高达 37.8%。[②] 通过增加收购任务来提高商品率，这种办法虽然可以保证国家对粮食的需要，从而使苏联能够在 1935 年取消食品的定量供应，可是却苦了农民。1933—1937 年年平均农村留粮只有 4350 万

---

① 参见苏联中央统计局编：《苏联农业统计资料汇编》，苏联国家统计出版社 1960 年版，第 79 页。

② 参见苏联中央统计局编：《苏联农业统计资料汇编》，苏联国家统计出版社 1960 年版，第 196 页。

吨,仅为 1924—1928 年的 75.6%。① 粮食是农业的基础,农村留粮太少势必妨碍农业,特别是畜牧业的发展。

由于集体农庄和国营农场经营管理不善,机械化等技术改造措施未能取得应有的效果,1933—1937 年农作物的单产大都低于 1924—1928 年水平或低于革命前的水平。

畜牧业由于在集体化运动中受到严重破坏,这期间仍处于恢复的过程中。牲畜头数从 1934 年年初开始恢复,首先是猪的头数开始上升,后来其他牲畜也开始增加。1937 年年初同 1933 年年初相比牛的头数增加 41.8%,猪增加 1 倍多,羊增加 44.2%,马匹也超过 1934 年水平。恢复的速度虽然不算低,但是到 1937 年除了猪超过革命前以外,其他牲畜仍低于战前水平,更低于 1928 年的水平。详见表 5-2。

表 5-2　苏联牲畜头数(年初数字)　　　　(单位:百万头)

年份	牛		猪	羊		马
	总计	其中:奶牛		总计	其中:绵羊	
1916	51.7	24.9	17.3	88.7	82.5	34.2
1928	60.1	29.3	22.0	107.0	97.3	32.1
1929	58.2	29.2	19.4	107.1	97.4	32.6
1930	50.6	28.5	14.2	96.3	85.5	31.0
1931	42.5	24.5	11.7	68.1	62.5	27.0
1932	38.3	22.5	10.9	47.6	43.8	21.7
1933	33.5	19.4	9.9	37.3	34.0	17.3
1934	33.5	19.0	11.5	36.5	32.9	15.4
1935	38.9	19.0	17.1	40.8	36.4	14.9
1936	46.0	20.0	25.9	49.9	43.8	15.5
1937	47.5	20.9	20.0	53.8	46.6	15.9
1937 年占 1916 年的比重(%)	91.9	83.9	115.6	60.7	56.5	46.5

---

①　参见苏联中央统计局编:《1972 年苏联统计数字》,苏联"统计"出版社 1973 年版,第 96—97 页;《1958 年苏联国民经济统计年鉴》,苏联国家统计出版社 1959 年版,第 351 页。

年份	牛		猪	羊		马
	总计	其中:奶牛		总计	其中:绵羊	
1937年占1928年的比重(%)	79.0	71.3	90.9	50.3	47.9	49.5

资料来源:苏联中央统计局:《苏联畜牧业统计资料汇编》,苏联国家统计出版社1959年版,第23页。

畜牧业总产值从1934年开始回升,但是到1937年仅仅达到1928年的79.6%。① 1933—1937年主要畜产品的年平均产量,比1924—1928年和1909—1913年的水平低得多。商品产量虽然超过1924—1928年的水平,但除奶类外均未达到战前水平。

畜牧业恢复缓慢,影响了整个农业生产的发展。1937年农业总产值只比1928年增加8.1%。② 这就是说,从产量增长情况来看,苏联农业社会主义改造和技术改造并没有达到预期的效果。

苏联农业经过社会主义改造,建立起大规模的机械化的农业之后,为什么未能得到迅速发展呢? 主要原因有以下三点。

首先,全盘集体化运动中政策上的失误,使农业生产力受到严重破坏,特别是畜牧业元气大伤,恢复需要有个过程。比如,1937年农业总产值比1933年增加33.7%,平均每年增长7.3%,速度不算低,可是1937年与1928年相比仅仅增加了8.1%。从1933年到1937年畜牧业总产值增长67.1%,平均每年增长13.8%,速度是高的,可是1987年畜牧业总产值仅仅达到1928年水平的79.6%。③

其次,这种农业制度本身存在着严重的弊病。比如,所有制结构单一,集中计划管理过多、过死,劳动组织和劳动报酬不合理,等等。这些都不利于充分发挥农民的生产积极性和主人翁责任感。

---

① 参见苏联中央统计局编:《苏联农业统计资料汇编》,苏联国家统计出版社1960年版,第79页。

② 参见苏联中央统计局编:《苏联农业统计资料汇编》,苏联国家统计出版社1960年版,第79页。

③ 参见苏联中央统计局编:《苏联农业统计资料汇编》,苏联国家统计出版社1960年版,第79页。

最后，更为重要的问题还在于国家对农业的政策。这里主要讲两个问题：一个是农产品收购政策，另一个是农业投资政策。

收购政策问题涉及收购量和收购价格。收购量过大，这在前面考察商品产量时已经谈过了。这里要谈的是收购价格过低的问题。我们说收购价格过低，并不是说所有农产品的收购价格都过低。比如，经济作物，特别是籽棉的价格就不算低，如果考虑到合同预购制的其他优惠条件，籽棉的价格是相当高的。1935 年每公担实际收购价格为 115 卢布。比1928/1929 年的价格提高 3 倍多。① 这不仅足以弥补成本的提高，而且可以提供相当多的利润，因此，促进了苏联棉花生产迅速的发展。而谷物的情况就完全不同了。1929 — 1934 年谷物收购价格基本未动。1935 年将征购价格提高 18%，采购价格提高 20%。② 1940 年每公担谷物的实际收购价格（即征购价格和采购价格的加权平均数）为 8.62 卢布。可是在此期间谷物的生产成本增长得更快。1940 年国营农场的生产成本每公担为 29.70 卢布，按加权平均价格（8.63 卢布）计算，亏损率高达 71%。③ 集体农庄的谷物生产成本，如果庄员劳动报酬按农场工人工资水平计算，显然要高于农场。再考虑到征购价格低于加权平均价格这一因素，那么按征购价格计算的农庄谷物生产的亏损率还要高些。假如按这种低价格实现的谷物数量不多，比重不大，那么这对农庄的收入和扩大再生产也不会有多大影响。然而事实恰恰相反。1936/1937 年度在农庄出售的全部谷物（不包括给机器拖拉机站支付的实物报酬）中，按征购价格交售的谷物占 49.9%，按采购价格出售的占 21.4%，合计共占 71.3%。这就严重地影响了农庄和庄员的收入，挫伤了他们的生产积极性。如果说谷物收购价格在 1928/1929 年度到 1937 年这几年中有所增加，那么畜产品价格则几乎没有变化。尽管畜产品生产成本提高速度没有谷物那样快，但上述

---

① 参见 A.H.马拉菲耶夫：《苏联价格形成史（1917—1963）》，人民出版社 1983 年版，第327 页。

② 参见 П.С.图列茨基：《苏联计划价格形成概论》，苏联国家政治书籍出版社 1959 年版，第 225—226 页。

③ 参见 A.H.马拉菲耶夫：《苏联价格形成史（1917—1963）》，人民出版社 1983 年版，第218 页。

那种情况也在不同程度上存在。国家对农产品实行低价格政策的目的在于为工业化积累资金。可是这样却严重地妨碍了谷物生产和畜牧业的发展。

投资政策问题主要在于农业投资太少,投资方向不尽合理。

1928/1929—1932 年农业生产性投资为 120 亿卢布(按 1955 年可比价格计算,下同),1933—1937 年为 212 亿卢布,比前五年增加 76.7%。[①] 看起来增长速度不算慢,可是同加快农业发展的需要相比,还是远远不够的。苏联的农业用地虽然很多,但也有许多不利因素,如土壤气候条件较差(土质较好的地区缺水,而雨量充沛的地区土质又极差,或者严寒,全国有 2/3 的耕地处于干旱地区,还有相当多的低洼地,无霜期短,等等),农业技术落后,农村基础设施不发达,农民文化水平低,等等。要想加快发展农业,必须克服这些不利因素。而仅仅靠集体化和初步机械化显然是不够的。因此,要解决这些问题,必须进行长期的、大量的投资。以抗旱为例。乌兹别克和土库曼是水利建设比较发达的共和国。要使全国达到乌兹别克和土库曼每公顷播种面积的投资水平,据粗略计算需要把 1933—1937 年的农业投资增加 3.5—4 倍。再以机械化来说,苏联工业机械化水平相对说来是比较高的,但如果要使农业达到工业和建筑业每个从业人员的技术装备程度,据粗略计算,需要把 1933—1937 年农业投资增加 6 倍。[②] 由此可见,农业投资之不足是相当严重的。

由于投资不足,苏联把有限的资金集中用于实现机械化,这不能说没有道理。可是这样势必造成投资结构的某种程度的失衡。1933—1937 年农业生产性投资中,水利建设投资只占 11.4%,其他生产性建筑工程(包括机器设备)占 59.0%,建筑工程预算外的机器设备购置费占

---

① 参见苏联中央统计局编:《苏联基本建设统计资料汇编》,苏联国家统计出版社 1961 年版,第 158 页。

② 参见苏联中央统计局编:《苏联基本建设统计资料汇编》,苏联国家统计出版社 1961 年版,第 56、156 页;苏联国家计委国民经济中央计算局编:《苏联社会主义建设统计年鉴》,全苏组织计算联合公司 1936 年版,第 298 页;《1958 年苏联国民经济统计年鉴》,苏联国家统计出版社 1959 年版,第 654 页。

27.5%,两项合计占 86.5%。① 结果谷物生产机械化水平虽然较高,但是其他措施却没有跟上。这就无法使农业技术改造的各项措施协调起来,不能取得应有的效果。

苏联长期以来重视工业,轻视农业,给农业的少,从农业挖的太多,在国民经济建设方针上没有安排好农业和轻工业、重工业的关系。这是农业长期发展缓慢的一个重要原因。

第四节　苏维埃农业制度的历史意义和矛盾

苏联是世界上第一个完成农业社会主义改造的国家。布尔什维克党通过农业集体化,建立起第一个社会主义农业经济模式,这是一个伟大的创举。

由于集体农庄制度的建立,苏联消灭了最后一个剥削阶级——富农阶级,从政治上、组织上加强了工农联盟,巩固了无产阶级专政。对于处在资本主义国家包围之中的唯一的社会主义国家来说,其意义之重大是不言而喻的。

苏维埃农业制度的建立,推动了农业技术改造,使苏联当时成为农业机械化程度最高的国家。农业机械的广泛应用,扩大了播种面积,提高了劳动生产率和商品率,改善了劳动农民的物质文化生活。

更为重要的是,苏维埃农业制度的建立为迅速实现国家工业化创造了有利条件。农业为工业化提供了大量的资金、粮食、原料和劳动力,为工业发展提供了广阔的市场。

总之,苏联的农业制度对苏联社会经济制度的建立和主要战略目标

---

① 参见苏联中央统计局编:《苏联基本建设统计资料汇编》,苏联国家统计出版社 1961 年版,第 158 页。

的实现起了重要作用。但是,从农业发展的角度来看,苏联这种以集体农庄为主体的农业制度并不理想,它未能把农民的生产积极性充分调动起来。从上节列举的数据看,这一时期农业生产虽有所发展,但十分缓慢,远远落后于工业。

当然,苏联农业落后,有多方面的原因。但农业制度的不合理,是最重要的因素。事实上,在苏维埃农业制度建立的初期就已经暴露出许多矛盾。后来,这些矛盾不仅没有得到解决,而且在很大程度上还有了发展。这里仅就几个具有普遍意义的问题加以分析。

社会主义改造中的冒进问题　　在农业社会主义改造中坚持自愿原则和逐步过渡原则,这是马克思主义创始人明确指出的,也是列宁反复强调的基本原则。这一点,联共(布)中央在理论上是明确的,但在实践中却未能严格贯彻,以致造成一定程度的冒进。这个问题在全盘集体化高潮中表现得最为突出。然而问题并不仅仅表现在这一时期,早在"战时共产主义"时期,在工业国有化和商业国有化方面发生冒进的同时,在农业社会主义改造方面,尽管当时还没有全面展开,也曾出现了一定程度的冒进。例如,在1918年12月召开的土地科、贫农委员会、公社第一次代表大会的决议中曾提出,"为了尽快地按照共产主义原则改造整个国民经济和发展生产力","土地政策的最主要任务就是彻底地、坚决地、广泛地组织农业公社、国营共产主义农场和共耕社,它们的发展不可避免地导致整个农业形成统一的共产主义组织。"同时,代表大会还"号召一切地方的土地机关大力组织土地共耕制"①。1919年2月公布的全俄中央执行委员会《关于社会主义土地整理和向社会主义农业过渡措施》的决定中进一步提出,"为了最终消灭人对人的任何剥削,为了按照社会主义原则建立采用一切科学技术成就的农业,用社会主义精神教育劳动群众,同时也是为了无产阶级同农村贫农联合起来共同反对富农,从使用土地的个体形式向协作形式过渡是必需的。大型国营农场、公社、共耕社以及协作使用土地的其他形式乃是达到

---

① 《真理报》1919 年 1 月 19 日。

这一目标的最好手段,因此应当把个体使用土地的一切形式看作是过时的并正在消亡的形式"①。另外,还有人建议对富农经济实行国有化。等等。可见,加速农业社会主义改造的呼声是相当高的。但是,列宁则清醒地看到俄国农业社会主义改造的艰巨性和长期性。他反复强调,组织集体经济时必须坚持自愿原则和逐步过渡原则,严肃地指出急躁冒进的严重危害,对富农经济实行国有化,"这简直是幻想"。尽管如此,农业社会主义改造的步伐还是大大加快了。到1920年共建立起1万多个集体农庄,比1918年年底增加5.6倍。同时国营农场建设速度也加快了。实践证明,由于经验不足,准备不够,当时的集体农庄和国营农场大都经营得不好,效率不高,不少是"处于名符其实的养老院状态"②。有鉴于此,列宁在1920年10月明确提出:"集体农庄的问题并非当务之急"③,建议共产党员不要热衷于建立公社,"公社应当摆在最后一位,因为建立人为的假公社和划出一些脱离群众的单位是最危险的事情"④。同年12月,他进一步指出,"我们的经济实践表明,应该由个体劳动走向集体劳动,但是我们试验过,走向意味着什么以后,我们不应该马虎大意,而应该懂得,走向是应当的,并且越慢越好"⑤。从而制止了一次大冒进的危险。

从这一段历史回顾中我们可以看到,全盘集体化运动中出现的冒进与"战时共产主义"时期在农业社会主义改造方面出现的冒进颇有相似之处。

在全盘集体化运动中为什么会重犯历史错误呢?这里有着极其深刻的社会、思想根源。这就是,在以小农为主的国家里,小资产阶级的激进思想、农民共产主义思想有着广泛而又深厚的社会基础。一遇到适当条件它就会泛滥起来,以致造成政策上的失误和执行政策中的过火行为。因此,在以小农为主的国家进行农业社会主义改造和建设中,防止"左"倾冒进,防止"胜利冲昏头脑",是一个需要特别注意的问题。然而斯大

---

① B.H.马林、A.B.科罗博夫编:《苏联共产党和苏维埃政府关于经济问题指令汇编》第1卷,苏联国家政治书籍出版社1957年版,第97页。

② 《列宁全集》第三卷,人民出版社1958年版,第478页。

③ 《列宁全集》第四十卷,人民出版社1986年版,第171页。

④ 《列宁全集》第三十一卷,人民出版社1958年版,第304页。

⑤ 《列宁文稿》第三卷,人民出版社1978年版,第359页。

林在这一时期所强调的恰恰是反对和防止右倾,甚至在纠正全盘集体化第一次高潮中发生的严重"左"倾过火行为时,还在强调反对右倾,说纠正"左"倾过火行为是为了更好地反对右倾。这就难以使"左"倾冒进行为得到真正的克服。

苏联的经验证明,要防止和纠正"左"倾冒进错误,必须切切实实地贯彻自愿原则和逐步过渡原则,要对农业社会主义改造的艰巨性和农民的觉悟程度有个清醒的估计,切忌把一部分地区的、先进分子的要求看成普遍的要求。这里的关键是正确估价中农的要求。而在全盘集体化中的主要问题恰恰在于缺乏这种科学的估价,把一部分地区的、一部分农民的要求普遍化。结果无论是在集体化的速度方面,还是在集体经济形式方面,都在某种程度上超出了多数农民,特别是中农所能理解和接受的程度,而集体农庄制度则在很大程度上是靠行政命令建立起来的。

全盘集体化过程中的强迫命令和冒进,并非是一个暂时性的问题。这个问题对苏维埃农业制度的形成和农业生产的发展具有深远的影响。首先,这种在很大程度上是靠上面的敦促、鼓动和行政命令建立起来的制度,削弱或损伤了它的群众基础。加之集体化过程中过激的政治动荡和经济困难,从一开始就损害了集体经济制度的形象,这不能不影响到广大农民群众对这一制度的信赖和感情。其次,全盘集体化过程中的"左"倾思想影响和强迫命令之风实质上并没有得到根本克服,随着苏维埃农业制度的建立,它又在集体农庄和国营农场的经营管理中以新的形式表现出来。

所有制结构
和形式问题

生产资料公有制是社会主义制度的基本特征,建立公有制是农业社会主义改造的基本任务。实行所有制改造必须严格遵循生产关系适合生产力性质和水平的规律,建立与之相适应的所有制结构和形式。然而,苏联建立的单一的公有制并不符合俄国地区广阔、生产力水平参差不齐的现实。

如前所述,在全盘集体化前夕,苏联农业基本上还处于手工劳动阶段,经过技术改造,机械化水平虽然有了明显提高,但不同地区、不同部门间的差别却相当大。这就要求在所有制结构和形式上有相应的差异。然而苏联的集体农庄制度却是千篇一律,在许多地区和部门实际上是超越了生产力的性质,因而也超越了农民的愿望和要求。与此同时,在农场、农庄规模上也出现了片面追求大规模的现象,建立起"巨人"农场,合并了小农庄,这也超越了当时经营管理水平,也是超越生产力水平的一种表现。实际上,这是一种脱离实际、片面追求一大二公的做法。因此,尽管苏联建立了社会主义公有制农业,但其优越性却得不到应有的发挥。

那么在所有制改造方面为什么会出现片面追求一大二公的现象呢?这里除了上面谈到的"左"倾思想的社会根源之外,还与苏联流行的下述种种理论有关。

一种理论观点是把社会主义公有制形式分成不同的等级。国家所有制是高级形式,集体所有制是低级形式;在集体所有制中,公社是高级形式,劳动组合次之,共耕社是最低级形式。而公有制形式的发展规律则是由低级的共耕社向高级的国营农场过渡。这种理论用来说明公有制各种形式的特点和对公有制形式发展趋势的一般论述,并非毫无道理。但是,如果把它作为追求高级形式和单一公有制结构的理论依据则是有害的。

还有一种理论观点,强调社会主义必须建立在统一的基础上。根据这种理论,社会主义制度不能长久地建立在两种不同所有制基础上,即一种是社会主义化的工业,另一种是以生产资料私有制为基础的个体小农经济。一般地说,作为对社会主义所有制结构发展的一般论述,这个理论无疑也是正确的。问题就在于,苏联当时把它作为人为地加快所有制改造步伐,"为苏维埃制度、苏维埃政权建立统一的和牢固的社会主义基础"①的理论依据,这就促使人们追求公有化的高速度和单一的经济结构。

再有一种理论观点,认为农业经营单位的规模必须适应机械化的要求,而且似乎规模越大越能发挥机械化的优越性,因而要建立大规模的国营农场和集体农庄。经验证明,在确定企业合理规模时不能单纯以机械

---

① 《斯大林全集》第十一卷,人民出版社 1955 年版,第 8 页。

化的要求为依据,更不是越大越好,这里还必须考虑到农业的生产特点、地区特点、农民组织程度和经营管理水平等。苏联为实现机械化而片面追求农场的大规模,以致造成大到无法管理的程度,这不能说不是一个教训。

　　所有制结构和形式是由生产力的性质和水平决定的。社会主义生产关系在各国的建立必然有个发展过程。多年来,社会主义国家的改革实践表明,单一的公有制并不就是当代社会主义经济的唯一模式。根据各国具体的生产力发展水平,建立以公有制为主体的多种所有制形式和多种经营方式,顺应客观经济过程的实际,才能使社会主义经济充满活力。

计　划　管　理
体　制　问　题　　苏联在全盘集体化基础上,仿照工业计划管理体制,在农业中也建立起高度集中的计划管理体制。这种体制在很大程度上脱离了集体经济和农业生产的特点。集体农庄是合作经济,独立经营,自负盈亏。从原则上来说,国家无权给他们下达指令性计划任务,但在实际上,国家通过农业机关和机器拖拉机站间接地下达了指令性计划任务。这就损害了集体农庄的经营自主性。更为重要的是,像工业那样,由上级给企业下达各式各样的计划指标也不符合农业生产特点的要求。比如,农业生产的突出特点是,它的经济过程和生物生长过程是结合在一起的,生物生长过程中的情况是复杂多变的,受自然条件的影响很大,对适应时间性(季节性)的要求很强。这样,农业生产比工业生产具有特殊的复杂性,不可能按一套现成的指示图表进行生产。这就要求农业企业和农民、工人有充分的经营自主权,有高度的生产积极性和责任感,能够及时作出决策,组织和投入人力、物力和财力,及时解决生产中发生的种种问题,保证各个环节的工作质量。从实践来看,苏联的农业计划管理体制有两方面的突出特点:一个是国家下达的指标繁多,从播种面积到收获期限,从牲畜头数到产品率,从总产量到交售量,从人力和财力(对国营农场和机器拖拉机站)到物力和技术几乎无所不包。另一个是计划指令,必须严格执行,要修改必须经过上级机关批准。如果说这种计划管理体制在工业中也非尽然合理的话,那么在农业中则更是弊病多端。实践证明,农业中的指令性计划指标往往落空。第一个五年计划农业总产值只完成 58.0%,其他主要指标只完成 32.8%—75.6%。如果说,这个计划受到全盘集体化运动的冲击,那么第二个五年计划也未能实现规定的指标。1937 年是个丰收年,即使这样,"二五"计划规定的 1937 年的主要指标中,除谷物①和籽棉超额完成计划外,其他指标只完成 52.5%—87.0%,总产值指标只完成 77.0%。初看来这只不过是计划的制定和执行的问题,实际上它是这种计划管理体制脱离实际的集中表现。正是为了克服这一弊病,后来在许多国家农业计划管理体制改革中大大减少了指令性计划指标,有些国家则取消指令性计划,实行指导性计划。

尽管 20 世纪 30 年代关于价值规律在社会主义经济中的调节作用问题,在理论界展开了激烈的争论,而且否定观点又占上风,可是农业生产实践表明,单纯靠计划调节,没有经济手段的调节(价值规律的调节)是不行的。因此,在农业计划实践中,在某些农产品生产方面还是利用了价值规律的调节作用,这突出表现在经济作物,特别是棉花生产中。结果证明效果很好。

劳动组织和劳动报酬问题　在公有制农业中组织集体劳动,实行按劳分配是一个复杂的问题。随着集体农庄和国营农场的发展,苏联不断探索、改善劳动组织形式和劳动报酬制度,如建立固定生产队和生产组,实行劳动日报酬制和计件工资制,扩大劳动报酬上两极等级之间的差距,提高劳动日报酬值,实行奖励制,以及组织劳动竞赛,等等。但是问题始终没有得到妥善解决。

一般地说,实行集体劳动,组织分工协作,哪怕是简单的协作也可以提高劳动生产率,这在工业等部门中效果尤为明显。但在农业生产中情况就比较复杂。在某些情况下,如兴修水利、组织不同部门、不同作物生产上的分工协作等,也可以取得较好的效果。但是在日常管理方面(如作物的田间管理、牧畜的饲养等),实行工序上的阶段分工效果就未必

---

① 这是根据当时公布的所谓生物产量计算的,如按后来公布的入仓产量计算,只完成计划任务的 92.9%。

好。因为这种分工,一方面在上下工序交接时难以把情况交代清楚,各工序的质量也难以严格检查;另一方面也不利于提高劳动者对劳动成果的责任感。从农业生产的特点来说,需要有固定人员经营管理固定的地段(或畜群),以便保证各项农活的连续性,随时观察作物(或牲畜)的生长变化情况,发现问题及时解决。从农民心理上来说,固定生产队的规模不宜太大,以便提高农民的责任心,加强相互监督,保证农活质量。苏联虽然建立了固定生产队,并把它作为基本劳动组织形式,但是由于规模太大等原因,这种集体劳动组织形式,也未能充分发挥劳动者个人的积极性。而且,由于苏联实行机器拖拉机站制度,农庄生产中的机械化作业是由机器拖拉机站的作业队来完成的,而其他田间管理工作则是由农庄生产队完成的。这样,耕作质量的好坏就难以明确责任,固定生产队的意义也被削弱了。

根据实践经验,苏联在第二次世界大战前,特别是在战后,集体农庄庄员创造了独立生产小组这种劳动组织形式,这本来是劳动组织上的一个重大改进。但在"左"倾思想影响下,这种创造却被扣上破坏集体农庄制度、破坏农业机械化等罪名而被扼杀了。

在农业中贯彻按劳分配原则也必须符合农业生产的特点。由于农业生产受气候条件变化和生物(作物和牲畜)生长过程中可能出现的病虫害的影响比较大,投入的劳动和最终成果往往有出入。因此,在确定劳动报酬制度时必须考虑到两种因素:一种是工作量;另一种是最终成果,即产量。可是在苏联的国营农场和机器拖拉机站中工人的工资主要是根据完成的工作定额支付的,与最终成果联系不大,而最终成果或者由国家承担(对国营农场来说),或者由国家和集体农庄共同承担(对机器拖拉机站来说),这种"吃大锅饭"的劳动报酬制度显然不利于加强工人对最终成果的关心。这是国营农场和机器拖拉机站经营不善的一个重要原因。在集体农庄中实行劳动日报酬制,这种集体劳动按工分配的办法,在一定程度上贯彻了按劳分配原则,但同样存在平均主义("吃大锅饭")的问题。

上述种种问题集中为一点,那就是苏联这种以集体农庄为主体的农业制度,未能很好发挥广大劳动农民作为土地及其劳动成果的真正主人的积极性和责任感,从而也就不可能充分体现出社会主义农业所应该具有的优越性。

但是,也必须看到,农业的社会主义改造比工商业或城市经济的社会主义改造复杂、困难得多。布尔什维克党没有任何可借鉴的经验,在极其困难、复杂的国内外政治经济条件下,开辟了一条使农业摆脱封建主义和资本主义桎梏、使广大贫苦农民摆脱奴役和盘剥的途径,这无疑是一巨大成就。这条途径尽管存在许多曲折,但它为人们探索更加合理的社会主义农业的发展道路提供了可贵的经验,这本身就是对社会主义事业的巨大贡献,其历史意义不能抹煞。

第 六 章

工业化时期的财政
信贷和国内外贸易

第一节 以工业化为中心的财政信贷

1926—1937 年财
政 信 贷 的 任 务

1925 年 12 月,联共(布)中央召开第十四次代表大会,决定党的中心任务是为社会主义的工业化而斗争,而工业化首先是发展重工业。国家工业化需要大量的资金,特别是重工业投资的需要量更大。农业集体化同样需要国家财政信贷资金的支持。由于当时国际形势日趋紧张,苏联财政信贷除了保证工业化和农业集体化以及完成国民经济全面改造之外,还必须保证大力增强国防实力的投资。

列宁指出:"任何社会制度,只有在一定阶级的财政支持下才会产生。"①社会制度的巩固,同样也需要财政的支持。财政信贷乃是苏联整个社会主义建设中具有重要意义的一环。

为了保证社会主义工业化和农业集体化获得必需的资金,财政信贷的任务不仅在于对国民经济各部门已经创造出来的收入实行分配和再分

---

① 《列宁选集》第四卷,人民出版社 1972 年版,第 683 页。

配以及动员和分配居民收入(包括居民储蓄在内),并且要在提高劳动生产率,降低产品成本和流通费用的基础上,促进国民经济各部门的发展。生产的发展,是增加积累和建设资金的根本途径。1926—1937年,苏联财政资金得到大幅度增长。这固然同合理分配资金、限制消费增长速度等原因有关,但和整个经济得到较快发展是直接相连的。1926年10—11月举行的联共(布)第十五次代表会议指出,固定基金增长速度是由多种因素决定的,而占首位的是增加社会主义工业积累。

1926—1937年,苏联对财政收支项目不断修改。1930年税制改革前财政的主要收入项目有:税收收入(包括所得税、营业税、超额利润税、个别税等),非税收入,公债收入,国家社会保险收入,其他收入;1930年税制改革后,财政的主要收入项目有:周转税、利润提成、企业和组织的税收、居民税、公债收入、国家社会保险收入、其他收入。

1930年税制改革后的税收组成如表6-1所示。

表6-1　1930年税制改革后的税收组成

缴款名称	纳税义务人
周转税	公营经济的企业(国营企业和合作社企业)
合作社所得税	各种类型合作社(集体农庄除外)
营业税	私人经济
居民所得税	具有收入的一切居民(农民除外)
非正常利润税	由于抬高物价而获取利润的私人经济
农业税	集体农庄、集体农庄庄员、个体农户

"一五"计划期间与"二五"计划期间,财政支出项目变化不大,其主要项目是:国民经济拨款(包括工业、农业、运输业、邮电业、商业、公用事业等),社会文化设施拨款(包括文化、教育、卫生、体育等),国防开支,公债开支,其他支出。

财政资金的主要来源　在资本主义国家,实现工业化的资本来源,是靠剥削掠夺本国和别国人民。在社会主义的苏联,工业化资金的来源是内部积累。列宁曾多次指出,社会主义的积累是我国工业化唯一的道路。

公有经济的收入,主要是社会主义工业的收入,是"一五"和"二五"期间苏联财政资金的主要来源。第一个五年计划的财政计划规定的各项财政资金的总额为916亿卢布,其中社会主义企业和组织上缴709亿卢布,占77.4%;吸收居民的资金173亿卢布,占18.9%。第二个五年计划的财政计划规定的资金总额大大地超过"一五"计划的相应指标,达到4105亿卢布,其中社会主义经济的积累仍占主要部分,达2730亿卢布(如包括折旧提成与其他收入则为3109亿卢布),占资金总额的76%左右,吸收居民资金的数额也大幅度增加,达到446亿卢布。

十月革命后,在很长一段时间里,苏联财政资金的积聚主要是通过税收杠杆实现的。1930年以前,存在多种经济成分,社会主义经济成分比较薄弱,生产和价格的计划水平较低,这些因素决定了纳税的多样性(即税种繁多)和课税的多次性(即同一商品要在几个环节上纳税),这给财政工作带来了很大困难,税收欠缴量也不断增多。1930年以来,随着社会主义工业化和农业集体化运动的顺利发展,生产资料所有制性质发生了深刻变化。社会主义经济成分极大地增长了,而私有制经济成分急剧缩减。因此,在多种经济成分并存时期所实行的种类繁多的、多次性课税制度已经不能适应变化了的社会经济结构。尤其是,社会主义工业化和优先发展重工业需要大量资金。这就决定了改革现行税收制度的必要性。

1930年9月,联共(布)中央和苏维埃政府通过了税制改革的决议。改革的主要内容是,把对国营和合作社企业征收的名目繁多的税种合并为周转税和利润提成两项。改革前的50多种不同税收(如营业税、消费税、印花税等)被合并成一项统一的周转税。课税手续大为简化,商品不管经过多少流通环节,只征一次周转税。当时实行的是部门统一税率,凡属于同一部门的工业联合组织,其产品均按统一的平均税率课税。纳税者是国营企业、合作社企业和组织。

同时,对国营企业规定了利润提成。利润提成是由所得税、银行长期信贷付息等七种缴款合并而成的。决议规定的利润提成比例,除了国营

商业为 84%、国家银行为 50%、水上运输为 30% 外,其余国营企业均为
81%。利润提成上缴预算后余下的部分留归企业支配。按 1930 年税制
改革的规定,留归企业的利润,除用于奖励基金外,全部上缴国家预算,这
种做法当然不能促使企业去关心生产经营的效果。

改革后的预算缴纳制度,经过一段时间的实践,到了 1931 年又作了
局部的调整,完善了新的税收制度。(1)将统一的部门周转税率改为按
商品规定的税率,因为周转税采用部门统一的税率后,出现了苦乐不均的
现象,有的产品利润过多,有的产品亏损。不同企业之间也有类似情况。
周转税的结算制度也由自动的集中结算改成非集中结算制度,即由国家
银行按计划周转额将周转税划归预算收入改为由企业按实际周转额与预
算结算。财政机关只负责监督周转税的及时、足额缴纳。(2)改为按不
同的企业规定不同的利润提成率,其高低是按企业扩大再生产所需资金
多寡而定,最高为 81%,最低为 10%。调整的结果是,整个国营工业企业
的利润提成率降低了,留归企业的利润额有所增加。但 1931 年调整后的
企业权力仍然很小。

当时苏联经济学界认为,上述周转税和利润提成双重渠道的预算缴
纳制度有如下几方面的优点。

首先,规定用周转税的形式向国家预算缴款,使国家预算有了稳定、
及时、均衡的收入来源。周转税的上缴数量取决于商品销售额的大小,这
是一种在商品价格中硬性规定的情况下直接上缴国家预算的货币积累。
随着商品销售额的增长,在税率不变的情况下,国家预算中的这一部分收
入仍能稳定地增加。

其次,利润中留归企业支配的那一部分,按批准的财政计划使用。超
计划利润上缴部分的百分比则比计划利润上缴的百分比小得多。超计划
利润留归企业的部分可达 50%,目的是促使企业的领导者和职工都去关
心巩固经济核算制,降低产品成本,以提高赢利率。

最后,这种缴纳制度能保证有效的财政监督。周转税能对生产计划
和商品流转计划的完成进行监督。因此,以周转税形式上缴预算的过程
是与完成国家经济发展计划有机地交织在一起的。利润提成能够督促企

业不仅要完成产量计划,而且更要完成降低成本等质量计划,促进企业从各方面厉行节约,提高经济效益。财政机关对企业与利润提成有关的一切业务进行监督,并对企业的数量和质量指标完成情况负有督促和检查的责任。

总之,对 1930 年的税制改革,当时的反应是好的,认为它促进了生产的发展,增加了财源,保证了资金及时地集中到国家手中。这种以周转税和利润提成双重渠道上缴国家预算的制度一直实行到 1965 年的经济改革。

在社会主义工业化的年代里,苏联经济建设所需资金,主要是通过如下途径筹措的。

第一,工业内部的积累对推进工业化起着重要的作用。1927/1928 年度工业内部积累(包括利润、折旧以及其他内部资金)用于工业的投资占全部投资的 39.5%,1928/1929 年度上升到了 41.5%。其他经济部门如林业、公用事业、合作社等的利润,集中到国家预算的部分也不小。

第二,财政对私人企业以及资本家的利润进行再分配,加重对它们的征税,以此来筹集社会主义工业化所需要的资金。1926 年对所得税进行改革后,采取了按总收入征收累进所得税的措施,提高了对资本家课征累进税的税率。1927 年、1928 年修改了课税制度,进一步提高了对资本家的课税率,最高税率达到 81%。对资本主义经济征收的营业税税率也比对国营和合作社经济高得多。从 1926 年起,对抬高物价、从事投机活动以及其他手段获得暴利的资本家课征超额利润税,并加征特税等其他税捐。苏维埃政权对资本主义经济征收高额赋税,一方面是为了从资本主义经济成分中最大限度地获得社会主义工业化所需的资金;另一方面是利用一切经济手段将私人资本从生产领域和流通领域排挤出去,对不法资本家则从经济上给予沉重打击,贯彻执行联共(布)对资本主义经济成分进行限制、排挤和消灭的政策。

第三,为了筹集社会主义工业化所需的资金,国家还通过财政动员居民手中的部分货币资金。具体措施是:对工人、职员、合作化手工业者课所得税;动员居民认购国家公债。同时,鼓励居民在银行储蓄,征集社会

上的闲散资金。当时公债是苏联国家财政资金的主要来源之一。苏维埃
政府曾经发行了各种形式的公债,其中包括工业化公债。1929/1930 年
度和 1925/1926 年度相比,国家公债收入增加了 7.8 倍。公债收入占国
家预算收入总额的比重由 1925/1926 年度的 3.4%提高到 1929/1930 年
度的 9.2%。1936 年,国家对居民已认购的所有公债的条件作了变更:公
债利息下降到 4%,归还期延长到 20 年。这是因为当时商业的零售价格
开始降低,偿贷利息下降。除公债外,居民在银行的存款总额,由 1926 年
10 月 1 日的 0.64 亿卢布增加到 1933 年 1 月 1 日的 9.74 亿卢布,即增加
了 14 倍。财政动员和征集的居民货币资金对苏联的社会主义工业化曾
经起了不可忽视的作用。1927/1928 年度至 1932 年仅居民税收和公债
收入两项就占预算收入总额的 20%左右。

第四,农业是工业化资金的一项重要来源。高征购、低价格以及各种
赋税,是当时苏联筹集工业化资金的重要手段。关于这方面的情况,以上
两章已有说明,这里不再赘述。

高度集中的
预算体制

　苏联国家预算可以说是一种筹集实现国家职
能所需资金并按国民经济计划进行分配的国家财
政计划。国家预算的结构及处理有关各级单位之
间相互关系的规章制度,构成苏联预算体制,它是苏联整个财政体制中起
主导作用的一个组成部分。

1924 年颁布的苏联宪法规定,苏联国家预算分为联盟预算、加盟共
和国预算和地方预算三级,同时确立了财政资金在各级预算之间的分配
原则。苏联中央执行委员会批准统一的国家预算,规定联盟税捐以及联
盟预算收入与加盟共和国预算的分成。1924 年 10 月苏联中央执行委员
会二届二次会议批准的苏联国家预算法,进一步规定了三级预算的收支
范围。

按各级预算划分的预算收入分为固定收入、分成收入和预算补贴。
企业缴款按企业的隶属关系全部或部分地固定划为某一级预算,即为该
级预算的固定收入。联盟预算收入的主要部分来源于固定收入。联盟预
算将自己收入的一部分划归固定收入不足的下级预算,这就构成了加盟

共和国预算和地方预算的分成收入。例如，1931年苏联中央执行委员会
和人民委员会决定将周转税作为联盟预算与加盟共和国预算和地方预算
的分成收入。当加盟共和国预算和地方预算的固定收入、分成收入尚不
能弥补其支出时，由上级预算划给下级预算一定的补助金，这就是预算
补贴。

　　预算支出也是按三级划分。联盟预算支出主要是用于发展工业、交
通运输、对外贸易、科学技术、国防等需要。加盟共和国预算支出主要是
用于发展工业（多半是轻工业）、农业、合作社商业、公用事业、社会文化
和教育等。地方预算支出主要用于发展住宅、公用事业、社会文化福利、
卫生、体育等。

　　从苏联联盟预算与加盟共和国预算、地方预算之间具体的收支划分
范围来看，国家预算资金大部分集中于中央。1926年到1937年是苏联
历史上国家预算资金高度集中的时期（见表6-2）。

表6-2　中央预算与地方预算的比例①

年份	国家预算支出	联盟预算支出		地方预算支出	
	数额（百万卢布）	数额（百万卢布）	占国家预算支出的比重（%）	数额（百万卢布）	占国家预算支出的比重（%）
1926/1927	5779.5	3259.6	56.4	2519.9	43.6
1927/1928	7205.1	4307.9	59.8	2897.2	40.2
1928/1929	8783.6	5333.9	60.7	3449.7	39.3
1929/1930	13322.3	8424.6	63.2	4897.7	36.8
1930	5038.2	3773.0	74.9	1265.2	25.1
1931	25097.0	19015.8	75.8	6081.2	24.2
1932	37995.1	30053.4	79.1	7941.7	20.9
1933	38229.0	29392.5	76.9	8836.5	23.1
1934	51366.7	39599.4	77.1	11767.3	22.9
1935	68948.3	52197.3	75.7	16751.1	24.3

① 参见普洛特尼科夫：《苏联国家预算概论》，苏联财政出版社1954年版，第158、215、423、437、440、535页。

续表

年份	国家预算支出	联盟预算支出		地方预算支出	
	数额 （百万卢布）	数额 （百万卢布）	占国家预算支出的比重（%）	数额 （百万卢布）	占国家预算支出的比重（%）
1936	86632.1	62250.6	71.9	24381.5	28.1
1937	100964.2	69956.9	69.3	31007.3	30.7

注：联盟预算相当于中央预算，地方预算包括加盟共和国预算。

从表6-2可以看出，1926—1932年，预算资金发展的总趋势是联盟预算占的比重越来越高，从1926/1927年度的56%上升到20世纪30年代上半期的70%以上，1932年接近80%。造成这种预算分配的格局，主要是因为当时苏联正处于大规模经济建设的高潮，为了奠定社会主义工业化的基础，需要建设一批规模巨大的骨干企业，尤其是大型重工业企业，显然，这样巨额的基建投资不是地方财政所能承担的。

第二个五年计划后期，苏联政府注意到了发挥地方财政的积极性问题，采取了一些措施来扩大地方政权机关实施预算的权力，提高了地方预算的作用。但从总体来看变化不大，财权仍然高度集中在中央。

这一时期苏联财权的高度集中，不仅表现在中央预算和地方预算之间的关系上，而且还表现在国家与企业之间的关系上。通过税收和利润提成把国营企业和组织的纯收入集中到国家手中，也就是联盟预算中，而这些企业和组织所需要的费用则由国家预算拨给。这就是所谓的财政上的统收统支制。它是苏联整个经济体制的一个突出特点。

财政信贷对实现工业化和农业集体化的作用　　财政在国民收入分配和再分配中所起的作用在财政计划的开支结构中集中地得到反映。"一五"计划的财政计划中，用于国民经济各部门的拨款达到苏联历史上空前的规模，为568亿卢布，约占整个财政开支的62%；管理和国防开支为72亿卢布，约占8%。实际上，后来对国民经济各部门的拨款，无论是绝对额还是比例都超过了计划的规定。在"一五"计划的四年零三个月中，达到803亿卢布，占整个财政开支70%左右。其中对工业、交通运输和邮电业的拨款增加到 541 亿卢布,占整个财政开支的 45%;对农业的拨款也从计划规定的 73 亿卢布增加到 151 亿卢布,增加 1 倍多,其比重也从原计划的 8%提高到 12.6%。与"一五"计划比较,"二五"计划对于国民经济各部门的拨款,规模大得多,比"一五"财政计划增长 2.9 倍,达到 2214 亿卢布;用于社会文化设施的拨款为 754 亿卢布,增加 2.5 倍;用于管理和国防的开支增长 1.6 倍,达到 190 亿卢布。苏联通过财政渠道集中了实现社会主义工业化和农业集体化所必需的资金。

国家财政对国民经济各部门的拨款的最重要任务是保证基本建设投资。1926—1937 年,国家对国民经济各部门的拨款大幅度增长,这使基本建设投资也能够大量增加。为了加速实现工业化,苏联政府通过财政拨款把大量投资用于工业,特别是重工业部门。1926—1932 年,国家财政对工业的投资总额为 280 亿卢布,其中对重工业的投资额约 245 亿卢布,占工业投资总额的 87.5%。1932 年与 1925/1926 年度比较,对国民经济各部门的财政拨款增加 19 倍以上,其中对重工业的拨款则几乎增加49 倍。随着工业化基础的逐步建立,到第二个五年计划时期,国家对工业部门的投资虽然继续大幅度增加("二五"计划与"一五"计划比较,对工业部门的基本建设投资增长 1.8 倍),但对重工业部门投资的增长速度(1.5 倍)低于对轻工业部门投资的增长速度(3.6 倍)。

除了对国民经济各部门,特别是重工业的财政拨款大量增加外,苏联政府还通过财政调节促使企业用于基本建设的自有资金不断增长。1933年,该项资金达到 16.4 亿卢布(其中重工业为 10.6 亿卢布),1937 年增加到 37 亿卢布(其中重工业为 26.8 亿卢布)。工业企业自有资金在基本建设投资总额中的比重也相应地从 1933 年的 20.2%增加到 1937 年的35.5%(重工业的相应比重从 16%提高到 32.9%)。

随着基本建设投资迅速增长,苏联政府认为对建设资金的使用必须加强管理和监督。为此,对银行信贷体制需要进行重大的改革。

如前所述,十月革命胜利后,苏维埃政府立即将银行收归国有。但银行信贷体制的创建是在新经济政策时期。1921 年 10 月首先成立了国家银行。1922—1924 年建立了专业银行,如俄罗斯工商股份银行(后来改为工业银行)、电业银行、对外贸易银行、中央公用事业银行等。此后,又成立了地区性银行,如东南银行、远东银行、中亚细亚银行等。国家银行是苏联银行体系中的主要环节,它主要发放短期贷款。专业银行既发放短期贷款,又发放长期贷款。地区性银行也同样如此。这种多环节、多渠道的信贷制度,造成资金分散,使银行不能充分发挥其监督作用。20 世纪 30 年代初,苏联对银行信贷体制进行了改革。改革的最主要内容是,制定统一的国家信贷计划,把全部短期信贷权力集中在国家银行手中,其他银行都停止这项业务。改革后的国家银行有三项主要任务,即办理短期贷款、非现金结算和现金出纳业务。同时,把各地的地区银行改变成为国家银行的分支机构(即分行)。国家银行的短期贷款,主要是给国营企业的临时性和季节性贷款。改革后,长期贷款只给集体农庄和集体所有制企业,而国营企业所需要的基本建设投资,银行不再予以贷款。

1926 年,在工商业银行设立了工业长期贷款处。1928 年又将工商业银行改为长期贷款银行。上述银行对长期贷款都采用专用基金。这种基金由工业部门的利润以及国家预算拨款两部分资金组成,并以长期贷款形式发放基本建设投资,专款专用。以上这些调整措施,仍适应不了形势发展的需要。为了使国家进一步把资金集中用于优先发展重工业和国防工业,并监督资金的有效使用,1930 年 5 月苏联政府决定对国营工业企业、交通运输业等的基本建设投资,由银行贷款一律改为财政无偿拨款。

1930 年苏联基本建设拨款制度的改革,既有实践中的需要,也有理论指导上的原因。当时,有一种理论,认为在社会主义制度下之所以需要银行信贷,主要是由于社会主义制度存在全民和集体两种所有制形式。国营企业的利润收入和预算资金都是全民所有,因而对国营企业的基本建设投资由国家财政按照国民经济计划进行分配是最恰当的。同时,他们还认为盈利已经不是社会主义企业的主要经营原则,基本建设投资也无须再考虑盈利。因此,有偿贷款和支付利息也就毫无意义了。而且,基本建设投资采取长期银行贷款的形式会使国家财政手续复杂化,而基本建设投资由国家财政无偿拨款,国家与企业之间的资金往来关系就大为简化。从 20 世纪 30 年代初一直到 20 世纪 60 年代中,在长达 30 多年的时期内,苏联基本建设投资制度虽经多次大小不同的调整,但是基本上沿袭了 20 世纪 30 年代的由财政无偿拨款的做法。

财政信贷机制不仅在保证工业化建设,而且在保证农业集体化的实现方面也起了重大作用。首先,向国营农场和集体农庄提供无偿的财政资助。根据 1928 年 4 月联共中央政治局的决议,在全国各地建立了国营农场。在这一过程中,国家财政拨款起了重要作用。从 1927/1928 年度至 1929/1930 年度,三年共拨款 11 亿卢布以上。在农业集体化过程中,财政给集体农庄的无偿拨款为数也很大。1927/1928 年度至 1929/1930 年度的三年中,这项拨款额达 7 亿多卢布。第二个五年计划是全面实现和巩固农业集体化时期,对于集体化农业的预算拨款在增长速度方面超过了对整个国民经济的预算支出的增长速度。1937 年与 1933 年比较,前者增长 130%,后者增长 73.3%。

其次,发挥税收的经济杠杆作用来支持农业集体化。1928 年,苏维埃政府决定对农业税进行重大的改革。1928—1929 年的农业税法规定,对集体农庄征税轻于对个体农户,对共耕社减税 20%,对农业劳动组合减税 40%。而且,对集体农庄的优惠待遇年年增加。例如,对集体农庄征收农业税的免征点提高到每人年收入 30 卢布。1930 年规定,对集体农庄的役畜和集体农庄庄员个人所有的母牛、猪、羊、禽都予以免税两年。对集体农庄的菜园专门规定了减免税的办法。1931 年又规定集体农庄的贸易收入额全部免税,农业劳动组合的税率降低 3%。1929 年对中农征收的农业税也给予了不少优惠待遇,例如,耕地比上年增长的部分免予征税;因进行农业生产改革,也可减少课税额。

对富农则课征重税。1928 年开始对富农实行个别税,即按每个农户的实际收入征税。对收入超过 300—400 卢布的富农户征收附加税(幅度为 5%—25%)。1929 年,对全部富农都征收个别税,取消对富农的任何税收优待。20 世纪 30 年代初,对富农按农业税额的 200% 征收一次性税收。

由于对集体农庄的税收实行一系列优待办法,集体农庄和富农的征税额出现了巨大的差距。1932 年,集体农庄平均每个农户的征税额为

9.8卢布,个体农户为26.9卢布,而富农户则为313.7卢布。税收对促进和巩固农业集体化起了重要作用。

此外还确定了有利于集体化的农业信贷政策。农业集体化时期,农业信贷的基本任务是促进贫农和中农走集体化的道路。早在1926年、1927年就设立了贫农贷款基金、农业集体长期贷款基金以及农业单位贷款的特别基金。

为适应全国新形势的需要,1928年对农业信贷制度进行了改革。这次改革的目的是使银行贷款大大有利于集体农庄的建立和发展,有利于贫农和中农,有利于限制、排挤甚至消灭富农。银行开始对贫、雇农提供无息贷款,解决他们加入集体农庄和其他合作社的入社费和股金。对集体农庄和贫农贷款的利息大大降低了,如短期贷款利率从1925年的12%降低到1929年的7%,长期贷款利率也从7%降低到4%。"一五"期间对农业信贷援助总额为26亿卢布,"二五"期间增加到30亿卢布。

苏维埃政权还采取财政措施来促进农业生产资料生产的发展,促进拖拉机站的建立和巩固。为了建立拖拉机站,20世纪30年代初财政拨出了20亿卢布的投资。

第二节　社会主义商业的建立和发展

消费品供应与贸易　　苏联在社会主义工业化时期,商品供应量和居民有支付能力的需求之间,出现了严重的比例失调。据苏联经济学家计算,1926—1927年度,工业消费品供应不足的数额大致为2.7亿—3.7亿卢布。"一五"计划开始后,情况变得更加严重。随着生产和建设规模的扩大,职工人数迅速增加。1932年和1928年相比,职工总数增加1倍多,劳动人民的年平均工资也提高1倍多。结果职工的工资总额增加了3倍,大大超过计划规定的指标。与此同时,消费品生产的增长速度却远远落在后面。1932年,工业中甲类产品比 1928 年增长 173%,乙类产品只增长 56%,没有完成计划规定的指标。农业生产不但没有增长,反而明显下降了。加上交通运输和商业部门的组织工作也尚落后,使许多最终产品不能及时到达消费者手中,进一步扩大了商品供需失调的矛盾。据估计,到 1932 年,居民有100 多亿卢布的货币购买力当年在市场上不能实现,若把往年累积的剩余购买力计算在内,则差额更大。与此同时,与每 100 卢布商品周转量相适应的货币流通量大大增加了,从 1928 年的 11.7 个卢布增加到 1931 年的 17.2 个卢布,即增长 50% 左右。"二五"计划初期,商品供需严重失调的状况继续存在。

在这种情况下,苏联政府不得不于 1929 年 1 月开始对城市居民实行粮食等商品的定量配给制。最初在列宁格勒,1929 年 3 月起,在莫斯科和其他城市发放粮食配给证。从 1929 年第二季度开始,配给的范围扩大到糖,以后又扩大到某些工业用品。到 1934 年,配给的商品,除面包、粮食、黄油等外,还包括棉布、肥皂等许多主要工业日用品。而且,配给制度推广到几乎全部城市居民。

配给制严格贯彻阶级原则和生产原则。配给证只发给以劳动收入作为自己生活来源的人。没有获得配给证的非劳动居民按高价供应面包和其他食品。对生产部门的工人,特别是从事繁重的体力劳动者,以及相当于生产部门工人的某些劳动者规定了较高的供应定额。如 1929/1930 年度,对从事繁重体力劳动的工人每天供应烤制面包 1 千克,对其他所有工人每天供应 800 克,其余城市居民为 400 克。公共饮食业出售的面包不在其中。副食品配给在工人和居民间也有所不同,如 1930 年,工人占莫斯科居民总数的 34%,却得到相应的肉类供应量的 47%、青鱼供应量的55%、油脂供应量的 45%。

为了加强配给制与生产的联系,建立了内部配售店网,为企业职工服务。在煤炭、冶金、机器制造、石油以及铁路、水运等部门设立了独立的内部工人消费合作社,为这些部门的职工服务。1932 年还设立了大约 700个供应专家和工程技术人员的内部配售店。1932 年后,苏联政府为了提高工业劳动生产率以及和严重的工人流动现象作斗争,又提出了"把供应机关变为生产战线"的口号,把消费品供应与生产任务完成情况直接联系起来,使大部分工人消费合作社变成各企业的组成部分。

在实行配给制的同时,苏联在城市开设了按高价出售短缺商品的"营业商店"。其目的是通过高价销售商品,吸收社会上多余的购买力,同时改善那些收入较多的居民的物质供应状况。从 1929 年 12 月开始,按高价出售棉织品、毛织品、针织品、围巾、服装等商品。从 1931 年起,按高价出售其他配给供应的工业品。此外,面粉、鱼制品、动物油、肉制品、糖果点心、茶叶等也按高价出售。1930—1931 年只在城市开设这种商店,到 1932 年又在农村设立了这种商店。因此,在整个零售商品流转额中,"营业商店"占的比重不断提高,1931 年为 3%,1932 年为 10%左右,1934 年上升到 24%。这样,在中央计划掌握的主要工业品的商品基金中,配给制供应量的比重从 1933 年的 79.3%降到 1934 年的 66%,"营业商店"供应量的比重也相应由 20.7%上升到 34%。可见,"营业商店"已不是辅助性的供应组织,而是城市中商品的主要供应网之一。

苏联在农村全盘集体化运动完成之前,在全国各地就存在着集市贸易市场,供个体农民销售剩余农产品。农业集体化运动开始后,联共(布)中央于 1930 年 3 月致各地党组织"关于和歪曲党在集体农庄运动中的路线作斗争"的信中,指示各地党委不得取缔或阻碍集市贸易。1932 年 5 月,随着集体化运动的基本完成,联共中央和苏联人民委员会的联合决议又规定,集体农庄和集体农庄庄员在完成规定的采购计划后,可以畅行无阻地销售多余的粮食和肉类。参加集市贸易的个体农民便为集体农庄和集体农庄庄员所代替,集市贸易也改称为集体农庄贸易。1932 年年底,其营业额达 75 亿卢布,为当年全部商品零售额的 15.7%,1935 年达 145 亿卢布,三年中增长 1 倍左右。实物量增长得更多,1932—1934 年增加了 2—3 倍。在集体农庄贸易中销售的主要是肉类、奶类、水果、蔬菜和土豆。1932—1936 年,肉类和奶制品占全部集体农庄贸易额的 33%,蔬菜、水果、土豆合占 30%左右。

可见,20 世纪 20 年代末至 30 年代上半期,苏联对居民实行配给制时期,曾存在三种形式的零售贸易渠道:一是按配给额向居民出售食品和工业品的配给商业;二是向居民按高价出售商品的非配给商业;三是农村和城市中的集体农庄市场贸易。与此相适应,也存在三种不同水平的零售价格:配给价、"营业商店"价和集体农庄市场价。凡实行配给制的商品,一般都实行双重价格,即配给价和"营业商店"价。配给价格最低,而且在1932年前,配给价基本稳定。"营业商店"的价格也是由政府的有关部门规定的。需要指出的是,苏维埃政府设立"营业商店"还有调节集市贸易价格的意图,因而"营业商店"的零售价和集体农庄市场上自发形成的供求关系之间,具有比较密切的联系。"营业商店"的零售价格必须低于集体农庄市场上的价格,否则便不能对后者起应有的抑制作用;但相差又不能太多,否则会对"营业商店"造成过分的冲击。从这个意义上说,"营业商店"的价格是受集体农庄市场价格制约的。例如,1932年面包、动物油、肉类等的"营业商店"价,比集体农庄市场价格低30%左右。1932年至1933年年初,配给价格和"营业商店"价格、集体农庄市场价格之间的差距最大。当时莫斯科面粉的集体农庄市场价格比配给价高23倍,"营业商店"的稞麦面包价也为配给价的20倍左右。此后,由于生产的发展,苏联政府采取逐步缩小配给价和"营业商店"价差距的政策。1934年10月,在莫斯科和列宁格勒等城市,"营业商店"稞麦面包和小麦面包的价格各为配给价的4倍和2.9倍。随着经济形势逐步好转,苏联政府能够把更多商品投放到"营业商店"中去,这使"营业商店"的价格进一步下降,集体农庄市场价也就随之降低,许多地方甚至出现了某些商品的集体农庄市场价低于"营业商店"价格的现象。

　　苏联实行配给制期间,多种零售价格并存及其相互关系,对于国民收入的分配、再分配,有着重要影响。由于"营业商店"价格比实行配给制前的同类商品价格高出很多,而有关工业品的出厂价格在此期间却没有多少变动,"营业商店"价格和出厂价之间的差额,就成为当时苏维埃政府取得巨额周转税的重要来源之一。周转税数额增加了,能够将其中的一部分用作重工业部门的财政补贴,同时有可能在集体农庄市场按较高价格进行农产品"非集中采购"的开支。"非集中采购"所得农产品的很大一部分又在"营业商店"出售,以回笼城市居民手中多余部分的货币。

　　实行配给制,在商品严重不足的情况下,对保证居民生活必需品的供应起了积极的作用,但同时也带来一系列问题。例如,对消费者的服务质量降低,商业工作人员的劳动生产率下降,流通费用提高,并引起劳动报酬中的平均主义现象,不利于贯彻按劳分配的原则,等等。这些对于社会主义经济建设的进一步发展具有消极的影响。随着农产品和工业消费品生产的增长,以及各种形式的零售价格逐步趋于一致,从1935年1月1日起废除了对居民面包、面粉和去壳粮的配给制,1935年10月1日起又废除了肉和肉制品、油脂、鱼和鱼制品、糖、土豆等的配给制,从1936年1月1日起废除了非食品商品的定量供应。到此,配给制便完全取消了。

　　配给制取消后,在苏联实行统一的零售价格。由于统一的零售价格普遍地高于配给制价格,因而,在废除配给制的同时,提高了职工的工资、学生的助学金以及失去工作能力者的抚恤金。

　　1926—1937年,零售商业中工农业产品的比价在不同时期有着不同的发展趋势。1926—1932年,零售商业中的工农业产品比价的变化是有利于农产品的。1933年起,"营业商店"价格开始下降,其中农产品价格的下降幅度则大于工业品价格的下降幅度。集体农庄市场上的产品价格也开始较大幅度地下降。至于农产品的采购价格,1932—1933年苏联政府对谷物、畜产品等主要农产品实行征购时,是按照1928/1929年度的采购价水平来确定征购价格的,从此直到1953年,农产品征购价格基本上没有变动(只是在1932年畜产品价格稍有提高,谷物和蔬菜各提高20%左右),但工业品的零售价格,无论在实行配给制期间或取消配给制后,都有较大提高。工农业产品比价的这种变化,显然对农民不利。一方面,国家把低价征购得来的农产品,在零售商业中以高得多的价格出售给居民;另一方面,农民用以低价向国家交售农产品所得,去购买价格几经提高的工业品。这实际上是通过价格落差,国家从农民身上取得了一部分工业化所必需的资金。

　　私营商业的取消和国营、合作社商业的发展　　1926—1937年,商业的社会经济成分发生了重要变化。1925/1926年度,无论是公有经济成分还是私人经济成分的商业网都扩大了,但是,国营商业网,特别是合作社商业网的增长速度大大超过了私营商业的增长速度。从 1926/1927 年度起,私营商业网的绝对数和营业额开始缩减。私营商业的零售商品流转额(按当年价格计算)1927 年为 49.6 亿卢布,1928 年减少到 36.4 亿卢布,1929 年再减到 24.3 亿卢布。1926 年全国零售商品流转额中,公有经济占 59.3%,私营经济占 40.7%。到 1929 年,二者的比重分别为 86.2% 和 13.8%。

实行配给制后,私营经济的商业网减少更明显。到 1931 年,私商几乎完全从商品流通领域中被排挤掉了。全民所有制和集体所有制商业占据了绝对的统治地位。从此,国营商业、合作社商业、集体农庄市场贸易成为统一的社会主义商业体系的三个组成部分。

"二五"计划前,在上述商业形式中,合作社商业一直居优势地位。1930 年,在整个公有经济成分的商品流转额中,合作社商业占 76%,国营商业占 24%。到 1932 年,国营商业的比重虽然提高了,但只占 36%,而合作社商业仍占 64%。"二五"期间,国营商业的增长速度明显快于合作社商业。这是因为设立了许多为大工业企业职工服务的内部配售店以及国营"营业商店"的营业额迅速增长。到 1934 年,在零售商品流转总额中,国营商业的比重上升到 59.6%,消费合作社的比重下降到 37.3%。在城市零售商品总额中,国营商业的比重更高,1934 年达到 66.3%。在这之前,国营商业只在批发商品流转中起主导作用,这时在零售商品流转中也开始占主要地位。

随着集体农庄制度的顺利发展,农村对商业系统提出了更高的要求。根据苏联人民委员会和联共(布)中央于 1935 年 9 月 29 日通过的决议,消费合作社的活动集中在农村贸易和农产品采购上,国营商业的活动则集中在对城市居民的供应上。到 1935 年年底,根据上述原则改组后的消费合作社,由 25000 多个农村消费合作社和近 500 多个城市消费合作社组成。改组进一步提高了国营商业在全国商品流转总额中的比重。1935 年,国营商业的比重上升到 77%,合作社商业的比重下降到 23%。

1928—1937 年苏联的批发贸易也经历了一个发展变化的过程。新经济政策初期,曾经在工业部门建立国营的辛迪加组织,集中掌握国家工业产品的批发推销工作。到 1928/1929 年度,工业部门建立辛迪加的工作大致完成。与此同时,停止工业托拉斯独立销售自己的产品。1928/1929 年度,辛迪加销售的产品占其所属工业部门全部产品销售额的 90%。辛迪加成为国家工业的主要批发推销机构和供应机关。这样做的目的是便于集中地对产品的销售进行调节,而不必去调节为数众多的托拉斯和工业企业的贸易活动。

在签订合同方面,从 1924/1925 年度开始,改变了以前那种由单个消费合作社和有关工业部门签订一次性合同的办法,代之以消费合作社中央联社与有关辛迪加(未组织辛迪加的部门则与托拉斯)签订长期的购货总合同。它们购得的工业品提供给整个消费合作社系统销售。1926/1927 年度,根据总合同出售的产品占有关工业部门通过合作社系统销售的全部产品的 61.7%,1927/1928 年度,提高到 76.9%。当时苏联通过总合同制度,对流通领域实行了计划领导。这种商业体制,使消费合作社能够有保证地得到工业品,但是,存在着过于集中、产销脱节的现象。

国营工业与其他贸易系统、工业部门彼此之间发生贸易关系时,也都开始采用总合同的办法。

由于总合同的内容只能包括影响市场的一些最重要的因素,因此,从 1929 年年底起,边区和州消费合作社联社以及大型的合作社根据总合同和有关工业联合组织签订了年度和季度合同。这些合同对商品的数量、质量、品种、价格以及结算方式等作出了具体规定。

1927 年,开始实行"事先订货"制度,合作社以这个办法帮助工业企业适应市场的变化,使工业企业在编制生产计划时能够及时估计到市场的一切指标。但由于工业品严重短缺,这一制度在当时未能广泛实行。1932 年,苏联党和政府再次提出这个问题,要求国营商业和合作社组织销售的日用工业品(布匹、鞋、衣服等)50%以上应属于事先订货的范围,以便使工业生产能更好地适应市场变化。

采用总合同制虽然有利于在流通领域中建立计划原则,在工业和商业之间建立起稳定的联系,但它不利于在工业企业和商业单位之间建立直接的经济联系。随着配给制的取消,生产和消费水平日益提高,产品的花色品种迅速增加,这种矛盾就更加突出。不少地方出现了商品积压的现象,与此同时,有的地方食品和工业品却供应中断。而且中间环节增多,流通费用随之增加。联共(布)中央多次指出了批发贸易中存在的这些缺点。1936年4月16日,劳动与国防委员会作出了"关于扩大工业批发销售站网和改进日用品批发贸易组织"的决议,规定了商品直接从工厂运到商业单位的制度。为了加强商业单位同工厂的直接联系,开始采用直接合同制。商业单位一方面与批发销售站,另一方面与工业企业直接签订合同。为了减少不必要的储备和保证商品供应不致中断,对国营和合作社商业规定了商品储备定额。这使批发贸易和零售商业之间的经济联系更趋合理。

> **商业工作中的一些理论和实践问题**

1926—1937年苏联的国内贸易虽然得到了发展,但总的来说,商业工作仍不能适应国民经济发展的要求。除了商品数量不足外,商业企业数量的增加也落后于营业额增长的需要。商业的物质技术基础也很薄弱,40%以上的城市商店和大约55%的农村商店没有贮藏商品的库房,70%的农村小店甚至没有正常的照明设施。即使在配给制取消后,某些商品由于生产数量不足,加上分配、运输等环节中存在的缺点,排队现象仍然存在。有些食品商品有时也出现供应中断的现象。

商业工作的落后,首先是因为当时苏联党内外相当普遍地存在着轻视商业工作的思想。某些党员、个别党组织和共青团组织把商业工作当作次要的工作。他们认为商业工作没有其他经济组织、工会组织和苏维埃组织的工作那样重要。此外,理论界对于商业和商品货币关系的错误观点也是阻碍商业工作发展的重要因素。

20世纪20年代下半期和30年代初,苏联经济学界存在着这样的观点:商品货币关系和商业是资本主义固有的现象,它们同社会主义是不相容的。他们认为,商品货币关系和商业之仍然存在,是因为还需要和非社会主义经济成分建立经济联系。他们把商业的存在仅仅局限在从资本主义到社会主义这一过渡时期的历史过程中,随着过渡时期的结束和社会主义经济成分占据绝对的统治地位,商业就应消亡,就要被产品的直接分配所代替。因此,也就无须再去发展商业。他们企图把定量供应制度固定化,认为这是社会主义条件下理想的分配形式。他们断言,"配给制应该实行的不是在商品货币关系的基础上向商品选择自由过渡,而是在产品交换制度的基础上向'产品选择自由'过渡"①。1934 年联共(布)第十七次代表会议批评了这种"左"的观点。会议的决议指出:关于在社会主义建设的现阶段就实行"产品交换"以及在现阶段就使用"货币消灭"的这种"左"的词句,"实质上是反布尔什维主义的"②。斯大林在联共(布)第十七次代表大会上所作的总结报告中则进一步指出,货币在苏联还会长期存在,"一直到共产主义的第一阶段即社会主义发展阶段完成的时候为止","产品交换只有在苏维埃商业办得尽善尽美的时候才能代替苏维埃商业,而办得尽善尽美的苏维埃商业现在我们根本没有,并且也不会很快就有"。③ 因此,任务恰恰在于发展苏维埃商业,力求在这方面取得"新的决定性的成就"。

对社会主义条件下商业的否定,使苏联经济学界对与此有联系的许多经济范畴作出了错误的阐述。当时存在这样一种观点:由于社会主义国家是以实物形式并按照价值来计划社会产品的数量及结构,这就保证了生产和消费完全相适应,因此就能实现生产产品的自动销售。④ 这种观点,实际上是否认了社会主义条件下销售工作(商业工作的重要内容)的重要性。而斯大林于 1930 年在联共(布)第十六次代表大会的政治报告中强调,社会主义制度下生产与消费之间的关系根本不同于资本主义条件下的关系,与资本主义群众购买力低于生产和市场供应相反,在苏联"群众的消费(购买力)的增长总是超过生产的增长"⑤。这种理论实际

① 苏联科学院经济研究所编:《苏联社会主义经济史》第3卷,生活·读书·新知三联书店 1982 年版,第 579 页。
② 《苏联共产党代表大会、代表会议和中央全会决议汇编》第4分册,人民出版社 1957 年版,第 295 页。
③ 《斯大林全集》第十三卷,人民出版社 1956 年版,第 304 页。
④ 参见苏联列宁格勒大学社会科学教师进修学院政治经济学教研组编:《社会主义政治经济学史纲》,生活·读书·新知三联书店 1979 年版,第 341 页。
⑤ 《斯大林全集》第十二卷,人民出版社 1955 年版,第 282 页。

上是把群众的消费需求与居民有支付能力的需求混淆起来了,把购买力超过生产的增长这种在社会主义建设特定条件下出现的现象与社会主义制度的固有特点等同起来了。这也助长了人们对商业工作的忽视。

第三节　在与资本主义国家斗争中发展的对外贸易

发展对外经济关系的方针和指导思想

　　在工业化过程中,苏联特别重视发展对外经济关系,把它看作一项重要的战略任务,是实现社会主义工业化的一个重要条件。早在1921年斯大林就指出,由于俄国是一个经济落后的国家,革命胜利后,"如果它不用自己的原料换取西方国家的机器和装备,那就很难靠本身的力量组织运输业,发展工业并使城乡工业电气化"①。1926年,苏联开始实行社会主义工业化之后,针对联共(布)党内反对派的错误观点,斯大林又强调指出:"以为社会主义经济是一种绝对闭关自守、绝对不依赖周围各国国民经济的东西,这就是愚蠢之至。"②

　　1927年10月联共(布)中央的决议进一步阐述了苏联发展对外经济关系的方针。决议指出,"在国际关系上,必须不是从尽量广泛发展这种关系的空洞口号出发","这里必须从最广泛的联系出发,只要这种联系(扩大对外贸易、国际信用关系与允许外资经营工业,引用外国经济力量等)能够增加苏联的经济力量,使它更加摆脱资本主义世界的羁绊,扩大苏联进一步发展工业的社会主义基础——只有在这种范围内,才能谈最广泛的联系"。③ 这就是说,苏联一方面主张积极发展对外经济联系,同

---

　　①　《斯大林全集》第五卷,人民出版社1957年版,第87页。
　　②　《斯大林全集》第九卷,人民出版社1954年版,第118页。
　　③　施宾、伊真编译:《联共(布)关于经济建设问题的决议》第2辑,上海华东人民出版社1953年版,第38页。

时又强调这种发展应具有鲜明的目的性，反对盲目地扩大进口和出口，认为盲目扩大进出口只会"使工业能够借以实行计划和发展"①的基础受到破坏，因而不利于社会主义工业化的实现。

1927年9月，斯大林在和第一个美国工人代表团谈话时详细阐述了苏联与资本主义国家发展外贸关系的现实基础。他指出："我们需要机器装备、原料（如棉花）、半制品（金属的和其他的），而资本家需要销售这些商品。这就是签订协定的基础。资本家需要石油、木材、粮食，而我们需要销售这些商品。这就是签订协定的基础。我们需要贷款，而资本家需要这种贷款的优厚利息。这又是信贷方面签订协定的基础"。② 正是经济上的这种互相需要，使苏联和西方的经济关系获得了发展的基础。但由于苏联是在资本主义世界包围中进行建设的，特别在"一五"计划完成前，苏联还没有建立起强大的物质技术基础。资本主义国家总想利用苏联在技术经济方面相对落后的状况，把各种奴役性和歧视性条款强加给苏联，使这种斗争变得更加尖锐和复杂。因此，在与资本主义国家扩大经济交流的同时，苏联当时非常重视维护自己的政治经济独立性和利益。

1925年12月，斯大林在联共（布）第十四次代表大会的报告中特别指出："我国的出口和进口愈发展，我们也就愈依赖于资本主义西方，愈容易受到敌人的打击。"③但是，为了把苏联从一个任凭资本主义国家摆布的软弱的农业国家变为不受世界资本主义摆布而完全独立的强大的工业国家，恰恰需要从西方大量进口机器和设备，而这种进口完全是为了摆脱资本主义的羁绊，为了不再在经济上依赖于资本主义。④

应当指出，苏联这种积极发展对外经济联系的方针并没有得到一贯的坚持。在强调摆脱资本主义羁绊时，实际上是把经济上的独立绝对化了。为了追求这种经济上的"完全独立"，"二五"计划完成后，当"苏联已变成一个经济独立的国家"时，他们便认为不再需要从西方进口机器设

---

① 《斯大林全集》第七卷，人民出版社1958年版，第250页。
② 《斯大林全集》第十卷，人民出版社1954年版，第109页。
③ 《斯大林全集》第七卷，人民出版社1958年版，第249页。
④ 参见《斯大林全集》第十三卷，人民出版社1956年版，第158页。

备了,认为苏联"已能供给本国经济和国防所必需的一切技术装备"①。甚至认为苏联的生产技术水平和新技术装备程度已经比"其他任何国家都先进","苏联的工业在世界上是首屈一指"的。这种认识和估计加之国际局势的恶化和战争的迫近,使苏联在工业化后期改变了扩大对外经济联系的方针,出现了自我封闭的趋向。

| 进出口贸易以及商品结构和地区结构 |

为了保证工业化所必需的机器和原料,苏联积极发展对外贸易。1930 年和 1931 年,出口总额和进口总额都分别达到战前最高水平。1918—1940 年,苏联进口总额的 3/4、出口总额的 4/5 左右,是在 1926—1937 年这十一年中实现的。这十一年,大致可分为两个时期。从 1926 年到 1932 年"一五"计划结束,是第一个时期。在这个时期,苏联对外贸易发展迅速,进口总额从 1925/1926 年的 5.9 亿卢布增加到 1931 年的 8.7 亿卢布,出口总额从 1925/1926 年的 5.5 亿卢布增加到 1930 年的 8.1 亿卢布。1925/1926 年到 1932 年的七年中,有三年对外贸易出现顺差,其余年份都有大量逆差。这是苏联在第二次世界大战前从西方进口机器设备和工业原料最多的时期。1933—1937 年是第二个时期。苏联的进出口总额急剧减少。1937 年出口总额不到 1931 年的一半,进口总额降至 1931 年的 26.4%。1932—1937 年,苏联对外贸易连续出现顺差。由于出口总额大幅度削减,苏联在世界出口贸易中的地位也随之下降,1932 年占第十二位,1937 年降到占第十八位。

"二五"计划开始后,苏联外贸总额急剧下降有着多方面的原因。

首先,1933 年前,由于在短时期内进口大量机器设备,出现了设备积压。1929 年,苏联对进口设备的使用情况进行了调查,结果表明,过去三年的进口设备中,13.6%积压在仓库内,因为设备引进的期限与建筑工程的竣工期限"经常不相符合"。还有一个重要原因是国内配套能力差。在这种情况下,如果不放慢引进的速度,势必造成更大的积压与浪费。

_____

① 《苏联共产党代表大会、代表会议和中央全会决议汇编》第 5 分册,人民出版社 1958 年版,第 11 页。

其次,为了支付大规模进口项目的需要,苏联必须增加商品(当时主要是农产品和矿产品)的出口。这样做,会使国内市场更趋紧张;而要支付大量黄金和外汇,也是苏联力所不及的。苏联虽然拥有藏量丰富的金矿,但"一五"计划初期还没有一家黄金生产工厂具备完整的生产周期。苏联在莫斯科等地开设外汇商店,作为外汇收入的一种补充来源,但收入甚微,1931—1935年共收入2.87亿卢布。苏联当时从国外得到的贷款都是短期的,而且利息高。如果不压缩进口,贸易逆差继续增长,必然要借入更多外债,背上沉重的债务负担。

更主要的是,"一五"计划完成后,苏联已经为国家在技术经济上的独立打下了基础,认为不再需要依靠从西方国家大量进口机器设备了。1934年苏联清偿了所有的对外债务,1935年国际收支第一次出现顺差。但对外贸易仍然保持缩减的趋势,这与上面这种认识和指导思想是分不开的。

在"一五"计划和"二五"计划的两个时期,苏联进出口贸易商品结构也发生了显著变化。

1926—1928年,苏联进口总额中,生产资料虽然已占90%,但其中轻工业所需的原料和半成品占很大比重。用于纺织和皮革原料的进口费用大大超过了机器设备的进口费用。1929—1932年,苏联进口的一个主要特点是,机器设备所占比重迅速上升,从1929年的33.6%提高到1932年的60.3%。1929—1932年四年中进口的机器设备等于苏联1918—1937年进口的全部机器设备的57%。进口的机器设备主要又用于机器制造业和冶金业等重工业部门。以1931年为例,进口机器设备中93.5%用于制造生产资料的工业部门。这和苏联"一五"期间优先发展重工业特别是机器制造业的建设方针直接有关。另一个特点是,是大量进口金属。"一五"期间,由于加快了机器制造业的发展速度,使冶金等原材料工业远远地落在后面,一度出现了"金属荒",结果苏联不得不大量进口。1929年,黑色金属及其制品占进口总额的8.2%,1932年上升到17.9%。而轻工原料的进口,无论是金额还是比重都开始迅速下降。1929年轻工原料占进口总额的27.1%,1932年下降到7.1%。

　　"二五"计划开始时,由于苏联已经初步建立了社会主义工业化的基础,汽车、锅炉、拖拉机等农业机器和其他许多机器的进口或者大为削减,或者已经停止,机器设备占进口总额的比重明显下降。从1929—1932年的平均占51.4%,下降到1933—1937年平均占36.7%。其中,重点进口的是当时最先进的技术设备。与此同时增加了轻工业和食品工业机器的进口。有色金属和羊毛、皮革的进口也增加了,它们成为苏联进口中最主要的项目,1937年几乎占进口总额的一半。

　　在出口方面,"一五"计划期间,苏联国内的农产品供应虽然处于紧张状态,但谷物出口仍然达到很大规模。1918—1940年,苏联共出口谷物2916.5万吨,其中,1929—1932年四年中出口最多,为1173万吨,占40%以上。1930年,食品及其原料占苏联出口总额1/3左右;其次是石油等燃料占16.9%;木材、纸及其制品占16.5%;毛皮及其原料占7.4%。"二五"计划期间出口的商品结构发生了明显变化。谷物等农产品的出口比重呈现出下降的趋势,从1931年的42.1%迅速下降到1936年的20.3%。某些农产品,如牛油、植物油、蛋品、腌猪肉和禽类等,则逐步停止了出口。工业品的出口出现明显的上升趋势。1930年,工业品占出口总额的比重超过58%,1937年上升到68.3%。苏联开始向国外输出汽车、农业机器、纺织设备。铸铁、轧钢、水泥、肥料、焦炭等工业制品也由进口变为出口。虽然发生了这些变化,但木材、石油及其制品、毛皮及其原料以及食品等,仍然是当时苏联出口的主要项目。机器设备占出口总额的比重,1937年为3.2%,1938年达到战前最高水平,为5%。

　　在外贸的地区结构方面,1926—1937年,英国始终是苏联商品的最大购买者,占苏联出口总额的25.2%;其次是德国,占19%左右;美国则占4.2%。在苏联的进口中,德国占第一,达27.4%;美国占第二,为17.4%;英国只占第三,为9.1%。特别是在苏联进口机器设备方面,德国的比重既远远超过英国,也显著地超过美国。1929—1933年,德国占苏联机器设备进口总额的43.3%,美国只占28.1%。德国是当时苏联机器设备的最大供应国。"一五"期间,苏联从国外招聘的工程技术人员,主要也来自德国和美国。

从"一五"计划后期开始,苏联与伊朗、波兰、土耳其等国家的贸易得到了较快增长。苏联向这些国家提供纺织、采矿等机械设备,从这些国家主要输入农业和矿业原料等。

1926—1937 年,特别是 1929—1933 年,是战前苏联对外贸易关系发展最快的时期。但这个发展过程本身又充满了矛盾与斗争。即使当西方处于 1929—1933 年严重经济危机时,无论是英、美还是德、意等国,对和苏联发展经济关系,也都存在两种相反的力量。西方经济危机迫使资本主义国家和苏联发展经济关系,但敌视苏维埃制度的力量又千方百计地阻碍这种关系的发展。西方经济危机一方面使资本主义国家需要向苏联出售过剩商品,另一方面又使它们抵制从苏联进口商品。因此,苏联扩大与资本主义国家的经济联系,是在复杂的斗争中实现的。1927 年,英国首先掀起反苏运动,袭击了苏联驻英国的商务代办处和俄英股份公司,借口抵制"苏维埃倾销"反对进口苏联的石油和粮食,借口反对"强迫劳动"禁止输入苏联的木材以及鞣制毛皮。法国、德国、美国也都程度不同地发起了这种运动。如法国,在 1930 年 10 月颁布法令,禁止从苏联进口一系列商品。1930 年,美国对从苏联进口的火柴开始征收"反倾销"关税。1931 年,美国对苏联的石棉和木材实际上实行了禁运。1932 年又停止锰矿进口。结果,1931 年、1932 年,苏联对美国的出口大幅度下降。对于西方的挑衅行为,苏联给予了坚决回击。1930 年 10 月 20 日,苏联政府通过了"关于同资本主义国家进行贸易的程序"的特别决议。决议规定,对那些实行有损苏联对外贸易措施的国家,采取停止购买其商品的对策。这样,迫使美国等国家不得不取消了某些对苏联进口的限制。

整个 20 世纪 30 年代,不断发生西方出口商违背贸易协定的事件。因此,除了和资产阶级政府进行必要的斗争外,苏联还不得不和资本主义国家的厂商进行这种斗争。仅 1931—1933 年,苏联就曾向德国、英国、美国的有关公司,就车床出口问题正式提出过 617 起索赔事件,其中德国一国就占 380 起。1932 年,仅由苏联驻德国商务代办处提出的索赔事件就达 74 起,金额达到 1000 多万马克。

对外贸易对苏联实现社会主义工业化起了重要作用。从西方进口的大量机器设备对于苏联建立一系列重要工业部门、促进国民经济技术改造有着重要作用。当时进口机器设备的规模是相当巨大的。仅"一五"计划期间,进口额就达 66.1 亿卢布,重 200 万吨左右,大致相当于国家对整个工业投资的 10% 和对甲类工业投资的 13%。从世界出口总额来看,1931 年世界机器出口的 1/3,而 1932 年约一半左右,是输往苏联的。苏联借助于进口的机器和设备,得以在异常短的时间内,建设起一系列崭新的大型骨干企业。这些企业奠定了苏联机器制造业和冶金工业的基础。苏联电气化计划所规定的新的区域电站的建设,主要也是在进口的动力设备基础上实现的。

由于一系列大型企业的建立和新工业部门的形成,苏联在技术上和经济上取得独立。过去依赖进口的许多重要产品,逐步被本国生产的产品所代替。这在当时不但具有重要的政治意义,并且使苏联节省了为支付进口这些产品所需的大量外汇。以拖拉机为例,1922—1931 年,苏联共进口拖拉机 8.6 万台,花去价值 2 亿卢布的黄金。到 1934 年,如要购买类似数量的拖拉机,就需多出口 5 亿普特粮食。但 1931 年和 1932 年,国内生产的拖拉机已达到 8.7 万台。"一五"计划前,苏联需要的汽车几乎完全依赖进口,1928 年只生产汽车 840 辆,到 1937 年已增加到 20 万辆左右,不但停止了汽车和拖拉机的进口,并且变成了这些产品的出口国。1936 年,苏联占世界载重汽车出口的 35.5%,仅次于美国(38.3%)。1937 年,在马拉收割机的出口国中,苏联占第五位。"一五"计划前,苏联需要的机器设备,1/3 依靠国外输入。1937 年,进口机器占国民经济需求量的比重下降到了 0.9%。

对外贸易使苏联从国外引进了大量先进技术设备,这些设备和原料的相当一部分,不是用现金而是用西方提供的各种形式的贷款购买的。实际上,在当时对外贸易已成为苏联利用国外资金,以弥补国内资金不足的一种手段。1926 年前,苏联从西方得到的是数量不大的短期公司贷款和银行贷款,利率高达 15%—20%。1926 年,从德国第一次得到 3 亿马克政府担保的贷款。此后情况开始发生变化。1929 年西方经济危机爆发后，英国开始对苏联实行出口信用保证制度。接着，意大利于 1930 年也开始向苏联提供国家担保的出口信贷，对订货总额为 2 亿里拉的期票提供 75% 的保证。1931 年，又把总额增加到 3.5 亿里拉。1931 年，德国又同苏联签订 3 亿马克的协定。1932 年，又把国家担保的额度从 60% 提高到 70%。其他如瑞典、丹麦、挪威等国也都相继向苏联提供这类信贷。贷款期限一般延长到两年以上，贷款利率也有所下降。到 1931 年年底，苏联的外债额达到 14 亿卢布，这是按当时汇率计算的。1935 年，苏联从德国获得了它历史上得到的第一笔财政贷款。贷款的平均期限为 5 年，年利率 6%。1936 年，英国向苏联提供了一千万英镑的财政贷款，期限 5 年，年利率 5.5%。

20 世纪 30 年代苏联从西方进口机器设备，固然对于社会主义工业化建设起了重要的作用，但也为此付出了代价。当时，苏联还处在资本主义包围之中，资本主义世界面临前所未有的大危机，而广大亚非拉国家和地区由于处在殖民地和半殖民地桎梏之下，从西方进口商品的能力十分有限。在这种情况下，苏联便成为西方转嫁危机的重要对象。这主要表现在以下几个方面。

危机期间，世界市场上的工业品价格虽然大幅度下降了，但初级产品价格的下降幅度更大。根据联合国贸发会议材料，1929—1932 年，世界制成品出口价格下降了 1/3，其他出口商品价格则下降一半以上（56%）。苏联进口的主要是机器设备等制成品，出口的是粮食、石油、木材等初级产品。西方经济危机使粮食等初级产品的价格惨跌。1931 年，小麦出口价格跌到只有 1929 年的 35%—40%。据苏联经济学家估计，20 世纪 30 年代初西方经济危机期间，苏联因进口商品价格下降节省了 7.7 亿卢布，而因出口商品价格下跌的损失则达 18.7 亿卢布。由于世界市场价格的变化，苏联损失了 11 亿卢布。

世界市场价格下跌有利于西方债权国，而不利于债务国苏联。在商品价格出现下跌趋势时，为了清偿过去同等数额的债务和利息，苏联必须出口比危机前数量更多的商品。

　　20世纪30年代初,由于农业歉收和农业集体化运动中出现偏差等原因,苏联国内消费品供应紧张。1929年起不得不对城市居民实行标准较低的配给制度。但正是在1929—1932年这段时间内,苏联粮食等出口达到战前最高水平,从而使苏联国内粮食等食品供应更加紧张。

　　为了加速社会主义经济建设,苏维埃国家的人民曾不得不忍受某种程度的牺牲。全世界的资本家都一样,总是要有利可图的。但是,苏联通过与资本主义国家的经济交往,不仅获得了自己迫切需要的物资和资金,更重要的是赢得了时间,赢得了经济上的独立。

第 七 章

社会主义经济制度的确立

　　本篇的前三章,对这一时期苏联社会主义建设的最重要问题分别作了介绍。本章的任务是就这一时期经济发展的基本任务和主要成果再作简要的概括。

　　这一时期,是苏联经济发展最重要的历史时期之一,按照苏联的传统认识,"是建立社会主义经济基础"的时期,是最终解决"谁战胜谁"问题和"苏联社会主义胜利"的时期。在此期间,苏联在各条战线上都取得了重大胜利,归纳起来主要表现在两个方面:一是实现了社会主义工业化,基本上完成了国民经济的技术改造,大大发展了社会生产力,奠定了社会主义的物质技术基础;二是完成了全国生产资料所有制的社会主义改造,消灭了剥削阶级,确立了社会主义社会的经济基础和政治基础,建立了社会主义的经济管理体制。归结为一点,社会主义经济制度确立了。

第一节　社会主义物质技术基础的建立

　　经济建设的基本
　　阶段和主要任务

这一时期苏联的社会主义建设大体分为三个阶段,即 1926—1928 年大规模经济建设和工业化的准备和开始阶段;1929—1932 年第一个五年计划时期；1933—1937年第二个五年计划时期。这三个阶段的经济发展的战略任务是共同的，即建立国民经济的新的物质技术基础，完成生产资料的社会主义改造。但每一时期都有自己的特点。

1925年苏联国民经济恢复时期基本结束，同年12月召开的联共（布）第十四次代表大会，提出了实现社会主义工业化、建立社会主义经济基础的纲领。1926年，工业化建设宣告开始，苏联国民经济发展进入了一个新时期。1925年联共（布）第十四次代表大会提出的新时期经济建设纲领，包括两方面的任务：一是大力发展生产力，建立社会主义物质技术基础。代表大会再次强调了列宁的这样一个思想：十月革命胜利后，苏联社会经济发展面临着一个新矛盾，即最先进的社会政治制度与沙皇俄国留下的落后生产力水平之间的矛盾，苏维埃国家的首要任务是在短期内消除这一矛盾。二是要彻底解决"谁战胜谁"的问题，即把资本主义从整个国民经济中排挤出去，实现生产资料公有化，彻底消除人剥削人的现象以及产生这种现象的经济和社会根源。大会强调指出，无产阶级只是对资产阶级的政治胜利是不够的，必须在经济上也战胜资本主义。

1926—1928年，在上述两个方面都采取了一些初步措施。例如，在工业建设方面，在继续对原有企业进行整顿的同时，开始建设一些规模较大的新企业，拟定了一些大项目的初步建设方案；在社会主义改造方面，对城市私人工商业和农村富农采取了限制和排挤措施，为农业集体化作了一些物质和思想上的准备。

1927年12月联共（布）第十五次代表大会作出了编制苏联国民经济发展第一个五年计划的指示，1929年4月联共（布）第十六次全国代表会议批准了第一个五年计划的最终方案。计划规定，这一时期国民经济发展的基本任务是，最大限度地发展作为国家工业化基础的生产资料的生产；大力加强国防实力；努力在经济和技术上赶上并超过先进的资本主义国家；大力加强城乡的社会主义经济成分，排挤国民经济中的资本主义成分，在合作化和集体劳动基础上吸引农民参加社会主义建设，尽力帮助贫农和中农，反对富农剥削；大力提高城乡劳动人民的物质和文化生活水平。在第一个五年计划期间，苏联全面展开了工业化建设，在农村开展了大规模的集体化运动,在城市实现了私人资本主义工商业的国有化和合作化。

第一个五年计划完成后,1932年1—2月举行的联共(布)第十七次全国代表会议发出了编制第二个五年计划的指示。1934年1—2月召开的联共(布)第十七次代表大会,对这一时期的战略任务作了规定,基本政治任务是,彻底消灭资产阶级,彻底消除社会划分为阶级和产生人剥削人现象的根源;基本经济任务是,建立国民经济各部门最新技术基础,掌握新技术和新的生产部门。在此期间,苏联完成了城乡生产资料所有制的社会主义改造和国民经济的技术改造,宣布苏联建成了社会主义社会。

这样,1925年联共(布)第十四次全国代表大会提出的两项目标基本上实现了,苏联从资本主义向社会主义的过渡时期宣告结束。苏联党和政府提出,从第三个五年计划起,苏联社会经济发展进入了一个新阶段,即"完成无阶级的社会主义建设,并逐步由社会主义过渡到共产主义的阶段"。

经济建设的成果与社会主义物质技术基础的建立

这一时期,苏联经济建设的最重要的成果,是建立起了社会主义的物质技术基础。这表现为:工业的高速发展,大工业体系的建立,国家经济实力的增强;整个国民经济的技术改造,生产技术水平的提高,国家经济上、技术上的独立;文化革命的胜利,社会主义文化基础和科学技术潜力的增强。

高速度,是这一时期工业发展的突出特点。第一个和第二个五年计划,都是只用了四年零三个月提前完成。1926—1928年,苏联整个工业年平均增长速度为21.7%,其中大工业为26.6%。第一个五年计划期间,整个工业年平均增长速度为19.2%,其中甲类工业高达28.5%,乙类工业为11.7%。第二个五年计划期间,相应的数字为17.1%、19%、14.8%。

苏联工业的飞速发展同资本主义国家经济危机、生产停滞甚至下降的局面,恰成鲜明的对照。例如,在1929—1932年第一个五年计划期间,苏联工业增长了1倍多,而同时期美国工业下降了42%,英国下降了12%,德国下降了39%,法国下降了24%,整个资本主义世界工业生产下降了33%。在1928—1937年两个五年计划期间,苏联大工业增长了3.29倍,而资本主义世界相应只增长了2.5%。如果把1937年的苏联工业同战前1913年水平相比较,苏联工业的增长速度也远远超过各主要资本主义国家的工业增长速度。1937年苏联工业比1913年增长了7.46倍,美国只增长54%,英国增长10%,德国增长19%,法国增长1%,整个资本主义世界增长49%。①

这一时期苏联经济发展的成就不仅表现为工业发展的高速度,更为重要的是,在短暂的十几年内建立了一个部门相当齐全的大工业体系,大大加强了国家的经济实力。到第二个五年计划末,苏联大力发展了一系列对整个国民经济技术改造和国防建设具有重大意义的重工业部门。如汽车、拖拉机和联合收割机、飞机、机床、发动机、大型涡轮机和电机制造业,各种化学工业,优质钢的生产等。1917年,苏联工业产值还不到世界工业产值的3%,到1937年已占10%。某些重工业产品发展得更快。例如,机器制造产品1928年只占资本主义世界该种产品的4.2%,1931年已达26.6%。苏联的拖拉机和联合收割机、机车和车辆的产量,在第二个五年计划末已占世界第一位,载重汽车产量占世界第二位。

现代化大工业体系的建立和发展,有力地推动了整个国民经济的技术改造。到1937年,80%以上的工业产值是由新建和彻底改造过的企业提供的。在第二个五年计划期间,工人的基金装备率提高了91%,动力装备率提高了74%。某些工业部门的机械化程度甚至超过了先进的资本主义国家。例如,1937年苏联采煤的机械化水平已达89.2%,同期美国只为84.8%,德国只为86.9%。农业的机械化程度在世界上也居前列。1937年,用拖拉机春耕的比重已占全部播种面积的71%,机械化收割的比重占全部收割面积的43.8%。对此,1939年3月召开的联共(布)第十八次代表大会的总结报告指出:"从生产的技术装备来看,从工业生产采用新技术装备的规模来看,我国的工业在世界上是首屈一指的"。② 当

---

① 参见艾文托夫主编:《苏联与主要资本主义国家统计集》,统计出版社1957年版,第103页。

② 《斯大林文选》(1934—1952)上,人民出版社1962年版,第223页。

然,苏联工农业生产的技术水平总体上是否达到了最先进的水平,人们有不同的估价。但这一点是明显的,由于绝大多数企业是新建的,绝大多数的设备是新投用的,而且当时苏联无论是自己设计、自己生产,还是引进的设备,都特别注意吸收世界上最先进的科学技术成果,因此,设备的先进程度(使用的年限和技术参数)确实是世界上第一流的。总之,在这一期间苏联与工业发达国家在国民经济技术水平方面的差距大大缩小,甚至是并驾齐驱的。至此,苏联跨入了技术先进国家的行列。

工业特别是重工业的高速发展,一系列现代化工业部门的建立,技术水平的迅速提高,大大加强了国家的经济独立,从根本上消除了对资本主义经济的依赖。在第一个五年计划开始前的 1928 年,苏联投用的机器设备中进口的比重还相当大。例如,投用的汽轮机中进口的占 52.6%,金属切削机床为 67.1%,拖拉机为 69%,纺织机为 27.2%,整个机器制造业产品的进口量仍占全部需要量的 30.4%,而到 1937 年进口只占 0.9%。除了一些最复杂的机器样品,一般机器设备完全停止了进口。与此同时,苏联开始出口机器设备,如汽车、拖拉机、滚珠轴承、某些电气设备、缝纫机等。联共(布)第十八次代表大会自豪地宣布,由于两个五年计划的胜利完成,"苏联已变成一个经济独立的国家,它已能供给本国经济和国防所必需的一切技术装备"[1]。

工业特别是重工业的迅速发展,改变了国民经济结构。到 1937 年工业在工农业总产值中的比重从 1929 年的 54.5%上升到 77.4%,在工业总产值中,生产资料的生产从 1928 年的 39.5%上升到 57.8%。苏联从以农业为主的国家,发展为以重工业为主导,工业部门齐全的工业强国。

发展科学文化和教育事业,是建立社会主义物质技术基础这一总任务的重要组成部分。在这一时期,苏联在开展大规模的工业化建设的同时,对于发展科学、文化和教育事业给予了很大注意。实际上,它也是实现工业化这一战略目标最重要的措施之一。在第一个五年计划期间,苏

---

① 《苏联共产党代表大会、代表会议和中央会决议汇编》第 5 分册,人民出版社 1958 年版,第 11 页。

联为文化建设投入了 240 亿卢布,第二个五年计划期间增加到 1100 亿卢布,比第一个五年计划期间增加了 3.58 倍。如此巨大规模的投资,如此高的增长速度,与工业化的规模和速度一样,也是世所罕见的。这充分说明了苏联对科学文化事业的重视。

在这一时期,苏联完成了成年人的扫盲任务。在革命前,俄国识字率在欧洲是最低的国家之一。根据 1897 年的普查资料,全国 9 岁以上的居民只有 24% 是识字的,而到 1939 年年初,这一比例已提到 81.2%,这在全世界也是较高的比例。在全国建立起了从初级小学到高等学校新的教育系统。仅在第二个五年计划期间,全国就建立了 18778 所学校。全国高等学校 1914 年只有 91 所,到 1936——1937 年度增加到 700 所,即增加了 6.7 倍。在此期间,苏联全国普及了四年制的初等教育,在城市基本上普及了七年制的中等教育。与战前相比,1936——1937 年度苏联学生总数增加了 3.7 倍,而中等学校学生人数则增加了 17 倍。1927/1928 ——1937/1938 年度,大学生人数由 16.85 万人增加到 54.72 万人,10 年内增加了 2.25 倍;同期中等专业学校学生人数由 18.94 万人增加到 86.25 万人,10 年内增加了 3.55 倍。

就普通教育而言,苏联当时已赶上并超过发达的资本主义国家。例如,1939 年苏联 1000 个居民中有 182.3 个学生,而英国 1935/1936 年度相应只有 144.9 个,法国 1936/1937 年度为 135.6 个,德国 1937/1938 年度为 128.3 个,意大利 1936/1937 年度为 121 个。

在两个五年计划期间,苏联高等和中等专业学校共培养了 147 万专门人材。同期熟练工人增加了近 9 倍,工程师增加了近 3 倍。在科学研究方面,1929 年各种研究机构总数为 438 所,1932 年增加到 1028 所,科学工作人员由 2.26 万人增加到 4.29 万人。

科学、文化和教育事业的发展,有力地保证了国民经济的发展和工业化的实现。苏联工业化过程中遇到的难题,除了资金问题外,最重要的是技术和干部问题。而这两个重要问题的解决,主要是靠科学、文化和教育事业的发展。从实践来看,到第二个五年计划时期末,苏联工农业建设中的技术问题,几乎全部能够自行解决。这就是说,苏联不仅在经济上,而且在技术上也取得了独立。这乃是这一历史时期苏联社会主义建设的重大成果之一。

应该指出,当时苏联特别注意职工和干部的培训,在这方面采取了一系列的有力措施。例如,当时有计划、有组织地把一些党、政、军干部和优秀工人输送到高等和中等专业学校,进行系统的培训,使他们从外行变为内行。这一时期,苏联高等和中等专业学校的学员几乎有 3/4 是工人、1/4 是共产党员。这就为干部的专业化和知识化打下了良好的基础。

科学文化事业的发展,干部队伍的成长和壮大,不仅促进了工业化的实现,而且大大增强了社会主义经济的科学技术潜力,为后来的国民经济发展打下了良好的基础。这一时期的文化革命载入了苏联史册。

在指出苏联经济建设取得上述种种巨大成就的同时,也不能不看到,苏联这一时期的经济发展是很不平衡的。这主要表现为农业和轻工业相当严重的落后。在轻工业(乙类工业)方面,虽然也取得了很大成绩,但与重工业相比,则较为逊色。实际上,两个五年计划规定的轻工业发展任务均未完成。例如,第一个五年计划人民消费品生产计划只完成了73.6%,第二个五年计划只完成了85.3%,这与重工业年年超额完成计划的情况形成鲜明的对照。其原因主要是:农业落后,原料供应不足;资金紧张,在资金不足的情况下,总是把预计用于发展轻工业的资金转用于重工业;结果明显出现了轻重工业发展不平衡,表7-1反映了这一状况。[①]

表7-1　两个五年计划期间轻重工业主要产品发展速度对比

产品类型 ＼ 年份	1928	1932	1937	1937—1928
主要重工业产品				
金属切削机床(千台)	2.0	19.7	48.5	2425.00
钢(百万吨)	4.3	5.9	17.7	411.63
煤(百万吨)	35.5	64.4	128.0	369.56

---

① 参见苏联科学院经济研究所编:《苏联社会主义经济史》第3卷,生活·读书·新知三联书店1982年版,第139页;第4卷,第307、289、174、219、215、195页。

续表

产品类型 \ 年份	1928	1932	1937	1937—1928
石油（百万吨）	11.6	21.4	28.5	245.69
电力（十亿度）	5.0	13.5	36.2	724.00
主要轻工业产品				
纺织品（百万米）	2949.0	2938.0	3900.0	132.61
皮鞋（百万双）	58.0	86.9	182.9	315.34
砂糖（千吨）	1283.0	828.0	2421.0	188.70
肉类工业品（千吨）	678.0	596.0	1002.0	147.79
动物油（千吨）	82.0	72.0	185.0	225.61
植物油（千吨）	488.0	490.0	539.0	120.31

由上表可见，主要重工业产品数倍甚至数十倍地增长，而生活必需品的生产则增长得相当缓慢，有些在第一个五年计划期间甚至下降，只是在第二个五年计划期间，情况才有所好转。

农业的发展状况，比轻工业还差。1928年，即大规模工业建设和农业集体化开始前，农业总产值已超过战前1913年水平的24%。此后，在两个五年计划期间实际上是徘徊不前，甚至下降。只是到第二个五年计划末的1937年，农业总产值才超过了1928年的水平，但畜牧业仍未达到1928年的水平（见表7-2）。

表7-2　1926—1937年苏联农业产值增长速度（以1913年为100）①

年份	农业总产值	种植业	畜牧业
1913	100	100	100
1926	118	114	127
1927	121	113	134
1928	124	117	137
1929	121	116	129

① 根据《苏联农业》1960年第79页和苏联国民经济统计年鉴相应年份统计资料计算。

年份	农业总产值	种植业	畜牧业
1930	117	126	100
1931	114	126	93
1932	107	125	75
1933	101	121	65
1934	106	125	72
1935	119	138	88
1936	109	118	96
1937	134	150	109

　　一些重要农产品的产量按实物量计算,实际上都低于战前(或革命前)特别是大规模工业化建设和集体化前的 1928 年的水平,只有丰收的 1937 年粮食产量例外(见表 7-3)。

表 7-3　1937 年以前重要年份主要农产品产量①

年份	粮食(百万吨)	牛(百万头)	猪(百万头)	绵羊(百万头)	马(百万头)
1913	86.0	—			
1916	—	58.4	23.0	89.7	38.2
1928	73.3	66.8	27.7	104.2	36.1
1932	69.3	38.3	10.9	43.8	21.7
1937	97.4	47.5	20.0	46.6	15.9

　　由上表可见,苏联这一时期的农业发展,成就最大的是 1928 年以前的这段时期。到 1928 年,主要农产品产量大都超过或接近了战前(或革命前)的水平。而在两个五年计划期间,即大规模的工业化建设和农业集体化过程中,所有主要农产品都是下降的。例如,1937 年与 1928 年相比,牛头数下降了 28.9%,猪头数下降了 13.1%,绵羊头数下降了

---

　　①　参见《苏联 1958 年国民经济年鉴》第 413、445 页;《苏联 1973 年国民经济年鉴》第 342、433 页。

55.3%,马头数下降了56%,粮食产量在1937年丰收年有了较大的增长（32.9%）,而以前各年份也大都低于1928年的水平。

关于这一时期农业生产下降的原因,在农业集体化和工业化两章已有阐述,这里再作些补充说明。

集体化过程中,农业生产的下降,苏联农业政策上的失误以及富农分子的破坏无疑是最直接的原因。关于集体化方面的问题,1964年包戈列宾斯基编写的《苏联国民经济史（1917—1963年）》一书作了如下说明:"斯大林忽视列宁关于在小农经济合作化事业中必须极其慎重和耐心的指示,对小生产者留恋自己个体经济的程度估计不足。他不止一次地下达加速集体化的指示。这种从上面催促集体化的做法,使得许多集体农庄是用行政方法建立起来的,没有足够的准备,破坏了自愿原则。""'左'倾冒进还表现为,绕过劳动组合而建立高级形式的集体农庄——公社。""所有这些歪曲和错误只能有利于富农的敌对宣传,给集体事业带来损失。""只是1930年3月,斯大林才在报刊上发表了《胜利冲昏头脑》一文,但却把所犯的冒进错误的全部责任都推给了地方组织"。[①] 当然,作者把上述错误又都归咎于斯大林个人,这明显也是片面的。但作者指出的上述种种问题是客观存在的,它们无疑是造成农业生产下降的重要因素。

应该指出,上面提到的集体化过程中的冒进和富农的破坏都是暂时性的现象,以此解释这一时期的农业落后,显然是不够的。这里存在着更为深刻的原因,其中工业化方针方面的问题起了很大的作用。工业化时期,苏联实际上执行了一种剥削农业的政策。其中最重要的手段,是高征购低价格。大规模的工业化建设,城市人口急剧增长,如何保证粮食和其他食品供应是一项首先要解决的问题。实际上,如何增加农产品收购量,是苏联当时农业政策的核心问题。如第四章所述,在革命前,向城市提供的商品粮主要来自地主和富农。地主投入市场的商品粮占其总产量的

---

① А.П.包戈列宾斯基等:《苏联国民经济史（1917—1963年）》,苏联高等学校出版社1964年版,第116页。

47%,富农相应为34%,而中农和贫农只有15%。在全国商品粮收购量中,富农提供的占50%,地主占22%,中农和贫农占28%。革命胜利后,商品粮的主要提供者地主和富农的生产被铲除或受到限制,商品率很低的中农和贫农在粮食总产量中的比重大大提高,结果是能够提供给城市的商品粮大大减少。1926/1927年度,粮食总产量已接近战前水平,但商品粮却减少了一半。战前,商品粮供应量为13亿普特,1926——1927年只为6.3亿普特。商品粮供应量大大缩减,而同时吃商品粮的城市人口则急剧增加,因此,工业化一开始,粮食问题就成了国民经济发展的最尖锐的问题之一。

苏联当时认为,解决上述矛盾的主要途径是提高商品率和收购量,而提高商品率和收购量的根本途径是实现集体化。很明显,从集体农庄征购粮食要比从一家一户收购便当得多。而且斯大林当时曾设想,只要实现集体化,粮食产量就会立即大幅度提高。这就是苏联当时急于推进集体化,以致出现上述"冒进"的最重要的原因之一。但与人们预料相反,集体化不仅没有立即促进农业生产发展,而且直接造成了生产大幅度下降。在这种情况下,为了保证城市起码的食品供应,只有大幅度提高征购比重。例如,1932年比1928年粮食产量下降了6%,而采购量却增加了1倍。1928年采购量只占粮食产量的15.6%,而1932年则提高到32.9%。对于商品率的这种急剧上升,苏联一向认为是集体化的一项重大成果。但在产量下降的情况下,商品率的这种人为的拔高,实际上是拿走了农庄的必要粮食储备,甚至是农民的部分口粮。

高征购还配合以低价格。在这一时期,农产品的收购价格,往往不到生产成本的10%。名义上是收购,实则是一种变相的税收。例如,1936年国家从集体农庄收购的稞麦,每百公斤付价只为13卢布,而出售给面粉厂的售价则高达93卢布,收购价只为销售价的14%。小麦的收购价每百公斤为17卢布,销售价则为107卢布,收购价只为销售价的16%。与此同时,国家向农业出售的工业品价格却很高。例如,从1927年到1940年,向农业出售的工业品价格提高了5.5倍,而同时期农产品的价格只提高了2.32倍。通过价格"剪刀差"为工业积累资金,是斯大林当时公开倡导的办法。在《论联共（布）党内的右倾》一文中,斯大林说:"农民除了向国家缴纳普通税即直接税和间接税以外,还要缴纳一种超额税,即在购买工业品时多付一些钱,而在出卖农产品时少得一些钱。"①这是保持工业迅速发展所必需的。

　　所有上述办法不能不影响农业生产的发展。当然,工业化对农业也起了支援作用,前面我们提到的农业物质技术基础的提高,对于农业生产发展无疑起了积极作用。但是,苏联当时把向农业提供机器设备在某种程度上也变成了征集农产品的一种手段。1930 年 3 月颁布的集体农庄示范章程规定,集体农庄不得拥有复杂的农业机器,凡是使用机器的作业,都由机器拖拉机站承担,而集体农庄则要交纳农产品作为利用机器拖拉机站的报酬。机器拖拉机站的实物报酬十分高昂。例如,1937 年农庄向机器拖拉机站交纳的实物报酬达国家整个农产品采购量的 42.1%。这种"报酬",实则也是另一种变相的税收。下述事实充分证明了这一点,即不使用机器拖拉机站服务的集体农庄,其按低价义务交售的农产品必须增加 25% 左右。

　　综上所述,工业化本来应该是推动农业生产发展的重要因素,而在苏联当时的历史条件下,却在一定程度上变成了影响农业生产发展的消极因素。

　　当然,农业、轻工业的落后,主要是由当时的历史环境和许多客观因素造成的。而且,这些不足与整个经济建设特别是工业化取得的巨大成果相比是次要的。但是,从建设社会主义的物质技术基础角度来看,这不能不说是一个重大缺陷。社会主义物质技术基础的建立,固然主要取决于大工业特别是重工业的发展,但农业、轻工业的落后不能不影响到它的进一步巩固和发展。因此,这一时期苏联虽然基本上建立起了社会主义的物质技术基础,但这一基础还不够全面和牢固。

　　　　　　　　　　　　　随着经济和文化建设的发展,苏联人民的物
┌─────────────┐
│ 人民物质福利 │ 质福利和生活水平也有了明显的提高。
│ 和生活水平的提高 │
└─────────────┘　　　　在提高人民生活水平方面,这一时期苏联取

──────────────

　　① 《斯大林全集》第十二卷,人民出版社 1955 年版,第 45 页。

得的一项重大成果,是彻底消除了失业。失业,是旧俄国遗留下来的严重社会问题之一。到1928年,全苏联尚有130多万人失业。到1931年,失业现象已完全并永远消除了。从此,苏联成为世界上唯一没有失业、人人有劳动权的国家。这与当时资本主义世界经济危机,失业大军急剧膨胀的现象形成鲜明的对照。1936年颁布的宪法明确规定,每一个苏联公民都有劳动权。这就是说,苏联广大劳动人民的生活有了可靠的法律保障。这在任何资本主义国家,无论其经济发展水平如何都是办不到的。

在此期间,苏联城市职工人数不断增加,到1937年全国职工人数已达2700万人,比1913年增加了近1.5倍,其中有1000多万人是来自农村。这就是说,一部分生活水平相对低的过剩农村人口,其生活水平提高到了城市工人的水平。

在此期间,工人和职员的平均工资增长也是相当快的。1926年职工的年平均工资为571卢布,1928年提高到703卢布,1932年为1427卢布,1937年为3047卢布。12年内提高了4.89倍,年平均增长率为15.9%。当然,这一时期某些消费品的价格也有较大的提高。即使如此,职工的实际收入水平还是有了很大提高。

工程技术人员和职员的工资水平有了更加明显的提高,他们与工人工资水平的对比,发生了明显的变化。在国民经济恢复时期,职员与工程技术人员的年平均工资只为工人工资水平的46%,到1926年已超过工人工资水平的40%—50%,到第一个五年计划末的1932年已超过200%。这乃是苏联在工业化时期解决技术和干部问题以及消除劳动报酬中的平均主义倾向的重要措施之一,大大提高了脑力劳动者和知识分子的积极性,对于发展科学技术和实现工业化起了重大作用。

失业的消除,有劳动能力公民的充分就业,每个家庭有收入的成员的增加,工资水平的提高,这一切使居民的购买能力和消费水平有了明显的提高。例如,从1928年至1937年,苏联按人口计算的商品零售额增长了65.4%,与战前1913年相比增长了77%。按人口计算的主要食品消费量也有明显增长。1931年与1927/1928年度相比,城市按人口计算的面粉消费量由143.2千克提高到159千克,提高了11%;米粮和通心粉相应从

13.5 千克提高到 19.4 千克,提高了 43.7%;马铃薯从 88 千克提高到 139 千克,提高了 58%;蔬菜从 40.3 千克提高到 70.4 千克,提高了 74.7%;食糖与糖果从 17.9 千克提高到 22.9 千克,提高了 27.9%;鱼类从 8.6 千克提高到了 22 千克,提高了 125.8%;植物油和人造奶油从 3.3 千克提高到 3.8 千克,提高了 15.1%。

当然,这一时期由于集体化过程中出现的问题,农业生产的下降,使人民生活在第一个五年计划时期受到了一定的影响。特别是牲畜头数大幅度下降,居民肉奶制品的消费量不仅没有提高,而且明显下降。例如,奶和奶制品下降了 25.7%,动物油减少了 25.5%,肉类产品减少的幅度更大。但这些重要食品下降的趋向,随着农业特别是畜牧业的恢复逐渐得到了扭转。

到了第二个五年计划末,苏联不仅基本上解决了吃饭的问题,而且逐渐向吃得好、穿得好的方向发展。例如,食品结构有了明显的变化。1937 年与 1932 年相比,黑麦面包减少 29%,白面包增加了 76.7%,肉品增加了 269.5%,脂油增加了 87.3%,黄油增加了 201.6%,蛋品增加了 108.4%,水果和浆果增加了 316.2%。在非食品日用品方面,服装等增长了 89.6%,家具和日用品增长了 250.5%,化妆品等增长了 369.8%,文化教育开支增长了 103.2%,自行车、照相机、手表、留声机等耐用消费品增长的幅度更大。

由于消费品不足,在第一个五年计划期间苏联曾实行主要食品和消费品定量供应制。随着供应情况的好转,在第一个五年计划末取消了鱼类、糖果点心、蛋类、蔬菜、牛奶、干酪等食品的定量供应,1935 年取消了面包和面粉、米等粮食产品的配给制,1936 年工业消费品也大都取消了定量或配给制。

在这一时期,农民的生活水平也有了一定程度的提高。在第一个五年计划期间,由于集体化过程中的问题,农业生产下降,农民生活受到影响。在第二个五年计划期间,随着集体农庄制度的整顿,农业生产的恢复和发展,农民生活有了明显的改善。首先,庄员每个劳动日报酬大大提高。五年内,一个劳动日所得的谷物量增加了 70%,每一农户按劳动日从农庄分得的粮食平均从 6 公担增加到 17.4 公担,即增加了 1.9 倍。每个劳动日的现金收入也有所增加,如果把实物报酬折合成现金,再加上庄员个人副业的收入,每个农户全年收入从 1932 年的 2132 卢布增加到 5843 卢布,即增加了 1.74 倍。按集体庄员平均计算,每人的年平均收入 1937 年已达到 1304.3 卢布。按货币计算的收入水平虽然还低于城市职工的水平,但考虑到农村生活费用低,许多食品无须购买,农民的生活水平与城市职工的生活水平大体相当。

农民的实际消费水平有了明显提高。到 1937 年年底,庄员按人口计算的主要食品消费大大超过了沙皇俄国时代贫农和中农的水平,面包和米超过 25%,牛奶和奶制品超过 48%,肉和脂油超过 79%,马铃薯超过 80%,蔬菜和水果超过 47%,蛋超过 300%。

农民的消费结构也有了很大变化,庄员开始穿得好了,出现了新的需求。1933—1938 年,农村按人口计算的棉纺织品消费量增加了 1.8 倍,皮鞋增加了 1.5 倍,化妆品增加了 5.9 倍。文化生活的开支大大增加。1932—1938 年,农村书籍、体育用品、乐器、照相机、手表等文化商品的零售额增加了 4.92 倍,家具和家庭用品增加了 3.15 倍。

当然,这一时期苏联人民是艰苦奋斗搞建设的时期。为了尽快实现工业化,不能不实行高积累和低消费的政策。在一定时期内,特别是在第一个五年计划期间,为了积累工业化的资金,加之集体化过程中农业减产,广大苏联人民不能不节衣缩食,肉、奶、蛋等高级食品严重不足。但是,当时在世界上苏联人民的生活最有保证。这里没有失业,没有饥饿,没有人为明天的生活担忧,广大苏联人民对前途充满了信心。苏联建立起了世界上最好的社会保险和社会福利制度。公费医疗、免费入学、养老金、各种抚恤金、多子女补贴、免费疗养、几乎免费的住宿和水、电,这一切苏联引为骄傲的社会福利制度,大都是在这一时期建立和发展起来的。

在第二个五年计划期间,国家用于教育的总支出几乎增加了 4 倍,1937 年达到 181 亿卢布;用于保健和体育的开支增加了 7.5 倍,1937 年为 76 亿卢布,用于妊娠和生育的津贴增加了 8.5 倍,1937 年为 7.86 亿卢布;用于休养所、疗养院的开支增加了 5.7 倍;国家、集体农庄和社会组织用于社会文化设施的全部开支,五年内按人口平均计算增加了3倍,1937年达234.74亿卢布。第二个五年计划最后一年,每人教育费达127.35卢布,比第一个五年计划的最后一年增加了2.3倍;每人保健费为60.16卢布,即增加了3.8倍;社会保障和劳动保护费为47.23卢布,即增加了3.5倍。1937年,苏联城市职工每个家庭平均从国家社会文化设施基金中获得的额外收入达1543卢布,约占其工资收入的34%。1936年每个家庭86%的文化教育开支和92%的医疗开支是由国家无偿提供的。所有这一切,都是资本主义国家所不能比拟的,它们反映了社会主义制度的优越性。

第二节　社会主义经济制度的确立

与社会主义物质技术基础形成和发展的同时,苏联社会主义经济制度也形成并最终确立下来了。这表现为:生产资料所有制社会主义改造的完成,单一的社会主义公有制经济的形成;社会结构的根本变化,剥削阶级的铲除,社会主义社会政治基础的确立和巩固;各种管理制度的建立和健全,社会主义经济管理体制的形成。

> **单一的社会主义公有制经济的形成**

苏联认为,社会主义经济的建立就意味着多种经济成分的消除,整个国民经济要建立在单一的生产资料公有制基础上。基于这种认识,在这一时期,苏联在全国城乡开展了向资本主义的全线进攻。

在工业化开始前,苏联国民经济是以国营经济为主导的多种经济成分并存的混合经济。除了社会主义国营和合作社经济之外,还有私营和国家资本主义企业(主要是租赁或租让企业)、个体手工业、小商品生产者和个体农民,此外还有宗法式的小生产(主要是在经济落后的少数民族地区)。1928年,大约1/4的零售商品流转额和1/6的工业生产还掌握在所谓"耐普曼"(新经济政策时期出现的私营工商业者)手里,1/5的商品粮是由富农提供的。这些资本主义性质的经济随着社会主义经济的发展,在整个国民经济中的比重不断缩小,但绝对量还在扩大。1925年召开的联共(布)第十四次代表大会提出:我们党的基本任务是在苏联为争取社会主义建设的胜利而斗争,"最主要的任务是尽力保证社会主义的经济形式战胜私人资本"[①]。1927年,联共(布)第十五次代表大会进一步指出:"对于按绝对量来说正在增长的私人资本主义经济成分……应当而且可以采取更坚决地从经济上加以排挤的政策。"[②]根据决议精神,在这一时期苏联首先对工商业中的资本主义经济采取了激烈的排挤和取缔措施。到第一个五年计划末的1932年,工业中的资本主义经济成分从1926年的27.1%缩减为0.5%,商业中的资本主义经济成分从1927年的34.6%下降为1930年的5.4%,到1932年则全部消除。与此同时,在城市,小手工业实现了合作化,在农村,实行了全盘集体化,消灭了富农,个体农民走上了集体化的道路。到第二个五年计划末,城乡资本主义经济成分已基本上被排除,个体劳动者也都走上了社会主义集体化和合作化的道路,社会主义经济成分占据绝对的统治地位。1936年,社会主义成分在生产固定基金总额中的比重达98.7%(其中工业达99.95%,农业达96.3%);在工业总产值中占99.8%,在农业总产值中占97.7%,在商业零售总额中占100%,在国民收入中占99.1%。这就是说,苏联国民经济几乎变成了单一的公有制经济,剥削制度的经济基础业已根除,"谁战胜谁"的问题在经济上最终得到了解决,社会主义经济制度的基础——生产资料公有制全面确立了。

到第二个五年计划末,苏联国民经济中残留下来的非社会主义经济成分,在工业方面主要是合同尚未到期的少数租让给外国的企业、边远地区小城镇的手工业作坊等,在农业方面主要是边远山区或少数民族地区的个体农民。到第二次世界大战前,这些非社会主义经济成分的残余也

---

① 《苏联共产党代表大会、代表会议和中央全会决议汇编》第3分册,人民出版社1956年版,第78页。

② 《苏联共产党代表大会、代表会议和中央全会决议汇编》第3分册,人民出版社1956年版,第361页。

被全部消除。

　　这一时期,苏联对资本主义工商业社会主义改造的途径是:首先利用税收、信贷、价格等经济手段加以限制和排挤,也就是使其失去经营和获利的条件,从而不得不自动停业、关闭;继之用行政办法加以取缔。税收是限制和排挤资本主义工商业的最主要的杠杆。这表现为,对这些企业按特殊的高税率征税。例如,从 1929 年 10 月 1 日起,私营企业的营业税率比国营和合作社营企业高 0.5—1 倍;1926/1927 年度"耐普曼"的所得税率比工人和职员高 1.5 倍。此外,还额外向这些企业征收超额利润税、财产税和其他形式的累进税。对私营工商业的贷款限制,开始是减少给他们的贷款,提高其利率,从 1926 年年底起,国家银行停止了对私营企业的直接贷款,自此,私营企业的贷款主要是由互助信用社提供。到 1930 年,互助信用社也宣布停办。在价格方面,国营企业通过降低零售价格与私营企业斗争。1927/1928 年度,私营企业出售的商品比国营和合作社企业的价格高 1/3。国家限制私营企业随意涨价。此外,对于私营企业按特高的收费标准征收运费,1930 年,这些企业要缴纳 50%—400% 的附加运费。交通人民委员会还有权禁止或限制运送私人货物。由于采取了上述种种限制措施,私营工商业实际上已无法继续经营。同时,国家又陆续收回了租让给私人的企业。结果到第一个五年计划末,私营工商业已所剩无几。1932 年,政府则明文规定,禁止私人经营工商业。国内的私营企业从此结束了其存在的历史。

　　至于外国的租让企业和合营企业,工业化开始后,也出现不断减少和收缩的趋向。第一个五年计划完成后,苏联认为已经没有必要通过这种途径吸引外国的资金和技术,因而大部分租让企业解除了合同。这大体有两种情况:一是苏联提出这些企业没有按照合同规定的条件经营,二是外国资本家提出苏联的条件使他们无法继续经营。但总的来说,由于国际协议的约束,苏联对这些企业的限制相对缓和些,因而这些企业存在得也比国内的私营企业长一些。直到 1936 年 1 月 1 日,苏联境内尚有 11 家租让企业开业。

　　手工业的社会主义改造过程,与农业大体相同,即都是通过合作化的途径实现的。1926—1932年,手工业的绝大部分已合作化。其办法大体是,首先使它们参加生产合作社,继之加入各种联社。城市的手工业全盘合作化,首先是在手工业和小工业生产集中的地区开展的,继之扩展到全国。到第一个五年计划末,全部手工业者的3/4加入了合作社。到第二个五年计划初,实现了全盘合作化。当时,城市的合作社主要有如下几种形式:生产合作社、工业集体农庄、生产协作社、供销协作社等。

生产资料的社会主义改造,铲除私有制和剥削制度,这是建立社会主义经济制度的根本问题。在这一时期,苏联彻底铲除了城乡资本主义经济,把小生产引上了集体化的轨道,建立了单一的社会主义经济。这无疑是社会主义改造和建设的重大成果。

然而,在生产资料所有制的改造问题上,人们要提出以下问题:在社会主义条件下,是否根本不允许多种经济成分和多种经营形式并存? 苏联在当时的条件下,是否有必要实行单一的公有制? 列宁在新经济政策时期提出并实行的在国营经济占主导地位前提下多种经济成分并存的政策,是否已完全过时? 为了回答这些问题,让我们简单地回顾一下历史。

正如我们在第二章看到的,在城市建立单一国营经济的设想,苏联早在“战时共产主义”时期就曾产生并实行过。当时国有化的浪潮从大工业迅速波及小工业甚至手工业和小商店。但实践证明,这种急于过渡的做法,在经济上乃至政治上造成了一系列消极后果。正因如此,列宁才在新经济政策时期纠正了这种做法,提出并实行了在国营经济占主导地位的前提下,允许非社会主义经济有一定程度存在和发展的政策。在工业化以前,在苏联城市经济中,这些非社会主义经济在国民经济恢复、沟通城乡交流、稳定人民生活等方面起了积极作用,这是苏联过去和现在都广泛承认的事实。与此同时,社会主义国营经济得到了更加迅速的发展。

工业化开始后,苏联急剧地改变了方针。其理由大体是:(1)认为新经济政策是一种临时退却,而退却是为了更好地进攻;(2)资本主义企业和个体经济的自发性,与大工业争人力、争原料,妨碍工业化的发展;(3)一些小商店和小商贩投机倒把,破坏统一的物价政策,特别是影响国家对农产品的收购和生活必需品的统一分配政策。这些理由与“战时共产主义"时期的提法不同,实质是一致的,即都认为非社会主义经济成分的存在不利于社会主义经济的发展。这里自然就会提出这样一个问题:既然在新经济政策时期,非社会主义经济对于国民经济发展起了积极作用,并且也未能阻止社会主义经济更加迅速地发展,那么为什么进入工业化时期之后,它们的积极作用就立即消失并且构成对社会主义经济的威胁了呢? 看来,根本原因还是理论和认识问题。当时苏联认为,多种经济成分和多种经营形式只能存在于过渡时期,完全的社会主义只能是单一的公有制经济,而公有制只能采用国营和合作社营这两种经营形式。这种认识,无论是从理论上还是实践上都是值得商榷的。

从理论上说,一定的所有制形式和经营形式要与生产力发展水平和生产社会化程度相适应。一个国家的国民经济各部门和各地区的发展是不平衡的,生产力发展水平是多层次的。那些生产社会化程度不高、为当地居民服务的小工业和手工业,采取小规模经营或个体经营,它的经济效益往往比集中经营还要好。此外,从向共产主义过渡角度来看,社会主义本身也是一种过渡阶段,即成长着的社会主义或共产主义因素取代衰亡中的资本主义因素的阶段,因而它不可能是一个纯而又纯的单一因素的社会。在经济上,它只要求社会主义成分占绝对的统治地位,并不排除存在少量的非社会主义因素。而且在社会主义经济占绝对统治地位的情况下,少量的资本主义和个体经济,其作用、地位甚至性质也与在资本主义社会有重大差异。总之,它们并不能决定国家的社会性质和国民经济的发展方向,不可能构成对社会主义事业的威胁。

从实践来看,当时苏联的小私营企业的经营效果是相当好的,它们在国民经济发展中仍然起相当的作用。例如,按苏联的统计资料,在1925/1926 年度,私营工业企业雇用的职工人数只占全部工业职工人数的 9.6%,占全部工业固定资产的 9.4%,流动资金的 1.4%,但提供了27.1 的工业产值。1927/1928 年度,相应的数据是 6.3%、7.8%、1.0%和 19.4%。这就是说,这些小私营企业的经营效率比整个工业高 2 倍左右。这些小企业用如此少的人力、物力和财力却创造了如此可观的社会财富,这怎么能说它们与国家争人力、争资源,从而影响国家工业化呢?

如果考虑到这些企业向国家缴纳的巨额税赋(对私营企业的税率比国营企业高得多,1924/1925 年度它们共纳税 2.9 亿卢布,1929/1930 年增加为 6.22 亿卢布),那么它们对国家经济发展的贡献则更为明显。

这里列举的事实,自然不是说明资本主义企业比社会主义企业优越。但它们确实能够说明,一些小工业、手工业更加适合于分散经营或个人经营。因而列宁在新经济政策时期确定的在保持社会主义经济占主导地位的前提下,允许多种经济成分并存和采用多种经营方法的方针,不仅仅在国民经济恢复时期是正确的,而且在全面的社会主义建设时期仍然有很大意义。

> 社会主义经济
> 管理体制的形成

十月革命胜利后,对于如何管理国民经济,苏联进行了广泛的探索。但是,当时由于国民经济还是多种经济成分并存,尚不可能形成统一的社会主义经济管理体制。此外,由于缺乏经验,采用的办法和制度多半是试验和临时性的。真正反映苏联特点、成型的管理体制,还是在 1926—1937 年这一时期形成的。

工业化开始后,立即着手调整和改组国民经济的管理体制。加强国家集中的计划管理,建立集中统一的计划管理体系,是调整和改组的最主要的原则和指导思想。与此相适应,苏联着重批判了"破坏对国民经济实行计划领导,把投降主义内容塞进苏联的经济计划","把苏联的计划同未必要执行的资产阶级计划目标相提并论","否定计划的指令性","把国民经济计划归结为一个大致的目标,即预测计划"等右倾理论和企图。[1] 与此同时,苏联陆续颁布了一系列决定、法律和规章制度。1926 年通过了改组最高国民经济委员会的决定。1927 年颁布了《国营工业托拉斯条例》。1929 年 4 月联共(布)中央通过了《关于整顿生产管理和建立一长制的措施》的决议。1929 年 12 月又通过了《关于改组工业管理》的决议。1934 年 5 月苏联中央执行委员会和人民委员会通过了《关于苏维

---

① 苏联科学院经济研究所编:《苏联社会主义经济史》第 3 卷,生活·读书·新知三联书店 1982 年版,第 42—43 页。

埃建设和经济建设方面的组织措施》的决议。1938 年 2 月批准了《苏联人民委员会国家计划委员会条例》。这些决议、决定和条例，虽然是为解决经济管理的不同问题而制定的，但加强国家集中的计划管理则是其核心思想。

上述种种决议、决定和条例的贯彻、执行，使苏联的经济管理体制与新经济政策时期的体制相比发生了重大变化。概括来说，这一时期形成的经济管理体制是一种以国家为核心的高度集中的计划管理体制。这种体制的基本要素可以归纳为：指令性的计划制度；部门性的组织体系；不以企业经营状况为转移的全国统一的工资制度；企业与国家的行政隶属关系。下面分别加以说明。

第一，指令性的计划制度。

计划管理体制是苏联整个经济管理体制的核心，它在很大程度上反映了苏联经济管理体制的基本特点。对国民经济进行计划管理，是从 1920 年在列宁亲自主持下编制的俄罗斯电气化计划开始的。但电气化计划基本上还是一种长期的、预测性计划。1921 年成立了国家计划委员会。但是，由于当时存在着多种经济成分，还不可能实行全国的直接计划管理。对于私人经济，国家只能通过价格、税收、信贷等经济杠杆加以调节。对于国营经济，虽然可以实行直接计划，但由于国家计划委员会刚刚成立，缺乏计划管理的经验，当时也没有编制和执行全国性的统一的年度计划，只是编制和执行部门性计划。

工业化开始后，大规模的经济建设要求加强对国民经济的计划管理。经济建设的巨大规模，任务的复杂和艰巨，更加需要国家对整个国民经济的发展进行统筹安排，以保证把有限的人力、物力和财力集中用于那些最关键的部门和项目上。从 1926 年起，苏联开始编制国民经济发展的年度控制数字。它实际上是一种初步的年度计划。与以前的部门计划不同，年度控制数字包括了国民经济的所有部门。但是它还不是完全的直接指令性计划，它既包括对公有经济规定的计划任务，又包括对私人经济采取的调节措施，可以说是一种直接计划与间接计划的混合体。从第一个五年计划开始，苏联整个国民经济逐渐向直接的计划过渡。到第二个五年计划期间,苏联已经形成了从中央到地方、从部门到企业全国统一的直接指令性的计划体系,形成了各级计划管理机构体系、完整的计划指标体系和一整套计划编制审批程序和方法。总之,全面、完整的国民经济计划管理体制正是在这一时期形成的。

高度集中和指令性,是苏联计划体制的最基本的特点。关于计划是否应该具有指令性,当时苏联出现了激烈的争论。一些人主张,计划只应规定大体的目标,也就是预测性的计划。以斯大林为首的联共(布)党中央坚决批判了这种主张。斯大林指出,"我们的计划不是臆测的计划,不是想当然的计划,而是指令性的计划,这种计划各领导机关必须执行"①。"计划就是法令",这是苏联当时计划工作的格言。苏联的指令性计划有如下几个特征:(1)计划的目标和任务由国家和上级管理机关集中确定,下级和执行者无权变更;(2)计划任务以必须执行的指令性计划指标形式下达给执行者;(3)以国家下达的计划指标完成程度,作为考核执行者工作成果的根本尺度。

苏联计划体制的另一个重要特点是全面性和系统性。1927年12月联共(布)第十五次代表大会明确指出,必须在国民经济发展的各个方面加强计划领导,要"使计划领导能完全地包罗我国国民经济生活"②。到第二个五年计划末,苏联的国民经济计划不仅包括了城市经济的所有领域和部门,而且包括了农业;不仅工业企业的生产经营活动几乎完全由国家计划严格规定,而且集体农庄的生产经营活动也大都由国家计划统一安排。国家计划实际上达到了无所不包的程度。国家不仅有年度计划,而且还有五年计划。与此同时,还形成了从中央、部门到企业统一的计划体系,国家编制数百种产品的平衡表,为企业规定几十个计划指标,企业根据上级下达的计划控制数字编制"响应计划",保证国家计划任务的落实和完成。

第二,部门性的组织体系。

---

① 《斯大林全集》第十卷,人民出版社1954年版,第280页。
② 《苏联共产党代表大会、代表会议和中央全会决议汇编》第3分册,人民出版社1956年版,第327页。

建立什么样的组织体系,把全国各地区、各行业的企业组织起来,形成一个有机的整体,这是国民经济管理体制的设计首先遇到的问题。十月革命胜利后,苏联在这方面进行了广泛的探索和试验。1917年12月,苏维埃国家建立了最高国民经济委员会和各级地方国民经济委员会。最高国民经济委员会和各级地方国民经济委员会均是按生产部门设立总管理局或管理局,分管相应部门的企业。在"战时共产主义"时期,地方国民经济委员会管理的企业数量大大缩小,大部分企业都由最高国民经济委员会各总管理局统一管理,整个国民经济管理更加趋于集中。到新经济政策时期,为了调动地方的积极性,活跃经济,地方国民经济委员会的权力不断扩大,大部分企业又由各总管理局下放给地方。

工业化开始后,随着新兴工业部门的建立和整个国民经济的规模迅速扩大,原来的管理机构已不适应新的形势和要求。1929年12月,联共(布)中央通过了关于改组工业管理的决议,1930—1932年进行了全面的工业管理改组。改组的一项重要措施是成立部门性的管理机构——联合公司。部门性的联合公司存在的时间不长,但它是按部门或专业原则设立集中的管理机构的初步实践,是走向以专业部门为主导的管理体制的一种过渡形式。1932年1月5日,全苏中央执行委员会和人民委员会通过决定,把苏联最高国民经济委员会改组为全苏重工业人民委员部、轻工业人民委员部、森林和木材工业人民委员部,从而初步建立起了以专业部门为主导的管理体制。在第二个五年计划时期,随着工业生产的进一步发展和新兴工业部门的出现,要求进一步细分各工业人民委员部。例如,从重工业人民委员部分出国防工业人民委员部和机器制造业人民委员部。后来,国防工业人民委员部又分为造船工业部、航空工业部、兵器工业部;重工业部又分为钢铁工业部、燃料工业部、电工与电站部、有色金属冶炼部、化学工业部;机器制造人民委员部又分为普通机器工业部、中型机械工业部和重型机械工业部。总之,苏联以专业部为核心的部门性管理体制,正是在这一时期形成的。

这种部门体制的基本特点是:整个工业管理体系按专业原则组建;各行业或部门的企业统由一个部管理;各部与企业是行政隶属关系;中央和

地方的职能管理机关只能通过部及其下属机关才能指导和影响企业的经营活动。这种部门性的管理体制便于中央对分布在全国各地、各行各业的企业进行集中统一的领导,便于中央统一分配计划任务和资源,有利于保证重点建设项目,有利于实行统一的技术政策、培养专业干部和对企业进行专业管理等,对工业化的实现起了积极的作用。但是它也有一系列弊病和矛盾,如管理环节过多,不利于地区经济的综合发展和资源的综合利用,不利于开展跨部门协作,不符合高度社会化大生产发展横向经济联系的要求。

第三,全国统一的工资制度。

在工业化开始之前,苏联在工资制度方面存在许多问题,其中最突出的是平均主义问题。这在不同工种的工资以及同工种的最高与最低工资差别上都有所表现。例如,工人八级工资制的两极差距只为1∶2,钢铁备料工与清扫工拿同样的工资,火车司机与抄写员的工资相等,工程技术人员的工资甚至低于熟练工人的工资,轻工业部门的工资高于重工业部门。这种工资制度不利于提高职工的熟练程度和技术水平,不利于发展重工业,它是与工业化的方针相背离的。为了扭转这种局面,在1931—1933年,进行全面工资改革,对平均主义的思想和做法进行批判。当时斯大林指出:"我们很多企业制定的工资率几乎把熟练劳动和非熟练劳动之间、繁重劳动和轻易劳动之间的差别抹杀了。"[1]这种平均主义是"个体农民的思想方式,是平分一切财富的心理,是原始的农民'共产主义'的心理。平均主义和马克思主义的社会主义是毫无共同之处的"[2]。斯大林对平均主义的深刻批判,为这次工资改革奠定了思想和理论基础。

这次工资改革的主要目的是:完善贯彻按劳分配原则的方式和方法,鼓励职工提高技术水平和熟练程度,加强工资在调节劳动力分配、减少职工流动以及提高劳动生产率等方面的刺激作用,以保证工业化的顺利实现。改革主要包括如下几方面的内容。

---

① 《斯大林全集》第十三卷,人民出版社1956年版,第53页。
② 《斯大林全集》第十三卷,人民出版社1956年版,第105页。

（1）在普遍提高各部门工资水平的同时,大大提高了重工业部门的工资。1938 年同 1931 年相比,整个工业的平均工资提高了 16%,其中第一部类各部门的工资平均提高了 17.4%,第二部类只提高了 8.6%。这样,重工业部门的平均工资普遍超过了轻工业。

（2）扩大了工人工资的级差率。新工资等级表规定,工人的两级差距由改革前的 1∶2 扩大到了 1∶3.8,煤炭工业甚至扩大到了 1∶4.4。

（3）提高了领导人员和工程技术人员的工资。这次改革调整了职务工资,废除了对于党员和党员领导人员领取附加工资和奖金的限制。领导人员和工程技术人员的工资水平有了显著提高,扩大了他们与工人之间的工资差距。1934 年,工人的工资最低为 50 卢布,而领导人员和工程技术人员的最高工资达 1400 卢布以上,企业内部最低与最高工资相差 30 倍左右。

除了上述基本措施之外,这次改革大力发展计件工资制,建立和健全了各种奖励制度。所有这些措施,有力地克服了工资制度方面的平均主义倾向,较好地贯彻了按劳分配原则,它们对于解决工业化过程中遇到的技术和干部问题,对于优先发展重工业,顺利实现工业化,起了很大作用。

这次改革奠定了苏联工资制度的基础。概括来说,这一时期形成的苏联工资制度的基本特点是:工资率或工资等级和标准,由国家按部门统一规定,各部门的工资标准和工资水平依其在国民经济中的地位和在解决国家战略任务中的重要程度为转移;各行各业的工资由国家统一调整,工资整体水平的提高取决于整个国家的经济状况;严格根据劳动的熟练程度和工作的复杂性确定各种职务或工作的工资标准,按照个人劳动的数量和质量确定报酬量;贯彻了坚决反对平均主义的原则,但职工的个人劳动报酬与本企业的经营成果没有什么直接联系。这种工资制度的突出优点是,有助于刺激提高个人的技能和熟练程度,能促使人们关心个人的劳动成果,便于国家掌握和控制消费基金的增长,有利于实现国家的计划任务和战略目标。但它也有突出的矛盾,即职工的劳动报酬与本企业经营成果脱节,不能促使职工关心企业集体的经营成果,并且形成了不同经营水平的企业之间劳动报酬的平均主义倾向。

第四,企业与国家的行政隶属关系。

在新经济政策时期,苏联企业的权力是比较大的。例如企业(当时作为独立核算单位的企业是托拉斯)可以根据用户和市场的需求安排生产,可以根据与用户的协议确定产品的价格,企业在增加利润、在完成上缴任务的情况下,可以适当提高职工的工资或奖金。当时还准备实行基金付费制,改变由国家无偿向企业拨付生产基金的办法,加强企业的经济核算,逐步使企业自负盈亏。总之,当时苏联企业是朝着扩大经营独立性的方向发展。

工业化开始后,随着计划管理的加强,苏联不断加强了对企业的集中计划控制。1926年根据联共(布)第十五次代表会议加强对企业计划管理的精神,在各工业部门普遍建立辛迪加,进一步加强辛迪加对各托拉斯供销活动和产品价格的控制,逐渐取消了在新经济政策时期由托拉斯按商业原则自行定价的办法。1927年6月,颁布了新的国营工业托拉斯条例。按条例规定,托拉斯的供销任务可以不必通过辛迪加而自行安排,但仍然规定,只有国家没有规定价格的产品才能按照协议价格出售。与此同时,对1923年托拉斯条例所确立的"商业原则"作了全面否定,认为它是与国民经济的计划原则"相抵触"的。强调企业的主要任务不是"获取尽可能多的利润",而是完成国家计划任务,"商业核算要服从国家计划"。

1929年12月5日,联共(布)中央通过了"改组工业管理"的决定,规定把基本核算单位从托拉斯改为工厂。这从组织形式上似乎是扩大了企业的权力,企业成了独立的法人,可以实行经济核算,具有独立的资产负债表,同时在企业实行一长制。但是,伴随着核算单位的缩小,国家进一步加强了对企业的集中计划控制。例如,从1931年起,在计划方面国家从为企业下达年度控制数字过渡到为企业确定全面的年度计划,国家为企业规定的指令性计划指标大大增加。在交换方面,根本取消了生产资料的自由交换,各种物资由国家计划分配,价格也基本上由国家统一规定。在分配方面,强调工资标准的统一,加强对企业工资水平的计划控制,基本上取消了新经济政策时期实行的集体报酬制度。在整个企业经营管理上,不是像新经济政策时期那样强调利润和最终经营成果,而是强调完成国家计划指标,等等。

上述种种措施,使企业与国家之间形成了一种纯粹的行政隶属关系。这种关系的特点是:一方面,企业生产经营活动的一切方面由国家规定;另一方面,企业的经营成果最终由国家包干负责。例如,在生产方面,国家不仅为企业规定生产方向及产品品种、数量、规格和质量,而且规定生产的工艺、各种消耗定额、职工人数和编制等;在流通方面,国家不仅控制企业生产所需的一切物资资源的来源、数量和取得的方式,而且控制企业的产品销售和价格;在分配方面,国家不仅统一规定各部门、各企业的工资等级和标准,而且为每个企业规定工资基金总额。与此相适应,国家对企业实行全面的包干制。例如,企业的生产基金由国家无偿拨付,企业生产所需的物资由国家调拨,产品由国家包销,盈亏由国家统一核算,职工的工资实质上也是国家包发。概括来说,这一时期形成的国家与企业关系的基本特征是:生产上的加工订货制,交换上的统购包销制,财政上的统收统付制。

苏联在这一时期形成这种高度集中的计划管理体制,绝非偶然,它是由一系列主客观因素决定的。国民经济全面的社会主义改造和实现国家工业化,特别是在时间紧迫,人力、物力和财力缺乏的情况下突击发展重工业,要求国民经济管理高度集中和加强计划性,以便实行更加统一的经济政策,把有限的资源集中用于最重要的国民经济部门。社会主义改革的全面完成,单一的社会主义公有制经济的形成,又为实现国家对整个国民经济的集中计划领导创造了更好的条件。

从实践来看,这种高度集中的计划经济体制,在很大程度上正是当时的政治经济任务和战略所要求的。例如,之所以废除新经济政策时期企业经营活动的"商业原则",实行国家对企业经营成果的包干负责制,正是为了适应发展重工业的要求。因为,当时苏联重工业企业许多是低盈利甚至亏本的。如果实行商业原则,这些企业就难以建立和发展,而建立和发展这些重工业企业又是实现当时国家的基本战略目标所必需的。其他如废除协议价格、国家垄断价格制定和管理权、废除生产资料自由购销制、实行国家统一的物资调拨制、废除商业贷款制、实行国家银行对金融的全面垄断等,也都是与当时的物资缺乏、资金紧张相联系的。

总的来说,这一时期形成的国民经济管理体制,体现了国家对整个国民经济实行统一计划管理这一社会主义经济管理的重要原则,贯彻了按劳分配原则,反映了社会主义计划经济的基本特点。它为实现国家工业化特别是保证重工业的发展,为组织战时经济和战后的国民经济恢复,都作出了重要贡献。总之,它比较好地保证了苏联当时的政治、经济战略目标的实现。在没有经验可以借鉴的情况下,第一个社会主义国家的党和人民在实践中摸索创造了一整套社会主义经济管理办法,这本身就是对社会主义事业的重大贡献。因此,它与经济发展方面的成果一样,也是这一时期苏联社会主义建设的一项重大成就。

应该指出,这种高度集中管理体制虽然是适应当时的政治、经济发展的客观要求而形成的,但它的形成和发展也受到主观认识因素的影响。这首先是与当时盛行的自然经济观和否定商品货币关系的理论相联系的。

工业化开始后,随着"向资本主义全线进攻"的开始,列宁在新经济政策时期大力纠正的关于消灭商品生产甚至取消货币的思潮再度抬头。理论界一些权威人士竭力阐发自然经济观点。例如,1928年著名的经济学家斯·特·斯特鲁米林在一篇文章中说:"在我国社会主义经济情况下,社会产品将不是通过市场来分配。价格问题一般说来将失去任何意义和实际内容。"[1]1929年格·阿·柯兹洛夫则断言:"实质上仅仅是现在价值规律才开始走上了彻底消灭的过程。因此,商品形式的作用将完全改变。它越来越只保持其外壳,而失去其昔日的内容。"[2]理论界不仅否定商品货币关系,甚至否定经济核算和货币存在的必要性。例如,1931年阿·加道夫斯基指出:"必须坚定不移地强调指出我国经济核算范畴的历史局限性,它的存在是与社会主义经济成分利用商品货币形式相联

[1] 〔苏〕《计划经济》1928年第5期。
[2] 〔苏〕《计划经济》1928年第8期。

系的。某些同志不理解这一点，把经济核算和货币范畴搬到建成的社会主义社会中去，而社会主义本质上固有的是直接的无货币分配制度。"①

当然，这种脱离实际的"左"倾教条主义理论，后来受到联共(布)党中央的批判。联共(布)第十七次代表大会指出，"关于在社会主义建设的现阶段就实行'产品交换'以及在现阶段就使'货币消灭'的这种'左的'词句，实质上是反布尔什维主义的"②。但是，在经济体制的形成过程中，这些理论权威人士的上述种种自然经济的主张不能不对经济体制和实际工作产生消极影响。大会虽然承认了在社会主义条件下存在着商品货币关系，指出了坚持经济核算原则的必要性；但在这一时期和以后的相当长的时期内，苏联仍然认为，生产资料不是商品。在国营企业内部交换的产品虽然采用货币结算的办法，但实质上仍然是产品交换，并且对新经济政策时期确定的企业经营活动的商业原则继续进行批判，认为商业原则是与社会主义计划经济不相容的。

从实践来看，这种管理体制虽然取得了很大成功，但并非完美无缺，即使在当时已暴露出许多矛盾。首先，它不能充分地调动和发挥企业的主动性和创造性。这是因为，一方面上级对企业限制过多、控制过死，使企业失去了主动改进经营管理的可能性；另一方面，国家对企业经营活动成果的包干制，又使企业失去了主动改进经营管理的压力。其次，由于过分强调完成国家计划的意义，特别是以国家下达的计划指标完成程度作为衡量企业经营成果的基本尺度，不能促使企业全面改进工作，而只是着眼于完成各种数量指标，甚至有意隐藏生产能力和生产潜力，压低国家计划指标，以便更加容易地完成和超额完成国家计划。最后，职工劳动报酬与企业经营活动总成果几乎完全脱节的工资制度，不能促使职工关心集体的经营成果。这是一种企业吃国家大锅饭的体制。尽管苏联在这一时期比较好地克服了个人劳动报酬方面的平均主义，但却进一步加深了企业之间劳动报酬上的平均主义。总之，这种体制并没有把国家、集体和个

① 〔苏〕《经济问题》1931年第7期。
② 《苏联共产党代表大会、代表会议和中央全会决议汇编》第4分册，人民出版社1957年版，第295页。

人的利益有机结合起来,没有充分体现列宁一再强调的社会主义经济管理的民主集中制原则和经济核算原则。

关于经济核算,在这一时期苏联确实做了很大努力。1929年12月5日联共(布)中央通过的关于改组工业管理的决议,特别强调了开展经济核算的意义。1931年7月18日,苏联最高国民经济委员会主席团通过了关于车间改行经济核算制的措施的决议,要求各主要生产车间、辅助车间和后勤部门、副业生产单位、工厂管理处的供销科等都必须实行经济核算制。但是,由于整个管理体制是一种吃大锅饭的体制,企业和职工对集体的最终经营成果特别是经营效益并不关心。许多企业的经济核算是奉命实行,实际上流于形式。当时斯大林严肃批评了这种现象,他说:"在我们许多企业和经济组织中,由于不善经营,经济核算的原则已经被破坏无余了。事实上,在许多企业和经济组织中,计算、成本核算和可靠的收支平衡表的编制早已停止了。事实上,在许多企业和经济组织中,'节约制度'、'缩减非生产开支'、'生产合理化'早已成了过时的概念了。显然,他们指靠的是国家银行'反正会拨给我们必要的款项'。事实上,近来许多企业的成本已开始提高了。"①

从这一时期苏联企业的经营状况来看,在完成国家计划的数量指标,特别在完成和超额完成产值计划(这是考核企业的最重要指标)方面,成就是显著的,但在精打细算、厉行节约方面,问题也是相当突出的。因此,苏联企业的生产经济效果是比较差的。以下事实说明了这一点。

在工业化的初期,苏联本来设想,新企业大量投产之后,工业利润将成为其自身发展的最重要资金来源。但实际情况是,许多企业特别是重工业企业是亏损的,这就大大限制了工业本身的积累来源。工业积累在全部积累基金中的比重,大大低于它在社会总产值中的比重。例如,1929年工业在工农业总产值中的比重为54.5%,其在积累基金中的比重只为21%,1932年相应的数据为70.7%、34%。如果同工业在工农业产值中的比重提高的幅度相比,其在积累基金中的比重还有相对下降的趋势。同

① 《斯大林全集》第十三卷,人民出版社1956年版,第68页。

时还应看到,工业的积累又主要来自轻工业,而作为积累基金主要消耗者的重工业所提供的积累则更少。例如,1928/1929 年度,在全部工业利润中重工业占 31.5%,而它所占用的工业投资却几乎高达 80%。正是由于工业特别是重工业不能"自己养活自己",才使得苏联不得不采取卡农业、压消费的办法来为工业化积累资金。诚然,重工业企业亏损或利润率低有产品价格低等客观原因,但不惜工本地保证这些企业发展,也是促使这些企业大手大脚、铺张浪费,经济效益低的重要因素。

总之,苏联的高度集中的管理体制,有集中人力、物力和财力保证工业化实现的一面,同时也有不能促使企业注重经济效益,从而影响企业提高经营效率的一面。

随着工业化的深入发展,提高企业经营效率,克服企业亏损现象,提高工业自身积累能力问题越来越突出。因而人们对经济体制中存在的种种矛盾特别是它不能促使企业精打细算、厉行节约方面的问题,开始有所察觉。到第二个五年计划时期末,苏联已提出了改进管理体制的问题。例如,奥尔忠尼启则 1935 年在一次讲话中指出:"我们必须努力奋斗,使我们的企业成为盈利的","我们不能这样提出问题:不盈利就关门。但是,是不是意味着不应为盈利进行巨大的斗争呢?当然不应是这样"。[①]当时提出要改组经济核算的刺激体制,不再用生产节约额而是用纯利润来评价企业的活动,并且对总产值计划指标的合理性提出了问题,有人还主张扩大企业的权力。但是,由于国际局势日趋紧张,战争即将来临,这种改革被搁置起来。战后,苏联忙于经济恢复,加之当时大力向其他社会主义国家介绍苏联的经验,改革自然提不到议事日程上。只是到了 20 世纪 50 年代中期,改革的思想才逐渐发展起来。

社会主义社会政治基础的确立

随着社会主义经济建设的发展,苏联的社会政治面貌也发生了根本性的变化。首先,苏联的社会阶级结构发生了重大变化。随着生产资料的社会主义改造,资产阶级作为一种政治、经济力量被彻底清除,阶级剥削

---

① 《奥尔忠尼启则文章、演说集》第 2 集,苏联国家政治书籍出版社 1957 年版,第 165 页。

的现象已成为历史。在十月革命前的 1913 年,旧俄国资产阶级、商人、地主、富农占全国人口的 16.3%,但却占有全国国民收入的一半左右。到工业化全面开展的 1928 年,他们仍占全国人口总数的 4.6%。到 1932 年,剥削阶级已不复存在。随着工业化,工人阶级的人数(包括管理人员、职员和工程技术人员)有了急剧扩大。1928 年他们只占全国人口的 17.6%,1937 年提高到 45.7%。工人阶级队伍的扩大,增强了国家的领导力量和无产阶级专政的社会基础。

实现集体化和合作化,城乡小生产者的社会面貌也发生了根本变化。首先,相当大一部分农民和手工业者进入工厂,加入了工人阶级队伍。1928 年农民占全国居民的 77.8%,到 1937 年已下降到 54.3%。其次,他们的绝大多数人从个体的小生产者变成了社会主义的集体劳动者,走上了社会主义道路。在 1928 年,走上社会主义集体和合作化道路的小生产者只占其总数的 1.7%,到 1937 年这一比重已达到 90% 以上。小生产者社会结构和社会面貌的这种变化,一方面直接扩大了作为领导阶级的工人阶级的队伍;另一方面加强了工农联盟,使这种联盟具有了新的基础和内容。

知识分子的社会面貌也发生了重大变化。首先,随着科学文化和教育事业的发展,这一时期苏联造就了一支庞大的新型知识分子大军。当时高等和中等专业学校,基本上只吸收工农子女或工农干部入学,严格限制剥削阶级子女进入专业学校。这样,知识分子的社会成分发生了根本变化。旧知识分子或剥削阶级出身的知识分子的比重急剧下降,到 1937 年只为知识分子总数的 10% 左右。其次,旧知识分子的政治态度也发生了很大变化。一方面,"沙赫特事件"后,在肃反过程中,那些对苏维埃政权抱敌对态度的知识分子大都被清洗;另一方面,由于社会主义建设的成就,加之苏联后来对旧知识分子采取了一系列团结、教育的政策措施,他们中的绝大多数人转到了苏维埃政权方面来。到第二个五年计划末,旧知识分子或资产阶级专家这一政治或社会概念在苏联已成为历史,知识分子作为一个统一的社会阶层被视为劳动人民的一部分,受到党、国家和人民的尊重。1936 年颁布的苏联宪法宣布:"工人、农民和知识分子牢不可破的联盟,是苏联的社会基础。"

综上所述,这一时期,苏联消灭了剥削和剥削阶级,消除了阶级对抗,也就是彻底铲除了资本主义制度的社会政治基础,建立并加强了社会主义的社会政治基础。斯大林在关于苏联宪法草案的报告中指出,苏联社会阶级结构的变化:"第一,这些变化说明,工人阶级和农民之间以及这两个阶级和知识分子之间的界线正在消除,而从前的阶级特殊性也在消失。这就是说,这些社会集团间的距离正在日益缩小";"第二,这些变化说明,这些社会集团间的经济矛盾在缩小,在消失";"最后,这些变化说明,这些社会集团间的政治矛盾也在缩小,也在消失"。[①]

基于这一时期苏联在经济、文化和社会、政治各方面取得上述成就和进步,斯大林在宪法草案的报告中宣布:苏联已经"基本上实现了社会主义,建立了社会主义制度"[②]。这样,1936年以社会主义宪法通过为标志,苏联从十月革命开始的向社会主义过渡的历史时期就宣告结束,"社会主义已经建成"[③]。

---

①　《斯大林选集》下卷,人民出版社1979年版,第396页。

②　《斯大林选集》下卷,人民出版社1979年版,第399页。

③　苏联科学院经济研究所编:《苏联社会主义经济史》第4卷,生活·读书·新知三联书店1982年版,第662页。

第 三 篇

卫国战争前夕的战备
经济和战时经济

第 八 章

第三个五年计划时期的
战备经济

第一节 "三五"计划时期的经济建设
任务和国际局势的恶化

"三 五"计 划 的
经 济 建 设 任 务

由于胜利实现发展国民经济的两个五年计
划,苏联已经能够生产本国国民经济和国防建设
所需要的绝大部分原料和技术装备,成为经济上
和技术上不再依赖资本主义世界的工业强国。苏联不仅在经济增长速度
上显著快于一切国家,而且在国民经济总产值方面已跃居欧洲第一位和
世界第二位(仅次于美国)。从 1938 年起,苏联人民进入社会主义建设
的新时期。这个时期苏联提出的中心任务是进一步完善社会主义生产关
系和迅速发展社会生产力,巩固和加强社会主义的物质技术基础,以便逐
步实现在按人口计算的产品生产水平方面赶上并超过发达资本主义国家
的战略目标。当时,苏联虽然在经济增长速度方面大大超过了资本主义
国家,但在经济发展水平方面还远远落后于发达国家。1937 年,在按人
口计算的电力产量方面,苏联比法国少 1/2,比英国几乎少 2/3,仅及德国
的 29.3%和美国的 18.5%;在生铁产量方面,苏联比英、法少 1/2,比德国

少 3/5,比美国少 2/3;在钢产量方面,苏联比法国几乎少 1/2,比英、德几乎少 2/3,比美国少近 3/4;在煤炭、水泥等重工业生产和在棉织品、毛织品、皮鞋、纸张等轻工业产品方面,苏联的落后程度也大致如此。为了改变这种落后的局面,使苏联建设成真正强大的社会主义国家,1939 年 3月召开的联共(布)第十八次代表大会决议指出:"现在,当苏联已经建成社会主义国家,基本上完成了国民经济的技术改造,在工农业的生产技术水平方面已超过欧洲任何资本主义国家的时候,我们能够和完全应该在实践中提出并解决苏联的基本经济任务:在经济方面也赶上并超过欧洲最发达的资本主义国家和美国,并于最近时期内彻底解决这一任务。"①

联共(布)第十八次代表大会指出,实现上述基本经济任务需要几个五年计划的时间,而第三个五年计划则是第一步。随后,为了落实这一重大的经济战略决策,苏联政府于 1941 年年初着手制定 1943 — 1957 年的十五年经济发展总计划,抽调有关的学者和工作人员组成各种委员会。但是这项远景计划工作和基本经济任务的解决,由于法西斯德国的大举军事入侵而中止了。

苏联发展国民经济的第三个五年计划(1938 — 1942 年),经联共(布)第十八次代表大会审议和批准后,由最高苏维埃通过付诸实施。它规定进一步迅速提高国民经济一切部门的生产和技术水平,基本建设投资总额比"二五"计划期间增加 67%,其中仍优先用于发展重工业。"三五"计划规定,工业总产值增加 92%,其中生产资料生产增加 107%,消费品生产增加 72%,农业总产值增加 52%;进一步从组织上和经济上巩固农业劳动组合,加速农业生产的全盘机械化。在发展生产的基础上,计划使国民收入增加 80%,即由 1937 年的 963 亿卢布增至 1942 年的 1736 亿卢布(按 1926/1927 年度价格计算),其增长额比前两个五年计划时期增长总和还多。同时规定,进一步提高人民的物质文化生活水平。

---

① 《苏联共产党和苏联政府关于经济问题的指示》第 2 卷,苏联国家政治书籍出版社 1957 年版,第 562 页。

国际局势恶化
与 加 强 战 备

战争危险加剧。在资本主义总危机和政治经济发展不平衡规律的作用下,帝国主义各国争夺商品销售市场、原料产地及投资范围的斗争日趋激化。法西斯德国、日本和意大利三国,已经把国民经济转上了军事化轨道,并且为重新瓜分世界而结成同盟,相继向邻国发动武装进攻。国际形势严重恶化,新的世界大战已经局部地爆发了,苏联面临法西斯军队入侵的现实危险。1939 年 3 月 10 日,斯大林在联共(布)第十八次代表大会上所作的总结报告中指出:"新的帝国主义大战已经进入了第二个年头,这次战争是在从上海到直布罗陀的广大地区上进行的,它席卷了 5 亿多人口。"苏联不能无视这种严重局势,必须努力加强自己的国防能力,做好战争准备。

代表大会在审议"三五"计划时明确指出,重要任务是发展国防工业,建立燃料、电力以及其他生产部门的巨大的国家储备,并确定在苏联东部地区建设一批同类型的工业"副厂"和扩大煤炭、钢铁与石油生产基地,加强东部和东南部地区的农业生产。在基建投资方面,联共(布)中央和苏联政府禁止在莫斯科和列宁格勒等七大城市建设新企业,指责迷恋于片面搞巨型工程和过分专业化的不良倾向,要求在国民经济各部门广泛建立中小型企业,组织各经济区内部各种企业的协作,以便适应战备需要。在卫国战争爆发前的三年半里,为了加速发展国民经济和加强战备,联共(布)中央和苏联政府领导全国人民进行了巨大的经济组织工作。

加强劳动管理
开展劳动竞赛

为了加强劳动纪律和提高劳动生产率,1938 年年末苏联通过了《关于整顿劳动纪律、改进国家社会保险工作和同这方面的舞弊行为作斗争的措施》决议,并从 1939 年 1 月起实行统一的劳动手册制,以便考核每个人的劳动情况。这个决议规定:凡在企业工作中迟到早退以及工作时间内游荡或不务正业,都应视为"严重破坏劳动纪律,违反法律"的行为。[①] 同时

---

①　《苏联共产党和苏联政府关于经济问题的指示》第 2 卷,苏联国家政治书籍出版社1957 年版,第 548 页。

规定,职工享受国家社会保险金和集体福利的权利,直接取决于工龄长短和对待劳动的态度。

上述措施符合广大劳动群众的意愿和根本利益,受到他们的热情支持,很快就收到显著效果。在 1939 年最初的几个月里,旷工和破坏劳动纪律的现象急剧下降,为追逐较高工资而辗转更换职业的人数减少了。据统计,重型机器制造人民委员部所属工厂 1939 年 1 月的旷工次数就比 1938 年 12 月下降 60%。

与此同时,为了表彰优秀生产者,1938 年 12 月苏联最高苏维埃主席团规定了最高的劳动荣誉——“社会主义劳动英雄”称号,制定了“劳动英勇”和“劳动优异”两种奖章,进一步推动劳动竞赛的广泛发展。苏联工人阶级努力学习先进生产经验,不断提高技术水平,作为传播革新者先进经验的斯达汉诺夫工作者学校普遍建立起来。例如,在莫斯科汽车厂这种学校就约有 300 个,在红色无产者工厂有 200 个。它在提高生产者的技术水平方面收到良好效果。

由于工人技术水平的提高和技术训练的普及,当时在斯达汉诺夫运动的基础上出现了多面手和多台机床工作者运动。这个运动起源于机器制造业。1939 年 6 月,乌拉尔和哈尔科夫两个机器制造厂的个别先进工作者,为了弥补熟练劳动力的不足和提高劳动生产率,开始增加看管的机床台数。他们改进劳动组织和合理安排作业,大大突破了工作定额。他们的经验迅速推广到其他企业和部门,形成以提高劳动生产率为中心内容的群众性运动。与此相联系,还涌现出一批一人同时承担相关的几种工作的多面手工作者。

鉴于战争危险的加剧,苏联积极吸收广大妇女参加工业劳动。1939 年 9 月,马格尼托哥尔斯克的女工们在致家庭妇女的一封公开信中写道:“妇女应当像男子一样站在一切岗位上,平炉、高炉、汽车、涡轮机、桥式起重机、电力卷扬机都会像服从男子一样,驯服地服从我们。”1939 — 1940 年,全苏联有几十万名家庭妇女参加了工业和运输业工作,使工人中妇女的比重达到 43%。同时,国家决定建立劳动后备体制,自 1940 年起广泛创办青年职业学校,计划每年招收近百万男女青年到中等专业学校和工厂艺徒学校学习。1941年5—6月,这种学校首次向各种经济部门输送了43.9万名青年工人。此外,自1940年夏季起,苏联还把七小时工作日恢复为八小时工作制,并禁止职工任意离职。

改进工业领导
挖掘内部潜力

随着工业各部门的迅速发展,为了适应战备需要和加强组织领导工作,1938—1939年,苏联把原来的工业领导部门加以调整、划细,将重工业人民委员部划分为黑色冶金、有色金属、化工、电站和电力、燃料、建筑材料六个工业人民委员部;将机器制造人民委员部划分为重型、中型和通用三个机器制造人民委员部;将轻工业人民委员部划分为轻工业和纺织工业两个人民委员部;将食品工业人民委员部划分为渔业、肉类和食品三个工业人民委员部。继之,增设了建筑、橡胶工业和机床制造人民委员部,并从国防工业人民委员部中划分出航空工业、武器、弹药和船舶制造四个人民委员部。工业管理体制的这种改组有助于加强专业领导、总结并推广生产经验,同时,便于中央领导机关接近基层企业,便于克服官僚主义。

由于部门性人民委员部数量的增加,苏联国家计委的职能扩大了。它是全国经济计划工作、协调各部和主管部门的计划与活动的中央机关。根据1938年2月2日苏联政府批准的国家计划委员会条例,国家计委的最主要任务是在国民经济计划中"保证各种部门发展的正确对比关系和为防止国民经济比例失调而采取必要的措施"。为了加强计划管理,当时设立了国家经济委员会,负责审理各工业人民委员部的年度计划和季度计划,协调他们的活动,并总结、检查其计划的执行情况,采取改进工业工作的措施,批准物资技术供应计划。同时,重视挖掘内部潜力和加强经济杠杆作用。

在执行第三个五年计划时期,联共(布)中央和苏联政府重点研究了燃料工业和黑色冶金业等生产落后的一些具体问题,相应地通过了许多重要决议。例如,莫斯科郊区煤矿在1937年和1938年这两年里,由于经营管理不善,矿井的生产能力只利用74%,使生产陷于停滞不前的状态。针对这种情况,联共(布)中央和苏联人民委员会在1938年年末和1939年年初,认真研究了莫斯科煤矿的工作,通过了"关于提高莫斯科煤矿采煤量"的决议,其中规定了克服落后现象和进一步发展的具体计划。当时把大批新技术设备和新工人充实到莫斯科矿区,并加强矿井中的党、团组织,开展大规模的煤矿建设工作。仅在 1939 年,那里的重型和轻便载煤机、装卸机、运输设备就增加 1 倍多,有 1700 多名共产党员和共青团员被调到矿井工作。结果,莫斯科煤矿的工作发生了显著变化,1939 年的采煤量比 1938 年增加近 10%,1940 年和 1941 年上半年的采煤量继续稳步上升,全部完成了计划任务。

第二节　战前国民经济发展及其特点

新 的 工 业 建 设　　发展国民经济的宏伟计划和加强战备工作,都要求继续进行大量的工业建设,特别是发展重工业和东部地区工业。"三五"计划规定的基建投资额为 1920 亿卢布,其中用于工业建设的为 1119 亿卢布,计划把 939 亿卢布投于甲类工业,把 180 亿卢布投于乙类工业,其规模超过了前两个五年计划相应的基建投资总和。但是由于国防费用的迅速增加,前三年的工业基建投资只完成五年计划任务的 47%,其中甲类工业投资完成五年计划的 50%,乙类工业投资仅完成五年计划的 27%,三年半里工业基建投资实际为 622800 万卢布(按票面额缩小 9/10 后的可比价格计算)。不过,如果用这一数字与"一五"和"二五"计划相比较,其规模还是相当大的(即为前者的 2.15 倍,为后者的 97.7%)。因而,仍促进了新的工业生产能力的不断增长。在 1938 年至 1941 年 6 月的三年半时间里,有近 3000 个新建成的大型工业企业投产,平均每 10 小时就有一个新企业开工(不包括地方性工业建设)。到 1941 年年初,苏联工业固定生产基金已达 920 亿卢布,约比 1937 年年底增加 50%,比 1932 年年底增加 3 倍以上,其中 77.7% 属于甲类工业。

在战前几年里,苏联集中主要力量从事东部地区的经济建设,努力使那里的经济得到综合发展。在燃料工业方面,大力建设伏尔加河与乌拉尔之间的石油产区——"第二巴库",开发乌拉尔、巴什基里亚、东西伯利亚、远东、哈萨克斯坦等煤矿区。1940 年库兹巴斯产煤 2250 万吨,成为苏联第二个煤炭基地。此外,还开始在南乌拉尔和东西伯利亚建设冶金工厂,在中亚细亚和外高加索建设轧管和铸管工厂等,在乌拉尔、西西伯利亚和远东地区开始建设机床制造厂。这样,工业布局改善了,东部地区也成为苏联的重要工业基地。1940 年年末,它在全苏主要工业生产中的比重已上升为:铁矿石 28.8%,铁 28.9%,钢 32.2%,煤 35.9%,电力 22.1%,拖拉机 27.1%,冶金设备 31.9%。在卫国战争爆发前夕,全苏的军事工厂几乎有 1/5 设在东部地区。这些对于改进生产力布局和加强战备具有重要的战略意义。

> **工 业 生 产 的 发 展**

在"三五"计划的战前年代里,苏联工业生产有了进一步的发展,国家工业化水平达到了新的高度,国家的经济实力和国防实力显著提高。由于大规模的工业建设和人民群众的创造性劳动,1938 — 1940 年工业总产值增加 45%,即由 1937 年的 955 亿卢布增至 1940 年的 1385 亿卢布,平均每年递增 13.2%;工业劳动生产率增长 33%,工业总产值增长额的绝大部分得自劳动生产率的提高。

为了适应工业生产和加强战备的需要,苏联交通运输业得到了相应的发展。1938 — 1940 年,新建成的铁路线为 4600 公里,并且主要分布在东部地区。1940 年年末,苏联铁路线长度达 10.6 万公里,三年里铁路货运量增加了 17%。1940 年各种运输业的货运总量比 1937 年增加 8%,达到 4876 亿吨公里,其中 85.1%是由铁路运输业承担的,其次是海洋和内河运输业,共占 12.3%。

由此可见,直到 1941 年 6 月德国法西斯军队的大举入侵,"三五"计划执行得很有成效。当时的工业总产值已达到五年计划最后一年即 1942 年计划指标的 86%,其中甲类工业达到 90%,乙类工业达到 80%。鉴于战争危险的加剧,苏联着重发展军事工业生产,其增长速度平均每年达到 39%,几乎比整个工业生产的发展快 2 倍。这势必导致某些民用工

业部门生产发展缓慢,乃至出现下降。例如,干线蒸汽机车的产量下降
22%,汽车产量下降 27.3%,拖拉机产量下降 38%。许多民用工厂转产军
需品了。

"三五"计划和平时期苏联主要工业品生产的发展情况,见表8-1。①

表 8-1 "三五"计划和平时期苏联主要工业品生产情况

产品	单位	1937 年	1940 年	1940 年占 1937 年的比重(%)
生铁	百万吨	14.5	14.9	102.7
原钢	百万吨	17.7	18.3	103.4
钢材	百万吨	13.0	13.1	100.7
铁矿石	百万吨	27.8	29.9	107.5
煤炭	百万吨	128.0	165.9	129.6
石油	百万吨	28.5	31.1	109.1
电力	十亿度	36.2	48.6	133.4
金属切削机床	千台	48.5	58.4	120.4
干线蒸汽机车	台	1172.0	914.0	78.0
汽车	千台	199.9	145.4	72.7
棉布	百万米	3448.0	3954.0	114.9

上列数字表明,这些产品的增长率都显著低于整个工业的增长速度
(45%)。这固然是由于把大量的资金和物资优先供给了军事工业的结
果,但也与经营管理不善和某些领导工作不力直接相关。这表现为突击
之风盛行,不能均衡地组织生产,有损于机器的正常保修工作,加之僵硬
的物资技术供应制度,因而经常出现停工现象。1940 年仅列宁格勒的重
型机器制造企业,就约有 150 万工时的生产停歇。这种现象也是苏联黑
色冶金工业和石油开采等发展缓慢的重要原因。

1941 年 2 月召开的联共(布)第十八次代表会议,认真分析了工业和

① 苏联科学院经济研究所编:《苏联社会主义经济史》第 5 卷,生活·读书·新知三联书
店 1983 年版,第 62、80 页;苏联国家统计局编:《1958 年苏联国民经济年鉴》,苏联国家统计出
版社 1959 年版,第 158—169 页。

运输业问题,指出一些部门完不成生产计划的首要原因是领导上的官僚主义,以及对于各项决议的执行情况缺乏应有的监督和检查。为此,代表会议提出了克服上述缺点的相应措施,强调地方党组织必须加强对本地区工业和运输业的领导,认真检查各企业对上级决议的执行情况。会议要求各企业合理地使用技术设备、原材料和燃料,杜绝变相盗窃国家财产和非法出售物资等现象;要健全规章制度,消除突击作风和无计划性,严格遵守操作规程,努力掌握新技术和保证产品质量;加强经济核算制和不断降低产品成本,认真贯彻物质鼓励原则,消除旷工和加强一长制等。

农 业 状 况

加强集体经济的措施。在农业方面,为了进一步从组织上和经济上巩固和发展集体农庄经济,联共(布)中央和苏联政府在调整农庄收入分配、保证农庄土地的集体使用、加强劳动纪律、改进农业税制和农畜产品征购制度等方面采取了一系列的重要措施。同时,还加强了农业的技术装备和工作人员的技术培训,并努力发展东部与东南部地区的谷物生产,在中亚发动了扩大灌溉面积的群众运动。

1938 年 4 月 19 日,苏联人民委员会和联共(布)中央为了纠正"集体农庄收入的不正确分配"而通过的专门决议指出:集体农庄货币收入分配不合理,直接违背政府和党的政策,违背庄员的利益。许多集体农庄管理委员会将收入的基本部分用于农庄公共建设、生产支出和行政管理费用,而按庄员劳动日分配的货币收入部分降低了。这种情况往往促使庄员外出谋取货币收入,而集体农庄本身却劳动力严重不足。例如,鞑靼自治共和国的 172 个集体农庄,按劳动日分配部分平均只占农庄货币收入的 28%;高尔基州的 1279 个集体农庄,其比重为 33%,在罗斯托夫、沃罗涅什、梁赞等州和哈萨克等共和国,甚至有完全不按劳动日分配货币收入的集体农庄。这种做法显然损害庄员的生产积极性和劳动纪律。决议要求彻底纠正这种缺点,规定要提高按庄员劳动日分配部分在农庄货币收入中的比重,并提出了相应的保证措施。

由于集体农庄的公有土地被宅旁园地所侵占,这使有些地方的宅旁园地已失去副业性质而成为庄员的基本收入来源。为此,1939 年召开的联共(布)中央五月全会讨论了集体农庄土地的使用问题。在5月27日，联共(布)中央和苏联人民委员会公布了《关于防止侵占集体农庄公有土地的办法》决议，揭露并批判集体农庄土地使用方面严重违反国家法令和集体经济利益的错误行为。当时农庄中有相当一部分人是挂名庄员，实际上不参加集体劳动，而把大部分时间用于经营个人经济，同时他们还享受庄员的一切权利。造成这种状况的原因，首先是集体劳动收入太低，形成"吃粮靠集体，捞钱靠自己"的局面；其次是地方党和苏维埃的许多领导人软弱涣散，存在多占和特权等不正之风，从而使一些自私自利分子有机可乘。

联共(布)中央和苏联人民委员会指出，侵占集体农庄公有土地是破坏农业劳动组合章程和危害国家利益的行为。根据该决议而进行的宅旁园地重新测量表明，在全苏各地被个人非法侵占的集体农庄公用土地达250万公顷。经过整顿，到1940年2月已有170万公顷土地归还集体农庄。

1939年农业税制改革，在巩固集体经济和加强劳动纪律方面起了重要作用。苏联最高苏维埃第四次常委会通过的新农业税法规定，对庄员个人的全部副业收入改用累进税制，而对庄员从集体农庄按劳动日分得的收入仍旧免税。例如，庄员个人经济收入每年达700卢布的课税7%，而超过4000卢布的则课税15%。对个体农民的全部收入都予以课税，并提高其累进率，每年收入1000卢布的课税11%，超过6000卢布的则课税45%。这项措施有助于限制农村中的投机活动，但它束缚了广大庄员发展正当家庭副业和多种经营的积极性。

为了鼓励集体农庄增产农畜产品，苏联改革了过去那种"鞭打快牛"的征购制度。1939年7月8日通过了《关于发展集体农庄公有畜牧业的措施》的决议，规定从1940年1月1日起实行新的畜产品征购制度，即废除按实有牲畜头数计征制，改行按集体农庄使用的土地面积计算义务交售量。同时改进饲料生产，组织机器割草队和加速畜牧业的机械化。这些措施促使集体农庄关心增加牲畜的头数，有助于发展公有养畜场。到1940年年末，全苏已有集体农庄商品养畜场61.8万个，平均每个农庄有

2.6 个,比 1938 年增加 78%。在种植业方面,苏联从 1940 年收获期起,各集体农庄改行按国家拨给它永久使用的耕地面积交售谷物和蔬菜等农产品的征购制度。同时国家规定,在保证完成国家征购任务的条件下,集体农庄有权自行制订谷物播种计划。这有助于发挥农庄的生产积极性和因地制宜地发展谷物生产。

此外,还采取了进一步发展东部和东南部地区谷物生产的措施,规定了扩大耕地面积和提高收获量的具体任务。为此,在中亚掀起了扩大灌溉面积的群众运动。1939 年 8 月,乌兹别克共和国组织 16 万集体农民参加费尔干纳大运河的修建工作。他们以 45 天的紧张劳动挖通全长273 公里的运河。乌兹别克集体农民在 1939 年修建了 52 项灌溉工程,使10 万公顷土地得到灌溉。他们的这种创举得到广泛的响应,1939—1940年在哈萨克斯坦、中亚和高加索各共和国也修建了许多灌溉工程。

在战前年代里,苏联工业向农业提供了大量的新机器。1938—1940年,苏联农业固定生产基金增加 1/3,新得到的拖拉机达 9.2 万台,新建立 1251 个机器拖拉机站。农业的动力构成发生重大变化,在 1940 年畜力动力只占 22%,机械动力已占 78%。农业生产的机械化水平提高了,1940 年机耕地面积的比重达到 3/4 以上,用联合收割机收割的谷物占 43%。

在发展农业生产机械化的同时,苏联加强培养农业技术干部。仅在1939 年和 1940 年这两年里,就为集体农庄培养出约 200 万名机务人员。在卫国战争开始前,苏联农业中拥有 350 多万名拖拉机手、联合收割机手和汽车司机。

苏联农业劳动者,同工人阶级一样,积极开展社会主义劳动竞赛。许多先进人物创造出生产效率的新纪录,成为广大群众的榜样。1940 年,奥司金兄弟(契卡洛夫省)荣获全苏联合收割机工作冠军。他们使用"斯大林"牌双联联合收割机收割了 5238 公顷农作物,创造出最高的劳动生产率。1938—1939 年,庄员们广泛开展争取每公顷收获 100 普特(16 公担)谷物,每头乳牛挤 3000 公升奶等群众运动。

农业生产的发展。上述种种措施对于集体经济的完善和发展起了相当大的作用。在这一时期,苏联农业生产有了一定的发展,其总产值增加5.2%。战前时期苏联农业生产的发展概况,见表8-2(按1939年9月以前的国土面积计算的年平均数)。①

表8-2　战前时期苏联农业生产情况

年份	谷物			籽棉			肉类	
	播种面积(百万公顷)	每公顷产量(公担)	总产量(百万吨)	播种面积(万公顷)	每公顷产量(公担)	采购量(万吨)	活重(百万吨)	屠宰重量(百万吨)
1909—1913	94.4①	6.9	65.2	68.8①	13.0	67.5②	6.4	3.9
1928—1932	98.8	7.5	73.6	158.4	6.8	103.5	7.5	4.3
1933—1937	103.3	7.1	72.9	201.4	9.0	183.8	4.3	2.7
1938—1940	100.9	7.7	77.9	207.8	12.1	250.6	7.2	4.5

注:①1913年数据;②总产量。

表8-2说明,战前三个五年计划时期的苏联农业生产,除棉花等技术作物发展较快外,谷物业和畜牧业一直发展缓慢,成为整个国民经济的薄弱环节。特别是畜牧业产品尤其满足不了国家需要,直到1940年年末,牛、羊和猪的头数尚落后于集体化前1928年的水平。农业发展缓慢除了在前几章已经指出的原因之外,在这一时期一个重要原因是:加强战备,进一步削弱了农业的投资和物资技术供应,农业机械化的进程被推迟了。

商业工作与人民生活的改善

改进商业服务工作。在增加工农业生产和提高劳动生产率的基础上,"三五"计划头三年苏联国民收入(按1926/1927年度不变价格计算)增长1/3,即由1937年的963亿卢布增至1940年的1283亿卢布。这就为扩大商品流转额和提高人民生活提供了物质基础。1938—1940年,苏维埃商业工作有了进一步的发展,商品零售额在1940年达到1751亿卢布(按可比价格计算),比1937年增加16.7%。

---

①　苏联科学院经济研究所编:《苏联社会主义经济史》第5卷,生活·读书·新知三联书店1983年版,第157、158、165页。

为了改进商业服务工作,三年里零售商业网点扩大 24.4%,1940 年全国共有 40.7 万个零售商店(包括新并入领土上的 3 万个商店);公共饮食业网点达 8.8 万家,扩大 72%(如扣除并入领土上的,则为 30%)。然而,居民消费品特别是食品供不应求的情况仍是相当突出的问题。为了改善对职工的食品供应,苏联人民委员会和联共(布)中央于 1940 年 9 月 7 日通过了《关于组织各企业在城市和乡村发展菜园和畜牧业副业生产》的决议,责成企业经理和地方苏维埃建立副业生产基地,其产品供本单位食堂专用。到 1940 年年底,这种副业生产的耕地面积达到 170 万公顷,拥有牛 60.8 万头、猪 99 万头、羊 86.1 万只。这在增加职工及其家属食品供应方面起了重要作用。

由于军用储备增加,国家向市场上投放的消费品总量有所下降,1940 年只能提供国营和合作社商业零售计划所需商品的 70%—75%,其余部分则靠地方上的产品来补充。这导致许多消费品价格上涨,三年里整个零售物价约提高 19%。因此,苏联党和政府在 1941 年年初发布"关于扩大使用地方原料生产消费品和食品的措施"的决议,鼓励地方工业和工艺合作社增加消费品生产。该决议规定,凡是完全使用废料和地方原料以及小部分使用国家短缺原料制造的消费品与食品,留归当地支配,国家不再进行集中的调拨。这项措施有助于调动地方当局和企业增产居民必需品的积极性,使他们从物质利益上关心挖掘内部潜力。

集体农庄市场贸易额,由于货源增多和物价有所上升而逐年扩大。按各年的实际价格计算,商品销售额由 1937 年的 17.8 亿卢布,增加到 1940 年的 29.1 亿卢布,扩大了 63% 以上。如按可比价格计算,三年里则增加了 14%。1940 年集体农庄市场贸易在全国零售商品流转总额中占 14.3%,在粮食销售量方面占 20.2%。至于一些副食品,如马铃薯、蔬菜、水果以及乳类和蛋类等农畜产品,集体农庄市场的销售量还大于国营和合作社商业网的销售量。受价值规律调节的集体农庄自由市场贸易,在"三五"计划时期是城市居民获得消费品的一个重要来源,它在供应城市居民食品和活跃城乡经济联系方面起着积极的作用。

人民生活的改善。在战争年代,苏维埃国家为了防御帝国主义的军事入侵,不得不迅速扩大国防费用以增强军事力量。苏联国防费用由1937年的175亿卢布增至1940年的568亿卢布,它在国家预算支出中的比重相应地由18.6%上升为32.6%。1940年军费支出占国民收入的15%、工业总产值的26%、农业总产值的9%和运输能力的16%。

但是在这种情况下,苏联人民的生活状况仍有所改善。三年里工人和职员人数增加18.8%,1940年达到3393万人。同期内职工的工资基金增加54%,1940年达1265亿卢布。扣除物价和人数的影响,三年里职工的实际工资提高12%。如考虑到职工家庭的平均就业比重上升,则每个家庭的实际收入约提高15%。集体农民的劳动收入也在提高,三年里平均每个集体农户的货币收入增加52%,即由1937年的729卢布增至1940年的1107卢布。

在提高劳动者收入的同时,苏维埃国家还通过技术革新不断改善生产者的劳动条件,实行职工带薪休假制度(一般的休假为每年两周)。同时,还不断增加用于文化和社会福利设施的拨款,全体居民都享有免费医疗和受教育等权利。

在国民教育方面,苏联在城市里普及中等教育,在农村实行七年制义务教育。三年里中小学学生人数增加17.7%。据1939年人口调查材料,全国9—49岁居民的识字率已达87.4%。1938—1940年,高等学校为国家培养出32.8万名各种专业人员,中等专业学校毕业生达67.8万人。1939年全国约有28%的居民在各种学校里学习。与此同时,广泛开展各种形式的文艺和体育活动,努力丰富人民的文化生活。

第三节　经济和国防实力的增强

新并入地区的社会经济改造　国际局势日趋恶化,苏联面临着德军直接入侵的危险。苏联政府加紧采取巩固西部边境的措施。当德国法西斯军队大举入侵波兰时,苏联红

军进驻波兰管辖下的西乌克兰和西白俄罗斯地区。此外,苏联军队于
1940年6月进驻立陶宛、拉脱维亚、爱沙尼亚三个地区。那里的资产阶
级政府被推翻,建立了立陶宛、拉脱维亚和爱沙尼亚的苏维埃政权。同
时,苏联还占领了比萨拉比亚,成立了摩尔达维亚苏维埃社会主义共和
国。这些国家和地区并入苏联,急剧地扩大了苏联的疆域,增强了其经济
和军事地位,特别是加强了苏联西部和西南部的军事防御力量。

上述地区建立起苏维埃政权后,立即着手社会经济的革命改造工作。
在联共(布)中央和苏联政府的领导下,这些地区迅速实行工业、银行、贸
易和交通运输业的国有化。例如在拉脱维亚,新政府于1940年7月25
日通过了关于大工业和银行国有化法令。到12月,已有1477个企业收
归国有了,它们提供84%以上的工业产值。到1941年6月,社会主义经
济成分在拉脱维亚工业生产中约占95%。其他新并入地区的情况,也大
致如此。

在广大的农村中,废除土地私有制,把没收来的土地、牲畜和农具无
偿地分配给贫雇农使用,并开始组织集体农庄、国营农场和机器拖拉机
站。例如在西乌克兰的土地改革中,无地和少地农民分得了约400万公
顷土地,赤贫户还分得8.4万匹马、约10万头牛和许多农具。在一些大
地主庄园基础上,组建了国营农场。1940年春,那里已建立起31个国营
农场和100个机器拖拉机站。而到1941年6月,则组织起2589个集体
农庄,参加者达17.2万多农户,占当地农户总数的13%。

由于国家的支援和利用其他民族的经验,新并入苏联的上述地区迅
速建立起社会主义经济基础。那里的资本家和地主阶级遭到了沉重的打
击。同时,在变革生产关系基础上,立即着手发展工农业生产和改善人民
生活状况。国有化企业的劳动生产率和产量开始上升。与1939年同期
相比,1940年年末期的工业产值,在爱沙尼亚增长45%,而在立陶宛则增
长145%。拉脱维亚的党和政府两次决定提高职工工资,使之达到列宁
格勒同类企业的现行工资率水平。自1941年年初起,新建立的苏维埃共
和国开始实行计划经济。这样,这些地区的经济发展就完全纳入了苏联
国民经济的体系之中。

经济实力和国防
能 力 的 增 强

在全苏由于实现了三个五年计划和国家工业化,苏联的经济实力空前增强了。在战前的三个五年计划时期,苏联建成 7000 多个大型工业企业,创立起飞机和汽车制造等许多新的工业部门。在广大的东部地区建设了一些新的工业中心,成为国家重工业和国防工业的重要生产基地。结果,1940 年的工业总产值比 1913 年增加 6.7 倍,其中生产资料生产增加 12.4 倍,消费品生产增加 3.6 倍。与 1913 年相比,1940 年苏联生产铁 1490 万吨,增加 2.5 倍多;钢 1832 万吨,增加近 3.3 倍;煤炭 16592 万吨,增加 4.7 倍;石油 3112 万吨,增加 2 倍;电力 485.6 亿度,增加 23 倍多;机器制造和金属加工业产量,约增加 34 倍。这一切有力地保证了苏联的经济独立,并直接加强了国防能力。

集体农庄经济的巩固和发展,以及东部地区农业生产的加强,也具有重要的战略意义。1940 年苏联农业总产值,比 1913 年增加 41%。同期内,商品粮总量增加 70%,棉花增加 2 倍,肉类增加 20%。

具有重要经济和军事意义的交通运输业,特别是铁路运输业,也获得巨大发展。1940 年全国铁路线长达 10.6 万多公里,比 1913 年增加 48%。同期内,各种运输业的货运量增加近 3 倍。

尽管苏联经济中还存在着某些薄弱环节,如农业发展落后,冶金业、化学工业和铁路运输业等尚不能充分满足国家需要,但整个国民经济的实力大大增强了,这就为苏联人民在卫国战争中打败入侵者奠定了可靠的经济基础。

鉴于法西斯的侵略战火越来越烧向自己的领土,为了增强国防能力,苏维埃国家进一步调整经济计划任务,联共(布)中央政治局相继作出了扩大军工生产的几个决定。例如,《关于 1940 年生产 T-34 坦克》《关于改造现有的飞机厂和建设新飞机厂》《关于扩大迫击炮及其炮弹生产》等决定。当时兴建一批坦克、飞机和大炮制造厂及一些弹药厂,并对许多民用企业进行了战前动员,使之全部或部分地转产军用品。结果,"三五"计划和平时期苏联显著地扩大了军备生产能力,国防工业生产的增长速度超过整个工业的 2 倍,向红军提供的新式飞机、坦克和大炮日益增多。

仅在 1941 年上半年,苏联就生产出 6 千架飞机(其中有新型战斗机 2000 架、轰炸机 490 架和歼击机 250 架)、KB 型坦克 393 辆和 T-34 型坦克 1110 辆(二者合计为 1940 年产量的 4 倍多)。苏联还加快建造军舰,在 1938—1940 年建成并下水的战舰吨位数比前三年多 1 倍以上。这就为武装力量的发展提供了必要的技术装备。

与此同时,苏联进一步扩大国家的战略物资储备,首先是钢铁、有色金属、橡胶、汽油和粮食的储备。在 1939 年和 1940 年这两年里,生铁储存量增加 4 倍,钢材储存量增加 1 倍,铜的储存量增加 1 倍多,锌的储存量增加 1.2 倍。到 1940 年年底,苏联各种粮食的国家储备增加到 616.2 万吨,可以保证红军 4—6 个月的需要。在卫国战争爆发前的一年半里,国家物资储备总值几乎翻了一番,即由 40 亿卢布增加到 76 亿卢布。

综上所述,第三个五年计划时期的苏联经济是战备经济,增强军事实力,保卫社会主义祖国,是一切经济政策和措施的基本出发点。这一时期社会生产的迅速发展,特别是重工业的巨大增长和社会生产力的合理分布,东部重工业和农业生产基地的形成,使苏联国防有了更为坚实的经济基础,为反法西斯战争的胜利提供了可靠的物质保证。

第九章

卫国战争时期的苏联经济

第一节 战时国民经济改组

希 特 勒 军 队
大 举 入 侵
卫 国 战 争 开 始

1941 年 6 月 22 日,德国法西斯军队对苏联的大举进攻,打断了苏联人民的和平劳动和正常的经济建设,迫使他们动员全部力量奋起保卫社会主义祖国。当天,苏联最高苏维埃主席团发布了国家进入战争状态的法令。伟大的卫国战争开始了。

德国法西斯强盗不宣而战的突然袭击,骤然间使苏联军队、工农业生产遭到重大损失。入侵后几个月,希特勒军队就占领了苏联欧洲部分的大片领土,使苏联暂时丧失了主要的煤炭—钢铁生产基地。截至 1941 年 10 月底,被德寇占领的地区在战前约居住有全国 40% 的居民,出产全国 63% 的煤炭、68% 的生铁、58% 的钢和 60% 的铝,拥有全国 40% 以上的铁路线,出产全国 38% 的谷物、84% 的食糖和许多其他产品。这使苏联在卫国战争的初期处于极为不利的地位。

为了适应战时状态,1941 年 6 月 30 日苏联组成了以斯大林为主席的国防委员会,由它集中行使国家全部权力,统一领导前线和后方,变全国为统一的军营。国防委员会的决议和指示,具有战时法律效力,各组织必须贯彻执行。"一切为了前线,一切为了胜利",成为苏联人民全部生活的准则。

<table>
<tr><td>战 时 经 济 改 组</td></tr>
</table>

战争开始后,苏联立即着手对国民经济进行改组,依据战时动员计划把整个国民经济转上战时轨道。当时经济改组的出发点是:尽可能地发展军用生产,把大部分民用资源转归国防需要,力求尽快地使苏联红军在技术装备的数量和质量上超过敌人。改组的基本内容包括以下三个方面。

第一,将全部经济生活转上战时轨道,使整个国民经济为前线服务。这就要根本改变国民经济原有的部门构成和协作关系,并须调整一些部门的工艺流程和生产组织。例如,拖拉机工厂转而生产坦克,机器制造厂生产大炮,机床制造厂生产装甲车,纺织和制鞋工厂改为生产军用布匹和鞋靴,食品工业增产浓缩食品和罐头,石油工业增产飞机用油,钢铁工业扩大生产军工需要的优质钢和铁合金。国家将原料、燃料、生产设备和劳动力优先分配给军事工业。政府设立了劳动力登记和分配委员会,以及坦克制造和迫击炮军械两个人民委员部。铁路等交通运输部门改组为军事体制,一律按战时运行规程运行。同时,还从农村中调拨大量的粮食和肉类等农副食品供应前线和城市。

为了适应卫国战争的需要,苏联制定了1941年下半年和1942年的战时经济计划。其中规定:向安全的东部地区配置工业生产力,大力发展军工生产,增加东部地区的煤炭、钢铁和电力等产量;改变国家预算和投资结构,大力建设新的兵工厂、机器制造厂、冶金厂、矿井和电站。

第二,迅速向东部地区撤退作战区的重要生产设备、物资和人员,并使之尽快在新地区恢复生产。为此,苏联成立了疏散工作委员会。在战争初期,计有1360个大型工业企业东迁,其中主要是生产军用品及其原材料的企业。在短期内把约150万辆车皮的设备、原料和燃料运往后方。撤退的企业被安置在伏尔加河沿岸、乌拉尔、西伯利亚和中亚地区。其中仅乌拉尔地区就迁入667个工业企业,主要是安置在斯维尔德洛夫、切利亚宾和彼尔姆三个州。

撤退到新地区的企业,依靠地方上的支援和广大职工的积极努力,克服种种困难,平均用了不到两个月时间就恢复了生产,而3—4个月后便达到甚至超过战前生产水平。当时还向后方疏散了1000多万名人员,以及几千个集体农庄和国营农场的重要资财。整个疏散工作进行得相当成功,把敌占区的大批生产能力保存下来。这充分显示出公有制基础上计划经济的良好组织、动员能力。英国评论家亚历山大·威尔特后来写道:"1941年下半年和1942年年初的工业撤退并使它在东部地区'落户',应是苏联战时组织工作方面的最惊人的人间奇迹。"

第三,在东部地区加速建设新企业和最大限度地利用地方资源与生产能力,尽快地增加生产。1941年9月,苏联设立一个有800名科学技术工作者参加的专门委员会,调查和发掘乌拉尔、西伯利亚和哈萨克斯坦等地的资源,以供国际需要。该委员会协助工业部门合理安排撤退下来的企业,保证新建和搬迁企业得到原料和燃料。同时,苏联有计划地增强东部地区的铁路运输能力,铺设一些复线和修建新的铁路线。为了保证国家对粮食等的需要,在东部地区积极扩大谷物播种面积和增产经济作物。结果,从根本上改变了原有的地区间经济联系和生产力配置状况。东部地区的作用急剧增强了。

当时,苏联劳动人民不分昼夜地工作,工作日常常长达12—14小时。在全国人民的积极努力下,上述改组工作在战争爆发后一年时间里已基本完成,很快形成了卓有成效的战时经济体系,为夺取战争的最后胜利奠定了现实的物质基础。

第二节　战时经济发展及其特点

军事工业生产大发展

战争初期,由于一部分国土被占领和大量企业东迁,苏联面临严重的经济困难。1941年下半年,作为军事工业基础的重工业生产急剧下降。

半年内,工业总产值减少了一半。这是苏联战时经济发展中最困难的时期。重工业生产下降的现象,一直延续到 1942 年。与 1941 年相比,1942年铁矿石开采量仅为 39.4%,生铁产量为 34.1%,钢产量为 44.7%,焦炭生产为 37.7%,煤产量为 49.8%,石油产量为 66.6%,电力生产为61.7%。机器制造和有色金属工业的情况也大致如此。而希特勒德国当时在重工业主要产品生产方面,却比苏联多出 2—3 倍。

在党和政府的领导和组织下,苏联后方人民为了战胜德国强盗发挥出了高度的劳动热情,积极开展增产运动,扩大东部地区军工生产。高尔基市工人首先发起"两倍定额和三倍定额"工作者运动,他们的口号是:"不仅干自己的活,还要把参军同志的活包下来"。这个倡议立即得到乌拉尔和莫斯科等地工人的积极响应,仅在开战后的几个月内就有数十万工人成为两倍或三倍定额工作者。1941 年 8 月 17 日举行的全苏星期日义务劳动,计有 900 多万人参加。当时还发起了支前工作队、多台机床工作者和兼任几种职务等形式的群众性劳动竞赛。1941 年下半年在整个工业生产严重下降的情况下,苏联作战飞机产量却比上半年增加 1.2 倍,轻重机枪产量增加 1.5 倍,野战炮增产 2 倍,冲锋枪增产 7 倍,迫击炮增产 50% 以上。

伴随国民经济战时改组工作的完成,原来生产民用产品的大批企业转上制造武器、弹药和战斗技术装备的轨道,加上撤退到东部地区的1000 多个大型骨干企业相继恢复生产,这就保证了苏联军事工业生产得以迅速发展。从 1942 年起,东部地区成为苏联红军的主要"武器库",自3 月起所提供的军工产品已达到战前全国水平。乌拉尔地区的作用空前提高,成为苏联国防工业的主要命脉。1942 年它生产的军工产品占全国的 40%,其中包括占全苏 60% 的中型坦克和全部的重型坦克。当时射向敌人的炮弹中,每两发就有一发是用乌拉尔生产的钢铁制造的。与 1940年相比,1942 年乌拉尔的工业产值增加 1.8 倍,其中军工产品增加 4 倍多。东部其他地区的军事生产潜力也急剧增强。结果,苏联 1942 年军事工业产值超过战前水平的 86%。

在战争年代里,在东部地区进行了巨大的重工业建设工作。1942

年,在乌拉尔、西伯利亚、哈萨克斯坦和中亚等地区,以及在伏尔加河流域,共有 10300 多项工业建筑工程。其中于 1942 年投入生产的,就有 6 个冶金企业、7 个煤矿和许多开采铁和锰等重要新建项目。战时的苏联建筑业,依靠工人和技术人员的智慧和干劲,广泛采用快速施工法。煤矿的建设时间比平时缩短了一半。马格尼托哥尔斯克钢铁厂的第 5 和第 6 两座高炉只用了 8 个月时间就建成,而在战前建设这样的工程则需要两年半。整个战争时期,苏联在后方共建成 3500 个大型工业企业。

战时工业劳动力的组织与培训是个重要问题。由于敌占区的损失和成百万的熟练工人参加武装部队,1942 年年初的职工人数比战前减少 41%,工业部门中严重缺乏劳动力。为了寻求补充的劳动力,并提高劳动生产率,当时除延长劳动时间和取消休假外,主要是吸收农业人口和城市居民参加工业生产。这样,代替开往前线的基干工人的,是他们的妻子、母亲和子女以及众多的青年农民,因而降低了工人的熟练程度。面对这种情况,苏联加强了新工人的培训工作。到 1944 年年初,仅工厂技工学校就培养出约 200 万名工人。妇女和青年在国民经济中的作用显著提高了。在全苏的职工当中,妇女的比重由 1940 年的 38%上升到 1942 年的 53%。随着经济改组的完成,苏联职工人数逐渐有所增加。1940 年全苏的工人和职员为 3150 万人,1942 年年初曾减少到 1850 万人,到 1945 年恢复到 2830 万人。

在战争条件下,尽管存在许多困难,如技术设备不足、原材料和能源供应紧张、熟练劳动力比重下降、居民消费品短缺等,但苏联工业劳动生产率仍然在提高。在 1942 年 5 月至 1945 年 5 月的三年里提高了 43%,其中军事工业提高了 121%。这是完善生产工艺、广泛开展劳动竞赛和高度发挥爱国主义精神的成果。

由于迅速实行国民经济有计划的军事动员和后方人民的忘我劳动,从 1942 年年初起,苏联工业生产开始不断增长。与 1940 年全国产量相比,1942 年东部地区的优质钢产量增加 6%,炮弹钢坯和装甲钢板生产增加 80%。仅在 1942 年,坦克产量就增加 1 倍,飞机生产增加 2.3 倍,并且大大改进了产品性能。从 1943 年起,苏联工业进入不断扩大生产规模的

新阶段。这一年工业总产值比上一年增长 17%,其中煤炭产量增加
23%,电力生产增加 11%,生铁产量增加 17%,钢产量增加 5%,铝产量增加
加 20%,镍产量增加 52%。1943 年约生产了 3.5 万架飞机,比上一年增
加 37.4%,比同年德国的产量多 9.7 千架。

随着战略反攻的胜利,苏联在收复区立即展开广泛的经济恢复工作。
1943 年 8 月 21 日,苏联政府和联共(布)中央通过了《关于恢复从德寇占
领下解放地区经济的紧急措施》的决议。两个月后,国防委员会又通过
了《关于恢复顿巴斯煤炭工业的当前措施》的决议,着重指出这项工作是
有关的党、政和经济机关最重要的政治、军事和经济任务。决议责成煤炭
工业部、乌克兰共产党中央和人民委员会等组织,采取紧急措施来增产煤
炭,以便保证南方和中央地区的铁路运输业、电站、冶金业和军事工业的
生产需要。经过一年的努力,到 1944 年 9 月,那里已恢复了 100 个主要
矿井和许多中小矿井,采煤量逐渐提高。在 1945 年,它已向国家提供约
4000 万吨煤炭。到战争结束时,全国共恢复了 7500 个大型工业企业。

在收复全部国土的 1944 年,苏联工业生产取得了重大成就。与 1943
年相比,钢铁产量几乎增加 1/4(其中钢产量增加 28%),煤炭产量增加
30%以上,电力生产增加 23%。1944 年向红军提供 2.9 万辆坦克和自行
炮、4 万多架飞机、12 万多门火炮。此后鉴于战争已进入结束阶段,苏联
及时采取了改组工业的新措施,有计划地削减军火生产,努力发展民用产
品生产。自 1945 年春季起,相继使成批的工业企业调整组织结构和工艺
规程,逐步实行转产。

表 9-1　战时苏联军工生产发展的基本情况(以 1940 年为 100)[①]

年份	1941	1942	1943	1944	1945
整个工业产值	98	11	90	104	92
军工产值	140	186	224	251	—
航空工业	126	178	223	239	177

---

① 苏联科学院经济研究所编:《苏联社会主义经济史》第 5 卷,生活·读书·新知三联书
店 1984 年版,第 240、330 页。

续表

年份	1941	1942	1943	1944	1945
坦克工业	112	184	234	296	276
武器	145	191	200	206	156
弹药	152	218	264	310	171

表 9-1 表明,卫国战争时期苏联军事工业生产一直是上升的,尽管整个工业产值平均低于战前的 1940 年水平。军工生产赖以发展的基础,是钢铁、燃料和电力。由于进行紧急的基本建设工作,战时这三项生产增长很快。苏联 1945 年生产铁 880 万吨、钢 1230 万吨,而在 1942 年相应的数字为 480 万吨与 810 万吨;1945 年的煤炭产量为 14900 万吨,电力生产为 430 亿度,而在 1942 年则分别为 7550 万吨与 291 亿度。同时,战争从根本上改变了国民经济的比例关系。在整个卫国战争期间,苏联工业产品的 2/3 用于军事需要。与 1940 年相比,1941 年甲类工业产值增加 36%,而乙类工业产值却下降 46%。在 1944 年整个工业产值中,仅军工生产就占 52%。为了打击入侵的敌人,保卫祖国,苏联人民不得不压缩消费,以取得军工生产的巨大增长。

战时交通运输业 交通运输业特别是铁路运输业,在军事行动和战时经济中担负着极其重要的任务。

在开战后的一年半里,德国飞机向最重要的一些交通枢纽投下 40 多万枚炸弹,妄图使苏联铁路运输陷于瘫痪。当时因西部领土沦陷,1943 年年初苏联铁路网长度比战前减少 40%,机车减少 15%,货车车厢减少 20%。每昼夜的铁路平均货运量减少得更多。苏联广大的铁路员工,经常在敌机的炮火下,冒着生命危险抢运作战物资和人员,出色地完成了战地运输任务。

由于铁路员工的英勇奋斗,苏联战胜了德国强盗的狂轰滥炸,迅速修复被炸毁的线路和设施,保证铁路运输业的有效工作。仅在 1941 年 7—12 月,铁路部门就把 150 万辆车皮的货物从西部作战区运送到东部的后方,从而使大量的工业设备和战略物资免遭敌人破坏和掠夺。为了适应前线和后方的需要,1942 年 2 月在国防委员会下设立了交通运输委员会。由它负责计划和协调运输业务,领导和组织运输业的物资技术供应。在战争年代里,苏联还新建长达 9000 公里的铁路干线和 1 万公里的专用线,并且积极扩大枢纽站的转运能力。为了加强交通运输工作的组织性、纪律性和优先保证军事需要,自 1943 年年初起相继对铁路等交通运输部门实行军事管理体制。

伴随红军的胜利反攻,苏联立即在收复区展开交通运输业的恢复工作。在 1943 年一年就修复了 1.9 万公里铁路,机车和车厢也增加了。1943 年铁路每昼夜的平均载运量,比 1942 年增加 3000 辆车皮。在以后的两年里,苏联的运输能力得到更快的恢复和发展。到 1945 年年末,铁路网长度达 112900 公里,比 1940 年增加 6800 公里。在整个战争时期,铁路运送了 1900 多万辆车皮的军用物资。水路、航空和汽车等运输部门,在保证前线与后方需要方面也发挥了重要作用。

表 9-2　战争年代苏联各种运输业的货运量动态(以 1940 年为 100)①

年份	1941	1942	1943	1944	1945
各种运输业	92	53	61	71	77
铁路运输	93	52	58	68	76
海上运输	85	66	137	144	144
内河运输	95	60	62	62	52
管道运输	69	39	43	70	71
汽车运输	70	31	31	39	56
航空运输	74	61	78	148	275

战时货运总量的下降(见表 9-2),主要是由于社会生产的降低,以及很大一部分西部国土的沦陷和敌人的干扰破坏的结果。但是从 1943 年起,货运量则开始回升。这反映了战时改组后社会生产有所提高和收复

---

①　苏联科学院经济研究所编:《苏联社会主义经济史》第 5 卷,生活·读书·新知三联书店 1984 年版,第 586 页。

区的扩大,同时还表明了国家军事、经济潜力的日益增长。至于空运和海运业务的突出发展,则主要是由于军事运输任务增长,加上进口物资大部分运到远东地区,从而扩大了海上和航空运输任务。但是,同战前时期一样,铁路运输在货物运送方面仍然起着主要作用,战时共运送了 14 亿吨货物,占全部货运量的 4/5 以上。

毫无疑问,战争对苏联农业的破坏是巨大的。

当时全苏就有 47% 的耕地被德寇占领,同时 9.8 万个集体农庄、1876 个国营农场和 2890 个机器拖拉机站遭到德寇的蹂躏和践踏。不仅如此,他们还毁坏了 7 万多个村庄,销毁或抢走了 13.7 万台拖拉机、4.9 万部联合收割机、700 万匹马、1700 万头牛和 2000 万头猪等。后方农业中的主要男劳动力上了前线,农业生产资料的供应工作也显著恶化了。1941 年年底,苏联集体农庄数比 1940 年减少 36%,国营农场减少 35%,机器拖拉机站减少 31%。1942 年机器拖拉机站只有 25.9 万台拖拉机和 10.2 万部联合收割机,分别比 1940 年减少 40.5% 和 32.8%。直到战争结束,全国机器拖拉机站的技术装备水平比战前还低 1/5 左右。农业的动力总数,由战前的 4750 万马力下降为 1945 年的 2800 万马力。

所有这一切无疑导致了农业生产的大幅度下降。例如,谷物收获量从 1940 年的 9560 万吨下降到 1942 年的 2960 万吨。1942 年的农业总产值也只为战前的 38%。战争的干扰,使得苏联的农业生产格局有了较大的变化,东部地区一跃成为供给国家农产品的主要基地,它在全国粮食总产量中的比重由 1940 年的 42.3% 上升为 89.1%(不包括敌占区);牛的头数所占比重相应为 51.3% 与 93.3%。在生产资料供应恶化和劳动力减少的情况下,东部地区的集体农庄积极扩大播种面积,1942 年比 1940 年增加 370 万公顷,即扩大 6%,其中谷物播种面积增加 230 万公顷。

后方的集体农民们,在"一切为了前线,一切为了胜利"的口号下,发挥出高度的劳动热情。他们自觉地增加劳动时间,广泛开展劳动竞赛。农业大忙季节,有时国家还动员城市居民下乡劳动。例如,1942 年就有 400 多万非农业人员到田里劳动过。由于大量男劳动力开赴前线,广大妇女担负起战时农业生产的主要重担。战前她们在农业劳动总人数中约占一半,而到 1944 年达到 80% 以上。大批的半劳动力(老年和少年),也积极参加后方的农业生产。

在战争年代,为了发展农业生产力,增加农业生产,中亚各共和国的集体农民积极修建新运河,扩大了灌溉面积。各地区组织了流动的农业机器修理队和零部件生产,加强工业对农业的支持。大力组织机械化训练班,培养技术干部。此外,还发展企业和机关团体的农副业生产,举办附属农场和城市居民的自有菜园。

从 1943 年起,随着收复区的逐渐扩大,苏联立即进行恢复农业的工作。1943 年 1 月 23 日,苏联政府和联共(布)中央通过了《关于恢复解放区机器拖拉机站和集体农庄的措施》的决议,规定以拖拉机、联合收割机和汽车等帮助它们尽快恢复生产,并派遣了 23700 名农机手和 400 名农机站站长等专业人员。凡是撤退出去的农业机械和牲畜,都要迅速送还原地。同时,国家扩大对农业的投资和物资技术供应量。在战争还在进行的条件下,拨给农业的基建投资在 1943 年为 47 亿卢布,1944 年为 72 亿卢布,而在 1945 年则达到 92 亿卢布。到 1945 年年底,向收复区共提供 2.6 万多台拖拉机、4 万多台其他农业机器和 300 多万头牲畜。当然,这些资金和技术设备等属于应急性措施,远不足以医治战争带给农业的严重创伤。

在苏维埃国家和后方人民的支援下,收复区的农业劳动者经过两年多的艰苦努力,到卫国战争结束时共恢复了 1.8 万多个国营农场、3000多个机器拖拉机站和 8.5 万个集体农庄。1944 年他们交售的农产品,在国家的谷物采购总量中已占一半以上,在糖用甜菜方面占 3/4 以上,在牲畜和禽类方面占 1/4,在奶制品方面约占 1/3。这对于保证向西挺进的红军的食品需要,具有重要的意义。1945 年收复区的播种面积已恢复到战前水平的 69%,畜牧业也得到相应的恢复,农业总产值达到 1940 年水平的 51%。

但总的来说,直到战争结束,农业生产尚远未恢复到战前水平。与战前水平相比,1945 年的机械动力才达到 58.8%,播种面积达到

75.6%,谷物产量达到 49.5%,肉类生产达到 55.3%,整个农业产值达到 60%。

尽管如此,依靠广大农民的辛勤劳动,依靠集体农庄制度的优越性,苏联农业经受住了这次战争的严峻考验。它保证了对军队和居民的食品供应,并为工业生产提供了原料。国家采购量在农产品产量中的比重显著提高了,在谷物方面由战前的 43.3%上升为战时的 53.2%,在牛肉方面相应地由 71.8%上升为 80.9%。苏维埃农业的动员能力,远远超过第一次世界大战时期的沙皇俄国。例如,在 1914—1917 年,国家共收购到 139900 万普特粮食,而在 1941—1944 年却采购到 431200 万普特粮食。

卫国战争时期苏联种植业和畜牧业生产的变化情况,如表 9-3、表 9-4 所示。

表 9-3　战时苏联主要农作物生产的变化情况①

农作物种数	每公顷产量(公担)		总产量(万吨)		
	1940 年	1945 年	1940 年	1945 年	1945 年占1940 年的比重(%)
谷物	8.6	5.6	9560.0	4730.0	49.5
籽棉	10.8	9.6	223.7	116.7	52.2
糖用甜菜	146.0	66.0	1801.8	548.0	30.4
亚麻纤维	1.7	1.5	34.9	15.0	43.0
向日葵	7.4	2.9	263.6	84.4	32.0
土豆	99.0	70.0	7613.0	5831.2	76.6
蔬菜	91.0	58.0	1373.2	1025.6	74.7

---

① 苏联科学院经济研究所编:《苏联社会主义经济史》第 5 卷,生活·读书·新知三联书店 1984 年版,第 508 页。

表 9-4　战时苏联牲畜头数的变化情况①　　（单位:百万头）

牲畜种类	1940 年	1945 年	1945 年占 1940 年的比重(%)
牛	54.8	47.6	86.9
其中:奶牛	27.8	22.9	82.4
猪	27.6	10.6	38.4
绵羊	80.0	58.5	73.1
山羊	11.7	11.5	98.3
马	21.1	10.7	50.7

战 时 商 业 和 对
外 经 济 关 系

国内商业。战争使苏联商业工作发生重大变化。由于大批的民用生产转为军用生产和部分领土被占领,市场消费品供应量锐减。而农业生产的大幅度下降,造成食品来源和轻工业原料的严重不足。苏联的粮食采购量由 1940 年的 3644.6 万吨下降为 1942 年的 1251.6 万吨,棉布产量相应地由 40 亿米降为 16 亿米,皮鞋产量由 21200 万双降为 5270 万双,砂糖产量由 216.5 万吨降为 11.4 万吨。因此,战时商业的重要职能是,使有限的消费品得到合理的分配,保证最重要部门的职工得到较好的供应;其次是寻找补充的商品来源,动员地方的经济潜力,扩大消费品生产。

为了保证前线和后方对生活消费品的需要,战争开始后苏联实行了居民基本消费品的定量配售制。战争年代不仅消费品产量严重下降,而且其分配结构也改变了。由于必须优先保证前线,当时不得不削减用于居民消费的比重。1942 年与 1940 年相比,在面粉和米类的总产量中供商业和服务行业销售的比重由 86% 下降为 73%,在肉类产品中相应的比重由 43% 降为 23%,在棉布产量中由 46% 降为 9%,在皮鞋产量中由 79% 降为 27%。这势必导致国内市场上商品销售量的急剧缩减。

① 苏联科学院经济研究所编:《苏联社会主义经济史》第 5 卷,生活·读书·新知三联书店 1984 年版,第 509、532 页。

表 9-5　战时苏联主要消费品的市场销售量动态①

消费品种类	1940 年	1942 年	1943 年	1944 年	1945 年	1945 年占 1940 年的比重（%）
米类产品（千吨）	819	294	271	438	567	69.2
肉类产品（千吨）	689	246	344	510	670	97.2
鱼类产品（千吨）	562	183	229	308	290	51.6
食糖（千吨）	971	148	77	110	243	25.3
棉布（百万卢布）	781	65	55	60	157	20.1
服装（百万卢布）	798	94	70	65	116	14.6
皮鞋（百万卢布）	512	46	38	47	65	12.6

　　表 9-5 中的数据说明，1942 年和 1943 年居民消费品供应量最低。国营和合作社商业的零售商品额，由 1940 年的 180 亿卢布下降为 1942 年的 77 亿多卢布，即减少 57%。其中农村零售贸易额下降得更多些。以后由于战时经济改组的完成和收复区的扩大，农业和轻工业生产有所上升，自 1944 年起市场供应情况开始明显好转。

　　当时为了增产消费品，苏联党和政府发动地方工业和工艺合作社等广泛利用本地资源和大工业废料生产日用品，还把城市郊区的一些空间土地分配给企业和机关团体用于发展农副业生产。但是由于战争消耗和破坏太大，直到 1945 年居民消费品供应量和人民生活水平，仍然大大低于战前水平。

　　在卫国战争时期，消费品的内部分配制成为商业和居民供应的主要形式。当时由国家集中定量供应口粮的人数达到 7680 万人。定量配售的标准是根据工作种类分级规定的，保证对战争有决定性意义的生产者得到较高的配给。同时，对超额完成生产任务或突击工作的人员，给予额外补助。对于儿童和产妇等也有特殊的照顾。在企业和机关中组织了供

　　①　苏联科学院经济研究所编：《苏联社会主义经济史》第 5 卷，生活·读书·新知三联书店 1984 年版，第 595 页。

应部,负责分配定量供应的商品和管理食堂,并举办附属农场和副业生产。

这种供应制度在当时条件下是必需的。它有利于保证居民的基本生活需要,并缓和消费品市场的紧张状态。这对于稳定社会秩序和协力支援前线具有重要的意义。但是它削弱了货币工资作用,并需要设立专门发放和管理票证的机构,从而增加商品流通费用。战时在票证和监督核算机关工作的,全国有 2.6 万人之多。

为了保证广大劳动者生活稳定,苏联政府严格维持定量供应商品的固定价格。1943 年定量配售商品的国家零售价格指数,为战前水平的 100.5%。这是当时其他任何参战国无法做到的。后来随着战局和经济形势的好转,苏联在 1944 年 4 月创办了自由选购的国营高价商品商业,借以改善居民供应情况。尽管它在国家零售贸易额中的比重不大(1945 年占 9.6%),却有助于回笼货币与缓和分配中的平均主义倾向。

集体农庄市场贸易,是居民获得食品的补充来源。在战争年代,它的作用大大提高了。集市贸易价格受供求规律支配,开战的头两年因消费品供应不足,集体农庄市场价格急剧上涨。以 1943 年与 1940 年相比,农产品价格提高 11.6 倍,畜产品价格提高 12.2 倍。从 1944 年起,由于商品产量和补助供应的增加以及举办国营高价商品商业,集体农庄市场价格显著下降了。1945 年的价格只等于 1943 年的 43.5%。同时,企业、机关和职工个人在近郊区和市内空间土地经营的园田,也为城市居民提供一部分食品。大家自己动手,在克服物质生活困难方面起了良好的作用。

对外经济关系。战争环境也改变了原有的对外经济关系。由于战时经济的需要,苏联出口商品急剧减少。利用战时租借法案和一些专门协定,苏联从友好国家取得了一些急需的进口物资。战时苏联的基本贸易伙伴是美国、英国和加拿大。其对外贸易额的变化情况如表 9-6 所示。

表 9-6　战时苏联对外贸易额的变化情况①　　(单位:百万卢布)

年份	1940	1942	1943	1945
进口	1446	2756	8460	14805
出口	1412	399	373	1433
外贸额	2858	3155	8833	16238

战争年代苏联的进口额迅速扩大了,其中有 90% 来自"同盟国"。出口额大大下降,并且其中很大一部分是为履行租借法案而提供的劳务。

苏德战争爆发后,美国政府出于抵抗法西斯侵略的共同利益,开始向苏联出卖武器和军用物资。1941 年 10 月 30 日,美国政府首次向苏联提供 10 亿美元的无息贷款。一周后罗斯福正式宣布,租借法案也适用于苏联。次年 2 月,美国又给苏联 10 亿美元的贷款。自 1942 年春季起,美苏之间的经济联系加强了。1942 年年初,苏联在华盛顿设立了国家采购委员会。根据租借法案,美国向苏联提供了坦克、飞机等军事装备和一些战略物资。在整个卫国战争期间,苏联从美国输入的货物为 95 亿美元,其中武器弹药占 49%,其余为工业设备、原料和食品等。

1941 年 7 月 12 日签订的《苏英两国政府在对德战争中联合行动协议》,成为建立反法西斯同盟的开端。同年 8 月 16 日,苏、英之间又签订了贸易、信贷和结算方面的协议。当时英国向苏联提供 1000 万英镑为期五年的贸易贷款,年利为 3%。1942 年英国又以同样条件向苏联提供 2500 万英镑贷款。这为扩大苏英贸易关系创造了有利的支付条件。英国还沿用美国租借法案的条件,向苏联提供了类似美国的援助。因此,在 1942—1944 年,苏英两国的贸易额迅速增加了。苏联在英国出口中的比重,由 1938 年的 3.2% 提高为 1944 年的 15.5%。据英国后来的首相艾德礼宣称,根据 1941 年 8 月 16 日两国协议,战时英国向苏联运送的货物几乎达 1.2 亿英镑。

---

　　① 苏联科学院经济研究所编:《苏联社会主义经济史》第 5 卷,生活·读书·新知三联书店 1984 年版,第 692 页。

加拿大也向苏联提供了某些军事装备和战略物资,其中包括 1188 辆坦克、842 辆装甲运兵车、2568 辆卡车和有色金属、钢轨、小麦及面粉等。1942 年 9 月,加拿大政府向苏联提供 1000 万加元贷款,以供支付购粮款项。

上述国家的这些支援,在苏联对德战争和缓和商品短缺方面确实起了一定的作用。但美、英、加三国战时所提供的物资是很有限的,他们的军事供货只占苏联国产总量的 4% 左右。美、加两国提供的谷物和面粉等食品只占苏联战时采购量的 2.8%。而且,这种援助是互利的。苏联吸引和消灭德军主力,这对盟国也是极大的援助。

同时,在卫国战争过程中,苏联曾向抗击德寇的波兰、南斯拉夫等国人民提供了力所能及的物质援助,其中包括军事技术装备和生活日用品。

战争时期军费支出是非常庞大的。它在苏联

战 时 国 家 财 政　

国民收入中的比重,由 1940 年的 15% 上升为 1942 年的 55%。在整个卫国战争期间(1941 — 1945 年),苏联的直接军事支出高达 5824 亿卢布,占同期国家预算总支出的一半以上。同时,由于民用生产的大幅度下降和西部领土的暂时被占领,国家得自企业的收入急剧减少,这使苏维埃财政在开战初期遇到严重的困难。为了克服这种困难以保证战争的需要,苏联政府迅速改组了财政工作。改组的方向是:一方面,加强原有的收入来源和开辟新的财源,力求增加国家的预算收入;另一方面,大力调整预算支出的分配结构,努力削减非军事开支,全力保证战争需要。

在增加财政收入方面,除了依靠原有的周转税和利润提成(约占战时预算收入的一半)来源外,苏联采取了以下的措施。

一是动员国营企业和经济组织的内部资金,其办法是停止企业提取厂长基金,并把其尚未动用的余额收归国家预算;征用各单位闲置的流动资金和未使用的基本建设投资(包括折旧基金)。当时仅后一项措施就为国家预算提供约 200 亿卢布的收入。

二是动员集体农庄、合作社和居民的储蓄和积累,通过发行公债使国家预算共收入 1139 亿卢布,还通过举办奖券(彩票)从中为国家提供 125

亿多卢布收入。同时，苏联人民为建立国防基金和红军基金而广泛开展捐献活动。截至 1945 年 5 月 1 日仅捐献的现金就达 160 多亿卢布，另外有价值近百亿卢布的金、银、外币、公债券和珍贵物品等。

三是提高居民税率和扩大征税范围，征收战时税。这使居民交纳的捐税从 1940 年的 94 亿卢布上升为 1942 年的 216 亿卢布，在整个战争期间增加 3.3 倍。结果，居民税收在国家预算收入中的比重，由 1940 年的 5.2% 提高为 1945 年的 13.2%。这既是为了保证军费的需要，也是调节货币流通和市场物价的一种手段。

四是厉行节约，大力缩减非军事费用。这方面采取的主要措施是：调整国家预算支出构成，削减国民经济和社会文化措施拨款，他们在国家预算支出中的比重分别从 1940 年的 33.4% 和 23.5% 下降为 1942 年的 17.3% 和 16.6%；提高生产效率，降低军工生产成本，几年里军事技术装备的单位生产费用下降 30%—50%，由此而节约的军费支出共达 500 亿卢布之多；精简行政管理机构，节约其费用，使之在国家预算支出中的比重由 1940 年的 3.9% 下降为 1942 年的 2.4%，直到 1945 年始终低于战前水平。

由于采取了上述措施，加上工农业生产回升，苏联财政工作在成功地渡过战争初期阶段的困难后，1943 年起开始好转。该年国家预算收入已经超过战前水平，大大缩小了赤字（由上年的 10.8% 降为 2.7%）。同时，国家扩大了对国民经济和社会文化措施的拨款，使之分别由 1942 年的 316 亿卢布和 303 亿卢布增加为 1943 年的 331 亿卢布和 377 亿卢布。在以后的两年里，这两项拨款的增加速度更快。自 1944 年起，苏联国家预算不仅达到收支平衡，而且有 47 亿卢布结余。在战争结束的 1945 年，尽管国家用于恢复收复区的投资很大（达 180 亿卢布），当年预算仍有 34 亿卢布结余。

战时苏联财政工作既满足了国家军费需要，又保证了国民经济的有效运转和发展。在军费支出急剧增长的战争时期，流通中的货币量虽然有成倍的扩大，但居民定量供应的消费品价格一直是稳定的。非定量商品和自由市场物价虽然上涨了，但它对卢布的购买力只有局部的影响。

与此相反,在第一次世界大战中的沙皇俄国,由于巨额的财政赤字和大量发行货币,当时流通中的货币量增加13倍,卢布的购买力下降94%,因而爆发财政危机。实践证明,如此稳定的苏联财政状况(见表9-7),是任何资本主义国家无法比拟的。当时参战的资本主义国家预算都出现庞大的赤字,而且逐年在扩大。这与苏联形成鲜明对照。

表 9-7　战时苏联国家预算收支的变化情况① 　　(单位:亿卢布)

项目 ＼ 年份	1940	1941	1942	1943	1944	1945	1941—1945年合计
总收入	1802	1770	1650	2044	2687	3020	11171
其中:周转税	1059	932	664	710	949	1231	4486
利润提成	217	235	153	201	214	169	972
社会保险资金	86	69	58	67	90	104	388
居民捐税	94	108	216	286	370	398	1378
国家公债	115	115	153	255	326	290	1139
总支出	1744	1914	1828	2100	2640	2986	11468
其中:国防费用	568	830	1084	1250	1378	1282	5824
国民经济拨款	583	517	316	331	537	744	2445
社会文化措施拨款	409	314	303	377	513	627	2134
行政管理费	68	51	43	52	74	92	312
收支差额(盈+,亏-)	+58	-144	-178	-56	+47	+34	-297

第三节　卫国战争的胜利与苏联经济制度

经过四年之久的浴血奋战,苏联终于打败侵略者,卫国战争以德国法

---

① 苏联科学院经济研究所编:《苏联社会主义经济(1917—1957年)》,苏联国家政治书籍出版社1957年版,第581页。

西斯强盗的无条件投降而告终。社会主义的苏联胜利了。

由苏联卫国战争的胜利,人们自然会联想到几十年前沙皇俄国在第一次世界大战中的惨败。同是一个国家,但在相距不长的两次战争中却有完全不同的结局。原因何在呢?这首先是由社会经济制度以及与此相联系的战争本身的性质决定的。

与第一次世界大战不同,苏联的卫国战争不是为了争夺势力范围和侵略扩张,而是为了保卫社会主义祖国,保卫人民用生命和鲜血换来的苏维埃政权,保卫劳动群众的切身利益。正因如此,广大劳动人民才不怕任何流血牺牲,能克服一切艰难困苦,以惊人的意志去夺取胜利。卫国战争这种正义和神圣的性质,是它取得彻底胜利的基本源泉。列宁早就指出:"在任何战争中,胜利属于谁的问题归根到底是由那些在战场上流血的群众的情绪决定的。士兵们相信战争的正义性并且意识到有必要为了自己的弟兄们的幸福而牺牲自己的生命,他们会提高斗志并且肯忍受空前沉重的负担。"[1]

正义战争是必胜的,但为取得这种胜利也必须有相当的物质和组织条件。列宁也曾指出,战争不仅是军事较量,也是战争双方政治、经济力量和组织制度的较量,而且"在现代战争中,经济组织是有决定意义的"[2]。因此,我们这里着重阐述苏联经济制度与卫国战争胜利的关系。

卫国战争与经济发展战略

正如我们在第四章所指出的,苏联自工业化以来,确立并执行了一种以优先或突击发展重工业为核心的经济发展战略。尽管从经济发展的一般规律和正常进程来看,这种战略存在着许多弊病,并且在经济发展实践中确实产生了一系列矛盾,但它却赢得了时间,为战争奠定了强大的物质技术基础。战争的进程和结局雄辩地证明,这种战略在当时的历史条件下,在总体上是正确的。以斯大林为首的联共(布)中央,力排众议,克服各种阻力,坚定不移地贯彻这种战略,是英明的,有远见的。如果与第一

---

[1] 《列宁全集》第三十卷,人民出版社 1958 年版,第 117 页。

[2] 《列宁全集》第二十五卷,人民出版社 1958 年版,第 350 页。

次世界大战中俄国的情况相对照,这一点就更加清楚。

旧俄国在第一次世界大战中之所以败北,固然是由多方面的原因造成的,但物质技术条件差是其中的一个重要因素。旧俄国的重工业基础十分薄弱,尽管它维持着一支颇为庞大的军队,但军事装备基本上靠外国提供。例如,旧俄军队在1914—1917年的对德战争中,60%的来复枪和子弹、72%的大炮和75%的炮弹、97%的运货车和100%的履带拖拉机都是从外国进口的。在战争紧张的关头,由于外国武器供应的缩减和中断,旧俄军队立即陷于瘫痪之中。1916年秋,俄国士兵几乎得不到任何军需补充。三四个士兵只有一支枪,每天每尊大炮只能领到一两发炮弹。因此,人们广泛认为,俄国在第一次世界大战中的失败,既不是由于缺乏兵员,也不是由于俄国士兵不如德国士兵善战,而恰恰是因为它打了一场"靠别人供应"的战争。

在卫国战争中,苏联的情况根本不同了。经过三个五年计划的紧张准备,苏联已经建立起强大的军事工业体系。例如,1934—1939年苏联的坦克增加了近3倍,其马力增加近4倍,飞机增加了近2.5倍,其马力增加了3倍多,炸弹轰炸力增长了3倍多,机枪增长了4倍多,整个军事工业增长了4倍多。如果从整个工业的军事潜力来看,苏联已经大大超过了德国。到战前的1940年,苏联的工业实力已从欧洲的第四位上升到第一位。早在第三个五年计划初,苏联的工业总产品已比德国高出17.3%,其中机器制造业则高出43.2%。

正是由于苏联经济和军事实力的迅猛发展,才使法西斯德国在相当长的时间内不敢贸然进攻苏联,只是待它攻占了几乎所有欧洲国家,军事和经济实力进一步膨胀之后,才用偷袭的办法对苏联进行"闪电"式的进攻。他们深知,就其工业和军事潜力,不可能支持一场旷日持久的对苏战争。德国法西斯把成功的希望寄托在所谓"闪电"战术的成功上。

当然,在卫国战争爆发的初期,法西斯德国武器在数量和质量上仍胜于苏联,加之其偷袭战术取得了暂时的成功,使苏联骤然间失去了大片领土,特别是最重要的工农业生产基地,因而暂时占了上风。但是,苏联依靠在三个五年计划期间形成的重工业潜力,特别是在东部地区建立起来的强大的重工业基地,依靠计划经济制度强大的动员和组织能力,使大部分重工业企业在短期内完成搬迁和投产,迅速地建立了巩固的后方。其结果正如前面已经指出的,苏联的军事能力随着战争的进行不断增强,法西斯德国则随着战争的消耗而不断地削弱。直到战争的后期,苏联的军事装备不仅在数量上,而且很大程度地在质量上已超过了敌人。

值得指出的是,与第一次世界大战时期俄国依靠别人供应打仗不同,苏联是靠自己的力量支持这场战争并取得彻底胜利的。当然,如前所述,在战争紧张的时候,苏联得到了盟国的一些军备援助,但它在苏联全部军事装备中只占很小的比重。例如,从 1941 年到 1945 年,苏联从盟国共得到 9214 辆坦克,而同期苏联自己制造了 9 万多辆,飞机相应的对比数字是 12258 架和 12 万余架,高射炮和反坦克炮相应是 31265 门和 36 万门,等等。如果考虑到苏联在战前的武器积累和战争过程中的缴获,那么盟国供应的装备只有苏联军队全部装备的 2%—3%。同时还应看到,苏联一直承受着德国法西斯最主要的军事压力。它的工业对抗的不仅是德国自己的工业力量,实际上是被德国法西斯占有的几乎整个欧洲的工业力量。苏联是抗击并最终战胜德国法西斯的基本力量,这是无可否认的历史事实。

所有上述变化,没有工业化的胜利实现,没有重工业突飞猛进的增长,没有在此基础上取得的经济和技术上的独立,是不可思议的。因此,苏联卫国战争的胜利,不仅仅是军事上的胜利,也是工业化方针的胜利,是以优先发展重工业为核心的经济战略的胜利。

卫国战争与经济管理体制 卫国战争不仅是对苏联经济战略正确性的检验,也是对其经济体制合理性和效能的检验。战争实践证明,苏联的工业体制、农业体制以及交通运输、贸易、财政体制,即整个经济体制,是经得起考验的。从前面的介绍中我们可以看到,苏联在战时经济组织和管理方面,创造了一系列光辉的业绩。

在敌人疯狂进攻的条件下,苏联在三四个月内,将数以千计的大型工业企业、上百万车皮的物资,有条不紊地输送到数千公里的后方,并将其迅速安装、投产。这是何等周密、复杂的计划和组织工作！这在人类战争史、建筑史、运输史上都堪称是奇迹。苏联学者在描绘这一光辉业绩时，满怀豪情地说，当敌人逼近的时候，我们前方的工人已将工厂"安放在轮子上"了，而当"在轮子上"的工厂还在路上的时候，后方的工人、工程技术和管理人员已做好了从卸运到安装投产的一切准备工作，并制定出了发挥其潜力、扩大生产的详细计划。如此紧迫、复杂而配合细密的组织计划工作，是任何资本主义国家不可能实现的。当时一些资本主义国家，在法西斯进攻面前，或是将工厂炸毁或是丢给敌人，这与苏联的情况根本不同。

在居住全国 40% 的居民，出产全国 63% 的煤炭、68% 的生铁、58% 的钢和 60% 的铝，拥有全国 40% 以上铁路线，出产全国 38% 谷物的大片国土沦陷、在前线进行生死搏斗的同时，苏联却在后方两三年内建立起3500 多个大型工业企业，使整个工业产值恢复、达到甚至超过战前水平，使军工生产成倍增长。这在欧洲交战国也是独一无二的。这没有以生产资料公有制为基础的计划经济巨大的组织、调度能力和全体工人阶级的创造性，也是不可思议的。

在将近半数耕地、60% 以上的集体农庄被占领，半数以上的机器设备和牲畜被夺走或毁坏、半数以上的男劳力开赴前线的情况下，苏联农业主要依靠妇女、老人和儿童，不仅供应了前线和后方军民必需的粮食和其他农产品，而且还能在后方扩大播种面积、进行大规模的农田水利建设。这没有集体农庄制度也是不可思议的。

尽管由于敌人的破坏和工业的转产，日用消费品严重不足，但苏联的商业工作却能有效地组织货源，并将其合理地分配，保证前线和后方的不间断的供应，保证物价基本稳定，整个经济生活没有发生一些国家在战争中常见的严重通货膨胀。在财政方面，尽管军费开支浩大，但国家预算尚能拨出巨额资金进行大规模的基本建设，并保证收支基本平衡，这在资本主义国家也是难以实现的。

所有这一切证明，苏联在工业化过程中形成的高度集中的计划经济体制，确实具有独特的优越性。这突出地表现为：它能够保证国家集中一切人力、物力和财力解决最重要的任务；能够在战事纷纭、紧急混乱的情况下，保持意志和行动的统一；能够调动一切积极因素在短期内突击实现某种最紧迫的工作。这种高度集中和指令性所形成的高度的组织能力和调度能力，恰恰是战争这种特殊环境所需要的。

总之，适应战备和战时的需要，是苏联经济体制最突出的优点。如果说苏联优先发展重工业的经济战略为战争创造了强大的物质技术基础的话，那么适应这种战略而形成的集中计划管理体制，则保证了这种物质技术基础在战争环境下，发挥最大的效能并得到进一步的发展和加强。因此，战争不仅是苏联经济战略方针的胜利，也是其经济管理体制的胜利，是整个苏联经济制度的胜利。

我们在第四章曾经指出，苏联的经济战略和经济体制以及整个经济制度，是在一国建设社会主义的历史条件下，在苏维埃政权处于资本主义包围以及帝国主义颠覆、侵略威胁的背景下形成的，保卫苏维埃政权是其最重要的出发点。德国法西斯的进攻证明了这一出发点是正确的。苏联的经济战略和经济体制胜利地完成了其最重要的历史使命，保卫了苏维埃政权，保证了第一个社会主义国家的生存，这是其最大的成功。尽管它存在着这样或那样的不可忽视的矛盾和弊端，但与其历史功绩相比毕竟是次要的。

卫国战争的历史意义　　为了夺取卫国战争的胜利，苏联人民付出了巨大的代价和牺牲，它遭受的损失比世界任何参战国都大得多。据德国法西斯暴行调查勘定国家非常委员会的统计，德国侵略者共计完全或部分毁坏了 1700 多个城市、7000 多个乡镇。被焚毁和破坏房屋 600 多万所，250 多万人流离失所，被毁灭的医院、诊所和其他医疗机关 4 万余所、各种学校 84000 多所、炸毁和焚毁 61 座大发电站和无数小发电厂、37 座冶金厂、749 座机器制造厂、1100 多座采煤矿井、65000 多公里铁路、13000 多座铁桥等。由战争造成的直接财产损失（按战前固定价格计算）共值 6790 亿卢布，相当于战前当地全部财产的 2/3。至于战争引起的军费和国民经济改组等形成的损失则更大，粗略计算达 18900 亿卢布。战争使 5000 多万人伤亡。

　　苏联人民以上述巨大牺牲为全世界反法西斯斗争,为拯救人类文明作出了决定性的贡献。伟大的卫国战争不仅成功地捍卫了世界上第一个社会主义国家,而且与其他国家人民反法西斯战争的胜利一起,改变了世界阶级力量的对比,开创了国际共产主义运动和民族解放运动的新时期。它的历史功勋永放光芒。

附录:苏联经济历史统计资料

(1913—1950 年)

附表 1 国土面积和人口

年份	国土面积（百万平方公里）	人口				
		绝对数（百万人）			占总计的比重（%）	
		总计	城市	农村	城市	农村
1913（年末数）:按1939 年 9 月 17 日前疆界	21.7	139.3	24.7	114.6	17.7	82.3
1917（年初数）	—	163.0	29.1	133.9	17.9	82.1
1922（年末数）	21.7①	136.1	22.0	114.1	16.2	83.8
1926（12 月 17 日数）	21.7	147.0	26.3	120.7	17.9	82.1
1933（年初数）	21.7	165.7	39.7	126.0	24.0	76.0
1939（1 月 17 日数）	21.7	170.6	56.1	114.5	32.9	67.1
1940（年初数）	22.1	194.1	63.1	131.0	32.5	67.5
1945（年初数）	22.4②	178.5	69.4	109.1	38.9	61.1

注:①为 1923 年数字。②为 1947 年数字。

资料来源:《苏维埃政权四十年的成就》,第 7 页;《1961 年苏联国民经济统计年鉴》,第 7—8 页;《1972 年苏联国民经济统计年鉴》,第 7 页;《1977 年苏联统计数字》,第 7 页;《苏联社会主义建设统计年鉴》,第 542 页;《世界政治地图册(1900—1960 年)》,第 33、84 页。

附表 2 国民经济各部门人口就业结构　　　　（单位:%）

部门 ＼ 年份	1913	1928	1937	1940	1950
就业人口总计（不包括学生和现役军人）	100	100	100	100	100
工业和建筑业	9	8	24	23	27
农业和林业	75	80	56	54	48
运输和邮电	2	2	5	5	5
商业、公共饮食业、采购和物资技术供应部门	9	3	4	5	5
文化、教育、保健事业	1	2	5	6	8
国家机关、合作社和社会团体机关、信贷和保险机关	4	5	3	3	3
其他部门（住宅公用事业等）			3	4	4

资料来源:《1958 年苏联国民经济统计年鉴》,第 654 页;《1964 年苏联国民经济统计年鉴》,第 543 页。

附表 3 社会主义经济比重　　　　（单位:%）

指标 ＼ 年份	1922	1924	1928	1932	1937	1950
在国民经济生产性固定基金中:不包括牲畜	58.0	59.8	65.7	—	99.6	—
在国民经济生产性固定基金中:包括牲畜	34.9	35.0	35.1	—	99.0	—
在国民收入中	30.0	35.0	44.1	93.0	99.1	99.8
在工业总产值中	68.3	76.3	82.4	99.5	99.8	100.0
在农业总产值中（包括庄员个人副业）	1.5	1.5	3.3	76.1	98.5	98.1
在零售商品流转额中（包括公共饮食业）	26.4	47.3	76.4	100.0	100.0	100.0

资料来源:《苏联国民经济统计资料汇编》,第 31 页;《苏维埃政权四十年的成就》,第 14 页;《苏联国民经济纪年统计年鉴(1922—1972 年)》,第 59 页;《1959 年苏联国民经济统计年鉴》,第 64 页;《苏联社会主义经济史》第 3 卷,第 34 页。

附表 4 国民经济发展速度(1913 年＝100)

指标＼年份	1917	1921	1928	1932	1937	1940	1950
国民经济生产性固定基金	—	—	136	214	405	603	806
国民经济职工人数	—	44	95	198	235	274	341
国民收入	75	38	119	217	459	611	1003
工业总产值							
全部工业	71	31	132	267	588	852	1476
生产资料生产	81	29	155	424	1013	1554	3185
消费品生产	67	33	120	187	373	497	613
大工业	63	21	152	352	816	1172	2060
农业总产值	88	60	124	107	134	141	140
种植业	81	55	117	125	150	155	151
畜牧业	100	67	137	75	109	114	118
各种运输货物周转量	70	—	104	191	380	390	623
基本建设投资[①](1928年＝100)	—	—	100	426	660	849	1766
零售商品流转额(实物量)			117	141	210	245[③]	—
进出口贸易总额							
按当年卢布、汇率计算	3.9[②]	8.0	61	44	107	99	449
按1950年卢布、汇率计算	3.9[②]	8.0	61	44	23	21	129

注:①为国家和合作社投资,不包括集体农庄投资。②为1918年数字。③为推算数字。

资料来源:《1958年苏联国民经济统计年鉴》,第52—53、57、103、350、698—699、708页;《1961年苏联国民经济统计年鉴》,第169页;《苏维埃政权四十年的成就》,第31页;《苏联对外贸易统计概览(1918—1940年)》,第14页;《苏联与美国(数字与事实)》,第39页;《苏联国民收入的分配》,第183页;《苏联大百科全书·苏联卷》,第363页。

附表 5 第一、二个五年计划执行情况

主要经济指标	第一个五年计划			第二个五年计划		
	1932/1933年计划[①]	1932年实际	完成计划比重(%)	1937年计划	实际	完成计划比重(%)
国民收入(1926/1927年度价格,十亿卢布)	49.7	45.5	91.5	100.2	96.3	96.1

续表

主要经济指标	第一个五年计划			第二个五年计划		
	1932/1933 年计划[①]	1932 年实际	完成计划比重(%)	1937 年		完成计划比重(%)
				计划	实际	
国民经济基本建设投资(当年价格,十亿卢布)	64.5[②]	60.0[③]	93.0	120.1[④]	137.5[④]	114.6
全部工业总产值(1926/1927 年度价格,十亿卢布)	43.2	43.3	100.2	92.7	95.5	103.0
生产资料生产	18.1	23.1	127.6	45.5	55.2	121.3
消费品生产	25.1	20.2	80.5	47.2	40.3	85.4
农业总产值(1926/1927 年度价格,十亿卢布)	22.6	13.1	58.0	26.1	20.1	77.0
种植业	14.5	9.8	67.6	18.1	15.1	83.4
畜牧业	8.1	3.3	40.7	8.0	5.0	62.5
铁路货物周转量(十亿吨/公里)	162.7	169.3	104.1	—	354.8	—
国民经济职工年平均人数(百万人)	15.8	22.8	144.3	28.9	27.0	93.4

注:①按批准的最高方案计算。②五年总计。③四年零三个月总计。④为基本建设安装工程量,五年总计,1928/1929—1932 年度实际数相应为 505 亿卢布。

资料来源:《苏联国民经济建设计划文件汇编(第一个五年计划)》,第 220—228、521—537 页;《苏联国民经济建设计划文件汇编(第二个五年计划)》,第 576—635、785—823 页。

附表 6 国民收入的生产和使用结构

指标＼年份	1928	1932	1937	1940
生产结构(按当年价格计算,占总计的比重)				
工业(包括木材加工、渔业)	41.7[①]	45.3	53.1	—
农业	35.1[①]	18.5	25.7	—
建筑业	6.1[①]	13.6	5.8	—
运输业	6.7[①]	5.5	3.0	—
商业、公共饮食业	10.0[①]	—	9.5	—
其他部门	0.4[①]	—	2.9	—
使用结构(占总计的比重)				

续表

指标 \ 年份	1928	1932	1937	1940
按当年价格计算				
积累	19.5[2]	26.9	20.0	26.0
消费	80.5[2]	73.1	80.0	74.0
按1926/1927年度价格计算				
积累	21.6	26.8	26.4	—
消费	78.4	73.2	73.6	—

注:[1]为1929年数字。[2]为1927/1928年度数字。

资料来源:《社会主义积累及其源泉》,第85、139页;《国民收入的分配》,第164页;《苏联国民经济建设计划文件汇编(第二个五年计划)》,第576—577页。

附表7　苏、美、英、法经济增长速度比较(1913年＝100)

指标 \ 年份	1917	1928	1932	1937	1940	1950
国民收入						
苏联	75	119	217	459	611	1003
美国	119	130	90	142	159	257
英国	86	105	112	128	145	165
法国	78	125	121	117	102	136
工业总产值						
苏联	71	132	267	588	852	1476
美国	118	151	89	174	191	320
英国	85	93	82	122	121[1]	151
法国	56	127	102	114	111[1]	124
工业工人劳动生产率						
苏联	—	120	169	318	422	580
美国	—	126	116	135	150	185
英国	—	94	—	113	105[1]	124
法国	—	105	—	129	114[1]	125

注:[1]为1939年数字。

资料来源:《1958年苏联国民经济统计年鉴》,第97、112、173页;《苏联与美国(数字与事实)》,第39页。

附表 8　苏、美、英、德、法在世界工业中的比重(世界总计=100)

年份 国别	1913	1928	1937	1950
苏联	2.6	3.1	13.7	14.4
美国	38.2	46.3	41.9	44.8
英国	12.1	8.6	9.3	9.8
德国	15.3	11.9	11.6	5.8[①]
法国	6.6	6.3	5.7	3.4
其他国家	25.2	23.8	17.8	21.8

注:①仅为德意志联邦共和国的比重。

资料来源:《苏联与资本主义国家(统计集)》,第 5 页;《从数字看社会主义国家和资本主义国家
　　　　(1958 年版)》,第 48 页。

附表 9　工业生产基本指标

年份 指标	1913	1928	1932	1937	1940	1950
大工业生产性固定基金(十亿卢布)	6.8[①]	10.6	25.5	68.2	—	—
年平均职工人数(千人)	—	3773	8000	10112	10967	14144
其中:工人	3536[②]	3124	6007	7924	8290	11308
工业中动力操作电气化系数(按功率计算,%)	—	64.9	78.0	82.8	83.8	86.7
工业总产值(1926/1927 年度价格,十亿卢布):						
全部工业	16.2	21.5	43.3	95.5	138.5	239.0[③]
大工业	11.0	16.8	38.8	90.2	129.0[③]	227.0[③]
工人劳动生产率(1913=100)	100	120	174[③]	318	423[③]	580

注:①按 1913 年统计的部门计算。②仅为雇佣工人数。③系本资料编者推算数字。

资料来源和计算依据:《1958 年苏联国民经济统计年鉴》,第 131、132、135 页;《苏维埃政权四十年的
　　　　成就》,第 50、251 页;《苏联工业统计资料汇编》,第 19、25 页;《社会主义积累
　　　　及其源泉》,第 85、181 页;《苏联社会主义经济(1917—1957 年)》,第 128、259
　　　　页;《从数字看社会主义国家和资本主义国家(1958 年版)》,第 104 页;《苏联
　　　　与资本主义国家(统计集)》,第 1 页。

附表 10　工业所有制结构(按产值计算)　　　　(单位:%)

经济成分 ＼ 年份	1913	1928	1937	1950
全部工业	100.0	100.0	100.0	100.0
社会主义工业	—	82.4	99.8	100.0
国营工业	—	69.4	90.3	91.8
合作社工业	—	13.0	9.5	8.2
资本主义工业和私人小工业	100.0	17.6	0.2	—

资料来源:《1958 年苏联国民经济统计年鉴》,第 127 页。

附表 11　工业生产结构　　　　(单位:%)

结构类型 ＼ 年份	1913	1928	1932	1937	1940	1950
大小工业结构						
全部工业产值(按 1926/1927 年度价格计算)	100.0	100.0	100.0	100.0	100.0	100.0
大工业	63.3	78.5	89.6	94.4	—	—
小工业	36.7	21.5	10.4	5.6	—	—
甲、乙部类结构						
全部工业总产值	100.0	100.0	100.0	100.0	100.0	100.0
生产资料生产	33.3	39.5	53.4	57.8	61.0	63.8
消费品生产	66.7	60.5	46.6	42.2	39.0	31.2
大工业总产值	100.0	100.0	100.0	100.0	100.0	100.0
生产资料生产	42.9	46.2	55.8	59.1	62.8	—
机器制造业	6.8	10.3	19.6	25.4	31.0	—
消费品生产	57.1	53.8	44.2	40.9	37.2	—
部门结构						
大工业生产性固定基金(年末数,当年价格)	100.0	100.0	100.0	100.0	100.0[①]	100.0[①]
钢铁工业	—	7.1	7.1	9.9	8.5	8.7
煤炭工业	—	3.8	4.0	4.0	3.6	7.1
石油工业	—	6.4	5.4	5.2	4.4	5.9

续表

年份 结构类型	1913	1928	1932	1937	1940	1950
电力工业	—	6.9	8.5	9.8	8.9	9.3
化学工业	—	3.1	5.2	5.6	7.3	5.4
机器制造和金属 加工工业	—	18.6	23.7	25.3	28.1	27.7
纺织工业	—	19.6	11.0	6.5	7.3	4.7
食品工业	—	14.9	12.2	10.5	11.1	9.1

注:①为全部工业生产性固定基金。

资料来源:《1958 年苏联国民经济统计年鉴》,第 147 页;《苏联社会主义经济(1917—1957 年)》,第 128 页;《社会主义积累及其源泉》,第 181—182 页;《苏联国民经济计划化》,第 58 页。

附表 12　工业生产技术经济指标

年份 指标	1913	1928	1932	1937	1940	1950
高炉有效容积利用系数(立方 米/每吨)	2.30	1.86	1.75	1.11	1.19	0.98
平炉每平方米炉底利用系数 (吨/每昼夜)	—	2.09	2.12	4.33	4.24	5.36
石油钻机月进尺(米/每台)						
生产井	35	63	119	615	412	629
勘探井	35	40	69	266	233	209
每度电的标准燃料消耗量① (克)	1060	820	761	624	597	542
电站年平均装机容量利用时数 (小时)	1770	2720	3120	4620	4650	5015
繁重作业机械化比重(%)						
截煤	—	—	65.4	89.6	94.8	98.7
木材运出	—	—	4.4	32.2	32.8	56.7

注:①为电站部所属电站的资料。

资料来源:《苏联工业统计资料汇编》,第 118、122、150、180、260 页;《1958 年苏联国民经济统计年鉴》,第 211 页;《苏联社会主义经济史》第 4 卷,第 27 页。

附表13 主要工业品产量

产品＼年份	1913	1928	1932	1937	1940	1950
生铁(百万吨)	4.2	3.3	6.2	14.5	14.9	19.2
钢(百万吨)	4.2	4.3	5.9	17.7	18.3	27.3
钢材(百万吨)	3.5	3.4	4.4	13.0	13.1	20.9
煤炭(百万吨)	29.1	35.5	64.4	128.0	165.9	261.1
石油(百万吨)	9.2	11.6	21.4	28.5	31.1	37.9
煤气(百万立方米)	17	331	1089	2317	3392	6181
发电量(百万度)	1945	5007	13540	36173	48309	91226
矿肥①(千吨)	69	135	921	3240	3238	5497
硫酸(千吨)	121	211	552	1369	1587	2125
金属切削机床(千台)	1.5	2.0	19.7	48.5	58.4	70.6
锻压机(千台)	—	—	1.1	3.1	4.7	7.7
汽轮发电机(千千瓦)	—	75	1085	561	468	934
干线机车(台)	477	479	827	1172	914	985
汽车(千辆)	—	0.84	23.9	199.9	145.4	362.9
拖拉机(自然台,千台)	—	1.3	48.9	51.0	31.6	108.8
拖拉机(折为十五马力台,千台)	—	1.8	50.8	66.5	66.2	2409
谷物联合收获机(千台)	—	—	10.0	43.9	12.8	46.3
木材(百万立方米)	11.9	13.6	24.4	33.8	34.8	49.5
纸张(千吨)	197	284	471	832	812	1193
水泥(千吨)	1520	1850	3478	5454	5675	10194
平玻璃(百万平方米)	23.7	34.2	29.5	79.3	44.7	76.9
棉布(百万米)	2582	2678	2694	3448	3954	3899
皮鞋(百万双)	60.0	58.0	86.9	182.9	211.0	203.0
钟表(百万只)	0.7	0.9	3.6	4.0	2.8	7.6
砂糖(千吨)	1347	1283	828	2421	2165	2523
植物油(千吨)	471	448	490	539	798	819
捕鱼量(千吨)	1018	840	1333	1609	1404	1755

注:①其中氮肥折为硫酸铵,钾肥折为41.6%的 K_2O,磷肥折为18.7%的 P_2O_5,磷粉折为19%的
P_2O_5。

资料来源:《1958 年苏联国民经济统计年鉴》,第 158—169、215、259 页;《苏联工业统计资料汇编》,
第 40 页。

附表 14 国民经济基本建设投资及其结构

指标＼年份	1918 1928年①	1928/1929— 1932年	1933— 1937年	1938— 1941年②	1941③— 1945年
投资总额(百万卢布④)	40870	74230	168110	175930	177540
生产性投资					
工业	6440	29030	63890	62380	79120
甲类工业	4500	24410	52760	52640	73800
乙类工业	1940	4620	11130	9740	5320
农业⑤	1250	11960	21200	20080	17240
交通和邮电	3980	12480	32450	30770	26130
住宅建筑⑥	27590	11900	21990	30820	28450
商业、科学、文化、教育、保健事业	1610	8860	28580	31880	26600
部门结构(对总计的%)	100.0	100.0	100.0	100.0	100.0
生产性投资					
工业	15.8	39.1	38.0	35.5	44.6
甲类工业	11.0	32.9	31.4	29.9	41.6
乙类工业	4.8	6.2	6.6	5.6	3.0
农业	3.1	16.1	12.6	11.4	9.7
交通邮电	9.7	16.8	19.3	17.5	14.7
住宅建筑	67.5	16.1	13.1	17.5	16.0
商业、科学、文化、教育、保健事业	3.9	11.9	17.0	18.1	15.0

注:①不包括第四季度。②不包括下半年。③不包括上半年。④按1955年7月1日价格和币值计算。⑤包括集体农庄投资。⑥包括私人投资。

资料来源:《苏联基本建设统计资料汇编》,第56—57页。

附表 15 农业集体化

年份 (7月1日)	集体农庄数 (千个)	集体化农户数 (千户)	集体化比重(%) 按农户计算	按播种面积计算
1927	14.8	134.7	0.8	—
1928	33.3	416.7	1.7	1.2
1929	57.0	1007.7	3.9	3.6

续表

年份 （7月1日）	集体农庄数 （千个）	集体化农户数 （千户）	集体化比重（%）	
			按农户计算	按播种面积计算
1930	85.9	5998.1	23.6	30.9
1931	224.5	13033.2	52.7	63.0
1932	211.1	14918.7	61.5	75.5
1933	224.6	15258.5	65.6	83.1
1934	233.3	15717.2	71.4	87.4
1935	245.4	17331.9	83.2	94.1
1936	244.2	18448.4	90.5	98.2
1937	243.7	18499.6	93.0	99.1
1938	242.4	18847.6	93.5	99.3

资料来源:《斯大林第二个五年计划中的集体农庄》,第1页;《列宁主义与土地农民问题》第2卷,第318页。

附表16　集体农庄建设初期的组织形式及其结构

年份	总计		公社		劳动组合		共耕社	
	个	%	个	%	个	%	个	%
1918	1579	100	975	61.7	604	38.3	—	—
1919	6188	100	1961	31.7	3605	58.3	622	10.0
1920	10500	100	1892	18.0	7722	73.6	886	8.4
1921	16012	100	3313	20.7	10185	63.6	2514	15.7
1922	12028	100	1448	12.0	6639	55.2	3941	32.8
1923	15951	100	1945	12.2	10075	63.2	3931	24.6
1924	16277	100	1748	10.7	11126	68.4	3403	20.9
1925	21923	100	2319	10.6	14320	65.3	5284	24.1
1926	17900	100	—	—	—	—	—	—
1927	14800	100	1332[①]	9.0	7119[①]	48.1	6349[①]	42.9
1928	33300	100	1798[①]	5.4	11588[①]	34.8	19913[①]	59.8
1929	57000	100	3534[①]	6.2	19152[①]	33.6	34314[①]	60.2

注:①系本资料编者推算数字。

资料来源和计算依据:《"战时共产主义":政策·实践·思想》,第80页;《苏联社会主义经济史》第2卷,第476页;《苏联社会主义经济史》第3卷,第450页。

附表 17　集体农庄、机器拖拉机站、国营农场的基本指标

指标＼年份	1928	1932	1937	1940	1950
集体农庄					
全部农庄数①(年末数,千个)	33.3	211.7	243.5	236.9	123.7
农业劳动组合数②	33.3	210.6	242.5	235.5	121.4
农户数(百万户)	0.4	14.7	18.1	18.7	20.5
公积金(年末数,十亿卢布)	—	4.7	12.3	27.7	50.6
公有经济播种面积(百万公顷)	1.4	91.5	116.0	117.7	121.0
公养牛(年末数,百万头)	0.4	8.8	14.8	20.1	28.1
机器拖拉机站					
站数(年末数,千个)	6 个	2.4	5.8	7.1	8.4
年平均职工人数③(千人)	—	144	—	537	705
拖拉机数(15 马力标准台,年末数,千台)	1.6④⑤	72	447④	557	739
所服务的农庄播种面积比重(%)	—	49	72⑥	94	97
国营农场及附属农业企业					
企业总数(年末数,千个)	3.1	9.0	—	50.0	129.5
国营农场数	1.4	4.3	4.0	4.2	4.9
年平均职工人数(千人)	599	2794	3146⑥	1760	2425
国营农场职工数	317	1892	2179⑥	1373	1665
拖拉机总数(15 马力标准台,年末数,千台)	5.2④	70④	136④⑥	118	192
国营农场拖拉机	—	—	—	100	130
播种面积总数(百万公顷)	1.7	13.4	16.2	13.3	15.9
国营农场播种面积	—	—	—	11.6	12.9
牛总数(年末数,百万头)	0.18⑦	3.5⑦	5.0⑥⑦	3.1	3.9

续表

指标＼年份	1928	1932	1937	1940	1950
国营农场牛头数	—	—	—	2.5	2.8

注:①包括捕鱼、工艺集体经济。②1923 年包括其他形式的集体农庄,1937 年后农庄数减少是合并的
　　结果。③包括住宅生活服务和大修理工作人员。④系本资料编表根据总马力数计算的数字。⑤为
　　1929 年 10 月 1 日数字。⑥为 1935 年预计数。⑦为年中数字。

资料来源:《1958 年苏联国民经济统计年鉴》,第 349、494、505、518—519 页;《苏联社会主义建设统
　　计年鉴》,第 XLIII、249、258、268 页;《苏联社会主义经济史》第 3 卷,第 512 页;《苏联社会主
　　义经济史》第 4 卷,第 477 页。

附表 18　农业机械化

指标＼年份	1928	1932	1937	1940	1953
机械动力(年末数,百万马力)	1.1	—	—	36.9	80.5
占总动力的比重(%)	5.2	22.2	66.7	77.7	91.7
农机拥有量(年末数,千台)					
拖拉机(15 马力标准台)	18	148	561	684	1239
谷物联合收割机(15 英尺标准台)	2	15	129	196	322
载重汽车	0.7	14	146	228	424
主要田间工作机械化比重(%)					
春耕	1	19	71	62	92
谷物播种	0.2	20	54	56	89
谷物收获	0.2	10	44	46	79

资料来源:《1958 年苏联国民经济统计年鉴》,第 487 页;《苏维埃政权四十年的成就》,第 148、149、
　　152 页;《苏联农业统计资料汇编(1960 年版)》,第 420 页;《苏联大百科全书·苏联卷》,
　　第 311、312 页。

附表 19　播种面积和牲畜头数

指标 ＼ 年份	1913(按 1939 年 9 月 17 日前疆界)	1928	1932	1937	1940	1945	1950
全部播种面积(百万公顷)	105.0	113.0	134.4	135.3	150.4	113.8	146.3
谷物	94.4	92.2	99.7	104.5	110.5	85.3	102.9
经济作物	4.5	8.6	14.9	11.2	11.8	7.7	12.2
土豆、瓜类、蔬菜	3.8	7.7	9.2	9.0	10.0	10.6	10.5
饲料作物	2.1	3.9	10.6	10.6	18.1	10.2	20.7
播种面积结构(占全部的比重)	100.0	100.0	100.0	100.0	100.0	100.0	100.0
谷物	89.9	81.6	74.2	77.3	73.5	75.0	70.3
经济作物	4.2	7.6	11.1	8.3	7.9	6.8	8.4
土豆、瓜类、蔬菜	3.6	6.8	6.8	6.6	6.6	9.3	7.1
饲料作物	2.08	3.4	7.9	7.8	12.0	8.9	14.2
牲畜头数(年初,百万头)							
牛	51.7[①]	60.1	38.3	47.5	47.8	44.2	58.1
其中:奶牛	24.9[①]	29.3	22.3	20.9	22.8	21.6	24.6
猪	17.3[①]	22.0	10.9	20.0	22.5	8.8	22.2
绵羊	82.5[①]	97.3	43.8	46.6	66.6	57.9	77.6
山羊	6.2[①]	9.7	3.8	7.2	10.1	12.3	16.0
马	34.2[①]	32.1	21.7	15.9	17.7	9.9	12.7

注:① 为 1916 年数字。

资料来源:《苏联农业统计资料汇编(1960 年版)》,第 127 页;《1958 年苏联国民经济统计年鉴》,第 386—391 页;《苏联畜牧业统计资料汇编》,第 23 页。

附表 20　主要农产品产量　　　　　　　　　　　　（单位：百万吨）

年份	谷物	制糖甜菜	籽棉	葵籽	土豆	肉类（屠宰重）	奶类	蛋类（十亿个）
年产量								
1913（按 1939 年 9 月 17 日前疆界）	76.5	10.9	0.74	0.74	23.3	4.1	24.8	10.2
1928	73.3	10.1	0.79	2.13	46.4	4.9	31.0	10.8
1932	69.9	6.6	—	2.27	43.1	2.8	20.6	4.4
1937	97.4	21.6	2.58	1.75	58.7	3.0	26.1	8.2
1940	95.6	18.0	2.24	2.64	76.1	4.7	33.6	12.8
1950	81.2	20.8	3.54	1.80	88.6	4.9	35.3	11.7
五年平均年产量								
1909—1913（按 1939 年 9 月 17 日前疆界）	65.2	9.7	0.68	—	22.4	3.9	24.1	9.5
1923—1927	65.9[2]	7.9[1]	0.58[1]	1.87[1]	41.1[1]	—	—	—
1928—1932	73.6	9.8	1.03[3]	1.83	45.9	4.34	26.35	7.99
1933—1937	72.9	14.6	1.84	1.27	49.8	4.34	26.35	7.99
1938—1940	77.9	15.7	2.51	2.03	47.9	4.49	27.60	10.75
1946—1950	64.8	13.5	2.32	1.55	80.7	3.45	32.30	7.51

注：[1]为 1924—1928 年年平均产量。[2]为本资料编者根据苏联 20 世纪 30 年代公布的数字计算的，这个时期的数字后来未作调整。[3]同国家收购量相比，这个数字偏低。

资料来源：《苏联国民经济六十年（纪念统计年鉴）》，第 272 页；《1958 年苏联国民经济统计年鉴》，第 352—355、418—419 页；《苏联农业统计资料汇编（1960 年版）》，第 196—201、328—329 页；《苏联畜牧业统计资料汇编》，第 157 页；《苏联社会主义建设统计年鉴》，第 342、345 页。

附表 21　主要农产品单位面积产量　　（单位：公担/每公顷）

年份	谷物	制糖甜菜	籽棉	葵籽	土豆
年度单位面积产量					
1913（按 1939 年 9 月 17 日前疆界）	8.1	168	10.8	7.6	76

续表

年份	谷物	制糖甜菜	籽棉	葵籽	土豆
1928	7.9	132	8.1	5.4	82
1932	7.0	64	5.9	4.3	71
1937	9.3	181	12.1	5.4	86
1940	8.6	146	10.8	7.4	99
1950	7.9	159	15.3	5.0	104
五年平均单位面积产量					
1909—1913(按 1939 年 9 月 17 日前疆界)	6.9	151	13.0	—	78
1909—1913(按现在疆界)	6.9	150	13.0	—	78
1923—1927	7.5	134①	8.4①	6.2①	79①
1928—1932	7.5	95	6.8	4.4	78
1933—1937	7.1	120	9.0	3.8	74
1938—1940	7.7	135	12.1	6.2	71
1946—1950	6.7	111	13.6	4.5	97

注:① 为 1924—1928 年平均单位面积产量。

资料来源:《1958 年国民经济统计年鉴》,第 418—419 页;《苏联农业统计资料汇编(1960 年版)》,第 196—201 页;《苏联国民经济六十年(纪念统计年鉴)》,第 274 页;《苏联社会主义建设统计年鉴》,第 336、339 页。

附表 22　主要农产品国家收购量

产品＼年份	1913①(按 1939 年 9 月 17 日前疆界)	1928①	1932	1937	1940	1945	1950
年收购量(百万吨)							
谷物	—	10.8	19.9	31.9	36.4	20.0	32.3
制糖甜菜	—	9.4	6.1	21.4	17.4	4.7	19.7
籽棉	—	0.79	1.2	2.6	2.2	1.2	3.5
葵籽	0.43	1.1	0.56	1.1	1.5	0.5	1.1
土豆	—	1.1	4.6	7.0	8.6	4.5	6.9
蔬菜	0.9	—	1.7	1.5	3.0	1.8	2.0
肉类(活重)	2.8	1.8	—	1.3	2.2	1.3	2.3
奶类	5.8	1.9	2.1	5.0	6.5	2.9	8.5

续表

年份 \ 产品	1913①（按 1939 年 9 月 17 日前疆界）	1928①	1932	1937	1940	1945	1950
蛋类（十亿个）	—	2.6	—	1.4	2.7	1.1	1.9
五年平均年收购量②（百万吨）							
谷物	16.7	8.4	18.2	27.5	32.1	—	27.9
制糖甜菜	9.7	5.8	9.0	14.2	15.6	—	12.6
籽棉	0.68	0.45	1.04	1.84	2.51	—	23.2
葵籽	—	1.1	1.2	1.0	—	—	0.9
土豆	4.3	2.9	6.3	9.7	—	—	6.2

注：①为商品产量。②五年平均收购量计算的时期依次为：1909—1913 年；1923—1927 年；1928—1932 年；1933—1937 年；1938—1940 年；1946—1950 年。

资料来源：《苏联农业统计资料汇编（1960 年版）》，第 196—201 页；《苏联农业统计资料汇编（1971 年版）》，第 28 页；《1958 年苏联国民经济统计年鉴》，第 351—355 页。

附表 23 交通运输和邮电

年份 \ 指标	1913（按 1939 年 9 月 17 日前疆界）	1928	1932	1937	1940	1950
交通线路里程（年末数；千公里）						
铁路通车里程	53.5	76.9	81.8	84.9	106.1	116.9
内河通航里程	59.4	71.6	84.0	101.1	107.3	130.2
石油管道干线里程	1.1	1.6	2.9	3.9	4.1	5.4
公路通车里程	—	1452.1	1493.7	1502.0	1531.2	1550.4
硬路面公路	—	32.0	44.5	83.9	143.4	117.3
货物周转量（十亿吨公里）	114.5	119.5	218.4	434.4	487.6	713.3
铁路运输	65.7	93.4	169.3	354.8	415.0	602.3
海洋运输	19.9	9.3	20.1	36.8	23.8	39.7
内河运输	28.5	15.9	25.0	33.3	36.1	46.2
管道运输	0.3	0.7	2.9	3.6	3.8	4.9
公路运输	0.1	0.2	1.1	5.9	8.9	20.1

续表

年份 指标	1913(按 1939 年 9 月 17 日前疆 界)	1928	1932	1937	1940	1950
旅客周转量(十亿人公 里)	27.6	26.9	89.9	97.2	106.1	97.1
铁路运输	25.2	24.5	83.7	90.9	98.0	88.0
海洋运输	1.0	0.3	1.0	0.9	0.9	1.2
内河运输	1.4	2.1	4.5	3.2	3.8	2.7
公路运输	—	—	0.7	2.2	3.4	5.2
邮电						
邮路里程(百万公里)	—	0.6	1.0	1.2	1.4	1.5
邮件发送量(百万件)						
信件	—	522	931	1277	2580	2607
报刊	—	1320	4695	5731	6698	5877
包裹	—	14	34	31	45	44
汇款	—	37	38	77	99	205
电报	—	28	91	103	141	154
长途电话通话(百万 次)	—	15	26	50	92	103

资料来源:《1958 年苏联国民经济统计年鉴》,第 539、541、544、564—565、572—573、602—603 页。

附表 24 外贸总额及主要商品进出口量

年份 指标	1913	1928	1932	1937	1940	1950
外贸总额(百万卢布[①])	2895	1756	1279	3084	2858	13003
进口额	1375	953	704	1346	1446	5824
出口额	1520	803	575	1738	1412	7179
进口量						
机器和设备(百万卢布[①])	219	224	—	499	—	1252
石油和石油制品(千吨)	39	2	0.4	147	68	2613
钢材(千吨)	98	106	885	166	42	185
水泥(千吨)	188	1.2	0.1	228	—	1117
棉花(千吨)	197	145	24	22	10	45

续表

指标＼年份	1913	1928	1932	1937	1940	1950
干鲜水果(千吨)	190	45	13	36	2	9
出口量						
机器和设备(百万卢布①)	4.0	0.9	—	68②	—	850
石油(千吨)	0.7	248	526	69	—	303
石油制品(千吨)	952	2534	5592	1861	139	778
铁矿石(千吨)	470	428	342	351	—	3227
锰矿石(千吨)	1194	499	416	1001	17	277
原木(千实积立方米)	5066	2112	—	1658②		686
木材(千立方米)	5924	2215	—	3190②		1042
谷物(千吨)	9084	289	1721	1327	228	2885
砂糖(千吨)	147	133	76	134	11	97
棉布(百万米)	172	125	—	157②		80

注:①按当年价格及外汇汇率计算。②为1938年数字,当年进出口总额为2797百万卢布,其中进口额
为1444百万卢布,出口额为1353百万卢布。
资料来源:《1958年苏联国民经济统计年鉴》,第798、802—804页;《苏联对外贸易统计概览(1918—
1940年)》,第13、45—49页。

附表25 进出口商品构成 （单位:%）

商品＼年份	1913	1928	1932①	1937①	1940①	1950
进口商品总额	100.0	109.0	100.0	100.0	100.0	100.0
机器和设备	15.9	23.9	55.7	27.4	32.4	21.5
燃料、原料和材料	63.4	67.8	38.8	65.9	59.1	63.3
钢铁和有色金属	6.8	13.7	20.1	29.7	24.6	7.2
纺织原料	18.3	26.6	6.6	12.7	6.7	7.8
消费品	20.7	8.3	5.5	4.0	8.5	15.2
水果和蔬菜	2.8	1.8	0.5	1.4	0.9	0.5
布匹	2.7	0.1	0.5	0.1	1.0	3.9
出口商品总额	100.0	100.0	100.0	100.0	100.0	100.0
机器和设备	0.3	0.1	0.9	3.2	2.0	11.8

续表

商品 \ 年份	1913	1928	1932①	1937①	1940①	1950
燃料、原料和材料	42.8	63.1	62.9	65.9	62.7	64.4
原油和石油制品	3.3	13.5	18.7	8.5	13.1	2.4
钢铁和有色金属	0.6	0.8	2.5	2.6	1.9	8.5
木材	6.3	6.8	7.9	17.5	2.5	1.6
棉花和亚麻	6.2	3.1	3.5	4.8	14.7	9.9
谷物	33.3	3.3	9.0	14.8	21.4	12.1
消费品	23.6	33.5	27.2	15.4	13.1	11.7
肉类、奶类和蛋类	12.0	13.1	4.0	2.3	0.3	3.5
砂糖	1.8	4.3	2.2	2.0	1.0	0.9
布匹	3.0	6.5	9.7	5.1	3.9	2.0

注：①为本资料编者根据苏联公布资料计算的。

资料来源和计算依据：《1958 年苏联国民经济统计年鉴》，第 800—801 页；《苏联对外贸易统计概览（1918—1940 年）》，第 45—419 页。

附表 26　学校及学生数（学年初数字）

指标 \ 年份	1914/1915（按 1939 年 9 月 17 日前疆界）	1927/1928	1932/1933	1937/1938	1940/1941	1950/1951
普通学校①						
学校数（千所）	105.5	118.6	166.3	163.4	191.5	201.6
学生数（百万人）	7.9	11.5	21.4	29.6	34.8	33.3
中等专业学校						
学校数（所）	295	1037	3509	3496	3773	3424
学生数②（千人）	36	189	724	—	975	1298
高等学校						
学校数（所）	91	148	832	683	817	880
学生数②（千人）	112	169	504	547	812	1247

注：①为 1—4 年制、5—7 年制、8—10 年制学校及学生数。②包括函授生：1940/1941 年中等专业学校函授生为 15.6 万人，高等学校函授生为 22.7 万人；1950/1951 年度相应为 18.1 万人和 40.2 万人。

资料来源：《1958 年国民经济统计年鉴》，第 812—813、830 页；《苏联国民经济建设计划文件汇编（第二个五年计划）》，第 840—843 页。

附表 27　中、高等专业学校毕业生人数　　（单位：千人）

时期	中等专业学校		高等学校	
	总计	年平均人数	总计	年平均人数
1918—1928	198	18.0	340	30.9
1928	28.6	—	28.7	—
1929—1932	291	72.8	170	42.5
1932	107.7	—	43.2	—
1933—1937	623	124.6	370	74.0
1937	155.9	—	104.8	—
1938—1940	678	226.3	328	109.3
1940	236.8	—	126.1	—
1941—1945	540	108.0	302	60.4
1945	—	—	—	—
1946—1950	1278	255.7	652	130.4
1950	313.7		176.9	

资料来源：《1958 年苏联国民经济统计年鉴》，第 837 页。

附表 28　科研机构和人员数

指标　　　　　　年份	1913	1928	1934	1940	1950
科研机构总数（年末数，个）	298	1236	—	2359	3447
研究所和分所	—	438	933	786	1157
科学工作者数（年末数，千人）	11.6	22.6[①]	38.2	98.3	162.5

注：① 为 1929 年年末数。
资料来源：《1958 年苏联国民经济统计年鉴》，第 842、843 页；《苏联国民经济纪念统计年鉴（1922—
　　　　1972 年）》，第 103 页；《苏联社会主义建设统计年鉴》，第 589 页。

附：资料来源版本说明

1. 苏联国家计委国民经济中央计算局编：《苏联社会主义建设统计年鉴》，
全苏组织计算联合公司 1936 年版。

2. 苏联中央统计局编：《苏联国民经济统计资料汇编》，苏联国家统计出版社 1956 年版。

3. 苏联中央统计局编:《1958 年苏联国民经济统计年鉴》,苏联国家统计出版社 1959 年版。

4. 苏联中央统计局编:《1959 年苏联国民经济统计年鉴》,苏联国家统计出版社 1960 年版。

5. 苏联中央统计局编:《1961 年苏联国民经济统计年鉴》,苏联国家统计出版社 1962 年版。

6. 苏联中央统计局编:《1964 年苏联国民经济统计年鉴》,苏联"统计"出版社 1965 年版。

7. 苏联中央统计局编:《1972 年苏联国民经济统计年鉴》,苏联"统计"出版社 1973 年版。

8. 苏联中央统计局编:《1977 年苏联统计数字》,苏联"统计"出版社 1978 年莫斯科版。

9. 苏联部长会议直属中央统计局编:《苏维埃政权四十年的成就》,统计出版社 1957 年版。

10. 苏联中央统计局编:《苏联国民经济纪念统计年鉴(1922 — 1972 年)》,苏联"统计"出版社 1972 年版。

11. 苏联中央统计局编:《苏联国民经济六十年(纪念统计年鉴)》,苏联"统计"出版社 1977 年版。

12. 苏联中央统计局编:《苏联工业统计资料汇编》,苏联国家统计出版社 1957 年版。

13. 苏联中央统计局编:《苏联农业统计资料汇编》,苏联国家统计出版社 1960 年版。

14. 苏联中央统计局编:《苏联农业统计资料汇编》,苏联"统计"出版社 1971 年版。

15. 苏联中央统计局编:《苏联畜牧业统计资料汇编》,苏联国家统计出版社 1959 年版。

16. 苏联中央统计局编:《苏联基本建设统计资料汇编》,苏联国家统计出版社 1961 年版。

17. 苏联对外贸易部海关总局编:《苏联对外贸易统计概览(1918 — 1940

年)》,外贸出版社 1960 年版。

18. 人民出版社编:《苏联国民经济建设计划文件汇编(第一个五年计划)》,人民出版社 1955 年版。

19. 人民出版社编:《苏联国民经济建设计划文件汇编(第二个五年计划)》,人民出版社 1957 年版。

20. Б.А.坚斯基主编:《苏联大百科全书·苏联卷》,"苏联大百科全书"国家科学出版社 1957 年版。

21. Л.Я.艾文托夫主编:《苏联与资本主义国家(统计集)》,统计出版社 1957 年版。

22. Я.А.约飞编:《从数字看社会主义国家和资本主义国家》,统计出版社 1958 年版。

23. Я.А.约飞等编:《从数字看社会主义国家和资本主义国家》,苏联国家政治书籍出版社 1966 年版。

24. Я.А.约飞等编:《苏联与美国(数字与事实)》,苏联国家政治书籍出版社 1961 年版。

25. А.Г.希盖尔编:《世界政治地图册(1900—1960 年)》,苏联国家政治书籍出版社 1961 年版。

26. 苏联科学院经济研究所编:《苏联社会主义经济(1917—1957 年)》,苏联国家政治书籍出版社 1957 年版。

27. 苏联科学院经济研究所编:《苏联社会主义经济史》第 2—4 卷,生活·读书·新知三联书店 1980—1982 年版。

28. Н.里亚波夫著:《社会主义积累及其源泉》,时代出版社 1954 年版。

29. Б.П.普雷舍夫斯基著:《苏联国民收入的分配》,社会经济出版社 1960 年版。

30. 沙乌汀著:《斯大林第二个五年计划中的集体农庄》,国家计划出版社 1939 年版。

31. С.П.特拉佩兹尼柯夫著:《列宁主义与土地农民问题》第 2 卷,"思想"出版社 1976 年版。

32. Е.Г.基姆佩利松著:《"战时共产主义":政策·实践·思想》,"思想"出版社 1973 年版。

33. 库尔斯基著:《苏联国民经济计划化》,生活·读书·新知三联书店 1956 年版。